齐鲁医派文库

总主编 王振国

齐鲁近现代中医药名家传略（上）

李玉清 何永 主编

山东科学技术出版社
·济南·

图书在版编目（CIP）数据

齐鲁近现代中医药名家传略 / 李玉清，何永主编 . -- 济南：山东科学技术出版社，2023.10
（齐鲁医派文库 / 王振国总主编）
ISBN 978-7-5723-1615-9

Ⅰ.①齐… Ⅱ.①李… ②何… Ⅲ.①中医师 – 列传 – 山东 – 近现代 Ⅳ.① K826.2

中国国家版本馆 CIP 数据核字（2023）第 056007 号

齐鲁近现代中医药名家传略
QILU JINXIANDAI ZHONGYIYAO MINGJIA ZHUANLÜE

责任编辑：马　祥
装帧设计：孙　佳

主管单位：	山东出版传媒股份有限公司
出 版 者：	山东科学技术出版社
	地址：济南市市中区舜耕路 517 号
	邮编：250003　电话：（0531）82098088
	网址：www.lkj.com.cn
	电子邮件：sdkj@sdcbcm.com
发 行 者：	山东科学技术出版社
	地址：济南市市中区舜耕路 517 号
	邮编：250003　电话：（0531）82098071
印 刷 者：	山东联志智能印刷有限公司
	地址：山东省济南市历城区郭店街道相公庄村文化产业园 2 号厂房
	邮编：250100　电话：（0531）88812798

规格：16 开（184 mm × 260 mm）
印张：68　　字数：1180 千　　印数：1~1000
版次：2023 年 10 月第 1 版　　印次：2023 年 10 月第 1 次印刷
定价：268.00 元（上、下册）

文库规划委员会

主　　　任　马立新
常务副主任　张立祥
副　主　任　马　强
委　　　员　毛　新　卢　钢　吕　征　潘　凯

专家指导委员会

顾　　问　王新陆　武继彪　钟永诚
委　　员　（按姓氏笔画排序）
　　　　　丁元庆　于俊生　尹常健　刘更生
　　　　　刘持年　刘桂荣　谷越涛　迟华基
　　　　　姜建国　徐云生　郭　栋　郭伟星

本书编委会

主　编　李玉清　何　永

副主编　尹华美　张诗敏　潘光潮　曹　丹
　　　　　高百佳

编　委　（按姓氏笔画排序）
　　　　　马　钰　王　金　王　晨　李　哲
　　　　　杨天琪　周　莹　赵　梅　段　斌
　　　　　崔瑞静　管雅雯

文库序

齐鲁大地，东临渤海、西接中原、北傍燕赵、南依徐淮，是连接华东与华北、大海与中原的纽带。先秦时期，华夏文明的重心在齐鲁，多元文化融合而成的齐鲁文化是中国优秀传统文化的重要源头。在齐鲁文化的滋养下，齐鲁大地产生了独特的地域性中医药文化，形成了"儒医文化""扁鹊故里""针砭发源地"三张名片，齐鲁医派即是在这种具有地域特色的中医药厚土上孕育、发展、壮大的中医学术流派，是齐鲁中医药文化的重要组成部分，在医学理论和诊疗技术方面形成了自己独特的体系，对我国中医药事业的发展影响至深。

"十四五"时期，我国转向高质量发展阶段，人民健康处于优先发展的战略位置，中医药振兴发展迎来天时地利人和的大好时机，山东省也进入由中医药大省向强省跨越的关键时期。习近平总书记就中医药工作做出的一系列重要指示和重要批示，为新时代中医药事业传承创新发展提供了根本遵循。2018年以来，山东省委、省政府先后出台了多个促进中医药发展的重要文件，为齐鲁中医药文化的弘扬与齐鲁医派的传承创新发展增添了巨大的推动力。其中，《齐鲁医派文库》的出版就是大力实施齐鲁中医药"六大工程"的重要举措之一。

《齐鲁医派文库》是以习近平新时代中国特色社会主义思想为指导，深入贯彻落实全国、全省中医药大会精神，以挖掘、建设与普及齐鲁中医药文化及特色技术为主要目的的大型中医药文化传承出版工程，是山东省政府首次对齐鲁中医药文化精髓进行的全面深刻的挖掘与传承。该项目聚焦齐鲁医籍、医史汇考、经验辑要和中医药文化等板块，重点整理抢救濒临失传的珍稀和珍贵古医籍，深入挖掘整理扁鹊、淳于意、王叔和、钱乙、成无己、黄元御等为代表的古代齐鲁医家理论精华，全面梳理齐鲁中医药名堂、名号及名家理论，系统整理齐鲁当代名老中医、中青年人才的学术和临床经验。在对齐鲁历代名医的相关文献和资料进行搜集、解读、阐释、评议的基础上，本着历史、文献、理论研究有机结合的原则，厘清齐鲁医学的基本发展脉络，系统总结齐鲁古代名医、近现代名医及当代名医的特色医学理论、临床实践经验、传承谱系和历史影响，为当代齐鲁医派的发展提供理论及技术支持。

《齐鲁医派文库》秉承"整体设计、分步实施、突出特色、强化实践"的研究宗旨，以文化建设为前提，以学术传承为根本，密切结合社会发展需要，力图打造形成特色鲜明、优势突出的齐鲁中医药文化特色品牌。其编纂历时五年，编写组由齐鲁中医药古籍文献研究、中医临床、中药炮制等知名专家组成，有力地保障了作品的顺利实施及高质量完成。文库的问世将填补山东地区中医药文献与文化整理的多项空白，对山东特色的中医药文化核心价值体系的建立、齐鲁中医药非物质文化遗产的保护，以及齐鲁中医药典籍、文物、古迹和古今名医学术思想及其文化内涵的传承，起到巨大的推动作用。希望后续能有更多更好的齐鲁中医药著作问世，从而掀起齐鲁医派研究的巨浪，将齐鲁中医药的宝贵财富奉献给社会，为中医药的传承创新发展贡献齐鲁力量。

文库规划委员会
2023 年 9 月于泉城

王 琦 序

今天我们对中医学术流派的一般定义，是指中医学在长期历史发展过程中形成的具有独特学术思想或学术主张及独到临床诊疗技艺，有清晰的学术传承脉络、一定历史影响与公认度的学术派别。我认为，中医学术流派的内涵有狭义和广义的区别。狭义的中医学术流派是指以师承为核心，有独特主张的医家群体；而广义的中医学术流派还包含了以学术理论或经典为核心的中医学派，以及经过长期传承而形成的以地域环境为基础的各类中医派别。

齐鲁医派就是我国地域性医学流派的重要代表，是产生于齐鲁大地、根植于齐鲁文化、受齐鲁地域环境特异性影响而形成的医学流派，是对齐鲁大地这一特定地域医家医学与文化特征的整体概括。中医药文化植根于中国传统文化的土壤，融合了母体文化中的自然观、哲学观、思维模式，滋养着中医学的创造与发明，具有主宰着自己命运的卓然自立的"思想自我"。这种"思想自我"是集自然科学与社会科学相融合的中医思维，是具有东方特色的原创性思维。中医药文化从中国传统文化的母体里走出来，带着历史的轨迹走到今天，充分显示了自身的价值。齐鲁文化主张以人为本，以仁为核心，以和为贵，以礼为范，追求"天人合一""与时俱进"，是中国传统文化中最灿烂的瑰宝，也塑造和丰富了中医药学自然科学与人文科学的双重属性。齐鲁医派是齐鲁文化的承载者，也是齐鲁文化的践行者。

丰厚的文化底蕴既是中医学术流派形成与发展的灵魂，也是中医学术传承创新发展的凝聚力所在。综观中医学术流派发展历程，其兴衰每与文化相应。宋明儒家摒斥旧学，各立新说，金元时期医派林立；近代学人弃旧维新，各流派亦积极采纳西学，中西汇通、衷中参西等主张也风行一时。中医药学之所以历数千年而不衰，正在于其拥有自我创新的机制，表现为随着时代变迁而不断调整创新，从而显示出强大的生命力。医学流派的发展，离不开文化的滋养，要促进医学流派的繁荣，必须将其植于中华优秀传统文化土壤中，必须将其置于各地文化发展的脉络中，把流派文化传承与研究放在首要地位。推动传统文化的创造性转化和创新性发展，使之与现实文化相融相通，共同服务以文化人的时代任务，这对中医药文化发展尤为重要。

齐鲁大地名医辈出，开山立派的大家众多。汉代司马迁《史记》之《扁鹊仓公列传》，是我国正史中第一部医家传记，入传的扁鹊（秦越人）、仓公（淳于意），都是齐鲁医家。如司马迁所言："扁鹊言医，为方者宗。"又说："至今天下言脉者，由扁鹊也。"淳于意"诊籍"开创中国乃至世界医案之先河。还有王叔和撰第一部脉学专著《脉经》，钱乙世称"儿科鼻祖"，成无己首注《伤寒论》，开创方论之先河，等等。在儒家文化影响下，齐鲁医家精通文化典籍，熟悉传统思维，援儒入医，格物穷理，融会贯通，促进了中医药理论的系统整理、凝练与升华，更因其具有区别于一般医家独特的道德理想，处世风范，"立德、立功、立言"，使医学获得广泛的社会认同。迄今齐鲁中医整体上依然保持着"重传承，重脉学，重经典"的特点。

中医流派研究要"古为今用"，要密切结合社会发展的需要。我认为现代中医流派传承有以下三大基点。

首先，中医流派多样性的重塑是学术繁荣的动因。两千多年来，从扁鹊学派到中西汇通派，中医流派的稳定结构一直存在着。学术流派的根本特征在于有鲜明独特的学术思想，稳定的学术体系，以及完整的学术群体。中医流派的多样性是中医水系不断流的重要因素，流派之间相互切磋互补是形成理论张力、推动中医学发展的重要存在。然而当前中医学术特色淡化，中医流派出现严重断层和脱节，甚至消亡。如何做到传承和而不同，重塑中医流派的多样性问题迫在眉睫。

其次，中医流派新学说的开创是学术发展的引擎。形成中医流派需要具备的三个主要条件：一是有学术（说）奠基人，即开启山林的鼻祖，或者叫作宗师；二是有一部或一类旗帜鲜明、理论独特的传世之作；三是有一个不断相传研习、传播实践的学术群体。中医学术呈现流派特色淡化和传承危机的问题虽与教育模式有关，但根本原因在于学术源头缺少新学说。今天的中医学术多偏重于学术的共性，而缺少学术的个性。理论界的一个重要欠缺是流派与学派稀少。只要有新学说，就会有新流派。只要学术本身有生命力、有价值，这个学术流派就会有追随者、实践者、继承者、推广者。

再次，中医流派的时代性特征是学术传承的生命力。流派独特的理论与临床技艺是中医学术流派产生、发展的生命力所在，学术流派的繁荣发展离不开对流派诊疗理论与特色技艺的继承掌握和创新优化研究。每个学派的形成必有其鲜明的时代印记，当时代需求发生改变时，必然有新学说的创立。传统不是过去，而是能够随着时光的推移，在历史长河中连接过去、传承现在、对接未来的存在，这样的传统才有生命力。中医学术流派应敢于突破与超越，既从传统中来，又超越传统，从而达到传承与发展。

《论语·雍也》："齐一变，至于鲁；鲁一变，至于道。"齐鲁文化是中华优秀传统文化的主干，齐鲁医派是山东中医学术的一张熠熠生辉的金名片。《齐鲁医派文库》秉承"整体设计、分步实施、突出特色、强化实践"的研究宗旨，以齐鲁医派文化渊源研究、齐鲁医派发展史研究、齐鲁名医考、齐鲁医籍考、齐鲁医籍名著整理、齐鲁医派当代主要流派研究为基本架构，传承与创新并举，形成了一个完整的体系，不仅致力于坚守中医药文化根脉，更着眼于激活中医学的现代转型。文库的编纂出版，功在当代，利在千秋，必将为促进山东乃至全国的中医药事业传承、繁荣与发展，为"健康中国""健康山东"建设作出贡献。

中国工程院院士　王琦
国医大师
2023 年 9 月于北京

王新陆序

齐鲁大地人杰地灵，齐鲁文化浩浩汤汤，齐鲁医学源远流长。"齐鲁"缘起于先秦齐、鲁两国，最早将其作为统一地域概念使用见于《荀子·性恶篇》。后人用"齐鲁"指代山东地区。山东是中国古代文化的发源地之一，曾出现过许多杰出的思想家、政治家、军事家、科学家、文学家和艺术家。他们的思想、理论、智慧和学术成就，构成了中国传统文化的重要内容，形成了具有独特地域优势的齐鲁文化。齐鲁医学滥觞于齐鲁大地，齐鲁文化为齐鲁医学的孕育和壮大提供了丰富的养分，形成了独具特色、影响巨大的齐鲁医学，对整个中医药学的形成与发展产生了巨大的推动作用。

齐鲁地区自古以来就有比较先进的医学。"砭石者，亦从东方来"，济南城子崖文化遗址中出土的陶制"尖头器"，平阴县朱家桥商周文化遗址中出土的长约8厘米的无孔骨针，据考都是砭刺人体穴位祛除疾病的医疗工具。春秋战国时期，齐鲁大地就形成了独具特色的齐派医学。早期的齐派医学主要包括前后相接的两个医疗群体，前者以秦越人（扁鹊）为核心，后者以淳于意（仓公）为基干。他们不但有独特的理论和技术，而且形成了完整的传承谱系。其中扁鹊是脉学的创始者，开创了我国医学史上第一个医学学派，即扁鹊学派。淳于意则为扁鹊学派的重要医家。

扁鹊学派在齐鲁中医学的发展中成为齐鲁医派的核心，后世王叔和完善了脉学体系，钱乙创立了独特的儿科治疗体系，徐之才、成无己、黄元御等齐鲁医学名家各有发挥，形成了体系完善的地域性中医学术流派——齐鲁医派。伴随着齐鲁文化的兴旺发达，齐鲁医派也曾经历过辉煌的历史阶段，但由于宋代以后文化中心的南移而趋于平缓。长期以来，齐鲁医派的文献整理始终处于"零散性""规模小"的状态。因此，齐鲁中医学界有必要在山东省卫生健康委员会、山东省中医药管理局的支持下，对齐鲁医派进一步整理挖掘，促进其繁荣与发展。

值得庆幸的是，山东省委、省政府很早就注意到了齐鲁中医学术流派的发展。

《山东省卫生事业发展第十二个五年规划》中首次提到了齐鲁中医学术流派传承工作，明确指出"建设好一批国家级、省级名老中医药专家传承工作室和中医学术流派传承工作室"。2012年9月9日，山东中医流派继承与发展研讨会讨论了齐鲁医派的研究与发展策略，确定了以山东中医流派研究为契机，推动山东中医事业的新发展这一目标。山东省一系列的政策支持为齐鲁医派的当代发展注入了新的活力，为《齐鲁医派文库》的编写奠定了基础。

《齐鲁医派文库》是以挖掘、建设与普及齐鲁中医药文化及特色技术为主要目的的大型文化出版工程，符合习近平新时代中国特色社会主义思想的根本要求。项目由中医文献专家和中医临床专家经过多年考察、收集、编撰而成，上承齐鲁古代名家名著，中继近现代中医药名家理论，下接当代名老中医学术经验及中青年人才的临床经验，主要包括中医古籍系列、医史汇考系列、经验辑要系列和中医药文化系列等。文库展示了齐鲁医派的发展过程、宝贵经验和理论精华，是对传统中医药文化的一次深刻挖掘与守正创新。

2023年6月，习近平总书记在文化传承发展座谈会上强调，在新的起点上继续推动文化繁荣、建设文化强国、建设中华民族现代文明，是我们在新时代新的文化使命。中医药学不仅是中国传统文化的重要组成部分，还是中华民族贡献于人类科学文化领域的瑰宝，是中华民族智慧的结晶。传承创新发展中医药，是当前复兴中华传统文化，提高文化软实力的重要举措。齐鲁医派是齐鲁文化的承载者，是齐鲁文化的践行者，《齐鲁医派文库》首次将齐鲁历代中医古籍、齐鲁古代名医、齐鲁近现代名医、齐鲁当代优秀中医人才、齐鲁中药炮制等进行全面系统整理与传承，有利于打造形成特色鲜明、优势突出的齐鲁中医药品牌，给宣传和推广山东地域文化开辟了一个重要途径和新亮点，这对我省深化医药卫生体制改革、提高人民群众健康水平、弘扬中华优秀传统文化、促进区域经济发展和社会和谐，具有十分重要的意义。同时，文库的顺利出版对中医药这一中华优秀传统文化的创造性转化和创新性发展也具有重要的意义。

《齐鲁医派文库》的推出恰逢其时，是以为序。

国医大师

2023年9月于泉城

文库前言

学术流派是中医学术发展历程中的一个显著特征。中医学在漫长的发展过程中，逐步形成了独具特色的医学流派，各个流派以其独特的理论、学说以及灵活的辨治方法，不断丰富和完善中医学术体系，呈现出"一源多流"的学术特色。我国幅员辽阔，地大物博，不同地域有着不同的地理风貌、气候物产、饮食结构、风土民俗，并形成了相应的地域文化。在学术史上，以地域相称的学术流派，中外皆有之。空间的相近，文化的融通，学术的传承，是地域性学术流派形成的重要因素。空间的相近使学术交流十分便捷，相同的地域往往具有一致的文化背景，同乡人在心理上的认同感，学术观点、思维方式易趋于一致；加之古代信息闭塞、交通不便，也更有利于地域性学术流派的形成。可以说，地域性医学流派是对某一特定地域医家特点的整体概括，其对该地域发病倾向性与治疗特殊性的集中阐发，凸显了中医辨证论治的多样性和灵活性。

一、中医学术流派研究的简要回顾

班固在《汉书·艺文志》中，将"生生之具"的"方技"类著作分为医经、经方、房中、神仙四类，医经有黄帝（《内经》《外经》）、扁鹊（《内经》《外经》）、白氏（《内经》《外经》《旁篇》）诸流派，也就是所谓的"医经七家"，经方则有十一家之多。清代纪昀在《四库全书总目提要·医家类》"小序"中提出"儒之门户分于宋，医之门户分于金元"的观点，影响至巨。其后，史家与医家都关注到了中国医学历史上不同时期医家思想的"流"与"变"、"学"与"派"问题，并提出了各自的判断与主张。著名医史学家陈邦贤1914年在《中西医学报》刊文指出，一般将清代医家分为古派和今派的方法实有偏颇，所列古派人物，基本上是以尊奉仲景为代表的医家；而所谓的新派或者今派，则是以清代的温病学家为代表的医家。陈邦贤同时提出了将清代著名医家分为七派的观点："嘉言派黜邪崇正，韵伯派去伪存诚，天士派援古证今，灵胎派补偏矫枉，各有特长，宗之者尚多。石顽派执一失中，坤载派胶柱鼓瑟，各有偏颇，宗之者甚少。修园派因陋就简，而宗之者颇不乏其人。"谢观 1935 年在《中国医学源流论》中提出的中医六大学派，以刘河间、李东垣、张景岳、薛立斋、赵献可、李士材为代表。

迄于当代，北京中医药大学任应秋教授对学术流派的概念与内涵进行了系统阐述，并以《中医各家学说》作为讲述中医学术流派相关理论与知识的课程。主要的中医学术流派，也经过了多次的分析与修正，从 1964 年《中医各家学说》第二版教材提出河间、易水、伤寒、温病四个主要学术流派，到 1980 年《中医各家学说》第四版教材增加医经、经方、汇通三个学派，最终于 1986 年五版教材确定为伤寒、河间、易水、丹溪、攻邪、温补、温病七大学术流派。虽然如此，但在中医药高等院校教育模式日渐走向规范和统一的过程中，学术流派还是逐渐淡出了人们的视野，在统一的教科书中流派的痕迹日渐模糊，流派传承出现严重的断层和脱节，影响了学术争鸣、理论创新与中医临床特色的发挥。

二、国家对中医学术流派研究的重视与推动

2006 年 2 月，中华中医药学会召开"中医药特色优势及古今学术流派研究专家座谈会"，时任卫生部（现国家卫生健康委员会）副部长兼国家中医药管理局局长佘靖同志出席会议。与会专家分析了当代中医学术流派现状及其在保持中医药特色、发挥中医药优势中的重要作用。会后，国家中医药管理局将"中医学术流派研究"确定为重点课题并立项研究；2007 年，国家"十一五"科技支撑计划项目将"当代名老中医学术流派分析整理研究"列入其中。这两个项目的确立，是国家立项支持中医学术流派研究的重要开端。"中医学术流派研究"工作启动后，在时任山东中医药大学校长王新陆教授的支持和指导下，于山东中医药大学中医文献研究所设立工作办公室，中华中医药学会、各地方中医行政管理机关给予大力支持，全国 13 家中医药大学、研究院所与医疗机构的 50 多名专家学者在全国开展了中医学术流派调查研究工作。课题组采取理论研究与实地调研相结合、典型流派与全面调查相结合的研究方法，通过名家访谈、集体讨论、专家论证、调查问卷等多种形式，对全国中医学术流派现状进行了全面研究，获取了大量的一手资料，形成了关于当前中医学术流派发展状况的客观评价与建议。"当代名老中医学术流派分析整理研究"对"十五""十一五"期间 209 位名老中医的学术特色、学术传承及成才经历等进行了全面分析，梳理了当代名老中医学术流派现状，总结了当代中医学术流派的主要特点，完成了当代典型学术流派的形成背景、师承脉络、学术特色、临

证特点等的分析整理。上述课题成果，一方面为中医临床提供了借鉴，一方面又为中医学术创新以及流派发展提供了思路，带动了相关研究向纵深发展。

中医学术流派研究的系统开展在全国范围内引起了很大反响，《中国中医药报》曾多次报道研究进展，《健康报》以"专版"对中医学术流派的现状、存在的问题及对策进行了全面报道。此后，各地学者纷纷开展学术流派研究，相关研究论文及著作的产出明显增加，形成了中医学术流派研究的高潮。同时，国家中医药管理局、各地方政府及相关医疗教学部门对学术流派的关注度空前提高。2008年，山东中医药大学中医学术流派研究室被确立为国家中医药管理局重点研究室，成为全国中医学术流派研究的旗舰平台。2009年1月，"中医学术流派研究"项目顺利结题，课题组系统梳理了中医学术流派概念体系和框架，首次调查并勾勒出全国中医学术流派概貌，初步构建了当代中医学术流派的评价体系，首次分析了国家级名老中医群体学术流派特征，总结了学术流派推动中医理论与临床创新的机制与规律，并向国家中医药管理局提出了系统的政策建议。2011年，项目成果结集为《争鸣与创新：中医学术流派研究》，由华夏出版社出版。"中医学术流派研究与当代评价体系的建立及应用"获2015年度中华中医药学会"李时珍医药创新奖"。

中医学术流派研究成果的发表，提高了中医界对中医学术流派的认识，同时在社会树立了正确的舆论导向，为中医学术发展营造了和谐的社会环境，也为国家相关部门制定促进中医学术流派发展的政策、措施提供了有力的支撑，为提高中医教学水平及临床效果发挥了重要的作用。

2010年9月，由科技部、国家中医药管理局主办的首届"国家中医药发展论坛（珠江论坛）"在广州召开，会议主题是"中医学术流派的继承与发展"。时任国家卫生与计划生育委员会（现国家卫生健康委员会）副主任兼国家中医药管理局长王国强等领导和专家出席，陈可冀院士为大会主席。笔者作了名为"中医学术流派研究思路与方法"的主题报告。2011年，国家中医药管理局发布《中医药事业发展"十二五"规划》，其中关于"加强中医药人才队伍建设"部分提出："完善中医药师承教育制度，探索不同层次、不同类型的师承教育模式，进一步落实全国老中医药专家学术经验继承工作与临床医学专业学位教育相衔接的政策。建设一批名老中医药专家传承工作室及中医药学术流派传承基地（工作室）。"正式将中医学术流派传承工作纳入国家中医药人才队伍建设规划。

2012年，国家中医药管理局从全国500多家申报单位中遴选了第一批64个全国中医学术流派传承工作室，开启了从国家层面集中力量对代表性中医学术流派进行重点投入、规范建设和保护传承的新阶段。2017年，第一批全国中医学术流派传承工作室建设项目全部验收合格。2019年，国家中医药管理局又择优确定了51个流派传承工作室，开展第二轮建设。十多年来，学术界对中医学术流派的研究经历了从论文寥若晨星、著作屈指可数、流派隐晦不显，到论文迅速增加、著作相继出版、流派百花齐放的过程。

三、中医学术流派相关概念问题

中医"学派""流派""学术流派""医派"等概念早已见诸教材、著作、论文及媒体报道中，但一直缺乏明确界定。山东中医药大学"中医学术流派研究"课题组综合各学科相关定义，结合中医理论与临床实际，对这些概念进行了梳理，明确指出：中医学派是指"中医学的某个学科中因不同的师承而形成的以某种独特的理论主张或独特的方法、技艺为基础的不同学术派别"，强调在学术上要有自成系统的主张与风格；中医流派则是指"中医学同一个学科内因不同的师承而形成的以独特的研究旨趣、技艺、方法为基础的不同学术派别"，强调观点的鲜明与独特，不一定要有系统的学说；"医派"是"医学学派"的简称，属于地域性医学学派的范畴，其下可以包容各种流派，如"齐鲁小儿推拿流派""海派中医蔡氏妇科流派"等，且"医派"往往是在该地域其他学科流派的基础上提出的，如"永嘉学派"与"永嘉医派"、"吴中画派"与"吴门医派"、"海派"与"海派中医"等。

2012年，国家中医药管理局在《关于开展中医学术流派传承工作室建设项目申报工作的通知》中，将"中医学术流派"界定为"中医学在长期历史发展过程中形成的具有独特学术思想或学术主张及独到临床诊疗技艺，有清晰的学术传承脉络和一定历史影响与公认度的学术派别"。

关于"地域性医学流派"，学术界认识近年来渐趋一致，认为"地域流派"反映的是一个地方的医学风格和人物群体特色，虽然医家之间可能学术观念不完全一致，也不一定有传承关系，但同受地域或者特定文化氛围熏陶培育，可以在文化上找出共性特征。

四、齐鲁医派的提出

山东地处东海之滨，齐鲁建邦于斯，孔孟兴儒之地。山东文化昌盛，号称"礼仪之邦"，是齐鲁文化的发祥地，地域文化特色明显，齐鲁医学则是齐鲁文化不可分割的组成部分。

关于齐鲁大地的医学流派，国内学者首先提出的是"扁鹊学派"与"齐派医学"这两个名称。1925年，谢观在《中国医学源流论》一书中说："《史记·扁鹊列传》载其所治诸人，多非同时，或疑史公好奇，不衷于实，不知'扁鹊'二字，乃治此一派医学者之通称，秦越人则其中之一人耳。"1962年，范行准在《科学史集刊》刊发的《张仲景〈伤寒杂病论〉的成书探讨》一文中，指出"华佗是属于古代扁鹊学派的北方医学者"。1979年，任应秋在《中医各家学说》教材中指出："越人在当时在某些医学问题上，确是一位与《内经》具有不同见解，而另立一个学派的大医学家。"1990年，李伯聪在《扁鹊和扁鹊学派研究》一书中，正式提出了"扁鹊学派"的名称："中医史上的第一个医学学派，并且是在战国、秦汉时期产生过最大社会影响的医学学派——扁鹊学派，其在中医史上的存在竟然在隋唐以后的医史著作中被一笔抹杀了。所以，本书的首要目的就是想恢复扁鹊学派在中医史上的'合法地位'，为扁鹊学派的医史人物和医学著作搞清其学派归属和真实源流情况。"

关于"齐派医学"，陈邦贤在1937年版的《中国医学史》中指出："司马迁著《史记》，扁鹊和仓公同传……汉代的良医，不止仓公一人。仓公生长在临淄，他的先生元里公乘阳庆，也是临淄的人，和扁鹊同国，大概是齐派；到了汉的时候，齐派的医学代秦派医学便兴起了……齐派的医学，从战国以来，可以说是没有一日的休止……自扁鹊以至仓公，可以说是实验派的始祖。"1958年，陈直在《科学史集刊》发表的《玺印木简中发现的古代医学史料》一文中，根据玺印木简中发现的古代医学史料，把春秋战国至秦汉时期的医学划分为东西两大派别，即"齐派"和"秦派"，前者重视针灸，后者重视汤药。1983年，著名医史学家俞慎初在《中国医学简史》一书中明确提出"齐派医学"的名称，并指出："淳于意和扁鹊同属齐派医学，故司马迁著《史记》时将扁鹊、仓公列入同传。淳于意之后，齐派医家如马长、冯信、杜信、唐安等人均能各传其术。"1990年，医史学家何爱华在《管子学刊》刊发了《齐派医学简论》一文，比较清晰地勾画出了齐派医学的基本轮廓。齐派医学主要包括两个学术共同体，一个以秦越人（扁鹊）为核心，一个以淳于意（仓公）为核心。他们不但有独特的理论和技术，而且形成了完整的传承谱系。秦越人师承长桑君，授徒子明、子豹、子同等；淳于意师承公孙光和公乘阳庆，授徒宋邑、高期、王禹等。齐派医学有丰富的医学著作，如长桑君授给秦越人的《禁方》；公孙光授给淳于意的《方化阴阳》《传语法》；公乘阳庆授给淳于意的《黄帝脉书》《扁鹊脉书》《上经》《下经》《五色诊》《奇咳》《揆度》《阴阳外变》《药论》《接阴阳禁书》等；淳于意授给宋邑、高期、王禹等的《五诊》《经脉上》《经脉下》《奇络结》《论俞所居》《案法》《逆顺》《论药法》《定五味》《和齐汤法》《四时应阴阳重》等。总之，以秦越人（扁鹊）和淳于意（仓公）为核心人物的汉以前齐鲁医家，已经形成独特的医学理论和诊疗技术，有"古先道遗传"下来的医书以及完整传承谱系，具备了中医学术流派成立的核心要素，形成了传承千年的基本范式。不论称之为"扁鹊学派"，抑或是"齐派医学"，都是持之有故、言之成理的。

众所周知，中医深深植根于中国传统文化的土壤中，而文化又是一个在特定的空间发展起来的历史范畴，地理环境是文化赖以产生的基石，带有鲜明的地域特征。换言之，中国传统文化是在中国这块古老的土地上产生、演化、发展而成的。在具体的演化、发展过程中，由于受历史、自然等因素的制约和影响，它又是在不同的区域内进行的，这就生成了各具地域特色的地方文化。

春秋时期，作为齐鲁文化的核心成分——儒学，产生于鲁国。战国时期，儒家的杰出代表孟子两度游学于齐，并在齐国居住了十几年，他的学术思想受到齐文化的熏陶。此外，作为儒家思想的集大成者的荀子在丰富和完善儒学思想的同时，通过学术交流将儒家思想在齐国的文士阶层传播开来。在此背景下，齐文化和鲁文化开始走向融合，共同构筑了辉煌灿烂的齐鲁文化。虽然齐鲁文化不能等同于中国传统文化，但中国传统文化的核心是齐鲁文化，中国传统文化的精华、主干也在齐鲁文化，这是世所公认的。

齐鲁文化的主干是儒家文化，到战国中后期，儒学与墨学成为当时的"显学"。汉武帝"罢黜百家"之后，儒学成了唯一的正统学说，《诗》《书》《礼》《易》《春秋》这"五经"便完全超出了一般历史文化典籍，成为国家全部思想与政治生活所必须遵循的指针，成为神圣不可侵犯的经典，并对中医药理论体系建立作出了重要贡献，对中医药学术发展发挥了重要推动作用。

2012年，时任山东省政协副主席、山东中医药大学名誉校长王新陆教授，仿永嘉医派、新安医学、吴门医派、钱塘医派、孟河医派、岭南医学之例，首次提出了"齐鲁医学流派"的概念，并做了多方面的考证与梳理，此为"齐鲁医派"名称之肇始。

五、齐鲁医派的主要特点

齐鲁医派是指产生于齐鲁大地、根植于齐鲁文化而形成的具有地域性特色的医学流派。恢弘博大的齐鲁文化为中医学确立了"医乃仁术"的本质定位，奠定了"精气为本"的学术基础，明确了"以和为贵"的学术宗旨，形成了"儒医"这一独特的医学群体，对中医学的影响可谓"根深而蒂固、巨大而广泛、深远而深刻"（张效霞：《齐鲁文化对中医药理论和实践的推动和影响》）。齐鲁医派并不像某些地域性医学流派有一个中心人物，有完整传承，特点是开山立派的大家很多，如扁鹊创立发明脉诊，淳于意开创医案之先河，王叔和撰写第一部脉学专著，钱乙为儿科鼻祖，成无己开创方论之先河。概括而言，以扁鹊为代表的齐派医学开创中国医学流派传承的基本范式，齐鲁医派涌现开山立派的众多大家，齐鲁文化形塑了中国医学"仁、和、精、诚"的亮丽底色。总体而言，齐鲁医派具有以下五个主要特点。

（一）崇尚脉学

山东是中医脉学的发源地，诊疗疾病崇尚和重视脉诊，是齐鲁医派的一大特色。"齐派医学"的代表人物扁鹊（秦越人）是脉诊的创立者，司马迁在《史记·扁鹊仓公列传》中对其给予极高的评价："至今天下言脉者，由扁鹊也。"继扁鹊之后，汉代淳于意亦相当重视脉诊，其"诊籍"所记载的25个病案中有20个病案运用了脉诊。晋代王叔和总结前人脉学经验，撰成第一部脉学专著——《脉经》，为脉学的发展作出重要贡献。他系统总结出数、弦、紧、细、迟等二十四种脉象，并具体阐释每种脉象的形态标准及其主病，将脉、症、治三者有机地结合起来，为论脉辨证提供了依据。清代黄元御也非常重视脉诊，在其论著中特设"脉解专篇"，对二十四种脉象进行了详细论述。据不完全统计，在山东各级地方志中记载的脉学著作达四十余种。"脉理"是否精细，已经成为齐鲁医派医家学术与临床水平的标志。"按脉察疾，疗病如神""术精岐黄，诊脉能决人生死""精《脉诀》，临症治疗，应手立效"，是史志对齐鲁医家医学水平的最高评价。

（二）注重经典

齐鲁医派历来重视经典的研究与学习，并以此指导临床实践。尤其是《伤寒论》被誉为"众方之祖"，尊为"经方"。历代齐鲁医家，不仅对《伤寒论》的整理、注释有开创之功，也将其视为中医临床的源头活水，细读精研，颇多发挥。《伤寒杂病论》问世不久，由于战乱而散失不全，王叔和不遗余力，四处收集，加以整理，并重新进行编排，分为《伤寒论》和《金匮要略》，使仲景著作得以保存并流传。宋代林亿等评价："近世太医令王叔和撰次仲景遗论甚精，皆可施用。""自仲景于今八百余年,唯王叔和能学之。"成无己则是注解《伤寒论》的第一人。其书卷二亦赞:"仲景之书逮今千年,而显用于世者,王叔和之力也。"清代汪琥《伤寒论辨证广注》评成氏则谓:"成无己注解《伤寒论》,犹王太仆之注《内经》,所难者惟创始耳。后之人于其注之可疑者,虽多所发明,大半由其注而启悟。"清代黄元御著《素灵微蕴》《四圣心源》《四圣悬枢》《素问悬解》《灵枢悬解》《伤寒悬解》《伤寒说意》等医书十一种,是"尊经派"的代表人物。当代齐鲁医家的代表刘惠民、周凤梧、徐国仟、李克绍等前辈也都以注重研究《黄帝内经》《伤寒论》等经典医籍而闻名,为临床诊疗及理论创新打下了坚实的基础。

(三)弘扬"儒医"

齐鲁医派具有鲜明的传统文化属性。齐鲁文化形塑了中国医学"仁、和、精、诚"的亮丽底色,齐鲁医派彰显了中医学独特的"儒医"现象。恢弘博大的齐鲁文化,是中华优秀传统文化的主干和核心。特别是以孔子为代表的儒家文化,上承三代,下启百世,将中华数千年文化传统联为一体,表现出强大的凝聚力、广阔的包容性和顽强的生命力。不仅齐鲁医学在齐鲁文化影响下形成、发展、完善,对于整个中医学来说,齐鲁文化的影响也是至关重要、无可取代的。"仁"是儒家伦理思想的核心,对中国传统医德观的形成有重大影响。儒家格物穷理的思维方式对中医认识人体生理状态、病理变化及治疗原则等方面也有重要影响。特别是唐宋以后,儒家思想对医学进行了全方位、多层次的渗透和形塑。"儒医"是以儒家学说为行医指导思想,精通医学理论与技术的医者。通过援儒入医、以儒治医等手段,"立德、立功、立言",促进了中医理论的系统整理、凝练和升华,也提高了医家的人文境界和社会地位,使得被视为"小道"的医学获得了更加广泛的社会认同。儒医逐渐成为医学传承的主流,对于医学影响力的提升和理论水平的提高都产生了显著的影响。"医儒同源""医儒同道"道出了二者之间的密切关系。齐鲁医家在诊疗过程中处处体现"以人为本"的人本主义和人文精神,医者对患者要有"仁爱之德",医者对疾病的治疗,要"以和为贵",过犹不及,以恢复患者"阴平阳秘,精神乃治"的正常生理状态。

(四)创新立宗

齐鲁文化对阴阳五行与精气学说的创新与发展,为中医学阐释生命本质、生命现象、生命规律提供了理论基础与方法指导,齐鲁医家是中医诸多核心学术思想与医疗方法的创立者,开宗立说的大家很多,学术思想在全国范围内广泛传播,影响卓著。《素问·异法方宜论》云："东方之域，天地之所始生也……其病皆为痈疡，其治宜砭石，故砭石者，亦从东方来。"这里的"东方"，主要指今山东东部及南部地区。这是揭示针砭外治起源的文献证据之一，也显示了针砭医学的地域性。文献记载的砭石用途，主要是刺脉放血，治疗痈肿类疾病。考古发现与文献记载是完全一致的。出土文物也表明，在距今4000~5000年之际，一种用于治病的锥形砭石已流行于山东、江苏等地，其中大汶口文化遗址出土的砭石数量最多，表明山东一带是砭石的主要发源地。在济南城子崖文化遗址中，出土的陶制"尖头器"，据考证是一种砭刺人体穴位祛除病患的医疗工具。在平阴县朱家桥商周文化遗址中，出土的无孔骨针长约8厘米，同样也是针灸所用。可见，针刺疗法起源于齐鲁。山东主要地域出土的很多汉画像石也有与之相应的内容，《扁鹊行针图》中的扁鹊都是人首鸟身，一手持脉，一手持针。《史记》载齐勃海秦越人为虢太子治病时，"乃使弟子子阳厉针砥石"。所谓"厉针"与"砥石"，都是言其使用前需要磨制。《素问·宝命全形论》中"四曰制砭石小大"，全元起注云："砭石者，是古外治之法……古来未能铸铁，故用石为针，故名之针石。言工必砥砺锋利，制其小大之形，与病相当。"司马迁说："扁鹊言医，为方者宗。"扁鹊不仅首创脉学理论，也是针刺疗法的代表人物。扁鹊大胆创新，用铁针代替砭石治疗疾病，可以说是医学史上的一次重大变革。仓公淳于意精于医道，其平时诊病均详细记录患者姓名、居所、病候、脉象、治法等，即所谓"诊籍"，《史记》中记录了仓公诊籍25则，为医学史上最早的医案集。晋太医令王叔和编撰我国第一部脉学专著《脉经》，以脉学的体系化而名垂青史。钱乙著《小儿药证直诀》，并以善于"化裁古方，勇创新方"而著称，如将金匮肾气丸化裁成六味地黄丸，影响深远。钱乙被称为"儿科鼻祖"，名不虚传。成无己首开方论先河，对传承仲景学术，厥功甚伟。他们不仅是我国医药史上贡献卓越的著名医家，而且使得齐鲁医学在金元之前始终处于中国医学界的先进行列。概而言之，齐鲁医派在医经整理、注释，脉学与针灸理论，儿科乃至养生等方面，开宗立说，引领一时风骚。

（五）世家众多

齐鲁有一些大家辈出、名垂青史的医学世家。如南北朝时期，东海徐氏医学家族相传八代，历时二百余年，载入史册的有徐熙、徐秋夫、徐道度、徐叔响、徐文伯、徐嗣伯、徐成伯、徐雄、徐践、徐之才、徐之范、徐敏齐、徐复等人。徐道度著有《疗脚弱杂方》，是目前世界上最早的治疗脚气病的专著。徐叔响对针灸、小儿科、本草学等都有研究和著述。徐之才在徐氏家族历代名医中影响最大，他曾医治过梁国魏帝、东魏孝静帝、北齐文宣帝和武成帝等，深得信任。据《北史》卷九十列传、《北齐书》卷八记载，徐之才在武平元年（570）封西阳王，武平二年（571）任尚书令，卒年80岁。著有《徐王八代家传效验方》十卷、《徐氏家秘方》两卷、《徐王方》五卷等，为总结家传医疗经验之书。另有《药对》（或作《雷公药对》）两卷。他把药分为宣、通、补、泻、涩、滑、燥、湿、轻、重十剂，还提出了孕妇逐月养胎法。徐氏世医历时之长，名医之多，医名之显，为我国医学史上所罕见。明清时期诸城臧氏家族，也是代有名医，如明末太医院吏目臧惟几，清康熙间医家臧达德，清乾隆年间与昌邑黄元御并称、有"南臧北黄"之誉的臧应詹。臧应詹之孙臧岱谷，传祖父之业，亦以医术知名。考诸历代史志，在齐鲁各地，享誉一方的中医世家，更是不可胜数。

六、齐鲁医派研究目的和意义

开展齐鲁医派研究，厘清山东中医药历史文化的发展脉络，整理、总结山东历代名中医的特色医学理论与临床实践经验，对山东中医学术发展史进行重新审视，密切结合社会发展需要，灵活应用，积极推广，促进其有效传承与纵深发展，促进山东中医事业的传承、繁荣与发展，对于建设山东中医药文化强省，服务于"健康中国""健康山东"建设，具有重要的理论价值。

开展齐鲁医派研究，概括和彰显齐鲁医家的整体特性，挖掘齐鲁中医药学术精华，树立齐鲁医派的学术旗帜，兼融并包，传承精华，守正创新，展示山东中医的理论创新与临床实效，宣传和推广齐鲁医派的学术经验成果，促进山东中医理论创新与临床疗效的提高，让中医成果真正造福百姓，对于促进山东医疗卫生事业的健康发展，具有重大的实践价值。

开展齐鲁医派研究，充分发挥齐鲁文化优势，系统研究齐鲁文化与中医药的广泛交融，系统梳理齐鲁中医药文化传承脉络，以儒医文化、扁鹊文化、针砭发源地为核心，以"尼山世界中医药论坛""泰山论灸""沂山论健"打造齐鲁中医药文化研究与传承传播高地，擦亮山东中医药文化特色品牌。

开展齐鲁医派研究，全面整理齐鲁中医药古籍，凝练齐鲁中医药名家学术精华，健全齐鲁中医药非物质文化遗产保护传承体系，促进齐鲁中医药文化遗存的研究与保护，使之成为宣传和推广齐鲁文化的一个重要途径和崭新亮点。

七、齐鲁医派研究的主要内容

（一）齐鲁医派文化渊源研究

从齐鲁文化产生的地理环境、历史渊源和社会背景入手，研究和探讨以"人"为本、以"仁"为核心、以"和"为贵、以"礼"为形式、以"天人合一"为目标、以"因时变革"为灵魂（王修智：《齐鲁文化对山东的深远影响》）的齐鲁文化对齐鲁医派形成和发展的历史影响，重点阐明先秦学术流派中与齐鲁有着密切关系的儒家、道家（黄老学派）、阴阳家、墨家、法家、兵家在中医理论体系形成过程中的地位、作用和贡献。

（二）齐鲁名医汇考

广泛搜集历代史书、方志（通志、府志、州志、县志）、文集、笔记、杂录、碑传、墓志、族谱等文献中有关齐鲁医家的生平资料，以历史朝代为序，以医家姓名为目，以历史唯物主义和辩证唯物主义的观点，实事求是、客观公正地对齐鲁历代医家的生卒年月、主要著述、学术经验、临床心得、著作流传等加以考证、研究与评价。

《齐鲁名医汇考》的编撰，不仅有助于厘清齐鲁医学的基本发展脉络，而且有助于梳理齐鲁医派的学术特色、传承谱系和历史影响，为一步开展齐鲁医派研究打下坚实的基础。

（三）齐鲁医籍辑考

将历代史书（艺文志、经籍志）、方志（通志、府志、州志、县志）、各种公私藏书目录以及子部集部、丛书类书、笔记杂录等所记载的有关齐鲁医家的著作进行穷尽式收罗和整理，按照医经、伤寒温病、诊法、本草、方书、内科、外科、妇科、儿科、骨科、喉科、眼科、针灸推拿、医案医话、养生等学科分类方法进行编排，每书首列书名（包括异名），次列朝代、作者、该书出处、卷次、存佚、内容（包括原书序言、跋语及古代对此书进行的历史考证与评价）、版本馆藏，最后列按语（包括著作异名考、作者考、存佚考、版本考、内容考等内容）。

《齐鲁医籍辑考》的编撰，既可通过汇集的每本书的序跋、提要等内容，从总体上把握和了解其主要学术思想及价值，又可征引资料，方便实用；既可了解齐鲁医籍存佚情况，又可直接到所藏图书馆去查阅。力求做到一书在手，齐鲁医书尽在其中。

（四）齐鲁医籍丛刊

从齐鲁历代名医传世著作中，选择学术影响较大、学术价值较高的《难经》（秦越人）、《脉经》（王叔和）、《小儿药证直诀》（钱乙）、《注解伤寒论》《伤寒明理论》（成无己）、《素问悬解》《灵枢悬解》《难经悬解》《伤寒悬解》《金匮悬解》《伤寒说意》《四圣心源》《四圣悬枢》《素灵微蕴》《长沙药解》《玉楸药解》（黄元御）、《松峰说疫》（刘奎）、《经穴解》（岳含珍）、《伤寒论选注》《外科大成》《类方大全》（臧枚吉）、《履霜集》（臧达德）、《经络汇编》《脉诀汇编说统》《治症提纲》《医学启蒙汇编》（翟良）、《要略厘辞》（于溥泽）、《医鉴草》（孔继菼）、《胎产方案》（高淑濂）等书籍，采用最佳版本为底本，按照《中医古籍整理规范》的要求进行整理，结集为《齐鲁医籍丛刊》系列，分医经、伤寒、温病等卷出版。

《齐鲁医籍丛刊》的整理与出版，不仅可以树立起"齐鲁医派"的旗帜，而且能够传承齐鲁医派的学术薪火，弘扬齐鲁医学的学术成就。

（五）齐鲁医派发展史研究

从齐鲁医派的兴起发展与延续、齐鲁名医与名著、齐鲁医派的主要特点、齐鲁医派的主要成就、齐鲁主要医学流派及特色、齐鲁医家的从医之路与治学特点、齐鲁医派的历史地位及影响等方面，对齐鲁医派的历史进行全方位的考察。从自然科学的角度，客观地总结、分析、评价齐鲁医派对中医学的继承、发展所起的作用和所处的地位；从社会科学的角度，对齐鲁医派兴盛的人文社会因素进行探讨与分析。

（六）齐鲁医派近现代主要流派研究与传承

基于"纵向研究与横向研究相结合、群体研究与典型流派研究相结合"的研究思路，以齐鲁近现代名老中医群体为研究对象，摸清近现代各学术流派，如齐鲁李（克绍）氏伤寒、刘（惠民）氏内科、孔氏（伯华）内科、郑氏（惠芳）妇科、潍坊姜氏外科、文登孙氏骨科、泰安梁氏骨科、齐鲁小儿推拿三大流派（三字经派、张汉臣派、孙重三派）等的继承、发展、应用情况，挖掘近现代各学术流派中对当今中医理论创新与临床诊疗具有重要指导意义的学术思想、独特诊疗技术及验方，更好地服务于中医药的继承与创新工作，为中医临床诊疗提供更多的借鉴。该部分研究内容包括《齐鲁近现代中医药名家传略》《齐鲁当代名老中医学术经验辑要》《齐鲁优秀中医药人才临床经验集萃》《齐鲁中药炮制技术辑要》等。

八、齐鲁医派研究的组织实施

齐鲁医派是齐鲁文化的承载者，也是齐鲁文化的践行者。整体规划并开展全面深入的齐鲁医派研究是建设经济文化大省不可或缺的内容。山东省有着独树一帜的研究平台和优秀的研究团队，先后主持完成了"十一五"国家科技支撑计划"名老中医临床经验学术思想传承研究"、国家中医药管理局重点课题"中医学术流派研究""中医药传统知识保护研究"、山东省文化厅"齐鲁非物质文化遗产丛书·传统医学卷"、山东省教育厅"中医药知识产权法律保护"等项目课题，出版或即将出版《争鸣与创新：中医学术流派研究》《异法方宜：地域性中医学术流派评价研究》《中医学术流派发展报告》等著作，带动国内中医学术流派研究成为本学科领域的研究热点，取得的系列研究成果为现代中医教育、中医药学术传承、中医药文化国际传播及国家相关中医药政策法规的制定提供了理论指导和决策依据，为保持与发挥中医药传统特色与优势，发挥了重要的作用，也为《齐鲁医派文库》的成功编纂奠定了学术、人才、团队、平台基础。开展齐鲁医派的研究是我们不可推卸的责任，更是迫在眉睫的任务。

2012年9月9日，山东省政协办公厅组织的"山东省中医流派继承与发展研讨会"在省政协会堂召开。时任山东省政协副主席、山东中医药大学名誉校长的王新陆教授指出，山东中医传统源远流长，名医辈出，在我国中医药发展史上具有重要地位，要以山东中医流派研究为契机，推动山东中医事业的新发展；要以山东中医为整体，认真总结山东中医发展的独特理念，深入挖掘山东中医的特点，充分展示山东中医的临床实效，为打造齐鲁医派奠定基础；要概括和突显齐鲁医派的整体特性，用齐鲁医派的旗帜，将中医各科包容进来，共同发展，让中医成果真正造福百姓；要充分发挥政协优势，汇聚各方智慧力量，积极建言献策，为我省医疗卫生事业发展凝聚合力，作出贡献。《联合日报》以《齐鲁医派，呼之欲出》为题进行了专版报道。

根据山东省政府《关于贯彻落实国家中医药发展战略规划纲要（2016—2030）的实施方案》的要求，2018年5月29日，山东省委宣传部、山东省卫生和计划生育委员会、山东省财政厅、山东省文化厅、山东省中医药管理局联合下发《关于印发齐鲁中医药名家理论精华整理传承工程实施方案的通知》，从总体要求、工作任务、保障措施三方面全面规划了"齐鲁中医药名家理论精华整理传承工程"的指导思想、工作原则、工作目标和具体任务，标志着"齐鲁医派研究"得到山东省政府立项支持和组织落实，研究工作进入新阶段。

2019年10月17日，山东省卫生健康委员会、山东省文化和旅游厅联合下发《关于公布齐鲁医学中医药名家理论精华整理传承工程组织编辑委员会、专家组和项目组人员名单的通知》；2019年11月20日，山东省卫生健康委员会发布《关于印发〈齐鲁医派中医学术流派传承项目实施方案〉的通知》，组织全省相关部门申报"齐鲁医派中医学术流派传承项目"；2020年11月，山东省卫生健康委员会发布《关于成立齐鲁医派中医学术流派传承项目办公室的通知》，对"齐鲁医派"研究工作的推动进行了具体细致的统筹，保障了项目的顺利实施。

《齐鲁医派文库》还得到了国家出版基金和山东省委宣传部"齐鲁文库"的立项支持。我们对所有支持、鼓励、帮助齐鲁医派学术研究和成果出版的组织机构、领导、专家表示衷心的感谢！

《齐鲁医派文库》的编纂出版，植根优秀齐鲁文化，弘扬和传播中医药文化，旨在为山东经济社会文化事业发展作出新贡献。山东是我国中医药产业大省，随着以健康为中心的思想变化和医学模式的转变，中医药越来越显示出独特优势。通过对齐鲁医派源流的梳理，可以进一步推动对中医学术思想的深入研究，促进其有效传承与纵深发展。打造形成特色鲜明、优势突出的齐鲁中医药品牌，是宣传和推广山东地域文化的一个重要途径和新亮点，这对我省深化医药卫生体制改革、提高人民群众健康水平、弘扬中华优秀传统文化、促进区域经济发展和社会和谐，具有十分重要的意义。

《齐鲁医派文库》的编纂出版，秉承"整体设计、分步实施、突出特色、强化实践"的研究宗旨，以学术传承为根本，以人才建设为先导，以文化建设为目标，以提升条件为基础，以科学管理为保障，不仅通过齐鲁医派文化渊源研究、齐鲁医派发展史研究、齐鲁名医考、齐鲁医籍考、齐鲁医派近现代主要学术流派的调查研究，产出一系列研究成果，还将培养一支高水平人才团队，形成中医学术流派研究、中医文化传播发展研究、中医药知识产权保护研究等领域的学术高地，为中医药学"传承精华，守正创新"作出新贡献。

总主编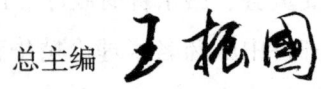

2023年9月20日

前言

齐鲁文化源远流长。齐鲁大地自古以来就是文明礼仪之地，是华夏文明当仁不让的中心发源地之一。自春秋战国时期开始，齐鲁医家学术水准在全国处于前列，引领了全国中医学术的发展。如扁鹊，精于针刺、灸熨、汤药、诊脉，司马迁在《史记》中说："至今天下言脉者，由扁鹊也。"扁鹊脉诊法对后世脉诊的影响是巨大的。汉代仓公淳于意传承了扁鹊脉诊法，著有中医历史上第一部医案——《诊籍》。西晋时期王叔和，系统总结了中医脉学理论，编成《脉经》十卷，是我国现存最早的脉学专著。另外，由于王叔和的整理，张仲景的《伤寒杂病论》才不致失传。南北朝时期，徐熙及其后人徐秋夫、徐道度、徐之才等传承数代，学术水平及学术声誉颇高，成为中医学术史上著名的世医家族。宋代东平人钱乙著有我国现存的第一部儿科专著《小儿药证直诀》。金代聊城人成无己著有第一部全文逐条注解《伤寒论》的著作。清代黄元御提出"培植中气，扶阳抑阴"之说，著述等身。

近代以来，山东亦涌现出诸多颇有声望的名中医，如近代济南四大名医吴少怀、韦继贤、王玉符、王兰斋，他们在那个时代的大背景下，凭借着高超的医术悬壶济世；又如济宁名医孙镜朗，客居上海时作为山东代表，参加了抵制"废止中医案"的声讨大会；又如费县名医左国桢，曾点校出版《顾氏医镜》，对当代中医文献大家马继兴有一定的影响；又如济宁喉科名医徐大元，针灸名医王景晨，骨科名医赵华庭，文登正骨名医孙竹庭等。亦有许多地方名医，或世代相传，或通过自学、师传等形式有一技之长，以医术造福百姓，但这部分名医之医疗事迹、医学著作、独特的治疗手法、秘方等，由于记载较少，故鲜为人知，这对于传承医学经验、研究齐鲁医学成就等是极为不利的。本书遍求方志、文史资料、各医院院志等，收录重点在学术传承、名医事迹、著作、突出特色等方面，意在展现齐鲁近现代名医画卷。

本书的整理出版，在社会、文化、历史、医疗方面均有重要意义。

社会及文化价值方面，起到了价值标杆与导向的作用。许多医家在孝友及医德方面值得称赞，如孝行方面，莒县名医罗惠风，"颇有孝行，谨遵母训，礼义待人，医德高尚。以母慈子孝见称乡里，皆颂惠风品行雅正"；陵县名医吕兰田，"性至孝，待母起居日必躬亲"。医德方面，山东曹县名医李广济，"秉性敦厚，正直不阿"，他有一"怪癖"：藐视权贵，亲近平民，他在旧社会行医三十多年，富贵者求医必取重酬，贫苦者看病无偿资助；济宁名医王十洲"穷人看病，富人拿钱"；曲阜名医李承德，自采自制中药施舍于左右邻村百姓。国医大师张灿玾先生的祖父张士州、父亲张连三给患者看病，若是患者欠药钱二三年说明患者确是贫困难支，就销了账。鲁西南地区名医鹿鸿鑫，1936年逢郓城疫病（天花、霍乱）流行，先生慷慨解囊，亲自配制汤药，动员患者速取饮服，服药后转危为安者大半。又如阳信名医毛继丰，性仁善，怜贫恤苦，凡有求助者，欣然解囊。每进腊月，则换一批铜钱，散发给本村的贫苦人家。本村或邻村死后无钱葬埋之人，则舍施棺木。霍乱暴发流行，他于"永春堂"架设大锅，煎煮中药，无偿发放给患者。从以上可以看出齐鲁中医药名家普救众生的高尚情怀，是当今医生学习的榜样，医德的传承是中医传承的最高境界。

历史价值方面，老中医的成长及经历不可避免地受当时历史因素的影响，也从一个侧面见证历史事件。如临清名医盛东晓，早年从事爱国运动，赴上海参加反帝讨袁，并前往广州拥护孙中山先生"三大政策"等。郝云衫，山东齐河人，清末举人。1929年国民政府中央卫生会议通过《规定旧医登记案原则》，意图废止中医，郝云衫被济南中医药界推举为代表赴南京请愿，反对国民党政府歧视中医的政策。其返济后还发起筹建国医专科学校，1944年为营救被日军拘押的同事，多方奔走，不幸中暑身亡。又如刘惠民先生，原为沂水名医，七七事变后，日本侵略者兵临中原，刘惠民于1938年毅然参加了八路军，奔赴抗日一线，当时任鲁中八路军二支队医务处主任，后又转至沂南界湖，创办"山东大药房"并任副经理，为根据地党、政、军民医治伤病，还担负着团结各抗日阶层的宣传工作。1956年，毛泽东主席在青岛患重感冒，由刘惠民治愈。又如沂水名医刘伯成，出身世医之家，在祖父的熏陶下学文习医。抗日战争爆发后，刘伯成怀着极大的义愤，参加了抗日救国运动，以医生的公开身份，多次冒着生命危险掩护八路军及党的地下工作者。凡此种种，从名中医的传略中，可窥见社会的变动与历史的变迁。

医学流派的研究方面，通过名医传略，可知学术传承情况，如从徐孝典、李广济、刘献琳的传记可知：徐孝典为清光绪年间秀才，后习中医，长于内科，对妇科尤其见长，名噪医林的朱令之、李广济皆其受业弟子；山东中医药大学刘献琳教授是李广济的弟子；又如生氏骨科，起于清代生作梅，从生昌龙等人的传略可知，其医术已相传十余世，历时300余年，至今仍有传人。又如魏指薪先生，原为曹县人，受业于骨科名医陈士纯先生，魏指薪先生"当年为生活所迫，怀士纯先生亲授医技，行医大江南北，后流落上海"，终成上海伤科十大名医之一。总之，由名医传略可见其传承脉络。

医学知识的传承方面，有的名医传记中有对其学术特色的总结，亦有其治疗验案的记载，有些还记载了名医的镇店秘方，如曹县陈士纯先生治疗骨折，把活鸡去毛后在石臼中捣烂如泥，将药掺在其中，用布托之，以鲜柳皮绑缚患处，医术独特精湛。有的名医将秘方公之于众，以使更多的人受益，如蒙阴名医王兴延，世代精于喉科，其业医后，在祖传方的基础上修订处方，并将此方献出，成为许多医生的通用方。如莒县名医刘瀛洲将个人实践经验的简便廉方剂公之于众，如治羊痫风用海螵蛸（焙干）30克，黑矾（焙）9克，共为细末，黄酒冲服取汗，汗出黏者即愈，不黏者再服即愈。以上内容不仅关于方剂组成及剂量，还有愈与未愈之判断，非常有利于后学者学习掌握。此方面知识的挖掘整理，亦有利于医学知识的传承。

编写组广泛查阅中华人民共和国成立后山东各地市编写的地方志、各地的文史资料、各地医院的院志等，收集近现代齐鲁名医的材料，编成此书。本书编写过程中，以尊重原文为首要原则，例如史料中出现的"民国""解放前""解放后""建国前""建国后""祖传秘方"等予以保留。其他整理原则如下。

第一，在编写过程中，原书明显的错误予以径改。材料取自山东各地市编写的地方志、各地的文史资料、各地医院的院志等，对文中明显的误字予以径改，并将医家生卒年统一放到姓名后。

第二，将齐鲁近现代中医药名家按山东当今地市划分，各地市的排序按照各地省辖市成立先后排序。

中华人民共和国成立以来，山东省行政区划变动较大，按照现行山东省行政区划，现今以济南、青岛、淄博、枣庄、东营、烟台、潍坊、济宁、泰安、威海、日照、滨州、德州、聊城、临沂、菏泽16市为类，进行了地方志的重新分类整理，并以此为顺序进行排列。同时，将本书涉及的行政区划变动做说明如下。

1. 1958年，齐东县大部划归邹平，另一部划归博兴，恢复高青县。至此齐东县行政区划不复存在。

2. 1959年，梁山县划归菏泽专区。1990年，梁山县划归济宁市所辖。

3. 1961年，平阴县划归泰安专区。1985年，平阴县划归济南市。

4. 1961年，桓台县改属惠民专署。1983年，桓台县划归淄博市。

5. 1961年，沾化、利津县分置，惠民地区与淄博市分开。境内广饶、利津、垦利及沾化局部隶属于惠民专区。1983年，东营市建立。

6. 1970年，惠民专区改称惠民地区，辖滨县、垦利、广饶、桓台、邹平、阳信、沾化、利津、博兴、高青、惠民、无棣等12县。1985年，惠民地区辖滨州市和滨县、惠民、阳信、无棣、沾化、博兴、邹平、高青共一市八县。1992年，惠民地区更名为滨州地区，行署驻滨州市。2000年，在滨州地区原有行政区域建立滨州市，辖滨城区和惠民、阳信、无棣、沾化、博兴、邹平一区六县。

7. 1983年，泗水县划归泰安地区。1985年，泗水县划归济宁市。

8. 1987年，将威海市升为地级市。将荣成、文登、乳山由烟台市划归威海市管辖。

9. 1989年，将日照市升为地级市，其行政区域不变。

10. 1989年，将惠民地区的高青县和临沂地区的沂源县划归淄博市；将德州地区的济阳、商河两县划归济南市。

11. 1992年，将潍坊市的五莲县、临沂地区的莒县划归日照市管辖。

12. 2019年，撤销地级莱芜市，划归济南市管辖，设立济南市莱芜区。

第三，关于各地市医家的排序，按医家生年前后排列。如果生年不明显者，则参照其在原地方志中的排列位置排列。对于生活年代大致相同，但又无法确知其生年者，则按姓氏笔画数由少到多的原则排序。同姓一般以姓名的第二个字的笔画为序。姓氏的笔画数相同、起次笔顺序一致的，按姓氏的字形结构排序的原则，先左右形字，再上下形字，后整体形字。对于姓氏的笔画数相同、起次笔顺序一致，且字形结构相同者，左右形汉字的排序要遵循——按"左偏旁"笔画数由少到多的顺序排定。

另外，《山东中医药志》有多处关于名医生年的记载，年号与纪年略有差异，如临沂名医刘儒庭，《临沂地区中医志》（1982）《山东中医药志》（1991），均载其生于1889年，但《山东中医药志》还载其出生年号为光绪十四年，按历史纪年表，光绪十四年一般对应的是1888年，但由于阴历与阳历每年的起始并非完全重合，因此，刘氏出生日期在1889年1月1日至1月30日（除夕）之间是附合这个条件的。因此，有两种可能，一种是《山东中医药志》有确切的依据，二是《山东中医药志》有误，因无有更多的文献佐证，故存疑待考。本书录《山东中医药志》载名医的生年，有多处出现与上所述类似的情况，本着尊重原书的原则，不在正文中改正，仅在前言中说明。

编写组全体成员对本书的编撰付出了大量心血及辛勤汗水，在此表示感谢！

李玉清

2023年6月

目录

济南

艾依塘 \ 002	张　考 \ 006	张鸿儒 \ 014
王川荣 \ 002	乔允生 \ 006	吴绒信 \ 014
王天一 \ 002	刘万仓 \ 007	袁荣贵 \ 015
王成林 \ 002	侯福田 \ 007	题仙龄 \ 015
王宗禹 \ 002	卢希正 \ 007	王云广 \ 016
牛肇统 \ 003	刘宝善 \ 008	郝百川 \ 016
艾允业 \ 003	周长明 \ 008	郝云衫 \ 016
娄峻山 \ 003	陆晋笙 \ 008	张杨文慈 \ 025
曹恒祥 \ 003	冯汝坤 \ 009	李光汉 \ 025
吴子元 \ 003	朱静庭 \ 009	赵树伟 \ 025
徐士刚 \ 003	侯润田 \ 010	张延年 \ 026
毕先明 \ 004	姚峰云 \ 010	张盛勋 \ 026
姚清勤 \ 004	丁绍城 \ 010	范德卿 \ 026
傅斯侨 \ 004	汪问九 \ 010	孟兆谟 \ 026
王安仁 \ 005	郭联甲 \ 011	高裕文 \ 027
郝九化 \ 005	曹广勋 \ 011	卞修教 \ 027
曹　钱 \ 006	沈恒久 \ 013	李万绪 \ 027

李凤远 \ 027	尚怀圣 \ 043	赵沐臣 \ 053
李乃彬 \ 028	曹士俊 \ 043	耿传彬 \ 053
王兰斋 \ 029	刘法孔 \ 044	王光符 \ 054
张宗耀 \ 031	伊品三 \ 044	冯鸣九 \ 055
王庆河 \ 031	贺云龙 \ 044	杨成见 \ 058
王成河 \ 032	张兆利 \ 044	杨建成 \ 058
石志贞 \ 032	张积岳 \ 045	郑树仁 \ 058
杨云亭 \ 032	谭守身 \ 045	田锡璋 \ 059
周庆谟 \ 033	王昭旭 \ 045	杜延交 \ 059
孟传荣 \ 033	韩发殿 \ 045	张玉森 \ 059
赵希荣 \ 034	王长乐 \ 046	周宗黄 \ 060
高荆蔚 \ 034	李以诚 \ 046	宫鲁泉 \ 060
王秉才 \ 034	李元钢 \ 046	王绵增 \ 061
庄允甫 \ 034	迟会仲 \ 047	吴少怀 \ 061
傅立显 \ 034	宋守谦 \ 047	张凤铸 \ 067
宋志诚 \ 035	于彝庭 \ 047	柏永济 \ 067
陈文瑞 \ 035	孙纯如 \ 048	姜凤鸣 \ 067
姜金声 \ 035	张溪云 \ 048	马鉴清 \ 067
彭庆阶 \ 036	熊祥之 \ 048	王开祥 \ 068
郭恒祯 \ 036	艾绍荃 \ 049	石韵笙 \ 068
吕忞曾 \ 037	刘梓桢 \ 050	刘延龄 \ 068
李文龙 \ 037	杨成春 \ 050	李芸芝 \ 068
李允守 \ 037	杨振江 \ 051	李希伊 \ 069
姜凤臣 \ 038	李家春 \ 051	庞有麟 \ 069
秦维道 \ 038	苑传禄 \ 051	郑春荣 \ 073
董振声 \ 038	皇登瀛 \ 051	单恒元 \ 073
王功镇 \ 038	郭春园 \ 051	常盛茂 \ 073
尹序同 \ 041	张锡范 \ 052	王汉桥 \ 073
张玉荣 \ 042	范振水 \ 052	王贯一 \ 074
孟继曾 \ 042	付振华 \ 053	吕秉钧 \ 074
傅锡朝 \ 043	张纯一 \ 053	张松岩 \ 074

张家辑 \ 078	杨绍庭 \ 109	钱翔青 \ 135
张荣德 \ 078	苏镜轩 \ 109	安佐臣 \ 135
韩松龄 \ 079	李子章 \ 109	沈希尧 \ 136
王异凡 \ 079	应策庵 \ 109	张希五 \ 136
王锡泮 \ 079	张书鹏 \ 111	赵光普 \ 138
韦继贤 \ 080	张俊三 \ 111	汝兰洲 \ 138
宋贯一 \ 081	郑毓桂 \ 111	侯汉忱 \ 139
张恣孝 \ 081	王方洲 \ 112	郭凤楼 \ 140
丁玉松 \ 082	邱传河 \ 112	郭德斋 \ 140
亓笔峰 \ 082	张士杰 \ 112	高华亭 \ 140
王玉符 \ 083	官庆峰 \ 112	马明德 \ 140
王振福 \ 085	徐述栋 \ 112	李克绍 \ 141
刘天章 \ 085	康伯宸 \ 113	宋德芳 \ 141
刘屏周 \ 085	刘东升 \ 113	陈肇基 \ 141
刘惠民 \ 086	杨焕章 \ 113	孟宗祥 \ 142
孙注舟 \ 103	赵继三 \ 113	孟继斌 \ 142
杜希亢 \ 103	亓祝五 \ 114	吕筱山 \ 143
张恒珊 \ 103	李庭玉 \ 114	任金堂 \ 143
张鸿儒 \ 103	张哲臣 \ 115	苏慎吾 \ 143
周常富 \ 103	陈思乾 \ 116	张宝琪 \ 144
赵润东 \ 104	陈铭新 \ 116	陈寿庭 \ 144
傅怀尧 \ 104	郝德福 \ 116	周凤梧 \ 145
于卧波 \ 104	高仲书 \ 116	司宝玉 \ 150
王化新 \ 105	唐福五 \ 118	石志忠 \ 150
朱济生 \ 105	焦勉斋 \ 119	李乐园 \ 150
刘继雨 \ 105	叶执中 \ 121	黄庆昌 \ 153
钟岳琦 \ 105	赵镇玺 \ 123	王允升 \ 153
鞠友章 \ 107	元浩威 \ 124	孙润生 \ 154
丁尉堂 \ 107	王云秀 \ 124	周伯良 \ 156
刘曰忠 \ 107	毕思荣 \ 124	梁铁民 \ 157
孙重三 \ 107	陈明吾 \ 125	李尔励 \ 158

丁瑞麟	\ 159	周次清	\ 174	尚德俊	\ 191
宋九恩	\ 160	魏振盛	\ 175	袁久荣	\ 192
陈伯咸	\ 160	徐国仟	\ 175	乔鸿儒	\ 192
蒋则廉	\ 166	张吉人	\ 176	张奇文	\ 193
刘汉祥	\ 166	郑惠芳	\ 178	姜兆俊	\ 194
史延泽	\ 166	靳祖鹏	\ 179	黄乃健	\ 195
杨登坤	\ 167	刘献琳	\ 180	焦中华	\ 196
李廷来	\ 167	邹振业	\ 181	韩其龙	\ 196
张洪廉	\ 169	张灿玾	\ 182	刘清贞	\ 197
景柏承	\ 169	张鸣鹤	\ 183	刘持年	\ 198
亓孝谦	\ 169	张百铭	\ 184	丁书文	\ 198
玄振一	\ 170	韩云瑄	\ 185	迟华基	\ 198
宋安同	\ 171	方基庆	\ 185	王国才	\ 199
张志远	\ 171	李泉石	\ 188	田代华	\ 200
张珍玉	\ 173	张善忱	\ 189	张文高	\ 201

青 岛

孔炎丙	\ 204	乔培坚	\ 210	冷宗谦	\ 216
张骏声	\ 204	姜涵尘	\ 210	高子正	\ 216
周汉南	\ 204	姜德清	\ 210	王奎明	\ 216
陈景瞻	\ 204	李清佐	\ 211	冷鸿渐	\ 217
李会清	\ 204	黄学孔	\ 212	周天雨	\ 218
白芳春	\ 204	张寿堂	\ 212	刘清瑞	\ 218
赵 恂	\ 205	迟子温	\ 213	杨利业	\ 218
荆中允	\ 205	房炳大	\ 214	张华阁	\ 218
于孜温	\ 207	丁立琢	\ 214	万德莲	\ 219
苟希道	\ 207	吴 朴	\ 215	车正路	\ 219
张锡玉	\ 208	张仕敏	\ 215	刘维校	\ 220
王金湖	\ 209	赵尚志	\ 215	高永臣	\ 220

王汉臣 \ 221	孙举京 \ 228	张汉臣 \ 243
王纯德 \ 221	张锡荣 \ 229	陈鸿雪 \ 243
孙汉三 \ 221	王殿甲 \ 229	周伯诚 \ 244
魏立帮 \ 222	孙学圣 \ 229	柳岐隐 \ 245
李云登 \ 222	吕东杲 \ 230	班心甫 \ 246
王立吉 \ 223	刘镜山 \ 230	马春熙 \ 246
纪�统 \ 223	石文九 \ 230	徐希辰 \ 247
胡方成 \ 223	战瑞五 \ 230	潘瑞五 \ 247
张九皋 \ 223	雏中堂 \ 231	左明久 \ 247
张继柱 \ 224	岳梅村 \ 232	邹壬生 \ 248
窦锡同 \ 224	王蕴华 \ 232	战相臣 \ 248
李德修 \ 224	刘季三 \ 233	林子善 \ 248
杨祝成 \ 225	胡子周 \ 234	史芑卿 \ 249
王建斗 \ 225	郝子言 \ 235	许培祚 \ 250
邱子江 \ 225	钱轴范 \ 235	李孟举 \ 250
郭茂祥 \ 225	徐启方 \ 236	张江源 \ 250
鹿瑞芝 \ 225	陈荫棫 \ 236	张珍珩 \ 250
王金铭 \ 226	董维山 \ 237	梁玉栋 \ 251
辛恕堂 \ 226	傅逦杰 \ 237	孙德政 \ 251
管敬仁 \ 226	王殿臣 \ 238	李从惠 \ 251
史星三 \ 228	刘敬斋 \ 238	张传钧 \ 252
周辉第 \ 228	李程之 \ 239	毛俊英 \ 253
贾永蒿 \ 228	张国屏 \ 240	马述先 \ 253
刘欣山 \ 228	石紫韵 \ 241	刘镜如 \ 254

淄 博

徐日琢 \ 256	邢万林 \ 256	翟公硕 \ 257
管庆宗 \ 256	张 孟 \ 257	郑 銈 \ 257
王媚川 \ 256	刘毓松 \ 257	徐 悌 \ 258

焦瀛州 \ 258	曹家明 \ 275	寇衍庆 \ 291
李连胜 \ 258	董瑞阶 \ 275	朱景梅 \ 291
郑洪顺 \ 261	谷岱峰 \ 276	邱竹村 \ 291
张培芝 \ 261	周绍华 \ 276	张希仲 \ 292
王基发 \ 262	唐铄振 \ 276	崔芳华 \ 292
栾尚桂 \ 262	赵书云 \ 277	谭若无 \ 292
陈通济 \ 262	冯景暄 \ 277	李永达 \ 292
常兆梅 \ 263	栾肇凤 \ 277	陈启汉 \ 292
翟玺承 \ 263	韩旭臣 \ 279	田宜勉 \ 293
张际昌 \ 263	何　康 \ 279	赵燮武 \ 293
王领秀 \ 264	赵久远 \ 280	王文修 \ 294
崔象珏 \ 264	栾肇麟 \ 280	王家成 \ 294
孙传进 \ 265	殷传修 \ 281	孟照珍 \ 295
吴瑞璧 \ 265	崔敬铭 \ 281	柴景信 \ 295
周敬夔 \ 265	王太东 \ 281	叶本第 \ 295
崔乘云 \ 266	董云沾 \ 285	李尧春 \ 297
景丹云 \ 266	张志亮 \ 285	李明成 \ 298
王文同 \ 267	张茂基 \ 285	张笃甫 \ 298
宫振堂 \ 268	荣仲九 \ 285	周学绍 \ 299
仇宝树 \ 268	崔京柱 \ 286	贾月潭 \ 299
吕守良 \ 269	孔庆荣 \ 286	王玉池 \ 299
王树芬 \ 269	孙文章 \ 286	王守恭 \ 301
史玺书 \ 269	刘　堵 \ 286	牟进铎 \ 301
纪翱臣 \ 270	张化一 \ 287	唐殿祯 \ 301
李丰章 \ 273	闫繁勋 \ 289	王襄廷 \ 301
杨炳文 \ 273	王汝林 \ 289	李守恒 \ 302
孙培芝 \ 273	李嘉祥 \ 290	金福堂 \ 303
王梦九 \ 273	周振邦 \ 290	赵文卿 \ 303
郭肇坊 \ 274	秦起宽 \ 290	高耀宗 \ 305
丁晋隆 \ 275	司殿英 \ 291	梅兴祥 \ 306

白现奎 \ 306	孙守纲 \ 311	钱葆卿 \ 316
王会卿 \ 306	王洛九 \ 311	司焕章 \ 317
张洪宝 \ 307	徐宝昌 \ 312	孙以渭 \ 317
郭锡九 \ 307	郭宗瑞 \ 312	孙敬之 \ 318
李兆玉 \ 308	蔡瑞鹄 \ 313	王 震 \ 318
卢子佩 \ 309	王儒海 \ 314	宋训英 \ 321
张希玉 \ 310	李玉秝 \ 315	王凤池 \ 321
唐建策 \ 310	柳汝鉴 \ 316	黄长发 \ 321

枣 庄

徐宏汉 \ 324	鲁显明 \ 329	高振彩 \ 335
巩来仪 \ 324	褚敬诺 \ 329	李观山 \ 335
仇锡恩 \ 324	张士勋 \ 330	李春成 \ 336
任玉林 \ 326	张典谋 \ 330	仇毓贤 \ 336
谷胜芝 \ 326	吴增敏 \ 330	王序赓 \ 336
任永照 \ 327	王敬贤 \ 330	李汉臣 \ 337
张善兰 \ 327	唐来晨 \ 330	田彦爵 \ 337
邵文汉 \ 327	袁子健 \ 331	张桂森 \ 338
姜开五 \ 327	袁士俊 \ 331	刘会芝 \ 338
孙传琯 \ 327	王玉珂 \ 331	王东鉴 \ 338
陈 堂 \ 328	李景彪 \ 332	朱广玉 \ 339
王思颐 \ 328	张汉朝 \ 332	马东昌 \ 339
张伯振 \ 328	汪松年 \ 332	王恒生 \ 339
宋增兰 \ 328	刁广现 \ 332	马兴清 \ 340
徐广达 \ 328	李汉帮 \ 332	丁栋才 \ 340
张成绪 \ 328	陈庆松 \ 333	晁德霖 \ 341
董秀娥 \ 329	张守义 \ 333	狄子钧 \ 342
孟兆荣 \ 329	赵景封 \ 335	颜士贤 \ 342

李济民 \ 343	孔庆良 \ 345	朱传诺 \ 347
生昌龙 \ 344	李光耀 \ 346	刘映灿 \ 348
生昌鸿 \ 345	刘均泰 \ 347	马同如 \ 350

东营

范怀起 \ 354	冯好善 \ 355	高建阳 \ 357
耿景田 \ 354	王 相 \ 355	李东同 \ 357
张维岳 \ 354	杨耐东 \ 356	李承绪 \ 357
赵心仿 \ 354	岳文源 \ 356	李成瑶 \ 358
李协三 \ 355	扈晋升 \ 356	杜光耀 \ 358
李宗刚 \ 355	阎继宗 \ 356	

烟台

王子久 \ 360	张中英 \ 361	许芝亭 \ 362
张伯龙 \ 360	项振铎 \ 361	仲伟武 \ 362
吕 荣 \ 360	姜翠迁 \ 361	刘运翰 \ 363
仲士一 \ 360	徐致芳 \ 361	王子焕 \ 363
刘蒲南 \ 360	杨法邻 \ 361	于 桥 \ 364
孙 侗 \ 360	刘竹轩 \ 362	
李尔玉 \ 361	于希增 \ 362	

潍坊

谢士杰 \ 368	蔡玉珂 \ 369	王荫远 \ 371
陈长贞 \ 368	孙道通 \ 371	王汉礼 \ 372
董素书 \ 368	栾清祥 \ 371	汤玉科 \ 372

孙思恭 \ 373	郄秋浦 \ 382	郭述声 \ 394
朱良玉 \ 373	鲁清溪 \ 383	王彝民 \ 394
郭士盈 \ 373	刘佐基 \ 383	崔伯侯 \ 396
蒯九龄 \ 373	王维和 \ 384	韩甲武 \ 396
尹化远 \ 374	单培源 \ 384	董子元 \ 396
张福海 \ 374	朱延泰 \ 385	韩树芳 \ 397
赵文恭 \ 374	张仲山 \ 385	蒯仰山 \ 398
张云景 \ 375	温德珩 \ 386	吕济民 \ 400
胡 潋 \ 375	李德温 \ 386	孙来朋 \ 400
魏孔举 \ 375	张 兰 \ 386	韩玉文 \ 401
王相如 \ 376	刘长庆 \ 387	张延年 \ 401
吴云图 \ 376	徐云官 \ 387	黄德亭 \ 404
赵奎英 \ 377	高冠奎 \ 387	刘长坡 \ 405
高锡利 \ 377	薛玉元 \ 388	姜绍成 \ 406
吕孝端 \ 377	张其慎 \ 388	张子美 \ 407
邵林书 \ 378	郎益民 \ 388	姜亦伦 \ 410
张世恩 \ 378	杜云升 \ 388	吴克准 \ 411
张学朱 \ 379	王泽臣 \ 389	赵端溪 \ 411
刘在朝 \ 379	李显帮 \ 389	徐保昌 \ 413
王 恩 \ 379	于法集 \ 390	刘益三 \ 414
陈星炜 \ 380	周松清 \ 390	王玉润 \ 414
王乐山 \ 380	郭谷石 \ 391	田明三 \ 415
崔文焕 \ 381	李允修 \ 392	张佃隆 \ 415
褚思聪 \ 381	吴启圣 \ 393	
綦樟若 \ 381	王作圣 \ 394	

济 宁

王世德 \ 418	李秀经 \ 418	宋怀珏 \ 418
吕国良 \ 418	李尚友 \ 418	张方蔚 \ 419

段桂桥 \ 419	仲质生 \ 430	张锡玉 \ 443
段瑞亭 \ 419	曹济臣 \ 430	董立堂 \ 443
段　伤 \ 419	刘志和 \ 430	王世祯 \ 444
高道俊 \ 419	李厚甫 \ 431	王辉教 \ 445
韦振龙 \ 419	沈洪基 \ 431	李灿本 \ 445
肃　锐 \ 420	朱成麟 \ 431	张崇康 \ 446
尹方远 \ 420	汤怀恩 \ 433	陆全林 \ 446
朱惠渊 \ 420	李言让 \ 433	房应泰 \ 446
欧阳长年 \ 421	李贵三 \ 435	程凤仪 \ 446
张裕谐 \ 422	宋鸿仪 \ 435	车蕴珍 \ 447
刘东源 \ 423	周茂春 \ 435	刘纯智 \ 447
仲统绪 \ 423	黄守良 \ 436	崆　峒 \ 447
张守和 \ 423	李兰芳 \ 436	孙寿山 \ 448
张太和 \ 423	李稚三 \ 436	杨传义 \ 448
刘金佩 \ 423	王十洲 \ 437	胡健谋 \ 449
张登岚 \ 424	李承德 \ 437	祝景兰 \ 449
王士宗 \ 424	郑宝兰 \ 437	马玉山 \ 449
刘桂折 \ 424	姜广照 \ 438	冯庆慧 \ 450
阎传钦 \ 424	周龙柱 \ 438	杨允升 \ 450
杨再梅 \ 426	韩海楼 \ 438	张天民 \ 451
张树松 \ 426	冯广训 \ 439	陈润田 \ 451
吕继瑞 \ 426	李子猷 \ 439	屈慎德 \ 452
常进贤 \ 427	李璧双 \ 439	胡培熙 \ 452
李玉荣 \ 427	吕宪彬 \ 440	孔伯华 \ 453
窦　钰 \ 427	孙茂兰 \ 440	朱荫楸 \ 457
孔祥云 \ 428	张殿奎 \ 442	张天琦 \ 459
张瑞恒 \ 428	王庆熹 \ 442	陈伯馨 \ 460
谌之荣 \ 429	孔继震 \ 442	乔修梅 \ 460
王世坦 \ 429	仲延红 \ 443	朱　鹏 \ 460
刘士昌 \ 429	江广志 \ 443	李延龄 \ 461
朱峻峰 \ 430	张树荣 \ 443	房永昌 \ 461

仲延明 \ 461	胡丕祯 \ 477	沈梦洲 \ 499
吴世厚 \ 461	王恒诺 \ 477	张鸿吉 \ 499
乔允淦 \ 462	王传明 \ 477	张则均 \ 500
李汉章 \ 463	王正甫 \ 478	李振领 \ 501
姚皆义 \ 463	王迪生 \ 479	邵凤昌 \ 501
路守刚 \ 464	刘依萱 \ 479	马鸿汉 \ 502
马学汉 \ 465	孙镜朗 \ 479	周惠民 \ 503
孔宪棠 \ 465	李茂堂 \ 487	秦儒芹 \ 503
李锡增 \ 466	沈光铸 \ 487	曹昭典 \ 503
徐大元 \ 466	张逢春 \ 488	孙隆九 \ 503
唐趋亭 \ 470	王玉乾 \ 488	李绍南 \ 504
张保钧 \ 470	尹铭鉴 \ 488	孔令健 \ 505
王洪恩 \ 471	邹怀达 \ 488	孔宪馥 \ 505
刘瑶琴 \ 471	张润芳 \ 489	孙方成 \ 506
杨怀询 \ 471	刘安仁 \ 489	李印坦 \ 506
王景辰 \ 471	赵华庭 \ 489	郭得兴 \ 507
杨子久 \ 472	刘怀义 \ 490	颜世灿 \ 507
韦孝敬 \ 472	刘积祥 \ 491	王作人 \ 507
孔昭金 \ 472	胡培岱 \ 491	牛金洲 \ 508
宋玉彩 \ 473	梁金洲 \ 492	曹广心 \ 509
周庆炽 \ 473	李瑞云 \ 492	陈殿教 \ 510
胡广志 \ 473	张广岐 \ 492	王世斌 \ 511
陈玉峰 \ 473	张广德 \ 493	孔宪富 \ 511
周德清 \ 474	朱廷赓 \ 493	夏庭徵 \ 512
郝增印 \ 474	李俊卿 \ 493	李明实 \ 512
高书敬 \ 474	郑纯暇 \ 494	赵志奎 \ 513
赵星五 \ 475	徐际麟 \ 495	路呈久 \ 514
于长庆 \ 475	郑祥森 \ 497	张佃文 \ 516
林英麒 \ 476	戚万春 \ 498	王志谦 \ 516
张香亭 \ 476	李存芳 \ 498	张果孝 \ 516
陈化民 \ 477	张理广 \ 499	蒋诲亭 \ 517

马金榜 \ 517	张广辰 \ 522	胡金奎 \ 524
孔庆坤 \ 521	朱鸿铭 \ 522	袁立贵 \ 525

泰 安

王擢英 \ 528	高宗岳 \ 539	孟庆旭 \ 550
王家让 \ 528	崔广珍 \ 544	侯逸民 \ 552
高淑濂 \ 528	刘宝珍 \ 544	张恩涛 \ 553
张汝砺 \ 534	张学琴 \ 544	韩伯章 \ 553
马益良 \ 534	石西太 \ 545	孙静斋 \ 554
王召爽 \ 535	吴树棠 \ 545	李太民 \ 554
郑士文 \ 536	丁仲山 \ 545	王心铭 \ 555
金有重 \ 536	朱乐山 \ 546	夏荣泉 \ 558
李培孝 \ 536	赵继成 \ 547	王逢寅 \ 558
王志义 \ 537	崔会之 \ 547	梁谷臣 \ 560
孙玉荪 \ 537	傅仲田 \ 548	梁洪恩 \ 560
田鸿印 \ 537	史怀新 \ 550	尹延臣 \ 561
宁洪瑞 \ 538	杨玉禄 \ 550	
夏仲奇 \ 539	赵博如 \ 550	

威 海

姜守仁 \ 564	宋漢堂 \ 564	陈育鸣 \ 566
吕子珍 \ 564	于凤池 \ 565	于鹄忱 \ 566
邵志坤 \ 564	孙竹庭 \ 565	

日 照

卢 洵 \ 568	张凤洲 \ 584	董日成 \ 599
李廷祺 \ 568	王梅昌 \ 584	宋其慎 \ 599
李膺远 \ 569	陈锡鉴 \ 585	马锡麟 \ 599
张元中 \ 569	贾会元 \ 585	王熙文 \ 600
张益庵 \ 570	马仕祯 \ 585	赵宝山 \ 600
周克让 \ 570	马慎言 \ 586	傅万选 \ 600
战希孟 \ 570	王恩垕 \ 586	于吉祥 \ 600
王岳迎 \ 571	于 文 \ 586	董 政 \ 601
刘 龙 \ 571	张世佩 \ 587	钟 元 \ 601
张永升 \ 571	潘 楯 \ 587	赵星楼 \ 601
接 祯 \ 572	姜玉洲 \ 588	李庆芳 \ 602
刘菊荫 \ 573	刘殿奎 \ 588	张 庆 \ 602
李竹逸 \ 573	孙世恒 \ 588	刘儒庭 \ 602
马 荣 \ 573	罗惠风 \ 589	刘春溪 \ 603
贾振瀛 \ 573	史致远 \ 589	崔慎思 \ 603
刘福锡 \ 574	张宗汉 \ 590	孙培善 \ 604
万 格 \ 574	唐 锡 \ 590	孙蓬萱 \ 604
张士德 \ 575	王 惠 \ 590	宋世廉 \ 604
王尊三 \ 575	刘顺堂 \ 590	庄志福 \ 611
唐占云 \ 580	李观海 \ 591	张 境 \ 612
邢 标 \ 580	刘承惠 \ 591	葛铭琪 \ 612
丁维祯 \ 581	张京云 \ 592	王桂馨 \ 612
潘岳龄 \ 581	朱世春 \ 592	隽永祥 \ 613
李金萱 \ 582	刘书声 \ 593	殷文淮 \ 613
崔 英 \ 582	刘瀛洲 \ 593	刘庆恩 \ 613
张福隆 \ 582	林 桐 \ 598	邱玉田 \ 613
于 隆 \ 583	尉士杰 \ 598	宋现苓 \ 614

邵 儒 \ 614	陈秉常 \ 621	张电亭 \ 628
马益三 \ 615	林 坤 \ 622	王竹书 \ 629
单新馥 \ 615	徐衍本 \ 622	孙荣吉 \ 629
贾月庚 \ 616	董奎一 \ 622	刘海珊 \ 630
马连禄 \ 616	李从军 \ 623	卢景明 \ 630
王太达 \ 616	严瑞章 \ 623	李兴周 \ 631
贾殿桂 \ 617	傅传秀 \ 624	宋品荟 \ 631
管凤三 \ 617	马凤歧 \ 624	于兆行 \ 631
王京科 \ 617	张 进 \ 624	杜 琛 \ 632
张兴东 \ 617	唐守治 \ 625	张锦华 \ 632
刘星元 \ 618	何 善 \ 625	刘同双 \ 632
陈宪邦 \ 618	郭瑞修 \ 625	袁正瑶 \ 633
史恩培 \ 618	王家合 \ 627	刘成志 \ 634
李步义 \ 619	高维合 \ 627	王永敬 \ 634
王玉仲 \ 619	史桂芳 \ 627	刘桂馨 \ 635
卢孝文 \ 620	姜道远 \ 628	
孙明莲 \ 621	徐存中 \ 628	

滨 州

姜笠村 \ 642	杨建芝 \ 648	丁 润 \ 654
徐之薰 \ 642	赵鸿杰 \ 649	李丕承 \ 655
李佩玺 \ 644	崔星舫 \ 650	张锦庭 \ 655
马登泰 \ 645	肖世金 \ 650	王毓桐 \ 656
王士珠 \ 645	毛注东 \ 651	王本珍 \ 660
范贞光 \ 645	刘日起 \ 652	王祥善 \ 660
杨玉珂 \ 645	毛云鸿 \ 653	王德铆 \ 661
魏儒正 \ 645	张士宾 \ 653	任廷绍 \ 661
孙兆蓉 \ 646	陈汝玉 \ 653	李汉之 \ 661
韩树棠 \ 648	康式漳 \ 654	孙冠甲 \ 662

于洪亮 \ 662	姜奎阁 \ 669	张加林 \ 687
石瑄廷 \ 662	孙永顺 \ 670	刘汉峰 \ 687
李长河 \ 662	张乐园 \ 671	白玉娥 \ 688
赵振绪 \ 663	张树屏 \ 671	霍缄三 \ 688
李树桐 \ 663	康守典 \ 671	郝玉山 \ 688
吴任朋 \ 663	丁喜照 \ 671	王寿祥 \ 689
李步岭 \ 663	曲颖川 \ 671	牟景岭 \ 690
游为贞 \ 664	王立鹏 \ 672	孟令谋 \ 690
劳金山 \ 664	段立斋 \ 672	牛会龙 \ 690
甘　霖 \ 664	孙芳琏 \ 673	王可让 \ 691
韩长林 \ 665	孔照志 \ 673	李子经 \ 691
王芝蓝 \ 665	张皆春 \ 674	周敬堂 \ 692
张庭美 \ 666	赵聘三 \ 678	谢亮辰 \ 692
张介人 \ 666	刘济安 \ 684	赵象文 \ 693
陈友烈 \ 668	孔昭鲁 \ 685	宋兆锋 \ 693
李京尧 \ 668	李伯谦 \ 686	赵文安 \ 693
李向山 \ 669	董茂堂 \ 687	刘玉梅 \ 694
杨景虞 \ 669	赵学娄 \ 687	

德 州

才春元 \ 696	刘鹏飞 \ 697	孔宪纪 \ 698
李振垣 \ 696	张希同 \ 697	耿介堂 \ 699
于凤调 \ 696	范凤岐 \ 698	程品三 \ 699
吕兰田 \ 696	栾丕建 \ 698	宗兰升 \ 699
许　景 \ 697	唐凡楼 \ 698	李　铣 \ 699
徐荫周 \ 697	唐书鉴 \ 698	王　怀 \ 699
于蓝瀛 \ 697	程思敬 \ 698	郭长清 \ 700
刘敬兴 \ 697	撒青林 \ 698	李明山 \ 700

边世文 \ 700	张丙午 \ 709	刘祥符 \ 730
李德俊 \ 700	靳麟光 \ 709	崔佃荣 \ 732
魏安静 \ 700	刘法明 \ 709	张曰庸 \ 732
于宝田 \ 701	刘华明 \ 709	黄芝芗 \ 733
刘福田 \ 701	罗止园 \ 711	董 祥 \ 735
靳凤管 \ 702	王健耕 \ 716	王增寿 \ 735
龙云南 \ 702	邹培基 \ 716	苏兆仪 \ 735
程国思 \ 703	苗清涛 \ 717	魏友臣 \ 736
武殿选 \ 703	贺殿楼 \ 717	刘兰斋 \ 736
马 浩 \ 703	季麟台 \ 717	姚橘泉 \ 737
齐怀珍 \ 704	赵国芳 \ 718	孙鲁川 \ 737
徐盛禄 \ 704	李凤梧 \ 718	张鲁杰 \ 738
朱立统 \ 704	金忠旺 \ 718	刘清芳 \ 738
于丙秀 \ 705	彭仲和 \ 718	房元忠 \ 739
马文广 \ 705	成 泮 \ 719	郭绪宗 \ 739
邢 蒿 \ 705	邓光度 \ 720	王德润 \ 739
王仙洲 \ 706	叶汉卿 \ 720	文明庆 \ 740
李振和 \ 706	吴锡三 \ 722	杨保良 \ 740
方朋岭 \ 706	阎锡章 \ 723	闫昭纲 \ 740
庞继同 \ 706	蔺富元 \ 723	张发舜 \ 740
于世诚 \ 706	于希智 \ 723	韩保田 \ 741
王好贤 \ 707	刘炳峰 \ 723	马少峰 \ 741
张文奇 \ 707	赵文轩 \ 724	吕永兴 \ 742
荣相成 \ 707	李春荣 \ 724	刘元昌 \ 743
孙德谦 \ 707	李 芬 \ 724	李士昌 \ 743
李法成 \ 707	马继奎 \ 724	王兆曾 \ 743
金连科 \ 708	刘慕韩 \ 725	韩世庚 \ 744
孙登瀛 \ 708	赵炳南 \ 726	曹天臣 \ 745
李树梅 \ 708	尹凤翔 \ 729	吕同杰 \ 745
郭继续 \ 709	太清泮 \ 729	

聊 城

张毓塘 \ 750	张月丹 \ 755	董尚忠 \ 766
幺凌云 \ 750	高 琦 \ 755	盛东晓 \ 766
刘树棠 \ 750	张跃东 \ 755	魏法堂 \ 767
高延年 \ 750	于雄祯 \ 755	狄大光 \ 767
朱正宜 \ 751	张喜元 \ 755	付采励 \ 767
周兰芳 \ 751	刘巽南 \ 756	梁敬轩 \ 767
陈 俊 \ 751	叶嗣高 \ 756	陈贞修 \ 768
张 俊 \ 751	李学勤 \ 757	陈鉴明 \ 769
纪好贤 \ 751	王以珍 \ 758	郝艳秋 \ 769
赵瑞峰 \ 751	徐寅清 \ 758	李长溪 \ 769
张士选 \ 752	李守范 \ 758	郝瑞蒸 \ 770
吴体元 \ 752	胡沛霖 \ 758	卜宪林 \ 770
宋思永 \ 752	任香亭 \ 758	梁柱辰 \ 770
王元仲 \ 752	田兆嵩 \ 759	孙履平 \ 771
孙性存 \ 752	张辉璞 \ 759	林洪坦 \ 771
张 洁 \ 753	王省三 \ 759	郭连芳 \ 772
孙彭年 \ 753	白玉堂 \ 759	刘瑞兰 \ 772
孙世瓒 \ 753	贺春池 \ 759	王保太 \ 773
周之桢 \ 753	丁饮渭 \ 761	侯九泽 \ 773
王殿元 \ 753	杨兴臣 \ 761	石圻之 \ 773
刘敏歧 \ 753	孙作舟 \ 762	李广聚 \ 773
秦国治 \ 754	曲传岱 \ 762	阎城心 \ 773
高德安 \ 754	乔仲乐 \ 762	谢遵俭 \ 774
李守业 \ 754	姜春轩 \ 765	李广文 \ 774
崔凤翙 \ 754	齐屏周 \ 765	孙绍周 \ 774
初金门 \ 754	赵传忠 \ 766	

临 沂

李廷祺 \ 778	杜成基 \ 788	高洪藻 \ 800
侯兆丰 \ 779	房永举 \ 788	潘士林 \ 800
刘应选 \ 779	赵汉勋 \ 788	刘云龙 \ 801
吴进溪 \ 780	卢其慎 \ 788	武继浩 \ 801
庞绥来 \ 780	李逢泰 \ 789	徐玉甫 \ 801
高友三 \ 780	庞树敏 \ 789	崔学增 \ 802
高凤仪 \ 781	侯继荣 \ 789	李秀章 \ 802
肖伦元 \ 781	赵履堂 \ 789	赵紫辰 \ 802
于学书 \ 781	樊纪隆 \ 790	秦淑文 \ 802
赵宜梁 \ 782	杨玉春 \ 790	吴鉴文 \ 802
宋宝山 \ 782	赵希珍 \ 795	陈洪文 \ 803
陈德扬 \ 782	高广渠 \ 796	杨泽芳 \ 803
陈朝泰 \ 782	马兴邦 \ 796	周毅民 \ 803
高太原 \ 783	陈美圉 \ 796	李际可 \ 803
陈立梅 \ 783	秦淑涧 \ 796	武明章 \ 803
高滕松 \ 783	姚武灿 \ 796	纪向奎 \ 804
李诚心 \ 784	刘献庭 \ 797	徐文一 \ 804
吴 鸢 \ 786	郝兰溪 \ 797	刘玉鸣 \ 805
王善昌 \ 786	刘荫林 \ 797	杨慎芝 \ 805
王一峰 \ 786	高海观 \ 798	王兴宝 \ 805
王庆来 \ 786	马玉瑛 \ 798	王祥臻 \ 805
孙华亭 \ 786	庞作相 \ 798	高 杭 \ 809
宋 开 \ 787	李元杰 \ 798	刘昌烈 \ 809
张麟图 \ 787	刘本谦 \ 799	刘 东 \ 809
邵 梓 \ 787	刘亭秀 \ 799	季玉玺 \ 811
王 绎 \ 787	高泽俊 \ 799	刘九堂 \ 811
李日登 \ 787	宋景胜 \ 799	杨西贤 \ 811
黄敦汉 \ 788	邱树汉 \ 800	陈风全 \ 812

李洪慈 \ 813	左国榫 \ 835	高执孝 \ 844
牛乾文 \ 813	孙管圃 \ 835	文　玉 \ 845
张茂修 \ 813	柳子芬 \ 836	杜福五 \ 845
范宝善 \ 814	周起凤 \ 836	武纪文 \ 845
高玉荣 \ 814	颜永然 \ 836	张洪慈 \ 846
高玉荣 \ 818	李锦葵 \ 836	庄少庚 \ 846
高贵德 \ 818	王东熙 \ 837	李荣恩 \ 846
潘兴师 \ 819	胡佃选 \ 837	张汉三 \ 847
汲克爵 \ 819	王运昌 \ 837	李学俭 \ 847
陈春台 \ 820	王运昌 \ 838	胡仲如 \ 847
蒋成善 \ 820	刘芡林 \ 840	秦光隰 \ 848
王成顶 \ 824	李凤升 \ 840	侯德桢 \ 850
杨致一 \ 824	李坤章 \ 840	田友成 \ 850
李训纲 \ 825	李相进 \ 841	王君福 \ 850
张锡极 \ 825	江炳锡 \ 841	田德信 \ 850
王兴延 \ 826	张玉清 \ 841	刘子繁 \ 851
王家祥 \ 829	高孟九 \ 841	王为荣 \ 851
刘策选 \ 829	崔士英 \ 842	马毓英 \ 851
施兴邦 \ 830	朱丹初 \ 842	孟士先 \ 853
王洪祥 \ 830	王儒贵 \ 842	王象蒙 \ 854
王　焕 \ 830	孙谟文 \ 842	朱树森 \ 854
刘逢吉 \ 830	张绪贡 \ 842	田荣祥 \ 854
赵砚田 \ 831	刘继汉 \ 843	马现龙 \ 854
邢日高 \ 833	刘豪希 \ 843	张步松 \ 854
周培濂 \ 833	苏金寿 \ 843	时开诚 \ 855
高湛序 \ 833	韩仁山 \ 843	魏兆信 \ 855
赵迪吉 \ 834	王仙州 \ 843	张子祥 \ 855
蒋开业 \ 834	刘应选 \ 844	王清峰 \ 855
韩修文 \ 834	刘辉梓 \ 844	代万选 \ 855
魏秀升 \ 834	时洪勋 \ 844	田荣光 \ 856
高玉丙 \ 835	孙振璙 \ 844	胡介凡 \ 856

吴西闵 \ 856	宋善常 \ 866	宋星白 \ 879
欧玉亮 \ 856	王广丰 \ 866	张庆生 \ 880
赵兰玉 \ 858	张林祥 \ 866	杨焕文 \ 880
王佃振 \ 858	邵元凯 \ 866	谢方坤 \ 880
李东义 \ 858	陈建吉 \ 867	公方章 \ 880
高元明 \ 858	庞光星 \ 867	唐鸿基 \ 880
王安卿 \ 859	唐洪德 \ 871	魏玉栋 \ 881
许作良 \ 859	王冠军 \ 871	鲍化久 \ 881
刘立森 \ 859	庄旦林 \ 872	杜家申 \ 881
武敬善 \ 859	刘培奇 \ 872	李秀庭 \ 881
孟富民 \ 860	赵聪明 \ 873	刘伯成 \ 883
钱龙骧 \ 860	能恒丰 \ 873	杨发恒 \ 885
胡增喜 \ 860	张立堂 \ 873	周彦宗 \ 885
王廷忠 \ 860	王兴太 \ 876	宋景云 \ 885
刘学秀 \ 860	刘经厚 \ 876	高义矩 \ 885
张会川 \ 864	吴树常 \ 876	孟宪爵 \ 886
张恒仁 \ 864	张 田 \ 876	刘兰田 \ 886
盖乐亭 \ 865	邱树柏 \ 877	刘启廷 \ 887
刘廷元 \ 865	徐树伦 \ 878	庞宪清 \ 888
韩新顺 \ 865	赵忠敬 \ 878	陈宪民 \ 891
李守贞 \ 865	刘镇玉 \ 879	
王丙新 \ 866	宋鲁儋 \ 879	

菏 泽

罗永围 \ 896	李方华 \ 897	马文炳 \ 901
阎惟贞 \ 896	陈士纯 \ 897	王端智 \ 901
朱见龙 \ 896	韩 渭 \ 898	张萝花 \ 901
齐景嶷 \ 896	刘永安 \ 899	周武典 \ 902
张于魏 \ 896	傅朝宪 \ 899	康心俭 \ 902
张东森 \ 897	韩化溥 \ 900	王文典 \ 902

石远来 \ 902	王显敬 \ 915	岳美中 \ 952
张东思 \ 903	安作澄 \ 916	魏可玉 \ 952
田庆弟 \ 903	郭献庭 \ 919	武世义 \ 955
曾伦元 \ 903	邵仰华 \ 919	曹治宾 \ 957
蔡普庆 \ 903	王海澄 \ 919	韩毅仁 \ 957
赵润普 \ 904	张宪忠 \ 919	王耀宗 \ 957
穆鸿章 \ 904	亓文章 \ 920	曹兰锋 \ 959
穆典章 \ 904	侯安哲 \ 921	李鹤立 \ 959
万树楠 \ 904	王耕民 \ 922	卜静斋 \ 960
赵　俭 \ 905	朱令芝 \ 923	赵清云 \ 961
贾文安 \ 905	李广济 \ 926	王鸿森 \ 961
武魁一 \ 905	时念籍 \ 930	李师谟 \ 969
孙　爽 \ 907	陈庆锡 \ 931	卢宝琛 \ 972
徐孝典 \ 907	刘荫田 \ 933	马俊德 \ 973
聂兰桂 \ 908	苏化科 \ 934	王作贤 \ 976
毕于兰 \ 908	姚夔龙 \ 935	仵培堂 \ 977
刘云章 \ 908	王者俊 \ 935	刘述伟 \ 978
辛爱珍 \ 909	杨执卿 \ 935	张修斋 \ 978
陈志升 \ 909	曹衍嵩 \ 936	王登来 \ 982
崔运龙 \ 911	鹿鸿鑫 \ 937	张同惠 \ 983
靳鸿书 \ 911	魏指薪 \ 939	孙跃坤 \ 985
张冠学 \ 911	马年丰 \ 943	武明钦 \ 986
董云奇 \ 912	陈知训 \ 945	赵从让 \ 988
史高俊 \ 912	赵文礼 \ 946	王曦亭 \ 991
岳克允 \ 913	侯思敬 \ 947	广文鞠 \ 992
刘汉晨 \ 913	祝友韩 \ 947	朱世任 \ 992
李继增 \ 913	班作楫 \ 949	
吕贞固 \ 914	严绪戡 \ 952	

人名索引 \ 995

参考文献 \ 1024

济南

◎ 艾依塘 ◎

艾依塘，济阳县人，生卒年代不详。工楷书，精岐黄术。著有《赞育真诠》，未刊。

[《山东中医药志》(1991)]

艾依塘，庠生。工楷书，精歧黄术。著有《赞育真诠》，上函分甲乙丙丁戊己庚辛壬十本，下函分子丑寅卯辰巳午未申酉戌亥十二本。均系手抄，工整异常，颇为名医所赏识。

[《济阳县志集》(1998)]

◎ 王川荣 ◎

王川荣，清末民初商河县黄家屯人。对脉理能明其奥，于临证善用奇方重剂。

[《山东中医药志》(1991)]

◎ 王天一 ◎

王天一，字清一，名好仁，清末民初商河县人，庠生。于疫病流行之时，日诊数十户，不辞劳苦，广舍药饵，活人无算。

[《山东中医药志》(1991)]

王天一，清代商河县人。每疫病流行之时，舍己为人，昼夜诊治。亲友劝其注意健康。王氏曰："苟为救人而死，死亦正命，吾何惧！"

[《山东中医药志》(1991)]

◎ 王成林 ◎

王成林，清末民初商河县贺庄人。工医术，每起沉疴痼疾。

[《山东中医药志》(1991)]

◎ 王宗禹 ◎

王宗禹，字拜言，商河县郭八社庄人，清末民初人。善扁鹊之术，治病多起沉疴。

[《山东中医药志》(1991)]

◎ 牛肇统 ◎

牛肇统，清末民初商河县齐家庄人。业医，精脉理。

[《山东中医药志》(1991)]

◎ 艾允业 ◎

艾允业，清末民初济阳县人。施药医人四十余年，年费百元之多，活人甚众。

[《山东中医药志》(1991)]

◎ 娄峻山 ◎

娄峻山，字霄峰，清末民初商河县于家屯人。工岐黄术，尤精外科。

[《山东中医药志》(1991)]

◎ 曹恒祥 ◎

曹恒祥，字麟卿，民国济阳县高家楼人。精脉理，活人无算，名重一时。

[《山东中医药志》(1991)]

◎ 吴子元 ◎

吴子元，名长裕，道号中一。精岐黄术，方药与世俗殊科，主药动以二三两计，群医相顾咂舌，服之无不效者。凡迂险怪症，应手立愈，以故名播遐迩。先生素以修道为名，赞敬之有无，不计也。

[《长清县中医药志》(1984)]

◎ 徐士刚 ◎

徐士刚（1841—1919），明水办事处王白庄人。弱冠习医，攻读医典，尤对《审视瑶函》《龙木论》《眼科正宗》潜心研读，以善眼科名于世，三十岁乃为县内名医。其子守福承其业，亦善眼科。

[《章丘卫生志》(2007)]

◎ 毕先明 ◎

毕先明（1842—1907），寨里镇宜山村人，秀才。自幼跟其父学医，先后攻读了《内经》《伤寒》《景岳全书》等名家之著。同父共在"慎术堂"以眼科为主给百姓医病。他平易近人，救人之危，医德高尚，为世所敬重。

[《莱芜卫生志》（2004）]

◎ 姚清勤 ◎

姚清勤，曲堤西街人，清末秀才。学医于高五先生，熟读《冯氏锦囊》《四法要略》《医宗必读》等书，长于内科。其子峰云继承父业，有医名。

[《济阳医药卫生志》（1984）]

姚清勤，济阳县曲堤西街人。生于清道光二十一年（1841），卒于民国三年（1914），庠生。业医，善治内科。子云峰[①]亦有医名。

[《山东中医药志》（1991）]

◎ 傅斯侨 ◎

傅斯侨，字润臣，聊城县相府街（今名民主街）人。生于清道光二十二年（1842），卒于民国十四年（1925）。润臣生士宦之门，系清代状元傅以渐玄孙，贡生。

润臣幼而聪颖，记忆尤佳，博通经史，以贡生官直隶州[②]，有政绩。鸦片战争后，目睹朝廷腐败，局势不稳，遂弃官习医。闭门精研《内经》《难经》《伤寒》《金匮》及方书数年。术成则悬壶应诊，治多应手取效，求诊者盈门，名声大震。

同治十二年（1873）寄居济南，悬壶应诊，凡经调治，多着手成春，遂誉满泉城。山东抚台多次延诊，深受赏识。

---

① 云峰：《济阳医药卫生志》（1984）作"峰云"，此处作"云峰"，《山东中医药志》（1991）另作"姚之峰"，《济阳文史资料第7辑》（1993）作"姚凤云"，据相关事迹，当为同一人。相关文献不足，存疑待考。

② 以贡生官直隶州：对于傅斯侨官职的记述有两种说法。一是"直隶州知州"，持此观点的有《山东中医药志》（1991）、《聊城市卫生志》（1991）、《聊城地区卫生志》（1993）；二是"候补直隶州知州"，持此观点的有《山东省卫生志》（1992）、《济南市卫生志》（2009）。据宣统二年《聊城县志》中记述为"公省补用直隶州恩贡傅斯侨"，官职当为"候补直隶州知州"。

在济南逝世,终年八十三岁。

[《山东中医药志》(1991)]

清代名医傅斯侨,聊城相府街(今民主街)人。生于道光二十二年(1842)八月,卒于民国十四年(1925)三月,终年八十三岁。傅先生出身于官宦之家,清代状元傅以渐的第七代孙,为清朝末年贡生,官至直隶知州。他天资聪慧,记忆超人,文学造诣颇深,鉴于清末政治腐败,时局动荡,弃官习医,深究《内经》《难经》《金匮》《伤寒》等书,数年后名声大振。

同治十二年(1873),寄居济南行医,曾多次给山东抚台及东西两司治病,疗效显著,名誉泉城。

[《聊城市卫生志》(1991)]

傅斯侨(1842—1925),字润臣,东昌府城里(今聊城)人,清光绪末年贡生,候补直隶州知州。专攻医学而成名,精于医理,擅长内科。一生多在济南行医,常为山东巡抚衙门官吏诊病。

[《山东省卫生志》(1992)]

傅斯侨(1842—1925),字润臣,聊城民主街(相府街)人。出身官宦之家,清代状元傅以渐第七代孙,为清末贡生,官至直隶州知州。鸦片战争以后,他目睹时局动荡,宦海浮沉,遂弃官习医。深究《内经》《难经》《金匮》《伤寒论》方书。数年后,名声大振。1873年寄居济南行医,名誉泉城,1925年病逝于济南。

[《聊城地区卫生志》(1993)]

傅斯侨(1842—1925)候补直隶州知州,著名医家,字润臣,东昌府城里(今聊城)人,清光绪末年贡生。专攻医学而成名,精于医理,擅长内科。一生多在济南行医,常为山东巡抚衙门官吏诊病。

[《济南市卫生志》(2009)]

◎ 王安仁 ◎

王安仁,商河县小冯庄人。生于清道光二十三年(1843),卒于民国十三年(1924)。业医,工内科,尤善针灸术。

[《山东中医药志》(1991)]

◎ 郝九化 ◎

郝九化(1851—?),字沾臣,莱芜市陶家庄人。早年读私塾,后受聘于口镇南街郑家为教员，同时，攻读各中医经典名著。1881年舍教回归本村自设"生化堂"为坐堂先生，擅长眼、妇、儿科，在当时莱芜北部较有名气。1916年口镇一带"热症"流行，先生整日奔波于病患之家施医舍药，救治危疾甚多。曾著有《眼科选录》，惜未梓，散佚。

[《莱芜卫生志》（2004）]

◎ 曹 钱 ◎

曹钱（1851—1905），寨里镇曹大下村人。自幼爱读书，二十岁奔走他乡拜师学医，曾先后在淄博、章丘行医，后回乡设"兴春堂"自为坐堂先生，雇用五人从泰安购运药品，名噪乡里，精儿科，配方精当，不失古人之法，常以"邪之所凑，其气必虚"为怀。临症处方用药善以扶正为主，以温补见长。

[《莱芜卫生志》（2004）]

◎ 张 考 ◎

张考，字武山，牛泉镇东泉河村人，弃儒习医，熟读《银海精微》《眼科大全》等医籍，尤对眼科独具匠心，颇负盛誉，立号"泉升堂"。先生平生忙于诊务，辨证精当，用药灵活，通权达变，不泥古方。未著书立说，其手稿和验方已佚。曾治章丘县牛牌庄一名妇女双目失明眼疾，内外兼治，几日即愈，敬赠"妙手回春"匾额。

[《莱芜卫生志》（2004）]

◎ 乔允生 ◎

乔允生（1854—1917），平阴县洪范乡周河村人。工医，受业于清咸丰时御医江西喻氏。擅疗瘟疫、伤寒，屡起沉疴，全活甚众。乡里群众赠"行高月旦"之匾以彰其德。

[《泰安地区中医志》（1983）]

乔允生，平阴县洪范乡周河村人。生于清咸丰四年（1854），卒于民国六年（1917）。工医，善治瘟疫、伤寒，活人甚众。乡公赠"行高月旦"匾，以彰其德。

[《山东中医药志》（1991）]

◎ 刘万仓 ◎

刘万仓[1]（1857—1937），字子丰，长清县孝里公社松竹店人。自幼读私塾，至十八岁辍学后在坦山西崖张家馆学做生意，三十岁回家，当年因喉部生疮延医诊治，医者但以饮酒为事，竟忘记给病人施术。刘万仓借某医饮酒之机，将其手术器械取之内屋，对镜将喉部小疮切开，排出脓血，旋愈。通过此事，先生亲感得病之痛苦和求医之难，乃决心精研外科，为患者解除痛苦，首先攻读了《外科金鉴》《马氏外科全生集》，又参阅了古代医籍，至四十岁已成为周围数县的外科高手。

先生治病救人，不论贫富，有求必应，待病人如亲人。如：一次在东村边遇一贫穷人，卒患心口痛，施以针灸后，把病人背到自己家中，亲自煎药伺候，直到病愈才把病人送走。至于周围数县因患疮疡而求治于先生者莫不应诊治疗。故九个县被治疗过的患者感其医德，捐款立碑以作纪念，题曰"一片婆心"。

先生临终前曾著成外科十四本，惜毁于"文化大革命"期间。先生之医德高尚，医术超群，实为医界学习之楷模。

[《长清县中医药志》（1984）]

刘万仓，字子丰，长清县松竹店人。生于清咸丰七年（1857），卒于民国二十六年（1937）。幼读儒书，弱冠辍学，因壮年生病，延医艰难，遂发奋学医，竟以医名。擅长外科，不论贫富，有求必应，施药济人，谢绝报酬。乡公感其德，立碑文曰"一片婆心"。

[《山东中医药志》（1991）]

◎ 侯福田 ◎

侯福田，商河县栾庙村人。生于清咸丰十年（1860），卒于民国十九年（1930）。工医，术精内科。

[《山东中医药志》（1991）]

◎ 卢希正 ◎

卢希正（1863—1927），张夏公社井字村人。清末入科场未中，二十五岁时在

---

[1] 刘万仓：《山东中医药志》（1991）作"刘万仑"。因其字子丰，故其名应为刘万仓。

村塾任教，边教边习医学，读书甚多，尤通晓张仲景《伤寒论》，故张夏一带群众咸以"伤寒先生"称之。

本村李长盛，患伤寒数日，诸医治之不效，病情危重，请其诊治，数剂而愈。又如张夏火车站站长钱某，张夏村王福之之母，皆因伤寒重证，请先生治疗均获奇效。希正先生治病不论贫富，众皆感其德。

先生一生，不但诊病细心，对教徒也很认真。郝德福先生就是他培养出来的较好的徒弟。著有《新编医学源流》六册手稿，惜被人焚烧。无法探求其学术思想。

[《长清县中医药志》(1984)]

◎ 刘宝善 ◎

刘宝善（1863—1939），曲堤区刘家村人。年二十中秀才，后弃儒就医。长于内科，在当地很有名望。其子年幼，未承父业。

[《济阳医药卫生志》(1984)]

◎ 周长明 ◎

周长明[①]（1863—1936），字东暄，青宁区周家村人。学医于齐河赵三先生，对《成注伤寒论》《济阴纲目》等书研究有素，长于伤寒和妇科，能运用五运六气之说，预断病人轻重生死之期。处方用药多著奇效，名望甚高。写有医案，传于其孙周广仁，1958年被黄河水灾淹没。广仁，字伯良，继承祖业，名著当时。

[《济阳医药卫生志》(1984)]

周长青，字东宣，济阳县青宁区周家村人，生于清同治二年（1863），卒于民国二十五年（1936）。工医术，精妇科。孙广仁承其业，名著当时。

[《山东中医药志》(1991)]

◎ 陆晋笙 ◎

陆晋笙，字锦燧，江苏苏州人。生于清同治三年（1864），卒年不详。

陆晋笙于十六岁时，因其母病，延医诊治，受到名医何鸿舫医学的影响。嗣因家口众多，疾病时生，于二十六岁（1890）致力于医。民国二年悬壶上海，民国五年寄寓山东济南，刊赠《景景医话》《医谈录旧》。民国七年，刊《重古三何医案》

---

① 周长明：《山东中医药志》(1991)作"周长青，字东宣"。

《鲈溪单方选》《鲈溪外治方选》。民国十一年,在山东济阳时,辑《鲈溪医论选中编》。民国十七年选注《香岩径》,还撰有《鬼臾术》《景景稿杂存》《鲈溪医述十种》。

《鲈溪医述十种》包括:《医学便读》《外候答问》《病证辨异》《要药选》《用药禁忌书》《古今医论选》《古今医方选》《古今医案选》《内服单方选》《外治单方选》等。

《香岩径》:选自《临证指南》《三家医案》《叶案存真》《叶天士晚年方案真本》四书中之疑难杂病。为便于查阅,分证选编。医生临证,往往从饮食便溺,起居动静,时令晷刻,询知疾病真相。于是删繁就简,提要摘录于案首,便于初学阅读。

《鬼臾术》:乃摘录《内》《难》经文,分名《素问节要》《灵枢节要》《难经节要》,又摘录薛生白《医经原旨》之精义,名曰《雪梯》。取义以《雪梯》为读《内》《难》之阶梯。总名《鬼臾术》。

陆晋笙早年中举,中年从政,曾三任山东济阳县令。公暇诊治平民疾苦,颇有政声。平生于医道造诣很深,推为民初四大名医(张锡纯、杨如侯、刘蔚卿)之一。

按:民国二十三年(1934),山东《济阳县志·卷九·职官志》载:"陆锦燧,字晋笙,江苏吴县举人,前后宰吾济者三,尤精岐黄术,尝乘案牍暇,为平民诊治痼疾,辄着手成春,著有《鲈溪医述》及《医论选》等书行世。""末次任济时,值上宪变卖官产,境内有河游地十五顷余,悉在应卖之例。公连牍累请上峰,竟蒙邀准;留价洋六千元作教育基金。且为体恤贫民计,定价綦廉,士民无口不碑。离任时,祖饯者盈街衢焉。"

[《中国医学源流概要》(1995)]

◎ 冯汝坤 ◎

冯汝坤(1865—1949),刁镇冯家村人。一生业医,擅长骨科、按摩,闻名于县内及商河、乐陵一带。

[《章丘卫生志》(2007)]

◎ 朱静庭 ◎

朱静庭(1865—1940),刁镇朱家村人。自幼习岐黄术,擅长内、妇科。临床诊病细心,经验丰富,名噪县境北部及邹平县南部地区。

[《章丘卫生志》(2007)]

◎ 侯润田 ◎

侯润田，商河县栾庙村人。生于清同治四年（1865），卒于民国二十九年（1940）。学本长沙，治专内科。

[《山东中医药志》（1991）]

◎ 姚峰云 ◎

姚峰云[①]（1865—1927），清勤先生之长子，清末秀才。年二十得医名，长于内科，用药多滋补，辨证用药得当，有奇效，为乡民所钦敬。

[《济阳医药卫生志》（1984）]

姚峰云，济阳县曲堤西街人。生于清同治四年（1865），卒于民国十六年（1927）。清末秀才，传父术业医，长于内科，用药偏于滋补。

[《山东中医药志》（1991）]

◎ 丁绍城 ◎

丁绍城[②]（1866—1949），孙耿区大路村人，清末武庠生。效力河工，奖给五品顶戴，后善岐黄术。民国三年，齐河县吴福森率同城关乡绅送金匾云："着手成春"。著有《素经难经释义》等书。

[《济阳医药卫生志》（1984）]

丁绍城，济阳县人，生卒年代不详，武庠生。效力河工，奖五品顶戴，后修医术。著有《素问难经释义》，未刊。民国三年吴福林送"着手成春"金匾。

[《山东中医药志》（1991）]

◎ 汪问九 ◎

汪鼎炬（1867—1932），号问九，浙江省萧山县人。享年六十五岁。青年时期在原籍亲友家开设的药店中学医，民国初时迁居济南行医。善治温热病，处方用药

---

① 姚峰云：《山东中医药志》（1991）作"姚之峰"，《济阳文史资料 第7辑》（1993）作"姚凤云"。据相关事迹，当为同一人。
② 丁绍城：《德州地区卫生志》（1991）为"丁绍成"，《济阳县志集》（1998）为"丁绍诚"。名虽有异，然据所载之事迹，当为同一人。

多遵江南温热学派。著有《汪问九医案》,未经刊行。

[《济南中医药志》(1989)]

汪问九,名鼎炬,浙江省萧山县人。民国初徙居济南。生于清同治六年(1867),卒于民国二十一年(1932)。善治温热病,处方用药多遵江南温热学派。著有《汪问九医案》,未刊。

[《山东中医药志》(1991)]

◎ 郭联甲 ◎

郭联甲(1867—1951),字奎五,南关街人,清末秀才,精于医学,善治慢性虚弱病。曾在济南安乐街坐堂行医。遗稿有中医歌诀二本,由其妻献给县中医研究会,1958年秋,卫生厅来人采风访贤,将书带走。

[《济阳医药卫生志》(1984)]

◎ 曹广勋 ◎

曹广勋和《医学简明录》

曹广勋(1867—1952),字普卿,清末秀才,山东省阳信县曹家糖坊村人。自幼敏而好学,悉心攻读儒书,惟弱冠多病,屡试不第。及长,毅然弃儒学医,当三十余岁,于海阳、沾化一带医林中,已负盛名。四十岁后定居济南。夙习名师技艺,或为市民疗疾。每于诊务之暇,著书立说。八十四岁,始返故里。在家经年,虽暮年耋龄,尚步履稳健,以民众病苦为忧。四方就医者云集,常常门庭若市。一九五二年十二月二十六日,先生去二十里外之东范村为一妇女诊治,不幸中途获病,不久谢世。卒年八十五岁。

先生广识博学,毕生致力医学。对《内经》《难经》《伤寒》《金匮》等经典之探讨颇为精湛,并兼河间、东垣、丹溪、喻昌诸家之长,持"先贤未发者补之,今人沿谬者正之"之宗旨,积五十年临床之经验,著成《医学简明录》书稿,又经王芝亭、范道衡等名士细心校对,准备早日出书问世。先生实非名利中人,惟求此书问世,济世利民,"惟望习医者,学问深纯,品行端正,遵《灵》《素》,崇《金匮》,博采良医言论,存心济世活人,不邀名,不谋利……"(自序)。所惜者,一生呕心沥血,多遭战乱干扰,历尽千辛万苦,临终未曾如愿。

凡四十年,书稿几经周折,才得传与后人。"文化大革命"期间,幸得王盛林冒险匿护，方才流存于今。

《医学简明录》约成书于一九二八年至一九三九年间。原系先生平素临床之记录，后以"先论病，后备方"之式汇编而成。书分内外妇儿、内难辑要、金匮伤寒、四诊治法，共二十卷，约八十万言。每论一病，先做扼要简述，次论病因病机，再示辨证施治，后列方剂文摘。内容丰富，重点突出。明同仁之易惑，出古书之未达。

先生临症，喜究古人成方，擎其合理法度，补己临床别悟。本书所备，古方皆注出处，无注即为自立。立方宗旨：药少、取易、效高、价廉。列方虽多，繁而不杂，备医者应时通权达变，即奏一用一捷之效。病有百形、型有百因，治有千方，有条不紊。

《医学简明录》为先生毕生心血之结晶，每于诊病之暇，反复推敲修改，字隙行间，勤谨立见。

此外，先生尤重体疗养生，年逾八旬，尚且耳聪目明，齿固身壮。至今村民有习"练腰""跺脚""鸣天鼓""揉眼""栽牙"养生者，皆为先生真传。其著《身心规范》《延益要旨》（陈汝玉先生序并校）两书，可惜保存不善，久已散失。

"不为良相，当为良医"。先生行医六十余年，艺高技绝，妙手回春，济人忘己，尤重医德。凡因病迎候者，不论贫富，徒步出诊，从不收礼，贫者有疾，不请自至。某夜风雪中，先生出诊归途，偶见道旁僵卧七岁孤儿李迈千，即刻抱之回家，收养在侧，爱如己子，待其成人，方使自立。先生在济南开设"博济堂药店"，历时四十余载，惟以清廉自勉，鄙薄功名利禄。

曹先生一世，向社会索求者甚少，为人民贡献者甚多。承祖国古代文明，继中医光辉业绩，医术医德，皆诲后人。

[《惠民地区中医药志》（1983）]

曹广勋（1867—1952），字普卿，阳信县河流乡曹家糖坊村人。自幼敏而好学，悉心攻读儒书，清光绪年间考中秀才。惟弱冠多病，再试不第，毅然弃儒学医，当三十余岁，于海丰、阳信、沾化一带医林中，已负盛名。四十岁后定居济南，夙习名师技艺，为市民疗疾。每于诊务之暇，坚持著书立说，八十四岁始返故里。在家经年，虽年耄体衰，仍以民众疾苦为忧，四方求医者云集，常门庭若市。1952年12月26日，他去二十里外之东范村为一病妇诊治，不幸中途罹病，不久与世长辞，终年八十五岁。

不为良相，当为良医，广勋行医六十余年，济人忘己，医德至上。凡因病迎候者，不论贫富，徒步出诊，从不收礼，贫者有疾，不请自至。某夜风雪大作，他出诊归途，偶见道旁僵卧七岁孤儿李迈千，即刻抱之回家，收养在侧，爱如己子，待其自立。他在济南开设"博济堂"药店，历时四十余载，惟以清廉自勉，鄙薄功名利禄，治病救人，勋绩卓著。

广勋精研医理，博采众说，临床升华，尤重推施。喜究古人成方，擎其合理法度，补己临床别悟。他辨证精辟，善析病因，治有千方。立方宗旨：药少、取易、效高、价廉。列方皆奏一用一捷之效。他尚重体疗养生，年逾八旬，仍耳聪目明，齿固身壮，至今村民有习练腰、跺脚、鸣天鼓、揉眼、栽牙养生者，皆为广勋真传，其著《身心规范》《延医要旨》两书，可惜保存不善，今已失散。

广勋对《内经》《难经》《伤寒》《金匮》等经典之探讨颇为精湛，并兼河间、东垣、丹溪、喻昌诸家之长，持"先贤未发者补之，今人沿谬者正之"之见，积五十年临床之经验，著成《医学简明录》书稿，又经王芝亭、范道衡等名士校对，拟早日刊出问世。其此举实非为名利耳，志在济世利民，"惟望习医者，学问深纯，品行端正，遵《灵》《素》，崇《金匮》，博采良医言论，存心济世活人，不邀名，不谋利……"（自序）书稿约成于1928年至1939年间，可惜历经战乱，广勋临终未曾如愿，后经四十年种种周折，才得传于后人，"文化大革命"期间，又得王盛林、曹方坦冒险匿护，方幸存于今。1983年在山东中医学院张奇文副教授主持下进行整理，已出版第一分册，《医学简明录》立方遣药，阐述尤详，方药之用，亦多发明。实乃秘籍珍本。

广勋一生，才高学深，不与世争，承祖国古代文明，继中医光辉业绩，堪称近代杏林之精粹。

[《惠民地区卫生志》（1992）]

曹广勋（1867—1952），名中医，字普卿，阳信人，清末秀才，后弃儒学医，三十余岁负盛名，四十岁后定居济南开设博济堂药店，历四十余载。他行医六十余年，积临床经验，著成《医学简明录》稿传世，其中第一卷于1984年出版。

[《济南市卫生志》（2010）]

◎ 沈恒久 ◎

沈恒久（1871—1943），字风湘[①]，章丘县刁镇沈家村人。青年时，其侄殁于庸

---

① 风湘：《山东中医药志》（1991）作"凤湘"。

医误治，逐立志学医。刻苦自学多年，竟以医名，不仅为章丘名医，而且沿胶济铁路闻名于济南、青岛等地，治愈不少重危病人。尤擅长脉诊。曾诊本邑辛庄村地主辛某之妹，谓辛曰"令妹为双胎"，是时辛某之妹尚未完婚，辛某乃持刀剖腹，果取双胎。恒久闻后，自知失言，遂暴盲，时年五十岁。

恒久对《伤寒论》研究较深，能会心其旨。对贫病者，常施以药，在群众中享有很高的声誉。

[《济南中医药志》（1989）]

沈恒久，字凤湘，章丘县沈家村人，生于清同治九年（1870），卒于民国三十二年（1943）。医术精深，诊贫穷患者尝施医舍药，威信颇高。

[《山东中医药志》（1991）]

沈恒久（1868—1943），字凤湘，刁镇左家村人。青年时其侄殁于庸医误治，遂立志学医，竟以医名，不仅在县内，且沿胶济铁路闻名于济南、青岛等地。以济世活人为宗旨，德高业精，尤擅长脉诊，治愈不少重危病人，对贫家常施医舍药，为众敬仰。

[《章丘卫生志》（2007）]

◎ 张鸿儒 ◎

张鸿儒[①]（1868—1940），字振声，济阳城里人，清末秀才。教读兼行医，长于妇科。有胆识，遇有疑难病症，敢于力排众议，大胆投药，转危为安。乡民赞颂不已，成为当时名医。晚年因拒绝为日伪官属出诊而被辱，归家后突然中风而死。

[《济阳医药卫生志》（1984）]

张洪儒，济阳县人。生于清同治七年（1868），卒于民国二十九年（1940），庠生。执教业医，术精妇科。遇疑难症，用药有胆识。

[《山东中医药志》（1991）]

◎ 吴绒信 ◎

吴绒信，号吴八，莱芜市中法山人。世医门第，1949年受聘于雪野，自设"延寿堂"为坐堂先生。精妇科，在当地颇负盛名。他潜心好学，自编《医学入门》手册，惜"文化大革命"中散佚。先生医德高尚，常以"庸医不明即是杀人"鞭策

---

① 张鸿儒：《山东中医药志》（1991）作"张洪儒"，文献不足，存疑待考。

自己，乡民皆称颂。

[《莱芜卫生志》（2004）]

◎ 袁荣贵 ◎

袁荣贵（1868—1938），白云湖镇苏家码头村人。一生业医，医理谙熟，善治热病，常为旧军孟家延之医病，足迹遍及各大"祥"字号。但贫者一呼即应，从不受馈赠，声望很高。殁后，乡民为其立墓碑纪念。

[《章丘卫生志》（2007）]

◎ 题仙龄 ◎

题仙龄（1868—1942），名春绪，以字行，平阴大兴庄人，清末邑庠生。通经史，耽文学，工诗词，性淳朴，热心公益。科举废除后，思想顿起变化，渐趋向于人民群众，乃专攻医学，寝馈于《灵》《素》、越人、仲景之学，嗣悬壶应诊，自设济生堂药肆，医术精湛，经验丰富，长于方脉，尤工妇科，对虚弱痨伤，以重脾胃为主，能得东垣之旨。日寇侵华期间，民生凋敝，群众多有数日不得食者，乃急创"闭谷丸"以挽救饥饿垂死者。行医历五十年，蜚声遐迩，全活甚众。

[《泰安地区中医志》（1983）]

题仙龄（1868—1942），名春绪，平阴县大兴庄人，清末邑庠生。幼读经史，爱文学，工诗词。他为人淳朴、忠厚，热心于公益事业。废除科举后，在"不能医国，当能医人"的思想影响下，专心研究医术，通读医典名著，尤精于仲景之学说。后自设济生药铺，挂牌应诊。

他经多年实践，经验丰富，医术精湛，长于方脉，尤擅妇科；对虚弱痨伤的治疗，以调理脾胃为主。在日军侵华期间，天灾兵祸，民不聊生，当地群众多有断炊，饥饿成疾。他创制"闭谷丸"，以挽救饥饿垂死者。行医五十余年，救治病人很多，名声传遍四乡。

[《泰安卫生志》（1991）]

题春绪，字仙龄，平阴县大兴庄人。生于清同治七年（1868），卒于民国三十一年（1942）。邑庠生，业医五十余年，通脉理，精妇科，承东垣之旨，尤重脾胃。蜚声遐迩，全活甚众。

[《山东中医药志》（1991）]

◎ 王云广 ◎

王云广，商河县小冯家人。生于清同治八年（1869），卒于民国二十二年（1933）。学宗傅山女科，术精妇科经带。

[《山东中医药志》（1991）]

◎ 郝百川 ◎

郝百川[①]（1869—1929），字东桥，长清东关人。自幼读书，科举不第，乃刻苦研求祖国医药学。据民国县志载："少习医术，家学相承，故所造独精。贫者施治，富者也不索资，无昼夜寒暑，患者延请立至。"足见先生医德之高。

民国初年，军阀混战，孙中山先生联合中共率师北伐，联军第九师第一团驻防长清城内，正值疫疠流行，延及官兵，病者累累。经先生认真治疗后无一死亡，收到很好的疗效，为近代革命作出了应有的贡献。为此全体官兵敬颂"济惠为怀"的匾额，以表谢意。此事载入县志并做了详细叙述。郝先生不仅济世为怀，还善于选贤施教。在众多的郝氏宗族中慧眼识才，毅然将自己毕生所学传授给侄媳石志贞。使石志贞继承了他的医术并成为我县唯一最早的女中医。郝百川先生在世时曾收藏很多医学经典著作，他也写了许多医论医案，除其孙献出手抄秘方一纸外，其余由于其家境日败，医籍和手稿均已散失，使我们无法窥见其全部学术思想，甚为遗憾。

[《长清县中医药志》（1984）]

郝百川，字东桥，长清县东关人，生于清咸丰十年（1860），卒于民国十八年（1929）。幼读儒书，科试不第，遂弃儒承家业习医。施治贫者，不分昼夜寒暑，延请立至。传术于侄媳石志贞，为长清县唯一女中医，其德可风。

[《山东中医药志》（1991）]

◎ 郝云衫 ◎

郝云衫（1870—1944），名玉章，齐河县孙耿乡人。先生自幼聪敏，勤奋好学，在青少年时期曾饱读诗书，为清朝末科举人。曾在临邑执教私塾，光绪三十二年

---

① 郝百川：《山东中医药志》（1991）生年作"1860"。

(1906)应聘来济后期师范①和女子师范任国文及历史教员。先生为人刚毅豪爽,热忱奔放,善于交际,活动能力很强,为捍卫中医事业,使祖国医学之发扬光大,作出了卓越的贡献。

创办国医学校培养中医人才

1929年,南京政府卫生部在第一届中央卫生委员会议上,竟然通过了余(云岫)汪(企张)所提"废止旧医以扫除医事卫生之障碍案",企图强制消灭中医中药,引起了全国中医药界的极大反响。由于全国中医药界的仁人志士的强烈抗议和全国各界人士的有力支持,反动当局被迫撤销了"余汪提案"。但是,反动当局歧视中医之势尚未完全扭转。在其1936年5月5日公布的宪法草案(内含中医条例)仍旧具有歧视排斥中医的观念。郝氏认为要想从根本上消除中医受歧视的弊端,就必须促使自身强健;欲使祖国医学发扬光大,就必须加强国医教育事业。此即所谓事业要兴旺,教育必先行。有感于此,郝氏一生致力于祖国医学教育事业。早在1934年,便联合当时济南中医药界著名人士张汉臣等,倡导筹办国医学校。经过一年多的积极筹备,于1935年9月在舜皇庙正式成立了"私立山东国医专科学校",同时还创办"国医慈善医院",为民疗疾,作为学校的实习基地。郝云衫分任校长和院长,并亲自编写国文教材,登台授课。为了使学生有较多的学习参考资料,郝云衫和刘仲华捐献出几百部中医典籍,其中有宋版、明版的珍本、秘本与独本。1937年7月7日,日本帝国主义发动了全面的侵华战争,中国人民奋起抗战,国医专科学校组织师生成立救济医院,为抗战伤病员和难民免费救治。郝云衫动员部分学生奔赴解放区,其中不少人成为解放区的医疗骨干。同年11月,济南沦陷,学校被迫停办。

郝氏学识渊博,酷爱祖国医学,且造诣颇深,加之三十余年的经验,可谓学识经验俱丰,在全国医界享有盛誉。1931年成立中央国医馆,后又成立中华民国医药学会,郝氏为该会理事。先生目睹当时大肆泛滥的民族虚无主义思潮和当局限制中医之种种措施,特别是对中医教育、中医教材等问题,结合自己创办学校的经验,进行了深入的研究。1937年5月22日在中央国医馆会议室召开的中央国医馆第二届第二次理事会议上,讨论关于教育学术提案。本会理事郝云衫所作六条提议,陈述于次。

---

① 后期师范:北洋政府时期培养小学教师的中等学校。

1. 编辑教材应遵经守道、正本清源，以端学生趋向案。
2. 学生入学资格请暂予通融以示提倡案。
3. 中央应设国医学院并令各省市县多设国医预科学校，以期国医本位成立教育系统案。
4. 凡在国医专科学校充当本科教授者均得发给执业证书，以便领导第四年级学生实习诊病案。
5. 取缔各省市县关于国医之各项短期学社研究所（针灸、外科在内），以正医统而保民生案。
6. 各级中学加添国医简易课程案。

以上提案，是先生致力于国医教育事业所费心血的结晶。它为祖国医学教育事业的发展起了积极的推动与指导作用。

捍卫中医身体力行

1935年11月国民党第五次全国代表大会，中委冯玉祥等八十一人提议政府对于中西医应平等待遇，并拟其办法三项。①前经立法院议决通过之中医条例，迅予公布执行。②政府对于医药卫生等机关，应添设中医。③应准中医设立学校，当经审核通过。1936年国民政府公布中医条例在案是政府对于中西医平等待遇的第一次，而二、三项尚未实行。1936年12月虽经立法院第八二次会议修改卫生署组织在署内设中医委员会，尚未能包括第二项之全部。惟对于中医教育问题，关系尤为重大，而迄今尚未实施，以致国内所有中医学校，因教材未列学制系统，致均不获教部立案，而卫生署之中医审查规则，曾注明中医学校系指曾在教部立案者而言，以致各医校毕业生，无从领得中医证书，热心中医教育之人，亦以未得教育部准予立案为憾。1937年2月，国民党召开五届三中全会，全国各地中医药团体，纷纷派代表至京，计达五十余单位，假南京市国医公会，商讨请愿办法，以人数过多，恐碍秩序，每一单位仅派一人，分乘汽车十余辆，至中央路即行下车，并公推山东郝云衫、上海唐吉父、杭州祝敬铭、江西吴琢之、湖南吴汉仙、广东方公溥[①]六人为总

---

① 方公溥：原作"方东溥"，据《南天医薮——广东中医药专门学校校史》载，1937年，方公溥曾代表广东提交请愿书。《医家遗墨》载，方公溥（1889—1948），广东普宁人。方氏原为普宁卫生局局长、杏春医院院长，于1926年左右迁沪，先后被聘为广济医院、宏济医院中医主任，治疗内、妇、儿科疾病。20世纪30年代，与秦伯未共同主编《中医世界》《家庭医学杂志》，任吴淞要塞司令部军医官、中医科学研究社副社长。著有《气功治验录》《涵虚室随笔》等。

代表，向三中全会面递请愿书，要求实行五次全会①决议案全部。

此次请愿，先生不负众望，风尘仆仆，慷慨陈词，据理力争，与总代表们同舟共济精心谋策，终于赢得了胜利。为捍卫中医药事业，先生进行了呕心沥血的斗争，为此夙夜不懈，几忘寝食而竭尽全力。为后来祖国医学教育事业的蓬勃发展奠定了基础，建立了不朽的功绩。

著书立说启迪后学

郝氏治学，态度严谨，倡言："有志医学者，首当辨明途径，潜心灵素之义，屏弃邪僻之说，禀先圣之榘矱，疗斯世之沉疴……所望后起之英，振衰起靡，昌明至道，上绍轩岐之宗风，下延人类之生命。"他精勤不倦，探研医理，著书立说，有裨于当代。郝氏景仰清代医学大师徐灵胎之治医，对《慎疾刍言》一书尤为服膺，结合自己三十余年的经验，对其详加考订。前加序言，每篇之末附加按语，于民国十八年（1929）十月中旬，郝云衫将其重新刻印，以广流传。

在创办私立山东国医专科学校的过程之中，郝氏组织当代中医名流编写了一套系统教材（详见私立山东国医专科学校，此略），其中国文讲义为先生所编著。他收集历代名医之绝论，荟萃文人名篇之精华，使文医浑然融为一体，是一部很好的国文教材。

此外，先生尚著有《伤寒论注释》，惜未及付梓而散佚。

品德高尚气节可钦

先生在医界德高望重。济南沦陷后，日伪欲借郝氏的威望以维持其反动统治，曾邀他出任市府秘书长。先生以为，一个有骨气的堂堂正正的中国人，岂能为虎作伥，安能摧眉折腰事权贵，故而严词拒绝。日伪不甘罢休，三次将郝的独子郝小云逮捕，进行威逼、恫吓，郝先生毫不动摇。充分显示了他那高尚的民族气节、崇高的爱国主义精神和中华民族不受屈辱、大无畏的英雄气概。1944年6月，国医慈善医院张敬轩医师被日寇拘押，郝氏不顾年高体衰，炎夏酷暑而四方奔波，全力营救，不幸中暑身亡。

郝云衫的一生，为捍卫中医、发展中医鞠躬尽瘁，死而后已，创办国医学校，开我市祖国医学教育事业之先河，堪称近代医学史上一位杰出的医事活动家和医学教育家。他对中医药事业的继承和发展所作出的贡献，是永远为人们所称颂的。

[《济南中医药志》（1989）]

---

① 五全会：《山东中医药志》（1991）作"五届全会"。

郝凤章（1870—1944），字云衫，又名毓增，山东齐河县孙耿人。幼年入塾，成绩优异，清光绪辛丑中举，丁未年举贡会考，到乙等以监大使，放浙江歙县屯溪提销局委员。

民国初，历任山东省财政委员，南路湖田局长，济南道尹秘书，省会警察厅秘书，济南晨光报编辑等职。

郝凤章博学多才，能文善辩。民国十八年（1929）南京政府第一次中央卫生委员会通过"废止旧医，以扫除医事卫生之障碍"的决议案，激起全国中医界的抗议，郝氏毅然挺身而出，代表山东中医药界赴南京请愿。后与北京代表施今墨、武汉代表南崇望三人，代表全国中医药界晋见最高法院长于右任、教育总长朱家骅、中央国医馆馆长焦易堂，迫使南京政府撤销"废止旧医"的决议案，改组中央国医馆，郝云衫被补为中央国医馆委员。据此民国二十四年（1935）十一月，冯玉祥等八十一名国民党代表在五全大会上联名提出"政府对于中西医应平等待遇的提案"。

民国二十三年（1934）郝即联合全省中医界知名人士张汉臣等，并得到中药分会会长李伯成的大力支持，以全省中药界捐款方式筹集四千余元经费，创办起私立山东国医专科学校。教师选聘全省中医界名流，学生招收全省高初中毕业生，校址设在济南舜井街舜皇庙内，校长郝云衫自任，学制四年，学科分必修课（党义、国文、体育），基础课（解剖生理学、卫生学、诊断学、药物学、处方学、医史学）。首届招生七十名，次年又招生八十名，并在齐河郎庄办了一所国医专科学校分校（预科班），由华焕亭任校长，首届招生五十余名。

民国二十五年（1936）国民党三中全会召开之际，全国各地五十三个中医药团体纷纷派代表齐集南京市中医分会会师请愿，公推郝凤章等七人（另有上海代表唐吉父、杭州代表祝敬铭、江西代表吴琢之，湖南代表吴汉仙、广东代表方公溥）向国民党三中全会大会主席团，递交请愿书，再次获得胜利。

郝凤章精心研究祖国医学，尽力实践，颇有造诣，论著有《扁鹊仓公学术异同论》《伤寒论注释》《祭医圣文》《国医专科学校歌》等。

卢沟桥事变爆发，正值学校放暑假，他召集在济度假的学生，组成医疗救护队，义务救护抗日伤兵。济南沦陷前夕，为防学校落入日寇之手，毅然决定学校停办，动员学生奔赴抗日前线，临行时亲自主持欢送会，每人送一菜盒，一张车票，以资鼓励。

1944年6月，国医慈善医院张敬轩医师被日寇扣押，郝凤章不顾盛夏酷暑高温气候，四处奔波设法营救，不幸中暑病逝。

[《德州地区卫生志》（1991）]

郝云衫著作

郝云衫，名凤章，山东齐河县孙耿人，为近代中医界的杰出代表人物。20世纪30年代，曾任国民党中央国医馆委员，创建私立山东国医专科学校，并兼任校长和附属医院院长。这里选载他的四篇著作。

山东国医专科学校校歌

中医学术，肇自炎黄，功参造化，济世慈航，师仲景，积经方，御贤宗仰，齐鲁有扁仓，绵于吾党，发仰国光，接薪传于事代，布德惠于八荒，慈航在念，人类悉健康。

山东国医专科学校祭医圣文

中华民国二十五年九月二十六日，即旧历八月朔越祭，日辛丑，私立山东国医专科学校全体同仁，谨以一瓣馨香三献清酒，致祭于炎黄圣帝及历代名医之前曰：

国医之道，日月争光。肇始古帝，曰炎曰黄。药物医理，辨析精详。深明气化，谨肇阴阳。岐雷桐俞，左右赞襄。济人寿世，此为滥觞[①]。自是而后，代有贤良。伊尹任圣，汤液以彰。秦和秦缓，襄挚扁仓。仲景元化，其道大昌。叔和士安，稚川华阳。继统传业，项背相望。六朝多士，爰及隋唐。外台秘要，千金奇方。沉疴立起，二竖潜藏。宋迨元金，各守门墙。张刘朱李，角胜疆场。明清两代，犹遵周行。六科施治，王氏肯堂。喻徐叶薛，画界分疆。青齐大师，坤载姓黄。渊源灵素，树帜东邦。乡之先哲，应共导扬。四千余载，久阅星霜。神圣辈出，历述不遑。道尊术妙，源远流长。永免夭札，共保健康。推行世界，寿域八荒。人类和乐，大同之祥。何物曲学，敢肆狓猖。日月一出，阴翳消亡。凡我同志，古训勿忘。崇正黜邪，共履康壮。民胞物与，普渡慈航。今当吉日，敬献瓣香。崇德报功，宜奉蒸尝。医圣医贤，来格来飨。

扁鹊仓公学术异同论

同为大贤，而颜闵游夏异其科；同为名臣，而萧曹房杜异其业；同为大儒，

[①] 滥觞：原作"滥挚"，于韵不和，且《山东中医药志》（1991）作"觞"，于韵相和，据改。

而程朱陆王异其趣；同为美人，而西子太真异其色；同为释氏，而神悟静秘异其宗。扁仓皆良医也，可谓其学术尽同而无异乎。扁鹊之师长桑君，行踪飘忽也。仓公之师公乘阳庆，里居甚详也。扁鹊出入十八年，始传长桑之术。仓公一言契合，悉受阳庆之方。扁鹊游行各国，乃在野之名流。仓公为太仓令，又齐国之官吏，似乎无一粗时者矣。然此皆就出处言之，而于学术无关也。试更论其学术，考之扁鹊传中，医案凡三，赵简子不治自愈者也，虢太子死而能生者也，齐桓侯生而必死者也。仓公传中医案凡二十五，治而能愈者十五人，断其必死者十人，女子竖舍人奴，不病而料其必死，且预定其死期。此何异于扁鹊之诊齐桓侯乎。至于潘满之死不及期，赵章破石皆过期，余七人皆如期。似诊断之精微，稍失之矣。扁鹊之对中庶子，自诩不待切脉，而能决生死，史氏称其洞见五脏癥瘕，特以诊脉为名，殆可信也。然何以《难经》一书，其言诊脉独详乎？仓公之对汉文帝曰："意治病人必先切其脉"，是直以诊脉为能事矣，而何以本传而外，竟无脉书流传乎？扁鹊于赵为带下医，于秦为小儿医，于周为耳目痹医，因地变易，不住故常。而仓公则谓"所期死生，视可治，时时失之，臣意不能全也"，由是言之，二人之学术，或有所轩轾矣，而抑知扁鹊本传史氏之记载也，故文多揄扬。仓公医案，臣下之奏对也，故语必笃实。安知据此以定二人之优绌哉。要之扁鹊之学术奇，仓公之学术正，扁鹊之学术通于仙，仓公之学术基于圣，扁鹊开后世术医之先河，华佗为其嫡系，仓公为百代儒医之嚆矢，仲景为其正宗。学仓公不成，不失为醇谨之士，所谓刻鹄不成尚类鹜，学扁鹊不成必流为怪诞之人，所谓画虎不成反类犬也。学者将何去何从乎？而太史公之为二人合传，且有特识，亦犹之名贤、钜儒、良相、高僧、美人，以类相聚，虽曰高明沉潜之各判，环肥燕瘦之攸分。究竟大同小异，何必深为辩①别哉？

中国医学史讲义序

谓我国医学无史乎，何以神圣工巧诸先哲，其微言精义，奇迹秘方，犹留传简编，而供后人之探索耶！谓我国医学有史乎，何以炎黄岐伊之薪传，若存若亡，忽绝忽续，徒令后人生望古遥集之欢，而传信传疑耶！盖上古之世，医与政合，故医学有史。神农黄帝知医为治国抚民之先务，《本经》《内经》备载药品病情，即医

---

① 辩：通"辨"。《周礼·夏官·职方氏》："辨其邦国都鄙。"孙诒让《周礼正义》："此职辨字《周书》及《汉书·地理志》叙并作辩，周声假借字。"

学之专史也。其次如左氏之记秦缓秦和，《战国策》之记扁鹊，此医学之杂见于正史者也。周秦而后，医与政分，故医学无史。惟司马子长作《史记》，著《扁鹊仓公列传》，详录其言论治疗，不与日者龟筴同科，真文章之鼻祖，良史之特笔也。无知后之学者，学不足以知医，识不足以知政。对于子长所记，反多抨击之词。无怪乎范氏蔚宗，仅记郭玉华佗两人。尚夷之于方术之流，与遇怪幻妄之士，同曹合伍。而医圣如仲景，并不得于国史列传，占一席地，大可痛也。自是厥后，历代史家，无不列各医于方技，虽学贯天人，术等雷踔，亦不能去此棄臼，而暴其济世之功。此千古学术上最不平之事。惜无人能发其覆，所以殷仲堪狄梁公耻以医术自见于世也。尚得谓医学有史乎？即以医学名流考之，周秦以前，皆医而在朝者也。汉代而下，皆医而在野者也。偶有召为太医，位至令丞。亦以精于方药，名动九重，始而在野，终仕于朝耳。由是观之，古今来医与政分合消长之机，可以得其梗概矣。考之《周礼·天官冢宰》："有医师掌医之政令，聚毒药以供医事。"疾医中士八人，掌养万民之疾病。夏商虽无载籍可考，而周因夏殷，三代之注重医政可类推也。降而至于宋元丰中，定制京府及上中州，设职医、助教各一名。元世祖中统二年，遣副使王安仁，授以金牌，往诸路设医学。明洪武三年，外府州县，置惠民药局，边关卫所及人聚处，各设医生、医士或医官。又清雍正三年，定制每省设立医学官教授一员。迨清之末叶，此制遂废。秦汉迄今已二千余年矣。医政之及民者，只宋元明清四朝而已。其他历代虽各有太医御医等官，然皆供帝室嫔御、王公大臣之治疗，无关民生疾苦也。奚医政之足云，政尚如此，史于何有乎？吾因之有感矣！夫我国医学至战国时代，固已大告成功，后人已不能有所增益，今之学者，恃蠡管之陋见，而欲改良古学，如蜀犬之吠日，蹇人之上天，徒见其愚妄而已矣。然则吾人之责任何在乎？曰抱残守缺，温故知新焉已耳。独是医卜等书，本不在秦人焚炀之列，何以神圣著述，书目空存，蠹翰残编，蒐访弗出，令人深茫茫坠绪，渺渺前修之慨乎！吾以为项羽咸阳经月之火，余元竹殿一夕之焚（焚毁古今图书四十万卷，元帝拔剑斫柱曰：文武之道，今夕尽矣）。古代奇书秘笈之丧失，已百不一存矣。不较吕政炬为九酷耶。况秦汉而后，既无访求遗书之贤君，更无导扬医学之良相，则古籍之丛残散轶，无足异矣。而吾之述是编也，不复溯国史之掌，仅弘筑野史之亭，上考诸子之微言，下徵私家之记载。俾从游诸生，有以窥历代上工之余韵，古今医学之源流云尔。

[《德州地区卫生志》（1991）]

郝云衫（1870—1944），著名中医。名玉章，齐河人，清末举人。早年曾在临邑教私塾，后应聘于济南女子师范任教。1934年，国民党政府对中医实行歧视政策，济南市中医药界同仁公推他为代表，前往南京请愿。返济后发起筹办山东国医专科学校，被董事会推为校长兼国医慈善医院院长。一生酷爱祖国医学，有较深造诣，为济南中医界所推崇，著有《伤寒论注释》。

[《山东省卫生志》（1992）]

郝玉章（1870—1944），字云衫，山东省齐河县人。自幼聪敏，勤奋好学。清朝末科中举，曾在临邑私塾执教。1906年应聘来济，后期师范和女子师范国文及历史教员。晚年与同仁好友兴办国医专科学校和医院，是济南市兴办医学教育的先驱者。

1934年国民党政府扼杀中医的通令发布后，济南中医药界推举郝云衫为代表联络其他省、市同界人士赴南京请愿。郝在南京多次发表演讲陈述中医在民生中的重要地位，受到各界人士的拥护与支持，迫于形势，南京政府终于作出让步，撤销了原通令。郝为发扬光大祖国医学，召集济南中医药界的名人，经过1年多的筹备，于1935年在舜皇庙成立了国医学校和国医慈善医院，郝分任校长和院长，并亲自登堂为国医学校的学生授课。七七事变后，郝为避免学校落入日寇之手，毅然将学校解散，并动员部分学生奔赴解放区。临行向每人赠送了一套饭菜盒和一张车票，其中有的人成长为解放区的医疗骨干。

济南沦陷后，日伪欲借郝云衫的威望维持其统治，曾邀他出任市府秘书长，被他严词拒绝。日伪不罢休，三次将郝的独子郝小云逮捕，进行威胁、恫吓，郝毫不为之动摇。1944年6月，国医慈善医院张敬轩医师被日军扣押，郝为营救张不顾天气酷热四方奔走，不幸中暑身亡。

郝云衫博学多识，酷爱祖国医学且造诣颇深，医药界人士常求教于他，被誉为"为医生治病的先生"。著有《伤寒论注释》，未及刊印而散佚。郝云衫的著述虽已失传，但他那高尚的民族气节、爱国精神和对济南中医药事业的继承和发展所作的贡献至今仍为中医药界所称颂。

[《济南市卫生志》（2010）]

◎ 张杨文慈 ◎

张杨文慈[①]，正骨名医，济南人。少时承袭祖传接骨拿环术，成年后在济南趵突泉前街办健民正骨科医院，自任院长，以治疗跌打损伤见长。曾被推为山东省国术馆[②]治疗所所长。

[《济南市卫生志》（2010）]

◎ 李光汉 ◎

李光汉，字杰三，城东北沙窝李人，精接骨术。祖传三世，乡人感戴，额其门曰："着手成春"。解放后，1960年在临邑县中医院应诊，次年冬病故。

[《济阳医药卫生志》（1984）]

李光汉（？—1961），字杰三，济阳县北河窝李[③]人，精于接骨术。祖传三世，乡人感戴，额其门曰："着手成春"。解放后，1960年来院应诊，采用小夹板固定治疗骨折，效果甚佳，备受病人爱戴。

[《临邑县中医院院志》（1988）]

◎ 赵树伟 ◎

赵树伟（1870—1963），字汉章，相公庄镇七郎院村人。生于世医之家，承袭父业，家传秘方"月子药"价廉效显，闻名于章丘及淄博、莱芜、泰安、邹平诸县，且有东北各省慕名而来就诊。先生德高性廉，平易近人，常舍药济贫，受众爱戴，赠之"春生堂"匾。1959年2月进入县人民医院工作。曾任章丘县第二至第四届人民代表、政协委员。寿高九十三岁。

[《章丘卫生志》（2007）]

---

① 张杨文慈：据《醒狮国学》2016年01期所载，张杨文慈创立了"张氏正骨"，正骨手艺为其从母家习得。她曾为韩复榘弟弟的儿子治疗骨折，因效果显著，韩复榘认其为干妈且兼任军医。并曾任中华人民共和国第一届省政协委员，1956年齐鲁医院邀请张杨文慈与其子张永泰组建中医正骨科，现今正骨手艺已传承四代。
② 山东省国术馆：成立于1929年4月。
③ 北河窝李：据民国《济阳县志》，作"沙窝李家庄"，此处有误，应为"北沙窝李"。

◎ 张延年 ◎

张延年（1871—1942），字寿轩，章丘县绣惠东关人，清末秀才。父精医学，故延年除自幼学儒读经史之外，兼跟其父学医。父死又学医于师兄张某。擅长内妇科，诊治疾病以《傅青主女科产后编》为准绳，能精思疗病，深为群众所尊敬。享有很高的声誉。

[《济南中医药志》（1989）]

张延年，字寿轩，章丘县东关北村人，生于清同治九年（1871），卒于民国三十一年（1942），庠生。传父术业医，善治内、妇科病，以医名时。

[《山东中医药志》（1991）]

◎ 张盛勋 ◎

张盛勋，商河县聂家村人。生于清同治十一年（1872），卒于民国七年（1918）。工医，精内、妇两科。著有《临证验方》未刊。

[《山东中医药志》（1991）]

◎ 范德卿 ◎

范德卿（1872—1944），字相侯，垛石桥老开河村人，清末秀才。务农行医，熟读《本草纲目》《脉诀》等书。长于内科、针灸、正骨等，医德高尚，志在活人，无论贫富，有求必应，名望甚高。写有验方，年久失传，门人有寺前刘村刘天章。

[《济阳医药卫生志》（1984）]

范德卿，字相侯，济阳县垛石区老开河村人。生于清同治十一年（1872），卒于民国三十三年（1944）。庠生。业医，术工内科，又善针灸术。

[《山东中医药志》（1991）]

◎ 孟兆谟 ◎

孟兆谟（1872—1952），西北乡孟家寨人。精于医学，善治妇科病。有求诊者，不计风雨昼夜。名望甚高。

[《济阳医药卫生志》（1984）]

◎ 高裕文 ◎

高裕文（1872—1941），稍门区高楼村人。自幼读儒书，屡试不第。时值疫病流行，死亡甚众，慨叹缺医之痛，弃儒学医，后遂行医乡里，长于内科，治多奇效。

[《济阳医药卫生志》(1984)]

◎ 卞修教 ◎

卞修教（1873—1939），莱芜市卞官庄人。少时勤奋好学，二十岁考中秀才，后自修祖国医学名著，渐能应诊。1926年回乡悬壶行医，精内科，一生诊病谨慎，从不敷衍了事。1929年霍乱流行，先生昼夜忙碌，经其治愈者甚多，当地民誉较高。

[《莱芜卫生志》(2004)]

◎ 李万绪 ◎

李万绪，房家庙人。李万绪精于外科，其子世广能继父业。

[《济阳医药卫生志》(1984)]

◎ 李凤远 ◎

李凤远[1]（1873—1933），字心泉，城西店子前陈寨人，人称"名医三李"。其中以凤远精于内科、妇科，名望最高。殁后，乡民为之筹建祠堂，以表其功。

[《济阳医药卫生志》(1984)]

李凤元，字心泉，济阳县前秦寨[2]人。生于清同治十二年（1873），卒于民国二十二年（1933）。术精内、妇两科。卒后，乡公筹资立祠，以彰其德。

[《山东中医药志》(1991)]

---

[1] 李凤远：《济阳医药卫生志》(1984)前文载"名医三李"之一为"李凤远"，同书稍后写作"李凤元"，《山东中医药志》(1991)记载为"李凤元"，当有一处有误。古人的名与字是相关的，该医字"心泉"，当以"元"字更恰当。

[2] 前秦寨："李乃彬"条文中述"李凤元住陈寨"，《济阳医药卫生志》(1984)作"城西店子前陈寨人"。今济南市济阳区有前陈村，即陈玉寨村，非前秦村，为《山东中医药志》(1991)记载有误。

◎ 李乃彬 ◎

李乃彬（1873—1954），字文轩，洼子头杨家人。李乃彬精于内科，长于治虚劳病，处方用药颇为谨慎。每天车马盈门。为解决请医争论，先生规定先贫后富，先近后远，长年为病人奔波，至今乡民称赞不已。

李凤元小病当大病　李乃彬兽医转人医

解放前，济阳有名医三李，李凤元住陈寨，李万绪住房家庙，李乃彬住洼子头杨家。三村相距不远，均属现店子公社。但李乃彬初为兽医，何以转为人医？其间有段佳话。

三李自幼相识，称兄道弟，交往甚密。时当民国年间，兽医不被人尊重。乃彬耿耿于怀。一日邀二李家宴，谈及兽医位卑，欲转人医，求二兄帮助之意，二李慨然应允，随即共商转医之计。凤元曰："必须如此，如此……"三人议定而散。

不久，店子街王举人，富豪绅士也，其夫人患感冒小恙，请凤元先生至。诊毕，皱眉曰："伯母之病，似阴非阴，似阳非阳，实难下药。"王曰："当地名医，舍君其谁？君尚难确诊，将奈何？"经凤元推荐并写信请李万绪至，万绪诊脉后连连摇头，不敢处方。王始惊曰："莫非患了绝症？二位必设法救之。"二李佯作为难状。良久，凤元曰："还有一位能手。"王急问："何人？"曰："李乃彬。"王大笑曰："彼一兽医，焉能医人？"二李同声答曰："老伯切莫轻视他，乃彬不但精通《牛马经》之类，且对《内经》《难经》《伤寒》《金匮》等古典著作无所不读。我等常相聚谈，每有疑难，他能引经据典，解答详明，论其医道学问，其实在我二人之上。"王甚惊讶："原来文轩（乃彬字）暗下功夫，有此本领，何未之闻耶？"立即吩咐家人："拿我名片，马上去请！"二李曰："如此请法不能来。"王曰："却是为何？"答曰："以其为兽医，从不为人看病，冒然去请，必然推辞。"王笑曰："我与他家世交，焉能推辞？"二李曰："此人甚自重，虽至亲好友，亦不轻许。何况老伯德高望重，非普通百姓可比，彼恐有损于公之名望耳。"王曰："果真如此固执，将如之何？"凤元曰："待我修书一封，彼知我二人在此，必然应允。"王大喜。于是凤元修书，暗将病情、诊断、方药一一写明密封，家人固不识字，持书与名片，驱车而去。至其家先交名片，乃彬闻是王举人之夫人病，辞曰："王老伯虽与我家世交，但我为兽医，不敢从命！"家人又把书信奉上，曰："两位先生在我家等候多时矣。"乃彬折书观之，心中暗喜，假意推辞一番，始上车。及抵店子村外，见王与二李均在街头迎候，急下车相见，对王曰："小侄本不敢从命，奈两位先生写有书信，只得前来请教。"二李插言曰："王老伯不是外人，夫人之病，非老弟来不可，若不然，我二人将亲自去请！"乃彬曰："不敢，不敢！"王曰："文轩何必过谦！我与你家世交，你伯母病，不当尽心耶？"乃彬曰："理当效劳！理当效劳！不过，只是我所为这一行……"言未已，王曰："只要治好病，兽医何妨？不必介意！外人不治，自家人有何不可？"于是相与至堂上坐定，便问病情。二李曰："我二人均已诊过，脉症不符，不知何病，未敢遽投方药，烦老弟细心诊之。"乃彬入后堂诊脉，良久方出。二李急问："如何？"答曰："症候半阴半阳，而脉象弦细，因伯母体弱，兼有忧郁，正不胜邪，故有此脉。此乃仲景先生所谓少阳病也。"二李听罢，交相赞誉，叹为不及，急请立案处方。于是乃彬按凤元信中所述，援笔直书，一蹴而就，交二李，请指正。二李看罢，倍加赞叹："文轩医道，高人一等，所立病案，脉症方药，丝丝入扣，不但夫人之病可愈，即我二人疑团亦顿解矣！"王听后大喜，拍其肩曰："不想文轩医道高明如此，若非二人推荐，几乎埋没贤才矣！"急命家人设宴，四人同饮；一面派人取药，一剂病去大半，二剂痊愈。

此后，王每遇县内豪绅与政府官吏，即称赞乃彬医道高明，其技在二李之上。于是远近慕名，就诊者络绎不绝。从此李乃彬医名大震，遂弃兽医人，与二李齐名，世称"名医三李"。

[《济阳医药卫生志》(1984)]

◎ 王兰斋 ◎

王兰斋（1876—1942），江苏省扬州市人，享年七十五岁。

先生在故土扬州学医，于清宣统二年（1910）左右携夫人来济行医。初居兴隆店街，后迁至东西菜园子一号院内居住至殁，在济行医三十余年。

王氏在济行医，声誉颇重。民国年间，当时济南有四大名医之称，而王氏居四大名医之列。王氏之医术，学有渊源，治学严谨，深受江南温热学派之影响。尤善治温热疾病，对内妇科疾病的治疗亦很有研究。曾自行处方，配制成药，对产后受凉患者有很好疗效，颇得病家之欢迎。

先生行医，大致每日上午在家应诊，下午应邀出诊，在家诊一病人收费二元（现大洋），出诊一次五元。由于王氏在当时声誉较高，名震济南，故求先生诊病者车马盈门，应接不暇。为给病人诊治疾病，先生每至废寝忘食之境地。

先生医德高尚，对人体贴入微。凡有病人求治者，不问病家贵贱贫富，均随请随到，一心赴救，从不延误。凡有亲朋善友介绍病人来求他诊治者，一概不收诊费。周围街居求其诊病者，一律不收钱。对穷苦之家生病无钱买药者，先生代其赊药，以救贫民之急，深得民众之赞誉。

民间有谓王氏出诊所乘之车挂四盏灯、由二人拉的说法，确实如此。挂四盏灯者，以示俨然，与众不同，由二人拉车者，前引后拥也。因王氏年事已高，一次不慎摔伤，愈后感到活动不便，因之又雇用一位贾姓的俊俏男子作为随从，以事照料。故有王氏乘车，前拉后拥之说。

先生古稀之年，仍忙于诊务，没有遗留著述。由于年高体衰，加之诊务繁忙，操劳过度，便身染伤寒之疾，经调治后渐愈。有病人求先生出诊，王氏一心赴救，但一路颠簸，遭受寒凉，致使病情复发，虽经抢救，终因年高体弱虚衰，病情重笃，救治无效，于1942年冬天而殁。

先生死后出殡时举行了隆重的送葬仪式，送殡人之多，是济南少见的。人民沉痛哀悼以示怀念。

[《济南中医药志》（1989）]

王兰斋，江苏省扬州市人。生于清光绪二年（1876），卒于民国三十一年（1942）。行医寄居济南。

兰斋幼习医于南国扬州，宣统二年（1910），时年二十四岁携夫人来济行医，初居兴隆店街，后迁东西菜园子一号院内。

兰斋学有渊源，治医严谨，深受江南温热学派影响，尤善治温热病，对妇科病亦工。曾自行处方，配制成药，治妇人产后受寒症颇佳。在济行医三十余年，誉满泉城，民国间为济南四大名医之一。

兰斋行医，每日上午坐堂应诊，下午出诊。求诊者日日车马盈门，应接不暇，几至废寝忘食。凡有病者求诊，不问贫富贵贱，随请随到，到后随诊。尤对贫民无力市药者，王氏代为赊药，以救贫民，深得民众赞誉。

晚年出诊，自备人力车一乘，挂灯四盏，与众不同，以示俨然，由两人一拉一拥，时人谓"王氏乘车，前拉后拥"。

兰斋晚岁，年高体衰，诊务繁忙，操劳过度，偶染伤寒，经调治渐愈。时有病家延请，王氏出诊，经一路颠簸，遭寒凉侵袭，致前疾复发，虽经抢救，终因年高体弱，病情重笃，于民国三十一年（1942）冬卒。

王氏卒后，葬日四方城乡官民云集，人数之众，在济实为少见，或涕或泣，共同哀悼。

[《山东中医药志》（1991）]

◎ 张宗耀 ◎

张宗耀（1877—1952），曲堤区贾家村人，年二十八从父张延文学医，专治斑疹，人称斑疹先生。熟读《医方集解》《万病回春》等书，对内科颇有造诣。先生病危之际，有一妇人病重相求，伊令其子代笔处方，一剂而愈。先生殁后，乡民皆叹惋。有遗案，已失传。

[《济阳医药卫生志》（1984）]

◎ 王庆河 ◎

王庆河（1878[①]—1952），字仲祥，万德公社孙家峪人。先生自幼读书，聪颖出众，对经史子集博览甚多，以后悟出，迂儒之道不能救人，即立志学医，对《内》《难》《伤寒》《金匮》，乃至诸大家论述，刻苦钻研，细心探讨，同时常存济困扶危之心。据其侄王传耕医师介绍：王庆河先生著述甚多，仅存医论手稿十卷，余皆佚失。

先生一生，对贫家求治，无不应诊，不求重资，间或无偿送药。而对富家豪强，则不畏惧，冷眼对待。如抗日战争时期，万德伪区长曲××之妹患病，欲请先生，又恐其不至，病在垂危，迫在燃眉，乃令其长工牵马并带银洋十元延请。先生见之大怒，说："我不去！你的钱别玷污了我的桌子！"长工无奈返回。曲××又派其长子牵马带银洋二十元复请，先生执意不去，家人畏其权势，劝先生乘马应诊。时病人奄奄一息。先生诊后说："此症难治，非攻补兼施不可。"乃处一方，服后一剂轻，二剂病减半，四剂即愈。由此，先生不但医名大震，其不畏权豪，抗暴济贫的高尚精神，实在可嘉。

[《长清县中医药志》（1984）]

王庆河（1875—1952），儒医，字仲祥，长清人。自幼学儒，悟出儒道不能救人，立志学医，长存济困扶危之心。著述甚多，仅存《医论》手稿十卷，内容分

---

①1878：关于王庆河生年，《长清县中医药志》（1984）《长清县志》（1992）作"1878"，《山东省卫生志》（1992）《济南市卫生志》（2009）作"1875"，存疑待考。

"治病总论""切脉论""用药之说""脏腑全体总论""问证指南"。

[《济南市卫生志》(2010)]

◎ 王成河 ◎

王成河,商河县郭八庄人。生于清光绪四年(1878),卒于民国三十七年(1948)。工岐黄术,善治伤寒热病。

[《山东中医药志》(1991)]

◎ 石志贞 ◎

石志贞(1878—1950),女,城西窑头村人。自幼读私塾,十六岁与东关郝百川之侄结婚。二十六岁跟叔父郝百川学医,三十岁应诊。县城内外皆以其治病技术较高,又不收诊费,因而请其看病者甚多。我县妇女行医,旧县志未见记载。据今采访,建国前仅见石志贞一人。

石先生出身于书香门第,父兄皆有学识。少时聪慧,在熟读医籍期间,抄录了大量古书。今存七本手抄医书,字迹秀丽,端庄大方,绘图精致,可以证明她有勤苦学习的毅力。

石先生精于妇科,兼擅儿科。凡经带、胎产、惊风、痘疹,投药无不奏效。惜未留下医案医方,无法探讨其学术。

[《长清县中医药志》(1984)]

◎ 杨云亭 ◎

杨云亭(1878—1962),山东滕县人,享年八十四岁。其父为民间医生。云亭幼承家训,研习医术。之后又拜济南针灸名医白叔平为师,专攻针灸医术。其学益进,自感唐宋以后,针术沦没,偏重方剂药饵。由鉴于斯,甚惜所弃针灸国粹医术,不惜余力以倡导之,以重社会之民众健康。因而于民国三十年(1941)主办济南市私立云亭针灸医学社,自编讲义,培养针灸学之专门人才。

杨氏之于针灸医术,历时六十余载,学识渊博,经验丰富,注重辨证用针,灵活变通,倡言:"吾针灸医辨证与方脉不同,惟须望闻问明悉病状,即能断其为何经之症,而有一定刺法,而医案数条,岂能疗千万病,然有纲举目张之法。盖病总由于脏腑,不外虚实寒热,审其何脏何腑之虚证、实证、寒证、热证,而取其病以集之,则针归同路,疗一病可疗千万病,亦无不可。固不在多立病名、多立经穴也，此之谓镜也。"

[《济南中医药志》(1989)]

◎ 周庆谟 ◎

周庆谟（1878—1960），字犹卿，孝里公社广里店人。自幼就读私塾至十八岁，兼习武功，因科举未中，三十岁时才自学中医。先生广读医书，常与平安店中医闫月岑切磋医学，因为先生敏而好学，不耻下问，功夫不负有心人，至四十岁时，居然成为内、妇两科的高手。

先生不但医术高明，对药材种植和加工也有经验。为人看病，尤重随访，曾治平阴县兴隆镇谷庆珍的偏瘫病，不待病家来请，每日步行二十多里路到病人家去治疗，直至病愈。由于先生医德高尚，周围数县患者感其德，于1932年9月立碑该村祖祠中，文曰"医德感众"。

1937年，东平、平阴、清丰三县遭受水灾，灾民二百余人，逃难到广里店。因长期食宿无着，患腹泻、痢疾的很多，经先生一一诊治，免费给药，均获治愈。其中灾民有小儿外伤，先生不仅施以药治，且送以饭菜调养，半月而愈。事后，难民自动捐款送"医德无疆"匾一块，以作留念。

周先生勤勤恳恳为病人服务四十多年，始终不懈，八十岁后还经常应诊。这种精神值得后代医辈学习。

[《长清县中医药志》(1984)]

◎ 孟传荣 ◎

孟传荣（1878—1929），字厚斋，青宁区孟家村人。资质聪颖，敏而好学，是以早岁成名。初年设帐稷门，讲授之余，旁及方书，寝馈有年，颇有造诣。迨后辞馆旋里，从事医疗，专攻内、妇科，医术高明，临证多效。其临证也，小心谨慎，如临大敌，寻根究底，弄清来龙去脉，辨证务求明确。其处方也，寥寥数味，看似平平，以之疗宿疾，起沉疴，效如桴鼓。其为人也，谦虚和善，舍己为人，无论贫富，有求必应，诊毕即去，从不叨扰病家，栉腹奔波，恒至终日。先生不独医精，亦且德厚，距今去半个世纪，众人有口皆碑，交相赞誉。殁后乡人为之立碑，以表其功。

[《济阳医药卫生志》(1984)]

◎ 赵希荣 ◎

赵希荣（1878—1938），万德公社店台人。擅长内科杂症，治病有经验，群众威信高。

[《长清县中医药志》（1984）]

◎ 高荆蔚 ◎

高荆蔚（1878—1949），章丘人。行医于陵县。善治内科杂病，尤精妇科，名重一时。

[《章丘卫生志》（2007）]

◎ 王秉才 ◎

王秉才（1880—1945），字福佑，号英岑，高庄镇南王庄村人。清光绪末年开始行医，各科通晓，精于瘰疗。治学融百家之长为一炉，临证屡起沉疴，方圆百里，慕名求医者络绎不绝。他视病轻危为据，不为药物贵重之分，远亲同邻，富庶百姓一律对待，颇有盛誉。他待人和睦，以善为本，主动为病人登门治疗，并为生活拮据之家施以无偿资助，深得百姓赞誉。

[《莱芜卫生志》（2004）]

◎ 庄允甫 ◎

庄允甫（1879—1957），山东莒县人。早年毕业于山东工业专科学校，毕业后自修中医十年。1933年8月参加山东省警察局中医师考试及格，便在本市执行中医业务，1937年任山东省账务会附设中医院院长兼中医师，在济与吴少怀、韦继贤、王玉符等名医交往甚密，切磋医术。1950年加入济南市中医学会，1953年参加济南市中医诊所任中医师。1957年该所扩建为市中医医院，任内科中医师至殁。行医四十余年，医德高尚，医风纯正，群众威望颇高。曾于1953年当选为济南市第三届人民代表大会代表。著有《伤寒论辑义案》《伤寒论今释》，未行付梓。

[《济南中医药志》（1989）]

◎ 傅立显 ◎

傅立显（1879—1953），仁风区傅家村人。三世业医，其父九典是当地名医，立显幼承家学,医术尤精,长于外科,对儿科、温病也有研究。门人杨旭东、赵振玺颇有医名。

[《济阳医药卫生志》(1984)]

◎ 宋志诚 ◎

宋志诚(1880—1959),平阴东阿公社太和村人。擅外科,善辨痈疽之五善、七恶、顺逆,一施刀圭,每获良效。所炼"红升""白降"二丹,人誉为夺命丹。

[《泰安地区中医志》(1983)]

◎ 陈文瑞 ◎

陈文瑞(1880—1959),字祥甫,山东曲阜县人。先生为清末秀才,又考入山东省高等学堂,毕业后参加山东邮政管理局工作,1936年退休,义务行医。

先生学识渊博。青年时代即喜研医经,对针灸一科情趣更浓,早年多义务行医。1937年参加伪政府主持的中医考试并取得中医合格证书,解放后经卫生行政部门批准挂牌行医,颇得群众信誉,1954年被选为济南市市中区第二届人大代表,1956年4月,自筹资金兴办文瑞针灸学习班,培养中医人才。

[《济南中医药志》(1989)]

文瑞针灸班,乃济南中医陈文瑞先生所创办。文瑞先生为清末秀才,学识渊博,青年时代便善研医经,对针灸一科更有心得。解放后,文瑞先生响应党和政府的号召,愿为党的中医事业贡献自己的力量。经济南市卫生局批准,在市中区卫生科的领导下,于1956年4月,自筹资金办起了文瑞针灸学习班,传授针灸医术。

该班共招收两期,计八十四名学员。学员大多来自基层医疗单位,以及部分中医开业针灸医生,亦有针灸爱好者。

[《济南中医药志》(1989)]

◎ 姜金声 ◎

姜金声(1880—1948),字离泉,姜集公社后姜村人。幼读经书,兼研医学,在学堂教学时即教学生背诵医书文章,如《内经知要》的《阴阳》和《汤头歌诀》等。一面任教,一面为当地百姓治病,远近慕名求医者踵趾相接。后放弃教学,以医为业,成为北至商河,东至惠民一带的名医。长于内、妇、小儿与眼科。处方多用寒凉,并重视脾胃,善于健脾运脾和胃。

1933年，姜集一带瘟疫流行，死人不计其数，仅林家桥（商河境内一村）就死了三百多口，人心惶惶，死尸无人埋葬。许多医生拘泥于温补，往往加重病势而待毙。先生却让病家到野外挖生地黄，到池塘刨芦根，用凉血解毒类药治疗，多奏奇效。并不顾疲劳出入病家，常旬日不归。还善于用清凉药物治疗天花、黄疸、麻疹等，活人无算。对图财骗人之巫祝，甚厌恶之。县衙高贵延请，常托辞不去，而贫穷百姓则随请随到。曾因此得罪土豪绅士，勾结土匪掠去其十岁之子，为赎子借债，几乎倾家荡产。

先生遗产有医案和验方，"文化大革命"中被斥为"四旧"毁之一炬。擅长书法，存有《痘疹诗赋》《温疫便录》《医书四法要略》《医宗全论》等，均为先生手抄本。

[《济阳医药卫生志》(1984)]

◎ 彭庆阶 ◎

彭庆阶（1880—1937），字兰生，章丘县埠村彭家庄人。自幼从父学医，擅长内、妇科，尤善治妇科病。

[《济南中医药志》(1989)]

彭庆阶（1880—1937），字兰生，埠村镇彭家庄人。自幼从父在山西省习医，后独返故里应诊，擅长内、妇科。熟谙医理，诊病细心，用药精当，善以平易之品而获良效，深得众誉。

[《章丘卫生志》(2007)]

◎ 郭恒祯 ◎

郭恒祯（？—1938），字千臣[①]，章丘县绣惠东关人。多义举，通医学，善治伤寒，用药精简。是时县长冯某之母病，经他医治疗半月未起，后延郭诊治，投药一匕而愈。

[《济南中医药志》(1989)]

郭恒祯（？—1938），字干臣，章丘城东关人。通医学，多义举。善治伤寒，用药精简。是时县长冯某之母病，医治半月无效。后延郭诊治，投药一匕而愈。

[《章丘卫生志》(2007)]

---

① 字千臣：《章丘卫生志》(2007)作"字干臣"。当"干臣"为是。"干""千"形近而误。

◎ 吕恣曾 ◎

吕恣曾[①]（1884[②]—1961），字明轩，号半瓢，莱芜城北芹村人。爱读书，于学无所不窥，尤精于医。曾先后受聘于口镇、谭集、莱芜城、寨里等地药铺为坐堂先生，屡起沉疴，颇负盛名。于仲景之方，精研有得，如以《金匮》大黄甘遂汤治妇科诸疾，乌梅丸疗气逆心痛等，均收捷效。著《医学选粹》十册，今佚，唯《日记》数卷尚存。

[《泰安地区中医志》（1983）]

吕愁曾（1882—1959），字明轩，号半瓢，莱芜市张家洼镇芹村人。爱读书，于学无所不窥，尤精于医。曾先后受聘于口镇、谭集、莱芜城、寨里等地药铺为坐堂先生，屡起沉疴，颇负盛名。于仲景之方，精研有得，如以《金匮》大黄甘遂汤治妇科诸疾，乌梅丸疗气逆心痛等，均获捷效。著《医学选粹》十册，今佚，唯《日记》数卷尚存。

[《莱芜卫生志》（2004）]

◎ 李文龙 ◎

李文龙（1882—1962），城北老唐庙人。学医于其伯父李梅林，长于内科。主张健脾，补气养血，名望较高。其弟李文元（梅林之子）亦有医名。

[《济阳医药卫生志》（1984）]

◎ 李允守 ◎

李允守（1882—1939），字廉泉，章丘县埠村东鹅庄人。出身岐黄世家，年十六随其父学医，攻读刻苦，历四载而能诊，擅长内科，善治伤寒。为人忠厚，对贫者常施以药，为群众所赞。

[《济南中医药志》（1989）]

[①] 吕恣曾：《莱芜卫生志》（2004）作"吕愁曾（1882—1959）"，经查《莱芜文史资料 第4辑》（1988），显示为"吕恣曾，1882—1959"。
[②] 1884：《莱芜卫生志》（2004）、《莱芜文史资料 第4辑》（1988）、《莱芜市志》（1991）均记载吕恣曾生年为1882年，故《泰安地区中医志》记载应有误。《莱芜文史资料 第4辑》述先生事迹甚详，似应以其记载的生年（1882）年为是。

李允守（1882—1939），字廉泉，埠村镇东鹅庄人。出身岐黄世家，十六岁随父学医，刻苦攻读，历四载而应诊。诊治疾病广纳各家学说而无门户之见，擅长内科，善治伤寒。性忠厚，尚医德，为众赞誉，名噪埠村、明水一带。

[《章丘卫生志》（2007）]

◎ 姜风臣 ◎

姜风臣（1882—1962），崮山公社魏庄大队人。专喉科。

[《长清县中医药志》（1984）]

◎ 秦维道 ◎

秦维道（1882—1968），平阴人。业医，擅外科，技艺工良，名重乡里。喜济人，群众及友人尝赠画屏以酬其德。

[《泰安地区中医志》（1983）]

◎ 董振声 ◎

董振声（1882—1950），字琴轩，水寨镇张家林村人。幼读儒学，后转习岐黄而业医。擅长伤寒及内科杂病，兼治妇科病。医德高尚，不论寒暑昼夜，有求必应，一心赴救。在县境北部及邹平一带有较高声望。

[《章丘卫生志》（2007）]

◎ 王功镇 ◎

王功镇（1883—1953），字静斋，山东省历城县曲家庄人。享年七十岁，官拜河北省景县与易县县长，未久辞去。

先生生于岐黄世家，幼失怙恃。祖父王允中（《历城县志》误作王雍中），字精一，精通医术，一望可知人之生死，名闻当代。父亲王锡爵，字晋封，在原籍行医，百里之外来求诊者甚众，当地农民有一句俗话"吃了王晋封的药了"表示平安无事，也说明晋封公操有回春之术，为众人所景仰。

先生十五岁丧父，既无叔伯，又鲜兄弟，惧先业之将坠，从师兄蔡氏学医以承父业。勤求古训，努力钻研。为了维持家庭生计，一面设立私塾教学，一面行医治病，年甫弱冠，医名已著，在济南一家药店应诊。

先生在农村治病，自代卖药，移寓济南后，设一小药铺，前面卖药，后面诊室，行医多年，素服众望，被选为山东省议会议员，仍以行医为正式职业。

1924年冬应约去大连出诊，为当时的山东省警务厅厅长袁某之子诊病。袁子年方四岁，病情危重，先生着手回春，名震东北。1925年春，病家为了表示感谢，介绍到直隶（即河北省）两县摄篆，任景县和易县知事。公素抱医国医民之志，颇有政声。1927年辞职退居天津，开设玉仁堂中药店，仍理旧业，誉隆遐迩。同时参加天津永安堂药店股东，善治伤寒、温病、中风等病，享有盛名，经常到北京、保定、唐山、北戴河等地出诊。对贫穷人不但不收诊费，而且给予药资。

先生与孔伯华（北京四大名医之一）极为友善。每逢孔先生来津应诊，二人终日相聚，切磋医道，探讨病理，共同会诊，在当时中医界传为佳话。

先生善用石膏，孔伯华戏称之为"石膏大夫"，尤精望诊，有扁鹊之风。

先生在济南开设颐和药店，独资经营。延请蔡王衡先生应诊多年，配制祖传的青囊鸥鹑膏治疗痰核瘰疬、无名肿毒有卓效。消胀止痛丸、王府舒肝丸等都是颐和药店独特产品，深受群众喜用。

诊余之暇，著《养生医药浅说》八卷行于世。先生聪颖过人，于书无所不读，家世业医，耳濡目染，读儒书时即取《内》《难》读之，均能背诵，至老不忘。认为熟读《内经》则增人智慧，精于病理可左右逢源，熟读本草则方自我出，熟读《伤寒》《金匮》则有法可随。正如朱丹溪说"非《素问》无以立论，非本草无以立方。有方无论，无以识病；有论无方，何以模仿"。

先生临床不执前人成见，师古而不泥古，尝谓以古方治新病，譬如拆旧屋盖新房，必须经匠人之手而后可，量体裁衣，自无不合。削足适履，定受其害。

先生曾与陈君菁衫对三元甲子元探讨，扩大了五运六气学说的范围，更能切合适用。

先生反对中医相互诽谤，认为中西医宜合作，医生不可执偏见，不药得中医，医家当体谅病家的困难，当存心十要。

1. 存心仁慈，以救人为天职。

2. 精通医学，多参群书。

3. 精通脉理，洞悉脏腑经络。

4. 识病原病机，晓运气盛衰。

5. 辨识药性药形，炮制适宜。

6. 同道相互提携，莫相嫉妒仇视。

7. 品行端方，自重自爱。

8. 诊病一视同仁，勿重富轻贫。

9. 勿重资财轻忽人命。

10. 常备灵药，随时救人。

先生一向反对六种人：①巧言诳人，甘言悦听，强辩相欺，危言相恐，此便佞之流也。②结纳亲知，修好童竖，营求上荐，不致自来，此阿谀之流也。③忌妒成性，排挤为事，阳若同心，阴若鬼蜮，此谗妒之流也。④贪得无知，轻忽人命，至于败坏，诿罪自文，此贪婪之流也。⑤胸无点墨，冒托言家传，目不识丁，诡言神授，此欺伪之流也。⑥望闻问切，漠不关心，枳朴归苓，到手便摄，此庸鄙之流也（俱见《养生医药浅说》卷一）。先生之品德可见一斑矣。

解放前后，屡被天津市卫生局聘为中医考试委员。

先生学而不厌，诲而不倦，虽到老年手不释卷，常谓学无止境，学然后知不足。

先生治学，不拘一格，既不厚古薄今，也不是今非古。更不立中非西，也不泥古不化。常谓：吴鞠通之《温病条辨》，似立杂气，实则偏于阴虚，故药多寒凉；陈修园之书偏于阳虚，故药多温补。虽各有所偏，因其所处之时代不同，气运各异也。

先生尝谓：医虽小道，人命所司，必须明阴阳，察运气，因时制宜，随机应变，庶不致贻误病机。凡病总不出三因，揆其因，治其病，不难治愈。万勿以其人平素虚弱，不问病之所在，一味滋补，致令邪留于中，永不传出，重则丧命，轻则缠绵终身。须知病去，脏腑虽虚，能借谷气以生，所谓药补不如食补也。要知补虚须于平日，不宜于病时。误服燥药则阴竭，偏于滋腻则湿痰阻滞，补气补血皆宜慎之。

先生对温病尤为特长，津市人多称其为伤寒专家。每遇此症即以峻剂猛剂，不但药味多而且剂量重，每剂药中生石膏用至三四两者，甚或有用生石膏煎水作饮料者，故药下即效。并谓治温病如擒虎，稍一放松，回噬伤人，故必须用大剂量，使病邪无反袭之力。所谓治外感如将，兵贵神速，除恶务尽也。

先生对于内伤虚证则用药极轻，不但药味少，而且剂量轻，勿急于求功，须缓图之，使正气复而邪气退。所谓治内伤如相，坐镇从容。神机默运，无功可言，无德可见而人登寿域。可见治病不在用药之轻重，而在辨证之精确，证不明则药必误。

先生既精内科，尤精儿科，对风劳大证均有独到之处，对小儿麻疹尤有研究。

曾著《疹科心法》附于《养生医药浅说》之中。先生说：少儿稚阳之体，气血未充，饮食起居，行动坐卧，皆当顺其自然，不可过于娇养，须知天有四时，人亦应之。风不吹则气不充，日不照则体不坚，寒不侵则卫不固，不运动则筋不强。天下事有相克者有时相生，相离者有时相合。过寒则伤卫，过暖则伤营，姑息宠爱，皆与健康有碍。

1938年春，先生与天津李实忱先生谋设国医学院，志在培育中医人才，设施诊所，适因七七事变而停诊。

先生诊务繁忙，对中医同道热心帮助。天津沦陷时，有断绝归乡路费者，先生则解囊相助，有一老者将治水臌痞积方奉赠以作答谢，其方为：

元肉[①]、甘遂、白朱砂（即江西磁）、黑朱砂（即旧砂锅）各二两，研细末枣肉为丸，每服一钱，小儿减半。服后在上则吐，在下则泻。先生配成丸药，专门施送，服之者颇有疗效。

1950年先生患脑栓塞，经过自己治疗基本痊愈。

1953年3月一个早晨在街上散步，忽然心肌梗死，抢救不及而病故。

先生自称稷门曲水逸民，应诊地点：济南商埠经三路东首颐和药店；天津法租界天增里永安堂。

先生有三子：长子王庆熬做过冯玉祥军的营长，已病故；次子王庆鸿，字季儒，承父业任天津市中医学会理事、天津市人民代表；三子王士君，字季露，曾在济南税局工作。

[《济南中医药志》（1989）]

◎ 尹序同 ◎

尹序同（1883—1970），字秀亭，平阴孝直公社西天宫村人。精医术，性仁厚，求诊者日踵相接，旦夕无少暇，皆一一详察处治，无厌容，有邀诊者，闻讯即行，虽风雪寒暑亦不辞。尝奔波跋涉于乡郊，辄数日不得归，全活甚众，名著东平、平阴、肥城三县之交壤处。《大众日报》曾载其事迹。生前任平阴县历届人民代表。

[《泰安地区中医志》（1983）]

---

① 元肉：即龙眼肉。

尹序同（1883—1970），字秀亭，平阴县西关宫村①人。性忠厚，多年行医，医术较高，求诊病人不绝。看病详察细问，精心调治。遇有邀请，闻讯即行，酷暑严寒，风霜雨雪，从不推辞。为救治病人，常奔波于四乡，有时数日不归，救治病人甚多。名传东平、平阴、肥城一带，深受群众欢迎。《大众日报》刊载过他的模范事迹，称赞他是人民的好医生。生前曾任平阴县历届人民代表大会代表。

[《泰安卫生志》（1991）]

◎ 张玉荣 ◎

张玉荣（1883—1956），字玉新，归德公社平房大队人。少读儒书，壮年时因母常有病，求医困难，立志习医，自己苦读《医宗金鉴》《景岳全书》、李东垣的《脾胃论》等书。

先生治病重后天之本，常以六君、归脾、补阳还五汤取效。一生所治愈的险症十之七八存活。

先生老年曾把自己的治疗经验总结成册，惜已遗失，仅写有《评汗吐下法之临床应用》一文，发表于1953年的《健康报》。

[《长清县中医药志》（1984）]

◎ 孟继曾 ◎

孟继曾（1883—1960），字绍鲁，厚斋先生之侄。幼遵庭训，学识有素，又从学于历城县卧牛山名医曲连森，精于内、妇科和时行温疫。早年行医，遐迩知名。1952年参加郑家诊所，1958年调往临邑县中医院应诊。先生读书广，领会深，临证经验丰富，谨慎和善，平易近人，百问不烦，诲人不倦。惜其忙于诊务，并无著述，仅记其微末事一二端，以供验证。①用黄芪建中汤治疗气虚漏血，较归脾、十灰等方有效；②用达原饮治疗时疫兼涉杂病，能据证加减，出入变化，效果非常，是其得意之方。

[《济阳医药卫生志》（1984）]

孟继曾（1883—1960），字绍鲁，厚斋先生之侄。幼遵庭训，学识有素，又从学以历城县卧牛山名医曲连森，精通《内经》，长于内、妇科和时行温疫。早年行

---

① 关宫村：《泰安地区中医志》（1983）作"天宫村"。《山东平阴风物志》亦作"天宫村"，现位于山东省济南市平阴县，似以"天宫村"为是。

医，退迩知名。1952年参加郑家诊所，1958年调入我院应诊。先生读书广，领会深，临症经验丰富，谨慎和善，平易近人。惜其忙于诊务，并无著述，仅记其微末事一二端，以供验证。一用黄芪建中汤治疗气虚漏血，较归脾、十灰等方有效；二用达原饮治疗时疫兼涉杂病，能据证加减，出入变化，效果非常，是其得意之方。

[《临邑县中医院院志》（1988）]

◎ 傅锡朝 ◎

傅锡朝（1883—1964），平阴孝直公社张庄人。业医六十年，于内、妇、儿诸科俱工，学宗易水，对《脾胃论》颇得其奥，曾以升举法治愈孕妇转胞症，声著平阴、东平之间。

[《泰安地区中医志》（1983）]

◎ 尚怀圣 ◎

尚怀圣（1884—1953），字化轩，城区官厂村人。先生苦学勤记，曾获泰安府莱芜县官立高小学堂取得中等毕业执照。后因生活拮据而辍学务农。民国九年，长子患疾无钱求医而夭亡，故立志攻读医著为己任，博极医源精勤不倦，先后精研熟读经典医籍及名家之著，受益至深。三十二岁先后在高庄对仙门、颜庄街开设增生堂药铺坐堂行医。先生通晓各科，擅长妇科，尤精妇女不孕症的治疗，并积累丰富经验。他医德高尚，辨证精详，组方严谨，疗效颇著，故而驰名方圆百余里。1941年在对仙门行医时，县长亓聘如因患重病，闻及砚兄怀圣此行医，便驱人执字邀诊。先生闻信速至，对症下药不日即痊愈，其感恩不已。

先生以民族大业为重，对日寇深恶痛绝，在行医之余，受亓县长委托，屡派次子尚庆鹏为洪涛等领导人送信送药。曾救过吕剑光夫妇之性命，后因汉奸告密出卖，先生被捕，后经亓县长等人暗中托人保释。

[《莱芜卫生志》（2004）]

◎ 曹士俊 ◎

曹士俊（1884—1965），归德公社东辛大队人。擅长疮疡外科，一生治好不少难治疮疡病人。群众威信较好。

[《长清县中医药志》（1984）]

◎ 刘法孔 ◎

刘法孔（1885—1971），字效周，颜庄镇陶家岭村人。自幼勤奋好学，热爱岐黄，博览各家名医之著，擅长妇科，精于本山药物，善用本地药物医病，处便方较多，疗效甚著。一妇人怀孕八个月，突患小便不利，多医用药无效，请效周诊治，诊毕曰："不药可愈。"用黄豆一把撒在地上，让孕妇逐粒猫腰拾起。拾完后继作蛙爬行，令其丈夫拽住她一条腿，随后跟行，爬行以三丈为度，每日两次，连作三日。结果一日见效，二日病大减，三日病愈。其行医近五十年，怜贫惜苦，有求必应，医德高尚，四方求医者甚多，在本地享有盛誉。

[《莱芜卫生志》（2004）]

◎ 伊品三 ◎

伊品三（1885—1973），字仁卿，归德公社胡同店人。山东省师范学校第一届毕业生，曾任小学教师十五年。后攻读医学，长于治妇科病，受到群众赞扬。

[《长清县中医药志》（1984）]

◎ 贺云龙 ◎

贺云龙[①]（1885—1945），字在田，新市区贺家村人。精于医学，尤善妇科，名望甚高。子凤文，侄凤州、凤阁，皆世其业。

[《济阳医药卫生志》（1984）]

贺之龙，字在田，济阳贺家村人。生于清光绪十一年（1885），卒于民国三十四年（1945）。术精妇科。子孙传其术。

[《山东中医药志》（1991）]

◎ 张兆利 ◎

张兆利，城北尹家庄人（生卒年月不详）。善用《医林改错》之方，临证处方多用桃仁、红花，人称"桃仁红花先生"。1940年前后，霍乱流行，死亡不计其数。先生用解毒活血汤，治疗多效，活人无算，一时誉为名医。

[《济阳医药卫生志》（1984）]

---

① 贺云龙：《山东中医药志》（1991）作"贺之龙"。

◎ 张积岳 ◎

张积岳（？—1961），字福山，城西张辛庄人。精于医学，尤善针灸，对《针灸大成》研究有素，临证以针灸为主，辅以汤药，收效甚捷。为人醇厚，有求必应，名望甚高，且乐善好施，乡邻咸称颂之。子善忱，继承父志，对针灸学术，研究尤力，现为山东中医学院针灸副教授。

[《济阳医药卫生志》（1984）]

◎ 谭守身 ◎

谭守身（1885—1971），颜庄镇颜庄村人。自幼好学，专攻医著。其父义务行医三十年，家藏医书较多，遵父志承父术，熟读《伤寒》《金匮》，兼览各家名医之著，擅长妇科，善用经方，收效甚佳。有一富豪之家，自开药铺，有坐堂先生，其母病重，数医无效，请谭诊治，诊曰："病虽重，尚可治，用大柴胡汤加量一剂可愈"。病家畏药量大，改减半服用。第二天谭见病未除，询问用药情况，病家以实情相告，仍用原方又服一剂，果愈。自此，名声大扬，求医者甚多。新中国建立后，于1956年参加大联合诊所，后转入颜庄卫生院工作，1971年病逝，终年八十六岁。

[《莱芜卫生志》（2004）]

◎ 王昭旭 ◎

王昭旭（1886—1959），字荣九，唐庙杨家庄人。寄住南关，精于医学，尤善针灸，临证针药并用，有捷效。为人正直，乐善好施，常步行为贫病出诊。处方鲜用贵药，多以针灸为主，辅以汤药，遇特别贫困者，恒解囊相助，故群众誉为"慈善先生"。晚年在济南行医，名望甚高。门人玄振一家贫，拜师学医，不收学费，并赠书多种，如《针灸便用》《伤寒论》《金匮要略》《本草纲目》《医门法律》《针灸大成》等。其言传身教，医德高风，对后学之影响极深。

[《济阳医药卫生志》（1984）]

◎ 韩发殿 ◎

韩发殿（1886—1961），字王斋，常庄乡西古德范村人。先生自幼聪慧好学，因家境贫寒，稍长即业农，昼耕夜读，二十岁时受聘为私塾教员。因素睹百姓有病求医之难，遂发奋习医，初读《本草备要》《汤头歌诀》《濒湖脉学》等医籍，皆背诵如流水，后精研经典。攻读遇疑，即虚心向当地名医求教。三十岁时教兼应诊，因学业扎实，临床辨证精详，组方严谨，用药亲自检点，疗效颇著，遂声誉渐扬。三十五岁时弃教行医，先后被沂源县南燕村衣姓、辛庄毕姓、下朱家店韩姓聘为坐堂先生。晚年在家义诊。

先生终生精研脉学，对脉诊积有丰富经验。各科均晓，尤擅妇科。用药效仲景而擅用经方，临诊屡起沉疴。一妇产后喘急，痰亟，众医罔效，后延请先生诊治，一剂中的，二剂病愈。终生学而不倦，至终仍不释卷。先生终生医德高尚，惜苦怜贫，常以"庸医不明，即是杀人""病者求医，如溺水求救，万勿贻误"等鞭策自己，教诲后人。民皆称颂其德。

[《莱芜卫生志》（2004）]

◎ 王长乐 ◎

王长乐（1887—1960），垛石桥区于家官庄人，针灸医生，精于《马丹阳十二针》，手法与众不同，治病多奇效，群众誉为"神针王长乐"。曾在1947年随军南下，为解放军和担架队群众治病，在解放战争中有所贡献。1956年参加中医学委会，在附设针疗所应诊。1958年参加聊城地区中医代表会时，为一干部针治面瘫（俗称吊线风），王令置一面镜子于患者面前，嘱患者对照看到口唇转正后即告诉医生停针，否则针力过度，可使嘴歪到另一边去。患者遵嘱照办，待嘴正后要求停针，果获痊愈，旁观者数十人，无不惊奇叫绝。1956年从中医研究会调临邑县中医院应诊，至冬患心脏病去世。惜其针术未传于世，实为一大损失。

[《济阳医药卫生志》（1984）]

◎ 李以诚 ◎

李以诚（1887—1950），字灌珊，水寨镇苑李村人。生于世医之家，长于内、妇科，在北京挂牌行医二十余年，后返故里，享誉一方。

[《章丘卫生志》（2007）]

◎ 李元钢 ◎

李元钢（1887—1971），字冠三，常庄乡南峪村人。先生自幼攻读诗书。二十五岁时在村开始办学任教二十余载。民国七年曾参加创办响水湾三元宫高级小学。

他好学志上，广博群书，任教期间留心钻研医学方书，近四旬，弃教致力医学事业，并对《傅青主女科》《医宗金鉴·妇科心法要诀》尤为推崇，故精妇科，四乡颇有名气。先生诊病细心，组方严谨，他主张"论诊有据，施治有准绳"。每诊一病，周密深思翻书对照，他常以"医道是至精至微之事，决不可以至粗至浅之思"为行医准则。他对待病人一视同仁，不论贵贱贫富皆如至亲，为人所称颂。

[《莱芜卫生志》（2004）]

◎ 迟会仲 ◎

迟会仲（1887—1976），平阴县玫瑰公社野仙沟村人。以眼科名于时，声著一邑。

[《泰安地区中医志》（1983）]

◎ 宋守谦 ◎

宋守谦（1888—1961），双泉公社五眼井人。专长妇科，较有经验，有群众信仰。

[《长清县中医药志》（1984）]

◎ 于彝庭 ◎

于彝庭（1889—1955），山东黄县人。其父为当地儿科名医，彝庭幼承庭训，精研儿科，尤擅儿科推拿之术，先后在东北、青岛业余行医。于1930年经青岛市社会局考试合格，领取行医执照，同年6月来济行医，开展儿科推拿治疗，颇得群众信誉。1935年在济南市普利街保安巷开办私立彝庭儿科推拿医术讲习所，自编讲义并传道授业，前后开办七期共培养中医推拿医生二百余人，为培养中医人才，发扬推拿医术作出了一定贡献。

[《济南中医药志》（1989）]

于彝庭（1889—1955），推拿名医，黄县人。自幼从父习医，专长儿科。1930年由青岛来济行医，1935年创办彝庭儿科推拿讲习所，每年一期，共办七期，学员共二百余人。他自编讲义七卷，每晚授课，在济南的学生有于德滋、景柏承、郑毓桂、刘东升等。

[《济南市卫生志》（2010）]

◎ 孙纯如 ◎

孙纯如（1889—1974），字和斋，孙耿公社老杜家村人。十二岁即在济南学医，研读《妇科准绳》，颇有心得，对妇科病治验丰富，中年来家开业行医。解放后在孙耿医院冯家卫生所应诊，远近患者求诊问方者络绎不绝，全县闻名。写有验方一本，传于其子南阳，继承其业。

[《济阳医药卫生志》（1984）]

◎ 张溪云 ◎

张溪云（1889—1973），杨庄镇侯家洼村人。1917年在本村行医，抗战期间曾跟随我政府工作人员到北山抗日根据地为军残治病。解放后，辗转回乡重操旧业。擅内科，对切脉诊病潜心体会，有丰富经验。他反对先固元气后则攻邪之法，常谓："邪气自诸身，遭攻之可也，揽而留之可也？虽愚夫愚妇，皆知其不可也。"临证效子和，善以祛邪为治。

[《莱芜卫生志》（2004）]

◎ 熊祥之 ◎

熊祥之（1889—1952），字瑞生，平阴洪范公社纸坊村人。学识博深，尤精于医，善决疑难之重症，屡起沉疴。平阴卢作梅病笃神昏，诸医均以虚论治，多用补剂；熊独诊断为温病入营，虽有舌苔中黄，但舌质紫绛，应舍苔从质，且有鼻衄进犀角地黄汤而愈。卢氏因赠匾以谢之，文曰"万家生佛"。

[《泰安地区中医志》（1983）]

熊祥之（1889—1952），字瑞生，平阴县纸坊村人。自幼好学，知识渊博，尤精通医学，多治疑难重症。当地有一叫卢作梅的妇女，身患重病，昏迷不醒，其他经治医生都认为是虚证，均以虚论治，多用补剂，毫无效果。熊先生得知后，亲临诊视，诊断为温病入营，虽有舌苔中黄，但其后舌质紫绛，故应舍苔从质，以复元气，遂服以犀角地黄汤，数剂而愈。卢氏全家感恩不尽，赠以"万家生佛"匾额。从此更加名声大振，远播四乡。行医四十余年，深得民众信赖。

[《泰安卫生志》（1991）]

◎ 艾绍荃 ◎

艾绍荃，化名徐彩云，本县孙耿街人。因其缠足蓄发，行动模仿女子，故人称"艾小脚"或"艾留头"。其先人曾为清末官吏，家产较富。绍荃读书学医，兼爱书画。民国二十年（1931）左右，迁济南定居，在官扎营开业行医，1961年前后去世，年七十余岁。

关于艾小脚生平，传说不一。据笔者了解，艾为人乖僻，"其性与人殊"。但奉母至孝，有一妹，不幸夭亡，其母终日啼泣，食水难进，艾甚忧之。为讨母欢，发誓改作女儿装，缠足留发，身着女装，处处仿女儿举动，曲奉其母。母甚喜，逐渐康复。此后，艾即俨然以女儿自居，以女貌出现，有延医求诊者，称其艾公子或艾先生，皆不理睬，拒而不答，人们只好改称"艾大姐"或"艾大姑"，便欣然应允。其医术较高，尤善妇科，治病多效，故"艾小脚"之名，不久即闻名全县。

一日，艾至县城出诊，尚未下车，人们听说艾小脚，纷纷赶来围观。值公安局长出巡，过其旁，见状甚怒，吩咐卫兵将艾拘至县府，报告县长，县长亦怒，训斥曰："你是男是女？"答："是男。""既然是男，为何改作女装？如此男不男女不女，成何体统？岂不扰乱社会秩序！"令其马上脱去女装，除掉裹脚（布）！卫兵正欲动手，艾厉声答曰："士可以杀，不可以辱！"乃恳切陈词，述其母病与改装之由。县长听罢，怒气渐消，微笑曰："原来是片孝心。"乃以好言谕之曰："现在是中华民国，主张新法，破除迷信，反对封建礼教，女子都要放脚，不准缠脚，已缠者教育她们放开，何况你为男子，出身书香门第，读书达理，又行医看病，却装扮女人，不但惹人嗤笑，也对社会不利，有伤风化。回家向老太太说明，立即改换男装，本县既往不咎。若再违犯，即当按惑众闹事、扰乱治安处治，勿谓言之不预也！"遂令差役立即释放。

艾回家后，并未改装。亲友劝之，不听。其家族引以为耻，乃相聚议定："小脚"死后，不准葬入祖茔，以免辱没艾家列祖列宗。艾在家一再碰壁，极不顺利，不久便迁移济南，化名徐彩云，在官扎营开业，人称"徐大夫"或"艾夫人"。本县患者仍不断前往就诊，于是"艾小脚"之名，又很快在济南传开。行医之余，兼作书画，并著有医书二本，已出版（书名不详）。下有一女，不知所终。

今城东朝阳村董修峰，年逾古稀，爱字画，家中藏有艾小脚字画一幅，所书对联已丢失，仅存墨水画中堂一幅，上下部均已破碎，但中间尚完整清晰。所画梅花依傍巨石上下开放，笔墨颇细腻。上题"九女石梅，花开冷艳"，下书"时在辛未年季秋月仿新罗山人写于鲁北济阳城内……"按辛未季秋，即民国二十年（1931）九月。所题"九女石梅花开冷艳""九女"二字，隐晦而费解，推其意，九属阳，九女者是男似女，真男假女之意。石梅者，言梅花俏而有骨气，心如铁石。"花开冷艳"即梅花开放于严冬，寒冷之中，愈显其艳丽也。综合其意，可能是艾自称九女，自比石梅，而把当时社会比作寒冬，亦古人"红梅傲霜"之意耳。

近阅新出版《济南风情》一书，称"艾小脚"为妖人。但经了解，艾在本县并无不法行为，只不过其人乖僻自是，性于人殊而已。

[《济阳医药卫生志》（1984）]

◎ 刘梓桢 ◎

刘庭栋（1890—1959），字梓桢，原籍济南市西郊公社常旗屯大队。1905年迁居长清许寺公社藤屯大队落户。其父刘家浩早就行医、开药铺，名号"寿元堂"。

梓桢先生幼年就读于私塾，下学后跟父学医。白天学习药材加工炮制和应付药铺业务，晚上学习中医药理论。因先生聪敏有才，又不怕劳苦，用心钻研，对《伤寒论》和温病学说体会比较深透，十八岁后就成为当地有名的医生了。

1935年，国民党师长孙某某的母亲患病，在济南请医生久治不效，便请梓桢先生前往诊治，果然药到病除。

建国后，梓桢先生接受了党的教育，思想进步，对医疗、带徒等工作，认真实干。经常出诊到晚上十点才能回家休息，天天如此，几十年如一日。

先生传授了三个徒弟，毫无保留地把自己的经验传给了后人。

1958年当选为县人民代表大会代表。

1959年调县人民医院工作，因年老体弱、积劳成疾，经治疗无效，病故于县人民医院。由副县长刘晋卿主持召开了追悼大会。

梓桢先生一生勤奋好学，能灵活运用中医的理、法、方、药。所以治病效果较好，群众威望也高，给后人留下了良好的印象。

[《长清县中医药志》（1984）]

◎ 杨成春 ◎

杨成春（1890—1960），字和亭，城西洼子头杨家人。精于儿科，尤善按摩之法，研究《小儿推拿广意》颇有心得。治病以推拿为主，辅以药物，疗效显著。其手法轻巧，态度和人，婴儿易于接受，如小儿吐泻惊风等症，一经其手，无不转危为安。乡民感戴，赞颂不已。

[《济阳医药卫生志》（1984）]

◎ 杨振江 ◎

杨振江（1890—1966），字梯云，二太平区白晏村人。擅长针灸，疗效显著，医德高尚，有求必应，在城西北一带有很高的声誉。

[《济阳医药卫生志》（1984）]

◎ 李家春 ◎

李家春（1890—1962），许寺公社新李大队人。擅长内、妇科。

[《长清县中医药志》（1984）]

◎ 苑传禄 ◎

苑传禄（1890—1963），字廉泉，东北乡大牛李人。教学之余，兼研医学，后专以医为业。中年曾在四川行医，经考试取得行医许可证书，后回本省，在济南、长清、广饶等地行医。精于内、妇、儿科，治多奇效。解放后在家乡王圈卫生院应诊。先生以济世活人为怀，不论贫富贵贱，有求必应，名望甚高。一生好学不厌，诲人不倦。门人有本县王协温、马成美，济南北园郑长德。其孙广汉世其业。

[《济阳医药卫生志》（1984）]

◎ 皇登瀛 ◎

皇登瀛（1890—1950），字海峰，水寨镇门口村人。从父习医，擅长内、妇科，曾在天津挂牌行医，后返故里，享誉一方。

[《章丘卫生志》（2007）]

◎ 郭春园 ◎

郭春园（1890—1969），山东省利津县人。年少读书，自1921年在当地滋生堂从老中医庄于兼先生学医，1939年来济南市执行中医业务，至1959年参加济南市立二院中医科工作。行医数十年，善疗儿科疾病。

[《济南中医药志》(1989)]

◎ 张锡范 ◎

张锡范（1891—1982），著名中医师，别名张洪九，济南市人。1910年入济南师范学校，1930—1952年在济南经营"裕德堂药店"兼行医，1955年在济南市六联合诊所任中医师，1959年后荐入省立医院，先后任中医部医师、推拿科主治医师等。晚年以中医推拿见长。

[《济南市卫生志》(2010)]

◎ 范振水 ◎

范振水同志（1891—1940），又名范兴起，孝里公社石岗大队人。自幼读书，1929年习医，他深知农民生活困难，治病缺医少药，乃发愤学习针灸，时值军阀混战，病灾严重。范振水立志克服种种困难，边学边干，终于成为远近闻名医林中善于针灸的高手。

范振水的治病范围南至肥城、张店、石横、大留一带，东至双泉，北至翟庄，西至沿黄地区。他不仅医术高明，而且不收诊费。每至春季，便自购痘苗为附近小儿免费接种。遇有远路病人也经常款待饭菜，因为他对广大群众的施舍，造成个人经济上的困难。方外邻近群众都为其医德医术所感动。

日本侵略者为了控制我大峰山根据地的革命活动，于1938年在石岗村安了据点。范振水基于对敌人的愤恨，毅然加入了中国共产党。1939年参加革命工作，任长清县八区情报站站长。根据上级指示，和敌人开展针锋相对的斗争，派石岗村共产党员马茂堂同志给敌人做饭，随时把情报送出，及时地转送到我政府领导人手中，这样就完全掌握了敌人的活动情况，使敌人陷入人民的包围中。

范振水为了工作方便，在石岗村南自己的菜园里修了两间屋，种了桃、杏树、葡萄、栝楼等，把家搬在这里，一方面给群众治病作掩护，一方面做革命地下工作。

不幸于1940年4月×日，由于特务分子告密，日本侵略者将范振水抓进据点，用刺刀把他的左臂穿透，但他毫无惧色，大义凛然，痛斥侵略者，附近群众联名俱保和我党多方营救都没成功，于当日下午遇难。后追认为烈士。

[《长清县中医药志》(1984)]

◎ 付振华 ◎

付振华（1892—1974），北京市人。1908年2月毕业于北京工业学校，1918年6月入福州国医学校学习二年毕业。1930—1943年任济南市公安局测绘员、卫生科员、股长等职。1945年在济行医。1951年多加济南医务进修学校中医学部学习。1952年参加六联二分所任中医师。1956年任槐荫区医院门诊部中医师。1958年调入济南市中医医院至终。擅长内、妇科，群众威望较高。

[《济南中医药志》（1989）]

◎ 张纯一 ◎

张纯一（1892—1972），名中医，曾用名张紫忱，河北霸县人。一生行医，擅长内科、针灸。建国后入联合诊所，1958年应聘任山东医学院附属医院中医院，并任济南市中医学会委员。1964年被省卫生厅定为名中医，对针灸"紫绀流注①"有较深研究。

[《济南市卫生志》（2010）]

◎ 赵沐臣 ◎

赵沐臣（1892—1974），辛寨乡辛寨村人。研习中医，擅长针灸，为人忠厚，处世练达，称誉一方。

[《章丘卫生志》（2007）]

◎ 耿传彬 ◎

耿传彬（1892—1981），本市口镇林马庄人。幼读私塾，后在其父药店习医，勤学苦练，认真钻研，常以古人的"头悬梁，锥刺股"的名言鞭策自己，终于成才。承其父开药店，独立行医，精内科兼外科，医德高尚，在口镇一带颇有名望。在20世纪50年代，药店并入口镇卫生院，他被接收为该院的工作人员。

他在行医中，谦虚谨慎，平易近人，对病人不论穷富和有无权势都平等相待，对病人有高度的同情心，认真给予精心治疗。

他在1973年12月因患脉管炎而行截肢手术后，仍致力从医，坚持给病人义务

---

① 紫绀流注：义不可解，疑为"子午流注"。

看病。他在热心医疗事业的同时，曾接受共产党的政治教育，1935年至1940年期间，叛徒刘伯戈带领国民党捕共队伍疯狂破坏我地下党组织，此时，传彬积极为我地下工作者传递情报，掩护地下党员，并参与了一些分化瓦解敌人的活动，为党的事业作出了积极的贡献。

[《莱芜卫生志》（2004）]

◎ 王光符 ◎

王光符（1893—1971），男，山东省平阴县王楼村人。出生于劳动家庭，八岁入学于乡塾。当时，他目睹农村缺医少药，遂立救死扶伤之志。于是杜门谢客，弃文攻医。上研古圣经典医籍，旁求近代医家学说，焚膏油以继晷，恒兀兀以穷年。内外妇儿，各科皆通，尤以长于妇科远近闻名。

1940年受济南敬修堂中药店之聘，任本店"坐堂医"。济南解放后，又于济南市医务进修学校学习两年。1950年先后在济南市五区防疫站任中医师、济南市五区联合诊所三分所任所长。1955年调来山东省立中医院妇科工作。1956年任妇科负责人，后任妇科主任。1959年加入中国共产党。曾被选为历下区第二、三、四、五、六届人民代表。

王老的治学观点，既推崇唐朝孙思邈"胆欲大而心欲小，智欲圆而行欲方"的医疗态度，又私淑金代李东垣"重视脾胃"的学说。在辨证论治中，不厚古薄今，不固步自封，守古而不泥于古，勇于探索和创新，并强调脾胃对整体的作用。如"补土生金""见肝之病，当先实脾""治痿独取阳明""补肾不如补脾"等等。还以患者的饮食及二便情况，作为选方用药的指征之一。对不孕症的治疗，主张男女双方并诊，并利用排卵日期。对带下症的治疗，除内服药物外，适当配合熏洗、坐药等外用药物，使临床疗效显著提高。对崩漏的治疗，通过大量的临床验证发现一部分原属"血热型"患者，其脉证兼有风热表现，纯用清热、凉血、止血，疗效不够理想，他从温热病学中悟出治法，另划一"风热型"，采用疏风清热为主，佐以凉血止血，疗效较好。

王老在五十年的医疗生涯中，以妇科最具声望。曾有一习惯性流产患者，治愈后感激之至，敬赠锦旗一面，上书："治重病起死回生，救胎儿流产危命，堪称妇科圣手"。于此可见，他为继承发扬祖国遗产，为解除人民疾病痛苦，作出了应有的贡献。

[《山东中医学院附属医院院志》（1985）]

王光符（1893—1971），中医妇科名医，平阴人。1940年应济南敬修堂中药店之聘，任坐堂医。济南解放后，进市医务进修学校学习两年，曾任济南市五区防疫站中医师，联合诊所三分所所长，省立中医院妇科主任等职，在五十年的医疗生涯中以妇科最具声望。

[《济南市卫生志》（2010）]

◎ 冯鸣九 ◎

冯鸣九（1893—1974），男，原名冯鹤年，山东省临朐人。八岁入学，修读儒书十一个春秋。在古典文学方面，有深刻的研究和较高的造诣，颇得塾师的赞许及同学的钦佩。自幼尤笃好医学。课余饭后，以阅读医籍自娱。年方弱冠，即自动退学，立志专医。攻研数载，始悬壶问世。曾先后应聘于青州、沈阳等地为"坐堂医"，所到之处，门庭若市。

1949年全国解放后，冯鸣九辞职返归故里，调任临朐南流区医药部医师。1956年被评为省先进工作者。1957年调我院工作，历任内科副主任、副院长、济南市第四届人大代表等职。

冯老精通四大经典，浏览各家医著。于诊病问疾之际，动辄引经据典。其基础之坚实，学识之渊博，旁听者无不肃然敬慕。其学术观点，多推崇金张子和的"攻下"学说，谨遵"有故无殒，亦无殒也"的治则，主张"邪去则正安，病邪不去，正无由复，姑息养奸，常致不救"。善用甘遂、商陆、巴豆、大黄、牵牛等涤荡攻逐之品，圆机活泼，恰如其分。若遇体羸正虚患者，亦是"先攻后补，或先补后攻"，以及"寓攻于补，或寓补于攻"。治疗疑难病或危重症，多以攻瘀下血或涤痰逐饮而收功。医界同仁称之为"攻下派"。对于某些肿瘤积聚、臌症、癫、狂、痫证、癥病等，从理论到实践，都有独特的见解和临床经验。纵使用一些单方验方，也常能立卓效。

迨至古稀高龄，犹手不释卷，精益求精。经常告诫后学说："书到用时方恨少，事非经过不知难。"他这种刻苦钻研的治学精神，给我们后学树立了良好的典范。这位医术精湛、学验俱丰的名老中医，为广大人民群众解除疾病痛苦，为党的中医事业，作出了一定的贡献。遗有《冯鸣九验方录》一书，用于临床，确有疗效，留下了珍贵的参考资料。

[《山东中医学院附属医院院志》（1985）]

冯鸣九（1893[①]—1974），名鹤年，字鸣九，以字行，临朐县泉庄村人。

鸣九生于世医之家，八岁即读四书五经，十三岁聘请当地名医秦宝太为师，十八岁起独立行医，处方遣药，每多能中，乡里声誉渐超其祖父。又去沈阳、天津寻师深造，因家贫少资，历两年被祖父催回。

鸣九学有根基，又外出见过世面，始知医学如汪洋大海，自此夜以继日，手不释卷，废寝忘食，刻苦攻读，医技渐进。1935—1942年先后在益都、故里及东北行医。1944年临朐解放，携眷归里，1948年参加临朐县南流区医药部。1956年参加省中医研究学习班，结业后到省中医院（今山东中医药大学附属医院）任内科主任，1962年升任副院长，此间曾被选为济南市人民代表、省政协委员、省中医学会理事等。

冯氏治学严谨，所读《内经》《难经》，尽皆贯通，加之博览群书，内、妇、儿诸科无不精通。博采众长，熔于一炉，而不墨守一隅。经方、时方皆以实践检验其实用价值，灵活运用。故在临床上能够左右逢源，沉疴不起者一经他手，往往立即回春。平时善用轻巧灵便之方，颇有疗效。曾用八分钱的方药治愈京剧名旦尚小云的病。

鸣九对时方时法的运用极妙，与西医西药亦无间隔，曾在治疗"乙型脑炎"过程中运用温病学说，取得显著效果。对中、西医两大派，态度比较端正，从不护此诋彼，并提出中西医结合的意见：第一，先取其精华弃其糟粕；第二步抓住形迹与气化道理结合起来的科学方法加以整理；第三步将学术拿到临床上再实践，自然会走向殊途同归的新医学派道路上去（《冯鸣九临床经验简编自序》）。

冯氏不仅医技高超，对后者更是关怀备至，带徒期间身教重于言教，从不保守。但他遵崇"严师出高徒"的信条，对学徒要求很严格，做到有问必答，并告以出处。对学生的一言之差、一诊之误、一药之错，都严厉批评，因此，他的遗风经常在其弟子身上显示出来。

鸣九沉默寡言，朴素稳重，热心诚恳。从一般医生提升为中医学院附属医院副院长，不因地位变化而易其态度，一如既往，对中西医一视同仁，互相切磋，取长补短。即使"文化大革命"时期被剥夺了处方权，但有暗地求诊者，他也不避风险、细心诊断。甚至病入膏肓，口不能言，足不能行，长期卧床之时，有求者，仍坚持坐起，诊脉后以手示意，使人代为处方。凡此情况皆是病已危重，群医束手，

---

① 1893：《临朐县辛寨中心卫生院志》（2008）冯鸣九生年作"1894"。

而经他治疗,多能挽救,为表谢忱,送给他"今之华佗""人民的好医生"匾额,冯氏可谓受之无愧。惜其于1974年与世长辞,噩耗传出,无不为之悲痛,开追悼会时不约而集者三百余人,皆悲痛至极。

鸣九一生忙于诊务,无暇写作。现存《冯鸣九中医师临床经验简编》系其弟子杨桂昌、王文忠收集整理而成。出于他亲笔的有《伤寒温病歌词》大概为授徒而作,另有《四季病的辨证治疗》《流行性乙型脑炎的治疗》《中风探源》等。其零篇多在"文化大革命"中散佚。

[《潍坊市卫生志》(1989)]

冯鸣九(1894—1974),男,名鹤年,字鸣九,临朐县冶源镇泉庄村人。

冯氏自幼聪慧,学习勤奋,又生于世医家庭,八岁入学,修读儒书十一个春秋。在古典文学方面有较深的造诣,颇得塾师的赞许与同学的钦佩。自幼尤笃好医学,课余饭后,以阅读医籍自娱。年方弱冠即自动退学,立志专医。攻研数载,始悬壶问世,乡里颇负盛誉。后又远游沈阳,天津等地拜师深造,医术大进。曾先后应聘于青州、沈阳等地为"坐堂医",所到之处,门庭若市。

1948年"南流民众药社"成立,他应邀参加,任医药部医师。1953年被推荐至山东省中医研究班学习,结业后派到山东省中医院(后改为山东中医学院附属医院)任中医内科主任,1962年升任副院长。在此期间,充分施展其医术,成绩显著,先后当选为济南市人大代表、山东省人民代表、省政协委员、山东省中医学会理事。

冯氏精通四大经典,浏览各家医著。于诊病问疾之际,动辄引经据典。其基础之坚实,学识之渊博,旁听者无不肃然敬慕。其学术观点,多推崇金张子和的"攻下"学说。谨遵"有故无殒,亦无殒也"的治则,主张"邪去则正安,病邪不去,正无由复,姑息养奸,常致不救。"善用甘遂、商陆、巴豆、大黄、牵牛等涤荡攻逐之品,圆机活泼,恰如其分。若遇体羸正虚患者,亦是"先攻后补",或是"先补后攻"以及"寓攻于补,或寓补于攻"。治疗疑难病或危重症,多以攻瘀下血或涤痰逐饮而收功。医界同仁称之为"攻下派"。对于某些肿瘤积聚、鼓症、癫、狂、痫症、瘿病等,从理论到实践,都有独到的见解和丰富的临床经验,纵使用一些单方验方,也常能立著卓效。

冯氏对来诊者从来是有医无类,不论贫富贵贱,重病轻恙,无不细心诊断。即使在"文化大革命"中身陷囹圄,晚年病困床褥不能活动时,对来诊者仍不推辞。所以人们送给他书有"今之华佗""人民的好医生"的匾额,以示感谢。

冯氏一生忙于诊务,著述很少,《冯鸣九中医师临床经验简编》系其弟子杨桂昌、王文忠所集。出其亲笔的只有《伤寒温病歌词》《四季病的辨证治疗》《流行性乙型脑炎的治疗》《中风探源》等，留下了珍贵的参考资料。

[《临朐县辛寨中心卫生院志》（2008）]

冯鸣九（1893—1974），著名中医，名鹤年，字鸣九，临朐人。原为地方名医，1953年推荐至山东省中医研究班，结业后留任山东省中医院内科主任，1962年为该院副院长，曾被选为济南市人民代表、山东省人民代表、省政协委员、省中医学会理事。

[《济南市卫生志》（2010）]

◎ **杨成见** ◎

杨成见（1893—1953），普集镇杨官庄人。儒医，擅长外科，在普集、淄博一带有一定声望。

[《章丘卫生志》（2007）]

◎ **杨建成** ◎

杨建成（1893—1981），字都三，城西北刘家营子人，回民。因母病请医困难而发奋学医，先后读《医方集解》《寿世保元》《济阴纲目》等书。长于妇科，着重望色诊脉，治病多效。为人醇厚，遵父训行医不吃病家酒饭，不收谢礼，对远道而来者并供食宿，以致远近闻名，无不敬仰。乡人送一匾额曰"慈善为怀"。其文云："心中常悬人寿镜，案上不断济世方，功参造化，学通天人，良相良医，古今同然。吾乡都三杨先生，以善人作良医，家学之渊源久著，岐黄之研究尤精，悬壶里门，活人无算。远近求医问方者，踵趾相接。先生殷勤诊治，法圆术精，及疑难大症，经久沉疴，无不着手成春。至有因感致酬者，则又以严词拒。且施药惠贫无虚日，慈善每若此。同人夙蒙厚惠，亦仰高风，愿献匾额一方，用表大德。"解放后，在垛石医院应诊，选为县人民代表。次子法岩世其业。

[《济阳医药卫生志》（1984）]

◎ **郑树仁** ◎

郑树仁（1893—1964），字惠卿，汉族，双泉公社郝庄人。年幼时家贫，其父患慢性病，无钱治疗，受尽折磨。因此树仁立志学医，到处求师，勤奋学习，终究成为当地有名望的一位中医。

树仁先生擅长妇科，熟于《傅青主女科》，结合自己的临床实践，对妊娠期和产后诸症有独到之处。他经验认为生化汤不但可治产后发热病,而且产后无病时也可以连用三剂,能调养气血预防产后宿血疾病。

有一年他去包头市探亲,给包钢工人看好不少疑难症,赢得了工人的好评和感谢,送锦旗一面,上写:"郑惠卿大夫,感谢您的恩情如山,医学高尚"。

树仁先生平时有饮热酒嗜好,1963年得病,经检查确诊食管癌,经多方治疗无效,于1964年5月与世长辞。

[《长清县中医药志》(1984)]

◎ 田锡璋 ◎

田锡璋(1894—1970),字琢如,苗山镇黄崖头村人。先生自幼聪慧好学,通晓五经四书。十九岁始去李家镇跟随名中医李洪书学医,从师九载,历尽艰辛,二十八岁返里开张"一元堂"中药铺,整堂行医,广济众人,一生济人为怀,博览群书,博采众长,积三十年之经验。擅于妇科,技术精湛,医德高尚,从不吝教齿请。尝教人不厌,诲人不倦,一生谨慎,从不弄险,待人热忱。对技术精益求精,对药品遵古炮制,乐善好施,耿耿于怀,博得广大群众之赞誉。荡瀑于苗(山)、莱(芜)、口(镇)、博(山)之地区,医者皆知言之不谬。

先生于1956年积极响应走集体化道路之号召,毅然自携药折价千余元投资参加联合诊所,工作积极,思想进步。学验俱丰,积一生之经验,曾著有《杂病论》一卷,惜在"文化大革命"中焚失。卒前已七十六岁高龄,仍坚持义诊,民皆称颂不已。

[《莱芜卫生志》(2004)]

◎ 杜延交 ◎

杜延交(1894—1980),字子敬,孙耿区西盐场村人。青年时学医钱德芳、陶吉祥两先生,精于妇科,晚年在孙耿医院应诊,颇有名望,有部分医案,"文化大革命"中被焚毁。

[《济阳医药卫生志》(1984)]

◎ 张玉森 ◎

张玉森(1894—1979),归德公社西张大队人。专长眼科,有医疗眼病声誉。

[《长清县中医药志》(1984)]

◎ 周宗黄 ◎

周宗黄，江苏省铜山人。生于1894年，殁期不详，济南市国医公会会员。于民国二十七年五月（1938）继办"济南市私立国医讲习社"培养中医人才。该社每期历时二年半，于民国二十九年（1940）十月毕业。

[《济南中医药志》（1989）]

◎ 宫鲁泉 ◎

宫鲁泉（1894—？），男，字洪藻，山东乳山县人。幼入乡塾，1919年毕业于山东省第八中学，即在本县官庄村任教员。这期间因与当地老中医姜子范先生过从甚密，姜老先生给他许多启迪，从医之志向由此而立。

1926年先生正式弃文学医，考入由蒋玉伯、陈登山等人举办的北京私立中国医药专门学校。后为生计所迫，中途辍业，仍回家任教，并开始行医诊疾。

1955年调来我院妇科工作，先后任医师、主治医师，1980年晋升为副主任医师。

宫老以医问世，多年来主要从事妇科疾病的临床治疗工作，对许多妇科常见疾病有独到之处。他对傅青主尤为推崇，对其著作及学术观点十分赞赏，临床治疗妇科疾病重视调理肝、脾、肾三脏，强调气血在妇科疾病发病中的特殊意义。临床辨证，脏腑与气血并重，用药主张轻清宣达，组方药味少、剂量轻，而少用大攻峻泻之品。治崩漏善用"胶艾四物"，且温兼养，尽得补虚之妙。治带下喜用傅氏"完带汤"补中兼利；或用"泻黄汤"清热利湿，治痛经则多用王清任"少腹逐瘀汤"，活血兼及理气。且能据证而施加减，随证而遣他药。又多能灵活变通，不拘于一法一方。他的宝贵经验曾由他的学生整理，发表于有关资料汇编。

宫老生于晚清，历经几朝，但思想开明，乐于接受新事物，主张对于某些病证，应依赖现代医学手段，如化验、妇科检查等，方能做出明确诊断。他这种实事求是的科学态度，深受大家钦敬。

宫老50年代加入九三学社，并被选为山东省第四届、第五届政协委员，对中医药事业的发展提出过许多有益的建议。1985年山东中医学院授予他"从医四十周年荣誉证书"。

宫老已到耄耋之年，但他对祖国医学一往情深，决心在有生之年为中医事业的振兴竭尽全力，贡献自己的余热。

[《山东中医学院附属医院院志》（1985）]

宫鲁泉 1894 年生，山东省乳山县人，九三学社社员。山东中医学院附属医院副主任医师。

曾在家乡小学任教，后弃文学医。1945 年在乳山县育黎区医药社当医生。1955 年来山东中医学院附属医院妇科工作，先后任医师、主治医师、副主任医师。

[《济南市卫生志》（2010）]

◎ 王绵增 ◎

王绵增（1895—1977），字延生，大王庄镇小王庄村人。幼年丧父，随母寡居。因家境贫困，年稍长即业农，边耕自读。性沉默寡言，稳重笃厚。好学强记，自修学业与日俱进。二十六岁时留心医学，先后读《本草备要》《汤头歌诀》《脉诀》《医宗金鉴》《傅①青主女科》等书。继而行医于世，边学边临证，因医德扎实，诊断谨慎，处方精当，其效多验，遂名噪乡里。

1952 年先生参加小联合诊所，1956 年参加大联合诊所，后转公社卫生院至殁。1956 年当选为县人大代表，香山区人大代表。先生在联合诊所及卫生院工作期间，充分发挥自己的业务专长，勤奋学习，积极带徒，为培养中医的新生力量作出了应有贡献。

晚年，除诊务外，潜心著述总结自己的经验和临床心得。著有《新编验古并集》一书。全书共七十篇，内容包括内、外、妇、儿各科，记述临证医案较多，重理论与实践结合，用药平中见奇，辨证准确，妇科方面的内容尤为丰富，实为当地一份较有价值的中医药遗产。

[《莱芜卫生志》（2004）]

◎ 吴少怀 ◎

吴少怀（1895—1970），名元鼎，原籍浙江钱塘人（今杭州市）。享年 76 岁。

父亲（名淦）五岁时，出嗣到济南叔父家中，吴淦之叔名若灏。科举出身，曾任山东诸城、历城两县知县，定居济南，膝下无子，乃命侄吴淦承祧。逾五年，庶叔母王氏生一子名济，遂废淦之承祧关系。而淦仍居叔父家中，二十三岁病逝。当时少怀年方三岁，孤儿寡母，寄人篱下，备尝辛酸。

---

① 傅：原作"付"。国家第二次汉字简化方案中，"付"是"傅"的简化，因此，在此段时间的地方志中多有将姓氏"傅"改为"付"的情况，今改回"傅"。下同，不再出注。

七岁入私塾，攻读经史，聪慧过人。十六岁时因家庭不睦，乃随慈母脱离叔祖家另立门户，生活十分艰苦。慈母积劳成疾，数年不愈，少怀亲视汤药，涂尝穷人求医之难。后延历下名医管竹书（当时大同医院院长）为母治病，管怜孤儿寡母，贫病交加，乃携少怀到大同医院免费学医六年（大同医院在济南市熨斗隅，系管竹书创建），拜管为师，尽得其传。毕业后，留院任中医师。1924年自己开业行医，凡贫苦病人，一律不收诊费。这样他自己的生活亦较艰苦，他常说："我就是专门为穷人治病，让富人拿钱"。解放前曾任济南市中医师公会理事、山东省立救济院施诊所义务医生。诊务繁忙，经常废餐忘寝。解放后先后任济南市医务进修学校中医学部副主任、济南市立第一医院中医科主任、济南市立中医院院长、民办中医学校校长、山东省及济南市中医学会副理事长，并被选为山东省和济南市第一、二届人大代表和市人委委员。在旧社会挣扎五十余年，积劳成疾，体力日衰，1963年病势垂危，领导上组织专科医生抢救转危为安，1964年他在《大众日报》发表文章说："是党给了我第二次生命"，感激涕零。

在医学上对脾胃学说造诣很深，提出"胆胃证治"的理论，补前人之未备。著有《吴少怀验方集》《胆胃证治》《吴少怀医案》（1978年山东人民出版社出版，1983年再版）。

吴少怀的治学渊源和特点

民国初年，山东诸城管竹书氏精岐黄术，推崇李东垣的学术观点，重视脾胃，专用小方治大病，名著当代。管氏侨寓历下，创办私立大同医院，任院长职。少怀承管师之传亦私淑东垣学派。在临床实践中始终遵循管师遗训，重视脾胃，稳妥之中以取显效。用药轻少通灵，有别于东垣的用药特点。诊余之暇手不释卷，博采沈金鳌、陈修园等前贤之长，对费晋卿的著作用之最精，兼通当代名流之技，学识渊博，浩瀚精深，尤能在前人的基础上，提出自己的独特见解，推陈出新，发前人之所未发，为后学别开新路。例如：强调治病求本说，提出达胆和胃说，力主轻少、通灵说等都是他的治学特点。

强调治病求本说

先天之本在肾命，后天之本在脾胃。吴少怀私淑李东垣，又别于李东垣。此与他在救济院施诊所接触的贫苦病人有关。饔飧不继脾胃失调者，占大多数。豪门贵族山珍海味损伤脾胃者更是不胜枚举，脾胃之化源不足，不但百病丛生，而且病难速已，所以他在临床上一贯主张治病求本，首先调理脾胃，四君、六君、平胃、二陈等方用之最精，信手拈来，头头是道。以维中土冲和之气。甚至春夏养阳常以八珍、十全以养脾胃，秋冬养阴常以魏氏一贯煎、叶氏养胃汤以养脾胃，察其阴阳之所在，均从调理脾胃入手。

例如：汪×，济南知名人士，素有胃病多年，脘腹胀痛，少食不化，舌赤少津，议用和肝养胃益气调中法，药用沙参、玉竹、杭芍、川楝子、桑叶、杷叶等品稳妥取效，数十剂后诸症消失。汪悦而赞叹曰："少怀治病，如大将用兵，坐镇从容，使人登寿域。"

又如：陈×，盛夏之际做食管手术后，嗳气脘满，纳呆口干不欲饮，心烦自汗，气短乏力，彻夜不眠，大便六天未解，曾用芳化辛开苦降等法，反致恶心呕吐，脘腹胀疼痞塞，身有低热。延吴诊之，其脉虚大，知其中气不足，体虚，暑热伤气在前，手术耗血伤津于后，阴阳失调，虚热内扰。改用反治，热因热用以补开塞，方投八珍汤，竟获春夏养阳之效。吴说"治病求本，维护脾胃，遣方用药，不违冲和，否则小病也难痊愈。重视后天之本是医中王道之法，切忌治上犯中，治表犯里，才能使敦阜之土气，厚德以载物。"

吴氏医案脾胃病最多，调治方药经常用芍药，以期土中泄木，佐以菟丝子、淫羊藿、益智仁等补火暖土，澄源固本，而后枝繁叶茂。

提出达胆和胃说

吴在长期的临床实践中反复观察木土相侮的脾胃病，发现胆与胃的关系，根据阴阳二气同性相斥、异性相引的道理，和胆属阳枢的特点，提出达胆和胃说。

因为胆属少阳，为阳之枢，枢司开阖，十一脏腑的功能活动都从枢机开始。枢机不利，则出入之机停，开阖之机废。出入开阖关键在枢。脾升胃降取决于胆。胆有少火之功，其气软嫩，如春之升，此谓发陈，是活动的开端，少阳不升则胃失和降，拨转枢机有达胆和胃之妙。常能从无何有之乡取得满意的疗效。试观功能性低热一症，补之碍邪、清之伤正，两难之际常用青蒿、黄芩、柴胡、半夏等品内疏外透。吴曰"大气一转，其气乃散，枢机默运，开阖自如"。

胃属阳明居中主土，一般胃气不和常责之于肝，其实胆胃不和尤为多见，达胆和胃胜于疏肝。试观肝气横迎可以不寐，胆失宁谧，不寐者尤多，温胆汤加胆草，达胆泻肝，胃气因和则可以安卧。吴说：我主张达胆和胃之说，就是因为人无胃气则化源断绝，人无胆气则生机停废。一是根本，一是开端，正如《素问》所云本末为助，标本已得，邪气乃服之旨相同。六君、二陈、温胆、平胃等方临床最多赏用。例如，一老妇因高血压突发吞咽困难、滴水不入，经过医院抢救，插管鼻饲维持生命，吴用归芍六君汤缓肝理脾达胆和胃，连服二十剂撤掉管子，吞咽正常。因为咽为胆使，吞咽不能责之胆胃，实发前人之所未发。

力主轻少通灵说

遣方用药力主轻少，辨证论治贵乎通灵，这是吴的一贯主张。反对贪多求重，株守深泥，习用小方轻取至胜。他说："治病如开锁，钥匙对簧轻拨即开，轻可去实也。"他不但治上焦病习用轻开，治中焦湿热，清热不利于去湿，化湿常碍于清热，他用轻开肺气法，气行则湿化而热亦清，启上开下，一箭双雕。

1965年夏，吴治疗一例高热病儿，口渴不能饮，舌苔灰腻，二便不利，证属阳明湿热，药用桔梗、杏仁、苡米、连翘、芦根、通草轻开肺气，一剂热退。吴说："药贵精不贵多，伏其所主，则寡可以胜众，如果泛药以误治，不如不药为中医。"

1963年春，吴治一上消化道出血（病人在南京），仅用茜根饮药只四味（苏子、降香、茜草炭、血余炭）挽救险证，降气止血而不留瘀，名传金陵，可谓运筹于帷幄之中，决胜于千里之外。吴说："贪多求重，药过病所，欲速则不达，反伤中气。"确属经验之谈。

遣方用药，机圆法活。他说："顺藤摸瓜就是因端竟委，不泥规矩就是运巧制宜。"一个苏子降气汤有十三种变化，一个四物汤有四十五种化裁。苏叶配百合一散一敛，沉香配薄荷一降一升，阴阳并举，不寐可愈。乌药配百合一行一止，香附配荔枝核一舒一涩，升降同调，胃痛消失。

正佐以成辅助之功，反佐以成响导之用。谨候气宜，无失病机，阴中求阳，阳中求阴，既补前人之未备，又启后学之新途。

敦厚的医德风范

吴自幼因母病深感穷人求医之难，他行医后对贫苦病人从来不收诊费，有时更助以药资。无论远近亲疏，病情难易，决不瞻前顾后，以解除病人痛苦为己任。他常说："穷人都是指着身子混饭吃，哪有时间、哪有金钱来看病？给穷人治病，应该药少效高，少花钱也能治好病，才是我们做医生的天职。"深受广大病人的爱戴称赞。他还说："诊治的病人当中，穷人占绝大多数，遣方用药最忌炫奇立异，浪费金钱，浪费药品。这是做医生应具备的起码条件，我之用方药少量轻，即在于此。"对病人的态度和蔼、语言亲切，在山东省立救济院施诊时，病人特别多，常常无暇进餐，夜以继日，毫无厌倦之心，认真负责。大家劝他珍惜身体，不要过度劳累，他说："做医生的，想到病人的痛苦，一切劳累就都忘了。"也有的人说"请吴老诊病，一进大门就觉得温暖如春，走进诊病室病就好了一半"。这说明吴在病人当中的威信之高令人景仰。早在30年代，一位中风病人行动不便，家住惠民无力延医，吴老不避路途遥远，多次诊视，终得痊愈，所以吴在惠民地区享有盛名。

解放后，在党的关怀照顾下，吴虽然年近花甲但是精神焕发，干劲倍增，诊务繁忙越来越重。晚年卧床不起，躺在床上还给病人诊病。他说："只要我头脑不糊涂我就给人看病。"一切为了病人，可谓鞠躬尽瘁。

吴的治学态度严谨精深，学而不厌，教而不倦，持之以恒。他说："学如逆水行舟，不进则退，我自己并不比别人高明，也没有过人的本领，我经常回忆个人辛酸的经历，就必须发奋学习。"

对徒弟言传身教，循循善诱，善用通俗易懂的语言讲解经典著作，引人入胜。要求学生非常严格，一证一方一药必须说到是处。他最反对知其当然不求甚解。例如天以六六为节，地以九九制会，必须在节字与制字上下功夫，九为阳，六为阴，出自周易。阳以阴节之，"天以六六阴以阳制之，才能阴平阳秘。"这种解法是比较少见的。阐述理论，一丝不苟。虽然年老体衰，每天仍旧坚持大量的诊疗工作，随到随诊五十年中没有拒绝过一个求诊的病人，领导劝他多休息保重身体。他说："我照白求恩大夫，还差得远呢。"

经常告诫徒弟们说："团结同志，以诚相待。抬高自己，打击别人，不足为大医。医德重于技术，治病救人不要自卖聪明，漫天夸耀，应该实事求是，不怕卑就怕吹，宁作鲁肃，不学周瑜。"亲切的教导令人终生难忘。

1979年3月23日的追悼会是吴老死后九年补开的。悼词中说："他在医疗、科研、教学等工作中发挥了应有的作用，为培养青年中医作出了应有的贡献。"

[《济南中医药志》（1989）]

吴少怀（1895—1970），著名中医，名元鼎，祖籍浙江钱塘（今杭州），（其父亲出嗣迁居济南）。他于1916年到济南熨斗隅私立大同医院学医，结业后留院从医。1928年开业，曾任济南中医师公会理事，时有"济南四大名医"之誉。1949年后，任济南市医务进修学校中医部副主任、第二诊所主任医师、济南市立一院中医科主任、济南市立中医院院长、济南市民办中医学校校长、省市中医学会副理事长等职。多次被选为省和济南市人民代表。著有《吴少怀验方集》《胆胃证治》及后人整理出版的《吴少怀医案》等。

[《山东省卫生志》(1992)]

吴元鼎（1895—1970），字少怀，浙江省杭州市人。幼年时丧父，与寡母来济寄人篱下。七岁入私塾。十七岁进山东公立法政专门学校财政处夜班就读。母子相依，艰辛度日。其母劳愁成疾，求医无着，经年不愈。青年时代的吴少怀亲身体验到劳苦大众求医之难，幸遇历下名医管竹书。管怜其孤儿寡母贫病交加，不但愈其母病，而且携领吴少怀到大同医院免费学医。吴遂拜管为师，历时六年，尽得其传。学成后，留大同医院任中医师，后曾任山东省警察厅中医医官。1928年在司里街开业行医，医技卓著，遐迩闻名，30年代已跻身于济南名医之列。求医者中多为人民大众，也不乏富贾官绅。他对贫穷患者则免收诊费，常对人说："我为穷人治病，让富人拿钱"。

吴少怀熟谙中医经典，博采诸家之长，精于中医内科和妇科。根据他的口授，由其门人辑录整理的《胆胃证治》一书，基本上反映了吴少怀的主要学术观点。在李东垣脾胃立论的基础上，融进沈金鳌、陈修园等的许多见解，又有所发挥，突出了胆的转枢作用。他认为胆是动力的开端，胃为水谷之海。常从调理胆胃着手，治愈一些沉疾痼疴。其处方用药的特点是轻灵而不失法度，绝少开大方和动辄用贵重药品，反对标新立异、哗众取宠，很值得后学效法。

《吴少怀医案》是在他去世后由他的学生整理出版的。由于种种原因以往记录的病案多已散佚，经广搜旁求，辑录成册。从中可以窥见吴少怀遣方用药的法度。温胆汤、苏子降气汤在吴手下化裁应用，疗效颇佳。他用散敛结合法治不寐，用升降结合法治胃痛，用动静结合法调整心肾，用内外结合法治疗哮喘，能从阴中求阳、阳中求阴，充分体现其辨证施治的灵活。

吴少怀于1939年参加中国红十字会济南分会，任顾问。1946年任济南中医师公会理事并被聘为山东省政府医药顾问，山东省立救济院施诊所义务医生，诊务繁忙，常废寝忘食。

济南解放后，吴少怀受到党和政府的关怀和重用，并受到优厚的待遇，享有较高的社会地位。曾先后担任山东民众慈善医院医师、难民诊所医务主任、济南市卫生局卫生人员审核委员会委员、医务人员考试委员会委员、卫生局中药审查委员会委员、济南市医学讲习所中医部副主任、第二联合诊所主任、市医务进修学校中医部主任、济南市中医医院院长、省市中医学会副理事长等职。1956年当选为市人民委员会委员，同年参加九三学社，1958年和1963年分别当选为省第二、第三届人民代表大会代表，多次被评为先进工作者，并曾荣获市卫生局授予的中医带高徒一等奖。

吴少怀在中医界享有较高的威信，被公认为济南四大名医之一，诊余积极参加社会活动，参与中医药事业和国家大事的管理，在医疗、教学、科研等工作中贡献了心血、发挥了作用。

[《济南市卫生志》（2010）]

◎ 张凤铸 ◎

张凤铸（1895—1959），字仪轩，刁镇堤张村人。精研岐黄，志在除人疾苦，常有妙手回春之效。著有《伤寒庸解》《金匮要略庸解》《本草辑要》及《医案》，已佚。

[《章丘卫生志》（2007）]

◎ 柏永济 ◎

柏永济（1895—1969），字润东，城西回河区常家庄人，国民党员，曾任第一区长。1932年参加编修《济阳县志》，日寇侵入中国后，乃专政医学，为群众治病，曾在济南坐堂行医，疗效显著，名望甚高，并工书法，颇有名气。解放后在回河卫生院应诊，其书法曾多次受到县文化馆嘉奖。1969年在"文化大革命"中因受惊吓，自缢而死，终年七十四岁。门人陈继明现在庙廊分院工作。

[《济阳医药卫生志》（1984）]

◎ 姜凤鸣 ◎

姜凤鸣（1895—1957），字佐周，二太平区三教堂村人。长于外科和眼科。以济世活人为念，有求必应，名望甚高。

[《济阳医药卫生志》（1984）]

◎ 马鉴清 ◎

马鉴清（1896—1968），文祖镇文祖村人。自幼习医，擅长内科，治伤寒病有独到见解，用方精简，名闻数十里。撰有《伤寒句解易读》，已佚。

[《章丘卫生志》（2007）]

◎ 王开祥 ◎

王开祥（1896—1957），字云亭，城西王荣村人。长于妇科病，名望较高。

[《济阳医药卫生志》(1984)]

◎ 石韵笙 ◎

石韵笙（1896—1964），山东章丘县人。幼读私塾八年，曾在原籍与济南市行医达二十七年之久，1956年参加历下区联合医院第五门诊部，1959年调入济南市中心医院工作不久，又调往济南市立一院工作至殁。擅长中医内科。

[《济南中医药志》(1989)]

石韵笙（1896—1964），章丘县人。幼读私塾，曾在本县及济南市行医达二十七年，1956年参加历下区联合医院第五门诊部，1959年调入济南市中心医院，后调入济南市立一院工作。擅长中医内科。

[《章丘卫生志》(2007)]

◎ 刘延龄 ◎

刘延龄（1896—1967），字鹤，颜庄镇兰头村人。自幼聪慧好学，通晓五经四书，专阅岐黄之籍。通读《伤寒》《金匮》，参阅各家名医之著。十六岁粗通医理，年弱冠即应诊乡里，疗效颇著，求医者络绎不绝，名扬新泰、莱芜、沂源各地，后被聘往莱城东关"广生堂"药铺，任坐堂先生。时县令陈恩启之母病重，行医束手。县令就自登门宴请鹤年出诊。诊毕曰："病虽重，但无险。"服药三剂而愈，自此名声大振。县令深为敬佩，留鹤数日。临行赠送亲笔绘"松鹤图"一幅，上联为"一樽相共如今雨"，下联为"万事无求德古风"。以此表示对鹤年的谢意和对其高尚医德的赞扬。

[《莱芜卫生志》(2004)]

◎ 李芸芝 ◎

李芸芝（1896—1981），归德公社归南大队人。幼年跟父读书，青年时曾任小学教师二年。

其父李习诺是清末秀才，老年自习医开药铺为业。芸芝先生壮年时期跟父学医，擅长妇科。他主张瘀血不去、新血不生，常以少腹逐瘀汤加减收效。产后运用生化汤加减常获效验。

芸芝先生寡言谨慎，诊病细心，自1952年就积极响应政府号召，参加归德联合诊所，后转为归德公社卫生院，又转为长清县医院归德分院。他一直在中医科工作，治疗经验丰富，群众威信较高，工作到七十九岁才退休回家，退休后仍然有不少群众登门求治。芸芝先生这种为病人服务到老的精神给后之学医者树立了好榜样。

[《长清县中医药志》（1984）]

◎ 李希伊 ◎

李希伊（1896—1971），莱芜市店子村人。先生自幼勤奋好学，熟读《五经》《四书》，兼攻医家名著。1935年在莱芜县中医统考中获得第三名。在长期的行医生涯中，他思想进步，投身革命，于1937年加入中国共产党。他以开中药铺为公开身份，积极参加党的地下组织，曾先后在宁阳、东平、泰安等地从事医疗工作，1948年组织成立莱芜药社时出任经理。1949年调泰安专署门诊部任医生，任泰安山口卫生所所长，汶上县卫生科副科长，汶上县医院副院长。1958年因病离休回家。

[《莱芜卫生志》（2004）]

◎ 庞有麟 ◎

庞有麟（1896—1970），曾用名王明德，汉族，山西省盂县人。先生十五岁拜史四举人学习中医，后拜史秀林学习针灸，在家乡行医。他禀性仁慈，济世活人。1939年遭日寇迫害，逃离故乡，辗转山东，化名王明德，隐于周村及济南广裕堂行医。解放后恢复原名，自办"普济针灸治疗所"。1956年加入济南市历下区联合医院工作，1958年调济南市第四人民医院针灸科任针灸医师。先生医德高尚，医术精湛，待病人如亲人，曾多次被评为省市先进工作者。

先生从事针灸临床五十余年，擅长子午流注、灵龟八法针法，对癫狂症有独特的治疗经验，曾撰写《针灸治疗精神病的点滴经验介绍》一文，1960年在省中医学会学术年会交流；撰写《针灸对癃闭的辨证施治》一文，1962年在市中医学会学术会议交流（载于《济南中医学会1962年论文汇集》）。

针刺治疗癃闭的分析

（载于《济南中医学会 1962 年论文汇集》）

概述

癃闭是小便不通，它与淋症有所区别。淋症是小便困难，是小便涩滞脂腻淋沥不绝，常有余尿不尽之感觉，或者便时疼痛，或者尿中含有杂物等，而癃闭则是小便点滴均无。古代将此两种病症，并称为癃。由于医学的不断发展，后世医学为了辨证治疗的方便，故将其分为癃和淋，也就是将小便涩痛淋沥者归属于淋症，而小便点滴均无者属于癃症，叫做癃闭。现在只对癃闭的针灸治疗方法阐述如下。

病因

我们已经知道癃闭的特点是小便停滞。其原因很多，除了膀胱之外，还牵涉到三焦、肝、肾、任、督等。具体分析一下可以概括为以下几种情况。

1. 三焦气化失常　《难经·三十一难》说："三焦者，水谷之道路，气之所终始也。"如果上焦肺气不宣，就不能通调水道；中焦气化失常，就不能升清降浊；下焦命门火衰，不能化水，而引起癃闭。因此，癃闭必为三焦气化失常所致，而且下焦更为致病的关键，这样就和肾与膀胱更有直接的关系了。

2. 肾与膀胱聚热　《素问·水热穴论》说："肾者，胃之关也，关门不利，故聚水，而从其类也。"肾主水，膀胱者州都之官，津液之府，此二经相表里，如果聚热，则热气结涩，而气化失常引起癃闭。

3. 气虚阳衰　由于气虚阳衰者也能引起癃闭。如张景岳说："今凡病气虚而闭者必以真阳下竭，元海无根，水火不交，阴阳否隔，所以气自气而气不化水，水自水而水蓄不行。"或者由于年高者，肾督不充，阳气虚衰，精血亏耗，无力传送小便。

4. 败精、瘀血、转胞引起癃闭　妇人胎气下陷，或手术后遗损转胞，或产后积血瘀内；男子败精或因外伤而积血瘀内，壅塞尿道而引起闭尿。

5. 肝火郁结　肝脉循阴器而过，肝之所生病也会引起癃闭。《内经》说："是肝所生病者……遗溺癃闭。"

6. 五淋遗毒　五淋中如石淋、血淋、膏淋等，病延日久，遗毒尿道，而致癃闭。

症状

癃闭除小便不通为主要症状外，根据病因又有不同。

1. 三焦运化不行

（1）上焦肺气不宣者：胸闷，气喘，微咳，咽干，口渴，苔薄黄，脉滑数。此为肺热。

（2）中焦不能升清泄浊者：多见胸腹满闷，体懒身重，渴不思饮。

（3）下焦实热者：少腹胀满疼痛，大便不利，渴不思饮，烦躁不宁，脉实大。

2. 阳气虚衰者　气息低微衰弱，形寒肢冷，苔润滑，脉细沉，无小腹胀痛，或伴有浮肿或腰部酸痛。

3. 转胞、瘀血、败精者　多见少腹胀肿，急切疼痛，压则更痛，并且伴有手术、生产、久伤等病史。

4. 有肝火郁结者　胸胁满闷，呕逆，失眠，头胀痛等。

5. 五淋遗毒者　均有淋症病史，多为小腹绷急，茎中切痛，难于安卧，舌尖红绛苔薄白。

治疗

以上所述较为繁杂，按照祖国医学之统一辨证施治的原则，就不能孤立地依据其一种病因或一种症状来治疗，相反要在整体的观点下，分清主次，在临床上更要有极大的灵活性。兹将下面与本病有关的经络以及治疗本病的要穴列出来，供应症取穴时参考和选用。

任脉：水分、气海、关元、中极、曲骨、阴交。

足厥阴肝经：大敦、行间、太冲、曲泉。

足少阴肾经：涌泉、然谷、大钟、照海、复溜、阴谷。

足太阴脾经：三阴交、阴陵泉、血海。

足太阳膀胱经：肾俞、膀胱俞、白环俞、志室、委阳。

足阳明胃经：水道。

手太阴肺经：尺泽。

手阳明大肠经：合谷。

督脉：命门。

辨证取穴、配穴的一般方法及其分析

1. 调理阴阳　《素问·阴阳应象大论》说："阴盛则阳病，阳盛则阴病。"在这个病理论断之下，在治疗上便有了"阳病治阴，阴病治阳"的调理阴阳的总则。本病亦不例外。前面已说过，癃闭多为决渎之官三焦和州都之官膀胱，也正是手少阳

和足太阳的疾患。在上列28个要穴中，有19个穴属于足三阴和任脉，其中任脉和肾经就占了12个，这正是因为肾与膀胱相表里，而任脉又是诸阴脉之总会。这样分析的结果说明了治疗本病取穴的总则是以足三阴经和任脉为主导的。

2. 经络指导　从本病之所在，分析经络的循行路线，可以看出，关系最密切的仍是绕阴器、过少腹的足三阴经和任脉，因此，在治疗时便可按这几条经络取穴。如此，正体现了经络学说在临床上的实践意义。

3. 俞募相配　俞穴和募穴都是和脏腑关系非常密切的穴道，故很有疗效。本病可取膀胱俞和中极，并以此二穴为主，再配合前两种方法，适当加入气海、关元、阴陵泉、三阴交等穴。对肺气不宣者，针合谷、尺泽；胎气下陷者可用灸法，以温补之；血积者，加血海；败精者，加志室和白环俞。

4. 五腧穴之五行相配　针刺的作用在于调整气血。五腧穴即是脏腑的经脉之气，在经络上注入输出的重要部位，有着出、溜、注、行、入的意义。根据其木、火、土、金、水的生克关系，在临床上很有指导作用，用经文来说那是"虚者补其母，实者泻其子"。

例如：肺热者泻尺泽，按五俞穴的意义，尺泽为肺经的水穴，而肺属金，水为金之子，故泻其子，同样道理，肝火郁结者，当泻行间。上述几点在临床上不要孤行独用，应当按辨证施治的原则，灵活地综合各种方法进行配穴。

病例述要

患者赵子登，男，四十岁。因患破伤风引起癃闭。

主要症状：小便不通，少腹胀满，急切疼痛，头亦胀痛。舌边红绛，苔白腻，口苦舌干脉象弦。根据破伤风多由风邪侵入太阳、阳明、督脉，以及肢体的经络之间，使脉气阻逆壅滞，而引起角弓反张、四肢抽搐，由此引起癃闭，所以其病邪仍在经络，且为破伤风引起的筋肌抽搐，与肝之所生病所致。

治疗方法：取穴大敦、行间、曲泉、阴陵泉、中极、膀胱俞、曲池、阳陵泉（均用泻法）、关元、气海（用灸法补之）。

方释：①曲池、阳陵泉可解筋之抽搐。②大敦、行间、曲泉，大泻肝经之热，促进脉气之运行。③膀胱俞、中极，为俞募同用，可以清泻膀胱蓄水不行之壅热。④关元、气海，可大补元气。⑤阴陵泉，可活利小便。

[《齐鲁针灸名医经验选粹》（1995）]

◎ 郑春荣 ◎

郑春荣（1896—1956），号仁轩，汉族，双泉公社郝庄人。十三岁开始学医，曾拜师红庙村中医张延俊。十八岁跟祖父在家业医，名号"寿元堂"。1926年又在尹庄业医，更号"回生堂"。至1952年参加成立尹庄联合诊所。

郑先生擅长外科，兼行针灸、正骨和内科技术。治疮方面，除能做一般手术和上药捻外，同时内服汤药，属阳性的以仙方活命饮加减；属阴性的以阳和汤加减，运用灵活，疗效显著。行医范围较广，除本地外，常去平阴县的滦湾，肥城县的王瓜店等地。群众有"郑半仙"之称。1956年，因病去世。先生一生忙于应诊，无医案或著作传留。

[《长清县中医药志》（1984）]

◎ 单恒元 ◎

单恒元（1896—1964），城西单胡二庄人。为人醇厚，有求必应。长于内、妇、科，治效显著。在当地名望甚高。

[《济阳医药卫生志》（1984）]

◎ 常盛茂 ◎

常盛茂（1897—1960），城西北小官庄人。精于医学，尤善外科。读《疡医大全》颇有心得，治疮疡，内服外敷，疗效显著。尝见其治马官寨王修华背疮，肿大如瓢，先请西医治疗三天无效，渐至饮食不进，神昏不语。急请常先生至，诊毕曰："搭背疮，毒气攻心，有危险。"处方玄参半斤，白芍、柴胡、青皮、甘草各二钱，嘱煎汤频灌，若能服下，尚可有救。服一剂神清思食，二剂疮溃出脓血一盆，五斤有余。患者屡言饿甚，先生嘱少少与食之，又改方调理，旬日而愈。解放后参加大官庄联合诊所，先生志在活人，有求必应，名望甚高。

[《济阳医药卫生志》（1984）]

◎ 王汉桥 ◎

王汉桥（1898—1961），归德公社月庄大队人。擅长内科。

[《长清县中医药志》（1984）]

◎ 王贯一 ◎

王贯一（1898—1965），字鲁斋，城西大寺城人。精于医学，长于内、妇科病，曾在济南行医。解放后在孙耿医院应诊，名望甚高，远近求诊问方者甚多。治疗经验丰富，门人有林希太。

[《济阳医药卫生志》（1984）]

◎ 吕秉钧 ◎

吕秉钧（1898—1968），字仲允，号静之，河北三河县人。1928 年后，行医于北京、河北、东北等地。1936 年在济南开设"吕秉钧诊所"，擅长内、妇科，曾任济南市中医公会理事。建国后，历任济南市邮电局特聘中医师、济南市中医联合诊所副所长、市中区医院副院长。1959 年任山东医学院附属医院中医科副主任、济南市中医学会委员。编著《中国历代名医史集要》手稿。

[《山东省卫生志》（1992）]

吕秉钧（1898—1968），名中医，字仲允，号静之，河北三和县人。1928 年后行医于北京、河北、东北等地。1936 年在济南开设"吕秉均诊所"，擅长内、妇科，曾任济南市中医工会理事，新中国成立后历任济南市邮电局特聘中医师、济南市中医联合诊所副所长、市中区医院副院长。1959 年任山东医学院附属医院中医科副主任、济南市中医学会委员。1964 年经省卫生厅定为名老中医，编著《中国历代名医史集要》手稿。

[《济南市卫生志》（2010）]

◎ 张松岩 ◎

张云鹤（1898—1976），字松岩，山东临清县人。解放前任山东省中医师公会理事长，中医考试委员会委员，并在山东省立救济院任义务医师。精内、外科，晚年专事妇科，声誉颇显，名噪一时。其先祖父、先父任治河官员，旁通中医针灸、眼科。先生幼承庭训，随父读书习医。由于聪颖勤学，早通经史及古典医籍，年甫弱冠，即应诊乡里。及壮服务于军队，仍雅好古今医籍，广事搜罗，致力甚勤。1926 年定居济南，中医考试合格，悬壶德胜北街。先生兴趣广泛，精于医理，兼通书画，喜谈周易，笃好佛老，对后者尤有研究心得。泰岱道人屡登门求教，先生以通俗的语言和事理阐明老庄的深奥哲理，使求教者如冰获释。道人感其教诲，曾邀赴泰山"红门"避暑。先生善言辞,广交游。常同社会贤达、佛老名士谈论学问。某年道出上海,中国道教协会负责人陈撄宁设宴款待,并见诸报端,由此可见先生社会地位之显。先生虽善交,但又强调淡泊,以"君子之交淡如水"律己。先生医德高尚,待患者如亲人,如遇贫困常资助给药,远近受其嘉惠者甚多。先生对中医事业的发展,积极支持,不遗余力,当蒋介石废除中医时,曾赴南京请愿。解放后在其主持考试中医师时,对应考者给予热情关照和提掖,深得考生之敬仰。先生淡于名利,建国前聘请负责南京药学院,被先生拒绝。50年代末,山东省卫生厅刘惠民厅长登门请委以重职,亦被婉言谢绝。他认为郊区缺医少药,在郊区诊所工作是很好的。1958年调济南市保健院工作。1962年被济南市卫生局定为名老中医,安排乔鸿儒为他的高徒,整理他的学术经验。先生工作认真细致,一丝不苟,临诊善于辟解患者的忧思,使精神安慰与药物治疗相结合,求诊者踵趾相接,患者为求早诊常于夜间等候。先生经验丰富,屡起沉疴,在群众中威信颇高,其治学态度颇为谨严,常博览各家医籍,以收"勤求古训,博采众方"之效。对门下诸生,心殚竭力,谆谆教诲,虽年老体弱,仍孜孜不倦。先生于"文化大革命"中受迫害,悒郁不得志,罹中风数年而殁。先生著有《中医妇科常见病治疗学》,多次在中医学会和杂志上介绍经验,如崩漏、月经病、输卵管积水、医案、外科治疗经验等。

学术思想

先生虽然受过封建教育,但善于吸收新思想和科学知识,认识到单凭中医之四诊八纲来诊治妇科是不完备的。如能参照妇科检查、化验,不仅使诊断有所依据,并能指导用药,提高治疗效果。譬如阴痒,过去不能进行检查,只凭病人自觉症状,局部有何变化是不清楚的。根据现代妇科,除全身原因外,局部因素也是非常重要的。经全面检查可明了原因,对症下药,收到事半功倍之效。其他如子宫发育不全、输卵管积水、子宫颈糜烂、滴虫性阴道炎等必须经妇科检查和检验,方能确诊。借助现代医学的科学手段,使中医辨证治疗更有积极意义。经过多年的临床实践,对上述诸病制订了一套有效的中医疗法。如输卵管积水,除不孕外,往往没有明显症状。经过妇科检查可以发现和确诊,一般采用手术治疗。先生根据癥瘕的原理,内用活血化瘀、利水消肿之剂,并重用甘草、外用甘遂末,贴敷患处,取甘草、甘遂相反之意,以提高疗效。经治疗1~2周即可见效。对外阴过敏性皮炎,用活血解毒、祛风止痒药熏洗患处,3~5天症状即可消失。一带下患者,先后服中药三百余剂，仍未愈。先生疑子宫颈病变，经病检为子宫颈糜烂，先生用活血解毒、祛腐生肌之品局部外涂，不一月而愈。以后在济南保健院用此法治疗病人百余例。治愈者占64.3%，有效者百分之百。其他对滴虫性阴道炎、前庭大腺炎、慢性盆腔炎等均取得良好的治疗效果。先生诊病，强调辨证求因、审因论治，为了明辨致病因素，详细观察患者的气色、形之盛衰、所喜所畏。经带病注意经带量色质的变化，如有经闭先排除妊娠，然后参以脉诊。其次序大抵先议病后议药，遣方用药，师古而不泥古，强调药要随证，充分体现了中医辨证论治的灵活性。

病有寒热单独存在者，有表里相兼，虚实相并，寒热错杂者；有脉证相符不相符者。凡此变化万端，须判断正确，方可施以药饵。如一青年患者病血崩数年，流血多时超过一千毫升，常引起昏仆虚脱，曾数次住院治疗，以益气养血药固摄，配合输血，因不能控制发作，致羸弱不起。先生察其冬天脚置被外方可入睡，遂判定内热动血，改用凉血清经之品则血止，源清继用扶正之剂以固本，故其疾得瘳。

临床经验

妇科治法要点

1. 调补气血　经产之患久则气血受损。临诊先审气血虚实，次察脏腑强弱。凡病气虚者补气，血虚者养血，兼有寒热者则佐以温里或清热之品。补气以黄芪、台参为主。黄芪用量由10～60克不等，视病情而定。养血药常用熟地、当归、白芍。凡血虚者气分常受影响，故补血必先补气，气旺则中焦健运，使血源头充足，所谓"阳生阴长"。用寒凉药时须防苦寒伤胃与苦燥伤津，温里须防温燥耗液，遣药及用量宜中鹄而止。勿使过之，伤其正也。

2. 和中健脾　水谷是生命活动的来源，水谷入胃经过脾胃运化，将精微洒陈于六腑，生精化血以维持机体的正常功能。古人早已认识到脾胃的重要性。先生临证凡见中焦运化失调者必先和胃健脾，开胃进食，俟中焦健运，则沉疴可起。先生喜用鸡内金、砂仁、白蔻之属，养胃进食，不用麦、曲，前者养胃不伤气，特别是鸡内金乃血肉之品，取其以血肉补血肉之功，后者乃伐胃消食之品，胃弱者不宜用之。

3. 理气解郁　气郁是妇科常见的病因，各脏均有气郁，但以肝郁为重要，肝郁则脾土受克，影响水谷运化，从而影响整体。郁久而化火，火盛则耗阴，阴亏则水不涵木，致肝火愈亢，使阴亏于下，阳亢于上，热极则有动风之证。肝旺脾亏，还可导致湿热，妇科诸湿热证（如湿热带下）与肝郁有关。若肝气郁结，诸脏受其影响，在治疗中以治木郁为主，肝气得疏则诸郁可解。先生治木郁常在和营健脾的基础上，酌加疏肝肃肺之品。若久郁下虚上亢者，须在补肝肾上入手。理气解郁法，非单用理气解郁药能达到治疗目的。先生善用行气药，特别在调经中尤为重要。所谓"调经必先理气"，气顺则血调。行气药功能吹嘘气机、鼓盈气血，为气滞血瘀所必用，在补益剂中少佐行气药，可防气壅和腻膈。行气药的用量要适当，过则耗气伤阴。

4. 养心安眠　充足的睡眠对恢复脏腑功能甚为重要。先生认为开胃进食、养心安眠是治疗妇科及慢性病的重要手段。饮食睡眠如能得到解决，病者即有轻快感，精神振奋，信心增加，有利于妇科及慢性疾病的治疗。

经带胎产治疗经验

对月经病以调经为本，并注意理气健脾、滋肾的应用。调经必先理气，理气以开郁为主；健脾以升阳，为益血之源；滋肾可以生精养血。理气不要过于辛香燥烈；健脾不要过于温燥或甘润；滋肾佐行气药，可醒脾防滞。若先病而月经不调者，当先治原发病为主，因月经不调而生病，当先调经。先生对带下按病机分型，虚则补之、热则清之、湿者渗之。若以色分寒热、以色分脏腑、以色作为治疗依据，认为是不恰当的。这样会忽略整体辨证观念。先生认为带下用药古今不同，唐以前多用补血和温热收涩之品，自宋以降改用健脾渗湿和调补气血为主，两者都符合实际情况。妊娠后阴精以养胎，加之胎火耗阴，所以古人禁汗、禁下、禁利小便。先生在治疗中常强调养阴护津的重要性。如治疗子淋，不用猪苓、泽泻，而用石韦，前者利水伤阴，后者生于水中，有利水通淋之功，且不伤阴。治疗子肿，于健脾理气中，佐以冬瓜皮、浮萍以利水消肿。古人用羚角散、钩藤汤治子痫，目前所见本病多由阴虚阳亢，肝热生风为患，外风所致者实不多见。因此先生主张平肝滋阴、潜阳息风，用羚羊角而不用羚羊角散，因为散中有防风、独活、五加皮、薏苡仁耗阴散风，于病无益甚至有害。先生不拘泥成法成方，强调对症下药，灵活变通。古人认为产后多虚、多寒，有谓"产后一盆冰""产后无有余"。先生认为产后寒、虚固然多见，但挟热、挟实者亦不容忽视。如产后发热，由血虚、瘀血或感受温邪引起，现代医学多为产褥感染，其症状与温热病相似，如按虚寒治疗则势必南辕北辙。

内外兼治

先生还善于运用外治法，使内外兼治以提高疗效。外治常用熨、熏洗、擦诸法。过敏性外阴炎、阴痒、前庭大腺炎等用熏洗法；对皮肤瘙痒、荨麻疹以散剂擦皮肤，均收到良好的效果。先生对熨法有30余年经验，颇有临床心得。常以此治疗产后身热、腰痛、盆腔炎块、腹胀以及上火下寒、寒热交错诸疾。其基本方为：川乌、草乌、附子、肉桂、干姜、桃仁、红花、乳香、没药。随证加减有：少腹痛，加小茴香、乌药、元胡；腰痛，加杜仲、川断、菟丝子；下肢冷痛，加独活、木瓜、鸡血藤；上肢，加桂枝、川羌、细辛、防风；少腹有癥块，加虻虫、水蛭、山甲、干漆；挟湿，加苍术。将药研为粗末，以白酒拌湿润加生姜100～200克（切碎），与上药共同拌匀倾入布袋中，用热水袋暖热，置患处，上敷一热水袋，每次半至一小时。微有汗出，疼痛减轻，局部舒适，宜避风寒。

[《济南中医药志》（1989）]

◎ 张家辑 ◎

①张家辑于1958年因其是祖传医术传承人而受邀进入济南市中心医院，成为该医院痔瘘科的创办人。由此，家传医术"张氏中医肛瘘药物提管挂线、痔疮药物去核疗法"得以在公办医院为更多的患者解除病痛。退休后也一直为病患服务。如今，张家辑先生年已九旬，身体硬朗，来其家中就诊的患者依然众多。

[《城市榜样》（2016）]

◎ 张荣德 ◎

张荣德（1898—1964），字仁甫，长清县五峰公社，邱庄大队人。少年读于长清县高等学校，青年时期曾任小学教员。他目睹旧社会群众有病求医困难，便奋发自学中医，治病救人。

荣德先生通晓《内经》《伤寒论》《金匮要略》等经典著作，晚年又钻研《济阴纲目》等妇科专著，多有心得。临床长于治疗伤寒、温病、妇女病等病症。常以"邪之所凑，其气必虚"为治病信念，故用药处方，偏重温补。

先生性格开朗，平易近人，诊病不分贫富贵贱，一视同仁，治愈险症甚多。因

---

① 张家辑：原文有"父亲"二字，为句义通顺，删除。

此当地信誉很高。建国后,曾当选为区卫协会负责人,长清县人民代表大会代表。

先生忙于诊务,未曾著书。于1964年10月,因患胃癌去世。

[《长清县中医药志》(1984)]

◎ 韩松龄 ◎

韩松龄(1898—1968),字鹤亭,号酉山,常庄乡北文字村。先生自幼攻读私塾,勤奋好学,早年家业较丰、乐善好施。民国十年(1921),二十四岁时即发动乡民筑桥修路。1926年创办本村小学自任教师。教学期间,立志学医,暇时苦读医著,兼研医理。1936年弃教行医,临证谨慎,组方严谨,师古而不泥古,常中西兼收并蓄,疗效显著,医名渐噪。

先生性情开朗,思想进步。1950年积极响应政府号召,组织当地医务人员成立医药联合会,发动会员施种牛痘,开展各种预防接种。1953年组织成立常庄联合诊所。1956年创办文字高级社保健站,后加入常庄卫生院,历任常庄区医联会、卫协会主任,联诊所、保健站负责人等职,曾被选为莱芜县第一、二、三、四届人大代表。

[《莱芜卫生志》(2004)]

◎ 王异凡 ◎

王异凡(1899—1985),济南名中医,字以藩,号有恒居士,历城人。私人开业行医六十余年,精于中医内科,在济南中医界颇有名望。曾兼任山东中医学院教员,被选为省医学会会员。著有《伤寒论要义溯论》等论文。一生带徒多人,均有所成。

[《济南市卫生志》(2010)]

◎ 王锡泮 ◎

王锡泮(1899—1969),又名王芹斋、张治鲁,山东泰安人。幼入初小,后读私塾十年。1938年任本村私塾教员,兼习医业。曾在当地杏春堂药铺和仁寿堂药铺坐堂,于1946年来济行医,1950年入济南市中医进修学部学习,1952年参加第六联合诊所,1958年参加济南市工人医院中医科工作(即今之济南市第五人民医院)。擅长内科,写有论文数篇,以《论月经不调》《中暑的预防治疗》在学术活动中进行讲演。"中医对胃溃疡的辨证论治"一文,载于山东中医学会1962年年会论文选编之中。

[《济南中医药志》(1989)]

◎ 韦继贤 ◎

韦继贤（1899—1976），男，字起孟，北京郊区郭家村人。幼年从本村名儒王绪堂先生读书，十六岁弃学就医。从姑父张世臣学习中医，深受教益。翌年，参加由夏禹臣等人创办的中医研究所，系统学习四大经典著作，以求深造。二十一岁经亲友介绍，在济南宏济堂药店工作。先以司药为主，继则为"坐堂医"侍诊。一面探求药理，严格掌握药物性能及应用；一面攻研医学，深明奥义。复得到名医徐菊如、王兰斋之指点，学业日进。二十七岁应考中医合格，准予开业行医，遂在济南正式悬壶应诊。医术精湛，声噪泉城，一时有"济南四大名医"之誉。

解放后，中医事业得到发展，中医药工作者亦获得新生。曾任济南市第三联合诊所所长，山东中医学院附院副院长、院长，山东省政协第一届委员会委员，济南市第一、二、三、四届人民代表大会代表，山东中医学会副理事长，济南军区总医院（现解放军第九六〇医院）中医顾问等职。

他行医五十余年，探究医理，精益求精，善取各家之长，尤重李东垣、朱丹溪、叶天士、王孟英之论著。在临床工作中，擅长内、儿、妇科。尤其对温热病的诊治，辨证细精，用药灵活，从理论到实践，确有独到的见解。在长期实践中，遵循古人经验，结合个人心得，凝成了"治虚善于补肾，调胃重在养阴"的学术观点。以"胃阴是本，不得有亏，亏则百病丛生；胃属阳明燥土，喜润而恶燥，故得阴则安，得润则下，得柔则和"。以"肾为先天之本，主藏精而主骨生髓，脑为髓海，又为元神之府，阴精充盛，则动作矫健而精神聪明"。调胃多用叶氏养胃汤，补肾惯用六味地黄丸。但其加减用药，圆机活泼则别具匠心，非一般人所能及。喜用黄精、首乌、桑叶、麦冬、沙参一派阴柔之品，还以首乌、黑豆代熟地；五味子、女贞子代山萸肉；芡实、莲子肉代山药等。

其撰写主要论文有《中医中药治疗肠伤寒的经验介绍》《四物汤加减治疗妇科疾病》，以及《参苓白术散治疗顽固性腹泻》《临床常用方剂的心得体会》等。在一生的医事生涯中，勤勤恳恳，以精湛的医术为广大人民群众解除疾病痛苦，以毕生的精力献身于中医事业，为筹建医院、医疗保健、培育人才等各个方面，均作出了一定的贡献。

[《山东中医学院附属医院院志》（1985）]

韦继贤（1899—1976），著名中医，字起孟，北京人。十六岁学医，二十一岁进济南宏济堂药店。先以司药为主，继则为坐堂医侍诊，得到名医徐菊如、王兰斋指点，学业日进。二十七岁应考中医合格，遂在济南正式悬壶应诊。有"济南四大名医"之誉。建国后，曾任济南市第三联合诊所所长，山东中医学院附院副院长、院长，山东省政协第一届委员会委员，济南市第一、二、三、四届人民代表大会代表，山东中医学会副理事长，济南军区总医院中医顾问等职。行医五十余年，擅长内、儿、妇科。尤其对温热病的诊治，辨证精细，用药灵活，凝成"治虚善于补肾，调胃重在养阴"的学术观点。主要论文有《中医中药治疗肠伤寒的经验介绍》《四物汤加减治疗妇科疾病》《参苓白术散治疗顽固性腹泻》《临床常用方剂的心得体会》等。

[《山东省卫生志》（1992）]

◎ 宋贯一 ◎

宋贯一（1899—1972），山东省章丘县人。1915年开始学习中医经典医籍，1921年来济南德和药栈随中医宋济堂学医五年，返回故里行医。1936年在济南西关镇武街挂牌行医，1951年参加济南医务进修学校中医学部学习，同时，在济南万和堂药店坐堂行医。由于医术精湛，在此期间被聘为解放军康复一院中医顾问，每周定期到医院诊病。1958年被聘为济南市中医医院内科主治医师。擅长中医内、妇科，医德高尚，疗效显著，群众威望颇高，被选为天桥区第一届人民代表大会代表。

[《济南中医药志》（1989）]

宋贯一（1899—1972），章丘县人。1915年开始自学中医典籍，1921年在济南德和药栈随师学医五年后返回故里行医。1936年在济南市西关振武街挂牌行医。1951年参加济南医务进修学校中医部学习，同时在万和堂药店坐堂行医。其间被聘为解放军康复第一院顾问，每周定期到院应诊。1958年，被聘为济南市中医医院主治中医师。擅长中医内、妇科，医德高尚，疗效显著，群众威望颇高，被选为天桥区第一届人民代表。

[《章丘卫生志》（2007）]

◎ 张恣孝 ◎

张恣孝（1899—1951），字仪亭，埠村镇埠东村人。自幼勤学好读，精研方药，曾在大连汉医学研究会学医，后在故里设民生医社药店，坐堂行医。临床善用攻下，曾治王黑村一精神病患者，用大承气汤十余剂重泻而愈，病家感激，赠"妙手回春"匾，声名大振。先生医理造诣较深，热心传授医术，其子张洪廉及张伯铭等

4人皆为高徒。

[《章丘卫生志》(2007)]

◎ 丁玉松 ◎

丁玉松（1900—1985），字鹤亭，莱芜市普通村人。出生世医之家，幼读私塾，稍长即攻读医著，治学严谨，好学善记，通晓经典及各家名著，尤对叶、吴之温病研究较深，常推崇杨玉山所著《寒温条辨》为治时温之准绳，对杨氏所制之"升降散"临床应用多有发挥，验案较多。先生博采众长，注重发展创新，临证用药平中见奇，积数十年之经验，救治沉疴危疾甚多。

先生各科通晓，尤擅眼科，遵"内障多虚外障多实"之则，分别采用补虚泻实之法，对治疗多种眼疾常收捷效，名扬博（淄博）、莱（莱芜）等地。自治祖传之眼药"白玉锭"，治疗外障诸疾颇收佳效。先生医德高尚，一生以济人为怀，新中国建立后，积极走集体化道路，1953年组织参加和庄联合诊所。1956年转入常庄卫生院，曾被当选为县第一、二、三、四、五、六、八、九届人大代表。1985年病逝，享年八十五岁。

[《莱芜卫生志》(2004)]

◎ 亓笔峰 ◎

亓笔峰（1900—1972），男，出生于山东省莱芜县龙尾村。幼年在家乡读完六年小学后，即于1917年到莱芜县鲁西同德堂药店学医。白天忙于事务，晚间刻苦攻读。如此渡过了八年，打下坚实的中医理论基础及药物知识。1946年到泰安专署大众药店任经理兼医生，正式应诊，走上从医之路。1953年在泰安县九区卫生所任所长，1955年5月调来山东省立中医院药房工作，任药库负责人。1959年1月调小儿科任中医师。

先生从医三十余年，经验丰富。特别是晚年长期从事儿科临床工作，在小儿诊断及用药方面都有独到的见解，形成了自己的学术观点。

他认为临床用药应辨证而施，而不应片面强调大方或小方。坚持有是病用是药，量病之轻重，体质之强弱，或以轻剂调之，药不过五六味；或以大方治之，二十余味也无妨。治外感，重视外解内清，认为小儿感冒往往并非仅仅感受外邪，其发病常有一个里热的因素，里热先有，易受外邪。故常用柴葛解肌汤治之，以达外解内清之效。

先生遣方用药，时时顾及小儿生理病理特点，认为小儿疾病正气易虚，邪气易盛，故小儿患病常易虚实夹杂、寒热夹杂，治疗时就应虚实兼顾、寒热兼顾。如小儿长期腹泻，他认为虽有偏虚、偏寒的不同，但都夹有肠中郁热，偏虚以五味异功散加黄连，偏寒则以理中汤加黄连，每能收到良效。

先生一生忙于诊务，少有闲暇，故无著述问世，诚为憾事。幸先生生前热忱培养年轻医生，将自己多年经验尽传后人，其临床心得曾由他的学生进行过整理，发表于内部资料，并进行学术交流，使他的学术思想与临床经验不致淹没。

[《山东中医学院附属医院院志》（1985）]

亓笔峰（1900—1972），莱芜县龙尾村人。历任专区大众药店经理、泰安县九区卫生所所长。

笔峰自幼勤奋好学，1917年到莱芜县鲁西同德堂药店习医，白日忙于中药加工炮制，晚间刻苦攻读医药典籍，如是八年，奠定了中医理论及药物基础知识。1946年到泰安专署开办的大众药店任经理，兼坐堂先生。1953年大众药店上调，终止经营，亓被派往泰安县九区筹建卫生所，并任所长。时因条件所限，他既是药工、先生，又做领导工作，终日操劳，不辞辛苦，深受群众赞誉。1955年，山东省中医院成立，他奉调该院负责药房、药库工作。时虽年过半百，但诸事以身作则，为药剂工作做出了成绩。1959年后，又致力于儿科临床医疗工作，积数十年实践经验。他认为儿科用药尤应辨证而施，坚持对症用药，量病而行，视患儿体质而施。轻症以轻剂调之，投药不过四五味；重症宜用大方治之，用药二十余味亦可。治小儿感冒，重视外解内清，认为小儿感冒多系里热外郁，故常用"柴葛解肌汤"治之，以达外解内清之效。并认为儿童患病正气易虚，邪气易盛，故易虚实夹杂，对其治疗应虚、实兼顾，寒、热兼顾。他在医疗小儿腹泻中，遇有偏虚、偏寒患者，仍多考虑病人肠中有郁热。对偏虚者以"五味异功散"加黄连治之，偏寒则以"理中汤"加黄连治之，每能收到良效。

笔峰一生虽无著述，但其弟子根据他的传授，将其经验整理印成资料，对后人很有参考价值。

[《泰安卫生志》（1991）]

◎ 王玉符 ◎

王玉符（1903—1966），男，原名王命轲，山东济南市人。七岁即入乡塾，及至高小毕业，为持家计，遂去本乡董家庄任私塾教师，授课之余，每喜岐黄之术，后受学董启发，正式走上自学中医的道路。自此，便在教学之余，兼为本乡四邻问病诊疾，有时常获良效。遂边教学边行医，悬壶乡里，后因常起沉疴之疾，一时声名大噪。之后，即辞去教学之职，遂以医为业。

1937年，王老迁至济南市内，筹办成德堂药店，并坐堂行医。

解放后，王老积极响应党和政府号召，带头成立联合诊所，1955年调到我院工作，1959年提升为内科主任，1962年提升为副院长，1965年调至山东医学院附属医院工作，任副院长。王老曾被选为山东省第三届人民代表大会代表。

王老一生勤于临床，经验丰富，疗效显著。善用经方、小方，主张轻可去实。他常教导学生：学不遵经，无以掌握中医体系；方不化裁，无以适应复杂病变。遵古而不泥古，灵活不要离开原则。王老认为，在日常诊疗中，力求诊断要精，组方要稳，用药要活，标本先后，正治反治，从阴从阳，勿伐天和，执一不变，则失之于拘，多歧不专，必失之于泥。因而王老常讲求："方内套方，法外套法"，被誉为济南四大名医之一。

王老生前忙于诊务，少有暇时，故一生著书甚少。后由其学生刘龙秀医师整理《王玉符医案》一书，由山东中医学院印发，内收王老生前内、妇、儿等科医案150余则，深受医界同道们称赞。

近年来，为慰王老生前之愿，先后由其学生整理出《王玉符老中医医疗经验拾零》等文章，使中医界后学从中吸取有益的营养。

由于王老勤奋治学，精诚服务，深受广大人民群众爱戴，党和人民亦给予他很高的荣誉。1961年，《大众日报》刊登专门文章介绍其工作成绩及先进事迹，并刊出照片。1966年，王老病逝，《大众日报》曾刊登讣告以示哀悼。

王玉符老中医走过了四十余年的从医道路。他注重理论，勤于实践，富于临床，为中医事业的发展作出了宝贵的贡献。

[《山东中医学院附属医院院志》（1985）]

王玉符（1900—1966），原名王命轲，长清人。1937年到济南，先后任"怀恩堂""明德堂""成德堂"等药店中医师。1950年起，先后任济南市六区防疫站站长，第六联合诊所副所长兼妇科医师。1955年入山东省中医院，先后任内科医师、内科主任、副院长，省中医学会理事，山东医学院附院副院长。长于内科、妇科，被誉为"济南四大名医"之一。其弟子先后整理出《王玉符医案》及《王玉符老中医医疗经验拾零》等文章。

[《山东省卫生志》（1992）]

◎ 王振福 ◎

王振福（190□^①—1976），张夏公社纸房大队人。擅长内、外科。

[《长清县中医药志》（1984）]

◎ 刘天章 ◎

刘天章（1900—1973），临朐县五井马庄人。幼年入学，高小毕业后，从舅父学医并开药铺于本村。1951年在五井区卫生所任中医，1954年调临朐县卫生院任中医，1957年在山东省中医研究班进修一年，毕业后调至山东省立医院任中医科主任。

天章一生好学，博采众长，医学造诣较深，擅长妇科，写有《妇科血症11例治验》一文。善用偏方，曾根据经验创造一种"红色灵药"治子宫颈癌，疗效较佳。

刘氏对工作认真负责，一丝不苟，如一患再生障碍性贫血的病人，突然牙龈出血不止，全科人员一致主张用"犀角地黄汤"凉血止血，刘氏力排众议，提出用"独参汤"补气摄血，病人服药后病情迅速好转，众皆服其辨证得当，胆识过人。

[《潍坊市卫生志》（1989）]

刘天章（1900—1973），著名中医，临朐人。早年在原籍行医，名震乡里。解放初期入临朐县医院，任医师，1956年调省中医研究所工作，1958年后在省立医院任中医科主任，从医四十多年，以中医妇科见长。

[《济南市卫生志》（2010）]

◎ 刘屏周 ◎

刘屏周（1900—1981），山东省莱芜县人。幼入学堂读书，至1917年莱芜县立中学毕业，1929年开始在故里宏寿堂药店行医十五年，于1944年来济挂牌行医11年。1956年参加历下区联合医院第五门诊部任中医师；1958年调入济南市中心医院工作；1978年9月晋升为主治中医医师，在临床工作中，经常指导实习与进修医生，擅长中医内、妇科。

[《济南中医药志》（1989）]

---

① □：原书字迹漫漶。

◎ 刘惠民 ◎

刘惠民传

沂水县人民医院　王建全整理

刘惠民（1900—1977），名诚恩，山东省沂水县胡家庄人。祖籍山西，明初移居鲁中。著名中医学家、教育家，祖国医学教育的先行者。生前任山东省卫生厅副厅长、山东省中医院院长、山东中医学院院长、山东中医研究所所长、山东省中医学会理事长、中国医学科学院特约研究员。一生奋斗，为促进祖国医学的发展、为人民的保健事业作出了卓越的贡献。

少年立志，奋发学医

刘惠民出身于一个山区的劳动家庭。父祖辈皆躬耕田里，并重视晚辈的文化教育。刘惠民八岁，就学于近村西泉庄"黄山公校"。学校师资甚佳，教授有方，兼刘氏聪颖好学，故学绩甚优。十六岁因病辍学。少年的刘惠民受其伯父影响，并看到山区人民缺医少药，贫病交困，便立志学医济世。适有同邑廪生李步鳌氏在邻村开业行医。刘便就舍求教，听讲、辨药、涉猎医籍，甚得医旨之奥。几年后用于临证，每获良效。时值乡村流行疟疾，他从一本《海上验方》书上发现一个治疗疟疾的验方，经试用效果甚捷。以此更坚定了他学医的信心和志趣。中医事业遂与他结下了不解之缘。为精于此术，不顾严寒酷暑刻苦钻研，并多方求教，奔走就学。20年代，曾远赴奉天，在民初名医张锡纯先生创办的"立达中医院"学习并工作。两年后，考入全国名医丁仲祜（福保）主办的"上海中西医药专门学校"，并毕业于该校。时值事变，返归故里，行医为业。

发展医药事业，促进抗日救亡

刘惠民热爱自己的事业也热爱自己的祖国。30年代国民党反动政府扼杀中医的舆论甚嚣尘上；"九·一八"事变，日寇占领我东北三省，侵略魔爪随时可及中原。中医危机！中华民族危机！鉴于此种情势，刘惠民愤然而起，与赵恕风氏在沂水山区，条件十分艰难的情况下，办起了"沂水县乡村医药研究所"及"中国医药研究社"。自1934年至1937年，主办《中国医药杂志》月刊。在刊物上广登全国名医论著，阐发中医理论、宣扬中医成就，为祖国医学的生存和发展，摇旗呐喊，冲锋陷阵。为培养中医人才，"沂水县乡村医药研究所"招收学员三十六人，并编写出版正式课本。其办学宗旨，在所编《伤科学课本》前言中阐说甚明："培植是项（中医）专门人才，而供国家之急需……伏思'天下兴亡，匹夫有责'，古有明训，是凡为国民者，对于祖国各有重大责任在焉……研究非常时期之救护学识，予为来日之大难，与全国总动员前途，裨益匪鲜。现本班规模虽小，是亦救国之微意耳……今为国难最严重之际，不得不如是之急就也。……并请我国医药界，诸位同志……共赴国难，以救危运，是为深幸。"一个普通百姓，对国家的命运和前途怀有如此的责任感，并以实际行动培养人才，准备应国家急需，到前线作战场救护，为抗日救亡，拯救中华民族作出贡献，这样的精神难能可贵，感人至深。

侵中原、日本兵进关
拯国难、刘惠民入伍

七七事变后，日本兵进犯中原，中华民族到了最危急的时刻，刘惠民办完了国医救护学习班之后，于1938年毅然参加了八路军，奔赴抗日第一线。当时任鲁中八路军二支队医务处主任。后来为了发展抗日根据地，又被派回地方工作，在地下党负责同志的领导下，在许家峪以人民政府的很少拨款为基金经营中药铺。后又转至沂南界湖办"山东大药房"并任副经理，对外收费为群众治病，对内实行极原始的公费医疗。除为根据地党、政、军民医治伤病，同时还担负着团结各抗日阶层一致抗日的宣传工作。在此期间曾任山东省卫生总局临沂卫生合作社社长、鲁中南新鲁制药厂经理、沂水县参议员。抗日战争时期，我山东根据地不断遭受扫荡、蚕食和封锁，形势非常艰苦和困难。为了粉碎日寇的扫荡，适应游击战争的需要，他积极改造中药剂型，亲自动手刻制压药片的木模，并教药剂人员打药丸，没有粉碎机，就用群众的石碾，人推马拉，将中药制成粉子，然后加工成成药，以便应用。常用制剂有疟疾灵、金黄散、救急散、救急水、牛黄丸、益母膏等。到全国解放前夕，已制出成药近百种。此外，在日寇扫荡时，还要就地组织政治可靠的干部、群众挖洞子，以掩藏我党伤病员和工作人员，任务十分繁重。

开创中医教研机构
加强中医学术研究

全国解放后，中医处在一个非常时期，人员改行，药铺倒闭，事业凋零。为使中医更好地为人民服务，在政府的支持下，刘惠民在济南办起了中医诊疗所，后改为济南市中医院，成为山东第一个公费医疗单位。此后又办起了山东省中医院，并任院长；山东省中医研究所，并任所长。刘氏热心中医的教育事业，早在30年代创办"沂水县乡村医药研究所"附设医校,就对中医办学做了大胆地尝试,成为中医教育事业的先行者之一。解放后,百废待兴,为了大批、正规地培养中医专业人才,解决后继乏人问题,于1955年组织了中医研究班,使省内中医耆老,有识之士,汇聚一堂,对中医学术进行研讨,对中医事业提出规划。在此基础上又先后举办了1957、1958、1959、1960四期省内进修班,使大批中医工作者得到正规学习和训练。1958年创立山东中医学院,并出任院长,使山东的中医教育事业走向正规化。1955年加入中华医学会、中医学会;山东中医学会成立后,出任理事长。为开展学术活动,活跃学术气氛起了很大作用,作了有益的贡献。

刻苦读书、勇于实践

对祖国医学,刘惠民是一个理论家,也是一个实践家,治学态度十分严谨。他读书极多,不但善于记忆,而且重视理解。早在30年代创办"沂水乡村医药研究所"时,便将大部分家资变购医学书籍,当时以"上海千顷堂书局"为主出版的中医书刊,几乎全部购入,全国中医刊物悉订无遗,藏书不下万卷。后经日寇劫掠,荡然无存。刘惠民在学医、行医六十多年中,经历了由不自觉到自觉的实践—认识—再实践—再认识的路线。他刻苦研读祖国医学典籍,上自《内》《难》《伤寒》,下至历代大家名著,无不披阅详析。读书是刘惠民的一大嗜好,不管到哪里,总是带着书。有时走路也要读一段,以致碰到树上,成为谑谈。进城后条件改善了,白天劳累一天,晚上还是在书房里度过,有时劳累过度,读着读着就睡着了,一睁眼墨水已把书染了一大片,病逝前神志恍惚了,还不让人把床头的书拿走。他对古今医籍,读得透、理解得深、临床运用灵活。尤可贵者,他在临床医疗工作中,能大胆实践、勇于创新,敢走前人不敢走的路。例如,他对民间实用的中草药,很注意调查研究。沂水一带有很多洋金花(白色,状若喇叭),群众有掺烟吸,止憋喘者。刘惠民对其反复研究、验证,终于查明了治病原理,扩大了适应证范围,规定了一般用量,使这味平常的草药,在治疗胃脘痛、气管炎、肺气肿等病中发挥了良好作用。再如,酸枣仁一药,古今医家单剂用量极少超过15克以上者,近代更有学者提出,本药如一次用量超过50粒,即有发生昏睡或昏迷乃至中毒的危险。刘氏对此进行了认真的查证和实践,证明酸枣仁不仅是治疗不寐之要药,并具有滋补强壮作用,久服能养心健脑、安五脏、强精神。一般成人用量可在30克以上,甚至可多达50~90克,无任何副作用。刘氏不仅在用量方面有所突破,而且扩大了本药的应用范围。

医术高明，领袖受益
医德高尚，惠及人民

刘惠民以自己的渊博学识和丰富的临床经验，赢得病人的信任，尤其是他和蔼谦恭、平易近人，对病人诚挚热情、有求必应更博得人们的尊敬。他一生进行了大量的临床实践，为以千、百、万计的病人解除了痛苦或挽救了生命。这一方面是由于他知识渊博，医工娴熟；另一方面则主要是因为他作风正派、医德高尚。

1956年在青岛为毛主席治病。当时毛主席患重感冒，多方医治无效，这次服药后，毛主席赞扬说：近三十年没吃中药了，这药很好。1957年又跟随毛主席去莫斯科，一方面作考察学习，一方面担负卫生保健。后来在北京、上海、杭州、广州等地多次为毛主席、周总理和中央、外省其他领导同志诊病，这是他一生努力学习中医所作的最可贵的贡献之一。

刘惠民对病人从不摆架子，有病即诊、随到随诊，细心热情，从不推诿。早在抗日战争时期，我八路军作战环境非常艰苦。医务人员奇缺、医疗条件极差、伤病员甚多。他亲自为伤病员诊处，日复一日、年复一年，病员应接不暇，甚至，有时吃着饭也要看病。始终兢兢业业，任劳任怨。他对待病人不分贵贱尊卑，一个炊事员、一个饲养员、一个普通农民，都热诚相待、体贴同情。他心地慈善，一贯急病人所急、想病人所想，千方百计减少病人痛苦。他晚年患有严重疝气，看病时常常坐不住，坚持不了就躺一会，稍轻继续看病。有时他本人感冒发烧，听说病人来了，赶快擦擦汗坚持应诊。一次他发着高热为一个年轻的眼疾患者看了病。过后，别人让他注意自己的身体，他说："我不要紧，七十岁的人了，怕什么？无非多受点痛苦，他这样年轻，如不分秒必争地治疗，就会双目失明的，他以后还可以多做些工作嘛！"几个月后，病人视力完全恢复了正常，高兴地从远道来看望医生，感激得含泪难语。刘惠民一生严于律己、宽以待人，身体力行了毛主席"救死扶伤、实行革命的人道主义"的高尚格言。

难得的传世经验
可贵的医学成就

刘惠民研读了大量的祖国医学经典、名著，在临床中又做了大胆探索，并善于从实践中总结经验，因而对内、外、妇、儿各科许多重大疑难症的病理病机、临床诊治有较深的造诣。他注意借鉴前贤的经验，又不墨守成规格套，这是他一生辨证用药的特点。

刘惠民对外感疾病甚有见地。他主张治外感需急治，贵在迅速祛邪，邪去体自安，如将军之挥戈退敌；治内伤宜周全缓图，根据病情或攻或补或两者兼施，千里决胜，如宰相之运筹帷幄。刘氏认为外感热病概属伤寒，故治多遵《内》《难》、取法《伤寒》，按六经辨证，用三阳经治法。受张锡纯氏影响，认为生石膏不仅善清气分之热，又能辛散解肌，故治外感发热多用生石膏。此外治外感重视地理、气候、体质差异。如春季喜用葛根、薄荷，而麻黄用量较小；夏季喜用香薷，滑石；秋季喜用麦冬、沙参；冬季多用姜、桂、麻黄；治南人常用豆豉、苏叶、荆芥轻清表剂；即用麻黄量亦小；小儿易动肝风，故用钩藤、薄荷等以清热、平肝、镇惊。

刘氏对神经精神系统疾病多有发挥，认为肝、肾、脾、胃的功能与现代医学的神经精神系统有密切关系，故治多用滋肝补肾、健脾调胃等法。灵活运用酸枣仁，用以镇静安眠、养心健脑，是其非常突出的经验。刘氏对神经精神疾病，虽偏滋补，但不拘泥，如遇实证或虚实夹杂证，便大胆地应用大攻、先攻后补或攻补兼施。1956年刘氏曾治一四十岁秦姓男子，病精神抑郁日久，后突然僵卧不起、神识朦胧、两目凝视、表情忧郁、缄默不语、拒不进食、大便不行、形体消瘦、气息低微，一派虚羸征象，西医诊为"癔病性木僵"，经刘详析证候，在清热豁痰、理气开窍的基础上又加入承气汤峻下阳明热结而奏效。

刘惠民擅长治疗月经病、先兆流产及不孕症。

他认为月经病病因虽多，主要由于肾气不足或情志不遂，以致冲任不固，或气血失调所引起。治疗则循"治妇人病，当先明冲任"的原则，辨其寒热虚实，以定温清补消。刘氏特别注重调补肝肾，实则为调冲任。同时根据"调经肝为先，疏肝经自调"的理论，常以疏肝解郁、理气和血等法结合应用，多获良效。

刘氏认为不孕症与月经病密切相关，诸因引致月经不调，也就致不能摄精受孕。治疗多以调理脏腑、冲任为中心，以见症不同，选用滋肾养肝、补气养血、温肾暖宫、疏肝解郁、健脾化痰等法。方用毓麟珠、泰山磐石散、苁蓉菟丝丸、五子衍宗丸、开郁种玉汤、紫石英丸等加减化裁。刘氏运用圆活，多奏奇效，群众赞誉为"送子爷爷"。

刘氏对高血压、冠心病、肝炎及肝硬化腹水、偏瘫、脑炎后遗症、急性感染性多发性神经炎、小儿疳积等病，有丰富的治疗经验。

刘氏对应用马钱子治疗痿症和胃下垂，罂粟壳治疗慢性泄泻和慢性咳嗽，羊睾丸治疗性神经衰弱均有独到创见。

刘氏一生诊病，辨证务求精确，用药大胆灵活，形成了自己的风格和特点。

刘氏一生忙于诊务，著述较少。据查获，1936年为培养国医学员，编写课本一套。计有《伤科学课本》《中西混合解剖生理学概要》《中西诊断学概要》《中西药物学概要》《战地临时救护医院组织概要》，以上诸书皆刊行于世。1959年撰写《麻疹和肺炎的防治》小册子，内部发行，流行于世。"文化大革命"时，期间他在健康状况不佳的情况下，用了一年多的时间，把进城后积累的典型病历一万余份，进行了分类总结，写出了《中医经络学选要》《中医诊断学选要》《中医方剂治疗学选要》《中医妇科学选要》《中医伤寒病学选要》《中医儿科学选要》《中医外科学选要》《中医电子诊脉仪学》等初稿。1971年恢复了他党的生活和职务，但他的身体却不行了，多在家休息或住院，实际上在家也无法休息，病人送往迎来、络绎不绝，也没有时间和精力将以上的稿子再加修改。1976年出版的《刘惠民医案》是由医案编写小组根据部分病历进行修改整理的，出版初稿形成时，他本人已无力校阅审定。有的地方虽还不尽理想，但基本上体现了刘惠民的医疗特点和风格。《电子诊脉仪学》至1973年已做了四次修改，但终因"四人帮"路线干扰，未能出版。

真挚的感情，亲切的关怀

刘惠民早年是一个倾向革命的爱国者，30年代投身革命后，在党的培养教育下，逐渐成长为一个共产主义战士。他献身于革命事业，他热爱卫生工作，特别热爱中医事业。1974年在病中曾上书周总理，陈述他对发展中医事业、解决中医后继乏人等问题的建议和意见，得到周总理和卫生部有关领导的重视。由于长期的革命活动，他对毛主席、周总理、朱委员长等老一辈无产阶级革命家终身爱戴、无限崇敬，对党组织怀有深厚的感情。党中央和毛主席、周总理一贯对中医事业十分重视，对刘惠民也给予了极大的关怀。早在抗日战争时期，毛主席就曾亲笔给他写信指导工作。解放后，更是多次接见或让其诊病。1959年2月，在党的关怀下光荣地加入了中国共产党，并历任山东省第三届人民代表大会代表、全国人民代表大会第二、三届代表等职。

1971年以后，刘惠民几次到北京查病，周总理知道后，都让秘书或邓颖超同志打电话，询问身体情况或有什么困难。有一次，说总理有外宾很忙，这次不能见面了，下次再见。其实那时周总理已经重病在身了。以后他就再也没有见到敬爱的周总理。当他从护士那里听知周总理逝世的消息时，老泪纵横，泣不成声，竟两天不能进食。

1977年10月28日，由于患多种疾病久治罔效，刘惠民在济南停止了呼吸，溘然长逝。"曾经沧海难为水，除却巫山不是云"。一代中医巨星的陨落，是祖国医学科学事业的重大损失。

[《临沂地区中医药志》（1982）]

  刘惠民（1900—1977），男，原名刘诚恩，山东省沂水县胡家庄人。祖籍山西，明初移居鲁中。他出生于一个山区的劳动家庭，八岁入学，因受伯祖父的影响，自幼即酷爱医学。十六岁因病辍学，开始攻研医学。为精于此术，多方求教。20年代，曾远赴沈阳，在民初名医张锡纯先生创办的"立达中医院"学习并工作。两年后，考入全国名医丁仲祜主办的"上海中西医药专门学校"，毕业后返归故里，悬壶问世。

  1938年，曾任鲁中八路军二支队医务主任、山东省卫生总局临沂卫生合作所所长，山东大药房副经理、鲁中卫生局中药制药厂和新鲁制药厂经理等职，并一直坚持医疗工作。1956年在青岛为毛主席治病，主席赞扬说："近三十年没吃中药了，这药很好。"1957年又跟随毛主席去莫斯科，一方面做考察学习，一方面担负卫生保健。后来在北京、上海、西安、成都、杭州、广州等地多次为毛主席、周总理和中央、外省其他党政领导诊病。1959年加入中国共产党。历任山东省卫生厅副厅长兼山东中医学院院长、省中医院院长、省中医药研究所所长、山东省中医学会理事长、中国医学科学院特约研究员等职，并先后当选为全国人民代表大会第二、三届代表、山东省第三届人大代表、济南市第一届人大代表。

  刘老研读了大量经典医著，在临床上又做了大胆的探索，并善于从实践中总结经验，因而对内、外、妇、儿各科许多疑难大症的病理机制和临床诊治，都有较深的造诣。他还注意借鉴前贤的经验，又不墨守成规，形成了自己的辨证用药特点和风格。

  他对治疗外感病有独到见解，认为外感热病亦属伤寒，治应取法《伤寒》，按六经辨证，用三阳经治法；认为生石膏不仅清气分之热，又能辛散解肌，治外感发热多用生石膏。此外，还因地、因时、因人而灵活用药。如春季喜用葛根、薄荷，麻黄用量较小；夏季喜用香薷、滑石；秋季喜用麦冬、沙参；冬季多用姜、桂、麻黄。治南人常用豆豉、苏叶、荆芥轻清表剂，既用麻黄，其量亦小；小儿易动肝风，常用钩藤、薄荷等以平肝镇惊。

  对神经精神系统疾病亦多有发挥。他认为肝、肾、脾、胃的功能与现代医学的神经精神系统有密切关系，多用滋肝补肾、健脾调胃等法，灵活运用酸枣仁，以镇惊安眠、养心健脑。

对月经病的治疗，他认为病因虽多，但主要由于肾气不足或情志不遂，以致冲任不固，或气血失调所引起。治遵"治妇人病，当先明冲任"的原则，辨其寒热虚实，以定温清补消。并根据"调经肝为先，疏肝经自调"的理论，常以疏肝解郁，理气和血等法。结合应用，多获良效。

对不孕症的治疗，他认为诸因引起月经不调，也就导致不能摄精受孕。每以调理脏腑、冲任为中心，以见证不同，选用滋肾养肝、补气养血、疏肝解郁、温肾暖宫、健脾化痰等法，方用毓麟珠、泰山磐石散、开郁种玉汤、紫石英丸、五子衍宗丸等加减运用，疗效显著。群众誉为"送子爷爷"。

对高血压、冠心病、肝炎、肝硬化，以及偏瘫、脑炎后遗症、急性感染性多发性神经炎、小儿疳积等症，均有丰富的治疗经验。其应用马钱子治疗痿证和胃下垂，罂粟壳治疗慢性泄泻和久嗽，羊睾丸治疗性神经衰弱，亦有独到的创见。还研制了保健丹、桑椹首乌补脑汁、莱阳梨膏，经临床证实，都收到很好的效果。

他一生诊务繁忙，无暇写作。只发表了《"山东古代大医籍贯和事迹俟正"草稿之"小言"》《钱乙仲阳医学史迹考俟正》《黄坤载元御医学史迹考俟正》等论文。1976年出版的《刘惠民医案》是由医案编写组根据部分病历整理付梓，虽未经本人校阅审定，也基本上体现了刘老的独到见解和医疗特点。

为继承发扬祖国医学，培养后继人才，刘老也倾注了不少心血。前后举办两期培训班，收受学员共二十余人。口传与随诊结合，因材施教，循循善诱。凡拜附门墙、坛下受业者，大多成为中医院或中医科的骨干力量。

刘老一生刻苦攻读，行医数十年，善于从实践中总结经验，曾治愈很多疑难大症，临床经验极为丰富。其学识之渊博，医术之精湛，誉满城乡，声噪医坛。在国内享有较高的威望，被誉为全国名老中医之一，为祖国医学的发展作出了可贵的贡献。

[《山东中医学院附属医院院志》（1985）]

刘诚恩（1900—1977），字惠民，山东省沂水县人。八岁入近村的黄山公校就读，十六岁因病辍学。他目睹山区农村缺医少药，便立志学医。曾拜同乡中医李步鳌为师，20年代赴河北省张锡纯创办的立达中医院学习和工作，后又考入上海中西医药专门学校，毕业后回故里行医。

30年代，国民党政府曾扬言消灭中医。刘惠民在十分困难的条件下与赵恕凤创办了沂水县乡村医药研究所及中国医药研究社，曾组织出版《中国医药杂志》月刊。培养中医人才，弘扬中医理论，为挽救和振兴中医事业做了大量工作。

1938年刘惠民参加八路军，任鲁中八路军二支队医务处主任，积极抵抗日寇侵略。后被派回革命根据地任山东省卫生总局临沂卫生合作社社长、鲁中南新鲁制药厂经理、沂水县参议员等职。利用人民政府的少量拨款经营中药铺，为抗日军民治疗伤病，并向群众进行抗日宣传。他积极倡导改进中药剂型，并亲自动手参加制作。曾生产出便于服用的疟疾灵、金黄散、救急水等成药近百种，方便了抗日军民。

济南解放后，刘惠民来济南创办了中医诊疗所，该所是山东第一个公费医疗单位，后发展并改名为济南市中医医院。50年代他领导组建了山东省中医院和中医研究所，并分任院长和所长。他曾组织举办中医研究班和多期全省中医进修班，聚省内名老中医于一堂，研讨发展中医事业的规划，学习提高业务水平。1955年加入中华医学会中医学会，任山东中医学会理事长，积极领导开展学术活动。1958年他领导建立山东省中医学院，并出任院长。

刘惠民治学严谨，师古而不泥古，敢于创新，精于中医内、外、妇、儿各科。善用大剂量酸枣仁养心补虚，扩大了其应用范围。善用生石膏治外感发热。对胸痹、臌胀、瘠积、中风、月经不调、不孕等均有丰富的治疗经验。用药大胆灵活，具有独特的风格。抗日战争时期曾编撰《中西混合解剖生理学概要》《中西诊断学概要》《战地临时救护医院组织概要》《伤科学课本》等教材。于1959年著《麻疹和肺炎的防治》。"文化大革命"时期，他虽身受迫害，仍带病坚持编写了《中医妇科学选要》《中医伤寒病学选要》《中医儿科学选要》《中医电子脉诊仪学》等初稿。他去世前由其学徒整理编写的《刘惠民医案》，虽未来得及经他亲自审定，基本上能体现刘惠民的医疗特点和风格。

刘惠民不仅医术高超，而且医德高尚。他谦虚和蔼，为千百万计患者解除或减轻病痛。曾多次为毛泽东、周恩来、何香凝等老一辈革命家诊治疾病。1957年随毛主席出访莫斯科任保健医生，并做了实地考察。为群众治病总是任劳任怨，不摆架子，保持老八路的光荣传统。1959年光荣地加入了中国共产党。曾任山东省卫生厅副厅长，领导全省卫生工作，尤其对中医药事业的继承和发展作出了不可磨灭的贡献。

[《济南中医药志》（1989）]

刘惠民（1900—1977），又名刘成恩、刘德惠，沂水县黄山铺乡胡家庄人。中国医学科学研究院特约研究员，现代著名中医学家。

刘惠民出身于一个山区劳动人民家庭。八岁就学于近村西泉庄"黄山公校"，学校师资甚佳，教授有方，兼刘惠民聪颖好学，故学绩甚优。十六岁因病辍学。少年的刘惠民受其伯父影响，自幼酷爱医学。1916年就学于本村中医李步鳌，深得其传。几年后用于临证，每获良效，时值乡间疟疾流行，他从一本《海上验方》发现一个治疟方剂，经试用效果甚佳，更坚定了他学医的信心和志趣。中医事业遂与他结下了不解之缘。为精此术，不顾严寒酷暑，刻苦钻研，并多方求教，奔走就学。20年代他远赴奉天，在张锡纯先生创办的奉天"立达中医院"工作，渐受张氏学术思想之影响。两年后考入全国名医丁仲祜主办的"上海中西医药专门学校"。毕业后返回故里，以行医为业。1934年至1937主办《中国医药杂志》月刊，刊登全国名医论著，宣扬中医成就。

"九·一八"事变后，刘惠民积极参加抗日救亡活动。在条件十分艰难的情况下，与赵恕风等在沂水山区办起了"沂水县乡村医药研究所"及"中国医药研究社"。为培养人才，招收学员三十六人，并编写出版正式课本。其办学宗旨，在其所编《伤科学课本》前言中阐述"培植是项专业人才，供国家之急需……伏思天下兴亡，匹夫有责，古有明训，是凡为国民者，对于祖国各有重大责任在焉……研究非常时期之救护学识，予为未来日之大难，与全国总动员前途，裨益匪鲜，现本班规模虽小，是亦救国之微意耳……今为国难最严重之际，不得不如是之急就也……并请我国医药界，诸位同志……共赴国难，以救危运，是为深幸。"一个普通百姓对国家的命运前途怀有如此的责任感，并以实际行动，为抗日救亡，拯救国难，其精神难能可贵，感人至深。

1938年刘惠民参加了八路军，奔赴抗日前线，当时任鲁中八路军二支队医务处主任。后来，为发展抗日根据地，被派回地方工作，在地下党的领导下，以人民政府的很少拨款为基金，在许家峪经营中药铺，为抗日军民医治病伤。此间，曾先后担任山东省卫生总局临沂卫生合作社社长、鲁中卫生局中药制药部及鲁中南卫生局新鲁制药厂经理、山东省沂水县参议员等职。同时，他在极其艰难困苦的条件下，为适应游击战争的需要，用碾将中草药碾碎，制成粉剂、片剂、丸剂等，积极改造中药剂型，并亲自动手刻制压片木模，教药剂人员打丸，便于应用。当时制成的中成药有疟疾灵、金黄散、救急散、牛黄丸、益母膏等。至解放前夕，制出中成药近百种。另外，在日寇扫荡时，还要组织干部群众挖洞子，以掩护伤病员。

刘氏在艰苦的战争年代，一直坚持医务工作，艰苦钻研业务技术。为党和人民的卫生事业作出了可贵的贡献。

建国后，他更加兢兢业业、勤勤恳恳，为发展党的医药卫生事业和继承发扬祖国医学遗产而努力工作。1950年曾上书卫生部，对加强中西医团结、推进党的医药卫生事业，提出具体建议，得到当时卫生部领导的赞赏。在人民政府的支持下，他在济南办起了中医诊疗所（后改为济南市中医院）。1955年组织了中医研究班，接着又组织举办了四期省中医进修班，使大批中医工作者得到正规学习和训练。1957年世界各国共产党、工人党莫斯科会议期间，他以随团保健医师的身份跟随以毛泽东主席为首的中共代表团赴莫斯科。1958年他创立了山东中医学院，1959年加入中国共产党，先后担任过山东中医学院院长、山东省中医药研究所所长、山东省立中医院院长、山东省卫生厅副厅长、山东省科委中医组组长、山东中医学会理事长等行政和学术团体的领导职务，并曾被选为山东省第三届人民代表大会代表，全国人民代表大会第二、三届代表。1974年他上书周恩来总理，陈述对发展中医事业、解决中医后继乏人等问题的建议和意见，得到周总理和卫生部有关领导的重视。他促进了山东省中医事业的发展，开创了中医教研机构，加强了中医学术研究，为山东省立中医院、山东省中医学院、山东中医药研究所、山东省中医文献馆、山东省中西医结合研究院等医疗、教学、科研机构的建立和发展，辛勤奔波，费尽心血，作出了卓越成绩和贡献。

刘氏一生，刻苦读书，勇于实践。他不但是一个中医理论家，也是一个实践家。在六十多年的医学生涯中，他刻苦研读祖国医学经典著作，上自《内》《难》《伤寒》，下至历代大家名著，无不批阅详析。一生著有《张锡纯先生的通讯》《麻疹和肺炎的防治》《黄元御医学史迹考侯正》《伤科学课本》《中西混合解剖生理学概要》《中西药物学概要》《战地临时救护医院组织概要》，以及由学生们整理出版的《刘惠民医案选》《刘惠民医案》。

刘氏从事中医临床诊疗工作近六十年，擅长治外感疾病、内科杂症以及妇、儿科病症，积累了丰富的临床实践经验，并多次为毛泽东主席、周恩来总理等中央和外省其他领导同志诊病。简介于后。

1. 刘氏认为，外感多实，内伤多虚。外感需急治，内伤宜缓图。前人有云："治外感如将，治内伤如相。"因此，治外感贵在迅速祛邪，邪去则体安，如将军之挥戈退敌；治内伤必须根据病情或补或攻或攻补兼施，如宰相之兴邦拯危，疾病千变万化，不能以不变之术应万变之病，更不可泥守古方以治今病；既要借鉴前人经验，但不应墨守成规。

刘氏治外感多遵《内》《难》，取法《伤寒》。根据《内经》"热病者皆伤寒之类"和《难经》"伤寒有五"等论述，主张中医所称之伤寒乃是一切外感发热性疾病的总称。因此，在治外感时，按伤寒六经辨证，采用治三阳经病的方法为主，以麻黄汤、桂枝汤、大青龙汤、麻杏石甘汤、葛根汤、小柴胡汤等方剂为主，结合见证化裁应用，根据他多年的临床经验，很多外感病不仅出现表证，而常兼见不同程度的里热，故治外感时除重视早期解表外，更强调解表清里同时并行，以承表里双解之效。又因受张锡纯用石膏的启发，认为生石膏不仅善清气分热，又能辛散解肌。故治外感发热多喜用之。

刘氏治外感热病在重用解表清里重剂同时，强调脾胃为后天之本、汗液滋生之源，重视调理脾胃。应用麻黄、石膏等解表清里□□①常配以山药，既可养阴液又可健脾胃。服药方法，往往仿照桂枝汤"服已须臾，啜热稀粥一升，以助药力"的服法，借谷气以助汗，兼益胃气以祛邪外解。1964年1月2日，刘氏诊治一例十一岁李姓男孩，患儿感冒一周，鼻塞流涕，周身不适，三天前发冷，高热（体温39～40℃）无汗，头痛，周身酸痛，夜间尤甚，伴有口苦，恶心，食欲不振，咳嗽，便干，溺黄等症状。诊时面色潮红，结膜充血，舌苔黄，脉浮数。辨为外感风寒，肺胃蕴热，按发汗解表、清解肺胃治法，拟方：麻黄、桂枝、白芍、山药、知母、生石膏（捣）、羌活、柴胡、炒杏仁（捣）、竹茹、生姜、大枣、甘草，嘱其水煎两遍，晚睡前分两次温服，服第一次药后，喝热米汤一小碗，半小时再服第二次药，取微汗。服药一剂，汗出热退，全身不适已去大半，继服一剂，体温降至正常，仍微咳，按清肺热法为其处方，又服二剂而痊愈。此外，刘氏在治外感时，在辨证、立法、处方、用药等各方面，也非常重视因时、因地、因人制宜。如春季喜用葛根、薄荷，而麻黄用量较小，夏季喜用香薷、滑石，秋季常用麦冬、沙参，冬季多用姜、桂、麻黄，治南人感冒常用豆豉、苏叶、荆芥等轻清表剂，即使应用麻黄量亦较小；而治北人感冒则麻黄多在9克以上，甚则麻、桂并用；小儿外感发热易动肝风。故多用钩藤、薄荷等药以清热、平肝、镇惊。

2. 刘氏认为五脏的功能状态与人体体质的强弱、气血的盛衰密切相关，内伤多虚，也主要是伤在五脏、虚在五脏。因此他治内伤杂症偏滋补。但遇有实证或虚实夹杂证，亦非泥守于补，而是在精确辨证，权衡虚实的基础上，大胆果断地应用大攻、先攻后补或攻补兼施等法灵活施治。如1956年5月，曾诊治一例四十余岁的男性患者，病人多年来时感头昏脑胀，记忆力衰退，注意力涣散，睡眠时好时坏，有时劳累后心悸，偶有脉搏间歇等症状。多所医院检查，谓患有风湿性

---

① □□：原书此处漫漶。

心脏病、动脉硬化症。自此，疑虑、恐惧、悲观、绝望，日渐加剧，发展为性情孤僻、偏执易怒、喜静少言、忧郁寡欢，对外界事物兴趣淡漠，有时神志恍惚、表情呆滞、反应迟钝，甚至别人不加提醒即不知饮食。诸症时发时止，长则可持续数天，恢复缓慢。1957年4月某日，突然僵卧于床，缄默不语，拒食。诊为癔病性木僵，经多方治疗不见缓解，乃邀刘氏会诊。诊时病人僵卧不语，不进饮食已十余天，大便已十七日未行。检查患者消瘦，卧床不动，似睡非睡，两眼凝视，表情淡漠，默然不语，气息低微，皮肤黑黄、枯燥乏泽，上身有汗，舌红，苔黑燥无津且带芒刺，脉弦实滑数。刘氏认为，证属心肾两虚、肝郁气结、阳明实热、痰扰神明，乃以清热豁痰、理气开窍、补肾养心、滋阴润肠通便之法。处方：当归、肉苁蓉、熟地、胆星、炒酸枣仁、枸杞、天竺黄、石菖蒲、柏子仁、天冬、钩藤、芦荟，水煎服。沉香粉、羚羊角粉各三分，分两次冲服，服药一剂，神志稍清，两眼微动，能伸舌动手，睡眠四小时，仍不说话，不进饮食，虽有腹鸣，矢气较多，但大便未通，苔褐燥少津，脉弦实而数。就原方加承气以峻下阳明热结，人参白虎清热保阴生津。另用清热豁痰、清心开窍、补肾益气、平肝之品配制药粉一料（药用：犀角、羚羊角、猴枣、牛黄、琥珀、全蝎、马宝、鹿茸、人参、麝香）配合汤药服用。又服汤药一剂后，患者神志已清，表情恢复，欲言不能语，四肢已能活动，大便已通，下黑色质硬大便半盆多，臭味难当，舌苔已薄，脉弦实，数象已减。在原方清心、豁痰、平肝的基础上，加补气养阴生津宣利肺气之品。再服药五剂后神志全清，四肢活动灵活，已能讲话，但语言不清，能自进少许饮食，继以养心补肾、清热敛阴之剂。继服五剂后，即能睡五六小时，出汗略减，表情较前丰富，四肢活动基本自如，已能自动翻身，按前方再加重养心清热之品，继服二十余剂而痊愈。刘氏认为，此例患者符合前人"大实有羸状"的记述，故以攻实为主，补虚为辅，先用攻结，清热存阴，再以补气生津养阴之法治之而收良效。

3. 刘氏不仅善治内科领域难杂症，对诊治妇科疾病如月经不调、习惯性流产及不孕等症也有较深的造诣和丰富的经验。刘氏认为，月经病虽起病病因众多，但主要由于肾气不足或情志不遂，以致冲任不固，气血失调所致。而气血之化源，统摄及运行与肝、脾、肾的关系更为密切。月经的正常来潮有赖于肾气旺盛，冲任得固，血海充盈，脾气健运，肝气调达。若其中任何环节失调，均可导致月经不调。此外，外感六淫导致寒凝、气滞、血瘀等也是引起月经病的常见因素。他治疗月经病多先辨明原发或继发。若属继发，当治他病；如属原发，则多遵循"治妇人病当先明冲任"的原则，根据见症辨明寒、热、虚、实，或温或清或补或消，以纠其偏为总纲，并特别重视调补肝肾（实即调理冲任）。同时参照前人"调经肝为先，疏肝经自调"的论点，常以疏肝解郁、理气和血等法结合应用，以四物汤为主方，随证加减。

刘氏又认为不孕症的病机主要有肾气不足，胞宫寒冷，气血失调，冲任失养，情志不遂，肝郁气滞，脾虚湿盛，痰湿内阻等方面。肾虚、血衰、肝郁、痰湿、宫寒等均可引起月经失调，以致不能摄精受孕。治疗多以调理脏腑、冲任为中心，根据见症分别选用滋肾养肝、益气养血、疏肝解郁、健脾化痰、温肾暖宫等法则，仿《景岳全书》毓麟珠、泰山磐石散、《医宗金鉴》苁蓉菟丝丸、《丹溪心法》五子衍宗丸、《傅青主女科》开郁种玉汤、《妇人大全良方》紫石英丸等加减化裁，常选用菟丝子、何首乌、女贞子、桑寄生、淫羊藿、肉苁蓉、熟地、枸杞、续断等滋补肝肾；附子、肉桂、紫石英、鹿茸等温肾暖宫助阳；香附、吴茱萸、木香、元胡等疏肝解郁；党参、黄芪、白术、人参、紫河车、砂仁、陈皮、半夏、鸡内金、炙甘草等养血健脾化痰；当归、川芎、赤芍、丹参、五灵脂、月季花、凌霄花、红花、鸡血藤、阿胶、龙眼肉、荆芥等和血调经。

4.刘氏在应用药物方面也有较多的经验体会，如用马前子治疗痿症及胃下垂，罂粟壳治疗慢性腹泻和慢性咳嗽，洋金花治疗哮喘，羊睾丸治疗神经衰弱等。更善于根据病情，灵活应用酸枣仁一药，尤有独到之处。酸枣仁能镇静安眠。早为历代医者所重视并经近代药理实验所证实。然而，对本药的用量，纵观古今医家，单剂用量很少有超过15克者。晚近更有人提出本药如一次用量超过50粒，即有发生昏睡、丧失知觉乃至昏迷的危险。刘氏根据《名医别录》关于酸枣仁能"补中，益肝气，能令人肥健"的记载，并结合其多年用药实践经验认为，酸枣仁不仅仅是治疗不寐之要药，且具有滋补强壮作用，久服能养心健脑、安五脏、强精神。他临床应用本药除根据病者体质强弱、病情轻重而酌定外，一般成人一次剂量多在30克以上，甚至多达60~90克者，五六倍于一般用量。实践证明：只要配伍得宜，大多应手取效，且无不良反应。不仅在本药用量方面有所突破，而且扩大了本药应用范围。如1956年3月6日，他曾诊治一位四十八岁男性病人，患者头痛头胀，失眠多梦三年余，严重时彻夜不寐，可连续三四昼夜，伴心烦易怒，时有耳鸣、心悸等症，诊时体胖面红，舌质略红，苔薄白，脉沉弱。辨为肾阴不足，心阳偏盛。治以补肝肾、调脾胃、养心神之法。处方：山药、枸杞子、菟丝子、覆盆子、五味子、酸枣仁、豆豉、山栀、朱茯苓、橘络、天冬、红豆蔻，水煎服。朱砂二分，琥珀三分，共研细末冲服。服药十二剂后，患者头痛见轻，睡眠好转。每夜已能睡四五小时，仍耳鸣、头晕，烦躁，大便略稀，原方去五味子、天冬，加芡实、神曲、天麻、人参粉（约一分半冲服），又服二十四剂后，睡眠基本恢复正常，每夜能睡六七小时，寐梦减少，饮食好转，消化正常。

此外，刘氏对惊痫、疟疾、痘疹等儿科常见病症亦有比较丰富的临床经验。不再一一备述。

[《沂水县卫生志》（1989）]

刘惠民（1900—1977），沂水县人，著名中医学家、中医教育家。自幼在乡间学医，1920年赴沈阳，拜名医张锡纯为师。1922年考入上海中西医药专门学校，毕业后仍回故里行医。1934年与赵忠敬共同创办"沂水县乡村医药研究所""中国医药研究社"，主编《中国医药杂志》，为宣传中医理论、培养中医人才作出贡献。1933年参加八路军，历任鲁中二支队医务处主任、临沂卫生合作社社长、鲁中南新鲁制药厂经理。

中华人民共和国成立后，历任山东省中医院院长、山东省中医学院院长、山东省中医药研究所所长、山东省卫生厅副厅长、山东中医学会理事长、中国医学科学院特邀研究员、第二届三届全国人大代表。他治学严谨，学识渊博，对内、外、妇、儿各科许多疑难症的病理病机、临床诊治都有较深的造诣和独到见解。主要著作有《刘惠民医案》《中西药物学概要》《黄元御医学史迹考俟正》《战地临时救护医院组织概要》等。1957年7月，专程去青岛为毛泽东主席治病。同年11月，陪同毛主席访问苏联。1959年2月加入中国共产党。"文化大革命"中被诬为"反动学术权威"屡遭批斗。1977年10月28日在济南病逝。

[《临沂地区卫生志》（1989）]

刘惠民，男，汉族，1900年至1977年，原名刘诚恩，山东省沂水县胡家庄人。1938年参加革命，历任八路军二支队医务主任、沂蒙抗日根据地药房经理兼医师，山东省卫生总局临沂卫生合作社社长兼医师，1946年任山东大药房副经理兼医师，1947年任鲁中驻渤海后方办事处中药部副经理兼医师，1948年任鲁中南卫生局新华制药厂副经理兼医师，1949年任鲁中南沂水专区福利制药厂副经理兼医师，1951年任山东省合作总社医药部副经理兼医师，1953年任济南市立中医诊疗所副所长兼中医师，1955年任山东省卫生厅副厅长，1958年兼任山东省中医研究所所长。1959年2月参加中国共产党。并先后当选为全国人民代表大会第二、三届代表，山东省第三届人大代表，济南市第一届人大代表。因病于1977年10月病故。

[《山东省中医药研究院院志》（2008）]

刘惠民，男，1900年至1977年，原名刘诚恩，山东省沂水县胡家庄人。祖籍山西，明初移居鲁中。20年代，曾在民初名医张锡纯先生创办的"立达中医院"学习并工作。两年后考入全国名医丁仲祜主办的"上海中西医药专门学校"，毕业后返回故里，悬壶问世。1938年后，先后曾任鲁中八路军二支队医务主任、山东省卫生总局临沂卫生合作所所长、山东大药房副经理、鲁中卫生局中药制药厂和新鲁制药厂经理等职，并一直坚持医疗工作。1956年在青岛为毛泽东治病。后来在北京、上海、西安、成都、杭州、广州等地多次为毛主席、周副主席和中央、外省其他党政领导诊病。1959年加入中国共产党。历任山东省卫生厅副厅长兼山东中医学院院长、省中医院院长，省中医药研究所所长及山东省中医学会理事长、中国医学科学院特约研究员等职。刘老对内、外、妇、儿各科许多疑难大症的病理机制和临床诊治，都有较深的造诣。他一生诊务繁忙，无暇写作。只发表了《"山东古代大医籍贯和事迹俟正草稿"之"小言"》《钱乙仲阳医学史迹考俟正》《黄坤载元御医学史迹考俟正》等论文。1976年出版的《刘惠民医案》是由医案编写组根据部分病历整理付梓，基本上体现了刘老的学术思想及其独到见解和医疗特点。

[《山东省中医药研究院院志》（2008）]

刘诚恩（1900—1977），字惠民，山东省沂水县人。八岁入近村的黄山公校就读，十六岁因病辍学。他目睹山区农村缺医少药，便立志学医。曾拜同乡中医李步鳌为师，20年代赴河北省张锡纯创办的立达中医院学习和工作，后又考入上海中西医药专门学校，毕业后回故里行医。

30年代，国民党政府曾扬言消灭中医。刘惠民在十分困难的条件下与赵恕凤创办了沂水县乡村医药研究所及中国医药研究社，曾组织出版《中国医药杂志》月刊。培养中医人才，弘扬中医理论，为挽救和振兴中医事业做了大量工作。

1938年刘惠民参加八路军，任鲁中八路军二支队医务处主任，积极抵抗日寇侵略。后被派回革命根据地任山东省卫生总局临沂卫生合作社社长、鲁中南新鲁制药厂经理、沂水县参议员等职。利用人民政府的少量拨款经营中药铺，为抗日军民治疗伤病，并向群众进行抗日宣传。他积极倡导改进中药剂型，并亲自动手参加制作。曾生产出便于服用的疟疾灵、金黄散、救急水等成药近百种，方便了抗日军民。

济南解放后，刘惠民来济南创办了中医诊疗所。该所是山东第一个公费医疗单位，后发展并改名为济南市中医医院。50年代他领导组建了山东省中医院和中研究所，并分任院长和所长。他曾组织举办中医研究班和多期全省中医进修班。聚省内名老中医于一堂，研讨发展中医事业的规划，学习提高业务水平。1955年加入中华医学会中医学会，任山东中医学会理事长，积极领导开展学术活动。1958年他领导建立山东省中医学院，并出任院长。

刘惠民治学严谨，师古而不泥古，敢于创新，精于中医内、外、妇、儿各科。善用大剂量酸枣仁养心补虚，扩大了其应用范围。善用生石膏治外感发热。对胸痹、臌胀、疳积、中风、月经不调、不孕等均有丰富的治疗经验。用药大胆灵活，具有独特的风格。抗日战争时期曾编撰《中西混合解剖生理学概要》《中西诊断学概要》《战地临时救护医院组织概要》《伤科学课本》等教材。于1959年著《麻疹和肺炎的防治》。"文化大革命"期间，他虽身受迫害，仍带病坚持编写了《中医妇科学选要》《中医伤寒病学选要》《中医儿科学选要》《中医电子脉诊仪学》等初稿。他去世前由其学徒整理编写的《刘惠民医案》虽未来得及经他亲自审定，基本上能体现刘惠民的医疗特点和风格。

刘惠民不仅医术高超，而且医德高尚。他谦虚和蔼，千百万计地为患者解除或减轻病痛。曾多次为毛泽东、周恩来、何香凝等老一辈革命家诊治疾病。1975年随毛主席出访莫斯科任保健医生，并做了实地考察。为群众治病总是任劳任怨，不摆架子，具有老八路的光荣传统。1959年光荣地参加了中国共产党。曾任山东省卫生厅副厅长领导全省卫生工作，尤其对中医药事业的继承和发展作出了不可磨灭的贡献。

[《济南市卫生志》（2010）]

刘惠民（1900—1977），著名中医学家，中国医学科学研究院特邀研究员，又名刘诚思、刘德惠，沂水人。自幼酷爱医学，1916年求学于本村中医李步鳌，青年时代曾在名医张锡纯先生创办的奉天立达中医院工作，深受张氏学术思想之影响，后考入上海中西医专门学校，毕业后返里，以行医为业，积极从事抗日救亡活动。1938年参加革命，先后担任八路军鲁中第二大队医务主任、临沂卫生合作社社长、鲁中南卫生局新鲁制药厂经理等职，1957年世界各国共产党、工人党莫斯科会议期间，他以保健医师的身份随同毛泽东为首的中共代表团赴莫斯科，1959年加入中国共产党，先后担任山东省中医院院长、山东中医学院院长、山东省中医药研究所所长、山东省卫生厅副厅长、山东中医学会理事长等职务，曾被选为第二、三届全国人大代表，第三届省人大代表，主要著作有《与张锡纯的通讯》《麻疹和肺炎的防治》《黄元御医学史迹考侯正》《伤寒学课本》《中西混合解剖生理学概要》《中西药物概要》《战地临时救护医院组织概要》以及由学生们整理出版的《刘惠民医案》等。

[《济南市卫生志》（2010）]

◎ 孙注舟 ◎

孙注舟（1900—1967），字震东，白云湖石珩村人。1935年，继承父亲国龄创办的"复生堂"药店，自学中医，擅长伤寒杂病。1953年，去淄博中医进修班学习，1955年，加入平陵区联合诊所，1959年，进入平陵公社卫生院，被选派到山东中医进修学校学习，医术大进，在附近较有声望。著有《伤寒集观》及《医学三字经白话注解》，未刊。其子太春承其业，善医。

[《章丘卫生志》（2007）]

◎ 杜希亢 ◎

杜希亢（1900—1969），崮山公社钟庄大队人。擅长内科。

[《长清县中医药志》（1984）]

◎ 张恒珊 ◎

张恒珊（1900—1970），字雨亭，刁镇后刘村人。自幼习医，1952年参加刁镇供销社医药部，1959年调入县人民医院工作，擅长内科。诊病细心，不善言辞，疗效显著，声望较高。1962年回故里后仍坚持为群众诊治疾病，曾任章丘县第四届政协委员。

[《章丘卫生志》（2007）]

◎ 张鸿儒 ◎

张鸿儒（1900—1972），寨里镇前裴王村人。自幼酷爱读书，后因家境拮据而辍学，而其看到当地群众就医难的状况，故立志学医，先后跟张灿庵、张瑞山等人学习，后自立"忠德堂"为乡邻治病，诊病用药细心慎重，从不敷衍了事，性格开朗，平易近人。诊病一视同仁。1953年参加联合诊所，后进入寨里卫生院。

[《莱芜卫生志》（2004）]

◎ 周常富 ◎

周常富（1900.07—1979.02），男，辛庄镇兴隆庄人。1912年起在颜庄村顾锡茂药铺做小活，1919年因过继其叔周黄回兴隆庄。1956年11月参加联合诊所，1963年转辛庄卫生院整骨科。

周常富青年时即随祖母学习整骨推拿手术，掌握了"摸、接、端、提、按摩、推拿"八字整骨技术。随着长期的实践，逐步总结出"机触于外，巧生于内，手随心转，法从手出"以手法复位为主的整骨基本要点，并进一步创造出"运气要足，复位要准，劲随手出，眼随手转，推拿理平，接骨牢靠"的整骨经验心得。

先生一生致力于骨科医疗事业，名扬乡里，蜚声县外，医德高尚，有求必至，足迹遍及沂源、博山、泰安、肥城等地。由于技术精湛，手法娴熟，整复准确，善用纸壳、竹（秫秸）篦等法固定，加之使用秘方熬的膏药贴敷于伤处，止痛好、消炎快、疗效高，深得群众称赞，博山、榆林等煤矿常请其治疗工伤。先生对所擅医术从不保守，曾传授于亲属和医界同仁。

[《莱芜卫生志》（2004）]

◎ 赵润东 ◎

赵润东（1900—1971），山东省东平县人。幼读私塾十五年，于1926年在东平县五福堂从师张介臣学习中医达十二年之久，学成后在该堂应诊，自1945年来济，先后在保生堂、松寿堂、育生药店坐堂应诊，1950年入济南市医务进修学校中医学部学习，1953年加入五联二分所，1956年参加历下区医院工作至殁。擅长中医内科。

[《济南中医药志》（1989）]

◎ 傅怀尧 ◎

傅怀尧（1900—1974），仁风区路家村人。行医五十多年，在济阳、商河交界处有名望。治破伤风、狂犬病及疔毒有专长。先生为人不保守，不耻下问。医德高尚，深受乡民敬慕。

[《济阳医药卫生志》（1984）]

◎ 于卧波 ◎

于卧波（1901—1966），山东临清县人。幼入私塾十二年，又随父学医九年，于1933年在故里家庭诊所行医一年，尔后即行伪差之事。1945年来济开设私人诊所，1946年为济南市中医师公会候补理事，1948年任山东省中医师公会常务理事，1949年任济南市中医学会常务理事，1952年加入济南市第六联合诊所，1956年参加槐荫区联合医院，对济南市中医学会的建立和中医进修学部的筹备做了大量工作。擅长中医内科。

[《济南中医药志》(1989)]

◎ 王化新 ◎

王化新（1901—1968），崮山公社王府大队人。擅长内科杂症。

[《长清县中医药志》(1984)]

◎ 朱济生 ◎

朱济生（1901—1978），原名朱俊奎，字星楼。1930年曾就学于淄博名医王雨亭、董阶平。1947年来济南，在南门开设"济鲁药店"，任经理并行医。1950年参加济南医务进修学校中医学部学习。1951年组建第二联合诊所，任所长兼中医师，1958年调济南市中心医院中医部，任中医师兼负责人。1957年加入农工民主党，任该党济南市委员会委员、市中心医院支部主任。曾任省、市中医学会常务理事，市科协理事、研究员，市民办中医学校董事会董事。1956、1957、1959、1964年被评为市先进工作者，曾当选为济南市第三、四、五届人代会代表，市政协第六届委员会委员。1962年在参加中央统战部召开的各民主党派中央委员会扩大会议时，荣幸地受到毛主席、周总理、朱德委员长的接见。粉碎"四人帮"后，曾献出多年的有效秘方。

[《济南中医药志》(1989)]

◎ 刘继雨 ◎

刘继雨（1901—1982），字疏河，莱芜市大王庄镇白炭坡人。幼时读私塾，稍长以农为生，十八岁时随师学习整骨推拿手术，三十岁自行应诊。解放战争时期，随军南下在淮海战役中参加民兵救护队，解放后回乡重操旧业。1953年参加联合诊所，1959年到寨里卫生院从事中医整骨工作，声誉较高，1963年被选为县人大代表。

[《莱芜卫生志》(2004)]

◎ 钟岳琦 ◎

钟岳琦，字景翰，男，汉族，生于1900年，卒于1981年，安丘县王家庄乡朱子村人。

钟氏早年就读于益都实业学校，毕业后以教学为生。其间，自修中医，尤爱针灸。1936年，他考入无锡中国针灸学校2期，受针灸学家承淡安之教诲，结业后，边教学，边行医。他为人谦恭，针术精湛，求诊者络绎不绝。1946年，在青岛云南路开办益寿药房，专以医疗为职业。次年，为振兴祖国医学针灸事业，他自筹经费，举办了推拿针灸学习班两期，培训学员一百余人。1954年，加入联合诊所。1956年去山东省中医研究班学习，结业后调山东中医进修班任教。1960年，又调山东中医院任针灸学教师和附属医院针灸科主任。1980年晋升为针灸学副主任医师。1981年因患中风症去世，享年八十一岁。

钟氏从事中医事业四十余年，尤擅长于针灸。他学识渊博，经验丰富，在中医界享有较高声誉。一生除从事临床外，主要精力用于培养针灸人才和编著针灸书籍。在山东中医学院任教期间，他工作兢兢业业，与其他教师一道，不断改进教学方法，深得师生之爱戴。近三十年来，他主编和参加编写了《简易针灸学》《灵枢经语译》《儿科推拿疗法简编》《通俗针灸手册》《针灸经穴挂图》《针灸甲乙经语译》等著作。其中《简易针灸学》一书自1958年出版以来，行销国内外，先后印刷过七次，共计14 900余册。

钟氏热爱共产党，热爱社会主义祖国，虚怀若谷，善于团结同志，善于以能者为师。在医疗中，他急病人所急，痛病人所痛，不管病人是贫是富，社会地位是高是低，皆一视同仁。他这种高尚的医疗作风和严谨的治学态度，深得时人赞赏，亦是后辈学习的楷模。

[《安丘县卫生志》（1985）]

钟岳琦（1900—1981），字景翰，安丘县孙孟朱子村人。早年就读于益都实业学校，毕业后以教学为主，兼修中医，着重针灸。1936年考入无锡中国针灸学校，受针灸学家承淡安先生的教诲，结业后医教兼行。1946年在青岛云南路开设益寿药房，1947年自筹经费举办了两期推拿针灸学习班（学员共100人），1954年加入联合诊所，1956年去山东省中医研究班学习，结业后调山东中医进修班任教，1960年调任山东中医学院针灸学教师和附属医院针灸科主任。1980年晋升为针灸学副主任医师。1981年患中风症与世长辞。

钟氏一生为人恭谦，针术精湛，在山东中医界享有盛名。他主编和参与编写了《简易针灸学》《灵枢经语译》《儿科推拿疗法简编》《通俗针灸手册》《针灸经穴挂图》《针灸甲乙经语译》等著述，其中《简易针灸学》一书从1958年出版以来，先后再版六次，行销国内外计14 900余册，为针灸学事业作出了贡献。

[《潍坊市卫生志》（1989）]

钟岳琦（1901—1981），针灸名医，安丘人。1937年毕业于无锡针灸学校，后行医青岛、济南等地。1957年调山东中医学院任教，晋升为副主任医师。他从医四十余年，擅长针灸，带徒多人，与陆永昌合著《简易针灸学》《通俗针灸手册》等书。

[《济南市卫生志》（2010）]

◎ 鞠友章 ◎

鞠友章（1901—1983），相公庄镇道流村人。十三岁从父在沂水学制膏丹丸散，生性聪慧好学，潜心研习医学典籍，医术自成。十七岁独立应诊，1920年在寿光县开设药铺，行医卖药。1937年返回故里制药行医。擅长外科，尤对肛肠病造诣较深。1959年2月进入县人民医院工作，开设中医外科（含痔瘘），医术著称全县及淄博、惠民、莱芜、泰安一带，亦有不少省外人慕名而来就诊。曾当选为章丘县第四、第七届人民代表，其子鞠庭云等数人在其培养下都成为市医院中医业务骨干。

[《章丘卫生志》（2007）]

◎ 丁尉堂 ◎

丁尉堂（1902—1968），原名文修，山东省滨县人。其父早年便在济南行医，小有名气。尉堂幼读私塾十年，自1922年开始从父学医十年，尔后在济执行中医业务，1951年入济南市医务进修学校学习，先后曾在济南万生堂药店、市中区药材店、居仁堂药店坐堂行医，1959年6月参加槐荫区医院工作，对中医内、妇科颇有研究。

[《济南中医药志》（1989）]

◎ 刘曰忠 ◎

刘曰忠（1902—1980），城西北新市街人。精于医学，对内、妇科病治效显著，名望甚高。解放后在新市卫生院应诊。有求必应，深受群众爱戴。

[《济阳医药卫生志》（1984）]

◎ 孙重三 ◎

孙重三（1902—1978），男，山东荣成县埠柳公社不夜村人。

他自幼酷爱中医学术，以小儿推拿疗法为最。年至二十，拜老中医林椒圃为师，至此步入医林。林氏医术精湛，对弟子要求严格，对孙氏后来的严谨治学精神有深远的影响。

孙老于1957年1月进山东中医进修学校深造，1958年任该校教员，1959年调山东中医学院任儿科教研室及我院推拿科副主任等职。

孙老治病，首重"天人合一"的整体观念。在运用四诊时，强调闻诊与望诊在儿科的重要性。在施术过程中，以按、摩、掐、揉、推、运之法最常用，搓、摇多作辅法。在施术时，要聚精会神，把思想集中于施术的部位上，并数其术数。在施术过程中，尤重对患儿态度和蔼，手法轻巧、柔和、深透。孙老常用穴位有七十多个，根据病情，灵活选用，巧妙施术，以求达到补、泻、升、降之目的。如用"四大手法"，经过巧妙配伍，以治头面诸疾和外感症，推天柱骨治呕吐，摩脐治胃肠病，推胸八道治呼吸系统疾病，推箕门以利尿，都是临床用之有成效的方法。再如"五经穴"与五指相配属，成为小儿推拿中的重要穴位。孙老继承的林氏的"十三大手法"——摇斗肘、打马过天河、黄蜂入洞、水底捞月、飞经走气、按弦搓摩、二龙戏珠、苍龙摆尾、猿猴摘果、揉脐及龟尾擦七节骨、赤风点头、凤凰展翅、按肩井等，更是达到相当熟练的地步。

孙老治学严谨，不论是课堂教学，还是临床带教，言传身教，一丝不苟。因此，他非常注重手法的训练，对每一手法常常是几十遍、上百遍地示范，直到学员真正掌握为止。

孙老以林氏的手法为基础，又精研了《小儿推拿广意》《幼科推拿秘书》《厘正按摩要术》等专著，集众家之长于一体，结合个人的临床实践，于1959年编著《儿科推拿疗法简编》出版问世，颇受国内同仁赞誉，并作为山东中医学院本科教材试用。于1960年，他又编著《通俗推拿手册》付印发行，进一步系统地总结了他多年来推拿治疗儿科疾患的经验。于1974年医院组织力量，拍摄了他的"小儿推拿"教学片，沿用至今。

[《山东中医学院附属医院院志》（1985）]

孙重三（1902—1978），名中医，荣城人。自幼酷爱中医，以小儿推拿为最。1957年入山东省中医进修学校，结业后留校任教员，1959年后任山东中医学院儿科教研室副主任兼附属院推拿科副主任，著《儿科推拿疗法简编》于1959年出版，并作为山东中医学院教材，1960年编著《通俗推拿手册》，1974年拍摄了他的《小儿推拿》教学片。

[《济南市卫生志》（2010）]

◎ 杨绍庭 ◎

杨绍庭（1902—1974），原名世承，济南市人。少时读书，于1918年毕业于济南工业专科学校，其后，帮助父亲经商，同时学医。1937年，赴宁夏讲授针灸学术一年，旋后在家义务行医。1956年8月参加槐荫区联合医院第五门诊部，任针灸医师。

先生从事针灸四十余年，在临床上经过多年的钻研与体会，始觉悟针刺穴位不在多，而在中经中病与否，再配合针下候气，气至后施以手法，调和人体内五脏六腑，阴阳表里，使其达到平衡从而获得病愈。在针治疾病中，辨证准确，选穴精当，常一针而能奏奇效，故别号有"杨一针"之称。

[《济南中医药志》(1989)]

◎ 苏镜轩 ◎

苏镜轩（1902—1977），别名树诚，山东省平阴县人。幼读私塾，1917年在东阿城内从自应华学医十年，尔后任乾象药店中医师。1939年来济行医，开设"镜轩药铺"。曾任山东省济南中学校医，济南市普济孤儿院义务中医。1959年入济南医务进修学校中医部学习，1953年加入济南市六联一分所，1956年参加槐荫区联合医院第四门诊部，1958年调往济南市工人医院工作。擅长中医内科，曾自制胃病药，名为"胃中和"，对胃肠病疗效颇佳，惜方药不详。

[《济南中医药志》(1989)]

◎ 李子章 ◎

李子章（1902—1978），别名广宪，山东省长清县人。幼读私塾十年，即在本村学医。1948年来济行医，并任永生堂国药店经理职。1957年7月参加槐荫区联合医院工作，擅长中医内科。

[《济南中医药志》(1989)]

◎ 应策庵 ◎

应策庵（1902—1982），字家鳌，江苏淮安人。少时家境贫寒，为谋生路，遵父命拜于中医张震东门下习医。攻读医籍，随师临证，历时五载，打下了良好的基础。二十一岁时，只身离乡赴上海谋生。1925年辗转于济南，在此定居，以行医与教书，勉强维持生活。1926年夏，伪山东省警察厅组织中医考试，策庵应考，成绩优异，自此正式挂牌行医。不久，加入中医师公会，曾任该会候补理事、国医慈善医院董事等职。1948年济南解放后，被聘为济南市卫生局卫生人员审核委员会委员及医务人员考试委员会委员。1950年参加中医进修学部进修学习。1952年组建济南郊六区联合诊所，任中医师兼副所长。1956年奉调到中医诊所工作，并加入了中国共产党，同年被评为山东省卫生先进工作者。历任济南市中医学会常务委员、市中医药研究所兼职研究员。出席了市第一届中医代表大会，被选为济南市政协第三、四届委员，济南市第二、三、四、五届人大代表。

先生从医近六十年，医德高尚，以救死扶伤、治病救人为己任，对病人极端热忱，认为医生肩负"人之安危，系于一医"之重任，治病首先要对患者有怜悯之心，急病人之所急，解病人之所苦，否则，敷衍塞责，自以为是，视医病为儿戏，就有贻误病机、草菅人命之弊，为医生之大忌。同时，又特别重视精神疗法的重要性。他常说，对许多病症应掌握"两个处方"，一是"药物治疗方"，另一个是"精神治疗方"。这样，可以从中了解到某些极易被忽视的造成患病的原因。可以做患者的思想工作，为病人排忧解难，增强其战胜疾病的信心和勇气，达到早日康复之目的。

策庵一生，注重中医理论的学习和研究。他治学严谨，对技术精益求精，在临床工作中，辨证施治，善抓主证，收效甚捷。例如：偏头痛一症，其症状为阵发性头痛，如同刀割，痛甚则泪出喊叫，难以忍受。先生认为阴虚肝旺，内热上炎，侵扰清窍，为导致此证的至要原因，亦与血瘀、风邪有关，因而用桑叶、菊花、赤芍、丹皮、僵蚕、钩藤、全蝎等，加入羚羊粉二三分（水冲服）以平肝息风为主，佐以凉血化瘀之品，轻者一次即愈，重者二剂可止，屡试屡效。

1956年秋赴德州治疗乙脑，遇一乙脑住院患儿，十二岁，剧烈头痛、高热、食入即吐，时有昏迷、颈项强直、脊强反折，舌苔白腻，其脉弦数。目睹患儿头痛如裂，难以忍受之势，忆其屡用羚羊角粉医头痛疗效颇佳，乃以羚羊粉二分，用鲜芦根及鲜薄荷水送服，患儿便安然入眠，两小时醒来后头痛大减。后按温病法治疗渐愈，九天出院。

对于血症，亦有个人之见解。认为出血症大抵可分为气盛、气虚两类。所谓气盛即是火盛，气有余便是火。火过盛则迫血妄行。在治疗上，火盛者泻其火，火不亢盛，血则不四溢而归其经，并以大黄黄连泻心汤为主方。所谓气虚，就是不能固摄而血溢于脉外。在治疗上应以补气为主。健脾益气自能统摄血行，以补中益气汤为主。在止血的方法上，主张止血与祛瘀应同时并重。曾治吐血病人，首用犀角地黄不愈，后加桃红各六克而血止。先生说："不能见血即止，须审其因，辨其挟湿、挟瘀，详分标本主次，轻重缓急，方收事半功倍之效，不可不知矣。"

[《济南中医药志》(1989)]

应策庵（1902—1982），名中医，江苏淮安人。青年时从医，潜心钻研中医内、儿、妇科，对《伤寒论》研究有独见。曾任济南市中医医院、市级机关门诊部医师。1961年被评为济南市名中医，1956年加入中国共产党，曾当选省先进工作者、市人大代表、市政协委员、市中医学会常务委员。

[《济南市卫生志》(2010)]

◎ 张书鹏 ◎

张书鹏（1902—1965），别名遵远，济南市人。少时随从祖父学习中医。1935年加入私立山东国医专科学校学习，1951年参加中医进修班学习。1956年参加槐荫区联合医院第一门诊部工作。擅长中医内科，对时令病颇有研究。

[《济南中医药志》(1989)]

◎ 张俊三 ◎

张俊三（1902—1963），城关公社北松园村人。七岁读书，十六岁学医，十九岁应诊。抗日战争前曾在天津市行医，抗战爆发后归里，被聘于城内"福寿堂"药店任坐堂医生，解放后参加联合诊所，并任城关卫协会主任。

俊三先生精内科，尤擅儿科，一生诊病用药谨慎。每遇重症，反复推敲，认真揣摩，从不敷衍了事、应付病家。待人谦虚诚恳，县城内外广大群众和医界同道皆以其宽厚而尊敬之。

俊三先生行医四十余载，能于诊务之外，刻苦学习经典医籍，并着意书写临床经验，逝世后家人保存不慎，其手稿不知去向，故对其临床经验未做评价。

[《长清县中医药志》(1984)]

◎ 郑毓桂 ◎

郑毓桂全心全意为病人服务，对工作认真负责，潜心钻研祖国医学宝库，著有《临床用经验治疗学》一书。在探索针灸治疗婴儿瘫、半身不遂、聋哑病症方面取得了显著成果，为保障人民群众身心健康作出了贡献。

[《山东省卫生志》(1992)]

郑毓桂（1902—1982），针灸名医，字芳吾，济宁人。1937年毕业于针灸医学专门学校，一生从事针灸，临床经验丰富，创有独特的针刺手法，针灸治疗慢性病成效显著，曾发表论文多篇。历任山东省千佛山医院针灸科主任、山东医学院附属医院针灸科主任、山东医学院副教授、山东省政协委员，1981年晋升为主任医师。

[《济南市卫生志》（2010）]

◎ 王方洲 ◎

王方洲（1903—1967），许寺公社后王大队人。擅长内、妇科。

[《长清县中医药志》（1984）]

◎ 邱传河 ◎

邱传河（1903—1968），字子忠，刁镇裴家村人。业医，擅长伤寒杂病，在当地较有声望。

[《章丘卫生志》（2007）]

◎ 张士杰 ◎

张士杰[①]（1903—1968），双泉公社满井峪人。擅长内科。

[《长清县中医药志》（1984）]

◎ 官庆峰 ◎

官庆峰（1903—1975），山东梁山县人。幼读私塾，因身生疮疡，被当地的曹先生用丹药治愈，遂起学医之志趣，便购置书籍，自学中医，十七岁时便能为人诊治疾病。1955年来济在天桥区联合诊所行医，后调往市立二院，又奉调到济南市中医医院工作，擅长中医外科，对疮疡疗效颇佳。

[《济南中医药志》（1989）]

◎ 徐述栋 ◎

徐述栋（1903—1969），马山公社崮头大队人。擅长内科。

[《长清县中医药志》（1984）]

---

① 张士杰：原书"杰"字模糊不清。

◎ 康伯宸 ◎

康伯宸（1903—1951），明水村人。天资聪敏，自学成才，曾在北京从师孔伯华学医，1945年在济南考取中医师职称，1946年为济南市中医师公会会员，在济南布政司街"济生堂""济诚堂"坐堂行医。1949年经济南市组织考试审核合格为"正取中医师"。同年，返故里自办"渭川药店"。擅长内科杂病，施治用药严谨，多以小量轻方取良效，医术著称济南、明水一带。其子在珍、侄在汶承其医业，闻名于明水、相公一带。

[《章丘卫生志》（2007）]

◎ 刘东升 ◎

刘东升（1904—1974），别名椿庭，河北省吴桥县人。专事中医儿科，临床30余年，著有《儿科临床初探》一书，多为临床经验之谈。先生在儿科方面，颇负盛名。1964年中医配备徒弟，曾为先生整理出《儿科临床手册》，深受各兄弟医院欢迎。

[《济南中医药志》（1989）]

◎ 杨焕章 ◎

杨焕章（1904—1956），字旭东，白桥区娄子杨家人。精于仲景书，长于内、妇科病。曾在济南行医，解放后在县医院应诊。善用经方，效果显著，名望甚高。且态度谦和，远近群众，咸称颂之。先生热心于中医事业，1955年卫生科筹办中医研究会，先生曾三次至马官寨动员玄振一参加，终于次年二月建立该组织。先生为主任委员，经常到会商讨中医学术活动，出刊中医学习材料，每月一期，发给全县医生学习，对本县中医事业有所贡献。

[《济阳医药卫生志》（1984）]

◎ 赵继三 ◎

赵继三（1904—1976），张夏公社韩庄大队人。擅长妇科杂症。

[《长清县中医药志》（1984）]

◎ 亓祝五 ◎

亓祝五（1906.12.17—1973.05.14），男，南冶镇大北冶村人。自幼读书，曾就读莱芜师范，后从父学医，幼承庭训，苦读经典医籍，精研方书，重于实践，博采众家之长，积累了丰富的临床经验，四方乡里，颇有盛誉，慕名求医者甚多。先生各科皆精，尤擅外科，一生诊病辨证审慎，组方严谨，从不敷衍了事。新中国建立后，积极走社会主义道路，于1953年即组织任家洼联合诊所，任负责人，1956年又任大联合诊所负责人，1958年成立公社卫生院，遂到卫生院工作，曾当选为莱芜县第二届和第五届人民代表大会代表。

[《莱芜卫生志》（2004）]

◎ 李庭玉 ◎

李庭玉（1906[①]—1979），男，山东商河县郑路公社李家村人。幼年攻读私塾，后任教员，余暇自修医理，详研《内》《难》《伤寒》《金匮》《本草经》，浏览后世多家医著，皆深得其旨。在四十二岁时，辞教业医。于1958年调山东中医进修学校深造，1959年遂调至山东中医药研究所从事临床研究，1963年调我院内科。曾当选为第六届市政协委员。

李老治胃肠病声噪泉城，学术思想受李东垣《脾胃论》、黄坤载"黄氏八种"影响最甚。论证多从"虚""寒"着眼，立法善用温补，遣方用药"理中""四逆"得心应手，对桂、附、姜、萸、参、术、苓、草等药的临床应用，具有丰富的经验。认为上消化道溃疡的产生，是脾胃虚弱，兼受寒湿为患，治疗首在养胃散寒。自制胎盘养胃汤，据情加减，效果良好。认为中气旺盛、气血充沛，溃疡可以逐渐愈合，一切疼痛闷胀之症随之消失。竭力反对乱用攻伐消导暂快一时，否则祸不旋踵，易导致溃疡出血。凡是元气过亏，饮食量少而大便长期潜血者，认为其治疗的关键不在固涩止血，而首重大补元阳，元阳复，大气充则摄血有力，统血有权，则血液循经运行而不外溢，故血止且无反复发作之患。临床极力倡导"辨证施治""治病必求于本"。对内科杂病反对"舍本治标""乱套公式"。如胃脘痛一证，胃寒痛，须扶阳以温中，才能寒祛而痛止。中气虚弱，补中益气，增强运化而痛自消。

---

① 1906：经查《商河县志》（1994）载李庭玉生年为"1906"，《济南市卫生志（2010）》载其生年为"1909"。

李老除对消化道疾病具有丰富的治疗经验外，对高血压病、再生障碍性贫血的治疗也具有独到的见解，曾先后撰写论文三十余篇。

[《山东中医学院附属医院院志》（1985）]

李庭玉（1909—1982），地方名中医，字文偕，商河人。早年学医，30岁开业，名震乡里。建国后进医院工作，1958年调入山东省中医药研究所从事中医药研究，后又在山东中医学院任教，先后在中医刊物上发表论文10余篇。

[《济南市卫生志》（2010）]

◎ 张哲臣 ◎

张哲臣（1906—1977），男，原名张志俊，山东牟平人。九岁启蒙，肄业乡塾。年至十八，即弃学从医。

1931年在本县午台村挂牌行医。新中国成立后，先后参加宁海、芦山等区联合诊所。1958年调山东省中医进修学校任教，讲授《伤寒论》《金匮要略》。同年，又调至我院内科工作。

他的治学态度，无中西门户之见，以探求中医经典及各家论著医理为主，并攻研《内科学》《诊断学》《病理学》《药物学》等书，吸取西医基础理论知识，相互参证，中西并蓄。

来院之后，与冯鸣九院长情融意洽，过从甚密。对病理机制及方药配伍，多能质疑辨难，探微抉奥，彼此取长补短。他秉承元朱丹溪、明龚廷贤两代医家的学说，"惯用栀、连，慎投桂、附"，可以称他是一位"清凉派"，如治疗胃及十二指肠溃疡，自拟"胃灵汤""复方甘草粉"，用于因痰热引起的胃痛，确有疗效。并治愈一些胃及十二指肠溃疡患者。对甲状腺功能亢进，拟有甘草、海藻并用的"消瘿丸"；对再生障碍性贫血，拟有"再生丹"。对心绞痛、坐骨神经痛、慢性前列腺炎、温热病等的治疗，也都收到比较好的疗效。曾撰写论文二十余篇，有的在正式医学杂志发表，有的在内部经验选集刊载，医界同仁都给予较高的评价。他以自己长期的医疗实践对人民的健康事业作出了一定的贡献。

[《山东中医学院附属医院院志》（1985）]

张哲臣（1906—1977），名中医，原名张志俊，牟平人。十九岁从医，私人开业行医二十余年，闻名乡里。1958年调山东省中医进修学校任教，后到山东省中医院内科从事临床工作，注意吸取西医基础理论知识，相互参证，中西结合，处方用药有创新，晚年撰写论文二十余篇。

[《济南市卫生志》(2010)]

◎ 陈思乾 ◎

陈思乾（1906—1982），许寺公社张桥大队人。擅长内科杂症。

[《长清县中医药志》(1984)]

◎ 陈铭新 ◎

陈铭新（1906—1978），字玉胜，莱芜市陈林村人。十八岁高等学校毕业后在家务农，1929年拜吕憨曾为师学医三年，尽得其传，各科均晓，尤精外科。先生乐善好施，惜贫济苦。他曾在日记中写道："不计其功，不谋其利，不论贫富药施一例"。1947年口镇战役中，先生曾利用中医麻醉法为支前民夫、战士做清创手术。后在治疗疔、疮、痈、疖等方面积有一定经验。新中国建立后，积极参加联合诊所，后入口镇医院。

[《莱芜卫生志》(2004)]

◎ 郝德福 ◎

郝德福（1906—1975），张夏公社井字村人。因其父患痨病而逝，乃发愤学医，拜其岳父卢希正为师。于193×年①赴济南考试中医，名列前茅。曾在济南行医，嗣后回故乡行医。

德福擅长内科，亦兼妇、儿科，生平活人无算，配方精当，不失古人之法。曾治李文和吐血症，处以独参加赭石、血余炭，一剂血止，数剂而愈。又治宋瑞生之女，麻疹重病，危在旦夕，先生以辛凉清透法治之而愈。

生前曾著《验方集》，已佚。

[《长清县中医药志》(1984)]

◎ 高仲书 ◎

高仲书（1906—1970）②，郯城县马头镇人。随父学医，得其家传，曾参加上海

---

① 193×年：原文如此。
② 1970：《山东省卫生志》(1992)、《山东医科大学附属医院志》(1994)卒年作"1969"。

市陆渊雷氏举办的中医函授学校学习二年，对仲景之学颇有研究，长于内科，善用经方。编有《伤寒论讲义》《伤寒类方述意》《伤寒新解》等，其论点多取陆渊雷氏之《伤寒论今释》。

先生思想进步，热心革命，在抗日战争时期任郯城县医药救国会会长，并组织进步中西医务人员八名，在马头镇成立地方医院，通过社会募捐筹划资金，置备药品给八路军治病，以伸积极支援抗日救国之大义。曾被选为郯城县第二、三届人大代表和两届人民委员会委员，济南市第五、六届人大代表。1955年临沂地区举办中医进修班时，被聘担任《伤寒论》教学。1956年参加工作，在郯城县医院专业中医。1957年参加山东省中医研究班，学习结束，于1958年留省中医研究所工作，同年12月复调往山东医学院附属医院中医部任科主任。1970年在济南因病逝世。

[《临沂地区中医药志》(1982)]

高仲书（1906—1970），郯城县人。山东省名老中医，擅长内科。自幼随父学医，并参加上海名医陆渊雷开办的中医函授学校，学习两年。对张仲景的《伤寒论》颇有研究，编有《伤寒论讲义》《伤寒类方述意》《伤寒新解》等。1939年任郯城县"医救会"会长，在马头镇创办地方医院，为抗日军民服务。1946年任郯城县"医联会"会长。中华人民共和国成立后，当选郯城县人民委员会委员。1957年入山东省中医研究班学习，1958年任山东医学院讲师、山东医学院附属医院中医科副主任，曾当选济南市第五、六届人大代表。1964年被山东省卫生厅定为名老中医。

[《临沂地区卫生志》(1989)]

高仲书（1906—1969），又名高佩绅，郯城人。承家传行医，闻名于鲁南。抗日战争时期，曾任郯城医救会会长，建国后任临沂地区中医进修班讲师，1957年入山东省中医研究班学习，1958年任山东医学院讲师、山医附属医院中医科副主任。擅长内科。1964年经省卫生厅定为名老中医，曾被选为济南市人民代表、先进工作者。

[《山东省卫生志》(1992)]

高仲书（1906—1969），又名佩绅，男，山东郯城县人，为临沂八大名医之一，是我省当时著名的中医专家，1964年被山东省卫生厅定为名老中医。曾任山东医学院附属医院中医师、中医科主任，兼山东医学院中医系讲师。

高仲书，自幼从父学医（祖传医业三世），上海函授医学校两年毕业，1931年开诊所行医，1939—1954年先后被选为县医救会会长、医联会会长、马头区卫生工作者协会会长，兼任县卫协会常委，1955年组织联合诊所任医师，1956年在县人民医院任医师，并在灵岩寺省中医学习班进修中医理论，1957年到省中医研究所学习，1958年在省中医院内科任医师，同年调山东医学院附属医院工作，协助组建中医部，并担任中医部负责人，1959年元月晋升为中医部副主任兼中医科主任。曾任济南市第四、五、六届人大代表。

高仲书从事中医工作几十年，经验丰富，医术高明，知识渊博，精通中医经典著作，特别对《伤寒论》很有研究，尤善运用小柴胡汤、三个承气汤和泻心汤于临床，精攻中医内科杂病，对外科、儿科、妇科也有独到医法，特别对消化系统病如肝硬化、直肠癌及破伤风、脱骨疽、风湿性关节炎、肺炎等方面积累了丰富的临床经验。

他协助西医共同研究中医治疗阑尾炎的理论基础，并撰写了《阑尾炎的理论介绍》一文。在总结多年临床经验的基础上编写了《伤寒论讲义》一部，《伤寒类方述义》一部。他也非常热心于教学和人才培养，除看门诊外，每月两次在科内辅导下级医生对于《伤寒论》的学习，举办学术讲座，负责中医科教学，病房会诊，集体带徒弟十一名，个人带徒三名，他们均从事中医临床工作，为继承和弘扬祖国医学作出了贡献。

[《山东医科大学附属医院志》（1994）]

高仲书（1906—1966），名中医，又名高佩绅，郯城人。三世行医，承家传而闻名于鲁南，新中国成立后任临沂地区中医进修班讲师，1957年入山东省中医研究班学习，1958年任山东医学院讲师，山东附属医院中医科副主任，擅长内科。1964年经省卫生厅定为名老中医，曾被选为济南市人民代表、先进工作者。

[《济南市卫生志》（2010）]

◎ 唐福五 ◎

唐福五（1906—1974），又名全昌，山东省高唐县人，出身于四代世医之家。幼承庭训，目睹广大人民贫病交加、缺医少药、被疾病夺去生命的悲惨景象，更增强了学医之志向，完小①毕业后，便随父学医，未及半载，其父故去。他知难而进，一面从事临床，一面有计划地系统学习中医理论，打下了坚实基础。三十岁时，名

---

① 完小：指具备初级小学和高级小学的学校，也就是说整个小学阶段，称之为"完全小学"，简称"完小"。中国实行"普及九年制义务教育"之后，建立农村完小已经成为基本标准。县及以上城市的小学普遍是完小。

噪一时，声扬高唐、夏津及武城一带。因日寇入侵，家乡战乱，故离乡背井，迁居济南，以医为业。解放后，在党的关怀下参加了中医进修学习。1952年加入了中西医联合诊所，1956年调济南市铁路中心医院中医科工作至殁。

先生医德高尚，医风正派，对工作勤勤恳恳、兢兢业业、一丝不苟，对医术精益求精、从不自满，对病人极端热忱，深得群众信任和爱戴。从事中医工作五十余年，擅长中医内妇科。临床经验丰富，例如：用三黄汤治疗心包炎，用归芍地黄汤治疗因贫血而致的肌肤甲错、慢性白血病，用补中益气汤治疗重症肌无力，六味地黄汤加减治疗红斑性狼疮，用泻心汤治疗狐惑病，也曾用乌贝散加减治疗胃癌，千金苇茎汤治疗肺癌等，都取得了一定疗效。对妇科疾病如月经不调、痛经、不孕症、习惯性流产等，都取得一定的治疗经验。曾被评为济南铁路局先进工作者，参加铁路局召开的先进工作者表彰大会，荣获二等奖，并当选为济南市政协第四、五届委员，对党的统战工作也作出了一定贡献。

[《济南中医药志》（1989）]

◎ 焦勉斋 ◎

焦勉斋（1906—1976），号念励，又名经洁，著名针灸学者，山东省章丘县刁镇人，出身中农家庭。1924年之前在原籍读私塾，1925—1927年在周村学生意，1928—1936年自学中医，刻苦研读，历时八年。1937年任刁镇红十字会医院针灸科主任。1939—1948年任济南国医慈善医院中医师，1946年10月受北平（今之北京，下同）中国针灸医学社社长杨医亚之邀请与其共任《中国针灸学》季刊主编，至1948年针灸季刊停办为止。焦氏在该刊发表了《针灸验案选录》《针灸学研究论》《补泻迎随之商榷》《针灸补泻之奏效须明心理哲理说》等多篇论文，另外，尚在北平《中国医学杂志》《国医砥柱月刊》发表《针灸医论》《针灸医话》等专著。

建国后任惠民诊所中医师。1951—1954年在济个体开业，写有《巴甫洛夫学说与针灸之关系》《针灸疗法对人体生理和病理的影响与作用》等手稿。1956年加入九三学社，1954年参加济南市中医诊所，后改建为济南市中医医院，任针灸科主治医师。1960年参加上海经络会议，在会上交流了《研究经络学说的体会和见解》学术论文。与会期间成功地表演了"透天凉"的针刺手法，当时在针灸学术界引起了一定反响。1961年12月由省卫生厅批准为针灸科主任医师。另外，还担任了省中医学会常务理事、针灸分会主任委员等职。1962年4月由人民卫生出版社出版其专著《针术手法》一书。

焦氏业医四十余载，对经典医籍之研读，功力颇深，能通晓经络学说，熟谙医理，精于针灸，手法娴熟，治愈不少沉疴痼疾。其医术在群众中享有一定声誉。写出其临床经验总结性论文数十篇，如《针灸治疗神经衰弱症的初步经验介绍》《针灸治疗外伤性神经麻痹和神经痛》等，以及《经络之研究》《针灸原理》《针刺手法》等有关阐述和探讨针灸医理的论文。

焦氏在带徒教学中，能认真执教，传授技术，毫不保守，培养了一批针灸人才。在教学过程中先后写出《经络学说讲义》《针灸学术发展的过程》等讲稿，多有见解，切实可用。

焦氏信奉佛教。工作余暇有习武功之好，主张运气行针。1976年因患癌症，医治无效而逝世。

[《济南中医药志》（1989）]

焦勉斋（1906—1976），字念励，又名经洁，著名针灸学者，刁镇刁西村人。出身针灸世医之家，父亲焦相芝是民间针灸医生，受其熏陶，自幼热爱针灸，发愤攻读中医典籍，十八岁便能独立应诊①。1939—1948年，在济南国医慈善医院任中医师。1946年10月，受北平针灸医学社社长杨医亚邀请任《中国针灸学》季刊主编，在该刊发表了多篇针灸论文，至1948年停刊。另外，尚在北平《中国医学杂志》《国医砥柱月刊》发表《针灸医论》《针灸医话》等专著。建国后任惠民诊所中医师，1951年在济南创办"焦氏诊所"个体开业。1954年参加济南市中医诊所，后改建为济南市中医医院，任中医科主治医师。1956年加入九三学社。1959年12月编著《经络学说研究》内部发行。1960年，人民卫生出版社出版其专著《针刺手法》（1962年10月第二次印刷）。1961年12月由省卫生厅批准为针灸科主任医师。曾任济南市中医院针灸科主任、山东省中医学会理事、济南市中医学会理事长、济南市针灸协会主任委员、济南市武术学会副会长，历任②山东省第三、四届政协委员，济南市第二、三、四届政协委员等职。

焦氏热爱卫生工作，热爱中医事业，业医四十余载，熟谙医理，通晓经络学说，精于针灸，手法娴熟，主张练掌运气行针，把武术、气功与针刺手法有机地结合，运用于临床实践，总结改进针刺手法，发展了"烧山火""透天凉"之法，治

---

① 十八岁便能独立应诊：关于焦勉斋先生学医的时间，不同资料的记载不同，大多数载其"十八岁学医"，亦有载其"二十余岁起自学中医"者。此处言其"十八岁便能独立应诊"当有误。
② 任：此后有"病"字，于义不通，据文义删。

愈数以万计的病人和不少沉疴痼疾，深得患者爱戴，其医术享有一定声誉。

先生在带徒教学中，认真执教，传授技术毫不保留，在教学中编写的《经络学说讲义》《针灸学术发展的过程》等讲稿，多有见地，切实可用。一生在各种杂志发表学术论文六十余篇，使广大针灸学者受益匪浅，为继承和发展祖国医学作出了卓越贡献。

1976年，先生因病医治无效而逝，享年七十岁。

[《章丘卫生志》（2007）]

焦勉斋（1906—1975），号念励，山东省章丘县刁镇人。幼年入私塾就读，后进学校求学。二十余岁起自学中医，刻苦研读，历时八年。三十一岁时任刁镇红十字会医院针灸科主任。1939年任济南国医慈善医院中医师。1948年任济南国医惠民诊所中医师，1951年个人开业。1958年参加济南市中医诊疗所，后任济南市中医医院针灸科医师。1956年参加九三学社。

焦勉斋对《内经》《难经》《甲乙经》等中医典籍研读精熟，几乎都能背诵。精于针灸，手法娴熟。在济南享有较高的盛望，与郑毓桂、杜德五齐名。著有《经络之研究》《针刺防治传染病》《针灸原理》和《针刺手法》等。对"烧山火、透天凉"的针刺手法又有所发挥。治疗沉疴痼疾和疑难病症，每获良效。

焦勉斋还长于气功和武术，主张运气行针。他教学员时，还兼授气功及武术，认真负责，培养了一批针灸人才。

[《济南市卫生志》（2010）]

◎ 叶执中 ◎

叶执中（1907—1985），男，山东胶县城南公社黄埠岭人。六岁入学，肄业乡塾，至十一岁，对四书五经中之警句要章，辄能背诵如流，被誉为叶门"才子"。并酷爱医学，对《医学三字经》《药性赋》《汤头歌》，动辄信手拈来。复窃读《医宗金鉴》《中西汇通》《徐灵胎医书五种》等书。

1948年筹资置药，挂牌行医，命名"杏林春诊所"，开始了医药生涯。曾当选为胶县文卫会委员，行业卫生委员会副主任，县人大常委等职。1954年参加联合诊疗所，1956年选派参加山东省中医研究班学习，1957年调至山东省中医进修学校任教师，主讲《伤寒论》《温病学》。于1958年加入中国共产党。1959年调至山东中医学院，1965年调我院内科工作。先后授予讲师、主治医师、副教授等职称。

叶老晚年，极力推崇朱丹溪、叶天士之学，经常阅读《格致余论》《局方发挥》《丹溪心法附余》《临证指南》等书。擅长治疗一些内科疑难病，以及精神神经系统的疾病。恶施温热，喜用清凉，或投温热，亦寒热并用，偶与滋补，多清补兼施。组方遣药，以"轻小通灵"见称。一方之中，药量轻者，药味不踰八九；药量重者，药味只选二三。例如：百合30克，知母9克，治疗精神恍惚，悲伤欲哭之脏躁；生桑皮30克，白矾9克，治疗妄言妄动，不避亲疏之癫狂。生栀子9克，干姜6克，治疗咽食梗阻，莲子心3克，青盐1克，治疗心烦不寐症等。似此验例，不胜枚举。均以小方轻药，收到良好疗效。撰有《疫毒痢治验》《厥证治验》《甘遂、甘草相反之我见》等二十余篇论文。他手不释卷，学验俱丰。同行与同学之间，凡遇疑难大症，或难释之词，无不登门求教。誉有"活字典"之称。

[《山东中医学院附属医院院志》（1985）]

叶执中，名心传，执中乃其字，生于1907年（清光绪三十三），卒于1985年5月21日，山东省胶县城里八蜡庙街（门牌20号）人，系中国共产党党员。曾任胶城区医联会会长，山东省中医学院副①教授、副主任医师，擅长内科。

叶执中自六岁入私塾读书，十一岁时，其生母死于乳疾。几年后，两个继母也因病相继去世，抱愤习医，课余时间兼习《医学三字经》《药性赋》《汤头歌诀》《医宗金鉴》《中西汇通》《徐灵胎医书》等医籍。对中医学术理论产生了浓厚的兴趣。十八岁时，因生活所迫辍学，经亲友介绍，先后在胶县城"信义""和义"两家糕点铺任店员，在此期间潜心攻研《内经》《伤寒》《金匮》《温病》及《本草》《脉诀》《医案》等书。伙计们已酣睡，他仍在灯下苦读。

1942年拜城南名医万德莲为师。学业初成，于1947年去青岛"天昌隆"客店挂牌行医。1948年回胶县，在胶城小鱼市街自设"杏林春"诊所行医。1951年被评为胶县卫生工作者一等模范，1954年参加胶县城区第一联合诊所。同年选任胶县城区医联会会长和胶县人民代表大会代表，1956年选任胶县人民代表大会常务委员会委员。

1956年去山东省中医进修班学习，1957年结业时留校任教，主讲《伤寒论》《温病学》等课。于1958年加入中国共产党。1959年调入山东省中医学院工作并晋升为讲师。1965年在附院任内科中医师。1979年晋升为副教授，同年当选为中共山东

---

① 副：1977年12月，中国文字改革委员会发表了《第二次汉字简化方案（草案）》，其中把"副"字简化为"付"字。今已废止，故改为"副"。下同。

中医学院第二次代表大会代表和济南市历下区第八届人民代表大会代表，1980年晋升为副主任医师。

叶执中晚年，尊尚叶天士、朱丹溪之学，经常探究《格致余论》《局方发挥》《丹溪心法附余》《临证指南》《叶天士医案》等书。尤其精于神经系统的疾患。喜用轻宣清凉，偶投温热，亦寒热并用，清补兼施，立方选药，以"轻少通灵"见称。一方之中，药量轻者，药味不逾八九；药量重者，药味只选二三。询疾问病，从不潦草，分析病情周密认真。曾遇一婴儿，全身色赤，高热昏迷。详审后，确认火炕过热所致，即将其移于凉处，过时许，热退神清，不药而愈，病家称谢不迭。他对不见病人的索方者，从不许诺。他常说："人命关天，道听途说背病开方，是极不负责任的态度，谨慎小心尚有所误，治病绝非儿戏。"

叶执中学验俱丰，同道与学生，遇有疑难大症或难解问题，登门求教，都获满意解答，称他是"活字典"。他在研究医学的同时，还读了自然科学和社会科学方面的书籍，重点段落，都有浓圈密点，并作读书笔记，分类装订成册，以备参考。他主张："学医应兼学天文学、地理学、哲学等，否则也弄不通医学，要专必博。"

叶执中一生从事中医事业四十余年，在临床与教学之余，写了不少的学术论文，撰有《三阳合病》《桃仁承气汤》《十枣汤》《热毒痢》《浅谈脉象春弦、夏钩、秋毛、冬石》《内伤发斑》《痢疾虚实》《郁症》《眩晕》《湿郁燥化》《因衰而彰》《甘遂、甘草相反之我见》等十余篇论文，先后发表于《新中医》《山东省中医学术经验交流选编》《山东省中医学院学报》《山东医学院中医讲座选编》等书刊上。

叶执中1980年患脑血栓症病休，因后遗症不能握笔，仍坚持天天练握力、练写字，直至去世前还口述处方，为人治病。

[《胶州市卫生志》（1990）]

叶执中（1907—1985），现代著名中医，名心传，胶县人。擅长内科，精于神经系统疾患，治脏躁、不寐等症，效果良好。1956年被选为胶县人大常委，后任山东中医学院副教授，中医学院附属医院副主任医师，著有关于郁症、眩晕等方面的论文十多篇，发表于省级医刊。

[《济南市卫生志》（2010）]

◎ 赵镇玺 ◎

赵镇玺（1907—1969），字印堂，仁风区赵家村人。三世业医，至伊尤精。解放后，在仁风卫生所应诊，1957年调县医院。研读《陈修园四十八种》等书，精于内、妇科,治效显著,名望甚高。门人李庆民毕业于山东医学院,现为县医院中医科主治医师。

[《济阳医药卫生志》(1984)]

◎ 元浩威 ◎

元浩威(1908—1966),河北静海县人。1928年肄业于天津南开大学文学系,1929年在北平学中医,1933年到天津开业行医,1935年后在济南开办"元浩威中医诊所"。1956年荐入济南铁路中心医院,任主治医师,擅长中医内科、儿科。1958年发明"肝清饮",出席全国先进生产者会议。1959年受铁道部奖,同年10月出席全国群英会,曾被选为济南中医学会委员,山东省第二、第三届政协委员。

[《山东省卫生志》(1992)]

元浩威(1908—1966),著名中医师,河北静海县人。1915年入北京育英小学读书,1928年肄业于天津南开大学文学系,1929年在北平学中医,1933年到天津开业行医,1935年后在济南开办"元浩威中医诊所"。1956年荐入济南铁路中心医院,任主治医师,擅长中医内科、儿科。1958年发明"肝清饮"出席全国先进生产者会议。1959年受铁道部奖,同年10月出席全国群英会,曾被选为济南中医学会委员、山东省第二、三届政协委员。

[《济南市卫生志》(2010)]

◎ 王云秀 ◎

王云秀(1908—1985),绣惠镇金盘村人。幼年家贫,发奋读书,医术自成。曾在河北省吴桥县颐和堂坐堂行医,后返故里自开中医诊所,擅长内科杂病及妇科,善用补阳还五汤配合针灸,治疗中风偏瘫,每获良效。医术著称县内中部地区。1952年加入联合诊所,1956年退职在家,仍坚持义务行医,不收诊费,不受馈赠,深受群众爱戴。

[《章丘卫生志》(2007)]

◎ 毕思荣 ◎

毕思荣(1908—1968),三教公社毕家集人。年十三从父学医,十六岁行医。长于内科、妇科、针灸,对《温疫论》《温病条辨》研究有素,治温病以祛邪为主,多用达原饮、三消饮诸方,疗效显著。医德高尚,有求必应,从不叨扰病家,深受群众爱戴，为当地名医。

[《济阳医药卫生志》（1984）]

◎ 陈明吾 ◎

陈明吾①（1908—1983），男，山东平邑县白马庄人。七岁启蒙入学，高中毕业后，经亲友推荐，于1930年应聘为本县小学教师。课余之暇，主攻四大经典，习各家医籍，经反复攻研探求，对眼科发生了浓厚的兴趣。于1940年参加八路军，入伍后即加入中国共产党。曾任八路军一一五师东进支队费县游击队大队长、一一五师七团三营副营长。1942年退伍回家，重温中医眼科论著，从此步入医林，专门眼科。至1944年挂牌行医，曾任本县大众中西药房经理，仲林区卫生所所长，当选为县人民委员会委员。1956年参加山东省中医研究班，1959年调至我院，1960年调山东中医学院，先后授予讲师、副主任医师等职称。

陈老为我院眼科教研组创始人。门诊看病，态度和蔼。课堂教学，严肃认真。注意理论与实例结合，讲解与挂图结合，辨析深透、灵活生动。临床带教时，强调要"遵循教材内容辨证施治，不要推崇一家之言，拘执门户之见，投药偏寒偏热，予方重温重补。"他认为教材系经全国的专家、学者集体编撰，理法方药平正，不偏不倚，以教材为准绳，便于掌握大法。组方遣药，配伍谨严，切使"方与法合，药与证合"，从不乱凑成方。

其学术思想，受《银海精微》《银海指南》《本草易读》三书影响较大。从理法到方药，绝大部分，均以此三家理论为主要依据，但也有其独到的见解。如五轮八廓学说，只重视五轮，而不遵循八廓。还结合山东气候偏温偏燥的特点，多采用补肾养阴、滋阴降火等法。并对一些适宜手术治疗，认为中药难以收效的眼病，也敢于尝试，如以化坚二陈丸治疗"霰粒肿"，柏香丸治疗"翼状胬肉"等，都有治愈的验例。还善用马钱子治疗"视神经萎缩"，自制有以马钱子为主药的健脑明目丸。他还认为马钱子如以桂枝配伍，既能增强疗效，又可减少毒性，亦可供临床参考。生前著有《五官科讲义》《中医眼科学》（已出版）《陈明吾眼科临床经验》《陈明吾医案选》等书。

[《山东中医学院附属医院院志》（1985）]

平邑县白马庄中医陈明五，1944年开始行医，善用马钱子治疗视神经萎缩，自

---

① 陈明吾：与后"陈明五"是同一人。

制以马钱子为主药的"健脑明目丸"。在理论上提出了以"脉络走向"解释"八廓"的学说,并结合临床实践,将卫气营血的辨证方法,运用于眼科疾病的治疗中。创造了"止血定痛汤""止血复明汤"等方药治疗青光眼、眼底出血,疗效显著。

陈明五把青光眼分为四个证型进行辨证施治:以清肝明目汤加减,治疗肝经风火型(此型多见于急性充血性青光眼);以生地黄24克,玄参15克,白芍15克,麦冬10克,盐柏6克,知母10克,珍珠母30克,草决明12克,菊花10克,女贞子15克,菟丝子15克,五味子10克,治疗阴虚火旺型(此型多见于慢性充血性青光眼);以驱风定痛汤加减,治疗痰湿上扰型(此型多见于慢性单纯性青光眼),以黄芪20克,党参10克,当归10克,熟地黄10克,山药15克,茯苓15克,萸肉10克,女贞子12克,菟丝子12克,桑椹子12克,楮实子10克,决明子12克,五味子10克,夜明砂10克,炒蒺藜6克,治疗肝肾亏虚型(久病不愈多见于此症)。

陈氏用以上方法治疗青光眼,疗效颇著。

陈明五眼科医案摘录:

对针眼的治疗

对双眼睑发生疮疡一年余的一病人,服下方十二剂痊愈。处方:金银花15克,连翘10克,黄柏6克,栀子6克,生石膏20克,生地黄12克,牡丹皮10克,赤芍10克,酒军5克,瓜蒌根10克,菊花10克,升麻3克,水煎服。

对眦睑赤烂的治疗

对双眼睑赤烂一年余的患者,服下方十四剂痊愈。处方:菊花6克,薄荷6克,麻黄3克,焦白术6克,防风5克,茯苓5克,甘草5克,车前子10克,通草3克,苍术5克,蝉蜕6克,水煎服(服上方后,服杞菊地黄丸30粒,每服1粒,日3次)。

[《临沂地区卫生志》(1989)]

陈明五(1908—1983),平邑县人。副主任中医师,专事眼科。1930年高中毕业后,在本县任小学教师。课余时间自学医药书籍,尤其对眼科发生了浓厚兴趣。1940年参加八路军,同年加入中国共产党,历任一一五师东进支队费县第一游击大队大队长、一一五师七团副营长、费北县委敌工部长。1942年退伍回乡,又开始了对中医眼科学的探索。1944年挂牌行医。中华人民共和国成立后,当选平邑县人民委员会委员。1956年参加山东省中医研究班,1957年调山东省立中医医院工作。在他的主持下,创办了中医眼科,为继承发展中医眼科学遗产、开展眼科领域的中西医结合，奠定了基础。1959年入上海中医学院师资专修班学习，1960年毕业后调山东中医学院任讲师，1981年晋升副主任医师，是该院眼科教研室的创始人。他在教学中注意理论与实践相结合，临床中强调辨证施治。60年代，对中医药治疗青少年近视进行了专题研究，在理论上提出以"脉络走向"解释"八廓"学说，创制"健脑明目丸""驱风定痛汤""止血复明"等方剂，对治疗青光眼、视神经萎缩、眼底出血等病取得显著疗效。主要著作有《中医眼科学》《五官科讲义》《陈明五眼科医案选》等。

[《临沂地区卫生志》(1989)]

1983年2月，省内著名中医眼科副主任医师陈明五，病逝于故里白马庄。

白马庄陈德杨以眼科闻名于费蒙，其子宝彬、宝荣、宝岩皆从医，然就专科方面未得先生真诠，其学传于族孙陈明五继承发扬，成为省内中医眼科名家。

对中风的治疗，陈明五先生根据古人"治风先行血，血行风自灭"的治则自拟养血汤（党参、黄芪、白芍、生地、川芎、当归、独活、桂枝、枣仁、菖蒲、甘草）治疗，患者肢体活动及语言恢复很快。

平邑县南白马庄陈明五（1908—1983），生前系山东中医学院眼科副教授，从事临床四十余年，积有丰富的用药经验，组方严谨，用药精当，其运用散、清、补、泻诸法，有鲜明的特点。先生认为散须辨风寒、风热、内风、外风。散法常用于外障，病患多发于胞睑、两眦、白睛、黑睛，如硬结、痰核、赤膜、白膜、胬肉、星点、云翳。凡局部红肿赤胀，伴有头痛、眉骨痛、恶风、流涕、胞睑肿痒，云翳成星点缀生，或如丝如缕，皆为外风，可用散法。风邪外袭有风寒、风热和夹湿之不同，若外障兼见恶寒头痛，血凝紫胀，迎风流泪，泪眵清稀，无有热感者为风寒，宜辛温发散，多选用荆芥、防风、川芎、羌活、麻黄、白芷、细辛、木贼等药。若见目赤肿痛，热泪如汤为外感风热，多选用薄荷、桑叶、菊花、蝉衣、桔梗、蔓荆子、密蒙花等辛凉疏解之品，热毒盛者可加银花、连翘、蒲公英、秦皮等清热解毒之品。若兼见胞睑湿烂而痒，眵多不结，泪水频频，为风中夹湿，宜祛风胜湿，常选用苍术、川朴、白蔻、滑石、苦参、竹叶、白鲜皮、地肤子等。

陈明五先生对眼科清法以验赤脉来路云翳形状为凭。依据眼与经络的关系，如足太阳膀胱经，其经筋为目上纲，太阳主表，凡赤脉自上而下者多为表邪，应以清解表热为主，常选桑叶、菊花、薄荷、葛根、蝉衣、蔓荆子等散风之品。足阳明胃经，其经筋为目下纲，阳明主里，凡赤脉自下而上者多属于里热，常选石膏、知母、黄连、牛膝、麦冬、升麻等清脾胃之药。手阳明小肠经，其支脉至目内眦，内合于心，凡赤脉由内眦而生者，多属于心火亢盛，常以清心利小肠为主，多选用生地、木通、连翘、灯心、焦栀子等。少阳胆经起于目锐眦，凡赤脉自外眦而生者，多属于肝胆之火，多选用柴胡、白芍、青皮、枳壳、陈皮、夏枯草、泽泻、滑石、竹叶等和解少阳，清利三焦的药物。运用清法除验看赤脉外，常结合云翳形状指导用药，如垂帘障，病势向下，在清肝疏肺中兼以散风；黄液上冲，病势向上，治宜清脾胃之中兼以通降，花翳白陷则以清肝泻肺为主兼以增液，凝脂翳偏于清热解毒，聚星障偏于滋阴降火。总之，根据云翳的特点，确定合适的方药。

内障多为不足之证，补法为常用之法。陈明五老大夫认为眼科补法应以养阴为主，兼顾补阳益气。虚证有阴虚阳虚之分，他认为内障偏于阴虚者十之七八，偏于阳虚者仅十之二三。目为清窍，非精阳之气，清滢之液不能上达，因此在补益肝肾时多选用甘寒滋润，补中兼清之品，如生地、玄参、白芍、麦冬、沙参、石斛、桑椹子、女贞子、五味子等。内障虚证虽以补阴为主，但有时也要兼顾补阳，因肾为水火之脏，坎中元阳舍于其中，经云："少阴之上，热气治之"，若元阳充足，水火相济，精化为髓，髓海丰满则视觉正常。若房劳过度，损及元阳，或坐卧湿地，下焦虚寒，命门火衰，清阳之气不能上达，亦可致目暗不明。治疗上常根据"善补阳者必于阴中求阳"的原则，在补益肾阴的基础上加入枸杞、菟丝子、巴戟天、狗脊、肉桂、炮附片等温补肾阳之品。

泻下通腑，为毒邪炽盛的眼病，经常采用的"釜底抽薪"之法，陈明五先生认为泻下通腑应据脏腑虚实。本法主要适用于阳明腑热攻冲于目或热邪壅闭之眼疾，其主要症状表现为目赤肿痛，眵泪胶黏，头痛珠热，二便燥闭。泻法最常用的药物为大黄、玄明粉，火邪较盛，大便不燥者，明粉、大黄可分别用至 6～10 克，若大便秘结，小便赤涩，可用至 15～24 克。对脏腑虚弱或病势向下的眼病，虽为外障亦不可下，如胞睑下垂为中气不足，下之则气愈虚；两眦赤脉淡红而细，唯觉干涩不舒，为阴虚火旺，下之阴更伤；眼睛不红不痛，泪下无时，泪水清稀而无热感，此为寒邪亦不可下，垂帘障症气轮上边出现菲薄翳膜，有赤丝牵绊，下垂至风轮，若误用泻法，病情发展更速；对陷翳和蟹睛的治疗，疼痛虽重，不可冒用大攻大泻之法，有的泻后能减轻疼痛，但亦有泻后正气一虚，溃疡面扩大，造成穿孔或虹膜脱出更甚。陈明五先生的这些认识，都是宝贵的医疗经验。

暑温：李××，男，16 岁，于 1958 年 8 月 26 日会诊。望诊：面色赤，舌尖红，舌苔淡黄厚腻，精神不振，颈项强直。

闻诊：言语颠倒不自主，声音短，呼吸迫促。问诊：得病已七天，初得发热恶寒,头晕痛,有喷射性的呕吐。在会诊时仍发热,体温39.5℃,半昏迷,常嗜睡,头痛剧烈,项强不能转侧,全身关节痛,口苦,已六天不大便,小便短赤。切诊:两寸关滑数有力,两尺沉而弦。山东医学院附属医院检查:白细胞11300,中性粒细胞86%。血沉42毫米/小时,布氏征(+),克氏征(+),巴氏征(-),膝反射迟钝。西医诊断:流行性乙型脑炎。中医诊断:暑温。以清热利湿,解肌透表之法治之。处方:银花15克,连翘15克,薄荷6克,甘草15克,淡竹叶10克,知母10克,生石膏30克,鲜芦根30克,荷叶10克,滑石10克,犀角粉3克(分两次冲),煎成300毫升,分两次服,四小时一次。

二诊:8月27日,上方服一剂,热已退,体温37.9℃。大便一次,头痛项强已觉很轻,呕吐已止,嗜睡昏迷症状好转,已不感觉体痛,仍觉头晕,全身无力,口干,不能吃饭,全身微微出汗,舌苔厚腻,脉象比前稍缓,沉取有力。处方:银花12克,连翘12克,薄荷6克,甘草5克,淡竹叶10克,知母10克,寸冬10克,生石膏20克,荷叶10克,鲜芦根18克,金石斛10克,犀角粉1.5克(分两次冲),煎成300毫升,分两次服。

三诊:8月30日,上方又服两剂,体温已正常,全身症状均已消失,精神好转,食欲增进,舌苔已退,脉象和缓,病已痊愈出院。

按语:暑温一证,有热盛于湿者,有湿盛于热者,有湿热兼盛者。因湿乃重浊之邪,热乃熏蒸之气,热盛者暑热之气必先郁遏于上焦,故发现头痛、口渴、呕逆、尿赤等症。暑热从阳上熏,而伤阴化燥,湿邪从阴下沉,而伤阳化浊,湿盛者故出现神昏耳聋、舌腻、脘闷、发热、关节痛等症。此外有湿热兼盛之象,治以清热利湿,解肌透表之法,故全身症状迅速消除而病痊愈。

金疡:李××,女,25岁,济南市大南营街工人。于1961年9月23日初诊。左眼白睛红六天。患者素有支气管炎病,半月前发热,胸闷,咳嗽,吐黄痰,后即左眼红,疼痛,流热泪怕光,并感口渴,咽喉干燥,大便秘结,小便色黄。检查:视力右眼1.0,左眼0.2,左眼白睛红,在靠近风轮上缘白睛处有疡疮凸起,形高而圆,状如粟粒,有赤脉相贯,黑睛边缘略混浊,舌质淡红,苔薄黄,脉沉数有力。诊断:金疡。治以清肺泻火,凉血散瘀。处方:生地15克,银花15克,桑白皮12克,麦冬12克,桔梗6克,知母6克,丹皮10克,黄柏6克,酒军6克,甘草5克,菊花5克,花粉10克,水煎服。1961年9月26日复诊,上方服两剂,白睛红减退,疮疡已消,视力较前提高。但白睛仍有赤脉,又发生牙龈肿痛。以原方减知母、菊花、花粉,加生石膏20克,青皮5克,防风3克,继服两剂。于

1961年9月30日来诊,牙龈肿消,白睛赤脉退尽,自觉症状消失,视力恢复正常,病已痊愈。

按语:患者素有痰浊,又发病于秋令,燥热易灼肺金,痰热相搏结,壅于肺经,阻塞气机,以致气血凝滞,瘀于白睛而成金疡之症,故投以清肺热、滋肺阴、散郁结之剂,效果显著。

蟹睛:张××,女,61岁,济南朝山街居民。于1959年8月3日初诊。右眼突然胀痛十余日。左眼失明已三年,十天前突然右眼胀痛,流泪怕光,头部刺痛,并伴有心烦、胸闷、气逆、口苦等症,大便干结,小便黄赤。检查:左眼失明,右眼手动。右眼白睛深红,瞳神下方内膜脱出,形圆如绿豆粒大,色黑而高,舌质红,苔薄黄,脉弦数,左寸关有力。诊断:蟹睛。治以清肝降火,凉血祛瘀。处方:柴胡5克,黄芩6克,玄参10克,枳壳5克,栀子5克,麦冬10克,生地12克,赤芍5克,酒军3克,菊花5克,木通3克,连翘10克,甘草3克,水煎服。

复诊:上方服至两剂,白睛红减退,流泪已轻,仍头痛、眼痛不止,心烦不眠。蟹睛不见回缩,且有增大之势,遂改用凉血解毒、滋阴清热之剂,并少佐酸敛之品。处方:当归10克,生地24克,熟地10克,茯神10克,甘草6克,麦冬12克,五味子6克,玄参12克,丹皮10克,水煎服。

三诊:上方服两剂,眼痛见轻,夜间已能安睡,蟹睛比前缩小,但白睛仍红,口渴,心烦,头痛,眼胀痛较重。原方加菊花5克,花粉12克,枳壳6克,又服五剂,眼已不痛,白睛恢复正常,蟹睛已缩没,尚遗留薄白瘢痕一片,自觉症状均已消失,视力恢复到0.8,病已痊愈。

按语:本例初为肝火炽盛,故治以清肝降火、凉血祛瘀为主。待炎性症状消退,唯蟹睛不收,遂改为凉血养血、滋阴敛阴之剂,则内膜缓缓收入。

五味子缩瞳辨:山东中医学院针灸系主任郭升科曾从陈明五老师学习眼科。1972年6月13日本院体育教师孙永昌的爱人患欧狄氏瞳孔[①]来诊。自述视物模糊,瞳神散大,伴有五心烦热,失眠多梦,腰膝酸软等。查视力双眼0.4,双瞳孔中度散大,舌嫩红,苔薄白,脉弦细微数。陈明五大夫拟补肾益阴,敛肺缩瞳法,以六味地黄汤加明目种子药化裁,服十七剂药后视力渐增,瞳孔逐渐收敛,服三十剂后,双眼视力提高到1.2,瞳孔恢复正常。

时郭升科见方中有五味子9克,问陈老师:"中药中只有五味子能缩瞳吗?"

---

① 欧狄氏瞳孔:此为音译,即艾迪氏瞳孔,又名艾迪氏综合征。

陈老师说："因为古书上记载瞳孔缩小者勿用五味子，所以后人都知道五味子能缩瞳，有人对青光眼患者也重用五味子，似乎五味子与毛果芸香碱的作用相等，当然不对。瞳孔散大可因风火相煽，可因阴虚火旺，以此患者为例，病机是肝肾阴虚，虚火上炎，阴不敛瞳。方中用生地、熟地各15克，丹皮、泽泻、茯苓、山萸肉各9克补肝肾治其本，寒水石12克咸寒入肾以镇潜，盐知柏、寸冬、五味子、女贞子、桑椹子各9克益阴补肾、缩瞳明目，陈皮和胃。多年来我一直用此方加减治瞳神散大症，屡试屡验，因为一方中包含麦味地黄丸、七味都气丸、知柏地黄汤三方之意，起缩瞳作用的不单是五味子，主要还是六味地黄汤，补肾养血的种子药女贞子、桑椹子都能缩瞳。"郭君闻其言，顿开茅塞，体会颇深，记入《陈明五眼科经验琐谈》[①]一文，发表于《山东中医学院学报》。

久泻目生白翳：处方：猪肝2具，党参、黄芪、苍术、山药、云苓、扁豆、麦芽各6克，建莲子、三棱各30克，神曲120克，文术[②]3克，明天麻15克。制法：将猪肝洗净蒸熟，合上药扎成粗末，晒干再研为细末。用法：每服6~9克，小儿1.5~3克，每日3次服，开水送下，或合白面烙饼食之更佳。

陈明五大夫处方选

山东中医学院眼科教研组　郭升科　王静波　整理

我们选择了我院眼科教研组陈明五老大夫临床上治疗一些眼病中确有实效的几则方剂，加以整理，供眼科同道参考并指正。

麦粒肿

处方：双花六钱，连翘、生地、丹皮各三钱，黄柏二钱，浙贝三钱，桔梗三钱，菊花钱半，防风钱半，升麻一钱，花粉四钱。若红肿痛加黄连一钱，按之坚硬加丹参三钱，毒不解加公英五钱，溃后去升麻加当归三钱。

沙　眼

处方：生石膏五钱，双花六钱，连翘四钱，黄芩三钱，黄柏二钱，酒军一钱，公英六钱，赤芍三钱，薄荷钱半，灯心草一钱，甘草一钱，菊花二钱。若泪多去灯

---

①《陈明五眼科经验琐谈》：经查，题应为《"六味地黄汤"加种子药治内眼病——学习陈明五眼科经验札记》。

② 文术：即莪术。

心草，加通草一钱；痒，加防风三钱；白睛红，加生桑皮四钱。

急性结膜炎

处方：双花八钱，连翘四钱，生桑皮二钱，赤芍三钱，酒大黄钱半，黄芩三钱，防风二钱，桔梗三钱，薄荷钱半，黄柏二钱，枳壳一钱，甘草一钱。若服后红不退，痛不止，去防风、赤芍、酒军，加大黄三钱，玄明粉三钱；泻后痛止，去大黄、玄明粉；头痛重，入羌活一钱，煎时大黄、玄明粉后入。

球结合膜水肿

处方：荆芥二钱，防风二钱，黄芩二钱，桑皮三钱，石膏五钱，酒军五钱，赤芍三钱，生地五钱，双花六钱，连翘三钱，栀子二钱，薄荷钱半，乳香二钱。若大便干再加玄明粉五钱，枳实三钱。治疗中如大便每日泻下四五次，水肿消得更快，用上方如大便仍不行，酒军可改为生军三至五钱；红不退，加丹皮三钱，黄柏三钱。

经逆目赤

处方：生地六钱，当归三钱，黄芩三钱，丹皮四钱，川芎二钱，赤芍三钱，栀子二钱，薄荷钱半，香附三钱，红花钱半，酒军钱半，甘草钱半。若气逆不舒，加青皮二钱，柴胡三钱；目痛重，加夏枯草三钱，没药二钱；头痛，加菊花二钱；眉棱骨痛，加羌活一钱；红不退，加桑皮四钱，川牛膝三钱；伴有经期腹痛，加木香钱半，郁金二钱；血灌瞳仁时，加重酒军三四钱。

巩膜炎

处方：生石决明一两，双花八钱，连翘四钱，生地五钱，桑皮四钱，菊花二钱，赤芍三钱，龙胆草钱半，夏枯草三钱，黄芩三钱，薄荷钱半，甘草一钱。酒军、浙贝、蝉衣、黄柏、通草均可随证加入。

角膜软化症

处方：明目补肝散。炒苍术四两，建莲子六钱，党参一两半，文术一两半，炒麦芽三两，炒山药三两，炒扁豆一两半，升麻五钱，炙黄芪三两，炒神曲三两，猪肝或羊肝一具。制法：将猪肝或羊肝去胆，切片蒸熟晒干，同药共为细末，每日一两半，放在面食内制熟食之，生食效差，如煎在鸡子内或烙成焦饼服食更好。

角膜溃疡

处方：双花八钱，生地八钱，生白芍六钱，黄芩三钱，生桑皮四钱，连翘四钱，公英六钱，青皮二钱，蝉衣二钱，龙胆草一钱五分，黄连一钱五分，甘草一钱。若头痛，加菊花二钱；眼痛重者，加乳香二钱；热泪多，加通草；陷片大者，去蝉衣，加升麻八分。如石决明、生地、生牡蛎、桑叶，可随证加入，不可用泻下剂，少许酒军即可。

前房积血

处方：生地六钱，赤芍四钱，丹皮四钱，黄芩三钱，黄柏二钱，黄连一钱五分，栀子二钱，连翘二钱，酒军三钱，玄明粉三钱，甘草一钱。若服后便稀，每日行一至三次，积血消散更快，大便不行时改为生大黄。

急性充血性青光眼

处方：石决明八钱，草决明六钱，生地六钱，生石膏八钱，黄芩三钱，黄连一钱五分，当归二钱，赤芍四钱，川芎一钱，羌活一钱，菊花二钱，防风一钱，蔓荆子三钱，羚羊粉五分（冲），甘草一钱。若恶心重，去当归加竹茹三钱；眼压过高，加通草一钱，泽泻二钱；瞳孔散大不收，加五味子一钱；头痛重，加白芷五钱；羚羊角对此症特效。若服药后眼压下降，症状基本消失，只是视物不清，可加女贞子、枳实、车前子以明目。

虹膜睫状体炎

处方：当归、生白芍各三钱，川芎钱半，生地五钱，草决明五钱，茺蔚子四钱，青葙子三钱，枳实五钱，车前子三钱，花粉五钱，陈皮二钱，甘草一钱。如眼干涩，口干，加麦冬、石斛六钱；如白睛红，眼痛重，加桑皮六钱，双花五钱；头痛，加细辛一钱，菊花一钱五分；大便干，去车前子，加熟地、菟丝子等。

玻璃体积血

处方：生地炭八钱，熟地四钱，旱莲草六钱，陈皮二钱，阿胶六钱，黄芩三钱，肉桂三分，三七一钱，甘草一钱。如血不止，可入茅根一两，茜草炭六钱；如果视力恢复到0.6以上可渐去止血药和苦寒之品，入女贞子、车前子、菟丝子以巩固疗效。

瞳孔散大（欧狄氏瞳孔）

处方：生地八钱，玄参五钱，桑皮四钱，天冬二钱，五味子一钱半，山萸肉二钱，白芍四钱，甘草二钱，草决明四钱，沙参四钱，盐柏二钱，寒水石四钱。此方收效较快，服药后瞳孔可逐渐缩小，如无桑白皮，可改用麦冬亦可。

泪溢

处方：当归三钱，炒白芍三钱，炒蒺藜二钱，川芎钱半，半玄参三钱，茯苓四钱，白术三钱，炙草二钱，干姜一钱，细辛一钱，肉桂一钱，陈皮二钱，通草一钱，姜、枣引。本方适于肝肾亏虚而无泪道阻塞的迎风流泪症，如泪仍不止，加夏枯草五钱，香附五钱。

老年性白内障

处方：石决明（醋煅）五钱，台参三钱，茺蔚子五钱，细辛一钱，车前子三钱，知母三钱，茯苓四钱，五味子二钱，玄参六钱，黄芩三钱，防风一钱五分，黑豆一两。赤芍、桔梗、牡蛎等可随证加入，视力在0.4～0.5以上者效佳。

中心性视网膜炎

处方：生地一两，珍珠母一两，桑椹子八钱，制首乌八钱，车前子三钱，茺蔚子四钱，白芍四钱，炒栀子二钱，陈皮二钱，甘草一钱。此方一般不更改，服5～10余剂后视力开始好转。如服后头胀痛时，首乌、桑椹子可减至5～6钱；视物变形突出者，加桑皮四钱，通草一钱；口干眼干者，加天冬。

视神经炎

处方：生地八钱，玄参八钱，双花六钱，五味子一钱半，生白芍四钱，黄芩三钱，女贞子六钱，盐柏二钱，桑椹子六钱，炒栀子二钱，草决明三钱，青葙子一钱，陈皮三钱。若服后便稀，去黄芩，加车前子四钱；腹痛，加陈皮一钱；头痛，加菊花二钱；眼中涩，加麦冬三钱；石斛、沙参、茺蔚子、天冬可随证加入。

眼外伤

处方：川芎一钱，当归三钱，甘草二钱，白芍三钱，生地五钱，枳壳二钱，木香钱半，酒军二钱，刘寄奴四钱，草决明八钱，犀角粉六分（二次冲服）。眼睛被伤、红、肿、痛、流泪，视物不清及外伤性虹睫炎、白内障等均可用此方治之。桑皮、菊花、灯心草、桔梗、玄参、赤芍、桃红、青葙子等可根据临床表现，及时间长短随证加入，外伤性白内障在伤后四十天至两个月内用此方治疗效果显著。

（选自《全国中西医结合眼科资料汇编》）

[《平邑县卫生志》（1991）]

陈明吾（1908—1983），中医眼科名医，又名陈刚，平邑人。早年行医于平邑、费县、泗水等地，享有很高威望，参加革命后，曾任八路军115师东进支队费县第一大队队长、费北行署武装科长、费北县委敌工部长、蒙阴县仲村区中西大众药房经理等职。建国后,调入山东中医学院担任眼科讲师兼附属医院眼科副主任医师,60年代曾对中医药治疗青少年近视眼进行了专门研究,后在理论上提出以脉络走向解释"入廓学说",创"驱风定痛汤""止血复明汤"等眼科有效方剂,主要著有《中医外科学(五官部分)》《陈明吾眼科医案》《眼科百问》《眼科从新》《中医眼科学》。

[《济南市卫生志》(2010)]

◎ 钱翔青 ◎

钱翔青(1908—1982),号家祯,山东省淄博市人。1928年山东大学工预科肄业,其后在家自学中医。1937年在济南国医学社毕业,即开业行医。1949年参加济南医务进修学校中医学部学习。1952年参加第一联合诊所任副所长兼医务股长,1956年参加济南市立一院中医科任中医师,一年后调入市中医医院工作至殁。曾于1957、1962、1963年被评为市先进工作者,1963年获得市卫生局颁发的带徒弟奖,同年当选为天桥区第五届人民代表大会代表。翔青从医四十余载,注重理论联系实际,临床经验较为丰富,在群众中信誉颇高。擅长内、妇、儿科,尤对慢性肾炎、肾结石、慢性肠炎、肝硬化腹水等症,治有心得。

[《济南中医药志》(1989)]

◎ 安佐臣 ◎

安佐臣,1909年9月生,北京市通县人,中国共产党党员,济南市第二人民医院副主任医师。

安佐臣1951—1952年在济南市中医进修学校学习。1960年进修于济南市中医学校师训班,历任济南市中区第五联合诊所中医师、济南市槐荫区联合医院第六门诊部主任、济南市第二人民医院中医师、副主任医师等职。其《中药治疗溃疡病85例临床经验》已整理完毕。

[《山东高级科技人员名录》(1987)]

安佐臣(1909—),男,汉族,北京市通县人,原山东省济南市第二人民医院中医科主任、副主任中医师。十五岁在天津达仁药堂学徒。擅中医内、妇科。曾整理《临床心得录》约两万字。

[《中国中医人名辞典》(1991)]

安佐臣1909年9月生,北京市通县人,中共党员。济南市第二人民医院主任医师。1951—1952年在济南市中医进修学校学习，1960年进修于济南市中医学校师训班。历任济南市中区第五联防所中医师，济南市槐荫区联合医院第六门诊部主任，济南市第三人民医院中医师、副主任医师等职。其《中药治疗溃疡病85例临床经验》已整理完毕。

[《济南市卫生志》（2010）]

◎ 沈希尧 ◎

沈希尧（1909—1969），城西北孟家洼人。研读《济阴纲目》颇有心得，对妇科病，治效显著。解放后在索庙卫生院应诊，名望甚高。

[《济阳医药卫生志》（1984）]

◎ 张希五 ◎

张希五（1909—1973），字岱安，号正洋，山东桓台县人。曾任山东省济南市中医院妇科副主任医师、济南市科学研究所中医药研究所研究员，并分别任山东省政协常委、中国农工民主党济南市委主任委员等职。从事中医四十余年，擅长中医妇科，兼通内、儿科，有较丰富的临床经验。著有《妇科医话医案集》《临床杂谈录》二书（未刊），另有《妇科验案四则》《痹证治疗心得》《崩漏的治疗经验》《女子不育症》及《试谈神经衰弱的理法方药》等论文。

先生生于山东桓台县一个封建地主家庭，幼承庭训，自幼聪慧，性好学，善静思。1926年考入山东大学理科，时值国家内忧外患、军阀混战。次年遂弃学回家，在本家经营的"德聚堂"药店任司药，并在其堂伯张金庸，堂兄张正奎的指导下，学习中医理论，研读《内》《难》《本草》及《伤寒》《金匮》，然后博览《千金》《外台》《医宗金鉴》诸书，同时更勤于临证，以验先贤之言。

拜师期满，遂悬壶索镇、东营、夏庄、昝家、张店、济南等地。先生行医乡里，不分亲疏，不计贫富，无分昼夜，不避寒暑，有求必应。一个风雪交加之严冬，出诊邻村，谢绝病家护送，归途跌入积雪中，回家卧床半月，从不计较个人得失，颇得乡里好评，求诊者与日俱增。如是者近二十年，学术水平与医疗技术大有提高。

1947年先生在济南挂牌施诊及坐堂渡生。1948年9月济南解放，次年底参加济南医务进修学校学习，成绩优异。1951年与中医界同仁组建济南市健民中医联合诊所，后改称济南市市中区联合诊所，并一直担任所长职务。1959年初奉调到济南市中医医院。先生于1973年底病逝，终年六十五岁。

先生在学术上特别重视中医理论的学习和研究，一生治学严谨，善于深思，知难而进。平时诊余仍时时攻读，终生不废，其《临床杂谈录》曰："熟读《内》《难》，是掌握中医理论之根本，《伤寒》《金匮》则为临床医学之圭臬，辨证施治之大法，只有熟读经典，才能为博览群书打好基础，才能在千变万化之中，审辨真伪，循序渐进。"

先生临证处方用药，主张师古而不泥古，诸家兼采，推陈致新，不论应用经方或时方，均强调贵在灵活，举一反三，切忌按图索骥。如太阳之葛根汤证，项背强几几是其主症，为风寒之邪客于经腧而致。先生得此方用于治疗老年人肩周炎、颈椎病而伴有项背疼痛者，往往收到较为满意之效果。治疗神经衰弱，强调绝不能拘于"衰"而概以"虚"论，切莫墨守成规，贻误病机。治刘某头晕失眠，记忆力减退年余案，延医多投参芪以补虚，先生按其脉沉弦有力，舌红苔黄厚，腹满不能食，遂用大柴胡汤加减而诸症若失。

先生特别重视脾胃的功能，善用仲景泻心汤方以调理脾胃。他说："脾胃居中州，为气血化生之源泉，就脾与胃而言，脾主升而恶湿，胃主降而喜润，泻心汤是治疗痞证的方剂，临床上形成痞的原因很多，但多属寒热错杂或湿热内蕴脾胃、气机壅滞所致，半夏泻心汤诸方，温清并用、苦辛并投、甘苦合用、补泻兼施，是补益脾胃、清热燥湿之良方。"先生临证，谨守病机，将泻心汤方不但用于温病、疟、腹泻、惊悸诸症，而且灵活变化，广泛用于呼吸、泌尿、心血管、内分泌、神经诸系统之疾患，亦往往得心应手，获效迅捷。

先生以长于妇科而负名，在多年的临床实践中，对妇科的常见病、多发病及某些疑难病进行了长期和反复的探讨，总结了加味补血汤、崩漏固本汤、更年平肝汤等十个有效的经验方。在调治妇女疾病中，特别重视调理肝、脾、肾三脏的功能，治疗习惯性流产，往往用补中益气汤加阿胶、艾叶、续断、杜仲、寄生以补肾固胎。治疗崩漏并不墨守古人"塞流、澄源、复旧"之规，而常在出血期间采用补气摄血兼以活血化瘀之法，使瘀血除则新血自生，元气固而阴血自发。对更年期综合征和妇科肿瘤手术或化疗后出现的胃肠道反应等证也做了长时间的探讨，提出了一些有效的方药，指出以调整脾肾为主，根据中医理论体系辨证施治，以纠正机体气血阴阳的偏衰，每有较好的疗效。

先生临证，注重审证求因，理论联系实际，遣方用药轻灵纯正，处方简洁明了，注意法度，讲究配伍。处方书写字迹工整，反对杂乱无章，做到轻剂能医重证，小方可愈大疾。

先生医德高尚，严于律己，对病人和蔼可亲，待人待事谦恭诚恳，从不诽贬同道。

先生极为重视中医教育事业，在市中区联合诊所任职期间，曾先后办过三期中医进修班，并亲临讲坛授课，以及选派优秀学员进高等院校深造。60年代初又再三上书政府及有关部门与中医界人士积极创办了济南民办中医学校，担任副校长，主持教务工作，培养中医人才。暮年除忙于诊务和社会活动外，还抱病带了大批实习生、进修生。为了进行学术辅导，夜以继日编写中医教学讲稿数十篇，近二十万字，先生为中医教育事业可谓鞠躬尽瘁、呕心沥血。

[《济南中医药志》(1989)]

张希五（1909—1973），济南名中医，又名岱安，桓台人。1935年开业行医，1953年被选为济南市第五联合诊所一分所所长，1956年任第五联合诊所副所长，1958年调入济南市立中医院任副主任医师，1961年被评为济南名中医。曾被选为省政协常务委员、中国农工民主党济南市主任委员。

[《济南市卫生志》(2010)]

◎ 赵光普 ◎

赵光普（1909—1980），山东曲阜县人。其父赵谔青在济行医，于正觉寺街开设赵谔青医寓。光普，二十岁时便随父学医，曾任山东省贫民赈济会医务处主任、明记宏德堂中药店医生兼经理等职。1952年任济南市六联副所长兼总务股长，1955年奉调市中区联合门诊任中医师，1956年调于槐荫区联合医院第六门诊部工作。擅长内、妇科，尤专于肝硬化的辨证论治。

[《济南中医药志》(1989)]

◎ 汝兰洲 ◎

通经振痿散（汝兰洲经验方）：生白术、天竺黄、红花、当归、全蝎、白僵蚕各9克，白芷4.5克，胎盘粉、鸡血藤各15克，蜈蚣5条，山药15克，天麻、橘络各6克，血竭3克，细辛、麝香各1.5克。共为极细末，每30克药面加精制马钱子粉1.5克，瓶贮备用。服法同痿证康复散。

[《幼科条辨》(1982)]

◎ 侯汉忱 ◎

侯汉忱（1909—1981），别号家忠，山东省东平县人。1932年10月青岛市立高级中学毕业。1933年在济南市自学中医，1946年在万生堂药店行医，1952年参加济南第三联合诊所任医务股长，1955年参加第五联合诊所任医务主任，1956年参加市中区联合诊所任医务主任，1958年12月参加济南市儿童医院任中医师，1964年调入市中医医院任中医师。曾于1957年被评为市中区先进工作者，1959年在市儿童医院获过一等跃进奖，1964年荣获市卫生局中医带徒弟奖。行医近40年，临床经验丰富，群众威望颇高。擅长内、妇、儿科，尤精于儿科。著有《胃病浅说》《儿科求是》等学术论文数十篇，多为临床治疗经验总结。

[《济南中医药志》（1989）]

侯汉忱（1909—1981），曾用名侯家忠，东平县代家客村人，著名中医。

侯汉忱出生在一个封建破落地主家庭。早年丧父由祖父抚养成人，七岁入私塾，先后就读于山东省立第一中学，省立第七中学。1931年考入青岛山东大学攻读文科专业。一年后，因日军侵华而肄业，返回故里，任县灾民学校校长兼教员。约年余，为逃水荒，领全家奔济南，经人介绍，拜济南名医韦继贤门下，始习中医，后又拜师全国著名中医学家吴少怀门下，步入医界。1944年在万年堂挂牌行医，兼做韦继贤助手。

1950年1月，侯汉忱以考试第一名成绩入济南市医务进修学校中医进修学部深造并学西医。1952年随韦继贤筹建济南市第三联合诊所。1955年调入济南第五联合诊所（现济南市中区医院前身），任医务主任兼中医师。1958年12月调入济南市立儿童医院中医科，任负责人兼中医师。1964年调入济南市中医医院小儿科，任中医师、副主任医师。

侯汉忱曾任中华医学会理事、全国中医学会理事、全国中医学会山东分会副主任委员、顾问、中国科学院中医研究所研究员等职。他治学严谨，在强记博学的基础上刻意求新，对中医医学在治疗及理论研究方面有一定建树。几十年带徒教学，桃李满天下，被誉称为"侯一付"，妇孺皆知。他偏重中医内科，更精于中医儿科理论研究与治疗。在全国及省级医学刊物上发表论文二十余篇。遗作三部——《胃病浅说》《方剂选萃》《幼科求是》。

[《泰安三千年人物传》（2001）]

◎ 郭凤楼 ◎

郭凤楼（1909—？），别名鹤亭，山东省历城县人。幼读私塾八年，后经商，1939年执行中医业务，至1952年加入济南市一联一分所，1956年参加历下区联合诊所任中医师兼药物主任，1958年调入济南市中心医院工作。擅长中医妇科。曾于1940年加入国医公会，1951年加入济南市中医学会，1953年加入卫生工作者协会，1956年加入中华医学会，1963年加入山东省自然科学专门学会。

[《济南中医药志》（1989）]

◎ 郭德斋 ◎

郭德斋（1909—1966），字以坊，济南市人。幼读私塾，二十三岁起随本邑王超光先生学医六年，学成便在家行医（济南市后营坊）。至1952年参加郊六区联合诊所任中医师，1955年调历下医院中医科，1958年调中心医院中医部，1962年调市立一院中医科任中医师。曾于1928年加入红十字，1946年加入济南中医师公会，1949年加入济南市中医学会，并于同年参加济南医务进修学校中医学部学习。先生自参加医院工作以来，对工作一贯认真负责，对病人和蔼可亲，对技术精益求精，深受病人的赞扬。1962—1964年连续被评为先进工作者，并被选为济南市第四届政协委员。擅长中医内、妇科。

[《济南中医药志》（1989）]

◎ 高华亭 ◎

高华亭（1909—1979），河北省景县人。少时随父习医，擅长中医外科，临床三十四年经验，较为丰富。

[《济南中医药志》（1989）]

◎ 马明德 ◎

马明德（1910—1966），莱芜市山口村人。旧制高等学校毕业后于1935年自修中医理论，三载后，始应诊，擅内、妇、儿科，尤对产后诸病颇有研究，并积累了丰富的经验。在当地群众中信誉较高。1956年积极参加联合诊所，后进入上游公社卫生院工作。

[《莱芜卫生志》（2004）]

◎ 李克绍 ◎

李克绍先生（1910—1996），字君复，山东省牟平县人。私塾修学，十九岁任小学教师，自学中医典籍近十年。1935年通过考试，正式行医。1956年进灵岩寺中医进修班，随后调入山东中医学院任教。1978年，李克绍先生成为全国首批伤寒专业硕士研究生导师，被聘为终身教授，直到1996年因病去世。

李老从事临床与教学工作五十余载。研习中医经典，治学严谨，并涉猎后世医家名著，采众家学术之长，对仲景著作，尤喜研究。临床审证精细，立法确当，配伍灵活，药简量轻为其特点。

著作有《伤寒解惑论》《伤寒论串讲》《伤寒论语释》《伤寒百问》《胃肠病漫话》等。其中《伤寒解惑论》一书最能反映其学术特色，提出了很多具有划时代意义的观点，解释了很多长期困扰伤寒界的问题，颇得读者好评。

20世纪80年代，湖北中医学院（现湖北中医药大学）叶发正研究员在《伤寒学术史》一书中，将李老与冉雪峰、刘渡舟、陈亦人、李培生等八位医家一同作为当代伤寒学研究的代表人物，认为"他的论著享誉海内外，称得起现代的伤寒著名学家"。

[《山东中医药大学创校元老方药经验访谈录》（2018）]

◎ 宋德芳 ◎

宋德芳（1910—1975），字馨泉，张夏公社靳庄人。其父宋仁贵，祖父宋鸿茂，曾祖宋景商，至德芳四代业医。今德芳先生又把自己的医学经验传之其子，是为我县稀有的五代家传中医。

德芳先生幼承家学，读书甚多，十九岁应诊，于内科杂症，妇人经、带、胎、产尤精，方圆左近，医名较著。先生法宗《内》《难》，涉猎诸家，对王肯堂、李东垣、吴鞠通、喻嘉言几家学说均有研究。先生遣方用药严谨，所治危急重症颇多，对病人服务热情，得到群众好评。惜先生一生忙于诊务，无所著述。

[《长清县中医药志》（1984）]

◎ 陈肇基 ◎

陈肇基（1910—1975），字端卿，莱芜杨庄公社陈楼村人。幼遵父遗志，弃儒研医，从事中医四十年，颇有声望。早年行医乡里，建国后先后于莱芜县医院、杨庄公社卫生院工作。治学渊源《内》《难》，撷采众长，善用经方，旁及民间单验方。注重实践，务求实效，对中医事业殚精竭虑，孜孜研讨，至老不辍。一生学验俱丰，颇能奖掖后学，对培养青年一代中医循循善诱、诲人不倦，尤重在医德教育。1959年当选为县人民代表，1975年以肺癌病逝。

[《泰安地区中医志》(1983)]

陈肇基（1910—1975），字端卿，莱芜市杨庄镇陈楼村人。幼年遵父遗志，弃儒研医，从事中医工作四十年，颇有声望。早年行医乡里，新中国建立后先后在莱芜县医院、杨庄公社卫生院从医，治学渊源《内》《难》，撷采众长，善用经方，旁及民间单验方。注重实践，务求实效，对中医事业殚精竭虑，孜孜研讨，至老不辍。一生学验俱丰，颇能奖掖后学，为培养青年一代中医循循善诱，诲人不倦，尤重医德教育。1959年当选为县人民代表，1975年病逝。

[《莱芜卫生志》(2004)]

◎ 孟宗祥 ◎

孟宗祥（1910—1971），孝里黄花园人。自幼读书，因体弱多病，乃有志于岐黄之术，拜儒医（邑庠生）孟凡藻为师，除对《内经》《伤寒论》认真学习外，还学习了历代某些医家著述，擅长内科杂症，对伤寒、温病、妇科病也有深刻研究，行医四十余年，颇有医名。

先生生平忙于诊务，无著述传世。其临床医案也于"文化大革命"时期散佚。曾给齐河县赵官镇水坡大队一妇女患产后暑湿痢，以开郁行滞法治之立愈。先生治病善能通权达变，不泥古方，尝言："能精通内科，再循序以研究妇科，则一目了然。"其治妇科病，重在气血，治在肝胆，诊病施方，多每每奏效。

宗祥先生不仅治疗威信[①]较高，在课子授徒方面也很认真，所教三人在业务上也有独到之处。先生中晚年在党的领导下，积极工作，认真负责，至今尤为本地医务界所乐道。

[《长清县中医药志》(1984)]

◎ 孟继斌 ◎

孟继斌（1910—1980），字绍全，青宁区孟家村人。孟继曾之堂弟，得其兄传

---

① 信：原作"仗"。"仗"曾为"信"的简化字，今已不用，故改为"信"。下同。

授，有医名，长于内、妇科。解放后在崔寨卫生院应诊，有求必应，名望甚高。

[《济阳医药卫生志》（1984）]

◎ 吕筱山 ◎

吕筱山（1911—1975），曾用名吕瑞森、吕灿林，张家洼镇吕家芹村人。出身世医家庭，少时读私塾，后升入莱芜县立中学就读。1934年毕业后在本村任教员，由于出身世医之家，耳濡目染，于本村教学的同时兼攻医家名籍六载，即能应诊，后弃教行医，自立"益生堂"为坐堂先生，此时正值莱芜沦陷，为抗日救国，他以医生为公开身份，秘密协助抗日工作。

先生在多年的行医生涯中，苦读勤记，上起四大经典，下迄历代医家名著于无所不窥，崇《医宗金鉴》为医者必读之书，师仲景，效经方，博采后世众家之长。临证辨证精详，用药精当，救治沉疴危疾甚多。对病人，不分贫富贵贱，酷暑严寒有求必应，对医林问道从未嫉贤妒能，吝啬好强，他经常求教于莱芜知名中医吕懋曾舍下，为其医术的提高起到了重要作用。先生各科通晓，尤擅内科，治病权衡标本缓急，谨守病机，攻补适中。如以四逆散化裁创新治疗多种肝胃疾患常收捷效。

先生乐于公益事业，1955年参加联合诊所，1956年调入县人民医院工作，曾两次被选为莱芜县人大代表，县人委委员。1958年入山东省中医进修班深造。1975年因患脑出血，不幸病逝，享年六十有四。

[《莱芜卫生志》（2004）]

◎ 任金堂 ◎

任金堂（1911—1975），号庭印，历城县人。祖传三代世医，幼承庭训，随父学医，善外科疮症，在治疗上强调内服与外用药物并举，收效较好，颇得当地群众信赖。

1939年来济南市在南门朝山街"茂德堂"药店行医。1946年自设"济仁堂"药店，坐堂行医。解放后参加第三联合诊所，1958年调入济南市中医医院外科工作，写有《对附骨疽的认识和治疗》一文，刊载于山东中医学会1962年论文选编之中。

[《济南中医药志》（1989）]

◎ 苏慎吾 ◎

苏慎吾（1911—1973），字树典，山东省平阴县东阿镇苏桥村人。幼年家贫，

16岁时到东阿乾王药栈学徒多年，1933年开始行医，后在东阿、桓台、济南等地做坐堂先生。1952年参加东阿镇联合诊所，后调平阴县丁口区卫生所行医，1956年6月调泰安专署机关门诊部工作。1958年任泰山大学中医班教师，1959年调泰山疗养院任中医师，1973年3月病故，终年六十二岁。

苏自幼聪慧好学，勤思考善总结，二十七岁时已在当地小有名气，求治者甚多。他长于内、妇科，对金元代名医李东垣的脾胃论有独到见解。对老年慢性病的诊治，多以舒肝和胃健脾之法而收良效，认为"人之为病，气血为先，脾胃乃后天之本，气血生化之源；气血为病，舒肝和胃健脾兼行即为治本，肝气舒，脾胃和，生化有源，循环有道，何以病焉？"他组方用药严谨，方复而不大，量中而不重，新病重病汤剂为先，久病顽病丸散缓图。临床注意辨证，师古而不泥古，善用时方。他认为：社会在前进，医学在发展，今人胜古人，更何况条件、环境古今有异，时方是经方发展而来。

苏平日生活俭朴，平易近人，惜苦怜贫，体贴病人，不分昼夜寒暑，有求必应，有邀必至，深受群众信赖和尊重。

[《泰安卫生志》(1991)]

◎ 张宝琪 ◎

张宝琪（1911—1978），章丘城东关北村人。延年之子，自幼从父学医，二十岁即在"三和堂"应诊，二十七岁在济南中和药店坐堂行医，二十九岁在济南公祥街挂牌行医。1947年经考试发给中医师开业执照。解放后回县参加医疗卫生工作，1954年任县卫生工作者协会委员及第一区卫协会主任，获取泰安专员公署卫生科"中医进修训练及证明书"。先生医理娴熟，治学谨严，临床擅长内科，善用经方，医术精湛。性耿直，医德高尚，治病不分贵贱，有求必应，每遇险症，必亲候服药，坐待病缓脱险方归，常终夜不寐，深受病家敬重。先生健谈，对后学谆谆善教，从其学医成才者数人，广受同道赞誉。

[《章丘卫生志》(2007)]

◎ 陈寿庭 ◎

陈寿庭（1912—1966），字守机，山东泰安县人。少时随父攻读经书，十七岁时拜于莱芜县老中医赵邻甫门下，学习中医。邻甫擅长中医眼科，兼通内、妇、儿科,著有《目科大成》《眼科津梁》等书。陈氏从师四载,精勤不倦,尽受其传,于二十一岁自立门户,建立天吉堂药店,自营医药。两年后将药店迁往济南。1951年参加中医进修学部学习,毕业后参加联合诊所,至1959年调入济南市中心医院中医部工作至殁。

陈氏毕生精研岐黄之术,尤精于中医眼科与肝脏疾病的诊治。对中医眼科理论如五轮八廓的实质,内眼组织的中西医结合认识等,均有独特见解。曾发表过不少对眼科疑难病症的治验心得,对中医临床与教研工作作出了一定贡献,多次受到上级的表扬与奖励,深受病家之欢迎。

[《济南中医药志》(1989)]

◎ 周凤梧 ◎

周凤梧(1912—?),男,山东省临邑县人。出生于山东省临邑县三代世医之家。

其家学源远流长,自幼受其熏陶良多。十六岁高小毕业后,即辍学习医。从师于表兄张文奇,尽受其指点。1937年迁居济南。1941年经市警察局考试中医及格后,即领取执照,正式开业。1945年应聘在永安堂总店、分店挂牌行医。从此,走上从医的道路。

解放后,周老积极响应政府号召,先后成立济南市医务进修学校暨济南市中医学会,创立济南市第一联合诊所,并任中医部主任和联合诊所所长职务。1956年调山东省中医药研究班学习,结业后留任教员。1958年执教于山东中医学院,先后任内科教研室副主任兼附属医院内科副主任,中药方剂教研室主任。先后授予副教授、教授职称。

他执教三十年来,曾先后担任《中国医学史》《金匮》《内科》《妇科》《中药学》《方剂学》《内经》等多种学科的教学。在讲课中分别对象,通俗易懂、详略分明。1985年曾被评为山东省优秀教师。先后带过五名研究生。近年来受国内各单位之邀,讲授中医药专题,交流学术思想,传授宝贵经验。大至学术理论,小至谈方说药,无不汇其学识,发其心声,对培养中医药人才作出了有益的贡献。

周老富于临床,在医疗指导思想上重视脾胃,认为"得谷者昌,失谷者亡";处方用药以顾护胃气为先,以脾为后天之本、气血生化之源,用药轻灵,以鼓舞患者自身的恢复能力。强调小方的临床意义,反对轻病重投,堆砌药物。每于平淡中见功力,拙朴中显奇巧,取得较好疗效。长于中医内、妇、儿科。经方时方,据证而择，寒凉温热，审证而选，得到广泛的赞誉。1985年山东中医学院授予他"从医四十周年荣誉证书"。

周老学识渊博，著述甚富。几十年来先后主编和编著了《黄帝内经素问白话解》《中医妇科学》《中药方剂学》《中药学》《黄帝内经素问语释》《实用中医妇科学》《名老中医之路》《神农本草经150味浅释》《中药函授讲义》《土单验方选编》《长寿篇》等著作，共计三百二十余万字。集周老之心得，汇周老之学识，引起国内外普遍重视。周老还在国内各医学期刊发表论文十余篇，每就医疗、教学提出自己独到的见解与观点。周老分别担任省内几家中医药杂志主编，每月审阅医药文稿约十五万字。尤其愿意提携后学，扶持新人，深受广大作者所爱戴。

周老曾任中华全国中医学会理事、山东省中医学会副理事长等十数项职务。他关心政治，积极参加各项社会活动，被选为济南市第一、二届政协委员，济南市第三、四、五届政协常务委员，山东省政协第五届委员会常务委员。1985年又以年逾古稀高龄加入中国共产党，实现了自己多年的夙愿。周老志趣高雅，尤喜泼墨挥毫，作画自遣，或虎啸生风，或雀斗梅枝，皆能形神兼备，为人们所喜爱。

周老虽年事已高，仍壮心不已。尝云："一生哪有真闲日，百岁仍多未了缘"，并以此自勉。愿将心血作甘霖，化春丝为万缕，为振兴中医，贡献余生。

[《山东中医学院附属医院院志》（1985）]

周凤梧，男，汉族，中共党员。1912年农历十一月出生，山东临邑县人，是现代著名的中医药学家。

周凤梧十六岁开始习医，1937年迁居济南，1941年经济南市中医考试及格，正式开业。1949年成立济南市医务进修学校暨济南市中医学会，任该校中医部及学会副主任，1952年4月领到中央人民政府卫生部颁发的中字第06086号中医师证书，1956年6月入山东省中医研究班学习，1957年毕业后留任教员。1958年调山东中医学院，曾任山东中医学院内科教研室主任兼附属医院内科主任。山东中医学院中药方剂教研室主任，曾被选为济南市市中区人民代表，任济南市第一、二、三届政协常委，《山东医刊》副总编辑，中华全国中医学会理事，山东省中医学会副理事长，山东省政协第四届委员会委员，第五届常务委员，《山东中医杂志》《山东中医学院学报》主编。

现任山东省中医学会顾问委员会主任委员、山东省政协第六届委员会常务委员、山东省红十字会副会长、光明中医函授大学副校长、齐鲁中医函授大学校务委员会主任委员兼第一校长、《山东中医学院学报》及《山东中医杂志》编委会主任委员、山东中医学院教授兼中药教研室、方剂教研室顾问等职。

编著出版的有《黄帝内经素问白话解》《中药方剂学》《实用中药学》《实用中医妇科学》《黄帝内经素问语释》《名老中医之路》(第一、二、三辑)、《实用千金方选按》《古今药方纵横》《实用方剂学》等著作，并先后在《山东医刊》《山东中医学院学报》《山东中医杂志》《中医杂志》等发表过论文、医案共六十余篇。

周教授潜心研究中医经典著作、中医基本理论、中药理论及临床各科，医学造诣渊博，理法精深。长于内、妇、儿科，精通中药药性理论及其应用，对温病学也有一定研究，擅长于治疗湿温、暑温、内科杂症。处方时，遣药务求轻灵，慎用呆滞，特别强调小方在临床上的应用，反对药物堆砌，叠床架屋，不讲法度，大方重量，以期毕其功于一投的鲁莽战术；反对矜奇立异，故弄玄虚。

他克己奉俭、生活朴素、为人正直，从不善折腰逢迎，不事攀高结贵，敢于抵制腐败，抗拒歪风，素以趋附为耻，对患者不管贫富显卑、职位高下，一视同仁，热情相待，细心诊治，总是千方百计为患者解除痛苦，始终以救死扶伤为己任。虽诊务繁忙，但认真负责，仔细诊视，从无蹴就，且任劳任怨，态度和蔼，不骄不躁。在患者面前从不说是道非，訾毁他医。他不仅以精湛的医术和丰富的经验为人们留下了良好的印象，而且医德高尚、医风朴实，深受群众爱戴和敬仰。

周教授不仅"精于医"，而且"练于药""敏于教"，在三十余年的医药执教中，总是讲好每一堂课，为查找资料，丰富课堂内容，经常孜孜不倦，废寝忘食。对于求教者，总是平易近人，有问必答，说理透彻，深入浅出，耐心教诲。对于后学，则更是诲人不倦，关心备至，"非其真勿传"。尝言："医虽小道，是乃仁术。如后生不敏，尽管已卒业于高校，倘束书不读，或复习而不能达其意，将以救人，适足以杀人者多矣。"在山东中医学院创建初期，由于师资缺乏，一人即担任着医史、金匮、内科、妇科、中药、方剂等多门学科的教学，任务繁重，但他一丝不苟，备课认真，讲课生动，重点突出，为人师表，深受赞许。在大学任教的三十余年中，培养学生达数千之众。中医学院开始招收研究生后，先后带硕士研究生十六人，毕业的研究生都成为中医医疗、教学、科研的骨干。在从事学校教学的同时，并积极提倡和大力支持举办函授教育。1982年创办的面向全国招生的正规化中医函授，为全国中医函授教育创立了典范。

周教授担任着《山东中医学院学报》《山东中医杂志》等几种刊物的总编辑，每月审订稿件达十五万字之多，对每文必逐字逐句地推敲和修订，以期帮助作者能达到符合选用的要求。文不成熟，决不签发，不因人取文，概以文稿质量为第一要义。

他常说："一个刊物内的每一篇文章，要看它能够给读者多少东西，作为取舍标准，故凡高谈阔论，空泛无物，或华而不实之作，概爱莫能取焉。"

近年来，以周教授处方研制的"鲁运二号"，运动员服后提高了运动成绩；"药枕"用于预防感冒，治疗高血压有较好疗效；"小儿消食片"受到社会欢迎，已获山东省科委奖励及山东省经委儿童用品优秀新产品一等奖。

由于周教授工作勤奋，成绩优异，先后多次受到省市和单位的奖励。曾多次被评为山东省、济南市、山东中医学院、山东中医学院附属医院先进工作者，被评为山东省、山东中医学院优秀教师，山东中医学院优秀共产党员，受到山东省科委、山东省教育厅、山东中医学院科学研究工作成果奖等。但他谦恭谨慎，从不夸耀自己，常说："荣誉只能说明过去，在研究中医药科学事业上，永远有攀不完的高峰。"且言行一致，直到现在仍为撰写经验，提携后进而积极工作着。

周凤梧主要论文（均在各中医药杂志刊登）有：《桂枝汤证治及其加减应用》《谈组方法度及加强小方研究应用的意义》《中医对牙病的辨证与治疗》《麻疹证治及预防》《百日咳证治》《天麻的应用与鉴别》《色姜黄与片姜黄辨》《大蒜的医疗作用》《谈老年用药》《三金胡桃汤治疗泌尿系结石》《水肿一例治验》《老年癃闭》《尿崩症》《治愈乳糜尿二例报告》《瘰疬》《哮喘》《非典型肺炎》《湿温》《荨麻疹夹斑毒》《多食多便肥胖症》《鼓胀验案》《食道裂孔疝一例治验》《急性阑尾炎》《狂症》等等。

[《中国当代中医名人志》（1991）]

周氏对桂枝汤证治及其加减应用

周凤梧 1912 年生于山东临邑县，任山东中医学院教授，硕士研究生导师。他对中医内科、妇科、儿科疾病的诊治有丰富的经验。先后在全国及省级刊物发表《桂枝汤证治及其加减应用》等论文二十余篇，临床报道四十余篇，并著有《中药方剂学》《实用中药学》《实用中医妇科学》《黄帝内经素问语释》等书十部。

在此，仅将山东中医学院学报 1977 年第 1 期发表的《桂枝汤证治及其加减应用》摘要如下。

张仲景用六经分证处方,是体现中医辨证论治思想的典范。六经各有其主病,病各有其主证,证各有其主方,方各有其主药。但一病除主证以外,往往还有兼证或变证,与此情况相适应,则一方除有其主药以外,还必须随证立方、依方加减的规律。这里既贯穿着明确的原则性,又包含着高度的灵活性。《伤寒论》112方莫不如此,而尤以"桂枝汤"一方能充分体现出上述原则。按"桂枝汤"是治疗"太阳中风"的一个外感风寒表虚证的方剂,柯韵伯称它"此如仲景群方之魁,乃滋阴和阳、调和营卫、解肌发汗之总方也"。根据《伤寒》《金匮》两书所载,以"桂枝汤"为基础加减变更的比重为数最多,共有二十九方。后在医家对本方适应证的认识更有所发展,认为本方乃"调和阴阳,彻上彻下,能内能外之方"。这一认识远远超越了仲景原文所论病条的范围,主药虽同而主治证候并不相同,凡属太阳经方面的病,多可用之。由此可知,"桂枝汤"并不是一方仅治一种病,而是一方能治多种病;若与其他药物配合,或者变更药量,它的作用就更加扩大,并不局限于外感病。作者通过经方桂枝汤及其加减应用的探讨,认为祖国医学理法方药丝丝入扣,很有必要进一步学习和研究。

[《德州地区卫生志》(1991)]

周凤梧,男,中共党员,生于1912年12月。祖籍浙江省萧山县,先人游幕于鲁,遂安家于临邑县东街。

周先生的曾祖、祖父、伯父皆善医,可谓三世为医之家,在当地颇负盛名。十六岁高小毕业,家境贫寒,弃学习医。是时前辈俱已作古,便从其伯父的弟子表兄张文奇学徒。随师期间,勤奋攻读刻苦钻研,博览群书,熟读了中医经典著作,打下了坚实的理论基础,砥砺数载,终有所成。1941年经济南警察局考试中医合格,从此步入医林。周先生从事中医临床和教学四十余年,不仅医理精深,长于内、妇、小儿诸科,且倾心治学、勤于著述。先后主编和编著出版的著作有《黄帝内经素问白话解》《山东中草药》《实用方剂学》《名老中医之路》(第1~3辑)《实用中医妇科学》《实用中药学》《黄帝内经素问语释》《实用千金方选按》《古今药方纵横》等四百二十万字;另在各杂志刊物发表论文十余篇。先后曾任山东中医学院内科教研室主任兼附属医院内科主任,《山东医刊》副总编辑,中华全国中医学会理事,山东中医学会副理事长,山东中医学院中药方剂教研室主任。20世纪80年代以来,任省政协第五届常务委员、省红十字会副会长,《山东中医学院学报》《山东中医杂志》《齐鲁中医》编委会主任兼主编,光明中医函授大学副校长,齐鲁中医函授大学校务委员会主任兼名誉校长，山东中医学院教授兼中药教研室、方剂教研室顾问等职。

[《临邑县卫生志》（2005）]

1912年12月生，山东省临邑县人，中共党员。山东中医学院中药教研室、方剂教研室顾问、教授。

长期从事中医学的教学与研究工作。1949年起先后任济南市中医学会副主任、副理事长，济南中华医学会副理事长；1957年任山东省中医学会副理事长，中华全国中医学会理事，中华全国中医学会山东分会副理事长、顾问委员会主任委员，中国民间中医中药研究开发协会理事。

[《济南市卫生志》（2010）]

◎ 司宝玉 ◎

司宝玉（1913—1976），莱芜市张里村人。1936年在本村任教，遂攻读医书，致力于中医四大经典著作及《医宗金鉴》的学习，1939年学医成名，辞教行医于大王庄私人药铺为坐堂先生，后回本村自设"宏德堂"行医售药。新中国建立后，积极参加联合诊所，1956年作为第一批被吸收到国家医疗机构的中医被分配到方下区卫生所工作，1958年参加省中医进修班学习，后到县医院中医科工作。他对中医内、外、妇、儿科技术较全面。尤对治疗"再生障碍性贫血"具有较丰富的临床经验。善用经方、验方，不墨守成规。他治疗"中风"一症，以法用药，集历代医家之长，对半身不遂以左主血虚，右主气虚分别施治，补气养血或养血益气，同时有防有守，配伍得宜。益其不足，损其有余，调阴阳和营卫，益气血通经络，疗效显著。他处事稳重，团结同志，有较高的信誉。1961年被选为县人大代表。

[《莱芜卫生志》（2004）]

◎ 石志忠 ◎

石志忠（1914—1976），许寺公社丁店大队人。擅长针灸、内科杂症。

[《长清县中医药志》（1984）]

◎ 李乐园 ◎

李乐园，男，汉族，1914年5月1日出生，山东省梁山县人，中共党员。山东省济南市中医医院主任中医师。李乐园幼读私塾八年，十六岁自学中医，1935—

1946年在原籍行医。1947—1950年在济南市个人开业。1951年参加济南市第一中西医联合诊所，任医务主任。1956年调济南市第二人民医院，任中医科主任。1957年调济南市中医医院，任内科主任。1979年任中医院副院长，1984年退居二线，任中医院技术顾问至今。兼职：曾任中华全国中医学会第一届理事会理事，山东省暨济南市中医学会副理事长（任顾问），山东省暨济南市科协理事，山东省暨济南市红十字会常务理事，《山东中医杂志》《济南医药》编委会委员。1963年当选为济南市第五届人民代表大会代表，1978—1985年连任山东省第三、四、第五届政协委员。

从事中医临床工作已五十余年，精擅内科、妇科，兼通儿科、针灸，并熟悉现代医学基础知识及诊疗技术。幼读四书五经，古文功底深厚，早年自学中医，上溯《内经》《难经》《伤寒》《金匮》等经典医著，下至金元四家、温病学说及入门医书，无不口诵心唯，深钻细研，学用结合，技艺益进。1938年抢救鲁西北霍乱大流行，针药并施，救人无数，医名大振。早在1949年济南市举行的中医考试中获取第一名。不仅对内、妇、儿诸科常见病、多发病疗效显著，而且擅治心脑血管疾病、慢肝及肝硬化腹水、慢性肾炎及尿毒症、精神分裂症等疑难重症，对中医急证特别是急性流行性传染病的抢救尤其有独到经验。如1953年救治乙脑流行，运用自制"清热镇痉散"治乙脑抽风，取得良好疗效。1954年河北石家庄运用此经验抢救乙脑也获得成功。1954年流感、1957年小儿病毒性肺炎、1958年麻疹并发肺炎、1960年传染性肝炎等传染病大流行，均参加省市组织的抢救工作，运用独到的治疗经验，使不少患者转危为安。

治学特点及学术思想：不崇流派，不拘一格，不囿于一家之说。注重在实践比较中择善从之，诸子百家，经方时方，兼收并蓄。有是证则用是方，有是病则用是药。遵古不泥，善于变通，择药平达，贵在对证。逐渐形成求实、灵活的治疗风格。

一生重视医德，讲究医风，不问贵贱，不分亲疏，临诊严肃认真，待人通达随和，并热心教学带徒，心传口授，数十年为中医培养了众多后继人才。诊病之余，勤于著述，年逾古稀，笔耕不辍，志将五十余年临床经验系统整理，以传教后者，先后撰写医著论文五十余篇。

已发表的主要论文有：《青囊黄卷五十年》（《山东中医杂志》1984年第2期32页）；《风痱治验》（《山东中医杂志》1981年创刊号33页）；《暑温治验》（《山东中医杂志》1983年第2期）；《辨证论治与症证征病的关系》（《山东中医杂志》1987年第2期）；《我对冠心病的认识与辨证论治》（《济南医药》1979年第4期

57页）；《关于中医几个名词的认识和临床指导意义》（《济南医药》1981年第2期56页）；《对扶正祛邪的初步探讨》（《济南医药》1982年第4期57页）；《中药煎服法》（《济南医药》1983年第4期58页）；《中医对中暑病的防治》（《山东医刊》1957年）；《祖国医学对流行性乙型脑炎的认识与治疗》（《山东医刊》1958年第3期）；《对流行性感冒的认识与治疗》（《山东医刊》1959年第2期）；《狂痫的辨证施治》（《广西中医药》1982年，3期）；《李乐园医治头痛验案四则》（《济南医药》1983年第2期）；《活血化瘀治疗美尼尔氏征》（《济南医药》1982年第2期）；《肾盂积水》（《山东中医杂志》1982年第1期）；《慢性前列腺炎与前列腺肥大的治疗》（《济南医药》1983年第1期）；《血证治验四则》（《山东中医杂志》1983年第6期）；《莫道桑榆晚，为霞尚满天》（《医学科普》1985年第1期）医学科普文章二十篇，见于《健康报》《山东科技报》《卫生与健康》等报纸杂志。医案，三十七案，中华全国中医学会《医案精华》。医话，六篇，中华全国中医学会《黄河医话》。

[《中国当代中医名人志》（1991）]

李乐园（1914.05—2001.12），山东梁山人。中共党员，主任中医师。历任中华全国中医学会第一届理事，山东省暨济南市中医学会副理事长，山东省暨济南市科协理事及济南红十字会常务理事，济南市中医医院内科主任、副院长。1963年当选为济南市第五届人大代表，1978—1985年任山东省第三、四、五届政协委员。从事中医临床工作六十余年，擅长内科心脑血管病，肝肾、胃肠脏腑杂症以及妇科经血不调、不孕不育等症的治疗。学术上主张立足经典、博览群书，不拘一格、不崇流派，兼采各家之长，反对拘泥不化。著有《李乐园临床经验选》。1988年被评为"济南市名老中医"，1991年被确定为首批"全国名老中医药专家学术经验继承工作指导老师"，1992年被国务院授予有突出贡献的专家，享受国务院特殊津贴。

[《济南科技志》（1991）]

李乐园（1914—2001），梁山人。历任中华全国中医学会会员、济南市中医医院内科主任、副院长。1988年被评为"济南市名老中医"，1992年享受国务院特殊津贴。擅长内科心脑血管病、肝肾、胃肠脏腑杂症以及妇科经血不调、不孕不育等症的治疗。

在国内各类学术会议和医学杂志上发表论文三十余篇。著有《李乐园临床经验选》。

[《山东省卫生志》（1992）]

李乐园，1914年5月生，山东省梁山县人，中共党员。济南市中医院技术顾问、主任医师。1951年毕业于济南市医务进修学校，1951—1956年先后在济南市第一中西医联合诊所、济南市第二人民医院工作，1957年调济南市立中医医院后历任内科主任、副院长，山东省中医学会副理事长，中华全国中医学会理事，中华全国中医学会内科学会顾问等职。除编写了《伤寒论选讲》外，还先后发表论文五十余篇。

[《济南市卫生志》（2010）]

◎ 黄庆昌 ◎

黄庆昌（1914—1990.08），男，汉族，山东省莱芜市黄亮坡村人，生前系莱芜市人民医院中医主治医师。

幼读私塾，稍长攻习岐黄之术，渊源《内》《难》，旁通诸家，尤对外科精研有得。诸如《外科正宗》《疡医大全》《外科全生集》《医宗金鉴》《外科心法要诀》著作，皆熟读善记。重点条文要理证治，多能背诵，运用自如。对诊治外科诸病积有丰富经验。俱"初期宜消为贵，中期以托为要，后期以补为善"的三大中医外科治疗法则。临床辨证精详，注意整体观念，内外兼治。对湿性皮肤病，主张"外湿引动内湿"的病因病机和"内湿外湿兼治"的方法，创有"渗湿解毒散"，外用疗效卓著。著《中医外科辨证治验简录》，为多年从事中医临床经验总结，理、法、方、药具备，每一病证均附验案数则。近十万字，未梓。

[《莱芜卫生志》（2004）]

◎ 王允升 ◎

王允升（1915[①]—？）男，汉族，辽宁省辽县人，山东省济南卫生学校副教授。1943年伪满奉天农业大学毕业，后改学中医，1953年取得中央卫生部颁发的中医师证书。曾任山东中医学会基础理论研究会副主任委员、济南中医学会顾问委员会副主任委员等职。著有《吴少怀医案》《胆胃证治》《医籍选讲》《西学中教材》等书，撰写了学术论文近百篇。

[《中国中医人名辞典》（1991）]

王允升，男，辽宁省辽阳县人，1917年出生，中国农工民主党员，山东省卫

[①]1915：《中国当代中医名人志》（1991）生年作"1917"。

生学校副教授。他从事中医临床和教学工作四十余年，临床以中医内、妇、儿科为主；教学主讲伤寒、金匮和中医基础。曾任济南市政协七届委员会委员，济南中医学会常务理事和内妇科分会主任委员、全国中医基础理论山东分会副主任。现任济南中医学会顾问委员会副主任、济南红十字会理事。被评为济南市名老中医和济南市优秀科技工作者。主要著述《吴少怀医案》（第一整理者），《中医口腔科学概要》第一副主编，《济南西学中教材》主编内儿科部分，《医籍选讲》主编金匮和各家学说部分，《济南中医药志》任编委组长。共撰写学术论文52篇，在全国性学术会议上发表交流5篇，在省级刊物上发表4篇，在市级刊物和学术会上发表43篇。1956年撰写《伤寒要义》四卷45万字，《金匮要义》四卷50万字。1978年撰写《素问易解》十一卷80万字，《灵枢易解》十卷60万字。1984年撰写《此事难知》注释25万字。1986年撰写《难经易解》20万字，《幼科诗赋评注》一卷。1988年重辑《周易探源》二卷，现已写成《临床治验医案》一千例。授省级优秀论文奖一次，市级优秀论文奖三次，市科学大会奖一次，市优秀科技工作者奖一次，济南卫生学校先进工作者奖四次。

科研成果：1959年在济南市立中心医院用新亚201型耳诊仪，选取耳轮内的内分泌、肾上腺、卵巢区的三联交接点作为"妊娠点"诊断妇女早孕，经二十余年临床使用与脉诊符合率基本一致。1955年临床观察指甲的形态、色泽、物理的变化，通过四百余例分析，发现指甲改变与二十七个病种有关。总结材料得到济南市中医年会的认可。

医疗特长：以中医内科为主，兼作妇、儿等科。无论外感、内伤诸病，都重视脾胃冲和之气。高血压、慢性肾炎和妇科崩漏、不孕，儿科惊风、痫证、皮肤科血管瘤等疗效突出，按照治上不犯中、治表不犯里的原则，药少量轻单刀直入，轻可去实。很少使用大方怪药，平妥之中以取疗效。

[《中国当代中医名人志》（1991）]

◎ 孙润生 ◎

痉病（破伤风）

病机探微

破伤风属于痉病范畴，开始发烧害冷，继而口噤、口斜，身体强直，角弓反张。

此证致发原因有三：由于皮肤受伤，风邪骤袭而致，此其一；因疮口不合，贴膏留孔，风邪渐入而发，此其二；或因积热在内，遍身疮痂，疮口闭塞，气难通泄而成，此其三。虽其原因不同，然皆血衰，不能养筋所致。

破伤风所以出现以上症状，由于风邪内扰体温调节机能紊乱，故时发烧害冷，严重地侵犯了神经系统，故身体强直，角弓反张，口噤目斜，甚则毒邪攻心，痰涎壅盛，引起窒息，病情已危。

临床体会

破伤风虽属痉病范围，但与刚痉、柔痉病因不同。《金匮》曰："太阳病，发热无汗，反恶寒者，名曰刚痉；发热汗出，不恶寒，名曰柔痉。"

其致病原因，太阳病汗下失宜，皆可致痉。柔痉治以瓜蒌桂枝汤。刚柔治以葛根汤。此乃《金匮》泛论痉证的致病因素，及其治疗原则，而非为论破伤风的文字。

顾名思义，既曰破伤风，必有皮肤破损的经遍，凡金刃虫兽所伤，皆能引起。再加受伤后，未能妥善处理。风邪乘虚侵入人体，引起病变，即谓之破伤风。治疗此种病证，应以祛风为主，相应地调和气血。

注意事项

轻型破伤风，初起牙关微紧，开合不利，吞咽困难，颈项强紧，而呈苦笑面貌，四肢抽搐，但间歇性较长，脉弦，舌苔白腻，宜急用祛风镇痉药调理之，常用方剂有玉真散，每服二至三钱，一日三次。

重型破伤风，病程较长，牙关紧闭，饮食难进，抽搐频繁，角弓反张，呼吸急促，痰涎壅盛，脉弦紧，治疗以祛风镇痉除痰为主。如痰多恐其窒息，可考虑气管切开。常用方药为五虎追风散。每服二钱，日三次。如病重不能吞服，可由鼻管灌入。

新生儿破伤风亦谓之脐风。多为出生后断脐不慎所引起，小儿舌红，指纹青紫，可用撮风散煎服，分数次灌下。

产后破伤风，除一般治疗外，如系气血两亏，可适当选用八珍汤加减调理之。

验案一例：四院外科住院病人，刘某，男，因天气阴雨，道路泥泞，赤脚穿胶皮靴，从天桥上经过（那时天桥还没有翻修），不慎踏在一个铁钉子上，穿透了胶鞋底，刺在脚心里，有七八分深，当时拔出钉子，出血不多，未加注意。过了六七天，始觉不适，发烧害冷才到四院外科看病。外科诊为破伤风证，收入住院治疗，病情日渐严重，抽搐等证发作频繁，痰多吐不出来，恐被堵塞，乃将气管切开，排除痰涎，维持生命，适时才请中医会诊。

中医检查病人处于昏迷状态，不能言语，脉象弦数，舌赤苔腻厚，因饮食难入，大小便亦少。

处理：以《外科正宗》方玉真散，每服三钱，日三次。亦可外用敷伤口，如散药难以服下，可改为汤剂，从鼻管灌入。

方药：南星、防风、白芷、天麻、羌活、白附子。

方用南星、防风二味，《外科正宗》又加入了后四味，加强了祛风力量，在临床应用时或为散药，或改汤剂，以病人能服下为主。病人出院时，写来感谢信认为服中药起了一定作用。

[《泉城名中医经验选粹》（1992）]

◎ 周伯良 ◎

周伯良，名广仁，生于1915年，崔寨公社周家村人，已故名医周长明之孙，三世业医。1922年开始读经书，1926年跟祖父学医，1930年到济南"复元堂"药店跟名医徐卿云、吴福堂学习中医和中药炮制加工技术，又得平津名医王静斋先生的指教，对中药炮制、伤寒瘟病及妇科病的治疗有较大进步。1939年回故乡行医，来诊病人络绎不绝，乡民感激，赠一匾额及六扇屏，以表谢意。

先生熟读《内经》《伤寒》《金匮》《温病》、妇科、《本草纲目》等书，且擅长书法，解放后曾多次受到县文化馆的嘉奖。1952年，先生积极响应政府号召，在郑家村参加中西医联合诊所，1956年调济阳县中医学术研究委员会，任妇科医师，1958年调县人民医院工作。1960年春到省中医学院师资班学习，选到教研室和编写组，编写伤寒厥阴篇教材，同年12月由山东省卫生厅任命为中医主任医师，1961年春学习结业后回县医院中医科应诊。伯良先生为人醇厚，医德高风，为人所知，解放后历年被选为人民代表。1977年被选为县人大常委会委员，1978年被选为省五届人大代表，1981年经省卫生厅复核落实了中医主任医师职称。先生现已年近七旬，精神矍铄，好学不倦，历尽实践，每日病人盈门，从不推诿，深受群众爱戴。长子芳尧，三子芳城，皆世医业，大有先辈之遗风。

[《济阳医药卫生志》（1984）]

◎ 梁铁民 ◎

梁铁民（1915—1978），原名梁静，男，山东聊城县人。出生于世医之家，祖传整骨经验，在当地有广泛的影响和声誉。梁老自幼耳濡目染，立志继承家学，献身医学事业。为全面掌握医学知识，提高自己的诊断治疗水平，遂考入山东省国医专科学校，并于1937年毕业，开始走上从医之路。

解放后，他积极响应党和政府的号召，率先成立济南市第六联合诊所二分所，并任副所长、整骨医师。1956年在山东省中医研究班学习，1957年结业后任山东省中医进修学校教师，1960年7月起担任山东中医学院骨科教研组主任、我院骨科主任。

梁老从事骨科临床治疗及教学工作近四十年，在长期的医疗实践中，积累了大量的宝贵经验，形成了独到的学术思想，体现在：一，突出整体观念。他认为人体是一个有机整体，脏腑、经络、气血与四肢百骸、皮肉筋骨都是互相联系的。肢体某处损伤和骨折，除局部症状外，必然引起脏腑气血的功能失调。"肢体损于外，则气血伤于内，营卫有所不贯，脏腑则由之不和"。因而重视全面检查，主张辨证施治，在治局部损伤的同时，注重调理全身，以达到尽快消除骨折症状并促使骨折愈合的目的。二，在骨科用药中注重调理气血。他积多年经验并结合前人的论述，认为"跌打损伤，专从血论"，内治之法必须以活血化瘀为先，"血不活则瘀不去，瘀不去则骨不接"。同时气为血之帅，在活血化瘀之中又须兼以调气。他主张三期辨证用药，即早期活血化瘀、中期续筋接骨、晚期舒筋通络。三，在现代医学解剖学的基础上，他特别注重手法检查的"量诊"。根据骨性标志，用软尺测量损伤病人肢体的长短、粗细、与健侧对比，在无X线检查的情况下，对临床诊断和手法整复有重要的意义。他认为这是骨科医生不可缺少的临床检查手段。

梁老于1958年负责编写《临床整骨学》一书，约二十万字，系统阐述骨科领域的有关理论与实践问题，全面体现了他的学术特点，受到医界的好评。1960年他还为举办全国骨科学习班整理了《整骨经验荟萃》，详细介绍了全国名老中医的整骨经验。他还为《山东中医杂志》撰写了《中医手法整复治疗颈椎脱位》等论文。

梁老热爱党、热爱社会主义，1957年加入农工民主党，并任该党济南市委员会委员。1977年被选为省政协第三届委员会委员，为中医事业的发展提出过不少合理的建议与意见，作出过有益的贡献。

[《山东中医学院附属医院院志》（1985）]

曾用名梁静，聊城古楼东街人，生于1915年9月，1978年3月病故于济南，终年六十三岁。梁铁民1937年7月毕业于山东国医专科学校，在济南市开业行医十余年，擅长中医骨外科。建国后，1951年8月任济南第六联合诊所二分所副所长兼中医骨科医师，1957年2月至1978年，先后在山东省中医进修学校、山东省中医学院骨科教研组、附属医院骨科担任讲师、主任等职务，并被推荐为山东省政协委员，1960年被评为山东省先进工作者。

著有《全国正骨经验交流荟萃》14万字（山东人民出版社1958年出版，1960年再版）、《简易中医手册·骨科部分》（山东人民出版社1962年出版），《关于中医接骨丹对骨折愈合的机转及股骨颈骨折中药治疗的临床观察》于1960年3月30日在《山东中医杂志》发表。

山东省中医学院党委对他的评价是："梁铁民主任，任劳任怨，兢兢业业，对同志对人民极端热忱，对工作极端负责，对技术精益求精。"他一生为国家培养中医骨科学生二百四十多名，使中医骨科在全省开花，在人民群众中有威望。

[《聊城市卫生志》（1991）]

梁铁民（1915—1978），原名梁静，聊城县人。中医世家，长于骨科。早年在济南开业行医，解放后率先成立了济南市联合诊所，任所长。新中国建立后曾先后任山东省中医学校、山东省中医学院讲师、副教授、骨科教研组主任，省政协委员。1960年被评为省先进工作者。曾出版《中医骨科学》等多种专著。

[《聊城地区卫生志》（1993）]

梁铁民（1915—1978），中医骨科专家，聊城人。早年在济南开业行医，后任联合诊所所长，建国后曾先后任山东中医学校、山东中医学院讲师，骨科教研组主任，省政协委员。1960年被评为省先进工作者，曾出版《中医骨科学》等多种专著。

[《济南市卫生志》（2010）]

◎ 李尔励 ◎

李尔励（1916—1985），著名中医喉科医师，北京人，出生于日本长崎。早年在北平行医，解放后来济南从事中医喉科医疗。曾被选为山东中医学会五官科分会副主任委员，发表《失音辩论治》《喉科史话》等论文。

[《济南市卫生志》（2010）]

◎ 丁瑞麟 ◎

丁瑞麟（1917—1979），男，原名丁鸿祥，山东潍坊市人。中学毕业后即拜师学医，始习四大经典，继研《内外伤辨惑论》《脾胃论》《小儿药证直诀》《幼幼集成》等书。经六易寒暑，独酷爱儿科。年方弱冠，悬壶问世。以精于儿科，誉盛医林。于博山联合诊疗所任所长。1953—1955 年任淄博市人民代表，1956 年任淄博人民委员会委员，并荣获卫生厅先进工作者奖状。

1957 年调我院，任儿科主任。1960 年加入中国共产党。1978 年晋升为讲师、主治医师。丁老医生的学术观点：受金李东垣及清陈飞霞的影响最深，极力推崇"滥用寒凉，败伤脾胃""内伤脾胃，百病由生"的学说，常说："小儿如草木之方萌，而不耐风寒霜雪，对寒凉攻伐之品应十分谨慎。即是体壮之儿，也要中病即止。以小儿稚阳易伤，脾弱易损。"从辨证立法到组方遣药，必据"脾常不足，稚阴稚阳"的特点，时刻不忘顾护脾胃。喜用四君子汤、七味白术散、参苓白术散、六味地黄丸等方。但其加减变化，组方法度，守古而不泥古，用药别具匠心。治疗小儿感冒，多用"扶正达邪"，因小儿体质娇嫩，邪伤之后，荣卫易虚，不益气御邪，缠绵难愈。如遇小儿郁热及伤食之症，亦常以"清补并用"或"消补兼施"。对小儿疳证、痫证、解颅及其他慢性疾病，也强调"脾胃为生化之源，后天之本"。先后发表了《治疗小儿疳证的体会》《人参败毒散加减治疗小儿感冒的体会》《顿咳治愈经验点滴》《久咳的辨证论治》等二十余篇论文。著有《中医儿科临床体会》一书，留下较好的临床参考资料。

[《山东中医学院附属医院院志》（1985）]

丁瑞麟（1917—1979），原名丁鸿祥，潍坊人。青年学医，在潍县城行医多年，擅长儿科，解放后曾任潍坊市中医联合会常务理事。后去博山，曾任博山联合诊所所长、淄博市人民委员会委员，后调任山东省立中医院儿科主任、山东中医学院讲师。著《中医儿科临床体会》，发表《治疗小儿疳证的体会》《人参败毒散加减治疗小儿感冒的体会》等二十余篇论文。

[《潍坊市卫生志》（1989）]

丁瑞麟（1917—1979），原名丁鸿祥，潍坊人。建国后任博山联合诊所所长、淄博市人委委员，长中医儿科。后任山东中医院学院讲师、山东省中医院儿科主任。

[《淄博市卫生志》（1997）]

丁瑞麟（1917—1979），中医儿科名医，原名丁鸿祥，潍坊人。青年学医，擅长儿科。建国后曾任博山联合诊所所长，淄博市人民委员会委员，省立中医院儿科主任，山东中医学院讲师，著《中医儿科临床体会》，发表《治疗小儿痹症的体会》《人参败毒散加减治疗小儿感冒的体会》等二十余篇论文。

[《济南市卫生志》（2009）]

◎ 宋九恩 ◎

宋九恩（1917—1979），崮山公社前大彦大队人。擅长内科。

[《长清县中医药志》（1984）]

◎ 陈伯咸 ◎

陈伯咸（1917[①]—？），男，汉族，河北省通县人，济南市中医医院内科主任医师。1934年考入华北国医学院，1938年毕业，于1943年来济行医。曾任济南市政协委员、济南中医学会理事长等职。著有《内经选讲》，已出版发行；撰写学术论文三十余篇。

[《中国中医人名辞典》（1991）]

男，汉族，济南中医院主任医师，北京市人，1918年2月出生，1938年毕业于华北国医学院，现从事中医专业。师承名医施今墨，1938年在北京行医，1957年调入济南中医院，从事中医内科专业工作至今。撰写的《对传染性肝炎的认识和治疗体会》1989年获省第二届自然科学优秀学术成果二等奖，在中医内、外、妇、儿学科中有很深造诣。1990年被国家人事部、卫生部、中医药管理局批准为全国老中医带徒导师。

[《中华人民共和国享受政府特殊津贴专家、学者、
技术人员名录：1992年卷 第1分册》（1995）]

陈伯咸，1917年2月生，河北省通县人，中共党员，济南市中医医院副主任医师。1938年于华北国医学院毕业后在北京、济南等地行医，1951—1957年先后在济南第一联合诊所、济南市卫生局、济南市立一院任中医师，1957年调至济南市立中医院后历任中医师、主治医师、副主任医师以及济南市中医学会理事长。先后发表

---

① 1917：《中华人民共和国享受政府特殊津贴专家、学者、技术人员名录：1992年卷 第1分册》（1995）、《山东省卫生志》（2010）、《中华名医特技集成》（2019）生年作"1918"。

了《阴静阳燥学说的临床意义》(《济南医药》1983年4期)、《仲景与伤寒论》《冠心病与龙骨特力》《传染性肝炎的治疗经验》等论文。

[《济南市卫生志》(2010)]

陈伯咸（1918—1997），河北通县人。1938年毕业于华北国医学院，1958年调济南市中医医院工作。历任山东省暨济南市医药科技委员会委员、山东省卫生技术职务高级评委会委员，为济南市第五、六、七届政协委员。1988年被评为"济南市名老中医"。1992年被评为省卫生系统先进工作者，并享受国务院特殊津贴。他擅长治疗肝病、胃肠疾病。撰写并出版医学著作4部。

[《山东省卫生志》(2010)]

陈伯咸临证心得

疏肝健脾，要贯穿始终

关于疏肝法，前人有"木郁达之"之旨。慢肝之郁证，治疗既注重疏理肝气，更贵在养肝血以补其虚虚之体。若论疏肝之药，陈师喜用柴胡，其性味苦微寒，直入肝胆经，独具疏肝解郁，宣畅气血，升清阳降浊气，调和脾胃，通利三焦，故《本草经》谓之"推陈致新"而列为疏肝之上品。配以当归、白芍，意在甘酸合化，补肝血，益肝阴，以求疏寓养中，刚柔互济，相得益彰。实践证明，"见肝之病，知肝传脾，当先实脾"对求得肝功能康复有着关键性的意义。故组方中健脾益气、理气化滞药占的比重较大，如党参、黄芪、白术、砂仁、茯苓、枳壳等，以振奋脾胃功能，化精微散精于肝，使肝细胞得以充分的营养，促进自我修复与新生。可谓得益补养之剂，受之解郁康复之功。气虚明显者加重黄芪用量（一般30~60克）。黄芪甘温，力宏善走，补而不滞，健脾益肝补胃气，脾气旺则血行，百脉通泰，故方中每每用之。药理研究证实，黄芪含有多种氨基酸，有扩张血管、改善血行、防止肝糖原减少、保护肝脏等作用。慢性肝炎的病机往往有着多重性改变，既有脏腑功能性失调，又有痰浊、血瘀等诸因素夹杂，尤其是血瘀阻络，是导致肝脏纤维组织增生和病情难以逆转的重要病理矛盾。故在辨证的基础上，活血祛瘀药应自始至终作为常规用药，灵活掌握，对阻断病情发展，殊有裨益。常用药有丹参、赤芍、泽兰、三七、延胡索、玫瑰花等。

清热解毒，要甘温反佐

乙肝病毒深伏营血，侵蚀肝脏，胶着黏滞，并非一般清热解毒药在短期内所能彻清。临证凡见主诉症状突出，体征明显，肝功异常，病毒标志物持续阳性者，宜用甘寒凉血解毒药，如金银花、连翘、牡丹皮、败酱草、白花蛇舌草、白茅根、蒲公英、板蓝根等，这些药既清血分之热，又解血分之毒，再合理配用淡渗利湿药，如茯苓、薏苡仁、茵陈、淡竹叶等。效果更佳。一般来讲，甘寒清解药虽较栀子、山豆根、半枝莲等苦寒清解药副作用小，但总有伤正的一面。为求稳妥和求得最佳的疗效，参阅《石室秘录》治肝病"用热不得远寒，用寒不得废热"的原则，在清解的方药中合入黄芪、党参、白术、砂仁等甘温药，益护后天之本，以鼓舞正气，使之祛邪而不伤正，扶正补虚不恋邪，从而造成一种有利于病毒消除的局面。经观察，远期疗效要比单纯清解法可靠的多，体现了陈师"清热解毒，甘温反佐，拮抗协调"的整体观。

选药配伍，要动静结合

五脏属阴，宜藏不宜泄，用药以静为主；六腑属阳，宜泄不宜藏，用药以动为主；两者或动静结合，总是剖析推敲。治疗慢性肝病紧扣肝与胆、脾与胃、肝与脾肾之间的生理病理相关性，选药配对有药味相近，功能相同，或取其偏长为用，相互协调，总根据动静结合这一原则加以确定。如白芍配丹参，一阴一阳，阳开阴合，养血益肝，化瘀宣通，用于肝血亏虚，血瘀阻络是极佳的药对。肝藏血主疏泄，体阴而用阳。柴胡配当归、白芍，疏肝郁，益肝阴，缓急止痛，不仅切中慢肝虚郁之病机，且久用全无劫阴之虑。茵陈与紫河车、三七为伍，集补益肝肾、利胆降酶、化瘀散结于一炉，用于早期肝硬化之肝脾大，白蛋白、球蛋白比值异常等，效果理想。临证若见舌苔白腻或黄腻，口苦纳少，便稀欠爽，腹胀痛，虽经健脾清化且疗效仍不理想者，可在方中加入枳实、白芍。药理研究证实，两药具有明显的增加胆管平滑肌舒缩功能，促进胆汁排泄，加快新陈代谢的双向调节。肝病日久，穷必及肾，若腰膝酸软、懈怠安卧、头晕耳鸣者药选山茱萸配菟丝子，尽收补下虚而助肝之疏泄之功。对于较顽固性肝硬化腹水者，在注重邪、虚、瘀三者统筹兼顾的原则下，用鳖甲配冬瓜皮、猪苓、瓦楞子、路路通、水红花子、三七等，坚阴利水不伤正，软坚化瘀消癥积。由于患者长期的精神压抑和情志上的忧思悲虑，失眠一症每每多见，势必暗耗肝肾之阴，对病情康复十分不利。经循循善诱，消除疑虑的同时，常以炒酸枣仁合焦远志，酸补宣达并举，共奏滋肝阴、养心脾、安神解郁之功。

[《肝胆病对证自疗》（2010）]

陈伯咸（1917—1997.08.23），河北通县人，国家级名老中医。1938年毕业于华北国医学院,承业于当代名医朱壶山、施今墨,在北京行医。1943年来济,1951年7月参加革命工作,1958年调入济南市中医医院。1980年11月加入中国共产党。曾任济南市第五、六、七届政协委员,山东省暨济南市医药科技委员会委员,山东省卫生技术职务高级评委会委员,济南市中医学会理事长、名誉理事长,济南市专家协会会员,澳大利亚维多利亚中医药学会学术顾问等职。一生视中医事业如生命,为继承发扬中医事业培养了大批人才。治学严谨,学验俱丰,擅长中医内科兼专妇、儿科,尤对肝病有很深的造诣和独到之处,撰写并出版医学著作四部,在国内医学界享有很高声誉。1990年被国家卫生部、人事部、中医药管理局命名为全国名老中医并确定为全国首批带徒的五百名中医药专家之一。1992年被评为省卫生系统先进工作者,并享受国家级政府特殊津贴。1997年8月23日在济南病逝。

[《济南科技志》(2011)]

陈伯咸,主任医师,汉族,1918年2月4日出生,祖籍河北省通县,世居北京。因父多病,自幼嗜医。1934年考入华北国医学院,1938年毕业后悬壶京门。初随当代名医施今墨学习四年,同时协施师创办《文医半月刊》,被器重任社长兼主编。后又师承唐容川之嫡传门人朱壶山教授九载,因而学验俱丰。后于1943年移寓济南。医林春秋近一甲子,济世活人誉隆遐迩。

1957年调入济南市中医医院工作。曾任济南市政协委员,济南市中医学会理事长,济南市中医医院主任医师。1992年10月被国务院确定有突出贡献人才并享受国家政府特殊津贴。

陈老崇尚"天人合一"之说。遣方用药,动静结合,善于守方,尝谓"守方如守阵地,阵地固守,其邪哪有不败之理"。若朝方暮改,欲速则不达。他对肝病的研究造诣精深,根据乙肝症状隐匿、缠绵难愈的特点,指出"肝郁脾虚"是其基本病机,依照养血舒肝、健脾扶正法治之,无不取效于临床。"调肝脾以治五脏,治五脏重调气机"是陈老治疗内伤疑难杂症的一贯指导思想,胥收事半功倍之效。著有《内经选讲》《中医学教材》等书。先后在全国各级刊物上发表有影响的学术论文30余篇。其学术思想已被收入国家及山东名老中医录。

特技绝招

内服外敷施治痈疮溃疡

他拟验方金黄愈平散(生大黄10克,生黄柏10克,生地榆10克,刘寄奴10克,血竭10克，冰片2克），专治腐溃绵延，屡治不效之压疮，经五十余年临床验证，功效卓著。压疮因患者久卧，局部瘀血，摩擦破溃脓水淋漓。方取大黄、黄柏清热燥湿，解毒活血消肿；刘寄奴、血竭行瘀生肌；地榆凉血敛疮；冰片防腐止痛，诸药共为极细末，香油调匀备用。

曾治教师颜某，年六旬又六，患中风偏瘫卧床八载，两臂溃烂，疮口如碗口，目不忍睹，臭不可闻，屡治弗效，特邀陈师诊治。遂用上方外敷调治半月，溃面渐趋平满而愈。

强身健体，祛病延年，冀人生梦寐以求者也

闭目静坐，转目旋指术乃先师朱壶山氏之养生秘法。先师为前清拔贡，工诗文，精医学，七十一岁时仍体魄康健，神采奕奕，朱颜润泽，牙齿坚固，耳聪目明。终日精力充沛，记忆清晰，享寿八十二岁。余操此法，雷打不动数十载，迄今坚持门诊，应暇外事，兼理家务。1992年春借会务之隙，攀登云南名胜石林，路曲陡险，仍步履轻捷稳健，次日毫无倦意，年轻人无不赞叹。此术每于午晚餐后即闭目静坐靠背椅，双手交叉居腹，旋转拇指转目睛15～20分钟。静则谷气始消，能内化精微奉养神气，外布精液滋荣筋脉。饭后自适应脏腑对气血津液调节的时间性，使肾精封藏，肝血充裕，养心宁志，达到因时而补易为力的目的。对防治冠心病、中风发作大有裨益。目睛为脏腑阴阳水火之汇聚，大脑二户。闭目缓动，久之耳聪目明。"四肢乃诸阳之本"。循序旋转拇指，启阳携阴，使之和法以静为主，静中有动，动静并蓄，法简易行。若持之以恒，对保健养生，必有大获。故吾常以此方用于冠心病、高血压、顽固性失眠、胃下垂等患者，每获奇功。

理淋汤

组成：生地15克，当归10克，丹皮10克，赤芍10克，牛膝15克，茯苓10克，通草10克，竹叶10克，山栀10克，赤小豆15克，旱莲草15克，女贞子10克，砂仁10克，水煎服。

功效：养阴清热，利湿化浊通淋。主治：泌尿系感染，包括急慢性肾盂肾炎、膀胱炎、尿道炎、肾小球肾炎急性发作。

随症加减：湿热重尿痛者，加萹蓄10克，瞿麦10克；气郁者，加炒金铃子10克，香附10克；湿困脾者，加炒苍术10克，佩兰10克，陈皮10克；阴虚者，以归芍地黄汤加五淋散、二至丸、当归赤小豆汤化裁；小便化验有蛋白者，加生黄芪30克，莲子肉10克；有红细胞者，加白茅根15克，小蓟10克，藕节10克；腰疼

痛者，加炒杜仲15克，桑寄生15克。

方解：方中二至丸滋补肾阴，五淋散既养阴血以清热，又通五淋利小便，导赤散清心导热利尿，当归赤小豆汤养阴血利湿消肿，砂仁既调理气机又芳香化浊。

淋症之因，一般多责诸湿热。陈伯咸主任医师认为：虽然湿浊之邪从尿道内侵是不可忽视的外来因素，但正气的虚衰，肾精的失耗却是疾病的主要原因。本病病机为肾精不足，心火下移膀胱，湿热蕴结，气化失司，血瘀水泛。治疗以滋补肾精，清心泻火，调气理湿，化瘀散结为大法。陈师以五淋散、导赤散、赤豆当归散、二至丸化裁组成理淋汤，整方清利而不伤正，滋阴而不壅滞，阴气复则五志火清，下焦湿热除则淋自愈。据五百余例淋症总结，每人服药三五剂即获佳效。

化斑汤

组成：柴胡10克，川芎10克，泽兰10克，当归10克，丹参15克，桃仁10克，赤芍10克，香附10克，红花10克，生姜3片，葱白3寸，大枣3枚，水煎服。

功效：养血舒肝，祛瘀化斑。主治：颜面黄褐斑。

方解：方中桃红四物汤养血活血化瘀，柴胡条达肝郁，丹参、泽兰调经活血，香附行血中之气，姜枣调和荣卫，大枣入脾悦颜色，葱白通阳，阳运则脉通瘀散。

颜面黄褐斑系色素障碍性皮肤病。陈伯咸主任医师认为：此症属心肝二经，心主血脉，血脉亏虚则面色无华，肝藏血，血瘀气滞则颜面瘀斑生焉。因此本症多发于肝郁气滞，月经延后之体。临床应用，屡用屡效。不用生地者以生地凉血不利于通阳化瘀也。

镇痛汤

组成：生石决30克，天麻10克，僵蚕10克，赤、白芍各10克，钩藤15克，地龙15克，当归10克，菊花10克，全蝎10克，川芎6克，茺蔚子10克，生地15克，炒枣仁10克，沙白蒺藜各10克，水煎服。

功效：养血平肝，通络止痛。主治：三叉神经痛、高血压头痛（阳亢型）。

随症加减：纳呆腹胀者，去生地、茺蔚子，加砂仁10克，木香10克，陈皮10克；痰涎壅盛者，加天竺黄10克，竹沥水20毫升；肝阳上亢型高血压头痛者加槐米10克，黄芩10克。

方解：方中四物汤养血活血，生石决明、天麻、钩藤、菊花、沙白蒺藜平肝祛风而不燥，僵蚕、地龙、全蝎为血肉有情之物通络解痉镇痛，炒枣仁养肝体、镇静、安神。

陈师认为：三叉神经痛属中医头痛范畴，部位在阳明，少阳之络，多为肝肾阴虚，水火不济，肝阳上亢，炼液成痰，阻塞络道，上蒙清窍所致。主张益阴潜阳，养血通络，化瘀止痛。反复强调不能过用辛燥专事祛风。据三十例临床观察，患者服药五剂即疼痛大减，二十余剂后可达临床痊愈。

[《中华名医特技集成》（2019）]

◎ 蒋则廉 ◎

蒋则廉（1917—1973），字奉公，见马乡田家楼村人，系当地医林高手蒋其奎之孙，瑾堂之子，出生于三世医家。幼承庭训，高小毕业后即随父习医，苦读经典医籍，精研方书，重于实践，博采众长，学验续增，深得民誉。一生语言和气，礼貌待人，乐善好施，民有疾，有求必应，朝夕奔波于诸村病患之家，诊病细心，取药谨慎。1949年首次组织县医药联合会时，即当选为区医联会副主任、县医联会委员。积极组织广大医药卫生人员走集体化道路，1952年带头参加联合诊所，历任所长、分所长等职。"文化大革命"中受迫害，积怨成疾病逝，终年五十六岁。

[《莱芜卫生志》（2004）]

◎ 刘汉祥 ◎

刘汉祥（1918—1992），男，莱芜市大槐树乡公家庄人。幼年聪慧好学，进本村小学堂读书一年，后因家境拮据，中途辍学务农，1934年弃农到寨里玉寿堂投师学医，究心苦读经典，为人温和厚道，对于《本草纲目》诵记尤熟，后精药科，1956年应聘入县人民医院，潜心中药工作，终日兢兢业业，任劳任怨，医德高尚，尤其对中草药炮制技术更为见长，他自配药方制作的各种膏、丹、丸、散剂，临床应用收效甚验，被誉为"大王庄的丸子"之美谈。1980年当选为莱芜县政协委员，1983年晋升为主管中药师，曾被选为山东省劳动模范和市医院历届劳动模范。

[《莱芜卫生志》（2004）]

◎ 史延泽 ◎

史延泽（1919—1985），枣园镇史家村人。幼年在天津读书，后从师名医学而成才，长于内科，治病认真细心，在当地声望较高，注重医理研究，热心培养后学，带教中医学徒数人。

[《章丘卫生志》（2007）]

◎ 杨登坤 ◎

杨登坤（1919—1980），辛集公社堤口村人，回民。四世业医，其先人皆为外科，至伊又研究内、妇科。晚年在辛集卫生院应诊，临床以治疗癫狂痫症最多，治愈多人，受到病家赞誉，并赠送锦旗等。

[《济阳医药卫生志》（1984）]

◎ 李廷来 ◎

李廷来，男，1919年出生，山东省阳谷县人。任济南市中医医院技术顾问、主任医师，省、市科协常委，省、市中医学会理事，市学会副理事长、常委、顾问，全国中医学会、外科学会血管病组组长，市人大代表等职，济南市名老中医。曾兼任山东中医学院授课、西学中班授教，济南市医务进修学校毕业。市中医院副院长、省三届、五届人大代表，市七届、八届、九届、十届人大代表，市政协委员和济南市积极分子代表大会代表，他从医五十余年，善治外科病症，如痈疽疮疡、周围血管病、骨疽、乳痈和皮肤病等。

李廷来出身五代中医世家，自幼随母舅学医、炼膏丹、打丸散、习方技，尽得中医外科薪传，弱冠学成，即悬壶乡间，为民除病解苦，1957年调入济南市中医医院长期从事中医外科临床工作至今。几十年来，朝夕勤读，精研古籍，勤求古训，博采众长，临床不辍，学术造诣。精益求精、临床经验丰富，治疗上强调"治外必治其内、内外兼治"，辨证论治，用药独到轻巧，临证疗效显著，痊愈甚众。

脉管炎一病属外科临床一大难症，患者疼痛难忍，且常因不能根治而遭受截肢之苦。在长期临床观察中，摸索治疗规律，于60年代初即在国内首次创造性地提出了该病的"五型辨证分类法"，自创有效方剂茵陈赤豆汤用之临床，效如桴鼓。使许多患者免遭截肢之苦，他主持撰写的《以中医中药为主治疗脉管炎450例疗效分析》论文，获得了省科协自然科学优秀成果二等奖，使脉管炎的临床研究居领先水平，享誉省内外。《中医治疗乳痈（乳腺炎）1967例临床分析》论文获得了省中医学会优秀论文奖。《中医外科的外治法》1986年获市科协成果奖，1989年山东省科学技术协会特颁发了从事科协工作二十五年以上的"荣誉证书"，临床之余，勤于笔耕，著述撰写论文近20篇，参加编写《中医学教材》《中医外科学》《千家妙方》《中国现代名中医医案精华》等书，参加《难经》《甲乙经》《诸病源候论》等书的校释工作，被列入《山东省科技名人录》和《全国名中医谱》。致力于老年性动脉硬化坏疽的临床研究。

著作有：《中医学》教材189-311页（1978年济南市卫生局出版）；《中医外科学》总论，"外治法"80-103页，"周围血管病"362-378页（1987年11月人民卫生出版社）；《千家妙方》22-23-39页（1982年1月战士出版社）。

论文有：《中医治疗骨结核病的初步临床介绍》（《山东医刊》1957年第6期）；《中医治疗25脱疽（血栓闭塞性脉管炎）之报告》（《山东医刊》1959年第10期）；《祖国医学外科流派的发展和认识》（1962年1月《医学双百文集》）；《中医治疗湿疹80例临床观察》（《山东医刊》1964年）；《中医治疗乳痈（乳腺炎）病203例的总结报告》（《中医杂志》199年12期）；《治疗三期Ⅱ级血栓闭塞性脉管炎33例报告》（《中医杂志》1980年）；《中医治疗1967例乳痈（急性化脓性乳腺炎）病的疗效分析》（《济南医药》1980年）；《中西医结合治疗血栓闭塞性脉管炎笔谈（中医辨证论治）》（《山东医药》1983年）等。

[《中国当代中医名人志》（1991）]

李廷来（1919—1993），阳谷人。1953年参加工作。历任中华全国中医学会会员，济南中医医院外科主任、副院长。擅长骨伤、疮疡及周围血管病诊治。在国内首次提出周围血管病"五型分类法"（虚寒型、郁滞型、热毒型、湿热型、气血双虚型），获山东省自然科学二等奖。主要论文有《中药治疗乳痈1967例探讨》，编纂《中国中医外科学》，整理出版《外科备览》《医谈札记》等书籍。1960年、1963年连续两次被评为山东省先进生产者。1988年被评为"济南市名老中医"。1992年享受国务院特殊津贴。

[《山东省卫生志》（1992）]

李廷来1919年12月生，山东省阳谷县人，中共党员。济南市中医医院技术顾问，主任医师。1950—1952年在济南市医务进修学校学习，1952—1956年在济南市第三联合诊所任中医师、医务主任、副部长等职，1957年调至济南市立中医院后历任外科主任医师、副院长等职。主要从事血管病临床研究，先后完成了"中医治疗脱疽40例""治疗脉管炎"等项目；1956年提出了血栓闭塞性脉管炎五型分类法，并研制出"茵陈赤小豆汤"有效方剂，用于治疗该病之温热型。他编写了《中医外科备览》，参编了《中医外科》《千家妙方》等著作，发表论文16篇，其中《以中医中药为主治疗脉管炎450例疗效分析》《中医治疗乳腺炎1967例疗效分析》两文，分别获山东省科协、山东中医学会优秀论文奖。

从事中医治疗闭塞性动脉硬化坏疽的研究。

[《济南市卫生志》(2010)]

◎ 张洪廉 ◎

张洪廉(1919—1973),埠村镇埠东村人。生于世医之家,十四岁从父仪亭学医,酷爱医学经典,潜心攻读,十九岁独立应诊。1956年,参加联合诊所,任副所长。1959年,调入县人民医院中医科工作。先生精研医学典籍,博览众家医著,推崇陈修园著述。临床经验丰富,诊病精细,擅长内、妇科,治病多获良效,得心应手。对心血管病造诣尤深,提出治疗心血管病施以"通"字的观点,在全县及莱芜、淄博等地负有盛名,著有《医学四字明》《胎产四字鉴》,未刊,一生带徒6人成才。

[《章丘卫生志》(2007)]

◎ 景柏承 ◎

景柏承(1919—1976),别名毓茂,山东省桓台县人。幼读私塾,后学商。1936年在家务农兼学医。1940年来济南彝庭儿科讲习所学习半载,便在本市行医,并从郑毓桂大夫学习针灸医术。1953年加入济南第三联合医院,1958年参加济南市中心医院针灸科工作。

[《济南中医药志》(1989)]

◎ 亓孝谦 ◎

亓孝谦(1920—1987),莱芜市坡草洼村人。幼读私塾,中年弱儒习医,为境内现代名医吕憨曾之再传弟子,聪慧好学,尽得其传,注重精研中医经典著作,对仲景著作见解较深。运用经方治疗疑难重症屡起沉疴,旁及历代名家,辨证审慎,组方严谨,用药平中见奇,擅内科,治时疫杂病见长。早年悬壶乡里,名誉雀噪,1979年全省招考录用散在乡村的中医药人员,考试成绩名列全区前茅。被泰安地区医科所录用,后转入泰安市中医院从事临床工作。1980年晋升为中医内科主治医师。1986年调莱芜市中医院工作。执医数十年,学验俱丰。撰有《小调经散对产后血瘀瘫痪证治验体会》《多发性肉瘤一例》等论文,在《山东中医杂志》《泰山卫生》杂志上发表。

[《莱芜卫生志》(2004)]

◎ 玄振一 ◎

玄振一，原籍泰安县人，生于1920年。幼年随父母逃荒至济阳，最初住济阳南关街，后迁居城西北马官寨。曾在校读到初中一年级。年十七从本县名医王荣九读经书，继而拜师学医。后由荣九先生推荐到济南跟庞有麟先生学针灸技术，1946年回济阳开始行医。解放后任城关区卫生工作者协会副主任，中医学术研究委员会委员，附设诊疗所所长，历届人大代表。1979年任命为县人民医院中医科主任，同年晋升为主治医师。是中华全国中医学会会员，德州地区分会理事。1980年加入中国共产党。

振一先生从事中医工作四十余年，积累了丰富的临床经验，尤其对针灸和伤寒温病有很高的造诣。临证小心谨慎，用药得当，桴鼓相应；针灸取穴，以少胜多，疗效卓著，名闻遐迩。求诊问方者络绎不绝，誉为当地名医。

由于先生刻苦好学，对中医理论研究有素，深为医界领导所器重。从1956年至1981年，先后在惠民、商河、临邑、德州、济阳等地从事中医进修班、西学中医班等工作，授课的内容有《伤寒论》《温热论》《内经》《历代各家学说》等书。1975年济阳卫生学校成立后，县卫生局又确定为专职教师，负责向学员讲授中医课程。二十余年来，振一先生无论做兼职教师或专职教师，无论是短期训班或常年教学，从不敷衍塞责，马虎从事，而是认真备课，认真教学，为卫生界培养了一批又一批技术人才，为继承和发展祖国医学遗产增添了新生力量，受到了卫生界领导和广大师生的好评。积四十年临床与教学之经验，振一先生积累了大批医案，先后在省、地、县所办的报纸，刊物上发表了十余篇有价值的学术论文；主编了《济阳县中草药手册》；1979年在全县科技大会上受到县委的表扬，并发给奖金一百元。现在虽年逾花甲，仍壮心未已，诊务之余，正着手整理医案，期望把自己的实践经验留给后人，继续为人民服务。长子昌仁、次子昌义，幼承庭训，酷爱中医事业，现均在本县分院应诊。

[《济阳医药卫生志》(1984)]

玄振一，原籍泰安县人，生于1920年，幼年随父母逃荒至济阳，曾在校读书到初中一年级。年十七岁从济县名医王荣九读经书，继而拜师学医。后由荣九先生推荐到济阳南跟庞有麟先生学针灸技术，1946年回济阳行医。1959年调入我院应诊，1961年临邑、济阳分县调回济阳县工作。曾任济阳县人民医院中医科主任、主治医师，中华全国中医学会会员，德州地区分会理事。

振一先生从医四十余年,积累了丰富的临床经验,尤其对针灸和伤寒温病有很高的造诣。临症小心谨慎,用药得当、桴鼓相应;针灸取穴,以少胜多,疗效卓著,名闻遐迩。求诊问方者络绎不绝,誉为当地名医。

[《临邑县中医院院志》(1988)]

◎ 宋安同 ◎

宋安同(1920—1967),孝里公社广里大队人。擅长内科杂症。

[《长清县中医药志》(1984)]

◎ 张志远 ◎

张氏论中医各家学说

张志远,生于1920年9月,德州市人。曾任山东中医学院教授。多年来,他专攻中医各家学说,并有自己的独到见解。他认为:历史发展到金元时期,中医学出现了百家争鸣的盛况,并形成了派别。其流派主要分为两大系统,一为河间学派,一为易州学派。进入清代,河间学派的继承者又发展出一个支系,即温热学派;易州学派到了明代,逐渐分化成温补学派和益气学派。总之,中医各家学说内的流派,只有四个:即河间学说体系、易州学说体系、伤寒学说体系、温病学说体系。

河间学派

主要内容有:第一,将外感病机列为重点,从剖析《素问玄机原病式》入手,研究该学派对《素问·至真要大论》病机十九条精神实质的认识,同时用运气学说来研究疾病的发生发展及四时用药规律。第二,要了解"病之一物非人身素有",若欲解除病邪,使人得安,当先攻邪。第三,要结合摄生学,加深理解物极必反,过则有害的养生道理。第四,寒凉直折,增加运养,标本兼治,是丹溪运用河间学说广开滋阴降火的重大发展;大补阴丸一方,属血肉有情之品,是壮水之主以制阳光有效方药。

易州学派

探讨这一学派的学术思想:第一,首先要了解该学派注重"运气不齐,古今异轨"观念,提倡从实际出发,化古为新,批评按图索骥、刻舟求剑的继承方法。第二,要了解该学派因受《中藏经》《金匮要略》《千金方》《小儿药证直诀》的启发,以脏腑为核心，侧重人体内病理机制的研究，并在《内经》"土生万物"理论的启发下，创立了脾胃学说。第三，应明确脾胃、元气、阴火三者之间相互依赖、相互制约的关系。三者之中，脾胃发挥关键作用。在了解三者关系的基础上去理解和掌握"内伤脾胃，百病由生"学说。第四，要了解"药物归经"论是起源于《内经》"嗜欲不同，各有所通""五味各走其所喜"的理论，并知道张洁古、李东垣的特点，即一为补中益气、升阳举陷；二是常规药谱，凡头痛皆用川芎，遂加引经药，太阳加蔓荆子，阳明加白芷，少阳加柴胡，太阴加苍术，少阴加细辛，厥阴加吴茱萸。

伤寒学派

研究这一学派须注意五个方面：第一，应明确从十六世纪起，《伤寒论》已列为业医者的主攻方向，并出现了不少解经释义或评说注释的著作和名家。第二，应明确《伤寒论》所论伤寒，属于《难经》之广义伤寒，包括中风、伤寒、热病、温病、湿温五类时邪外感证。第三，该学派有重己轻彼的思想，思想保守，某些观点较为偏颇，学习时应避免门第之见，防止先入为主。第四，值得重视的伤寒学派组方配伍严谨规范，大多遵照《伤寒论》的用药规律。第五，在治则方面，注意掌握三大主体框架，即调和营卫、温助阳气、凉降蕴邪。具体治法为解表、和解、清热、温里、通阳、急下存阴等。治以开窍回苏；后期热由实成，治须攻除秘结。第六，该学派对温病的治疗法则是对前人壮水制火思想的继承。具体运用的治法有辛凉透表、清热凉血解毒、芳香化浊、滋阴生津、开窍回苏、咸寒泻下六种良法。

温热学派

是在《素问·生气通天论》"冬伤于寒，春必病温"学术思想上发展起来的。学习这一学派的要点是：第一，应以吴有性为先导，将叶桂《温热论》、吴鞠通《温病条辨》放在首要位置，视为学习研究的核心。第二，温病有新感、伏邪两大门类，重点掌握新感。新感侵袭途径，从口鼻而入，表现纵行发展。因邪气态势自上而下，故提倡三焦分法。又根据肺主皮毛，营气内通于心，迫血妄行特点，也采用营卫气血辨证。第三，薛雪所写《温热条辨》和叶桂不同，其划分类型，不模拟卫气营血形式，仍采用张仲景六经辨证法。第四，"邪陷心包"，应和《伤寒论》热传阳明区别开来。前者为邪乘虚入，主证为神昏。

[《德州地区卫生志》（1991）]

张志远先生（1920—2017），山东德州人，斋名"抱拙山房"，自号蒲甘老人。

山东中医药大学教授、主任医师，山东省名老中医药专家，济南市第九届人大代表，山东省第六届政协委员，原卫生部中医作家协会成员，全国各家学说研究会顾问，享受国务院特殊津贴。

先生幼秉庭训，天资聪颖，刻苦好学，很早就奠定了坚实的古文基础，稍长即涉猎经、史、子、集而成为有名的学者，尤对易学深有研究。少时学医，得到父辈及老师指点，先理解中医基本概念，继而掌握基础理论，然后诵读脉法、汤头歌诀等，再修临床课，始习外科、儿科，后及内科、妇科，羽翼渐丰，终以内、妇科成家，尤长于妇科。完全继承了父辈外、儿科之经验，又转向内、妇科，这与其刻意创新是分不开的。举凡《内》《难》《伤寒》以至后世诸家之书，更是无所不读，促使其医学理论日趋丰厚，造诣渐深。青年时代悬壶鲁北，享誉一方，为广见闻，拓展思路，还广泛搜求各种史料，虽鲐背之年，未尝释卷、笔耕不辍。以其学识渊博，人称"活辞典"。

1957年始先后执教于山东中医进修学校、山东中医学院，讲授中医妇科、伤寒、温病、医学史、各家学说等，医、教、研并举，经验丰富，成就显著，主编《中国医学史》《中医各家学说》《中医妇科学》《医林人物评传》《医林人物故事》等，主审《山东中医药志》（1991）、法文《中医名词字典》，辑有《张志远医论探骊》，穷四十年之心血著成《中医源流与著名人物考》《空谷足音录》《诊余偶及》《蒲甘札记》《张志远临证七十年碎金录》《张志远临证七十年医话录》《张志远临证七十年日知录》《张志远临证七十年精华录》等，发表论文四百余篇。培养学生近二十名，均已成为医教研各领域的带头人，进一步发扬光大中医事业。

2016年被评为国医大师。

[《山东中医药大学创校元老方药经验访谈录》（2018）]

◎ 张珍玉 ◎

张珍玉，平度县城关公社西关村人。1920年生，山东中医学院教授。祖传中医，先后任教于山东中医学校、中医学院等院校。医理精深，对《内经》有较深研究，著有《病机十九条》《谈脏腑辨证》《内经摘要》等书。

[《平度县卫生志》（1984）]

张珍玉先生（1920—2005），别号虚静。山东中医药大学教授，博士生导师。全国著名中医理论家、临床家。

张珍玉先生1920年11月出生于山东省平度县中医世家，十六岁随父习医。20

世纪40年代始独立行医，50年代成为当地家喻户晓的名医。

1959年入山东中医学院执教，成为我校中医基础理论学科创始人和奠基者。自1978年开始招收硕士学位研究生，1987年开始招收博士学位研究生，2002年批准为全国老中医药专家学术经验继承指导老师，开始师带徒。

他治学严谨，多次主持自编教材，参加全国统编教材的撰写。编著、出版高校教材和学术著作二十多部，发表学术论文百余篇，主持指导完成及获奖多项省部级科研课题。先后荣获"全国优秀教师""中华中医药学会成就奖""山东省科技兴鲁先进工作者""山东省卫生系统先进工作者""山东省有突出贡献的名老中医药专家""山东省名中医药专家"等荣誉称号。

[《山东中医药大学创校元老方药经验访谈录》（2018）]

◎ 周次清 ◎

周次清（1920—？），男，原名周玉洁，出生于山东莱西县寨户村的一个农民家庭。1936年考入莱西县第二小学。翌年，学校为日寇所炸，便辍学回家，跟族伯周鸣歧老先生学医，并先后从师于李月宾、王铭浩、王应五诸老先生，学习眼科、外科及针灸。1942年，为避战乱，又考入莱阳县立中学。毕业后，经亲友资助，在青岛市开设了新生药社，立志以医问世，济世活人。1953年筹建成立四方区中医联合诊所，并任所长。自此，走上中医专业的道路。

1957年4月经青岛市卫生局推荐参加山东省中医药研究所研究班学习。结业后，留在省中医药研究所从事临床与研究工作。山东中医学院成立以后，即被调至中医学院从事中医教学工作。曾先后担任伤寒、温病教研室与内科教研室副主任。1978年5月，晋升为副教授、副主任医师，并招收硕士学位研究生。现任《山东科技报》编委、山东省卫生厅医学科学委员会委员、中华全国中医学会山东分会理事、内科学会委员会副主任委员、中华医学会山东心血管病分会副主任委员、山东省政协第五届委员会委员。

周次清副教授从事中医事业四十余年，临床经验丰富，擅长内科杂病，特别对于心血管疾病的治疗与研究造诣较深。在临床治疗中强调燮理阴阳、调理气血，认为疾病无论是整体损害局部，还是局部影响整体，归根到底是影响了周身阴阳气血，反对只顾局部，不顾整体，头痛医头、脚痛医脚的思维与处理方法，重视整体治疗。在心血管疾病治疗中，突出辨证与辨病相结合，注重中西汇通，既反对以现代医学的病名套用中医治法，又反对墨守成规、抱守残缺的做法，倡导中西医理论应互相印证、互为弥补，并主张用现代医学科学的观点与方法去阐明中医某些证的实质。

周副教授担负繁重的教学任务，除课堂授课之外，还要带研究生，带教进修、实习人员，以其广博学识及丰富的临床经验，提携后学。并在繁重的诊务之外，撰写论文，主持教材编写，主持校勘了《四明心法》。自1978年以来，先后发表论文近三十篇。其中《从病证结合探讨心律失常的证治规律》一文，获1983年山东省科协和中华全国中医学会山东分会优秀论文奖；他领导的"益气活血通阳治疗冠心病研究"获中医学院科研成果奖；"益气活血治疗冠心病的研究"获山东省卫生厅科研成果奖。

1985年，山东中医学院授予他"从医四十周年荣誉证书"。

几十年来，周副教授忠诚于党的教育事业，政治上积极要求进步，1985年7月光荣地加入中国共产党，实现了他几十年的夙愿。他虽然已近古稀之年，但仍兢兢业业，奋勉有加，决心将自己的全部精力奉献于党的中医事业。

[《山东中医学院附属医院院志》（1985）]

按：《山东中医学院附属医院院志》（1985）出版时，周次清教授尚在世。后于2003年9月19日逝世，享年八十二岁。

◎ 魏振盛 ◎

魏振盛（1920.01—1998.8），男，莱芜口镇江水村人。出身中医世家，自幼受其祖、父熏陶热心中医。十六岁时即到口镇慎述堂药店当店员，1947年回家跟其父魏水吉学医，并甚得其道，学有所成，在周边颇有名气。新中国建立后，于1952年起先后参加小联合诊所、大联合诊所。1959年4月调莱芜县卫生院中医科从医。1960年调雪野水库卫生所从医。多年行医积累了丰富的经验，尤其擅长对妇女不孕症、肝炎、胃病及老年气管炎的治疗，且医德高尚，深受患者赞誉。

[《莱芜卫生志》（2004）]

◎ 徐国仟 ◎

徐国仟1921年9月生，山东省黄县人，中共党员，山东中医学院中医文献研究所教授。1944年毕业于北京华北国医学院，1957年起从事中医文献整理与研究工作。

[《济南市卫生志》（2010）]

徐国仟先生（1921—1995），山东省黄县（今龙口市）海云寺徐家村人，教授，博士研究生导师，全国教育系统劳动模范，享受国务院政府特殊津贴。

先生幼年入读本村私塾，后转入烟台等地学校读书。因母亲常年患病，乃立志学医。1941年考入施今墨创办的华北国医学院。1944年毕业后成为施今墨先生入室弟子随施师诊病，继续临证深造。

1947年先生经考试取得了行医执照，开始在烟台正式悬壶应诊。因其医学基础深厚，又经名师指点，加之先生对医理体悟和临证实践相结合，中西医结合诊查方法也不断提高，医术日臻精湛。

1948年烟台解放，先生发挥自己的专业特长，积极投入了爱国卫生运动中。1953年积极响应公私合营，带头筹建烟台市第二联合诊所，并出任所长。1958年山东中医学院成立，先生作为创业伊始的第一批教师，开始了教书育人的生涯，曾任热病教研组主任，主讲《伤寒论》等课程，并组织编写《伤寒论讲义》。

1977年，学校成立"中医文献研究组"，由先生作为负责人。1978年11月，中医文献研究小组改为中医文献研究室，为专门的中医古籍整理与研究机构，先生出任研究室主任。

先生一生宁静淡泊，生活俭朴，皓首穷经，勤于著述。他主编或参编的主要著作有《伤寒论讲义》《黄帝内经白话解》《灵枢经语释》《针灸甲乙经校释》《黄帝内经素问校释》《六因条辨》《内经素问吴注》《伤寒温疫条辨》《针灸医籍选》《针灸甲乙经校注》《中医文献学》《中医文献学概论》《目录学》《版本学》等。

[《山东中医药大学创校元老方药经验访谈录》（2018）]

◎ 张吉人 ◎

张吉人1922年4月生，山东省济宁市人。济南市中心医院中医部主任、副主任医师。

张吉人1942年于山东省济南师范后期部毕业后学习中医，1953年毕业于北京中医进修学校，1953—1958年先后在济南市第三联合诊所、历下区联合医院任中医师兼药剂科主任。1958年以后，先后在济南市第四人民医院、济南市中心医院工作，历任中医师、主治医师、副主任医师、中医部主任、济南市中医研究所研究员等职。

张吉人长期从事中医学的研究，1954—1956年从事中药剂型改进的研究，曾被选送山东省中草药展览会上介绍推广。1962—1966年从事倍硼酸散、硼石散治疗儿科病的研究,先后发表了多篇论文,其中《治上不犯中,治表不犯里》一篇获山东省中医学会优秀论文奖,《吴少怀医案》获济南市科学大会奖。1981年参加了《幼科条辨》的编写工作。此外,张吉人还协助过名老中医总结乙脑治疗经验。

[《山东高级科技人员名录》(1987)]

张吉人(1922—?),男,汉族,济南市中心医院主任医师。曾任中华全国中医学会儿科专业委员会委员,山东中医学会副秘书长兼儿科分会副主任委员。擅长内、儿、妇科,尤精于儿科。参加编写了《吴少怀医案》《幼科条辨》等书,撰有学术论文十余篇。

[《中国中医人名辞典》(1991)]

1954—1956年,济南市中心医院张吉人,研究改革中药剂型,试制逍遥散、安神、四物等九种合剂,用于临床,便利病员,提高疗效,节约药材。

1957—1978年,张吉人通过临床研究,发现"白㾦"不属湿温病独有,凡病湿热蕴于气分,一经不移者,日久均可发㾦。古人认为干凸㾦色如枯骨者,预后不良。经用芳香甘淡药物施治六千余例,无一不愈。

[《山东省卫生志》(1992)]

张吉人(1922—2004),济宁人。1953年结业于中央卫生部北京中医进修学校师资班,1958年任济南市第四医院中医科中医师兼科室负责人,1961年从师于著名中医吴少怀。1966年后历任济南市中心医院中医师、主治中医师、副主任中医师、主任中医师,担任山东医科大学中医课讲师、中医科负责人、科主任、中医部主任,兼任山东省中医药学会副秘书长、省儿科分会副主任委员、山东省暨济南市中医学会常务理事兼副秘书长等。发表《中西医结合治疗急性黄疸型乙肝45例疗效分析》《季节气候变化与外感病的关系》等论文数篇。参编《吴少怀医案》《幼科条辨》专著两部。

[《山东省卫生志》(2010)]

济南市中心医院中医科主任张吉人,曾任中华全国中医学会儿科委员会委员、山东省中医学会副秘书长兼儿科学会副主任委员、济南市儿科学会主任委员。擅长内科、儿科。曾参加编著《吴少怀医案》《幼科条辨》等书。张老用药轻灵,有以巧取胜之美誉。他授我[①]一方"豢龙汤"治疗肝火犯肺之鼻出血。方药:羚羊角、生牡蛎、沙参、麦冬、石斛、夏枯草、川贝母、茜草、荆芥炭、薄荷炭、牛膝、白

---

① 我:根据《方证相应:济南中医儿科方证流派传承辑要》(2017),"我"指刘谟梧。

茅根、藕节。

[《方证相应：济南中医儿科方证流派传承辑要》（2017）]

1956年，济南市中心医院中医科张吉人据中医辨证用药的原则，研制成逍遥散合剂、安神合剂、四物合剂等用于临床。

[《少儿健康调理膏方》（2017）]

顿咳散

【组成】麻黄10克，夏枯草30克，川贝母20克。

【制法】散剂。上药共研为极细末，和匀，贮瓶备用。

【用法】口服。每次服0.5～1.0克，每日服三次，温开水冲服。

【功能】清金抑木。

【主治】百日咳。症见痉咳阵发，面赤唇青，涕泪俱出，咳吐大量黏痰，或带血丝，胸闷胁痛，舌红苔白腻，脉弦滑数。

【附记】引自张奇文《幼科条辨》张吉人方。屡用效佳。

[《中医膏方学》（2017）]

◎ 郑惠芳 ◎

郑惠芳（1926—　），女，原籍河北深县人，祖居山东济南，幼年攻读私塾，继入育英中学，因家母有病辍学，随父学医。乃继父业，步入医林。1950年进济南医务进修学校学习西医2年。1952年响应党的号召，参加槐荫区联合诊所，任中医师。1958年调山东省立医院任中医师兼妇产科会诊医师。1963年调我院妇科，并与王玉符副院长同室临诊多年，深得教诲。1978年晋升为主治医师、讲师，1982年晋升为副主任医师。1985年山东中医学院授予她"从医四十周年荣誉证书"。

在学术上以《内经》《金匮》为基础，并攻研《景岳全书》《医宗金鉴》《傅青主女科》。对唐容川、王清任、张锡纯论著亦有一定研究，深得其惠。既遵经方古法，亦重实践经验。遣方用药，多经方与时方化裁并用，不拘一格，无门户之见，取长补短，以利病人，对妇科虚证，以扶阳温肾，益气养血，培补冲任为法，稍佐活络之品，疗效较好；把崩漏证分为四型：脾虚、肾虚、血瘀、肝郁，脾虚者可补中益气，升提举陷，摄血止血；肾阴虚者，滋补肾阴，佐以固涩止血；肾阳虚者，补肾助阳，兼固冲任；血瘀者活血逐瘀，忌用固涩止血，以防闭门留寇，变生他患；肝郁者，宜平肝解郁，佐以清热止血。血止后，再审脏腑阴阳之盛衰，调经治本以善其后。另外，对不孕、不育、滑胎、产后诸疾、妇科杂病，均有一定见解和治疗经验。以桂枝茯苓丸、膈下逐瘀汤治疗妇科瘀血证，灵活化裁。先后撰写了"盆腔炎中医治疗""中医治疗妇科""腰麻术后眩晕""中医治疗功血临床疗效初步总结""中医治疗功血305例疗效总结""止血方治疗功血疗效观察""桂枝茯苓丸在妇科临床应用"等论文发表于国内各医学期刊。现虽近花甲，但仍孜孜不倦，工作在临床、教学、科研第一线，为继承发扬祖国医学遗产，努力奋斗。

[《山东中医学院附属医院院志》（1985）]

◎ 靳祖鹏 ◎

靳祖鹏（1926—？），女，山东省聊城县人。她在少年时代目睹了广大人民缺医少药的悲惨情景，特别是许多幼儿患病得不到及时治疗，使她立下从医的志向。1946年考入山东省立医学专科学校就读（1948年该校改为山东省立医学院），1950年毕业后在山东省人民医院儿科任住院医师、助教，1954年晋升为主治医师。

她长期从事儿科临床和教学工作。1956年她积极响应毛主席发扬祖国医学、提倡西医学习中医的号召，首批参加了华东地区举办的西医离职学习中医班，在承办学习班的上海中医学院学习三年，毕业后即在山东中医学院儿科教研室任教。1961年被任命为儿科教研室副主任，兼我院儿科副主任。1963年晋升为讲师，1964年晋升为副主任医师，1979年晋升为副教授。1980年任中医学院儿科教研室主任、我院儿科主任，1985年任儿科顾问，并当选为济南市第六届、第七届政协委员。

靳副教授从事中西医结合的儿科临床治疗工作已三十余年，对儿科治疗规律进行了有益的探索。她认为小儿脏腑娇嫩，形气未充，体属稚阴稚阳，患病后邪气易盛，正气易虚，病势急骤而重，治疗贵在"速而效"，急性病在诊断明确的前提下，用药要稳、狠并举，从速祛邪，以存正气。她认为小儿慢性病应重视脾胃，以扶脾为主，脾壮则气调血盛，精旺神沛，易于康复。她对肾病综合征、遗尿症、急慢性肺部感染等疾病进行了专题观察，并筛选了相应的方药，取得了较好的疗效。

她在长期的教学实践中，坚持理论联系实际的教学方法，以诱导启发学生兴趣及理解课本知识，受到历届学生的赞誉。

自1962年起她在参加了《中医学浅说》一书的编写之后，相继主编及合编了不同种类的教材及儿科教学、科研资料参考本，如《中医儿科学》《幼科条辨》等著作，并撰写论文两篇发表于国内医学刊物，对继承发扬祖国医学遗产作出了有益的贡献。

靳副教授虽近花甲，但她仍以很大的热忱从事中医儿科的临床、教学与著述，决心为中医儿科事业的不断发展，贡献余热，奋斗终生。

[《山东中医学院附属医院院志》（1985）]

靳祖鹏，女，聊城城里人，生于1926年10月。任山东省中医院儿科顾问、教授，山东省中西医结合研究会儿科专业委员会筹委会主任委员。

1950年她毕业于华东军区国际白求恩医学院，分配到山东省立人民医院工作。1956年参加全国首批西医学习中医班，1959年，回山东省中医学院执教，1978年、1983年分别任济南市第六、七届政协委员。1982年后受聘为山东省医学科学委员会委员，山东省中西医结合研究会第一、二届理事，山东省中医儿科学会第一、二届副主任委员。

她擅长儿科呼吸及泌尿系统疾病，热心于祖国医学研究，在研究儿科中取得显著成果，1962年合写《中医学浅说》（山东人民出版社出版）；1978年主编《中医儿科学》（山东科技出版社出版）；1982年副主编《幼儿条辨》（山东科技出版社出版）；1984年合编《中医儿科学》（人民卫生出版社出版），三十多年来为祖国儿科医学研究作出贡献。

[《聊城市卫生志》（1991）]

◎ 刘献琳 ◎

刘献琳先生，男，六十一岁，曹县火神台乡榆林集村人。自幼读书，勤奋好学，成绩优异，后因战乱，中途辍学，未及闻达。由于出身中医家庭，好岐黄之学，先是闭门苦读中医经典著作，后拜曹南名医李广济先生为师，聪慧好学，医道大进，受老师青睐，未几则尽得其传。献琳先生精研医理，博闻强记，每与同道交谈，无不引经据典结合实际，析理透辟，言之中肯。因此，未及壮年即受同道推崇，1956年曹县卫生科举办第一期国医进修班时，便被聘为讲师与名中医朱令芝、李广济、魏可玉为伍主讲《温病学》。未几，因才华出众成绩显著，被推荐至山东省中医师资进修班学习，后又因成绩优异被选送到南京中医学院师资学习班深造。毕业后分到山东省中医学院任教。在山东中医学院近三十年，因学术成就累进，逐级晋升为讲师、副教授、教授，载誉乡里，闻名省内。

献琳先生从医四十年，熟谙古今中医医理，通晓中医各科，尤善内科，特别是在钻研《伤寒论》《金匮要略方论》方面造诣高深，且有长篇巨著。他于1981年2月写出《金匮要略语释》一书，计289 000字，由山东科学技术出版社出版，印出精装本1000册，平装本10 600册，发行全国各地，深受医林赞誉，备受家乡医界推崇。曹县同道一致认为：此书是一部理论密切联系实际的中医经典著作，是打开学习《金匮要略》的金钥匙，它对研究和发展祖国医学作出了重大贡献。

献琳先生的学术成就深受家乡同道的仰慕，久盼其返里讲学。1985年8月，他应邀回乡做了题为《论〈金匮要略〉开创卫气营血和三焦辨证的先河》《肝炎的辨证施治及体会》《谈治未病》《从〈未刻本叶氏医案〉探讨其用药规律》的学术讲座。他以渊博的知识，精辟的见解，深入浅出，理论联系实际的讲术，赢得了广大听众的赞誉。会后，与会者一致认为刘先生的学术讲座，听得懂，记得住，资料系统翔实，说服力强，能解决临床实践中的实际问解。

献琳先生仅及花甲之年，在今后的发展祖国医学事业上，一定能作出更大的贡献。

[《曹县医药卫生志》(1988)]

◎ 邹振业 ◎

邹振业（1928—1998.02），男，汉族，山东省莱芜市邹家庄人。莱芜市人民医院中医内科主任医师，历任所长、县医院院长、县卫校校长、县中医学会副理事长等职。

出身中医世家，先世经验，尽得内传。自幼攻习中医经典著作及历代名家学说，对仲景著作精研不辍，临床善用经方，屡起沉疴，验案甚多。如以"桂枝""四逆"汤治小儿肺炎心衰，大黄甘遂汤治水与血俱结在血室的妇人腹大如鼓症，大承气汤治阳明腑实所致之黄疸肝炎呃逆症，瓜蒂散治精神失常等证，均收捷效。曾撰《经方临床纪实》一文，受到同道赞颂。临床既认真继承仲景之学说，亦重视吸收叶、吴等后世医家的长处，融古今医家长处为一炉，加以化裁创新，在继承保持中医特色的基础上，注意学习国内外医学先进经验和西医基础知识，中西兼收并蓄。执医五十余年，对冠心病、哮喘、再生障碍性贫血、痹症等疑难病证的诊治均有丰富经验。同时，热心发展振兴党的中医和集体行医事业。于1951年11月结合4名个体医生创建了新中国后的莱芜第一个联合诊所——矿山区东芹村联合诊所，积极培养后继人才。1958年即启任县中医进修班中医经典教师，从事中医教学多年，培养了数以百计的中医专业人才，大都成为中医骨干。诊务、教学之余，撰写论文，总结经验。1954年主持采风访贤，搜集整理验方、秘方1243件。1971年主持编写刊印了《中草药土单验方选编》，撰写论文16篇，约三十万字。1987年晋升为副主任中医师，1993年晋升为中医主任医师。退休后仍被返聘坚持行医，深受群众赞誉。

[《莱芜卫生志》（2004）]

◎ 张灿玾 ◎

张灿玾先生（1928—2017），字昭华，号葆真，别号五龙山人、暮村老人、杏林一丁、齐东野老，山东省荣成市下回头村人。

张老生于医学世家，读完完小后，由于当时的社会环境不得不辍学在家，跟随祖父与父亲学习中医。二十岁开始独立应诊、悬壶乡里。

而立之年游学金陵，先后到山东省中医进修学校和江苏省中医学校（现南京中医药大学）学习，学成归来执教山东中医学院。张老刻苦钻研以传道、授业、解惑，给不同层次、不同专业的学生讲授《内经》《伤寒》《温病》等十余门课程，可谓桃李满天下。

不惑之年受命政务，置身管理。张老任山东中医学院院长期间，在学院的基本建设、学科建设方面都取得了令人瞩目的成就。

晚年致力于中医古籍的整理与研究，伏案执笔，翰墨耕耘，经手整理的古籍著作无数，成就卓著。同时不断强化对传统文化的综合修养，孜孜以求，提升对中医理论的理解与认知。

张老在中医文献研究机构创建、中医文献整理研究、学科理论建设和人才培养方面作出重大贡献。于1998年完成中医文献学学科理论的奠基之作——《中医古籍文献学》。本书的问世，在学术界影响很大，标志着中医文献学理论的基本成熟，代表着国内外本专业的最高水平，为我校中医文献学科的发展打下了坚实的基础。次年本书获山东省教委科技进步一等奖。

张老先后承担和完成国家中医药管理局重点课题多项，著述丰硕，出版学术著作十余部，发表学术论文八十余篇，获省部级奖励多项。其中《针灸甲乙经校释》《黄帝内经素问校释》分别获得国家中医药管理局科技进步二等奖、三等奖，《针灸甲乙经校注》获国家中医药管理局中医药基础研究二等奖。他耄耋之年仍著述不懈，心系学科的建设与发展。2005年在七十八岁高龄又出版了七十余万字的专著《黄帝内经文献研究》。

经七十余载杏林生涯的积淀，终成一位集临床、理论、文献于一体的中医大家，2009年张老被评为"国医大师"。荣誉面前，张老依然谦虚谨慎。他曾以"六半三一"总结自己的一生：六是六年小学，半是半部《论语》，三是三世为医，一是杏林一丁。

2017年9月1日，张老驾鹤西去。在临终前，他已为自己写好挽联："黄卷青灯，行程万里，成败焉单凭众议；承继保元，悬壶一世，功过乎一任评说"。

[《山东中医药大学创校元老方药经验访谈录》（2018）]

◎ 张鸣鹤 ◎

张鸣鹤（1928— ），男，浙江省嘉善县人，八岁入嘉善县益善小学就读，1941年考入嘉善县中学，高中学业后于1950年考入山东医学院医疗系学习，毕业后，在山东中医学院附属医院内科工作。

张鸣鹤副教授在长期临床实践中体会到中西医结合对我国医学的发展具有重要意义，因此，他笃志祖国医学的学习和研究。1958年脱产参加山东中医学院西医学习中医班学习。1961年获中央卫生部颁发的西学中三等奖。毕业后留用于我院内科，从事中西医结合的医疗、教学和科研工作。同年晋升为主治医师。1979年加入中国共产党，1980年晋升为副教授、副主任医师。曾任内科副主任，1985年任内科主任、内科教研室主任、硕士研究生导师。

张副教授长期从事临床治疗工作，熟悉内科各个专业组的业务，对下级医师进行全面的指导，尤擅长于关节炎等疾病的治疗，根据长期的临床实践，他拟定了风湿性关节炎和类风湿性关节炎不同类型的协定处方，制定了科研题目，摸索出了一些有效的治疗方法。近年来，先后发表学术论文十五篇。他主持研究的"中西医结合治疗类风湿性关节炎"获省科技成果奖。

近年来，他又将研究范围扩大到内科免疫系统疾病的各个方面，不断用现代免疫学知识充实自己的专业思想，并将现代免疫理论与祖国医学的理论、临床及药物等各方面紧密地结合起来。他认为祖国医学对免疫学曾作出过巨大贡献；中医理论如正气与邪气的关系、脏腑学说等都符合现代免疫学观点；他认为许多中草药具有调节免疫功能的作用，用辨证施治的原则治疗某些自身免疫病有较好的疗效和广阔的前景。他撰写的"免疫和中医学"一文，被在日本东京召开的第四届国际东洋医学会会议选为大会交流发言论文，他本人也于1985年赴日本东京参加此届大会，为祖国医学在国际上的交往作出了贡献。

张副教授目前正以极大的热忱投入于发扬祖国医学的事业，决心为中医的振兴，为更好地开展中西医结合工作而贡献自己的全部聪明才智。

[《山东中医学院附属医院院志》(1985)]

张鸣鹤，1928年8月生，浙江省嘉善县人，中共党员。山东中医学院内科教研室主任、副教授，山东中医学院附属医院内科主任、副主任医师。

1955年毕业于山东医学院医疗系。1958—1961年在山东中医学院西学中班学习。1961—1980年，先后任山东中医学院附属医院主治医师、内科副主任。1980年后任山东中医学院副教授及附属医院内科副主任医师。主要从事免疫性疾病的研究工作。

[《济南市卫生志》(2010)]

张鸣鹤（1928—　），男，汉族，浙江嘉善人。山东中医药大学教授、主任医师，全国名老中医药专家。1955年毕业于山东医学院医疗系，后参加山东省西医学习中医班。从医七十年，创立风湿免疫性疾病热痹学说，独创中西医结合关节矫形技术，1964年最早创建中西医结合风湿病学科。曾任山东中医药大学附属医院内科主任兼山东中医药大学内科教研室主任，硕士研究生导师，中华中医药学会风湿病专业委员会副主任委员，中华中西医结合学会风湿病专业委员会副主任委员，山东中医药学会风湿病专业委员会主任委员，荣获"全国卫生系统模范工作者""山东省职业道德标兵"等荣誉称号，享受国务院特殊津贴。

张老主要编著有《中医内科学（第七版）》《中国风湿病学》《清热解毒法治疗风湿病》等著作；主要论文"论痿痹""成人黏多糖病（Ⅳ型）临床分析和中药治疗""清热解毒法治疗活动性类风湿性关节炎一百六十三例疗效总结""清肺补肾汤抗过敏性哮喘研究""强直性脊柱炎358例临床疗效分析""关节疾病牵拉矫形五十四例分析"等。

主持的重要课题：张鸣鹤学术思想及临证经验研究、金蚣浸膏片治疗系统性红斑狼疮的临床及基础研究、关节疾病牵拉矫形研究、风湿如意片治疗类风湿关节炎的研究、复方牵正散、金蚣浸膏治疗系统性红斑狼疮的临床及实验研究。

担任全国老中医药专家学术经验继承工作指导老师。学术继承人主要有付新利主任医师、张立亭教授、宋绍亮教授，现均工作于山东中医药大学附属医院。

[《岐黄厚德：山东省中医院名中医学术经验集　第1辑》(2018)]

◎ 张百铭 ◎

张百铭（1929—1985），埠村镇埠东村人。出身贫苦，自幼天疾，二十岁始在

"民生医社"从师张恣孝学医,三年后独立应诊。1956年加入埠村联合诊所。1958年进入埠村公社卫生院工作。自1967年开展以白花丹参为主治疗血栓闭塞性脉管炎研究工作,在山东省中医学院尚德俊教授的指导帮助下,矢志事业,热爱病人,真诚服务,研制了白花丹参酒、复方白花丹参丸、通脉丸等有效方药,对周围血管病的研究作出了突出贡献。1976年撰写的论文《白花丹参治疗血栓闭塞性脉管炎147例疗效观察》发表在北京《新医学杂志》,1981年论文《三物黄芩汤治疗红斑性痛症20例临床报告》在《山东中医杂志》刊出。尚教授高度评价他是"追求事业的强者,一位很有成就的脉管炎专家"。

[《章丘卫生志》(2007)]

◎ 韩云瑄 ◎

韩云瑄(1930—1990),文祖镇东田广村人。出身中医整骨世家。十四岁随父成师习医,十七岁应诊,同父自制家传接骨丹、接骨膏,个体行医,闻名于章丘及历城、莱芜、淄博等地。1956年加入埠村联合诊所。1958年进入埠村公社卫生院,调曹范卫生所任所长,1959年开始历任县第二至第六届政协委员。1966年回卫生院工作,建立中医骨伤科。1980年晋升为中医骨科主治医师。1981年调县明水分院工作,1984年进入县中医医院。1987年晋升为中医骨伤科副主任医师,1988年被评为济南市名老中医。"医术上承祖艺,术以手摸心会,法从手起,手法复位为主,外敷膏丹,局部固定,内服中药,配合练功活动而愈"。一生救治骨伤患者无数,为章丘的中医骨科作出了一定的贡献。

[《章丘卫生志》(2007)]

◎ 方基庆 ◎

方基庆[①](1931—1985),男,山东省夏津县人。幼年肄业乡塾,攻读经书。其父乃祖传世医,以针灸闻名,因他时常课余待诊,耳濡目染,遂起专医之志,因而弃学就医。先是研习《古经》《铜人经》《针灸大成》等书之奥义,又秉承家传针诀秘传。谨遵"治病必求其本"及"同病异治"的原则,运用家传"凤凰展翅补泻法"施针,收到一定疗效。1951年参加本县艮子王联合诊所,任中医师兼所长。1958年选送山东省中医进修学校学习。

---

① 方基庆:《德州地区卫生志》(1991)分别作"方基庆""方吉庆"。

1959年调至省中医院针灸科任副主任，同年加入中国共产党，先后晋升为讲师、主治医师、副主任医师。曾任中华全国中医学会山东分会常务理事兼秘书长、针灸学会副主任委员兼秘书、山东医学会山东中医分会科普委员、山东广播电台科普宣传特邀编辑、《中国针灸》编委等职。撰写《针灸治疗嗜伊红细胞增多症的实验研究》《针刺内关、郄门、心俞治疗冠心病的临床观察》《针灸治疗120例中风后遗症疗效观察》等30余篇论文。著作有《中西医结合防治传染病汇编》《针灸学讲义》《实用针灸学》，参加编写《百科全书·针灸》腧穴部分；校勘中医古籍《西方子明堂灸经》。一生兢兢业业，勤勤恳恳，为中医事业的发展作出了一定贡献。

[《德州地区卫生志》(1991)]

方氏凤凰展翅针法

方吉庆，原籍夏津县人，名中医，后调省中医院，为山东中医学院附属医院针灸科主任、副教授。其所创"凤凰展翅"针法誉满齐鲁。依据此法，综合其临床针刺操作经验（进针捻转、提插及刮、弹、摇等摧气手法），组成凤凰展翅针刺补泻法，功效颇为满意，兹介绍如下。

凤凰展翅手法的基本操作

1. 进针一准二快三不痛（要求针刺穴位准，下针快，针刺不觉痛，或疼痛很轻微）以右手拇、食二指持针呈环状，中指、无名指、小指散开呈扇形或展翅形，针尖露出0.5寸左右，在针刺之际，以右手中指或左食指旁敲侧叩所刺穴位的周围，再飞快地将针刺入穴内。为了达到补虚泻实的目的，运用相应的针刺补泻手法，如捻转补法：一般捻转角度小，刺激感应弱，捻转不超过180度，频率在60~80次/分。捻转泻法：捻转角度要大，刺激感应强，捻转角度360度左右。频率120~160次/分。捻转平补平泻法：捻转180~360度，频率100次/分左右。提针补法：一般提插深浅度2~3分，频率60~80次/分左右，刺激感应弱。提插泻法：一般提插深浅3~5分，频率120~160次/分左右，刺激感应强。提插平补平泻，提插深浅度一般3分左右，频率100次/分左右捻转与提插两种补泻手法，临床操作常合并使用。

2. 出针快慢及颤指动作　将针刺入穴内，颤指（术者持手）动作要求轻重快慢均匀，如针下"气"来迟缓，以辅助手法（刮、弹、摇）催其气。如"经气已至，慎守勿失"。以相应的手法稳针守气。一般病症只要针下得气，施术完毕后即可出针。重症虚者可留针15~20分钟，每5分钟运针1次；实者可留针30分钟以上，每次针或连续运针，保持一定的刺激量；对于虚实不明显者，留针15分钟即可，中间运针一次。虚证出针要轻而慢，实证出针宜重而快。

补泻手法与辨证的关系

任何针刺补泻手法，都是治疗疾病的一种手段，即是通过刺激经穴，激发经气来调节脏腑功能，促进阴阳平衡，以达到治愈的目的。"虚则补之，实则泻之"。只有辨证明确，取穴与针刺手法对证，才有桴鼓之效。

例如：患者于某某，女，34岁。心率120次/分，伴有胸闷、胸痛、面唇紫暗，舌质紫，脉弦涩。诊断为：心血瘀阻，心气不畅，神失安宁，故心悸频作。治当活血化瘀，安神定悸。针刺内关穴，用泻法，留针30分钟，针后心率由120次/分降到90次/分。半月后，患者突然大口吐血，面色及口唇淡白，头晕，目眩，心率110次/分。值班医生针内关穴，用泻法，留针10分，心率不但不减，反而增至120次/分，出冷汗，心慌加重。后经辨证认为：上次心动过速，属于心血瘀阻为实证，而此次大口吐血，导致气血不足，属于虚证。于是取内关穴施行补法，针30分钟，心率由140次/分降至98次/分，1小时后，心率90次/分，病人安然入睡。

再有，临床能够辨证识病，但针刺手法不熟练，用补不是补，用泻不是泻，就不能收到应有的治疗效果，甚至适得其反。例如：患者辛某某，男，41岁。证属情志不舒，肝郁气滞，宜针刺内关、阳陵泉，用泻法。医者按法施术，但因初学针灸补泻手法不熟练，针下心中无数，捻转失度。结果病人胁痛如故。而手法熟练者在同一穴位，施一泻法，针后20分钟疼痛缓解。这就说明了取穴及手法的重要性。

[《德州地区卫生志》（1991）]

方基庆（1931—1985），夏津县小殷庄人。他幼年就读村塾，其家为祖传世医，方基庆耳濡目染，深爱此道，遂立志从医。因他秉性聪颖，十四岁时即熟诵全部经络学。为了获得更多的医学知识，他日夜探求《甲乙经》《铜人经》《针灸大成》等书奥义。承袭家传针灸秘诀，临床施治，常以针灸出奇制胜。

1950年，方基庆单独开诊，谨遵"治病必求其本"，辨证施治。运用家传"凤凰展翅补泻法"施针，治疗危重病人多例，效果显著。1951年在银子王庄联合诊所任中医师兼所长。

1958年，方基庆被选送到山东省中医进修学校深造，因成绩优异，当年留校任针灸科副主任，同年加入中国共产党。先后担任讲师、主治医师、副教授、副主任医师，还兼任全国中医学会山东分会常务理事兼副秘书长、针灸学会副主任委员兼秘书、山东医学会山东中医院分会科普委员、山东人民广播电台科普宣传特邀编辑、《中国针灸》杂志编委等职。他对家传"凤凰展翅补泻法"加以发展创新，在针灸学上独树一帜。用"凤凰展翅补泻法"治疗疑难病症而闻名全国。1984年为澳大利亚访华团团长针治腰痛病，立见奇效，该团长赠锦旗一面致谢。

方基庆结合临床实践，撰写了《针灸治疗嗜伊红细胞增多症的实验研究》《针刺内关、郄门、心俞治疗冠心病的临床观察》《中西医结合防治传染病汇编》《针灸学讲义》等三十多篇论文。他还参与编写《百科全书·针灸》部分，校勘古籍《西方子明堂灸经》。他主持的科研项目"内关穴的特异性研究"，1978年在全国医药卫生科学大会上获卫生部颁发的二级成果奖。1985年病逝于济南。

[《德州地区志》（1992）]

方基庆（1931—1985），针灸名医，夏津人，出身世医针灸之家。1950年挂牌开诊，后参加联合诊所任中医师，1958年选送山东省中医进修学校学习，1959年调入山东省中医院针灸科，历任主治医师、副主任医师，中华全国中医学会山东分会常务理事兼副秘书长，针灸学会副主任委员，《中国针灸》编委等职。著有《中西医结合防治传染病汇编》《针灸学讲义》《实用针灸学》，校勘中医古籍《西方子明堂灸经》，撰写《针灸治疗嗜伊红细胞增多症的实验研究》《针刺内关、门、信[①]俞治疗冠心病的临床观察》等三十余篇论文。

[《济南市卫生志》（2010）]

◎ 李泉石 ◎

李泉石（1931.07—1990.11），男，汉族，中医内科副主任医师。莱芜市南冶镇东沟里村人。1946年11月参加革命。

在部队历任看护员、卫生员、调剂员、司药等职，1956年2月退伍。同年8月参加汶南区联合诊所从医。1979年9月任颜庄分院副院长，1980年被选为县政协委员。1981年9月调县人民医院任机关门诊所主任。1983年5月县中医院成立后调任党支部书记。在部队医护伤员，学习和掌握了西医的基础理论知识和临床实践经验。退伍后仍从医，熟悉内外各科，具有一定的西医专业技术。同时热爱中医事

---

① 内关、门、信俞：据医理此处当遗漏"郄"字，"信"当为"心"之误字，即当为"内关、郄门、心俞"。

业，潜心学习中医经典著作，撷采众长，注重实践，务求实效，主张"师古而不泥于古，承先启后，继承发展"。尤对中医内科造诣较深，有较丰富临床经验。1979年为解决中医后继乏人，全省通过统一考试，从农村和集体医疗机构中选招中医药人员时，他倡导举办中医培训，自任教师，经他诲导参加考试的人员，有五名考中，列全县第一。

[《莱芜卫生志》（2004）]

◎ 张善忱 ◎

张善忱，原名张善臣，男，汉族，1931年2月生，中国共产党党员，济阳县城关公社张辛村人。其父张积岳，长于针灸，为当地名医。善忱幼蒙庭训，继承父业，1947年4月赶济南广裕堂学医，专攻针灸。出徒后在济南仁寿堂行医，1952年11月，调济南市中区联合医院应诊，1958年4月调山东中医进修学校任教，1960年8月调山东中医学院任针灸助教，现任卫生部医学科学委员会针灸、针麻专题委员会委员，中华全国中医学会委员，中华全国针灸学会常务理事，卫生部学位委员会委员，卫生部高等中医学校教材编审委员会委员，《针灸学辞典》编审委员会委员，山东省卫生厅医学科学委员，山东省卫生厅技术职称委员会委员，山东中医学会常务理事，山东针灸学会副理事长，山东医学院学术委员会委员，山东中医学院针灸教研室副主任、副教授，山东中医附属医院针灸科副主任，副主任医师。

张善忱从事中医事业三十多年来，刻苦钻研业务，取得显著成绩。特别是在针灸方面，具有丰富的理论知识和临床经验，在国内享有较高的声望。他曾参加全国高等中医教材、《中医百科全书针灸分册》《针灸甲乙经》等著作的编写和审定工作，还主编了《针灸疗法》《内经针灸类方语释》《针灸甲乙经俞穴重辑》等著，并撰写了许多篇质量较高的科学论文，总结了自己多年来从事教学、科研、医疗的宝贵经验和成果。在临床工作中，他对待病人服务热情，诊治细心，医德高尚。在教学工作中，认真负责，严格要求，受到了广大师生的赞扬。

[《济阳医药卫生志》（1984）]

张善忱（1931—1983），男，山东省济阳县人。自幼在家乡读书，1947年开始学医，除自学攻读外，还曾接受过当地几位老中医的指点，1949年5月在济南考取针灸医师后，即在仁寿堂药店行医，正式走上从医的道路。

1951年组织并参加济南市第二联合诊所任中医师，1952年调至济南市第三联合诊所任中医师，1956年调黄河河务局干训班任针灸教师，1958年选送山东省中医进修学校学习，结业后留任教师。1960年调山东中医学院先后任助教、讲师、副教授、副主任医师，山东中医学院针灸教研室副主任、我院针灸科副主任等职，1960年2月加入中国共产党。

多年来，张副教授长期从事针灸学教学与临床工作，在实践中积累了丰富的教学与医疗经验，在理论与临床研究方面都有较高的造诣。

他重视基础理论，认为针灸的法与术皆出《内经》之玄机，主张针灸医生必须熟读经典，治学主张"深入浅出，返博为约"，对学生则要求"由浅入深，从简及繁"。他从《素》《难》溯源，旁及诸家，亦究脏腑经络，营卫气血而考证穴位，探讨手法。他主张"遵古而不泥古，博学应能取舍"，认为临床实践是检验针灸学理论的唯一标准。他重视针灸手法的研究，在手法理论上独具见地，他认为运用针法，贵在通权达变，临床选穴十分灵活，或补或泻，或针或灸皆能运用自如。

他勤于著述，自1962年起先后参加编写过《针灸疗法》《针灸甲乙经校释》《黄帝内经素问校释》，主编了《内经针灸类方语释》《针灸甲乙经腧穴重辑》等著作，他还参加过全国高等中医教材及《医学百科全书针灸分卷》的编写，并参加了《针灸学辞典》的编审工作。他编写的《针灸处方配穴学》也即将出版。

多年来，他先后撰写针灸学术论文二十余篇，受到针灸界的一致好评。

张副教授先后担任过全国针灸学会常务委员、常务理事，中华全国中医学会委员，卫生部针灸针麻专题委员会委员，卫生部学位委员会委员，卫生部高等医学院校教材编审委员会委员，《针灸学辞典》编审委员会委员，中华全国中医学会山东分会理事，山东省卫生厅技术职称委员会委员，中华全国中医学会山东分会针灸科学会委员会主任委员。

张副教授治学严谨，待人诚恳，多年来热心于针灸人才的培养，将多年的宝贵经验传授于针灸后辈，受到一致的赞扬。他于1983年11月8日不幸病逝，这是我国针灸界的一大损失。他的著作、论文是他留给后人的宝贵经验与财富，必将鼓励针灸界同仁刻苦钻研、努力攀登，为发展祖国医学和针灸事业而努力奋斗。

[《山东中医学院附属医院院志》(1985)]

张善忱（1931—1984），原名张善臣，中国共产党党员，济阳县城关乡张辛村人。其父张积岳长于针灸，为当地名医。张善忱幼蒙庭训，1947年赴济南广裕堂学医，专攻针灸。后在济南仁寿堂行医，1952年调济南市中医联合医院应诊，1958年调山东中医进修学校任教，1960年调山东中医学院任针灸助教。后任卫生部医学科学委员会针灸针麻专题委员会委员，中华全国中医学会委员，中华全国针灸学会常务理事,卫生部学位委员会委员,卫生部高等中医学校教材编审委员会委员,山东卫生厅医学科学委员,山东省卫生厅技术职称委员会委员,山东中医学会常务理事,山东针灸学会副理事长,山东医学院学术委员会委员,山东中医学院针灸教研室副主任、副教授,山东中医学院附属医院针灸科副主任,副主任医师。

张善忱从事中医事业三十多年来,刻苦钻研业务,取得显著成绩。特别是在针灸方面,具有丰富的理论知识和临床经验,在国内享有较高的声望。他曾参加全国高等中医教材《中医百科全书针灸分册》《针灸甲乙经》等著作的编写和审定工作,主编了《针灸疗法》《内经针灸类方语释》《针灸甲乙经腧穴重辑》等著作,撰写了许多篇质量较高的科学论文,总结了自己多年来从事教学、科研、医疗的宝贵经验和成果。在临床工作中,他对待病人服务热情,诊治细心,医德高尚。在教学工作中,认真负责,严格要求,受到了广大师生的赞扬。

[《德州地区卫生志》(1991)]

◎ 尚德俊 ◎

尚德俊(1932—?),男,原名尚德福,河南省济源县人。自幼读书,先后就学于陕西凤翔县、河南郑州、上海市等。于1952年考取山东医学院。毕业后分配到辽宁锦西县人民医院从事外科工作。1956年被选派去天津参加全国第一批西医学习中医班(原天津市中医研究班),历经三年,学习结业时被评为第一名优秀学员,获得中央卫生部金质奖章和奖状。1959年调新疆医学院工作。1962年调来本院外科工作,1965年晋升为主治医师,1977年任外科主任,1978年晋升为副教授,1980年晋升为副主任医师,1985年任中医学院外科教研室主任、我院外科主任。被选为全国第五、第六届政协委员,并任中华全国中医学会山东分会理事会常务理事等职。

尚副教授坚持走中西医结合的道路,结合外科专业,努力发掘祖国医学宝库,应用现代医学的知识和方法研究祖国医学作出了一定成绩。二十多年来,一直坚持中西医结合治疗脉管炎研究工作,既发扬了祖国医学的传统疗法,又发展了西医手术切除坏死组织等处理方法,创立了一些有效的治疗方剂,不断提高中西医结合治疗水平。应用中药麻醉和创用通脉安对控制脉管炎病人的剧痛有显著效果,对中西医结合治疗脉管炎作出了贡献。1978年在全国科学大会上,中西医结合治疗脉管炎获得国家一级成果奖。在1978年全国医药卫生学科学大会上尚德俊同志被授予全国医学科研先进工作者。来院后,先后发表了中西医结合研究祖国医学的论文三十多篇。1964年编著出版了《熏洗疗法》专著。1979年编著出版《周围血管疾病证治》，是我国第一本研究周围血管疾病辨证论治的专著。1983年编著出版《中西医结合治疗血栓闭塞性脉管炎》，集我院外科多年来研究脉管炎的成果，公之于众，受到同道好评。

尚德俊同志现虽年近花甲，仍以充沛的精力战斗在医疗、教学、科研第一线，为继承发扬祖国医学遗产，孜孜不倦地工作，在中西医结合的道路上，正向着更高的目标攀登。

[《山东中医学院附属医院院志》（1985）]

按：《山东中医学院附属医院院志》（1985）出版时，尚老仍在世。2020年2月5日尚老逝世，享年八十八岁。

◎ 袁久荣 ◎

袁久荣，1933年11月生，山东省曹县人，中共党员。山东中医学院中药系主任，山东中医药研究所副研究员，中国药学会山东分会理事，山东省计划生育委员会委员。

袁久荣1956年毕业于山东大学化学系，1965—1966年在中国医学科学院药物研究所进修，1956—1966年，先后在中国科学院应用化学研究所、大连工学院（现大连理工大学）数理系、山东中医学院工作。1966—1971年在山东省中医药研究所从事中药有效成分的分析及结构测定等方面的研究工作。1971年后，在山东中医学院、山东中医药研究所从事抗疟疾药及避孕药方面的研究。

[《济南市卫生志》（2010）]

◎ 乔鸿儒 ◎

乔鸿儒，男，五十八岁，济南市中医医院副主任中医师，是该市名老中医。擅长中医外科、妇科、气功及内功拳术。1948年从医，现任中华全国中医学会外科委员会委员、济南市中医学会外科委员会主任、济南市气功科学研究会副理事长、济南市政协委员、民革济南市委员会副主任委员。

运用中医辨证施治方法，用中药治疗周围血管病、疮疡、皮肤病，积累了丰富的经验，所制复元丸、复元通脉汤对周围血管病有显著疗效。近年来对闭塞性动脉硬化和糖尿病坏疽的临床研究也取得一定成果。他善于化裁古方，创制新方，防治术后肠粘连的逐瘀宽肠汤，治疗牛皮癣的逐瘀息风汤，治疗肩周炎的伸筋活络汤，治疗下肢静脉的七妙丸等用之临床，效如桴鼓。所制神妙汤对下肢静脉炎、丹毒、脚气感染及下肢湿热诸病疗效显著,成为外科临床常用的方剂。所制清蛾汤对急性扁桃体炎之高热有顿挫之效,并能提高患者免疫能力而减少复发。

勤奋好学,不断总结经验,写有论文五十余篇,所著《气功·养生·医论》二十一万字,山东济南出版社出版。其中八卦太极功势简易学,得气快,气感强,具有强身祛病,益智延年之效,适于体弱与患病者学练。山东省电视台曾录像播放,反应良好。

[《中国当代中医名人志》(1991)]

◎ 张奇文 ◎

张奇文,出身中医世家,自幼酷爱中医。1957年从医士学校毕业后,在昌潍专区人民医院小儿科从事临床工作,医德高尚,勤勤恳恳。1958年进修中医,克服重重困难,悉心钻研《内经》《伤寒论》《金匮要略》等中医书籍。根据中医辨证施治的理论,结合临床实践,先后撰写《中医学上的肾与肾虚症》《房劳症》《流行性乙脑治疗总结》等二十篇有一定学术价值的中医学术论文。

在治疗大脑炎、传染性肝炎、肺结核、咯血、中耳炎等医疗实践中,多有创新。

[《山东省卫生志》(1992)]

张奇文(1935.11—　),山东省寿光市人。1957年昌潍医士学校毕业后留校任教,后调昌潍人民医院工作,先后任医士、医师。1960年3月加入中国共产党。1960年被评为山东省和全国劳动模范,出席全国文教群英会,受到党和国家领导人的接见。1966年3月至1973年7月任潍坊市市立中医院院长。1973年5月至1975年12月任中医院党支部副书记。1974年任昌潍地区人民医院革委会副主任。1975年8月出席山东省和全国医药卫生科技大会。1979年6月后历任山东中医学院中医系主任、山东中医药研究所所长、潍坊市卫生局党委书记兼局长、山东中医学院党委书记、山东省卫生厅副厅长等职。历任中华中医药学会常务理事、中华中医药学会儿科分会会长、山东省医学会会长、山东省中西医结合学会会长。曾主编《幼科条辨》《名老中医之路》《中医儿科学》《实用汉英中医辞典》《儿科医籍辑要丛书》《妇科医籍辑要丛书》等。先后发表医学论文七十八篇。1996年4月被英国剑桥名人中心收录入《世界名人辞典》[①]第二十五章。

[《潍坊市中医院志》(2005)]

---

① 《世界名人辞典》:《山东省中医药研究院院志》(2008)作"《世界名人词典》"。

张奇文，男，1935年农历十月生，山东省寿光市人。主任医师。1960年3月加入中国共产党。1957年于昌潍医校毕业分配至潍坊市人民医院，先后拜6名老中医跟师学习，后又定为"高徒"，随调至潍坊市中医院继承儿科世医蒯仰山先生三代儿科学术经验。历任：潍坊市中医院院长、潍坊市卫生局党委书记兼局长、山东中医学院中医系主任、山东省中医药研究所所长兼中医院副院长、山东中医学院党委书记、山东省卫生厅副厅长（正厅级）等职。先后兼任中华中医药学会常务理事、中华中医药学会儿科分会会长、中国中医药高等教育学会儿科分会名誉会长等。发表论文八十篇，主编《幼科条辨》《实用中医保健学》《实用中医儿科学》《妇科医籍辑要丛书》等十余部著作。研制儿科健胃素及儿科感冒退热冲剂，分别获得部省级一、三等奖。二十多年来主持全国中医儿科学会的领导工作，为中医儿科事业的发展作出了积极贡献。先后六次应邀至澳洲讲学，并协助中医立法，被誉为"澳洲中医立法的有功之人"。业绩于1996年4月被英国剑桥名人传中心收入《世界名人词典》。

[《山东省中医药研究院院志》（2008）]

张奇文，1935年11月生，山东省寿光县人，中共党员。山东中医学院党委书记、副主任医师。

1954年起自学中医，1957年毕业于昌潍医校；1958年起先后师从六名中医；1964年起任潍坊中医院院长，并总结蒯仰山三世儿科临床经验；1974年起到潍坊人民医院工作；1977年起先后任潍坊中医院院长、潍坊地区卫生局副局长；1979年起任山东中医药研究所所长；1983年起任潍坊市卫生局党委书记兼局长；1984年任山东中医学院党委书记。长期从事中医内科、儿科的临床治疗与研究工作。

[《济南市卫生志》（2010）]

◎ 姜兆俊 ◎

姜兆俊（1935—2016），男，汉族，山东潍坊人。山东中医药大学附属医院中医外科主任医师、教授、硕士研究生导师。十五岁起在伯父姜绍成创建的"滋生堂"学徒，二十岁随伯父在潍坊市立中医院临证，二十三岁考入山东中医学院，1963年毕业后分配至山东中医学院附属医院中医外科。曾随全国名医李廷来主任医师学习，受益匪浅。1997年第二批全国老中医药专家学术经验继承工作指导老师，2011年第二批国家中医药管理局全国名中医药专家传承工作室带教老师。山东知名老中医专家，山东非物质文化遗产传统医药项目代表性传承人，山东中医学会外科专业委员会、中西医结合皮肤病性病专业委员会顾问。曾任原山东中医学院附属医院党委书记，原山东中医学院外科教研室、附属医院大外科副主任，国家自然科学基金委员会中医药评议专家，中国中医学会山东分会理事、外科委员会副主任委员，中华全国中医外科学会乳腺病专业委员会委员，中国中西医结合学会疡科专业委员会委员，中国中医学会外科学会外治法专业委员会委员，山东中医药高级职称评审委员会委员，国际交流系列特约顾问编委等职。1983年获山东省优秀教师和全国卫生先进工作者荣誉称号。

主要编著有《中医外科学》《中医外科经验集》《外科病中医外治法》《英汉实用中医药大全·外科学》等著作；发表"对消、托、补治法的认识""外科膏药疗法的发展与成就""外科急性感染一百一十二例临床治疗的探讨""消瘿汤为主治疗甲状腺瘤五十例"等论文。1978年参与"中西医结合治疗血栓闭塞性脉管炎的临床研究"，获全国科学大会一级成果奖。1998年"温阳散结法治疗乳腺增生病的临床及实验研究"获山东省教委应用成果三等奖。2002年"理气散结法治疗甲状腺良性结节的临床及实验研究"获山东省高校自然科学二等奖。

[《岐黄厚德：山东省中医院名中医学术经验集 第1辑》（2018）]

◎ 黄乃健 ◎

黄乃健（1935— ），男，壮族，广西南宁人。先后毕业于济宁医学专科学校和山东中医学院。曾任山东中医药大学附属医院肛肠科主任、主任医师、教授，北京中医药大学和山东中医药大学博士生导师，曾兼任中华中医药学会肛肠专业委员会常务理事、副会长、顾问，世界中医药联合会肛肠专业委员会副会长，中国中西医结合学会大肠肛门病专业委员会副主任委员，中医药高等教育学会肛肠分会终身名誉主任委员，山东省政协第六、七、八届常务委员等职。现兼任国家自然科学基金评审委员会评审专家，《中国肛肠病杂志》编辑委员会主任委员，《中国肛肠病杂志》主编，山东中医药学会肛肠专业委员会主任委员等职，为我国肛肠学会和《中国肛肠病杂志》的创建者和发展者之一。其临床经验丰富，多年来为广大肛肠病患者特别是来自全国的一些疑难重症患者解除了疾苦，受到了患者的好评。为了表彰其所取得的突出成绩，被评为山东省优秀科技工作者。1989年中国国际广播电台记者来济南采访，以《为肛肠病患者造福的黄乃健医生》为题，将主要成绩用几种语言向全世界播送。1992年、1997年先后被评为山东省医药卫生拔尖人才。1994年、1995年被英国剑桥大学国际名人传记中心等国际名人传记组织，收载于世界名人和世界医学名人录中。2003年获山东省名中医药专家称号。中华中医药学会2005年颁发荣誉证书称：在全国中西医结合防治肛肠病三十年来成绩卓著，予以表彰。2007年被评为全国中医肛肠学科名专家。被中医药高等教育学会临床教育研究会授予"全国中医肛肠教育突出贡献名专家"称号和"肛肠专业高等教育知名专家"称号。

[《名老中医之路续编 第4辑》(2014)]

◎ 焦中华 ◎

焦中华（1937— ），山东中医药大学附属医院教授，中西医结合专家。1965年毕业于中国协和医科大学，在中国医学科学院肿瘤医院工作，1975年参加山东省西医学习中医班。从事中西医结合内科临床、科研、教学工作三十余年。学兼中西，辨病与辨证相结合，灵活运用中西医两套诊疗方法，专攻血液病、肿瘤。临床经验丰富，遣方用药严谨，疗效显著。尤其对再障及急性白血病有深入研究，效果满意。主持完成科研课题多项，分获卫生部及省级科技进步奖。撰有专著《实用中医血液病学》，参编《中医内科学》等多部医著，发表学术论文二十余篇，继承人张娟、李芮，均在山东中医药大学附属医院工作。

[《当代名老中医图录》(2007)]

◎ 韩其龙 ◎

韩其龙（1938—1996.12），男，中医副主任医师，山东省莱芜市常庄乡西古德范村人。历任公社卫生院副院长、市中医院门诊部主任、市中医学会理事等职。

十七岁辍学，师从伯父学习中医，初读《本草》《汤头》《医学三字》等基础医著，后读中医经典，从师临证见习，耳濡目染，数载渐能应诊，多次参加中西医进修学习，学识日进，临床注重实践，遵古不泥，力求发展创新，潜心于疑难重症的防治研究，如以"固本扶正法防治慢支""益气活血育阴滋脉法治疗心血管疾病""疏肝健中和胃法治疗消化道疾病"，均积有一定经验。自拟"棠梨消积散治疗胃柿症"，取得一定疗效。1971年参与编纂《莱芜县中草药验方选编》，刊印发行。1973年、1987年兼任市卫校中医教师。本人医德高尚，声誉较高。在离岗主笔编写卫生史志期间，还不断有人慕名求医，本人从不推辞，总让病人满意而归。1985年任主笔参与《莱芜卫生志》的编撰工作。在人手少，任务艰巨的情况下，历时五年，工作兢兢业业，任劳任怨，后期由他一人统编，完成了二十余万字的（上限 1328，下限 1987）卫生志初稿。于 1990 年 5 月打印后装订成册，为续修本志创造了极为珍贵的历史史料。

[《莱芜卫生志》（2004）]

◎ 刘清贞 ◎

刘清贞，女，1939 年生，山东济南人，1959 年考入山东中医学院，1965 年毕业后分配到济南市中医医院儿科从事临床、科研、教学工作，至今已五十多年，是全国名老中医药专家传承工作室（2014 年第三批）建设项目专家、山东省名中医药专家、山东省知名专家、济南市名老中医、主任医师。

曾任济南市中医医院儿科主任（第二任，至 1995 年）、济南中医药学会常务理事兼儿科委员会主任委员、山东中医药大学兼职教授、第二批全国老中医药专家学术经验继承工作指导老师、首批全国优秀中医临床人才指导老师。

擅长诊疗儿童扁桃体炎、发热、厌食、心肌炎、肺炎、哮喘、咳嗽等病症。撰写发表论文三十余篇，其中《中医对小儿哮喘发病的认识》获同行专家高度评价；《乳蛾一号治疗小儿急性扁桃体炎 84 例》在《山东中医杂志》发表后，被《中国医学文摘·耳鼻咽喉科学》摘录，又被编入《实用中医儿科学》扁桃体炎篇；《益胃汤加减治疗小儿厌食证的体会》获济南中医学会优秀论文奖；《论小儿"惊风与惊热"》获济南市科学技术协会论文二等奖；《小儿止汗粉外扑治疗小儿盗汗 32 例》获济南市科学技术协会论文三等奖；《小儿"善太息"的辨证治疗》获中国中医学会儿科学会优秀论文。参编《名老中医之路》《方药传真》《婴童金方》等著作。

参研项目"黄牛角代替犀牛角药用研究"获省卫生厅科技成果三等奖，主研项目"乳蛾解毒合剂治疗小儿扁桃体炎的临床及实验研究"，于 1995 年获济南市科学技术进步奖二等奖（第一位），"泻肺止咳合剂治疗小儿痰热咳嗽的临床及实验研究"于 2000 年获济南市科学技术进步奖三等奖（第五位）。

治学孜孜不倦，集古今医家学术之长，见解精辟独特；诊察仔细认真，四诊及辅助检查合参，务求诊断明确；治疗随证制宜，用药奇巧而有章法，价廉安全有效，医嘱耐心周到。因疗效颇高且待人热忱，深受患儿及其家长们的信赖而誉满泉城，曾被山东省卫生厅评为医德模范。2009 年庆祝新中国成立六十周年时，获得济南市卫生系统"医界楷模"称号。2010 年 3 月纪念"三八"国际劳动妇女节 100 周年之际喜获济南市卫生系统百名巾帼杰出人物"医界女杰"之称号。

乐于提携后学，通过言传身教把自己丰富的临床经验传授给中青年医生，让中青年医生在医教研活动中锻炼成长，使儿科人才济济，名医辈出。人有专长，科有特色，事业发达，在泉城及省内外享有盛誉。

[《方证相应：济南中医儿科方证流派传承辑要》(2017)]

◎ 刘持年 ◎

刘持年（1940— ），教授，博士生导师。山东中医药大学学术委员会委员、学位评定委员会委员，中医学博士后科研流动站合作导师，中华中医药学会方剂学分会顾问，中国实验方剂学杂志编委，山东中医药学会常务理事，山东省名中医药专家。发表论文三十六篇，主编著作四部，参编六部。

[《中华名老中医学验传承宝库 2》(2013)]

◎ 丁书文 ◎

丁书文（1941— ），山东单县人。师从全国著名中医学家周次清教授，医学硕士学位。山东中医药大学附属医院主任医师、教授、博士生导师。享受国务院政府特殊津贴。山东省名老中医药专家，山东中医药学会心脏病专业委员会主任委员。全国第三批、第四批老中医药专家学术经验继承工作优秀指导老师，中国中医科学院全国中医药传承博士后合作导师，从事中医临床教学科研五十余年。首先提出心系疾病的热毒说，深入研究并初步构建了热毒学说的框架。创新性将抗疟疾中药青蒿、常山引入抗心律失常的临床治疗。参加编写全国高等中医药院校教材《中医内科学》、国家药品监督管理局《中药新药临床研究指导原则》等书籍。先后开发研制中药新药四个。培养硕士、博士研究生及博士后五十三名。师承带高徒五名。

[《名老中医之路续编 第5辑》(2016)]

◎ 迟华基 ◎

迟华基，女，1941年7月10生于山东省蓬莱县，1965年7月毕业于山东中医学院，现任山东中医学院中医系内经教研室主任、副教授。擅长中医基础理论和《内经》的教学与研究。曾于1983年获山东省中医学院教学优秀奖，1989年获山东省及山东中医学院优秀教师荣誉称号，参编并出版：《中医基础学》（山东科技出版社，1978）、《灵枢经语释》（山东科技出版社，1983）、《实用中医基础理论学》（山东科技出版社，1986，获省科技进步奖著作二等奖）、《实用中医保健学》（人民卫生出版社，1989）；参加翻译并出版了：《原色针灸穴位解剖图谱》和《中西医结合治疗眼病》（皆日文版）等书籍。发表学术文章二十余篇。

[《中国当代中医名人志》（1991）]

迟华基，女，山东中医药大学教授，博士生导师。教育部、国家中医药管理局、山东省教育厅重点学科中医基础理论学科学术带头人之一，国家中医药管理局全国名老中医药专家传承工作室建设项目专家，山东省名中医，第六批全国老中医药专家学术经验继承指导老师。现任世界中医药学会联合会内经专业委员会会长、中华中医药学会内经分会顾问。

从事中医药工作五十余年，治学严谨，学验俱丰，在临床、教学、科研等方面具有深厚造诣。1989年、1999年两次获省级优秀教师荣誉称号，2001年又获山东省高校工委"巾帼建功标兵"荣誉称号，2004年被评为全国优秀教师，2018年获得山东医师协会国医杰出贡献奖。曾当选为济南市历下区第十四届人民代表大会代表。

长期致力于经典理论研究，形成了《内经》理论与临床实践有机结合的学术特点，其学术思想主要有：重预防，彰显治未病的临床价值；治未病，重视体质的调理；上守神，身心并调不偏废；调气血，倡导"八法"归一法等。

出版《难经临床学习参考》等学术著作十六部。担任新世纪全国高等中医药院校规划教材《内经选读》《内经学》的副主编、高等学校中医药院校规划教材《内经选读》主编。发表学术论文三十九篇。

[《迟华基内经讲义》（2021）]

◎ 王国才 ◎

王国才（1942— ），男，汉族，上海市人。山东中医药大学针推学院教授、博士研究生导师，山东省中医院推拿科主任医师、知名专家。1961年毕业于上海中医学院附属推拿学校。曾先后师承朱春霆、丁季峰、顾坤一、陆瘦燕、臧郁文等沪鲁推拿、针灸名家。1993年终身享受国务院政府特殊津贴专家。1994年晋升为教授。1994年全国高等中医药对外教育优秀教师，山东省专业技术拔尖人才，山东省千名知名技术专家，山东省名中医药专家、山东十大名老中医。曾担任山东中医药大学推拿教研室主任，山东中医药大学附属医院、山东省中医院推拿科副主任。兼任济南市第十二届人大常委会委员、民侨外委员会委员，中国致公党山东省第三届委员会委员，济南市第二届委员会第一副主委，山东中医药学会推拿专业委员会顾问、小儿推拿专业委员会顾问，青岛市小儿推拿研究会会长等职。

主编著作有："十五""十一五"高等教育国家级规划教材《推拿手法学》《职业资格培训教程（技师）保健按摩师》《推拿治疗学（中英对照）》《中同推拿（中英对照）》等五部。发表论文"推拿手法动态曲线的测定及应用""一指禅、㨰法、内功、点穴等推拿流派手法典型动态曲线图及初步分析""振法之运动生物力学研究"等十数篇。

主要科研成果：作为首位研发人主持研发的"TDL—I型推拿手法动态力测定器"获1983年度山东省优秀科技成果三等奖；"推拿手法力学信息计算机处理系统"获1986年度山东省科技进步三等奖；"TDL—II型推拿手法力学信息测定仪"1997年获国家技术发明四等奖。先后获五项中国实用新型专利。王教授作为核心技术创始人的"王氏整脊术"，被认定为济南市第五批市级非物质文化遗产代表性项目名录。

2003年遴选为第三批全国老中医药专家学术经验继承工作指导老师。2008年遴选为第四批全国老中医药专家学术经验继承和学位工作指导老师。2010年国家中医药管理局首批建设"全国名老中医药专家王国才传承工作室"。

[《岐黄厚德：山东省中医院名中医学术经验集 第1辑》（2018）]

◎ 田代华 ◎

田代华，汶上镇檀园村人，已出版《中医基础学》等著作二部（三十余万字），发表论文三十余篇。先后参加《中医学基础》（二十万字）、《黄帝内经素问校释》（九十七万字）、《针灸甲乙经校释》（一百万字）、《灵枢经语释》（五十万字）、《医林人物故事》等十二部著作编写工作。现为山东医学院文献研究所副所长、副教授。

[《汶上县志》（1996）]

田代华（1942— ），字莲花，山东汶上县人。1968年毕业于山东中医学院，分配至汶上县南站卫生院，中医师。1971年4月调回山东中医学院任教，在中医基础教研室担任教学工作，1977—1987年间被选为山东省第五届、第六届人民代表大会代表。1981年晋升为讲师，1985年5月学院中医文献研究所成立，遂担任副所长。1986年晋升为副教授，确定为硕士生导师，1993年晋升为教授，确定为博士生导师。1995年后，山东中医药大学文献所中医医史文献专业先后被评为山东省、国家中医药管理局和教育部重点学科，田代华被确定为中医基础理论与临床文献专业的学术带头人，享受国家特殊津贴。

从事中医临床、教学和中医文献研究工作四十年，为全国知名的中医医史文献专家，具有很高的学术造诣。致力于中医基础理论与临床应用的文献研究，博极医源，精勤不倦，阅读了大量中医古籍，积累了许多文献资料，提出了个人的学术观点，创立了中西对应、病证结合、三要素（病因、病位、体质）辨证的学术体系，为继承发扬中医学术作出了重要贡献，2001年被中国中西医结合学会授予中西医结合贡献奖，同年被评为山东省科技创新人才，2007年被评为山东省著名中医。现已培养硕士研究生十四人，博士研究生十七人，均成为中医教学、科研和临床医疗的骨干。

在教学的同时，还主持了大量中医科研工作，发表了五十余篇专业论文，编撰或校注了三十多部学术著作及中医古籍。主编了大型辞书《实用中药辞典》，以及《中医文献导读》《传统中医学理论》《实用中医对药方》《校勘学》《中医揽胜》《中医防病与保健》《心理与健康》等；副主编有《中医方剂大辞典》《实用中医保健学》《中医妇科基础理论》《中医文献学》《实用汉英中医辞典》《中国历代名医百家传》等；并参加了大型文献著作《中华本草》《素问校释》《针灸甲乙经校注》《灵枢经语释》《实用中医基础理论学》的编写工作；校注的中医古籍有《黄帝内经素问》《灵枢经》《素问注证发微》《灵枢注证发微》《医学入门》《医学心悟》《活幼心书》《古今名医方论》《先醒斋医学广笔记》《鲁府禁方》《奇效良方》《胎产心法》《妇人大全良方》《刘涓子鬼遗方》《疡科心得集》《世医得效方》等。近年来获得的科研奖励有：国家科学委员会科技进步三等奖一项；国家中医药管理局基础研究一等奖一项，科技进步二等奖二项、三等奖一项；山东省教育委员会科技进步二等奖二项、三等奖二项等。

[《名老中医之路续编 第2辑》（2010）]

◎ 张文高 ◎

张文高，山东中医药大学教授，中西医结合临床专业博士生导师，《中国动脉硬化杂志》《中国中西医结合急救杂志》《中西医结合心脑血管病杂志》等期刊的编委，著有中英文版《中国药膳》。

[《中国药膳大辞典》（2017）]

◎ 孔炎丙 ◎

孔炎丙,清末平度人,字次乙,号文峰。精医术,重医德,尤以治伤寒杂病见长。医迹远及京师,名振乡里。著述有《素问悬解》《难经悬解》等,乡人曾为其树碑颂德。

[《山东省卫生志》(1992)]

◎ 张骏声 ◎

张骏声,字文誉,清末民初胶县北赵家庄人。性质朴豪于饮,善岐黄术,尤精外科。以活人为得,不受谢。

[《山东中医药志》(1991)]

◎ 周汉南 ◎

周汉南,字宗海,清末民初胶县西南乡人。性方鲠,善医术,家富裕,尝施粥舍药,活人甚众。民国八年诸城人士赠"国士无双"匾。

[《山东中医药志》(1991)]

◎ 陈景瞻 ◎

陈景瞻,民国胶县人。每乡里疫病流行必刊布经验良方,活人甚众。

[《山东中医药志》(1991)]

◎ 李会清 ◎

李会清(1835.11.15—1981.02.06),系胶县大刘家疃人。自幼进塾学,成绩优良,取庠生。擅中医外科,疗疔疽、痈疡有盛名。民国十一年(1922)与同村人李为本、李桂清合伙办"普生堂"号药铺,坐堂行医。

[《胶州市卫生志》(1990)]

◎ 白芳春 ◎

白芳春(1842—1917),系胶县白家屯人。七岁进塾学,十八岁完篇,二十岁专习医术,精于内科,自制《脏腑图谱》一册用于授徒。晚年集《经验方》数册,惜传阅中遗失。

[《胶州市卫生志》（1990）]

◎ 赵 恂 ◎

赵恂，名恂，字认斋，男，生于清道光二十四年（1844），卒于民国十三年（1924），系山东省胶县前朱陈家沟村人。出身于农民家庭，自幼入村塾读书，无意科举，奋发习医。清同治十三年（1874）设"天成堂"铺号开业行医，擅长中医外科，对治外科病积累了丰富的临床经验。医名播及现胶南、诸城、高密县境，延医者不绝于门。

赵恂教子训徒时常说："医者，辨证莫忘纲，行医莫忘德。"这句话，是他一生遵循的座右铭。

赵恂治外科证：善辨阴阳，别善恶而知顺逆；谙内消、内托及虚实之治法；内治外治配合得当，在外治方面，善用针砭方法，注重疮疡的早期排脓，并长于治升降丹及膏药，是当地较全面掌握中医外科理法方药医生。如：有一老者，因患疮疡前来求治，言曾多方诊治，溃后，久不收口。证见面黄肌瘦，疮面色淡，脓水清稀，切其脉虚，诊毕曰："此系虚实不别，阴阳不分之误。"遂用清补助脾之法，数剂而愈。如遇脓毒已成者，施术开疮排脓时，手内暗度钹针，同时与病者闲谈，分散其注意力，借一瞬之机，将疡疮切开，病人未觉疼痛。切开后用药拈作引流，敷上膏药包好。因施治得法，收效甚捷。

赵恂具有优良的医德医风，最使人不忘的，是他给徐春治疮的事迹。徐春以乞讨度日，患脑疽，俗称对口，无钱医治，为充饥肠，仍沿街讨饭。赵恂见此惨状，将他领到了自己的药铺里，说："您住在这里吧，吃饭我管着，治病不要钱，治好了，要饭还能上去门。"徐春感动的声泪俱下。隔很长一段时间，又来天成堂千恩万谢的要交药费。赵恂说："你要几个钱实在不容易，我不能收，您留着买点吃的吧。"无奈几天之后，又送来两条上色的鲜鱼，赵恂依然谢绝。并对在场的人说："全施舍我办不到，吃药要钱，向有钱有势的大户要，我要叫穷人吃药，财主拿钱。"其医德医风，至今仍为人传颂。

[《胶州市卫生志》（1990）]

◎ 荆中允 ◎

荆中允，名致信，号凭虚子，以字行，平度县荆家村人。生于道光二十九年

（1849），卒于民国十六年（1927）。

荆氏自幼业儒，屡试不第，遂无意于功名，乃以教书为业，兼习岐黄之术。尤工仲景之学，故临证善用经方，亦喜用小方、验方。观其一生所遗方药，皆平正通达之品，从容徐缓，不求近功。曾云："用药治病，有轻病立愈，重病悠轻，小症忽大，危症卒死，峻猛大剂是也；有小病略瘥，大病小效，轻症不重，重症不危者，轻淡小方是也。盖以峻猛治病，恒治十而愈六，而四者必损，何者？不有大胜，必有大败也；以轻淡治病，每疗十而愈四，而六者无损，何者？总无大功，亦无大过也。"《医林笔记》《验案秘诊》为其临证验案，惜皆散佚不传，尚存寥寥数篇，后经同乡陈荫棫整理，发表于1963年第十二期《山东医刊》，颇得医界好评。

荆氏医德高尚，乡里有口皆碑。据邻里老人回忆，荆氏早年曾设药店，因施药与贫困者过多，资金亏耗。终至闭门休业。晚年乃只拟方，不售药，日诊百人之多，不收诊金，遇极贫之人，且解囊相助。沙河杜家，为掖县巨富，其主人病，百治无效，慕荆氏大名，轿车来请。荆氏坚辞不往。曰："吾不能因治一人之病，耽误百余人之病。"后杜家连请数日，不得已，乃嘱登堂求诊者安坐等候，始去杜家诊视。诊毕。杜家备丰筵款待，荆氏谢绝，酬以重金，不受。惟求备车速归，至家已晚，不暇休息，将久坐求诊者，一一诊毕。时已近午夜，为远道来诊者留饭留宿。

荆氏学识渊博，才思敏捷，临证之余，有所得即录之，日久集篇成册，故其著述颇多，计有《伤寒解义》《金匮解义》《伤寒说约》《伤寒原方》《玉镜新拭》《脉理绍圣》《难经二解》《脉法指南》《长沙遗蕴》《兰宝遗蕴》《医林笔记》《本草易读》《针灸指南》《司天运气》《妇科提纲》《疡科必用》《药宝嬉戏》《疹痘类方》《异方合编》《验案秘珍》《济生纲目》《医法精约》等二十二种之多。其中《本草易读》一书，得其乡人资助，民国十五年（1926）上海大东书局曾予出版。其《伤寒解义》《玉镜新拭》《长沙遗蕴》三书汇为《先圣遗范》一书，由烟台福裕东书局刊行。以上两书，今存。其余各种，后人不知珍藏，均散佚不可考。

荆氏对医学研究面广，成就较大，但由于著述大多未梓，且原稿亦散佚未传，加以一生未出乡里，且不善交游，无大力者为之表彰，故知者甚少。考其现存遗著，荆氏一生对《伤寒论》研究功夫最深，其学术思想受柯韵伯、尤在泾二氏影响较大，注重理论联系实践，旨在便于指导临症。其注文明白如话，不尚空谈。亦未烦琐考证，作到有话则长，无话则短，以阐明经义，便于临证为目的。其《先圣遗范》一书，仿《伤寒来苏集》《伤寒贯珠集》体例，以六经为纲，每经又以证类方，各类之前，首列传经影子一篇，阐明本经传经之变化，次列提纲，阐明此一经之主旨，再次列本经正文及荆氏注语。披阅一过，义显词明，医家读之，颇切实用，誉荆氏为仲景之功臣，洵非虚语。

荆氏对药物的研究，能融会百家，博采众长，除推崇《本经》外，对历代各家本草之长，均能如实评价并取其精华。尤其对李时珍氏《本草纲目》，更是推崇备至，认为李氏书，引证百家，收罗宏富，堪称医家鸿宝，有功于医林不浅。其撰《本草易读》一书，即从《本草纲目》中借鉴了不少有益材料，全书共收药物462种，大多为临床，日常习用之品。

[《山东中医药志》（1991）]

◎ 于孜温 ◎

于孜温（1858—1928），字进桥，即墨县城关北阁人，清末贡生。官场未遂，守经祖传五代为医。博览群书。精通经典，尤善瘟疫。晚年隐居，著书立说，曾著《医理折衷》（手抄本）一部，达三十八万余字。

[《即墨县卫生志》（1987）]

◎ 苟希道 ◎

苟希道，字敬五，清咸丰十年（1860）生，胶县毛家庄人。家境富裕，七岁入塾，寒窗苦读十二载，通四书五经。清光绪六年（1880）从教，曾因妻患疔疮症，数次去外乡求医生诊治，但总未请动，遂愤而习医，立志济人。教余十年来，昼夜不懈，穷究医理，诵读方药，后果成良医。

清光绪十六年（1890），在家独操医业，开张之日，立下戒律："病人上门，随到随诊；初诊识途，复诊自去"。自此，他的医德医风传颂开，求诊者门庭若市。目睹远道来的患者，马驮车运，费时耗资，为心不忍，他揣度，若多处诊室、临近就医，岂不更方便于人。于是同四方集市药铺家约定，每逢古历一、六日（含初一、初六、十一、十六、二十一、二十六日）到崂山县王林庄集"大生堂"；逢二、七日，到石拉子集"东新成"；逢三、八日到马戈庄集"鹤林堂"三家药铺坐堂行医。距诊室地址近者六七里，远者十八里，方圆三十余里内，都可到近处定时、定点就医。余四、九日、五、十日，在自家候诊不设药铺。每年之中，还有数次远处出诊，如青岛、烟台等。他每次外出对家中或各集市诊室都嘱托有一定医术的弟子代之。从无顾此失彼忙乱失约之事。

他善外科，喜创新。如疗疔疮肿毒症，开初施针刺、割疗术，视患者痛苦大，遂改制外用"溃药"，使毒疮溃腐而愈，又嫌疗程长，换药麻烦，于是探讨内服药效验。几经改进，屡有提高，仍穷究不辍。一次，烟台的一位病人，患"眼赘"，曾四方求医无效，慕名求他诊治。用药十剂尽，赘肉退缩，复归于旧。

他理病谨慎，每晚对日间诊视的病例，作逐一思考，凡存疑虑者，翻阅方书，对照析释以利再诊，且相沿成俗。他说："看病就是学习，再看病，再学习，相辅相成，这是一种最好的学习方法。"

他性情质朴，不摆势派。尤其贫家邀诊，车马费自理，从不吃酒饭，律己律徒甚严。晚年，视力下降，仍利用业余时间整理医案，曾写出一宗外科临症诊治验案资料，惋惜的是在"文化大革命"中，连同抄写的古今医籍，均被家中后人焚烧无余。

民国二十八年（1939）病逝，终年七十九岁。

[《胶州市卫生志》（1990）]

◎ 张锡玉 ◎

张锡玉，字少美，号琢堂，清咸丰十一年（1861）七月十六日生，胶县小旺町人。少进私塾，学而有成，取前清太学生。

在他年甫三十时，胶县疫病流行，乡民求诊最难。他目睹民众之苦，莫大于病，便致力攻读医籍，探究医理。初出临证时，则具有一定胆识，如邻村大旺疃村一患者，他诊为"结症"，派病家持方取药，堂中店员视药量过重而拒付。于是他自去抓药，且看守煎服。进药后，须臾间，肠动腹鸣，便通身爽而愈。事后他解释说："病户家庭生活富裕，患者身壮体肥，且新染烟毒癖，耐药力有异常人，如此闭结重症，非强攻何能取效，因人制宜，其要在此。"

他四十岁时，在胶城开设"广生堂"药店，坐堂行医。此期间，安丘巴山一绅士，因母疾危重，当地诸医无策，竟不惮百里，邀他诊治，获愈。病家大喜，遂捐资进言圣公府，拣选他为知印官，以酬救母大恩。

他年满五十岁，医术已誉满邑里，县知事要他在县衙内住，任官职，尽医事。衙门深宅乡间求诊者不易，故常出门闲溜，有意寻找病人。一次，逢本村邻居进城购置寿衣，言家有危重病人，准备后事。当他问明病情时说道："我与他同年生，熟其人，知其病，他是旧病发作，并非绝症，将备寿衣的钱取几付药，急速回家灌服为好！"果然药尽病除，至今仍被当地人传为美谈。

他治学有方，读仲景《伤寒论》，独有新得，临证探四时六气与发病的关系，归纳五行学说进行辨证施治的规律，其论断在当时胶地医界影响颇深。且撰有数卷医论和制方，惜多家传阅，下落不明，现家中后人，仍存有他的医药手稿四册，分别署名《金匮经》《寿世仁》《伤寒论条举》《外科方药集》。诸本多是选抄前贤著述，间有他的评语，以毛笔书写，字迹清晰，少有笔误，特别是蝇头小字，挥洒流畅，排列规整，具有书法功力。

他为人敦厚，善结交，重义气，常相邀文士远游于外，或呼唤乡邻谈笑于家。晚年返回故里，仍操医业，对病人关怀备至，冬时为来诊者设火炉取暖，夏日又置茶水相待。凡寒门邀修，路途远近不辞，徒步而至，从不乘车马。

民国九年（1920）二月十九日病逝，终年五十九岁。

[《胶州市卫生志》（1990）]

◎ 王金湖 ◎

王金湖，字洞泉，城西李子元人，生于清同治二年（1863），卒于民国三十年（1941），享年七十八岁。

王氏幼年丧父，兄弟五人皆由其母抚育成人。少时以务农织布为业，备受艰苦，有戴姓老医，怜其贫苦，教其习医以谋生。王氏从师以后，昼则织布以养家，夜则挑灯以读书。数年学成，悬壶于城里太和堂。王氏除学习经典著作外，更熟读《东垣十书》《景岳全书》《黄氏八种》等书，用药崇尚温补，临床治疗以补益元气为主，很少用寒凉攻击之剂，尤精汪昂《汤头歌诀》一书，背诵不爽一字。治病以成方为主，加减不失古人准绳。王氏因出身寒微，深知民间疾苦，常存济世利民之志，清末民初，医生出诊大都坐车或骑驴，很少徒步者，为此，贫穷患者往往无力延医而坐以待毙，王氏则力矫时弊，经常徒步出诊，晚年虽有高名，亦不改初衷。对病人关怀备至，诊病时谈笑风生，议论风发，除精心诊察治疗外，必多方劝慰病人以安其心志。擅长妇科，深深服膺《内经》："二阳之病发心脾，有不得隐曲，为女子不月，其传为风消，为息贲，死不治"之论。清末民初，妇女受封建压迫较重，患者多因隐曲难言，为此每当临诊，先生必先温语开导以畅其情志，疏其郁滞，故其疗效独为当时群医之冠。自悬壶以来，诊者盈门，虽至垂暮，盛况不衰。晚年为平度医界师首，凡疑难大症，病家医者咸以请王氏一诊为快。王氏因感自身年幼家贫学医之难，故对医界后学必尽力提携之，对平度医学发展曾作出一定的贡献，深为医界同仁所仰望。生平忙于诊务，无暇著述，致使其宝贵医疗经验湮没而不彰，论者惜之。其子其孙均业医，能传其家学。

[《平度县卫生志》（1984）]

王金湖，字洞泉，平度县人，生于清同治二年（1863），卒于民国三十年（1941）。业医，重元气，治多用温补，鲜用寒凉攻下。

[《山东中医药志》（1991）]

◎ 乔培坚 ◎

乔培坚（1868—1944），系高密县张罗大屯人。1930年迁居胶城行医。擅妇、儿科。临床以治温病、肝胆疾患见长。曾研究中西两法治病，名传高密、胶县、青岛等地。晚年练养生术，每日"坐禅"、戏"五禽内功型"。一生带徒数人，施教诚挚。

[《胶州市卫生志》（1990）]

◎ 姜涵尘 ◎

姜涵尘，原名太儒，清同治七年（1868）生，胶县大店人。他自幼聪敏好学，青年时意欲进取，时值清朝科举制度废除仕途无望，易辙学医，探讨医术达二十年，于民国年间参加青岛市中医界会考，成绩优异。清光绪二十六年（1900）去青岛市办复生堂药店，领衔主治中医师。

辛亥革命期间，革命党一度辖烟台，他又弃医从政，被选为烟台市军管会副司令之职。后革命党受挫，他退出政界，重操医业。此时他医、学、政声望大振，已为南海一带有影响的人物。当地解放初期，胶东行政公署聘他对姜立川部队进行统战活动。1943年出任胶县第一届临时参议会参议长，胶东参议会参议员。

姜涵尘有学识，又喜著述，一生写下很多专集手稿。在医学方面，仅后人回忆有《中医杂症论治》和《温症初探》两书，曾托弟子李玉真整理，惜日本侵华，焚烧已尽。他对儒学、佛教也有一定研究，著有《孔道管见录》一书，由广东出版社发行。故时人称他为"儒林中之通儒，医中之良医"。

民国三十五年（1946）病故，终年七十八岁。

[《胶州市卫生志》（1990）]

◎ 姜德清 ◎

姜德清，字澄斋，七里河子东村人，生于清同治七年（1868），终于民国三十二年（1943），享年七十五岁。

姜氏幼年因父病延医不至，遂发愤习医，先后攻读过《内经》《难经》《伤寒论》《脉经》《黄氏八种》《医宗金鉴》等书。学成后，在本村开设永春堂药店，凡来延请者，无论贫富，均随请随到，虽在午夜，亦不推辞。贫者且赠以药，行医五十余年，全活甚众。

姜氏行医之初，用药崇尚温补，民国初年平度一带温病流行，医生治之多不效，死亡日多，姜氏见此，乃积极寻求医治之法，其时偶读余师愚《疫诊一得》一书，见书中所载清瘟败毒饮所治之症，与当时流行之温病症状相似，遂验之于临床，结果均获神效。此疫之后，姜氏研究温病学的信心愈坚，先后精读了《温热论》《温病条辨》《疫痧草》等书，寝馈日久，颇多体会，从此临症多喜用温病学派之方，尤善用生石膏，时平度医界视姜氏为怪人，以"石膏先生"讥之，但姜氏钻研运用温热学派之法，一以贯之，至死不变。后与善治温病之绍兴何廉臣、盐山张锡纯通信多次，互相切磋，讨论温热病症治诸问题，对温热病理论有独特见解，深为何、张二氏所推许。1927年何廉臣编纂《全国名医验案类编》，姜氏踊跃支持，曾投稿内、外、妇、儿各科案医百余案，被录用者有温病验案七八案，生前曾有温病症治之著作一种，惜散失不传。

[《平度县卫生志》（1984）]

姜德清，字澄斋，平度七里河子东村人。生于同治七年（1868），卒于民国三十二年（1943）。在本村开设"永春堂药店"五十余年，活人甚众。善用石膏。

[《山东中医药志》（1991）]

姜德清（1868—1943），字澄斋，平度人。行医五十余年，曾与善治温病之绍兴何廉臣、盐山张锡纯多次通信切磋，著有《温病症治》，对温病之理有独特见解。其温病医案有八案选入1927年何廉臣编纂之《全国名医验案类编》。

[《山东省卫生志》（1992）]

◎ 李清佐 ◎

李清佐，字味经，晚年众称"老师傅"，沿袭日久，而多人不知其名。清同治九年（1870）出生于胶县宋家小庄一个农民家庭。1878年入塾学，完篇后曾两次科举未第。1890年设馆办私学。教余，拜高密县名医陈由月为师习医。1900年，弃教，行医。1955年，八十五岁时，毅然应聘进大刘家疃卫生所工作。

他一生读医籍甚多，尤喜《医宗金鉴》一书，年九十余，尚不释手，人称"金鉴迷"。对后学常推荐说："全书内容广博，系统扼要，平正易懂，切于实用。如若精心探讨，余味无穷。"

治病，以内、妇科见长，屡起沉疴顽疾，自有门法。如疗经期病，每以四物汤加山甲、牛膝治之；带下病多用逍遥散加茜草等；经闭病则逍遥散加穿山甲；胎产诸疾，喜用生化汤，且加减化裁多端。他说："凡病多起于气血。女子以血为贵，一生中经、带、胎、产每及于血、脉，血出于脉外则病瘀，脉络受损则血行不畅，故活血化瘀法，用之多效。虽血虚当补，血溢当塞，此等症时机到来于方药中佐一二味化瘀药，收效更捷。"

他接受传统医德教育很深，"医者、仁术"为一生守信的准则。在家行医五十年，不设药铺，不收诊费，患者经治愈后，出自心意酬谢，从不以医术索取实惠，更无贪财计较之事。又如进卫生所工作，谈到报酬时，他说："进所工作，图方便病人和带徒传术。我越老越糊涂，以往行医五十年不收诊费，八十五岁出来挣钱。"事后每月三十元工资，都是子女收下，他仅接收所里买的一双毡鞋。

他修养有成，言谈温和，举止礼貌，养生遵古训，食勿精、喜勿过，动勿极，神勿外露，勿忧勿怒，终前耳聪目明、行走稳健。1968年1月19日无病而逝，寿九十三岁。

[《胶州市卫生志》（1990）]

◎ 黄学孔 ◎

黄学孔（1877—1962），胶县沽河公社黄家屯人，清末秀才，二十七岁业医，定居即墨县城关。一生清贫，为县内广大群众治病解患，素享盛誉。遗有《经验方集》（手抄本）一册，一万八千余字。

[《即墨县卫生志》（1987）]

◎ 张寿堂 ◎

张寿堂，名法彭，字寿堂，清光绪四年（1878）生，胶县西南乡巩家庄人。自七岁入私塾读书，完篇后，十八岁下学。父亲是当地有名望的中医，在他的熏陶下，备勉习医，除读医经，便学炮制中药及配方，继侍父应诊，抄方按脉，结合临床，学习理、法、方、药的基础知识。终日言传身教，耳濡目染，对中医的基础理论与临诊技能肄习已熟。1904年（二十六岁）去青岛应考，领取了行医证书，在青岛开设"大春堂"。此期间，曾邀请同道，举办了医药讲解会，交流临床经验和进行理论方面的探讨,他是主讲人之一。医药讲解会有《同仁备忘录》集石印本,载有姓名、性别、年龄、籍贯、相片等(此本已佚),1914 年(三十六岁)日德在青岛鏖战数月,市区遭到很大的破坏,被迫停业回家,目睹乡间苛捐杂税多于牛毛,民不聊生,过春节时,写了一副:"鼠因无粮伤心去,狗为家贫放胆眠"的对联,贴在大门上,以舒胸中之愤。翌年去王台(今胶南县王台镇)开业,铺号仍称"大春堂"。在此行医三十余年,声望很高。1950 年(七十二岁)因年老不愿久居外乡,遂回铺集村开业,曾应聘为胶州专区第二干部疗养院(结核病疗养院)特约医生,参加会诊,用中药治疗结核病的肺出血,疗效颇佳。

张寿堂行医近六十年,积累了丰富的临床经验。他自制的"太乙丸"用于头痛、头晕、恶心、呕吐、腹泻等症,很有疗效,曾销往高密、诸城两县(其方已佚)。他性情耿直,同情贫民疾苦,不攀高门,如遇肩挑叫卖或车夫等人,途中患病,都尽心为其调治,治愈后,分文不收,病人很受感动。他说:"您靠出大力赚几个钱,实在不容易,留着路上做川费①吧。"若富户大贾有病求诊,必二请或三请方到,他常对人说:"财主有钱有势,养尊处优,无病也呻吟。不能一叫就去。"1963 年病逝,终年八十五岁。

[《胶州市卫生志》(1990)]

◎ 迟子温 ◎

迟子温(1878—1963),字毓藻,男,汉族,莱阳市冯格庄镇后大埠村人。

子温自幼读私塾十五年,后由其父传授中医。在莱阳"天福堂"、青岛"中西大药房"、水集"憧林堂"等药号坐堂中医,远近求医者络绎不绝。解放后,积极响应共产党和人民政府的号召,加入联合诊所从医。

1958 年,调莱西市人民医院中医科任医生。对《内经》《伤寒论》《金匮要略》等名著重于研究,尤为擅长妇科病的诊治。临床经验丰富,医理谙熟,医德高尚,服务热情,虽年逾八旬,仍上班诊脉遗教,深受病家尊重。因感冒并发肺炎,抢救无效,于 1963 年 2 月 15 日病逝。

[《莱西市卫生志》(2005)]

---

① 川费:路费、川资。

◎ 房炳大 ◎

房炳大（1879—1936），字益臣，清末进考未遂，改攻医术，专长内科。其"冷对富豪，俯首济贫"，故绰号"房大架子"（系豪门所送）。著有《妇科备全》（手抄本）一部，达十万字。

[《即墨县卫生志》（1987）]

◎ 丁立琢 ◎

丁立琢，又名丁书宝，清光绪七年（1881）出生于胶县前辛疃村一个信奉基督教的农民家庭里。父是当地有名望的中医。家庭熏陶使他从小就向往医生这一职业。1905年其父病故，外界舆论丁立琢无能继承父业，故而发奋习医。是年，去济南华美医院学习，成绩优异，深得院方器重，要他毕业后留院或去美国深造。他不为名利所惑，在即将毕业时，毅然放弃毕业实习，离校回乡，重整父业，于1910年正式行医。当时西医西药在农村尚不受人们重视，经过一个阶段的治疗实践，他的威信逐渐树立。不仅邻村有病找他，百里外也有慕名求医的，每日就医者络绎不绝。1938年侵占兰村的日伪军，因他宣传抗日救国派兵抓他，人未抓到，但家中物资被抢劫一空，住房也先后被焚三次。处此家破人危的情况下，于1940年出任山东抗日救国军后方医院院长。1945年日本投降后，他去青岛在夏津路13号开设"宝德医院"。青岛解放后，因年老多病未正式开业。1951年抗美援朝将医院剩下价值650万元（旧币）的药品捐献给人民政府。

1966年9月他被遣返前辛疃的消息，被群众知道后，登门求医者日渐增多。当时他无权看病，在群众要求下，村革命委员会派人监督、管理，允许他应诊开方，求医者经常要排队挨号，不足两年时间，看病近万人次。直到1968年4月去世前三天仍坚持应诊，终年八十七岁。

丁立琢一生好学，又喜博览群书，至老仍手不释卷，所以他学识渊博根底深厚，又勤于总结临床经验，惜医案手稿在"文化大革命"中散佚。更可贵的是他能融会中西医之长，从不墨守一隅，所以临床治疗能左右逢源，疗效较高。尤其他善用偏方治病，得到同道称颂和病人欢迎。周家村周会来患蜂窝组织炎久治未愈，经他用鲜山药根捣成糊状，溃处加白糖，未溃处加盐敷于患处，一日换药数次，几天后即痊愈。城西有一群众患对口症，病情较重，患者禁食，用红马齿苋、紫马齿苋加发面馒头捣成糊状，敷贴患处，三日后病情好转，患者能食。他积多年临床经验，研制脉管炎、腮腺炎、单纯性骨折等有数偏方，现已失传。

丁立琢日常治病，不分富贵贫贱，一视同仁；轻症重恙，无不细心诊断，病家谢酬，贫者不收或少收，富者则加倍收费。医名遍及胶县、即墨、高密等县。

[《胶州市卫生志》（1990）]

◎ 吴 朴 ◎

吴朴，平度县亭兰公社吴家口村人，1881年生，1964年卒，亭兰医院吴家口卫生所中医。祖传中医，初在本村行医，后入吴家口卫生所任中医，擅长妇科，在平度南乡享有盛名。

[《平度县卫生志》（1984）]

◎ 张仕敏 ◎

张仕敏（1881—1945），系胶县北乡柏兰村人。三世业医。仕敏专中医内、儿科，且明医理，重医德。三代传术，皆择其品行端正者继业。

[《胶州市卫生志》（1990）]

◎ 赵尚志 ◎

赵尚志，字仁斋，众人尊称赵八师。清光绪七年（1881）5月11日出生于胶县于家村一个农民家庭里。九岁入塾学，耕读十年，四书五经完篇。1909年去济南市立师范学校学习，1911年毕业后回乡在于家村、罗家村等处任教。同期随亲属徐豪业余习医，八年后弃教。

1926年进胶城粮食市前街办"德生堂"药店，坐堂行医。1949年迁居韩信沟村，虽年近七十，不辍医事。

他多年行医于农村，能体恤乡间民苦，为此广泛采用花销少、疗效快的民间验方、土方、单方治病，并创制巴豆皮丸、丹矾丸二药，破癥瘕积聚等症，颇有效验。姚永珍患"血积病"，曾去某市医院治疗月余未愈，断为不治之症，回家经赵尚志诊治，竟服丹矾丸获愈，访视多年，无病健在。还有许多被治愈的患者，赠送匾额颂扬医术医德。

他惜书成癖，每进城办事必去书店选书，在家诊余，则日夜忙于抄书，诊室写有格言"开卷有益，以补自知"勉己。还搜集诸家学说和临床验案，撰写成《温病论治》《臌症论治》两卷。他带徒数名，常嘱托道："病以千计，方以万计，一生难探其底,不博闻强识,何以成才"。

1965年7月4日病逝,享年八十四岁。

[《胶州市卫生志》(1990)]

◎ 冷宗谦 ◎

冷宗谦(1882—1968),系胶县于家庄人。1900年随兄冷志纯学中医外科,1906年设"药生堂"业医,1958年进联合诊所。擅外科。治乳核病用行气化痰药,疗流注病用木香流气饮,取效甚捷。撰《济世锦囊》一卷,手稿尚存。

[《胶州市卫生志》(1990)]

◎ 高子正 ◎

高子正,名振可,以字行。清光绪八年(1882)出生于胶县官路村一个农民家庭里。八岁入塾,读十载。他家三世业医,从求学起,就在祖父高维镀、伯父高义方的指导下,背诵《脉诀》《药性赋》《汤头歌》《医学三字经》等医书。下学后又经父辈推荐,从师王仍福、王仍汉名下,潜研医学四大经典和诸家名著,他强记博识打下了良好的基础。1929年去即墨县毛家埠村行医。1931年进胶城自办"宜春堂"药铺,配方售药问病疗疾达廿余年。1956年参加城区第二联合诊所。1958年进城关公社卫生院工作。

高子正一生行医达五十余年,济世活人数以万计,年八十离职回家,仍日诊计三四十人次。他深明医理,临床经验丰富,诊余撰写《临床验方集锦》手抄本六十册,每册百页,共载方万首,达五十万余字。本本封面因捻动破损增糊厚如纸壳,页页下角处因翻阅指灰斑斑历历在目,是书在胶城同道间索取传阅者甚多。

高子正医风纯正,且乐于助人。如胶城大十字口街,以常年挑水谋生的管老,其妻患哮喘病,每年数发,致使家境十分困难,每去高子正处诊病取药,从不收费。又南关吕文正患尿闭症,他免费送去导尿管和药物,直至痊愈。很多病家感恩不尽,赠送匾额、字画等纪念品数十件,多书"济世活人""寿同金石"等贺词,表示对医术医德的颂扬和健康长寿的祝愿。他1976年病逝,终年94岁。

[《胶州市卫生志》(1990)]

◎ 王奎明 ◎

王奎明(1883—1935),字墨林,即墨县南泉镇马家屯人。自幼聪颖,读私塾五载后,立志学医,拜崂山道士王一峰为师。王道士治学严谨,医道精深。奎明学艺三载,通晓《内经》《难经》《伤寒论》《金匮》等经典著作。奎明常随师到崂山地区及青岛市为人看病,积累了丰富的临床经验。民国九年(1920)参加青岛市中医考试,名列第七名,由警察局颁发中医师文凭。遂在青岛市开设"源顺堂"药房行医,就诊者甚多。30年代末,回故里行医,青岛地区求医者仍络绎不绝。

奎明主张:诊治病"要上贯《内经》之理,下纳百家之说,理不明,病不愈"。如他在临床笔记中,有关水肿病的论述:"水肿者,气之病也。经云:三焦者,决渎之官,水道出焉。膀胱者,州都之官,津液藏焉。又云:饮入于胃,游溢精气,上输于脾,脾气散精,上归于肺,水气四布,五经并行。按经义而论:水液之运行,便溺之通利,皆由气化而通调。若气虚不能通调,遂水肿。水肿并非水也,若果真有水,自能下渗,不至于外溢为肿,只因脾不能营运,肺不能施化,肾不能通调。不运、不化、不通、三焦之气闭塞,决渎之官自废,州都之官亦危,上下出入机关皆不利,因而津液皆闭,气因水壅,渐成肿胀也。"对水肿施治,奎明着重于健脾补肾,发汗、利便、攻逐等法加下健脾胃补肾阳的药物,以免攻伐太过。奎明的临床笔记,医案记录若干,可惜因后人不注意保存,遗失甚多。

[《即墨县卫生志》(1987)]

◎ 冷鸿渐 ◎

冷鸿渐,字云奎,城南东丰台堡人,生于1884年。自幼业儒,屡试不第,民初以教书为生,教余兼习岐黄之术,学成后于城南关开设奎华堂药店。民国二十六年(1937)当局在城西关考院统一考试医生,应考者百余人,冷氏以优异成绩夺魁。解放后于1954年参加县第三联合诊所,1958年曾任教于县第一期中医进修班,1962年病逝,终年七十八岁。

冷氏博通经史,国学基础深厚,其习医之初,即从经典入手,凡经典医籍,无不熟读玩味,尤精《伤寒论》《金匮要略》,对《黄氏八种》《本草纲目》《医宗金鉴》等书,亦有较深的研究。曾著有《伤寒论注解》一书,1964年县中医院寄往山东中医学会准备整理出版,"文化大革命"期间流散不知去向。冷氏天性好学,自少至老,手不释卷,诊余之暇,手执一卷,终日吟哦,寝食俱忘。生平主张不动笔墨不读书,所读之书,皆有批注,蝇头小楷,工笔书写,片言只语,时出妙义。素有长者之风,对后学循循善诱,诲之不倦,当其在联合诊所工作时,昼日诊病,夜则集中诸同仁讨论疑难病例,凡有执疑问难者皆引经据典以剖析之,所发议论如老吏断狱，字字精切，深为诸医所折服。其临症强调四诊合参，反对单凭"切巧"以炫技之陋习，诊察务期周详，立法力求严密，处方以稳妥见长，生前曾不断告诫后学，临症当有"战战兢兢，如临深渊，如履薄冰"之感，方能殚精竭虑以救人之危。性方正，生平除读书诊病之外，无他嗜好，不谄不媚，有古仁人之风，堪称一代良医。

遗留读书笔记及抄录古医书精华颇多，惜后人不知珍藏，致散失不传，其婿马述先能传其学。

[《平度县卫生志》(1984)]

◎ 周天雨 ◎

周天雨，平度县大泽山公社团石子村人。1884年生，1968年卒。大泽山医院任中医。祖传中医，擅长妇科。

[《平度县卫生志》(1984)]

◎ 刘清瑞 ◎

刘清瑞，平度县崮山公社陡沟村人。1885年生，1974年卒，在家行医。祖传中医，熟读经典，尤精《黄氏八种》。热心医学教育，在平度东北乡一带颇有名望。

[《平度县卫生志》(1984)]

◎ 杨利业 ◎

杨利业（1855—1939），系胶县水牛村人。1880年习医术，精究《寿世保元》《傅青主女科》《针灸大成》等医籍。擅中医内、妇科及针灸术，在胶北乡有盛名。晚年，撰《经验方》一册，传于后人。

[《胶州市卫生志》(1990)]

◎ 张华阁 ◎

张华阁（1885—1966），系胶县关王庙村人。青年时，去潍县拜师学医。临床以中医内、妇科见长。他随俗应变，兼治眼科及皮肤疮疡等病。一生理病甚细，施方多验，平度、即墨、青岛等地，慕名求治者甚众。晚年收徒数名，方术尽传。

[《胶州市卫生志》(1990)]

◎ 万德莲 ◎

万德莲，字荷生，清光绪十二年（1886）生，胶县三官庙村人。八岁入塾，谙于经、史、子、集，十八岁辍学，遂投胶城名医孙鹤亭门下学医。1910年开业行医，1922年进胶城办"荷生诊所"，1947年去青岛市开办鲁东药房坐堂行医，1955年被聘四方区医院中医顾问，1976年病故，终年九十岁。他青年时，笃志嗜学恭勤不倦，曾通读医学四大经典，又涉诸科，如治小儿麻疹病，善辨顺逆，分期井然。他认为麻毒出自脾肺两经，肺主皮毛、脾主肌肉，故疹形隐隐于皮肤之下，疹粒磊磊于肌肉之间。他倡言：治疹初期，宜辛凉或辛温透表，意在疹邪透出为要；中期疹点透齐，当施以清热凉血解毒之剂；末期疹点收没，选用扶正养阴之品，并调其饮食，慎避风寒。若三期中疗理不当，则变证丛生或热毒攻肺致喘，或内陷心包而神昏谵语，或入大肠成痢，或蕴于胃病疳者，皆属逆证、重候。此乃关键所在，亦足见功夫，决不可掉以轻心。建国前，每当麻疹流行季节，日诊量达三十余人次，一年内有数百计的患者经他治愈康复。

又1933年孟秋，黄疸病流行，民间称"黄眼瘟"，发病猖獗，全家染病者不鲜见。贫户无钱，则多求助于巫，或焚纸烧香，祈祷免灾。他体恤民情，便拟定用鲜茅根一百克，鲜小蓟六十克，鲜车前草一百克，鲜垂柳根皮三十克，水煎三碗，一日服完，至黄疸退净为止。此四味药乡间比比皆是，不费分文，多在四五剂而愈。

他对皮肤病亦颇有见地，创制"万氏疥药粉"和"扫风丸"甲乙型等药，用于治疗疥疾、麻风病，风行一时，呼名索药者众，深得信仰。他年近八十岁还利用诊余时间撰写《扫风集》《麻疹撮要》《万氏锦方选》手稿三册，传阅于同道间，得惠于民众。

他医风纯正，一生以"行医济世"为座右铭，律己训徒，共门下桃李无不铭记。病家曾送匾额数块，有书写"功同良相"以颂称。

[《胶州市卫生志》（1990）]

◎ 车正路 ◎

车正路，1886年生于即墨县官庄公社北泉河头村。正路自幼聪明好学，八岁在本村读塾书十年。十八岁，1904年去店集公社王瓦子埠教学。因好医，在教学之暇攻读医典（如《金匮》《伤寒论》《傅青主女科》《妇科备要》等书）。十五年时间，秉烛达旦，精心研讨，明通医理，三十三岁，1919年转学为医。先在店集"福德堂"

药房坐堂行医，1929年赴青岛东镇"德和"药房坐堂行医，1937年回店集"公济"药房行医直至解放。1951年在店集供销社医药门市部行医，1954年进即东县卫生院工作，1962年当选即墨县政协常委委员。1963年，七十六岁被评为即墨县社会主义建设先进生产者。

正路在旧社会生活比较艰苦，甘守清贫，俭朴廉洁，以解除病人疾苦为己任。他说："穷人都指着身子混饭吃，哪有时间，哪有钱常来看病？为穷人治病，应该少花钱也能治好病，才是我们做医生的天职。"对病人体贴入微，深受群众的颂扬和敬佩。解放后，在人民政府的中医政策感召下，他热心工作，发挥个人技术特长，在病多医少、群众经济不足的情况下，为了减轻病人负担，以行医50余年的临床经验，同医院药房协商制成了许多散、丸，如消毒散、藿香散、桃花散、保坤丸、团鱼丸等，疗效显著，服用此药既方便又经济，很多病人慕名前往，指名买药。不少妇女患不孕症多年，服了正路的保坤丸，有了生育能力。有时根据病人要求介绍一些有效的偏方，少花钱或不花钱，就能治好了病，很受群众欢迎。

正路对工作积极认真，行医五十余年，任劳任怨，急病人所急，痛病人所痛。1975年10月退休，是年八十八岁。退休后，常卧床应诊。1984年病故，享年九十七岁。

[《即墨县卫生志》（1987）]

◎ 刘维校 ◎

刘维校（1886—1948），系胶县西南乡牛沟村人。一生遵循着"医者，仁术"的传统教育，专心致志的深究岐黄术。临床以处治内、妇科疾病见长。诊暇集有《妇科学心得》《经验方》两册，手稿已失。

[《胶州市卫生志》（1990）]

◎ 高永臣 ◎

高永臣（1886.09.17—1979.09.12），系胶县北台村人。1930年迁居胶城设"诚德堂"行医，1950年被选为城区医联会会长。他善于团结同仁，任职期间，为胶城卫生工作发挥了积极作用。临床以内科杂症见长，在一方之众享有盛名。

[《胶州市卫生志》（1990）]

◎ 王汉臣 ◎

王汉臣，平度县麻兰公社麻兰村人，清光绪十三年（1887）生，1968年卒，县中医院任中医。祖传中医，先后在麻兰、城关一带行医。擅长妇科。

[《平度县卫生志》（1984）]

◎ 王纯德 ◎

王纯德（1887—1947），字喜文，号起巅，系胶县柏果树人。对中医经典著作与诸家名著多有探求。民国年间，胶县医界会考，名列榜首。临床以外科见长，辑有《马到成功》一书，载方一百五十首（见论著篇）。

马到成功

作者：王喜文

成书时间：1940年左右，相传手抄本

内容简介：全书共辑方十五首，方方皆有马钱子，可谓之集古今马钱子应用之大成。作者对马钱子一药深有研究，用于临床，常获捷效，故成书后定名为《马到成功》。

全书共分四个部分。内外科治验方；专治跌打损伤，接骨散瘀定痛之方；专治疯犬、家犬咬伤方；膏药方每药方都注明出处，适应病症、炮制及使用方法。

[《胶州市卫生志》（1990）]

王纯德，字喜文，胶县龙山柏果村[①]人，生于清光绪十三年（1887），卒于民国三十六年（1947）。初教读兼医，后弃教业医，术兼内、外两科，尤善治"杨梅疮"。辑有《马到成功》，未梓。

[《山东中医药志》（1991）]

◎ 孙汉三 ◎

孙汉三（1887—1960），系胶县里岔村人。精妇科，乐于为贫苦民众除治疾病，是人们称赞的"庄户"先生。对医术从不保守，施教诚挚，是同辈人的良友，也是后学者的先导。

[《胶州市卫生志》（1990）]

[①] 柏果村：原作"白果村"，据地名改。

◎ 魏立帮 ◎

魏立帮（1888—1984），胶县李家庄人。二十岁时患目疾，数治不愈，后经即墨县中华埠村"道人"治愈，遂拜于门下学医，三十岁时曾去青岛、胶城等地坐堂行医。1954年进入联合诊所。他擅长眼科，尤对天行赤眼，施剂辄效。

[《胶州市卫生志》（1990）]

◎ 李云登 ◎

李云登，字永州，清光绪十五年（1889）九月二十二日生，胶县房沟村人。系民间医生，善眼科。八岁时随舅父读书，十二个春秋私塾学完篇，父通岐黄术，又兼习中医内、妇两科。

1911年，他在本乡娄敬庵村居敬堂处，设"全生堂"药铺，执教、行医并操，日渐深爱医术，如是拜四方名医为师，不辞劳累，闻名徒步而至，曾往于家庄冷志纯家学外科，往高密县祝家庄王德俊家学妇科，又往史家店子村晏喜堂处学眼科。三十八岁，方始立足，设眼科诊所开业行医。

他求知若渴，手不释卷，为提高自己文化素质很规则地抄写了一部《康熙字典》。这勤奋、认真、虚心的学习精神，为走医学之路，铺下了坚实的基础。他通读了四大经典医著，又对《审视瑶函》《银海精微》《眼科百问》《银海指南》等眼科专著作逐条析，并汲取精粹，写成读书心得，命名《眼科节要》一卷。五十多岁，医术日臻成熟，处治目疾，疗效显著。声誉远扬胶县、高密、平度、即墨、崂山诸县。慕名求诊者，日不暇给。

在临床辨证中，他注重整体观，摒弃"目疾治目"的世俗局部观。常说："疗目疾，应视人之形气虚实，究体之盛衰，查病之内外深浅等项皆不可缺。小失则误病，大失则致残或害命，当牢记为诫。"如对目疾火证类，他认为多是内蕴热毒，循经上走头目，外目风寒触发所致，治宜先散风邪，后乃退其积热。他立方选药常以"轻灵"见称，一方之中，每药多在十克以内。虽然示后学，"名论、名方"要背诵，但在处治时，几乎见不到他用原方。为此解释说："方者法也，医者意也，通其法，明其意，死方活用，此之谓也。"又自制丸、散、丹等剂型成药，计二十余种，疗效颇佳，其中黄瓜霜一药，世人称为点眼灵丹，呼名索药者甚众。如战家村一教师患"暴盲"症，多方医治无效，处痛苦绝望中，经他悉心调治，患者重见光明。

1954年，应邀去山寺村坐堂行医。1958年加入了临洋村医药联合诊所。七十三岁时离职回家，并将五十年的临床经验，传于子孙，后继有人。

他一生持身严正，专志医业。素日少与他人交往，更无口角之事。他生活起居有常，不近烟酒，恶食肥甘。空闲时，田园小劳培养花木，亦喜挥毫泼墨，平常体健无病，近古稀之年，仍耳聪、目明、牙齿俱全。

1975年11月24日卒。寿八十六岁。

[《胶州市卫生志》(1990)]

◎ 王立吉 ◎

王立吉（1890—1978），系胶县双京村人。青年时代，在胶城"春喜堂"随李敬五医生学医术。1910年回故里，儒医两操。1954年进入联合诊所。擅长中医妇科，临病四诊工细、辨证分明，尤重视《药食同源》一书。

[《胶州市卫生志》(1990)]

◎ 纪鐮统 ◎

纪鐮统（1891—1954），字毅峰，即墨县城关人。鐮统专长儿科，医德高尚，其旨"医可以疗饥，不可致富"。鐮统医术高明，求医者盈门。民国三十三年（1944），当地群众以林广训为首十四人赠挂匾一个，上书"风趋和缓"。

[《即墨县卫生志》(1987)]

◎ 胡方成 ◎

胡方成（1891—1960），系胶县东乡河西店人。曾进塾学十年，四书五经完篇。1921年自行业医，擅中医内、妇科。1955年进联合诊所，凡病家求治者，能立往不辞。他性情豪放，喜练武功，一生体健少病。

[《胶州市卫生志》(1990)]

◎ 张九皋 ◎

张九皋（1892—1972.08），名鹤鸣，男，汉族，山东平度人。1922年在烟台学成中医，坐堂掖县同济堂。旋来青岛，坐堂松鹤药房。1939年返回原籍行医。1947年后复回青岛，坐堂德仁堂、达善药房。1955年参加四方中医联合诊所。1959年任青岛市台西医院中医师。张氏以治疗内科杂症和妇科病称著，临床善用经方，辨证施治，医德高尚。为青岛市第三、四届政协委员。

[《青岛市卫生志》（1993）]

◎ 张继柱 ◎

张继柱（1892.05.21—1972.10.18），男，汉族，山东胶县人。出身世医之家，1909年随父习医，1921年在乡里务农并行医，1932年坐堂平度广仁堂，1945年于青岛长兴路自设诊所。1953年参加台东六路联合诊所，1958年并入台东区医院。1959年调任青岛市人民医院中医师。张氏内、外、妇、儿各科皆通，尤擅祖传外科，治疗疮、疡、痈、疽等，效如桴鼓。用药价廉效宏，每有奇效。1963年被评为青岛市文教卫生先进工作者，同年被选为青岛市人民代表。

[《青岛市卫生志》（1993）]

◎ 窦锡同 ◎

窦锡同，平度县香店公社窝落子村人，1892年生，1973年卒。在家行医。祖传中医，先后在青岛、平度一带行医。以善诊著称，在平度享有盛名。

[《平度县卫生志》（1984）]

◎ 李德修 ◎

李德修（1893.03.10—1972.10.22），又名慎之，男，汉族，山东威海人。幼时家贫辍学，打工渔船为生，十七岁暴疾耳聋。威海戚经畲怜其疾苦，悉心指导其学习清代徐谦光《推拿三字经》，凡八年，学成后独立应诊。1920年在青岛鸿祥钱庄设诊所推拿疗疾，1929年自设诊所，1953年在寓所应诊，1955年应聘为青岛市立中医院小儿科负责人。李氏继承发展清代徐谦光推拿学派的学术思想，自成一家。1958年为山东省卫生厅确定为山东省继承抢救的老中医之一。市卫生局及中医院整理其临床经验，写出《小儿推拿讲义》《青岛中医院小儿推拿经验介绍》《李德修推拿技法》、简易本《小儿推拿讲义》等书刊印13 000余册。并举办多期学习班，培养了大批推拿人才。李氏多次被评为青岛市先进工作者，1956年当选市人大代表、政协委员。

[《青岛市卫生志》（1993）]

◎ 杨祝成 ◎

杨祝成（1894.09—1968.05），又名卓群，男，汉族，浙江余杭人。十九岁学中医，1919年又于浙江大麻镇金子久诊所习中医，1923年在上海开设诊所并拜师浙江名医叶熙春。1933年后在青岛、天津设立诊所和坐堂行医，1955年任青岛市中医院医务主任，1959年入青岛市人民医院。杨氏精通典籍，熟谙医理，以内科、妇科见长，尤以温病为著，医术精湛，医德高尚，为岛上名医。1956年被评为全国先进工作者，1956、1957、1958年为山东省及青岛市先进工作者。历任青岛市中医学会委员，1955年青岛市政协常委、市科协常委，1963年山东省第三届人大代表。

[《青岛市卫生志》（1993）]

◎ 王建斗 ◎

王建斗，平度县城关公社南关村人，清光绪二十一年（1895）生，1961年卒，在家行医。祖传疹痘科，对疹痘治疗有丰富经验，在城关一带颇有名望。

[《平度县卫生志》（1984）]

◎ 邱子江 ◎

邱子江（1895—1981），系胶县丁家庄人。青年时期，去博山学医术，1940年回故里行医。他擅长中医儿科，临床以处治痧痘见长。自制控涎丹、马龙丹等药，疗痰疾、痹症效果显著。

[《胶州市卫生志》（1990）]

◎ 郭茂祥 ◎

郭茂祥（1895—1969），系胶县店子村人。二十岁时习民间传统正骨术。对断肢夹缚，以纸壳为主，自制接骨散一方，寓攻补兼施之意，晚年传术于后人，德惠于民众。

[《胶州市卫生志》（1990）]

◎ 鹿瑞芝 ◎

鹿瑞芝（1895—1963.12），男，汉族，山东胶县人。1917年始在胶县吉昌太行医。1927年至青岛，先在平民商场行医，1942年自设瑞芝诊所。1951年入青岛中医进修学校学习。1952年后仍任瑞芝诊所医师。1956年加入青岛顺兴路中医联合诊所,任小儿科医师。1958年随联合诊所并入台东医院,继任小儿科医师。鹿氏以善治小儿急、慢惊风著称,40年代已闻名岛城。善用毫针点刺穴位和口服自制清真丸,临床经验收入《儿科条辨》(山东省名老中医经验总结汇编)一书中,曾为台东区政协委员。

[《青岛市卫生志》(1993)]

◎ 王金铭 ◎

王金铭(1896.05.12—1985.06.15),男,汉族,山东胶县人。整骨、按摩医师,善于气功拍打疗法、按摩、整骨、拿环。1958年为高密路中医联合诊所整骨按摩医师,该所并入市北区医院时,遂转入该院。1959年调入青岛市人民医院,1964年为该院按摩治疗室负责人。除整骨、按摩外,又开展沙浴、熏蒸、气功拍打疗法。其按摩集众家之长,独成一派,气功拍打更具特色,远近知名,外地医生闻名求教者甚多。1964、1966年两次去北京为中央首长做按摩治疗,1965年被选为市政协委员。

[《青岛市卫生志》(1993)]

◎ 辛恕堂 ◎

辛恕堂(1897.10.21—1970),男,汉族,山东安丘人。1931年在全国中医考试中获全省第三名。1937年始先后坐堂青岛安国药房、同济堂、长春堂、广生堂。1954年任高密路中西医联合诊所所长,1958年为市北区医院中医科负责人,1961年任市北区医院副院长兼市北区中医学校校长。辛氏娴熟各家学说,对经典、医籍每能背诵,搜集了大量验方。对《伤寒论》颇有研究,学术思想受益叶天士。对急症、险症每能斡旋于一二剂药。对外科顽癣、疮、疡、疽等症有独到见解。为青岛市第一届中医学会主任委员、第二届副主任委员,青岛市及市北区第二届政协委员。

[《青岛市卫生志》(1993)]

◎ 管敬仁 ◎

管敬仁(1897—1962),即墨县蓝村镇三里村人。其父培成,医理通达,行医一生,系即墨县的一位名医。敬仁自幼学字,以随父念医书开蒙。父以"书读百遍，其义自见"的方法教学。后敬仁诵，背医书不解，就向父发问，总是遭到其父严斥，为其不耐心熟读。敬仁遂熟读医书，文、医大进，为弄通医理，趁父诊病之机，即偷看其父诊病和解答病情，偶尔被父发现，便责其贪玩，学不安心，令背医书，而敬仁仍熟背不违，研究医理偷看不息。父无奈，只得让其旁听。敬仁父亲要其严守自己学派，而敬仁不以为然，认为医道，应取百家之长。他勤奋苦学，博览《陈氏妇科》《傅青主女科》及《妇科心法要诀》，并攻读《内经》。这些医经为他以后行医奠定了理论基础。其父见敬仁大违自己意愿而叹说："敬仁是个好驹子，可就不易驾驭。"

敬仁在二十几岁就开始行医，建国前，乡间的一般医生将一些精神病患者视为"中邪"。在那个医巫混杂的时代流行着一种捉邪的"行当"。敬仁坚决反对，经常与兄（医生）及其他行医者争论中邪根由。敬仁以他用药治好的一些"中邪"病人，驳得其他行医者哑口无言。敬仁性格忠厚耿直，平日近人好求，不论严冬酷暑，请之即应，四邻八疃找他看病的络绎不绝。他说："凡事预先都可打算，惟生病事难以定时，何时有病人，就要何时就医，这是真正地为医之道。"一次，正逢吃年除夕饭，有人前来求医，说家中有急症病人。敬仁饭没吃完，随来人就走。来人一再表示歉意。他的回答是："救人是为医之本，病人好，我们同享安乐年不更好！"

敬仁是一个半农半医的医生，由于他治病有方，找他看病的越来越多，胶县、平度周围的病人都慕名而来。为给更多的病人解除疾苦，敬仁把农活交给孩子，自己干脆到一家李姓药铺去义务坐堂看病。他虽家贫，却视钱财如粪土，一心想着救苦救难，为群众解痛分忧，不曾收病人礼品。他说："凡人有病，在精神、经济、生活上都加大了负担，医者再向病人索取财物，增加病人额外负担，怎称得上济世活人。"

建国后，公社医院为发挥敬仁的医术特长，经政府批准，收他进医院工作。他工作认真，对病人更加体贴关心。因其医术高超，特善妇科，如月经不调、不孕症等。患者盈门。敬仁的工作量日渐加大，不管白天黑夜，有病人就看。有人说："管医生简直成了一个看病迷，是我们的活菩萨。"后来，他干脆把被褥、饭具搬到诊断室，昼夜不离。敬仁行医一生，呕心沥血，不计报酬，与群众建立了深厚的感情。

[《即墨县卫生志》（1987）]

◎ 史星三 ◎

史星三（1898—1971），名恒煜，系胶县河流史村人。1920年设馆教塾学，兼习医术。1950年进胶城设"宝善堂"坐堂行医。1958年在城关卫生院工作。他善治妇科经证和温病，临床善用清代王清任诸"逐瘀汤"，多应手取效。

[《胶州市卫生志》（1990）]

◎ 周辉第 ◎

周辉第（1899—1958），字朴斋，系胶县里岔村人。1928年于北京中央大学法科毕业。曾任河北邱县、束鹿、献县、景县、山东武城县承审员和茌平县知事。1946年弃政从医，在胶城"鉴古堂"、青岛"大同春"坐堂行医。他家中三代为医，善眼科。自制外用眼药数种，享有盛名。

[《胶州市卫生志》（1990）]

◎ 贾永蒿 ◎

贾永蒿（1899—1979），系胶县贾疃村人。二十岁跟祖父习岐黄术，1936年独操医业，1954年进联合诊所。贾家三世业医，都以痧痘科著称。胶县东乡人赞颂他家是"痧痘爷爷"。

[《胶州市卫生志》（1990）]

◎ 刘欣山 ◎

刘欣山（1900—1978），名桂林，系胶县西乡西门村人。1930年随任明成习医术，1940年自操医业。善中医内、妇科。疗"水臌症"喜用厚朴配三棱、莪术除瘀散满，白术配云苓、麻黄利水消肿。对后学者常说："一方中药味少而量重，如劲兵破垒，专走一路，有时用量少，可行快马轻刀之效。"

[《胶州市卫生志》（1990）]

◎ 孙举京 ◎

孙举京（1900—1986），男，汉族，南王村人（今属王村镇）。十六岁随叔父孙德朋研习正骨术，二十二岁开始悬壶乡里，执医民间，历时六十三载。1956年6月加入即墨县卫生工作者协会。举京勤敏好学，深得家传。长于运用"手法整复，夹板固定"法，医治四肢骨折。自制"接骨丹""续骨散"，疗效颇佳。慕名求医者接踵而至，络绎不绝。举京崇尚医德，淡泊名利。行医初期，大部分药物自采自制，为病人治病，分文不取。若遇家境贫寒者，还周济食宿。嗣后，每每出诊，则遵祖传家规，不收出诊费。所送礼品，也一一婉言拒绝。

1986年1月8日，举京病逝。噩耗传出后，四乡八疃的乡亲纷纷前往吊唁，送葬队伍达一里多长。

[《即墨市卫生志》（2003）]

◎ 张锡荣 ◎

张锡荣（1901—1974），系胶县东乡南张家庄人。1921年执教中兼习医术，1942年设药铺行坐堂医。新中国成立后，曾被选为区医联会、卫协会会长等职，工作尽心尽力，不辞劳苦。擅长中医妇科及内科温病。

[《胶州市卫生志》（1990）]

◎ 王殿甲 ◎

王殿甲，平度县蓼兰公社蓼兰村人，1902年生，县人民医院针灸主治医师。自幼习医，学成后在本村开诊所，后入蓼兰联合诊所，1958年入县人民医院。擅长针灸、妇科。1982年晋升针灸主治医师。

[《平度县卫生志》（1984）]

◎ 孙学圣 ◎

孙学圣（1902—1968），即墨县南泉镇北泉村人。学圣青年时代立志学医，专攻妇科，精研《济阴纲目》《傅青主女科》等专著。1936年在南泉火车站开业行医。1952年到莱阳中医进修班学习。1956年1月加入南泉乡联合诊所，1958年并入南泉公社医院任中医大夫。

学圣善医妇女不孕症、月经不调等病，数百里外的病人都慕名而来，求诊者每天达三四十人次。学圣平日近人，服务热情，医术高明，从1963年至1968年六年间治愈不孕症二百余例。治愈者赠送的锦旗、横匾，挂满了诊断室。很多妇女抱着孩子来找孙医生命名，以此表达感激之情。学圣为了使路远的病人不误乘车时间，业余时间也抓紧看病。对当天回不去的病人，他连夜诊完，从不拖到明天，并亲为病人安排食宿。

1968年，学圣患病，领导劝他休息，他不肯，仍带病工作，直到躺在床上，仍不拒绝求诊者。自己不能执笔开方，就让子女代写，直到生命的最后一息。

[《即墨县卫生志》（1987）]

◎ 吕东杲 ◎

吕东杲（1903.06.02—1972.08.23），男，汉族，山东莱州人。1933年在青岛设瑞生药房，1944年受聘为青岛市中医研究会讲师，1946年任青岛市中医公会理事。1950年为青岛市中医学会委员。1953年联合同仁组成广州路中医联合诊所，任所长。1968年8月受聘为青岛市盲人按摩诊所讲师。吕氏擅长儿科和妇科，尤以治疗小儿高热、惊风为精。1956、1957、1958年为省、市先进工作者，1956年被评为全国先进工作者。历任台西区第二、三、四届人民代表，1955年市政协常委、市科协常委，1963年山东省人民代表。

[《青岛市卫生志》（1993）]

◎ 刘镜山 ◎

刘镜山（1903—1962），字玉鉴，系胶县石沟村人。1945年迁居胶城，开办"济生药房"坐堂行医。1958年进城关卫生院工作。临床以治妇科病、温病见长。诊暇写过不少验案，惜散佚无存。

[《胶州市卫生志》（1990）]

◎ 石文九 ◎

石文九，平度县蓼兰公社蓼兰村人，1904年生，蓼兰医院中医。自幼习医，学成后在蓼兰街行医，后入蓼兰医院中医科任中医。长于妇科。

[《平度县卫生志》（1984）]

◎ 战瑞五 ◎

战瑞五（1904—1971），字世昌，男，汉族，莱西市马连庄镇鲁格庄村人。

瑞五幼年在村读私塾，十六岁立志学医，节衣缩食，购买医书，手不释卷，一心钻研药理医术，并先后去蓬莱城"生盛中药局"、旅顺市"济法药局"潜心习医。1933年在村开设药铺，行医乡里。善使土单验方，巧用偏方，为病人精心治疗。不分贫富，不论门第，有求必应。

1955年调莱西市人民医院中医科任医生，熟习《金匮要略》《神农本草经》《内经》《伤寒论》等经典名著，学习世医诸家所长，刻苦自修现代医法，灵活运用辨证施治法则，响应党的号召，率先走中西医结合之路。对医理精熟，经验丰富，尤为内科、温病和妇科等症见长。

战瑞五医德高尚，好学善求，曾当选为莱西市第二届、第三届、第四届、第五届人民代表大会代表。历年被评为医院"先进工作者"。

1967年，因病回家养息后，仍不辍医事，有患者登门求诊，必抱病诊治。

1971年，病逝。

[《莱西市卫生志》（2005）]

◎ 雒中堂 ◎

雒中堂（1904—1980），即墨县段泊岚乡兰埠村人。其家传五世行医，皆以疹痘科为专长。中堂秉承家学，对《伤寒论》《金匮要略》等书，也悉心研读，博采众家之长。1958年被错划右派（1979年纠正），政治、经济、精神上承受着极大的压力，但其学医济世，治病救人之志不移，研究医学不衰。中堂行医四十余年，遵奉"医者言行必正，必要体解病者所苦，开导宽解，精神治疗与药物治疗相结合"的为医之道。临床专于疹痘、内科等病，有独到的经验。

1. 对麻疹的认识。以"麻宜发表透为先，形出毒解即无忧"的学说，在麻疹防治工作中起到了一定作用。

2. 对内科病的治疗，重视对脾胃的调理。对《金匮》中的"四季脾旺不受邪"之说深有体会，认为正气存内，邪不可干，脾为后天之本，水谷精微全赖脾的输播运化，化源竭气血从何而来，药物治疗仅能祛邪扶正，单凭药物生肌长肉是不可能的。水谷的精微才是气血的源泉，脾胃健旺，运化有力，是机体康复的基本条件。因而在临床上处处照顾到脾胃，凡克伐、开破、腻滞等药物应用必须慎重，根据证情，不使太过。

对胃病的治疗，注意顾护中气。《医宗金鉴》开胃进食汤：香砂六君子汤加丁香、藿香、莲肉、川朴、陈曲、麦芽组成。此方补而不腻，疏而不燥，适用于脾胃两虚，食少不化，不思饮食之症。临床上应手取效。如患者雒仁河，患胃病多年，经治不愈，腹胀饱满，反复呕吐，身体羸瘦，竟至卧床不起，中堂用开胃进食汤加减，服四剂，呕吐止，饮食大增，经治疗后，半年内病情稳定，能参加劳动。另有奔豚汤治疗奔豚病亦有显著疗效。奔豚证：自觉有气，从少腹上冲咽喉，发作欲死，惊悸不宁，恶闻人声，常反复发作，脉弦数。此证系肝肾之气上逆，治应平肝降逆、理气和营。方药：半夏12克，生姜10克，葛根15克，当归10克，白芍10克，川芎10克，黄芩10克，甘草10克，兼寒重者加川乌、赤石脂、干姜。

[《即墨县卫生志》（1987）]

◎ 岳梅村 ◎

岳梅村（1905.08.08—1978.03.26），男，汉族，山东莒县人。幼习中医。1937年后在莒县、诸城、安丘等地行医。1946年至青岛，坐堂广济药房和大新国药社。1951年入青岛市中医进修学校学习，结业后任第二、三期进修班针灸辅导员。

1953年应聘为青岛公费医疗门诊部针灸医师。1955年参加筹建青岛市立中医院，为针灸科负责人。岳氏为岛上针灸名医，精于《针灸甲乙经》《针灸大成》《针灸资生经》及中医经典著作，临床治疗独辟蹊径，针治中风、痹症等疗效显著。岳氏一生为青岛医学院、驻青部队、西医学习中医班、中医带徒培养大批针灸人才。著有《针灸临床三字经》手稿。为青岛市中医药研究会委员，1955年山东省第一届中医代表大会代表。

[《青岛市卫生志》（1993）]

◎ 王蕴华 ◎

王蕴华（1906.06—1984.03.05），又名希仁、俛厂，差宽，男，汉族，山东蓬莱人。民盟盟员。青年时期拜名中医吕岱宗为师。20年代中期至40年代于蓬莱、烟台等地坐堂行医。1952年后任教青岛第十四中学。1960年入青岛市立中医院内科，1980年10月晋升为主治医师，1982年10月拟任副主任医师（1987年2月正式批准）。王氏推崇张锡纯之辨证施治，著有《李德修小儿推拿技法》《中医脉诊的一些体会》《脉象别述》《千金苇茎汤的临床应用》和《推拿疗法疗效机制的初步探讨》等。历任青岛市政协委员、市北区政协常委。善诗词书画，尚为山东省书法家协会会员及青岛画院成员。

[《青岛市卫生志》（1993）]

◎ 刘季三 ◎

刘季三（1906—1975），号松荫，诸城县人，刘奎九世孙，世代业医。他继承父业，医术显于齐鲁。晚年居青岛，历任青岛市中医院院长、青岛市中医学校校长、青岛市科协副主席、青岛市中医学会理事长、山东省中医学会副理事长等职。曾被选为青岛市人大代表、政府委员、省政协常委。

[《潍坊市卫生志》(1989)]

刘季三（1906.01—1975.03.20），名篡，号松荫，晚号老桂山房老人，男，汉族，山东诸城人。生于世医之家，幼习医籍，及束发，随父习医。1926年独立行医，乡里知名。1935年坐堂青岛同生堂，1943年坐堂寿春堂药房，并任青岛市中医研究会讲师及《医药针规》季刊主编。1951年入青岛中医进修学校学习，兼讲《伤寒论》。1955年负责组建青岛市立中医院，任第一任院长，1958年兼任青岛中医专科学校校长。因工作成绩显著，多次被评为全国、山东省及青岛市先进工作者。

刘氏治学严谨，学识渊博，尤以内科与妇科见长，临证力主辨证施治，古今汇通，灵活化裁，推重《伤寒论》《金匮》及《内经》，著有《伤寒论约注》《伤寒论提要讲义》《伤寒论药品简介》《伤寒论读法之研究》及《松荫庐医话》等手稿。尚精诗词，善书法，著有《松荫诗词稿》及《学书》手帖。

历任青岛市第一至四届人大代表，政协山东省第二、三届常委。青岛市人民委员会委员，青岛市医学会第一、二届副理事长，青岛市中医学会会长。山东省中医学会副理事长，山东医药卫生学会理事，山东省医学科学委员会委员，青岛红十字会常委。中华医学会第十届全国代表大会特邀代表、主席团成员。

[《青岛市卫生志》(1993)]

刘季三（1906.01—1975.03.20），号松荫，晚号老桂山房老人，男，汉族，高密县注沟乡逢戈庄人。生于中医世家，少年起，随父习医。1926年独立行医，乡里知名。1935年坐堂青岛同生堂，1943年坐堂寿春堂药房，并任青岛市中医研究会讲师及《医药针规》季刊主编。1951年入青岛中医进修学校学习，兼讲《伤寒论》。1955年负责组建青岛市立中医院，任第一任院长，1958年兼任青岛中医专科学校校长。因工作成绩显著，多次被评为全国、山东省及青岛市先进工作者。

刘氏治学严谨，学识渊博，尤以中医内科与妇科见长。临证力争辨证施治，古今汇通，灵活化裁。推重《伤寒论》《金匮》及《内经》。著有《伤寒论约注》《伤寒论提要讲义》《伤寒论药品简介》《伤寒论读法之研究》及《松荫庐医话》等手稿。尚精诗词，善书法，著有《松荫诗词稿》及《学书》等手帖。

历任青岛市第一至第四届人大代表，政协山东省第二、三届常委，青岛市人民委员会委员，青岛市医学会第一、二届理事长，青岛市中医学会会长，山东省中医学会副理事长，山东医药卫生学会理事，山东省医学科学委员会委员，青岛市红十字会常委，中华医学会第十届全国代表大会特邀代表、主席团成员。

[《高密县卫生志》（1993）]

◎ 胡子周 ◎

胡子周，名为祯，字怡轩，以号行，江苏省赣榆县马站乡小王坊村。1906 年 9 月 12 日（清光绪三十二年）出生，七岁进塾学，十八岁读完四书五经。值家道中落，为谋生计，去日照县安东卫"协茂铺"学商。二十一岁弃商，应吉林省扶余县长春岭之聘，从教业，课余兼习医术。一次，朗读《伤寒论》，被张文汉闻，遂指点："仲景书乃一笔三折之文，固然要背诵，且重在深化"。张是清末贡生，当地名医，有幸巧合，忙颔首称是，拜于门下，学有师承。1933 年返回故里，设塾课徒，闲暇愈发潜心研讨医学。1935 年弃教，去日照县汾水镇"广生堂"坐堂行医，他学识丰富，疗效颇佳，求治者日众，踪迹所至日照、赣榆、莒县一带。1952 年加入日照县九区卫生所，1954 年选进胶州地区中医进修班学习，1955 年 6 月奉调胶州专区人民医院，创建中医科。1962 年起任昌潍地区中医学会副理事长。1980 年任山东中医学会理事。1981 年选为胶县政协常委，1982 年 3 月被中国科学技术协会、中国中医学会吸收为会员。1988 年 3 月晋升为副主任医师。

胡子周一生治学严谨，在学术思想上推崇《黄帝内经》的医之始说，以及仲景的辨证起源说。他认为《内经》《伤寒论》《金匮要略》《神农本草经》皆为医之起源。曾说："术之长者，必固其根本，不探求上述经典，则无从谈及为医。"还认为仲景之伤寒，后人有从经络、脏腑、气化等析疑者，亦并非原意。他主张："学伤寒，汲其精髓为阴阳，用伤寒抓其要为六病。阴阳贯穿伤寒，六病为目张之举。知诸家学说，不可为其迷津。"辨证倡导认证，常告诫后学："辨证难，识证更难。"论治组方，讲究布局得当。他说："用药如用兵点将，而藏奸之处，将常不及兵，尤遇疑难大症，每增损一药，必尽心思索。"带徒实习，要求严格。临诊查房，视若上阵，须力避琐事，心不外驰，有旁骛嬉戏者，即面斥，尤恶诊脉时言笑。素日平易近人，疑惑之处，认真解答，循循善诱。

胡子周，尊重西医同道，认识学习现代科学，力求扬长补短。临床中，经常借据西医的检查方法。他认为一个病人的痊愈，不单指自觉症状的消失，而且应从各项客观指标上得到验证。

在撰写学术论文有《中西医治疗风湿性关节炎疗效觉察》《中医治疗肝气郁滞型不孕证》《中西医结合治疗 41 例传染性肝炎》《治疗肝硬化 40 例疗效观察》《中医治疗急性肾炎疗效观察》《清络饮加减治疗风湿热》《活络效灵丹治疗宫外孕》《医案：手足拘挛》《脱疽病的医疗经验介绍》《月经不调的认识与治疗》《麻疹分期证治介绍》《乙型脑炎证治简介》等多篇，分别发表在《新中医》《山东医刊》《山东医药》《山东中医学会学术经验交流汇篇》等书刊上。

胡子周禀性耿直，为人治病一视同仁，不受馈礼。早年，自操医业，遇家贫者，或舍药或资助。居胶后，家乡来诊者，经常提及并常念其恩德。晚年，欣逢盛世，虽体弱多病，仍坚持为病人服务，曾赋诗自勉曰："清风催送感韶华，漫说晚年去旧差，作到遂时培子弟，愿将薄枝理桃花。"

胡子周一生工作勤奋，临床、教学、带徒作出成绩。1958 年选为山东省首届先进工作者会议代表，相继多次评为市、县先进个人，受到政府和卫生机关的表彰。

1983 年 12 月 10 日，病逝。终年七十七岁。

[《胶州市卫生志》（1990）]

◎ 郝子言 ◎

郝子言（1906—1963），男，汉族，莱西市院上镇高村人。

1930 年后，在烟台、平度、莱阳城等地坐堂行医。长于内科，深受病人称道。建国后，在武备乡卫生所、院上卫生院从医。于 1963 年病逝。

[《莱西市卫生志》（2005）]

◎ 钱轴范 ◎

钱轴范（1906.06.06—1983.02.15）又名综先，男，汉族，山东平度人。十六岁始在青岛全德堂药房学医，凡四年。后在万春堂、鸿明药房行医。1938 年至上海东亚函授学校深造，1951 年于青岛中医进修学校学习，1954 年参加中医联合诊所，1955 年应聘入青岛市中医院内科，被青岛市中医药研究会吸收为会员。

1961 年任市中医院内科副主任，1962 年晋升为中医内科副主任医师。钱氏通晓医典，并兼有现代医学知识，医术精湛，临证诊断和预后正确全面，善用温补法，用药简练，多不过七八味，量不越三四钱。对各类心脏病、胃溃疡、神经衰弱、妇科病及痹症都有丰富的治疗经验，每日门诊量高达一百五十余人。医德高尚，声望鼎沸。经常参加市级疑难病症会诊。多次被评为省、市卫生先进工作者。著有《临证指南》手稿。曾任青岛市政协委员。

[《青岛市卫生志》（1993）]

◎ 徐启方 ◎

徐启方（1906.05.17—1976.06.15），字仲模，男，汉族，山东莱阳人。幼从父习中医。1920年行医乡里。1926年在烟台中医考试合格，获行医执照，即于烟台行医，并设立仲模制药社。1935年行医青岛，常年兼任冀鲁针厂等厂药顾问。1949年任青岛市南区中医学习组组长，1950年入山东大学中医学西医学习班学习，1958年为青岛市立医院中医科负责人。以中药治疗急腹症见长，首先采用口服豆油法治疗蛔虫性肠梗阻，载《健康报》介绍。其用鼻饲注入独参汤升高病人血压，中药治疗宫外孕等疗法，参加市级先进医疗事迹展览。1965年在中医杂志发表《甲状腺机能亢进的中药治疗》。徐氏治学严谨，精"四诊"，善辨证，博采各家之长，用药慎重，深博病人信赖。

[《青岛市卫生志》（1993）]

◎ 陈荫械 ◎

陈荫械，平度县长乐公社史埠村人，1908年生。县人民医院中医。自学中医，先后在青岛、平度一带行医。热心中医教育，对平度中医事业发展有一定贡献。曾发表过《荆中允医案选》及《滋阴与输液之我见》等文。为潍坊地区中医学会理事。

[《平度县卫生志》（1984）]

陈荫械（1908.02—1988.02），男，平度市长乐镇涩埠村人。七岁入私塾，十七岁时入掖县匡郑徐家私立高等学堂，二年卒业，回村执教。数年后父母染病相继谢世，便弃教至天津经商。二十五岁时萌发学医之志，遂自购医书苦读，而立之年于村中设"通德堂"药铺，行医济世。1950年入长乐乡联合诊所。1957年与人徒手联办长乐乡业余中医学习班，教授学员三十余人。1958年调入平度县中医院工作。1960年3月被选派至山东省中医进修学校学习年余。1961年回县后任教于平度县中医进修班、半农半读中医学校，传道授业解惑，为平度中医人才培养做出较大贡献。

1965年调入人民医院中医科工作，系昌潍地区中医学会理事、山东省中医学会会员。他行医师古不泥，重辨证，博采众长，精通内科、妇科，尤擅长治温热病，"透""泻"两法闻名当时，处方融温补与甘寒于一炉，著有《滋阴与输液之我见》《荆中允医案选》《霍乱初探》等医案经论。1975年退休返乡，仍行医济世，1987年病逝。

[《平度市人民医院志》(2004)]

◎ 董维山 ◎

董维山（1908.10.06—1996.10.07），男，汉族，栖霞市关道区半城沟村人。

1924年在本村读书，1926年在姜家庄完小读书。1928年在家务农，1934年至1946年为半医半农，1947年7月参加支前队。1948年在莱西市人民医院任中医，1953年10月调南岚卫生所任所长，1955年12月任莱西市供销合作社药材部经理。1962年调水集镇卫生院任院长。

1980年12月19日退休，后改为离休。

1996年10月7日，病逝。

[《莱西市卫生志》(2005)]

◎ 傅洒杰 ◎

傅洒杰（1908.08.06—1971.04.07），又名家卿，男，汉族，山东平度人，出身世医。1924年平度师范学校毕业后随父学医。1931年设洒杰诊室，后坐堂平度宝元堂。1946年在青岛开设远东药房。1956年入青岛市中医院。1961年始先后任中医院内科、妇科主任，1962年晋升中医主任医师。傅氏擅长妇科、内科，精通经典，涉猎各家，用方独特，选药平淡，功效显著。善以歌赋析病情，朗朗上口，易记实用。研制成功东风丹、赞育丸、白带洗剂等药。其治疗痛经验方入选《千家妙方》二首。经常参加院外会诊及巡回医疗，1967年下乡巡回医疗，劳累过度而中风。1971年于中西医结合学习班讲坛晕厥后逝世，把毕生精力献给中医事业。历任青岛市第五、六届人大代表、市南区人大常委、青岛中医学会理事、山东省中医研究所青岛组组长。著有《中医妇科手册》及《中医诊断学》手稿。

[《青岛市卫生志》(1993)]

◎ 王殿臣 ◎

王殿臣，名光銮，号五老山人，以字行。1909年11月7日（清宣统一年）生于本县战家村。家境丰裕，七岁跟本族儒医王克瞻、王瞻云学文习医。读书十二年后，于1929年在战家村、石前庄、西庸村等地执教。1947年设中药房坐堂行医，1953年进十三区（临洋）卫生所及三区（营海）区卫生所，1956年调胶县人民医院，1958年调昌潍专区干部疗养院工作，任中医师。1962年疗养院撤销时，调回龙山公社卫生院工作。1980年10月晋升为主治中医师。1963年至1981年曾当选为胶县第五、第六、第七、第八届人民代表大会代表，同时当选为胶县政协委员。

他临床理病甚细，辨证组药能分寸恰合。如：治一"崩漏证"，患者在一年内曾到多处医院，施治无效。他接诊后，认为属肝气郁滞、血瘀络伤之症，以逍遥散方治其本，增香附、地榆、蒲黄、花蕊石、百草霜等理其标，进二十剂不更方，诸症全消。

在治学中，他极重视基础知识。少年求学时，就背诵《医学三字经》《汤头歌》《药性赋》《脉诀》等书。青年时期，研读《内经》《伤寒论》《金匮要略》等经典作品，他苦读强记打下了一定的理论功底，故大段成篇的经文，进古稀之年，仍背诵如流，析释深透。他认为：伤寒得天地之常气，冬寒之月，风寒皮毛而入，由表及里相传，温病得天地之常气，春夏季，自口鼻进表，流布上下。二者迥然不同，故其治前者以辛温发表为要，如无里证，一汗而外邪即解；后者以逐秽为首，虽有表证，宜辛凉忌辛温，恐内邪愈炽之由。

他一生从事医业五十余年，临床涉猎诸科，而尤喜妇科，曾撰写《妇科摘要》一卷，还在本县科委、中医学会编纂的医药学术选刊中，载论文数篇，有《话温病与伤寒症治不同辨》《功能性子宫出血治愈案介绍》等。

王殿臣性情温和，为人诚朴、礼貌待人，平素对患者有体恤之情，对求知者有善引之心。于1986年12月19日病逝，终年七十七岁。

[《胶州市卫生志》（1990）]

◎ 刘敬斋 ◎

刘敬斋，生于清宣统一年（1909），卒于1966年，诸城县常山区西莎沟村人，寓居胶县。1944年参加革命工作，先后在滨北大药房、胶东大药房，昌潍地区中医院、地区医科所、山东省中医药研究所、胶县政府机关门诊部等单位工作，在医务界享有一定声望，尤其是临床科研所得到的成果，病家医者喜乐索取，所以他所总结的材料所存无几。现尚有一册《临床各科验方集锦》手稿本，字迹规正，内容详细，对方药的辨证应用，药物的制作煎煮，服用前后的注意事项，都一一书写在册，凡再次用之不当的所谓验方，即作勾销，并注明"此方不可用"。这种实事求是的精神及对后学负责的态度，令人起敬。

他深明医理，临证用药胆大心细，既能大攻大补，又具灵活达变，是其特长。如集不孕证患者十六例，采用千金荡胞汤治之，十五例有子。一例宫外孕，此方功效暖宫化瘀，有大辛大热之细辛、附子、桂心；又有大下大破之朴硝、大黄、虻虫、水蛭。服后必下积血恶物，以大得药力恶去宫净为好，他如此选病精细，用药有度，故皆取效验。又如在三十七例慢性咳嗽痰喘患者的总结中，谈到共选用十四个方子，配合三种手术疗法（膻中切疗法、针刺合答法、扁桃体切除），其中对汤剂以复方六君子汤应用病例最多（即六君子汤加干姜、细辛、五味子），而且疗效颇佳，可见先生对慢性病很注重对后天的调补，并灵活施以平时治本，病发治标，或扶正祛邪。先后有别，或补攻兼施、主次分明，以上见解，诚然诚贵。

刘敬斋于中医临床各科均有较深的造诣，从《集锦》内可以看到：伤寒、温病、内科杂证、妇科、儿科以及外伤骨折、肿瘤等病，都有临证心得，且治法多端，如调经配合坐药，治痔配合敷浴，理崩漏配合握药，疗咳喘配合针刺，做到内治、外治互协取效，经方、土方相辅益彰。

刘敬斋还善于运用单味验方，如对崩漏下血日久者，总先以地榆苦参酒煎取其强制断下之功，止后再辨证治之。又如一味木通饮治顽痹，方后注：此方虽对久之不愈气血未甚衰的痹证，有时效果十分特殊，但其缺点是，木通味甚苦，服后往往呕吐不止，造成痛苦，因此须从小量开始，视其可否应用。

[《胶州市卫生志》（1990）]

◎ 李程之 ◎

李程之（1909—1991），名课先，字程之，男，汉族，即墨城新建村人（今属经济开发区）。私塾十四年。1941年至1943年坐堂西门里东森森堂，1944年至1952年在家中自开程之中医诊所。1952年6月至1955年8月参加城厢区联合诊所，并任即墨县卫生协会副会长。1955年9月至1957年2月分别在昌潍第三人民医院、第二人民医院任中医师。1957年3月至1958年3月在山东省中医研究所中医研究班研修。1958年至1962年7月入山东省立第一医院中医科任中医师。1962年8月至1971年调即墨县人民医院中医科任中医师。1972年至1975年7月调即墨县城关公社医院任中医师，1975年8月退休。李氏擅长小儿科、内科，临床力主辨证施治，灵活化裁，推重《伤寒论》，精研《内经》，尤以治疗小儿传染性肝炎、小儿支气管炎、小儿腮腺炎见长。《银翘散治疗流行性腮腺炎130例临床总结》刊载于《山东医刊》总24期，中国科技情报研究所曾涵商译为外文与国外交流。为即墨县第一届、第五届人民代表大会代表，县人民委员会委员。1654年出席山东省中医代表会议和华东区中医代表会议，并当选山东省中医委员会委员。1963年被评为即墨县社会主义建设先进个人。

[《即墨市卫生志》（2003）]

◎ 张国屏 ◎

张国屏（1909.11—1986.06），字如藩，男，汉族，山东牟平人，民盟成员。幼习中医。1927年始在烟台行医。1946年始先后坐堂青岛长春堂和保和堂药店。1955年设国屏诊所。1956年后应聘至青岛医学院附属医院中医科，任医师、主治医师、中医教研组教授。张氏为山东省名老中医。通经典，善辨证。对胆道蛔虫病、脑血管疾病、泌尿系统疾病、冠心病、肝炎、肝硬化、脉管炎等有独到见解。尤擅治脉管炎和肝病。著有《临床新编》及《关于痹症的临床经验》《中西医结合治疗急性黄疸型传染性肝炎》等论文。1960年被评为青岛市先进工作者。历任山东省第三、五届人大代表、人大常委。青岛第四届人大代表、政协委员。山东省中医学会副理事长，青岛医学会理事。

[《青岛市卫生志》（1993）]

张国屏（1909.11—1986.06），男，字如藩，汉族，山东省牟平县人，民盟盟员。幼习中医。1929年始在烟台行医。1946年先后坐堂青岛长春堂和保和堂药店，1955年设国屏诊所。1956年2月应聘来院任中医师、主治医师，中医教研室教授。他是省内著名老中医，通经典。善辨证，对胆道蛔虫、脑血管疾病、泌尿系统疾病、冠心病、肝炎、肝硬化、脉管炎等有独到见解，尤擅长治脉管炎和肝病。他医德高尚，为人师表，对病人无职位高低和贵贱亲疏之分，即使素不相识，慕名求治上门者，也从不拒之门外。1960年被评为市先进工作者。晚年在学生协助下，将从医半个多世纪以来的经验整理编写成《临床新编》，还撰有《中西医结合治疗急性黄疸型传染性肝炎》等。历任山东省第三、五届人大代表，人大常委，青岛市第四届人大代表，市政协委员，山东省中医学会副理事长，青岛医学会理事。

[《跨越百年：青岛大学医学院附属医院志》（2008）]

◎ 石紫韵 ◎

石紫韵，名光溢，又名法堂，以字行，生于1910年8月16日（清宣统二年），卒于1982年9月30日，胶县西乡花园村人。擅长中医妇科。

石紫韵，家学渊源，祖父、父亲皆有儒学功底。母亲能诗文。四五岁时，读《三字经》，八岁入塾，十八岁进胶县师范肄业二年，师承家训，为日后习医奠定了基础。在师范学习期间，因受舅父冷之璋的熏陶，欣羡岐黄事业，从舅父攻读女科。

二十岁起在胶县西乡赵家店和本村教书十四年。从教期间，一面教学，一面习医。他视医书如命，常忘食伏案疾书，深夜不眠。学医有了一定成就，便对病家应诊。在临症中虽成败均有，但因热情为群众治，而医名渐扬，成了乡里间有声望的中医。

三十四岁时，曾应聘先后在胶县城里"同祥"和"永安堂"药店坐堂行医十一年。1954年在胶县城无梁店（浮萍街）设诊所自行开业。1955年参加胶县城区第二联合诊所。

1956年6月4日去山东省中医进修班学习，因长于妇科，1957年结业调山东中医学院任妇科医师，这时曾将临床心得写成《妇科验案集》《妇科歌诀》，在山东省科学技术普及委员会举办的展览会上展出，得同道好评。1962年为照顾其年老多病，调回胶县，在胶县中心医院从事临床与教学。

1978年任中华全国中医学会山东分会理事、妇科委员会副主任，胶县中医药研究小组副组长。

石紫韵从事临床近五十年，毕生致力于妇科研究。他回首往事不胜感慨："在旧社会拜师习医绝非易事，无师自通是没有的。忆少壮之年，从师、读书、刀匕青囊，苦自苦矣，收效甚少；自去山东省中医进修班学习，才找到了学医的真谛，有所提高。有人称我经验丰富，倒不如说是教训有余。"他经过几十年的临床实践，根据妇女的生理、病理特点，很重视妇女病的"三期"（青年、中年、老年）治疗规律的探讨，辨证施治，独具心得，看似平常，不落俗套。从其治疗不孕症，验案二例中，便见其辨证求本，处理异同之妙。如：二例同属气滞不孕症，均用"丹栀逍遥散"，因同中有异，一例如加服"四物汤"，一例加服"定经汤"。二方均加沉香以归纳肾气的秘藏，加紫蔻助脾健使运以化津血，加细辛通关利窍以畅行冲任。圆机活法，配伍严密。

石紫韵晚年，诊务更加繁忙，且患高血压，并做了胃大部切除，走路扶杖，步履蹒跚。诊务稍闲，便手不离卷。虽耳聋眼花，体力不济，仍将其积累三十余年的有效方案，分门别类整理成近十万字的《妇科验案》，经胶县卫生局、胶县中医药研究小组整编成《妇科拾零》，于1979年10月由胶县科学技术普及委员会等单位印发各地交流。

石紫韵性情温和敦厚，豁达乐观，生活俭朴，善与同道切磋，从不自矜；对于学徒，循循善诱，从不保守，不以长者自居，对待病人，不摆身架，不分尊卑贫富，一视同仁，对家贫患者，尽量选用简、便、廉、验的方药，群众说："石老先生最好求"。领导因其年老多病，屡劝他休养，但他直至病逝前两月，才离开门诊，终年71岁。

[《胶州市卫生志》（1990）]

石紫韵（1910.08.16—1982.09.30），名光溢，又名法堂，以字行名，男，汉族，山东胶县人。幼读私塾，十八岁入胶县师范肄业二年，因欣羡岐黄，从舅父冷之璋攻读女科。二十岁起在胶县执教，凡十四年，其间仍习医应诊，乡里知名。1944年起先后坐店胶县同祥及永安堂药店。1954年在胶县城无梁店（今浮萍街）自设诊所。1955年参加胶县城区第二联合诊所。1956年6月入山东省中医进修班学习，1957年结业后，调任山东中医学院任妇科医师。有著作《妇科验案集》及《妇科歌诀》在山东省科学技术普及委员会举办的展览会上展出。1962年调回胶县中心医院从事临床与教学。

石氏从医五十年，毕业致力妇科研究，探讨妇女病青、中、老年三期的治疗规律，辨证施治，独具心得，晚年抱病编写《妇科验案》，后经整编成《妇科拾零》，1979年10月由胶县科学技术普及委员会等单位印发各地交流。石氏医德高尚，勤奋忘我，谦逊豁达，为人敬重。历任1978年中华全国中医学会山东分会理事，妇科委员会副主任，胶县中医药研究小组副组长。

[《青岛市卫生志》（1993）]

◎ 张汉臣 ◎

张汉臣[①]（1910.04—1978.11），原名贻桐，字新棠、庚成，男，汉族，山东蓬莱人。少年习医，1933年始在山西、大连、青岛行医，1951年入青岛中医进修学校学习，1957年应聘至青岛医学院附属医院，1959年后任小儿科推拿医师。张氏为岛上著名推拿中医，推拿技法被誉为"张汉臣推拿法"，对小儿常见病、多发病、营养不良、腹泻、肺炎及百日咳等传染病等均有显著疗效。著有《小儿推拿概要》《实用小儿推拿》，出版发行二十五万册。与人合作编写的《中医推拿补脾穴对正常人体胃液分泌影响的初步观察》，1982年为北京科技电影制片厂收入科教片《齐鲁推拿》。

[《青岛市卫生志》（1993）]

张汉臣（1910.04—1978.11），男，原名张贻桐，字新棠、赓成，汉族，山东省蓬莱市人。少年随师学中医，1933年始在四平、大连、青岛行医，1951年入青岛中医进修学校学习并兼任辅导员。1957年2月应聘来院后任小儿科中医师，创建推拿室，是省内名老中医。其推拿技法被誉为"张汉臣推拿法"，在国内享有盛誉。对小儿常见病、多发病、营养不良、腹泻、肺炎、遗尿、百日咳等，均有显著疗效。他为推广普及推拿技术，带徒二十一人，培训学员达一千五百人。著有《小儿推拿概要》《实用小儿推拿》，出版发行二十五万册。与他人合作研究撰写的《中医推拿补脾穴对正常人体胃液分泌影响的初步观察》的论文，对小儿推拿提出的科学论证，受到国内医学界的重视。他的推拿技法被国内一些中医院校收为录像教材，1982年被北京科技电影制片厂收入《齐鲁推拿》的科教片中。曾任全国《赤脚医生》杂志特邀编辑，三次荣获省、市先进模范荣誉称号。

[《跨越百年：青岛大学医学院附属医院志》（2008）]

◎ 陈鸿雪 ◎

陈鸿雪（1910—1981），江苏省无锡市人。1934年任《青岛民报》副刊"中国医药"主编，为青岛市首届中医学会理事。建国后任青岛市中医院医师。1958年任青岛医学院中医教研组主任兼附属医院中医科主任。曾被选为青岛市人民代表、山东省政协委员、省中医委员会委员、省医学会常务理事。1956年加入九三学社，任

---

① 张汉臣：《跨越百年：青岛大学医学院附属医院志》（2008）载其字作"赓成"，原名作"贻桐"。

青岛分社委员。从医五十年，具有丰富的临床经验，对血小板减少性紫癜、肾病、习惯性流产等颇有研究。参与编写《中医学讲义》《温病学概论》等书，发表《应用复方苎麻根煎治习惯性流产》论文。

[《山东省卫生志》（1992）]

陈鸿雪（1910—1981），男，汉族，江苏无锡人。九三学社社员。1930年毕业于上海中医专门学校，1931年在青岛开设陈鸿雪中医诊所，1934年兼任《青岛民报》副刊《中国医药》主编，1940年任青岛市中医学会理事，1951年入青岛市中医进修学校学习，次年毕业。1954年任青岛市公费医疗门诊部中医师，1956年应聘至青岛医学院附属医院，1958年9月任中医科主任、中医教研组主任，并兼任青岛市中医学校教务组长。陈氏精通中医经典，为山东省名老中医。擅长内科、妇科、对血小板减少性紫癜、肾病、习惯性流产、风湿痹症等病的诊治有独到之处。曾参与编撰《中医学讲义》和《温病学概论》等教材。1949年后历任青岛市各界人民代表会议代表、青岛市第一、二届人大代表、山东省政协第一、二届委员。山东省医学会常务理事。中国九三学社青岛分社第一、二届委员会委员。

[《青岛市卫生志》（1993）]

陈鸿雪（1910—1981.04），男，汉族，江苏省无锡市人。九三学社社员。1930年毕业于上海中医专门学校，1931年来青岛开设陈鸿雪中医诊所，1934年兼任《青岛民报》副刊"中国医药"主编，1940年任青岛市中医学会理事。1951年入青岛中医进修学校学习，翌年毕业；1954年任青岛市公费医疗门诊部中医师。1956年2月应聘来院任中医师，1958年9月任中医科主任、中医教研组主任兼青岛市中医学校教务组长。他精通中医经典，为省内名老中医，擅于内科、妇科，对血小板减少性紫癜、肾病、习惯性流产、风湿痹症等病的诊治有独到之处。曾参与编撰《中医学讲义》和《温病学概论》等教材。历任青岛市各界人民代表会议代表，第一、二届人大代表，山东省政协第一、二届委员。市医药学术研究委员会委员，省中医委员会委员，省医学会常务理事，九三学社青岛市委第一、二届委员会委员等。

[《跨越百年：青岛大学医学院附属医院志》（2008）]

◎ 周伯诚 ◎

周伯诚，名敦亭，伯诚是字，1910年3月28日（清宣统二年）生于胶县大孟慈村。六岁入塾，通读五经、四书、唐诗、古文等书，十七岁下学。后在本村设塾课童。在教私塾期间，从伯父习医，三十四岁正式开业。从他独立行医之日起，即崇敬医圣仲景及医界前贤的医德医风，并赞赏"医林本是儒林客，橘井全无市井风"这副对联。他收费合理，出诊、复诊及时，很受人们的欢迎。在村医药社工作时，除有一名会计外，门诊、出诊和批发，采购等，多由他一人承担，日夜操劳，从不叫苦。在任医联会长时，善于团结会员，在组织会员参加联合诊所和社会卫生防疫等项工作中，亦作出了显著成绩。在本县中医进修班任教时，备课、讲课都很认真，从不以老师自居，他常说："我们要互相学习，病人、学生、同道者都给我若干从书上学不到的宝贵知识。不能忘记这是党对咱的关怀和培养，要好好地学习和工作。"60 年代初他患高血压病，领导劝他休息治疗，他一直坚持工作。

周伯诚业医三十余年，学验颇丰。他遵经重道，常以仲景方为主，方小而效宏，且应用灵活，他说："仲景方，方中有法，法中寓巧，学方易，学法难，学巧更难。"如杜村有一医者，给病人服小青龙汤数剂不效，后病家持方来诊，详审后说："你的病用此方对症，当继服，只是方中的药量需变动一下"，遂为疏方，服药一剂，病情大减。又如一患者，睾丸挤压，痛引少腹，疼痛难受。断此症与"奔豚气病"相吻合，用奔豚汤原方，重用李根白皮，一剂痛止，三剂病除。又如一女性患者年二十余，于产后得温病，症见发热、头晕，是症治愈后，继而又见心烦不眠，语无伦次，脉象沉滑而数，视为余热入里，痰积心包肝胆经。经用川军 30 克，朴硝 18 克，石菖蒲 15 克，炒枣仁 18 克，广郁金 24 克，甘草 6 克，朱砂 6 克（冲服）。一剂，下泻数次，症减稍安，仍谵语不眠，当改给白矾 120 克，白糖 120 克。为末灌服，吐出大量黏涎，症失神安。为防复发又用，菖蒲 15 克，远志 5 克，炒枣仁 30 克，广郁金 15 克，白矾 3 克，陈皮 10 克，枳实 10 克，朱砂 6 克（冲服），蒌仁 15 克，一剂，水煎服，未再发。再观其治石淋症：一幼童，素日常见小便难，今骤然小便滴沥，时而不出，疼痛难忍。方用：锦纹军 6 克，车前子 6 克，木瓜 6 克，金银花 6 克，服二剂，便出小石而愈。此方，用车前子利尿通淋，据佐少量纹军而走前阴之说以助车前子之力，伍木瓜利湿舒筋，用银花清热解毒，共奏利尿通淋、清热之功，故能排石。

周伯诚一生，信以处己，诚以待人，在胶县西南乡一带，深受同道和群众的尊敬。1975 年 6 月 10 日病故，享年六十五岁。

[《胶州市卫生志》（1990）]

◎ 柳岐隐 ◎

柳岐隐（1910.08.11—1982.08.21），字香圃，男，汉族，山东掖县人。出身世医之家，二十一岁行医烟台中和药房。1938年定居青岛悬壶。1955年联合同仁成立郓城路中医联合诊所，后入中医院任中医师。柳氏精于《温病条辨》和《温病经纬》。因善用瓜蒌，人称"瓜蒌大夫"。以治温病见长。1958年在青岛市传染病院配合西医治疗乙脑成绩卓著，被誉为传染病专家。历任1958年市南区和四方区人民代表，四方区政协常委。

[《青岛市卫生志》（1993）]

◎ 班心甫 ◎

班心甫（1910.06.06—1974.07.18），又名广，男，汉族，山东掖县人。17岁拜胶县胡家发为师习医，后随祖父学医。1929年入济南杨云亭针灸研究所，凡三年，得杨氏真传，1933年行医掖县沙河。1945年在潍县设班心甫针灸所，并随于可亨习中医外科。1950年在青岛设班心甫诊所。1956年应聘任青岛市立中医院针灸医师。1958年赴山东中医学校学习，1961年任青岛市中医院外科副主任，1962年晋升外科副主任医师。班氏擅长外科及针灸，取穴少而精，喜用子午流注针法，注重气至病所，多用飞经走气手法。对乳痈、痄腮之处理有独到之处。热心教学带徒，献出多首秘方、验方。

[《青岛市卫生志》（1993）]

◎ 马春熙 ◎

马春熙（1911.05.21—1979.08.03），男，汉族，山东即墨人。幼读私塾，1928年就学莱阳普济学校。1931年至1937年在原籍教学兼习中医。1941年10月任青岛市云南路馨芝药房经理并坐堂行医。1943年至青岛解放前夕闲居行医。1958年应聘入青岛市台东医院，任中医科医师。马氏造诣较深，宗经典，博众长，尚医德。医治妇科病有独到之处，用举元煎、四乌贼骨一芦茹丸治疗气虚崩漏效果显著。1977年被评为青岛市卫生系统先进工作者。为1959年台东区政协委员，台东区人大代表。

[《青岛市卫生志》（1993）]

马春熙（1911—1979），男，汉族，山东即墨人。幼读私塾，1928年就学莱阳普济学校。1931年至1937年在原籍教学兼习中医。1941年10月任青岛市云南路馨芝药房经理并坐堂行医。1943年至青岛解放前夕闲居行医。1958年应聘入青岛市台东医院，任中医科医师。马氏造诣较深，宗经典，博众长，尚医德，医治妇科病有独到之处。1977年被评为青岛市卫生系统先进工作者。为1959年台东区政协委员，台东区人大代表。

[《即墨市卫生志》（2003）]

◎ 徐希辰 ◎

徐希辰（1911—1985），男，汉族，山东胶县人。青年时代熟读中医经典，1937年参加山东省中医统考，成绩优异。抗日战争期间毕业于天津中医函授学校，后悬壶青岛。1953年入海云街中医联合诊所，1958年为四方区医院中医师。徐氏以中医内科见长，尤精于内经、伤寒，临证变化，间用时方。对一些急症、险症，每能药到奏效。以中西医结合治疗肝炎、肾炎、再生障碍性贫血等疑难病症有独到见解，其学术经验为中医学界所注目。1959年至1961年任教四方区业余中医学院，颇受敬佩。1961年偕滕学亮氏整理诊治骨结核中医理论，合著《骨结核辨证论治》。文稿毁于"文化大革命"中，憾未流传。

[《青岛市卫生志》（1993）]

◎ 潘瑞五 ◎

潘瑞五（1911.12.10—1972.08.01），又名永臻、福庭，字世昌，男，汉族，山东平度人。1931年毕业于平度师范。

1937年进无锡中国针灸学校，拜师针灸名医承淡安门下，受诲三年，返回故里行医。1945年坐堂青岛人和堂、长春堂。1952年设立瑞五医寓问诊。1955年应聘入青岛市立中医院内科。1957年入山东省中医师资进修班学习，1958年入南京中医学院全国中医师资进修班学习。1960年应邀为山东中医学院讲学，同年任青岛中医学会副主任委员。

潘氏精于中医四大经典，尤长于《伤寒论》，善用经方，为青岛地区经方代表之一。历年执教于青岛中医学校、青岛地区中医师资进修班、西医学习中医班、驻军西医学习中医班。多次应邀赴外地讲学，以讲授《伤寒论》《金匮要略》名噪齐鲁。1963年参与山东中医学院经典教材编写。

[《青岛市卫生志》（1993）]

◎ 左明久 ◎

左明久（1912—1982），男，汉族，莱西市河头店镇南岚村人。

二十岁时随岳父学医，二十四岁在日庄村坐堂行医，擅长妇科，针灸和内科亦有独到之技。1956年加入联合诊所,曾任潴河区联合诊所负责人。于1982年病逝。

[《莱西市卫生志》(2005)]

◎ 邹壬生 ◎

邹壬生(1912.05.10—1984.11.10),又名本伟,字子才,男,汉族,山东福山人。出身世医之家,束发习医,后拜师于上海张瑞屏门下。1937年行医原籍。1939年坐堂大连济生药房,秋,至青岛,先后坐堂同济大药房、震东大药房。1951年入青岛中医进修学校学习,结业后参加青岛市防疫大队。1955年6月应聘为青岛市立中医院针灸医师。邹氏从医六十余年,熟读中医经典,施针术皆探源《内经》,对内科、外科有独到之处,自拟黄连解毒散治疗伤寒。60年代著有《针刺汗法》。

[《青岛市卫生志》(1993)]

◎ 战相臣 ◎

战相臣(1912—1976),名振可,以字行,系胶县杨家村人。十五岁下学后,随伯父和陈少山习医,1940年开设"仁积堂"药铺,坐堂行医,曾任医联会长,联合诊所所长,胶县第二、三届人民代表大会代表。在中医内、妇、外科,均有一定临床经验,尤对危急病症处治更具特识。且为人谦虚好学,待人和蔼,诊病细心,在当地有一定声望。

[《胶州市卫生志》(1990)]

◎ 林子善 ◎

林子善(1913—2001),又名林庆世、林锡段,男,汉族,即墨庙头村人(今属环秀街道办事处)。私塾十一年。1931年至1940在本村教私塾,其间自习《伤寒论》《金匮要略》《本草备要》《内经》,学有所成,兼行医。1941年坐堂西关葆真堂。1950年7月加入城厢区医联会任会长。1952年加入城厢区联合诊所,任所长。1956年7月入即墨县人民医院中医科任中医师。1969年至1972年8月调即墨县普东乡卫生院任中医师,1972年9月复回即墨县人民医院,任中医科主任。1978年12月30日经烟台地区行政公署卫生局批准,晋升为主治中医师。1986年退休。1994年中共即墨市委批准其退休后享受副县级待遇。林氏精研医理,善用经方,辨证施治,崇尚医德。擅长中医内科、妇科,对肾病、肝病的治疗颇有建树。

1953年当选为即墨县第一届人大代表，1956年被评为山东省卫生先进工作者。曾任即墨县政协二届、三届、六届副主席。

[《即墨市卫生志》（2003）]

◎ 史荩卿 ◎

史荩卿（1914—1985），山东省平度县古岘公社高戈庄村人。八岁进私塾，十七岁随父史克华去青岛"长春堂"药房学徒一年，十八岁返里再读。二十二岁（1936年）在本村学校任教六年。在任教期间，授父教诲，为不失祖传医书，业余攻读医典。1943年转教为医，在莱西县店埠开诊所行医。1947年随中国人民解放军去鲁南支前三个月后，于1948年去平度县南村开诊所。1949年迁往烟台开"六合药房"。建国后到即墨刘家庄定居，自开诊所。1951年参加刘家庄联合诊所，1958年进公社医院工作。1972年6月组织上将其调往移风公社卫生院任中医师。1979年7月，经山东省卫生厅批准推荐为名老中医。曾当选即墨县第八、九届人民代表大会代表。荩卿行医四十余年，为病人殚精竭虑，鞠躬尽瘁，住地周围百余里的广大群众，求医者甚多。1983年因病办理了退休。在养病期间求诊者盈门，荩卿带病应诊。1985年8月，因脑血栓形成，医治无效而病故，享年七十一岁。

荩卿在学术上倡导"四诊八纲"为辨证要点，外科突出以脏腑经络辨证。一生精研《内经》《伤寒论》《金匮》《本草》等经典，博阅熟读历代医著，刻苦钻研各家学说，广纳博采，专心致力于祖传外科的治疗研究，认为从经络辨脏腑在临床上有极为重要的诊断意义。如：

某男，64岁，刘家庄公社埠东村。诊为上唇疔，其上唇肿胀，边缘不清，上及面颊，并有多个脓头，周围红肿灼热，伴全身不适，纳呆口干，便结尿赤，脉洪数，苔薄白。按经络脏腑辨证，口唇部属脾胃二经，上唇部属脾经，下唇部属胃经。故证由脾胃湿热上蕴，经络阻隔，气血凝滞而成，易毒散走黄（败血症），而称险证（与现代医学之三角危险区基本一致）。急以大剂清热解毒，佐以通腑之品，以制炽盛之热毒，防其毒散走黄。方药：金银花30克，栀子10克，地骨皮9克，牛子9克，连翘15克，木通10克，生牡蛎30克，川军9克，皂刺9克，花粉10克，白花蛇舌草30克，乳香9克，没药9克，服五剂即愈。

杨某，女，28岁，斜庄村人，诊为吹乳痈（急性乳腺炎）。左乳房外侧6厘米×4厘米之硬块，皮肤微红，质硬而坚，尚无波动，口干纳呆，小便黄，脉洪数，舌红苔白。证属肝气不舒，胃热壅滞，乃肝胃二经，蕴热不散，营卫不和而成。拟疏肝和胃，和营通乳，佐以清解。方药：全瓜蒌30克，公英30克，银花20克，陈皮9克，青皮9克，黄芩9克，柴胡10克，天花粉10克，王不留行9克，漏芦9克，当归10克，甘草3克。两剂。外以祛湿消肿之品敷之（白鲜皮60克为细末，鸡子清调敷）。复诊：热退，肿消，压痛大减，再拟前方加穿山甲、夏枯草，服三剂而愈。

按乳部依据经络分布，乳房属足阳明胃经，乳头属足厥阴肝经，产后多虚多瘀，脾胃运化较易失常，胃热易于壅滞，肝气郁结，以致局部气血凝结发为乳痈。在治法中应用柴胡、青皮疏泄肝气，银花清阳明胃热，公英通乳散结以消肿，漏芦、王不留行通乳解毒。总之，治"乳痈"，外吹乳痈应注意通乳，内吹乳痈应注意安胎。

[《即墨县卫生志》（1987）]

◎ 许培祚 ◎

许培祚，平度县唐田公社东河北村人，1915年生，平度县皮肤病防治站任中医师。1938年开始行医，后致力于麻风病防治，对麻风足底溃疡的治疗有独到研究。

[《平度县卫生志》（1984）]

◎ 李孟举 ◎

李孟举，平度县崔家集公社李家庄村人，1915年生，济南省府门诊部任中医。祖传中医，擅长内、妇两科。

[《平度县卫生志》（1984）]

◎ 张江源 ◎

张江源，平度县南村公社南村镇人，1915年生，昌邑县医科所所长、中医主治医师。1940年行医，历任潍坊市中医院医师、昌潍地区人民医院中医科副主任、昌邑县二院副院长，昌邑县医科所所长。

[《平度县卫生志》（1984）]

◎ 张珍珩 ◎

张珍珩，平度县城关公社西关村人，1916年生，1975年卒，县中医院任中医。

祖传中医，擅治内科杂病，在城关一带颇有名望。

[《平度县卫生志》（1984）]

◎ 梁玉栋 ◎

梁玉栋（1916.01.06—1978.11.16），又名寿玉，男，汉族，山东平度人。1933年在大连惠记药房学徒，1935年于天津国医专修学院深造。1936年大连汉医自治研究会考试合格后，在裕隆药房挂牌行医。1940年在青岛开设大安医院。1954年联合同仁成立高密路中医联合诊所，任副所长。1958年并入市北区医院后，任中医师。梁氏以中医内、妇科见长，其胆石症、白血病等症的中医治疗方法曾在省、市学术会议上交流并发表。并与吕兴东氏合作研究出针对子宫功能性出血、妇女不孕症及妇科炎症等症的中医治疗法。

梁氏于解放前历任青岛市中医公会干事、理事长、中医研究会讲师、青岛市中医考询委员会主任委员、《青岛时报》国医周刊主编、《南京医药研究》月刊特邀撰述、《青岛中兴报》社中医顾问、北平《中国医药报》社青岛分社社长。解放后历任青岛中医学会副会长、山东省中医研究班教研组组长、市北区政协委员。

[《青岛市卫生志》（1993）]

◎ 孙德政 ◎

孙德政（1917.07.20—1985.01.30），男，汉族，山东烟台人。生于整骨世家。束发学医，年十七得祖传，行医乡里。1950年4月在青岛开设中医整骨诊所，同年加入中医学会。1953年10月考入青岛市中医学校。1958年7月参加无棣二路联合诊所，10月归并市北区医院，任中医整骨医师，后为主治医师。1959年被选为市骨科研究领导小组成员。同年10月参加山东省中医进修学校中医整骨医师师资训练班学习，并留校执教中医整骨学。孙氏发展了祖传整骨法、固定法、功能锻炼法和内外用药法。治疗痛苦少，愈合快，功能恢复早，后遗症少。曾发表论文《市北区医院整骨科中西医结合治疗总结报告》，为市北区政协委员。

[《青岛市卫生志》（1993）]

◎ 李从惠 ◎

李从惠，平度县崔家集公社李家庄人，1917年生，县人民医院中医科主任、中医主治医师。祖传中医，从事中医工作四十余年，在县内享有盛名，对平度中医事业发展有一定贡献。

[《平度县卫生志》（1984）]

李从惠（1917.06—？），男，平度市崔家集镇李家庄人，李家世代行医，至本人已六世。九岁入私塾，课余时读岐黄之书，十九岁入青岛华新印染厂厂办学校半工半读，三年后留厂工作。七七事变后，青岛沦陷，遂回乡务农，并伴祖父行医济世。祖父病故后，孙承祖业，于1945年在平度白埠街开设"回生堂"药铺。1948年回家乡办联合诊所。1951年调至蓼兰县卫生院工作。1953年至1955年分别主持筹办中庄、白埠联合诊所。1957年1月被选派到山东省中医进修学校学习一年。结业后回人民医院中医科工作，1965年始任中医科副主任、主任。曾任教于平度县中医学校、济南军区西学中班、平度县中医进修班和西学中班，为平度中医、中西医结合人才培养作出较大贡献。1971年兼任平度县老年慢性支气管炎防治小组（1972年改称中医药研究小组）组长。1978年后兼任平度县中医学术研究小组（1983年改称平度县中医学会）副组长（副理事长）、名誉理事长，区市中医学会理事等。1978年被平度县人民政府授予"平度名老中医"称号，1980年11月至1984年6月任平度县第一届政协副主席，是平度县第六、七、八届人大代表。1981年晋升主治中医师，1987年晋升副主任中医师。他治医以经典为宗，博采众家之长，对临床各科有较深造诣，尤擅长内科、妇科及眼科。著有《自拟宜敛平喘汤治疗喘息型慢性支气管炎71例》《浅谈十二经用药规范》《化痰逐瘀降压汤治疗高血压病37例》《马钱子滴耳液治疗中耳炎》《谈辨证与用药》等医案经论。1990年12月退休。1992年被青岛市人事局、卫生局、中医管局联合授予"德术重光"牌匾。

[《平度市人民医院志》（2004）]

◎ 张传钧 ◎

张传钧（1920—1966），回族，浙江杭州市人。1947年在青岛行医。建国后历任青岛医学院讲师，主治医师，青医附院中医科副主任。曾编撰《针灸学讲义》。1959年被评为全国先进工作者，赴京参加建国十周年国庆观礼。1965年卫生部授予他二等奖状。曾被选为中国民主同盟青岛市委委员，青岛市政协委员。

[《山东省卫生志》（1992）]

张传钧（1920—1966.08），男，回族，浙江杭州人，民盟盟员。1947年毕业于同济大学医学院后，在山东大学附属医院任耳鼻喉科、内科医师。1951年参加青岛市抗美援朝医疗队，三次立功。1955年参加卫生部针灸师资训练班学习。1956年应邀至北京中医研究院向苏联医生讲授针灸理论和技术。1958年任青岛医学院附属医院中医教研组副主任兼中医科副主任,并创建针灸室。张氏以针灸见长,曾在18个县(市)开办针灸训练班,培训学员千余名,参与中西医结合针灸治疗眼前房出血、过敏性鼻炎、聋哑及破伤风等症均有成效。1959年被评为山东省先进工作者,参加了北京"五一"节和国庆节观礼,1965年获卫生部二等奖。历任民盟青岛市委员、青岛市政协委员。

[《青岛市卫生志》(1993)]

◎ 毛俊英 ◎

毛俊英,平度县大田公社林家村人,1921年生,大田医院中医,1948年业医。擅长内、妇两科。

[《平度县卫生志》(1984)]

◎ 马述先 ◎

马述先,平度县城关公社西关村人,1924年生,县中医院医师。自学中医,先后在县医院、中医院工作,曾多次在县中医学校及地区中医学习班任教,对发展平度中医事业有一定贡献。

[《平度县卫生志》(1984)]

马述先,男,1924年生,山东省平度市人。平度市城关医院中医副主任医师。

马述先,1949年至今一直从事中医工作。1957年任平度县中医进修班教师。1964年任平度县人民医院中医主治医师。1982年平度县中医医院中医师,1988年任平度县坡关医院副主任中医师。先后发表《痛经论治》《胆道蛔虫病的食醋疗法》(山东医刊)等论文。现主要从事中医诊治心血管疾患及癌症的临床工作。

[《山东高级医药卫生人物志》(1990)]

马述先(1924.03—?),男,平度市李园街道办事处西关村人。六岁入私塾,抗日战争爆发后辍学从商,二十六岁从岳父冷云奎习医。1951年在平度县卫生院参加工作,1953年调至平度两目乡卫生所任中医,1956年5月被选派至昌潍专区中医师资进修班学习,1957年1月结业后回人民医院工作。之后,曾先后任教于平度县中医进修班、半农半读中医学校、平度及昌潍专区西学中班等,为平度中医、中西医结合人才培养作出较大贡献。1978年被平度县人民政府授予"平度名老中医"称号。1982年调至平度县中医院工作,1987年调至城关医院,1988年晋升副主任中医师。

他行医以经典为宗，融合古今，尤擅长内科杂症，处方多能融寒温于一炉，衷中参西，汇通中西医学，善治急腹症及急危大症，著有《清化湿热法》《肾小球肾炎中医论治的体会》《脾胃病论治》《内经、气、血、精、津液、神的认识》《痛经论治》等医案经论。1990年退休。是平度县第一、二届政协委员。

[《平度市人民医院志》（2004）]

◎ 刘镜如 ◎

刘镜如，中国山东省青岛市卫生局局长。1932年生于山东诸城县，1938年后定居青岛市。1954年毕业于山东大学医学院，1967年毕业于山东中医学院。从事中西医结合临床、科研、教学工作。历任主治医师、副主任医师、科主任、副院长；1984年担任现职及中医管理局局长、青岛中医研究所所长、主任医师、青岛医学院兼职教授。兼任青岛市地方病领导小组副组长、残疾人事业领导小组副组长，青岛市科协常委，青岛市医学会理事长、中医学会理事长、预防医学会名誉理事长。山东省政协委员、省科协委员、省中医学会常务理事。并担任青岛厂企医管会主任、《青岛健康生活报》社长、《青岛医药卫生》主编、《山东医药》常务编委、《中国医药荟萃》副主编等职。1987年后受聘为山东卫生技术高级职称评审委员会委员、副主委，省中医高级职称评审委员会副主委。1992年受聘为青岛市卫生技术高级评审委员会主任委员。刘镜如从事卫生工作40年，领导组织过许多重大灾害急救。如1955年利津黄河凌汛决口，1976年唐山地震，1978年青岛体育场挤压伤，89年黄岛油库火灾等，都取得极大成功，受到表彰和记大功奖励。临床精于肝胆脾胃和心血管病的医疗。1987年曾获青岛"在科技工作中作出重大贡献"奖状和卫生部颁发的"科技贡献集体"奖。多年来曾多次获得省、市科技成果、科技普及的奖励。国家"七五"期间，他所领导研究的国家重点项目"红参芦及复方制剂对冠心病临床及实验研究"，通过国家鉴定为"国内领先"，并获得青岛科技成果一等奖。撰写论文百余篇，还参加过山东统一教材《中医学讲义》的编审。他的红参芦头研究成果已收入世界《生物学文摘》（BIOLOGICAL ABSTRACTS VOL86 1988）。

[《当代世界名人传 中国卷》（1994）]

◎ 徐日琢 ◎

徐日琢[①]，清代临淄人，从提督徐华清于福建学种痘法于西医，回乡广行其术，使小儿免受天花之害。

[《山东中医药志》(1991)]

徐日琢，字玉成，清代临淄人，生卒年月不详。

日琢随从提督徐华清于福建学习了种牛痘法。回籍后广行其术，乡里小儿始免天花之害。日琢著有《引痘略》刊行于世，已佚。

[《临淄区卫生志》(1997)]

◎ 管庆宗 ◎

管庆宗，清代临淄崖付村人。

他自幼学医，以医为业，其医术在当地有较高威望，求诊者络绎不绝。其后代继承医业，于七七事变前居住潍北柳疃。

[《临淄区卫生志》(1997)]

◎ 王媚川 ◎

王媚川，清代临淄人。

媚川专攻儿科，精于痘疹。对小儿的生理病理做过深入研究。对痘疹病的诊治有独特的经验。注意医理和临床的结合，在乡邻中享有较高的声誉。著有《痘疹精言》刊行于世，已佚。

[《临淄区卫生志》(1997)]

◎ 邢万林 ◎

邢万林，字茂泉，清代临淄大交流村人。

万林一生专门研究中医外科，对疮疡痈疽的诊治，有其独到之见。

有一王姓患者，得伏骨疽，百医无效，前邀万林就诊。万林察色按脉，辨别阴阳，巧组奇方，内服外用，双管齐下，数日后病愈。王某感恩不尽。

---

① 徐日琢：《临淄区卫生志》(1997) 作"顾日琢"。

万林著有《小儿风症录》《针灸辑要》两书刊行于世,已佚。

[《临淄区卫生志》(1997)]

◎ 张 孟 ◎

张孟,清代临淄人。

自幼聪慧,少年学医,基础扎实,造诣尤深,其医术远近闻名。

知县董益患病,四方名医用尽,皆不奏效,特邀张孟诊治,经调治月余,疾病痊愈。知县董益赐旗一面,上绣"春融绛雪"四个金字。

[《临淄区卫生志》(1997)]

◎ 刘毓松 ◎

刘毓松,清代临淄人。

擅长中医外科。曾著有《外科经验图方》,已佚。

[《临淄区卫生志》(1997)]

◎ 翟公硕 ◎

翟公硕,字逊甫,清代临淄赵王村人。

年少学医,喜爱叶天士、吴鞠通、薛生白等人的温病学说。对于温病的诊治,有其独到之处。以治瘟疫而盛名远扬。

[《临淄区卫生志》(1997)]

◎ 郑 鈺 ◎

郑鈺(1843—1919),字晋阶,临淄区北羊乡郑家辛村人,清同治九年(1870),举人,清光绪十二年(1886)中进士副榜,历任历城、海阳县、武定县教谕。工诗擅书,书法与广饶宋伯庄(其端)齐名。晚年寓居青州,以医济世,精于医学,在一方颇有影响,求医者不绝于途。一生清贫,以行医糊口,医德高尚,为群众所爱戴。

[《临淄区卫生志》(1997)]

◎ 徐悌 ◎

徐悌，清末民初临淄户王人。承家技业医，术精内科。

[《山东中医药志》(1991)]

徐悌，乃徐克明之子，约生于1847年，卒年不详。

悌幼承庭训，笃志医学。在刻苦学习医理的同时，精研了父辈的临床经验，继承了父亲在望诊和脉诊上的独特经验，见病知源，妙手回春，成为一方名医。

徐氏父子均有著作，曾著有《小儿科》和《秘方》，均为手抄本，数遭兵燹，已佚。

[《临淄区卫生志》(1997)]

◎ 焦瀛州 ◎

焦瀛州，字海峰，民国间博山郭庄人。自幼业医，行于乡。著有《脉学》。

[《山东中医药志》(1991)]

◎ 李连胜 ◎

李连胜，莱芜县人，晚年以医定居博山颜神镇，生于清道光二十四年（1844），卒于民国六年（1917）。曾行医于莱芜、博山、章丘、淄川等地，精于骨伤科，颇负盛名。

李氏三十岁时习医。其师为江南人，因恶清朝腐败，弃儒学，隐姓氏，以祖传整骨术为生计，遨游九州名迹。至莱芜法山村时，骤染足疾，难以登程，寄居于李舍。日夜受李氏精心照顾，甚感其德，遂将其术执手亲授。自此，李氏随师串铃于他乡三载。师欲去时，严训于李氏："误伤者皆贫寒庶民，务戒贪富之心，普济万民万全吾愿。"李氏严守师训，专心务术四十余年，术验俱丰，医高望重，享有"李半仙"之美誉。

李氏整骨重手法，熟悉人体肌肉、经脉、筋骨的整体，掌握骨骼的形态、部位及相互连属关系。视其外，知其内，妙术巧施，整复无误。自创"气足于身，巧施于人"整复手法，其法：外观轻松自如，实则气已充身，劲聚双手，牵引得当，手法应证，力求一次整复。整复后恢复期，要动静结合，李氏云："静甚必滞，动甚必离。"静勿太久，动无太过，静以期碎骨愈合，动为使流畅气血。整复后用木质竹质或纸壳固定。固定后短期内（4~7天）及时松解固定物，按摩局部及其两端关节，促进局部气血运行，以调整筋脉功能，从而达到消肿胀化瘀血和加速骨痂愈合。如系复杂性、开放性或习惯性脱臼等，可适当延长固定时间，观其恢复程度，适时施行松解按摩。莱芜县口镇一中年农民，胫腓骨骨折，整复固定五六天后，便行松解按摩，众人皆恐再度错位难愈。李氏笑曰："乃为早愈而做。"果经每次松解按摩后，疼痛递减。兼服接骨散，月余即可扶杖而行。其按摩手法概括为：推、搓、揉、摄、扪、挚六字。

附：李氏验方

李氏整骨自拟验方，恢复期施用效果颇佳，介绍如下。

护心散

主治：伤后疼痛或整复后疼痛。

功效：化瘀止痛，防止恶血冲心。

药物及制法：乳香、绿豆粉各五钱，没药、元胡各三钱，朱砂二钱，甘草一钱。共为细末，贮藏备用。每次半钱到一钱，日服二三次，黄酒或白开水送下。

接骨膏

主治：骨折肿痛。

功效：消肿止痛，舒筋接骨。

药物及制法：乳香二斤，没药、土元各半斤，山榆皮（内层嫩皮晒干者）、红黍谷各三斤，自然铜五两，炉甘石、山羊角粉（烧制存性）各半斤。上药共为细末，每次用二三两，加入适量食醋，熬成粥状摊于白布上，敷于伤处固定。每次松解按摩时，再另换药一次，用法如前。

接骨散

主治：骨折及局部肿胀瘀血。

功效：活血化瘀止痛，促进骨质愈合。

药物及制法：乳香、没药各半斤，土元五两，川断一斤，红花、自然铜各三两，川牛膝、牛骨髓（焙干者）各半斤。共为细末，装瓶备用。每次一至一钱半，用黄酒三至五钱送服，每日二三次。

煨敷散

主治：骨折久不愈合。

功效：促进局部气血运行，加速骨质愈合。

药物及制法：刘寄奴、透骨草各三两，麸皮一斤。共为细末为一剂，加入食醋半斤，拌匀后炒热装入布袋内煨敷局部，每日两次，每次煨一二小时，每剂可连用二至四次，每次均需加入食醋炒热。

生肌散

主治：开放性骨折。

功效：防腐祛毒，止血生肌。

药物及制法：乳香、没药各三钱，冰片九分，煅龙骨、血竭各五钱，轻粉、制象皮、煅寒水石、赤石脂、海螵蛸各三钱半，儿茶一钱半。上药共为细末，贮藏备用。开放性骨折待整复后敷于患处。每日换药一次。

祛毒散

主治：开放性骨折伤口久不愈合或其他外伤久不收口愈合。

功效：拔毒祛腐，生肌敛口。

药物及用法：乳香、没药各三钱，雄黄二钱，血竭一钱半，轻粉二钱，麝香三分。上药共为细末，封闭贮藏备用。用时视创面大小而定，撒敷均匀不宜过厚，每日换药一次。

外用烫洗方

主治：肌肉筋脉损伤瘀血肿痛，骨折后遗症的关节僵硬活动不灵等。

功效：活血化瘀，舒筋通络，消肿止痛。

药物及用法：荆芥、防风、红花、乳香、没药各三钱，透骨草五钱，刘寄奴四钱，伸筋草二钱。水煎加入少量食醋烫洗局部。每日两次，每次烫洗半小时至一小时，每剂可使用二至四次。

[《山东中医药志》(1991)]

李连胜（1848—1917），莱芜县上法山庄人。李连胜自幼丧父，家境贫寒，曾随祖父两次迁居，晚年方定居于博山颜神镇。行医于莱芜、博山、章丘、淄川一带，且大有医名。

李连胜30岁时，禀师江南一隐士，跟其学习整骨之术。其师游至莱芜时，骤染足疾，寄居于李氏家中，日夜受李氏精心关照，甚感其惠，故将其整骨医术，挚手相授。自此，李随师串铃行医于他乡三载，又专心务术四十余年，勤学明理，术验俱富。晚年始有"李半仙"之美誉。故博山及周围邻县，骨伤环脱者都来博山求医，皆欢悦而归。李氏的两则医案足以证明李氏医术的精湛。其一：李氏曾治淄川一少女，因攀树采桑，失手坠地致伤，医者皆言腿骨已断，应友人请前往诊视，细询伤情，望其部位，触扪其局部音响形象后断言：非腿骨断，乃髋关节脱臼。遂服护心散，防恶血上冲心神，且化瘀通络止痛。经手法整复后，接连按摩数次而愈。其二是治一妇人，年三旬，系国画家李佐泉之妻，因晚上失足倒地而伤，当时尚能自行走动，但夜间左膝关节下肿痛更甚。医言筋伤，按摩数日，肿痛愈加。遂请李诊视，经细询触扪，言明辅骨已断。经李氏手法整复固定后，病人立感疼痛减轻。由此可见，李氏整骨医术高明。

李连胜自行医后不仅秉承师传之法，且又能在实践中不断提高和创新。特别是对骨折整复固定后的早期按摩手法，通过多年的临床实践归纳出的六字妙诀："推、搓、揉、捏、扪、掌"实为李氏对整骨学手法的发展和创新。

[《博山区卫生志》(2005)]

◎ 郑洪顺 ◎

郑洪顺（1853—1930），临淄区北羊乡郑家辛村人，光绪九年迁居召口乡召口村。其父郑贻璋承祖先"宁为良医，不作良相"的家教，习医济世。至郑洪顺在召口村开设"橘源堂"药铺。郑洪顺精研《易经》，把阴阳五行相生相克的辨证理论用于临床实践，许多疑难杂症经他治疗能转危为安，名播一时，著《杂病论》《眼科阐微》《妇科撮要》《民间验方》等。

[《临淄区卫生志》(1997)]

郑洪顺，临淄北羊乡郑家辛村人。清末民国初时名医，在召口村开设"橘源堂"行医，蜚声乡里。精《易经》，通气功，著《杂病论》《眼科阐微》《妇科撮要》等传世。

[《淄博市卫生志》(1997)]

◎ 张培芝 ◎

张培芝，字馨亭，号书忍，周村管家庄人。生于清咸丰五年（1855），卒于民国十四年（1925）。善医，术精外科，著有《张氏验方萃锦》《痈疽病症诊籍》《时疫验案》《外科杂症验方》。

[《山东中医药志》(1991)]

◎ 王基发 ◎

王基发，民国临淄孙娄人，生于 1857 年，卒于 1927 年。

基发自幼酷爱医学，对伤寒造诣颇深，尤以内科见长。

1895 年，开设"荣春堂"药店。抱疾求医者众多，每遇疑难危症，多能妙手回春。

临淄县长舒孝先之夫人久病，曾多方就医无效，邀基发就诊，投药数剂而愈。县长赐匾一幅，上书"功同良相"。

基发世传"鸡鱼膏"，主治积郁，曾兴动一方，业已失传。

基发曾摘录《伤寒论》和记录各种杂证共十本，医方二百多方，并加以评述。基发之医术皆传其子树芬。

[《临淄区卫生志》(1997)]

◎ 栾尚桂 ◎

栾尚桂，字馨五，博山城人，生于咸丰八年（1858），卒于民国二十一年（1932）。以医济世，活人无算。

[《山东中医药志》(1991)]

栾尚桂（1858—1932），字馨五，博城人。精岐黄，以医济世。制方应手奏效，求医者众。

[《淄博市卫生志》(1997)]

栾尚桂（1858—1932），字馨五，博山人。医药皆精，处方不拘于古，每有新意，所经营的"一元堂"中医药店，远近闻名。

[《博山区卫生志》(2005)]

◎ 陈通济 ◎

陈通济（1861—1939），字仲普，淄川北下册，清末秀才，在木河行医六十余年，中医内妇科，驰名一方，医术传与女婿孙传进。

[《淄川区卫生志》(2009)]

◎ 常兆梅 ◎

常兆梅（1861—1940），字岱峰，淄川瓦村，一生在原籍行医，擅长中医妇科，德高望重，名扬百里。

[《淄川区卫生志》（2009）]

◎ 翟玺承 ◎

翟玺承，字印宗，淄川人，生于清同治二年（1863），卒于民国二十八年（1939）。业医五十余年，以善治伤寒名著于时。

[《山东中医药志》（1991）]

翟玺成[①]（1863—1939），字印宗，淄川东坪，在原籍行医五十余年，以治伤寒病出名。

[《淄川区卫生志》（2009）]

◎ 张际昌 ◎

张际昌（1865—1965），字少文，临淄河沟人。行医恤贫困、傲富家。贫者一请即到，处方用贱药，愈后却谢礼。

[《淄博市卫生志》（1997）]

张际昌，字少文，临淄敬仲河沟村人。生于1865年，卒于1965年。曾为清末庠生，精医。

清末科举时期，少文考秀才，试题为"汤三使聘之"，少文在文章中写道："嚣嚣然不以聘币动其心"。主考对他说："看你文章，行医最佳，回家将你顶戴束之高阁，改儒行医，必将成才。"此后，少文弃儒就医。

少文以医德而誉名远扬。他恤贫困，傲富家，贫困病家一请即到，处方用贱药，治疗效果好，愈后不受谢礼。他常说道："我是富翁的上大夫，穷人的小先生。"

北高阳一大财主特请朱少白（与其同科秀才），以现金五十元聘之，少文辞之说："五十元安动我心！"

---

① 翟玺成：《淄川区卫生志》（2009）作"翟玺成"。《山东中医药志》（1991）作"翟玺承"。从生卒事迹看当为同一人。

朱少白讽刺说："你真是嚣嚣然不以聘币动其心者。"第二天复来，以百元聘之乃去。

广北麻湾一富户，聘他当坐堂大夫，优礼相待，为之建宅舍，钱财物资运转到家。

其子张基善挥霍无度，家资屡空，对其父说："愿从学医。"

少文说："你学医何为？"

基善说："为酒肉钱耳。"

少文斥之说："你行医必杀人！闻之害人之命者，损阴德；积恶之多者，绝子嗣；愿你少作罪恶，不绝祖宗之烟火足矣。"

少文著有《改编草木春秋》《脉诀不如吾诀》《秘方稿本》。因后继无人，稿本下落不明。

[《临淄区卫生志》(1997)]

◎ 王领秀 ◎

王领秀，民国时期临淄城关谭家村人。生于公元1866年，卒于公元1951年，享年八十五岁。

其父学海擅长中医内科，尤专长于喉科疾患和破伤风的治疗，一生积累了丰富的医疗经验。

领秀幼承庭训，酷爱医学，在其父的指导下，刻苦钻研了中医基础理论和药性方论等基础知识。同时，接受了父亲积累的丰富的医疗经验。年长后，医名远扬，孙娄、韶园和淄河以东的患病者，踵接其门。

领秀专长于喉疾的治疗。民国二十三年（1934），临淄县长冯谦光患喉疾，经众医治疗无效，后闻领秀诊治有法，便派人邀而诊治。领秀用家传秘方，几日后便将其喉疾治愈。此诊更轰动乡里，远播百里之外。

领秀一生忙于诊务，著述不多，只著有《妇科全疾》一书，系手抄本，已佚。

[《临淄区卫生志》(1997)]

◎ 崔象珏 ◎

崔象珏（1866—1925），字玉双，临淄齐都镇西古城村人，清光绪庚子、辛丑并科副贡生，民国九年主编《临淄县志》。他虽出身科举，但不墨守旧学，在任临淄图书馆主任期间，设计讲演所，深入乡村讲演，宣传新知识，启迪民智。他爱好广泛，知识渊博，也精于医学，著《中西医解毒问答》，在医药界广为流传。

[《临淄区卫生志》（1997）]

◎ 孙传进 ◎

孙传进（1868—1962），字秀生，淄川口头村，清末秀才，自青年时期跟其岳父陈道济学中医，先后在博山，昆仑行医三十余年。1959年入昆仑公社医院，擅长妇内科。

[《淄川区卫生志》（2009）]

◎ 吴瑞璧 ◎

吴瑞璧（1869—1952），号浚源，字蒙泉，高城镇李官村人。清代秀才，性格豪放，天资聪颖。早年曾加入康梁改良派之维新党。戊戌变法失败后，逃至大兴安岭充当铁路工人。辛亥革命爆发，推翻了清王朝，吴无意宦途改志行医。

吴氏在勤求古训中孜孜不倦，博览群书，每竭其精华，独具只眼。中年期间泛游江湖。一度停宿于天津近代书法家华世魁门第，为其任教私塾四年。在此期间，结识一书店主人，交往中店主深感吴氏聪慧才智，遂订借书契约，因之得以广读百家，博览纵横，通晓古今经史，名噪一时。世人每与交往即感谈笑风生。学医时多崇仲景学说，兼学各家著述。在临症中辨证论治可谓探微阐奥，其处方之巧简而易明，药味删繁就简更独树一帜。为人诊病时最忌竞逐荣势之门，企踵权豪之家，在当地及附近各县负有盛名。

[《高青县卫生志》（2009）]

◎ 周敬夔 ◎

周敬夔，字佐禹，桓台县昝家庄人，生于清同治八年（1870），卒于民国三十二年（1943）。举人，选苏州候补知州。赴任不久，辛亥革命爆发，归乡业医，善治内、妇两科。审症立方，多具心得，奇病异疾，每收良效。诊病，不分贫富，一视同等，颇得士庶敬仰。著有《妇科权衡》，未刊。

[《山东中医药志》（1991）]

周敬夔（1870—1943），字佐禹，桓台县昝家庄人。自幼好学，博览群书。二十岁考中清末举人。后被选为苏州候补知州，赴任不久，辛亥革命爆发，遂返乡，致力行医。周先生文理功深，深得《内经》《难经》之旨。其审证立方，多有独到之处。

对于奇病异疾，多能收效。擅长内科，精于妇科。其性慷慨，刚正不阿，为人治病，不分贫富，一视同仁，晚年著有《妇科权衡》一书，颇受诸士推崇。

[《惠民地区卫生志》（1992）]

周佐禹（1870—1943），桓台咎家庄人，官到清苏州候补知州。辛亥革命后返乡业医，长内科、精妇科，辨证组方严谨，用药精当，著有《妇科权衡》。

[《淄博市卫生志》（1997）]

◎ 崔乘云 ◎

崔乘云（1870—1945），字御龙，花沟镇胡家店村人。先生自幼聪明过人，读书时能过目不忘。暇时其父教以兼习医理。十八岁弃儒专攻医学，经十几个春秋对《内经》《难经》及仲景著书无不精研深究。1899年子继父业开始行医，开业堂号家传"经庸堂"。他态度和蔼，平易近人，无论富贵贫贱，求诊随叫随到。诊断治疗胆大心细，往往力排众议独任其责。群医束手无策之症，经其辄以大剂主之，因而远近驰名。

崔乘云曾在桓台咎家庄开业行医，并为当地医生教授中医讲座，深受同仁欢迎。晚年归还故里，日求诊者络绎不绝，可谓车马盈门。高苑一病人张循皋病甚危笃，多方求治毫无少效，据说属"不治之症"。经其诊断治疗很快病愈。病家喜出望外感激不尽，题词赠匾以谢之，匾文为"医术冠军"。先生可谓医术精深，医德高尚，不但治愈了很多疑难病症，还培育了不少中医后继人才。他从医一生经验丰富，虽无著作，但病历、医案、医话、经验良方甚多，只是经"文化大革命"后荡然无存矣，殊为可惜。

[《高青县卫生志》（2009）]

◎ 景丹云 ◎

景丹云，字跃南①，清光绪时人，卒于1944年，廪生。学识渊博。年三十岁时，不求官图，改志行医。博览群书，善集各家之长。尤对仲景《伤寒》《金匮》造诣颇深。如其所用大青龙汤加附子，大剂量六味地黄汤，治吐泻伤阴，久热不退，确有独到之处。临床经验丰富，在当地负有盛名。

[《惠民地区中医药志》（1983）]

---

① 跃南：《惠民地区中医药志》（1983）记载其字为"跃南"，其他书中皆记载为"耀南"。

景丹云，字耀南，高苑县（今高青县）樊家林村人，生于清同治九年（1870），卒于民国三十三年（1944）。学本长沙，善用经方，尤精脉诊。

[《山东中医药志》（1991）]

景丹云（1870—1944），字耀南，高苑县樊家林村（今高青县樊家林乡樊家林）人。清光绪末年廪生，他聪明才智，学识渊博，邑中闻名。而立后，以清廷腐败，人民涂炭，无意宦途，弃儒从医，对《黄帝内经》《难经》《伤寒杂病论》诸书造诣颇深；为人沉默寡言，不与庸俗、富贵人交往，常喜独步田林，登高远眺，有古贤清高之风。为病家诊疾尤重脉诊，精思慎辨，丝丝入微。善于活用仲景之方，大青龙汤加附子治久热不退，大剂量六味地黄汤医吐泻伤阴，疗效颇佳，确有独到之处。

[《惠民地区卫生志》（1992）]

景丹云（1870—1944），字耀南，樊家林村人。清光绪末年廪生，学识渊博，邑中闻名。弱冠，以清廷王朝纲纪行将崩溃，群雄四处割据，人民横遭涂炭，颠沛流离。先生无意官途，锐意弃儒行医。其对精研黄帝《内经》、越人《难经》、仲景《伤寒》《杂病》诸书尤造诣颇深。为人沉默寡言，寝馈典籍好学不倦；更不愿与庸俗、豪华富贵人等交往。暇时，长独步于田野或园林处登高远望，恰似另有所思，如清高隐士之风雅。为病人诊病时其切脉之巧尤为慎思，明辨丝细如微，比他人略高一筹，遐迩名扬。在附近各县称一代名医，誉满杏林。其对仲景《伤寒论》中所用经方治久热不退，曾用"大青龙汤加附子"一剂而药到病除，显效惊人骇闻，医家无不称赞，堪称医林翘楚。

[《高青县卫生志》（2009）]

◎ 王文同 ◎

王文同，字书青，临淄区西老王庄人。生于1873年，卒于1935年，清末廪生。屡试不第，而后发奋学医，医术精湛，誉满乡里。群众赠送给他的金字匾额，题曰"青主前身"，与中国名医傅山（字青主）并列。文同八岁入私塾，聪慧过人，十八岁中秀才，书法文章出众。他在行医之中，能体恤贫苦群众，多用偏方、单方、验方，为病家节省开支。民国八年（1919），临淄地区疫病流行，西老王庄先后死亡多人，文同急如火焚，立即用家中做饭大锅煎药，分发给群众，并对病重者登门诊治，经过一个多月的苦心医疗，瘟疫停止了蔓延，挽救了许多人的生命。

[《临淄区卫生志》（1997）]

◎ 宫振堂 ◎

宫振堂，字允生，高苑县（今高青县）宫旺庄人。生于清同治十二年（1873[①]），卒于民国三十四年（1945），庠生。内、外、妇三科均通，尤精温病，每药到病除。

[《山东中医药志》（1991）]

宫振堂（1873—1945），字允生，高苑县宫旺庄（今高青县花沟乡宫旺庄）人，清末庠生。他自幼颖悟，禀赋过人，后因举业未达，遵古人不为良相，则为良医之训，而弃儒改医。研岐黄，究长沙，旁涉诸家，于内、外、妇科无不精通，尤专温热之学。1903年（清光绪二十九年）开业行医，号"济生堂"。他诊疾明审，遣药精当，危难重症每药到病除。对病家不分贫富，都有求必应，一视同仁。医德之高，医术之精，名噪一时，声震遐迩。

[《惠民地区卫生志》（1992）]

宫振堂（1878[②]—1945），字允生，高苑县（今高青县花沟镇）宫旺村人。清末庠生。自幼颖悟，禀赋过人，后因举业未达，遵古训"不为良相，则为良医"而弃儒行医。研岐黄，究长沙，旁涉诸家，于内、外、妇科无不精通，尤对温热之学特有专长。1903年（清光绪二十九年）开业行医，号"济生堂"。他诊疾明审，遣药精当，危难重症每每药到病除。病家不分贫富，都有求必应，一视同仁，医德之高，医术之精，声震遐迩。

[《高青县卫生志》（2009）]

◎ 仇宝树 ◎

仇宝树（1874—1956），字玉山，淄川淄城，清末廪生，建国前任教兼医，建国后在家行医，中医杂病有名。二哥明新，四弟宝善都是中医。

[《淄川区卫生志》（2009）]

---

① 1873：《高青县卫生志》（2009）生年作"1878"。
② 1878：《山东中医药志》（1991）明确记载其生于同治十二年，即1873年，故此处有误。

◎ 吕守良 ◎

吕守良（1874—1948），字子元，周村区大姜乡固玄店村人。业医数十年，术精德众，诊病贫富一视同仁。长中医外科肿毒、痈疽诸症，在周村、张店、淄川、桓台、长山、邹平一带盛名。

[《淄博市卫生志》（1997）]

◎ 王树芬 ◎

王树芬，生于公元1876年，卒于1934年。

树芬幼承庭训，年长后，继父业行医于"荣春堂"。

民国九年（1920），树芬在冯玉祥部第十三混成旅为随军医官。民国十五年（1926），驻军曲阜，其旅长拜谒孔府，正值孔夫人久病卧床，本府医官屡治罔效，即邀树芬诊视。树芬辨证精明，紧扣病机，投药数剂，病有转机，渐向痊愈。后来，孔府指令将他留录府第，充当医官，至卒。

在任孔府医官的八年期间，孔府曾两次赠名医匾额。

[《临淄区卫生志》（1997）]

◎ 史玺书 ◎

史玺书（1877—1943），字玉符，临淄敬仲大寇人。精小儿科，家设药肆，就医者接踵其门。民国中叶，青岛考试医生分上、中、下三等录取，玺书上取第二名，领取证书。著有《史氏医学八种》，内分"脉诀""内科""小儿科""女科""痘科""疹科""痧科""生理"八种，以歌赋形式写就。医理简明、立方精良，现仅存"内科""痧科"两册。

[《淄博市卫生志》（1997）]

史玺书，字玉符，民国临淄大寇村人。生于公元1877年，卒于公元1943年。

玺书天资聪慧，夙通医学，尤精于儿科。家设药肆，四乡就诊者踵接其门，玺书毫不惮烦。

民国中叶，青岛中医学院考试医生分上、中、下三等录取，玺书上取第二名，领取证书。亲友赠匾额，上写"潜德幽光"。

玺书著有《史氏医学八种》。该书分"脉诀""内科""女科""小儿科""痘科""疹科""痧科""生理"共八册，为临床医学经验总结，以歌赋形式概括章节的主要内容，医理简明，辨证得当，立方精良，使人读来朗朗上口，易于记忆。

该书为手抄本，写于公元1934年，仅搜集到"内科""痧科"两册，余者散佚难寻。

[《临淄区卫生志》（1997）]

◎ 纪翱臣 ◎

纪凤翔（1877—1967），又名纪翱臣，邹平县南范庄人。少时从伯父习医，术成坐堂鸿德堂药店，后悬壶周村，医名大盛。从医六十余年，临床应诊，妙识心灵，有"纪半仙"之誉。精内、妇、针灸诸科，妇科见长，治不孕症尤精。1962年收王云铭、王震、纪云蒸为徒，王云铭为其整理《纪氏中医妇科证治经验》一部。任淄博市中医院副院长及省、市人大代表。

[《淄博市卫生志》（1997）]

纪翱臣（1877—1967），山东省邹平县南范村人。少年刻苦读书，弱冠从其三伯父学医于张家口（今河北张家口市）。及术成，遄返故里，在邹平坐堂鸿德堂药店，后悬壶周村，医名大盛。解放后，任淄博市中医院副院长，并曾当选为山东省第四届人民代表大会代表，1967年1月年晋九十，以寿终。

先生行医凡六十余年，精内、妇、针灸诸科，而妇科尤精。先生之学，承祖业而远溯轩岐仲景，近效丹溪、景岳，尤宗《医宗金鉴》及叶天士女科全书，广征博采，不囿于一家之言，而从临床实际出发融会而贯通之，由是医学经验丰富，且能在前贤的基础上有所发展，唯以诊务纷繁未遑著述。兹将先生对妇科学的贡献及治病特点概括如下。

调经贵在辨证，治分三段

先生关于月经病的治疗，在辨证施治过程中，常遵"少年在肾、中年在肝、老年在脾"的古训，按经前经期和经后三个阶段分期论治，经前以调气为主，经期以调血为主，而在经期用药方面，本"温则和，寒则凝""热则流通，寒则凝滞"的理论，强调禁用或慎用苦寒之药，视为常规。

经前腹痛属气滞血瘀，经后腹痛乃胞脉失养

痛经是妇科常见疾病之一。先生宗古说结合临床实际，将痛经分为虚、实两大类。经前腹痛者属实，证属气滞血瘀，治当活血行瘀、理气，方用桃红四物汤和香附、肉桂、元胡、没药之属；经后腹痛者属虚，证属气血不足、胞脉失养，治当补

益气血，方用四物汤加参、芪、元胡没药之属。在服药时间上则强调经前腹痛者须于月经将见微觉腹痛之日起，开始用二至三剂，一日一剂，早、晚各煎一次，如连服二至三个周期，多可痊愈。

经闭，证分虚实，宜针药并施

先生认为经闭证因复杂，可分血枯与血滞两大类。血枯者，证属虚，名虚闭；血滞者证属实，名实闭。虚闭者着眼于源，源在肾，或为阴虚，或为阳虚，或阴阳俱虚；实闭着眼于流，流在气血，或为气滞血瘀，或为寒湿凝注，治当补虚泻实，针药并实施，则取效，然本病证情复杂，针药而处须注意调摄方竟全功。

崩漏，治分三步，三位一体

先生认为崩漏属于血病，非时下血的主症为本病诊断的主要依据，就病机说，与肝、肾、脾三脏关系密。盖肾以系胞本，肝藏血，司血海，肝肾同流，为冲任之本，脾统血，主运化与胃相表里，为后天之本，而冲脉隶于阳明，是以肾、肝、脾三脏失调，冲任损伤而为崩漏，究其原因，有寒热之别，虚实之异，临床治疗贵在审证求因，审因论治。先生根据"急则治标""缓则治本"和"血脱者当益其气"的原则，结合《叶天士女科全书》中提出的"塞流""澄源""端本"三个步骤，辨证施治。先生强调三个步骤三位一体，不能截然划分，巩固疗效。

带下病，根本在于脾虚有湿

先生认为带下病根本在于脾虚有湿，盖脾为阴土喜燥恶湿，脾失健运则脾精不守，不能输为营血，湿土之气下陷而为带下，且湿为六郁之一，郁久化热生火，则带色由白而黄而红，病情渐就深重，子病累母，影响及肾，带色而又见黑，治疗之法要在健脾除湿、清热解毒。临床上本病初起主以五味异功散加扁豆、薏米、泽泻。湿郁化热，带下色黄者，原方加双花、黄柏；湿郁化热生火，杂下红带者，再加丹皮、茜草；影响及肾，带下色黑者，再继加杜仲、川断。

妊娠恶阻，主以"偏方"化裁

先生认为妇女妊娠以后，月经停闭，血海之血专供养胎，由是血分遂感不足，气分相对有余，因而气血失调，冲气上逆，胃失和降，而为恶心呕吐诸证。临床上先生多以祖传经验偏方为主（白术、黄芩、陈皮、竹茹、寄生、川断、甘草各9克，砂仁3克），审察证候之偏寒偏热，属虚属实，随证化裁，收到良好的效果。

不孕症，治分三段

先生认为不孕症治疗责之男女双方，男方以保精为主，女子以调经为主，属女子方面，宜顺乎妇女自然生理功能，治分三段，即经前以调气为主，调气者调整和体之气血，经期以调血为主，调血者或通经或调经而重在通经，活血化瘀，经后以补虚为主，补虚者补益肝肾，而重在温壮肾阳，用之临床常应手取效。

[《淄博市中医院志（上卷）》（2002）]

中医是我国传统的医术，有着悠久的历史。中医前辈们的高超的医术和医德在我院得到了继承和发扬。如已故老副院长纪翱臣接诊病人和蔼可亲、平易近人，他经常通过说笑解除病人的思想负担，发挥病人的主观能动性来配合药物治疗，取得很好的治疗效果。他经常深夜出诊，有时一夜连出三次，他也从不厌烦，总是认真负责一丝不苟地为病人诊治。因此在群众中享有较高声望，远道慕名而来求诊者常络绎不绝。

[《淄博市中医院志（上卷）》（2002）]

纪翱臣传

纪凤翔（1877—1967），字翱臣，邹平县南范村人。

先生少年刻苦读书，弱冠从其三伯父学医于张家口，及术成遄返故里，在邹平县坐堂鸿德堂药店。后悬壶周村，医名大盛，活人无算。解放后，任淄博市中医院副院长，并当选为山东省第四届人民代表大会代表。1967年12月，年晋九十，以寿终。

先生行医凡六十余年，勤慎诚朴，平易近人，擅长内、妇、针灸诸科，而妇科尤精。临证应病，妙识心灵，博得了病员爱戴，誉之为"纪半仙"。唯以诊务纷繁，未遑著述。

1962年淄博市贯彻落实中医政策，曾为纪老配高徒王云铭、王震、纪云蒸、王桂馨四人，现均为临床骨干。其徒弟王云铭为其整理出《中医妇科证治经验》一稿，约九万字。"文化大革命"期间，该稿散失，后又经重行整理，计分三辑。

先生之学，承祖业，而远溯岐、黄、仲景，近效丹溪、景岳，尤宗《医宗金鉴》及《叶天士女科全书》，广征博采，不囿于一家之言。从临床实际出发，融汇而贯通之。由是学验俱宏，且能在前贤的基础上有所发展。其论调经曰："贵在辨证施治，治分三段。三段者即经前以调气为主，调气者调整气血也；经期以调血为主，调血者或通经或调经，而重在通经，活血化瘀；经后以补虚为主，补虚者，补益肝肾，而重在温壮肾阳"。其论经闭，曰："证分虚实，宜针药并施。虚闭着眼于源，源在肾；实闭着眼于流，流在气血""治当针药并施，并注意调摄"。至于针刺手法，曰："气至施术，补泻中机。"其论不孕，曰："贵之男女双方。男子以保精为主，保精者，当益其精而节其欲，使阳道之常健；女子以调经为主，调经者，当养其血，而平其气，使月事以时下""精气足，经水调，阴阳合，鲜有不孕者。""然，五不男与五不女之先天生理缺陷者，自是例外也"。临证诊病，强调"妙识心灵"。常曰："不明心灵学者，不可以为医。"并对《叶天士女科全书·求嗣相女》之论，有所运用与发展，丰富了四诊的内容。

[《中国百年百名中医临床家丛书 王云铭》（2002）]

◎ 李丰章 ◎

李丰章（1877—1961），博城人。长中医骨科。

[《淄博市卫生志》（1997）]

◎ 杨炳文 ◎

杨炳文（1877—1957），周村二十里铺村人。青年时期毕业于青州师范，后专岐黄。精内科，长《内经》《伤寒》之法，先后在济南、北京和本地行医。1953年他七十六岁时，在乡举办医学讲习班，终年八十岁。

[《淄博市卫生志》（1997）]

◎ 孙培芝 ◎

孙培芝（1878—1951），字芳亭，淄川花雨沟村人。长于中医妇科，治瘫痪病也颇效。

[《淄川区卫生志》（2009）]

◎ 王梦九 ◎

王梦九（1880—1963），名修龄，字梦九，淄博市张店区南定镇崔军村人，出身于世医门第。

王梦九，幼年读过四书五经，在其父王清治的熏陶下，十五岁就开始学医。由于他聪慧好学，学业日进，二十五岁便巡回在张店、周村、博山、益都、青岛、济南等地行医。民国二十二年（1933）到博山"宝德堂"中药铺当坐堂医生，因其医德高尚，医术精良，很受当地群众欢迎。1937年七七事变后，回原籍崔军村自开药店行医，急乡里百姓就诊之便，此时与共产党领导的抗战人员常有交往。王梦九急病人之急，每有患者家属登门，常半夜披衣前往，从不推辞。1943年，日本军队占据崔军庄建立据点，使求医者难以入村，王梦九就将自己的药店迁至张店兴学街，命名为"生生堂"药店，继续为群众看病。

建国初期，在镇压反革命运动中，因王梦九参加王母道并在该道任典传师、坛主而被人民政府逮捕、判刑。王梦九在服刑期间，前往找他看病的人仍络绎不绝，市、区机关人员也常去向他求医。1954年被释放后，到本区沣水村合作医药部当医生。

1956年根据中央的政策规定，淄博市卫生部门在全市招收录用名中医，王梦九被招入淄博市第二医院中医科当大夫，他能治疗内科、外科、妇科等病，尤其擅长对伤寒病的诊治。他的用药有独到之处，其特点是：多而不乱，主次有序。在这期间，他医好了许多疑难怪症，博得了人民的赞誉和政府的表彰，被誉为淄博市名老中医之一，与博山栾明纲、周村纪翱臣并称。

王梦九，博览医书，上法仲景，下效客川，汇经方、时方为一炉，创立了王氏独特的处方风格，在中医界颇有名望。

王梦九行医几十年，为张店地区的医疗事业作出了贡献，为淄博市中医协会会员。1956年被选为淄博市人民代表大会代表、淄博市政协委员会委员。1963年因病去世，终年七十三岁。

王梦九病故后，淄博市第二医院为他举行了追悼会。

[《张店区卫生志》（1987）]

王梦九（1880—1963），张店区崔军庄人，任职淄博市第二医院中医科。治病四诊并重，组方灵活，药多不乱，其效多验，医名颇盛。

[《淄博市卫生志》（1997）]

◎ 郭肇坊 ◎

郭肇坊（1880—1947），字子九，淄川牛家村人。祖传中医，擅长伤科、妇科，名至周围邻县。著有《伤外科经验》二卷，《妇科医秘》一卷，均毁于"文化大革命"中。

[《淄川区卫生志》（2009）]

◎ 丁晋隆 ◎

丁晋隆（1881—1961），字进生，彭阳东道人。精于内科、妇科，被聘为淄博市中医院顾问。著有《验方积累》。

[《淄博市卫生志》（1997）]

◎ 曹家明 ◎

曹家明（1882—1967），字德馨，临淄朱家庄人。长内、妇及痘疹。著有《评注傅青主男科》《随意集》。

[《淄博市卫生志》（1997）]

曹家明，字德馨，临淄朱家庄人。生于1882年，卒于1967年，享年八十五岁。

家明自幼聪明，勤奋好学。以"书山有路勤为径，学海无涯苦作舟"自诫，儒医兼学，文医并茂，造诣尤深。

二十岁后，即从事儒书教学，先后二十余年，边教儒书，边行医。至日寇入侵后，遂辞职务农行医，在本村设立"仁术堂"行医卖药。

家明心恕仁慈，宽以待人，严以律己，谦虚谨慎。对昼夜繁忙的医事，毫无烦倦之心，诊治精而细心。其高尚医德，得到乡邻的赞誉。

1953年，赴王朱行医，改为"同仁堂"，后来并入联合诊所。

1954年，被县卫生协会派往广八区防治麻疹大流行，在池、潭、吴、杜、张等地区治疗达三个月之久。

家明擅长中医内科，尤精于中医妇科和痘疹。在内科方面，多推崇李东垣的《脾胃论》，以固后天之本、扶正祛邪为治疗大法。在妇科方面，以气血为本，崇拜并运用傅青主的治疗大法。在痘疹方面，辨证灵活，随机应变，根据病人的体质和发病的不同阶段，分别采用透发、清解、攻下、补气、补血等不同的措施辨证施治。著有《评注傅青主男科》《随意集》，均为手抄本，已佚。

[《临淄区卫生志》（1997）]

◎ 董瑞阶 ◎

董瑞阶（1882—1957），字瑶庭，邹平县西董庄人。祖传世医，擅长眼科。1943年在周村自行开业。抗日战争时期，为我党做过地下联络工作。1955年在周村区中医院任副院长、眼科医师。

[《淄博市卫生志》（1997）]

董瑞阶（1882—1957），字瑶庭，原籍山东省邹平县西董庄人，祖辈行医相传三代。先生幼承庭训，热爱医学，博览群书，对《审视瑶函》研究颇深，故擅长眼科，专司眼科五十余载，特别对内障眼疾颇有独到之处，在周长一带很有声誉，慕名就医者门庭若市。1943年，迁至周村下沟街梅家胡同自行开业，抗日战争时期常为八路军游击队同志们诊病，并与马耀南、马霄云、马天民、杨国夫等同志为友，为党做过地下联络工作，故解放后思想进步，拥护共产党，坚决走社会主义道路。1956年参加周村区中医联合医院，任副院长兼眼科医师，1957年7月下旬，忽患胸膜炎病情严重送至市一院，治疗好转后，回家休养治疗，病情日趋严重，又住院，多次会诊抢救，医治无效于1957年11月15日病逝，享年七十五岁。

[《淄博市中医院志（上卷）》（2002）]

◎ 谷岱峰 ◎

谷岱峰（1884—1970），字振东，淄川将军头村，行医并编著《保健按摩》《农村常见病例》《饮食疗法》等。

[《淄川区卫生志》（2009）]

◎ 周绍华 ◎

周绍华（1885—1959），字子章，章丘市周家村，曾在济南、莱芜、博山等地行医多年，自1937年起任淄川天德堂药店医生，至1949年迁至罗村开设精益药店，长于中医内、妇科。

[《淄川区卫生志》（2009）]

◎ 唐铄振 ◎

唐铄振[①]（1885—1955），字金生，山东沂源县土门公社芝芳村人。先生虚心好学，遇名医则以师待之，医术精湛，擅长内、妇、儿科，于内科杂病更有独到之处。建国前设药肆曰"延益堂"，医德高尚，常能舍药济人之急，疗效高超，医名远及淄博、沂水、莱芜等地。

[《临沂地区中医药志》（1982）]

---

① 唐铄振：《沂源县卫生志》（1991）作"唐烁振"。

唐烁振（1885—1955），字金生，原籍沂源县土门镇芝芳村。先生一生虚心好学，遇名医则以师待之，医术精湛，擅长内、妇、儿科，于内科杂病更有独到之处。建国前设药铺曰"延益堂"。医德高尚，常能舍药济人，医名远及淄博、沂水、莱芜等地。

[《沂源县卫生志》（1991）]

◎ 赵书云 ◎

赵书云（1886—1966），字炳熙，博山域城人，擅长中医外科，对疮、疔、疖、痈、疽等的治疗有独到之处。

[《博山区卫生志》（2005）]

◎ 冯景暄 ◎

冯景暄[①]（1887—1951），字朗亭，博山博城人。通岐黄、精内科、长脉诊。著有《脉学阐意》《脉经》《脏腑论》《冯氏医案录》。

[《淄博市卫生志》（1997）]

冯景煊（1887—1951），字朗亭，河南开封人，青年时曾赴日留学，迁博山后，于1929年办"延龄堂"中医药店，冯自任坐堂医。著有《脉学阐义》《脏腑考》《脉经》《冯氏医案录》等医学著作。

[《博山区卫生志》（2005）]

◎ 栾肇凤 ◎

栾肇凤（1887—1961），字鸣岗，博山大街人。精于医典，妇科见长。建国前获山东省甲级中医师职称。编有《栾氏配方本》一册存世。生前任淄博市第一医院中医科主任、市政协委员。

[《淄博市卫生志》（1997）]

栾肇凤（1887.12.25—1961.11.11），字鸣岗，一字行，博山大街人。1887年（清光绪十三年）十二月二十五日出生在一个医学世家中。祖父玉章为奉政大夫、鱼台县教谕；父尚桂（字馨五）精通医术，所经营"一元堂"药店名闻淄川、博山、莱芜、章丘，堪称清末民初博山一代名医。

[①] 冯景暄：《博山区卫生志》（2005）作"冯景煊"。

栾肇凤天资聪慧，自幼生长在医学气氛浓郁的环境中，耳濡目染，加之父辈教诲，十四岁脱颖而出步入医林后，即为同行前辈所赞许。1931年取得山东省甲级中医师职称并担任博山县中医考试主考。1932年他带头捐款，组织并领导博山药行人员重修药王庙。1946年他与其二弟瑞臣各自自立门户，他在街中创办"太元堂"药店，瑞臣在街北经营"一元堂瑞记"药店，彼此兄弟二人为发展博山的中医事业而并驾齐驱。1956年栾肇凤应聘任淄博市第一医院中医科医师、主任，并被选为市政协第一、二届委员。

栾肇凤少年时代就常以"生不能成边报国，亦当以医术济世救人"自勉。他涉猎群书，苦心钻研，有时在吃饭期间和蹬碾子碾药时还手不释卷，遇有疑难或向父辈请教，或与同行相互切磋，推理论证，研读大量医学著作，虚心向同行学习，精心搜集民间验方，"栾氏跌打损伤方"是他学别人方略后，潜心研究，屡试屡验之方。晚年，他博采众长，总结毕生医疗经验，撰写《栾氏配方本》一卷，共载成方152个。其中：内科处方72个，外科处方27个，妇科处方17个，儿科处方18个，眼、喉科处方4个，其他杂病处方14个，《栾氏配方本》中大部分成方即遵古方之名，又去粗存精，巧增药物。

栾肇凤在医疗实践中继承了中医辨证施治的优良传统。他经常对他的子女和学生说："医学之奥妙在于掌握要领，辨证施治，决不能生搬硬套。要熟练五行生克，天时季节及内因外因，在治疗中对男女老幼，身体强弱要区别对待。同样是感冒，四时的治法也不尽相同。如春天瘟疫病多，要以清瘟解毒治疗；夏季用藿香正气、六和定中汤治之；秋天感冒要以荆防败毒汤方能奏效；冬日发热恶寒须用犀羚解毒汤，恶寒无汗要以桂枝麻黄汤加减。并需根据病患者实际情况而定。"他又说："孙行者会七十二变，当中医的反复辨证并不少于七十二变。"栾肇凤对中医各科都比较精通，对儿科、妇科疾患之分的治疗更有独到之处，因此，每日就医者很多。由于他的医术高明，不仅在博山享有很高的声誉，而且在淄川、张店、莱芜、章丘、郯城等地也闻名遐迩。民国年间，淄川有一患病女子腹大如鼓，状似临盆，到处求医久治不愈乃请栾肇凤诊治。他诊后说："此病往往误诊为怀孕，实为腹内积水。"于是处方"荡鬼汤"剂。病女服后，不久痊愈。由于他医术高超，治疗效果显著，解除了无数病人的痛苦，群众为了表示敬仰和谢意，便赠送给他"妙手回春""杏林春暖""医学冠世""扁鹊再世"等金字匾额三十多块。

[《博山区卫生志》（2005）]

◎ 韩旭臣 ◎

韩旭臣（1888—1948），淄川瓦村人。祖传中医，民国期间在淄川东关行医，内、妇、儿科医术均佳。

[《淄川区卫生志》（2009）]

◎ 何　康 ◎

何康（1889[①]—1976），字直青，青州人，定居博山八陡镇。1933年创办庆义医学社，收教学员。撰有《何氏医集》《仲景伤寒句解》《难经特解》[②]等。

[《淄博市卫生志》（1997）]

何康传

何康（1889—1976），原名平康，字直青，号云上，自署北海逸人，原籍青州，后迁至博山区八陡镇定居，是我市创办中医教育机构最早的名老中医，为培养中医人才、解除人民疾苦作出了贡献。

先生少年时代，求学于旌贤书院，读完四书五经，浏览诸子百家，兼阅《御批通鉴》。十七岁时任儒学教席。辛亥革命爆发，时年二十三岁，改业习医。及术成，悬壶应诊，门庭若市。《北海逸何康自传》中说："父讳荣福，字锡五，号梅村，府庠生（府州县学的生员）"。又《何氏医集·痧症麻疹治疗学》中说："余于诸般证治，在痧症一门，未经深有研究，兹据先君所论而述之曰"等等，据此不难看出，先生当是家学渊源，学由祖传。

1918年秋，青州一带瘟疫流行，一时死者甚众，先生独具卓识，论病制方，治愈了不少病人，挽救了不少垂危患者。并施舍方药，以救急贫，受到了社会的尊重与人民的爱戴。"漫道岐黄手，原为教育家"就是乡亲们赞扬他的一副对联。1928年冬，土匪焚掠青州，乡人纷逃，先生避乱博山，因见该地民风淳朴，山水清佳，遂定居"黑山之阳，八谷之乡"（今博山区八陡镇），为乡亲们治疗疾病。1933年春，

---

① 1889：《博山区卫生志》（2005）何康生年作"1887"。
② 《难经特解》：《淄博市卫生志》（1997）、《中国百年百名中医临床家丛书　王云铭》（2002）作"《难经特解》"，《博山区卫生志》（2005）、《山东强镇名村志》（2002）作"《难经句解》"，当为同书异名。

先生鉴于中医之传，后继乏人，大好国粹，有行将亡失之虞，常思起而振之。经乡先贤徐树蕙等人的帮助，在八陡创办庆义医学社，自编教材，传习中医学术，培养中医人才，一时从学者甚众。这是我市第一所私人创办的医学教育机构。1937年七七事变，日寇入侵，民不聊生，加之疾病频仍，乡亲们处于水深火热之中。先生以"济世活人"为怀，不忍离去，遂与乡亲们同患难，共命运，埋头医疗。

解放后，先生在党的中医政策的感召下，首先倡导组成"八陡联合诊所"。他坚定不移地以治病救人为己任，六十年如一日，尽心竭力为贫苦百姓治病，积累了丰富的临床经验。他的医学著述有《难经特解》①《仲景伤寒句解》《中医学教本》《何氏医集》等书稿，对中医学事业的发展起了一定的作用。

[《中国百年百名中医临床家丛书 王云铭》（2002）]

何平康（1887—1976），八陡人。一生著有《何氏医集》《难经句解》《五运六气解》《云上全书》《伤寒论句解》等医学著作。

[《博山区卫生志》（2005）]

◎ 赵久远 ◎

赵久远（1889—1952），字敬之，张店区沣水大高人。秉承家学，精于外科，旁及各家之精蕴。痈疽瘰疬，炼妙丹以敛腐生肌，熬油膏而化瘀通络。著有《疮家秘遗》。

[《淄博市卫生志》（1997）]

◎ 栾肇麟 ◎

栾肇麟（1891—1981），字瑞臣，博城人。善医，精内科杂病。

[《淄博市卫生志》（1997）]

栾肇麟②（1889—1976），字瑞臣，为栾鸣岗之弟，经营"一元堂瑞记"药店，精通医术，对妇科、儿科颇有研究。医学传于后世。

[《博山区卫生志》（2005）]

---

① 《难经特解》：《淄博市卫生志》（1997）、《中国百年百名中医临床家丛书 王云铭》（2002）皆记载为《难经特解》，《博山区卫生志》记载为《难经句解》。
② 栾肇麟：《博山区卫生志》（2005）作"栾肇岐"，《淄博市卫生志》（1997）作"栾肇麟"，其字"瑞臣"，与"肇麟"相应，故应作"栾肇麟"，据改。

◎ 殷传修 ◎

殷传修（1890—1969），字竹亭，淄川东井村，长于妇科。1956年入蓼坞联合诊所，后入公社医院，1962年下放回家行医到老。

[《淄川区卫生志》（2009）]

◎ 崔敬铭 ◎

崔敬铭（1890—1961），号新三，临淄古城村人。生前是临淄县医院整骨中医师，任省政协委员。自幼随父学医，世传内科，长于整骨。

[《淄博市卫生志》（1997）]

崔敬铭，字新三，临淄西古城人。生于公元1890年，卒于公元1961年，享年七十一岁。生前系山东省政协委员，临淄县人民医院中医科正骨医师。

敬铭幼年攻读四书五经，十八岁毕业于青州东关中学，后以家父健堂学医。

崔家世医，擅长中医内科，专长正骨。因正骨术精，治愈率高，兼有济贫扶危的高尚医德，故在益都、广饶、淄博一带颇有盛名。由于敬铭刻苦钻研，勇于探索，遂对家传医道及正骨术得以全面继承，并在原有的基础上有所提高。治疗伤科杂证与正骨手法等，皆有独到之处。

建国前，敬铭在本村行医30余年，建国后与崔睦之、祖明斋等组织联合诊所。于1958年调往临淄县人民医院工作。1961年病故。

[《临淄区卫生志》（1997）]

◎ 王太东 ◎

王太东（1891—1969），字峻岩，祖籍莱芜县苗山北柳子河村，1935年徙居沂源县土门村，1938年定居于鲁村区王村。先生早年习医，行医六十年，终生奋斗，成为沂源县著名老中医。先生生前精读中医四部经典，内、外、妇、儿诸科均通，尤擅长内科、妇科。编著有《重订胎产方书》《丸散良方》等医籍，手书本尚存。因先生思想进步，医德高尚，为人民健康事业作出了贡献，受到党和政府重视，深受群众爱戴，曾被选为沂源县第五届、第六届人民代表大会代表。

少壮立志　习医济世

先生出身于泰莱山区贫寒劳动人民家庭，自幼聪颖，靠父兄集微薄之收入读书。先入乡塾，后考入鲁西书院，熟读五经，尤善诗文。辍学后，先生目睹山区群众缺医少药，贫病交加，立志攻读医籍，以医济世。投师淄博名医阚伯阳，靠名师指教，攻读四部经典，并悉心临床。经多年临床实践，对仲景之《伤寒》《金匮》和《医宗金鉴》等古籍，深有研究，运用自如，经验丰富。引用经文，应口而出，背诵如流。先生行医乡里，医术精湛，乐善好施，凡贫苦群众求诊，有求必应。其高尚医德，名扬四方乡里，在莱芜苗山，沂源鲁村、草埠、土门、燕崖、临朐九山一带，均有盛名。

投身革命　送子参军

七七事变前，先生在原籍半农半医，因兄长夫妻病亡，家景贫困，经人介绍，于1935年到鲁村区土门一带行医维生。1938年，王村教师齐立堂在土门事教，先生与之密交。两人愤慨封建剥削制度，忧虑国难当头。时国民党杂牌军沈鸿烈、吴化文部驻扎鲁村一带，横行乡里，杀虏百姓。共产党员齐立堂以教师身份做地下工作，组织先生以小药铺为掩护，了解敌情，收治革命同志。先生自此投身革命，精心救治伤病员，结识了当地一批有影响的革命同志，受到了革命思想的教育和斗争锻炼。经齐立堂同志（后牺牲）介绍，先生移到王村、草埠开小药铺。此间，草埠伪乡长、国民党特务连长李之沂勾结国民党团长杨成章（后被我处决），以沟通八路之罪名，关押先生十五天，罚粮两千斤。先生宁死不屈，掩护了同志。在革命思想熏陶下，先生忧国家之命运，于1940年毅然将长子（王希尧）送八路军苗山区基干民兵团参军，后又送到"国民革命军第十八集团军山东纵队第四支队后方医院附属一所"工作。在抗日战争和解放战争中，先生以医疗为职业，积极为我党我军服务，广泛采集中草药，炼制膏丹丸散，利用土单验方，精心救治伤病员，作出了一定贡献。此间，我党和八路军的许多干部，如刘启奎等同志都与先生交往甚密，结下了深厚的革命情谊。

救死扶伤　为民造福

解放后，先生积极响应党的号召，组织联合诊所，先后在鲁村、王村、西坡等卫生所工作，专事中医诊疗，并发动群众，开展卫生防疫。先生性格豪放，为人忠厚，不求名利，不畏权贵，医德高尚。尝云："医者当以救死扶伤为己任，不得求谋财利也。贵贱贫富，普同一等，乃医者之德也。"早年先生开业，每遇穷苦危重病人不收药费，舍钞以济贫。1945—1947年，鲁村、莱芜一带疟疾流行，先生采集中草药制成疟疾丹，免费为民医病。先生又尝云："人之患病不分时，医者治病亦不得分时也。"凡病急求医者，先生不问昼夜寒暑，饥渴疲劳，总以济世活人为先。常披星戴月，走乡串户，足迹遍及乡里，远及几百里。先生终前患病卧榻年余，求诊者仍络绎不绝。先生或跪床诊脉处方，或卧床看病施治，病者及家人感动不已。故人多赞颂曰：先生济世活人，德高望重，为人行好一生而瞑于世，谁能忘先生之恩德乎！

先生乐善好施，疾恶如仇。解放初，党提倡科学，反对迷信，正合先生之愿也。时王村一带，巫医神汉，图财害命，甚为嚣上。先生遵党之嘱，宣传科学文明，启蒙愚昧无知，破除封建迷信，怒斥巫医神汉，身先士卒。王村有一神汉，装神弄鬼，草菅人命，先生入其门而痛斥之。

编著医籍　精心带徒

先生生前勤奋好学，平时常做读书、临床笔记，整理医案，积累经验，曾整理、编辑医案数十册（"文化大革命"中散佚）。先生后半生为临床和带徒所需，在医疗闲暇编著医籍，有《重订胎产方书》《丸散良方》《四诊要诀》《女科要诣》等书，并亲手以清秀的小楷抄写成册，供临床随心所用，发给每位徒弟学习参考。以上四部遗著，皆尚存于先生之子孙及徒弟处。先生之遗著，纲目清晰，内容丰富，文词流畅，总论及各论皆通俗易懂。所著医籍，皆附有大量方剂和医案举例，并有亲身的经验体会。如先生遗著《重订胎产方书》，即为理论与实践经验相结合之精华，曾几易其稿而成书定名。该书中论述了产前三十八症、产后五十六症的理、法、方、药，附有经验良方251个，医案83例。书中还附有经、带、胎、产方面的常用方剂歌诀及治疗不孕症等常见妇科病的经验方。先生编著之《丸散良方》，集有单方、验方、方剂一百二十多个，皆为其临床验证之良方，其子孙及徒弟选用，无一不效。

先生为中医事业后继有人，以带徒传医为己任，一生先后带徒八人。他们是王希尧（先生之长子，现任临沂卫校高级讲师），王希贤（现任武汉军官学校校医，副主任军医），王希孔（现任北京铁路局工人医院副主任中医师），宋建章（现任沂蒙新华制药厂中医师），刘同怀（部队军医，现转业任新泰县人民医院楼德分院院长），齐元汉（现任沂源鲁村医院中医），吕士俊（现任莱芜县人民医院苗山分院中医师），王继充（先生之二孙，现任沂源鲁村煤矿职工医院医生），这些徒弟在革命战争年代和建国后的社会主义建设中，作出了重要贡献。先生带徒，历来是治学严谨、态度和蔼，使学生怵而不畏。授课由浅入深，重点教授中医经典著作。

临床各科多是面授后随师临床实践，解答疑难，反复指教。先生之徒，既随师学医，又深受其高尚医德感化，受益颇深，至今仍缅怀不已。

医术精湛　造诣颇深

先生行医六十年学识渊博，对各种疾病均有研究，且经验丰富，造诣颇深。对阴阳五行、四诊八纲、脏腑经络等中医理论运用自如，医术精湛全面，而且有独特的见解和手法。尤精于内、外、妇、儿诸科。以下做简要介绍。

1. 妇科诸病，学验俱丰　先生对妇科尤为擅长，对经带胎产几方面临床研究细致，经验丰富，有独到见解。其遗著《重订胎产方书》集中体现了他这方面的学术思想。先生对妇产科疾病的诊断，特别讲究四诊合参，尤精脉学，明脉理，以脉之顺逆，预测病之部位吉凶，十分灵验。无论调经、种子、崩带、妊娠、胎前、产后及杂症，都辨证得当，立法有异，疗效显著。该书论及胎前三十八症、产后五十六症，每症有理论，有方药，有病例，经治无不效者，至今仍传为佳话。

2. 内科疾病重在辨证　先生对内科病理，以望舌诊为重。调查分析细致，经络脏腑辨证论治得当，分型细微，治疗方法丰富，立法严谨，效果满意。常云："察色按脉，先别阴阳，补其不足，泻其有余，灵活用药，每收良效。"常运用理脾和胃、养心安神、滋润肺气、疏肝利胆、温中理气、补肾潜阳、润肺缓肝、活血养血等大法来治疗。其在所著《丸散良方》一书中，对内科诸病都有详细具体的辨证论治法则，丸散方药，变换灵活，方出妙验。

3. 幼科重望，诊治灵活　先生对小儿科也颇有造诣，并有一套独特的诊断方法，掌握小儿的特点证治原则。常云："风为百科之长，小儿形气未充，抗病力弱，尤先入肺，病情易变化，易寒易热，易虚易实，用药宜少而精，且要针药同用，推拿配合，求功效快也。"诊断以望诊为主，主要望舌苔、头面为重要，配合双上食指纹三关（风关、气关、命关），并一指诊三脉（寸、关、尺），以迅速做出诊断治疗。并辨证灵活，随机应变，各有立法，救治了许多危症患儿。对小儿麻疹、痘疹、婴儿瘫等病都做过研究治疗，方药手技别具一格，效果显著。

4. 其他各科，均有造诣　先生对外科病的治疗，取百家之长，为己之鉴，取前人之经验，大胆革新实践，实行外治手术与内治相结合，经验成熟。写有外科经验方十七余个，分清辨明阴阳两大证，采用消、托、补三大法。外治消散、提脓、去腐生肌。内治清热解毒，活血化瘀，实泻虚补。其他各科疾病，也都有治疗经验，在他所遗书中记载详细，为我们研究、继承和发扬中医事业作出了重大贡献，均有一定的实用价值。

[《沂源县卫生志》(1991)]

◎ 董云沾 ◎

董云沾（1891—1960），字子沾，淄川瑶峪人，跟转道辛汉臣学炼丹术，自1930年至1946年在淄城红十字会道院任外科中医，年老归故里。

[《淄川区卫生志》(2009)]

◎ 张志亮 ◎

张志亮（1892—1973），淄川北旺村人，1939年与他人在淄川西关合开药店，任外科大夫。著《外科集注》。

[《淄川区卫生志》(2009)]

◎ 张茂基 ◎

张茂基（1892—1955），淄川开河村人，自幼酷爱中医，勤求古训，博采众方，擅长妇科，自制黑参丹丸奉送病人。

[《淄川区卫生志》(2009)]

◎ 荣仲九 ◎

荣仲九（1892[①]—1976），又名衍恒，桓台县新城公社邢庙庄人。家境贫寒，深受当时求医之难，故立志学医。拜师苦攻医学三年，通晓中医外科，后回乡设馆行医。医德高尚，不计报酬，家境贫困者，免收药费，或备食宿，济世活人。先生具有五十年的外科临床经验。集成《临床随笔》一册（已失）。

[《惠民地区中医药志》(1983)]

荣仲九（1893—1976），又名荣衍恒，桓台县新城镇邢庙村人。早年在新城设馆行医，长中医外科，用药多为自制的膏、丹、丸、散。医德誉满乡里。曾受群众所赠"和义共仰""妙手回春"行匾。

[《淄博市卫生志》(1997)]

---

① 1892：《淄博市卫生志》(1997) 荣仲九生年作"1893"。

◎ 崔京柱 ◎

崔京柱（1892—1966），字问陶，淄川彭家村，读儒书八年，自学中医成才，擅长咽喉科及针灸术，原籍行医四十多年，建国后为杨寨卫生所中医，医德高尚，妇孺皆知。

[《淄川区卫生志》(2009)]

◎ 孔庆荣 ◎

孔庆荣（1893—1966），字耀亭，沂源县鲁村公社许村人。长于外科，著有《临床经验集锦》《临床医案》，已失。先生在外科上有独到之处，周围数县慕名求诊者甚众，且为人忠厚，待人热情，故在当地享有盛誉。

[《临沂地区中医药志》(1982)]

孔庆荣（1893—1966），字耀亭，原籍沂源县沟泉乡许村。祖传世医，长于外科，慕名求医者甚众，且为人忠厚，待人热情，在当地及邻县享有盛誉。著有《临床经验集锦》《临床医案》，已失。

[《沂源县卫生志》(1991)]

◎ 孙文章 ◎

孙文章（1893—1979），字焕廷，山东沂源县燕子崖公社西白峪人。先生系祖传世医，长于内、妇、儿诸科，就诊者远及百里之外，应接不暇。以济世活人为己任，贫富一视同仁，常解囊济贫困患者。曾有《医案》及《验方摘》之作，现已无存。

[《临沂地区中医药志》(1982)]

孙文章（1893—1979），字焕廷，原籍沂源县燕崖乡西白峪村。祖传世医，长于内、妇、儿科，就诊者远及百里之外，应接不暇。以济世活人为己任，贫富一视同仁，常解囊济贫。写有《医案》《验方摘》手稿，已失。

[《沂源县卫生志》(1991)]

◎ 刘 堵 ◎

刘堵，字百雉，生于光绪二十年（1894），卒于1957年，潍县坊子人。侨寓博山，祖传世医。民国八年，在省立医院瘟疫科任职，后来博山，先后在"达生堂""济生堂""益寿堂"任坐堂医。擅长小儿、妇科。有家传秘方一册。

[《淄博市卫生志》(1997)]

◎ 张化一 ◎

张化一(1894—1980),字龙初,山东沂源县东里公社韩旺村人。精岐黄术,擅长内、妇科,曾遗医案一部分,现已无存。

[《临沂地区中医药志》(1982)]

张化一(1894—1980),字龙初,晚号"讷翁",山东省沂源县韩旺村人。出身世医之家,其祖父为当地名医,其父张月斋亦通医理。先生幼承庭训,天资聪颖,潜心医学、恒无二志。十八岁设馆课童,兼习医业,二十四岁悬壶于乡里,先后在韩旺、马庄、太平官庄、沂水、张庄、黄崖、蒙阴、岱崮等地挂牌行医,堂号"博济堂""民生堂"。1944年春,接受共产党聘请,加入沂源县十区"利民医药合作社",1948年转入沂水县十区联社药股,1956年调入东里医院工作,1980年11月20日因病逝世。先生业医六十余年,造诣颇深,学验俱丰,擅长内、妇科,善用经方,治病多奇验,医名远播沂源、沂水、蒙阴三县。解放后当选为沂源县第四、第五、第六届人民代表大会代表,为沂源县已故名老中医。

勤奋习医　治学有成

先生治学严谨,一生勤奋。他常对后人说:"书山有路勤为径,学海无涯苦作舟。祖国医学,深奥无伦,非勤,无以升堂入室,非苦,难以发掘宝库。"先生喜读书,手不释卷,皓首穷年,锲而不舍,上自《内经》《难经》《本草经》,下迄《伤寒》《金匮》以及历代大家名著,无不博览披阅。惜遭土匪、日寇两次兵火,大量藏书及医案笔记荡然无存。

先生好学深思,对脉学钻研尤深。早年设馆课童时,常于晨起为塾童一一诊脉,结合学习历代脉学专著,体味祖国医学脉诊之精髓。每忆及此,先生常慨然叹曰:"人之禀赋有厚薄,体质有强弱,资质有敏钝,虽是平脉,亦等等不一,平脉如此,况病脉乎?可见脉里精深,非苦心钻研,不能得其三味。"先生在脉诊运用方面,颇有独到之处,每遇疑难大症,首重脉诊,洞察藏奸。尝以脉之顺逆,预测病之吉凶,多有灵验。

先生上承家技,学有所成。三十岁后,医术大进,名噪乡里,求诊者车马相接,终日盈门。

善用经方　治多奇验

先生治学，对仲景《伤寒杂病论》推崇备至，精心钻研数十年，经文脱口而诵，运用时得心应手。他常说："仲景制方，匠心独运，法度森严，遣药精当，用之妥帖，每起沉疴大证，但临证不可滥行加减，免失仲师原文。"沂中县十区区长丁文祥，患伤寒表散太过，复经前医峻药攻下，遂致神识恍惚，心胸烦热，夜不成寐，赤身裸体，坐卧凉地之上，其状若狂。先生诊治曰："此栀子豉汤证也。"用栀子豉汤加瓜蒌实，两剂而愈。

曾治一江姓妇人，患心脏病吐血，心慌气促，遍尝中西药物，罔效。诊得舌赤少苔，脉沉细而数，先生思之再三，断为少阴热化证，用黄连阿胶汤加三七、丹参，滋阴降火，活血止血，应手而效。

沂水县黄崖村张怀西之子，患伤寒证，寻医误用下法，寒热互作。请先生治之，按之六脉弦急曰："虽经误下，然年壮体盛，表邪未尽入里，流连表里之间，可冀战汗而解。"径投小柴胡汤和解表里，扶正达邪，药已，病人果先战栗不禁，而后汗出病解，时人称神。

擅长内妇科　辨证精当

先生治病，擅长内、妇科。精于辨证，治病多奇中。早年曾为沂水城刘南宅之姑娘看病。刘宅为沂水大户，前医多用参、地、术、芪等药，愈补而病愈不起。先生诊视后认为：仕宦之家、锦衣美食，待字闺中，所愿不遂，五志化热，虽身体羸弱，饮食难进，神情黯然，但面垢苔腻，舌质苍老，脉象濡数，已成湿热之势，遂与三仁汤加黄连宣通气分，清化湿热，六剂而病愈。

先生调理内伤诸病，常师法东垣，注重脾胃。尝云："脾胃乃中州之地，后天之本，健中央而运四旁，乃医之五道。"内伤诸证，正气衰弱者多，喜用温补，常用补中益气汤、小建中汤、五味异功散加减出入，用药平淡无奇，方小量轻，于平缓处建功。在补剂中常加灵动之品，疏之达之，使补而不滞。

治妇科诸疾，善调肝脾二经，尝谓："肝藏血而主疏泄，脾为化源而司营运，妇人忧思恼怒，家务烦劳，易伤肝脾，致气血失和，调理肝脾，实为大法。"常用四逆散、逍遥散主之并随兼夹证加减化裁，兼气虚则加党参、黄芪，兼血虚则加阿胶、熟地，挟痰加用陈皮、半夏，血瘀则用桃仁、红花。治妇人习惯性流产，自制一方：寄生30克，杜仲9克，山药30克，菟丝子15克，补肾固元，孕后每月服三剂，直到临盆，药少力宏，每获良效。

思想进步　医德高尚

先生早年信仰三民主义，崇拜孙中山，而后目睹国民党腐败无能，深感共产党为国为民，是人民的大救星，从而拥护共产党，与共产党人张会东（解放后任辽宁省一轻厅厅长）、张绍武（山东医学院党委书记）、耿明（浙江农业大学党委书记）等过从甚密。特别在战争年代，沂蒙山区卫生条件困难，先生以忘我之精神奔波于乡村山区，为解放区军民治病，深受好评。

先生禀性忠厚，心地善良，医德高尚，早年开业时每遇穷苦危重病人无钱医治时，常舍药济贫，沂水县张庄村雇农董大山身体多病，有时就在先生家里住着，看病用药不取分文。凡有病人来求诊者，先生无问昼夜寒暑，饥渴疲劳，总以治病救人为先，不论贫富贵贱，一心赴救。先生致力祖国医学六十年，医道精深，德高望重，誉满乡里，至今乡中父老提及先生，仍交口称赞，缅怀不已。

[《沂源县卫生志》（1991）]

◎ 闵繁动 ◎

闵繁动[①]（1894—1968），字竹书，山东沂源县石桥公社闵山宋村人。先生以医疗为职业五十余年，济人之急，不图名利，擅长妇、外、儿科，对小儿痘疹有独到之处，遗有《临床经验汇编》，现已失。

[《临沂地区中医药志》（1982）]

闵繁功（1894—1968），字竹书，原籍沂源县石桥乡闵山宋村。擅长中医、妇、外、儿科，对小儿痘疹治验颇丰。业医五十余年，济人之急，不务名利。著有《临床经验汇编》手稿，已失。

[《沂源县卫生志》（1991）]

◎ 王汝林 ◎

王汝林（1895—1975），山东沂源县张家坡公社南流泉村人，先生系三代祖传世医，擅长外科，为人忠厚正直，善济人之急而不务名利。

[《临沂地区中医药志》（1982）]

王汝林（1895—1975），原籍沂源县张家坡乡南流泉村。三代祖传世医，擅

---

① 闵繁动：《沂源县卫生志》（1991）作"闵繁功"。

长外科，为人忠厚正直，善济人之急而不务名利，曾当选为沂源县第一、二、三、四、五、六届人民代表大会代表。

[《沂源县卫生志》(1991)]

◎ 李嘉祥 ◎

李嘉祥[①]（1895—1972），字学斋，沂源县鲁村公社小张庄村人。擅长内、妇科，著有《医方集解》[②]，已失。先生业医五十余年，服务热忱，医德高尚，特别在旧社会尝以施医舍药济贫，堪称德高望重，医名著于乡里。

[《临沂地区中医药志》(1982)]

李稼祥（1895—1972），字学斋，原籍沂源县徐家庄乡小张庄。少年读私塾，婚后从其岳父学医，谙于经典，业医五十余年，医德高尚，生活俭朴。尝以施医舍药济贫。诊病耐心细致，医名著于乡里。善妇科。著有《医方集锦》《医学五字经》，已失。曾当选为沂源县第四、五届人民代表大会代表。

[《沂源县卫生志》(1991)]

◎ 周振邦 ◎

周振邦（1895—1981），字福斋，淄川东槐峪，在龙泉开中药铺20多年。1952年任淄川三区卫生工作者协会主任，1956年入龙泉卫生所。擅长中医内、外科及针灸。

[《淄川区卫生志》(2009)]

◎ 秦起宽 ◎

秦起宽（1895—1970），字裕亭，长山县甘家埠村人，后迁至周村。三十岁行医，长针灸，对内、妇、儿科也有研究。生前在市中医院工作。

[《淄博市卫生志》(1997)]

秦起宽（1895—1970），字裕亭，原籍山东省长山县甘家埠村，后迁居周村。先生自青年时代就热爱祖国医学，立志学医，当时虽有他务在身，但仍自学不辍，

---

① 李嘉祥：《沂源县卫生志》(1991)作"李稼祥"。
② 《医方集解》：《临沂地区中医药志》(1982)记载为《医方集解》，《沂源县卫生志》(1991)记作《医学集锦》。

而立之年即开始专业行医，1946年在长山县甘家埠村六合堂药店任坐堂医，1947年在周村大街永寿昌药店任坐堂医，1952年参加周村第一联合诊所（后改淄博市中医院）任中医师直至1970年谢世。

先生行医四十余载，熟悉经典著作，谙练各家学说，对内、妇、儿各科均有研究，选药组方，以时方为主。

对《甲乙经》《针灸大成》诸书研究颇深，故先生对针灸尤为擅长，临床操作熟练，对中风半身不遂、面瘫、痹症以及诸痛症，审因论治采用针药并用，多获良效，故周长一带遐迩闻名，先生治学态度严谨，对技术精益求精，对患者如亲人，对工作勤勤恳恳，兢兢业业，几十年如一日的精神令人钦佩。

[《淄博市中医院志（上卷）》（2002）]

◎ 司殿英 ◎

司殿英（1896—1979），号恒，淄川龙泉人。自学中医成才，曾在洪山十里宋家行医多年，1955年入龙口联合诊所，当年被淄博矿务局洪山医院聘为中医，长于内、外科。

[《淄川区卫生志》（2009）]

◎ 寇衍庆 ◎

寇衍庆，男，1896年生，敬仲镇寇家庄人。幼习中医外科，1938年投身临淄三大队从事医务工作。1944年任职渤海军区直属团医院时被敌俘，殉难于张店日军监狱。

[《淄博市卫生志》（1997）]

◎ 朱景梅 ◎

朱景梅（1897—1960），字效福，博山区城里人。1929年任洪山鲁大医院药剂师，1946年在淄川西关开设永康诊所，1953年入淄城联合诊所，1960年在淄城公社医院任职时病故。一生从医四十三年，工作严谨认真。

[《淄川区卫生志》（2009）]

◎ 邱竹村 ◎

邱竹村（1897—1975），名淑筠，周村区王村镇尹家庄人。精内、妇科。

1935年被王村天一堂聘为坐堂医,1948年应聘到王村韩益三药店,1954年加入王村联合诊所,1955年调往淄博市第二医院中医科工作,1957年被选为市政协委员。

[《淄博市卫生志》(1997)]

◎ 张希仲 ◎

张希仲(1897—1939),字仲甫,淄川小口头村人。青年时专心学医,时常送医上门。后弃医办学继而参加革命,曾任山东抗日游击队中队长。

[《淄川区卫生志》(2009)]

◎ 崔芳华 ◎

崔芳华(1897—1977),字馥堂,王村镇张家古城人。自幼业儒,四十从医,颇负乡里。长内、儿科,擅活血化瘀,针、药并施。任山东铝厂医院中医。

[《淄博市卫生志》(1997)]

◎ 谭若无 ◎

谭若无(1897—1974),淄川北岳阴村人。自1930年至1973年行医,擅长瘟病及伤寒,1937年应山东省中医考试合格,著有《医钞古今名医方便读》《诊病摘录》。

[《淄川区卫生志》(2009)]

◎ 李永达 ◎

李永达(1898—1983),字道任,原籍沂源县中庄乡李家河西村。自幼习医,民国十四年悬壶乡梓。脉理精深,处方简明而配伍严谨,方圆数十里内颇有声誉,医德高尚。解放后入联合诊所,退职后仍热心带徒。八十高龄犹出诊。

[《沂源县卫生志》(1991)]

◎ 陈启汉 ◎

陈启汉(1898—1970),山东沂源县三岔公社黑山峪人。家贫好学,自学成才,酷爱岐黄术,对祖国医学有着强烈的事业心,长于内、外科,对针灸术更有独到之处。医德高尚,服务热忱,医名远扬淄博、临朐等地。

[《临沂地区中医药志》(1982)]

陈启汉（1898—1970），原籍沂源县三岔乡黑山峪村。家贫好学，酷爱岐黄术，长于内、外科，对针灸术更有独到之处。医德高尚，服务热忱，医名远及淄博、临朐等地。

[《沂源县卫生志》（1991）]

◎ 田宜勉 ◎

田宜勉（1899—1963），字民斋，桓台县起凤公社夏庄人。自十五岁跟随祖父田淑界学习中医骨科，十七岁能独立应诊，解放后被调至桓台县人民医院工作。虽年迈体弱，但仍热心于骨科临床，并献出五代家传秘方"龙凤接骨膏"。临床经验丰富，远近慕名求医者，来自全省各地。曾多次出席省及地市医学经验交流会议。在群众中享有很高的声望。曾被选为桓台县人民代表、县政协委员。（桓台县"中志办"）

[《惠民地区中医药志》（1983）]

田宜勉（1899—1963），桓台县夏庄人，田氏整骨第四代传人，建国后调桓台县医院工作。幼承家传，尽得三代整骨真术。他通过临床实践，既承家传医术，又结合现代医学，坚持因症施术、对症而治，慕名求治者多。他多次被选为县人大代表，深受众誉。

[《淄博市卫生志》（1997）]

◎ 赵燮武 ◎

赵燮武（1899—1959），高青县赵店镇三甲赵村人。早年任教师工作，教学之暇寝馈典籍，研究中医学。先生好交往，善应酬，洁身自好，是县内知识界一代名流。1955年任县医院中医师，1956年被遴选赴灵岩寺山东省中医师资进修学校学习，结业后分配到山东省中医研究所工作。1957年底调泰安黑龙潭疗养院（今泰山疗养院）工作。适值院中举办西医学习中医学习班，先生为其授课。他虽聪颖过人，但因晚年行医自感理论基础欠优，遂日夜攻读，勤奋学习，以便授课，力争在中医界取得先声。终因身体欠佳，力不能支，积劳成疾，不幸于1959年病逝于工作岗位，致使院内丧失中医栋梁，甚为可惜。

[《高青县卫生志》（2009）]

◎ 王文修 ◎

王文修，字会堂，临淄区柴家疃人，生于1900年，卒于1988年。七岁入私塾，十八岁因贫困辍学，靠务农为生。后立志学医，攻读中医典籍，医学根基厚实，脉诊精到，用药神速，多用经方，药味少，价格廉，而药效著，因而饮誉乡里，众口称赞。1955年与邻村医生创办"柴家联合诊所"，1958年调入临淄县人民医院中医科。他待人谦逊，工作认真，学习刻苦，得到群众好评。在旧社会求医如拜相，穷人求医更难，会堂眼见其父为求医而下跪，俯下身子让医生踏着脊背上驴；会堂原有五个儿子，四人因病死亡，最后仅存一子。诸如此等，激发了他奋发学医的决心，也是他不计名利全身心地为病人服务的力量源泉，他的医疗业绩为后人称颂。在他88岁诞辰，群众赠匾题曰"五世衍祥"，以示乡里感戴之意。

[《临淄区卫生志》(1997)]

◎ 王家成 ◎

王家成，行二，临淄矮槐人。生于公元1900年，卒于公元1967年，终年六十七岁。

家成自幼俭朴好学，为人诚实。少年时偶得重病，生命垂危，经多方求医诊治，才得幸免。由此，他深感旧社会求医取药之难。

1937年，他二十岁时，便将自己种的粮食去集市卖掉，买回《外科正宗》等书，发奋攻读，立志学医，济世救人。

他擅长中医外科，在治疗疮疡痈疽等疾病上，有独到之处。

1942年，本村陈继太患"附骨疽"，曾多次去周村等大医院治疗，均无效果。后经家成用内服"阳和汤"，外用"三棱针"和局部贴敷蟾皮等方剂，两个多月就治愈了。

该村刘洪书，脚面浮肿疼痛难忍，多方求医治疗无效，特邀家成治疗。经用梅花针打刺，再用活蜘蛛吸吮患处，几日痊愈。自此，名声远扬，四方求医者甚多。

家成医德高尚，割疮上药从不收费，药用完了，卖了粮食买药，在当地群众中享有较高的威望。

1954年，家成加入了联合诊所。曾多次被评为市、区卫生系统先进工作者。

1967年春，不幸身患肝癌，但仍带病坚持工作，到临终前两个月，还坚守在工作岗位上为群众诊治疾病。

[《临淄区卫生志》（1997）]

◎ 孟照珍 ◎

孟照珍（1900—1978），字聘卿，周村区后草村人。一生业医，生前在市中医院工作，对肝病有研究。

[《淄博市卫生志》（1997）]

◎ 柴景信 ◎

柴景信（1900—1963），字子成，田镇民主街人。1930年12月在齐鲁大学专修科肄业。1931—1947年先后在济南共和药房、田镇大众医院、宏济药房任医生。1948年在济南"济民医院"任医助。1949—1963年在县医院任医师。景信为人正直，性格内向。对医籍广为浏览，虚心好学，行医三十余年，积累了丰富的临床经验，加之医技精湛，素有医德，因而受到群众好评。

[《高青县卫生志》（2009）]

◎ 叶本第 ◎

叶本第（1901—1985），字道生，原籍沂源县土门镇朱阿村，后行医迁居沂源县悦庄东瞭军埠村。1953年大联诊后在悦庄卫生院工作，1962年调往沂源县人民医院工作，1965年退休。先生一生业医六十余年，医术精湛、医德高尚，享有盛誉。建国后被评为沂源县名老中医之一，曾连选为沂源县第四、五、六届人民代表大会代表。自参加联合诊所工作至退休期间，每年均被评为先进工作者。

立志习医　济世济民

先生自幼聪慧，但因家景贫寒，只读过四年私塾。少年时期，尝为乡里贫病交加，缺医少药而感慨。先生十六岁时，抱济世济民之心立志习医，投师于其外祖父杨氏，刻苦研读四部医学经典，面受指教，悉心临床实践。二十岁时，遇天旱大灾，随全家荒难山西临汾一带，以租种菜园为生，并继续潜心研究医学，孜孜不倦，锲而不舍，再度投名师指教，数年后，学有所成，学验俱进。

当时涉居山西者甚多，因不服异乡水土，有不少大骨节病、痈疡皮肤病患者。患者痛苦难以言状，因此而致残者不胜枚举。先生以其学验治疗大骨节病、痈疡皮肤病，顿收奇效。一时先生名噪异地乡里，慕名求医者盈门不绝。先生二十四岁即受聘于临汾一大药店坐堂应诊。

1930年先生返乡，在今沂源县悦庄镇开业行医，堂号为"盛春堂"，后改为"同德堂"，并兼营中药材批发，为当时该地颇有名气的药店。

先生思想进步，曾参加过当时刘惠民等人组织的"医学同盟会"，并与我党地下工作者秦昆等人交往甚密，在抗日战争和解放战争期间曾为八路军、新四军伤员治过病，为此，曾受到国民党反动当局的迫害，致使药店倒闭。1938年先生到悦庄镇东瞭军埠村定居，继续以行医为生。解放后，先生响应我党号召，参加我县卫生医疗单位工作，直至1985年病逝，一生业医，恒无二志，兢兢业业，晚年仍坚持抱病带徒，为群众治病，将一技之长无保留地奉献给人民，实践了自己以医济世济民的志愿，颇受群众赞誉。

学识渊博　医术精湛

先生一生喜读书，能背诵《伤寒论》《医宗金鉴》等，崇尚方术，对所读之书，遇重要之处及名医良方常自编成诀，背诵如流，至晚年仍朗朗应口，临床应用得心应手。编著有《便易良方》《世传经验良方》及教本笔记，今手书本尚存。对内、外、妇、儿等科疾患有丰富的临床经验，对某些疾病的治疗有独到之处。

先生潜心研究《伤寒论》，认为读书说理与儒学渗透，组方用药贯穿阴阳五行家思想，是与古文化一脉相承的方书。先生崇尚《伤寒论》，治病善用经方，但师古而不泥古。认为伤寒、温病之乡其要为寒伤阳、热伤津，万变不离其宗。知其要必通根本。先生治热病，疗效显著。1947年瘟疫流行，民间俗称"烧汗"，民相染疫，染则阖户，甚至病死满门。先生以清瘟败毒饮治之，皆收奇效。一时，慕名求医者甚众。先生让家人备好协定方，来者即投三剂，无不如鼓应桴。

先生治疗儿科疾病学验颇丰。对儿科"麻、痘、惊、疳、吐、泻、初生"等方面皆有研究，某些方面且有独到之处。先生以自拟滋阴健脾方治小儿消化不良，预防高热惊厥，以自拟加味摄风散预防新生儿破伤风，以清金一贯饮治疗麻疹肺炎，皆收捷效。悦庄小水村一麻疹患儿，高热喘息、神昏，疹色黑紫，病情危重。服药一次，即神清疹和，喘息减轻。其邻居二男童患麻疹，症状亦然，即讨服余药，服后亦速见其效。故先生曾有"一方救三命"之美谈。

先生一生致力于妇科病的研究，学验俱丰。崇尚《妇人大全良方》《傅青主女科》，对书中所列之方，一一验证，总结出了一套对经、带、胎、产极为应验的方药,擅治月经不调、女性不孕等症。先生总结的加味佛手散对骨盆偏小致难产者效果极佳,另外先生以薯蓣丸治疗男性不育者也有良效。

在治疗内科病方面,先生以治疗癫狂、半身不遂见长。治狂证善用甘遂,每次用量达6克之多,可谓独到之处。治疗半身不遂,先生崇尚王清任氏《瘀血论》,以"补阳还五汤"为基方,便秘腹胀加调胃承气,肝阳偏亢者加建瓴汤,言语不利者加大活血药用量。先生认为活血化瘀药皆能通窍,并认为原方活血化瘀药药量偏小,适量加大药量,可增加疗效。

乐善好施 医德高尚

先生生前十分赞赏孙思邈的《大医精诚》篇。他常对后人说,医者必须同时具备精湛的医术和高尚的医德方为良医。先生行医六十余年,身言立行堪为楷模。对求诊者,不分贫富、亲、疏,有求必应,不论昼夜、寒暑。有时出诊往返几十里,不辞劳苦。

先生诊病时,详细询问前医之治疗经过,但从不对前医评头论足。常说,观前医之方药,可吸其长,避其所短,增己之验。认为,有些人偶尔治好一病,就认为天下无双,贬低同道,这是不道德的。先生还认为,为病人治病是医生应尽之责。若借诊病之机,有意向病家表露自己爱好,贪财求物同样是不道德的。作为医生应当十分忌讳,否则将是致命弱点。

先生一生乐善好施,对贫穷者常舍药舍钱以济之,从不图报。先生一生节俭,行医几十年却未修盖房屋一间,至退休后才修建草房定居。其高尚医德至今仍为人们所称赞。

[《沂源县卫生志》(1991)]

◎ 李尧春 ◎

李尧春[①],字镜堂,临淄辛店街人。生于公元1901年,卒于公元1951年,享年五十岁。擅长中医内科,世代为医。

镜堂自幼聪慧,少年从父学医,及至弱冠即在辛店地区行医,已颇有名声。

1928年后,在辛店开设"永生医院",内设病床十张,专为远路病人住宿,以

---

① 李尧春:《淄博市卫生志》(1997)作"李克春",查阅相关资料,多为"尧"。其字亦有疑处,曰"镜堂、镜塘、景塘",以称为"镜堂"为多。

方便病人医疗。来诊病人络绎不绝，床无虚位。

日寇侵华之后，镜堂参加了中国共产党领导的益临边区人民政府，任助理员，以行医为名，做社会工作，历时两年。王砚田叛变后，因关系中断，而后去申桥行医。1947年回辛店继续开业行医，在当地医界有较大影响。

1948年临淄解放，在党和政府的领导下，为了加强对卫生工作的领导，建立了群众性的卫生组织——"临淄县卫生工作者协会"，协助政府开展社会卫生工作。镜堂被医药界推选为主任。

他一生学习勤奋，潜心研究《内经》，精于"伤寒"，勤于实践，热心为病人服务，深受群众的拥护和爱戴。1950年被选为临淄县各界人民代表大会主席，山东省人民代表大会代表。

[《临淄区卫生志》（1997）]

李克春（1901—1951），字镜堂，辛店人。少年从父学医，1928年在辛店开永生医院，设病床，来诊病人络绎不绝。

[《淄博市卫生志》（1997）]

◎ 李明成 ◎

李明成（1901—1982），字梅兰，张店翟家崖人。十八岁学医，先后在西河等处设明德堂药铺。1960年在西河公社医院就职。长于治疗精神病、再生障碍性贫血。

[《淄博市卫生志》（1997）]

李明成（1901—1982），男，字梅兰，张庄乡翟家崖村人。十八岁学医，先后在西河、坡地、淄城、沂水、岳庄、峨庄等地开设明德堂中药铺。1956年入边河联合诊所，1960年入西河公社医院，1976年退休。治精神病、再生障碍性贫血名扬省内外。

[《淄川区卫生志》（2009）]

◎ 张笃甫 ◎

张笃甫（1901—1981），名学纯，章丘普集乡台头村人。精岐黄，长内、妇、儿科，尤精于内科。1952年在王村开设万春堂药店，1954年参加王村联合诊所，1956年应聘到淄博矿务局双山煤矿卫生所任中医师。

[《淄博市卫生志》（1997）]

◎ 周学绍 ◎

周学绍（1901—1976），字庆武，山东沂源县南麻公社侯家官庄人。至先生已三代业医，精于内、妇科。解放前曾设"同德堂"于本地南麻村，医名远扬淄博、莱芜、沂水等地，写有《验方》一部，已失。

[《临沂地区中医药志》（1982）]

周学绍（1901—1976），字庆武，原籍沂源县南麻镇侯家官庄。三代业医，精于中医、内、妇科。解放前曾设"同德堂"于南麻，医名远及淄博、莱芜、沂水等地。

[《沂源县卫生志》（1991）]

◎ 贾月潭 ◎

贾月潭（1902—1966），字俊池，博山区博城人。精医理，长中医温病。

[《淄博市卫生志》（1997）]

◎ 王玉池 ◎

王玉池（1903—1957），字瑶潭，淄川昆仑奎一村人。三岁时在中国针灸学社学习针灸一年。毕业后在博山一带行医，是当地有名的针灸大夫。著有《针灸歌诀》《针灸三字经》《针灸篡要》《见闻录》等。

[《淄博市卫生志》（1997）]

王玉池（1903.03.05—1957.01.25），字瑶潭，当代针灸名医。淄川奎一村人，20世纪40~50年代中期，淄博闻名的金针大夫。

王玉池自幼聪明好学，九岁入学，先读私塾，后入学堂，刻苦攻读七年。十六岁下学后到博山银号习商，一日外出，遇一针灸医生，以针灸之术瞬间挽救了一垂死病骡。从亲眼看见中领悟到针灸治病工具简便，效果快、好，有起死回生之力，便立志学针灸治病救人，从此利用业余时间自学《针灸大成》《经穴图》等中医针灸书籍，边学边用达十年之久。二十八岁到江苏无锡中国针灸学社学习，拜中国针灸专家承淡安为师，深造半年。因其成绩优异，甚得承师器重，结业时发给证书并吸收为中国针灸学社社员。回到博山后，继续经商兼针灸行医。为提高针灸疗效，努力钻研针灸技术，苦练针法三年，达到了手头灵活，下针不痛。为试针感，常在卧床入睡前或晨醒未起床时，在自己身上摸索着下针，直到针感能随心所欲达到酸、麻、胀、沉、紧的要求方止。为增加灸效，亲自精制艾绒，改古法灸肉为灸针尾，既减轻病人烧灸之感，又提高了传温热之效。他随时总结针灸治疗经验，技术不断提高，四十二岁时已成为淄博针灸名医。抗日战争胜利后，弃商在博山小核桃园专心行医，每日前来就诊者，摩肩接踵络绎不绝。为了工作需要和传授医术，收徒弟若干，以减少病人候诊时间。

王玉池在带徒传授中，深感中医古籍深奥难解、口授费舌，从而激发他用白话文著书立说流传后事之情。自1948年起利用夜晚潜心写作，沿用中国针灸经络学说，以科学观点，结合临床实践经验，用俚句、歌诀等形式予以著述。至1953年先后写出《针灸实验集》《针灸三字经》《针灸捷诀》《针灸歌诀》《针灸临床疗效俚曲记》《针灸疗病记之一》《针灸疗病记之二》等针灸专著七本，十余万字。还著有《服务小记》《针灸小常识》《针灸菁华》《科学针灸疗效》《针灸标语》《针灸阐秘录》《针灸单方》《瑶潭的灸术与针术》等。以上著作除1950年少部分因故遗失外，其余著作均为王玉池手抄本，由其子王相枚收藏。

王玉池一生在博山行医二十多年，以针灸挽救病人不计其数。仅从其遗著中摘录部分医案列下。

治颜颤嚼舌口歪斜之病例

1948年3月，王玉池在济南遇上乡友王培仁患颜颤歪斜症，其状是：下颏频颤不已，牙咬舌头，血液乱流，口眼歪斜，甚是可怜。王玉池想"宋朝秦桧传说咬舌而死，大概即是此病"。这病人经王瑶潭三次针治而愈，逾半月复发，又针五次永未再犯。

王玉池认为，口眼歪斜，乃经络血亏，偶被暴邪之风所袭，则筋脉被牵制，而失其控制作用，故而口眼歪斜。针法：歪左者针右边，因病在右边。歪右者针左边，此一定不移之法。先刺百会、风池、风府、窍阴、睛明、丝竹空、听会、列阙，再取颊车、地仓，针颊车时须斜针透地仓，以通其气，再以艾条灸针柄一点半钟，同时，加灸曲池、合谷，针合谷亦斜针透向歧骨边，其效乃大。若颏颤摇不已，加针人中、承浆，立止。以上针法，新病一次立愈，重者三次可愈，病久多针必效。已治多人，未有不愈的。

治愈患十六年羊痫风一例

磁村庄一男，二十九岁，患羊痫风十六年，多方求治，均不见效。1950年3月9日请王玉池治疗。治前，几天一犯病，犯病多在夜间，犯时大喊一声即不省人事，头摇手颤约半点钟方醒。经王玉池取百会、上星、印堂、两太阳、人中、承浆、通里、神门、劳宫、合谷、巨阙、中脘、建里、天枢、气海、关元、内关、足三里、丰隆、涌泉，统统捻泻，针了三次症状渐轻，以后连针二十次而愈。至1951年王玉池写此病案时已年余未犯。

1952年，王玉池当选为淄博专署卫生工作者协会会员，1956年被推选为中国人民政治协商会议淄博市第一届委员会委员，同年列席省政协第一届第二次全体委员会会议，并通过省教育厅副厅长王祝晨将收藏的《博山县志》等文物数件捐献给省政协。他无论走到哪里都是针不离身，随时随地为百姓针灸治病，因忘我工作，积劳成疾，年仅五十四岁病逝。

[《淄川区卫生志》(2009)]

◎ **王守恭** ◎

王守恭（1903—1970），男，字敬斋，磁村乡小范村人。新中国成立前行医，1956年入磁村联合诊所，1959年入公社医院。用中药治疗尿道结石症有名。

[《淄川区卫生志》(2009)]

◎ **牟进铎** ◎

牟进铎（1903—1966），男，字进斋，寨里镇大张村人。教书出身，1937年在淄城开鸿济堂药店行医。1956年入西关联合诊所，年余单独开业行医，长于中医外科。

[《淄川区卫生志》(2009)]

◎ **唐殿祯** ◎

唐殿祯（1903—1951），男，字文华，二里乡苏王村人。祖传中医，勤奋学习，天津中医学校曾发给中医证书。1936年为中国针灸学社社员。治肝硬化腹水驰名一方。其祖父亨年、父立常、叔立纲均为名医。历代沿用颐正堂药局。

[《淄川区卫生志》(2009)]

◎ **王襄廷** ◎

王襄廷（1904—1967），又名王兆兰，周村人，崇《伤寒论》《金匮要略》，方药口诵。临证谨慎，善经方，效应心，有"经方派"之称。任职淄博市中医院，为周村区政协常委。

[《淄博市卫生志》(1997)]

王兆兰（1904—1967），字襄廷，别号启昌，山东省淄博市周村人。自幼勤奋好学，因其父西园翁嗜爱医学，故幼承庭训渐喜医理，刻苦钻研，医术日进，常与周村医界名流马著廷、丘建发、石俊峰等探讨学术医理。二十余岁即为患者应诊，后去济南竭求深造，再次受业于郝云杉先生，结业后在济南西半安乐街设寓行医。抗日战争胜利后，回村侍母持家，应周村广济堂药店之邀为坐堂医生。解放前夕，家景日困，辞职在家设门诊行医，解放后在党的政策鼓舞下，与同仁好友组建周村中医联合诊所，后去博山为淄博市中医进修班讲授《内经》《伤寒》，后调第二医院中医门诊部工作，1957年又调入淄博市中医院工作直至病逝，曾任周村政协第一、二、三届常委。

先生自幼苦读四书五经，知识颇为丰富，医宗仲景之说，谙熟《伤寒》《金匮》，临症审治不泥他法，擅用经方随症加减灵活化裁，得心应手。先生业医四十余载，术验俱丰，对继承和发扬祖国医学作出了一定的贡献。

先生业医素秉祖训，以乐善为怀，尝云"医为仁术，当以行善为本；诚以济人为急，视患者以父老相待"为行医宗旨。昔年先生在广济堂药店坐堂店应诊时，有一崔姓孤独老人患病前来求诊，先生为其评查病情，细心处方，得知其家贫无力买药时，遂与其去药店取药，嘱店员将账记在自己名下，患者含泪拜谢而去。又抗战时期为防日寇，邻近妇孺来先生处避难者甚多，均为艰难困苦者，先生不仅为其安排食宿且为有病者及时诊治，内有一患肺痈者，吐痰腥臭难闻，众皆远避之，先生毫不嫌脏，细心为其治疗，调养后竟痊愈，叩谢而去。由于先生医德高尚，且技术超群，至今乡邻仍对先生怀念不已。

先生不仅精于医，且重于教，在市中医进修班任教期间，备课认真，讲解清晰，循循善诱，务求心领神会，为培养中医人才呕心沥血。先生对工作兢兢业业，始终如一，为医学事业可谓鞠躬尽瘁。在晚年期间身患冠心病，仍坚持上班为患者诊病时，虽痛不欲言，但每当患者提出询问，先生仍细心解释，讲清医理，使患者满意而归，有时痛苦难忍，同事劝其回家休息，先生却执意不肯，仍坚持工作，真是志效春蚕，丝尽方归。

［《淄博市中医院志（上卷）》（2002）］

◎ 李守恒 ◎

李守恒（1904—1982），字曰峰，高青县田镇石坡庄人，早年就读于私塾，辍学后，拜师于本村名老中医李汉卿门下。学业告竣，应济南"万年堂"药店邀请任坐堂医生，1937年因七七事变，回本县"保和堂"等中药店悬壶应诊。建国后，参加基层卫生组织，曾任区防疫队长。1957年去山东省中医进修学校学习深造，毕业后分配在省立医院任中医师。1962年调山东省麻风病院工作。1975年退休回归故里。1982年病逝，守恒谦虚好学，诊疾多崇《医宗金鉴》，用方简明扼要，医术高人一筹，是一位医名远播的中医名流。

[《惠民地区卫生志》（1992）]

李守恒（1904—1982），字曰峰，高青县田镇镇石坡庄人。早年就读于私塾，辍学后拜师于本村名老中医李汉卿门下学习中医。学业告竣，应济南"万年堂"药店邀请任坐堂医生。1937年七七事变后，回县内"保和堂"等中药店悬壶应诊。

新中国建立后，参加基层卫生组织，曾任区防疫队长。1957年被选送灵岩寺山东省中医师资进修学校学习深造，结业后分配到省立医院任中医师，1962年调山东省麻风病院工作。1975年退休后回归故里。

守恒谦虚好学，诊疾多崇《医宗金鉴》，用方简明扼要，医术较常人略高一筹，是一位医名远播的中医名流。

[《高青县卫生志》（2009）]

◎ 金福堂 ◎

金福堂（1904—1975），男，字佑知，长清县绿豆屯乡绿豆屯村人。三代祖传中医儿科，历代在淄城开设峻德堂药店，并在淄川县境内赶集行医卖药。1956年入淄城联合诊所，1959年入淄城公社医院行医至终。

[《淄川区卫生志》（2009）]

◎ 赵文卿 ◎

赵文卿，原名赵克忠，文卿是他的字，生于1904年2月8日，卒于1965年6月，淄博市张店区沣水镇小高庄人。

赵文卿1911年（七岁）开始在本村上"私塾"，1921年考入临淄县金岭镇高级小学校读书，1924年高小毕业回乡跟其父赵树德学习中医。1925年在本村任小学教员，同时继续学习中医。1926年8月弃教业医，同其父在本村开设"致和堂中药铺"，1941年秋，到张店街里南北大街28号，单独开业行医。

建国后，赵文卿接受了中国共产党的教育，思想进步，热爱新中国，拥护中国共产党的各项方针政策，成为一名具有一定思想觉悟的爱国进步人士。1951年参加张店市卫生工作者协会，1954年1月积极参与筹建了张店中医联合诊所，并就任副所长，1956年4月改为张店联合诊所后，仍任副所长；同年12月，张店区卫生所建成后，继任副所长；1961年6月，张店区卫生所改建为张店区人民医院后，出任巡院副院长，一直到其逝世。

从1949年到1965年，赵文卿在从事医疗工作的同时，积极参与各项政治工作。历任张店市人民代表、张周市人民代表、张店区人民代表、张店区人民委员会委员、张店区政协委员、淄博市人民代表、淄博市政协委员等。

赵文卿一生从医，勤奋好学，努力钻研中医经典著作，打下了扎实的功底。他是祖传世医，行医多年，积累了丰富的医疗经验。他对中医各科掌握的比较全面，内科、外科、妇科、儿科诸病，都有所研究，尤其擅长中医外科。他熟读了《医宗金鉴·外科心法要诀》一书，对该书十分赞赏，不少章节能够背诵、默写，用起来得心应手。他处方用药不守成规成见，有自己的独特见解和用法，对治疗疑难病症如对口疮、瘩背等有名疮疖，屡见奇效。

赵文卿医德高尚，医术精湛，在50年代就成为张店地区有名的中医大夫，在群众中享有较高的声誉。登门求医者络绎不绝，除本地区外，益都、淄川、长山、桓台等地前来就诊的群众也很多。

赵文卿注意理论研究，提倡有所创新，他对治疗疮疡疾病的消、托、补三大法，掌握灵活，使用得当。尤其对消法中的清热解毒法、理气解郁法有独到见解。

赵文卿把清热解毒法应用于腰痛、臂痛、合谷疽、腿痛、颈部痰毒等。他主张"阳实证，局部红肿疼痛，寒热往来，属外感之邪，疹积化热，郁而成肿疡，治以消热解毒为大法。本症来势凶猛，易于成脓，求其内消，必须抓紧时机"。因此，他的治疗方法是内服加减败毒汤（双花、连翘、当归、赤芍、焦山栀、甘草），风热痰毒加疏风化痰药（牛子、大贝、橘红），下肢痛则佐以化痰，加乳香、没药、桃仁、川牛膝，手部肿疡加蒲公英、败酱草、嫩桑枝，少腹痛肿加青皮、枳壳，并适当配以引经药。阳实之症，寒热往来，来势凶，常于二三日内即可成脓，立决定方，狠准最为重要。风热痰毒为外风时热激动其痰，上行于颈腮之际，宜疏风泄热解毒治其本，手部肿疡手指为四肢之末，气不能周到，药效减弱，加嫩桑枝以引大蓟清热药可收良效。

赵文卿把理气解毒法应用于耳后发、腋痈、乳痈、痰核、胁疽等。外症患生于腋、乳、胁肋等处，属少阳厥阴，循行部位，两经气血均少发为肿疡，大多漫肿，而按之坚硬。这是由于气滞不行郁积所致，治宜理气解，气机流动，则血结亦随之通行。气流通畅，郁滞自散，是内消本症大法。本症因体质强弱差异及受病原因不同，可分为实症与郁症两种。治法以理气解郁为主，佐以活血，以逍遥散加瓜蒌、郁金为基本方加减。实症红肿有寒热加黄芩、山栀、双花，形寒加羌活；郁症局部皮色不变加苏梗、枳壳、木香等，疼痛甚者加元胡、全虫，外用二味败毒散或化毒散。

赵文卿认为，肿病为气血郁滞所致，不论其症状如何，内消必须佐以行气，气行则血行，肿自消，其属气滞之症。理气自更为重要，尤以胁肿疡，大多为肝郁所致，应以理气解郁为主，痰重加全虫，肿疡渐缓。部分坚硬不化，加牡蛎、昆布，以达软坚之效。郁结之症，禁用温热，不得过用寒凉，以防郁遏而不得消散，郁症不宜重用破瘀，以防症状加剧，而内消不易。他强调疮疡"以消为贵，以溃为畏"，消为上法之法。

赵文卿一生从医，忠厚老实，待人和蔼，医德高尚。在医院管理工作中，团结同志以身作则，忘我工作。为党、为人民、为张店地区的医疗卫生事业奋斗了一生，终因积劳成病，于1965年6月患脑出血病逝，终年六十一岁。

赵文卿故后，中共张店区委统战部、张店区政协委员会为他举行了隆重的追悼会。中共张店区委、张店区人民委员会、中共淄博市委统战部、淄博市政协委员会的负责同志参加了追悼会并献了花圈。

[《张店区卫生志》（1987）]

◎ 高耀宗 ◎

高耀宗（1904—1985），高青县常家乡水牛李村人。1931年毕业于齐鲁大学医学院，遂在济南"共和药房"任坐堂医生。1937年七七事变前夕，自办"济民医院"。1948年10月参加革命，历任济南妇幼学校副校长、济南医务进修学校教育长，讲授"生理""解剖"等课。建国后，被调入济南市立第一医院任主治医师。1954年赴上海参加全国首届西医学习中医班，进行深造。1958年学习班结业后去山东省中医医院工作，同年又调至山东中医学院任讲师。1979年他离休后仍翻译外文资料，著书立说，笔耕不辍。

耀宗一生为人厚道忠诚，治学态度严谨，精通医理，善于诲人，在医务界有较高声誉。1951年至1954年，先后被选为济南市人民代表大会代表和政协委员。曾主编《中医学浅说》《心肺听诊》等著作。1985年12月病逝于济南。

[《惠民地区卫生志》（1992）]

高耀宗（1904—1985），常家镇水牛李村人。1931年毕业于齐鲁大学医学院，遂在"共和药房"任坐堂医生。1937年七七事变前夕，自办"济民医院"。1948年10月参加革命，历任济南妇幼学校校长、济南医务进修学校教育长，讲授"生理解剖"等课。新中国成立后，被调入济南市立第一医院任主治医师。1954年赴上海参加全国首届西医学习中医班，进修深造。1958年学习班结业后去山东省中医医院工作，同年又调至山东中医学院任讲师。1979年离休后珍惜晚节，仍翻译外文资料，著书立说，笔耕不辍。

耀宗一生为人厚道忠诚，治学严谨，精通医理，善于诲人，在医务界有较高声誉。1951—1954年，曾先后被选为济南市人大代表和政协委员。曾主编《中医学浅说》《心肺听诊》等著作。

[《高青县卫生志》（2009）]

◎ 梅兴祥 ◎

梅兴祥（1904—1965），字月周，周村太和庄人。祖传世医，崇伤寒，重温病，无所偏执。精内科、妇科。生前在市中医院工作，为周村区第三届人大代表和第四届政协委员。

[《淄博市卫生志》（1997）]

◎ 白现奎 ◎

白现奎（1905—1961），字星文，山东沂源县南麻公社二大队人。先生谙于经典著作，擅长妇、儿科，为人忠厚老成，服务热忱，在当地享有名望。曾任沂源县医协会主席。曾将己之验案、验方写成册，因后人保存不善，今已无存。

[《临沂地区中医药志》（1982）]

白现奎（1905—1961），字星文，原籍沂源县南麻镇南麻二村。曾任沂源县医协会主席。谙于经典著作，善治妇、儿科，为人忠厚，服务热忱，在当地享有名望。曾写有验案验方数册，已失。

[《沂源县卫生志》（1991）]

◎ 王会卿 ◎

王会卿（1906—1983），山东省招远县虎龙头村人。1936年始潜心习医，1945年在原籍设铺行医，1957年调山东省中医院，1965年调淄博市中医院。他从医四十年，用药偏补，长推拿针灸，且有独到之优。1941年加入中国共产党，1981年被评为淄博市模范共产党员。

[《淄博市卫生志》（1997）]

王会卿，男，汉族，1906年七月生于山东省招远县纪山公社虎龙斗村。

王会卿出身农民家庭，1936年在黄县大泊子村任教员，并潜心研究、学习中医，1941年4月26日加入中国共产党，于1945年在原籍开设中药铺行医。解放初期，在招远县车兴中华医社及犯山区栾家河分诊所、纪山县卫生院任中医。1957年调入省中医院。1965年底由省中医院调入我院，历任内科小儿科中医大夫、小儿科副主任、推拿科副主任、推拿科副主任医师、推拿科主任。1981年被评为全市模范共产党员，受到表彰。

王会卿同志行医四十余年，年逾古稀，仍好学不倦，对内科杂病、儿科、妇科带下病，均有所造诣，尤长于推拿，擅用刮痧疗法治疗瘟疫杂灾。

在学术上不泥古，尊崇时方，用药多偏补。曾于1960年第六期《山东医药》发表论文《对推拿治疗婴儿瘫后遗症48例经验介绍》并著有《谈谈推拿能以治病原理感想》《推拿对扭挫伤的治疗点滴》等文稿。山东省中医研究所编印的《中医临床验案汇集》收入其验案"胸胁气痛""偏头风"等七篇。

王会卿同志为人正直，素重医德，在学术上不保守，将自己多年行医的临床经验、有效验方、推拿手法，毫无保留地传授给青年同志，无门户之见，得到同志们的好评。

王会卿同志在中医事业上辛勤耕耘，为中医事业作出了一定的贡献，在社会上有一定的影响。

[《淄博市中医院志（上卷）》（2002）]

◎ 张洪宝 ◎

张洪宝（1906—1973），男，字亚民，龙泉镇龙二村人。祖传中医，1937年始在原籍行医，1959年入淄川区医院任中医，治肝硬化腹水、阑尾炎、骨髓炎颇有疗效。治肝硬化腹水专题总结，在省中医经验交流会上宣读。

[《淄川区卫生志》（2009）]

◎ 郭锡九 ◎

郭锡九（1906—1982），原名郭继贡，齐东县（今高青县黑里寨镇）西段村人。

自幼读书天资聪颖,成年后性格柔和内向,喜练书法,为人忠厚,乐于助人。1944年参加革命,以教书、行医为由做地下工作。解放后历任齐东县文教科长、二区区长等职。

1928年"济南惨案"以后,郭锡九正在济南上学,他目睹日本侵略者对中国人民的欺凌,心中无限愤怒。他和许多爱国青年一起上街游行,抵制日货宣传,并赴南京政府请愿,表现出强烈的爱国热情。

师范毕业后,曾任齐东县示范讲习所所长。1937年七七事变后转入刘家镇任中、小学教员。他积极向学生灌输抗日救国思想,深得学生爱戴。1940年,齐东县被日军占领,为避免敌人的注目,他在刘家镇开办了诊所,日夜专研攻读中医书籍。功夫不负有心人,终于学有成就,在闫子林老先生的帮助下,为病人解除痛苦,对确有困难者,分文不取,还主动送药上门,对远道而来的病人还经常留宿方便。在原来临床业务基础上,广纳同道之长,博采众方,注重医德,声誉遍及城乡。

1949年,郭锡九奉命随军南下,到达福建永安,负责接收并帮助当地建立人民的卫生机构。1952年抗美援朝期间,他带领广大医务人员,积极做好卫生防疫工作,以实际行动粉碎敌人的细菌战争。1955年调龙岩专署任医药公司经理,后改任中医医院副院长。他团结广大中医人员,积极做好诊疗工作,同时积极支持、鼓励大家努力挖掘整理祖国医药遗产,为社会主义和人民服务。1959年郭锡九动员临床经验丰富的老中医整理撰写临床经验资料,他率先把多年临床经验和研读中医书籍心得,配有奇特病例的经验方法,整理撰写《野人医话》,深入浅出,独出心裁。在他的带动下很多当地名医,根据临床经验整理撰写出《儿科临床笔录》《幼科指南》等珍藏抄本近20本,使这些宝贵的医学遗产得以与广大读者见面。

"文化大革命"期间,郭锡九蒙受不白之冤,被打成走资派,备受折磨。虽身处逆境,但十分相信党的政策,相信共产党领导的社会主义事业。1972年退休,后改为离休。1979年12月,福建省龙岩县委组织部正式给予平反,恢复名誉。1982年病逝南京。

郭锡九一生为家乡教育、人民解放及人民卫生事业都作出了贡献。人民永远怀念他。

[《高青县卫生志》(2009)]

◎ 李兆玉 ◎

李兆玉,字兰生,原籍潍县沟西乡白杨埠村,后定居临淄辛店。生于公元1907

年，卒于公元 1967 年，享年六十岁。

兆玉早年毕业于坊子南洋高等小学。毕业后留校任职员两年，离职后随从胶东医院经理张先生学医，甚得其法。

兆玉幼年家境贫困，生活坎坷，但他坚韧不拔，勤奋好学。为求济世救人之术，孜孜不倦，致力于医学，悉心钻研中西两法，探求医药奥理。其医学造诣颇深，尤以中医内科为著，在群众中享有盛誉。

民国二十年（1931），在辛店合股开设"保元药房"。他为人治病，不分贫富，一视同仁，处方用药，力求节俭，求诊者拥门接踵。他外出应诊无暇日，经常至晚方归，被其救活的危急病员不胜枚举。

解放后，兆玉先后担任县卫生协会委员、卫生协会副主任、三区卫生协会主任等职，做了大量的卫生防疫和医疗工作。以后，参加了三区卫生所、朱台卫生所等公办医疗单位。

[《临淄区卫生志》（1997）]

◎ 卢子佩 ◎

卢其珩（1908—1945），字子佩，又名卢萍。中共党员。

卢子佩原籍是山东潍县泊子乡卢家码头村人。幼年家境贫寒，父为谋生路而下关东，故随其母亲寄居在外祖母家中。幸得外祖母疼爱，家人节衣缩食，艰难地供卢其珩上了几年学。

1926 年，年仅十八岁的卢子佩为谋生计，来到博山，经人介绍到博山济世医院当了学徒。他尊敬师长，刻苦学习，虚心请教，很得院长孙章甫和医师们的赞赏。老师们把医疗技术和医学知识传授给他，使他在医疗技术上有很大提高，能够独立进行内外科门诊的处理。

1935 年，卢子佩离开济世医院，在大街开办宁康医院，自任经理兼医生，共三人。主要业务是内、外科兼批售西药品及医疗器械。

七七事变后，博山沦陷为敌占区。但抗日武装仍在博山乡村活动，日军为消灭抗日武装，对博山抗日根据地实行残酷的经济封锁。抗日根据地内物资缺乏，特别是药品、医疗器械更是奇缺。卢子佩同情革命，拥护抗日，冒着生命危险，以行医为掩护，多次向抗日根据地输送急需的药品和医疗器械。在这期间，卢子佩曾被日军以"通匪"的罪名多次关押，但因证据不足，又经保人周旋，以及党组织的营救，均安全出狱。1941 年春，卢子佩雇人将一大批药品送往根据地，在途中被日军查获，药品被劫，一名雇员当场被日军用刺刀挑死。党组织得知卢身份暴露，周密安排，掩护卢子佩安全撤离了博山，转移到博山池上抗日根据地，参加八路军，并改名为卢萍，继续为抗战作出自己的贡献。先在鲁中军区卫生部工作，后调鲁南军区卫生部，任医务科直属一所所长。因操劳过度，肺病复发，加之当时医疗条件较差，得不到及时治疗，于1945年8月7日在费县荆山寺去世，终年三十七岁。

解放后，卢子佩被政府追认为革命烈士。

[《博山区卫生志》（2005）]

◎ 张希玉 ◎

张希玉（1909—1973），桓台人，济南名中医。1935年开业行医，1953年任济南市第五联合诊所所长，1958年调济南市中医院工作。曾任山东省政协常委、济南市农工民主党主任委员。

[《淄博市卫生志》（1997）]

◎ 唐建策 ◎

唐建策（1910—1976①），字子芳②，沂源县徐家庄公社涝坡村人。先生为人忠厚朴诚，服务热忱，待病人如亲人，在本地群众中颇有威望。长于内科，对《温病条辨》很有研究，为了方便初学者记通，按三焦辨证编成歌诀，名曰《温病条辨便读》。1958年在山东中医进修学校结业，在临沂卫校任教三年后，回本县医院工作至病逝。

[《临沂地区中医药志》（1982）]

唐建策（1910—1975），字子方，出身于世医之家，祖籍鲁村镇一村，从祖父起流落于徐家庄乡涝坡村，为沂源县名老中医之一。

唐先生十四岁时随父在鲁村镇青杨圈学医，一面随父临症，一面刻苦学习中医典籍。二十七岁时父故，即独自悬壶，在徐家庄乡邢家庄行医四年。抗战开始后回到涝坡村，一边务农，一边行医。药铺号"延益菊"。

解放后于1947年8月参加工作，在黄庄区卫生所任中医师。1951年到县药材

---

① 1976：《沂源县卫生志》（1991）作"1976"。
② 子芳：《沂源县卫生志》（1991）作"子方"。

公司门诊部任中医师，1952年任南麻区卫生所所长，1957年到省中医进修学校进修。1959年到临沂行署卫生学校任教，讲授《伤寒论》《中医学概论》。1961年回沂源县人民医院任中医科主任。1974年5月回原籍涝坡村。1975年8月不幸因患膀胱癌去世。

唐先生医德高尚，对病人服务周到，态度和蔼，不分贵贱智愚，一视同仁，尽心赴救，不论白天黑夜，班上班下，有求必应，深得病家赞誉。曾任沂源县第二届人民委员会委员，第一、二、三、五、六届县人民代表大会代表，被评为临沂地区先进卫生工作者，多次被评为沂源县卫生系统先进工作者。

唐先生治学严谨，对《内经》《难经》《伤寒论》《金匮要略》等中医经典尽终生精力悉心钻研，中医基础理论功底深厚，学验俱丰。学术上崇尚《伤寒杂病论》，擅用经方，长于内科和妇科。治病不落俗套，精于辨证，疗效卓著。曾治一叶姓病人，高热，头痛剧烈，他医屡用羚羊角等寒凉之剂，药入即吐，病增危重。唐先生诊后认为病在太阳经，用葛根汤加减，三剂而愈。

唐先生一生忙于诊务，惜无著作传世。近年有临沂地区中医院刘兰田整理其治疗温热病经验，名之《温病条辨便读》。

[《沂源县卫生志》（1991）]

◎ 孙守纲 ◎

孙守纲，男（1911—1979），口头乡小口头村人。早年在太河宝和堂任坐堂医，1956年入口头联合诊所，1963年入公社卫生院。擅长中医妇科，为人和善，名扬百里。

[《淄川区卫生志》（2009）]

◎ 王洛九 ◎

王洛九[①]（1913—1975），名有鼎，自号失踪，桓台县田庄公社宗王庄人。幼年于济南中学毕业。1936年投江苏无锡学针灸。1937年考入济南医学讲习所学习三年，结业后即悬壶于济南。1942年回乡设馆行医。1949年与同道联合举办"中国针灸竞进社"，培养中医人员数十人。解放后，在桓台县人民医院中医科任医生，先后带徒二十余人。王先生精研古训，广采各家学说，通晓各科，擅长妇科、针灸。临床经验丰富，在桓台县负有盛名。集有未加整理的《医案医话》和《医

---

① 王洛九：《淄博市卫生志》（1997）作"王洛久"，根据其字"有鼎"，判断应为王洛九。

学心得》。

[《惠民地区中医药志》（1983）]

王洛久（1913—1975），桓台人。1942年始医，1948年举办针灸竞进社，建国后在桓台县医院工作。通医理，长妇科，善针灸，辨治攻守有识，疏方简特精当，著有《脉因证治》存世。

[《淄博市卫生志》（1997）]

◎ 徐宝昌 ◎

徐宝昌，临淄敬仲张王村人。生于1914年，卒于1968年，享年五十四岁。

宝昌早年毕业于山东省立第十中学（现益都一中），后考入张店车辆段学开火车。

1938年日军侵占山东后，宝昌即到天津国医馆学医四年。1948—1951年，在青岛跟一留华日人学习针灸。1951年被诬告还家，1952年问题被查清后，参加临淄第一联合诊所，后到淄博地区中医进修班学习。1957年到山东省在灵岩寺举办的第一期中医进修班学习一年，后回临淄县医院工作。1958年临淄与益都合县后，又到益都县医院工作。1968年4月被"造反派"迫害致死。

宝昌生前为全国中医协会昌潍分会理事，合县前任临淄县人大代表和政协委员，合县后又任益都县人大代表和政协委员。

宝昌一生热爱中医，并对中医理论有较深的研究，特别对中医内、妇、杂病造诣尤深，曾发表过伤寒论方面的学术论文多篇。在诊病方面，细心认真，处方精当，用药专而量大，常能起沉疴、救危急，经他诊治转危为安的人甚多。

宝昌对病人态度和蔼，看病从不马虎，总是认真推敲，立案精当。遇有典型病例，反复研究，记录资料。他一生积累了大量资料，可惜在"文化大革命"中被抄丢失。

[《临淄区卫生志》（1997）]

◎ 郭宗瑞 ◎

郭宗瑞（1916—1984），男，字玉符，双杨镇牛家庄人。三代祖传中医，自幼勤奋好学从父学医。先在博家公社卫生院任中医，后被淄博市张店区医院聘用。1981年任张店区中医院主治中医师，工作至终。

[《淄川区卫生志》（2009）]

◎ 蔡瑞鹄 ◎

蔡瑞鹄（1916—1993），高城镇蔡王村人。童年时代在本村接受启蒙教育，小学毕业后在私塾读四书一年，迨至1930年考入师范讲习所。继而再转中学。因时值地方军阀混战期间，学校颠沛流离上课停办，加之旋染眼疾，辍学中断改学中医。拜师半年后继又考入山东中医专科学校。1937年七七事变引起中日战端，学生们出于爱国热情，纷纷走向救国图存征途。个人抱着爱国热诚，乃以从事继承中医事业，在高苑县城保和堂药店任坐堂医生，应诊之暇，寝馈医学典籍近百种，浏览各家学说兼学现代医学，意在旁通中西医内、妇诸科。凡属历代医学名著，力求尽量搜集遍览，边学习边实践，以求救死扶伤为一生事业。

1945年本地解放后，加入地方卫生组织，担任河西区卫生防疫队长。1956年参加高城联合诊所，并任所长。1958—1960年先后调县卫生工作者协会、高城卫生院和博兴县荣军疗养院工作。1961年调高青县医院工作。1963年被遴选参加省卫生厅举办的省中医进修讲习班深造学习。1965年、1973年曾先后两次参加山东省名老中医代表会，与各地中医名家云集济南，交流经验，切磋医术。1972—1975年被借调北镇卫校任中医教师。1981年、1987年分别晋升为中医内科主治医师、副主任医师。论文主要有《甘草汤的运用》《六味地黄运用举隅》分别发表在《山东中医学院学报》1964年第1期和《山东中医杂志》1992年第2期上。

蔡老先生从事中医工作几十年如一日，以精研医术，勤求古训，博采众方度过一生。学术方面擅长中医内科、妇科。在辨证疑难杂症方面有独到之处，造诣颇深，且医德高尚。治学不分界域派别之见，力求收到实效，解除病人痛苦为标准。诊务之际，更不以富贵豪华、卑贱贫困而另眼看待病人，慨然于造福人类为信念，在滨州市及周边区县有口皆碑，享有很高声誉。

1989年，他退休后，虽疾病缠身但宝刀不老，壮心不已，继续为病人诊病，日求诊者应接不暇。

曾被选为第一、二、三、四、五届县政协委员，第四、五、六、七、八届县人大代表。

[《高青县卫生志》（2009）]

◎ 王儒海 ◎

王允鸿（1917—1974），字儒海，邹平县鄢家村人，淄博第一医院中医师，曾任省中医学会委员、市人委委员、张周市卫生工作者协会主任等职。

王儒海早年执教多年，后从师邹平名中医刘复元。他于 1945 年在周村开设三生堂药店，以医为业。1950 年参加淄博工矿特区中医进修班学习，1952 年组织张周市周村中医联合诊所并任所长，1956 年任周村中医院院长，后调淄博市卫生局工作。

王儒海业医数十年，长于整骨、针灸及内科诸症。撰有《郁症的探讨》《甲乙经选注》《整骨经验介绍》《柬贴备要》①《经络与孔穴》《桃叶膏及其应用》《农村简易医疗手册》等著述。

[《淄博市卫生志》（1997）]

王儒海（1917—1974），名允鸿，山东省邹平县鄢家村人。其父凤鸣先生是清朝末年誉满鲁中，造诣较深的著名正骨医生。自幼受家庭熏陶，有志于医，七岁就学私塾，弱冠，喜读文史，并以邹平名医刘复元为师，学习岐黄之说，1933 年至 1937 年毕业于梁漱溟先生创办的乡村建设研究院附设邹平乡村简易师范，在此期间，博览中医典籍，广为群众治病，在邹长一带颇负盛名。

七七事变后，先生开始半医半教的生活，既以教书糊口，又以行医救人，历任鄢盖东范乡联立中心学校、黄麓中心学校校长，在学术和医务方面都有一定的威望，为摆脱日寇伪顽的威逼利诱，加以在周村、淄博一带行医已深有基础，便于 1945 年 7 月日寇投降前在周村银市街开设三生堂药店，开始专业行医，此时就诊者终日盈门，目不暇接，救死扶伤，深受群众支持，但也备受反动派的压迫欺凌。其间曾在济南花店街行医。

1948 年周村解放后，党和政府热情帮助，渤海军区后勤部长杨夫村（先生曾给他治愈腿部骨折）、向克政委、吴强部长等经常与其促膝谈心，讲明前途，指出方向，使其坚定跟着共产党走的信念，于 1950 年参加周村区卫生工作协会，随即参加淄博工矿特区中医进修班学习，1952 年 12 月带头成立周村中医联合诊所，被选为所长，1956 年改为周村中医院任院长，先生历任周村区卫生工作者协会主任、市卫

---

①《柬贴备要》：原作"《束贴备要》"，《淄博市中医院志（上卷）》（2002）作"《柬贴备要》"，义胜据改。

生协会副主任、省中医学会委员、淄博市人民政府委员、市第一医院中医师，1974年1月17日逝世。

先生业医首重医德，尝言："人命至重，重于千金，医活人，医杀人，切莫等闲视之"，并以"仁术济世"（邹平县人民送的碑碣）自勉，故行医凡四十年，活人无算，从未出过医疗事故。先生治学严谨，多年从事教学工作，受业者遍及淄博惠民一带，其中多数都已成为中医或中西医结合的骨干。先生对技术刻苦钻研，博览医学典籍，务求追本溯源，从不浅尝辄止，在中医理论和实践上均有较深的造诣。其发表的主要论著有《郁症的探讨》《甲乙经选注》《正骨经验介绍》[①]《农村简易医疗手册》《淄博中医验方选集》《桃叶膏及其应用》《气功疗法》，另外尚撰写了三十万言的《经络与孔穴》手稿（已失），此外早期在研究院曾编辑出版过《柬贴备要》和一些诗文。

[《淄博市中医院志（上卷）》（2002）]

◎ 李玉秞 ◎

李玉秞[②]（1917—1981），字幽圃，山东沂源县唐山公社大家万村人。先生非以医疗为职业，而以务农为本，酷爱中医经典著作，深得其奥，著有《内经脉学》[③]《伤寒论简释》《金匮简义》《广义伤寒》《临床医案》等手稿尚存。擅长内、妇科，业余应诊不暇，在本地享有一定名望。

[《临沂地区中医药志》（1982）]

李玉秞（1917—1981），字幽圃，号百易山人，原籍沂源县梭背岭乡大家万村。儒学功底颇深，自学中医成名。长于中医内科及妇科，善用经方及温病诸方化裁，一生务农，不以医为业。研释经典不遗余力。在本地享有声望。著有《广义伤寒》一卷、《内经脉诊简释》二卷、《金匮简义》九卷、《伤寒论简释》六卷及验方集锦共五十余万字。

[《沂源县卫生志》（1991）]

---

① 《正骨经验介绍》：《淄博市卫生志》（1997）作"《整骨经验介绍》"。
② 李玉秞：原作"李玉先"，《沂源县卫生志》（1991）作"李玉秞"。根据其字，推断应为"李玉秞"，据改。
③ 《内经脉学》：《沂源县卫生志》（1991）作"《内经脉诊简释》"。

◎ 柳汝鉴 ◎

柳汝鉴（1918—1984），原籍沂源县三岔乡车厂村。自学中医成才后弃教从医，长于妇科，兼长内、儿科，精于辨证论治。在三岔、临朐、博山一带享有盛名。著有《妇科集锦》《医学漫笔》及读书笔记。

[《沂源县卫生志》（1991）]

◎ 钱葆卿 ◎

钱家佑（1918—1985），字葆卿，博山人。

钱葆卿于1934年赴济南中医针灸研究所学习三年，1937年毕业后应"人寿公"中药店的邀请，任堂医，后"人寿公"改为"聚成公"中药店，钱葆卿仍为该店坐堂医。1956年钱葆卿积极响应国家号召，加入博山区第三联合诊所，1957年调博山区机关卫生所任中医师，1958年任五龙公社卫生院中医师，经卫生主管部门评议，确定技术十一级，1979年退休，1985年去世。

自1958年春至1962年，钱葆卿大夫除门诊外，还应淄博市结核病防治院的邀请，每星期抽出一天到该院为结核病患者诊病。五年期间，钱大夫利用丰富的临床经验，治愈了许多结核病人，直至退休后，仍有这样的病人前往求治。

钱葆卿一生好学，眼睛高度近视，但仍勤奋读书，并与临床实践相结合。对肝硬化腹水、妇女不孕症及小儿诸病都有自己独特的治疗方法，且收到了良好临床效果。在群众中有较高的信誉，除本地区外，常有惠民、济南、沾化、利津、莱芜等地的病人前来就诊。1970年，钱根据多年的临床经验制订了29个处方，其中解表方剂7个，妇科方剂11个，内科杂病方剂11个。这些处方不仅可临症加减利于病情，还使日益增加的病人能较快地诊病，方便了广大病人，受到人们的好评。

1978年，根据上级卫生部门关于"名老中医带徒，以解决中医后继乏人问题"的指示精神，经区卫生局批准，钱葆卿与五龙公社卫生院宗起鹏签订了带徒合同书。带徒期间，钱葆卿大夫悉心传授，一丝不苟，至1979年，合同期满，其徒经淄博市卫生局统一考核考试合格，准予出徒。

钱葆卿大夫退休后，虽多病在身，但仍致力于总结几十年的临床经验，撰写医案等学术文章。且不顾病痛，应诊颇多，其精神足可医者表率。

[《博山区卫生志》（2005）]

◎ 司焕章 ◎

司焕章（1920.03—2003.05），男，洪山镇车宋村人，小学文化。前随其父学习中医，在车宋乡开设诊所。1956年成立公私合营车宋乡卫生所，并任主要负责人，1959年合并到洪山公社医院，继续从事临床工作。行医六十余载，临床经验丰富，擅长中医儿科、内科、皮肤科，尤以对心脑血管疾病、胃肠病、肾病、呼吸系统疾病有着丰富独特的诊疗经验，外地慕名求医者甚多。写有《业医生活杂记》一书。1985年被授予淄博市名中医称号，准予收徒传医。1986年4月退休。

[《淄川区卫生志》（2009）]

◎ 孙以渭 ◎

孙以渭（1922—2002），字清源，号拙言，高青县田镇人。生于农村书香门第，七岁启蒙，十一岁读完四书、《诗经》，继入学堂。至高小毕业后复入私塾就读，拜晚清秀才崔曰灏为师，主攻四书五经、古文、《诗经》，旁习《风州纲鉴》《本草纲目》等书，为业医打下了坚实的基础。1937年七七事变被迫辍学，遂受乡里之聘赴塾为师，在授教之暇，初则浏览《药性赋》《医方集解》《笔花医镜》，继则涉猎《医宗金鉴》《中西汇通》《陈修园医书》。

1944年，舍教而专志攻医，从师于名老中医蔡达德门下，除随师应诊外，大部时间用于专攻《金匮》《伤寒》《内经》，并习各界学说。对经典之微理奥义能融会贯通，要言警句随口诵读。倘遇疑难大症也能成竹在胸，辨症无误。1946年在医药店堂坐堂医，就诊者摩肩接踵，络绎不绝。1951年到惠民专区中医进修学校学习。1955年任寨子区防疫队副队长，区卫协会副会长，崔张店、壮李联合诊所所长，并被选为县人大代表。1958年被选送灵岩寺山东省中医师资进修学校学习。结业后，先后调到省中医药研究所、山东省中医文献馆、山东省中医医院从事内科工作，并被刘惠民挑选为徒，受益于刘氏良多，逐渐形成自己的学术思想。于1978年晋升为讲师、主治医师，1983年晋升为副主任医师，后又晋升为主任医师。

先后发表《会厌压逐瘀汤治验》《尿崩症治验》《囊虫病治验》《三因鹿茸丸治验》等十篇论文，并参加审定《山东省中医学术经验交流选编》，整理山东中医学院附属医院《老中医经验选集》，校勘清高鼓峰《四明心法》，在继承和发扬医学遗产中作出了一定贡献。

[《高青县卫生志》（2009）]

◎ 孙敬之 ◎

孙敬之（1922.01—？），男，临淄区边河乡北刘征村人。1948年10月参加工作，在淄博工矿特区公安局任医生。1949年淄博工矿特区公安局在博山成立博公医药合作社，任经理兼医师，并负责管理淄博地区个体开业医生。1952年编入山东公安总队，任卫生科医助。1955年复员到西河联合诊所工作，被评为医师10级，之后晋升两次为8级医师。1959年任西河公社医院院长兼医师。1978年任太河分院医师，1981年晋升为主治中医师。用一生临床经验研制中药"毒心妙灵丹"，专治病毒性心肌炎，经临床实践，治愈率高，受到病人高度评价。其病毒性心肌炎的治疗成果，对推动临床业务发展起到一定作用。撰写的《论再障贫血证治》《周易与中医简识——阴阳对立统一观临证初探》等论文曾在淄博中医学会年会上交流。因单位工作需要，直到六十九岁才从太河分院退休。

[《淄川区卫生志》（2009）]

◎ 王 震 ◎

王震（1927—1982），安徽省砀山县王庄人，中共党员。生前任淄博市中医院内科副主任、市中医学会理事。

王震1954年于山东医学院毕业后，任山东铝厂职工医院医师，1962年晋升为内科主治医师。1963年经市卫生局安排，调淄博市中医院随名老中医纪翱臣学徒，1975年参加山东省中医研究班学习，是淄博市较早的中西医结合医生。

王震在业医中，长内科，对心血管疾病有一定研究。他在临床应症上，将心血管疾病分为气滞血瘀、血瘀血热、湿热壅盛、气虚血瘀、肝肾阴虚五型，结合辅助检查做出诊断。在治疗上，多采用瓜蒌、薤白为基础，根据不同类型随症加减。其常用的药物有葛根、山楂、丹参、三七等，药理研究证实，具有扩张血管增加冠状动脉血流量，改善心肌缺氧状态的功能。

[《淄博市卫生志》（1997）]

王震（1927.11—1982.02），原籍安徽省砀山县城郊公社王庄人，后遭居山东省淄博市周村。自幼勤奋好学，1951年2月考入山东医学院医学系专修科，1954年3月毕业，分配五〇一厂医院，担任内科医师，多次被评为先进工作者。1956年11月10日加入中国共产党。1958年12月参加山东中医学院西学中班学习，1961年

4月结业后回原单位工作。1962年12月晋升为西医内科主治医师，1963年3月为贯彻党的中医政策，抢救名老中医经验，被调到淄博市中医院，给我市名老中医纪翱臣当徒弟，在随师学习中，尊师重道，一心好学，将老大夫的临床经验和自己掌握的现代医学知识结合，把西医的诊断同中医的辨证相结合，为继承和发扬祖国医学，促进中西医结合作出了积极的贡献。纪老大夫病故后，为更好地发挥其专长，增设三心科门诊，专门开展对心血管疾病的研究。1975年8月至1977年2月，又参加山东中医研究班，学习研究《内经》《伤寒》《金匮》《温病》四部经典著作，并参加了省冠心病研究小组，回院后运用所学过的中医理论，结合现代医学诊断方法，继续开展对冠心病、高血压病的研究，并认真积累病例、观察用药、总结疗效，直至病故。

其一生历任医师、主治医师、中医妇科副主任、中华中医学会淄博分会理事，淄博编委等职。

王震同志有着坚实的中西医理论基础和丰富的临床实践经验，学识渊博，医学造诣颇深。其重要学术特点和成就有如下几点。

辨证辨病相结合

王震同志在临床实践中查疾问病，在按中医理论进行辨证分析的同时，必参合西医理论对疾病的病因病机等方面进行全面分析并结合辅助检查，做出明确诊断，把辨证与辨病有机结合起来，指导临床治疗，收效颇著。

处方用药中西汇通

王震同志在治疗疾病过程中，除按照中医的辨证施治原则外，还常结合现代医学药理研究进行处方用药，常收到较好的疗效。如在治疗冠心病中除根据不同类型加减用药外，还适当用一些据现代药理研究证实具有扩张血管、增加冠状动脉血流量、改善心肌缺血状态功能的一类药物，来提高临床治疗效果。

重视中医基础理论的研究，与临床实践相结合

王震同志多年来，非常重视中医基础理论的研究，并用来指导临床实践，收到了较好的治疗效果，如在其《补肾的临床应用》《我对祖国医学脏象学说中肝脏理论的认识与运用》等论文中充分地体现了这一点。

对冠心病、高血压病的研究积累了宝贵的经验

王震同志晚年对冠心病和高血压病进行了大量的观察研究，经过长期的临床实

践，形成了一套具有自己特点的诊疗体系。如在对冠心病病因病机的探讨，辨证分型及处方用药上都有许多独到之处。他认为冠心病是一种全身代谢障碍性疾病，与人体的气血运行失常有关，从祖国医学整体观念来看其病因不外五脏功能障碍、六淫七情所伤、劳逸失度、饮食失宜这几方面，凡因上述某种原因所致的人体气血运行失常均可导致本病发生，故临床治疗中，根据辨证的原则，将其分为"气滞血瘀""血瘀血热""湿热壅盛""气虚血瘀""肝肾阴虚"五种类型，方药采用瓜蒌、薤白为基础，根据不同类型进行加减，通过大量的病例验证，其疗效较为显著，为今后研究和防治冠心病提供了宝贵的经验。

撰写医学论文与临床经验报道

王震同志从事医学三十余年，积累了丰富的临床经验，对继承发扬祖国医学遗产，促进中西结合，作出了一定的贡献，一生撰写文章较多，目前收集到的计有25篇，在市、省级以上的刊物发表的3篇，参加省市学术会议交流的6篇。

1.《调理气血的临床应用》刊于山东省第一期中医研究班讲座选编，1977年8月。

2.《我对"三焦"的认识》刊于《淄博医药》1981年2期。

3.《浅谈原发性高血压的辨证治疗50例疗效观察》刊于《淄博医药》，1982年3期。

4.《加味葶苈大枣泻肺汤治疗结核性胸腔积液疗效观察》（1962年山东中医学会经验交流论文选编324页）。

5.《祖国医学诊疗体系中的一般规律和特殊规律》（1962年山东中医学会经验交流会交流）。

6.《冠状动脉粥样硬化性心脏病150例疗效观察》（1975年山东中医内科经验交流会大会宣读）。

7.《补肾的临床应用》（1979年山东中医学会内科基础学会经验交流会交流）。

8.《活血化瘀法的临床应用》（1979年淄博市医学会经验交流会交流）。

9.《中医对冠心病的病因证治——附50例疗效观察》（1980年山东省中医学会内科经验交流会交流）。

[《淄博市中医院志（上卷）》（2002）]

◎ 宋训英 ◎

宋训英（1936.10—？），男，黑旺镇孤山村人。1956年4月参加工作，继承并发展祖传中医，行医五十余年，积累了丰富的临床经验，成为黑旺镇卫生院主治中医师。运用中医药在心肌炎、呼吸系感染、泌尿系炎症、消化功能及自主神经功能紊乱、更年期综合征、痛经、功能性子宫出血等疾病治疗方面具有特色，疗效显著。同时运用中药拮抗病毒，提高机体免疫力，使中医药特色得到充分发挥。1995年3月退休后，被卫生院返聘继续工作到2007年12月。2005—2007年淄川区卫生局组织的"淄川区首席医师"评比活动中，连续三年被评为"淄川区首席医师"。

[《淄川区卫生志》（2009）]

◎ 王凤池 ◎

王凤池（1937.07—1999.08），男，淄城镇三里村人，中共党员。1957年济南铁路中学高中毕业。1958年在淄博市立一院中医科工作。1960年被选送到淄博市卫生干部进修班学习。1962年调淄川医院从事临床工作。先后在区"西医学习中医培训班"任教十年，培养基层医疗骨干七百余名。他刻苦钻研业务，擅长妇科及小儿热病，治疗妇女不孕症成功率在80%以上。撰写学术论文五十余篇和教学笔记四十余万字，其中二十余篇论文在医学专业刊物上发表。部分论文收录《黄河医治》《诊籍续焰》等专著。《妇女避孕方法新思路之探讨》获第三届传统民族医药之星奖。1979年任中华全国中医学会淄博分会理事和《淄博市中医药志》编委。1981年任淄川区医院中医科主任。1987年晋升副主任中医师，1991年被评为淄博市名中医。1997年7月退休。

[《淄川区卫生志》（2009）]

◎ 黄长发 ◎

黄长发（1947.12—2007.01），男，松龄街道泉龙社区人。中共党员，大专文化，副主任中医师。1979年10月在淄城镇卫生院参加工作，1983年3月调入淄川区中医院。对内科疾病有较深造诣，尤其对肾病、心病、内科疑难杂症治疗有独到之处，就诊患者络绎不绝。在患重病期间，仍然为病人开方看病。注重人才培养，言传身教，积极指导本科医生开展工作，形成人才梯队，使专科专病在本地区形成优势。多次被评为医院及区卫生局先进工作者，市、区优秀共产党员，淄博市明星大夫、专科专病名中医、卫生系统先进工作者、淄川区专业技术拔尖人才、淄川区劳动模范、2006年"感动淄川"年度人物，被山东省总工会授予"富民兴鲁"劳动奖章。先后发表论文23篇，其中《气功疗法在内科疾病中的运用》被美国柯尔比科学中心评为"医药学优秀论文"。

[《淄川区卫生志》(2009)]

◎ 徐宏汉 ◎

徐宏汉，峄县城关人。生于清嘉庆十四年（1809），卒于民国二十二年（1933）。精岐黄术，以善治内科杂病知名。终年一百二十四岁。

[《山东中医药志》（1991）]

◎ 巩来仪 ◎

巩来仪，字凤楷，滕县望冢庄人。生于清道光十九年（1839），卒于民国二十五年（1936）。业医五十余年，以善治内科闻名。寿高九十七岁。

[《山东中医药志》（1991）]

◎ 仇锡恩 ◎

仇锡恩医术精良，开设"诚济堂"行医，对疔、疮、疖、痈、疽等外科诸症治疗有独到之处，对"疔疮走黄"之险症治疗亦有奇效。中年研制成预防狂犬病和破伤风的"丁药"，救治病人甚多。其医术传于后人仇毓贤，继续开设"诚济堂"坐堂行医。民国二十九年（1940）后，仍由仇氏后人仇有廪继续行医。仇氏外科在鲁南、苏北享有盛誉。

仇锡恩（1840—1915），字荫桐，滕县姜屯镇仇官庄村人。幼年攻读诗书，成年后则致力于医学，研读《脉经》《医宗金鉴》等，涉猎群医典籍。专事内、外两科，中年乃致力于外科疾病的研究。精于望诊、切诊，治病多有奇效，行医五十余年，日诊百余人。在鲁南、苏北等地享有盛誉，被誉为"外科名医"。

他认为治疗外科之"疔、疮、痈、疽"等症，首应辨明阴阳，阳证以凉药折之，阴证温之，肿疡汗而消之，溃后补而托之。又主张正邪兼顾，内外同治。内治以调整气血，扶正祛邪，视体质、年龄、病情而用药。外治用药膏、药面、烫洗等剂型，直接作用于患处，疗效显著。

他治病诊查详细，一丝不苟，断病精确，方简药精，善于把握病势而先发施治，且对预后判断准确。对诊治外科病的疑难杂症造诣颇深。如"疔毒"症，主张早期通里泄热，以清除脏腑火毒，佐以疏风凉血，清热解毒。对"疔疮走黄"之症，治疗之法独具特点，挽救了很多危重病人。一日数人抬一青年求治，患者口唇部生"疔疮"，口歪面肿，喉痰壅盛，已神志昏迷。诊后说："此疔疮走黄之症，病势深重，可住邻近就治。"乃先以蟾酥丸化而灌之，再以汤药徐徐服下，药尽再煎，次日黎明，肿势见消，神志转清。再药，疮顶出脓而愈。他认为疔疮乃火热之毒，蕴蒸肌肤，以致气血凝滞，火毒结聚而成，头面为诸阳之首，易助火热炽盛，毒邪则易于走散，入于营血，内攻脏腑，而为"疔疮走黄"，乃至为凶险之症。

仇锡恩毕生研究狂犬咬伤之症，在预防发病的用药上取得了成果。当时城乡狂犬较多，群众常有被咬而发病致死者，病状极惨，群众异常恐惧。他深感不安，经数年实践，创制出"丁药"一方，外用于局部，有效地预防狂犬病的发病。用法：温水洗净局部，用菱形刀把伤口扩大见血，把"丁药"插入伤口，外用自制膏药贴之。一至二日即红肿溃烂，五至六日腐肉脱落，十日收口痊愈。

治疗破伤风是仇氏外科的另一大专长。他认为治疗破伤风应分清虚实，实者清热解毒，凉血解痉；虚者温补，祛风解痉。他曾用药物装入布袋，和鸡同煮，用食肉喝汤的方法治愈病人甚众。曾治一贫家妇，为产后风，气息奄奄，角弓反张，口咬腮紧，诊后说："病虽重，脉尚有神耳，还可治。"乃用上法治之，果愈。

他对外科之"发背""脱疽""附骨疽"等重症，创制了较多确有疗效的方剂和治疗方法。对"瘰疬""瘘管"等较为难治的外科疾患，进行了深入的研究。某日一道士求治，自言下部有疾，先后经数十医治疗不愈，历四年矣，脓血淋漓，痛苦甚重。诊后说："此乃瘘疮。"随先服滋补气血之药壮其体，补其气，再用"丁药"蚀之，待脓血大下后，用生肌解毒剂治之，半月而愈。

他对皮肤病的治疗也有独到之处，自拟方甚多。对当时甚为难治的"秃疮"，不内服任何药物，只外用自配之药膏搽之，七日即愈，灵验异常。他还配制了治疗其他皮肤病的"诸疮一扫光""银花解毒散"等药膏、药面，外用于皮肤病，均有良好的效果。

仇锡恩不但医术精湛，且医德高尚，凡求诊者不论富贵贫贱，均一视同仁，从不趋炎附势。有贫困无力取药者，则遣方舍药，为其治疗分文不取。他说："治病救命，乃我行医之宗旨。"病家邀请，及时前往，诊后即返，概不留餐，一生如此。他治学严谨，治病尽心竭力，深受群众爱戴，在滕县中医界有很大影响。

[《枣庄市卫生志》（1988）]

仇锡恩，字荫桐，滕县人，生于清道光二十年（1840），卒于民国四年（1915）。自修医术，专精外科，治多奇效，业医五十余年，日诊百余。于鲁南、苏北一带颇有盛誉，有"外科名医"美誉。子孙传其术。

仇锡恩，字荫桐，滕县姜屯镇仇官庄人，生于清道光二十年（1840），卒于民国四年（1915）。幼读诗书，成年后则致力于医，初事内、外两科，中年后始专工外科。精于望诊、切诊，治病多奇验，常起沉疴。业医五十余年，日诊百余。于鲁南、苏等地享有盛誉，称为"外科圣手"。

仇氏治疗外科疔、疮、痈、疽等证，首辨阴阳，阳证以凉药折之，阴证温之，肿疡汗而消之，溃后补而托之。正邪兼顾，内外同治，内治以调整气血，扶正祛邪，视体质、年龄、病情而遣药。外治以药膏、药末或烫洗等，疗效颇显。

疔毒，乃外科之危候，仇氏多着手成春，其法则早期通里泄热，清脏腑火毒，佐以疏风凉血，清热解毒。一青年口唇生疔疮，口歪面肿，痰涎涌盛，神识不清，此系疔毒走黄，病势深重，仇氏先化蟾酥丸灌之，次以汤药徐徐呷之，药尽再煎，至次日，肿势渐消，神识转清。再药，脓溃而愈。

仇氏治狂犬病自创新法。其法：温水洗净伤口，用菱形刀扩创见血，将"丁药"插入伤口，外贴自制膏药。一二日红肿溃烂，五六日腐肉脱落，十日收口痊愈。

仇氏治破伤风独具特点，先分虚实，实者清热解毒，凉血解痉；虚者温补，祛风解痉。以药物装袋内与鸡同煮，食肉喝汤，此法活人甚众。曾治一贫家妇，产后风，牙关紧闭，角弓反张，气息奄奄。用上法治之，果愈。

仇氏对外科重症"发背""脱疽""附骨疽"、难症"瘰疬""瘘管"等病的治疗颇有心得。

仇氏应诊，凡求诊者不分富贵贫贱，一视同仁，贫苦者常舍药治之。凡出诊，概不在外就餐，一生如此。

子孙至今传其术。

[《山东中医药志》(1991)]

◎ 任玉林 ◎

任玉林，峄县郭里集人。生于清道光二十五年（1845），卒于民国四年（1915）。行医四十余年，擅长内科。

[《山东中医药志》(1991)]

◎ 谷胜芝 ◎

谷胜芝，峄县永安乡人。生于清道光二十五年（1845），卒于民国二十四年（1935）。擅长内科。

[《山东中医药志》(1991)]

◎ 任永照 ◎

任永照,峄县魏楼人。生于清咸丰三年(1853),卒于民国八年(1919)。擅长内妇两科。

[《山东中医药志》(1991)]

◎ 张善兰 ◎

张善兰,峄县郭里集人。生于清咸丰三年(1853),卒于民国十二年(1923)。术精内科。

[《山东中医药志》(1991)]

◎ 邵文汉 ◎

邵文汉,滕县大坞镇人。生于清咸丰五年(1855),卒于民国三十二年(1943)。以善治妇科病闻名。

[《山东中医药志》(1991)]

◎ 姜开五 ◎

姜开五,字福海,滕县鲍沟镇人。生于清咸丰六年(1856),卒于民国二十五年(1936)。善治外科疮疡。

[《山东中医药志》(1991)]

◎ 孙传琯 ◎

孙传琯(1857—1937),峄城区金陵寺赵家村人。他二十四岁开始学医,博览群书,研究各家名医验案。刻苦自学,订阅《医界春秋》《新加坡医学杂志》等刊物细心阅读。后坐堂行医,堂号"天益堂"。他擅长内科,临证偏于攻下。用药独具特点,加重大黄用量。例:涧头集孙某之妻,二十八岁,突然发病,脊背疼痛难忍,其背红肿,不能沾衣。脉洪数,面红目赤,舌质紫绛。诊为阳毒之症。用大黄五斤、板蓝根两斤煎汤分数次服之痊愈。

峄县南门外孙某,男,三十六岁,嗜好鸦片,平日大便五日一行,某日突受风寒侵袭,夜间突然发烧,大便十余日不行,心口烦热,腹痛胀满,请孙先生诊之,方用大剂量的调胃承气汤加人参,煎一大碗服下,感腹内作响,有通利之意,继之下燥粪二十余枚而愈。由于孙先生治病独具特点，故在本地具有一定影响。

[《枣庄市卫生志》(1988)]

◎ 陈 堂 ◎

陈堂，滕县东郭镇人。生于清咸丰十年（1860），卒于民国三十三年（1944）。庠生。业医五十余年，善治内科病。

[《山东中医药志》(1991)]

◎ 王思颐 ◎

王思颐，枣庄底阁镇人。生于清同治元年（1862），卒于民国三十一年（1942）。业医五十余年，术精内、妇两科。

[《山东中医药志》(1991)]

◎ 张伯振 ◎

张伯振，薛城人。生于清同治元年（1862），卒于民国二十三年（1934）。业医四十余年，擅长内、妇两科。

[《山东中医药志》(1991)]

◎ 宋增兰 ◎

宋增兰，峄县郭里集人。生于清同治二年（1863），卒于民国十年（1921）。工内科。

[《山东中医药志》(1991)]

◎ 徐广达 ◎

徐广达，峄县城关人。生于清同治二年（1863），卒于民国二十九年（1940）。擅长内科，又精针灸。

[《山东中医药志》(1991)]

◎ 张成绪 ◎

张成绪，字路青，枣庄金河人。生于清同治三年（1864），卒于民国二年

（1913）。擅长内、儿两科。

[《山东中医药志》（1991）]

◎ 董秀娥 ◎

董秀娥，字西峰，枣庄沙沟镇人。生于清同治三年（1864），卒于民国二十九年（1940）。工内科杂病。

[《山东中医药志》（1991）]

◎ 孟兆荣 ◎

孟兆荣，峄县周村乡人。生于清同治四年（1865），卒于民国三十七年（1948）。术精妇科。

[《山东中医药志》（1991）]

◎ 鲁显明 ◎

鲁显明，薛城人。生于清同治四年（1865），卒于民国二十年（1931）。善针灸术。

[《山东中医药志》（1991）]

◎ 褚敬诺 ◎

褚敬诺，峄城阴平朱羊沟人。褚敬诺为妇科名医，他认为调经主要在于理血，而理血重在调养脾胃。对怀孕期的治疗以清热安胎、降逆和胃为主，产后诸疾则以大补气血为主。他一生以慈善为怀，誉满乡里。

褚敬诺（1865—1948），峄城阴平镇朱羊沟人。他出身于中医世家，因应试落榜而弃儒习医。白天随父应诊，夜晚攻读医书，成年后独立应诊。常在徐州、峄县、滕县等地行医。后被峄县"中和堂"药铺聘为坐堂先生。民国三十四年（1945）秋返回家乡阴平，直到病逝。

他学习医术极为刻苦，除熟读中医经典外，尤精读《妇人大全良方》《妇科准绳》《傅青主女科》等妇科名著，因此，特别擅长于对妇科病的诊疗。

他认为调经主要在于理血，而理血重在脾胃，脾胃为后天之本，生血之源，肾为先天之本，是天癸之根，脾肾强则经易调。对胎前病的治疗他以清热安胎、降逆和胃为主；对产后诸疾，当以大补气血为主；对杂症，急则治其标，缓则治其本或标本兼治。

褚敬诺为峄县著名老中医，他一生忙于诊务，无暇著书立说，以慈善为怀，誉满乡里。

[《枣庄市卫生志》（1988）]

◎ 张士勋 ◎

张士勋，字汉臣，峄县郭里集人。生于清同治七年（1868），卒于民国三十五年（1946）。业医四十余年，善治内科杂病。

[《山东中医药志》（1991）]

◎ 张典谋 ◎

张典谋，枣庄沙沟人。生于清同治七年（1868），卒于民国三十四年（1945）。术精儿科。

[《山东中医药志》（1991）]

◎ 吴增敏 ◎

吴增敏，峄县安城乡人。生于清同治七年（1868），卒于民国二十八年（1939）。以善治外科知名。

[《山东中医药志》（1991）]

◎ 王敬贤 ◎

王敬贤，峄县枣庄镇人。生于清同治八年（1869），卒于1949年。行医五十余年，术精内科杂病。

[《山东中医药志》（1991）]

◎ 唐来晨 ◎

唐来晨，字旭谷，滕县龙阳乡人。生于清同治八年（1869），卒于民国二十七年（1938）。术精妇科。

[《山东中医药志》（1991）]

◎ 袁子健 ◎

袁子健,滕县南沙河乡人。生于清同治九年(1870),卒于民国二十七年(1938)。行医四十余年,术工内科。

[《山东中医药志》(1991)]

◎ 袁士俊 ◎

袁士俊,字秀生,枣庄金河人。生于清同治十年(1871),卒于民国三十一年(1942)。术精内科,兼通妇科。

[《山东中医药志》(1991)]

◎ 王玉珂 ◎

王玉珂(1872—1947),字鸣亭,祖居滕县城郊七里沟村,后迁至滕县羊庄镇南塘村。出身于中医世家,其祖父擅长疹科。他自幼好学,熟读《礼》《易》,擅书法、好诗文、精丹青、通琴艺。二十三岁时岐黄术精,遂承袭祖业,坐堂应诊。他擅长内、儿科,对其祖父遗留的《痘疹经验良方》深加研讨,在临证中加以完善。在痘疹流行期间,他日夜为患者诊治,多应手奏效,在群众中有"王神仙"之称。

王玉珂医德高尚,视贫苦病者如亲人,常舍钱施药济贫,豪绅权贵之人虽重金聘请,不为之动,为乡里所称颂。痘疹流行严重时,婴幼儿死亡惨重,他深感悯痛,遂奋笔疾书,将《痘疹经验良方》修改刊行于世,分发给同道、乡邻,以济世救人。

在清理已故老中医李光耀遗籍时,发现了《痘疹经验良方》一书的全套刻本原版,字迹清晰可辨。

民国年间,木石镇人王玉珂,祖传治疗痘疹已三世。王玉珂集古方之大成,积几十年治疗心得和父辈经验,写成一书,名《痘疹经验良方》,立论精详,便于实用,以歌诀为题裁,约万余字。用该书之方治疗痘疹,应手奏效,有"王神仙"之称。

[《枣庄市卫生志》(1988)]

王玉珂,字鸣亭,滕县羊庄镇南塘村人,生于清同治十一年(1872),卒于民国三十六年(1947)。

玉珂生中医世家,祖父以善治痘疹闻名乡邑。自幼好学,熟读《礼》《易》,

擅书法，好诗文，精丹青，通琴棋，身兼六艺。承祖训修岐黄术，以文治医，二十三岁即坐堂应诊。临证擅长内、儿两科。对祖父传家遗著《痘疹经验良方》尤加深研。每痘疹流行之时，玉珂日夜诊治不怠，遣方施药，多应手奏效。乡里民间有"王神仙"之誉。

玉珂行医，尤重德行，视贫苦病者如亲人，常舍钱施药济贫，豪绅权贵之人，虽重金延聘，不为之动，为乡里称颂。痘疹流行严重时小儿死亡惨重，恻隐之心油然萌生，遂将家传《痘疹经验良方》抄出刊行于世，分发同道、乡邻，以济世活人。

[《山东中医药志》(1991)]

◎ 李景彪 ◎

李景彪，薛城人。生于清同治十一年（1872），卒于民国三十七年（1948）。术精儿科。

[《山东中医药志》(1991)]

◎ 张汉朝 ◎

张汉朝，滕县沙沟人。生于清同治十一年（1872），卒于民国三十七年（1948）。善治儿科病。

[《山东中医药志》(1991)]

◎ 汪松年 ◎

汪松年，峄县人。生于清同治十二年（1873），卒于民国二十八年（1939）。善治内科杂病。

[《山东中医药志》(1991)]

◎ 刁广现 ◎

刁广现，峄县枣庄镇人。生于清同治十三年（1874），卒于民国三十七年（1948）。业医四十余年，善治内科杂病。

[《山东中医药志》(1991)]

◎ 李汉帮 ◎

李汉帮（1876—1945），字伯藩，枣庄市市郊乡西垞塔埠人。二十岁时应科举不第，而弃儒习医。随父李敬廷开设药铺，边拿药边学医，三十岁时即能独立应诊，数年之间而成为名医。在郭里集设药铺行医，后迁至枣庄老街，堂号"益元恒"。他偏重于内科杂病和妇科病，处方多顾及脾胃。他说："脾胃为后天之本，得谷者昌，失谷者亡，只要脾胃健旺，病就会有转机。"如治菌痢，以芍药等药为主，加入麦芽、莱菔子、山楂，用之每获良效。

他诊病细致入微，处方用药慎重准确，他常说："治好一个病人不求功，治死一个病人则良心有亏，为医者当慎之。"他性格清高，从不结交权贵，对穷苦病人有求必应。他行医三十多年，积累经验较多，写出了大量的医疗心得，均在战乱年代焚毁。李汉帮在本地享有较高声誉。

枣庄镇的李汉帮，精于内科杂病，处方用药常顾及脾胃，人称"补土派"。

李汉帮，字伯藩，峄县人，生于清光绪二年（1876），卒于民国三十四年（1945）。传家技业医，术精内、妇两科，治重脾胃。

[《枣庄市卫生志》（1988）]

◎ 陈庆松 ◎

陈庆松，滕县龙阳乡人。生于清光绪二年（1876），卒于民国十一年（1922）。以善治妇科闻名乡里。

[《山东中医药志》（1991）]

◎ 张守义 ◎

张守义，民国时期台儿庄镇顺河街人。张守义精妇科，临证善清补，行医四十年，乡邻德之。

张守义治肺痨有方，常用龟板、鳖甲、百合、石斛等补阴之药以济之，为滋阴里手。

张守义（1876—1946），字廉之，回族，台儿庄镇顺河街人。张守义出生于中医世家，其祖父和父亲均为当地名医。他幼习儒学，光绪三十年（1904）中秀才，举孝廉。因家境贫寒，将功名以五百两银价转卖他人，以偿还求学时所欠债务。随后跟南京"耐古堂"名医、丹青大师石砚学医，间或作画，凡十二年。学成回原籍，同其父张文学开"泰山堂"药铺而从医。

张守义临证善清补，精妇科，治肺痨尤佳。时中兴煤矿股份有限公司田俊臣病，午后潮热，兼或吐血，渐见骨瘦如柴，形疲神衰，寝食俱废，诸医无措。张守义施以理痨汤，四十剂而愈。又奉军第二师师长之女，午后潮热，咳嗽咯血，神疲形易，渐感不支，垂危之际，求治于张守义，仍以理劳汤施之。药用鳖甲、龟板、百合、麦冬、当归、石斛等，煎汤温服，三十剂而愈，形神俱佳、健美如初。师长亲抵"泰山堂"致谢，赠匾一面，上题"广沛上池"。

张守义对穷苦乡邻多怜之，时有乞丐呕吐腹泻，因无钱请医，庶几欲绝，适逢张守义，即予以藿香正气散加党参30克、黄连9克，煎汤温服，二剂而愈。不取分文，患者感其恩德，集众乞丐送匾一面，上题"济世活人"。

张守义医名日盛，士绅名流，欲与之交，所过之处，人皆敬之。台儿庄镇知名人士贺义民、马振堂等感其医术精湛，德高望重，各送匾额，一题"脉绍仲景"，一题"品洁术精"。

张守义既精于医理，且善书法，又为丹青妙手，绘花草，栩栩如生，描人物，呼之欲出。台儿庄镇周围富家望族之墓志碑文多出于张守义之笔。

民国二十七年（1938）春，日军入侵，兵临城下，中日于台儿庄激战经旬，满目焦土，尸骨成堆，张守义书稿及堂铺荡然无存。张守义抑郁成疾，于民国三十五年（1946）病故，终年七十岁。

[《枣庄市卫生志》（1988）]

张守义，字廉之，回族，峄县台儿庄顺河街人，生于清光绪二年（1876），卒于民国三十五年（1946）。廉之生于中医世家，其父、祖父皆乡里名医。幼习儒术，光绪三十年中秀才，继举孝廉，因家贫无力进取，故弃儒习医，拜金陵"耐古堂"名医兼丹青大师石砚为师，学医间或作画，凡十二年。术成回乡，与父张文学开"泰山堂"药店。

廉之精妇科，善清补，治肺痨尤佳。时中兴煤矿股份有限公司田俊臣病，午后潮热，兼有吐血，渐见骨瘦如柴，形疲神衰，寝食俱废，诸医措手。廉之用理痨汤治之，四十剂而愈。又奉军第二师师长之女病，午后潮热，咳嗽咯血，精神萎靡，日渐不支，垂危之际，求治于廉之，仍以理痨汤，药用鳖甲、龟板、百合、麦冬、当归、石斛等，煎汤温服，三十剂而愈，形神俱佳，健美如初。师长亲抵"泰山堂"致谢，赠匾，刻题"广沛上池"。

廉之之为医，对贫苦病者，尤加怜恤。时有一乞丐呕吐腹泻，卧病街头，无钱医治。适逢廉之见之，以藿香正气散煎汤与服，两剂而愈，不取分文。患者感恩，集众乞丐送匾一面，文曰"济世活人"。

张氏既精于医，且善书法，又为丹青妙笔，乡里名门望族墓志碑文多出廉之之手。

民国二十七年（1938）春，日寇入侵，兵临城下，中日台儿庄激战经旬，满目焦土，尸骨如堆，张氏之药店、书稿化为灰烬。至此郁郁成疾，于民国三十五年（1946）病逝，寿七十岁。

[《山东中医药志》（1991）]

◎ 赵景封 ◎

赵景封，字建侯，滕县城郊人。生于清光绪六年（1881），卒于民国三十五年（1946）。术精内科。

[《山东中医药志》（1991）]

◎ 高振彩 ◎

高振彩（1881—1954），字子和，市中区王庄乡高家庄人。光绪二十年（1894）入私塾读书七年。1900年到峄县"中和堂"中药店学徒三年后任中药调剂。光绪三十三年（1907）离开中和堂，到峄县庆裕药店做账房先生，兼管收购中药材。民国二年（1913）在枣庄镇创办药店。民国四年（1915）定名为"庆裕药栈"，批发兼零售，为峄县北部最大的中药栈。此时，他被推选为商会会长。民国二十三年（1934）又创办"德和堂"药店，自任经理兼诊病，1951年停业。

高振彩前半生从药，后半生从医，曾多次为中国共产党的地下工作者治病。1949年峄县第一次政治协商会议时，被聘为大会特邀代表。

他一生对药品炮制要求严格，讲求质量，积累了丰富的药品炮制、成药制剂经验。民国二十三年（1934）行医后，擅长内科，特别对伤寒病的治疗较有成效。对高热、昏迷的病症多用滋阴清热镇痉的方剂，常收捷效。他在同行中颇受敬重，享有盛誉。

[《枣庄市卫生志》（1988）]

◎ 李观山 ◎

李观山（1882—1974），字修吾，原籍江苏邳县。李观山出生于中医世家，22岁时随祖父行医于邳县"长春堂"。民国七年（1918）将"长春堂"迁到台儿庄镇两半汪西，仍为堂医，兼受聘于"中和堂"行医。1956年被聘为峄县十五区卫生所中医大夫，1962年秋至台儿庄区人民医院任中医大夫。

李观山熟读医籍，长于内科，惯用经方。凡临证处方，必以谨慎周全为先，稍有不明之处，即索书核对，至德高望重之时，仍小心谨慎如初。

李观山医术高明，方圆百里皆知。邳城马文选忽然患病，发冷发热，盗汗乏力，面色焦黑，浮颜油汗，周身疼痛，胸部紧闷，咳嗽吐痰，偶有血丝，不思饮食，舌苔白厚而腻，脉弦而紧。某医以清热泻火，理肺化痰之剂施之，逾日而病益笃，诸医束手皆以为不治。乃涉百里求治于李观山。诊毕说："此乃阳虚，当以天魂汤主之。"方用桂枝9克，茯苓9克，干姜9克，人参9克，附子9克，甘草6克，水煎服。一剂稍好，三剂而愈。

农妇胡立珍神思错乱，语无伦次，面色苍白，唇裂舌干，苔白厚而腻，脉弦数，求治于李观山。李观山说："此乃伤于七情，复受惊恐，不得眠所致。当兼有见水则喜，见食则恶之症。"询其陪护者，果然如此。方用：人参9克，茯苓30克，白术30克，菟丝子9克，半夏12克，石菖蒲12克，附子片0.3克，甘草9克，水煎服。半日醒悟，神思清晰，诸症消失。

民国初年，兵灾连年，瘟疫流行，伤寒杂病，屡见不鲜。李观山整日忙于诊察，求治者络绎不绝，得以保全性命者颇众。民国十一年（1922），台儿庄镇一些知名人士曾联名赠送李观山两面德行匾，以示敬仰。

[《枣庄市卫生志》（1988）]

◎ 李春成 ◎

李春成，字子藩，滕县木石镇人。生于清光绪七年（1882），卒于民国三十三年（1944）。善治内科杂病。

[《山东中医药志》（1991）]

◎ 仇毓贤 ◎

仇毓贤，滕县姜屯镇人。生于清光绪八年（1883），卒于民国二十二年（1933）。业医三十余年，术专外科。

[《山东中医药志》（1991）]

◎ 王序赓 ◎

王序赓（1884—1960），字伯杨，市中区黄庄乡遗堂村人。其祖父和父亲均为当地名医。从小就受到了医学知识熏陶，幼时即能背诵《汤头歌》《药性赋》。他对医学有特殊兴趣，崇尚扁鹊、张仲景、华佗等历史上的医学家。他昼事夜读，求医不倦，其父却不支持。无奈，他就到外地教书，授课之余仍认真阅读医学书籍，走访名老中医，将《内经》《陈修园医书四十种》《伤寒论》译成白话文。此时，他对祖国医学已有较深造诣，也感动了父辈，三十二岁辞去教师随父习医。

王伯杨白天炮制药材，晚上聆听父亲讲授中医知识，其祖父也把几十年积累的临床经验传授于他。在父辈的指导下，他整理出《中药炮制》《膏丹丸散》文稿，详细记录了中草药炮制方法和中成药的配方制作及应用。独立行医后，请其父订立医规，后整理成《医德今鉴》。他在四十年的医疗生涯中始终遵循：视病人如亲人，不开大方卖假药，不乘人之危抬高药价、敲诈勒索，以济世救人为准则。

民国十六年（1927）前后，本地连年灾荒，疫病流行严重，病人无钱医治，药铺赊欠较多而倒闭。民国十八年（1929）在齐村复业，开设"益龄堂"，方圆几十里的病人登门求医，成为峄县地区著名中医。鉴于每年春季疫病流行，百姓苦不堪言的状况，他通过仔细观察，认真研究，掌握疫病规律和治疗方法，写出了《瘟病心得》一书。民国二十七年（1938）日军侵入，所藏医籍、药品全部损失，于民国三十六年（1947）又遭国民党51师抢劫。后到山区文王峪又开一个小药店，继续行医。1949年被聘到枣庄镇"庆裕药栈"任坐堂先生。时值解放初期，生产恢复，人民安定，他以极大热情为群众诊治疾病，深受群众爱戴，前来看病者络绎不绝。

王伯杨以诊治内科杂病和妇科病为主，积累了丰富的经验，他于1956年加入联合诊所后即着手搜集资料，把一生诊疗经验编写成书。1957年调入峄县人民医院中医科工作。1958年王伯杨编写了《妇科集要》，现仅存一部手稿。

[《枣庄市卫生志》（1988）]

◎ 李汉臣 ◎

李汉臣，滕县羊庄乡人。生于清光绪十一年（1885），卒于1949年。业医四十余年，善治妇科。

[《山东中医药志》（1991）]

◎ 田彦爵 ◎

田彦爵，字修玉，枣庄邹坞人。生于清光绪十二年（1886），卒于民国三十六年（1947）。工内科。

[《山东中医药志》（1991）]

◎ 张桂森 ◎

张桂森（1886—1975），字子岩，现山亭区水泉乡班珩村人。他幼承家训，继承医业，又求教于峄县"中和堂"，归里悬壶治病，擅长内、儿、妇科。凡就医者有求必应，乡里称为"贤善之医"。一生不主张多用贵重药品，从不开大方。他治疗小儿疾患有独特见解，如郑某之子，年六岁，拉痢十余日，每日蹲坑多则十几次，且有呕吐，气神衰殆，声嘶音哑，唇干舌燥，舌质红绛。张桂森说："此噤口痢，痢之危症也，乃肠胃灼热，津液枯涸，胃之气阴耗伤较甚。"当以救焚生津为要，急用党参、石斛、黄连、玉竹、姜汁等药煎服，吐出再服，并用稀粥调养。四剂药下，十分奏效，再经调整药方，数日后便即愈。

民国二十七年（1938）日军侵入枣庄地区，张桂森以大量财力物力支援抗日斗争，积极为抗日志士治疗伤病，掩护中共党的地下工作者。为此，当时区政府赠给他"喜志双全"匾。

张桂森曾任过双山县参议员、滕县人民代表大会代表、县人民委员会委员、县政协常务委员、滕县卫生科副科长、滕县中医院副院长等职。

[《枣庄市卫生志》（1988）]

◎ 刘会芝 ◎

刘会芝，峄县陶庄人。生于清光绪十三年（1887），卒于1949年。以善治外科知名于时。

[《山东中医药志》（1991）]

◎ 王东鉴 ◎

王东鉴（1888—1966），字镜开，薛城区兴仁乡匡山头村人。早年习儒，后跟本地张秀才学医五年。宣统二年（1910）临城疫病流行，他立志行医，并开设"济生堂"正式行医。诊病之余，将百家医书之精华，摘抄、悬挂于书房墙壁上随时学习，详加探讨，医术大进。王东鉴专于内科。曾诊岳某，男，四十岁，其热甚神昏，谵语狂躁，已五日大便不下，舌苔黄厚，脉长有力。诊为邪入阳明，处以大承气汤，一剂则大便通，后稍加调理而康复。又例：宋某，男，十岁，患腰椎结核，身体成"之"字形，先后在徐州、济南、上海等地治疗，疗效甚微。证见发烧口苦，胸胁满痛，头晕目眩，腰部凸出，两股各有鸡蛋大小之脓疱，触之有波动感。

先给以小柴胡汤两剂，口苦胁满之症状便消失。遂改用阳和汤加参芪，两日一剂，共服三月，脓疱全消，又加补药调理而愈。

王东鉴常行医于枣庄、台儿庄、江苏等地，日诊四十余人次，深受病家欢迎。

[《枣庄市卫生志》(1988)]

◎ 朱广玉 ◎

滕县姜屯镇大洪疃村妇科名医朱广玉，对妇科疾患颇有研究，曾自制"济阴膏"，疗效甚佳。滕县姜屯镇人，生于清光绪十三年（1888），卒于民国三十七年（1948）。擅长妇科。

[《枣庄卫生志》(1988)]

◎ 马东昌 ◎

马东昌（1889—1957），字亚兴，峄县人。幼读私塾，稍长兼习医理。爱医书成癖，尤嗜读《医宗金鉴》，爱不释手，精辟章句背诵如流。光绪三十三年（1907）东昌年十八岁，于农事闲暇，则以针灸、推拿应诊，如是三年。稍有医名后则自开堂铺，坐堂行医。

东昌精于外科，善断预后。宣统二年（1910）秋，兰陵镇张某，肩臂红肿，壮热憎寒，曾延医投药数剂，反病热增重。东昌诊视，见患者肩、背、腹、股及腋下又多处继发隐患。即速放脓三处，兼给以汤药煎服，七日后平复。

宣统三年（1911）春，峄县白山西村赵某，趋风求诊，查右上腹生一肿块，大如拳，硬如石，肿体不整，推之不动，告其随从说："此乃不治之症，寿期不长，少则一月，多则两月，望备后事。"随从尚疑，乃转求他医施治，终而无效，四十日卒。其对疾病的判断预后多如此。

东昌自炼"三品"丹药，用此药专治瘘疮，凡用此药3次即愈。

东昌在四十余年的行医生涯中，以其高超的医术博得了赞誉。

[《枣庄市卫生志》(1988)]

◎ 王恒生 ◎

王恒生，峄县安城乡人。生于清光绪十五年（1889），卒于民国三十三年（1944）。善治外科病。

[《山东中医药志》(1991)]

◎ 马兴清 ◎

马兴清（1892—1977），字静斋，清末庠生，原滕县城头乡东岭村人。马兴清青年时随祖父习医，苦读《内经》《伤寒论》《医宗金鉴》等书，中年继承祖传外科，临症善用膏、丹、丸、散。1951年曾治肛瘘病一例，范某，男，四十五岁，患肛瘘病十余年，痛苦极重。马兴清用自制的"三品一条枪"药丁，插入瘘管内，外用猪蹄汤（前猪蹄一个，黄芩、白芷、蜂房、当归、赤芍、川羌各等份）煎水外洗。二十天后瘘管结痂脱落，外敷生肌玉红膏，内服托里消毒散（原方中重用黄芪），三十五天痊愈。

治疗痈疽，马兴清采用内治与手术相结合的方法，主张化脓后切开排脓，以使毒邪外出。民国三十七年（1948）马兴清曾治一男性病人，年已六旬，右背生一痈疽大如手掌，形以蜂窝，色暗红，壮热口渴，小便黄赤，脉细数有力，痛彻骨髓。先用解毒汤之类药治疗无效。马兴清改用"开户逐贼"法，以铍针刺破其脓头，排出脓液，外敷生肌玉红膏，内服托里排脓汤，二十八天痊愈。

马兴清温厚、谦逊，平易近人，曾当选为滕县第六届人民代表大会代表，晚年著有《验方集要》一书。

[《枣庄市卫生志》（1988）]

◎ 丁栋才 ◎

丁栋才（1894—1981），字云庵，薛城区夏庄乡河北庄人，为清末秀才。民国九年（1920）弃儒习医，先后随其祖父和父亲在自设的"广济堂"坐堂行医。1951年春加入中西医诊所，1956年调入薛城区人民医院中医科。1964年和1974年两次参加枣庄市名老中医学术活动。

丁栋才行医五十七年，专于内、儿科。临证中时时注意总结前人经验，积累了大量的资料。曾写出《略述小儿发热一证采用桂枝汤的一点体会》《内热与外热的见解》《谈小儿吐泻采用理中汤的体会和运用》等论文。在他的《验方选辑》《诸药主病》等书稿中，吸取历代医家之精华，积累验方一千余首。现存有《叙述伤寒论学说》《医门大法》《痉、湿、暍三门》等笔记。他共整理学术笔记七十余万字，为后人留下了宝贵的资料。

[《枣庄市卫生志》（1988）]

◎ 晁德霖 ◎

晁德霖（1900—1974），字雨村，峄城区底阁镇人，中医世家出身。幼读私塾，成年后随叔父晁荣杞学医，对《伤寒杂病论》备加崇赏，后又学习陈修园的医方。数年之后便独立应诊。长于内、妇科，就诊者日众。

晁氏温良朴实，平易近人，有求必应，不避寒暑，以济贫扶危为己任，他曾说："医者意也，病不可言传上达，必由心悟而明之，心领神会，三折肱而为医，人生百病，医有万方。"还说："重财轻人不足以言医，粗心大意不足以言医，不存心为人方便不足以言医，不悯人疾苦不足以言医，不知为知之不足以言医，存心误人者不足以言医。医者乃仁术也，有其言必有其行。"他临证重视辨证施治，曾说："有诸内必行诸外，诊病切记一个辨字，证不辨药何以用？病虽多，总不外寒热虚实四字。辨清病情，便可对症下药，若不然，则无的放矢，妄投药物，则为害匪浅。"民国三十七年（1948）秋，桥头村张某，患呕吐已半月，饮食难进，多医治疗无效。请他诊治，晁德霖诊为热邪上逆之症，开一味黄连十八克，用黄土炒之，水煎缓缓服下，而愈。

七七事变之后，日军战火烧至鲁南，此时除人祸之外，霍乱病流行，其症状上吐下泻，泻物均为白色，小腿转筋。当时病人买不到药物，晁德霖即以针灸治之，多取合谷、内关、尺泽、足三里、曲池、中脘穴等，得救者甚多。

他在行医生涯中，曾多次遇上麻疹流行，他破"医不叩门"之戒，主动出诊巡视病人，对贫困者以减免药费助之。对于治疹之法，他说："疹为后天之毒，属阳，宜宣肺透疹解毒，不论何期，切忌闭门缉盗。"他在治疗麻疹中积累了丰富的临床经验。晁德霖于1949年加入峄县医药社，后到底阁镇卫生院从事中医工作，在防病治病中做了大量工作，并把一生医疗经验传授于中青年中医工作者，多次受到表彰。

峄县人晁德霖对针灸深有研究，民国二十七年（1938），霍乱流行，染疾者吐泻物为白色，腓肠肌痉挛。当时药物奇缺，晁氏则用针灸为病人治之，取穴合谷、内关、尺泽、足三里、曲池、中脘，得救者甚多。滕县有针灸名医韩相九，薛城有鲁显明、刘永堂、张健美、谢树华。中医多会针灸，急症先针，针药兼施，凡及时求治者，疗效甚著。

晁德霖治呕吐有奇效。峄县桥头村张某，患呕吐半月，晁德霖诊为热邪上逆，开一味黄连十八克，土炒后水煎缓缓服下而愈。

[《枣庄市卫生志》（1988）]

◎ 狄子钧 ◎

狄子钧（1903—1979），字开运，滕县官桥村人。曾先后在峄县、陶庄、枣庄市人民医院从事中药工作六十年。

狄子钧自幼读书，后因家贫而辍学务农。十七岁时经人介绍到峄县"中和堂"药铺当学徒。他精心钻研药物的性能和炮制技术，认真学习各种丸、丹、膏、散的配制方法。工作之余则博览医药书籍和本堂制作膏丹丸散的手稿，也曾熟读过《本草纲目》《针灸大成》《药性赋》《方剂学》《伤寒论》等书，有的书则能熟背如流。因此很深得掌柜先生的宠爱，师兄们也都自愿把药工技术传授于他。狄子钧在药工技术上有了大的进步，在"中和堂"学徒本应三年出师，而他提前一年独立工作。

狄子钧对中药炮制极为精细，一丝不苟。他炒炙穿山甲、醋淬的龟板、鳖甲等药个大，疏松易碎，心透而外不焦，便于煎出有效成分而提高疗效。他炼蜜技术高超，蜜炙冬花、桑皮、远志、麻黄、黄芪、甘草、紫菀等药，存放数月而不发黏、不霉变。他对毒性药物的炮制，掌握浸泡时间准确，有的药物必先口尝辨试后再切用。切制槟榔片是药工的一大难题，也是检验药工切片技术高低的标准，槟榔坚硬个小，而狄子钧每个槟榔能切一百余片，菲薄如纸，易于煎出有效成分。他对炒炭的药材，火候掌握适度，能准确地达到要求。

狄子钧对医理也有较深的功底，善治杂病。枣庄人丁广聚患胸腔积液，久治不愈，狄子钧看准病症后，投药数剂而愈。他治疗鱼骨卡喉有特效。滕县张汪公社油楼村孙凤龙之母鱼骨卡喉，数日不能进食，狄子钧以威灵仙、砂仁两味药投之，药到病除。

狄子钧一生酷爱医药典籍，直至晚年仍手不释卷，弥留之时还手捧裱了又裱、糊了又糊的《本草纲目》，终年七十六岁。遗著有《验方》一书，1983年由其子狄福山献于枣庄市人民医院。

［《枣庄市卫生志》（1988）］

◎ 颜士贤 ◎

颜士贤（1903—1984），字子逸，滕县张汪镇颜村人。颜士贤父亲是滕县名中医，擅长内、妇科。他从小受父亲教诲，认真攻读医籍，二十岁时就掌握了中医基础理论知识，初步应诊。由滕县迁来枣庄，后在齐村街开设"济生堂"药店。由于医术较高，受到民众的尊敬和爱戴。1955年底参加联合诊所，1961年调到枣庄镇医院工作。

颜士贤技术全面，善治慢性病。对乙脑的治疗颇有见地。1961年，本地乙脑流行，他和西医合作，采用中西医结合的治疗方法，治愈了很多危重病人。1979年市机关张以美（女），患紫癜病（血小板减少症），症为面色无华，长期低热，盗汗，头晕耳鸣，口渴咽干，全身骨节疼痛，牙龈出血，肝脾肿大，皮肤紫癜。颜士贤按"凉血解毒、养阴透热"的治疗法则，用"青蒿鳖甲汤"和"犀角地黄汤"加减，依上方服三十剂而愈。

颜士贤中医理论扎实，1955年市卫生局在峄县举办中医学习班时，颜士贤被聘为教师，主讲《伤寒》《温病》《金匮》《内经》等课。在枣庄镇医院工作时，也是白天诊病，晚上讲学。他行医六十年，积累了大量临床资料和实践经验，并写出《诊病医案》《伤寒见解》《瘟病歌诀》《妇科论症》《药性赋歌诀》等手稿。

[《枣庄市卫生志》（1988）]

◎ 李济民 ◎

滕县岗头镇名医李济民，精于妇科。他熟读医籍后，于民国二十九年（1940）从师于清末翰林学士、天津著名国医尉家谦，三年后又考入天津国医函授学院。1956年后，在岗头公社医院任职，他医术精湛，处方严谨。清经多用芩、连、栀、柏；补虚多用参、术、归、苓；行滞多用川芎、香附、青皮、元胡；固精则以牡蛎、赤石脂、棕炭、侧柏炭为主。晚年广积医案，著有《验方集锦》《李济民医案》等医籍。

李济民（1904—1978），名兴帮，滕县岗头镇阳关村人。中医世家出身。先随祖父习医，攻《本草纲目》，诵《内经》《难经》。民国二十九年（1940）远赴天津，从师于清末翰林学士、著名国医尉家谦。三年后又考入"天津国医函授学院"深造，毕业后专于妇科。

1964年，他以"白虎汤"加减治疗乙脑，效果甚佳，因病死率大为下降。他治疗妇科病本着"凡医妇人，首重调经，经过则安，经调则病除"的原则，注重调经，兼顾脾胃，继以调肝肾，肝肾调则阴血得以养。他常以个人经验方治疗，清经多用芩、连、栀、柏；补虚多用参、术、归、苓；行滞善用川芎、香附、青皮、元胡；固精则以牡蛎、赤石脂、棕炭、侧柏炭为主；气虚下陷多用柴胡、白芷、升麻。曾治一病例，齐爱兰，女，三十岁，月经过期不至，胸膈满闷，腰酸背痛。采用"过期饮"加减，一剂轻、二剂愈。

李济民一生谦虚谨慎，平易近人，不贬他医，一视同仁。晚年广积医案，著有《验方集锦》《李济民医案》等。

[《枣庄市卫生志》（1988）]

◎ 生昌龙 ◎

生昌龙（1905—1972），字鲁山，姜屯镇前李店村人。1917年其父生克恭携眷迁居城里七道弯，开设"西记济生堂"药铺，专制跌打损伤、骨折脱臼，并熬制正骨膏药。生从小跟随父亲研究正骨技术，学习熬制膏药之法，深得祖传真诀。其父病故后，鲁山继承父业，担起了济生堂正骨和熬制膏药的重任。1956年以他为首联合部分中医，成立了城关第六联合诊所。1958年加入五星人民公社医院（现城郊卫生院），与其子生兆立共任骨科医生。医院虽几经变迁、易名，而鲁山始终在该院供职，直到1973年患脑出血病逝。

鲁山乃生氏八世孙，由生作梅（正骨第一世祖）首创正骨技术至生鲁山已日臻完善。因其自幼好学，肯动脑善钻研，温文谦虚，对技术精益求精，对病人体贴备至。所以，他的正骨技艺深得群众好评，外省市慕名前来求医者络绎不绝。他擅长对长干骨折和骨节脱臼的治疗，效果更为突出。对长干骨折，他注重体位的控制；对骨折的复位，注重一次性成功；最忌反复多次复位活动断处。他认为多次复位或活动断处，会延缓骨折的愈合，影响骨痂的生长，加重周围组织的创伤，增加瘀血块而使部分组织变硬。经他治疗的骨折，绝大多数对位对线良好，恢复期短，功能障碍极少。给病人用药，甚为精心，每处一方必深思熟虑，并根据病人的体质、伤断部位和性别、年龄等情况施药。对关节脱臼治疗尤有奇法，不需要助手，亦可复位成功，且不留后遗症。

生鲁山对正骨膏药的熬制，严格按其规程坚持一丝不苟，从不疏忽大意，更不使用假药。如遇缺药时，宁可不熬制，亦不用他药代替。故他熬制的膏药，其软硬适度，黏附力强，药料齐备，味道纯正，治疗效果显著。

鲁山为人正直，一生致力于正骨技术的探索，所以在实践中积累了丰富的经验，1956年参加了省中医正骨学术交流会，并被选为第二届县政协委员和第三届人民代表。

[《滕州市城郊乡志》（1993）]

◎ 生昌鸿 ◎

建国初期，生氏个体行医为主的有生昌龙、生昌鸿等。1955年滕县成立联合诊所，生昌龙与子生兆立同入滕县城关第六联合诊所。1958年滕县成立五星公社医院，生昌龙父子被聘入院工作。1959年五星公社医院更名为滕县城关医院，生家父子仍在该院工作。1965年，城关医院改为城郊公社医院。1973年生昌龙病故，其子生兆立接替其工作。

1958年，滕县姜屯公社医院设立中医骨科，由生昌鸿任骨科医生。1969年生昌鸿病故，骨科停诊。1978年重新开诊，1985年有医士两人。

生氏中医整骨采用徒手整复，外贴膏药，小夹板固定，内服中药以活血化瘀，强壮气血，促进骨痂形成，并外用烫洗剂，以活血祛瘀，消肿止痛。生氏整骨术是枣庄市有代表性的中医整骨技术。

[《枣庄卫生志》（1988）]

◎ 孔庆良 ◎

孔庆良（1905—1960），字东熹，系山东平邑县毛阳镇人。历任蒙山县抗日救国会主任、参议员，医学研究会主任，中西医药合作社主任，中共枣庄矿区办事处后方医务所所长兼主治医师，峄县卫生工作者协会主任，省卫生厅中医委员会委员，峄县（枣庄）第三、第四届人大代表。

他出身于中医世家，其父孔宪德是清末庠生，教书兼行医，为费县、蒙山、平邑一带名中医。孔庆良在其父的影响和教诲下，勤奋学习，好学善问，对中医理论及医术颇有造诣，为行医和教学奠定了良好基础。1938年他参加革命工作兼行医，在费县、平邑、泗水、邹县、滕县、枣庄一带为民治病，享有盛誉。

他擅长于妇科及内科，尤对崩漏和不孕症的治疗有独到之处。治疗崩漏辨证求因，急则治其标，缓则治其本，采用塞流、澄源、复旧之法，常获良效。如王姓妇，崩漏十余天不止，经多医治疗无效，求治于孔庆良，用归脾汤加棕榈炭、血余炭煎汁，温冲红糖，连用两剂大效，后改为丸剂，调理半月而康复。治疗不孕症，分为肾虚、肝郁、痰湿三型。每以《景岳全书》毓麟珠、《傅青主女科》养神种玉汤、验方启宫丸等加减。如治许某，婚后五年不育，月经时来时止，量少色淡，小腹疼痛，腰酸肢冷，神疲乏力，舌淡脉细，诊为脾肾两虚，气血两亏，用毓麟珠加减，服十余剂，精神渐佳，月经按期而至，次年顺产一子。

他一生致力于中医教育，重视培养人才，早年在平邑县带有徒弟两人。解放初期组办中医进修班，自任教员，讲授《伤寒论》等课，为枣庄地区培养了中医人才。

他治学严谨，常说："学贵有恒，医贵有德，医理之奥，非思不能解其难。"生前写有读书心得和临证体会多册，毁于"文化大革命"中。

[《枣庄市卫生志》(1988)]

◎ 李光耀 ◎

李光耀（1905—1980），字子明，原滕县羊庄镇长城村人，后迁至现山亭区山亭镇刘庄。他幼读私塾，十六岁时进桑村"泰益堂"药店学徒，在店内打扫庭院，炮制药材。夜读医书，凡重要之处均加小注及心得，对所崇赏之医籍均熟读强记，对《医药顾问大全》能随口背诵。同时练就了炮制中药材和丸、丹、膏、散的制作技术。民国二十七年（1938）于山亭镇开办"天和堂"药店，自任堂医。民国二十九年（1940）考入天津国医函授学院学习。民国三十七年（1948），李光耀在徐州南关借私人院墙搭一简陋厦棚开设"国医李光耀诊所"，并考入徐州中医联合会。建国后在山亭医院中医科工作。

李光耀专于内科杂病及妇科。1959年治疗一例虫积经闭症，患者颜某，十九岁。十四岁月经来潮，十七岁停经，面色萎黄，体瘦神倦，肌肤甲错，五心烦热，无汗干咳，左胁下有一包块如掌大，脐周围有包块三个，时聚时散，常见便虫，脉涩滞。病属虫积经闭，当以杀虫为先。处方以剪红丸加减：槟榔60克，贯众15克，三棱12克，文术12克，木香15克，川军9克，二丑6克，雷丸15克，使君子15克，榧子15克，鱼甲24克，枳壳9克，桃仁9克，红花9克，芜荑12克，水煎服。服药后泻出粗如小指，长约一尺的蛔虫一条。用上方加重剂量再服两剂虫泻净。再给大黄䗪虫丸，每日3次，每次3克，服至120克时，经脉通，面色润，饮食增。唯胁下硬块如前，遂改外治，以透骨草120克（研），生桃仁若干（捣烂），芒硝120克，共碾成膏，加六神丸（研细）100粒。均匀摊布上如掌大，贴在包块处，一贴即愈。婚后生育如常。

李光耀善于总结古今经验，博采众家之长，诊病用药广泛考证，辨证施治，临床随笔一生从无间断。他嗜医如癖，民国三十年（1941）伤寒大流行，病家亲人亦不敢接近病人，他却不顾个人安危，为了病人而奔波于疫区病家，终于被伤寒病所感染，由于抵抗力低下，不久又患了肺结核病，以致终身未愈。

他虽业务繁忙，还要抽出时间培养医学人才，他常以"业精于勤荒于嬉"的名言教诲学生，对学生提出的问题他总是不厌其烦地讲解。滕县中医院内科主治中医师张焕鼎、山亭区水泉医院中医师马登朝、滕县羊庄医院中医师刘锦祥等在专业上都曾受到过李光耀的指导。

1980年11月18日，冯卯乡寺沟村一老妇因病远程来求诊于李光耀。此时，李光耀已处于病危，其儿女告诉病人，李先生已病重。此话被李光耀听到，他立即让病人进来诊脉，给病人诊完脉，用颤抖的手摇晃着开处方，方未开完，笔落在地上，经抢救无效，停止了呼吸。李光耀为病人服务到最后一刻，可谓鞠躬尽瘁。

李光耀整理的临床笔记达几十万字，他认为《华佗方集》较为实用，遂细心验证，整理成《华佗方试验录》手稿，晚年又著有《李光耀医案》。

李光耀一生积累，研制出很多药简方精的单方验方，他治疗长期卧床不起而造成大便秘结的病症，用"沉蜜饮"解除了很多病人的痛苦，且医德高尚。临终前尚切脉开方，方未开完，笔落地而终。

[《枣庄市卫生志》（1988）]

◎ 刘均泰 ◎

刘均泰（1909—1975），滕县北关人。他虽是滕县服务公司理发员、澡堂服务员，但一生喜爱医学，自青年时起就自学接骨拿环技术，多方求教，曾求教于滕县的生氏骨科世家和仇氏外科世家，还经常出入当时的滕县华北医院，以求得医学知识，学习骨骼结构。刘均泰在实践中练就一身本领，在工作之余，随时随地为病人接骨拿环，治疗跌打损伤，对关节脱臼手到复原，治疗四肢骨折用杉木皮固定法，效果显著。滕县武装部战士训练和体委的运动员训练时受伤，都常求其治疗。一髋关节脱臼者，住院治疗久治不愈，而刘均泰几次治疗便愈。

刘均泰在工作之余，日诊十余人，有时生病发烧对来诊者亦不拒之门外，他病重时还为一脱臼患者做了复位手术。刘均泰一生为十余万人接骨拿环，解除伤痛，分文不取，可谓平凡中之高尚，为此，立传于志书，以慰故者，而教后人。

[《枣庄市卫生志》（1988）]

◎ 朱传诺 ◎

朱传诺（1910—1985），滕县姜屯镇大洪疃村人。民国十九年（1930）毕业于乡师，执教于家乡。他出生于四世祖传中医世家，从民国二十七年（1938）始，边教学边习医，继承其祖传医技。民国三十二年（1943）某日，柳泉庄一病家至大洪疃朱家请医，朱传诺应邀前往。病人是产后十日的少妇，腹痛剧烈，寒热七天，汤食少进，病情危重。诊为：产后体虚，寒客胞宫，瘀血内停，上攻心腹。遂用温经散寒，行血祛瘀之法，方用桂心丸和生化汤加减，两剂痊愈。乡里赞声不绝，医名始振，这是他第一次独立应诊。民国三十四年（1945），他离教行医，自开药铺。1954年被聘至滕县鲁寨区供销社医药部工作，1958年转入姜屯公社卫生院任中医，1970年调入滕县中医院。

朱传诺总结祖传妇科诊治经验，博览妇科专著，尤尚《丹溪心法》《济阴纲目》等，师古而不泥，随症而变通。他治疗血热经闭善用天花粉、冬瓜仁等润燥生津之药，效果极佳。曾有专论载于《济宁医药》杂志。他继承并整理了祖传济阴膏的制法和应用。

晚年他在滕县中医院日诊近百人，远近闻名，深受病者与亲属的爱戴。求医者再多从不烦恼，医德高尚传为佳话，病笃已卧床不起，对前来求医者仍是来者不拒，左手输液右手为病人诊脉，实感人肺腑，有的患者出于关心爱惜他，而忍病不诊，垂泪檐下，惜惜而别。

他生前是滕县政协委员，县劳动模范，1978年晋为主治中医师。

[《枣庄市卫生志》（1988）]

朱传诺（1910—1985），滕县姜屯镇大洪疃村人，民国十九年（1930）毕业于乡师，执教于家乡。他出生于四世祖传中医世家，继承其祖传医技。民国三十四年（1945）他离教行医，自开药铺。

朱传诺总结祖传妇科诊治经验，博览妇科专著，尚《丹溪心法》《济阴纲目》等。师古而不泥，随症而变通。他治疗血热经闭善用天花粉、冬瓜仁等润燥生津之药，效果极佳。曾有专论载于《济宁医药》杂志。他继承并整理了祖传"济阴膏"的制法和应用。

他生前是滕县政协委员，县劳动模范。1978年晋升为主治中医师。

[《滕县医药志》（1989）]

◎ 刘映灿 ◎

刘映灿（1911—1983），微山县韩庄大坊头村人（原属峄县）。他出生于十三世祖传中医世家，天资聪明，禀赋好学，在其祖父教诲下，深得《金匮》《内经》

之旨，擅于内科，精于妇科。十九岁独立应诊，就诊者络绎不绝，人们亲切地称他为"小先生"。

民国十八年（1929），南京国民党政府通过余云岫提出的"废止中医，以扫除医事卫生之障碍案"，妄图消灭中医。刘映灿联合本地中医参加了全国中医赴南京请愿团，赴南京请愿。民国二十七年（1938）日军侵入枣庄地区，他避难于微山湖中，终日泛舟于微山湖芦苇丛中为群众诊治疾病。家中珍藏医籍及手抄医案均被焚毁，使刘映灿悲痛欲绝。

1949年新中国成立后，峄县县政府聘他到峄县人民卫生院任中医师。刘映灿治疗内科病，颇有独到见解，如治疗中风症，喜用补阳还五汤，效果良好。肝阳上亢有偏瘫先兆者常用镇肝熄风汤，重在育阴潜阳，活血化瘀。他治疗妇科病常顾及脾胃，尤重用焦白术、茯苓两味药，治疗妇科病方中约六成有这两味药。意在促运化，使气血充盈。他治疗乙脑，采用卫气营血辨证施治。见营血症者多以白虎汤为主方，兼风者加息风之全蝎，兼湿者加藿香、佩兰，并以紫雪丹、安宫牛黄丸等随症配用。

刘映灿是枣庄地区名老中医之一，他曾任山东省中医学会理事，枣庄市中医学会副理事长，枣庄市政协第一、二届副主席、第三届常委。生前为峄城区中医院中医主治医师。曾写有《慢性肾炎的中医治疗》和《补阳还五汤的临床应用》两篇论文，分别在《山东中医药》杂志、《山东中医学会论文选编》（1964年版）上发表。

[《枣庄市卫生志》（1988）]

刘映灿（1911—1983），微山县韩庄镇大坊头村人。先生诞生在历十三世中医世家，天资聪颖，禀赋好学，在其祖父的教诲下，承得家技，深得《内》《难》《伤寒》《金匮》之旨，又取众家之长，擅长内科杂病，尤精妇科，处方精炼，眉目清晰，年方十九岁，即独立应诊，求诊者络绎不绝，名震乡里，群众亲切称之为"小先生"。

1929年，正值先生风华正茂之际，国民党政府通过余云岫提出"废止旧医，以扫除医事卫生之障碍案"。先生为祖国医学的存亡，随同全国中医人士一道赴南京请愿，最后迫使南京当局撤销这一条款，为挽救祖国医学命运尽了应尽之责。1938年日军侵华，战火烧到韩庄坊头村时，先生家藏秘本及手抄医案均付之一炬，使先生悲痛欲绝。为避战乱，隐蔽于微山湖中，仍不忘与人为善之心，终日泛舟于芦苇丛中，为贫困交迫、生活无着的难民及渔民防治疾病。

1949年建国后，先生被聘到峄县人民医院任中医师，从此为发挥他的才智创造了有利条件。先生生前系枣庄市名老中医之一，曾任山东省中医学会理事，枣庄市中医学会副理事长，枣庄市政协第一、二届副主席，第三届常务委员，峄城区中医院主治医师，妇产科主任。其《慢性肾炎的中医治疗》和《补阳还五汤的临床应用》两篇论文，分别发表在1964年《山东中医药杂志》和《山东中医学会论文选编》上。其余手稿皆毁于"文化大革命"期间。

[《微山县卫生志》（1988）]

刘映灿（1911—1983），微山县韩庄大坊头村人（原属峄县），出身中医世家，勤奋好学，广收并蓄。擅治内科杂病，尤精妇科，处方精当。

民国二十七年（1938），日军侵犯微山期间，映灿坚持在微山湖芦苇丛中为群众诊治疾病。

建国初期，刘映灿被峄县人民医院聘为中医师。治疗内科病，有独到见解。治疗中风症，用补阳还五汤。肝阳上亢，有偏瘫先兆者，常用镇肝熄风汤，重在育阴潜阳、活血化瘀。治疗妇科病，常顾及脾胃，重用焦白术、茯苓。治疗流行性乙型脑炎，则卫气营血，辨证施治。营血多以白虎汤为主方；兼风者加息风之全蝎；兼湿加藿香、佩兰，并以紫雪丹、安宫牛黄丸等随症配用，均获良效。

刘映灿曾担任山东省中医学会理事、枣庄市中医学会副理事长，枣庄市政治协商会议第一、二届副主席，第三届常务委员，生前为峄城区中医院主治医师，为枣庄地区名老中医之一，发表《慢性肾炎的中医治疗》《补阳还五汤的临床应用》等论文。

[《济宁市卫生志》（1992）]

◎ 马同如 ◎

滕县中医医院中医主治医师马同如，常年除坚持门诊和病房为病人针灸治疗外，还担负家庭病床的针灸工作，他对面瘫和半身不遂症的治疗尤为擅长，面瘫治愈率达98%以上，半身不遂症也多能恢复或好转。

[《枣庄卫生志》（1988）]

马同如，男，1922年生，山东省滕州市人。滕州市中医医院技术顾问、中医针灸科副主任医师，滕州市中医学会理事长。马同如1961年毕业于山东中医学院师资培训班。1971—1979年任滕县中医医院副院长、针灸主治医师。1979—1981年任院长，1981—1984年任副院长。1984年以后任中医医院技术顾问，针灸科副主任医师。曾先后发表《针刺治疗外伤性截瘫》(《枣庄医药》,1983年第1期)、《谈针灸治疗痹症的体会》(《枣庄医药》,1983年第4期)《滕县医药卫生遗址》(山东中医学报,1987年第3期)、《孔继焭的生平和学术思想》(山东中医药志,1985年)等7篇论文。

[《山东高级医药卫生人物志》(1990)]

◎ 范怀起 ◎

范怀起，男，1852年生于原垦利县范家村，卒于1918年，终年六十六岁。他自幼聪明伶俐，记忆超人，念过几年私塾，在从事农活时，抽空阅读医书，对《伤寒论》、各医家的名著，精通贯懂，善于打丹，主治外科（即疮疖），开始行医就名扬四方。据当地群众回忆"看疮疖几天好就几天好"，并能使疖移位搬家的传说。民国年间，曾给袁世凯和他女儿看过病。为切磋医技、取他人之长，他停留京、津一带行医，因兵荒马乱，后返回老家开药铺、行医。他医德高尚，对贫富看病不一样相待，越是贫苦、穿戴破烂者，他则先去看病开方，当时无钱也给包药，从不拒之门外，他"架子不大"，就医者随叫随到，即使小孩来请也随请随到，在当地名望很高。他病故时因儿子年龄小，医技未传授下来。留下的丸、丹、膏药被其妻给病人用，效果甚佳。

[《垦利县卫生志》（2012）]

◎ 耿景田 ◎

耿景田，男，1861年生于垦利县耿井村，卒于1939年，终年七十八岁。他为人温和善良，有喝酒的嗜好，精通医书、善于妇科，闻名四方，西北斗、利津、麻湾一带也享有名望。凡是请他看病者，有"着手病好，不给开方即死"的传说，荒洼偏僻的地方有其能人，请者则到，就是步行看病，也不叫苦，他的医德技术，后人评价极高。

[《垦利县卫生志》（2012）]

◎ 张维岳 ◎

张维岳（1881—1932），中医，字峻五，利津人。擅长针灸，行医于利津、烟台、济南、龙口等地。1932年夏，霍乱流行。他忙于救治，日夜奔波，救活多人，自己因传染而病逝。后乡民为其立碑纪念。

[《山东省卫生志》（1992）]

◎ 赵心仿 ◎

赵心仿（1883—1975），利津县城关北街人，清末秀才。性慷爽，通经典，明医理，擅长妇科。1962年曾在县中医座谈会上做过"医疗经验介绍"。医德高尚，对病人不论贫富，有求必应。诊治认真，从不索谢，深受四乡群众爱戴。

[《惠民地区中医药志》（1983）]

◎ 李协三 ◎

李协三（1885—1964），利津县陈庄人。从幼攻读医理，习岐黄之术。擅长内科，凡经先生诊治者，多取良效。对病人细心诊治，和蔼相待，有求必赴，体贴病人。

[《惠民地区中医药志》（1983）]

◎ 李宗刚 ◎

李宗刚（1885—1963），字叶三，垦利县辛店公社三佛店人。自幼攻读儒书。二十二岁时，其母患病，求医诊治，服药后遂死，乃立志弃儒习医。博采众家之长，攻读医理十载，为民疗疾。诊务之暇，常思其过，寻其正，以便总结经验。先生精于《伤寒论》，擅长儿科。解放后，多次被选为县人大代表。为县四大名医之一。1937年至1955年，在利津县城开设"仁和堂"药店。自1955年，先后在联合诊所、城关医院、县医院工作，并积极带徒以传于后。先生医德高尚，为人坦直忠厚，诊病不分穷富贵贱，馈谢弗收。常教诲其子："贪财者，不能为医，悉心疗疾者，方为良医"。

[《惠民地区中医药志》（1983）]

◎ 冯好善 ◎

冯好善（1890—1968），字潓高，稻庄公社禹口村人。自幼攻读医学，专眼科，盛名于当地。著有《眼科集要》一书，惜已失传。对"外障"之治，多以荆防败毒散，疏风清热为主，毒盛者，合内疏黄连汤，随症加减。对"内障"之治，多以和脾胃、补肝肾、调气血为法而定方。治疗内障眼病，则主张治疗与养生并重。仅举一案例，以示其余。

[《惠民地区中医药志》（1983）]

◎ 王　相 ◎

王相（1891—1968），字佐臣，广饶县颜徐公社宋王村人。自幼勤奋好学，随舅父学医三年。擅长内科、妇科。曾悬壶于京、津数载。解放后返里，在宋王诊所工作。对"精神病"的诊治，远在京津、近在乡里，负有盛名。先生谨守《内经》

"怒气伤肝，忧思伤脾，过喜伤心"及"心主神明"之教诲，认为精神病的病因，主要是心胸狭窄，七情过度刺激，而致脏腑功能失调，形成癫狂之证，以疏肝清肝、养心安神、开胸涤痰之法施治，多能收效。

[《惠民地区中医药志》（1983）]

◎ 杨耐东 ◎

杨耐东（1894—1978），又名栋才，字松亭，广饶县颜徐公社贾辛大队人。自幼好学，博览群书。早年从事教学兼习岐黄，后弃教从医。擅长内、妇两科。医技高超，医理精湛，久负盛名，求诊者终日不绝。并重视医教，先后带徒数十人。诊务之暇，撰有《杨氏秘录土验方集》。

[《惠民地区中医药志》（1983）]

◎ 岳文源 ◎

岳文源（1894—1980），利津县北岭人。自幼攻读医书，善妇科。集有医案笔记、惠民地区中医医案汇编，曾选其中医案四十七例。对病人诊治细心，活人甚众。且医德高尚，凡有求诊者，一心赴救，从不受谢。对徒弟诲人不倦，学业成绩良好。在利津县享有盛名。

[《惠民地区中医药志》（1983）]

◎ 扈晋升 ◎

扈晋升（1894—1979），号乐平，利津县城关北街人。幼年从父学医，天资明敏，精于岐黄之术。日本侵略中国前，曾在济南进修针灸一年，善针灸、痘科。用小柴胡汤加减治肝炎，有独特见解。1962年曾在县中医座谈会上发表过自己选写的《我对针灸的体会》和《痘疹辨证概论》等论文。积极带徒，授业弟子三人。

[《惠民地区中医药志》（1983）]

◎ 阎继宗 ◎

阎继宗，年逾六旬，患"暴盲症"，双目失明，求冯诊治，认为过食辛辣炙煿厚味，火从内生，又兼过怒伤肝，以致血热上攻，气血逆乱所致。选用逍遥散，合生地四物汤，重用生地，连用十剂。在前基础上减生地量，加用活血化瘀之品，丹参、桃仁、红花，又服十剂。后选杞菊地黄丸，合磁朱丸，以善其后，月余而愈。

[《惠民地区中医药志》(1983)]

阎继宗（1897—1964），字统三，广饶县稻庄公社阎口村人。刻苦攻读，深精医理，擅长外科，尤对"疔疮"颇有独到之处。在治疗上谨守三法，在初期主张毒以汗解，中期内托排脓，后期补益气血。先生对外科具有丰富的临床经验。故誉为当时外科圣手，远近百里，享有盛名。

[《惠民地区中医药志》(1983)]

◎ 高建阳 ◎

高建阳（1897—1972），字卧南，为祖传世医。自幼从父学医，对妇、儿科秘方、验方尽得其传。后又专攻外科，对外科造诣较深。医德高尚，经验丰富，在滨、蒲、广、利一带，享有较高名望。晚年写成《外科纪要》一书，至今手稿尚存。

[《惠民地区中医药志》(1983)]

◎ 李东同 ◎

李东同（1898—1966），字子龙，广饶县颜徐公社西里村人。祖传世医，精风证，特别对新生儿破伤风、产后风、狂犬病、中风等证，颇有研究。许多险恶之证，经手治疗，转危为安。一生活人无算。生前为县人大代表。

[《惠民地区中医药志》(1983)]

◎ 李承绪 ◎

李承绪（1900—1966），字经法，垦利县辛店公社进大队（李佛村）人。擅长内、妇科，闻名于广饶、淄博、垦利、利津一带。前来求诊者众多，被誉为当地名医。医理较深，经验丰富，医德高尚，谦虚谨慎，诊病细心，深受赞赏。存有《验方集》一部，部分验方已载入惠民地区中医验方手册。1960年为山东中医协会特邀研究员。1962年为县人大代表。

[《惠民地区中医药志》(1983)]

李承绪（1900—1966），男，汉族，东营区辛店镇前进村人。出身于两代世医之家，自幼勤奋好学，继承祖业，治病救人，医术闻名于垦利、利津、广饶、淄博一带，尤其擅长诊治内科杂症及妇科疾病。1947年参加工作后先后在前进村联合诊所、商家、辛店诊所工作，1955年调入广饶县人民医院工作。1960年在全省农村中医考试中荣获第二名，同年被惠民地区中医协会聘为特邀研究员，享受名老中医待遇，暮年后著《验方集》手稿一部（后失散）。1950年被选为广饶县首届各界人民代表大会常务委员会委员，1954—1963年连续四届被选为广饶县人民代表大会代表及县人民委员会委员，1965年12月退休。

[《广饶县人民医院志》（2003）]

◎ 李成瑶 ◎

李成瑶，男，1903年生于广饶县斗柯公社家杨李村的贫苦农民家庭，1942年由于生活贫困，逃荒来到垦利县民丰公社黄店村居住，卒于1972年，系民丰公社卫生院的中医。

他自幼刻苦学习，爱好医书，边种地边行医，多年如一日，时刻做到想病人之所想，急病人之所急，不摆架子，随叫随到，从不给病家添麻烦。善于眼科，有独特的见解。1951年自开一处小药铺，1954年参加联合诊所，1958年合并进民丰公社卫生院当中医。

他为人温和善良，性格直爽，吃苦耐劳，工作积极，艰苦朴素，服务态度好，1962年被县卫生局命名为名老中医，并开展中医带徒，他精心培养徒弟，耐心传授医技。1963年被选为垦利县卫生工作者协会委员，积极组织学术活动，体贴病人，忠心耿耿，勤勤恳恳为群众防病治病，贡献出他的毕生力量，深受当地群众的尊敬。

[《垦利县卫生志》（2012）]

◎ 杜光耀 ◎

杜光耀，男，生于1908年2月27日，卒于1979年，终年七十二岁，山东省利津县陈庄公社崔西村人。他自幼学医，聪明伶俐，熟读《伤寒论》，善于中医内科，个性有点倔强。1953年参加联合诊所，先后在垦利县永安医院、垦利县人民医院当中医。1956年参加惠民专区中医进修班，1964年参加山东省中医学院师资进修班。1978年退休后，受聘于县卫生学习班当中医教师。由于他的医技水平较高，在群众中有威望，1962年被县卫生局命名为垦利县名老中医。他的整个后半生为垦利县人民医治疾病，作出较大贡献。

[《垦利县卫生志》（2012）]

◎ 王子久 ◎

王子久，同治年间在城里开设"仁育堂"坐堂行医。擅治伤寒，投药即痊，众称绝术。

[《海阳县医药志》(1987)]

◎ 张伯龙 ◎

张伯龙，清光绪时太医院御医。原名张士让，蓬莱人。著有《类中秘旨》《内经释义》等。1904年发表《类中秘旨》，轰动医坛，把中风之病因学及治疗水平推进了一大步。后任琼岛知府。

[《山东省卫生志》(1992)]

◎ 吕 荣 ◎

吕荣，黄县人，生卒年代不详。精岐黄术，善治妇科。著有《经验医书》二十卷，未梓。

[《山东中医药志》(1991)]

◎ 仲士一 ◎

仲士一，民国黄县人，民国八年（1919）黄县霍乱大作，仲氏用针刺、放血、刮痧、中药等法治之，活人甚众。乡里送"心同范相"匾。

[《山东中医药志》(1991)]

◎ 刘蒲南 ◎

刘蒲南，以内科见长，尤善治妇女病。他行医一生以"济世救人"为己任，临终前夕尚为东远牛村一女子治愈不治之症。刘蒲南不仅医术高明，犹有施药为贫者治病之德。

[《海阳县医药志》(1987)]

◎ 孙 侗 ◎

孙侗，福山县人。生卒年代不详。工于医，著有《凡见集》，未刊。

[《山东中医药志》(1991)]

◎ 李尔玉 ◎

李尔玉，继家传"推拿"秘术，治愈率大约十分之八。

[《海阳县医药志》(1987)]

◎ 张中英 ◎

张中英，招远县人，生卒年代不详。工医。

[《山东中医药志》(1991)]

◎ 项振铎 ◎

项振铎，擅长内科。民国十四年（1925）烟台市国医考试获第二名。他积多年临床经验，著《全万医录》八集，医林推许。

[《海阳县医药志》(1987)]

◎ 姜翠迁 ◎

姜翠迁，书方布药，每有奇效。对妇科更为擅长。臧家臧玉斋之嫂患"回头产"百药无效。姜翠迁数剂而愈。所著之《药绘图》，称誉医坛。

[《海阳县医药志》(1987)]

◎ 徐致芳 ◎

徐致芳，结交一"绿林"义士授给整骨秘方。骨骼折碎，数剂复原，医术推为"整骨魁术"。

[《海阳县医药志》(1987)]

◎ 杨法邻 ◎

杨法邻，黄县后邹村人。生于清同治十二年（1873），卒于民国三十四年（1945）。善治温热病。

[《山东中医药志》(1991)]

◎ 刘竹轩 ◎

刘竹轩[①]，医药世家，诸病可治，尤精痨症，仅列一案为例：城里徐风亭之子，痨病垂危，咯血不止，刘处一绝方一服止血，二服进食，三服起床。时有"杏林春雨"之赞。

[《海阳县医药志》(1987)]

◎ 于希增 ◎

于希增[②]，精通针灸，疗效显著。民国二十一年（1932），海阳霍乱流行，于希增采用"针刺放血法"抢救收效甚大。

[《海阳县医药志》(1987)]

◎ 许芝亭 ◎

许芝亭（1888—1960），字敬仙，寿光县魏家庄人。就读私塾十五年，二十二岁教书，兼习医学，三十岁在烟台考取中医之后，边执教，边行医，1937年始在烟台正式挂牌业医。历任烟台市中西医学习班教员、联合诊所所长、南昌市三二零厂职工医院中医顾问、江西中医学院函授科教师等职。1961年，因患肝炎及目疾辞职回烟。1966年故于烟台，终年七十八岁。

许芝亭擅长讲学，能熟背《伤寒论》及其他经典著作，平生著有《伤寒论要文》《伤寒论总论》《切诊入门》《阴阳五行新解》《伤寒论新解》《针灸原理》及《简便健身法》等手稿。

[《烟台卫生志》(1987)]

◎ 仲伟武 ◎

仲伟武（1891—1984），字绍文，蓬莱仲家村人。自幼读书十六年，后任教兼习医于进士于宗潼之门。曾在烟台福庆堂药房任中医师，兼烟台中医公会副会长。后又回本乡行医。为群众看病总是不辞辛苦，关怀体贴，从不歧视劳动人民。自1949年至1959年，他为蓬莱县人委委员。1959年任毓璜顶医院中医师，1961年以

---

① 刘竹轩：据《烟台人物志》(1998)，刘竹轩生卒年为1881—1953。
② 于希增：据《烟台人物志》(1998)，刘竹轩资料中亦提及于希增，可知二人时代相近。

后为烟台市人大代表,1962年被评为山东省名老中医。

仲先生对《内经》《伤寒》等悉心研究,著有《息庵医话》《医药园地》等稿二十万言。临床既重经方,又重时方,沿古方而不拘泥,用大寒、大热等方救过不少危重病人而著称于世,在烟台市中医界颇有声望。于宗潼病重临危,坚不用他医诊疗,唯信仲之方术。他在学术上从不保守,积极带徒,传授技术,并把自己保存三十多年的一套《皇汉医学》(14本)献给后世。

[《烟台卫生志》(1987)]

仲绍文(1892—1984),又名伟武,蓬莱人。1921年于烟台经考试领取执照行医。1945年任烟台中医公会副会长。1958年入烟台毓璜顶医院中医科。行医六十余年,曾用大寒大热诸方治救许多重危病人,对治风先治血颇有见解。遗著《息庵医话》《医药园地》手稿二十多万字。

[《山东省卫生志》(1992)]

◎ 刘运翰 ◎

刘运翰(1897—1971),字浩然,蓬莱县城关人,少年在本县读中学。曾在上海鹤龄医室学医,后回原籍自修医业。1920年在北京任职员,业余行医。

1926年,经北京警察厅考试,取得中医营业合格证书,开始在北京行医。1930年回烟台市新泰药房挂牌行医。1958年加入联合医院,先后在烟台市第二联合医院、烟台结核病院、中医院任医师。1971年去世,终年七十四岁。

刘浩然一生著有《中医生理学概要》《本草归经析义》等手稿。其学说主要是以陈修园医学丛书为蓝本,并博览群书,取各家所长,但基本属"三江派",擅长内、妇两科。治杂病善用温热药,治时疫病则遵叶[①]派温热病学说。

[《烟台卫生志》(1987)]

◎ 王子焕 ◎

王子焕(1900—1966),栖霞县新康家村人,二十岁中学毕业,二十三岁自修中医,二十四岁给人看病,三十八岁去大连习医四年,考取中医证书,即在大连挂牌行医。1944年回烟台参加革命工作,任北海中学校医,1946年随机关到黄县定居,曾先后任北海医院中医、益民药房、胶东大药房北海支店副经理、黄县人民医院中

---

① 叶:原作"什",于义不通,据前后文义及医理改。

医等职。

王子焕一生中博采众方，刻苦好学，聚各家之所长，结临床之心得，在中医事业上有较深的造诣，擅长中医妇科、内科。生前所治疗的传染性肝炎典型病历，于1980年被整理成《王子焕医案》，编入黄县科技中医部分。

他为人谦虚礼让，平易近人，常以病人之忧为己忧，急病人之所急，帮病人之所需，深受群众尊敬和信任，博得同仁的好评。

[《烟台卫生志》(1987)]

◎ 于 桥 ◎

于桥（1902—1972），海阳县秀家村人，少年仅读过几年私塾。一生喜爱医术，曾在一家药铺学徒。1943年参加卫生工作后，不避昼夜酷暑严寒，有请必到，待病人如亲人。他经常徒步到各村去为群众诊病，从不给病家添麻烦，饿了跑到村头大树背后啃自己带的凉饼子。五保户老人病了，他为病人诊治、煎药，用自己的米面为病人做饭，把老伴的衣服拿来给病人穿，直到病人完全好了才放心。有一病人卧床不起，身患褥疮，蝇咬蚊叮，病人眼内都生了蛆，于大夫发现后，安排老伴用香油给病人擦眼，治褥疮，把自己的蚊帐拿给病人用，病人家属、街坊邻居、医院领导和职工无不受感动。此类事例不胜枚举。

于桥同志，多次出席县先进工作者会议，海阳县文化馆曾展出"人民的好医生于桥同志的事迹"。1956年出席全国先进模范代表会议，受到中央领导的接见和奖励。1972年11月因病逝世，终年七十一岁。海阳县政府和当地群众为他举行了隆重的追悼会。

[《烟台卫生志》(1987)]

于桥，男，1902年出生，汉族，海阳市小纪镇秀家疃村人。由于家境贫寒，仅读了几年私塾，自幼喜爱医术，以后在一家药铺学徒。1943年参加工作，1949年加入中国共产党。

1958年，东村人民公社卫生院成立前，于桥在大丛家村医药铺工作，东村人民公社卫生院成立后，他被调到这所卫生院工作，1962年又调到海阳县小纪人民公社卫生院工作。

于桥在工作中，视病人如亲人，不管是昼夜还是酷暑严寒，有请必到。他不仅对病者诊治细心，而且还经常为病人煎药、烧汤、端屎端尿、洗衣服，并把自己的衣服和吃用之物送给病人。1959年，由于自然灾害人民生活困难，东村有位"五保"

老人患病，于桥见到老太太缺衣少食，就把自己的米面拿来为老人做饭，病人躺在炕上不能动，大小便把裤子弄脏了，没有裤子换，他将其老伴的裤子拿来为病人替换下来，并为老人洗刷干净，就这样治病、煎药、做饭、洗脏衣服，一直看护了老人十二天，直到病人完全好了才放心地离去，老人感动的泪流满面。

有一次，有一老太太患病多天未吃东西，于桥问病人"想吃什么"，病人说："想吃鱼"。回医院后，于桥用自己的钱买了三条鲅鱼亲自送到病人家里，并说"这鱼是你闺女叫我捎来的，补补身体吧"。三天后，病人之女回家看望母亲时，才知道鱼是于先生买的。母女俩过意不去，病愈后亲自到医院向于桥致谢。

1962年夏天，有一位病人卧床不起，时间较长，臀部出现褥疮，白天苍蝇咬，晚上蚊子叮，病人眼内都生了蛆。于桥发现后，叫老伴回家做香油给病人抹眼，治褥疮，并把自己的蚊帐拿来给病人挂上，不仅感动了病人及其家属，也感动了医院的职工。有一次，碾头村来人请于桥出诊，当时他的脚生疮，但他并未因脚痛拒绝出诊，告诉来人"请你先走，我收拾点药品，随后就到"。他身背药箱，挂着棍子，忍痛一拐一拐来到了病人家中，病人家属感动地说："啊呀于先生，俺要知道你的脚不好，说什么也不能叫你遭这个罪。"他却若无其事地说："看病要紧。"看完病，病人家属要用小车送他回去，他说："你现在要看好病人，我自己能走回去。"

于桥的事迹感动了许多人，他多次出席县先进工作者会议，县里在文化馆展出了"人民的好医生于桥的事迹"。1956年，他出席全国先进模范代表会议，受到中央领导的接见和奖励。1972年11月于桥因病逝世，享年七十一岁。县、社和当地群众为他举行了隆重的追悼会，悼念这位群众的好医生。

[《海阳市第三人民医院志》（2009）]

潍 坊

◎ 谢士杰 ◎

谢士杰，清代昌邑县人。道光辛巳瘟疫流行，医有趁此敛财者，谢氏曰："此非常之灾，乌忍因以为利。"乃制药济人，不计钱，求诊者，不问姓名，予药服之，日夜不息。

[《山东中医药志》(1991)]

◎ 陈长贞 ◎

陈长贞，清光绪时民间医，字起元，潍县（今潍坊市）人。医家出身，少时广读医著，精于医理，后供事于本地天德堂药店。光绪年间，流行白喉症，他日夜应诊，活人无算，深得民众赞誉，因积劳成疾四十一岁而卒。著《伤寒秘要》，藏于家。

[《山东省卫生志》(1992)]

◎ 董素书 ◎

董素书（1827—1917），字朴斋，寿光县前杨石门董村人。

先生生于医门，自幼读书，兼习医理，后因家贫辍学。承父志，遂边事农，边习医，精研岐黄之术，对家藏之古医书无不博览，且天资聪慧，所读之书，多能过目成诵。

十七岁时，经人介绍到临朐冶源一家药铺做伙计，治愈几例疑难病症，自此名声大震，求诊者接踵于门，年甫弱冠，被聘为坐堂先生。三载后名声益大，誉满临朐。先生于医理，着重脾胃，推崇"脾胃为后天之本"之说，认为虽有先天、后天之别，然人之生命全赖后天之养，后天旺盛，生化有源，则健康不易染病，即病也易治愈，故在临证中善于调理脾胃。

先生临床经验丰富，见微知过，知病识源，善断预后。一生治愈重症、难症无数，故有董仙之誉。当时名流刘云亭赠联云："回手活人，治水便成橘井；春风普物，董仙自有杏林。"青州旗人锡章母有痼疾，百医无效，经先生一诊而愈，谢以重金不受，赠缎上书："恩同再造"。晚年归里仍不辞劳苦，忙于诊务，寿光县令徐德润亲赠巨匾"德门仁泽"。其医事活动，寿光、临朐县志均有记载。

素书一生与医书为伴，直到晚年仍手不释卷，对中医经典著作颇有研究，尤重运气学说，推崇《易经》。有遗著《杏林衣钵》，1957年由其孙女献于山东省中医学术组织。

[《潍坊市卫生志》(1989)]

◎ 蔡玉珂 ◎

蔡玉珂(1830—1922),又名蔡玉恪,字敬林,潍县于家庄人。蔡氏自幼勤奋嗜学,对祖国医学研究尤深。始任教,后业医。其学术渊源于《内经》《难经》,继承阐发了《医宗金鉴》的精华,擅长外科。据县志记载:

"邑人有患疮者,医药罔效,延玉珂至,立予单方黄芪四钱,匆匆而去。其人服之辗转终夜,未得就枕。翌日询其故,玉珂曰:'黄芪主提气,其病非提气不为功。服药必躁,余不胜其扰是以去也。'"

民间传颂:"潍邑丁宅一小姐,前后阴间生疮,名为'穿裆',根深迟溃,痛连腰背魄门,溺便不利,烦躁难眠。医药无效,病情危重,邑内名医邀至满堂,均束手无策。聘玉珂诊治,外涂移山倒海散,内服七神汤,将疮移在大腿内侧,继服透托方药而愈。"

蔡氏医术高超,环数百里,登门求诊者不绝。一次玉珂门前停一车,聘其出诊,时一背粪篓之老叟亦邀珂去看病,珂先徒步去叟家治病后,再乘车出门。玉珂行医不分贵贱,深受群众爱戴。珂九十三岁而终,噩耗传出,凡经其医治者无不感其德,纷纷登门吊唁,以至停柩百日始葬。后知名人士赠巨匾一块,上书"积善馀庆"斗大金字。在十二幅丝帛做的近丈高的大屏上,撰写着玉珂一生的事迹,两边嵌着对联:"益国益民同益义,寿国寿民亦寿身"。

[《潍坊市卫生志》(1989)]

蔡玉珂,又名玉恪,字敬林,晚年乡称蔡恪老人,潍县于家庄人,生于清道光十年(1830),卒于民国十年(1922)。幼而勤奋嗜学,博学多闻,尤喜读方书。早年任教,后业医。擅长外科,善治疮疡。晚年撰有《外科辑要》四卷,未梓。

源经承鉴　诊治规范

蔡氏学术源于《内》《难》二经,继承阐发《医宗金鉴》之精华。如其在遗著《外科辑要》中云:"夫人身一小天地也,天地失和,则宇宙为灾,人身失和,则四体为病。所以善摄生者,必饮食有节,起居有常,寡欲清心,形与神俱,则营卫周流,六淫无自而入,疮疡何自而生。"

《外科辑要》对痈疽治疗尤有独见,如颧疡、颧疽、颧疔三证,辑要云:"三证俱生于颧骨，肿高溃速，阳分证也，是为颧疡；若漫肿坚硬，阴分证也，是为颧疽。疡证初起宜用仙方活命饮，疽证初起宜用内疏黄连汤。如坚硬似疔，麻木疼痛，是为颧疔，初起宜蟾酥丸或菊花汤、黄连解毒饮、夺命丹之类，外敷菊花叶，按疔治之。"

医学渊博　技术超群

玉珂医学造诣深博，技术高明。邑人有患疮者，医药罔效，延玉珂至，立予单方黄芪四钱，匆匆而去，其人服之，辗转终夜，未得就枕，翌日询其故？玉珂曰："黄芪主提气，其病非提气不为功，药服必躁，余不胜其扰是以去也。"未几疮寻愈。潍邑丁宅一女，前后阴间生疮，名为穿裆，根深迟溃，痛连腰背魄门，溺便不利，烦躁难眠，医药无效，病情危重，邑内名医邀至满堂，均束手无法，聘玉珂诊治，外涂移山倒海散，内服七神汤，继服透托方药而愈。又邻疃一生疔者，因失治毒陷入里，高热、头痛、口渴、躁扰不安，至珂舍求诊。诊之为"疔毒走黄"，急服药一剂，告之曰："尔病情危重，若能速服此药，可转危为安，否则预后不良。"患者持药行至中途，毒性大作，步履艰难，遂晕倒于壑中，为求生将药生吞，经昏睡汗出，诸证消失。复回珂舍，珂诊之曰："病已好转，复予药一剂，服之而康复。"另有段尔庄一壮年，人称"二犟劲"。嘴上生"锁口疔"，赴太公堂赶会，经玉珂处，珂见之曰："汝嘴角生疔，宜从速医治，免生祸殃。"其人不理，径直而去，未及半日疔毒大作，死于归途。

乡公称："恪老医病，其妙如神，尊之者生，逆之者亡。"

医德高尚　平易近人

蔡氏医术，名播遐迩。东至胶莱，西至弥河之畔，南至五莲山，北至渤海之滨，周围数百里，接踵而来，登门求诊。玉珂非独术高，又重医德。在蔡氏家乡流传着一桩轶事："一个寒冬的凌晨，玉珂门前停放着一辆轿车，专程延诊，此时又一背粪篓老叟，亦来请玉珂出诊。珂先徒步先去老叟家诊治，复乘车出门去富家出诊。"

玉珂性格倔强，不畏权豪。潍邑一官宦家，将珂请至府中医病，数日不使其归，村人吴姓者家人有疾，寻珂至府门，门役不准入内，两人发生口角，珂闻声而出，当吴述明情由后，珂立即随吴扬长而去。

蔡氏医风可范。尝云："凡有疾求救于吾者，不问其富贵贫贱，妇女老幼，怨亲善友，普通一等，一视同仁，彼之痛苦，若己有之，不分昼夜寒暑，饥渴劳累及个人的吉凶祸福，皆竭力抢救，此吾苍生作医之箴言。"玉珂积毕生经验概括为：

胆欲大，心欲细，证有据，行有规，切忌主观臆测。

济世活人　万古流芳

"业精于勤，荒于嬉"，医理至精至奥，且发展日新月异，学似逆水行舟，不进则退。蔡氏在皓首之年仍手不释卷，耄耋之年以毛笔正楷抄写《内外经验良方》，以传后世。寿至九十二岁，卒后，噩耗传之八方，乡里感其德，不远千里纷纷登门追悼，因吊唁者络绎不绝，致柩停留百日始葬。

[《山东中医药志》（1991）]

◎ 孙道通 ◎

孙道通（1835—1909），字冠五，潍县西于渠村人。时为贡生，学识渊博，精通医术。据《潍县志稿》记载，遗有手抄本《脉诀》一书，藏于家中。乡人为其立碑，以彰其德。

[《潍坊市卫生志》（1989）]

◎ 栾清祥 ◎

栾清祥（1836—1924），潍县华疃村人，行五，乡人悉称栾老五。精岐黄术，擅长外科，尤善治疮疡。对病人不分贵贱，平等相待，登门求诊者甚多。卒后，乡人思其恩德，赠"齿德俱尊"巨匾一块。

[《潍坊市卫生志》（1989）]

◎ 王荫远 ◎

王荫远（1840—1916），字樾园，临朐县柳山乡魏家庄子人，为明户部给事王佐才之十四代孙。幼年颖悟，喜读书。光绪癸卯年（1903），科试时曾以破题中肯，主考当面奖识，得中举人。中年在临朐县城书院执教，边攻医籍，不数年，尽得要领，遂辞去教务，悬壶行医。他善取各家之长，融为一体，对明清温病医家尤为推崇，深研温热病。时值乱年，瘟疫流行，多方医生以"麻桂"论治，多成坏病。荫远以"下不厌早，汗不厌迟"的温病理论，速驱病毒而存阴液，其下法曲微妙尽，不拘一格；其清法，常在清热解毒药中伍以活血祛瘀之品，疗效颇著，故求诊者日渐增多。在临朐、昌乐、安丘一带享有较高声誉。

[《潍坊市卫生志》（1989）]

王荫远，字樾园，临朐位家庄人，生于清道光二十年（1840），卒于民国五年（1916）。诗书世家，光绪癸卯举人。初执教，后自修医术，善治瘟疫。其下法，曲尽微妙；其清法，常在大队清热解毒药中伍以活血祛瘀之品，疗效颇著。闻名于临朐、昌乐、安丘一带。曾孙王金村至今仍传其业。

[《山东中医药志》（1991）]

◎ 王汉礼 ◎

王汉礼，道光二十九年（1849）生，昌邑县李家卜乡十字路村人。勤奋好学博读医籍，对《医宗金鉴》《傅青主女科》《痘疹汇编》有所研究。擅长妇、儿科，尤精于痘疹之学。为人治病热情，百问不烦，深受当地群众赞誉，合赠一匾，上书"著手成春"。曾著有《百病主治大法》《名医指掌》，其主要内容为治病经验、验方等。

[《昌邑县卫生志》（1986）]

王汉礼（1849—1926），昌邑县城关镇十字路村人。自幼勤奋好学，对《医宗金鉴》《傅青主女科》《痘疹汇编》有所研究，擅长妇、儿科，尤精痘疹。为人治病热情认真，深受乡人赞扬。赠一匾曰"著手成春"。著有《百病主治大法》《名医指掌》等。

[《潍坊市卫生志》（1989）]

◎ 汤玉科 ◎

汤玉科（1852—1941），字晓风，寿光县前杨南刘村人。天资聪明，自幼好学，仕途未晋弃儒习医，慨然云："人生在世，不得仕晋出谋以治国家，则为良医疗民疾以寿苍生，吾所愿也。"

先生学识渊博，医术高明，辨证精确，处方用药，谨慎小心，三思而定，且重医德，故行医数年，名声大震。治病先贫后富，徒步而行，闻及村人有病，辄亲自登门，仔细诊治，深受大家爱戴。众人为其树碑，碑文"长沙遗风，著手成春"。

[《潍坊市卫生志》（1989）]

汤玉科，字晓风，寿光县南流村人，生于清咸丰二年（1852），卒于民国三十年（1941）。业医六十余年，处方用药，谨慎细心，活人甚众。卒后乡公捐资立碑，曰"长沙遗风，著手成春"。

[《山东中医药志》（1991）]

◎ 孙思恭 ◎

孙思恭（1854—1931），字敬亭，潍县前埠下村人。精医理，擅妇科，有丰富的临床经验，登门求诊者众多，名扬潍县、昌邑一带。

[《潍坊市卫生志》（1989）]

◎ 朱良玉 ◎

朱良玉（1858—1922），字璞山，咸丰八年生，昌邑县卜庄乡岔路口人。自幼勤奋好学，对《医宗金鉴》有所研究。擅长外科，疗效颇著。医德高尚，善救急济贫，名扬四方，逝后世人念其功德，捐金为之树碑挂匾，碑文称"功同良相"，匾书"医德可风"。

[《昌邑县卫生志》（1986）]

朱良玉（1858—1922），字璞山，昌邑县卜庄乡岔路口村人。对《医宗金鉴》有所研究。擅长外科，疗效颇佳。医德高尚，名扬四方。卒后，世人念其功德，捐金为其树碑"功同良相"，挂匾"医德可风"。

[《潍坊市卫生志》（1989）]

◎ 郭士盈 ◎

郭士盈（1859—1932），字仙舟，寿光县北洛南孙云子村人。为清末民初寿光之名医，擅内、妇两科，尤精于温病，在县城"益福堂"坐堂二十余年。

[《潍坊市卫生志》（1989）]

郭士盈，字仙舟，寿光县孙云子村人，生于清咸丰九年（1859），卒于民国二十一年（1932）。长内、妇两科，尤精温病，在县城"益福堂"坐堂二十余年，颇负盛名。

[《山东中医药志》（1991）]

◎ 蒯九龄 ◎

蒯九龄（1860—1924），字梦卿，潍县城里人。精儿科，尤长小儿惊风。晚年曾往北京行医，声誉颇高，北洋政府欲留之于北平，梦卿坚辞归里。他将一生经验撰为《幼科捷径》，稿文多散佚，仅保留秘方若干。其孙蒯仰山承其业。

[《潍坊市卫生志》（1989）]

◎ 尹化远 ◎

尹化远（1862—1938），字来亭，同治元年生，昌邑县围子镇凤凰庄人，系清末文生。尹氏习医后对《黄氏八种》有所研究，擅长内科，治病认真，且不分穷富，有求必应。曾行医北京，颇负盛名，晚年由京返故里。因其医学知识渊博，1936年昌邑县中医会试任主管主试。

[《昌邑县卫生志》（1986）]

尹化远（1862—1938），字来亭，昌邑县围子乡凤凰庄人，系清末文生。习医后对《黄氏八种》有所研究，擅长内科。治病认真，不分贫富，有求必应，曾行医北京，颇负盛名。因学识渊博，1936年曾任昌邑县中医会试的主管主试。

[《潍坊市卫生志》（1989）]

尹化远，字来亭，昌邑县凤凰庄人，生于同治元年（1862），卒于民国二十七年（1938），清末庠生。擅长内科。早年行医于京都，颇负盛名。

[《山东中医药志》（1991）]

◎ 张福海 ◎

张福海（1862—1930），字星涛，寿光县城北傅家庄人。博学多识，医德高尚，内、外、妇、儿诸科无不通晓，注重后天之本，善调脾胃之气，胆识过人，用药果断。曾治寿光南关一妇人，产后伸舌不缩，水药难进。福海认为是气虚不摄，用人参浓煎取汁徐徐灌入口中，滴完一剂舌即退入。先生临证十分注重气的变化，认为人身之气，虽无形可见，但至关重要，一旦气分受病，必及血分、脏腑，百病遂生，故以气药为多。

[《潍坊市卫生志》（1989）]

张福海，字星涛，寿光县城北付家庄人，生于清同治元年（1862），卒于民国十九年（1930）。工内科杂病，尤善调脾胃及妇人产后病。

[《山东中医药志》（1991）]

◎ 赵文恭 ◎

赵文恭（1862—1935），字懿斋，临朐县尧山郑家河沟人。自幼好学，二十七岁府考庠生第一名，次年欲赴济乡试，行前，三弟文海忽病喉，延医服药，两剂暴亡，遂弃举学医，熟诵《内经》《难经》《医宗金鉴》《景岳全书》。因弟病喉误于庸医，故对历代喉科著述尤为深研，常言"喉症不难治，治之不效，医之庸也"。一时名扬齐鲁。文恭治病不分贵贱，一视同仁，轻症重恙，无不细心诊断，有求必应，故德隆望尊。卒后，人为其立碑纪念。

[《潍坊市卫生志》（1989）]

赵文恭，字懿斋，临朐县尧山郑家沟人。生于同治元年（1862），卒于民国二十四年（1935）。早年攻儒术，感弟喉病误药而亡，遂弃儒习医，精喉科。

[《山东中医药志》（1991）]

◎ 张云景 ◎

张云景（1863—1951），字慕仲，潍县一孔桥村人，晚清秀才。天资聪颖，精通医理，对伤寒、温病有丰富的临床经验，名闻寿光、潍县一带。著有《伤寒见解》一书，未版，已佚。

[《潍坊市卫生志》（1989）]

◎ 胡 澂 ◎

胡澂（1866—1934），字玉汝，号石友，临朐县七贤胡家岭人。光绪年间中庠生，执教于本村。时痘疹年年有发，善医此者又乏人，以致死人枕藉。胡氏目睹此景，发奋攻医，先习经典以奠基础，后宗《医宗金鉴》，深入研究，在临朐县七贤镇开设"长生堂"药肆，后迁回家乡胡家岭业医。

胡氏志于痘疹之学，造诣颇深。从其孙胡宝清根据胡澂遗墨资料整理的《麻疹治疗概要》一文可以看出，他对麻疹的病因、机理、治疗均有系统而独特的见解，并创造了预防麻疹验方数则，临床验证有效。

[《潍坊市卫生志》（1989）]

胡澂，字玉汝，号石友，临朐县七贤胡家岭人，生于清同治五年（1866），卒于民国二十三年（1934）。初任教兼习医，后弃教业医，术工幼科，尤精痘疹。子孙至今传其业。

[《山东中医药志》（1991）]

◎ 魏孔举 ◎

魏孔举（1866—1936），字伦堂，同治五年生，昌邑县龙池乡马渠村人。所读医籍《黄氏八种》《医宗金鉴》《痘疹全书》为主，医道精于痘疹之科。行医远及平度县、掖县、潍县等地，不辞劳苦，不计得失，盛名远扬，大众屡次敬赠匾额，"懿行同钦""仁术树德""惠济乡间"，以赞其功德。

[《昌邑县卫生志》（1986）]

魏孔举（1866—1936），字伦堂，昌邑县龙池乡马渠村人。医宗《黄氏八种》《医宗金鉴》《痘疹全书》，精痘疹之科。行医远及平度、掖县、潍县等地，颇负盛名。乡人屡赠匾额，上书"懿行同钦""仁术树德""惠济乡间"等，以赞其功。

[《潍坊市卫生志》（1989）]

魏孔举，字伦堂，昌邑县马渠村人。生于清同治五年（1866），卒于民国二十五年（1936）。工儿科，善治痘疹。名闻平度、掖县、潍坊等地。

[《山东中医药志》（1991）]

◎ 王相如 ◎

王相如（1867—1944），字慕蔺，潍县北王家马头村人。精研经典，对妇科有独特见解，经验丰富，医术高超，求诊者终日不绝，名闻潍县。著有《医方集锦》，未刊，已佚。遗有《洞天奥旨》《胎产心法》《笔花医镜》《医宗必读》等手抄本，可供医者临床参用。

[《潍坊市卫生志》（1989）]

王相如，字慕蔺，潍县北王马头村人。生于清同治六年（1867），卒于民国三十三年（1944）。术精妇科，著有《医方集锦》，未刊。

[《山东中医药志》（1991）]

◎ 吴云图 ◎

吴云图（1867—1952），字芹塘，益都县高柳镇吴家庄人。幼悟好学，淡漠科举功名。二十一岁就教于桥子村邱举人家。二十五岁去辽宁开源县谋生，初当雇工，后因才学出众，聘为先生，数年间穷研医理，学有成就，医术超群。又被东三省统帅张作霖邀去医病，吴仪表不凡，谈吐文雅，不亢不卑，学而有术，深受张帅宠爱，被张府聘为家庭教师，张学良、海果尘两将军及李督军先后为吴氏之学生。海果尘敬赠吴氏对联云："雨后初晴云吐月，风从花里过来香"。并有人为吴氏大题对联："吴氏栽培三才子，桃李结交两翰林"。吴常出入张帅官邸，兼为百姓治病，在奉天（今沈阳）一带奉为名医。

1931年"九·一八"事变后，归里行医。富者请，不备车马不赴，至而盛宴款待，事后重礼相赠受而不拒；贫者请，不计一切，事后礼酬，拒而不受，深受乡人赞颂。

吴氏博览医书，并加注释。在东北期间，著有《吴氏医案》三十卷（医林出版社出版）、《医林撮要》《吴氏验方选编》（手抄本）。1952年上海《新中医学》曾发表其验方"小儿疳积方"。

[《潍坊市卫生志》（1989）]

◎ 赵奎英 ◎

赵奎英（1867—1942），字俊青，临朐县七贤长沟村人。清末廪生，后业塾教，课余攻医，民国塾学废止，专事行医，曾在冶源开设"育庆堂"。俊青对内、妇二科颇有造诣，曾创治痢一方：当归、白芍、丹皮、酒军、焦楂、枳实、槟榔、地榆。颇具疗效，至今沿用。

[《潍坊市卫生志》（1989）]

◎ 高锡利 ◎

高锡利（1868—1941），字次元，临朐县七贤高家庄人。少年家贫，塾学数年便因生活所迫，给谷家沟赵家当雇工。赵家业中医，藏书较多，自设药铺。高氏乃白天耕作，夜间苦读。数载后回家开业行医，并继续研读医书，以借书抄录为主，先后手抄六十余本。

锡利学识渊博，通晓各科，尤长外科。性情谦和，善处同道，急人之急，义诊施药屡见不鲜，深得乡人尊敬。

[《潍坊市卫生志》（1989）]

◎ 吕孝端 ◎

吕孝端，字子芳，男，汉族，安丘县赵戈乡沟头村人，生于1869年，卒于1937[①]年。

吕氏出身于中医世家，祖父、父亲皆擅外科，名重乡里。他禀性聪慧，幼承庭训，兼入私塾，攻读经史学集，稍长则随祖父学医。将几世外科之诊治经验，与历代外科著述融会贯通，学业大进，医术超其先人。治疗多宗《医宗金鉴·外科心法

---

① 1937：下文写道民国二十八年去世，故此处应为1939年。

要诀》及《外科正宗》，每遇疮疡痈疽，辨证精确，组方严谨，内外合治，每取良效，闻名于安丘、昌邑、诸城一带。民国二十二年（1933），本县县长王某妻患乳疾，诸治无效，复延治于吕氏，服药五剂，其疾遂愈。

吕氏性情刚直不阿，好为人排忧解难。民国二十七年（1938），当地土匪去该村敲诈，他见义勇为，据理予以痛斥，得罪土匪，后被绑架，受到精神创伤，于次年病故，终年70岁。

吕氏一生治人甚多，诊务繁冗，而其丰富的临床经验，未得总结整理，殊为痛惜。

[《安丘县卫生志》（1985）]

吕孝端（1869—1939），字子芳，安丘县赵戈乡沟头村人。出身中医世家，其祖父、父皆擅外科，名重乡里。孝端性聪慧，自幼随祖父学医，博览历代外科论著，不数载，医术超其先人。其术主要源于《医宗金鉴·外科心法要诀》《外科正宗》。善治疮痈，辨证精确，组方严谨，内外结合，屡获良效，名闻安丘、昌邑、诸城一带。

吕氏性刚直，好为人排忧解难。1938年，当地土匪敲诈乡人，吕见义勇为，据理痛斥，遭到绑架。翌年病故，终年七十岁。

[《潍坊市卫生志》（1989）]

◎ 邵林书 ◎

邵林书（1869—1941），字玉庭，益都县文登西台头村人，清太学生。出身于书香门第，中医世家，至其已祖传眼科七代。医技精湛，1919年邀往南京给张勋之母治愈眼病而闻名，张勋书"七世秘诀"木匾相赠。在南京行医数年乃归里行医，乡人先后赠匾五幅，后因战火与"文化大革命"，遗物荡然无存。

[《潍坊市卫生志》（1989）]

◎ 张世恩 ◎

张世恩，字锡三，寿光县北半截河村人。生于同治十年（1871），卒于1947年。世医之家，精于儿科，对痘疹、惊风、疳积治疗有独到之处。曾于垦利一带行医数年，晚年归里，著有《麻疹撮要》，藏于家。

[《山东中医药志》（1991）]

◎ 张学朱 ◎

张学朱（1871—1949），字次陶，潍县南埠村人。精妇科、眼科。1924年在潍县寒亭开设"众福堂"药铺，兼坐堂先生。行医三十余年。遗有手抄本《普济苍生》，为内、妇、眼等科临床经验汇编。

[《潍坊市卫生志》（1989）]

张学朱，字次陶，潍县南埠村人。生于清同治十年（1871），卒于1949年。精妇科兼眼科。子孙传其业。

[《山东中医药志》（1991）]

◎ 刘在朝 ◎

刘在朝（1872—1945），字勋臣，同治八年生，昌邑县李家埠乡刘家道照村人。他学识渊博，教学疗病两不误，有求必应，对妇科病，针灸技术颇有研究，曾著有《脉诀秘传》《药性分部》。

[《昌邑县卫生志》（1986）]

刘在朝（1872—1945），字勋臣，昌邑县城关刘家道照村人。学识渊博，执教兼行医，有求必应。对妇科及针灸术颇有研究，著有《脉诀秘传》《药性分部》。

[《潍坊市卫生志》（1989）]

◎ 王　恩 ◎

王恩（1873—1947），字锡三，临朐县柳山乡魏家庄子人。出身于书香门第，幼聪慧，从父辈读经书，立志研岐黄。数年后医名渐长，遂受聘于柳山寨"广聚丰"药号，坐堂行医十八年。归里与其子毓芹经营"万寿堂"药店。其文学功底扎实，精通中医经典，医学造诣颇深，曾于1934年赴青州府参加当局对开业医生的淘汰考试，获第二名。专治内科及杂病，对时症温病有独特见解，遣方用药，遵经不泥古，采众长不囿门户之见，每收奇效。某年霍乱流行，发病急骤，吐泻频作，村日死十余人，人心惶惶。时医皆用藿香正气、六合定中类方，治之无效。王氏详察病情，断用黄连解毒汤，服之立效。遂广传其方，解危救难，活人甚众，医名远播。王氏有医案、验方等手稿近十万言，"文化大革命"浩劫，尽付一炬。

王氏业医积德不聚财，抚病恤贫，赠药救危，行医四十余年，家无余资，远近乡里皆颂其德。

其后代：子毓芹亦擅时症瘟病，孙金凯、金璀继其医术。

[《潍坊市卫生志》（1989）]

◎ 陈星炜 ◎

陈星炜（1873—1940），字柳南，高密县柏城单家庄人，祖籍潍县。排行第九，故号陈九，系高密名医"三九"之一。

先生天资聪颖，二十一岁致志于医，先读《内经》《伤寒论》，后返潍县先后从师于本族两位名老中医，数载，尽得师传，遂回乡行医。中年曾参加青岛中医考试，成绩优良，颁发证书，在青岛悬壶多年。1937年与其子戟门在高密县城开设"广仁堂药铺"。

先生精内、外、妇、儿、眼诸科，尤专温病，在学术上对吴又可、王孟英等人的温病著作有独特见解。曾多次加注《温疫论》，晚年写成《临床经验集》二本。

[《潍坊市卫生志》（1989）]

陈星炜（1873—1940），字柳南，柏城镇单家庄人，祖籍潍县。民国时期高密名医，因排行数九，故称陈九，为高密名医"三九"之一。

少年攻读儒书，求举事，曾入县试，获首名监生。后值停科，二十一岁始致志学医，初学《内经》《伤寒论》后，返回潍县拜两名名医为师，尽得师传，遂回高密行医。中年参加青岛中医考试，成绩优良，领取证书，悬壶青岛行医多年。1937年返回高密城东门里开设"广仁堂"药铺行医。诊治温病有专长，精于内科、妇科、儿科、眼科。学术上推崇吴又可、王孟英的瘟疫理论，并有独特见解，曾注释《温疫论》。经过长期临床实践，悟出治温病以"解毒"为要宗，并汇集成《临床经验集》二本，后因战乱失传。

因其学验丰富，医术精湛，闻名于高密周围，登门求医者络绎不断，并常被邀诊去胶县、诸城、潍县、青岛等地。遇疑难重症，每能转危为安，深获病家爱戴。诊室内挂有病人赠送"妙手回春""著手成春"横匾。晚年，授业其子陈戟门，戟门现为高密名老中医，曾任县政协副主席、县人大副主任。

[《高密县卫生志》（1993）]

◎ 王乐山 ◎

王乐山（1874—1960），字静轩，益都县黄楼马宋村人。幼时家贫，靠自学成才，无力仕进，遂以教书为业。时值瘟疫流行，死人无计，苦无良医，乐山即苦读医书，以济世活人为己任，先读《内经》，后研《伤寒论》，逐字咬嚼，废寝忘食，稍有医名，即边教边医。

1938年前后，山东省政府考核官医，静轩闻讯赴济应试，获全省第二名，并授予行医证书。后随黄河救灾慰问团赴灾区治病，获当时省长韩复榘接见，并合影留念。归乡后医名大震，多家药店争先抢聘。先后在益都县东关"富裕东""万和堂"供职，甚至每天在两个药店轮流应诊。

所存书籍散佚，仅存夏润斋赠"妙手回春"巨匾一块。

[《潍坊市卫生志》（1989）]

◎ 崔文焕 ◎

崔文焕（1875—1954），字仲章，高密县双羊镇中岭村人。科举不第，乃发愤随其曾祖父习医，救人疾苦。精妇、儿等科，颇负盛名。曾被高密县万和堂药堂聘为坐堂先生，两年后回乡业医，求者甚多。文焕不择贫富，有求必应，考虑病家之难，多以单方、验方为主。晚年医道更精，并将已之所学热心授予好学者。

[《潍坊市卫生志》（1989）]

崔文焕（1875—1954），字仲章，双羊镇中岭村人。清末应科不第，后随其曾祖父习医，受其熏陶。章之妇、儿等科，在当地负有盛名。凡求医者，不分贫富有求立应，诊后用药慎重，为减轻病家负担，多以单方、验方，以省、便、验为主导。病人用药，复日必去复诊，直至痊愈，从不受赘。晚年医术更精，有徒数人，师徒相长而受传颂。

[《高密县卫生志》（1993）]

◎ 褚思聪 ◎

褚思聪（1877—1968），潍县廿里堡人。业医七十余年，擅妇科，精通药物炮制。求者众多，声誉较高。

[《潍坊市卫生志》（1989）]

◎ 綦樟若 ◎

綦樟若（1877—1953），字玉璋，号峭峰，晚号聋翁。高密县夏庄綦家村人。排行第九，又号綦九，为高密名医"三九"之一。幼慧好读，清停科举乃志医学，广读医书，并从师于其堂兄栩若，数年医成。清光绪三十一年（1905）设约德堂药铺，深受乡人赞赏。

先生长于温病，精内科，常与同行切磋技艺，解放后尚热心带徒，使后学者受益匪浅。

[《潍坊市卫生志》（1989）]

綦樟若（1877—1953），字玉章，号峭峰，晚号聋翁，夏庄镇綦家村人。因排行数九，又称綦九，为高密名医"三九"之一。

樟若幼聪慧，读儒书，清朝停科后矢志学医，潜研医书，后从师其堂兄綦相若，经医诊病。1905年开设"约德堂"药铺，就诊者渐多，声誉遂高，深得称赞。1938年与张德勋在县城张家大街设"约德堂"药铺。

樟若，长瘟疫，精内科，学验丰富，常与同行切磋医术，深受同仁称颂。诊病细心，令人称道，病人服药后常守护在旁。常被邀去平度、诸城、青岛等地出诊。樟若热心教徒，诲人不倦。晚年授业于陈戟门、綦德璞等。

[《高密县卫生志》（1993）]

◎ 郄秋浦 ◎

郄秋浦（1881—1972），字澄然，昌乐县东管人。清末秀才，善书法。其伯父乐贤，业岐黄，精痘疹。秋浦十六岁始攻读医书，兼随伯父习医，以痘疹为入门，攻内科。1921年在昌乐县城坐堂行医。后着重研究《伤寒论》，摘录案例加以总结，医术提高很快，十年后名声大振，百里求医者甚多。乡人赠"国手无双"匾额以彰其术。

1956年聘于昌潍地区中医进修班，同年入地区人民医院中医科任中医师。此间编写了《妇科医方》（其徒肖敬之执笔）、《秋浦医案》（定稿待版），"文化大革命"中被遣返原籍，尚未编成的"验方集"被焚。先生于1972年11月含冤去世，享年九十岁。1979年12月昌潍地区人民医院党委为其平反昭雪。其次子绍堂承父业。

[《潍坊市卫生志》（1989）]

郄秋浦（1881—1972），字澄然，山东省昌乐县人。九岁入塾，二十五岁中秀才。其伯父郄乐贤，业岐黄，精痘疹。郄秋浦受其伯父影响，十六岁始攻读医书，随伯父习医，以痘疹为入门。在跟随伯父学医数年后研究中医内科。1921年始在昌乐城里坐堂行医。后着重钻研《伤寒论》，摘录案例进行总结研究。20世纪30年代在当地即有名望，求诊者甚多，得乡人授赠"国手无双"匾额。1956年受聘于昌潍专区中医进修班，同年任昌潍专区第一人民医院中医师。他为病人诊疗之暇，编写了《妇科验方》《秋浦医案》等书。"文化大革命"中遭受迫害，编写的"验方集"被焚烧，他被遣返原籍。1972年11月在家逝世。1979年12月，中共昌潍地区人民医院委员会为其平反昭雪。

[《潍坊市人民医院志》（1991）]

◎ 鲁清溪 ◎

鲁清溪（1881—1965），字澄斋，光绪七年生，昌邑县塔耳堡镇高阳村人。一生熟读经典，精研医理，推崇仲景学说，属经方派。妇科以《傅青主女科》为临证指南，长于内、妇两科。善用大黄，有胆有识，疗效颇著。

[《昌邑县卫生志》（1986）]

鲁清溪（1881—1965），字澄斋，昌邑县塔尔堡乡高阳村人。一生熟读经典，推崇仲景学说，属经方派。长于内、妇两科，妇科以《傅青主女科》为临证指南。善用大黄，胆识过人，疗效颇著。

[《潍坊市卫生志》（1989）]

◎ 刘佐基 ◎

刘佐基（1882—1968），高密县夏庄刘家村人。出身世医之家，其祖父道光年间设"好生堂"，专医妇科，声誉不凡。故佐基辍学后即随祖父制药、配方、习医，数载医技大长。先生精妇科，学术源于《医宗金鉴》《女科要旨》。主张：妊期宜凉，产后宜温，产后诸症以生化汤出入加减。其处方以血分药为重，佐以少量行气药。妊娠大流血，用大剂芎归汤，则生胎即安，死胎即下。对某些产后发热加炮姜、肉桂，确有独到功效。

[《潍坊市卫生志》（1989）]

刘佐基（1882—1968.12.01），男，汉族，高密县夏庄镇刘家村人，生前系夏庄镇医院名老中医。

佐基十五岁辍学，跟祖父刘凤翔学医，属六代业医。经其言传身教，潜研医著，以《医宗金鉴》《女科要旨》为宗，擅长妇产，尤以治疗产前、产后疾病经验丰富，对祖传颇有继承。主张妊期宜凉，产后宜温，产后诸症以生化汤加减。遣药时，血分药物为主，必以少量行气药佐之。如妊娠流血，用大剂芎归汤，谓生胎即安，死胎即下。对某些产后发热病人，加炮姜、肉桂有特效。临床治疗妊娠恶阻呕吐、外伤胎动不安和胎气上冲、上腹满、妊娠子痫、产后恶露不行、产后发热肌肤无汗及产后少乳等病症，颇有良验。在群众中享有信誉，求医者甚多。

[《高密县卫生志》(1993)]

◎ 王维和 ◎

王维和（1884—1969），字平臣，男，汉族，高密县井沟镇后院头人，建国前后地方名中医。

王自幼聪慧好学，备受家父熏陶，少年起边学文化、边学医，逐步成才，随父悬壶行医。建国后，在井沟医院工作直至1969年去世。擅长中医妇科，对治疗产前产后诸症，辨证准确，自有独着，疗效较高。如①孕妇产前，因跌、闪、扭伤致胎气、胎损，治疗上颇有建树，其主要方法有二：一是治孕妇胎前产后宜清凉。孕妇因跌、闪、扭、挫致伤胎气，其症状少腹刺痛，流血少量或块，势如将坠。治疗以黄芩配焦术为主药，乳香定痛散加减，菟丝子、桑寄生妙用，有保胎之奇功。二是因跌、闪、扭、损胎腰痛甚者，先多用元胡，有固胎之功能。②产后治虚，妙用生化汤。他认为，产后发热者，多气虚，即阴血虚生内热，阳血虚发热。因而，遵前贤以"甘温除大热"之法，重用炮姜、肉桂，其热自除。③治疗产妇血症。他认为，经久流血不止，多因阴血暗耗，致心脾血虚。治疗以调理脾胃为主，促进自身功能运化，增强抵抗力。临床辨证施治，凡见脉细弱者，妙用归脾汤加减治之，疗效甚佳。对于求医者，不分贫富，不畏寒暑，始终热诚待之，以济世救人为乐。对有邀者有求必应，经其手抢救的危症产妇与新生儿达千人以上，深受爱戴。

[《高密县卫生志》(1993)]

◎ 单培源 ◎

单培源（1885—1939），高密县河崖东于家庄人。行九，又称单九，为高密名医"三九"之一。从父习医，广采博览，对《内经》《伤寒》等多能背诵，擅长内、妇科及温病。

[《潍坊市卫生志》(1989)]

单培源（1885—1939.08），字心田，河崖乡东于家庄人。兄弟排行数九，故称单九，为高密名医"三九"之一。

培源自幼聪明好学，学业拔萃。后因在外村求学，寒冬涉水致下肢疼痛，失治致残，遂从父单伦学医。经多年刻苦研读，对《内经》《难经》《伤寒》《金匮》

《温疫论》《薛氏医案》等多能背诵。因身受残疾之苦，奋发习医，以求济世救人，在学术上擅长内科、瘟疫、妇科。对产前产后疑难危症，尤为精研。因其医术造诣深，医德高尚，前往就医者众，并常被邀至县城、胶县等地就诊。对重病出诊，能守视病人，至脱险方肯回家。对病人诊断准确，备受病家信赖，医者以师尊之。遇疑难病症，反复思考，通宵不眠，直至豁然方肯休息。每遇不学无术之庸医误病害人，严加斥责。生前曾将毕生临床心得写成一折子本，题写了"小心在意"留于后人。

[《高密县卫生志》（1993）]

◎ 朱延泰 ◎

朱延泰（1887—1949），潍县大流河村（今寒亭区）人。曾在固提天生泰药铺坐堂行医。精眼科，行医数十年，临床经验丰富，经诊治而愈者十之八九。为人谦恭，平易近人，登门求医者甚多，在潍县、昌邑一带享有盛誉。

[《潍坊市卫生志》（1989）]

◎ 张仲山 ◎

张仲山，字岳五，男，汉族、生于1887年，卒于1963年。本县慈埠乡于林村人。

仲山少年即酷爱医学。辍学后先以教学为业，教学之余，精心研读中医典籍，潜悟有年，颇有心得。初期只有亲友诊治，后期求治者众多，乃于三十岁时弃教从医。1953年被吸收到本县卫生院中医门诊部工作，于1963年病故，终年七十六岁。

张氏赋性恬澹，治学态度十分严谨，对历代医著多有钻研。其医术较全面，尤精脉理，每逢疑难危重之症，他必探其病源，待辨证明确后，方才用药，从不草率从事，多有奇效。民国十三年（1924），昌乐县长于某患疫痢月余，经多医治不愈，后求治于他。他改补气和血为通腑导滞，患者服药五剂而愈，于某大喜，赠以《皇汉医学》《孚溪医论选》等医书，及名人字画多幅，以表谢意。次年，济南一带天花流行，小儿死亡甚多。时，安丘籍人王某在育英中学任教，闻仲山医术高超，延请于他前去救治。张氏根据当时气候、疾病流行特点，进行精心施治，全校染病者无一例死亡。于是声名大噪，远近有危疾者多敬请之。

建国后，党的中医政策为仲山进一步开展医疗工作创造了良好条件。他在本县人民医院期间，与其他老中医密切合作，应用中医中药治疗流行性乙型脑炎、肝硬化腹水、不孕症、聋哑等病取得了显著疗效。省外求医者络绎不绝。晚年，他虽体弱多病，但仍坚持诊务，并毫不保留地把自己的学术经验传授给年轻一代，先后带徒十余人。同时他还利用工作之余，整理疑难病例一百余例，留于世。他的严谨治学态度和丰富的医疗经验，甚为时人所赞赏。

[《安丘县卫生志》(1985)]

◎ 温德珩 ◎

温德珩（1887—1950），字佩南，光绪十三年生，昌邑县龙池乡西白塔村人。擅治内科杂病，尤其对时行疫病、失血症的治疗有丰富的经验，其学术源于《黄氏八种》《温疫论》。行医四十年，品行端正，急病家所急，深受当地人们的称赞。

[《昌邑县卫生志》(1986)]

◎ 李德温 ◎

李德温（1888—？），字勖民，潍县城里胡家牌坊人。清末京师大学堂毕业，做过七品小京官，民国时为国会议员，潍县国医公会会长。

德温对中医颇有研究，诊病细致，处方严谨切中要害。民国初年，潍县城里郭家巷子有一老妇，年已九十，瘫卧十载，经李治疗，服药十剂即能下床学步。另有一李姓老妇，瘫痪数年，闻名前来求治，亦得痊愈。

[《潍坊市卫生志》(1989)]

◎ 张 兰 ◎

张兰（1888—1968），益都县东坝张家河人。幼年家贫，为人牧牛，自习文字。偶得《竹油科》（一种用香油调和药物治外伤、疮疡的手抄本）一部，抱读，为人试治，奏效。后经人指点，攻读了《医宗金鉴·外科》，医术渐高，求者日多。1923年于本村开铺坐堂，对梅毒医治负有盛名。长外科，其治疗湿疹、骨槽风、黄水疮、癣病的方药有一定疗效，由刘书铭整理载于益都县卫生局编的《验方辑选》中。

张兰生前曾被选为益都县第一、二、三届政协委员。

[《潍坊市卫生志》(1989)]

◎ 刘长庆 ◎

刘长庆（1889—1976），字子庚，寿光县侯镇人。出身于书香门第，自修医学，行医乡里，其医术源于叶天士《临证指南》。四十岁时，赴济南参加省国医考试，名列第四，留济南挂牌行医。四十五岁时去泰安盐务所任保健医生。抗日战争爆发后，归故里行医。1954年去坊子煤矿职工医院任中医师至终年。

先生学识渊博，内、妇皆通，用药忌辛燥，禁孟浪，以稳妥朴实为要，于北方医学派独树一帜。

[《潍坊市卫生志》（1989）]

◎ 徐云官 ◎

徐云官（1890—1959），字继臣，光绪十六年生，昌邑县青乡乡东二中村人。自幼勤奋好学，学识渊博，初业教学兼读医书，后则潜心医学，精研岐黄之术。对《黄氏八种》深有研究，擅长内科，其技精湛，治病细心，谦虚谨慎，热情认真，深受当地群众的称赞。

[《昌邑县卫生志》（1986）]

◎ 高冠奎 ◎

高冠奎（1893—1976），字梅卿，光绪十九年生，昌邑县李家埠乡高道照村人。他对《黄氏八种》《傅青主女科》有所研究，擅长内、妇两科，曾在高密县、安丘县、昌邑县行医。建国后一直担任中医工作，对痹症、流注、鹤膝风等病有丰富的临床经验，又加之医风纯正，治病热情，故深受当地群众赞誉。生前被选为历届县政协委员。

[《昌邑县卫生志》（1986）]

高冠奎（1893—1976），字梅卿，昌邑县城关镇高道照村人。对《黄氏八种》《傅青主女科》有所研究，擅长内、妇两科。曾在高密、安丘、昌邑等县行医。解放后一直从事中医工作，对治疗痹症、流注、鹤膝风等有丰富的临床经验。医风纯正，临床热情，德高望重。生前多次选为昌邑县政协委员。

[《潍坊市卫生志》（1989）]

◎ 薛玉元 ◎

薛玉元（1894—1981），井沟镇老庄薛家整骨，其祖自清乾隆年间得整骨术，世代相传。薛玉元颇得家传奥秘，善疗骨折，行骨折复位，加内服接骨丹，疗效颇佳，深为四方民众称誉。玉元将此术传于子薛金州。

[《高密县卫生志》（1993）]

◎ 张其慎 ◎

张其慎（1895—1959），字德臣，光绪二十一年生，昌邑县李家埠乡草庵村人。他二十岁开始学医，对《医宗金鉴》深有研究，擅长外科，理深术精，经验丰富，治疗外科疑难危重病症有显著疗效，远近慕名求医者甚众，门庭若市，在当地群众中负有盛名。此外他对内科、针灸也颇通晓。

[《昌邑县卫生志》（1986）]

◎ 郎益民 ◎

郎益民（1895—1979），潍县城里人。幼读私塾，后止学经商，1919年始自学中医。因家贫，乃边商边学，十载医成，坐堂于"大德""德生"两药铺。解放后参加过潍坊医药合作社、新华药房和潍坊医药部，潍坊市中医院成立后任该院内科医生。

益民心地善良，治病不分贵贱。记忆力强，年逾七旬仍能一字不错地背诵汤头歌诀，临证往往得心应手。

[《潍坊市卫生志》（1989）]

◎ 杜云升 ◎

杜云升（1896—1980），字雨田，益都县五里石庙村人。杜氏三世为医，长于眼科。云升幼性聪颖，聆听父教，精研医理。十八岁始代父出诊，继承父业。1952年加入石庙村联合诊所。1953年参加益都县中医联合医院，体制下放后归里行医。1977病休。

细研杜氏方药，均以《审视瑶函》为治病准绳。对视网膜炎有一定治疗经验，其基本方药以六味地黄丸加减。1976年曾治一氨水烧伤结合膜之病例，迅速复明，惜其药方未传后人。生前被选为益都县第一至八届人大代表。

[《潍坊市卫生志》（1989）]

◎ 王泽臣 ◎

王泽臣（1897—1968），字廷选，寿光县道口乡七里庄人。少年家贫，读书四年，被迫辍学，从父习医，后拜于潍县名医王庆门下，十八岁开始行医。抗日战争时期，我党在寿光县桥石村成立寿光县参议会，选为参议员。1949年选为第九区医学研究会会长。建国后选为县人大代表、县人大常委会委员，又先后在县医院任职，中医进修班执教。1961年调昌潍地区人民医院保健科任中医，后任专署门诊部保健医生。

先生勤奋好学，博采众长，通晓内、外、妇、儿及五官诸科，尤长内科，对学术从不保守，且秉性刚直，生活俭朴，有求必应，深受群众欢迎。

[《潍坊市卫生志》（1989）]

◎ 李显帮 ◎

李显帮（1897—1973），字彦忱，以字行，昌乐县南庄人。出身中医世家。其曾祖李伦清为清代名医。彦忱七岁入塾，因废科举，十六岁乃秉承家学，攻研医书，数年后《内经》《伤寒论》《金匮要略》等皆能成诵，还研习了金元四大家及明清诸名家著作，二十余岁即崭露头角，名负乡里。1936年昌乐县考中医时名列榜首。1948年在大连行医期间，获全市中医之冠（《大连日报》有载）。

解放后应聘到昌潍第一人民医院中医科，并在第一届中医进修班任教。1957年调第二人民医院中医科。其主要论著有《妇科翼录》五卷（1963年完稿，现存省中医文献馆）、《伤寒启蒙》六卷及论文《甘松敷法治疗鹤膝风》等。

[《潍坊市卫生志》（1989）]

李显帮（1897—1973），男，字彦忱，昌乐县南庄人。十六岁攻研医书熟读《内经》《伤寒论》《金匮要略》等经典著作，对金、元四大家的学术亦有研究。1936年昌乐县考试中医时，成绩优异，名列前茅。1943年在大连行医，成为当地名医。

解放后参加工作，在昌潍专区第一人民医院中医科从事诊疗工作。1957年调至昌潍专区第二人民医院中医科。后调至昌乐县人民医院。遗著有《妇科录》《伤寒启蒙》。

生前，曾被选为益都县第五届人民代表大会代表。

[《潍坊市益都中心医院志》（1992）]

◎ 于法集 ◎

于法集（1900—1967），字成三，光绪二十六年生，昌邑县双台乡后埠村人。他对《黄氏八种》深有研究，擅长内、外科，对脉管炎、胆石症、胆道蛔虫、宫外孕等病有丰富的临床治疗经验。建国后，曾先后在柳疃医院、县医院担任中医工作，为培养本县中医人才作出了较大的贡献。生前任昌潍地区中医学会理事。

[《昌邑县卫生志》（1986）]

于法集（1900—1967），字成三，昌邑县双台乡后埠村人。对《黄氏八种》研究至深，擅长内、外科，对治疗脉管炎、胆石症、胆道蛔虫、宫外孕等具有丰富的临床经验。解放后先后在柳疃卫生院、昌邑县医院任中医，为培养中医人才作出了一定贡献。生前曾任昌潍地区中医学会理事。

[《潍坊市卫生志》（1989）]

◎ 周松清 ◎

周松清，字静斋，男，汉族，生于1900年，卒于1973年，本县黄旗堡镇逄王村人。

松清幼年从学，中学毕业后以教学为生。他从小生长在农村，深知广大农民缺医少药之苦，便立志习医济人。在高密任教期间，利用教学之暇，究心苦读中医经典，虚心向有经验的老中医请教。1947年辞教回家，专以医为业。他精医理，善讲习，好急贫民之苦，在乡中威信甚高。建国后，在党和政府的领导下，他积极从事社会医事活动，先后被选为本县一至六届人民代表大会代表，第三届常务会副主席。1956年被选为山东省政协委员。同时还担任了本区卫生工作者协会主任、县卫生工作者协会副主任等职。1959年，他参加山东省中医进修班学习，成绩优异，被留于山东医学院任教。1972年因病退休，回归乡里，于1973年病故。

周氏一生为人谦恭，办事公道，医德高尚，诊病细心，态度和蔼，深受广大群众爱戴。在本村行医期间，不管穷人、富人一律对待。其药品不仅价格低廉，而且对无钱购药者照样付药，无力偿还者，则一笔勾销。建国后，党的中医政策进一步调动了他的工作积极性。1952年，党号召个体医生组织起来，他首先响应，在本区成立联合诊所四处。第二区没有西医他便主动从本区动员两名西医、一名助产士去二区工作，并从本人所在诊所予借资金一百八十元，帮助该区成立联合诊所。在山东医学院任教期间，更是兢兢业业，潜心于人才培养，多次被评为该校的先进工作者。

周氏治学严谨，一丝不苟，从《黄帝内经》到清代名家之医著无不悉心研读。对张仲景之《伤寒论》和《金匮要略》诵记尤熟。建国后，他主要从事中医教学工作，先后在本县中医进修班、山东医学院讲授《伤寒论》《金匮要略》《中医基础》《中药学》。授课语言简练、清楚，阐述学理透彻，富逻辑性、系统性、科学性。很受广大师生好评。在临床方面，较擅长内科，尤善仲景之治法，用药精练，组方严谨，取效甚捷，为时人称道。

[《安丘县卫生志》（1985）]

周松清（1900—1973），字静斋，安丘县黄旗堡镇逄王村人。中学毕业后教书为生，教学之余，精读医著。1949年前开业行医，对病家一视同仁，态度和蔼，无钱购药者，照样付药，无力偿还者，一笔勾销。长于应用经方，屡起沉疴。

1952年，松清在逄王村成立四处联合诊所，积极从事社会医学事业，急病人所急，在群众中威信甚高。先后被选为安丘县第一至六届人大代表，第三届人大常委会副主任。1956年当选为山东省政协委员，同时还担任安丘县卫生工作者协会副主任等职。1959年参加省中医进修班学习，成绩优异，留山东中医学院任教。

静斋治学严谨，学底深厚。从《黄帝内经》到清代名家著述，无不悉心研读。对张仲景之《伤寒论》《金匮要略》诵记尤熟。在山东中医学院工作期间，担负《伤寒论》《金匮要略》《中医基础》《中医学》的讲学任务，授课语言简练，逻辑性强，阐述透彻，颇得师生好评。在临床方面，擅长内科，尤崇仲景之法，用药果断，组方严谨，取效甚速，可谓学验俱丰。

[《潍坊市卫生志》（1989）]

◎ 郭谷石 ◎

郭谷石（1900—1970），字葆曾，潍城区郭宅街人。早年执教，二十七岁时受其母之嘱弃文学医，博览医书，虚心向潍县、诸城一带名医请教，谙熟各科，尤精妇科，成为潍坊妇科名医。

1953年，谷石响应政府号召，以其经营的"荫和堂药店"为基础，组成"潍坊第二联合诊所"，任所长。1955年为筹备建立中医院奔波操劳，潍坊市中医院成立后任副院长，并把自己珍藏多年的医书古籍奉献中医院图书室。先后被选为潍坊市第二届人大代表、第二届政协常委。1956年参加民革，任潍坊市民革常委。1957

年列席参加全国政协会议和第十一次最高国务会议。

先生治学严谨，对经典理论造诣较深，具有丰富的临床经验。晚年著有《伤寒论批注》《妇科病的治疗经验》《中国的化学药物——中九丸》等，惜未问世，已失。

谷石善书法，其字苍劲有力，气势磅礴，独成一家，名冠潍坊。

[《潍坊市卫生志》(1989)]

郭谷石(1900—1970)，名葆曾，字谷石，原潍县城里（今潍坊市潍城区）郭宅街人。早年执教，二十七岁时遵母命弃文学医。他尊崇岐黄，信服仲景，博览群书，虚心求教，熟研各科，尤精妇科，成为妇科名医。

谷石性情豪爽，为人正直，最反对存在于中医界的吹、拍、推、拉、吓等不良风气和竞逐荣势、企踵权豪、唯利是图的庸医。他热爱中医事业。1953年，响应政府号召，以其经营的"葆和堂药店"为基础，组成"潍坊市第二联合诊所"自任所长。1955年为筹备成立中医院奔波操劳。同年6月"公私合营潍坊中医医院"的成立实现了他"中医要联合，中医要发展"的心愿，把自己珍藏多年的医书古籍奉献给医院。中医院成立后任副院长。

他曾当选为潍坊市第二届人大代表，第一、二、三届市政协委员。1956年参加中国国民党革命委员会，任潍坊市民革常务委员。1957年2月列席参加了全国政协会议和第十一次最高国务会议。

他医术高明，一生治学严谨，对医学经典著作和医学古文有较深研究，具有经方派特色，处方简单，疗效显著。在治疗内、妇科杂症方面有丰富的临床经验。晚年曾著有《伤寒论批注》《妇科病的治疗经验》和《中国的化学药物——中九丸》等，惜未及问世，因"文化大革命"冲击而佚失。

谷石亦善书法，其书苍劲有力，气势磅礴，独成一家，名冠潍坊。曾为新华影剧院、人民剧院、工人俱乐部写过每字两平方米大的高大牌匾。其字龙飞凤舞，一气呵成，堪称一绝。

[《潍坊市中医院志》(2005)]

◎ 李允修 ◎

李允修(1901—1973)，潍县西贾庄人，为我市知名整骨医师。幼时家贫，读书无多。1913年弃学随外祖父学中医整骨接骨术。1917年回乡亦农亦医。1955年携其长子来潍坊市租房开诊，求者络绎不绝。

1956年潍坊市中医院成立整骨科，允修与其长子李万秋（现市中医院骨伤科主治医师）应聘来中医院任职。李氏充分发挥其简、便、效、廉的特点，不数年名声远扬。当时在无X线诊断的条件下，运用手摸心会之法接骨纳环，闭合整复。创造了腿部骨折夹板和伸展骨折盒，缩短了疗程，提高了治愈率。治疗中注重动静结合，早期功能锻炼，效果甚佳，深得人们赞誉。李氏1957年曾出席潍坊市先进工作者大会，曾被选为市政协委员。

[《潍坊市卫生志》（1989）]

李允修（1901—1973），山东省潍县西贾庄人（现潍坊市潍城区），为潍县知名整骨医生。

他幼年家境贫寒，但勤奋好学，读书无多。1913年十二岁时就随其外祖父学习中医整骨、接骨技术。苦学四年，颇有成就。1917年回乡，一边务农一边应诊。在动荡战乱年代不得不搁医从商。

解放后，在党和政府的关怀下，他整骨接骨的一技之长又得以发挥。1955年与其长子来潍坊市里租房开诊，就诊者络绎不绝。

1956年，公私合营潍坊中医医院成立整骨科，携其长子来院任职。从个人开业转入正式医院，无疑激发了他的极大热情，他充分发挥中医整骨简、便、效、廉的特点，不仅使一些急症骨折病人迅速得以痊愈，而且收治一些经西医石膏固定长期不愈的患者。短短几年，中医院整骨科名声大振，求医者不仅周边县、市，远地患者也慕名而来。

建院初期，医院医疗设备落后，无X线机，他都是靠手摸心会的办法进行诊断治疗。在临床实践中，他不断改进整骨、固定、内服、外用之法，创造了腿部骨折夹板和伸展骨折盒，使较难固定的骨折难题得到了较好的解决，缩短了疗程，提高了治愈率。他在治疗骨折中，十分强调动静结合，早期功能锻炼，充分体现了中医辨证论治特点。他的独特医术和显著疗效深得人们赞誉。

他于1957年出席潍坊市先进工作者大会。1955年和1959年当选为潍坊市第二、三届政协委员。

[《潍坊市中医院志》（2005）]

◎ 吴启圣 ◎

吴启圣（1901—1977），字浚亭，临朐县寺头洛庄村人。幼贫，靠亲友资助求学，二十二岁高小毕业后始教学。因其母腿痛致残，乃发愤习医，二十七岁弃教行医，在洛庄开"华西药房"，建国后并入寺头医院。启圣对痹症有独特见解。认为痹病的原因是风、寒、湿，方药就宜辛、温、燥，又认为不通则痛，需壮阳通络治之，效果明显。曾撰写《痹症证治》一文，发表于《山东医刊》。吴氏1954年选为县人大代表。1959年当选为山东省卫生工作模范。

[《潍坊市卫生志》（1989）]

◎ 王作圣 ◎

王作圣（1902—1980），益都县王小桃园村人，系益都县"桃园黄病丸子"第四代传人。早年随父在烟台开药铺，看黄病，卖丸子。后回本县仍操旧业。1951年参加联合诊所，先后在口埠、侯庙、桃园等地行医。

作圣继承其父王子和"黄病丸子"理气行气一派，并在原方的基础上增减其药引，逐渐从单纯治黄病（多为缺铁性贫血）发展为兼治胃及十二指肠溃疡、慢性胃炎等症。60年代末至70年代初，"黄病丸子"的影响扩大到除台湾外全国各地及香港等，日销量达千余副。先生生前为益都县历届人民代表大会代表。

[《潍坊市卫生志》（1989）]

◎ 郭述声 ◎

郭述声（1902—1974），字子扬，光绪二十八年生，昌邑县塔耳堡镇郭家上疃村人。一生治学勤奋，精通中医经典，对叶氏的温病学说更是推崇备至，精心研究。对外感时病的治疗用药轻灵药专，每获卓效，深受同道及病家的赞誉。

[《昌邑县卫生志》（1986）]

◎ 王彝民 ◎

王彝民（1903—1958），字祖训，潍坊市城里南宫街（今潍城区南宫街）人。父儒珍，业医，精眼科。彝民1925年毕业于潍县县中，后又求学于烟台益文学校，专英语。早年教书，兼习中医，1934年考入上海中国医学院，1937年七七事变后肄业回潍悬壶应诊。1939年应邀和汤友素、郭谷石在仁济药店挂牌应诊。1945年同医师柴英孚在颐和堂药铺应诊，同时又兼任县立中学、师范学校的生理教员。曾为潍县医师公会、中医联合会以及新生医药社的成员之一，为继承发扬祖国医学遗产，主办了九期中医学习班。1955年被任命为潍坊市中医院副院长，并加入九三学社，先后被选为市人民代表、市人民委员会委员、市政协委员、省政协委员。

王氏博览群书，治学严谨，重《内经》《难经》，尚仲景，亦崇近贤，精内、妇两科。待病人和蔼，对同道恭敬，工作细心认真，处方书写亦极工整，每行必五味，每味必三字，有"三字经"之称，字迹娟秀，一丝不苟，直至晚年亦无丝毫草率。王氏为潍城当时少有的科班名医，牢记其长辈谆谆教嘱："要做名医，不做时医"，从不哗众取宠，而是穷究苦研，遇有疑难病症即反复探讨，苦思冥想，必至甚解引以为快。行医二十余载，积累了丰富的临床经验，不少复杂病症，一经他手，即能回春。不幸先生过早与世长辞，这是潍坊中医界的一大损失。

[《潍坊市卫生志》（1989）]

王彝民（1903—1958），字祖训，潍县（现潍坊市潍城区）南宫街人。父儒珍，业医，精眼科。

彝民十岁就师上学，1925年中学毕业后在潍县一家私立小学一边任教，一边学习中医，后又任教于潍县第二小学和县立女子师范讲习所。1934年弃教从医，考入上海中国医学院和新中国医学院学习。1937年七七事变后肄业回到潍县，悬壶应诊。

他自幼聪慧，勤奋好学，习医后更加刻苦，医技提高很快，所以不几年便跻身于医林之中。他治学严谨，治医以经典为宗，重《内》《难》，沿仲景，亦崇近贤，对西医书籍亦予涉猎。精中医内、妇科，处方遣药心思细腻。其处方病历书写工整，而处方每行必五味，每味必三字，有"三字经"之称。

1939年，应邀和汤友素、郭谷石在仁济药店挂牌应诊。1945年同医师柴英孚一起在颐合堂药铺坐堂，同时兼任潍县县立中学、师范学校的生理学教员。曾为潍县医师工会、中医联合会以及新生医药社的成员之一。主办了九期中医学习班，为继承和发扬祖国医学遗产作出了贡献。1955年公私合营潍坊中医医院成立后，任副院长兼内科医师。由于他坚决响应政府号召，积极为群众服务，先后被选为潍坊市第一、二届人大代表、市政协委员、山东省政协委员，九三学社成员。

彝民肄业于上海中国医学院，是当时潍县少有的科班出身的中医。加之本人勤奋好学，所以医学知识丰富，根底扎实。难能可贵的是他不墨守一隅，撷采众家之长，又平易近人，在医务界和群众中有较高声望。

彝民世为书香门第，长辈曾谆谆相嘱："要做名医，不做时医。"他牢记于心，从不哗众取宠，而是穷究苦研。遇有疑难病症，反复探讨，必求甚解而后已。行医二十余年，积有丰富经验，不少复杂病症一经他手即能回春。他过早地去世是潍坊中医界的一大损失。为了中医后继有人，生前教子孙习医。其子启明，继父习医，长孙志义善针灸、推拿。

[《潍坊市中医院志》（2005）]

◎ 崔伯侯 ◎

崔伯侯（1903—1951），名文功，以字行，临朐县石家河枣行村人。出身于世医之家，高小毕业后即从父习医，擅内、妇两科。解放前自己开业行医。1944年当地解放，加入鲁中行署医疗队。1945年任临朐县医救会组长。1946年与刘法清共组医疗社。1949年在县府医务所所长高参三指导下，以伯侯为主组成"九米（九山、米山区）医药合作社"。

伯侯治学严谨，每读必求甚解，学术根底扎实，辨证细心，博采众长，重实效而不盲从，对药性不识时，必先自试，方施于人，颇得群众好评。

[《潍坊市卫生志》（1989）]

◎ 韩甲武 ◎

韩甲武（1903—1975），潍城区丁家道口村人。八岁上学，寒窗十载，至十九岁时从父树德学医。1936年独立行医，1952年加入东关联合诊所，1955年参加市中医院。韩氏三代业医，其祖父行淹为早年儿科医生，精痘疹。甲武继承祖业，亦长痘疹，每年麻疹流行期间，求医者络绎不绝。甲武性情温和，心地善良，对求诊者不分贫富，一视同仁，精心辨证，严于律己，宽以待人，威望较高。

[《潍坊市卫生志》（1989）]

韩甲武（1903—1975），山东省潍县（今潍坊市潍城区）丁家道口村人。八岁上学，寒窗十载，至十九岁时从父树德学医。1936年起独立行医，1952年加入东关联合诊所，1955年参加公私合营潍坊中医医院。韩氏三代业医，其祖父行淹为早年儿科医生，精痘疹。甲武继承祖业，亦长痘疹，每当麻疹流行期间，求医者络绎不绝。甲武性情温和，心地善良，对求医者不分贫富，一视同仁，精心辨证施治，他严于律己，宽以待人，威望较高。

[《潍坊市中医院志》（2005）]

◎ 董子元 ◎

董子元（1903—1972），字筱培，寿光县前扬石门董村人。祖辈相传业医四世，对《医宗金鉴》《温病条辨》及历代先贤各家之说，无不博览。

子元先加入联合诊所、公社卫生院，于1959年调昌潍专区人民医院任中医，后回寿光县医院工作。行医三十余载，对治疗伤寒、乙脑、脱骨疽、妇科各症、男子精子缺乏症很有造诣。不幸身染心肝之患，病躯残身，于1972年与世长辞。著有《董子元医案》一书（草稿），总结了平生所治验案，有正反两方面的经验，给后者以启迪。

[《潍坊市卫生志》（1989）]

◎ 韩树芳 ◎

韩树芳（1904—1976），又名韩玉阶，寿光县寒桥乡韩家牟城村人。幼年入学，苦读十余年，尔后任教十余年。1935年改教从医，在寿光县丁家楼一家药铺抓药学医，勤学苦研，五年医成。1940年后在韩家牟城村坐堂行医，颇有名声。1949年响应政府号召，与他人合伙开药铺。1952年参加寿南县（今属寿光县）寒桥诊所，工作积极，被选为寿光县人大代表。1955年参加昌潍中医进修班，1956年调潍坊市中医院任内科中医师。

韩氏一生好学，精读了《内经》《伤寒论》《金匮要略》《本草纲目》等经典著作，人称经方派。医学造诣较深。不仅内、妇、儿科研究至深，且长于针灸，对急性关节炎、肠伤寒、胃溃疡及妇女闭经等有独特见解。用"烧山火""透天凉"强烈的刺激手法治疗急性暴发性音哑和哮喘等有显著效果。曾撰写《对消化性溃疡临床辨证论治的体会》《中医中药治愈脑震荡经验介绍》等学术论文。

韩氏待人诚恳热情，态度和蔼，工作认真。曾被选为潍坊市人大代表和政协委员。

[《潍坊市卫生志》（1989）]

韩树芳（1904—1976），名中医，又名韩玉阶。山东省寿光市寒桥乡韩家牟城人。

他幼年入学，下学后在本县教书达十年之久。1935年弃教习医，在本县丁家楼一户药铺一边司药一边学医，读过《内经》《伤寒论》《金匮要略》《本草》等医学经典。由于他勤学苦研，五年后成医，遂在本村自开药铺并坐堂行医。因有较高医术，又乐善好施，很快便在故里颇有名气。1949年解放后，响应政府号召，积极开展卫生工作，为群众防病治病。1952年放弃个人小业，参加了寿南县寒桥诊所，精神更为焕发，医术更有用武之地。由于他思想开明、热心为群众服务，被选为寿南县第一、二、三届人大代表。1955年参加昌潍专区中医进修班，进一步提高了理论基础。1956年5月，经昌潍专署批准调任公私合营潍坊中医医院内科中医师。

他一生好学，医学造诣较深，看病心细，处方严谨，药味不多，效果显著，人称"经方"派。不但对中医内、妇、儿科有较深的研究，且擅长针灸。

四十年的临床实践使他积累了丰富的临床经验,对急性关节炎、肠伤寒、胃溃疡及妇女经闭等病症具有独到见解,治愈率高。针灸方面也有妙处。他用"烧山火""透天凉"和强烈的刺激手法治疗急性暴发性音哑和哮喘等疾病,效果显著。原南京军区一军官,患"震颤不止"症,曾去许多大小医院诊治,无效,慕名而来求治。四诊合参辨证为"阳虚",遂开一方:"人参二两,熟附子一两",煎汤频服,结果一剂显效,二剂痊愈。诸如此类药到病除的例子不只一二。

他来中医院后,深钻细研医术,热心为病员服务。诊病中,态度和蔼、认真仔细,深得病员好评。大家都说:"韩大夫真好求,无论什么时候随叫随到。"他年过半百后仍勤学不辍,有时学至深夜。他不但在内科认真负责,有时为了工作需要经常调到小儿科工作,还担负着带徒任务。他诚心诚意、毫无保留的精神,给门生留下了深刻印象。

他的学术论文有《对消化性溃疡病临床辨证论治的体会》《中医中药治愈脑震荡经验介绍》等。1963年他被选为潍坊市第五届人民代表大会代表。

"文化大革命"期间,尽管医院受到冲击,但他仍坚持工作,兢兢业业为病人服务。1976年因患癌症去世。

[《潍坊市中医院志》(2005)]

◎ 蒯仰山 ◎

蒯仰山(1904—1968),字洪涛,潍县城(今潍城区)郭家巷人。祖父蒯九龄为清末潍县城儿科名医。先生幼年颖悟好读,十载寒窗,青年时即从祖父学医,四年后承祖业,悬壶潍城,专治婴幼,由于师出有名,功底扎实,疗效卓著,人称"小蒯先生"。1935年曾任潍县中医公会副会长。1948年潍城解放后,他发动中医同仁集资成立新生医药合作社、任社长,曾积极宣传防痨知识,被选为潍坊市卡介苗推进委员会委员。1954年任消费社医药部主任,1955年被聘为全国科学技术普及协会筹备委员,同年参加领导筹建了潍坊市中医院,任副院长兼工会主席。曾先后被选为省政协委员、市人委委员、地区科普协会副主席、省中医学会理事、地区中医学会理事长,并被聘为山东医学院儿科顾问。1956年加入中国共产党。曾多次出席省市群英会和先进工作者代表会。

蒯氏之儿科学术,源于钱乙《小儿药证直诀》及《幼科发挥》《幼幼集成》《金鉴·幼科心法》等。对小儿麻、痘、惊、疳四大症,先生都有独特见解和较高的造诣,治疗小儿水肿、湿疹、百日咳、腹泻、疳积等症也常常妙手回春。用其祖传秘、验法研制成的"人参醒脾散""镇惊醒脾散""小儿扶正散""青梅散""五积片"等至今仍经常沿用而疗效显著。

先生一生诊务繁忙，虽身兼多职，但仍坚持不脱离临床，用其家传秘方和丰富的临床经验，挽救了无数患儿。晚年经常与西医会诊，诊治小儿疑难病症，取得良好效果。

为了继承和发扬祖国医学遗产，仰山先生老骥伏枥，呕心沥血，将自己多年的临床经验和家传秘方毫无保留地传授后人。在先生的精心培养下，一代新人茁壮成长，现均已成为中医儿科骨干，他们曾把先生的治疗经验撰成《蒯仰山中医师儿科临床经验》共11篇，先后刊载于《山东医刊》。

[《潍坊市卫生志》（1989）]

蒯仰山（1904.12—1968.04），名洪涛，以字行，儿科名医，潍县（今潍坊市潍城区）城里郭家巷子人。

蒯仰山生于中医世家，其曾祖、祖父均为清末潍县儿科名医。他幼年颖悟好读，九岁就师习文。祖父蒯九龄喜其天资聪明，授以医术。他师承家学，十九岁行医，专治婴幼疾病。由于攻有专长、疗效卓著而年轻成名，人称"小蒯先生"。

蒯仰山儿科学术，既承其家技，又渊源于明朝太医院吏目龚廷贤《寿世保元》、宋代钱乙的《小儿药证直诀》、明代万全的《幼科发挥》、清代陈复正的《幼幼集成》和吴谦等人主编的《医宗金鉴·幼科心法要诀》。

他学深识广，热爱中医事业。民国二十四年（1935），任潍县中医师工会常务委员、副主席等职。1948年潍县解放后，他联合中医同仁集资成立新生医药合作社，1949年与当时潍坊有影响的中医郭谷石、王彝民等人募集股金改组新生医药合作社。1951年1月任该社社长兼儿科医师。6月，兼任中医进修班副主任。其时他积极宣传"小儿要防痨，快种卡介苗"，被选为潍坊市卡介苗推进委员会委员。1954年任潍坊市消费合作社医药部主任兼儿科医师，当选为潍坊市人大代表，同年代表昌潍专区中医界出席山东省中医代表大会。1955年被聘为全国科学技术普及协会潍坊市筹备委员会委员。

为了中医事业的发展，蒯仰山积极响应上级号召，联合中医人员于1955年6月成立了公私合营潍坊中医医院，被任命为副院长并兼工会主席。1956年9月光荣地加入了中国共产党。

他虽身兼多职，但坚持不脱离临床，用其家传秘方和丰富的临床经验挽救了无数患儿。特别是1957年、1962年、1966年国内"麻疹""乙脑"流行，医院设立专门病房时，他和医护人员一起夜以继日地为抢救患儿忘我工作。

蒯仰山对小儿麻、痘、惊、疳四大症有独到见解和较深造诣。他的"肺炎熨方"方简药廉，不少危重肺炎病儿用后立见奇效。治疗小儿水肿、湿疹、百日咳、腹泻、疳积等症常可妙手回春。用其秘方、验方研制成的"人参醒脾散""镇惊醒脾散""小儿扶正散""青梅散""五积片"等中成药至今仍应用于临床。

他治学严谨，在继承和发扬祖国医学、培养人才方面老骥伏枥，呕心沥血，将自己多年的临床经验及其家传秘方，毫无保留地传授后人，培养造就了一代新人，有多人成为中医儿科骨干。根据他的临床经验编写而成的《蒯仰山中医师儿科临床经验》等著作发表之后，医务人员视为珍宝。张奇文主编的《幼科条辨》一书对他的学术思想也予以充分体现。

蒯仰山一生忙于诊务，精心为患者治疗，在群众中享有很高声望，多次被评为先进工作者，出席过山东省和潍坊市"群英会"。被选为潍坊市第一届人大代表、市人民委员会委员，1959年当选为山东省政协委员。1964年当选为昌潍专区中医学会理事长，山东省中医学会理事，科普协会副主席，同时还担任山东省省立第一人民医院儿科顾问。

[《潍坊市中医院志》（2005）]

◎ 吕济民 ◎

吕济民（1906—1977），字世安，光绪三十二年生，昌邑县李家埠乡陶埠村人。自幼勤奋好学，广读医籍，尤对《黄氏八种》《医宗金鉴》有所研究，擅长内科，建国后参加工作，医术较高，工作认真，服务态度好，为人正直，有求必应，深受当地群众的欢迎。

[《昌邑县卫生志》（1986）]

◎ 孙来朋 ◎

孙来朋（1906—1968），字成远，潍县前埠村人。出身于世医之家，祖父孙思恭，精通医理，名于时。成远教学兼从祖父习医，精读了《内经》《伤寒论》《金匮要略》《黄氏八种》《傅青主女科》等典著。医学理论造诣较深，专长妇科。1943年到潍城行医，先后在和济亨药庄、体仁堂药铺、颐生药店坐堂。1950年返里行医。1953年加入潍县朱里区卫生所。1956年调潍县人民医院任中医。60年代初被选送北京中医研究班学习半年，医技更高，登门求诊者接踵而至。1968年，年逾花甲的成远参加巡回医疗,走乡串户,劳累过度,卒于返院途中。生前曾任潍县人大代表、政协委员。

[《潍坊市卫生志》(1989)]

◎ 韩玉文 ◎

韩玉文(1906—1964),潍县韩家村人。生前为双扬乡卫生院中医,潍县人大代表。早年任教,后业医,其学术源于《内经》,对《伤寒论》《金匮要略》也深有研究。临床经验丰富,擅长内、妇两科。登门求诊者络绎不绝,在潍县、寿光两县享有盛名。

[《潍坊市卫生志》(1989)]

◎ 张延年 ◎

张延年,字瑞丰,男,汉族,生于1907年,安丘县金冢子乡后金堆村人。

张氏出身于中医世家,十岁随祖父学文习医,十九岁出师。先后在凌河、石堆、安丘同太、吉林省汪清县等地当坐堂先生。1954年加入安丘南关联合诊所。1956年参加山东省中医研究班学习,结业后留于省中医院工作。1963年调本县人民医院至今。历任省中医院外科主任、安丘县人民医院中医科主任、山东省中医学会外科分会副理事长、潍坊市中医学会常务理事、中华医学会安丘分会名誉理事长、安丘县第一届政治协商会议副主席、山东省人民代表大会代表。1982年,经省卫生厅考核晋升为中医外科主任医师。

张氏业医五十余年,擅外科,精疮疡,对血栓性脉管炎、骨结核、化脓性骨髓炎、颈淋巴结核等慢性疑难病症,造诣尤深,常能达到得心应手的境地,求治者踵趾相接。近年,他悉心研究对骨瘤的治疗,药用青龙,凡温经散寒,祛痰化结,佐以补脾健胃之法,取得了显著效果。自1976年以来,已基本治愈四例,受到上级科研部门的重视。张氏对内科、儿科亦有丰富的治疗经验,如早年他应用自制的麻积糕治疗小儿麻积症,疗效显著,至今在乡里仍有盛名。应用活血化瘀法,治疗精神病,疗效亦甚独达。

张氏学术思想受《医宗金鉴》和《外科大成》影响较深。他辨证精确,胆识过人,所用方剂药量极重,且擅攻补兼施,在治疗外科病症时尤为突出。张氏认为临证如临阵,用药如用兵,一旦辨证明确,必须标本兼顾,抓住疾病的主要矛盾,加大主药用量,一鼓作气,方能奏效。如早年他在省中医院工作期间,曾治一肺痈患者，体温达 40℃，经用中、西药治疗十余天，病情不减，后求治于他。他根据脉症所见，证属风热之毒熏蒸于肺，热壅血瘀。投以《石室秘录》之全肺汤：双花、玄参加至 60 克，黄芩 15 克，以清鲜肺经之热毒，佐以寸冬、花粉各 10 克，以养阴生津，白芍敛肺气，甘草调诸药，全方量大力专。服药三剂体温正常，余症亦大减，十剂而愈。此类情况在张老的诊疗中屡见不鲜。近年来，他对自己的临床经验进行了认真总结，撰写了《外科秘录》十三卷，四十余万字。后经学徒加以整理，选出 50 篇，以备刊印。另外，还先后整理了《血栓性脉管炎的辨证施治》《银屑病的治疗经验》《中药治疗骨瘤探讨》等 15 篇论文，先后在省、地、县中医学术会议上进行了交流。其中有 12 篇选登在《山东省中医学术资料汇编》和昌潍地区出版的《农村医刊》上。

张氏生活俭朴，平易近人，不慕名利，对工作勤勤恳恳，门诊量达七八十人次，从不嫌麻烦。虽年逾古稀，体弱多病，但仍按时上下班，诊余时间则孜孜不倦地总结、整理自己之临床经验，寒暑不辍，持之以恒。1981 年，他被选为本县卫生系统先进工作者，光荣出席了山东省劳模大会。1983 年又出席了卫生部召开的先进集体和先进个人代表大会，受到了卫生部的表彰与奖励。

[《安丘县卫生志》（1985）]

脱 疽

安丘县人民医院　张瑞丰

病案一：

李××，男，50 岁，1977 年 3 月就诊。

患者于 1975 年 8 月发病，初起左足有热痛感，后疼痛逐渐加重，同年 12 月左足趾溃烂黑如枣色，继续向上蔓延、发热、食欲不振、疼痛难忍，整夜不能安眠，曾经多法治疗不效，后来院延中医就诊。证见左足溃烂面，流少量脓液，大便干，小便黄，舌苔薄黄，舌尖有瘀点，脉弦数，趺阳、太溪脉皆无，诊为脱疽（偏阳型），治宜清热解毒为主，佐以祛瘀活血止痛，方以四妙勇安汤加减。

处方：双花 90 克，玄参 90 克，当归 30 克，川膝 30 克，丹参 15 克，赤芍 12 克，没药 12 克，甘草 30 克。

水煎分二次服，日一剂。

服药十剂，热退痛减，余证同前，上方加黄芪 30 克，台参 30 克，黄柏 15 克。

连服二十剂疼痛缓解，疮口开始愈合，寸口脉转缓，跗阳、太溪脉已能摸到，唯见足背少有红润，乃为湿热未清，原方加薏米30克，又进20剂，疮口愈合良好，嘱其回家休息调养。

病案二：

付××，男，64岁，社员，1977年3月就诊。

右足蹈趾、小趾间歇性疼痛三年余，近年来加重，患处皮肤色紫，肿胀，溃疡流水，疼痛难忍，夜间尤甚，经他人介绍来本院治疗。证如上述，舌质紫绛，苔白腻，六脉沉涩，跗阳、太溪脉皆无，诊为脱疽（气血双虚型），治宜补气养血、活血化瘀，方以顾步汤加味。

处方：黄芪30克，台参90克，当归45克，川膝30克，石斛15克，双花60克，鸡血藤30克，甘草30克。

水煎分二次服，日一剂。

服药八剂足趾疼痛已减，原方加玄参90克，减石斛，又进二十剂，痛感基本消失，疮口流脓液亦减少，跗阳脉亦能触到，减鸡血藤，加丹参15克，赤芍10克，继续服用至十二剂，疮口脱出花生米大坏骨一块，外搽生肌玉红膏，又治月余疮口愈合，诸症消失，痊愈而出院。

按：脱疽为一种慢性血管性疾病。早在二千年前的《内经》就有"发于足趾，名曰脱疽，其状赤黑死不治，不赤黑不死"的记载，《外科正宗》则有"血死心败，筋死肝败，肉死脾败，皮死肺败，骨死肾败"的五败之说。对其病机，祖国医学认为多由气血亏虚，复感寒湿，凝滞脉络或房室不节，膏粱之变，伤阳生热，火毒蕴结，经脉阻塞而发。目前尚无特效疗法，张瑞丰老中医在长期临床中，对本病采取辨证分型的方法进行治疗，常获良效。如例一系由热毒蕴结所致，他根据热毒清血自和之义，突出清热解毒，佐以活血化瘀；例二证属气血双虚，他又重用大补气血之品，佐以泻毒之味皆到了满意效果。

[《安丘县卫生志》（1985）]

外科秘录卷十"发无定处"
张瑞丰

骨痨，亦名流痰，发无定处，凡有骨节之处，皆可以生，多于儿童及青年。初起时骨内虽有病变，而外形并不明显，不红不热，又不肿胀，自感患部隐隐作痛。

继则关节活动障碍，动则疼痛加重，但全身情况尚无明显变化。日积月累，在原发或继发部位渐渐肿起，周身发热，朝轻暮重，此为寒化为热，进入酿脓阶段，如脓已熟，则患处出现透红一点，按之应指转动，破溃之后，疮内流稀脓，或夹有豆腐脑样物，久则疮口凹陷，周围皮肤紫暗，形成瘘管，不易收口，如病在四肢者，患肢肌肉渐消瘦萎缩；若在颈椎者，多数四肢瘫痪不应。初起时，患者常以手托下颌，而成颈缩俯形之态，甚则二便失禁；若病在胸椎者脊背外突，行路时常以手支持胁肋，其脓肿多出现于患椎附近，上肢瘫痪不用；若病发腰椎者，胸椎突出或不明显，腰椎强直如板状；若小儿患者，在俯卧时，将两腿向后抬高，腰部则呈前凸曲线；其脓肿多出现于小腹两侧，或大腿内侧；若发于胯、膝、肩、肘、腕、踝等关节，关节多强直不能弯曲，两臂或两臀肌肉不对称，患肢先长后短，稍有跛行，痛不太甚，其脓肿多出于原发部位附近。若患有骨痨，日久元气不支，身体日呈消瘦，精神委顿，面色无华，形寒畏冷，心悸失眠，自汗盗汗，舌淡苔下白，脉沉细或虚大，为气血两亏，阴阳俱虚之征；若午后潮热，口燥咽干，食欲减退，或咳嗽痰白，舌红少苔，脉细数者，则为阴虚火旺，到此阶段，预后大多不良，倘脾胃未败或可治愈。凡病在大关节者，治之较难，若在小关节者，治之稍易；若患在颈椎者，治愈甚难，在胸椎稍易，其他小关节治愈率较高。总之，治疗此症，须平心静气，少者数月，多者年月，方能治愈，求速甚难。

[《安丘县卫生志》（1985）]

◎ 黄德亭 ◎

黄德亭（1907—1990），号怀功，字德亭，中医外科名医。山东省寿光市西宅科村人。自幼勤奋好学，尤好岐黄之术。高级小学毕业后，一边潜心研究中医书籍，一边在原籍行医。1931年任国民小学教员，其间亦教亦医，临床经验不断丰富。1938年弃教专医，医术日进，不久成为蜚声寿北的外科名医。1951年联合本乡同仁成立"中医研究会"，1956年调入本院外科，1957年去山东中医学院进修痔瘘手术，回院后医院以他为主成立了痔瘘科，为医院手术治疗痔瘘病的奠基人。1961年起参加山东中医学院函授温课班学习三年，完成教学计划全部学业，获得山东中医学院毕业文凭，使多年积累的临床经验得到了理论上的升华。1972年任外科副主任。

他自学成才，嗜书如命。凡中医典籍，必求熟读，精要之处，能背能诵。尤其是《医宗金鉴·外科心法要诀》和《外科正宗》，几十年如一日，日读夜思，烂熟于心。他虽崇尚典籍，但并不拘泥于书本，而是结合临床实践融会贯通，知常达变，善于从古书中求得新意，不断探索中医治病的奥秘。晚年患有冠心病，仍手不释卷，接受新学术，研究新课题。在学术思想方面，也有其独到之处。主张师古不泥古，临床善辨阴阳，细别经络，精调气血，重健脾胃，对症下药。常说"中医用药贵在灵活，用药如用兵，敌变我变，方能胜之"。认为前人之方只能是一准绳，实践之中应该举一反三，触类旁通，独辟蹊径。

他擅长于血栓闭塞性脉管炎、骨结核、骨髓炎、疔疮、痈疽等外科疑难重症的诊治，且有其鲜明的特点。在外科病治疗中重视和脾胃、调气血、辨阴阳、别经络，灵活运用"表、清、透、补"四大法，整体把握、辨证施治。常说"治病如对敌先礼而后兵……一打一拉，分化瓦解，诱邪外出，因势利导，随其势而折之"。

他结合自己五十多年的临床经验编写汤头歌诀百余首，总结出一批治病验方、秘方，丰富了祖国的医学宝库。部分临床经验和医案编入《黄德亭临床经验选编》印刷成书。在不断充实自己、提高自己的同时，他不忘对新生力量的培养，言传身教，为医院培养了一批医德高尚、医术精湛的业务骨干，为潍坊市中医事业的发展贡献了自己的毕生精力。

他治学严谨，医德高尚，医术超群，深受广大病员的爱戴，多次被评为先进工作者，出席过省、地、市群英会，担任过潍坊市政协委员、山东省中医学会理事、山东省中医学会潍坊分会副理事长等职。1990年3月因病去世。

[《潍坊市中医院志》（2005）]

◎ 刘长坡 ◎

刘长坡（1908—1973），字贯乙[①]，寿光县上口镇双口村人。自幼聪颖好学，读四年私塾，以优异成绩录取至寿光县自立中学，因家贫未能如愿，后发奋自学。十九岁至南京知遇晚清御医唐敬禹先生，此人出身医学世家，精通内、外、妇、儿诸科。唐氏爱其勤奋好学，有志于中医事业，收为弟子，学徒四年，浏览诸子百家著述。唐氏将自己集七十年临床经验亲笔写成的《诊余笔录》十三卷相赠，为贯乙后来之医学实践奠定了基础。

出师后回归故里，开业行医。1937年抗日战争爆发后，投身于抗日救亡运动，

---

① 贯乙：《山东省卫生志》（1992）作"贯一"。按："乙"通"一"。

1938加入中国共产党，被派往洋头、牛头镇一带，以行医掩护其地下工作，曾任中共寿光县委秘书科长等职，为祖国的解放事业作出了一定贡献。

贯乙在四十余载的医学生涯中，治学严谨，推崇仲景、叶、桂诸家，师承唐氏。外感热痛以《伤寒》《温病论》为绳墨，内伤杂病以《金匮》为宗，并重视《内伤学说》，对先贤论著兼收并蓄，融会贯通，结合临床实践，力主辨证施治，师古而不泥古，博采众长而不拘于门户之见。临证四诊合参，尤精于望诊、切诊，用其"二诊"即知七八，胆大心细，审证求因，遣方用药权衡利弊。

贯乙生前系山东省中医学会会员、昌潍地区中医学会常务理事。晚年为启后学，诊余埋头著述，撰成《内科摘要》《儿科摄要》《寿光土产中草药浅解》及多篇学术论文。一生致力于中医事业，几十年如一日，直至暮年抱病，仍矢志不移，勇于探索，自强不息，每常伏案深修，手不释卷，堪为后者之楷模。

[《潍坊市卫生志》（1989）]

刘贯一（1908—1973），又名刘长坡，寿光人。一生行医，精于儿科、妇科，曾为山东中医学会会员、昌潍地区中医学会常务理事。著有《内科摘要》《儿科摄要》《寿光土产草药浅解》等。

[《山东省卫生志》（1992）]

◎ 姜绍成 ◎

姜绍成（1908—1996），山东省潍县（现潍坊市潍城区）望留镇姜家村人。少年入私塾，继进毓华公学读书，后因患"疔疮"致手残。他以坚忍不拔的意志，惊人的毅力，立志学医，研读诸家名医著作数载。他谙熟中医外科，尤精于疔毒、痈疽之疾的辨证施治。

20世纪30年代末，他便在潍县城成立"滋生堂"悬壶应诊。1955年公私合营潍坊中医医院成立，他携子姜兆俊（原山东中医药大学教授、主任医师）进医院工作，首批被聘为中医师。50年代当选为潍坊市政协委员。应诊之余与同仁编写了《中医验方选辑》，以启迪后者。

他自行医以来，坚持"治病必求本"的经旨，采用"急则治标""缓则治本"和"标本兼治"的原则，治愈上万名外科疑难病病人。孟某，体育教师，手患化脓性甲沟炎，延误医治，疼痛难忍，夜间尤甚。去潍坊大医院治疗无效，后求治于姜大夫。他诊后，用"黄连凉血解毒汤加减处方内服，外用蜈蚣、雄黄、川连三味药，共研细末，装入三个猪苦胆套指上，以脓出、疼止为度"。孟老师连服三剂，外装猪苦胆，五天痊愈。他在这份病例中是这样记载的：疗，形小而根深坚硬如钉，症状虽小，但毒热甚猛。处理不当，往往引起"走黄"。如果明确诊断，及时处理，愈后还是比较好的。他认为疗毒皆由"火毒"而生，从诱发因素来看，一般为湿热内蕴，火毒蕴热聚结而发，感受四时不正之气而发，皮肤外伤感染而发。在施治方面，初期以清热解毒为主，溃脓期清热解毒，软坚散结，佐以托里排脓，严禁手术和针刺，不能用手挤。忌食腥荤发物，如螃蟹、鸡蛋、肥肉、鱼、虾等。还有，一姓王的农家妇女，家境贫寒，得了急性化脓性乳腺炎，无钱治疗。在农村用尽各种土方、验方治疗无效，随后红肿高大如馍。求治于姜大夫后，教她用鲜金银花一大把、鲜蒲公英一大把，水煎，黄酒引，服后出汗，再以药渣捣烂糊患处。该女遵嘱十日痊愈。诸如此类的疗毒、发背、对口、无名疮毒、缠腰丹（带状疱疹）等经他治疗，常常药到病除，转危为安。

姜大夫在丸、丹、膏、散等炮制方面，也有一定的造诣。他所主持制作的千捶膏、玉红膏、臁疮散、治癣散、痔疮散等，对治疗无名肿毒、臁疮、顽癣、痈疽、皮炎等痼疾，应用有显著疗效。

他对全市中医事业的发展，作出了不少贡献，尤其是中医外科。医理深厚，医术精湛，医德高尚。他言不轻出，举止安和，并以药到病除的高超医术赢得了病人的敬佩。潍坊知名书法家蒋华亭先生曾书"拯黎元以人寿、治羸劣以获安"条幅赠送于他。他先后担任过潍坊护士学校中医班、中医院进修班的教学工作，坚持理论知识和临床经验相结合，赢得了师生的好评。

20世纪60年代，他在中医院以师带徒，有的门生已成为名医。同时家训有规，教子有方，其子兆俊为主任医师，国内名医。70年代姜大夫退休在家便令小儿兆平（潍坊康复医院主治医师）继承家传，自学成才。对爱孙姜伟、继之，外甥婿马兴民从辨证施治到审证求因、立法用药等方面，言传身教，使受教育者受益匪浅。1996年10月姜大夫因病去世。

[《潍坊市中医院志》（2005）]

◎ 张子美 ◎

张子美，南村镇人，生于1909年。九岁发蒙，十四岁入青岛明德中学读书，后因双亲患病，休学回家侍奉。其时张家延医甚多，医者诊毕必讲解医理，剖析病情，张氏耳濡目染，逐萌学医济世之念，于是，乃购求医书，昼夜诵读。1945年再赴青岛，并参加了当局主办的中医考试，取得临时行医执照，1949年返归故里行医。

后当选为本县二届、二届人大代表，1959年奉调到昌潍地区人民医院中医科工作，1963年被选为昌潍地区中医学会理事。"文化大革命"之后，曾连登先进工作者之伍，一度还被评为全院医生标兵，并晋升主治中医师。正值张氏准备总结一生医疗经验之际，不幸于1979年8月病故，享年六十八岁①。

张氏医治以经典为宗，兼采后贤精华，处方遣药，熨帖细腻，素有用药稳妥之称。善治外感热病，于叶、薛、吴、王之书用功甚勤，体会颇深。1964年昌潍地区"乙脑"流行，地区人民医院收治"乙脑"病人甚多，张氏与潘日岭医师合作，法卫、气、营、血理论辨证，按部就班，次第用药，治疗效果颇佳。对脾胃病的调理，深深服膺叶氏甘凉养胃之法，又喜用与脾胃相宜之谷类药，久为药石所苦之胃脾病患者，用之每收佳效。张氏素以善治妇科病著称，开始宗《傅青主女科》，后读叶天士《临证指南医案》，见叶氏善用调补冲任之法，即仿效之，临症每收桴鼓之效。中年以后即谙于气功，对经气在人身运行之规律体会较深，迨至晚年临证，凡遇内、外、妇、儿各科疑难大症，只要呈规律性发作者，悉从经气运行错乱入手辨证，并以导经气复其常规为治，用之屡奏奇效。此外，对五运六气、子午流注之学，亦有较深的研究，惜天不假年，使之功亏一篑。生前每有验案即录之，身后留有张子美验案集数册。

张氏天性和善，青年时每读杜诗"安得广厦千万间，大庇天下寒士俱欢颜"及范文正公"先天下之忧而忧，后天下之乐而乐"等句，未尝不掩卷深思，慨然兴悲天悯人之思，故时常以财物周济贫苦农民，深得当地农民好评。解放后受到党的教育，其思想境界更有新的升华，在其到潍坊工作的二十年中，曾先后慷慨帮助病人和群众约四五十人次，捐赠人民币达三千元之多，粮票四百余斤，其他零星物资尚不计在内。自身则布衣蔬食，淡泊自甘，从不讲究物质享受。为表彰其高尚医德，昌潍地区卫生局曾发出通知，号召全区医务人员向其学习，"大众日报"亦曾载文颂其德。

[《平度县卫生志》（1984）]

张子美（1909—1979），平度县南村人。九岁启蒙，十四岁入青岛明德中学读书，两年后因双亲患病，休学回家侍奉。其时张家延医甚多，诸医诊毕必讲解医理，剖析病情，子美遂萌学医济世之念，从此开始购买医书，手不释卷，仰诵俯思，废寝忘食。花朝月夕，临摹前人法帖，书法娟秀，有褚遂良之遗意；兴之所

---

① 六十八岁：按其记载的生卒年份（1909—1979），应为七十岁。

至，偶亦挥毫作诗，诗风婉约，得李义山之精髓。亦精于弈，一方称圣手。1945 年再赴青岛，参加当局主持之中医考试，取得临时开业执照，在青岛"宏济堂"坐堂。1949 年返乡里行医，曾任县人大代表。1959 年调昌潍地区人民医院中医科任职，1963 年被选为昌潍地区中医学会理事。

张氏治医以经典为宗，博采众长而能融会贯通，处方遣药熨帖细腻，轻灵而不浮泛，素有用药稳妥之称。1964 年，昌潍地区乙型脑炎流行，张氏与他医合作，法卫、气、营、血理论辨证，按部就班，次第用药，知常达变，进退合度，疗效颇佳。子美对胃脾病的调理有独到之处，推崇叶氏甘凉养胃之法，治胃脘痛最喜用之。又喜用与脾胃相宜之谷类药，久为药石所苦之脾胃病者，用之辄效。张氏素以善治妇科病著称，始宗《傅青主女科》，后读叶天士《临证指南医案》，见叶氏治妇科病最善用调补冲任之法，即仿效之。凡妇人患月经不调、赤白带下、崩漏、不孕、产后诸疾，用一般疗法不效者，即改用调补冲任法，得心应手。张氏中年以后谙于气功，对经气在人身运行之规律体会较深，迨至晚年，凡遇内、外、妇、儿诸科疑难大症，只要呈规律发病者，悉以经气运行错乱入手辨证，其治疗原则是导经气复其常规，用之屡奏奇效。另外，对六气、子午流注亦有较深研究。

张氏天性和善，青年时每读杜诗《茅屋为秋风所破歌》至"安得广厦千万间，大庇天下寒士俱欢颜"及范仲淹"岳阳楼记"至"先天下之忧而忧，后天下之乐而乐"等佳句时，无不掩卷深思，慨然兴悲天悯人之思，故时常竭尽全力以财物周济贫苦农民，深受当地人们赞扬。

解放后受到党的教育，张先生的思想境界更有新的提高，坚持以拯贫济苦为己任，助人为乐，始终如一。1970 年，昌乐县五图店子村吴某，因患皮肤癌，住院三年，生活拮据，子美闻讯后，即定期地济以钱币计四百余元，粮票百余斤。张先生到潍坊的二十年中，先后慷慨解囊无私地帮助病人和群众四五十人次，人民币高达三千元之多，粮票四百余斤，其他零星物质尚未计算在内。对己布衣蔬食，淡泊自甘，从不讲究物质享受，身后遗物仅有旧衣数件，盛旧书纸箱数个及一个小闹钟而已，足见其简朴之至。

"文化大革命"后张氏虽已年逾花甲，却仍老当益壮，对技术精益求精，励志涵养医德，连续数年被评为先进工作者，一度评为全院医生标兵。遗憾的是当晋升为主治中医师，正准备总结一生医疗经验之际，不幸于 1979 年 8 月患白血病医治无效与世长辞。

为表彰子美先生高尚的医德，昌潍地区卫生局发出通知，号召全区医务人员向他学习，《大众日报》亦专题报道其事迹。

[《潍坊市卫生志》（1989）]

张子美（1909—1979），山东省平度县人。十四岁入青岛明德中学读书，两年后因双亲患病，休学回家侍奉。其时张家不少人从医，诸医诊断病后讲解医理，剖析病情，使张子美也萌发学医之念，遂始购买医书，仔细研读。1945年再赴青岛，参加了当局主持的中医考试，取得临时开业执照，在青岛"宏济堂"坐堂。1949年返里行医。1959年到昌潍专区人民医院中医科任职。1963年被选为昌潍专区中医学会理事。

张子美治医以经典为宗，博采众长，处方遣药熨帖细腻，轻灵而不浮泛，素有用药稳妥之誉。他对脾胃病的调理有独到之处，素以善治妇科病著称。始宗《傅青主女科》，后读叶天士《临证指南医案》，仿调补冲任之法，治疗妇女月经不调、赤白带下、崩漏、不孕、产后诸疾。晚年，遇内、外、妇、儿诸科疑难大症，只要呈规律发病者，悉以经气运行错乱入手辨证。其治疗原则是经气复其常规，屡奏奇效。

张子美中医理论及医疗技术造诣较深，医德高尚，连续数年被评为先进工作者，全院医生标兵。1977年晋升为主治中医师。1979年8月因患白血病，医治无效而病逝。

[《潍坊市人民医院志》（1991）]

◎ 姜亦伦 ◎

姜亦伦（1910—1970），字锦章，宣统二年生，昌邑县柳疃镇阎家庵村人。他十六岁自学成医，学本《黄氏八种》，建国后曾先后在柳疃诊所与昌邑县人民医院担任中医工作，后任昌邑县人民医院副院长。1958年调往昌潍地区人民医院中医科任科主任。他精研医理，付诸临床，经验丰富，堪称一代名医。

[《昌邑县卫生志》（1986）]

姜亦伦（1910—1970），字锦章，昌邑县柳疃乡阎家庵村人。十六岁医成，医术源于《黄氏八种》。解放后先后在柳疃诊所和昌邑县人民医院任中医，后任县医院副院长。1958年调任昌潍地区人民医院中医科主任。姜氏精研医理，付诸临床，经验丰富。

[《潍坊市卫生志》（1989）]

姜亦纶（1910—1970），字锦章，山东省昌邑县人。1920年入塾，好医术，十六岁医成。医术渊源于《黄氏八种》。1937年经山东省政府考试合格发给中医证书，始以医为业，擅长内科、妇科及针灸。1939年入安东汉医讲习会深造。1950年东北人民政府卫生部颁予中医证书。1951年返乡，1956年参加昌邑县卫生院工作任中医师，1958年任昌邑县人民医院副院长。1959年调昌潍专区第一人民医院任中医科副主任。他精研中医理论，谙熟中医方药，经验丰富，对针灸治疗栓塞性脉管炎及斑替氏综合征多有研究。著有《脱疽的治疗经验》《治疗崩漏症的我见》等书。

[《潍坊市人民医院志》（1991）]

◎ 吴克准 ◎

吴克准（1913—1955），字正平，临朐县营子吴家庙村人。吴氏治学严谨，主张忌浮、傲、怠，临证心细，多思勤写，处方稳健，遣药精练，一方十味药以上者不多，君臣有序，佐使分明，每奏奇效。

克准不仅医术高明，且重医德，每言"临证妇科，必须宅心醇谨，举动安和，言勿轻吐，目勿斜视，清心罔欲，杂念绝生"。寥寥数语，确为医者座右铭。

吴氏尚善诗文，临证心得恒以诗志之，写有诗词二百首，汇编为《正平诗词集》。四十岁始着手临床经验的总结，撰有《妇科验案志》《妇科医话集》，传于其子绍伯。

[《潍坊市卫生志》（1989）]

◎ 赵端溪 ◎

眩 晕

安丘县人民医院 赵端溪

王××，男，51岁，工人，1976年2月就诊。

头晕、头痛五年余，并伴有耳鸣、眼花、失眠、多梦、烦躁易怒，口苦，大便秘结等症，经某医院诊为原发性高血压。给以降压药长期治疗。但血压时升时降，诸症不解，又延中医诊治。证见患者肥胖，面色红润，舌质红苔薄黄，脉弦细数，血压190/120毫米汞柱。辨证乃为肾水不足，水不涵木，肝阳上亢所致，治宜育阴潜阳，滋水涵木。

处方：生牡蛎24克，生龙骨24克，川牛膝12克，白芍15克，熟地15克，生地15克，玄参15克，丹皮10克，杜仲15克，夏枯草15克，草决明15克，泽泻10克，枣仁24克，枸杞子15克。

水煎分二次服，日一剂。

服药五剂，血压即降至150/90毫米汞柱。诸症亦大减，守原方之意加减，继服月余，血压降至正常，诸症消失。

按：本案眩晕乃系肾阴不足，肝阳上亢之证。肝为风木之脏，体阴而用阳，其性刚劲，易升易动。肝之母，肾水亏虚，水不涵木，则肝阳偏亢，致令风阳上扰，发为眩晕，肝阳上升，最易化火，火升则面红，口苦烦躁易怒。肝藏魂，魂不得安，则寐少梦多，故方以生熟地、玄参、泽泻、枸杞子、杜仲、川牛膝滋阴益肾以涵木，白芍、龙骨、牡蛎镇肝潜阳以息肝风，佐以丹皮、夏枯草、草决明泻肝经之实热，酸枣仁宁心安神，补肝阴之不足，诸药共奏滋阴益肾、镇肝息风之功。

[《安丘县卫生志》（1985）]

谈用疏肝解郁汤治疗行经之乳房胀痛

安丘县人民医院　赵端溪

行经乳房胀痛，是指妇女在经前或经期间感到乳房发胀疼痛而言。轻则只是胀痛，重则触衣而痛，或有乳中结块，甚则胸胁胀满，常兼月经不调；若缠绵日久，常常影响生育。祖国医学虽无单独病名，但在临床上常作为一个主要症状出现，尤其是在行经时病人每以此作为主诉而就诊，且发病率较高，影响妇女健康。因此，探求本症的辨证治疗，对临床是大有裨益的。几十年来，笔者自拟疏肝解郁汤治疗本症，收到了满意效果，现介绍于下。

病因病机：祖国医学认为"乳房属胃，乳头属肝"是阳明胃经下乳内廉，足厥阴肝经上布胸胁。故凡妇人乳房之病，总与肝胃二经有关，肝主藏血且主疏泄，性喜条达而恶抑郁，如人常喜怒而多郁，每易造成肝气郁结，肝郁则克土犯胃，肝胃二经气逆不降，反循经上冲，因而导致乳房胀痛，甚则胸胁胀满；若气郁日久，乳络失疏，则影响津液的敷布和血的运行，导致痰凝血瘀，形成结核肿块。此症不愈，又每易导致冲任气血逆乱，形成月经不调之症，久则影响生育。

治法：《内经》云："木郁达之。"因本证病机主要是肝失疏泄所致，故疏肝解郁，条达木气为其治疗大法。肝经气机疏泄正常，则肝胃调和，气血流畅，乳房胀疼之症自可痊愈；若乳房触衣而痛，或走路颠簸而疼甚；或兼心烦易怒、头晕、目眩者，是肝郁化火，阳气亢盛所致，宜兼用清泄肝火；若痛甚胀轻者，是血阻乳络，宜兼用活血化瘀之品；若乳房结核肿块，是痰血郁结，当参与化痰行血之药。治法虽灵活多变，但总不离疏肝理气之法。多年来，余用疏肝解郁汤加减治愈本证甚多，其方药组成是：当归15克，川芎10克，白芍15克，香附18克，郁金13克，柴胡10克，青皮12克，半夏13克，枳壳13克，瓜蒌20克，木香13克，甘草5克。

方中当归、川芎、白芍补肝体而养血活血；柴胡、青皮、香附、郁金疏肝而理气；枳壳、木香理胃气而降逆；半夏、瓜蒌化痰而散结，甘草缓急而调和诸药，诸药合用共奏疏肝解郁、理气活血、化痰降逆、散结止痛之功。若肝郁化火者，加丹皮、山栀、牛膝；胀甚于疼者，加没药、元胡、桃仁；乳房结块者，加山甲、牡蛎、大贝。

本证之服药，当从乳房胀痛之前开始，服至胀痛消失为止，若按期服药，只要服二三个周期，其证一般可以痊愈。若胀痛已作，再服汤药，虽亦能见效，但不如在胀痛之前服药理想。

[《安丘县卫生志》(1985)]

赵端溪，男，1913年生，山东省安丘县人。安丘县人民医院中医科副主任医师。

赵端溪1931年从师于地方名医李素庵，1934年师满后在本乡行医。1951年参加景芝联合诊所。1954年调安丘县中医门诊部。1956年回景芝医院成立中药部。1961年调安丘县人民医院，任中医科主任。1971年任门诊部主任。1982—1988年任中医主治医师，1988年任中医科副主任医师。擅长中医妇科。著有《崩漏的治疗体会》《调经汤的临床应用》《疏肝解郁汤治疗经行乳房胀痛的经验》等论文。善治肝病、肾病，临床上积累了丰富经验。

[《山东高级医药卫生人物志》(1990)]

◎ 徐保昌 ◎

徐保昌（1914—1968），临淄敬仲徐家屯人。生前曾任昌潍中医学会理事。

早年毕业于山东省立第十中学，1938年到天津国医馆学习四年。1948—1951年在青岛跟日本籍人学习针灸。1952年到淄博地区中医进修班学习。1957年在省举办的第一期中医进修班学习一年，后回临淄县医院工作。1958年临淄并入益都县时到益都县医院工作。1968年遭"四人帮"错误路线迫害致死，后平反昭雪。

先生对中医理论很有研究，曾多次发表《伤寒论》范畴的学术论文，对内、妇两科有一定造诣。

[《潍坊市卫生志》（1989）]

◎ 刘益三 ◎

刘益三（1917.02.02—1989.10.03），又名闻清，男，汉族，高密县夏庄镇刘家村人，副主任中医师。出身中医世家，属七代行医，从事中医妇科达五十四年之久。中医基础理论坚实，临床经验丰富。曾撰写《痛经症治》《妊娠恶阻的治疗》《对产后发热的认识和治疗》等市级学术论文，并指导其子刘维礼撰写《刘益三妇科治验录》。对产褥热、子痫治疗效果极佳，群众中颇有威望。

[《高密县卫生志》（1993）]

◎ 王玉润 ◎

王玉润[①]（1918—1983），潍城区人。1941年毕业于上海中国医学院，回潍挂牌行医。1951—1955年任潍坊市二区联合诊所副所长，1955年6月加入潍坊市中医院任医师。

玉润医学造诣较深，具有较深厚的中医理论和丰富的临床经验，内、外、妇、儿诸科无不通晓，立方遣药每多能中，对疑难病症寻根求源，果断处治。如一青年谭某某大便下血量多，多方求治无效，王氏诊后，嘱用绿豆芽四两，捣汁，煎椿树根白皮三钱，内服，二剂愈，久未发。另一妇人口鼻出血症，动则流血，久医无效，王氏诊后，令其双脚浸入冷水中，不断用凉水浇其小腿，同时口服食醋半碗，出血立止，久无复发而愈。诸如此类，不胜枚举。临证时，全蝎、斑蝥、蜈蚣常使，半夏、南星、附子生者敢用，药到病除。他主持制作的"乙字金蚣丸"，专治骨结核、淋巴结核等顽痰痼疾，至今仍广泛应用。

他先后担任过中医进修班、潍坊护校中医班、西医学习中医班及中医院中医学

---

① 王玉润：据《潍城文史资料 第11辑》（1996）等诸多资料，均作"王宇润"，疑《潍坊市卫生志》（1989）有误。

习班的教学工作，为潍坊市中医学的普及、提高作出了一定贡献。

[《潍坊市卫生志》（1989）]

◎ 田明三 ◎

田明三，男，1918年生，山东省高密县人。高密县注沟乡卫生院副主任中医师。

田明三自1937年从事中医工作。1955—1957年在高密县十二区联合诊所任中医师。1957—1959年在山东省中医进修学校进修。1959—1963年任山东省精神病院住院中医师。1963—1976年任诸城县人民医院中医师。1976—1981年任高密县注沟乡卫生院中医师。1981—1988年任该院主治中医师。1988年晋升副主任中医师。

[《山东高级医药卫生人物志》（1990）]

田明三（1918.01.19—?），男，汉族，高密县田庄乡城子村人，副主任中医师。1988年10月退休。从医生涯五十余年，擅长中医内科，对坐骨神经痛、肝硬化腹水、精神分裂等有一定的治疗经验。

[《高密县卫生志》（1993）]

◎ 张佃隆 ◎

张佃隆（1921—2003），山东省潍县（今潍坊市寒亭区）南埠子村人。自幼聪慧，在其祖父教导下学习中医。攻读了中医经典著作及《傅青主女科》《妇人大全良方》书籍，擅长妇科。1943年曾在青岛挂牌行医，1948年回潍，在中医界崭露头角。曾加入潍坊市中医联合会。1955年进入公私合营潍坊中医医院，任内科医师。1956年加入中国共产党。1958年到山东中医学校进修中医理论一年。1960年被任命为中医院业务副院长，并担任了潍坊市中医进修班主教。

1964年当选为昌潍中医学会副理事长。1982年任潍坊地区卫生局医学科学委员会委员。曾任潍坊市中医院院级咨询员、内科主治医师、副主任医师。

他从医四十多年间，特别是调中医院后，兢兢业业，任劳任怨，埋头苦干，一心一意为中医事业，为广大人民群众解除病痛而勤奋工作，多次被评为"模范共产党员"。他的高尚医德和全心全意为人民服务的精神为全院职工所敬佩。

他在实践中积累了丰富的经验。治病重整体、重脾胃、重气血，将临床经验总结出了"调理脾胃十法"。他写的《调理脾胃·论调理脾胃十法》刊登于1979年昌潍《赤脚医生》，《论难经五损之治》刊登于1983年《山东中医学院学报》，《加减既济汤治疗再生障碍性贫血的初步观察》刊登于《山东省中医经验选编》。在学术上他最崇尚李东垣、朱丹溪的滋阴补脾观点。

张佃隆退休后，仍坚持门诊，热心为广大群众服务。2003年6月病故。

[《潍坊市中医院志》（2005）]

◎ 王世德 ◎

王世德，清光绪年间人，字允吉，曲阜县学生。他擅长治病，当时现成药物甚少，他自行配制，病人求他，常施其药。出诊，无论远近，均步行。他六十多岁时，行走艰难，求医者仍门庭若市。王世德精通医理，甚得古人精髓，所制膏散，皆推陈出新。自他以后凡治疗痈疽，曲阜一带医家莫不宗王氏家法。

[《曲阜市卫生和计划生育志》（2016）]

◎ 吕国良 ◎

吕国良，清，生卒年代不详，城关北玉沟人。幼承家训，熟读医典，擅长书画，医术较高，长于妇科，尤研痘疹，对痘之顺逆病情吉凶，一经诊视，无不洞若观火，药到病愈，治愈者实难枚举，至今被人称颂。

[《泗水县卫生志》（1987）]

◎ 李秀经 ◎

李秀经，清，城关杨家庄人。生卒年代不详。早年行医于乡里，长于外科疮疡，自制膏丹丸散，用之多有效验，求者累累满堂，远近闻名。先生一生为人良善，医德高尚，为世人所敬。

[《泗水县卫生志》（1987）]

◎ 李尚友 ◎

李尚友，字钦朋，清，廪生，泗水城关人。出身世医家，生卒年代不详。性好学，尤喜医典，通岐黄及仲景之术，明医理，医术全面，擅长内、儿科，救活甚众，颇有名声，所制方药后人多珍藏，临证用之多有效验，受人推崇。

[《泗水县卫生志》（1987）]

◎ 宋怀珏 ◎

宋怀珏，清，拓沟尚庄人。生卒年代不详。质朴善医，喜读景岳之书，长于温补，擅治温病，方多宗景岳，治之灵验，求者不断，医名乡里。

[《泗水县卫生志》（1987）]

◎ 张方蔚 ◎

张方蔚,清,生卒年代不详,泗水县柘沟东马庄人。自幼奋进博学,力求进取,因童试不利,愤而习医,报以济人之志,潜心攻读医籍,精研医理,而立之年学有专长,对仲景之内伤杂症颇有究心,方多宗仲景,药多精练稳妥,求治者盈门,为我县当时一代名医之士。

[《泗水县卫生志》(1987)]

◎ 段桂桥 ◎

段桂桥,清,秀才,泗水县马家庄乡北泽沟人。生卒年代不详。一生行医,医术精湛,曾设"济生堂"悬壶乡里,全活甚众,求诊者盈门,为马家庄乡一地较有名望的医生。

[《泗水县卫生志》(1987)]

◎ 段瑞亭 ◎

段瑞亭,清,廪生,泗水县马家庄乡北泽沟人。生卒年代不详。善岐黄术,明医理,长于瘟病,每治效验,活人济世,享有盛名。

[《泗水县卫生志》(1987)]

◎ 段伤 ◎

段伤(瑞亭之子),清,贡生,生卒年代不详。继父业,学有传术医道不凡,颇有名声。

[《泗水县卫生志》(1987)]

◎ 高道俊 ◎

高道俊,清,泉林太平庄人。生卒年代不详。一生行医,喜读《内经》《妇科经论》《大全良方》等医籍,长于妇女科,求治者众多,享有较高声誉。

[《泗水县卫生志》(1987)]

◎ 韦振龙 ◎

冯家村韦振龙为清末民初中医外科名家,治疗脓疮有独到之处,自创各类药膏疗效显著，闻名数县。

[《曲阜市卫生和计划生育志》（2016）]

◎ 肃　锐 ◎

肃锐，字粹刚，生卒年月不详①。民国二十四年（1935）《邹县志稿》记载他"博极群书，弱冠应试县府，皆冠军。入庠后，专精医学，脉理详明，断症毫厘不爽。著有《医学辨同》"。曾说"为医须多读书，勿贪功，勿贪利。多读书则识见日增，不贪功则我不误人，不贪利则人不轻我"。

[《邹县卫生志》（1989）]

◎ 尹方远 ◎

尹方远，字乐朋，清朝小落陵村人，生卒年月不详②。民国二十三年（1934）《邹县志稿》记载他"少有隽才，博学能文，弱冠游绊，旋作贡生。敦品励行，为一方之望。教授后学，循循善诱。著有《训蒙文章》《芸香诗稿》。并精岐黄术，于《灵枢》《素问》颇有心得。著《伤寒易解》四卷，济世活人，著手成春，良医声闻，著于一时"。

[《邹县卫生志》（1989）]

◎ 朱惠渊 ◎

朱惠渊③，字景颜，曲阜董庄乡朱家庄人。自学中医，熟读《黄帝内经》《伤寒杂病论》，悬壶济世，活人众多。

[《曲阜市卫生和计划生育志》（2016）]

---

① 生卒年月不详：《济宁市卫生志》（1992）记载，民国年间，邹县肃锐著《医学辨同》一书，由此可知，肃氏为民国年间人。
② 生卒年月不详：《邹城市志》（1995）记载：尹氏1835年著《伤寒易解》。《济宁历史纪年》（2012）记载，1835年尹氏所著《伤寒易解》四卷刊印问世。由此可知，尹氏生年早于1835年。
③ 朱惠渊：《曲阜市卫生和计划生育志》（2016）记载，济宁曲阜朱氏中医世家，创始于19世纪70年代，朱氏应为创始人，由此可知，朱氏生年早于1870年。

◎ 欧阳长年 ◎

欧阳长年（约1821—？），字仙侪，清代任城（今市中区）人。自幼好学，精研岐黄，博览医书。行医数十年，名扬四方，却从不自恃其才。曾告诫门徒："学医不精，不如不学。""脏腑不能语，全在医心术，岂可以虚实不辨，寒热不分，真假模糊，标本混施，而冒昧从事。又岂可以偶然幸中，即自称为能手。认症宜精，不可粗心浮气，以致张冠李戴。"用药立方严谨、精细，分量十分斟酌，认为"夫六淫之伤，感之自外。对症施药原无难处，惟入虚病实，症属似是而非，似非而是，或补或泻，或补泻兼施，胸中须有定见，方能万全"。经常告诫徒弟："阴阳胜负，互相乘除。显然易见者，不难因症以用药，苟无确据，自当详审，必得其情，方敢落笔。稍有疏失，罪过不轻，慎之慎之。"治则主张"实者攻之，见效甚速。至于虚症补之未必即效，须悠久成功。其间转进退，良非易事。此言临症之难，非袭取者，所能为也。得其要领，而潜滋培长，则五行之运，不为相生者为生，即相克者亦相生，医道通仙，定虚语哉。"

欧阳长年医德高尚，曾说："今夫补编救弊，使人共登寿域者。吾侪分内之事也。故夸张自恃者，不可以医；急遂苟且者，不可以为医。"深受时人敬佩。

著有《医理浅说》一书，六卷，六十三论。对四诊八纲，方选用药，内、外、妇儿、瘟疫等疾病诊治，都有精辟论述。光绪六年（1880），由文元堂刻印行世。

[《济宁市卫生志》（1992）]

欧阳长年（1821—？）晚清济宁人。据《济宁直隶州续志》记载："欧阳长年，字仙侪，著《医理浅说》五卷。"

今览《医理浅说·序》得知，欧阳氏约于清咸丰十一年（1861）在济宁自设戒慎堂，以医济人；清光绪八年（1882）写成《医理浅说》；清光绪十年（1884）交济宁文元堂刊印成书。欧阳氏在此著中，对四诊八纲、脉象、各科病证及选方用药等方面，一一做了精辟论述。医家多宗之。

欧阳长年，卒年不详。

清咸丰十一年（1861），欧阳长年在济宁悬壶，著有《医理浅说》。欧阳氏在《医理浅说》中对脉象及各科病症诊疗，一一做了精辟诊述。此著流传至今，医学多宗之。

[《济宁市市中区卫生志》（1994）]

◎ 张裕诰 ◎

张裕诰（1828—1923），字玉丰，号寿仙，汶上县南旺镇寺前铺人，系清道光年间武举，清道光二十九年（1849）汶上境内温病流行，死者甚众，张氏为济世活人，毅然弃武行医，拜钱塘温病大师王士雄为师，三年归里，开设裕丰堂，对温热时疫治必灵验，主张"治诸热病，以饮之寒水，乃判之，以寒依之，居止寒处，身寒而已"的"热者寒之"的原则，著有《温热密旨》六卷。其长子张瑞恒除继承父业外，在外科医术上颇有造诣，著有《剔割图注》《内托外拔治》各三卷。次子张瑞珂擅长针灸，采用睡圣散运用雷头针法，太乙神针治疗急危杂症，效果颇佳，长孙张金甲擅长外科，对虎口疔、阴疽、脑疽（对口疮）每每获效。曾孙张广寅，继承家传，潜心医学，1963年以来，研制并采用百狼液、三才饮、针灸、气管滴入疗法综合治疗结核病，效果显著，对治疗内科疑难杂症如妇科病亦常获良效。在学术上推崇东垣学说，临证擅于顾护脾胃，治疗杂症多以疏肝益肾为法则，注有《中医结核病讲义》一部，先后发表和交流学术论文54篇，其中《痰厥证治》一文，1987年获济宁市科委优秀论文三等奖。1988年晋升为汶上县人民医院中医副主任医师。

清代名医，张裕诰（1828—1923），字玉丰，号寿仙，汶上县南旺镇寺前铺人。一生对温病时疫治必灵验，并善于总结经验，著有《温病密旨》六卷。主张"治诸热病，以饮之寒水，乃判之，以寒依之，居止寒处，身寒而已"，持"热者寒之"的原则。对辨别新感与伏气温病，认为"新感温病是先卫分、后气分、后营分、后血分，依次相传；而伏气温病，由于邪气内伏，故由里而表，故先是营血之症，然后才可是到气分"。在治疗上，"暑症应当用白虎汤、竹叶、石膏之类；治湿热症，应当用白虎加苍术汤。治温症，应当用白虎加桂枝汤"，并认为"时疫霍乱多发生在大旱暑热之年，人多蕴热留于中焦，又感受疫邪秽浊之气，致使脾胃升降之机阻滞，使清者不清、浊者不降、清浊相干、升降失常，故上为呕吐，而下为泄泻"。治疗当分湿重、热重，湿重多以菖苓汤分利阴阳，热重者可用桂苓甘露饮。如患者素为火盛体质，又感受湿邪成病，应以甘露清之。暑热病人元气被耗，而后又病者，应清补并用，或用白虎加人参汤，或以参术补虚为主，兼以清邪。对伤暑霍乱而兼风厥逆烦躁者，切勿认为是阴证，小便黄赤，舌苔黏腻或白厚，宜用王氏燃昭汤冷服，病情严重，手足厥冷，唇面及爪甲皆青、六脉皆伏，呕吐物破秽恶臭，小便短赤，甚至点滴不通，或闭而全无，大便灼热，属阳极似阴，应服用地浆煎竹叶石膏汤等。他一生医术精湛,医德高尚,善总结,重传授,带出后世良医甚多。

[《汶上县卫生志》(2000)]

◎ 刘东源 ◎

刘东源(1832—1940),泉林下桥人。少时习医,喜读《伤寒》《温疫论》及《温病条辨》等经典,临证擅治时令瘟疫,辨证灵活,知常达变,方多宗仲景及鞠通,药多寒凉,治之效验,治愈者众多,颇负盛名。

[《泗水县卫生志》(1987)]

◎ 仲统绪 ◎

仲统绪,泗水县人。生于清道光十九年(1840),卒于民国九年(1920)。业医,以善治痘疹而闻名乡里。

[《山东中医药志》(1991)]

◎ 张守和 ◎

张守和,晓龙之子,生于1841年,卒于1927年。县授"乡饮介宾",曾任章山里里长。对张氏喉科有所发挥,开始手术治疗喉疾。所用器械有刀、剪、镊子、锄、镰、铲等,用于治疗喉痈、喉瘿、喉瘤等病,卓有成效。

[《嘉祥县卫生志》(1990)]

◎ 张太和 ◎

张太和,攀龙之子,清朝庠生。晚年习医,开始整理医案,研究医理,使张氏喉科由临床实践经验向理论上升华。所著张氏喉科医案尽毁于"文化大革命"。

[《嘉祥县卫生志》(1990)]

◎ 刘金佩 ◎

刘金佩(1843—1923),字子臣,曲阜人,孔府家医,因得罪孔令贻之妻陶氏,被逐出衍圣公府,在曲阜西门外开设成春堂药铺,很受病人崇信,后孔令贻病,久医无效,复请刘金佩入府,治愈。

[《济宁市卫生志》(1992)]

◎ 张登岚 ◎

张登岚（1843—1912），字晓山，邹县大峪口村人。陈寿卿《续修邹县志稿》记载他："自幼聪慧好学，清同治六年（1867）为诸生。性嗜书，所著有《痘诊诗赋辨误》等书藏于家。"

[《邹县卫生志》（1989）]

◎ 王士宗 ◎

王士宗（1848—1923），清，廪生，泉林镇泗源人。善医，精岐黄术，救活甚众，求者必应，医德高尚，深得敬重。

[《泗水县卫生志》（1987）]

◎ 刘桂折 ◎

刘桂折（1855—1936），字梅平，曲阜时庄乡前杨庄村人，德正堂创始人。其父祖籍山西洪洞县，迁居山东。刘桂折于同治十二年（1873）乡试中秀才功名。后因父去世，其母多病，遂回家主持家业。乡村医药匮乏，乡邻及母亲饱受病痛折磨使他下定了放弃求取功名转而学医救人的决心，于光绪三年（1877）一边开私塾讲学，一边苦读医书。其间曾自费到天津入近代中医泰斗张锡纯创立的国医馆进修学习，医术精进。后又遍访齐鲁名医，苦心钻研，自成一脉，在前杨村悬壶济世，创立德正堂。行医其间自创全虫汤治疗中风，增液汤治疗顽固便秘等系列验方，救人无数，其医德、医术广受好评。1936年6月去世后，曲阜、兖州、宁阳、邹县等六县患者敬献万人碑"德正碑"。

[《曲阜市卫生和计划生育志》（2016）]

◎ 阎传钦 ◎

阎传钦，字省堂，鱼台县罗屯阁家村人。生于清咸丰五年（1855），卒于民国十六年（1927）。自幼学医，精内、妇两科。首创针砭破产术，行医于兖州、曹州、苏北、临沂等地。收弟子多人，均成名医。

[《山东中医药志》（1991）]

阎传钦（1855—1927），字省堂，鱼台人。自幼学医，长于内科、妇科，首创针砭破产术，行医在兖州、曹州、苏北、临沂等地。曾收徒多人，均成名医。

[《山东省卫生志》（1992）]

阎传钦（1855—1927），字省堂，别号敬斋，鱼台县大阎家村人。其父阎琴鹤医术高明。传钦承父业，进研中医古籍，行医多年，各科均有造诣，尤以外科专长。以针砭代剖术，除积聚、肺痈、肠痈，为当时罕见。名传兖州、济宁、沂水、曹州等地，求医者络绎不绝。

[《济宁市卫生志》（1992）]

阎传钦（1855—1927），字省堂，别号敬斋，行五，世居鱼台县大阎家村人。家学渊源，其先父琴鹤善岐黄，活人济世，公继志述事，思承父业，进研《素问》《灵枢》及历代名著，多所领悟，颇得其秘精方脉，析经络，对妇、内各科具有高深造诣，而独特技擅外科专长，辨证治，决安危，应手悉验。其剖腹产、除积聚、肺痈、肠病能以针砭代剖术，尤为当时空前卓越之举，所以医声丕振，名闻遐迩，即妇孺无不尽识公名（五先生），以致踵门求医者，络绎不绝，至兖、济、沂、曹间，乞诊视，求方药者，门庭若市，户限为穿，诊如拱璧，赖公全活者，恒不可以屈指数，是可知其回春妙术，名倾一世。实有无庸缕述者，至今邻里乡党间，怀囊昔拯救而或再生之恩者，尚有口皆碑，颂声时闻。念彼时，凡有疑难奇症，无不思力求经治，即偶有急重或延误，致未及就得一诊而逝者，其子息戚邻每追悔叹吁，引以为终生遗憾。

先生存心利物，立己尤能达人，嗣有金邑温君苞九之先君业医羡其术，仰慕綦切，因延公于家，使苞九师事之，与其弟衡九蒙先后指导，均能尽得其妙，分黎照余光，克享盛誉。同时，先生的族甥郭自贞，族侄开忠，亦赖其教养，数十年如一日，心领神会，受益良多，今温门下嗣，如行笃等继先业而怀旧德，历将先生之遗像供与正堂。

先生之长子开让，次子开训，均能以文学蜚誉胶庠，刀圭问世，旋乃各以精研佛教及创办文学，渐就脱诊，其次孙铭古，四孙志古，尚绪绍先猷，为今代医林所器重，惜已相继逝世。曾孙圣阶业退休，孔阶且现以整骨驰誉。均能克守家传，至为五世医矣。

先生生于咸丰五年九月二十日（1855），民国十六年丁卯八月二十四日（1927），卒于金邑寓所，春秋七十有三，在生前之蒙救感德，受业恩报等人，意以信今传后，俾垂永久，曾为竖送德望，教泽碑铭，匾额，今已失存，幸志载谱牒，庶可藉考翔实，纪颂遗徽，足增志乘之光。

（全文系阎先生孙婿王传义中医生串于阎氏家谱传记。）

[《鱼台县卫生志》（1996）]

◎ 杨再梅 ◎

杨再梅（1856—1935），字伊贤，微山县夏镇谢桥人。幼习诗书，屡试不第，感于世乱，遂弃儒习医，熟读《内》《难》二经及《伤寒》《金匮》等书，擅长内科，尤其对温病深有研究，特别对"瘟疫""暑温""暑厥"等危重病人的诊断明确，用药妥当，确有起死回生、药到病除的功效。求诊者众多，活人无算，医术精湛，誉满乡里。在群众中流传"杨再梅不开方——死症"的赞语。1928年，群众为表示对先生的爱戴之意，赠送金字匾额一块，文曰："寿世寿人"。先生不但在医学上有较深的造诣，而且对药物，特别对当地生产的草本药物很有研究，曾用"马蔺根"绞汁涂敷局部治疗"大头瘟"，肿消很快，疗效甚速。先生善于广交，结识医林，畅谈医学，交流经验，与刘士昌、沈洪基，被群众称为"医者三友"。

[《微山县卫生志》（1988）]

◎ 张树松 ◎

张树松，守和之子，生于1860年，卒于1934年，清朝授衔五品兰翎。受三代喉科经验禁方，悬壶行医五十余年，名闻遐迩。

[《嘉祥县卫生志》（1990）]

◎ 吕继瑞 ◎

吕继瑞（1861—1937），字辑五，邹县吕家台庄人，清朝邹县庠生。《峄山乡志》记载他："幼读诗书，颖悟过人，通晓经史，尤精《易经》，科举不第，乃立志学医，精研医术，临床用药，沉疴顿除，民众多信赖之。治学严谨，知识渊博，不以功名为贵，治病不分贫贱高贵，有求必应，以救人为念，辍其所爱，致志于小儿科，长于痘诊，颇受群众称赞。"有家传医德"配药虽无人见，存心自有天知"，"病者痛视为己痛，待病人如亲人"，"配药要真"传于后人。

吕家台村中医吕继瑞，善治小儿麻疹、肺炎、腹泻、高热等疾患。他处方严谨，用药一丝不苟，在当地群众中享有盛誉。

中华民国四年（1915）邹县广泛采用牛痘疫苗，采用划痕法种痘。中医周继成、祝景兰、吕继瑞、姜月楼皆为擅长，在群众中享有信誉。种痘之后按照中医理论和风俗传统，于三日后开始"灌浆"时，令小儿及其奶母多食鱼虾等腥发之物，"灌浆"后则令忌口、忌食腥发之物，宜食清淡之品。待痘结痂后，则令小儿服用中药,如生地、玄参、丹皮、双花、连翘、麦冬之属,以清热解毒、凉血泻火、祛除余毒。

[《邹县卫生志》(1989)]

◎ 常进贤 ◎

常进贤(1861—1935),曲阜峪口村人。少时读私塾,因家境贫穷,后务农。清光绪十六年(1890)前后,因家乡连年不收,外出逃荒。途中遇老人,见他为人正直,便传授给他一中药方,并嘱咐他说:"日后每逢麻风病患者,不论何型何类,皆用此方,会有立竿见影之效。"老人话毕,挥手而去。

常进贤虽首次接触医道,但对老人药方,并未盲目习用,而从此习读医书,细研麻风发病机理。后经多年钻研和临床实践,写下了《麻风临证易方》一书。当时他对麻风病的分型,已很接近于现代医学上提到的两个主要类型(瘤型、结核样型)和两个次要类型(未定型、界线型)。他在临床治疗中,不断总结经验,并在原有基础上扩大药方,增加药味,定名"扫风丸"。他还研制出治疗麻风的外用药方,从而提高了治疗效果。当时,北至泰安、莱芜,东到费县、临沂,西过宁阳、济宁,南逾邹县、滕县,方圆数十县前来求医者众多。1935年,常进贤去世后,数十县群众为表达对他的感激与怀念之情,特立一碑,镌刻"良方共仰"四个大字,以示纪念。

清末,峪口村常进贤,得名医传授,专治麻风病,自创秘方疗效甚高。他对麻风病的认识、分型和分类,已很接近现代医学上提到的2个主要类型(瘤型、结核样型)和2个次要类型(未定型、界限型),经多年钻研和临床实践,著成《麻风临症易方》一书。其医术被后人继承,成为影响较大的世家。

[《曲阜市卫生和计划生育志》(2016)]

◎ 李玉荣 ◎

金乡县人,生于清同治元年(1862),卒于民国十二年(1923)。业医,术精内科。

[《山东中医药志》(1991)]

◎ 窦 钰 ◎

窦钰(1863—1934),字朝恩,号灰楷,仲山乡卷棚山村人。窦二十岁拜巨野谢集乡戚学典为师,从师四年,二十五岁于纸坊集设"万春堂"药铺,坐堂行医。

擅长内科、儿科，尤以善治痘疹而闻名于世。晚年医道精诚，活人无算，后人感其德，为其立碑颂扬，"业精岐黄，博施济世，医救苍赤，一味活人，万家颂为活佛，举世称道如神"。

窦心平，字志青，钰之孙也，生于1906年9月，卒于1986年2月6日。心平十九岁随祖父学医，白天忙于业务，夜晚青灯伴读，经过四年的努力，学业锐进，二十四岁即能单独应诊。继承家传，擅长儿科，精通药学，对中药的识别、加工炮制、制剂等独具匠心。能自制多种膏、丹、丸、散，尤以小儿消积丸，牛黄清心散，疳积散等，闻名于世。心平于1952年6月组织三区医药人员成立联合诊所，任所长和医联会会长，自1954年至1980年连续二十六年当选为嘉祥县人民代表。

窦心平诊治"麻疹合并肺炎"医案：李小花，女，两岁，1957年3月7日因麻疹合并肺炎来院诊治。检查患儿发热40℃，时有抽搐，周身疹点密布，色紫根深，呼吸急促，危在旦夕。断为麻疹逆证，毒陷心包，用犀角地黄汤两剂，安宫牛黄丸一丸，三日后痊愈。

[《嘉祥县卫生志》（1990）]

◎ 孔祥云 ◎

孔祥云（1864—1935），邹县香城西韩村人。自幼自学医学，擅长各科，在峄山两下店村开大德栈诊所，从医四十一年，在邹县境内享有盛名，被群众誉为"孔半仙"。

[《邹县卫生志》（1989）]

◎ 张瑞恒 ◎

张瑞恒（1864—1939），字安贞，系裕诰之长子。在医术上，除子承父业外，主要擅长外科，精于刀术，注重内外并治，对疮疖痈毒有刀药病除之功效。病案：1926年3月，天津督军褚玉朴其女患乳癖久治不愈。褚率师占据兖州济宁，得知张先生医术精湛，遂请为其女诊察，确诊为乳癖。外治：行刀术切除；内治：汤药数付。处方为：柴胡三钱，当归六钱，云苓六钱，杭芍六钱，夏枯草九钱，白芥子三钱，益母草三钱，半夏三钱，慈菇三钱。日一剂，水煎服，服药数付而病愈。1926年三月底，褚为答谢张先生，任命张瑞恒为保定县县长。晚年医至精湛，誉名更高。著有《剔割图注》《内托外拨治》各三卷。

[《汶上县卫生志》（2000）]

◎ 谌之荣 ◎

谌之荣，梁山县人。生于清同治三年（1864），卒于1949年。工于医，术精内科。

[《山东中医药志》(1991)]

◎ 王世坦 ◎

王世坦（1865—1950），又名王履平，济宁西南（现市郊区许庄乡）李集人。少年入清朝太学学习儒家名著，后弃儒习医。清光绪二十七年（1901）在济宁小南门外悬壶，直至1950年病故。其从医五十年，积累了丰富经验，擅内、儿科，尤对诊治痘疹有独特之处。

王世坦之长子王安钊、次子王安钺自幼接受庭训，终成济宁一方知名中医。其长孙王长瀛，自幼受家庭熏陶，后又到中医院校正规学习，为中医世家后继人才。

清光绪二十七年（1901），王世坦在济宁小南门外开业行医，擅痘疹，精温病。其子王安钊、王安钺深得家传。王安钊之子王长瀛自幼受家庭熏陶，开识医学门户；1958年被选送省中医学院学习，毕业后一直从事临床和教学工作，成为中医世家后继人才。

[《济宁市市中区卫生志》(1994)]

◎ 刘士昌 ◎

刘士昌（1866—1956），字文珠，晚清庠生，世居微山县夏镇，京杭大运河西岸部城。博学多识，善诗文。时值清政府腐败，外寇侵华，疫病流行之期，而激发仁德之心，不乐仕进，愿以医术救危，遂弃儒习医，精研岐黄。其医德高尚，仁术精湛，求诊者门庭若市，活人无算。乡里感恩，公送"佛心仙手"德行匾一块及"妙手回春""仁术慈心"等锦旗数面。先生的学术指导思想是读书防偏，师古不泥，对张仲景所著《伤寒》《金匮》刻苦研究，运用自如，师其法而不泥其方，用其方而不拘其药，用其药而量有权变，处方灵活，用药适当，往往在临床上起到效如桴鼓的作用。诊病时，临床辨证，注意四诊合参，尤其切脉、验舌为重要。先生认为，切脉能知脏腑病变，验舌能察虚实寒热，必须认真谨细，不容忽视，以免贻误病情，给病人酿成大患。

先生乐善好施，以济世活人为己任，对病家诚恳，和蔼谦恭，急病人之急，痛病人所痛，不为名利，不分昼夜寒暑，有求必应，不分贵贱尊卑，一视同仁，遇有贫苦者，则舍钱施药，尽心周济。先生从事中医一生，长于内、妇科，并研各科，尤其对温病研究颇深，积累了丰富的临床经验，曾著有《内经选释》《临证辑要》《温病要览》等书，未版。于"文化大革命"期间，遗稿散佚大半。

为了发展岐黄事业，培养后继人才，先后培养夏镇沈仲陶、昭阳李锡增、部城杨怀询、微山岛殷昭锐（婿）等人，尤其晚年又带其孙允洁、允法为徒，传授其临床经验，均受教益匪浅。先生享年九十高龄。南抵徐、沛，北至邹滕，享有盛名，人皆称为良医。

[《微山县卫生志》(1988)]

◎ 朱峻峰 ◎

朱峻峰，金乡县人，生于清同治六年（1867），卒于民国二十二年（1933）。以医术知名于时。

[《山东中医药志》(1991)]

◎ 仲质生 ◎

仲延彬（1869—1945），字质生，泗水县人。其父仲统绪乃清末民初中医。

仲质生自幼接受庭训，后随父迁徙济宁北关外开设万育堂。1921年自立门庭，在城隍庙街自设质生堂，坐堂应诊。1934—1944年任济宁中医医师公会理事。

仲质生擅内科，精儿科。所创制的消积退热丸、珠黄清肝散，治儿病一绝。曾写有儿科经验随笔和治疗经验笔记，后均散佚。

仲氏家族人多。仲质生之堂弟仲质英、胞弟仲胪生、子仲幼生，均深得其教诲，学成后都在济宁城乡行医，影响较广。

[《济宁市市中区卫生志》(1994)]

◎ 曹济臣 ◎

马家大坑开业医生曹济臣，擅用参、芪、附、桔之类，以补气扶阳透疹；用自拟方剂治疗疝气，方中大剂量使用白及，其意讲究。

[《济宁市市中区卫生志》(1994)]

◎ 刘志和 ◎

刘志和（1869—1942），曲阜时庄乡前杨庄人。自幼聪颖好学，博览群书。八岁读私塾，十八岁中秀才。后弃学归医，苦读医书。从《黄帝内经》至历代名家医著，无不细心钻研，二十八岁开铺行医，堂号"济生堂"。此间，他常往返于曲阜、泗水、邹县、宁阳、兖州等县行医。他精湛的医术和济世活人的高尚医德，博得群众的信赖。他一生质朴勤奋，著有大量医书医案，惜均散佚。去世后，曲阜、泗水、宁阳等五县合立碑两幢，以示纪念。

[《曲阜市卫生和计划生育志》（2016）]

◎ 李厚甫 ◎

李厚甫，济宁县人，生于清同治八年（1869），卒于民国三十六年（1947）。业医，术精内科。

[《山东中医药志》（1991）]

◎ 沈洪基 ◎

沈洪基（1869—1914），字次功，微山夏镇盐当街人。自幼勤奋好学，善诗文，应试不第，遂弃儒习医，精通《内》《难》二经，熟读《伤寒》《金匮》及各家名著，擅长内、儿科，特别对小儿痘疹、惊风、痰喘治疗显效。曾在麻疹流行时，根据自己的多年临床经验，研制一方，名"透疹托毒丹"，配成药粉，每包一钱重（具体药物不详），散发给未病小儿，用水化服，凡服药小儿很少发病，起到了预防麻疹的作用。为便利病人，自设"宏德堂"药铺，济困扶危，凡遇贫穷无钱服药患者，均舍药不收费，其医德高尚，有求必应，求诊者甚众，医术精湛，远近闻名。公众先后赠送金字木匾两块，文曰"医惠桑梓""业精岐黄"。其次子光铸，字仲陶，继其业，亦擅长儿科，在民众中享有盛名。

[《微山县卫生志》（1988）]

沈洪基，微山县人，生于清同治八年（1869），卒于民国三年（1914）。业医，术精内、儿两科。

[《山东中医药志》（1991）]

◎ 朱成麟 ◎

朱成麟，字瑞生，回族，济宁县南关塘坊街人。生于清同治九年（1870），卒于民国十八年（1929）。

朱氏幼习儒术，博通经史，工诗词，尤喜老庄道家书。后弃儒习医，术成悬壶乡里，擅长内科，尤精温病，求诊者若市，凡经诊治，多起沉疴，遂成名医。清末民初，诸多弃儒学医者，拜于门下，如弟子石笙亭、马骏猷、孙寿山等，均为济宁一代名医。

朱氏好诗文，著有《买痴馆诗稿》《芥子书屋文稿》《法华经注》等。医著有《温病集腋》（六卷）、《医学经验浅说》，未梓。

[《山东中医药志》（1991）]

朱成麟（1870—1929），字瑞生，回族，济宁南关糖坊街人。少年勤奋好学，青年时在兖州府考取秀才，名列榜首，后补廪生。先以教读为业，三十岁改行医。精研温病，渐成名医，享有盛誉，民国初年收石笙亭、马骏猷、孙寿山等多人为徒，后各有造就。晚年著《温病集腋》六卷。自序"若痨、若蛊、若噎，凡非吾之所能者，不敢妄投刀圭。独至于温，少则岁诊百许人，多则岁诊千许人。诊之者众，知之者深，故治之也，亦较熟。于是上采灵素，旁采各家。末后参以管见，勒成一书，用以自考得失"。卷六论述温病卫、气、营、血四个发展阶段的病情转化。指出"温病治法以王秋为最精，以吴鞠通为最备"。主张对温病六经辨证，不仅用辛凉透邪方法，更要以病情变化，灵活用药。另著《医学经验浅说》《买痴馆诗稿》，《介子书屋文稿》等书稿。

济宁市朱成麟对温病误汗误下，或未经汗下表不解，阳气内陷，寸脉浮，关脉沉，大便或利或闭，舌燥，口渴，日晡时潮热，心下痛，按之石硬，心至小腹硬满而痛不可近者，用麻黄、石膏、甘遂、枳实汤治疗。主张治温病不但要辛凉透邪，更要根据四个方面的病情变化，灵活用药：肝经湿热时，用清肝药胆草之属；肺热伤津时，用养阴清肺药桑叶之类；胃火冲逆时，宜降火存阴用石膏之类；肾虚火旺时，应滋阴降火，用生地之属。著《温病集腋》六卷。

[《济宁市卫生志》（1992）]

朱成麟（1870—1929），字瑞生，回族，济宁人。清光绪二十五（1889），赴兖州应试秀才，名中榜首，后补廪生。遂弃功名仕途，转向攻读医学。清光绪二十七（1901），在济宁糖坊街寓所开设药室，为民解疾脱难。行医期间，擅内科，尤精温病，名贯全城。

朱成麟熟谙中医经典，采叶天士、吴鞠通、黄元御温病诸家之长，汇千狐成一裘，于清光绪三十三年（1907）写成《温病集腋》六卷；清宣统三年（1911）交济南启明厂刊印成书。朱氏在此著中强调，温病当以六经辨证，用药不仅辛凉透邪，更应以病情变化灵活多变。此著流传至今，是对济宁乃至山东温病学术流派的一大贡献。

朱成麟与同代名医王世坦等人过从甚密。一些矢志于医学的后起之秀，如孙寿山、石笙亭、马俊猷等，都拜于朱氏门下，结成良师益友。

朱成麟学识渊博，从医之际还对文学、数学、佛教哲学加以探究，曾写成《医学经验浅说》《芥指书屋文稿》《买痴馆诗稿》《珠算筹码算法笔记》《法华经与楞严经注释》，惜多已散佚。

清光绪二十七（1901），朱成麟在南关糖坊街自设药室，为民解疾脱难。行医期间，擅内科，尤对温病的卫、气、营、血四个阶段的病情及治疗，有综合性认识。朱氏认为："温病误汗误下，或未经汗下表不解，阳气内陷，寸脉浮，关脉沉，大便或利或闭，舌燥口渴，日晡时潮热，心下按之石硬，甚至从心下至小腹硬满而疼不可近者，黄氏汤主之（即黄元御的麻黄石膏甘遂枳实汤）。"并主张温病不但要用辛凉、透邪之方，更要以四个阶段的病情变化，灵活用药：如出现肝经湿热，应加平肝药胆草之属；肺热伤津时，用养阴清肺药桑叶之类为宜；胃火冲逆时，宜降火存阴，用石膏之类；肾虚火旺时，应滋阴降火，宜用生地之属。朱成麟著有《温病集腋》。此著流传至今，颇有影响。

[《济宁市市中区卫生志》（1994）]

◎ 汤怀恩 ◎

汤怀恩（1870—1928），号谭甫，清，秀才，城关三街人。自幼好学，弱冠为人师表，因其父患眼疾，医药罔效，奋志习医，潜心岐黄术，涉猎百家，精研眼科诸症，历经五年使其父眼疾获愈，由此医名城区，延请者接踵而至。先生虚心好学，为人正直，对病人态度和蔼，凡请者，有求必应，或坐骑前往，或徒步而行，医德高尚，深受病家和世人敬仰，惜一生忙于诊务，无留下著书立说。

[《泗水县卫生志》（1987）]

◎ 李言让 ◎

李言让（1870—1945），字逊三，孟姑集乡南李庄村人。

李二十岁拜师于外祖父家。勤求古训，涉猎群书，熟读《内经》《伤寒》《金匮》，对温病学说登堂入室，深得其奥妙，面壁十年，三十岁方出诊应世，效若神灵。民国十年秋，老僧堂乡靳庄村患者靳某某，男，二十岁，患温病后遗症、失语，多方求医罔效。后请李诊之，遂用转舌膏重用养阴之品，三剂而愈。

李治病不论贫富，一视同仁。民国十五年（1926）夏，大山头镇酒庄村贫苦农民请先生出诊。先生冒雨步行十二里路为其治疗，视病家贫寒，分文无取，仍步行涉雨回家。

民国年间，曾四次乘火车到泰安和郑州为冯玉祥将军治病，也曾两乘火车、一次乘飞机到洛阳为吴佩孚及官太太治病。此后国民党军授衔为"陆军第三师军医官"。

李一生授徒十人。大弟子巨野人杜端木，字握三，曾任吴佩孚江房营军医长十二年。二弟子鹿洪钦，字品三，曾任陆军某师军医官，解放后成为郓城县名医，当时并称"三三"。人皆以病经"三三"治疗而愈，死而无怨也。其弟子邹之山、任殿梅、牛金洲等均为地方名医。

李为方便病人就诊，自定每逢一、五在家应诊，概不出诊，故至期就诊者云集，门庭若市。四方感其德，由嘉祥、曹县、单县、定陶、城武、曹州、济宁等十余县官民，于民国二十七年（1938）给其树碑悬匾，以褒功德。

[《嘉祥县卫生志》（1990）]

李言让，字逊山，嘉祥县孟姑集南李庄人。生于清同治九年（1870），卒于民国三十三年（1944①）。

李氏幼习儒业，后弃儒学医，以儒治医，自修医经及方术，为人治病，多应手奏效，求诊者日众。医名大震，远扬省内外，应邀先后赴郑州、泰安为冯玉祥治病。又被邀去洛阳为吴佩孚疗疾。

李氏行医四十余年，活人甚众，传弟子十人，皆成一方名医。李氏之行医也，德被乡梓，惠及士庶，乡里爱戴，于民国二十二年（1933），单县、曹县、济宁等十余县人士联名为其立碑，文曰："三指妙诀施小补，一片婆心济大同"。

[《山东中医药志》（1991）]

李言让（1870—1945），又名李言良，字逊三，嘉祥人。业儒。二十八岁②始行医，医术精良，名赫一时。曾多次到郑州、泰安为冯玉祥治病。行医四十余年，传弟子十余人，皆成一方名医。1933年，单县、曹县、济宁等十县联合为其树碑颂扬。

---

① 1944：《嘉祥县卫生志》（1990）《山东省卫生志》（1992）均载其卒于1945，《山东中医药志》（1991）载其卒于1944。

② 二十八岁：与《嘉祥县卫生志》（1990）"三十岁始行医"有差。

碑文曰："三指妙诀施小补，一片婆心济大同"。

[《山东省卫生志》(1992)]

◎ 李贵三 ◎

李贵三，字畏堂，鱼台县王庙苗庄村人，生于清同治九年（1870），卒于民国二十四年（1935）。业医，术精内、妇两科。注释《内经》《伤寒论》《温病条辨》。

[《山东中医药志》(1991)]

李贵三（1870—1935），字畏堂，号凌云，鱼台县王庙公社苗庄人。光绪十八年（1892），入庠，三十余岁自学中医，1925年开业行医。

先生一生精读《内经》《伤寒论》《温病条辨》等经典，并对《伤寒论》《内经》做过注释，但所著手稿皆焚于战火，在医疗工作中，先生擅长温病及妇科，有独到之处。1930年鱼台北部地区瘟疫（霍乱）大流行，先生自拟清瘟解毒方加减施治，并配合针灸等法，竟使三百多名患者起死回生，声名大震。

先生一贯主张"穷人吃药，富户花钱"，济贫扶危，以治病救命为己任。晚年带徒弟两名，并将医术传授其子振领，亦成为后世名医。

[《鱼台县卫生志》(1996)]

◎ 宋鸿仪 ◎

宋鸿仪（1870—1920），泗水县泉林潘坡人。少时勤奋好学，力求进取，后因试不遂其志，弃儒习医，奋攻医学经典，探讨仲景之术，不数年而成器，悬壶应诊，尤长于内、儿、妇科，辨证井然，用药稳妥，屡治效验，沉疴者四起，远近闻名，至今仍称之。

[《泗水县卫生志》(1987)]

◎ 周茂春 ◎

周茂春（1870—1940），高峪丑村人。少进私塾，而立之年始习医，好学不辍，曾在"治生堂"坐堂行医，擅长眼科，求诊者累门。为城东一带较有名望的眼科医生。

[《泗水县卫生志》(1987)]

◎ 黄守良 ◎

黄守良（1870—1938），字福善，纸坊镇黄村人。黄随父黄有功于本村设"回春堂"药铺，行医二十余年，颇有医名。

黄应熙，字德心，守良之子，生于1889年，卒于1957年。应熙幼聪敏，随父学医，潜心岐黄二十年，尤其对胎前产后的辨证施治立方用药独具匠心，应熙认为："胎前多实，产后多虚，常理也。岂不知热极似寒，寒极似热，至虚有盛候，大实有羸状鸣。"应熙善辨寒热之真假，故立方遣药，每反其常规而采用热因热用，寒因寒用之法。认为"血得温则通，寒则凝"，对产后喜用四大热药，如肉桂、附子、干姜、萸子，对流血不止者用炭剂，后以活血化瘀之品，使其塞而不留滞。民国十七年（1928），众乡邻赠匾，题词曰："三世寿人"。建国初期被当地列为开明人士。嘉祥县县长孙基谦曾登门拜访，表彰先生的医术医德。1952年3月2日至10月31日两次当选为县第八届、第九届各界人民代表大会代表。1954年7月，当选为嘉祥县第一届人民代表大会代表。

黄兴家，字振兴，应熙之长子。生于1910年，兴家随父行医，深得真传。1952年，兴家及其弟兴聚连同"回春堂"药铺统归联营，后归纸坊医院，分配到黄村保健站工作。兴家于妇科造诣精专，四方求诊者络绎不绝，深孚众望。退休后，仍然门庭若市，近至周围各县，远及云南、宁夏。1984年春，大山头镇顾小环，产后大汗高热，住纸坊医院治疗，输液打针无效，后请其会诊，用生化汤加减，药到病除，妙不可言。金乡县十四岁女孩，经来不止，流血两个多月，用归脾汤三剂而愈。巨野县马庄郭瑞山之妻，习惯性流产，以寄生安胎饮、胶艾四物汤获效，后生一子，家属以婴儿照片相赠，以表感谢。兴家立方遣药以平淡中见奇，可见其用心之功。

[《嘉祥县卫生志》（1990）]

◎ 李兰芳 ◎

北天德堂坐堂医生李兰芳，用内服药和外敷药治疗外科病，如恶疮"对口""搭背"等，治愈者无算。

[《济宁市市中区卫生志》（1994）]

◎ 李稚三 ◎

财神阁开业医生李稚三，擅用小方轻剂治病，被誉为"四两搏千钧"的一代名医。

[《济宁市市中区卫生志》(1994)]

◎ 王十洲 ◎

王毓瀛(1871—1942),号十洲,济宁人,世人尊称王六爷。少时在天芝堂学徒,期满,遂在该堂应诊。1923年,在小闸口自设济元堂坐堂诊治。行医期间,白天应诊医疗,对贫疾者不望报酬;夜间出诊官绅人家,车轿迎送,派头十足,诊费药钱昂贵,一应开销全由对方支付。他常言:"穷人看病,富人拿钱。"

王十洲擅内科、儿科,精温病,力主"肾为先天之本,脾胃为后天之本"之说,讲究药材地道及加工炮制,强调医药并重。

1942年,王十洲病故。其子王鼎岑深得其传。

[《济宁市市中区卫生志》(1994)]

◎ 李承德 ◎

李承德(1871—1943),字據之,曲阜防山乡刘家庄人。十八岁时,随泗水一私塾先生学习儒学。是年,拜胶东一代名医(义和团退隐士赵先生)学习中医。数年后回家开设私塾,教学之余悬壶济世。自采自制中药施舍于左右邻村百姓。外科能下火针及小开刀术,擅长治疗天花,对瘰疬、乳痈、项疽、结核、劳伤吐血等病效果显著。对破伤风杆菌引起的破伤风病,患者出现牙关紧闭、角弓反张、双目上视、口吐白沫者,一剂药即可痊愈。

[《曲阜市卫生和计划生育志》(2016)]

◎ 郑宝兰 ◎

郑宝兰(1877[①]—1940),号香谷,泗水城关五街人。出身于世医之家,喜研《内经》《伤寒》及其他医典。年轻时曾为人师表,后因连年灾荒,家境贫寒,加之疾病流行,乡民求治困难,目睹民众之苦难,先生便辞教跟其祖父郑广尧习医。先生勤学苦练,治学谨严,数年后继祖业"广和堂"。济世救民,临证尤长于内、儿、妇科,辨证灵活,临证多用经方,擅用验方,治验者众多,名声渐传,求治者终日不断。先生为人忠厚善良,药多货真价廉,深得病家称赞。先生思想进步开明,辛

---

① 1877:原作"1871",《山东中医药志》(1991)生年作光绪三年,即1877。义胜,据改。

亥革命初期，妇女解放运动正在崛起，他不顾封建礼教束缚，积极主张女性参与社交活动，提倡女子就学。三个女儿均送入师范就读，后皆为人师表，为当时泗水独家，为妇女解放做出了榜样。

[《泗水县卫生志》（1987）]

郑宝兰，字香谷，泗水县城关六街人。生于清光绪三年（1877），卒于民国二十九年（1940）。工岐黄术，以善治内、妇两科病症而闻名乡里。

[《山东中医药志》（1991）]

◎ 姜广照 ◎

姜广照（1871—1951），字月楼，邹县大庄二村人，光绪年间秀才。青年时期目睹其妻产后染病，妻死子亡的惨景，始发愤研究医学，立志济世活人。在群众中至今广泛流传着广照治病"有钱看病，无钱也看病，穷人看病，富人拿钱"的说法。1891年起，在邹县城南门里小寺街门牌5号坐堂，有病房二十四间，擅长各科，尤精妇、儿科。治牛皮癣有秘方，失传。行医六十年。

大庄二村中医姜广照善于脏腑辨证，他综合诸家之长，治疗妇产科疾病重视理血，而理血重在调养脾胃，认为脾胃为气血生化之源，冲脉为血海，任脉主胞胎。故调脾胃即能调冲任，冲任调则经、带、胎、产诸疾自愈。对孕期治疗以清热安胎、降逆和胃为主，产后诸疾则以大补气血为主。

[《邹县卫生志》（1989）]

◎ 周龙柱 ◎

中医周龙柱医治妇科疾病，清经多用芩、连、栀、柏，补虚多用参、术、归、苓，行滞多用川芎、香附、青皮、元胡，固精则以牡蛎、赤石脂、棕榈炭、侧柏炭为主。著有《妇科备要》一书。

[《邹县卫生志》（1989）]

◎ 韩海楼 ◎

中华民国时期，中医韩海楼原以经商为主，在县城开"大德酒店"，家富贵。然酷爱医学，精研《内》《难》《伤寒论》。不以业医为主，但以活人为快。凡经他医不愈之症，乃精心研讨，多取良效，其弟韩鲁南亦自学成才。

[《邹县卫生志》（1989）]

◎ 冯广训 ◎

冯广训，家本济宁，后迁居鱼台县城北关。生于清同治十三年（1874），卒于民国二十六年（1937）。工医，善治内、外两科，尤精痘疹。

[《山东中医药志》(1991)]

冯广训（1874—1937），祖籍济宁王母阁，幼年攻读私塾，其父去世后，生活困难，全家逃荒到鱼台县城定居。

冯先生来到鱼台县后，先在李阁跟一位姓刘的中医学医，三年后在鱼城独立行医开业，堂号"广济堂"，擅长内科、妇科，尤其治疗天花、麻疹有独到之处。光绪年间县令的儿子患天花，经多方治疗无效，后经冯广训治愈，县令因此大为赞赏，令设"官局施种牛痘"，并拨给十四亩地作为报酬，种牛痘实行免费，每年种痘达三四千人，给予预防天花做出很大贡献。

[《鱼台县卫生志》(1996)]

◎ 李子猷 ◎

李守勋（1874—1957），字子猷，济宁城西（现市郊区南张乡）宋家路口人。清朝末科秀才。下学初，在济宁几家私塾任教，余暇广览中医经典，并不时解民小疾，名声渐起。清光绪三十三年（1908），受聘为济宁保合堂坐堂医生，开始了漫长的岐黄生涯。

李子猷擅内科、妇科，常用十枣汤、控涎丹等方剂治疗肝肺饮邪之疾。晚年继续推崇"怪病多由痰作祟"之论点，并以此作指导，治疗有关病症。

1949年底，年近八十高龄的李子猷应邀参加济宁市首届政协会议，老人百感交集，即兴抒怀曰："……可谓开明新政治，免得饿殍倒路滨"，表达了对新中国的热爱。

李子猷1957年病故。他步入医林，历经清末、民国、新中国三个时代，始终跻身于济宁名医前列，为民解疾，造福桑梓，享有较高声誉。

[《济宁市市中区卫生志》(1994)]

◎ 李璧双 ◎

李璧双，济宁县人。生于清同治十三年（1874），卒于民国二十一年（1932）。

业医，术工内、妇两科。曾任医师公会会长。

[《山东中医药志》（1991）]

◎ 吕宪彬 ◎

吕宪彬（1875—1941），泗水县中册乡临泗村人。出身世医之家，少时勤奋好学，十二岁跟父习医，苦钻医典，弱冠之年便随父行医，数年后承父业，设"人和堂"。临证多精心于妇人产后诸症，尤擅妇人产后风，其辨证准确，知常达变，方多精练，配用家传秘方"黑沙丸"，屡治效验，病危而立者不知其数，方圆百里望门求医者络绎不绝。曾有临泗三村一少妇张氏，产后受风寒而病，高热，神昏谵语，伴有面色潮红，少腹胀痛，恶血不下，医治无效，命在旦夕，家人延请先生诊视，先生诊曰："当以祛风活血，清泻瘀热"。随处一方：药有荆芥9克，防风9克，天麻9克，钩藤9克，丹参12克，牛膝9克，桃仁6克，红花9克，生地15克，知母9克，丹皮12克，地榆炭9克，乳香6克。服一剂神志渐醒，二剂进恶血已下，神志清醒，继服上方加"黑沙丸"五剂而愈，病家万分感激。

先生业医数十载，医术高明，活人济世，深受世人赞誉，为当时我县一代妇科名医。

[《泗水县卫生志》（1987）]

◎ 孙茂兰 ◎

孙茂兰（1876—1965），字馨亭，枣庄市峄城区坊上乡文堆村人。于1937年来马坡朱集行医（今属微山县）。先生幼读经史，敏而好学，应试未酬，遂弃儒习医，立"不为良相，当为良医"之志。昼读夜诵，苦研名著，擅长内、妇、儿科，处方精练，疗效显著，名闻遐迩。浙江省驻军某医官患肝炎病，专程求治，经先生治愈，寄赠锦旗一面，文曰："黄疸灵丹"。先生乐于济贫，常徒步为群众诊病，并将自配的丸药，根据病情，免费施人，其乐善好施之举，令人钦佩。

中华人民共和国成立之后，先生响应共产党的"发掘祖国医学遗产"的号召，不惜古稀之年，举办义务教学，三期共培训四十余人，结业后多数参加工作，对充实卫生队伍、培养中医人才作出了一定贡献。尤其限于当时的条件，教室、教具、教材极端困难，先生则全部承担，自筹资金，自编教材，因陋就简，将自己仅有的三间药铺为教室，以柜台、诊断桌、饭桌作为课桌。先生这种难能可贵的无私精神，感人至深。当先生八十寿辰之际，群众自发公赠条匾一幅，文曰："德承岐黄"，先生当之无愧。先生曾先后出席凫山县首届中医代表会、济宁县第一届中医代表会，当选为微山县一至四届人大代表，1956年荣获山东省中医先进代表奖章一枚。

先生著有《药性赋注解》一书，于1959年由山东人民出版社出版。1963年返回故里，1965年病逝，终年八十九岁。

[《微山县卫生志》(1988)]

孙馨亭（1876—1965），名茂兰，峄城区坊上乡文堆村人。八岁时于南常乡随褚思谟习儒，十八岁时应试落第，后执教于乡塾。教学之余，攻读医籍三年。时外寇侵华，黎民涂炭。孙馨亭素有民族气节，乃弃教废医，投笔从戎。于清光绪三十二年（1906）报考保定北洋陆军速成武备学堂，毕业后被派往云南李根源部任排长，后又转投山东第五师，不久辞职从医。民国五年至二十五年（1916—1936），先后在徐州、西安、郑州等地行医。民国二十六年（1937）在河北省皮县被聘为坐堂先生。七七事变后，到滕县朱集行医至解放，解放后一直在济宁市行医。

孙馨亭专于妇、内科，特别是在发扬祖国医学遗产、培养中医人才方面作出了卓越的贡献。他自编教材，自做教具，自筹资金购买油印机、纸张，以自己的三间工作室为教室，从1956—1958年先后培训了七十名学员。

他曾著有《药性赋注解》一书，由山东人民出版社出版。1956年荣获山东省颁发的中医先进代表奖章。

[《枣庄市卫生志》(1988)]

孙茂兰（1876—1965），字馨亭，峄县人（今枣庄市峄城区坊上乡文堆村）。十八岁应试落第，后执教乡塾，教学之余，攻读医籍三年。时西方帝国主义列强侵略中国，黎民涂炭。茂兰毅然投笔从戎，于清光绪三十二年（1906）考入保定北洋陆军速成武备学堂，毕业后被派往云南李根源部任排长，后又转投山东第五师，不久辞职从医。民国五年至二十五年（1916—1936），先后在徐州、西安、郑州等地行医。民国二十六年（1937）在河北省南皮县被聘为坐堂医生。七七事变后，只身流落济宁东南乡朱集一带（今微山县马坡乡），年已花甲。

孙茂兰刻苦钻研医籍名著，擅长内、妇、儿各科，处方精当，疗效显著，名闻遐迩，乐于济贫，常无偿施药。

1954年春，济宁东南朱集一带流行麻疹。茂兰不分昼夜，全力治疗，半个月内使百余例麻疹患儿恢复健康。孙茂兰响应人民政府发掘祖国医学遗产的号召，自筹资金，自编教材，以自开药铺为教室，以柜台、诊桌、饭桌为课桌，义务举办中医培训班，三期共培训学员四十余名。八十寿辰时，群众赠"德承岐黄"条匾。

孙茂兰先后出席凫山席县首届中医代表大会、济宁县第一届中医代表会。当选为微山县二至四届人大代表。1956年获山东省中医先进代表奖章。著《药性赋注解》一书，1959年山东人民出版社出版。

[《济宁市卫生志》（1992）]

◎ 张殿奎 ◎

张殿奎（1876—1946），金庄乡三角湾人。少时力学，喜研医籍，深明医理，曾在泗城设药铺行医，后回故里设"济生堂"为民疗疾，擅长眼科，专治内障、外障，投药即效，救活众多，是当时金庄一地有名的眼科医生。

[《泗水县卫生志》（1987）]

◎ 王庆熹 ◎

王庆熹（1878—1953），字禹臣，微山县夏镇月河村人。家贫好学，酷爱岐黄术，博览《内经》《难经》诸书，熟读《甲乙经》《针灸大成》，为探求针灸及在经络穴位上的感应，常在自己身上针刺试验，并常求教于同道，在针灸学上造诣颇深。他的针法高明，每给病人扎针，选用穴位不超过三个，有主穴配穴，感应迅速，疗效很快。特别在临床上运用"烧山火"的手法较妙，有的患者寒栗，四肢厥逆，先生遂用"烧山火"运针手法，病人很快全身感热，寒栗停止，汗出而愈。先生针术远近闻名，求诊者众多，治愈不少瘫痪危重病人，尤其对癫痫症，针灸显效。其医德高尚，不分寒暑昼夜，有求必应，群众感其德，阁镇公赠金字木匾一块，文曰："妙手仁术"。

[《微山县卫生志》（1988）]

◎ 孔继震 ◎

孔继震（1878—1937），曲阜小雪村人。清光绪年间中岁贡生，后读医书。二十九岁行医，自开"三益堂"药铺。他以济世活人为本，对街坊邻居穷人看病，则少收或免费治疗。对医术刻苦钻研，撰写了《医林手抄》两册，分科记载了许多偏方、验方。

[《曲阜市卫生和计划生育志》（2016）]

◎ 仲延红 ◎

仲延红,泗水县人。生于清光绪四年(1878),卒于民国三十年(1941)。业医,工内、妇两科。

[《山东中医药志》(1991)]

◎ 江广志 ◎

济宁县江广志①制红升丹、白降丹、九一药捻,专治恶疮。

[《济宁市卫生志》(1992)]

◎ 张树荣 ◎

张树荣,太和之次子,生于1878年,卒于1962年。幼承祖训,读书兼学医,尤对祖传喉科造诣精深,堪称儒学兼优者。

[《嘉祥县卫生志》(1990)]

◎ 张锡玉 ◎

张锡玉(1878—1957),中册三村人。幼年读书力学,后因生活所迫,跟其兄去南徐州行医。民国二年(1913)回故里设"人和堂"药店,擅外科疡疾,医术全面,名满乡里,求诊者络绎不绝,力求痊愈。外科数十载,经验丰富,实为人所敬。先生还把多年的临床经验汇总成册,书名《验方集成》一本,手稿散佚。

[《泗水县卫生志》(1987)]

◎ 董立堂 ◎

董立堂(1878—1940),字鹤亭,号行五先生,町里乡董家村人。先后受其祖父循礼及父瑞田(均为清代贡生,皆精于医)之教诲,始习儒学,十八岁涉猎医学群书,对《内经》《难经》《伤寒》《金匮》等经典著作,致力探索,别具神奇。设"杏林堂"药铺,行医四十载,活人无算。

董精于温病,善用清解、攻下两法。他认为温病表证既解,邪热内结者,攻下首当其冲,提出"温病下不厌早,以防伤津耗液"的论点。如:杜马庄村农家之子

---

① 江广志:《任城区志》(1999)记载,江氏生卒年为1878—1962。

患温病，神昏谵语，便结。诸医皆以清热解毒，凉心开窍罔效。董投以寒下之品，一剂而愈。董对妇科，长于养经种玉。济宁州衙，官妾患病，数医皆以经脉不调，投以活血化瘀，体质日衰。董持脉曰："少阴动甚，谓之有子，及大喜也。"遂处以调和脾胃，滋其化源，养血安胎，足月分娩，果一男婴，全衙致欢，宴请董老。并于民国十二年（1923）孟冬，州、县衙官长邵玉亭、贾汉卿、宋欣斋、郭合久、罗锡锋等，为董送金字匾，题曰："术廉兼优"，至此誉满济宁城西一带。晚年著有《临症医案》手稿，"文化大革命"佚失。

[《嘉祥县卫生志》（1990）]

◎ 王世祯 ◎

王世祯（1879—1951），号维周，济宁市人。十九岁中秀才，二十二岁教书。教书之暇攻读《医学入门》《医宗金鉴》《医学三字经》等。四十岁后，弃教行医，曾受聘济宁同仁堂。民国二十四年（1935）自设裕昆堂。1949年参加筹建济宁中医学会，欣然将个人房屋及全部藏书献出。

王世祯行医三十余年，善治内、外、妇、儿等科疑难病症。诊病重视四诊合参，色脉喜恶；治病掌握时令，把握运气，审察气血与阴阳盛衰；重视脾胃，偏于攻邪，有攻有补，攻而不猛，补而不滞。注重经方而不泥于经方。常开小方治大病，治危急病症，用药大热、大寒、大补、大泻。

王世祯著有《二十四季伤寒论方解》，以运气学论将《伤寒论》113方按季节分类，并有所补充和阐发，还将自己的临床经验整理成千余伤寒案。每一脉案分脉（脉象）、症（症状）、治（用药）三项。20世纪30年代初期，著《药性浅识三字诀》32部，以三字一句、四句一味的形式，概括550余种药物的主治、性能归经。后附《服药食忌歌》《妊娠药忌歌》，押韵易读，浅显易懂、易记。

[《济宁市卫生志》（1992）]

王世祯（1879—1951），号维周，济宁人。清朝末科秀才。下学后教学书为业，余暇学习中医经典，并试诊试治，每应手回春。1918年正式弃教从医。1935年自设裕昆堂坐堂应诊，后受聘为北广育堂坐堂医生。1938年当选为济宁中医医师公会会长。1939年与同界房永昌、朱仲山等人，组成北平国医砥柱总社济宁小组，遵循总社所提"维护中医，为中医药争生存作中流砥柱"之口号，开展维护中医活动及进行学术研究。

20世纪30~40年代，王维周跻身于名医前列，内科、妇科医术高超。诊断疾病注意四诊合参；治疗重视脾胃，偏于攻邪，但有攻有补，攻而不猛，补而不滞。

王维周早年所撰《二十四季伤寒论方解》以运气学说，将《伤寒论》所载113方按季节分类，补不足，发未详；还写有《药性浅识三字诀》等。医界对其人其事，推崇备至。

建国初，王维周暮年喜逢政通人和，他抒怀笔颂"医贵有恒，想青年茹苦含辛，抱定素怀行素位；老当益壮，愿白首推陈去腐，服从新政做新民"。

王维周严于教子育人。其子王作人、王作民已成为当今济宁市的中医栋梁；徐润生、王培诚等老中医，也出自其门下。

王维周闻名遐迩，被公认为地方名医之一。

清光绪二十四年（1898），济宁人王维周考中秀才，下学后在家教书。后有感于先朝文人通晓医理者不乏其人，遂对医学产生兴趣，潜心攻读医学经典，心领神会，并试诊试治，每应手回春。后行医几十年，或应聘坐堂，或个人开业，誉满城乡，成为一方名医。

名医王维周诊病重视四诊合参；在治疗上注重脾胃，偏于攻邪，有攻有补，但攻而不猛，补而不滞。

[《济宁市市中区卫生志》（1994）]

◎ 王辉教 ◎

王辉教（1879—1948），号育之，清，秀才，泗水县龙湾套人。自幼跟其祖父读书，奋进好学，弱冠执教，后弃教从医，精研《伤寒》《温疫论》，尤长于治疗瘟病，方多精练，治以"桑菊饮""银翘散"为其代表方，每治效验，深受同道称赞。先生治学严谨，且善于总结经验，诊务之余，手录病案，著有《医方集萃》一书，后不慎遗失。

[《泗水县卫生志》（1987）]

◎ 李灿本 ◎

李灿本（1879—1940），泗水城关人。幼年上私塾，年少行医，十八岁曾为"治生堂"坐堂医生，尤长妇科，治验俱多，在当地较有名望。

[《泗水县卫生志》（1987）]

◎ 张崇康 ◎

张崇康,树松之子,清朝太学生。生于1879年,卒于1941年。崇康除继承祖传喉科外,尚涉猎中医内科、妇科、儿科。

[《嘉祥县卫生志》(1990)]

◎ 陆全林 ◎

陆全林,字贝森,生于1879年,卒于1975年。幼承家传,随父学纯学医,得尽家传,兼通针灸、推拿、儿科等,设"文仁堂"药铺。对多年不育症的治疗独有见解,认为女以血为本,以气为师,气血调和,冲脉盛、任脉通,月事宜时下,故能有子,所以治疗首重调气血,使多年不孕者,每喜得贵子。晚年著有《妇科准绳》和《贝森医案》,均失于"文化大革命"。

[《嘉祥县卫生志》(1990)]

◎ 房应泰 ◎

房应泰(1879—1962),字伯和,微山县骊城界牌口人。幼读经史,秉性善良。二十岁时,因感于求医之难,遂发奋攻读《内经》《难经》《伤寒》《金匮》及各家名著,颇得医学真谛,三十二岁业医应诊,自设"同益堂"药铺,贫穷患者付药治病不收费。先生擅长内、妇科,尤其对温病很有研究,特别治疗暑瘟(流行性乙型脑炎)有独到之处,所拟之方用之卓效,而不留后遗症,此方载入1959年《山东省中医验方选编》。先生治疗妇科病也很有经验,拟定经期前、后服药法,治疗不孕症效果颇佳。其医德高尚,不分贫富,一视同仁,有求必应,求诊者众多,誉满乡里。

[《微山县卫生志》(1988)]

◎ 程凤仪 ◎

程凤仪,济宁县人。生于清光绪五年(1879),卒于民国二十二年(1933)。业岐黄术,工外科,善治疮疡。

[《山东中医药志》(1991)]

◎ 车蕴珍 ◎

车蕴珍（1880—1976），微山县夏镇北鹿湾村人。1895年去沛县，寄居于王姓铁货店学艺，后拜马启先生为师学习针灸，业余行医七年后，沛城北安门、季庄、小街子等地开药铺，擅长中医针灸、儿科。1946年瘟疫流行时，以其一技之长活人甚众，1953年加入沛城西门里联合诊所，1955年转入沛县中医门诊部，后并入沛县华佗医院。不仅针灸技术高明，而且医德高尚，登门拜师学技者甚多，皆得其教诲，后人铭志不忘。

[《微山县卫生志》（1988）]

◎ 刘纯智 ◎

刘纯智（1880—1960），字仁山，兖州城关人。幼年读书，喜爱中医，曾拜名医为师。清末在济南考取滕县外巡，届满调郯城任外巡，后考入山东讲武堂。因不满清朝腐败，弃官行医。

民国十六年（1927）加入中国共产党，在河南焦作，山东临沂、苍山，北京等地以行医为掩护，进行革命活动。民国十九年至二十二年（1930—1933）间，参加苍山暴动。民国二十四年（1935）在北平应考，获得国医证书，民国三十七年（1948）重返兖州，在广育堂坐堂行医。

刘纯智以治疗内、妇两科疾病，以及老年慢性病见长，对治疗消渴病、温病有独到见解。所开泻药方中，无一味是泻药，却有稳当的泻下作用。临证注重脾胃，说："吃杂粮的人身体健康。如果损坏了人的根本，就是扁鹊再生也无能为力了。"一生培养许多中医人才。

1949年，鲁中南行署指派刘纯智到平邑县工作。后因求医者甚多，遂辞去工作，专门行医，直至逝世。

[《济宁市卫生志》（1992）]

◎ 崆峒 ◎

崆峒（1880—1967），俗家姓焦，家贫。小时随父逃荒乞食来济宁，八岁被送入铁塔寺为僧，赐名崆峒，法号逸云。其师祖本善是一位造诣深的老和尚，见崆峒聪明颖悟，遂精心培养，教练书法和针灸。崆峒酷爱《圣教序》，经常临摹字帖至深夜，练就一手好书法；为学好针灸，除跟师祖学习外，并投师针灸名手黄某，学业大进。平时做完法事，常以针灸治病救人。

1948年济宁重获解放后，崆峒拥护当地政府的各项规定，将铁塔寺腾让市人民政府办公使用，并将收藏的名贵佛像、名人字画及本寺历代主持僧像、传，缴由公家保存，后又带弟子搬出铁塔寺，在南门大街开设逸云针灸诊所，继续针灸医疗。抗美援朝开始后，他参加保卫世界和平游行队伍行列，并主动签名，贡献"一个名字"的力量。崆峒爱国爱民，被选为济宁市首届人民代表和政协委员。

崆峒擅用太乙针、雷火针、子午流注法、隔姜灸作医疗。他虽遁入空门，但自称"方外医"，以医普救众生。

1966年"文化大革命"开始后，崆峒因受冲击而精神失常。1967年4月圆寂，葬于北关外三官庙东旅归园。

[《济宁市市中区卫生志》（1994）]

◎ 孙寿山 ◎

孙延春（1881—1955），字寿山，济宁人。早年在枣庄谋生时，结识一中医先辈，深受启蒙。1911年毕业于山东省中西医研究所中医进修班，遂返故里，在大炭沟开设宏德堂应诊治疗。同年，被选为济宁中医医师公会会长。

孙寿山行医注重医德医风。常言："每接前来就医者，察其疾苦，犹如病在己身，亟欲想方设法加速病愈；待病人稍有痊愈，个人内心如释重负。"

孙寿山擅妇、儿科，兼温病。他创制的保胎验方、通乳验方、肝厥验方等方剂，疗效显著。其子孙乃昌至今仍沿用家传验方并有所发挥。

孙寿山行医期间，曾拜名医朱成麟为师，受益匪浅。现传朱氏所著《医学经验浅说》乃孙寿山手抄，抄本字体隽秀，赏心悦目。

[《济宁市市中区卫生志》（1994）]

◎ 杨传义 ◎

杨传义（1881—1957），字宜亭，微山县南阳街人。自幼好学，文学造诣较深，因家贫未能进考，随父习医认真，博览群书，擅长、内、妇、儿科，对妇女不孕、难产、经病、儿科惊风、热病湿温等研究较深，疗效显著，一生行医品德高尚，远近闻名。

[《微山县卫生志》（1988）]

◎ 胡健谋 ◎

胡健谋（1881—1956），号贻庭，人称"胡半仙"，泗水县杨家庄人。先生自幼好学，学识出众。幼年丧母，家境贫寒，十三岁奋志习医，攻读岐黄，总角年（十六）能写诗赋通医理。弱冠之时，曾执教于泉林下桥一带，白天教书，夜晚习医。后弃教从医，设"顾和堂"，先生谦虚好学，多涉百家，博采众方，行医数十载，尤对瘟病造诣颇深，处方灵活多变，屡治必验，危笃起死回生者，难以枚举，泗城一方皆称先生为"半仙"，远近驰名，求者众多，为我县建国初期知名医生之一。

先生一生业医，医德高尚，经验丰富，诊务之余潜心立说，积数十年之心得，著有《痘诊概论》《陈清医必改革》《寿世秘方公开》《外科集成》《通鉴经典考史记》《医者当明言气候水土》等手抄本，惜焚于"文化大革命"之时。

[《泗水县卫生志》（1987）]

◎ 祝景兰 ◎

祝景兰（1881—1951），字馨山，邹县黄疃村人，四世业医。祖父祝华亭为不第秀才，于是决心习医。父亲祝振邦，继承祖业，祝景兰又继承父业，先在大束村坐堂行医，后在县城东门里大街路南开设宏德堂。临床擅长儿科痘诊、内科疳结、痢症、破伤风等症。

[《邹县卫生志》（1989）]

◎ 马玉山 ◎

马玉山（1882—1962），字铭五，微山县南阳镇人，晚清庠生。弃儒业医后，曾任军阀时期李厚吉部下军医，同期任南阳镇镇长，日伪时期迁往济宁行医十年，医望较高。晚年复回故乡，自设"回春堂"药铺，后参加中西医联合诊所、南阳卫生所，任鲁桥卫生院中医师。

先生一生博览群书，对《医宗金鉴》《时方妙用》备加崇信，擅长内、外、妇科，对恶疽、金疮痉（破伤风）研究颇深，疗效显著。民国年间，曾治愈鱼台县县长徐之尚亲属之妇科病，深得赞许，公赠横匾一方，文曰"医宗仲景"。先生医德高尚，誉满乡里。微山建县后被选为人大代表。

[《微山县卫生志》（1988）]

◎ 冯庆慧 ◎

冯庆慧（1883—1964），高峪乡后侯村人。先生一生致力于中医事业，喜文好武，交朋会友，且进步爱国，胸怀大志，抗日战争期间曾多次掩护我地下党负责人孙汉卿、刘海岩、管戈等同志，积极帮助他们秘密发展后侯党组织及人民武装，毅然支持长子冯常青、次子冯常周参加革命，带领二十余条枪加入徂徕山起义。冯常青同志任起义部队独立营营长，1942年在同日军作战中壮烈牺牲，其次子冯常周亦于1948年光荣牺牲。冯先生曾被敌人逮捕，关在泗水监狱，他大义凛然，拒不在日军事先写好的劝降书上签字（劝冯常青投降书），受尽了种种折磨，直至长子冯常青牺牲才从监狱放出。

1947年国民党点进攻山东，占领泗水城，先生随我地方工作人员撤出渤海，到1948年泗水第二次解放才重返故里，继续行医。建国后他积极拥护共产党，热爱社会主义，热心为群众服务。曾被选为我县第一届至第六届人民代表大会代表，并出席山东省第一届人民代表大会，当选为代表。先生一生为革命作出了重大贡献，深受人民的敬仰。

[《泗水县卫生志》（1987）]

◎ 杨允升 ◎

杨允升（1883—1955），字曰如，汶上县寅寺乡前李村人。出身中医世家，医理丰富，医技精湛，擅长对痘疹、伤寒疾病的治疗。允升先生一生将自身经验与医理相结合，在学术上敢于打破常规，自承家技，著有《痘疹选要》①一书传世。

杨允升（1883—1955），字曰如，汶上县寅寺乡前李村人。出身中医世家，医理丰富，医技精湛，对痘疹、伤寒疾病的治疗独具匠心。在学术上，他认为麻疹是感受天地间不正之气而发，疹毒发于六腑。治疗则以清风热、平肺火、解毒透疹为原则，首选"清金一贯饮"。疹出后，则应据疹毒轻重，或透毒、或破气、或凉血、或破瘀导滞。对险症、逆症，毒邪深重者敢于打破常规，采用攻伐，大用寒凉，庶可回生。杨先生一生将自身经验与医理相结合，著有《疹症选要》一书传世。

[《汶上县卫生志》（2000）]

---

①《痘疹选要》：下文作《疹症选要》，应为同一种书。

◎ 张天民 ◎

张天民（1883—1976），字子德，纸坊镇东纸坊村人。张拜师于同里优廪生刘风雍，开始学中医眼科，熟读《审视瑶函》《银海精微》。后登门求医者杂病数倍于患眼病者，张又改读《内经》《伤寒论》《温病条辨》《临症指南》等书。尤其对《伤寒论》的研究造诣殊深，不但能通背原文，而且能够句句有见解，析义字字有出处。对六经辨证，了如指掌，审因施治，通常达变，对一切热性病的治疗确有独到之处。

张治病善用经法，立方严谨，方小而效宏，人们常以经方派称誉之。如纸坊村鲍某患伤寒太阳病，张用桂枝加厚朴杏子汤，一剂胸满减轻，再剂喘止，三剂而愈。

张曾设帐于英山之阳，边治病边讲学，五十年授业学生三十一人。张治学严谨，教学有方，态度和蔼，平易近人。对学生、对病人总是娓娓而谈，从无厉色，百问不烦，在当地享有崇高威望。每逢贫困者求医治病时，他都慷慨解囊相助，对贫寒学生不收学资，反而以粮资助糊其口，使学无辍。他常指教门生说："知识无止境，医术贵在精，为民除沉疴，大义要精诚……危而不救，何以为医！"著有《验方四册》和《伤寒明理》两节，乡邻感其德，为其树碑"医德兼优"，悬其匾"功同良相""济世活人"。

[《嘉祥县卫生志》（1990）]

◎ 陈润田 ◎

陈润田（1884—1976），祖传名医，独专中医外科，擅长治疗疮疡，闻名乡里。继承家传，以"医务赈灾"为名，恢复祖上"善德"门风，将其全部遗产典当，新立药栈，求医者络绎不绝。他认为，疮疡一般应分为初期、成脓、溃后三个阶段。而治疗方法必须根据不同时期加以分析，运用不同方法治疗，分为内治法和外治法两大类。在内治中采用消、托、补三法。所谓"消"法，是用消散的药物使炎症病灶消散。热者清热，寒者温通，温者利湿，气滞者行气血，瘀者活血祛瘀等。所谓"托"法，包括透脓、补托二法，是用透托和补托的药物使化脓感染疾病脓出毒泻，肿痛消退，以免毒邪内陷的法则。所谓"补"法，是用补虚扶正的药物使体内的气血充足，恢复机体的抗病能力，即《内经》中说"虚者补之，实者泻之，损者益之"，其中又分补气血法、补阴法、补阳法。外治法，是运用药物直接作用于局部病变的一种方法,在外科治疗中占有重要地位,虽然可以单独使用,但在陈润田现有的治疗病例中大部分与内治法配合应用,大大提高了疗效,发扬了祖国医学在外科治疗中内外兼施的优良传统。

[《曲阜市卫生和计划生育志》(2016)]

◎ 屈慎德 ◎

屈慎德(1884—1976),字馨吾,祖居鱼台县谷亭镇解放村人。

先生自幼饱学五经四书,聪慧过人,由于天智奇才,青少年时期热爱泥塑、木、石雕刻,擅长书画,作品精美,受到广大艺术家及爱好者赞赏,求者络绎不辍,大量精品曾远渡国外。先生居室幽雅别致,陈列着数十年收集的玉石雕刻、名人字画、古币、铜镜、陶瓷、古樽等文物高品,招来许多宾客友好饱赏,游人疏往者,愧为憾事。这些珍稀贵品在1958年人民公社化时,全部贡献给人民政府,为文化艺术事业作出一定贡献。

先生年过不惑,潜心岐黄,通读医典,得其奥旨,精通《寿世保元》《医宗金鉴》,明脏腑经络,辨阴阳寒热,知浮、沉、迟、数、灵敏。诊治常以自身尝试,夺得理论与实践结合的凿鉴,医扬乡里。民国期间(1937)参加中医考试成绩及格,授山东省政府颁发中医师证书,先后应聘于鱼台县谷亭镇规模较大有声誉的"生生堂""同德堂"两大药铺坐诊。

先生临证五十余载,坚持一个宗旨"贫富一待,济困扶危,有求必应"。他认为:"医者首在立品,行欲方而智欲圆,心欲细而胆欲大,病人之生命在我掌握之中,专心揣求尚虞有失,岂同儿戏,为病家者亦宜上宾礼貌相待,须思此人为我父母妻子救命而来,岂可任我招之来挥之去也。"先生医德、医技誉满乡里,求医络绎不绝,危症而愈者不可胜计。

先生对疑难之病,克勤专攻,如治愈麻风病人,名扬四方,拜师者颇伙。为此1953年山东省第四康复医院邹院长偕刘医师登门聘任,终因年迈未领盛情。他的医德医技谆诲与孙庆之,任鱼台县卫生学校校长、中医副主任医师。

[《鱼台县卫生志》(1996)]

◎ 胡培熙 ◎

胡培熙(1884—1965),字备伍,次邱乡白马河村人。自幼读书,涉猎诸子百家,兼攻医学典籍,二十余岁便在一方小有名气。民国十三年(1924),以"救济灾患，促进世界和平"为宗旨的世界红十字会汶上分会成立，胡培熙被推为会长。他不负众望，率先捐资，动员富商名流筹集了为数可观的资金，为救济灾民作出了贡献。民国二十六年（1937），胡培熙在汶城隅首东路南创办"卐"字会诊所，对民众的小伤小病能做简单的治疗，对极为贫困的民众给以免费治疗。建国后，胡培熙积极与政府合作，愉快地赴乡下卫生所（院）工作，带动了一批闲散社会医生，受到各界赞扬。1954年，他被推选为汶上县人民代表大会代表，并当选为县人民委员会委员。

[《汶上县卫生志》（2000）]

◎ 孔伯华 ◎

孔伯华，名繁棣，曲阜人，生于清代光绪十一年（1885①），卒于1955年。孔氏自幼随祖父学医，宣统二年悬壶于北京，因医术精湛，诊治多验，名闻京华。为京都四大名医之一。民国时，为保存和发展中医事业作出贡献。

著有《时斋医话》《脉象发挥》《诊断经验》《中风说》等书传世。

[《山东中医药志》（1991）]

孔伯华（1884—1955），中医学家，名繁棣，字伯华，别号不龟手庐主人，原籍曲阜，生于济南。少随祖父移居直隶易州（今河北易县）。1910年在北京行医，三十岁时被誉为京城"四大名医"之一。1915年应聘任北京外城官医院医官。1929年，国民党政府下令废止中医，孔伯华赴南京请愿，被推为全国医药团体联合会临时大会主席。经过斗争，迫使当局取消禁令。1930年，孔伯华与萧龙友合力创办北京国医学院，孔任院长，培养学生七百余人。1955年，中医研究院成立，被聘为名誉副院长。曾任全国政协第一、二、三届委员，中华人民共和国卫生部顾问，中国医学科学院学术委员会委员，中华医学会中西医学术交流委员会副主任，北京中医学会顾问等职。逝世后，周恩来总理亲往吊唁。著有《时斋医话》《脉象发挥》《诊断经验》《中风说》等。

[《山东省卫生志》（1992）]

孔伯华（1884—1955），名繁棣，字以行，祖籍曲阜。其祖父孔宪高，清朝进士，精于文学，兼通医理。伯华少时随祖父宦游，秉承家学，刻苦钻研。十四岁决心不求科举，专攻医学，济世活人。遍读家藏善本医书，四处求教，不耻下问。向

---

① 1885：《山东省卫生志》（1992）、《济宁市卫生志》（1992），生年作"1884"。

当地名中医梁纯仁、蔡秋堂求教，受器重，得真传，医术日臻成熟。

孔氏二十二岁起在河北易县行医，对湿热病的医治有独到之处，善于妙用石膏，疗效突出，捷如桴鼓，亦早为中医界所诚服。二十五岁应聘北京外城官医院，任中医内科医师，后任该院医官。三十岁已名噪北京，被誉为"四大名医"之一。民国六年（1917）晋绥一带鼠疫流行。次年夏秋，廊坊一带霍乱流行。孔伯华等到疫区救治病人，受当地群众赞誉。并于事后与人同著《传染病八种证治晰疑》一书，十卷。

民国十二年（1923），孔伯华辞去医官，自己开业行医。对孤贫患者，不但免收诊费，而且解囊相助。

民国十八年（1929）2月，南京国民政府召开中央第一次卫生委员会议，通过"取缔中医"的决议，在全国激起公愤。当年在上海成立全国医药团体联合会并召开临时大会，组成联合赴京请愿团。孔伯华作为华北中医界代表，被推选为临时大会主席，率团前往南京。在社会舆论支援下，请愿团迫使国民政府收回"取缔中医"的决议，并同意设立国医馆。

民国十九年（1930）孔伯华与人合力创办北京国医学院，自任院长。民国三十二年（1943），日伪当局企图接管学院。孔伯华等决心"宁为玉碎，不为瓦全"，毅然停办学院。北京国医学院开办十三年，毕业学员七百余名，成为中医事业的有用人才。新中国成立后，孔伯华先后任全国政协第一、二届委员会委员，中央卫生部顾问，中国医学科学研究委员会委员，中华医学会中西医学术交流委员会副主任委员，北京中医学院顾问，中医研究院名誉院长，北京中医学院筹备委员会副主任、副院长等职，多次受到毛泽东主席和周恩来总理的接见。1952年受到毛泽东主席接见后，孔伯华写信给毛主席，提出中医人才的培养问题，说："医之作用也，求百病之本，执技精良，方能拯济疾苦，故宜首重培养人才。""医之活人，何分中西，存心一也，但其理法不同。今逢毛主席洞察其旨，发扬数千年文化，可幸为之。愿努力发挥，以期理法臻于至善，达于合理。使病者有所依，必先从教育人始。"周恩来总理对孔伯华常器重，曾说："孔老不高谈空理，务求实干"。

在中医学术研究上，孔伯华很有创见。对辨证施治，持合理主张。他说："医之治病，首先在于认症，将症认清，治之则如同启锁，一推即开。认症之法，阴阳为先，以求其本。病本既明，则虚、实、寒、热自会迎刃而解。辨证施药，参、术、硝、黄，并能起死；苓、连、姜、附，尽可回生。若但知以执某方治某病，不因时、因地、因人，不审何脉、何因、何证，是冀病以求方，非处方以治病。辨之不明，焉能用之不误，殊不知施治不妙，实由辨证之实。虚、实、寒、热，不昧于症而又不惑于症；汗、吐、下、和，不违于法，而又不泥于法。否则疑似甚多，临症莫决，冗病治病，十难效一。"但因应诊过忙，他未能将几十年行医经验系统总结，常引以为憾。故晚年病中，常夜以继日地抓紧著书，直至逝世。

1955年11月23日，孔伯华自知不起，嘱"儿孙弟子，凡从我学业者，以后要各尽全力，为人民很好服务，以承我未竟之志"。

近代孔伯华认为"温病之轻重，取决于邪热亢盛之浅深与阴津损耗之大小。叶天士之卫、气、营、血辨证施治，乃说明温病之轻重浅深所表现阶段有别，并非病邪真入卫入气入营入血也。吴鞠通之三焦分证，亦说明温病之轻重深浅，而并非病邪果真据于上焦、中焦、下焦之意，皆是以羽翼仲景者，此深处慎勿拘执""温病之应注意者，为有湿无湿。如有湿又当审具为夹兼湿或湿温，因证治殊也"。在治疗上，"邪之与证，二者并重，扶正可以祛邪，祛邪亦即安正，互为因果。究竟谁先谁后，必须因人、因地、因时而施，不可先有主见"。在《八种传染病症治晰疑》①一书中，阐述温病不仅是"山岚瘴气，时邪疫毒"所致，而且多由皮肤、口鼻感染菌毒发病，应以清热解毒，杀菌的药物治疗。

[《济宁市卫生志》（1992）]

孔伯华（1885—1955），名繁棣，以字行，别号不龟手庐主人，曲阜城内棋盘街人。其祖父孔宪高清朝进士，精于文学，兼通医理。伯华少时随祖父宦游，秉承家学，幼学读书刻苦。十四岁决心不求科举，专攻医学，济世活人，遍读家藏善本医书，四处求教，不耻下问。二十二岁起在河北易县行医。二十五岁应聘北京外城官医院，任中医内科医师，后任该院医官。三十岁已名噪北京，被誉为"四大名医"之一。

孔伯华在河北易县向当地名中医梁纯仁、蔡秋堂求教，受器重，得真传，医术日臻成熟。尤对湿热病的医治，有独到之处。因常用石膏，有"孔石膏"之称。1917年，晋安一带流行鼠疫，次年夏秋，廊坊一带流行霍乱，孔伯华等到疫区救治病人，受当地群众赞誉。并于事后与人同著《传染病八种证治晰疑》。

1923年，孔伯华辞去医官，开业行医。对孤贫患者，不但免收诊费，而且解囊相助。

1929年2月，南京国民政府召开"中央第一次卫生委员会议"，通过取缔中医

---

① 《八种传染病症治晰疑》：与后文《传染病八种证治晰疑》之书名略有不同，应为同一种书。

的决议。在全国激起公愤。当年在上海成立"全国医药团体联合会",并召开临时大会,组成联合赴南京请愿团。孔伯华作为华北中医界代表,被推选为临时大会主席率团前往南京。在社会舆论支援下,请愿团迫使国民政府收回成命,并同意设立"国医馆""国医节",挽救了危在旦夕的祖国医药学。

1930年,孔伯华与人合作创办我国历史上第一所中医学府——北平国医学院,自任院长。1943年,日伪当局企图接管学院,孔伯华等决心"宁为玉碎,不为瓦全",毅然停办学院。北京国医学院开办十三年,毕业学员七百余名,对继承和发展中医事业起了重要作用。

新中国成立之后,孔伯华先后任全国政协第一、第二届委员会委员、中央卫生部顾问、中国医学科学研究委员会委员、中华医学会中西医学术交流委员会副主任委员、北京中医学院顾问、中医研究院名誉院长、北京中医学院筹备委员会副主任副院长等,多次受到毛泽东主席和周恩来总理的接见。1952年,写信给毛泽东主席,提出中医人才的培养问题,其大意:医之作也,求百病之本,执技精良,方能拯济疾苦,故宜首重培养人才。……今欣逢毛主席洞察其旨,使祖国医学这一备受摧残、苟延残喘之数千年中华民族最丰富的文化遗产得到发扬,幸何如之!愿尽绵薄、努力发掘,以期臻于至善,使对全人类之健康,庇渥是依,然必先从教育人始。周恩来总理对孔伯华非常器重,曾说:"孔老不高谈空理,务求实干。"

对中医学术研究,孔伯华很有创见,对辨证施治,持合理主张。他说:"医之治病,首先在于认证,将证认清,治之如同启锁,一推即开。认证之法,阴阳为先,以求其本。病本既明,则虚、实、寒、热自会迎刃而解。辨证施药,参、术、硝、黄,并能起死;苓、连、姜、附,尽可回生。若但知以执某方治某病,不因时、因地、因人,不审何脉、何因、何证,是冀病以求方,非处方以治病。辨之为明,焉能之不误,殊不知施治之妙,实由辨证之实。虚、实、寒、热,不昧于证,而又不惑于证;汗、吐、下、和,不违于法,而又不泥于法。否则疑似其多,临证莫决,冗病治病,十难效一。"

孔伯华著有《肺病防治手册》《脏象发挥》《诊断经验》《中风说》《三焦辨》《脾胃病论》《石膏药性辨》等,晚年在病中撰成《时斋医话》。但他诊务过忙,未将几十年行医经验系统总结,常引以为憾。在病中,常夜以继日地抓紧著书,直至逝世。1955年11月23日,孔伯华自知不起,嘱"儿孙弟子,凡从我学业者,以后要各尽全力,为人民很好服务,以承我未竟之志"。在京逝世,终年八十岁。

[《曲阜市卫生和计划生育志》(2016)]

◎ 朱荫楸 ◎

朱荫楸（1885—1967），字培生，曲阜董庄乡朱家庄人。

朱荫楸家学渊源，幼承家训，天资颖悟，勤奋好学，先儒后医，师承《内经》、仲景之学，初随其父朱惠渊侍诊，后又师事其舅父、孔家道沟名医孔昭明，精研医典，黄卷青灯，每至深夜，尽得其传。二十四岁自设"济活堂"药肆，开业行医，立志以济世活人为己任，行医于曲阜城北五十余年。

他擅于"伤寒"，以治外感热病见长，承袭张仲景六经辨证，善用经方化裁，起沉疴，挽垂危，往往一剂药化险为夷。如大西庄郭存武之母，患伤寒传经，病势垂危，他闻讯徒步二十里赴救，处方取药，亲自指导煎药服药，守候病人一夜，至病情稳定，才离开病家。就诊者遍及泗水县西部、宁阳县东部一带。

他体贴病人，每每出诊，从不吃病家饭，对穷苦百姓，往往施舍药资，更不收诊费。历年赊欠出去的药账达十余大本之多，至1952年加入联合诊所时全部自行销毁，故行医数十年，并无积蓄。

20世纪30年代中期，他将"济活堂"药肆迁至大汶口开业行医。40年代初期，他以药铺为名，掩护地下党组织，中共曲泗县委多次在药铺内宅开会，后被人告密，吴村车站日军据点以汽车、马队、步兵三次袭击药铺，开会的党员翻墙逃走，撤往董庄东岭，地下党组织没受损失，可药铺与家院被破坏得破烂不堪。

1947—1948年，在林家寺开业行医，带教出徒弟林洪桢。1949—1950年在吴村开业行医。1951年回到老家行医，带教其孙朱鸿铭。1952年初响应政府号召，带着药肆全部药品与药具加入十区联合诊所。带教出徒弟翟登震。

1956年，朱荫楸调曲阜县人民医院任中医师，每日病室若市。曾在县中医进修班讲授《伤寒论》《金匮要略》课程。带教出徒弟翟培玉、朱兴彬、朱仲明三人。在曲阜县人民医院行医八年期间，运用温病学说治疗西医诊断的流行性乙型脑炎，疗效显著。

1961年，山东省卫生厅下达"积极抢救名老中医学术经验"的文件，提出"名师带高徒"的口号，1962年6月，卫生厅中医处会同曲阜县人事局将其孙朱鸿铭从济南市历城县调回，继承祖父朱荫楸的医疗经验。

朱荫楸毕生精于内科、妇科。新中国成立后，以治疗疑难杂病见长。因一生诊务繁忙，未留下著作，仅遗有医案一部。共带教徒弟七人，其学术继承人朱鸿铭在曲阜市中医院工作。

朱荫楸医案

朱氏中医第二代传人朱荫楸,一生擅治"伤寒病",以治外感热病见长,多宗张仲景六经辨证,善用经方化裁,起沉疴,往往一剂药挽回垂危,颇负时望。因一生忙于诊务,未留下著作,仅留有部分医案(大部分为住院病例),现整理如下:

石淋案

孔某,男,素体强健,晨突发右侧腰部剧痛,尿频、尿急,量少色赤,面色苍白而自汗,四肢厥冷,脉象沉细。曾经西医外科诊为尿路结石伴感染。治宜回阳救逆,扶正固脱,佐以利尿。书方:茯苓、党参各12克,炮附子9克,干姜、炙甘草各6克。一剂,水煎服。二诊,药后阳回汗敛,痛止肢温,胃纳稍增,二便通调,舌淡红润,脉缓。治守原意。茯苓12克,党参9克,淡附子、炙甘草各6克,干姜3克,肉桂粉(吞)1.5克,生麦芽10克,玉米须1握。三剂,水煎服,每日一剂。三诊:腰痛愈,精神佳,脉舌同前。时值夏令,以升清降浊,祛暑湿善后。

按:本案例西医拟诊断尿路结石伴感染,但按中医辨证当属少阴寒厥证,故不能惑于西医病名而以治淋之法治之。本案投以《伤寒论》茯苓四逆汤后,即获显效,足见古方组合具有至理。

急性阑尾炎案

患者颜某,男,砖瓦厂工人,于1960年3月日入院。主诉经常腹痛已犯三次,此次因受凉突发严重右下腹痛半天,伴大便干燥,诊其脉实。请西医会诊确诊为急性阑尾炎。中医诊为肠痈,此因感寒致腑气不通,郁而成痈。治宜清热解毒,通腑消痈。处方:粉丹皮15克,丹参15克,金银花15克,桃仁12克,没药9克,老木香6克,蒲公英9克,紫花地丁9克,杭芍9克,当归9克,玄明粉12克(兑入),薏苡仁18克,甘草3克,西军15克。

二诊:上方服二剂,其痛减轻,脉已不实,复处第二方:粉丹皮15克,丹参15克,金银花15克,桃仁12克,乳香9克,没药9克,老木香6克,蒲公英9克,紫花地丁9克,杭芍9克,当归9克,甘草3克,生地榆12克,薏苡仁18克。

三诊:上方服二剂,痛已大减,脉转平和,复处第三方:粉丹皮15克,丹参15克,桃仁12克,乳香9克,没药9克,蒲公英9克,紫花地丁9克,甘草3克,当归9克,薏苡仁18克,老木香6克,小茴香6克,橘核9克(研),荔枝核9克(研)。

服上方三剂，痊愈出院。

破伤风案

胡某，男，农民，1960年4月29日来诊。足掌外伤后18天，阵发性痉挛，畏光，角弓反张。西医诊断为破伤风，邀中医诊治，辨证为风毒袭表证，治宜祛风镇痉。用中药配合针灸治疗。内服方用玉真散合五虎追风散加减，处方：净蝉蜕30克，全蝎6克，南星6克，天麻6克，江虫①6克，炒枳壳12克，朱砂0.5克（研冲），黄酒60克为引。针灸取穴：百会、风池、风府、颊车、合谷、太冲、解溪、承山、地仓、廉泉，每日一次。

二诊：服上方8剂，痉挛抽搐诸证悉退，唯有心中不稳，夜间失眠，改清热和血化痰法，处方：菊花15克，陈皮9克，半夏6克，钩藤6克，栀子6克，天竺黄6克，江虫6克，防风6克，甘草3克，灯心1.5克，净蝉蜕30克，代牛黄丸四丸。针灸照前穴。服上方二剂痊愈出院。

乙型脑炎案

林孟氏，女，1960年5月9日入院。症见高热，谵语，昏迷，西医诊为乙型脑炎，邀中医会诊。中医诊为温病，此乃温热毒邪，内入气营，热扰神明所致。治宜清营凉血，涤热化痰。处方：枳实9克，大黄9克，甘草9克，生地9克，羚角粉0.5克（冲），玄明粉6克（兑入），天竺黄9克。水煎服，每日一剂。口服紫血丹一瓶，每日一次，口服安宫牛黄丸每日四丸。针灸取穴：百会、风府、哑门、人中、涌泉、足三里、合谷，每日一次。

以上法服中药六剂，针灸六次，痊愈出院。

朱家庄朱荫楸，曲阜朱氏中医世家第二代传人，擅治伤寒，以治外感热病见长。新中国成立后调县人民医院任中医师，运用温病学说医治疑难杂症，尤其对流行性乙型脑炎有显著疗效。同期的内科名中医，还有沈梦洲、陈化民、陈松谷、马月亭等人。

[《曲阜市卫生和计划生育志》（2016）]

◎ 张天琦 ◎

张天琦（1885—1960），微山县彭口闸乡西万人，原部城里"吕公堂"道士，

---

① 江虫：即僵蚕。

后不读经卷，专习医书，熟读《伤寒》《金匮》及针灸学著作，擅长针灸，治疗经验丰富，在当地享有较高声望。生前曾在县人民医院中医科工作。

[《微山县卫生志》(1988)]

◎ 陈伯馨 ◎

陈伯馨（1886—1952），字香斋，微山县微山岛乡沟北村人。幼嗜医学，精研《内经》等书，十八岁业医，始于沙沟镇宁伯昌合设药铺，三四年后复悬壶于房头，曾治愈一垂危重病人，遂医名大震。1912年返回故里，常以当地所产之草药（芡实、莲子、甲鱼、泥鳅等）治疗多例虚损病人。后因兵燹战乱，迁往江苏内花（现属江苏省铜山县）定居。此时正值小山富豪王家之娇子久病不愈，众医束手，经先生诊治，两剂而愈，可谓起沉疴于危笃之中。病家感之，即邀周、权二姓，给先生赠送嵌金横匾两块，文曰"神手妙医""圣手佛心"。并为先生树碑勒石，题名"儒医陈先生懿行碑记"，文曰："先生姓陈氏，名伯馨字香斋，鲁南滕邑微山人也，遍读《黄帝内经》……中华民国三十三年巧月上浣众亲友。"（碑尚在）

[《微山县卫生志》(1988)]

◎ 乔修梅 ◎

乔修梅（1887—1971），泗水县城关乔家村人，少年读书，苦学不倦。疫病流行，死亡者众多，目睹民之重难莫大于病，毅然弃学奋志习医，攻读医籍，精研医理，常常夜读三更，鸡鸣即起，坚持不懈。医术大进，诊治效验，全活甚众，医名乡里，应接不暇。先生为人正道，进步爱国，抗日战争爆发后，积极支持其子乔海秋参加革命（乔海秋同志于1945年壮烈牺牲）。为逃避日军、汉奸的抓捕，由抗日政府和地下党组织掩护，辗转于高峪的尧山及圣水峪一带行医，宣传革命道理，热心为我抗日军民服务，为抗日救国作出了积极贡献，受到党和人民的敬仰。

[《泗水县卫生志》(1987)]

◎ 朱 鹏 ◎

朱鹏，号仲山，济宁郭家花园水口街人。生于清光绪十二年（1887），卒于民国三十四年（1945）。业医，术精内科。曾获国家及省中医证书。撰有《瘟疫伤寒辨证论》《内脏阴阳平衡论》，未刊。

[《山东中医药志》(1991)]

◎ 李延龄 ◎

李延龄（1887—1940），城关鲁舒村人。幼承庭训，跟其父李化风（晚清秀才）就读，而立之年跟李秀经先生学习外科，擅长外科疮症，医术较高，附近一带享有盛名。

[《泗水县卫生志》（1987）]

◎ 房永昌 ◎

房永昌（1887—1961），号寿堂，邹县人。家贫，少时流落济宁民间，靠变演戏法魔术卖艺为生，兼以家传针术为民解疾。民初某日，房永昌行至土山遇一晕厥昏迷者，为救病人，房顺手拈来一鞋匠针锥，刺患者急救穴，遂醒，围观者交口称赞。趣闻不胫而走，成为街头巷尾美谈，房名声渐起。

1926年，房永昌在东门大街开设德寿堂，专事针灸医疗。1927年，联络崆峒、毛玉会、潘老道、王田胜等针灸界人士，组成济宁针灸学社研究所，切磋针灸医术，相互受益。1939年，北平国医砥柱总社济宁小组成立，房永昌任组长，开展维护中医活动，探讨中医医术。1954年，年近70的房永昌响应政府号召，参加市中医针灸联合诊所。

房永昌自幼苦练针灸基本功，终成为一针灸娴熟能手。他在传授针术时强调，针法应达"扎浮瓜不沉，刺狸猫不苏"之境地。他擅用气功行针，即气运手指，指传于针，针入穴位。

房永昌1961年病故。其子房建业得以真传。

[《济宁市市中区卫生志》（1994）]

◎ 仲延明 ◎

仲延明，泗水县人。生于清光绪十三年（1888），卒于民国三十五年（1946）。业医，术精儿科，尤善治温病。

[《山东中医药志》（1991）]

◎ 吴世厚 ◎

吴世厚，生于1888年，卒于1949年10月29日。世厚幼从儒，壮行医。继承家传，创"修德堂"药铺，日诊百人，名扬遐迩。喜用三逐瘀汤，每重用上甲，对产后高热病人却一反常规，重用二花、连翘而获效。晚年著家传秘书《妇人胎前产后秘方》。

[《嘉祥县卫生志》(1990)]

◎ 乔允淦 ◎

乔允淦（1889—？）①，泗水县大乔家村人。因排行第四，乡邻皆称乔四先生。先生少时聪颖好学、力求进取，数年后弃儒从医，精读《内经》《伤寒》及历代名医论著，临床辨证，经方施治，喜研经络，常施以针灸术。二十岁即行医于泗水、曲阜两地，慕名求治者络绎不绝。40年代初，县内"白喉"流行，病死者甚多，先生目睹惨景，专心钻研"白喉"论治，学之以验，药到病除，起死回生者实难胜举。贫苦之家求诊，或药价减收，或以药相赠，深得病家及乡邻的高度赞誉。

先生论治白喉数年，造诣尤深。他认为白喉一症，多系内脏虚寒，虚火上炎所致，治应滋阴清热解毒，常处以增液承气汤加味，服而立效，曾指出："对此症必须辨证准确，方药才能奏效，如若辨之不明，冒然下手，治之则死。"常在诊务闲暇之余，手录病案进行分析，汇综数十年之心得，著书立说，曾著有《白喉辨证指南》和《临证诊断心得》二书，手稿现存家中。

先生不仅对内伤杂证实有研究，且对针灸亦颇具究心，50年代曾在泰安某工地，为数百名感受风寒湿邪而致"风湿性关节炎"民工针灸治疗，凭他娴熟的针灸技艺和实践经验，二百余名民工喜获痊愈，受到了工地领导及民工好评，并赞扬他"医术精湛，妙手回春"。

先生为人刚直，心地善良，对病人态度和蔼，医德高尚。凡延请者，不管风雨寒暑，披星戴月，立赴不辞，诚挚热情，深受病人及群众感动。现已九十六岁高龄，但仍不失诊务，继续为群众治病，还常以仲景治学"勤求古训，博采众方"的教诲来勉励自己，数十年如一日，手不释卷，熟诵经诗医籍，乐与同道会诊探讨。先生虚心好学，治学严谨，令人敬仰。

[《泗水县卫生志》(1987)]

泗水县乔允淦认为，"白喉一症，多系内脏虚寒，虚火上炎所致。治应滋阴清热解毒"，多用增液承气汤加味治疗。著《白喉辨证指南》书稿。

[《济宁市卫生志》(1992)]

---

① 1889—？《泗水文史资料 第4辑》(1991)记载，乔氏生卒年为1895—1985。

◎ 李汉章 ◎

李汉章（1889—1971），微山县鲁桥镇南王村人。自幼随父习医，祖传六代眼科，尊崇《审视瑶函》，精通各家眼科著作。对内障外障（包括外伤性）、青盲症治疗效果较佳，其医术闻名遐迩。

[《微山县卫生志》（1988）]

◎ 姚皆义 ◎

姚皆义（1889—1973），字宪德，纸坊镇青山姚官屯人。曾祖父姚瑞峰，清朝咸丰年间岁贡生，善中医外科；祖父姚安，清代武庠生，继承家传，施诊舍药；父姚振清，精研外科，名扬四方，清朝皇帝赐五品兰翎和旗锣伞扇牌、金丝灯笼、桌围、椅搭等物。清代光绪年间翰林院大学士、主考姚邻密为其树碑，题曰"济仁世美"。嘉祥县知事赵录策于民国三年十月上浣为其赠匾，题曰"一乡善士"。

姚十九岁时随父从医，博览群书，除继承祖传外，兼习妇科、儿科，熟读《本草纲目》，精心研制麻沸散、代白散、珍珠散、子匣丹①、生肌散等十几种外科用药，用于治病，分文不取，赢得的是"四方感德""华佗在世""德高望重"等等金字匾。

姚擅治痈、疽、疔、疖，尤其对疔毒，确有起死回生之绝技。1943年夏，巨野县大代义乡孔楼村孔凡珍，男，三十六岁，大拇指患疔毒，多方求治无效，痛不欲生，后请姚治疗。视之手指紫黑，手臂红肿，病毒周及全身，病危在旦夕。姚让其服麻沸散，立刻手术放出黑色脓血，病人术中昏迷，姚彻夜守护，直至病人入睡，才放下心来。病愈后，凡珍夫妇双跪尘埃，眼泪夺眶而出，说："先生再生之恩，我们终生难报。"

1945年中共三区区委书记冯光泗，在姚家居住半年之久。为了冯的安全，姚经常在夜间观风放哨，后与冯结为契友。1947年秋羊山战役时，姚收治了八路军的伤病员，为解放战争效劳。

姚1951年加入医联会，1953年分配到四区卫生所任中医外科医生。1954年7月当选为嘉祥县第一届人民代表大会代表。1958年被打为"右派"开除回家。1960年安排到青山保健站工作，1978年5月1日中共嘉祥县委，为其平反昭雪。著有《验

---

① 子匣丹：本文尚有"紫匣丹"一词，据功能分析，当为"紫霞丹"，紫霞丹可治痈疽发背、无名肿毒等。

方》六册，经"文化大革命"几毁一空，现仅存两册。

姚皆义诊治"偏口"医案：冯刘氏，女，二十五岁，后商村人，1963年8月22日因项左边发际下长疮，发热头痛，口干苦，食欲减退，夜间失眠，疮痛难忍。检查疮口如茶盅，推之不动，当中溃烂如豆粒，坏肉栓塞，溃脓，确诊为"偏口"。外治：开刀，脓血并出，用代白散入疮口，上用太乙膏盖之。内治：汤药两付，处方为山栀12克，白芍12克，柴胡10克，桔梗10克，黄芩10克，川连10克，连翘12克，薄荷9克，木香10克，皂针9克，当归12克，川军10克，二花18克，甘草6克，水煎服。8月25日二诊，舌苔正常，精神良好，体温正常，心里木乱消失，疮痛停止，红肿减退，疮根如鸡蛋黄大，腐肉完全脱出，脓汁不多，睡眠安然，口干苦减退，微有心热，有时心跳。外治：疮口上紫匣丹、太乙膏盖之，每日一次换药。内治：原方减去川军、皂刺，加寸冬12克，花粉12克，枣仁5克，水煎服。8月28日三诊，心热心跳消失，疮根渐小，内有白脓不多。内服药停止，外治仍用紫匣丹、太乙膏，每日换药一次，经七日诊疗痊愈。

[《嘉祥县卫生志》（1990）]

民国时期，嘉祥县姚皆义制成麻沸散、代白散、珍珠散、紫匣丹、生肌散、太乙膏等十余种疮疡药，治疗疔毒时，先让病人服麻沸散后，以手术排尽脓血，敷代白散、太乙膏，服汤药两付，七日左右治愈。著《验方》六卷。

[《济宁市卫生志》（1992）]

◎ 路守刚 ◎

路守刚（1889—1972），字毅然，汶上县寅寺乡草桥人。1956年被聘为汶上县人民医院中医科医生。在中医治疗上，他长于中医内科疾患，临床上善用"六味地黄汤"，对一些慢性疾患常能应手取效，主张新病"汤药为先，久病多用丸散，间有汤丸并举，因人因病制宜"，所治疾病无不收到预期效果。毅然先生一生行医，注重研究和治疗疑难重症，终生好施不倦之德，无不使患者所敬仰。

路守刚（1889—1972），字毅然，汶上县寅寺乡草桥人。1956年被聘为汶上县人民医院中医科大夫，医涯五十载，一生重实践，不空谈。在中医治疗上长于内科疾患，善以滋补取效。尤其注重补肾，临床上善用六味地黄汤，对一些慢性疾患常能应手取效，主张新病汤药为先，久病多用丸散，间有汤丸并举，因人因病制宜，所治病例无不收到预期效果。如一教师程某某，所愿不遂，情志抑郁，而发精神症状，头痛，心烦不寐，面红目赤，语无伦次，喋喋不休。诸医均以神经衰弱、神经官能症论治，屡用安神补心而无效，毅然先生察之脉曰："病属痰火胶结，扰乱心神，当以清火涤痰"。处方：大黄一两，黄连四钱，栀子四钱，牙皂三钱。连服六剂，痰去火清、神志安定而清恙悉平。1962年某月，一肺心病患者，住县医院内科病房，咳、喘、憋、面身浮肿，小便不利，住院数日，使用抗感染、心衰、利尿等及中药五皮、五苓治疗乏效。毅然先生诊后，察色按脉诊曰："病属心脾阳虚，水气不化，气上冲逆。前法仅治其表，未治其本，故而不效。"此时当用温通扬气，伐水降浊治本之法。遂处苓桂甘术汤加味治之，效果甚佳。

[《汶上县卫生志》（2000）]

◎ 马学汉 ◎

马学汉（1890—1958），字浩臣，微山县南阳镇人。自学成才，酷爱岐黄术。1920年受聘于"广济堂"，为坐堂先生。后自行开设药铺，长于内科疾病，病家曾赠玻璃匾一方，文曰"慈心寿世"。

[《微山县卫生志》（1988）]

◎ 孔宪棠 ◎

孔宪棠（1890—1965），字荫南，曲阜息陬乡北夏宋村人。

自幼在本村私塾攻读儒家经典书籍，青年时代务农并从事条编、木工等，后自学中医理论，通读中医经典，潜心钻研岐黄医术，并认真大胆付诸临床实践，在本村创立泰和诊所，悬壶济世，治病救人。曾在曲阜孔庙公祭孔子典仪中被衍圣公授予五品祭祀执事官职。解放后继续从事临床医疗工作，积极参加社会公益活动，曾任曲阜县政协委员。

孔宪棠老中医师中医理论知识深厚，基础知识扎实，临床经验丰富，治学严谨，诊治疾病负责认真，多年的临床实践形成了自己的医疗特长和独特风格。同时，注重虚心向同行学习借鉴，取长补短，完善自己。在中医内科、儿科、中医妇科疾病诊治方面颇有建树，对急慢性肝病、肝炎后肝硬化（水臌症）、肺病肺痨、咯血、慢阻肺、肺心病、慢性肾病、心脏病心功能不全、中风偏瘫半身不遂、躁狂精神障碍、小儿肺炎痰喘、高热惊厥（热惊风）、麻疹、腹泻病、营养不良症等治疗较多，治愈成功率高。对中医妇科崩漏症、妇女月经不调病症等治疗也有自己特色的治则。

战乱时期，穷苦百姓有病无钱医治，他总是治病救人为先，免费施药，挽救了很多穷苦病人的生命，在当地人民群众中享有很高的声誉。新中国成立后，积极响应党的号召，拥护国家公有制改造，泰和诊所并归公有。1956年，他参加组建息陬卫生院夏宋联合诊所并继续从事临床医疗工作。1958年，他参加曲阜县卫生局中医理论研讨班，获地方名老中医称号。孔宪棠老先生因无子女，收其侄孔庆坤以嗣继并授医术学业，承家传岐黄医道。其嗣孙孔繁亭受医学世家的熏陶也从事医学事业，在泰山医学院附属医院工作，任急诊医学科主任、主任医师，系泰山医学院急诊内科学教授。

[《曲阜市卫生和计划生育志》（2016）]

◎ 李锡增 ◎

李锡增（1890—1971），字祥臣，微山县昭阳乡三孔桥村人。早年随夏镇名医刘士昌先生学习中医。1926年在三孔桥正式开设"育生堂"药铺，诊病卖药，长于内科杂病，其医术在群众中有较高声望。

[《微山县卫生志》（1988）]

◎ 徐大元 ◎

徐大元（1890—1964），字乾初，纸坊镇东刘庄人。民国二十四年（1935），经国民政府考核，录为国医。曾在金乡县湾里行医十六年。后于济宁市南门口设喉科诊所。解放后成立济宁市第五联合诊所，任所长，后调济宁中医研究所。曾任济宁市政协委员、济宁市中医学会常务理事。

徐出身于中医世家，其父鉴泉，乃清末庠生，精医善诗，尤其深研于喉科，著有《喉科要略》一书。徐幼承世业，早受庭训。因此，少年读书时期就曾写诗言志曰："但愿杏林惊虎啸，何妨枯井潜龙吟"，立志从医，救民众于沉疴之中。民国二十七年（1938），喉疫流行，本乡申村有王氏八岁之女，患白喉，请同乡某医治，方用牛蒡子、僵蚕、荆芥、防风、杏仁、桔梗等药，一剂而汗出，然鼻塞矣，再剂则喉外暴肿，喉内溃烂，顽痰上壅，致使患儿烦闷、神志恍惚，家长始知药误，急请徐治。徐急用除瘟化毒汤服之，次日神智稍清，又连进养阴清肺汤，加入银花两钱、连翘两钱、马兜铃四钱、大青根六钱，并配以八宝回生丹吹喉，两剂后，喉肿溃烂已消，神志清楚，呼吸正常，顽痰尽退，又用银花四君子汤调理，获得痊愈。

1959年秋末，白喉大流行，蔓延迅猛，为害尤其烈，不到两周，济宁市患儿已达三百余人。徐已年逾七旬，但仍发扬忘我精神，夜以继日，四处奔忙，应于诊治，施三世家传之秘术，亲手拟定"白喉三期三方"，如智珠在握，覆杯奏效。在济宁胡庄治疗了二百三十例白喉病人，无一败症。同年又在济宁传染病院用大锅煎汤熬药，治疗数百例，均卓著成效。

1962年，济宁市中医研究所中共党组织决定，由徐的三子徐益善（现为金乡县胡集乡医院中医副主任医师）和王作仁（现为济宁市中医研究所所长、中医副主任医师、市政协委员）作为徐的高徒，帮助其整理临床经验。当时徐患有严重的肝脏病，仍孜孜不倦地传授喉科辨症的实践经验，言传身教，要求喉病认症既准且快，做到"走马看咽喉"。

徐早年拜名画家张葆荆为师，擅长画风、晴、雨、露、墨竹等，其画笔浑朴苍劲，立意新奇。徐于1964年春写成《白喉要略歌诀》，同年十月病故。

徐嘉善，大元之长子，生于1908年3月，卒于1987年10月。十八岁悬壶行医，颇有医名。1956年受聘于山东省中医研究所，担任教研工作，著有《咽喉证治》一书，对咽喉病的辨证施治，提出新的见解，并详细介绍了家传秘方"八宝回生丹"的配制方法，丰富了中医喉科理论。晚年治学益笃，把终生行医之经验整理成文，定名曰：《咽喉口齿类证义》，1973年在济宁地区举办的西医学习中医学习班上作为教材向学员传授，深得嘉许。1979年于济宁地区中医学术会上，发表了《中医对于音喑的辨证施治》一文。1981年在曲阜中医学术会上，发表了《中医对乙型脑炎的辨证施治》，阐明了"温邪为病，预防内陷，不从外达，势必内结，且易伤津耗液"的机理和"治宜宣通，清热生津，宣化里热，分达其邪"的治疗原则。行医六十余年，性情清高，不善交往，平生爱好书法和养花。小楷工书《白喉治法全书》至今尚存。

徐本善，大元之次子，巨野县田桥乡卫生院中医师。随父学医，出师后定居巨野县徐楼，乃当地名医，治疗喉疾以清热滋阴见长，擅用祖传喉症三方，辨证用药有独到之处，六十二岁谢世。

徐益善，大元之三子，金乡县胡集医院副主任医师、县人大常委会委员、县政协委员、省中医学会理事。幼承庭训，精通医理，治验丰富，名驰金乡、鱼台、单县一带，为大元嫡传弟子。除精于喉科外，尚长于针灸、内科，并兼西医之长，把西医理论融会于中医之中，是中西医结合的典范。

徐照玉，嘉擅长子，马集县分院中医主治医师。1979年在济宁地区学术会上发表了《中医对慢性咽炎的辨证论治》。1981年于曲阜市中医学术会上发表了《中医对急性喉炎的辨证论治》。1982年于山东省青岛五官科学术会上发表了《中医对于溃疡性口腔炎的辨证论治》等论文。博学多识,为徐氏喉科承前启后的继承人。

徐嘉善诊治"喉痹"医案:宋义亭,男,四十八岁,徐州市供销社干部。患慢性喉痹三年,经当地多家医院按慢性咽炎医治罔效。1971年8月12日来诊。初诊见患者精神倦怠,神疲乏力,舌质红苔微黄,两部脉象细数。患者自述手足心热,朝轻暮重,且伴有头晕耳鸣,潮热盗汗,自觉咽喉如物阻塞,常似有痰而又不易咯出,如絮塞喉,时轻时重,咽喉干燥,微痛微痒,但无吞咽障碍,饮食正常。检查咽部:黏膜充血呈暗红色,咽侧索稍有肿大,咽喉后壁出现小颗粒,如帘珠状,大小不一,排列不齐,舌下经脉色淡,咽部及软腭上的血管纹分散而平状,色隐红,确诊为慢性喉痹。内治用家传"阴虚喉痹饮",处方为生熟地各15克,射干9克,前胡12克,麦冬10克,丹皮9克,党参12克,川贝母9克,山萸肉9克,山药12克,云苓12克,桔梗12克,甘草6克,水煎服,六剂。外治,用"青黛吹喉散"。二诊:服上药后头晕耳鸣、潮热盗汗渐止,咽部异物感明显好转,舌质微红,苔微黄,脉数而有力,自觉咽干少津,其他诸症均见减轻。内治,按前方去党参、桔梗、山药,加花粉12克,五味子6克,鲜石斛12克,以清咽生津。六剂水煎服,并嘱其精神畅快起居适度,勿食腥辣。三诊:咽干减轻,但咽中自觉有痰而不爽,时常引起短而频繁的咳嗽,咽部反射敏感,舌质红,微黄少苔,脉数。内治,改服家传"清咽地黄饮"六剂,处方为知母12克,沙参12克,黄柏12克,牡丹皮12克,泽泻9克,麦冬10克,薄荷10克,玉竹12克,鲜石斛2克,藏青果10克,五味子9克,半夏12克,前胡9克,甘草6克,水煎服。外治,除用"青黛吹喉散",配合噙化丸,一日三次,每次一粒。噙化丸处方为槐花20克,沉香10克,广木香12克,川贝母12克,月石①10克,急性子20克,薄荷12克,柿霜30克,白糖适量,加水熬制滴水为度,制成糖丸状,每粒约重6克。四诊:服上药十八剂后,咽部异物感症状解除,喉底处及软腭血管纹变为淡红,基本解除充血症状,淋巴滤泡有的如米粒状,明显萎缩减少,咽喉清爽,咽干发痒解除,舌质淡红,苔微黄脉数而平。但仍有动则气喘,腰膝酸软等症状。改服善后养正汤以扶正,银花四君子汤以清余热。继服六剂,调治月余而痊愈。

[《嘉祥县卫生志》(1990)]

---

① 月石:即硼砂。

徐大元（1890—1964），字乾初，嘉祥人。出身中医世家，擅长治疗喉科病症。1935年后，在金乡行医十六年，后在济宁开喉科诊所。1949年后，曾任济宁第五联合诊所所长、济宁中医研究所医师、市政协委员、市中医学会理事等职。遗稿有《白喉要略歌诀》，带徒多人，均为喉科医师。

[《山东省卫生志》（1992）]

徐大元（1890—1964），字乾初，嘉祥县纸坊镇东刘庄人。出身中医世家。其父徐鉴泉清末庠生，精于喉科，著《喉科要略》书稿。大元幼承世业，写诗明志："但愿杏林惊虎啸，何妨枯井潜龙吟"，后果成鲁西南名医。

民国二十六年（1937）在金乡县参加中医考试及格，被定为中医师，录为"国医"。在该县行医十六年后，移居济宁市南门口，开设喉科诊所。

民国二十七年（1938），一八岁女孩患白喉，服药后，病情加重，后请徐大元诊断为误用辛温表药，改除温化毒汤治疗，次日该病孩神智稍清，又连进养阴清肺汤，四天后痊愈。

1953年，徐大元在济宁市中医进修班任教，1955年春任济宁市第五联合诊所所长①。1959年秋末，济宁市白喉流行，不到两周，患儿已达三百余名。徐大元时近七旬，仍夜以继日，四处诊治。以家传秘方，拟定白喉三期三方。治疗230例白喉患儿，均痊愈。

1960年调济宁市中医研究所工作，为济宁市政协委员、济宁市中医学会常务理事。1962年，中医研究所决定由王作人、徐益善（大元之子）协助徐大元整理临床经验，大元感慨赋诗："可喜英才立志坚，愿承衣钵接新传。犹龙又现东垣后，旋马早乘此地先。道在青山锄药岁，情深绿水采莲仙。诚心《素问》《灵枢》理，使我合言亦赧然。"不顾年迈多病，于1964年春著成《白喉要略歌诀》书稿，为他一生临床经验和家传秘方的总结。后又编写喉症、喉痈、喉痹、喉疳等辨证治疗歌诀，尚未完稿，因病去世。

民国时期，嘉祥县纸坊镇东刘庄徐大元继其父徐崇智后，创成徐氏喉科。1959年自拟白喉三期三方，广为采用。1963年与颞孙镜朗合作，以仙方活命饮、养阴清肺汤化裁加减，治疗白喉患者一百余名，疗效显著，著《白喉要略歌诀》《喉症要略》等书稿。其长子徐嘉善治疗喉症法于滋阴，主张"欲潜其阳，必先滋其阴，俾其真阳得育，则阴不浮自潜"，治疗阴虚喉痹症，用清咽地黄饮，并外用吹喉散缓

---

① 所长：《济宁市市中区卫生志》（1994）记载：1954年，参加市中医第五联合诊所，任所长。

解局部症状。著《咽喉证治》《咽喉口齿类证义》等书稿。

[《济宁市卫生志》（1992）]

徐大元，字乾初，嘉祥县人。幼承世业，写诗铭志"但愿杏林惊虎啸，何妨枯井潜龙吟"，欲救治民众沉疴。

徐大元早年在故里和金乡行医，约在1945年迁居济宁小南门外开设诊所，应诊医疗。1954年参加市中医第五联合诊所，任所长。1956年，市中医第五联合诊所并成市第二联合医院中医科，任负责人。1959年，济宁市郊白喉流行，徐大玄参加抢救工作，按白喉三期选方用药，辨证施治数百例患者，无一败症。1960年当选为市卫协会中医学会常务理事、市政协委员。1962年调入济宁市中医研究所，专事喉症研究和带徒工作。1964年临终前，将自己一生临床经验及家传秘方，总结写成《喉科要略歌诀》[①]，遂由市卫协会中医学会修订增补刻印成本，流传至今。

徐大元毕生从事中医喉科，被誉为鲁西南"走马看咽喉"的一代名医。其传略已载入（1988）山东教育出版社编印的《齐鲁文化大辞典》一书。

1959年，济宁市白喉流行，喉科名医徐大玄参加抢救治疗。他将白喉分为阴阳两型，在治疗上按三期三方，辨证用药。初期以辛凉轻解为主，服用加味除温化毒汤，宣肺气，疏通腠理，使温解之邪从汗腺透出，咽喉之疾自解；中期改用加减养阴清肺汤，略重者加大剂量，使病毒不再扩散；危重期应用大剂量神仙活命汤，以补救于万一。

[《济宁市市中区卫生志》（1994）]

◎ 唐趋亭 ◎

唐趋亭（1890—1928），微山县留庄四村人。唐趋亭开设"济和堂"药铺，诊病卖药，擅长内科杂病，尤其对小儿痘疹的治疗效果较好，在当地有一定声望。

[《微山县卫生志》（1988）]

◎ 张保钧 ◎

张保钧（1891—1953），字子和，微山县夏镇顺河街人。幼读诗书，酷爱岐黄术，熟读《内经》《伤寒》《金匮》及《陈修园四十八种》、李东垣《脾胃论》，擅长内科，特别对"虚痨""痰饮""水肿病"深有研究，疗效显著，乡里称赞，

[①]《喉科要略歌诀》：《山东省卫生志》（1992）、《济宁市卫生志》（1992）均作"《白喉要略歌诀》"。

享有盛名。

[《微山县卫生志》(1988)]

◎ 王洪恩 ◎

济宁民间流传不少骨伤疗法。清末济宁县安居镇十里东村王洪恩[①]认为，推拿可使经络流畅、营卫调和、气血周流如常，达到阴阳平衡、消除伤病目的。他的推拿手法把握均匀、持久、柔和，不用蛮劲。著《正骨新法》一书。

[《济宁市卫生志》(1992)]

◎ 刘瑶琴 ◎

济宁市刘瑶琴用白粗布包缠治疗一般骨外伤，四十天痊愈，并制成接骨膏药，被称为"接骨刘"。

[《济宁市卫生志》(1992)]

刘瑶琴，接骨刘膏药店后裔，以祖传接骨膏药治一般重症骨外伤，再用白粗布包缠局部，无须夹板、石膏固定，四十天即愈。

[《济宁市市中区卫生志》(1994)]

◎ 杨怀询 ◎

杨怀询（1892—1971），字友玕，微山县夏镇部城人。自幼勤奋好学，热爱岐黄事业，后弃学业，专心攻读医书，擅长内科杂病及妇科，特别治疗沉痼积聚之症及慢性虚损病人有显著疗效。曾著有《二十四种常见病证治》，已散佚。其医德高尚，誉满乡里。

[《微山县卫生志》(1988)]

◎ 王景辰 ◎

1960年前后，济宁市连续举办八期针灸学习班，针灸名手王景辰[②]教课，其针灸技术特别是温针法，被学习应用。

[《济宁市市中区卫生志》(1994)]

---

① 王洪恩：《济宁郊区文史资料 第3辑》(1988)记载，王氏生卒年为1892—1976。
② 王景辰：据《中国中医人名辞典》(1991)记载，王氏生卒年为1893—1975。

◎ 杨子久 ◎

中医杨子久所拟大黄黄芩汤、半夏养胃汤、大仲解毒汤、抗痨汤、丹地英汤等方剂，被推广应用于临床治疗。

[《济宁市市中区卫生志》（1994）]

◎ 韦孝敬 ◎

韦孝敬（1893—1971），字希章，曲阜王庄乡冯家村人。幼年读私塾，通文史。成年跟名中医韦兴作学医。精心钻研《内经》《金匮要略》《本草经》等历代中医名著。三十余岁于曲阜城内悬壶行医，药店号为"同心堂"。他擅长外科及妇科，医术甚精，医德高尚。对贫困患者，免收其药费。

1956年，成立联合诊所，他把价值六七千元的药品和医疗器械，全部投资到联营中，后调入曲阜城关镇卫生院工作。晚年被选为曲阜县人大代表和曲阜县政协委员，并培养出其了韦忠恕、袁立贵等一批中医人才。总结几十年的行医经验，著有《脏腑补辑》一书，书稿毁于"文化大革命"中。

韦孝敬、马洪汉[①]也长于中医外科，治疗脓疮、口疮等较为著名。新中国成立后，韦孝敬曾当选为医联会主任，参加城关联合医院，著有《脏腑补辑》一书。

建国后，韦孝敬妇科医术高明，一患者血崩症极为严重，多方诊治无效，服其药方10余剂基本治愈。

[《曲阜市卫生和计划生育志》（2016）]

◎ 孔昭金 ◎

孔昭金（1893—1969），曲阜吴村峪口人。祖传三代行医，皆医道精湛。其祖父孔继洪，因本家堂兄孔五疯子诬陷被投入济南大狱。入狱两年中逢一得势狱吏，其女自幼多病，虽四方寻求名医也不得愈，遂令孔医治，月余而愈。狱吏赠其厚礼而赦之，后追孔五疯子诬陷之罪。其父孔广真，一生在宁阳葛石镇经营中药铺，兼坐堂先生，是宁阳权贵八大家专职先生。孔昭金性情豪爽，精通琴瑟，深恤穷人之苦，毕生医药兼精，对《伤寒论》有较深的研究。解放后任县政协委员，晚年任职

---

① 马洪汉：《曲阜市卫生和计划生育志》（2016），"洪"与"鸿"并用。

于吴村卫生院。

[《曲阜市卫生和计划生育志》（2016）]

◎ 宋玉彩 ◎

宋玉彩（1893—1980），微山县傅村乡程园村人。自幼随父习医，熟读中医名著，擅长内科杂病，尤长于妇科。医德高尚，体贴病人，其医术在当地享有盛名，深受群众敬仰。

[《微山县卫生志》（1988）]

◎ 周庆炽 ◎

周庆炽（1893—1948），号雅南，泗水高峪乡丑村人。自幼跟其兄周庆照（晚清秀才）读书，后因家境贫寒，辍学习医。民国十五年（1926）在本村设药铺，名传乡里，医术高超，临证经验丰富，远近求诊者甚多。先生思想进步，爱国、爱民，积极支持其子周兰田参加革命。抗日战争期间，周兰田为我鲁南行政公署专员，领导我区抗日军民英勇抗战救国，因此敌人几次逮捕他及其家属。民国二十六年（1937），先生被日军关在泗城做人质，经人保释后，由我地下党组织安排，撤离丑村，先后在解放区的张庄、邹县南北王庄一带行医。先生不辞劳苦，日夜为我抗日军民诊治伤病，为抗日救国作出了积极贡献，1948年因病去世，享年五十六岁。

[《泗水县卫生志》（1987）]

◎ 胡广志 ◎

胡广志（1893—1955），微山县昭阳乡大捐村人。自幼随父胡玉喜学医，1923年单独行医，有固定医船一艘，字号"广济堂"，后去江苏省高邮县行医二十余年。其医术较高，在当地享有盛名。

[《微山县卫生志》（1988）]

◎ 陈玉峰 ◎

陈玉峰（1894—1969），邹县田黄乡长坐村人。幼年读私塾，后随父习医。1921年在曲阜城行医，1935年任邹县监狱医药顾问，1935年至1945年先后在邹县城"育生堂""德元堂"坐堂行医。1955年参加城关联合诊所，1962年调县人民医院中医科工作，行医五十年，认真钻研业务，善用经方，服务态度好，在群众中有较高威信。

[《邹县卫生志》（1989）]

◎ 周德清 ◎

周德清（1894—1959），字渔村，微山县夏镇大南门口人。自幼习医，擅长针灸、整骨，为人忠厚老诚，医德高尚，每遇贫寒患者，常以钱药相济，在群众中有较高声望。生前在县人民医院工作，并当选为县人大代表。

[《微山县卫生志》（1988）]

◎ 郝增印 ◎

郝增印（1894—1972），字新航，微山县骝城房庄人。勤奋好学，早年毕业于南京后师，弱冠从医济世，医术日趋精湛。1938年后，便以医为名，为中国共产党做地下工作。建国后，曾任薛城县卫生科副科长，兼卫生工作者协会主任，1956年薛滕并县后，继任滕县卫生科副科长、滕县政协副主席。先生一生重视中医工作，曾亲自创办中医进修班，热心带徒，为发展中医事业作出积极贡献。1965年出席曲阜中医工作会议，受到中央卫生部副部长郭子恒的表扬并接见。平生博览群书，对医学造诣颇深，晚年著有《妇科三字经》传世。

[《微山县卫生志》（1988）]

◎ 高书敬 ◎

高书敬（1894—1982），金乡人。1917年随父开业行医，曾出钱送药，医治伤员。建国后省吃俭用，常捐款捐物办公益事业，为患者排忧解难。多次评为省、地、县积极分子，获奖状、奖章百多张（枚），收到群众表扬信百余封。

[《山东省卫生志》（1992）]

高书敬（1894—1982），金乡县马庙人。自幼从父习文学医，经营药铺。民国三十一年（1942）父亲逝世后，独立行医。

抗日战争时期，高书敬为群众免费治病不计其数，并以药铺为掩护，与中国共产党组织建立联系，免费医治八路军伤病员二百多人次，其中一名八路军战士胫骨骨折，书敬上门医治，缺少纱布，就用自己的蚊帐代替。中共地下党负责人秦和珍决定拨药费资助，书敬谢绝，却变卖土地自筹资金。

建国后，高书敬省吃俭用，捐助公益事业，为患者排忧解难。多次出席省、地、县投积分子代表大会，获奖状、奖章一百余张（枚）；群众送旗、镜匾数十面，表扬信数百封。

[《济宁市卫生志》（1992）]

◎ 赵星五 ◎

赵星五（1895—1968），字合璧，鱼台县武台乡常李寨人。

先生幼年时期在本村私塾读书，二十五岁时入济宁甲种工业学校，两年后因不忍纨绔子弟欺凌和家产遭劫而辍学。

1923年，先生出资自办学校，四年培养学生百余人。教学中，努力宣传进步思想，很多学生走上革命道路，有些已成为党政干部。

北伐战争后，由于战乱，学校不能正式上课，此时先生自学中医，两年后学校停办便为群众看病。最初诊病处方不售药，民国二十九年（1940）在群众的要求下办起药铺，堂号是"济众堂"，由于家庭比较富裕，并不以此糊口。纯为便利平民百姓就医治病。药价按成本收费，遇贫穷者不收费，深受群众爱戴。

抗日战争前夕，县长委任赵星五先生为四、五区办事处主任。抗日战争中，先生积极参加抗日工作，为共产党军政人员免费医疗，并将药铺作为共产党地下联络点，为八路军送情报，隐藏、转移抗日人员，对革命工作作出重大贡献。以后把四、五区办事处主任职务让给共产党干部，并将区中队交给共产党，改编为抗日自卫总团第三营。

全国解放后，赵先生积极响应政府号召，1952年携带所有器械、药品加入第四区卫生所（王鲁区），任中医生，以后分别在谷亭、石集、相里等公社卫生院担任中医诊断工作。1963年病休于相里医院，1968年病逝于济宁。

赵先生曾任鱼台县第一届政协委员、第十届人民代表、第四区医联会主任、相里公社中医生等职。

[《鱼台县卫生志》（1996）]

◎ 于长庆 ◎

于长庆（1896—1963），圣水峪乡南孙徐人，幼承家训，喜读《内经》《伤寒论》及各家学说，而立之年便随父与人诊疾，设"长春堂"，生平业医数十载，尤长儿科痘疹，应诊无暇。先生平日注重积累治验，手录病案总结经验，历数年著有

《小儿痘疹难症验方集锦》一册，惜"文化大革命"时被焚。

[《泗水县卫生志》(1987)]

◎ 林英麒 ◎

林英麒（1896—1971），字玉书，汶上县郭楼乡林黄庄人，1963年被聘为郭楼乡卫生院中医科医生。先生自幼随外祖父学医，在其外祖父的教诲下，熟读医籍经典，将丰富的医理与临床经验相结合，一生擅长于妇科疾病的治疗，对胎前、产后、崩漏、带下症、不孕症等疾病得心应手，随病变通，遣方用药，所治病例无不收预期效果。

林英麒（1896—1971），字玉书，汶上县郭楼乡林黄庄人。自幼随外祖父学医，天资聪慧，在其外祖父的教诲下，熟读医籍经典，博览历代医家名著，将丰富的医理与临床经验相结合，在妇科疾病治疗方面有专长。对胎前、产后、崩漏、带下症、不孕症等疾病治疗得心应手，随病变通，遣方用药，所治病例无不药到病除。

[《汶上县卫生志》(2000)]

◎ 张香亭 ◎

张香亭（1896—1967），祖籍临沂城里，随父迁来泗水城定居二街。先生少时力学，十六岁跟父习医，二十二岁父病故承父业，设"德全堂"行医销药，为民除疾。临证数十年，尤长于儿科痘疹，经验丰富，辨证准确，用药严谨，治之效验，沉疴者屡起，深得世人及病家称之。实为泗城一带较有名气的痘疹科医生。

先生为人正直，心地善良，对待病人和蔼可亲，治病无穷富卑贱之分，有求必应。每至病家，必尽其力，从不草率。贫苦人家前来就诊，远者常设以茶饭相待，从不受人酬谢，在群众中传为佳话。

先生一生致力于儿科痘疹，尤对小儿麻疹治之得心应手。对疹之顺逆，病情之吉凶，一经诊视，无不洞若观火，药到病除，先生曾指出：凡出疹期高热不退，气急，鼻翼煽动，喘促咳嗽，疹点隐隐，或突然回收，或疹毒内陷心肝，症见神昏谵语抽风，或大便下利秽臭，此属逆症恶症，首当注意，切不可草率从事，贻误病情，草菅人命。先生应诊详察细微，小心谨慎，从不马虎，数十年如一日。闲暇之余，手录病案，积数十年经验，著有《至宝方书》一卷，现存家中。

建国后先生积极响应党的号召参加联合诊所及卫协会,城关医院成立后留中医科。工作认真,对病人视如亲人,深受领导及群众的好评。1966年"文化大革命"开始被清查,忧思成疾,不幸于1967年去世。泗城一带干部群众闻讯后,无不痛心惋惜,并前往送葬,以示敬仰。

[《泗水县卫生志》(1987)]

◎ 陈化民 ◎

陈化民(1896—1966),曲阜南辛镇南辛村人。幼年读私塾,聪敏好学,成年习医,二十五岁时在曲阜城内行医,擅长内科,精针灸,1956年调至山东中医院从事针灸治疗工作。他熟读医书,刻苦钻研针灸技术,对俞穴、经络都有独特见解,加之医风严谨,医德高尚,为一方名医。

[《曲阜市卫生和计划生育志》(2016)]

◎ 胡丕祯 ◎

胡丕祯(1896—1968),字倍宽,曲阜王庄乡西白石桥人。胡氏中医正骨创始人。擅长接骨拿环,主张正骨手法要因人而异,在整复方法上善于集百家之长,且在继承中有所发展创新,患者凡经他医治,无不应手奏效,在群众中声誉很高。著有《正骨三字经》一书。

民国时期,西白石桥胡丕祯擅长接骨拿环。其子胡金奎,长期担任中医骨科医师,对中医传统的正骨手法和小夹板固定进行改进,引用生物力学原理,提高整复成功率,已优化出一套较为理想的固定方法。

[《曲阜市卫生和计划生育志》(2016)]

◎ 王恒诺 ◎

王恒诺(1898—1960),微山县留庄乡人。通经史,善诗文,热爱岐黄,熟读各家经典著作,擅长中医妇科,尤其对妇女经病、带症治疗效果显著,深得当地群众赞扬。

[《微山县卫生志》(1988)]

◎ 王传明 ◎

王传明(1899—1972),鱼台县唐马公社傅小楼村人。

在青年时期教书，中年自学中医，1952年在谷亭开药铺。1956年加入谷亭联合医院任院长，同年毕业于山东省中医进修学校（灵岩寺）。1958年任金乡县人民医院中医生，曾担任过金乡县卫生工作者协会副主任。1961年经地区卫生局批准晋升为中医师。王先生对中医经典著作虔心钻研，颇有心得，善用经方治疗内科杂病，先后两届在金乡县中医进修班任教，讲授《内经》《伤寒论》《金匮要略》等经典，培养学生百余名，受业之生，后有为医师或主治医师。

王先生曾任金乡县人民代表大会第四、七届人民代表大会代表，金乡县政治协商委员会委员等职。

[《鱼台县卫生志》（1996）]

◎ 王正甫 ◎

王正甫，男，山东省临沭县人，1900年生。民国十四年（1925）毕业于浙江省杭州医学专科学校。民国三十三年（1944）将价值北海币六千余元的药品器械捐献给当地人民政府，用于开办临沭县平民医院。1950年加入中国共产党，先后任滨海医院、山东省立医院济宁第三分院、济宁专区第一人民医院副院长、中医科主任医师。

从医六十余年，主要致力于周围血管疾病的研究与治疗。以中西医结合治疗290例血栓闭塞性脉管炎疗效分析的文章，被人民出版社选编出版，另外发表论文十余篇。1983年离休。1988年事迹、论文选载入《山东名医论著选录》。

[《济宁市卫生志》（1992）]

王正甫，清光绪二十六年（1900）生于山东临沭县。1925年毕业于浙江省医药学校。1933—1937年任临沂县医院院长。1944年参加革命工作，将价值北海币六千余元的药品器械捐献给当地人民政府，用于开办临沭县平民医院。1946—1948年，王正甫任鲁中南滨海医院业务院长，1950—1954年任山东省立医院第三分院副院长，此间曾一度兼任济宁市卫生科科长，1982年10月晋升为主任中医师。1985年8月，济宁市第一人民医院为其从医六十周年举行庆祝会，授予荣誉证书。同年离职休养。

王正甫在长期医疗实践中，发现不少棘手病症可用民间单方、验方解治，故从50年代即潜心自学祖国医学，并学有所成。他扬中西医之长，避中西医之短，对西医束手的疑难病症采用中西结合疗法，尤其对血液病、恶性肿瘤、雷诺氏病、脉管炎等的中西医结合治疗研究较深。他撰写发表的主要论文有《血栓闭塞性脉管炎》《雷诺氏病》《慢性胃炎治疗》《脉管炎》《大动脉炎》《阑尾炎》《粘连性肠梗阻》等。

王正甫医疗经验已由中华医学会济宁分会载入《济宁医刊》（1989）专辑，省卫生厅副厅长张奇文还为刊头作了"杏林春常在，硕果满枝头"的题词。

王正甫业绩在全国报刊、电台多有报道。其人其事，尤其对济宁一方，颇有影响。

[《济宁市市中区卫生志》（1994）]

◎ 王迪生 ◎

王迪生（1900—1971），字士全，济宁市鼓楼街人。自幼习医，熟读《内》《难》《伤寒》《金匮》等书，擅长内科，曾著有《伤寒论注解》三册，未版，原稿已散佚。生前在微山县人民医院工作，其医术在当地享有一定声望。

[《微山县卫生志》（1988）]

◎ 刘依萱 ◎

刘依萱（1900—1993），德正堂第二代传人。

三岁即入家学由其父刘桂折亲自开蒙，精研四书五经，后又随父学习医术，遍阅家藏医著，后又经采药、制药、配药历练，于二十三岁时出师，开始坐堂。在行医期间一边随父就诊，一边出诊，不论白天晚上，不论路途远近，随叫随到，始终践行"以德立身，以术服人"的家训，医道并重。后应广大病患请求，于泗河畔代庄集市开设中医馆。常年免除泗河、沂河洪泛区病患就诊费用，被广大病患尊称"救急菩萨"。新中国成立后，和其长子刘中五一起被时庄乡卫生院聘请，从事中医工作。晚年总结前人及自己行医经验，著《医道论》《医学从善德正救急笔记》等书。

[《曲阜市卫生和计划生育志》（2016）]

◎ 孙镜朗 ◎

著名中医颛孙镜朗先生（1900—1974），复姓颛孙，名铭勋，字镜朗，系孔子弟子十二贤之一颛孙子张后裔。原籍邹县，后徙济宁。先生自幼聪慧勤奋，七岁入私塾，四书五经是他阅读的启蒙书籍，继而遍览史记、汉书、唐诗宋词、诸子百家，寒窗之苦，历尽九载。为深造，于1916年入师范讲习所一年。这些幼年的教育奠定了他坚实的文学基础，为后来钻研医学打下了深厚的功底。

其祖父益太公，少年习武，曾参加太平军，清同治年间，为苏州济源公镖局总镖师。其父士章公，以缫丝为业，后积劳成疾，每延医诊治，需持重金，三番五请，方得一顾。鉴于绅士医家的百般刁难，不为病人着想，先生深感痛苦，故对晚辈教诲："受尽十年寒窗苦，不为良相，当为良医。"因此，镜朗先生幼承庭训，立志学医。

1918年，初览医籍。以《医学三字经》《长沙方歌括》《汤头歌诀》《医方集解》为启蒙，进而攻读《内经》《难经》《神农本草经》《伤寒杂病论》《脉经》等经典著作。先生深深体会到"读书重在明理，若不明理，死记条文，虽读犹未读也"。为牢固地掌握经典著作的基本内容，又博览了各家学说，如《千金方》《外台秘要》《巢氏病源》《温病条辨》等，博及医源，精研明义，勤奋不倦。他常说："我生不才，唯在勤奋上痛下功夫。"从他所读医书对重要章节的圈点标划、批加按语与近百本的读书精要笔录，足见先生早期遍览之丰，钻研之深。

"读书之捷径，无非苦与专"。在长期自学实践中，他深深地体会到，自学尚有不可悬辩之处，其奇巧绝伦处须拜师指悟，观前贤医家多得之于师法真传，遂引起拜师之念。于1924年经邻友马星驰先生（20年代上海申报编辑，我国著名漫画家，济宁人）介绍，赴南京拜名医石云轩老先生为师。石老先生饱学岐黄，善脉理，决安危，勤求古训，博采众家之长，在江浙金陵一带颇负盛望。石老甚喜镜朗聪敏，口授心传，内难奥义，临证指点，决危技巧。先生侍于石老左右，耳濡目染，心领神会，历时六载，颇得真传。

1929年，国民政府第一次中央卫生会议，余云岫提出"废止中医案"，制定了消灭中医的六项办法，立即引起全国中医界的极大愤怒。先生闻讯，毅然奔赴上海，以山东代表名义参加张赞臣、陆渊雷等先生发起的全国中医药团体代表大会，向政府当局请愿，以浩大声势强烈地呼吁、抗争，迫使国政府取消了提案。先生对中医事业之热忱于此可窥见一斑。

同年赴济南参试，省警察厅卫生科考核录取。在济南鞭指巷悬壶，每日病患者盈门，一时名贯泉城，誉隆遐迩。其间曾有一妇人，年三十余，妊娠近六月，患阳明燥结症，神昏谵语，高热，脉洪大，数日不大便。先生诊脉辨证，毅然拟攻下方剂增液承气汤，药房人不敢发药，认为妊娠之身怎能行攻下之药。先生以内经学说的理论解释了用药之道，说："虽妊娠之体，患阳明燥结症，当投攻下药，此所谓有故无殒也；有是症，症受之，胎亦不受。"后果然一剂而大便通畅，再以保固安胎法调摄安养数日而愈。先生治病，胆大心细，智圆行方，里人称颂，药简效宏，立起沉疴。省会名流撰词以赠，有"家学渊源""思邈遗风""神乎技矣"等匾额以示谢意。

瞬时四载，于1934年由济南赴南京备案经中央国医馆考核，成绩优异，名列前首，考取"国医"，颁发铜质匾额一面，上书"国医孙镜朗"五字（本铜匾于1958年献出）。自此，在南京中央国医馆应诊二载。

因父病，于1936年返济宁，在家乡同道好友及群众挽留下，先生毅然弃中央国医馆职务，决定在济宁行医，为家乡人民服务，办"镜朗国药小室"。悬壶后，应诊不暇，近悦远来，名噪我城，虽数百里之遥，亦赶赴求治。每遇贫苦病家施诊送药不索分文。如西寺街沈氏老太太，年过六旬，以卖粥谋生，生活极困窘，患失血症，大口吐血，倾碗而注。曾注射止血针剂无效，他医束手，患者奄奄一息，家人已备整寿衣，行将就木。经人介绍请到先生，以图最后之希望。先生临症诊其脉象甚是伏微，尚具缓象，认为可救。遂返家取回人参一颗相送，嘱其煎熬，是谓独参汤。并用热童子便砚京墨半杯，合独参汤频服，果然功效独擅，又以戊己汤加蒲黄炒阿胶珠等，冲两枚鸡子黄，数剂而愈。患者得救，全家人破涕为笑，对先生肃然起敬，奉若神明。而富贵绅士之求治，常以不卑之风迎之，从不降低人格，某日上午，驻济宁的日本特务队长杜瀛洲因患痰喘症，派一宪兵持请柬，命立即出诊。这时患者甚多，先生回话说："患者在医生眼里无贵贱之分，不能放下别人就走；上午繁忙，难以脱身，下午可去。"杜瀛洲知后恼羞成怒，即派两名宪兵持枪迫使而往。在旧社会做医生的连自身安危也难以保障。先生医德高尚，品行端庄，受到了人们的尊敬，医药界及社会知名人士联名一百三十余人书"轩岐遗风""指下生春""思邈遗风""杏林春暖"等五面木质及软缎匾额，以资赞颂。

日本帝国主义侵略我国期间，药室毅然停办，罢业以示抗议。由于战乱，横尸遍野，腐朽秽气致使我市瘟疫传染流行，沿门挨户皆相染疫，为害甚烈。清真西大寺成立"难民收容所"，回族代表马文环、马寅之出面邀请先生和西医大夫傅干臣，每天去收容所，为难民义诊半日，不索报酬。先生欣然应邀，并携带药物，拟定可治疗瘟疫的药方"普济消毒饮"化裁，用大锅熬煎，凡有过路者均劝服一大碗，有效地控制和预防了瘟疫的传染，真可谓"疗救病苦，心同佛念"。

解放后，在共产党的领导下，先生参加了中医进修班，学习并掌握了现代医学知识，焕发了新的生机。在济宁市各界人民代表大会上受到了余昕市长的接见、鼓励，会后先生倍受鼓舞，积极主持中医工作，参加了中医学会，任卫生工作者协会分会主任委员、市中医协会名誉会长。曾为中医学术之发展，培育中医人才做了不懈的努力。将自己珍藏多年的稀有珍本《褚氏遗书》《医经小学》及已经绝版的珍本《心印绀珠》等主动献出刊印于世。

1951年，我市30年代的著名针灸家毛玉会已年近七旬，患偏枯症，扶杖来先生家求医。在诊病间谈起了有关针灸学术问题，先生劝毛老应破除闭关自守的思想，应随社会之进步而开明，医学不能停滞于封建社会。因毛老在解放前曾与其他两位针灸医生对天发誓，喝酒立约，"传内不传外，传外者不得善终"，因此三人控制了我市针灸学术的发展。先生针对此事，以现代进步思想对毛老做了劝导、启发。在镜朗先生主持下，利用先生后楼办起了济宁市第一期针灸学习班，大大推动了针灸事业的发展。

30年代初，我市医疗卫生事业蓬勃发展，有南、北"广育堂"，南、北"天德堂"，"保合堂""济仁堂""崇仁堂""德寿堂"等十几家药店，每店都有著名中医应诊。1953年先生应广育堂之聘，坐堂应诊。

1955年他响应政府倡导，主持创办了第七联合诊所并担任所长。济宁专区成立了第一期中医进修班，先生应聘为讲师团成员，担任教授《伤寒论》。一部《伤寒论》讲授近两个月。在讲授《伤寒论》过程中，详细地阐述了六经证候的标准，以现代科学知识研究六经辨证，阐明了"伤寒与温病之争""伤寒与温病之鉴别""伤寒与温病的相同和不同处"。不同处是伤寒发表可用温热，温病发表必须辛凉；其共同处，就是后期病传阳明之后，无论伤寒与温病，皆治以寒凉而大忌辛温。先生讲课条理井然，深入浅出，全班同学鼓掌称快，一致要求复讲一遍，共用了四个月的时间讲授了两遍《伤寒论》。并被山东省中医委员会聘为通讯员，上海中医学院聘为辅导讲师，山东中医学院聘为辅导员，济宁市业余医科大学函授部聘为辅导讲师。

1956年被中华医学会总会吸收为会员。山东省卫生厅选拔各地著名中医赴省，经建中医研究所，先生荣选前往，任著作审核组组长，提议并且主持编著了《黄帝内经白话解》（1958年人民卫生出版社出版）。先生制订了注释计划，并亲手释译了《内经》第一篇《上古天真论》，并为邹县老中医孙馨亭著的《药性赋注解》做了审编、充实、定稿、签发出版。在此期间，省委书记舒同在珍珠泉礼堂接见了中医研究班的部分同志，林竹亭主任委托先生向省委汇报。同年八月一日《山东卫生》报创刊号第三版刊登了先生与丁仲山等四位名中医在编注审订《内经》时的照片。

山东中医学院成立后，卫生厅中医处决定留先生担任中医学院医学顾问，因济宁举办了西医学习中医班，缺乏师资。于1957年经有关领导申请省卫生厅，要回先生担任教学工作,临别前,中医研究班全体同志将注释《黄帝内经白话解》的蓝本,清版《黄帝内经》一部赠送给先生留作纪念。

返济宁后,先生为西医学中医班讲授了《内经》《伤寒论》等四大经典著作。在教学中对古典医学的讲授非常认真,做到了抒内难之精义,发仲景之奥秘,使学员们深刻体会到,祖国医学是一个伟大的宝库,今后应中西合流,相互学习,取长补短,共同探索,发扬提高。1958年,先生被选出席了在保定召开的全国中医药展览座谈会,学到了很多兄弟省市的先进经验,对我市采风访贤,发掘古老医学起了进一步的推动作用。

1957年夏,我市由于水灾泛滥,蚊蝇孳生,乙型脑炎流行传染,给人民带来了灾难。在此紧要关头,经卫生主管部门决定由先生担任抢救乙型脑炎组组长,分管临床主治。他立即带领全组同志紧张地投入抢救治疗工作。在治疗法则上,他指出:"首先应分清偏热、偏湿,热胜于湿者可清热、解毒、养阴;湿胜于热者宜宣透、芳香、化浊。"正当全国开展学习石家庄治疗"乙脑"经验时,他力排众议,找出我鲁西之"乙脑"症与水灾有关,因此,在治疗辨证上,应以水灾为患的湿邪病因辨证论治,不应盲目追求石家庄的经验。在抢救"乙脑"的过程中,他带着多病的身躯,兢兢业业,把个人安危置之度外。由于疲劳过度,大便突然下血,同志们多次动员他回家休养。先生说:"在这患儿生命攸关之际,我怎能安逸下去"。在临床时,看到重型患儿牙关紧闭,二目天吊,四肢抽搐,不易服药,必须采用另外疗法。因此先生研制出"搐鼻醒脑散",利用化学物质硫酸铁(皂矾)、辛夷、六神丸,并亲手炼制合成,用于临床,喷入鼻孔。待药效发挥后,鼻窍即出红色黏液物,顿时目视灵活,收效神奇,该药确有开窍、止痉、定痫之功。此项创举,曾在我市文教卫生展览馆展出,受到上级领导表彰,被命名为"脑炎新药"。先生精研温病学说,常论真伤寒患者甚少,温患连年不断,在多年临床实践中细心观察,善于总结。历代医家多提倡选方用药,对摄护论述不为多见。他认为"乙脑"患者,在治疗期间,摄护亦属关键一环,如护理不当,用药再妙亦难以奏效。因此,先生制订了六条摄护准则,并总结出"乙脑"患儿如发现体温突降又突然上升,这是死亡先兆,轻者延至二三天,重者数小时即死。再者大汗不止,汗出如珠,肢冷脉伏,是阳气外越,厥重于热的表现,乃是恶变之先兆,重者汗尽而死,轻者可延一二日。

"乙脑"流行过后又出现"肠伤寒",中西医各收到一百例,中医组治疗伤寒达到痊愈出院较比西药疗效更佳。

自此之后，当各类传染病流行之时，先生均受组织委派赴市传染病院，协助抢救工作。1960年在治疗肝炎中发挥了中医药的优势，并撰写了对急性黄疸肝炎的认识，该论文共七个部分，以独特论点进一步对肝司机能有关生理、病理、病因、选方用药等较为系统地进行了总结，由高足孙隆久在济宁市治疗肝炎学术经验交流会上代师宣读。

1961年，经医林同道公推，由政府批准，先生为我市四大名医之一。同时推荐确定两名高徒继承其医道，一是孙隆久，专长内科，曾任济宁市医学会会长、第六所所长，在我市享有盛名，是50年代的著名中医；另是王作民，出身于世医家庭，著名中医王维周次子，现任济宁医学院附属院中医科主任、主任医师。当时卫生局为此召开了隆重的拜师大会。

为了进一步发展我市中医研究工作，更好地继承四大名医的学术专长，经市政府批准，充实中医研究所，搞好中医发掘工作。市人事局调先生去研究所工作，特设置研究室及休息场地，安排半日工作，以照顾四老名医。同时又给予先生高级知识分子待遇，由市政府发给了特需证。先生感动地说："风烛暮年，党恩育我，深感愧之。我当鞠躬尽力，竭尽余热以图报国。"先生如此说，亦如此做，虽患多年高血压冠心病，又一目失明（视网膜炎），仍以坚韧不拔的毅力不懈地工作。

1963年，我市白喉病流行，先生与喉科名医徐大元先生共受组织委托，赴市传染病院抢救白喉患儿，采用"仙方活命饮""养阴清肺汤"化裁加减，大锅熬药，治疗百例白喉患者，收到满意的效果。徐老撰写了《白喉要诀》[①]一书（已刊行于世），先生为该书作序，并以诗赞曰："仲师未著白喉篇，喉疫延患几许年，妙解医林千古恨，君书哪得不流传"，又增补了《调养篇》，以五字韵律编写而成，徐老大为赞赏。

1965年，济宁地区中医学术会议在曲阜召开，中央卫生部郭子恒部长助理，省卫生厅刘惠民厅长亲临大会指导。张体贤、王作人二位局长邀请先生出席，并做个人学术思想的报告。先生闻信异常兴奋，然因患病卧床不能出席，深为遗憾。为向大会表示心意，将稀世手抄珍本《辨证奇闻》（陈远公著，未刊于世）共六大本献出，作为向大会的献礼。

在此会议期间，先生撰写了学术论文，介绍了个人部分学术思想，论述了土木

---

① 《白喉要诀》：应为《白喉要略歌诀》。

合德，肝脾论治的观点。根据五行生克之理，运气胜复之变，阐发了肝脾论治，土木合德之奥义。此稿撰成后，会议期间由王作民代师宣读。

先生在日常诊务中，对各类患者均系精心诊治，谈病论证，权衡病情，立法定方，考辨精审。同道共颂："以四两之药，拨千钧痼疾。"他文医并茂，冠绝一时，吾济医林多推重之。

先生不但精于医，兼通佛学、法学、周易、数学，并雅善韵律、诗词歌赋，书文并佳，专工板桥，又喜好收藏及鉴赏书画、金石，琴棋书画，文人雅趣无不娴精。

先生性情豁达、豪放，喜交游，健谈吐，稠人广坐，往来多社会贤达，真可谓"诗酒英豪醉春梦，清词丽句翰墨香"。遇困难者，不惜解囊相助，而自己则甘于淡泊，虽处困窘亦从不受他人之施。

先生平易近人，亦不拒于世俗礼法，凡得其薪传，受其惠者，都对他怀有由衷的敬意和眷恋。他的清高、潇洒皆源于学养，出乎禀性，正如他的诗文所说"德在无声方去私，名传有权不为豪"，亦有"镜朗书不如文，文不如诗，诗不如医，医不如人"之赞誉。

1966年风云突变。先生遭遇不公，却始终坚信人之功过自有评说，诬之何惧，持"猝然临之而不惊，无故加之而不怒"之胸怀，可谓充海阔天空之量。在这极度的压抑下，先生却吟诗自慰："劝君涵养怒中气，烦恼看开觉路多，医书未焚留心读，豪情把酒且高歌。"他高风亮节，仍然履行着自己的职责，虽失一目而又多病的身躯卧在病榻，仍不取分文为登门求医者诊治。这可贵精神，没有超尘拔俗的修养是难以做到的。手不能书药方就口述，让人代笔。在这艰苦阶段曾治疗青海省邮电局王某之肝腹水症，在先生的精心治疗下数月而愈，王某送来半斤猪肉作为谢医礼，先生婉言谢绝。先生从不以疗效来交易财、物，当然这即是医德高尚的体现，亦是先生幼年立志习医的誓愿。

1973年2月16日凌晨，先生突发脑溢病，神志昏迷，经多方治疗，症状仍无改善。市委领导得知后，委派卫生局领导探视，并救济了二百元钱作为治疗费用。1973年7月，市委常委研究决定，责成卫生局落实政策，补发了七十六个月的工资。在先生一刹那清醒间，将落实政策的喜讯告诉了先生，他感动得流了泪，口齿艰难而不清晰地说出了三个字："感——谢——党"。先生卧病一年又三个半月，于1974年5月10日上午9时与世长辞，终年七十五岁。他清白的一生什么也没留下，然而却给人们留下了怀念和敬仰。

同道友人，在先生逝世一周年缅怀之际，挥笔而作以慰九泉，其词为：

伴村词草，水调歌头

好学岐黄术，保健出良工，杏林春暖普受，病患起东风。有说奉亲温清，棠棣之华可称，饱暖应始终。每向先生拜，灵犀自心通。

究哲理，明辨证，擅律宗。韩康余事，长啸寄声大江东。不少诗朋酒侣，恍似秋波春梦，知己几人逢，识得拈花意，潇洒情更浓。

[济宁市《文史资料 第4辑》(1988)]

颛孙镜朗（1900—1974），名铭勋，原籍邹县，后迁济宁市。自幼聪慧勤奋。民国五年（1916）入师范讲习所学习一年。民国七年（1918）起，研学医籍。常说："我生不才，唯在勤奋上下功夫。"民国十三年（1924）拜南京名医石云轩为师，经六年得真传。民国十八年（1929）在南京参加江苏省警察厅卫生科考核，被录取，是年在济南正式行医。民国二十三年（1934）经中央国医馆考核，成绩优异，考取国医。民国二十五年（1936），因父病返回济宁，开设镜朗国药小室。

建国后，参加中医进修班，学习现代医学知识。1955年参加中医教学工作。先后被聘为山东省中医委员会通讯员、上海中医学院辅导讲师。1956年被中华医学会总会吸收为会员。是年，山东省卫生厅选拔各地著名中医，筹建省中医研究所。镜朗入选，任著作审核组组长。主持编著《黄帝内经白话解》，并译释《内经》第一篇《上古天真论》。

颛孙镜朗认为，伤寒与温病的异同是：伤寒发表可用温热，温病发表必须辛凉；二病后期转阳明时，都治以寒凉而大忌辛温，并以分清偏热、偏湿的观点治疗流行性乙型脑炎。热胜于湿者，清热、解毒、养阴；湿胜于热者，宜宣透、芳香、化浊。为克服患儿牙关紧闭、二目天吊、四肢抽搐、不易服药的困难，研制成搐鼻醒脑散，自鼻孔喷入，疗效显著，并制定护理乙型脑炎患者的六条准则。

[《济宁市卫生志》(1992)]

孙铭勋，字镜朗，原籍邹县，后迁徙济宁。少时读私塾，后受先辈"受尽十年寒窗苦，不作良相，当为良医"之教诲，立志学医。学途中经名师指教，又赖自己发奋学习，终大有所获。1929年赴济南，经山东省警察厅卫生科考试合格，遂在省城悬壶，后辗转各地。1936年返回济宁故里，在温家胡同开设镜朗国药小室。1953年，应聘为北广育堂坐堂医生。1955年参加中医第七联合诊所，任所长。同年，济宁专区举办中医进修班，孙镜朗担任讲学；在讲解《伤寒论》时，详细叙述了六经证候标准，阐明了伤寒与温病的异同。1956年，孙镜朗被吸收为中华全国中医学会会员。同年，省卫生厅选拔各地中医筹建省中医研究所，被录用；此间，参加教材编写,与其他人员共同译释《黄帝内经白话解》及译释另外中医经典部分章节。1957年,孙镜朗调回济宁市参加乙型脑炎患者抢救工作;在抢救中,分偏热、偏湿辨证施治;同时,又亲拟搐鼻醒脑散用于昏迷患者,疗效显著。1962年调入市中医研究所,专事中医研究和带徒工作。1963年前,曾任历届市政协委员。

孙镜朗不闭守一切,曾将珍藏的《褚氏遗书》《医经小传》《心印绀珠》《辨证奇闻》等稀有版本献出,供大家学习应用。

1974年,孙镜朗病故。

同年①,名医孙镜朗阐述伤寒与温病的异同:异处是伤寒发表可用温热,温病发表必须辛凉;共同处是后期病传阳明后,无论伤寒与温病,皆治以寒凉而大忌辛温。1957年,济宁市乙型脑炎流行,孙镜朗参加抢救治疗。他分偏热及偏湿型,辨证施治。对热胜于湿者,清热、解毒、养阴;湿胜于热者,宣透、芳香、化浊;对出现牙关紧闭、二目上吊、四肢抽搐不能服药者,则用研制的搐鼻醒脑散吹入鼻孔,有一定疗效。

[《济宁市市中区卫生志》(1994)]

◎ 李茂堂 ◎

李茂堂(1900—1974.06),字荫楠,泗水县高峪乡崔家庄人。出身世医家,幼承庭训,勤奋好学,致力于《灵》《素》、越人、仲景之说,博览历代名医著述。擅长儿科,药善清凉。不数年,声誉大振,求诊者日踵相接,旦夕无暇,俱以详察处治,业医四十余年,屡起沉疴,全活甚众,极受群众爱戴。

1936年国民政府山东省府对中医进行统考,荫楠先生以优异成绩名居泗水众医之首。

[《泗水县卫生志》(1987)]

◎ 沈光铸 ◎

沈光铸(1900—1975),字仲陶,微山县夏镇盐当街人。承其祖业,擅长小儿科,精于痘疹,对小儿惊风、痰喘的治疗效果显著,且医德高尚,有求必应,在群众中享有盛名。生前在夏镇卫生院工作。

[《微山县卫生志》(1988)]

---

① 同年:指1956年。

◎ 张逢春 ◎

张逢春（1900—1962），字四卿，曲阜息陬乡人。幼年师承晚清举人孔昭恩先生学习文理术数，并酷爱中医，潜心研习中医数十载，二十余岁悬壶济世，每起沉疴，救人无数。晚年集平生所学，撰二方遗世，为"清平砂""醒快丸"，并集平生经验撰《太和堂拾遗》一部，为家传秘方。家中晚辈行医者均知其妙，运用合机。家中四子皆秉承父志，研习中各有所长，均有建树。

[《曲阜市卫生和计划生育志》（2016）]

◎ 王玉乾 ◎

王玉乾（1901—1973），字建卿，微山县骊城东村人。十四岁从师徐州名医李玉佳，后又从师当地名医房伯和，精研医术，博采众家之长，二十六岁行医售药，主治中医内科杂病，擅长小儿痘疹，尤精妇科，其医术深得群众赞扬。曾在1952年当选为薛城县人大代表。

[《微山县卫生志》（1988）]

◎ 尹铭鉴 ◎

尹铭鉴（1901—1964），字子镜，邹县大束王付庄人。世代业医，幼读私塾，性情刚直，精心钻研医学，二十四岁坐堂行医。擅长治内、妇科杂病，善用经方，家传眼科"日月并明散"验方，医治许多病人。1949年当选为邹县各界人民代表会议代表，1955年后连续被选为邹县第二、三届人民代表大会代表。1958年当选为邹县人民委员会委员，1960年出席山东省文教卫生战线群英大会。

中华民国年间，王付庄业医尹铭鉴运用家传日月并明散治疗眼疾外障。传说清康熙年间一老道人酒后将该方配方秘诀传与尹铭鉴之祖父，口诀大意为"日月并明用三黄，虫蜕、木贼、四物汤，荆、防、菊、胆蒺藜入，外障付之效自彰"。尹铭鉴应用此方临症加减化裁，治疗眼疾红肿热痛，流泪羞明等多有奇效。

[《邹县卫生志》（1989）]

◎ 邹怀达 ◎

邹怀达（1901—1976），字子上，山东梁山县人。曾任梁山县人大代表，政协委员等职。自幼打下良好基础，学问渊博，为学习中医打下了良好的基础。后来学医，精心研究医理，在中医理论方面有较深造诣。擅长于内、妇两科，曾著有《中医妇科临床经验录》。曾任菏泽地区中医学会理事、梁山县人民医院中医科主任。

[《菏泽地区卫生志》（1989）]

◎ 张润芳 ◎

张润芳（1901—1968），星村镇南百顶人。少承家技，对《伤寒论》《金匮要略》颇有究心。学验丰富，治病稳妥，药多精练，尤长内伤杂症，求治者甚多。为星村一带知名医生，1955年被山东省卫生厅授予中医先进工作者。

[《泗水县卫生志》（1987）]

◎ 刘安仁 ◎

刘安仁（1902—1957），微山县韩庄街人。幼年习医，熟读经典著作，民国期间在街里开设"仁厚堂"药铺，长于内、妇科，尤其对癥瘕崩漏症疗效显著，其医术闻名乡里。

[《微山县卫生志》（1988）]

◎ 赵华庭 ◎

赵华庭（1902—1964），号志勋，济宁市人。自幼随父学医，十六岁执业应诊。民国十一年（1922）在济宁市胜利街开设广济堂正骨膏药店。赵华庭不仅对家传正骨术精研细琢，并在河南拜师学习治疗梅毒秘方。民国二十一年（1932）治愈梅毒患者百余例。赵华庭对贫困患者热心相助。民国三十年（1941），一潘姓乞讨老人小腿骨折。赵华庭不仅免费治疗，而且送水送饭，直到潘姓老人痊愈。群众联赠"死而复生，妙手回春"匾。民国三十六年（1947）因膏药店被国民党军队烧毁，到徐州市开设广济整骨诊所。先后当选济宁市第一、二届人民代表大会代表，为济宁市第三届政协委员，济宁市医学会理事。

1957年，赵华庭撰写的正骨资料载入《山东省中医正骨技术交流座谈会资料汇编》。1959年参加山东省卫生厅举办的正骨师资学习班学习一年，成绩优异。1962年在济宁市卫生局组织的拜师大会上，赵华庭被聘为正骨名师，并收徒。

赵华庭行医五十余年，在三世家传的基础上，对骨折固定有独到之处。手法灵活，不拘泥。兼治筋骨疼痛、各种关节炎等。自拟节骨丹方、麝香接骨活血膏方、热敷膏药等，疗效显著。1963年与人编写《学习正骨要略》①《医者医德》《验方秘方考证》②等书稿。

[《济宁市卫生志》(1992)]

赵华庭（1902—1964），号志勋，济宁城西南（现市郊区唐口乡）刘屯人，家贫。幼时随父打拳卖艺兼学家传正骨医术，浪迹江湖，途中投师访贤，博采众长，将家传和他人正骨医术融为一体。1919年，年仅十七岁的赵华庭练成一身武术本领，膂力过人，这给他终成为一正骨高手，打下了坚实基础。1922—1949年定居济宁土山莲亭开设广济堂，接骨对环并出售家创膏药。

建国初，赵华庭参加正骨联合诊所，任所长。并当选为济宁市第一、第二届人大代表和市第三届政协委员，任市医联会中医学会理事。

1954年前后，赵华庭参加市中医学习班，接受科学知识，艰苦学习。考试成绩属于上乘，其认真好学精神可见一斑。

1956年，赵华庭应邀参加省正骨技术交流座谈会。会议期间，他将积累的接骨对环经验及家传接骨膏膏药秘方，毫无保留地献出，并做了髋关节脱臼现场表演，受到赞赏。座谈会后，省卫生厅将赵华庭及与会者献技献方，整理印成《山东省正骨技术座谈会资料汇编》一书，发往全省各地，推广应用。

1962年，赵华庭被调入市中医研究所，专事正骨研究和带徒工作。不久，市中医研究所帮助其总结正骨经验，整理写出了《正骨要略》《正骨验方秘方考证》等文稿，惜都已散佚。

1964年，赵华庭病故。其正骨专科技术，后继有人。

1956年，本地正骨高手赵华庭的专科医术，被省卫生厅肯定并加以推广。赵华庭接骨对环堪称一绝，其一招一式，皆有讲究，每能使患者回春，在灵活运用手法的同时，他还配合使用内服接骨丹和外敷热膏药及麝香接骨膏药，加速骨伤愈合。

[《济宁市市中区卫生志》(1994)]

◎ 刘怀义 ◎

建国初期，济宁县安居镇刘庄村刘怀义③以手法复位，小夹板固定，内服活血

---

① 《学习正骨要略》：《济宁市市中区卫生志》(1994)作"《正骨要略》"。
② 《验方秘方考证》：《济宁市市中区卫生志》(1994)作"《正骨验方秘方考证》"。
③ 刘怀义：《济宁郊区文史资料 第5辑》(1991)记载，刘氏生卒年为1903—1974。

止痛汤，治疗新发骨折，对陈旧性骨折畸形愈合者，行人为骨折，重新手术复位，康复后不留畸形。

[《济宁市卫生志》（1992）]

◎ 刘积祥 ◎

刘积祥（1903.08—1985.11），新挑河乡江庄人，十六岁随父行医（其父汉礼于当时有医名），经历六十余春秋，精研医理，《医宗金鉴》《内经》《伤寒论》《金匮要略》等大部分经典著作，皆能背诵如流。

刘怀绝技，性谦恭，喜布施，尚医德，誉满金、嘉、鱼等县。1957年乙脑流行，县卫生科聘请刘到县人民医院帮助治疗，俟后，力挽其留院就职。其后又曾聘于省中医院，刘以年老体弱而谢辞。

刘一生行医，精于对经方的运用，尤擅温病，善治乙脑，用白虎汤和清热镇痉散随症加减，曾治疗乙脑百余例，疗效卓著而无后遗症。

刘先后授徒六人，八十寿诞，弟子董德伦赠镜以贺，题曰"儒达乃儒，医明是医"。

[《嘉祥县卫生志》（1990）]

◎ 胡培岱 ◎

胡培岱（1903—1982），字冠山，汶上县寅寺乡胡楼村人，中医世家出身。1958年被聘为寅寺乡卫生院中医科医生。临床上擅长内、妇科，在诊治疾病中，辨证明敏，立法活，组方严。擅攻下，喜用大黄，在遣药立方过程中，先生还善于变通。由于先生医术精湛，医德高尚，曾为汶上县杏林人士所推崇。

胡培岱（1903—1982），字冠山，汶上县寅寺乡胡楼村人。出身中医世家，临床擅长内、妇科，而尤精于妇科，对经、带、胎、产辨证明敏，立法活，组方严。在妇科疾病方面重调经，善攻下，喜用大黄，认为大黄能推陈致新，破瘀散结。凡瘀血阻滞经闭不行，或行而不畅等症，必选用大黄而汤涤之。在遣药立方过程中，善于变通，亦常采用三棱、莪术、土鳖虫、水蛭等味药。由于医术精湛，医德高尚，曾为汶上县杏林人士所推崇。

[《汶上县卫生志》（2000）]

◎ 梁金洲 ◎

梁金洲（1904—1981.01），町里乡梁集村人。1940年梁在滋阳设馆教学，开始学医，1946年弃儒从医，1954年加入联合诊所，历任第七区卫协会秘书、联合诊所所长。1957年参加山东省灵岩寺中医进修班。经过考试，月试第一，季试又第一。年终考试，校部不让其参加，直接聘请参与改卷。学习结业后被省中医院聘任，至1975年退休还家。

北京航空学校校长岳贵华患胃病，曾于协和医院、北京中医研究院多次求医无效。后到山东招生时，请梁诊治。梁施诊后，处方三剂，药资四角钱。岳复找其说："开这药行吗？我在北京一剂药要花几十元，这三剂药仅四角钱？"梁说："服后再看。"服三剂好转，效不更方，复取三剂而愈。西王庄村陆氏患乳衄症。周围乳孔出乳，独中间乳孔出血，多方求治无效，后请梁之子玉湛诊治，玉湛函请其父，报明病症，梁复函"乳衄，可用逍遥散加玄参，三剂可愈"。服后果然应验。

梁金洲，1966年随同省医疗队赴微山县马坡抢救急性肝炎病人，屡用此方，甚效。处方：茵陈24克，山甲6克，郁金6克，柴胡6克，当归9克，赤芍6克，云苓9克，白术9克，栀子9克，生麦芽9克，腹皮6克，内金6克，薄荷3克，甘草3克，灯心1克，水煎服。

[《嘉祥县卫生志》（1990）]

◎ 李瑞云 ◎

李瑞云（1905—1965），李承德三子。自幼随其父研习中医，擅长治疗天花、麻疹。他治疗红肿、高大痈疡疮疖无须用药，一刀切下，放出脓血，取以红升丹、白降丹之类收敛，即可治愈，颇受百姓认可。

[《曲阜市卫生和计划生育志》（2016）]

◎ 张广岐 ◎

张广岐（1905—1972），曲阜书院乡旧县二街人。早年家境贫寒，一次偶然的机会收留了一位落难的北京老中医，曾在宫中任御医。老人感激收留之情，在家中居住的三年多的时间里，言传身教中医的诊治方法和古典名方。由于张广岐敏而好学，又深得朱老先生悉数真传。学医有成后，多免费为乡邻看病，并自己采药赠予百姓，在当地享有极高的声誉，人称"张神仙"。

[《曲阜市卫生和计划生育志》（2016）]

◎ 张广德 ◎

张广德（1905—1983），山东省平邑县西皋村人。1937年随其岳父张育茜学习中医，1938年开始坐堂行医。1947年9月参加革命工作，1950年2月受白彦县卫生科派遣到城前区组织私人药铺，建立区卫生所并任所长，领导城前区卫生工作，先后建立洼陡、大律、岔河、崇村、瓦屋五处联合诊所。1958年调山东省卫生厅灵岩寺中医进修班学习。1959年分派到兖州医士学校任教。1962年9月调回邹县城前医院工作。医德高尚，在当地有较高威信。曾被选为邹县第一至六届人民代表大会代表和邹县人民代表大会常务委员会委员。

[《邹县卫生志》（1989）]

◎ 朱廷赓 ◎

朱廷赓（1906—1940），朱氏中医第三代传人。出身中医世家，受家庭熏陶，苦读众多医书，随父朱荫楸侍诊左右，学有所成。因身体不佳，英年谢世。

[《曲阜市卫生和计划生育志》（2016）]

◎ 李俊卿 ◎

李俊卿（1906—1981），泗水孙家庄人，少进私塾，苦读寒窗，后执教于乡里。民国三十一年（1942）时值国难当头，内忧外患，哀鸿遍野，疫病蔓延，目睹这悲惨情景，先生胸怀忧国忧民之大志，愤然弃教，从医与民。发奋攻读岐黄术，精研医典，尔后又投师于县城老中医宋健寅①门下，苦学不倦，历数年而成，名噪乡里。

先生素日刻苦钻研，注重实践，诊治妇科诸症，经验丰富，每治必验，在群众中享有较高的信誉。解放后，他热爱党，拥护社会主义，曾被选为泗水县第一届、第二届、第三届人民代表大会代表。1954年出席泰安地区中医代表会，积极参加联合诊所及卫协会，1953年被选为我县卫协会主任。1960年进山东省中医进修学校

---

① 宋健寅：《泰安卫生志》（1991）作"宋健宣"。

学习二年，回县后在城关医院中医科应诊。县办中医理论学习班，先生讲课传授经验，为我县发展中医事业作出大贡献。晚年精心带徒，平易近人，诚恳施教，为人敬佩。其医德高尚，医术高明，深得众人敬重。

[《泗水县卫生志》（1987）]

李俊卿（1906—1981），泗水县孙家庄人。少入私塾攻读，后执教于乡间。1942年，他目睹国难当头，内忧外患，疫病蔓延，民不聊生，毅然弃教从医，投师于老中医宋健宣门下，医业渐成。

俊卿治验丰富，尤擅长妇科诸证，在群众中享有信誉。解放后，他热心于卫生事业，被选为泗水县第一、二、三届人民代表大会代表。1953年被选为县卫生工作者协会主任委员。1960年进山东中医进修学校学习两年，回泗水县后在城关医院中医科工作。其间，县每办中医理论研讨班，均请其传授经验。晚年热心带徒，诚恳施教，为泗水县中医事业的发展作出了贡献。因其一生平易近人，医术高明，医德高尚，深受当地群众所敬重。

[《泰安卫生志》（1991）]

◎ 郑纯煆 ◎

郑纯煆（1906—1959），号西芝，泗水城关人。幼承家训，力求进取，后考入泗水简师，毕业后执教于城里，白天教书，夜晚习医，熟读医学经典，由于勤学苦练，加之父亲（郑香谷）指点，民国二十六年（1937）以优异成绩考入天津中国国医学校函授班，肄业二年，于民国二十八年（1939）本科毕业，成为我县中医界最早获得文凭的医生之一。后因父亲体弱多病才承父业，续开"广和堂"药店，此时学验俱丰，医术渐进，为当时泗水一带颇有名气的医生。

先生为人正直，思想进步爱国，抗日战争爆发，先生曾联合医务界的志士仁人，为团结抗日救国、救民做了较大的贡献，1945年在圣水峪区召开的曲泗县成立大会上，他作为医务界代表发言，号召医务界人士团结起来，为抗日救亡献策、献力，深受抗日政府军民的热烈欢迎。解放后先生积极拥护党的各项方针政策，带头加入联合诊所及卫协会，1951年被选为我县第一届卫协会主任，热心为群众治病，深受领导和群众的赞誉。

[《泗水县卫生志》（1987）]

郑纯煆（1906—1959），号西芝，泗水县城关人。幼承家训，力求进取，后考入泗水简师，毕业后在本城教书，兼习医籍，苦读数载，颇有进步。1937年考入天津中国国医学校函授班，两年结业，成为泗水县中医界最早获得正式文凭的中医师。自此继任广和堂坐堂先生。

西芝学识渊博，经验丰富，对各种疾病皆能治疗，成为当时泗水县颇有名气的中医之一。他思想进步，为人正直，在抗日战争期间，曾联合同仁参加抗日活动。1945年春，在圣水峪区召开的曲泗县（曲阜及泗水临界处）成立大会上，他作为医界代表发言，号召同仁团结起来，为发展和巩固新政权而努力工作。全国解放后，他带头加入联合诊所，1951年被选为泗水县第一届卫生工作者协会主任。

[《泰安卫生志》（1991）]

◎ 徐际麟 ◎

徐际麟（1906— ），字玉书，泗水县城关杨家庄人。幼读私塾，勤奋好学，十八岁辍读就耕，时值军阀混战，连年灾荒，疫病蔓延，立志习医，以医济世。家贫无力，投师无门，昼劳之余，寒窗孤灯，发奋自学，熟读《内经》《伤寒论》及其他名医著作。他常以古训"良医功侔良相，不为良相，便为良医"的教诲作启蒙，苦读精研，后又入天津中国国医函授学院（于民国二十八年毕业），医术大进，青年时期就以中医外科名满乡里。1952年去泰安地区中医进修班学习理论一年，回县加入联合诊所，注重实践，使医术日渐提高。1956年被选送灵岩寺山东省中医学校学习，专攻《内经》《难经》《伤寒论》《金匮要略》等经典医籍，毕业后调入县卫生院中医科，诊疗内科、妇科等疾患，还多次参加县里举办的中医理论学习班，以及西学中和护士训练班，亲临讲台传授祖国医学知识及临床经验，坚持中医带徒，为培养中医人才，促进我县中医事业的发展，作出了积极的贡献，多次被选为我县人民代表大会代表。1954年为出席泰安地区的中医代表，1962年济宁地区中医学会成立，任理事，1965年泗水县中医学会创建任副理事长，1978年晋升为中医主治医师。

徐先生为人正直，心地良善，平易近人，凡求治者，有求必应，精心诊视，求医者累累满堂。数十年临床，对小儿痘疹尤所擅长，辨证灵活，处方持平而稳妥无弊，药多寒凉，沉疴者屡起，深受群众敬重。现年近八旬，求治者仍络绎不绝，友人和病家，深感其德，不少赠画屏留念。

[《泗水县卫生志》（1987）]

徐际麟（1906—1993），字玉书，男，汉族，泗水县泗水镇杨家庄人。一生从事医务工作，1982年从泗水县医院退休回家，1993年病逝，享年八十七岁。

徐自八岁入私塾读书，十八岁辍学务农。时值军阀混战，连年灾荒，民不聊生，每遇疫疹流行，往往十病九死，义地河滩，婴尸遍地，惨不忍睹，因而立志习医，济世活人。当时家贫，无力延师，便发奋自学，白天劳动，夜晚习医，寒窗孤灯，孜孜不倦。无钱买书，就四处借阅，遇有疑惑，就虚心请教方家。他时时以"良医功侔良相，不为良相，宁为良医"的古训激励自己，苦读精研，积六年之功，熟读《内经》《伤寒论》《本草纲目》《陈修园七种》《药性赋》等经典著作，医术大进。

1930年，徐开始悬壶济世，因以济世活人为己任，故药房取名"济生堂"。行医伊始，适值天花肆虐，泗南山区，数十婴儿，死于非命。先生痛苦万分，不辞劳苦，徒步奔波，为泗城附近村庄的婴儿都种上痘苗，控制天花的蔓延。为方便群众，经常到各村巡回治病，送医上门。不仅收费微薄，有时还要舍药相助。医者，德也。由于先生立足于这一崇高境界，因而其医术提高神速，而立之年，便名噪泗邑。

1939年先生考入天津中国国医函授学院，边学习，边实践，医术更加精湛，尤以中医外科著称，挽救了不少恶性病患者。

新中国成立后，先生积极参加联合诊所，并于1952年去泰安中医进修班学习，结业后任苗馆联合诊所负责人。任职期间，先生以身作则带动全所六人，坚持四方巡回，送医上门。虽宵衣旰食，而引以为乐，常说："救人一命，胜造七级浮屠，我就是要和菩萨比比法力哩！"

1956年，先生被选送灵岩寺山东省中医学校学习，重新精读《内经》《难经》《伤寒论》《金匮要略》等经典医著，结合本人实践，细加揣摩，深刻领会精神实质，掌握辨证论治的精奥。毕业后，于1958年调入泗水县人民医院任中医。由于功底深厚，知多识广，所以临床中能化裁创新，处方灵活，善于因人因地因时辨证用药，注重经方而不泥于经方，尤以开小方治大病，中西配合见长。二十多年中，治愈大量疑难杂症，其中不乏已准备后事的患者。

徐先生待病人态度和蔼，笑语温馨，病人皆有药饵未服，病好三分之感。退休回家，求医者仍络绎不绝。先生有求必应，直至临终。乡里感颂其德，多有赠匾画者。

为了弘扬古典医学，培养中医人才，促进泗水中医事业的发展，徐先生做了大量工作。1952年，县卫生局在涧沟村举办中医进修班，先生任主讲教师。后来，县里多次举办的中医理论学习班，每次都请徐先生讲授中医课理论。1978年，县卫生局举办"西学中学习班",参加学习的除本县的一批西医外,还有来自省内各卫校,各医院的实习生五十余人。徐先生不辞劳苦,广泛收集资料,认真备课,力求要旨突出,诠释精当,结合自己的临床实践,深入浅出地讲解,使学员领会并掌握经方配伍的奥妙和辨证施治的理论。这批人都学有所成,成为医务界骨干,有的当了乡镇医院院长。

徐先生工作积极,成绩卓著,受到政府的关怀和人民的爱戴。1954年出席泰安地区中医代表会议。1962年,济宁地区医学会成立时任理事。1965年,泗水县中医学会创建,先生任副理事长,1978年晋升为中医主治医师。

徐先生著有《验方集锦》一书,内容丰富,案例具体,现存其孙手中。

先生爱好广泛,兴之所至,泼墨作花鸟画,生机盎然,并题小令宋词,亦庄亦谐,意趣高雅。

徐先生德高望重,深受政府关怀和人民爱戴,当其八十华诞之际,县医院为其举行祝寿活动,副县长刘玉厚亲临祝贺。

[《泗水县人民医院志》(2002)]

◎ 郑祥森 ◎

郑祥森(1908—1990),出身于九世中医世家。在其祖父郑美辑的影响下,少时勤奋好学,研习岐黄之术。先随其姨夫(当地名医)学文习医,阅读大量名家名著,如《难经》《伤寒论》《医宗金鉴》《针灸大成》《本草纲目》等书籍。后随父临证。二十六岁悬壶行医,名"天德堂",医于民间,不图名利,不分贵贱。对于贫困患者,少收或不收医药费,甚至慷慨解囊助之,施与饮食。由于为乡里亲友诊治,医技精湛,投药验之,多应手奏效,求者日众。对于危急剧症,具有转阴回阳之法,起死回生之术。新中国成立后,他积极响应党的号召,1950年带头参加医务工作者联合会,并被选为医联会主任。1956年又积极参加联合诊所,把个体开业的医生组织起来,主动把个人的医疗设备、资金、药品、家具都投入到联合诊所里,并且把过去个人开药铺的欠账、账本全部毁掉。1958年,以此为基础和公立卫生所合并建立陈庄公社卫生院,卫生力量、规模日益壮大。他积极参加上级组织的业务技术培训,认真学习西医的知识,在诊疗活动中,中西医结合,并积极参加卫生防疫、计划生育等工作。1951年,县卫生科选送他去参加专员公署组织的黑热病防治工作,在积极治疗黑热病人的同时,积极参加消灭白蛉子的工作。当时黑热病流行严重,被视为不治之症,俗称"大肚子痞"。有"大肚子痞,快三月,慢三年,不快不慢活半年"的可怕谚语。他除收治曲阜的病人外，还有泗水、宁阳及泰安南部的病人。由于用斯锑黑克（葡萄糖酸锑钠）治疗效果好，治愈率高，服务热情得到病人的好评。在行医的五十年中，他由于工作勤勤恳恳，任劳任怨，只讲贡献，不图索取，受到广泛的好评，多次被评为先进工作者。1950年参加曲阜首届中医代表大会，1988年济宁市人民政府发给行医三十年荣誉证书。

冯家村郑祥森，擅外科，一宁阳患者的搭背恶疮，到处求治不愈，经其诊疗，月余而愈。

[《曲阜市卫生和计划生育志》（2016）]

◎ 戚万春 ◎

戚万春（1908—1971），祖籍菏泽梁山，后因生活所迫，随父逃荒来泗水定居中册二村。由于家庭熏陶，少时便知晓医理，随父出诊，为人疗疾。闲暇之时，手不释卷，喜研《内经》《医宗金鉴》《万病回春》等经典医籍，历数年而成器。设"普济堂"药铺，尤长内伤杂症，方多宗金鉴，持平而稳妥，治验俱多，求者不绝。由于先生医术全面，经验丰富，曾被旧省长韩复榘部下得知，亲自选招他为韩复榘的护身医，但先生性情刚直，从不愿接触任何官场，只图以医济世于民，虽被选招三次，先生都婉言谢绝，先生那种刚正不阿、不屈权贵的高尚品德，至今仍为后人所敬仰。

[《泗水县卫生志》（1987）]

◎ 李存芳 ◎

李存芳，生于1909年11月，马村乡李楼村人。存芳幼随父孝仲习医，于医学涉猎群书，熟读《内经》《伤寒论》《金匮要略》等经典著作，长于内科，尤擅妇科。1932年承父业在家开药铺，施诊行医。1951年加入联合诊所，1956年3月在嘉祥中医研究所工作。1957年调济宁中医研究所，任中医内科医生。1958年在省中医院进修一年半，而后在济宁医专和滕县卫校任教，主要讲授中医内科。后中医研究所改为济宁市中医院，存芳留院工作直至退休。

存芳先后在中医杂志上发表了许多论文和文章。年逾古稀尚能熟背《伤寒论》，一生笃学若此。

存芳于1978年3月21日当选为济宁市第八届人民代表。1988年7月23日，济宁市人民政府授予"从事中医工作三十年荣誉证书"。中华全国中医学会山东济宁分会会员。

[《嘉祥县卫生志》(1990)]

◎ 张理广 ◎

张理广(1909—1980),泗水县苗馆乡故安人。自幼上学,十八岁跟其兄张理厚习医(外科医生),喜研外科疮疡,应诊者不断。因其医术出众,曾被邹县小城子宋氏一家聘为坐堂医生。民国二十六年(1937)抗日战争爆发,先生辞业回乡,与其兄合开"宏德堂"药铺,为民除疾。

先生毕生致力于外科疮疡,造诣尤深,察其脉象能知病在何处,观其色能知病情之吉凶。临证数十载,全活者甚众,为城东一带外科名医。新中国成立后,他拥护共产党,热爱社会主义,积极加入联合诊所及卫协会,被选为苗馆区卫协会主任,自1956年起在苗馆卫生院中医科任医生,工作认真,热心为群众服务,1976年因病退休回家,但仍不辍诊务,继续为群众服务,病榻之上仍让人代笔处方,深受病家及群众赞誉。

[《泗水县卫生志》(1987)]

◎ 沈梦洲 ◎

沈梦洲(1910—1967),曲阜城内五马祠街人。幼年读私塾并受新学制教育,爱好文艺。1925年在江苏太仓县从陈保之等学医,1928年秋回曲阜继续随父习医。1936年春,独自悬壶行医,铺号为"鸿济堂",后改为"万春堂",当时有些人称他"沈小先生"。

1949年,沈梦洲参加曲阜县医务工作者联合会任委员。1955年5月参加中医联合诊所,任中医内科主任,兼城区中医进修班教员。1957年春在济南中医研究班学习。1958年4月调至山东中医学院从事中医教学工作。他虚心好学,精心钻研历代名医著作,尤其对《内经》《伤寒论》等有独到见解。他擅长内科,立方严谨。1956、1958年,两次当选曲阜镇人大代表。晚年,从事中医文献的整理和编撰工作。

[《曲阜市卫生和计划生育志》(2016)]

◎ 张鸿吉 ◎

张鸿吉,树荣之侄孙,生于1910年,卒于1982年2月28日。鸿吉幼从树荣学医,勤奋好学,博览群书,对张氏喉科精研细琢,造诣精湛,但又不墨守成规,不拘泥秘方。建国后,受西医的影响,实行中西合璧,对中医喉科不断创新,治愈率大大提高,名扬遐迩。就诊者除周围数十县外,远及山西、江苏、云南、东三省。鸿吉自行医以来,历尽五十多个春秋。对贫困缺乏药资者,只要有求,无不解囊相助,大有祖传遗风。鸿吉为嘉祥县历届人大代表,一生受奖旗、镜、匾无数,深受人民的爱戴。晚年患高血压、冠心病,直至谢世前七天,尚为病人治疗,可谓鞠躬尽瘁。

张洪吉[①]诊治"喉痈"医案:山某某,男,30岁,马村公社山营村人,1962年因喉部疼痛来诊。患者发热恶寒,右咽部红肿脓白点,舌苔薄白微干,脉浮数,诊为"喉痈",用疏散表邪、清热解毒、活血法治之。处方用清咽双合饮加减:荆芥9克,防风9克,银花15克,连翘12克,赤艾12克,丹皮12克,乳香9克,没药9克,公英15克,地丁12克,当归12克,甘草6克,水煎服。二诊:用药后发热恶寒、脓白点已退,脉数,右咽部红肿不消,热毒局限咽部。防止化脓,改用清痈汤。处方为当归12克,白芍12克,川芎9克,乳香9克,没药9克,花粉12克,陈皮12克,山甲9克,皂刺9克,银花15克,连翘12克,水煎服。二剂痊愈。

张洪吉诊治"飞扬喉"医案:孙氏,女,55岁,梁宝寺公社孙垓村人,1979年10月2日来诊。检查患者咽部发痒,悬垂右侧口腔黄豆粒大血泡四个,苔厚腻,舌质红,脉细濡数,脉症合参属于湿热,患病已半年,服中药150余剂,无效。确诊"飞扬喉",用消热利湿凉血法治之。处方:苍术10克,黄柏9克,苦参12克,仙灵脾12克,蛇床子10克,川连9克,赤芍10克,丹皮12克,生地12克,仙鹤叶12克,茅根30克,薏仁30克,甘草3克,水煎服,日服一剂,共服30剂痊愈。

[《嘉祥县卫生志》(1990)]

◎ 张则均 ◎

张则均(1911—1983),微山县韩庄镇马山人。自幼酷爱医学,熟读《内》《难》及各家著作,长于内科杂病,生前在韩庄医院工作,在当地威信较高,曾被选为县人大代表。

[《微山县卫生志》(1988)]

[①] 张洪吉:原文即为"洪",与张鸿吉为同一人。

◎ 李振领 ◎

李振领（1912—1984），字望甫，鱼台县王庙乡苗庄村人。父亲晚清秀才，鱼台名医，先生幼承庭训，童年随父边读五经四书，边学岐黄之道，由于医技精湛，医德出众，誉满乡里，被群众称为丰鱼两县中医界四大金刚之一。

民国二十六年（1937）九月，先生参加全省中医考试，成绩卓著，名列亚军，建国前后悬壶于丰、鱼两县，由于医德感人，医技高超，誉盛鲁西。广大群众为表达敬仰感激之情，曾先后敬送"济世活人""医道可风""医术可钦"匾额三块及木刻"永擅青囊济世咸推医国手，春栽红杏活人信有补天才"长条对联。先生的医风已载入鱼台县政协文史资料第三辑，标题是"青囊永擅，红杏活人"。

鱼台解放后，先生思想进步，积极参加地方卫生防疫工作，并弃私自动报名加入县巡回医疗防疫队，不怕劳苦奔走四方，受到灾区人民的称赞，屡在县卫生模范会上留名，在卫生团体组织中曾担任第六区中西医药研究会、卫协会主任，振兴了第六区的卫生医药事业。先生响应政府号召率先组成了鱼台县第一个联合诊所、联合医院，被推选为所长、院长。为了深造，毕业于山东菏泽中医进修班，1958年站院合一被委派唐马公社卫生院任中医师，此间受山东中医学院聘为函授辅导教师。1976年任县人民医院中医师，1978年任县妇幼保健站中医师。先生教子有方，将毕生医技传授长子贯彻，任妇幼保健所中医副主任医师、县政协副主席。

[《鱼台县卫生志》（1996）]

◎ 邵风昌 ◎

邵风昌（1912—1975），鱼台县鱼城镇杨邵庄人。早年在江苏省沛县教私塾，26岁自学中医，1948年在鱼城"怀德堂"药店坐堂应诊。1952年11月被吸收为公立中西医医药部任门诊医生，1953年毕业于菏泽地区中医进修班，1956年毕业于山东省中医进修学校（灵岩寺）。1961年经济宁专署卫生局批准晋升为中医师。1956年金、鱼合并后任金乡县人民医院中医师。在工作期间曾担任过金乡县卫生工作者协会副主任，1964年8月金、鱼分县后，任鱼台县人民医院中医科主任。

邵先生对古典医籍认真学习，擅长内科、妇科，尤善于逍遥散的灵活运用，左右逢源，疗效显著。每天就诊者达百余人，病人随到随诊，晚年在群众中负有盛名。

邵先生曾在1973年应济宁医学专科学校聘请兼任中医教学，讲解清楚，口辞清晰，受到学生的好评。1966年曾带徒弟九名，三年出师。

[《鱼台县卫生志》（1996）]

◎ 马鸿汉 ◎

马鸿汉（1913—2007），原籍兖州市王因镇柳沟村。十九岁读完私塾后，有较好文史基础，在本村教书。20世纪30年代初，看到乡邻百姓中患皮肤疮疡病者较多，弃教习医，拜舅父陈庆云（兖州中医外科名医）为师，学习《黄帝内经》《药性赋》《疮疡经验全书》等著作。随舅父侍诊，对皮肤疮疡疾患有正确认识。学业有成后，即返回乡里悬壶济世，运用单验方，加工制成丸、散、膏、丹，采取内服外用相结合疗法，收到良好效果，来诊者日渐增多。具有高尚的医德医风，因家中有做香生意，从收入中抽取部分资金购买药材，给群众百姓治病概不收费，得到病人一致高度赞扬。

1941年迁来曲阜西关街，仍以做香为生计，同时继续为曲阜这一方的皮肤病患者治疗服务，对患者不收取费用。对年龄偏大，病者不方便来诊的，实行免费出诊，有求必应。1956年3月加入曲阜市第二联合诊所，同年参加县卫生局组织的中医学习班半年。1958年在城关公社医院管辖的西关诊所任所长。工作中坚持"贫富用心皆一，贵贱使药无别"宗旨，繁忙之余，仍然为年龄偏大，行动不便患者义务出诊。最常去的村街除西关街外，如苗孔、犁铧店、大庄、薛家村、仓巷、坊上等。1973年调入城关医院中医皮肤科工作，每天上班诊室站满挤满患者。从医七十余载，至退休后仍然在西关诊所继续为皮肤病患者诊治，发挥余热。他的学术认识、临床经验、用药心得、治愈验案，经后人整理或编入马氏中医皮肤科治疗专著中，或发表于省级以上专业杂志上。论文《除湿消炎解毒膏治疗黄水疮89例》刊登在卫生部主管《赤脚医生》杂志1974年第2期上。文章刊出后收到数十封外省市同道及患者信函，对使用本方治疗后获得良好效果表示赞同与感谢。《马鸿汉外治经验简介》在《山东中医杂志》1992年第4期刊出；《马鸿汉治疗乳房病经验》在《山东中医杂志》1995年第4期刊出。

1953年，马鸿汉同其子马金榜收归城关联合医院，继续从事中医外科医疗。在治疗脓疮、痈疽、疔毒、口疮等疾患方面造诣较深，周围县（区）找其就医者甚多。

[《曲阜市卫生和计划生育志》（2016）]

◎ 周惠民 ◎

周惠民（1913—1966），微山县夏镇文昌街人。一生热爱医学，擅长内科，善用单方，曾用旱莲草治愈疟疾病人数百例。生前在韩庄医院工作，其医术在当地较有声望。

[《微山县卫生志》（1988）]

◎ 秦儒芹 ◎

秦儒芹（1913—1985），河南省台前县马楼乡前秦村（原归山东省寿张县）人。专长中医内科，行医于梁山县西北部。对中医理论有一定造诣，诊疹细致，医术较精，在当地群众中威信较高。1982年晋升为主治中医师，山东省中医学会委员。

[《菏泽地区卫生志》（1989）]

◎ 曹昭典 ◎

曹昭典（1913—1983），字填伍，微山县彭口闸乡蒋集村人。出身世医之家，自幼随祖父学医，二十岁坐堂应诊，擅长内、妇、外科，医术闻名遐迩。抗日战争时期，他曾以职业为掩护，从事地下革命工作，并为铁道游击队战士治疗伤病。1980年苏州军区司令员刘金山专程来薛城，请他与十几名有关人员座谈，回忆铁道游击队抗击日军的历史。

[《微山县卫生志》（1988）]

◎ 孙隆九 ◎

孙隆九（1914—1964），字树栋，原籍济南市，迁居济宁。幼年即读浅易医书。其后拜师名医，攻读中医经典著作。尤其对《神农本草经》《中医方剂学》等钻研较深。20世纪30年代中期在济宁任平市官钱局职员，不久辞职从医。40年代中期，声誉渐起，建国初期，在济宁市南门里保合堂药店开诊。1954年主持建立济宁市等六联合诊所，任所长。1957年参加山东省中医研究所第二期研究班深造，同年当选济宁市人民代表大会代表。为济宁市中医学会会长、济宁市卫生工作者协会会长。

孙隆九行医三十年，擅长中医内科，用古方而不拘泥，不独守一家风格。用药严谨、灵活，善于抓主症、顾兼症。治疗肝硬化腹水、癫狂症、肾脏疾病患者等，多有所长。自拟处方，治愈癫狂症患者三十余例。

孙隆九重医德，对患者不分贵贱，一视同仁。对贫苦危重病人，解囊相助。病家随叫随到，从不耽搁。常说："商业为扩大财源为本，而医者为疗救病人为本。医非营业，药实治病；医生的职责是为方便群众，替病家分忧解难；要以此搞索取，便丧失了医生的天职。"

[《济宁市卫生志》（1992）]

孙隆九（1914—1964），字树栋，原籍济南。出身中医世家，耳濡目染及接受庭训，得受启蒙。

1936年到济宁官钱局供职，余暇自学中医经典，并试诊试治。1938年辞职，在竹竿巷自设诊所，正式行医。1948年应聘为保合堂坐堂医生。1949年当选为市医联会中医学会会长。1954年参加中医第六联合诊所，任所长。1957年参加省中医研究所举办的第二期研究班深造。1962年师承孙镜朗，结成良师益友，同年，又当选为市卫协会中医学会会长。

孙隆九行医期间，擅内科。用方博采众长，不独守一家，被称为时方派、群方体。治疗肝硬化，用小柴胡汤、茵陈蒿汤、五苓散、五皮饮、黄芪防己汤，化裁施治；应治癫狂症（指精神分裂症），先分清是癫是狂或是癫狂并发，从而对症下药，每能应手显效；对治疗肾脏疾患和噎膈等症，也有所长。

1962年，知名中医孙隆九以自拟小柴胡汤为始，和解入手，辅以调理营、卫之桂枝汤治疗癫狂症（泛指精神错乱一类病症）三十例，均获痊愈。

[《济宁市市中区卫生志》（1994）]

◎ 李绍南 ◎

李绍南，男，金乡县人，1914年生。少年起学医。1950年自开药铺，1954年任济宁市第五联合诊所所长，后到济宁专区第一人民医院工作。曾担任济宁地区中医学会理事长、山东省中医学会理事。为中国人民政治协商会议山东省第二届委员会委员。1987年任济宁市第一人民医院中医科主任医师。

从医四十余年，擅长中医内科。自拟通变柴胡汤，治疗长期发热症；自拟补气化痰汤和三补汤，治疗老年慢性气管炎、肺气肿；自拟肠痈汤，配合炒盐局部热敷治疗阑尾炎、阑尾周围脓肿，均有良效。肠痈汤为山东省首创。发表论文多篇。

[《济宁市卫生志》（1992）]

李绍南，生于1914年，原籍金乡县。自幼接受家庭医教，后又访师寻贤，学业大进。

1945年，李绍南在济宁小闸口新街自设达生堂坐堂应诊。1954年参加市中医第五联合诊所，任所长。1955年被借调济宁专区第一人民医院筹建中医科；翌年，正式调入该院，任中医科负责人。1961年晋升为副主任中医师。1987年10月晋升为主任中医师。

李绍南曾先后当选为市医联会副主任和医联会中医学会会长、济宁专区中医学会第二届理事会副理事长、省中医学会理事。还曾当选为市第一、第二届人大代表，省政协第二届委员。

李绍南从医数十年，擅内科。自拟通变柴胡汤治疗长期发热症；所拟补气化痰汤和三补汤治疗老年性气管炎、肺气肿；所创肠痈汤配合炒盐局部热敷治疗阑尾炎及阑尾炎周围组织脓肿，效果好，免受手术之苦，深受欢迎，早已被省卫生厅推广应用。

李绍南现虽已退休，但仍继续应诊治疗。

济宁市第一人民医院主任中医师李绍南，自拟肠痈汤内服和配合炒盐局部热敷治疗急性阑尾炎，有效率达90%；以小柴胡汤化裁而成的通变柴胡汤治疗外感热病及自拟的补气化痰汤治疗慢性支气管炎，有效率均为70%。李绍南所拟方剂和治疗经验，省内外在50年代末早有报道，至今仍被广泛应用。

[《济宁市市中区卫生志》（1994）]

◎ 孔令健 ◎

孔令健（1916—1991），1936年跟随邹县溪湖村中医世家传人韩佳玉潜心学习中医理论及针灸推拿等技术。学成后，在小雪东皋村大街开中药铺，坐堂行医。由于理论功底扎实，中医技术优秀，多村病人慕名而来。建国后，又先后在息陬公社、小雪公社等处行医。1970年，在小雪公社卫生院（后改为曲阜县人民医院分院）从事中医诊疗工作，尤其擅长中医妇科及中医内科，直至退休。

[《曲阜市卫生和计划生育志》（2016）]

◎ 孔宪馥 ◎

孔宪馥（1916—1967），字香廷，曲阜陵城镇玄帝庙村人。1923年在兖州做长工期间随私塾先生学习中国古典文学及古典医学《易经》《黄帝内经》《本草纲目》《傅青主女科》等古典著作。1927年，在兖州开始行医，运用多部古典医学知识，潜心研习中医几十载。因当时时局战乱，多处行医，由兖州迁往曲阜陵城章枣，再由章枣迁往小雪南兴，最后落户曲阜陵城玄帝庙村。行医四十年，广受群众赞誉。

[《曲阜市卫生和计划生育志》（2016）]

◎ 孙方成 ◎

孙方成，1917年生于济宁。1945年毕业于山东省医学专科学校（当时学校流亡在四川省万县）。1946—1949年，先后漂泊在重庆、昆明、厦门谋职行医。1950年返回故里，不久，任济宁市红十字会医院医生。1955年转入市工人医疗所工作。1957年市工人医疗所并入济宁市市立医院，遂成为该院医生。1987年晋升为主任医师。1990年退休。

早在1947年前后，即孙方成在南方工作期间，通过理论与实践结合，掌握了对天花、痢疾、乙型脑炎、伤寒、结核病、回归热、黑热病、血吸虫病等多种传染病和地方病的防治，并投稿芜湖工商日报，发表了《秋风送来的痢疾》《怎样预防伤寒》等多篇文章。建国后几十年来，工作之余，又潜心钻研祖国医学，并融汇古今，出入中西，探究中西医结合治疗，曾先后撰写了《祖国医学对结核病的认识》《祖国医学中的瘰疬》《祖国医学对儿科诊断的贡献》《哮喘病治疗方法》《肺病疗养指导》《素问新观》《中国疾病史》等近百篇文章。

孙方成通晓德文、英文。曾将外文版《动脉硬化和冠心病》《动脉硬化发展过程》《心理学治疗》及多篇论文译成中文；也将个人所撰《中国疾病史》（暂写成15种疾病）写成中、英两种文稿，投递国家级刊物。另外，还协助济宁市血液稀释研究所将研究成功的科技成果，译成外文资料。

孙方成生活淡泊，嗜读好学。如今虽年过古稀，仍守陋室，老有所学。一些矢志于医学的后起人才，经常登门求教于这位有学识者。

[《济宁市市中区卫生志》（1994）]

◎ 李印坦 ◎

李印坦（1918—1990），字筱东。幼承家学，随祖父李承德学习中医，后又师从于曲阜名医沈梦周、孔凡业，并受其岳父陈延楫中医技术指导。从业中研习多位名医之经验，博览群书，对很多疑难杂症都有独到见解。

[《曲阜市卫生和计划生育志》（2016）]

◎ 郭得兴 ◎

郭得兴（1918—1998），曲阜时庄镇大柳村人。出身贫苦，幼年曾跟随祖父读私塾，十七岁时，在曲阜鸿济堂拜老中医为师，学徒习医十余年。1947年，在陵城开设中药铺"大生堂"，开始行医。1953公私合营，入陵城联合诊所，足迹遍及陵城、小雪、时庄等村庄。在艰苦的环境下，经常登门行医，徒步走遍千家万户。他医德高尚，医术精湛，并且热心培养从医的青年人，精心编写中医教材、医案，为全乡赤脚医生授课多年。1957年，他加入中国共产党。1951年、1953年，先后被推选为曲阜县政协委员和曲阜县人大代表。

[《曲阜市卫生和计划生育志》（2016）]

◎ 颜世灿 ◎

颜世灿（1920—1982），1936年入曲阜育德堂药店当学徒，三十岁悬壶济世，行医于乡里。晚年集平生所学教于子孙，家中其长子秉承父志研习中医，略有建树。

[《曲阜市卫生和计划生育志》（2016）]

◎ 王作人 ◎

王作人，1921年生于济宁。少年时代随父王维周习医，学而不倦，学成遂登堂入室应诊。1953年参加市中医第三联合诊所，任所长。1956—1965年任市卫生局副局长，在分管中医工作中发挥了重要作用。1973年以来，先后任市中医院院长和市中医研究所所长，组织进行了一系列中医药研究项目，并卓有成效。1981年6月晋升为副主任中医师。1988年荣获全国卫生文明建设先进工作者称号。

建国以来，王作人曾先后当选为市医联会中医学会会长，济宁专区中医学会第一、第二届理事会副理事长和第三届理事会理事长。

几十年来，王作人虽从事行政领导和组织社会医事活动，但一直未丢业务工作。通过长期临症，认为脾胃病多由饮食所伤，易聚食生痰阻塞气机，宜服用温胆汤，以体现"以通为补"的治疗法则；崇尚"病有食则外感"和"邪去则正复"之说，主张泻热解表；对胆石症，根据"胆腑通为顺"，提倡以大柴胡汤为主，加排石利胆药物。另外，王作人还拟成曼陀罗丸、哮喘丸、止痢散、溃疡散等近五十种方剂，应病选方用药，疗效显著。

王作人现虽年近古稀，仍抱病坚持应诊工作，远近慕名就医者，使其应接不暇。他在济宁一带，享有较高声誉。

民国年间，王作人、王作民随父王维周学文习医。父对子辈讲解中医经典奥义，口授心传，深入浅出；待有一定基础，便使其认症识药，抄方调剂，观摩应诊，直到监督试诊试治，循序渐进。王作人、王作民继承家传，终成为当今济宁中医界栋梁。王作人还培养后人从事中医工作。

济宁市中医研究所现任所长、副主任中医师王作人，继承家传并发挥创新。早在1954年，他在对麻疹治疗上，主张使用麻杏石甘汤加浮萍草、苇根、芫荽等，即热毒外透，透疹于表；对合并肺炎者，用三黄汤（含黄连、黄芩、黄柏、麻黄、石膏、栀子、豆豉）；对并发脑炎者，沿用牛黄安宫丸、至宝丹、止血散急救。1974年以来，王作人用紫金丹化裁配制成曼陀罗丸和哮喘丸，应治近100例哮喘病患者，总有效率达91%。此外，王作人积几十年之经验所拟成的止痢散治疗痢疾过千例，总有效率90%以上；用自己研制的溃疡散治疗口腔黏膜溃疡，临床观察288例，有效率为85.67%，治愈率51.7%以上。

[《济宁市市中区卫生志》（1994）]

◎ 牛金洲 ◎

牛金洲，大山头镇娄庄人，生于1921年2月，1959年加入中国共产党。

金洲十七岁拜师于李言让门下，从师八年而后独立开业施诊行医。1950年在全县率先组织五区中西医联合诊所并任所长，同时任五区医联会会长。1952年建立区卫生所，任副所长，主持工作。1952年7月在菏泽中医进修班学习半年。1953年调县人民医院中医科，直至退休。

金洲勤奋好学，严以律己，诚以待人，工作任劳任怨，以孺子牛的精神博得党和人民的赞誉，自1952年到1966年，先后出席省、地、县先进卫生工作代表会十次。1956年春、秋，分别荣获山东省劳动模范勋章和山东省先进卫生工作者勋章。

金洲从1949年至1952年为嘉祥县各界人民代表会议代表。从1954年至1966年为嘉祥县历届人民代表大会代表。1955年11月和1958年5月分别当选为嘉祥县人民委员会委员。退休后，1979年和1980年分别当选为大山头镇和县人民代表。

金洲忠实于党的中医事业，擅长中医内科，授徒四人。

牛金洲，1956年在县人民医院任中医师，用中药治疗50例乙型脑炎病人，治愈 48 例，治愈率 96%。病例：杨长岩，男十六岁，大山头区焦坊村人，1966 年 8 月 24 日入院，体温 40℃，神志昏迷，角弓反张，两目直视，四肢厥逆，牙关紧闭，脉洪稍有力，苔白。确诊乙型脑炎。处方：薄荷 9 克，连翘 9 克，二花 12 克，钩藤 12 克，全蝎 9 克，蜈蚣 2 条，知母 4 克，泽泻 6 克，木通 6 克，天麻 9 克，僵蚕 9 克，菖蒲 9 克，南星 6 克，水煎鼻饲下。25 日体温降至 39.8℃，照服原方，另加琥珀清肝散。26 日体温 38.4℃，神志稍清，抽搐减轻，四肢厥逆好转，原方去薄荷加郁金 9 克，赤苓 9 克，照服。27 日体温正常，微有昏迷，停止抽搐，除颈项部稍现强直外，别无变化，又原方继服，去消肝散改抱龙丸，去鼻饲管改口服。28 日颈项部稍强，大便三日未下，因之处方为菊花 9 克，银花 12 克，连翘 12 克，僵蚕 9 克，蝉蜕 9 克，知母 9 克，玄参 12 克，泽泻 9 克，天冬 9 克，全蝎 9 克，甘草 9 克，竹叶 6 克，泻叶 6 克。30 日，各症状消失，遗有言语模糊，停止泻药，改服牛黄清心丸，连服三天，完全恢复健康，9 月 13 日出院。

牛金洲擅治肾阳虚泄泻。1981 年 2 月 26 日，济宁县物资局一男性干部，三十三岁，腹泻八个多月，日五至七次，大便稀薄有沫，胃满纳少，胸胁不舒，肠鸣、五更泻，下肢易冷，乏力多梦，曾多处医院治疗无效，处方：故纸 13 克，吴萸 6 克，玉果 10 克，附子 6 克，边桂 3 克，山药 20 克，川断 16 克，巴戟 20 克，陈皮 13 克，麦芽 15 克。水煎服，日一剂。服一剂，五更泻止，四天未便，自觉身有力，纳增。再诊照上方又服三剂，一切恢复正常，无复发。

[《嘉祥县卫生志》（1990）]

◎ 曹广心 ◎

曹广心（1921—2010），曲阜尼山镇大王庄村人。师从孔凡昌在乡间行医，为一方老百姓解除病痛。抗日战争后期，孔凡昌成为八路军交通员，后被日本鬼子杀害。他继承了孔凡昌先生的事业，继续开办私塾学堂招收乡村学童，同时继续为乡村百姓看病。

新中国成立后，大王庄村成立了村卫生所，他成为村卫生所的一名乡医。1963 年，作为乡村名中医被收编到南辛公社卫生院。1968 年下放到南辛大王庄村卫生所工作。1973 年再次被召回县人民医院南辛分院工作，直到 1980 年 10 月退休。从事中医几十年来，他对中医名著精心研读，并运用到临床实践当中。研究人体经络穴位，钻研针灸推拿技法，利用针灸拔罐等为颈椎和腰腿风湿疼痛患者治病。他略懂周易、阴阳五行等，有时应用到治病当中，对疑难杂症能有奇效，如治疗小儿惊厥等。2010年去世。

[《曲阜市卫生和计划生育志》(2016)]

◎ 陈殿教 ◎

陈殿教，万张乡陈楼村人，生于1922年12月，幼读私塾，二十一岁始自学中医，擅长于内科、妇科和针灸。1950年开始行医，1952年加入联合诊所任所长。是年成立六区医联会，任医联会副会长。1952年7月在菏泽中医进修班学习。1955年调县卫生工作者协会任主任，两次召开中医代表会，收集验方，汇集成册，印发全县。1956年成立嘉祥县中医研究所，任所长。1958年参加灵岩寺省中医进修班学习。1959年结业后留济宁中医研究所。1962年县市分治，调嘉祥县卫生局做中医管理工作。

1963年5月和1966年1月分别当选为嘉祥县人民委员会委员。1966年县卫校成立，陈任中医班班主任兼中医教师。1975年退休后又留县人民医院工作七年。1983年回家，1984年当选为嘉祥县政协委员。

陈殿教诊治"产后风"医案：王某，女，28岁，11天前在家顺产一男婴，自产后8天，张口困难，后逐渐加重且伴抽搐，于1973年6月9日来急诊收住院治疗。

初诊：哭笑面容，牙关紧闭，颈背强直，角弓反张，腹壁紧张，时有抽搐。大便3日未下，舌苔白腻，脉虚弦。断为风邪入里，血虚经闭，经脉不畅。治宜祛风止痉，通脉和络。处方：当归13克，赤芍12克，红花5克，僵蚕9克，天麻9克，川羌9克，川芎9克，蝉蜕0.3克，南星9克，蜈蚣3条，水煎服频频服下。

次日二诊：大便已下，抽搐仍频繁，喉中痰鸣，他症如昨，风邪挟痰上涌，邪势未减。疏方：蝉蜕13克，南星9克，全蝎12克，天麻6克，僵蚕9克，蜈蚣4条，川贝9克，钩藤0.3克，天竹黄9克，白附子9克，川羌9克。

6月11日三诊：抽搐减轻，痰涎减少，测体温38℃，有邪风化热之象。前方加清热解毒之双花30克，连翘18克，公英13克，菊花12克。

6月15日四诊：4天服前药8剂，体温降至正常，抽搐减轻，原方继服。

6月17日五诊：病情骤变，体温突然升高，皮肤出现红疹，微痒，为风邪侵入营血之兆。加丹皮12克，赤芍9克，生地12克，黄芩12克，日服2剂。

6月19日六诊：服前药4剂发热未退，红疹转为红斑，余症如往，邪重药轻。处方：双花45克，全虫9克，蜈蚣3条，蝉蜕13克，僵蚕9克，川贝9克，黄芩12克，葛根24克，地丁30克。

6月24日七诊：调治5日服药10剂，各症悉减，因感外邪，恶风寒，改用生地18克，赤芍9克，当归15克，川芎9克，丹皮12克，蜈蚣3条，蝉蜕13克，防风12克，僵蚕9克，川羌9克，荆芥6克，红花9克，青蒿9克，柴胡18克。

6月26日八诊：热邪下行，膀胱气化失利，小便困难，查尿常规（-），加用黄柏12克，肉桂12克，取水火相济之意。

6月30日九诊：正虚邪盛，前后辗转调治，29日发热方退，小便正常，改服六诊方。

7月1日十诊：复感外邪，突然高热至40℃，头痛微恶寒，神志清，脉数。处方：柴胡24克，黄芩15克，半夏12克，川羌6克，葛根24克，双花30克，连翘12克，青蒿9克，僵蚕9克，蝉蜕9克。

7月6日十一诊：调治五日热势稍退，但见烦躁不安，邪在气营。气营双清：双花30克，连翘18克，赤芍9克，丹皮12克，生地24克，当归24克，牛子12克，知母12克，紫草15克，栀子12克，石膏24克。

7月9日十二诊：4日服药八剂病去大半，稍口渴欲饮，加用党参12克，寸冬12克，竹叶9克，益气津除烦热。

7月16日十三诊：数日调治，症状悉退，饮食增加，调以清养之剂治疗。共住院三十九天，1973年7月18日痊愈出院。

[《嘉祥县卫生志》（1990）]

◎ 王世斌 ◎

王世斌（1924—2000），曲阜南辛镇大湖村人。青少年时期师从息陬乡夏宋著名老中医孔祥棠。1956年，曲阜各区成立联合诊所，经组织安排去防山区高家村联合诊所工作；1964年应大湖村党支部请求到大湖村卫生所工作；1974年，曲阜县人民医院南辛分院举办赤脚医生培训班，其与张佃文负责具体教学工作，培养了数十名赤脚医生。他擅长妇科疑难杂症、不孕不育、小儿疾病方面，在曲阜防山乡、泗水县等地有较大影响，被群众称其为"王半仙"。1980年退休，2000年去世。

[《曲阜市卫生和计划生育志》（2016）]

◎ 孔宪富 ◎

孔宪富（1925—2014），他自幼喜好针石之学，十六岁时前往郓城跟随当地名中医潜心学习中医理论。1949年学成归来，先后在小雪公社东陈联合诊所及三合联合诊所行医。由于理论功底扎实，服务态度良好，多地病人慕名而来。1970年参与小雪公社卫生院组建，并先后在医院中医门诊、中药房工作。退休后，在当地利用所学知识，继续为群众服务，并将多年行医掌握的知识和积累的经验，通过言传身教，传授给他人。2014年去世。

[《曲阜市卫生和计划生育志》（2016）]

◎ 夏庭徵 ◎

夏庭徵，嘉祥镇嘉祥村人，出生于1925年11月2日。

庭徵幼读私塾，面壁十年，精通四书五经，而后拜师于仲山乡陶官屯妇科世家吴世厚门下，从师六年，尽得所传，擅长内科，精于妇科。出师后施诊行医，1952年任南旺县卫生院中医。1954年3月调嘉祥县八区卫生所任中医。1958年参加山东省灵岩寺中医进修班。结业后调济宁地区人民医院中医科。是年被济宁医专聘任为中医讲师，1963年10月调回嘉祥县人民医院中医科至退休。

庭徵态度和蔼，平易近人，在中西医结合方面颇有建树，曾与王翰合写《中西医结合治疗破伤风》一文。

1984年3月当选为嘉祥县第一届政协的常务委员，1987年4月当选为嘉祥县第二届政协常务委员。

[《嘉祥县卫生志》（1990）]

◎ 李明实 ◎

李明实，孟姑集乡响水口村人，出生于1926年11月，共产党员。

李明实幼承庭训，随父从医，专擅中医痔瘘科。1952年师范毕业后教学兼行医。1964年调入嘉祥县人民医院，设痔瘘科。1978年任嘉祥县中医痔瘘研究所副所长。1982年痔瘘研究所扩建为嘉祥县中医痔瘘医院，李明实任中医痔瘘医院院长兼中医痔瘘研究所所长。1984年任党支部书记兼院长。1986年2月机构改革，调为副院长。

李明实对痔瘘技术刻苦钻研，精益求精，曾先后赴省，为省委、省政府、省军区、济南军区等单位的领导治疗，受到嘉许。所收治的病人除台湾地区外遍及全国各省市自治区。

李明实从1967年开始痔瘘科研工作。1978年出席市、县科技大会，受到奖励。其注射治疗技术成果于1982年12月被省科委组织的28名专家、教授和有关技术人员参加的鉴定会评为国内水平,并荣获科研成果二等奖和山东中医学会优秀论文奖。明实曾多次参加省以上中医学术会议,并先后在全国《肛肠杂志》和省杂志上发表论文六篇。其治疗痔瘘效果,"人民日报""山东电视台"等全国二十余家报社、电视台均先后进行采访和报道,明实先后带徒十七人。

1977年、1983年两次当选为山东省第五届、第六届人民代表大会代表。1984年、1987年分别当选为嘉祥县政协第一届、第二届常委和委员。1979年、1984年分别当选为山东省肛肠学会第一届、第二届委员,市中医学会理事,县中医学会副主任,嘉祥县科协第一届、第二届常委委员。

1981年晋升为中医主治医师,1988年晋升为中医副主任医师。

[《嘉祥县卫生志》(1990)]

◎ 赵志奎 ◎

邹县当代中医赵志奎[①],少年即随父习医。其父赵兴隆擅长中医妇、内科,善用"乌梅丸方"治妇科杂症,自拟"宁肺汤"治疗肺结核,皆有独到之处,赵志奎尽得父传。1958年,赵志奎在山东省中医进修班学习,使之学验俱丰。在治疗流脑、乙脑等急性热病方面疗效显著。1980年来,赵志奎对心脑血管病、慢性肝病、肿瘤病的研究和临床治疗均取得初步成果。

20世纪70年代起,中医由诊治常见病症转向治疗疑难病症。中医赵志奎在"四妙勇安汤"的基础上变通加减,治疗脉管炎首见奇功。至1987年已治愈二十例,未见复发。

1980年,中医赵志奎在多年临床实践中总结出用"三甲"合剂治疗子宫肿瘤,通过长期临床观察,近期疗效满意。至1987年,用该方治疗子宫肌瘤、子宫息肉、宫颈癌、宫体癌二十余例,对子宫肌瘤、子宫息肉有显效;对治疗宫颈癌、宫体癌少则五十剂,多则百余剂,服后病情均有不同程度的控制和改善。对一例经省级医院确诊为"病属晚期,不宜手术,回家治疗"的子宫颈癌患者,服用此方治疗,维持生命五年之久。

赵志奎认为,"邪之所凑,其气必虚"。肿瘤形成与虚邪侵袭、寒热搏结、情志抑郁有关。"积之成也,正气不足而后邪气踞之",从而导致脏腑失调,客邪留滞,气滞血瘀或痰凝毒聚,日久而蚀阴耗阳,气血紊乱。故肿瘤虽是局部病理

[①]《中国中医人名辞典》(1991)记载,赵氏生年为1926年。

表现，但与整体的正气虚弱有关。子宫肿瘤（包括良性和恶性）的症状，多属中医"崩漏""带下""月经不调"和"癥瘕"的范畴。其病理表现多为肾虚而湿热蕴结，流注下焦，或肝气郁结损伤冲任。而肾虚则代谢、内分泌、免疫功能低下，进而发生子宫肿瘤。"三甲"入心、肝、脾、肾经，对滋阴补肾，增强体质，有着重要作用。从整体观念出发，三味同用能提高机体抗病能力，养阴清热，消积软坚，补肾消癌。而三甲再配以土茯苓、槐花，增强清热解毒之功，旱莲草、女贞子，具滋补肝肾，滋阴清热之效，对阴虚出血等症，有较好的活血止血作用。川断、仙鹤草、紫草，凉血止血有协同作用。据现代医学研究，川断含大量维生素E，善止血，为补肾阳之要药，用于大队补肾阴药中，有补阴兼有扶阳之妙。白花蛇舌草、苡仁、蚤休均有较好的抗癌作用，由此组成滋阴补肾抗癌的方剂，是属补法治疗肿瘤的方法之一。

附：三甲合剂的药物组成应用

药物组成

鱼甲30克，龟板32克，牡蛎32克，川断15克，槐花15克（槐耳更好），女贞子10克，旱莲草24克，仙鹤草24克，紫草24克，蚤休15克，土茯苓24克，白花蛇舌草32克。

加减法

感染：加二花、公英、败酱草。

小腹疼痛：加没药、元胡、橘核、川楝。

有恶臭混有血性白带：加茵陈、琥珀、山药。

出血：加阿胶、白及、三七、茅根、茜草。

体弱气喘面色白：加紫河车、巴戟天、仙茅。

气虚大便难：加太子参、麻仁、寸云。

小便困难：加萹蓄、瞿麦、车前。

[《邹县卫生志》（1989）]

◎ 路呈久 ◎

邹县人民医院中医路呈久[①]，其父路景通精于中医痘疹科。路呈久在治疗麻疹及

---

① 路呈久：《中国中医人名辞典》（1991）记载，路氏生年为1929年。

其并发症方面能准确把握不同类型，抢救危重症每起沉疴。1987年，路呈久晋升为副主任中医师，并培养子女学习继承中医，从事中医工作。

1978年，县人民医院中医路呈久和医师陈永明，对变应性亚败血症采用解肌透表，滋阴清热的综合疗法，拟定加减柴胡白虎汤，在治疗中取得满意疗效。

方药：柴胡20克，石膏20克，麻黄8克，青蒿15克，黄芩10克，知母10克，当归10克，丹皮10克，骨皮10克，杏仁10克，甘草3克。

服法：每日一剂，早晚分服，服至热退后，改用生脉散加黄芪、生地、石斛、山药，以巩固疗效。

附：病例

例1：张××，女，34岁，社员。

患者于1977年9月因露宿受凉引起发热身痛，服退热药片暂缓，后体温仍波动在40℃左右，先后到两处医院住院治疗，当时实验室检查WBC 1260立方毫米，ESR 46毫米/1小时末，血及骨髓培养均无阳性结果，抗链"O"滴度在正常范围内，心电图及大小便常规检验多属正常，胸透心肺正常，曾用10余种抗生素及激素和中药十余剂（方不详），仍反复高热，后经九一医院确诊为变应性亚败血症。1978年2月来我院就诊。患者仍间歇性发热，体温波动在39～40℃，伴有两膝酸痛，胃纳减少，发热时面部潮红，有憋气感，出汗后热可减轻，其他无重要伴发症状，诊脉大无力，舌质红苔略黄，先后采用小柴胡汤、当归六黄饮、清络饮、黄芪鳖甲散二十余剂仍反复高热。后经会诊讨论认为，非单纯午后潮热的阴虚内热症，仍为感受寒邪失于汗解，郁而化热，热邪留于半表半里之间。遂改用解肌透表佐以滋阴清热的治疗原则，按上方连服三剂，体温降至38℃，又服三剂体温恢复正常。后改用加味生脉散巩固疗效。半年后随访未再复发，并恢复正常劳动。

例2：司××，女，48岁，社员。

患者随夫在西藏居住，因反复高热年余，曾多次住院用多种抗生素及激素治疗无效，故回乡治疗。1978年3月来我院就诊，检查体温39.8℃，脉搏90次/分，血压120/80mmHg，胸透心肺正常，实验室检查WBC 1200立方毫米，ESR 36毫米/1小时末，血液及骨髓培养无致病菌生长，抗链"O"、心电图、大小便常规检验均正常，内科诊断为变应性亚败血症，转中医科治疗。

患者无定时发热，时高时低一年余，伴有关节酸痛，胁部不透，食欲减少，觉渴不多饮，头晕乏力，脉弦数无力，舌质红，苔薄黄。按上方连服六剂后体温降至

37～38℃，停药一周未再下降。再诊脉细数，舌质红，尤以晚间发热多，诊为阴虚内热，以上方去麻黄、石膏，以银胡易柴胡加鳖甲，重用青蒿连服六剂体温恢复正常。后用加味生脉散巩固疗效，五个月后随访未见复发。

[《邹县卫生志》（1989）]

◎ 张佃文 ◎

张佃文（1930—1995），曲阜市息陬镇东陬村人。出身杏林世家，为张氏中医第五代传人（张氏中医第一代传人张敬周、第二代传人张西行、第三代传人张风楠）。自幼随爷爷、父亲在家乡从医，祖业药铺为"保元堂"。张氏中医在本村及周边享有很高的声誉。

1965年加入联合诊所，经组织安排到南辛乡东余村诊所负责工作。其间还被安排到尼山水库大坝做疾病防治工作。1974年，县人民医院南辛分院举办赤脚医生培训班，其与王世斌先生负责具体教学工作，培养数十位赤脚医生。他擅长中西医结合辨证施治，善于处理疑难杂症，对半身不遂有独特治疗经验。精传医术于膝下儿女及数位门生徒弟。在他的培养下，不少学生、徒弟成为医院各专业的技术骨干。1980年于南辛分院退休，1995年去世。

[《曲阜市卫生和计划生育志》（2016）]

◎ 王志谦 ◎

王志谦，男，1931年生，山东省鱼台县人。鱼台县人民医院中医科主任、中医副主任医师。

1947年起随中医学徒，1969年毕业于山东省中医函授学院。1952—1978年先后任鱼台县合作医院及鱼台县人民医院中医师，1981年任主治医师，1987年任副主任医师。曾发表《经络疗法治疗13例子宫功能性出血》等文章。从事中医临床工作。

[《鱼台县卫生志》（1996）]

◎ 张果孝 ◎

张果孝（1931—2001），自幼跟父亲张逢春学习中医，聪慧好学，博览群书，勤于古训，博采众长。1957年受曲阜县卫生局委派到山东中医进修学校（灵岩寺）进修中医。同期与国医大师张灿玾（原山东中医药大学校长）、济宁市名老中医廖昂为同窗好友；进修后受聘于山东省中医药大学，讲授中医四大经典，并在山东省立二院临床坐诊。后调回曲阜任南辛分院中医主治医师。1982年被济宁市卫生局授予"济宁市名老中医称号"。

曾任济宁市名老中医评选考官，被济宁市卫生局聘为中医学会常务理事，多次被济宁市卫生局委派到济宁卫校、滕州卫校、兖州卫校讲授中医基础理论，为济宁市中医进修班讲授《伤寒论》《内经》《温病》。退休后受聘于息陬卫生院中医科坐诊。

[《曲阜市卫生和计划生育志》（2016）]

◎ 蒋诲亭 ◎

蒋诲亭，男，1931年生，汶上县汶上镇人，1965年加入中国共产党。

诲亭幼读私塾，而后拜杨允升先生为师，于1956年1月被安排到汶上县人民医院中医科任中医师，1963年任副主任。1961年在山东中医学院师资班深造。1976年调汶上县政府机关门诊部任主任。1984年任汶上县中医院院长兼党支部书记，现任汶上县中医院名誉院长。

从医四十余年，善于理论联系实际，注重总结经验，在学术上推崇东垣脾胃学说，临床重视脾胃，注重脏腑辨证。长于中医内科、妇科，尤擅治小儿麻疹。发表论文十余篇，其中《谈崩漏症的辨证论治》《杨允升治疗的经验》被评为市优秀论文。除坚持中医临床外，热心中医教育，主办多期中医进修班、西学中班。倡导组建了汶上县中医院，成为全县中医医、教、研基地。

蒋诲亭，1986年、1988年先后被评为山东省卫生先进工作者、山东省优秀科技工作者。1988年、1989年、1991年分别被评为济宁市卫生先进工作者。1990年县委、县政府给予晋升一级工资。

为汶上县政协第一届、第二届政协委员，1990年被评为优秀政协委员、汶上县科协委员、汶上县中医学会理事长、济宁市中医学会常务理事、山东省中医学会会员，入选《中国中医当代名人志》《山东省高级卫生人物志》《山东省名医论著选录》（1990年第二辑）中。

[《汶上县卫生志》（2000）]

◎ 马金榜 ◎

马金榜（1934—　），初中毕业后，在父亲马鸿汉指教下，开始学习《内经》

《伤寒论》《药性赋》《汤头歌诀》《外科精义》《外科大成》等著作。除学习外，白天随父亲侍诊，得到真正的言传身教，晚间整理医案心得。1956年加入联合诊所，同年参加县卫生局举办的中医学习班学习半年。1958年调入曲阜城关公社卫生院，从事中医皮肤科工作。1973年在济宁地区人民医院皮肤科进修一年，并随济宁市人民医院到上海华山医院皮肤科学习月余，使其医疗水平不断提高。临床中以中医药内服，用中药加工制成软膏、酊剂、洗剂、霜剂、油膏等剂型外用。对常见的银屑病、剥脱性皮炎、过敏性皮炎、慢性湿疹、小面积白癜风、小腿丹毒、慢性荨麻疹、皮肤瘙痒症、小腿溃疡、结节性血管炎、花斑癣、血栓性浅静脉炎等获效显著。除家传外，加之不断钻研实践，刻苦学习，在治疗某些皮肤疑难病症方面确有一些独到之处，并常与父亲相互交流治疗方法，心得体会，切磋医技，共同探讨。他的临床治疗经验，用药心得，有些被编入马氏中医皮肤科著作中。撰写学术论文数篇，《四妙霜治疗婴儿湿疹32例临床观察》，在《齐鲁中医药信息》1988年第1期刊登；《皮肤瘙痒辨治验案》在《中国中医药》1997年1月刊出；《丹溪心法外治特色述要》在《中国中医药》1997年6月刊登；《玄参的临床应用》在《中国中医药报》1999年6月刊出；《土茯苓临床应用体会》在《中国中医药报》1999年8月刊登。

除中医学专业外，利用业余时间酷爱书法绘画。2007年在《中国中医药报》专业书画大赛中获优秀奖，作品在深圳市展出，出版《马金榜画梅集》《愚夫竹诗字画丛稿》两部书画专辑。

马氏中医皮肤病医案

带状疱疹案

袁某，男，54岁。1994年6月3日初诊。患者一周前自觉右额部不适，两天后有小片状红斑发生，相继出现几个大小不等的水疱，有灼热和针刺样疼痛，延及右侧头部颜面。肌注维生素 B_1、维生素 B_{12}，口服病毒灵等三天未效，皮疹继续扩展，仍头痛头胀、恶心欲吐、口苦口渴、饮食不振、大便干、小便黄。查见右侧眉部至额部发际有10厘米×6厘米紫红色炎性皮损一片，内有数个绿豆至黄豆大水疱血疱，互相聚合簇集密布，少数疱疹破溃，渗出黏液呈现湿润糜烂状。舌质红，苔黄腻，脉弦数。诊断：带状疱疹。证属：肝胆湿热，火毒内盛。治则：清利湿热，泻火解毒。处方：龙胆草10克，柴胡10克，黄芩10克，生地15克，栀子 10 克，连翘 15 克，丹皮 10 克，板蓝根 30 克，蒲公英 30 克，夏枯草 15 克，花粉 10 克，大黄 10 克，甘草 10 克，水煎服。外用生地榆 30 克，鲜马齿苋 60 克。水煎凉敷，每日数次。

6月7日二诊：皮疹颜色变淡，水疱消退，干燥结痂，疼痛大减，口已不渴，二便正常。原方去大黄、花粉，续服两剂，诸症消失。

湿疹（脾胃湿热）案

孔某，男，24 岁。1997 年 10 月 15 日初诊。自 8 月份以来，下颌部、鼻两旁、双面颊部，发生几处蚕豆至钱币大皮损，呈红色，内有米粒大丘疹密布，边缘不清，剧痒。当时在本地服强的松、扑尔敏、葡萄糖酸钙，外搽氟轻松软膏、氧化锌洗剂稍有好转，然过后皮疹仍反复再发，痒甚时抓后可见少许黏液外溢。查见皮损色暗红，上附数十个小丘疹。小便微黄，舌质红，苔黄略腻，脉濡数。诊断：湿疹。证属：脾胃湿热。治则：祛湿热，止风痒。用健脾祛湿解毒汤，处方：白术 12 克，茯苓 12 克，黄芩 10 克，栀子 10 克，黄连 10 克，白鲜皮 15 克，防风 10 克，花粉 10 克，木通 10 克，甘草 10 克。六剂，水煎服。外用除湿止痒膏。

10月21日二诊：皮疹已基本消退，稍有痒感，遵方继服四剂后症状消失。五个月后随访未发。

马氏中医验方

洗剂

蒲银洗方

【药物组成】蒲公英 15 克，银花 15 克，地丁 15 克，鲜马齿苋 50 克，芒硝 20 克。

【使用方法】水煎适量，待凉以毛刷蘸搽患处，日六至八次。也可用纱布五层蘸药液稍拧至不滴水为度，敷于患处，三五分钟更换，日数次。至炎性疖消退。

【功效】解毒消炎散结。

【适应病证】暑疖。

茜丹洗方

【药物组成】茜草 30 克，丹皮 30 克，地榆 30 克，白鲜皮 3 克。

【使用方法】上药水煎适量待凉，按皮损用纱布叠至六层，蘸药液稍拧至不滴水为度，湿敷患处，五分钟更换一次，或有热痒感即敷，不拘次数，至痒热感症状消失。

【功效】清热止痒。

【适应病证】面部激素皮炎。

膏剂

土苍膏

【药物组成】土茯苓30克,苍术30克,艾叶30克,苦参30克,白鲜皮30克,地肤子30克,防风30克,苍耳子30克,蛇床子30克。食醋1500毫升。

【使用方法】上药共研细粉,醋加热熬至三分之一时,将药粉倾入后再熬,即可成膏。用时取药膏适量,纱布两层包上,蘸醋搽患处,日二三次,或感痒即搽。

【功效】收涩祛风止痒。

【适应病证】局限性神经性皮炎(苔藓样变)。

马栀膏

【药物组成】鲜马齿苋400克,栀子粉50克,大黄粉40克。

【使用方法】将马齿苋捣烂,与大黄粉、栀子粉充分调匀成糊膏状,敷于患处,干后即换,保持药效,不拘次数。

【功效】清热消炎,解毒消肿。

【适应病证】丹毒、乳痈。

酊剂

【药物组成】白鲜皮12克,苦参12克,蛇床子12克,地肤子12克,五倍子12克,赤芍12克,三棱12克,莪术12克,白蒺藜12克,防风12克。75%酒精500毫升。

【使用方法】上药入酒精中浸泡七日后,滤渣贮瓶中,每100毫升药液中加入甘油5毫升,冰片2克。用时以棉签蘸搽患处,日三四次,或感痒即搽。

【功效】除湿止痒散结。

【适应病证】结节性痒疹。

油剂

归竹油

【药物组成】当归30克,玉竹30克,甘草30克,白蒺藜30克,蛇床子30克,芝麻油500克。

【使用方法】诸药入油中浸泡三日后炸枯滤渣，待凉储瓶中。用时以棉签蘸搽患处，日六次，直至皮损消退，痒感消失。

【功效】润肤疏风止痒。

【适应病证】玫瑰糠疹。

榆紫油

【药物组成】地榆50克，紫草30克，芝麻油500克。

【使用方法】上药入芝麻油中浸泡三日后炸枯滤渣，待凉储瓶中。用时以毛刷蘸搽患处，日三次，再用三层消毒纱布覆盖。

【功效】清热护肤。

【适应病证】尿布皮炎（皮肤潮红）。

粉剂

蛇萍粉

【药物组成】蛇床子30克，浮萍30克，地肤子30克。

【使用方法】研成细粉，储瓶中备用。用时以纱布三层包少许药粉蘸醋搽患处，感痒即用，不拘次数。

【功效】祛风止痒。

【适应病证】皮肤瘙痒症。

马氏中医土方

1. 采集活筋条（接骨木）切成小段，取一把（约50克）煮水外洗，一日两次，治疗跌打扭伤、风湿关节痛腰腿痛。

2. 采集天麻颗（益母草）晒干，于产后取一把（约30克）水煎服，一日二三次，促进恶露排出，一般连用三至七天。

3. 四根汤：取葱根、香菜根、萝卜根、白菜根各一个，切碎后，水煎服，一日三次，治疗感冒初起。

4. 采马齿苋二两洗净，与蒜末同炒后食用，治疗腹泻。

[《曲阜市卫生和计划生育志》（2016）]

◎ 孔庆坤 ◎

孔庆坤（1934—2011），自幼习承家传中医学业，通读中医传世经典书籍，努力付诸临床实践，逐渐形成自己的医疗特色。1954年参加省卫生厅在兖州举办的中医理论提高研修班。1956年加入联合诊所,在息陬卫生院从事中医临床医疗工作,直至退休。

在临床医疗工作中,注意学习西医理论知识和诊疗技术,中西医并举,努力做到中西医融会贯通。在内儿科常见病、多发病诊治方面,经验丰富,尤其是在急性肺炎、慢阻肺、肺心病、肺结核、冠心病、脑血栓形成、慢性胃炎、肝炎、肝硬化的治疗方面,病例颇多,治疗效果较好。对儿科常见病如小儿肺炎、腹泻病、营养不良性贫血、维生素D缺乏性佝偻病等治疗较多。20世纪60年代初,流脑、麻疹、白喉、乙脑、破伤风等急性传染病肆虐乡里,孔庆坤积极参加大量重症病例的救治和处理,配合上级防疫部门,全员免疫,预防接种全覆盖。在中医妇科方面,对女性原发性不孕症治疗有自己的独特见解,使多例患者如愿生育。

[《曲阜市卫生和计划生育志》(2016)]

◎ 张广辰 ◎

张广辰,男,1934年3月生,山东省嘉祥县大张楼乡张庄村人。

1963年7月毕业于滕县卫校中医专业,是年分配到汶上县寅寺卫生院工作。1976年调汶上县卫生学校任教。1987年在上海第二医科大学全国中医疑难杂症班深造。1989年调汶上县中医院任内科主任。

1987年晋升主治中医师。擅长心脑血管病、肾病及妇科病的诊治。发表论文10余篇。其中《三黄槐角汤灌肠治疗慢性溃疡性结肠炎的体会》获济宁市第四次自然科学优秀论文三等奖。

1983年任中华全国中医学会济宁分会会员,汶上县中医学秘书长。1991年任中国中医药学会会员。

[《汶上县卫生志》(2000)]

◎ 朱鸿铭 ◎

朱鸿铭(1936—?),朱氏中医第四代传人。主任中医师,山东省首批名中医药专家,山东省第二批五级师承指导老师。1952年跟其祖父朱荫楸学中医;1956年考入山东省兖州医士学校学西医,三年半毕业;1959年分配到济南市历城县卫生防疫站做传染病防治工作,1962年6月调入曲阜县人民医院,跟师朱荫楸老中医,继承其六十年的学术经验,深得其传。曾任曲阜市人民医院中医科主任。1987年1月参与创建曲阜市中医院,任业务院长、名誉院长。2003年12月退而不休,被曲阜市中医院返聘在国医堂、山东省名老中医传承工作室。曾任山东中医学会肝胆病专业委员会委员，《山东中医杂志》第一届编委，济宁市中医药学会常务理事，《济宁医刊》编委，济宁市中西医结合学会第三届副理事长，曲阜市中医学会副理事长等职。济宁市中医内科学术带头人，曲阜市一、二、三、四批拔尖人才，曲阜市政协七至十届委员。曾获济宁市优秀科技工作者一次，济宁市卫生系统先进工作者两次，曲阜市政府晋级奖励一次，曲阜市嘉奖或奖励十余次，退休后多次获医院"功勋人物""突出贡献"等最高荣誉。

从事中医临床工作六十余年，对中医内、妇、儿科常见病、多发病、疑难病治疗经验丰富，擅长脾胃病、肝胆病、肾病、不孕症等的研究与治疗。主编著作三部，参编著作六部，发表论文一百六十余篇。其医术水平高超，临床经验丰富，学术思想独特。

他时刻不忘中医药教育和继承工作。1975年在济宁地区第一届西学中班任教师，1982年在济宁地区第一届中医进修班任教师。除利用工作之余，到曲阜中医药学校任教多年外，还曾带教徒弟十余人，如弟子孔令臣、朱传伟、孔祥宝、颜秉甲、孔样春、孔德山等人均学有所成，奋斗在中医临床第一线。以"山东省第二批五级师承指导老师"之重任，又继续带徒弟，实为当今中医药工作者的楷模。

朱鸿铭，朱荫楸之孙，曲阜朱氏中医世家第四代传人。1962年跟祖父学徒，尽得其传。山东省首批名中医药专家，长于内科、儿科、妇科病的治疗。他采用养阴益气润燥法，以"脾阴汤"治疗脾阴虚症；运用调气活血清热法，自创"鲁胃宝"治疗萎缩性胃炎，均收到满意疗效。他研制的"十味病感汤"对病毒性感冒的治疗有奇效，此项研究居全国领先地位。对于因心虚而致心动过速、心气虚而致心动过缓，应用自创"心动过速方"和"心动过缓方"治疗，均有良好效果。他认为，慢性肾炎乃肺气虚而藩篱不固，肾阴亏而藏精失司，上焦宣降不利，蕴热稽留不散所致，以自制"肾九方"治疗疗效甚佳。自创"乙肝解毒1号"治疗乙肝与乙肝病毒携带者疗效显著，该项研究成果在全国也居于领先地位。他创制的"清暑银翘汤"（银花、连翘、竹叶、牛蒡子、薄荷、菊花、鲜荷叶、西瓜翠衣、竹茹、鲜苇根）、"加减藿朴夏苓汤"（藿香、佩兰、杏仁、半夏、厚朴、赤苓、滑石、通草、大豆黄卷、生薏仁）被中国中医研究院沈仲圭医师称赞道："以上两方用药轻灵，深得叶派家传，可见编者对温病学说深造有得，故辨证用药，切中病情。"1966年，朱鸿铭针对"盗汗"一症进行研究，认为本症与阴虚内热有关，自拟"盗汗汤"养阴清热止汗，疗效满意。曾总结治疗22例，大部分治愈，个别一年后复发，再服"盗汗汤"即止。1980年，对慢性肾病有较深入的研究，认为慢性肾病的热毒型在临床上比较常见，拟订清热解毒、活血化瘀、养阴固涩法治疗，疗效较佳。1983年，针对脾胃病错综复杂的病因病机，将其分为十个证型进行治疗，取得明显疗效。1984年，应用"大黄䗪虫丸"治疗癥瘕积聚，疗效突出。1986年，针对"秋伤于湿，冬生咳嗽"的病机进行研究，指导临床治疗，较为满意。对暑温病进行研究，认为暑温病在卫分证及时清解，避免内传才是上策。1989年，针对哮喘病进行研究，自拟"脱敏止喘方"治疗过敏性哮喘，取得满意疗效。

朱氏中医朱鸿铭对中医妇科研究较多，临床经验丰富。认为大多数妇科病都与肾虚、冲任不足或失调有关，因而在治疗上当以滋肾补肾为主。自创"排卵1号"，成为治疗妇女不孕症良药；创制的"补肾固胎汤"治疗习惯性流产有显著疗效。

[《曲阜市卫生和计划生育志》（2016）]

◎ 胡金奎 ◎

胡金奎（1938—？），字共星，胡氏中医正骨第二代传人。自幼随其父胡丕祯行医，学习正骨技术，十几岁时已能处理简单病症和骨伤病人的整复治疗。1956年参加城关中医联合诊所，后转城关卫生院，长期担任中医骨科医师。他在继承前人整复技术的基础上，不断学习吸收现代化科学诊断治疗方法，对中医传统的正骨手法和小夹板固定进行改进，引用生物力学原理，提高整复成功率，已优化出一套较为理想的固定方法。他与曲师大生物系合作进行"促进骨折愈合的探索"，从蛋壳的钙化形成机理入手进行实验分析，证实蛋壳的形成是多种酶的产物，与人类骨折愈合过程中的血酶增高存在着机理上的统一性。该项研究正在进一步加深探索。

他自制的正骨酊、正骨丸、骨疼丸、二号粉等中药制剂，应用于临床，取得较好的疗效。1991年4月，曲阜市政府任命胡金奎为市中医院副院长。在他的带领下，继续开展中医骨科闭合整复、胃牵引、小夹板、石膏外固定等骨伤科诊疗项目，吸引了大批本地及周边县市的患者来院就诊。

附：胡氏正骨手法歌诀

胡氏伤科法不同，贯穿整个临证中，检查诊治成一体，重视手法显奇能。
数代家传勤实践，创新提高汲精华，不断完善规范化，摸比对是三大法。
轻重不同细辨察，轻摸皮时重摸骨，不轻不重识肌肤，对比正常辨异常。
摸外知内心有数，稳准妥是手上功，正骨入穴拨反正，筋脉调达气血通。

正骨复位松粘连，调和气血解痉挛，消除瘀血鞘囊肿，解除交锁经络通。
内外用药合手法，气行血活瘀自化，肢节灵动需用它，注重导引功能练。
医患沟通善鼓舞，自主效应潜能发，药物导引配手法，伤科难症疗效佳。

[《曲阜市卫生和计划生育志》（2016）]

◎ 袁立贵 ◎

袁立贵（1938—1997），袁氏中医正骨传人，擅长中医整复骨折及脱位。

他自幼寄居于外祖父家，外祖父韦孝敬医术高明，擅长中医外科、妇科，为当代名医。袁立贵学习中医基础理论，广泛涉猎中国历代名医著述。1961年曲阜师范学院附属中学高中毕业后，在城关医院工作学习中医基础及正骨专业。1964年响应党的知识青年上山下乡的号召回到自己家乡袁家村，在康桥农中教书，教书期间业余为广大群众治疗骨折、脱臼等骨伤疾病。1966年，应邀到袁家村联合诊所工作。1978年，国家招收散在中医，在济宁参加中医综合理论笔试，合格后在泰安参加中医正骨专业考试，成绩优秀被分配到曲阜县人民医院董庄分院工作，一直从事门诊中医及骨伤治疗，享誉乡里。1997年1月，因患脑出血病故。

[《曲阜市卫生和计划生育志》（2016）]

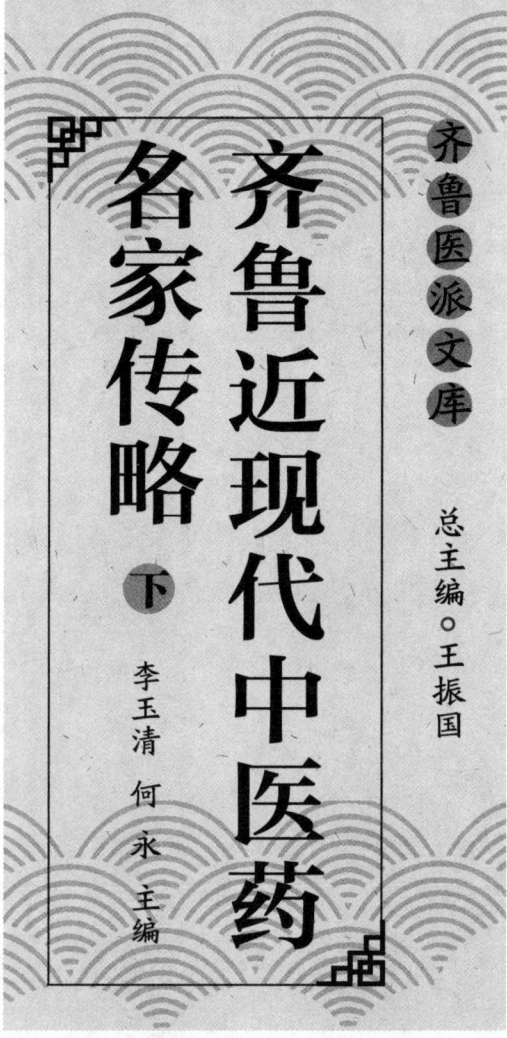

齐鲁医派文库

总主编 ○ 王振国

齐鲁近现代中医药名家传略 下

李玉清 何永 主编

山东科学技术出版社
·济南·

泰 安

◎ 王擢英 ◎

王擢英（1844—1912），新泰县城关公社菜园村人，清末庠生。家七世业儒、四世业医。幼从父习文研医，故弱冠即以儒医闻名乡里，治学重攻求经典，通晓《内》《难》《伤寒》《金匮》。临证脾胃并重，着眼于人体之根本，治宗古人而有所发挥，处方持平而稳妥无弊。一生临床札记甚多，惜遭兵焚，所存无几。平生以医济人，士民咸敬重之，县令为立石于其门，士庶过俱下马、下车以示敬。迨其殁，邑宰亲率官绅临穴会葬。

[《泰安地区中医志》（1983）]

王擢英，新泰县城关菜园村人，生于清道光二十三年（1844），卒于民国元年（1912），庠生。承四世家传之术业医，精东垣之学，治重脾胃，名闻乡里。

[《山东中医药志》（1991）]

◎ 王家让 ◎

王家让（1851—1923），宁阳南驿公社后泗旺大队人。为医不计名利，惟务济世活人，长于痘疹、妇科，名重一方。著《痘疹精言》《妇科治则》，今佚。

[《泰安地区中医志》（1983）]

王家让，宁阳县南驿镇泗旺人，生于清咸丰元年（1851），卒于民国十二年（1923）。为医不计名利，惟务济世活人，以善治妇科及痘疹而知名。著有《痘疹精言》《妇科治则》，均佚。

[《山东中医药志》（1991）]

◎ 高淑濂 ◎

高淑濂传

高莲溪[①]（原名继昌），字淑濂，号六愚，清邑庠生，山东省泰安县汶阳区西遥地方东武家庄人（即现在泰安市汶口公社汶口管区东武大队东武村）。生于清咸丰三年（1853）癸丑十一月二十七日丙辰时，卒于民国二年（1913）癸丑十一月初六日，终年六十一岁。

[①] 高莲溪：《泰安卫生志》（1991）作"高连溪"。

淑濂家世业医，其祖父永锋①擅长儿科，其岳父艾洪予②亦精于医。故淑濂学有渊源，兼有众长。少有大志，尝以宋代范仲淹"良相良医"自勉。三十四岁入邑庠，后因母病，遂专心致力于医学，对《内经》《难经》《神农本草》《伤寒》《金匮》等经籍刻意精研，潜心求索，故不数年即以医术名于时，而尤长于妇科。

淑濂性倜傥，平易近人。人有所求无不应。行医十年，名声大振，五十七岁时被聘为泰安益寿堂坐堂先生。临证施治，效验甚佳，应诊月余，岱世家名士，皆以大医师称颂之。从此遐迩共闻，四方求诊者，经常累累满室，淑濂必尽心诊察，一一为之调治，终日无厌容。一生全活甚众。其"不为良相、当为良医"之夙愿，终获实现。诊病无穷富贵贱之分，而尤怜苦惜贫，对贫苦大众的疾病皆加意调治并慨然赠药。他在《胎产方案》中还特地指出："书中所载汤饮丸散各方，用人参者居多，服药之家应分有力、稍有力、无力三等。若有力者，照方用之，稍有力者，减半用之，无力者以党参代之。"由此可见他的体贴病人之心，是无微不至的。他淳厚的医德还表现在他不慕荣利，一生不喜欢听颂扬他的语言，从不受纳别人的馈赠礼品等方面。宣统辛亥年间（1911）四方群众感激淑濂除病救苦之德，欲赠送匾额以报谢其惜苦怜贫，不收报酬之恩。淑濂坚辞不受，并说："吾平生无他益于世，仅以医术而除人病，是吾应尽之职务，又何颂扬之足云！"终于被他谢绝了。于是人民群众都更加敬仰他，而向他求教问方的友人也越多了。淑濂不但医德照人，医术精湛，普济于当时，而且欲将其学术经验贡献于世，传留于后，遂殚精竭虑，写成《胎产方案》一书。正如他所说："人生在世，大则名教，小则著述。吾愿于艺术之中，择一有裨于世，施之立效者，不敢云创，亦不敢云述，不过博采而约收之。取其不繁而备，略通古今之变，酌乎贫富之宜，编成是书。如能传之其人，斯此生不虚矣！"

高淑濂传略琐事考

1. 淑濂勤奋好学，于书无所不读。经史而外，兼通卜、筮、星、相、堪舆。三十三岁即设馆训蒙。历时十余年，并苦攻儒业，故三十四岁能入邑庠，试题为："大匠不为拙工，改废绳墨"。

2. 淑濂年四十岁因其母久病，延医艰难，乃弃举于业，专攻医学，披阅《内》

---

① 永锋：《泰安卫生志》（1991）作"高永铎"。
② 艾洪予：《山东中医药志》（1991）作"艾洪圩"。

《难》《本草》《伤寒》《金匮》及历代名著，历时五年，始承袭其祖业，于故里设馆应诊，行医十年，名声大振，于宣统己酉年（1909）五十七岁时被聘于泰安城内益寿堂为坐堂先生，应诊月余，岱麓世家名士皆以大医师称之。

3. 淑濂配艾氏，生三子一女，长子宗岚，次子宗岳，三子宗峻。其女归周姓。宗岚业农，宗峻业医于本县境内，1959年去世。宗岳天资聪敏，善读博学，致力于医学，造诣深邃，且兼通西学，曾毕业于上海东亚医科大学，又入天津新医学校复习，著《泰山药物志》八卷行于世。

4. 淑濂著《胎产方案》，稿成未及付梓即去世，其子宗岳于1934年12月始制版印二百套，意在赠送友人，故只此一版，未再复印，所以本书在社会上知者、得者甚少。

5. 淑濂有门人刘绪华、李承寅及婿周庆冬、其子宗岳、宗峻，继承其学，均行医于本县。

[《泰安地区中医志》（1983）]

高连溪（1853—1913），原名继昌，字淑濂，号六愚。山东省泰安汶口东武村人。清朝邑庠生。

淑濂出身于医世之家，祖父高永铎擅长中医儿科；岳父艾洪予，亦长于中医。他青年时代，立志进取，攻读经史，常以宋代范仲淹"良相良医"自勉。三十四岁考取邑庠。四十岁时因母久病，而专攻医学，广读《内经》《难经》《本草》《伤寒》等医书。历时五年，后在家乡设馆应诊。1910年五十七岁时，被泰安城内益寿堂聘为坐堂先生。

淑濂擅长妇科，著有《胎产方案》一书，为冯玉祥、范明枢、秦伯未等名人所赏识，并给该书写了序言和题词。该书对妇女胎前、产后及临产诸病证治，颇有独到之处。如在胎前总论中讲道："凡妊娠脾胃健旺，血气充足，则胎安产顺；惟禀赋不足而气血衰，脾胃弱，劳役过，以致诸证百出。"说明怀孕女子强弱的体质及劳累与产前、产后诸证之关系。再如世医多认为"胎前宜凉"，而高氏认为胎前之病以虚为主，属虚弱者为多，因此应取微温、平补的法则，借以补虚纠偏、扶正祛邪。作者对妊娠后诸症治疗，除强调补气健胃之外，还注重养血和营。综观全书，多以小方轻剂疗病，尤以胎前诸症为明显，具有简、便、验的组方特点。这些固然与他的医术有关，但也能看出他能体谅民意，为民着想。这在他晚年著述中也能看出。如在《胎产方案》中说："书中所载汤饮丸散各方，用人参者居多，服药之家应分为有力、稍有力、无力三等。若有力者，照方用之；稍有力者减半用之；无力者以党参代之。"可见他体贴民情用心之细微。

高氏平易近人,诊病不分老幼贫富,均能一视同仁,故登门求医者络绎不绝。他一生救治患者甚多,但从不牟名利得失,不喜听颂扬言词,不受纳礼品;对无钱医治的贫民,常慨然相助,送医送药,不收分文。清宣统三年(1911),四方群众相约要赠送给他一匾额,颂扬他惜苦怜贫,不收报酬之恩德。他坚辞不受,说:"吾平生无他益于世,仅以医术而除人病,是吾应尽之职责,又何值得颂扬之足云!"于是更加受到人民群众的爱戴和敬仰,求方问医者更多。为了将自己的医术经验传于后世,他竭尽全力写成《胎产方案》四卷。正如他在该书中所说:"人生在世,大则名教,小则著述。吾愿于艺术之中,择一有裨于世,施之立效者,不敢云创,亦不敢云述,不过博采而约收之。取其不繁而备,略通古今之变,酌乎贫富之宜,编成是书。如能传之其人,斯此生不虚矣!"然而淑濂生前未能将该书复印。直至二十年后1934年12月,由其次子高宗岳,交泰安大陆书社刊印二百套,意在赠送友人。

[《泰安卫生志》(1991)]

高淑濂,名莲溪,原名继昌,淑濂乃其字,号六愚,清泰安县汶阳区东武家庄人(今泰安市汶口镇东武村)。生于咸丰三年(1853),卒于民国二年(1913)。

淑濂世家业医,祖父永锋擅长儿科,岳父艾洪圩亦精于医,故淑濂学有渊源,兼有众长。高氏少有大志,尝以宋代范仲淹"良相良医"之语以自勉。三十四岁入邑庠,后因母病,遂潜心于医学,对《内经》《难经》《神农本草》《伤寒论》《金匮要略》等经籍刻意精研,潜心求索,故不数年即以医术名于世,而尤长于妇科。

淑濂性倜傥,平易近人,人有所求,无所不应,行医十年,名声大振。五十七岁时被聘为泰安益寿堂坐堂先生。临证施治,卓有成效,应诊月余,岱麓世家名士,皆以大医师称颂之。从此遐迩共闻,四方求诊者不断,诊务繁忙,朝夕不暇,淑濂必尽心诊察,一一为之调治,终日无厌容。诊病无穷富贵贱之分,而尤怜苦惜贫。对贫苦大众的疾病尤能加意调治,并慨然赠药。尝云:"书中所载汤、饮、丸、散各方,用人参者居多,服药之家,应分有力、稍有力、无力三等。若有力者,照方用之;稍有力者,减半用之;无力者以党参代之。"高氏之仁心仁术可见,不慕荣利,从不受人馈赠。宣统辛亥年间,四方民众感淑濂除病救危之大德,欲赠匾额以报谢其惜苦怜贫,不收报酬之恩,淑濂坚辞不受,并说:"吾平生无他益于世,仅以医术而除人病,是吾应尽之职务,又何颂扬之足云!"于是人民群众更加敬仰,求教问方者更多。

淑濂高尚，欲将其学术经验贡献于世，传留于后，遂殚精竭虑，撰成《胎产方案》一书。其云："人生在世，大则名教，小则著述。吾愿于艺术之中，择一有裨于世，施之应效者，不敢云创，亦不敢云述，不过博采而约收之，取其不繁而备，略通古今之变，酌乎贫富之宜，编成是书。如能传之其人，斯此生不虚矣！"

子宗岳传其术，亦为泰岱一代名医。

《胎产方案》评介

高淑濂是清代末年在泰安负有盛名的妇科医家，著有《胎产方案》一书，论述妇女胎前产后及临产诸病证治，颇有独到的见解。本书于民国二十三年（1934）十二月由泰安大陆书社首次出版。由于本书意深词浅，文理晓畅易懂，切合实用，所以深受读者欢迎。冯玉祥先生曾为本书题词，称之为"保产方药，诊疗精能"。当时的名流为本书题词的竟达十六人，并有医家十五人为之撰序，可见社会上对本书的重视。本书问世以来，对山东医界影响颇大，有"女界之慈航，医林之宝筏"的赞誉。

兹将其学术思想及作者成就做一概述。

《胎产方案》正式刊印于1934年12月，全书四册，系淑濂披阅《内经》《难经》《本草》《伤寒》《金匮》及历代诸名家论著，结合自己临证实践，历时十一年写成的。淑濂行医之时，正当清之末年，政糜赋重，百姓贫困，是以诊治者虚症居多，而妇人胎前产后诸症尤为显然。故高氏在"胎前总论"云："凡妊妇脾胃健旺，气血充足，则胎安产顺。惟禀赋不足而气血衰，脾胃弱，劳役过以致诸证百出。"提出了"妊妇脾胃弱，诸症百出"的论点。这与易水学派中李杲所说"内伤脾胃，百病由生"的观点是极为一致的，可见高氏乃私淑东垣之学又变通于女科。

师古而不泥古，权变而不离经，会其意不袭其词，用其说不名其人，是本书的编纂特点。他根据《素问·阴阳别论》及《素问·平人气象论》中"阴搏阳别，谓之有子""妇人乎少阴动甚者妊子也"的论述，结合临证经验，融会贯通，提出了自己的观点。如在"胎产脉法"中关于"少阴脉"的自注中说："少阴心之脉也，心主血，今心脉往来流利而独动，乃血旺成胎之象，故可知其有孕。"又说："动者如豆粒之逼指而动也。"指出了手少阴动甚的部位，即左手寸部。这一认识，恰与明代马元台、张景岳、李士材、清代林之翰之说不谋而合，可见高氏是遥承马、张、李、林四氏衣钵的。关于对"手少阴动甚者妊子也"一句的注释。历代医家多有争议，如王冰认为："手少阴脉为掌后陷中，当小指动而应手也。"似指的神门穴，而张志聪则指定是足少阴，主张以"妇人两手尺部候之"。高淑濂在众说纷纭之中，独宗马、张、李、林四氏之说，提出了自己的见解，是难能可贵的。马元台等四家及高氏之论，较能符合《内经》原旨，可谓独具慧眼。他的创见不仅革新了妇科脉学理论，而且对于学习研究《内经》也有很大启发。

高氏在临证方面脱出俗套，如世医多以"胎前宜凉"，而高氏则认为胎前之病以虚为主，而属于脾胃虚弱者更多，因此应取微温、平补的方法以补虚救偏，扶正祛邪，故在临证施治中常根据辨证而酌加益气健脾之品。本书在胎前诸方用参术者占45%，但很少用黄芪，作者指出，黄芪多用能肥胎，可导致难产。此说值得临证研究。另外，他对孕妇的治疗，除强调补气健脾之外，还注重养血和营。据对胎前诸病方剂统计分析，全书共三十七症，六十七方，其中用川芎、当归者三十四方，占50%。在芎归的用量上亦有特点，即当归用量数倍于川芎，其用意是"既能养血，又能保胎"。据现代中药药理研究，证明川芎小量能收缩血管，故能"止血安胎"，大量反扩张血管，松弛子宫平滑肌，故能"活血乃至破血"。高氏对川芎用量一般为半钱到一钱，最大用量亦未超过三钱，最小用量微至二分，是确有见地的。

本书对治疗产后疾病方面，根据产后气血俱虚的特点，提出了挽救产后危证（如产后血崩、血晕、厥逆等），要以顾护阳气为首务。其用药特点，是重在补气助阳，兼以养血和营。高氏在"总论"中指出："中虚外感，三阳表证多，似可汗也，而产后用麻黄，则重竭其阳；见三阴里证多，似宜下也，而产后用承气时，则重亡其阴；若耳聋胁痛，肾虚之证，莫用柴胡；谵语汗出，中风类痉之证，由阳气之衰，非补不能回阳而起弱。"由此看来，"阳气之衰"是高氏论述产后急症病理变化的依据，"回阳起弱"是他救治产后危证的基本法则。这一论点，不仅对妇科具有一定的实用价值，而且还可在中医中药抢救内科危重病方面，给予一定的启示。

综观全书，小方、轻剂以愈病，尤以胎前诸病为著，具有简、便、验的特长。其用药之轻，在近世名医中是罕见的，以胎前诸病为例，所用之药大都是半钱到一钱半，很少超过三钱者，考其方小药轻而愈病的原因，在于辨证明确，配方精当。有时还用食饵之品以治妊娠诸疾，如治子肿的鲤鱼粥，即是以鲤鱼、糯米、薏米共做烂粥食之以取效。此外高氏还用艾叶验胎汤以测验妇女受孕与否，方法取艾叶三分，醋炒为末，白水冲服，用后腹痛者是已受孕，即服六君安胎饮；若腹不痛，是未受孕。此法简便易行，可供临证试用。

总之本书切合实用，方药轻灵，组方配伍严谨，丝丝入扣，是其特点。对中医妇科学从理论到方药，多所发挥，而补前贤所未备，对充实中医妇科学内容和保障妇女健康方面是有其卓越贡献的，所以本书初版问世时即受到医界的重视，被誉为"女界慈航"，实当之无愧。

[《山东中医药志》（1991）]

◎ 张汝砺 ◎

张汝砺，生卒年代不详，东平县沙河站公社杨庄村人。清末庠生，早年行医平津一代，有盛名（曾在夏军门部下任军医），清亡后，回东平仍行医，医名遍及邻县，有医学笔记及手稿等，抗战期间散佚。

[《泰安地区中医志》（1983）]

张汝砺（18？—1920），东平县沙河站公社杨庄村人。早年行医平津一带（曾在夏军门部下任军医），享有盛名，清朝亡后回东平仍行医，医名遍邻县。其医学笔记手稿在抗日战争时期即已散佚。

[《东平县卫生志》（1983）]

◎ 马益良 ◎

马益良（1862—1941）[①]，字亦循，东平县马代村人。清季廪生候选训导。其家世代书香，父、祖俱系庠生。自幼聪颖好学，寝馈于群籍中，手不释卷，发奋读书至忘寝食，博通经史，工诗词，擅书法，精医术，通晓《内经》《本草》《伤寒》《金匮》，淹贯诸家学说，以儒治医，务求深细，用法精到，尤酷嗜仲景方，为当时一纯粹经方派，颇能恰恰独造，不同浮响。

性仁厚，不求闻达，为人治病，有请必应，期在必愈。尤怜贫惜苦，乐善好施，贫者求治，则慨然舍药赠货，以济利穷苦为己任，尝鬻田产以周济贫病，家中沃田百余亩，终因救贫施舍而变卖殆尽。乡人咸爱戴之，有口皆碑。一生治学严谨，一丝不苟，严于律己而待人宽厚，文与医俱有盛名，声誉远播东平、平阴、肥城、汶上数邑，其门人弟子现为主治医师，副主任医师，副教授者数人。一生治验颇多，并撰《伤寒启蒙》上下两卷，后人保管不善而散佚，诚属一大憾事。

[《泰安地区中医志》（1983）]

马益良（1864—1943），字亦循，东平县彭集公社马代村人。清末廪生，候选训导，是东平当时有名的文人。自幼勤奋好学，辛亥革命后在家教书兼行医，以中

[①]1862—1941：《东平县卫生志》（1983）马益良生卒年作"1864—1943"。

医内科见长，尤善用经方，是位纯粹的经方派。吕学太、张家臣医生早年都是他的学生。马益良为人治病，有请必应，治验颇多，并积累了一些临床资料，可惜在"文化大革命"中全部散佚无存。

[《东平县卫生志》（1983）]

马益良（1862—1941），字亦循，东平县马代村人。清季廪生候选训导。出身书香门第，父祖俱系庠生。益良自幼聪颖好学，发奋读书，博通经史；工诗词，擅书法；精医术，通晓《内经》《本草》《伤寒》《金匮》，以儒治医，务求深细，用法精到，尤推崇仲景方，为经方派。

马氏性仁厚，不求虚名，为人治病，有求必应，尤怜贫惜苦，乐善好施。贫者求治，则慨然赠药，以济利贫苦为己任。家中沃田百余亩，终因救贫施舍而变卖殆尽。深受乡人爱戴，有口皆碑。马一生治学严谨，一丝不苟，严于律己而待人宽厚，文与医俱有盛名，声誉远播东平、平阴、肥城、汶上数县。其门人弟子现在成为主治医师、副主任医师、副教授的有数人。其一生治验颇多，并撰《伤寒启蒙》上下两卷，惜已散佚。

[《泰安卫生志》（1991）]

马益良，字亦循，东平县马代村人，生于清同治元年（1862），卒于民国三十年（1941），廪生，候选训导。

亦循出身世代书香，祖父与父均为庠生。自幼聪颖好学，寝馈于书籍之中，手不释卷，发奋至废寝忘食，博通经史，工诗词，擅书法，精医术，通晓《内经》《本草》《伤寒》《金匮》，淹贯诸家学说，尤喜爱仲景方，为当时之经方派。

亦循性仁厚，不求闻达，为人诊治，有求必应，期在必愈。尤能怜贫恤苦，乐善好施，贫者求治，常慨然舍药赠物，以济世活人为己任，尝鬻田产以周济贫病。马氏家有沃田百余亩，终因施医舍药变卖殆尽。乡人戴德，有口皆碑。他文医俱茂，声誉远播东平、平阴、肥城、汶上数县。弟子多人，聊以医名。

撰有《伤寒启蒙》上下两卷，未梓，已佚。

[《山东中医药志》（1991）]

◎ 王召爽 ◎

王召爽（1865—1945），肥城县桃园公社鲁里人。终生业医，乐善好施，为贫者治病常舍药赠资，乡人德之。

[《泰安地区中医志》(1983)]

王召爽，肥城县桃园镇鲁里人。生于清同治四年（1865），卒于民国三十四年（1945）。业医，乐善好施，治贫者病尝舍药赠资。

[《山东中医药志》(1991)]

◎ 郑士文 ◎

郑士文（1867—1947），清末庠生，宁阳南驿公社高家村人。善医，治验颇丰，著《百病集》《外科集》《痘疹诗赋》等。

[《泰安地区中医志》(1983)]

郑士文，宁阳县南驿镇高家村人，生于清同治六年（1867），卒于民国三十六年（1947），庠生。善医术，治验颇丰。撰有《百病集》《外科集》《痘疹诗赋》，未刊。

[《山东中医药志》(1991)]

◎ 金有重 ◎

金有重（1869—1941），字亦山，泰安市省庄公社岗上大队人。自幼聪慧好学，攻读八年，通晓四书五经，博览诸子百家，兼阅《内》《难》及历代主要医籍。年弱冠即应诊乡里，擅长内、妇两科，行医三年疗效颇著。就诊者应接不暇、名声大振。

亦山医德高尚，常以救济贫苦为念，遇有贫困就诊病人，诊毕后再赠之以药，在群众中享有较高的盛誉。至今乡老犹念其德，传为佳话。

[《泰安地区中医志》(1983)]

金有重，字亦山，泰安县省庄镇岗上村人，生于清同治八年（1869），卒于民国三十年（1941）。文医兼优，善治内、妇两科，名重一时。

[《山东中医药志》(1991)]

◎ 李培孝 ◎

李培孝（1871—1946），新泰县楼德封家庄人。博闻强记，父德普以儒治医，素有盛名，故少秉庭训，攻读医经，尤专注于仲景《伤寒论》，叶、薛温病之学。故一生独擅伤寒、温病之治疗。撰《伤寒论续解》，已佚。乐善好施，求无弗应，救困扶危，全活甚众。乡里联名奉匾，言曰"德洽阴阳"。

[《泰安地区中医志》（1983）]

◎ 王志义 ◎

王志义（1872—1949），肥城县城关公社孝子村人。清末庠生，弃儒研医，通《内经》《伤寒论》，尝自注《内经》，字解句释，学者称便，又撰《验方集录》俱佚。

[《泰安地区中医志》（1983）]

王志义，肥城县城关孝子村人，生于清同治十一年（1872），卒于1949年。终生业医，乐善好施。撰有《验方集录》，已佚。

[《山东中医药志》（1991）]

◎ 孙玉荪 ◎

孙玉荪（1876—1958），肥城县城关公社孙楼人，清末庠生。通经史，善医术，颇多治验。誉振肥邑。

[《泰安地区中医志》（1983）]

◎ 田鸿印 ◎

田鸿印（1879—1966），字子达，清末廪生，东平县彭集村北田庄人。

弱冠入庠，方锐志上进，而适值清廷废科举，遂慨叹道："不能医国，当医人。"于是杜门谢客，潜心学医，如是三年，精通《内》《难》《伤寒杂病论》及历代名著诸医籍，即悬壶应诊，设药局于彭集街，开业伊始，候诊求治者接踵摩肩，门庭若市，子达皆一一详察细询，据证用药，效如桴鼓，而从此其名声大噪，流传邻县。

1918年，军阀混战，灾荒频现，是年秋，东平、平阴、汶上一带瘟疫流行甚剧，沿门阖户，皆相染易，殇亡甚众。子达痛民生之灭柽，遂奋身投入治疗，踏遍东（平）、汶（上）、肥（城）、宁（阳）四县之地，为防治瘟疫，抢救病人常披星戴月，沐雨栉风，彻夜不眠，未觉其劳。菽水充肠，日得一餐，不知其饥，专心致力，以拯救苍生为念，活人甚多。并将治瘟疫有效之方剂，撮要录出，散发于所至之处，以广治疗。经两阅月，始终不懈，疫情方息。而从未计较报酬，邻县乡里皆欲集资赠匾以彰其德，子达均婉言谢绝，坚辞不受。其治瘟疫之功绩与其高尚之医德，乡里犹盛加传颂，至今未泯。

子达天性和乐，思想进步。1953年首放弃个人开业，并号召同道积极参加联合诊所，促进了全县卫生界联合的进展，颇有影响，为全县中医界树立了榜样。一生治验甚富，著述亦多，其医案手稿数册，均在动乱中亡佚殆尽，亦我医界之一大损失。1966年以八十七岁之高龄寿终。

[《泰安地区中医志》（1983）]

田鸿印（1879—1966），字子达，原清末廪生，东平县彭集北田庄人。少年读书，锐志上进，清政府废除科举后，自感仕途无望，慨叹说："不能医国，当医人。"遂闭门谢客，专心学医。三年之间，通读了历代名医著述，即开始在彭集街挂牌行医，并自开药局。

1918年，军阀混战，灾荒四起。是年秋天，东平、平阴、汶上一带瘟疫流行，家家户户相互感染，死亡甚多。鸿印见状，挺身而出，奋力抢救，先后到东平、汶上、肥城、宁阳四县，救治无数病人。为救病人，常顶风冒雪，披星戴月，废寝忘食，并将其治瘟疫的有效方剂，摘要成文，散发疫区各地，便于群众推广应用，收效显著。在其奋力救护之下，历经两个多月，使疫情消失，但未索取分文报酬。为感其德，各邻乡里皆欲集资修匾赠送之，鸿印均婉言谢绝。

鸿印性格开朗而和乐，思想进步。1953年带头放弃个人开业，号召医界同仁一道加入联合诊所，走上集体道路，促进了全县卫生界的联合。

他一生治验丰富，著述亦多，其医案手稿数册，可惜在"文化大革命"中散佚。1966年，他以八十七岁之高龄寿终。

[《泰安卫生志》（1991）]

◎ 宁洪瑞 ◎

宁洪瑞（1883—1945），字继五，宁阳东述公社小伯村人。擅医术，尤长妇科。在宁阳、汶上等地声著一时，人赠"道探灵素"之匾。

[《泰安地区中医志》（1983）]

宁洪瑞，字继五，宁阳县小伯村人，生于清光绪八年（1883），卒于民国三十四年（1945）。工岐黄术，擅长妇科，名闻宁阳、汶上两县。乡人赠"道探灵素"匾。

[《山东中医药志》（1991）]

◎ 夏仲奇 ◎

夏仲奇（1886—1956），新泰城西南关人。幼业儒，曾任县学教官。中年改研医术，于《内》《难》《伤寒论》皆有心得。擅于杂证之临床。解放后任新泰县卫协会第一任会长、县第一次人代会代表。

[《泰安地区中医志》（1983）]

◎ 高宗岳 ◎

高宗岳传

高宗岳（1886—1947），字宗岱，山东泰安县汶口公社东武村人，系高淑濂之次子。

家三世业医，颇多心传，因受家学熏陶，故自幼即热爱中医、药之学。于塾中诵读儒经之余，常拣本草、方书浏览、披阅，至忘寝食。其父淑濂喜宗岳有"肯构肯堂"之志，遂从其愿，弃儒而专致力于医。首授《内》《难》《伤寒》《金匮》，次及《神农本草》，下逮《千金》《外台》，耳提面命，课督甚力。而宗岳亦颖悟勤敏。朝夕寝馈于医籍之中，潜心研求，坚持不懈，数年后，学业精进，识见逾于乃父。是时西学渐浸，宗岳渴求新知。遂兼习西医，南下赴沪，就读于上海东亚医科大学，毕业后，旋复北上，入天津中华新医学校进修学习。故其学识宏富，术兼中、西，对内、外、妇、儿诸科俱工。其造诣之深，在当时的泰安医界可称首屈一指。

天性宽厚而耿介，敦于孝友，时人称其"谨悫过于乃父，言必信，行必果，耿介诚朴，学亦克绍前徽"。平居生活简素，"常年馆谷所入，尽蓄之于泰山下，购地建祠一楹，祀其祖子羔子"。而以其父淑濂附祀，足见其对自己的父亲思慕之笃。

行医专务求济贫穷，病家有求即往，不索聘金，辞绝谢礼，唯以活人拯疾为宗旨，从不声价自高。1928年，于宁阳华丰成立"华丰中医院"，宗岳任主任兼医师，并设中医学校，教师亦由宗岳自兼，每日除应诊之外，则讲授医学，孜孜不倦，为社会培养了不少医务人才，对当时中医事业的继承、发展作出了一定的贡献。

嗣后被聘为泰安县保和堂坐堂医师，三年之后，遂自设仁寿药局应诊，以广济众生。

1935年7月，鲁西蝗灾，灾区群众流入泰安者数以万计，时疫丛生，流行甚广，灾民以饿殍之余，罹之者尤众，故日有死亡。宗岳受聘为万字会医师，每日徒步往返、巡诊于灾民居住区，不避寒暑，无分昼夜，持续数月而宗岳无厌容、无倦色，察神把脉，口不绝于问，手不绝于书，诊务旁午，寝食不遑，于是灾民得以全活者甚众。万字会长赠予匾额志其功德，并因之举荐于省，省府卫生厅曾颁予一等奖以彰其懿行。

嗣后被聘为泰安县保和堂坐堂医师，三年之后，遂自设仁寿药局应诊，以广济众生。

宗岳治学上尊《灵》《素》，撷取历代名家之说，汲其精而避其短，取舍允当，而尤推重实践，每遇疑昧之处。必亲自探讨，不耻下问，务得其究竟而后已。尝以为泰山为五岳之尊，天地精英之气多钟于此，必有奇草异卉之堪为药用者生于其间，故于诊务之余。辄留心研究泰山出产之药物。常携带纸笔，亲登泰山，实地考察入药之草、木、虫、鱼、鸟、兽、泉、石，详其形态、性味、功用、主治，辨其真伪。考其异同，随时笔录。为志一药，尝亲自咨访泰山上的僧、道，采药的山人，山居的老农以及当地之宿儒、名医。攀危崖、登绝岩、涉深涧、探林泉，历崎岖坎坷而不避，冒寒暑风雨而无间，进而参阅经史、考求医典，旁征地方志书，搜集古今之说，网罗繁富。经十余年，撰辑成书，即《泰山药物志》。书凡八卷，备载泰山特产药物六十余种，通产药物五百余味，而重点介绍其特产药物，特产药中又突出介绍何首乌、玉竹、黄精、杏参、香附、金银花、牛黄、山楂、玉液泉、侧柏叶、螭霖、黄鲴鱼等十二大特产。附以单方验方及泰山地理形胜、有关的轶事传闻，对研究采集泰山药物颇资实用。宗岳之志在发扬泰山药物，公之于世，所以高氏的《泰山药物志》得到近代医学家秦伯未、张赞臣二位老前辈的赞许。

宗岳一贯主张"天下物皆是药"，因此一生临床善用中草药，每获奇效。如：专治小儿癖块之"化癖膏"（大枣四个、真黄米一把，竹叶包粽子，加核桃根去心捣烂，和粽子捣为膏，敷贴小儿腹上即化），治目中多年红线不去并治云翳之"退云油"（白大活蚕七个，用大新针串一起，鸡胆七个，香油一盏，共入瓷器中，十余日化为水，去渣，每日点眼数次）；治老疥、老癣、老连疮之"凤羽膏"（柏皮一把，干葱皮一把，艾一枝，白平纸一张，包捻，入芝麻油泡顷刻，点燃，滴入瓷器内听用），如此之类，药物平凡易得，或内服，或外敷，其例不胜枚举，而均具一定的参考价值。

其手制诸方，师法古意而参以己见，颇中肯綮。如"仲岱保元丹①"（川贝、茯神、僵蚕、琥珀、天麻、羌活、明雄黄、甘草、杷叶各1克，胆星30克，竺黄15克，钩藤6克，白附子6克，防风15克，麝香1.5克，梅片1.5克，全蝎15克，东牛黄9克，共为末，炼蜜为丸，重9克，赤金衣，蜡皮封固，按症用引。凡痰薄荷引，燥火犀角引，神昏茯神引，喘冬花引，呕吐竹茹引，久泻米壳引，惊风灯心、蝉蜕引）治长幼一切风痰、心肝燥火，神昏呼喘，呕吐久泻，屡试屡验，用此散风定惊，立能转还；"大、小玄武汤"[大玄武汤：元胡、灵脂、归尾、蒲黄各6克，白芍3克，上边桂1.5克，西红花6克，赤砂糖18克，山楂片30克（生熟各半），水煎服，童便一盅冲。小玄武汤：元胡9克，灵脂6克，鲜山楂30克（烧烂熟，去皮核），赤砂糖1.5克，水煎服]治产后恶露结块，疼痛难忍，若服大玄武汤口中干燥，则宜服小玄武汤。临床上均有一定的实用价值，可资参考。

高氏毕生研医，临证多而治验丰，且勤于笔著，故述作颇多。其五十三岁前之著作，除《泰山药物志》八卷已刊行外，尚有《易风志》一卷，《云亭山馆七年记》四卷，《佛医验案》一卷，《应俗全书》四种，《光阴志》一百零六卷，《孔府传道编》一部，《仲岱愚言》②一卷，《诊疗灾民疾病记》二卷，《治疗记录》十二册。现仅《光阴志》犹存有残缺手稿，所志皆其平生行医、家居生活、所见所闻之日记，内容较为丰富。余均散失无存。

迨其晚年，正值日寇肆虐、国难方深之际，睹民生之涂炭，慨国家之厄艰，深自痛伤。由是为贫苦群众治病益悉心尽力，而恶于与官绅之酬应，每托疾以拒当道者之邀。旋即郁郁成疾，及至日寇投降，抗战胜利，届临解放之前夕，其病已入膏肓，闻我党领导的人民解放军已在全国各个战场上进入反攻，节节胜利，则怡然以喜。于1947年病逝，终年六十二岁。

[《泰安地区中医志》（1983）]

高宗岳（1866③—1947），字宗岱，泰安汶口东武村人，系高淑濂之次子。因受其父熏陶，自幼热爱医药，常在攻读儒经之余，浏览医学著述。其父喜其志愿，愿其弃儒就医，故常面授《内经》《伤寒》《金匮》《本草》等医书。因宗岳勤奋好学，

---

① 仲岱保元丹：《泰安卫生志》（1991）作"宗岱保元丹"。
②《仲岱愚言》：《泰安卫生志》（1991）作"《宗岱愚言》"。
③ 1866：《泰安卫生志》（1991）高宗岳生年作1866年，应为讹误。

坚持不懈，数年之后，学有成就。西医传入泰安之后，宗岳渴求新的医学知识，便赴上海东亚医科大学就读，毕业后又入天津中华新医学校进修。故中西兼备，内、外、妇、儿诸科熟知，造诣之深，当时在泰安医界首屈一指。1928年，在宁阳县华丰镇，创办华丰中医院，自任主任兼医师，并附设中医学校，每日除应诊外，则向学生讲授医学，培养医务人才。后被泰安县保和堂聘为坐堂先生，三年后自设仁寿堂药局应诊。

1935年7月，鲁西一带发生蝗灾，灾区群众因生活所迫，流入泰安者数以万计，其间疫病流行，时有死亡发生。为救济灾民，宗岳被世界红十字会山东省总会泰安分会聘为防治医师。他不避寒暑，不分昼夜，往返于灾民居住区巡诊医疗，历时数月，被其救活者甚多。为此，红十字会会长亲赠匾额，彰其功德，并举荐于省授一等奖。

宗岳从历代医学著作中不断汲取精华，扬长避短，取舍得当，尤注重于实践。每遇疑难问题，必亲自进行探讨，不耻下问，弄明因果。他认为，泰山为五岳独尊，天地精英之气多钟于此，山中必有可作药用的奇草异卉。因此，在诊务之余，留心研究泰山药物，经常携带纸笔，亲登泰山，实地考察可入药的草木、鱼虫、鸟兽、泉石等。察其形态，品其性味，考其异同，辨其真伪。为弄清一药，经常走访山中僧侣和采药老农以至当地儒家、名医等。进而参照有关史料和医典，考求翔实。经十余年努力，撰成《泰山药物志》八卷，载泰山特产药物六十余种，通产药物五百余味，并重点介绍了何首乌、玉竹、黄精、杏[①]、香附等12大特产。他认为"天下物皆是药"，因此，在临床上善用中草药，并研制了一些单方、验方。如专治小儿癖块的"化癖膏"（大枣四个、苡米一把、竹叶包粽子，加核桃根皮，捣烂为膏，敷小儿腹上）；治眼疾的"退云油"和治疖、癣、疮用的"凤羽膏"等。研制方剂也有独到之处，他所创制的"宗岱保元丹"对长幼一切风痰、心肝燥火、神昏呼喘、呕吐久泻等，用之极为灵验。还有"大玄武汤""小玄武汤"，也都具有一定的实用价值。

高氏研究医学，积累经验，勤于著述。一生除著有《泰山药物志》已刊行外，还有《易风志》《云亭山馆七年记》《佛医验案》《诊疗灾民疾病记》《治疗记录》《应俗全书》《宗岱愚言》等一百三十余卷（种、部、册）。

宗岱一生正值清廷腐败，动荡不安，日寇入侵，国难当头，加之国民党反动派

---

① 杏：《山东中医药志》（1991）作"杏参"。

的压榨，内灾外患，民不聊生，对此他深感痛恨。故一生恶于对官绅之应酬和拒绝当政者之邀请、要挟，而以毕生精力为民众看病疗疾，深受人民群众赞颂。晚年因积劳成疾，于1947年病逝，终年六十二岁。

[《泰安卫生志》(1991)]

高宗岳，字仲岱，生于清光绪十一年（1886），卒于民国三十六年（1947），泰安县东武村人。

宗岳出身三世医家，自幼喜读医药书，常于塾中诵读儒经之余，捡本草、方书浏览，至忘寝食。父淑濂喜宗岳有"肯构肯堂"之志，遂从其愿，弃儒业而致力于医。首授《内》《难》《伤寒》《金匮》，次及《神农本草》，下逮《千金》《外台》历代医籍，无不精心研读。是时西学渐浸，宗岳渴求新知，遂兼习西医，南下赴沪，就读于上海东亚医科大学，毕业后，旋复北上，入天津中华新医学校进修学习。故其学识宏富，术兼中、西，对内、外、妇、儿诸科均工。其造诣之深，时冠泰岱之地。

民国十七年（1928），宁阳县华丰成立"华丰中医院"，兼设中医学校，宗岳聘为主任兼医师，诊治兼授课，为社会培养了一批医务人才。

嗣后被聘为泰安县保和堂坐堂医师，三年后，自设仁寿药局应诊，以广济众生。

民国二十四年（1935）七月，鲁西蝗灾。灾民流入泰安者数以万计，时疫丛生，广为流行，灾民既饥复疫，日有死亡。宗岳受聘为卍字会医师，诊治灾民，历数月之久，不避寒暑，无分昼夜，灾民得以存活者甚众。卍字会会长赠予匾额，志其功德，并举荐于省，省府卫生厅曾颁予一等奖，以彰其懿行。

宗岳治学上尊《灵》《素》，撷取历代名家之说，汲其精而避其短，取舍允当，而尤推重实践，每遇疑难之处，必躬自探讨，不耻下问，务得其究竟而后已。尝以为泰山为五岳之尊，天地精英之气多钟于此，必有奇草异卉之堪为药用者生于其间，故于诊务之余，辄留心研究泰山出产之药物。常携带纸笔，亲登诸峰，实地考察入药之草、木、虫、鱼、鸟、兽、泉、石，详其形态、性味、功用、主治，辨其真伪，考其异同，随时笔录。为志一药，尝亲自咨访泰山上的僧、道，采药的山民，山居的老农以及当地之宿儒、名医。经十余年考察，撰成《泰山药物志》。书凡八卷，载泰山特产药物六十余种，通产药物五百余味，而重点介绍其特产药物，特产药中又突出介绍何首乌、玉竹、黄精、杏参、香附、金银花、牛黄、山楂、玉液泉、侧柏叶、蝥霖、黄鲴鱼等十二特产。附以单方验方及泰山地理形胜，有关的轶事传闻，对研究采集泰山药物颇资实用。宗岳之志在发扬泰山药物，公之于世，此书曾受到近代医学家秦伯未、张赞臣二贤赞许。

宗岳毕生研医，临证多而治验丰，且勤于笔著，故述作颇多。其五十三岁前之著作，除《泰山药物志》八卷已刊行外，尚有《易风志》一卷，《云亭山馆七年记》四卷，《佛医验案》一卷，《应俗全书》四种，《光阴志》一百零六卷，《孔府传道编》一部，《宗岱愚言》一卷，《诊疗灾民疾病记》二卷，《治疗记录》十二册。现仅《光阴志》犹存残缺手稿，所志皆其平生行医、家居生活、所见所闻之日记，内容较为丰富，余均散佚无存。

迨其晚年，正值日寇肆虐，国难方深之际，睹民生之涂炭，慨国家之厄艰，深自痛伤。由是为贫苦民众治病，益悉心尽力，而恶于与官绅之酬应，每托疾以拒当道者之邀。旋即郁郁成疾，及至日寇投降，抗战胜利，临近解放之前夕，其病已入膏肓。于1947年病逝，终年六十二岁。

[《山东中医药志》（1991）]

◎ 崔广珍 ◎

崔广珍（1886—1959），字子玉，宁阳东庄公社东崔家庄人。幼贫、好学，勤于苦读，博览群书，先从事教育，嗣改志习医，意在救疾济世，故行医三十年，无论贫富一视同仁，有求必应。长于妇科，亦善治瘟，辨证执简驭繁，多收捷效。一生轻财好施，1925年温病流行，尽出所有，施方舍药，活人甚多。晚年撰《医学选粹》，多属验案，为启迪后学而作。

[《泰安地区中医志》（1983）]

◎ 刘宝珍 ◎

刘宝珍（1887—1977），肥城安庄公社南杨庄人。工医，尤长于治温，有独得之妙，著《寒温要纪》两卷，手稿尚存。

[《泰安地区中医志》（1983）]

◎ 张学琴 ◎

张学琴（1887—1949），字子襄，宁阳乡饮公社云谷庄人，清末庠生。工医，内、外、妇、儿诸科均有较深造诣，一生治验颇多，著《妇科要旨》已佚。

[《泰安地区中医志》（1983）]

张学琴，字子襄，宁阳县杜云谷庄人。生于清光绪十二年（1887），卒于1949年，庠生。工医，内、外、妇、儿诸科均精。著有《妇科要旨》，已佚。

[《山东中医药志》（1991）]

◎ 石西太 ◎

石西太（1888—1968），宁阳城南泗店人。业医五十年，善外科，为乡里所称道。

[《泰安地区中医志》（1983）]

◎ 吴树棠 ◎

吴树棠（1888—1968），原籍莱芜县牛泉公社吴小庄，行医于泰安遂家马。勤而好学，涉猎经史，博览群书，亦擅书法。因其先人业医，故秉庭训，宗仲景之学，精研《伤寒》《金匮》，长于内科杂证，兼善外科，善用经方，临床治疗，颇多效验。性敦厚，雍容和蔼以待人，治疾无分贵贱尊卑，而一视同仁，声誉重于一方。60年代初，曾当选为泰安县人民代表。

[《泰安地区中医志》（1983）]

◎ 丁仲山 ◎

丁仲山（1892—1972①），新泰县羊流公社丁家庄人。家五世业医，仲山承其家学，研医能工，治学以《内》《难》为宗，博采众家，不落他人窠臼，擅外科。行医于泰安、莱芜等地，全活甚众。曾参加上海秦伯未等人倡创之"医界春秋社"。建国后在新泰县医院、新泰果都分院工作，曾任泰安地医中医学会理事。治病重精神因素，治疮疡主张重温通、慎寒凉，以防邪毒凝滞，强调活血、祛湿、和营、疏通经络为主。平生医札甚多，惜多散佚，今存《乳岩、脱疽治验》《中医实用验方》《诊证概要》等十数种。

[《泰安地区中医志》（1983）]

丁仲山（1892—1975），新泰人。青年时就学于潍县广文学校（齐鲁大学前身），毕业后广读中医经典，注重临证施治，成为一方名医。曾参加上海中医指导社和天津国医院等中医组织。建国后，担任省中医院主治医师，1962年被选为泰安

---

① 1972：《山东省卫生志》（1992）、《新泰市人民医院志》（2006）载丁仲山卒年作"1975"。

地区中医学会理事,主要著述有《中医药实用药方》等。

[《山东省卫生志》(1992)]

丁仲山(1892—1972),新泰县羊流丁家庄人。丁家五世行医,仲山继承医业,研究医理,博采众家之长,融会贯通,不落俗套,尤擅长外科。行医于泰安、莱芜、新泰等地,治疗病人甚多。1949年前,曾参加过上海名中医秦伯未等人倡创的"医界春秋社"。建国后,先后在新泰县医院、新泰县果都分院工作,曾任泰安地区中医学会理事。

他治病重视精神因素,认为人之神情欠佳,诸病则生。疮疡治疗主张重温通、慎寒凉,以防邪毒凝滞,强调和血、祛湿、和营、疏通经络为主。他一生写下了不少医札,但多数已经散佚,现尚存《乳岩、脱疽治验》《中医实用验方》《诊证概要》等十数种。

仲山一生勤奋好学,热心公益,乐于助人。医病有求必应,一视同仁,深受群众称赞和敬重。行医六十余年,以八十高龄而寿终。

[《泰安卫生志》(1992)]

丁仲山(1892.05—1975.10),男,新泰市羊流镇人。祖传中医,行医六十四年。中华全国医学会会员,泰安地区中医学会理事。1950年调山东省第一期中医研究班,1957年在新泰县医院任中医师,善读博学,造诣深邃,治病求本,权衡正邪,燮理阴阳,明辨虚实,升清降浊,通常达变。用药严守君臣佐使,刚柔相济,立方精当。擅外科,精疮疡,用药重温通,慎寒凉,内外兼治,洗烫结合。内服以活血、祛湿、和营、疏通经络为主,外用以去腐生肌,散瘀定痛。一生潜心钻研,博采众长,孜孜不倦,勤于笔著,著书立说。发表了《疹症概要》《六经浅论》《对内经荣卫的分析》《乳岩证治》《脱疽症治》等论文。并著有《中医内外科实用验方》《神传疹科》《伤寒疫病条辨》《名医方论·四卷》。

[《新泰市人民医院志》(2006)]

◎ 朱乐山 ◎

朱乐山,男,1892年出生于山东省长清县双泉陈家沟村。少时在家读书,后从事教学。1935年任长清县第一高小校长。1937年12月回家开药铺行医,1940年曾被长清县抗日民主政府邀请参加冀鲁豫边区政府代表会议。1946年1月任冀鲁豫医院(在今东阿县铜城镇)中医科负责人。1948年春,泰西专署在肥城县王瓜店设立大众药房，这是由人民政府建立的第一个医药机构，朱乐山为负责人兼中医。1949年4月，朱乐山仍为泰西专署医药供应社负责人兼中医，同年9月任该社副经理。1950年6月至1953年12月任泰安专区人民药房副经理。1954年任山东省卫生厅中医委员会中医师。1957年8月退休还乡，1958年8月病故。

朱乐山一生热爱中医中药工作，晚年致力于中医研究，医道精深，是泰安地区医药系统最早的领导干部之一。

[《泰安医药志》(1988)]

◎ 赵继成 ◎

赵继成（1896—1978），新泰城关镇林前村人。工医，善外科，治重活血化瘀，颇多效验，行医六十年，活人甚多。

[《泰安地区中医志》(1983)]

◎ 崔会之 ◎

崔会之（1897[①]—1970），字属昌，宁阳大伯集人。幼年即习医经，学识博深，通晓《内》《难》《伤寒》《金匮》，及各家学说，而独于叶、吴温热之学研究颇深。临床兼擅中医内、妇、儿各科，而尤重于温病。辨证明敏，立法活而组方严，为医林所拥重。高度重视中西医结合，力主用西医诊断方法以诊病，以中医治法证实中医治疗效果。一生致力于人民卫生保健事业，孜孜不倦。50年代曾参加山东省中医研究班，卒业后在山东省中医院内科工作，旋因宁阳之要求复回宁阳县人民医院工作。为中华医学会会员，曾任泰安地区中医学会理事，宁阳县中医学会理事长，济南市第四届人大代表，宁阳县人大代表，县人民委员会委员、县科委委员等职。一生治验丰富，遗著有"崔会之医论、医案"二册。

[《泰安地区中医志》(1983)]

崔会之（1897—1970），字属昌，宁阳县东述镇大伯集人。自幼年即浏览医书，后独立门户，开业应诊。建国后参加联合诊所。1954年调宁阳县人民医院工作，后进山东省中医研究班学习，结业后留山东省中医院内科，不久应宁阳县要求调回宁阳县人民医院工作。他曾任济南市第四届人民代表大会代表、泰安地区中医学会理事、宁阳县中医学会理事长、县人民代表大会代表、县人民委员会委员、县科委委

---

① 1897：《宁阳县志》(1994)崔会之生年作"1899"。

员等职。

会之对清代名医叶天士、吴鞠通的温病学说颇有研究,并主张中西汇通,以西医诊断中医方法治疗。他辨证明敏,立法活而组方严,从不马虎从事。除对温病有较深的造诣外,且对内、妇、儿科均有擅长,在群众中享有盛誉。

会之一生致力于中医事业,他为人谦和,有求必应,对病人一视同仁,故慕名求治者甚多。他热心学术活动,常与同仁磋商医术,交流经验,丰富知识,并关心后人学习,热心传授技艺,为继承和发扬中医事业作出了贡献。晚年,总结一生的治疗经验,撰写成"崔会之医论""医案"二册,留与后人。

[《泰安卫生志》(1991)]

崔会之(1899—1970),字属昌,东疏镇①大伯集人,幼时习医,及长行医,潜心探索方药,注重收集土单验方,每见疗效。以"济世活人"自勉,乐系于病家。出诊不讲条件,不计报酬。病人多转危为安,病家赠以"誉满杏林"匾。声望遍及附近几十个村庄,就诊者应接不暇。

1955年,崔会之调宁阳县卫生院,任中医部主任,1956年入山东中医班学习,任审核组长。毕业后分配在山东省中医院,县卫生部门闻讯要回宁阳县卫生院,仍任中医部主任。历任济南市第四届人民代表大会代表,宁阳县人民委员会委员、人民代表,是中华医学会会员,泰安地区医学会理事。

崔先生行医五十余年,通晓医经和各家学说,独于温病,并擅长中医内、妇、儿科,治验颇多。辨证明确,组方严,立方活,为医林所推重。又力主中西医结合,1956年以中医中药为主,治疗破伤风50例,治愈率90%,"乙脑"病治愈率85%,并对保健事业孜孜不倦。1970年病逝。著有《崔会之医论》《崔会之医案》两册。

[《宁阳县志》(1994)]

◎ 傅仲田 ◎

傅仲田(1899—1974),字荆珊,祖籍新泰县龙泉人。自高等学校毕业后,即拜云山禅林主持昊泉僧②为师,学医八年,尽得其传,尤崇东垣"人以胃气为

---

① 东疏镇:《泰安卫生志》(1991)原作"东述镇",今大伯集在东疏镇,据改。
② 昊泉僧:《泰安卫生志》(1991)作"泉僧"。

本，有胃气则生，无胃气则死"之学说，研究颇精，创制"胃金丹"以治各种类型之胃病，用之皆收殊效。由此医声远闻，遐迩就诊者，终日盈门。荆珊，详诊细察，无倦容，而对贫困者常常施药不取值，乡邻深感其德，于是联名赠以锦屏："夫寒风烈日乃老栋梁之材，险阻艰难能勉有志之士。公傅仲田先生，髫年就学颖悟过人，性质敦笃且兼刚直，嗣入高等小学毕业优等，正欲奋起，不幸遽失怙恃，遂辍上进，从兹经营农事，适逢连年荒旱，给养不足，及至家徒四壁，公乃奋发图强，博览群书，穷医经，披名著，苦心师承，遂医术擅名远近，延请求方者，门庭若市；辟瘟疫，起沉疴，咸即应效，活人无算矣；公施德舍药，乡里慨叹，年逾不惑而家业俱兴。公虽坎坷于前，乃能发扬于后，实为有志之士也。乡梓邻里，深感其德，馈此拙句，以表寸心"称颂之。荆珊著有《荆珊验案》①惜其散失，《妇科方论》②《痘疹验方》手抄本尚存。还擅长书画诗词，尤工颜楷。

建国后曾为泰安专区中医学会会员，及至年迈多病仍诊病不辍。殁后，安葬于泰山傲徕峰，以志其德业长存。

[《泰安地区中医志》(1983)]

傅仲田（1899—1974），字荆珊，新泰市龙泉人。少时随父学医，后拜云山禅林住持泉僧为师，学医八年。1919年回本村自设守善堂药店。

荆珊长于治疗脾胃之疾，自创"胃金丹"，对瘰疬、恶疮治疗亦有研究，自配"龙虎膏"，亦多治验，故名扬四方。

荆珊医德高尚，济苦怜贫，常医病赠药，深受群众称赞。

抗日战争期间，荆珊以守善堂药店作为抗日工作人员的活动和食宿场所。1938年1月，徂徕山起义后，他多次为抗日游击队伤病员医病疗伤。1942年守善堂被日伪劫掠后，隐居于沂蒙山区继续行医。建国后，带头参加联合诊所，曾是泰安专区中医学会会员。1974年病逝，终年七十五岁。

荆珊一生著有《荆珊验方》一册（已失）和《妇科全集》《痘疹验方》各一册，临床经验较丰富，有一定实用价值。

[《泰安卫生志》(1991)]

---

① 《荆珊验案》：《泰安卫生志》(1991)作"《荆珊验方》"。
② 《妇科方论》：《泰安卫生志》(1991)作"《妇科全集》"。

◎ 史怀新 ◎

史怀新（1900—1963），字铭三，新泰县城关镇杏山坡人。酷嗜仲景之书而能精，长于疗肝、脾之疾。撰有《经方验案介绍》《肝炎、胃溃疡治验》。

[《泰安地区中医志》（1983）]

◎ 杨玉禄 ◎

杨玉禄（1900—1967），字福五，肥城汶阳公社北庄人。业医，通晓医经，尤致力于《伤寒论》，造诣较深。先后主办中医进修班共五期，诲人不倦，对肥城中医教育颇有贡献。

[《泰安地区中医志》（1983）]

◎ 赵博如 ◎

赵博如（1900—1980），宁阳城南公社大孟村人。原籍汶上，家世业医，博如肯堂肯构，行医六十余载，名著乡里。临症善用活血化瘀，颇有独得。曾于1951年泰安地区中医考试荣获第二名。

[《泰安地区中医志》（1983）]

◎ 孟庆旭 ◎

孟庆旭（1901—1965），字寅宾，东平城内人。幼贫，因母有痼疾，遂发愤治医，精通《内》《难》仲景之书，旁逮《千金》《外台》以下诸家，莫不谙熟。1935年东平县中医考试，名列第一，由是蜚声医林，誉遍东原。性耿介，不问权贵。1938年日寇占领东平，庆旭慨于国难，愤然罢医，避居乡郊，日伪要员有疾，重聘往邀，庆旭托病拒之，业医不以牟利为意，专事救死扶伤，全活甚众。1954年参加工作，热心为人民服务，坚持门诊，积极带徒，多次举办经典著作讲座，受到人民政府的表扬和奖励，被选为东平县第一、二届人大代表，县人民委员会委员。

临床四十余年，治学撷历代诸家之长运用而变通之，于喻氏《医门法律》、徐氏《医学源流》、丹溪《格致余论》及张石顽《诊宗三昧》等最有心得，长于内外两科，尤擅研究和治疗温病，推崇叶、薛，对温病辨证颇重戴氏之论，尝谓"戴北山温疫辨证独树一帜"，足资师法。然嫌其方稍涉温燥，故用药仍本叶氏。30年代前后，温病学派的影响在东平尚不普遍，庆旭广为介绍，嗣又举办专题讲座，系统讲解，对温病学在东平的传播贡献甚巨，名驰平阴、肥城、寿张，遗有《孟寅宾医案集》手稿四卷，缺佚不全。

[《泰安地区中医志》(1983)]

孟庆旭（1901—1965），字寅宾，东平城内人。六岁入私塾，十八岁自学中医，二十五岁行医。自幼家贫力学，涉猎群书，后由博返约，专攻《内经》及仲景之学，因此于祖国医学功力较深，学验俱富。生平诊病四十余年，长于内科、妇科，尤精脉法，兼以治学严谨，用药稳当，在群众中颇具声望，至今仍被称道，为我县名老中医之一。他热爱中国共产党，热爱社会主义，热心为人民服务。1954年参加工作后多次举办中医经典著作讲座，传授医学知识，坚持带徒，为我县中医事业作出了积极的贡献，受到人民政府的赞扬，被选为我县第一、二届人民代表大会代表，县人民委员会委员。这使他在工作中更加勤奋，每于暇时手录病案，数年之中积数百例。1964年曾整理二十余篇交县卫生工作者协会，其他尚未来得及整理，不幸于1965年11月因病去世。所录医案及当时上交的文稿在"文化大革命"中大都散佚。

[《东平县卫生志》(1983)]

孟庆旭（1901—1965），字寅宾，东平城内人。幼贫，因母久病，发奋学医。读过不少医学典籍，尤精张仲景学。1935年东平县中医考试，名列榜首。由此蜚声医林，誉遍东平。

1938年日军占领东平后，他慨于国难，愤然罢医，避居乡郊。日伪要员有病，重聘往邀，托病拒之。他行医不牟名利，专事救死扶伤，救活许多病人。1954年参加工作后，热心为人民服务，坚持诊疗，积极带徒，多次举办经典著作讲座，受到人民政府的表扬奖励，被选为东平县第一、二届人大代表，县人民委员会委员。

寅宾从医四十余年，治学严谨，善于汲取历代诸家之长。对于俞氏《医门法律》、徐氏《医学源流》、丹溪《格致余论》以及张石顽的《诊宗三昧》等皆有心得。长于内、外两科，尤擅治温病，推崇叶、薛二氏。对温病辨证非常重视戴氏之论，常谓："戴北山温疫辨证独树一帜，方法很值得学习。"但嫌其方剂稍涉温燥，故用药仍本叶氏。30年代前后，温病学派的影响在东平尚不普遍，寅宾广为介绍，之后又举办专题讲座，系统讲解，对温病学说在东平一带的传播贡献很大，名驰东平、平阴、肥城、寿张等县。遗有《孟寅宾医案集》手稿四卷，今已缺失不全。

[《泰安卫生志》(1991)]

◎ 侯逸民 ◎

侯逸民（1904—1964），又名俊存[①]，字冷生，泰安市汶口公社大侯村人。聪颖喜读，博通经史，工诗词，擅书画，尤工花卉虫鸟。少怀济人之志，遂潜心于轩岐之学，精晓《灵》《素》《伤寒》《金匮》，淹贯各家学说，临床辨证缜细，法严方宽，存心济世，是以群众有求必应，细心诊治，全活甚多，名噪岱南，誉满汶阳。

1934年，与医界同人周福亮、王子良、夏仲明等七人发起组织"汶阳国医研究会"，旨在昌明中医，裨益社会，有利人群，在当时对祖国医学的继承与发扬起到了积极的作用。

建国后，先后在泰安专区中心医院中医科、泰安县中医院内科工作，后又任教于泰安卫校。屡次被选为泰安县人民代表、县人民政协委员。著有《内科证治方案》一书，近十万言，内容丰富，分别为"医德""临床守则""郑重其事""衰之以属""先哲格言""扁鹊""华佗察声色秘诀摘要"等篇。在临床守则篇中有二十四字诀，即"细辨证，抓要点，方宜宽，法宜严，重必克，量必权，灵活用，保真元"。书中总结了他一生的医疗实践经验，实有助于后学。

[《泰安地区中医志》（1983）]

侯逸民（1904—1964），又名俊远，泰安大汶口大侯村人。曾先后在泰安专区医院、泰安县中医院任中医医师，泰安卫生学校任中医教师，是泰安县人民代表、政协委员。

侯自幼好学，博览经史，工诗词、书画，后专心医学，精晓《灵枢》《素问》《伤寒》《金匮》等，细研各家学说，临床辨证施治慎细，长于内科诸疾。他学古而不泥古，重在创新，在多方面具有独立见解。他积十年临床经验，编成《内科证治方案》一册，近十万言。内容丰富，记有"医德""临床守则""郑重其事""先哲格言"等章节。在临床守则中，记有二十四字诀："细辨证、抓要点；方宜宽，法宜严；重必克，量必权；灵活用，保真元"，反映了他对医术的追求与为人。他对脾胃之病的治疗，重视健脾燥湿治法，注重舒肝、平肝以健脾。

1934年，他与医界同仁福亮、五子良、夏仲明等七人，共同发起组织了汶阳国医研究会，制定了会旨会章，意在昌盛中医事业，以有利社会和人民群众，并借此对抗北洋军阀和国民党政府关于歧视排斥中医的错误主张，为继承和发扬祖国医学

---

① 俊存：《泰安卫生志》（1991）作"俊远"。

遗产，起到了积极作用。

逸民一生存心济世，有求必应，治病救人甚多。他诊病的指导思想是："医邪必医其心，治虚先观其人。"因而医德远播，深得群众好评。

[《泰安卫生志》（1991）]

◎ 张恩涛 ◎

张恩涛（1905—1981），泰安县城北关人。生前为泰安县省庄公社卫生院中医医生，少聪慧，爱读书，于经史子集多所涉猎，博闻强记，工书法。幼染天花，深谙其苦，遂发奋学医，搜求岐黄之典、仲景之论于鸡声灯影之间，潜心研攻，手不释卷，数年以后，豁然有得，乃以医术济人疾苦，临症垂四十年，对内科杂病、外感时疫颇有独到之处，尤善用经方，如以《伤寒论》黄连汤、柴胡桂枝汤治胃脘痛，柴胡加龙骨牡蛎汤治癫狂；小柴胡汤加葛根、大黄通治颈项以上诸疾，以《金匮》麻黄加术汤治目赤痛，桂枝附子汤治疗坐骨神经痛，大黄附子细辛汤治外伤血瘀肿痛，当归芍药散治妇人经孕诸疾等，每能应手取效，各臻其妙。

性耿介，不阿权贵，行医谢绝馈赠。遗《临症偶得》未成稿一卷，皆其生平治验。

[《泰安地区中医志》（1983）]

◎ 韩伯章 ◎

韩伯章（1905—1969），泰安县汶口东大吴村人。幼读私塾，1929年起开始学医，先后参加过无锡、宁波以及日本东京针灸学社函授科学习。1936年又毕业于济南蔚斋针灸学习班，后在宏济医院等单位行医。1938年前后，回乡开诊。

伯章曾于1926年6月加入中国共产党，任中共大汶口特支委员。1927年因上级党组织遭到破坏，至1931年停止组织活动。1949年2月重新参加工作，先后在山东省鲁中南第七地方医院、宁阳县卫生院、邹县丝虫病防治所任针灸医生。1956年调泰安专区人民医院工作，曾被选为泰安县第五、第六届人民代表大会代表，并多次被评为医院先进工作者。

伯章在多年从事中医针灸的临床实践和教学活动中，积累了丰富的经验，尤其注重针灸手法的研究，临床选穴灵活多变，或针或灸，运用自如。

他为人谦虚谨慎，待人诚恳热情，以诲人不倦的精神提携后学之人，尽将自己的丰富经验授予他人，深受称赞。他一生艰苦朴素，工作勤勤恳恳，热心为人民服务，以毕生精力献身于针灸事业。"文化大革命"中，身心受到摧残，1969年7月27日被迫害致死，终年六十四岁。1979年1月，中共泰安地区人民医院委员会为其平反昭雪。

[《泰安卫生志》（1991）]

◎ 孙静斋 ◎

孙静斋（1906—1969），名树格，泰安县角峪人。先从事教育，于县第一小学任教员。其父素以疡医知名，旋袭父业，而致力于医，术兼内外，尤擅妇科，遂悬壶桑梓，辄能着手回春，由是名重乡里。

1945年霍乱流行，死亡日以百计。静斋不顾个人安危，积极配合省县防疫人员，走乡串户，巡回救治，全活甚众。

建国后，在泰安县中医院内科工作，兼作中医业余教育，埋头业务，热心为人民服务，甚为群众所敬重。

临证四十年，从不拘泥于一方一药，方简剂轻，运用自如，于妇科诸疾，尤以治产褥热著称，尝用《金匮》竹皮大丸调理产后虚热，烦渴，多获良效。

酷爱读书，闲居手不释卷，尤喜读文史，浏览群籍，多所博通，工书，其仿魏，古朴遒劲，见重于人。

[《泰安地区中医志》（1983）]

◎ 李太民 ◎

李太民（1906—1960），原名李笃亭，泰安良庄人。幼读私塾，后进县立师范讲习所进修，毕业后跟外祖父冯春甫习医两年，在本村开办中药铺行医，教学。其间曾任国民党政权的乡长、副区长，并以抗日为名，拉起了四十余人的武装队伍，任副队长。后在共产党人赵一川的影响下，于1939年加入了革命队伍。李参加革命后，历任司法干事、专署卫生科科长（兼专署医院院长）、山东省中医院副院长等职。1940年加入中国共产党。

太民在医术上对中医内、妇、儿科均有造诣，尤以眼科为专长。在省中医院工作期间，兼诊疗眼科疾病。他精心钻研，博采众长，经长期实践，研制成"济阳地黄丸""明目流膏""金花丸"等中成药，临床效果较好，沿用至今。他的科研成果及所积累的部分病案，曾参加1958年全国医药卫生展览，并载入文献汇编，受到同仁及专家们的重视。

太民一生耿直好胜，乐于助人。入伍后在担任司法工作期间，即经常抽出时间为患者诊病医疾，送医送药上门，深受群众欢迎。担任卫生业务领导后，仍不放弃医疗，言传身教，热心向青年医务人员传授技艺，受到医务工作者的爱戴。一生为建立和发展地方卫生事业，做了大量工作。

[《泰安卫生志》（1991）]

◎ 王心铭 ◎

王心铭（1909.09—1981.01[①]），字镜寰，祖籍山东省肥城县井桶峪村，系世医之家，家存先人医籍甚多。自幼即受熏陶，读书之余，兼攻医理，对四书、五经多能成诵，后为生活计遂以教学为业，兼行医诊病，服务于乡邻，渐有医名。后因求诊者日众，患者接踵而至，无暇教诲生徒，毅然以普救苍生为己愿，即弃教从医，于1930年被聘入肥城三生堂任坐堂先生。二十余岁已名闻于泰肥各地。

战争时期，接受党的教育，倾向革命，不屑为日伪服务，拂袖辞职，离城返乡，开始边行医边从事革命工作，借行医之便，积极掩护肥城地下革命工作同志，并为他们治病、送药，提供食居，为革命做了大量工作。1950年，他光荣地加入了中国共产党，带头组织个体开业者，走集体道路，创办了肥城三区联合医院，并担任院长。1955年被调到泰安地区人民医院工作，1965年被晋升为主任医师。

镜寰毕生从事医疗工作，精勤不息，在中医理论与临床实践方面都有较深造诣。他的医学成就在于重实践，善总结，师古而不泥古，敢于创新，长于内科慢性疾患，喜用滋补，善以补取效。多年经验证明久病必伤肾，肾主五液，补肾是整体疗法的一个代表法则，各种慢性疾病，通过补肾，同增强其抗病能力，促其自愈，常云：今人不同于仲景时代，古人多劳其形，今人多伤其精，伤其形者多外邪，劳其精者多内伤。内伤之疾多耗津伤阴，药当滋补为先。对"阳常有余，阴常不足"有其独见，惯用方药为六味地黄汤、左归饮、大补阴丸等等，对中风、虚劳肝肾之疾写下了不少治验。其遗著有《中风专论》《虚劳专论》《膨胀专论》《时病随记》《妇科诸疾》《验方集锦》共六册，三十余万字，还有近年在《山东医药》及《山东中医杂志》连载的《王心铭医案》等。

他在临床方面讲究辨证施治，参考古法，喜用时方，认为医学在发展，今人胜古人，所谓"时方"，是由经方发展演变而成，更有实用意义。所谓辨证施治，概

---

① 1981.01：《泰安卫生志》（1991）载王心铭卒年作"1982"。

言之，有是症用是药，不拘成法，随机应变，灵活运用，辨证应以脏腑为纲，治疗着眼于整体。如对肺心病的研究为例，遵《内经》之旨："五脏六腑皆令人咳，非独肺也"，但在治疗上应掌握缓急，急则治肺，缓则治肾，唯独补肾一法多能获效，他的专论曾云："肺气虚久，必伤及肾，肺主出气，肾主纳气，阴阳相交，呼吸乃和""肺为气之主，肾为气之根。肾阴不足，不能上滋于肺，则肺阴耗竭；肾阳不充，气化无权，则水湿内停，为痰为饮，故肾为生痰之本"。常用方药为生脉散、二母宁嗽丸、肾气丸等，用之应手得效，未见有滋腻碍胃之敝，如一张姓患者，咳嗽喘息十余年，每于冬季病重，易于感冒，遇寒则发，气短则汗，动则心悸，背部恶风，干咳而痰不易咳出，舌赤脉数，方用二母宁嗽丸、生脉散加减，使病稍缓，续以玉屏风散加龟胶、鹿茸、菟丝子配丸药缓图，以益气固表，补肾强其督脉，御其寒邪内侵，防其未然，治法虽简，而收效甚捷。又如，对肾病的治疗虽仍以补肾为主，但又偏于固肾温阳之法，认为慢性肾炎的主要病机为肾气虚而不固，精脂俱下，当以补肾固肾为主，方用五子衍宗、水陆二仙丹加减，如肾气衰极，水邪泛滥，症见水肿，治当补肾温化，方用八味丸，重用桂、附，兼加芪、参，使水邪从温化而消，愈出自然。反对单用"五皮""五苓"之淡渗，甚则攻逐峻剂，损阳伤气，延误病情。此种论点不但启迪后来学者，而且确有其指导意义。

在组方用药方面非常严谨，并有独特的见解，他方复而量不大，新病汤剂为先，久病重用丸散，时有汤丸并举。如虚人感冒，多用参苏饮为汤兼服补中益气丸。积之为病，喜用散剂。虽是传统方剂，因病而异，灵活运用，据他验案记载，有一癃闭患者，小便淋滴，甚则尿闭，痛苦万状，众医认为肾气虚，用六味地黄丸补之无效，又改以泄下利水，小便益闭而不通，病势变重，后邀他诊治，观其脉症，确系肾气虚衰，肺气虚闭，仍照六味地黄汤加入苏叶二钱，麻黄三钱，兼服通关丸，一剂中病，二剂呈效，小便畅快而量多，病已近愈，故在按语中写道：癃闭之症，虚当补之，忌用峻补，用之不但肾气更伤，而肺气亦闭上窍愈闭，下窍愈塞，可用六味以补肾，用通关丸以利开窍，加入苏叶、麻黄二味以提壶启盖，使肺气宣发。小便自利，这就是"下病取之于上"之意。

他在治学上，严肃认真，一丝不苟，经常强调，作为一个医生，仅靠经验治病是不行的，要刻苦学习，不断提高理论水平。对经典著作要学懂弄通，知常达变，不要抱缺守缺；对历代医家的著作，要重点看，重点学，不要一知半解；对古人的治法方药要反复验证，敢于创新，勇于走前人未有走过的道路，这是他毕生勤奋治学的经验和总结。

镜寰一生谦逊谨慎，诲人不倦，十分重视培养人才，时时警惕中医后继无人。多年来，他除负责地区办的中医进修班的经典著作教学外，并带徒多人。对他们在临床、教学、科研诸方面，坚持言传身教，尽心指点，因材施教，使其在学术上各有所长。现在桃李遍地，多有成就，并有很多生徒已晋升主治医师、副主任医师，成为中医事业的骨干。同时，他对子女也是严格要求，勤于指教，勉其上进。现在他从医的三位子女分别在省、地、县医院任教、任医，均已获得主治医师、副主任医师、副教授职称。

镜寰不仅中医建树、医道高超，而且博览群书，志趣高雅，他常在诊务之余，喜读政治、文史、丛书，尤爱书法、诗词。一生所作笔记、论文、讲稿，均为蝇头小楷，并善于真、草、隶、篆各种书法，存有诗词遗稿二百多首。

镜寰一生尊重同仁，注重医德。他常以病人为友，急病人之急，痛病人之痛，处处为病人提供方便，赢得了广大干部群众的爱戴和尊重，所以他历任山东省中医学会理事、泰安地区中医学会理事长、泰安地区人民医院主任医师，他行医五十余载，为后人留下了为人正直、光明磊落的深刻印象，为中医界树立了楷模。

[《泰安地区中医志》（1983）]

王心铭（1909—1982），字镜寰，肥城县井桶峪村人。出身世医之家，幼读私塾兼习医书。1931年起在长山洼村教书，兼行医诊病。1935年弃教从医，行医乡里。1937年被聘为肥城三生堂坐堂先生。日军侵占肥城后，他不屑在肥城为日伪服务，离城返乡行医。1946年后边行医，边从事革命活动，为中共党组织作掩护工作和为地下工作人员治病疗伤。1950年6月加入中国共产党。1953年3月带头组织个体行医者走合作化道路，创办了肥城县安临站联合诊所，并任所长。1956年3月调泰安专区人民医院，负责组建中医科，担任副主任职务。1956年6月晋升为副主任中医师。1977年10月担任中医科主任。1978年任中华全国中医学会山东省分会理事、泰安地区中医学会理事长。1982年1月9日病逝，终年七十三岁。

心铭毕生从事中医工作，理论与临床实践均有较深造诣，尤擅长于内科，善用滋补，多以补取效。他认为久病必伤肾，肾主五液，补肾是整体疗法的一条法则，通过补肾可增强抗病能力，促其自愈。他说："今人不同于仲景时代，古人多劳其形，今人多劳其精；伤其形者多外邪，劳其精者多内伤。而内伤之疾多耗津伤阴，药当滋补为先。"他对"阳常有余，阴常不足"有独到见解，惯用"六味地黄汤""左归饮""大补阴丸"等。他撰写的《一贯煎治疗慢性肝炎的体会》文章，发表于1979年第二期山东中医学院学报。1980年第12期山东中医学院学报又发表了《王心铭医案》，虽系王文正、王文英整理，未经本人校阅、审定，但仍可体现他的独到见解，是他留给后人的宝贵经验。

他一生注重医德，尊重同仁，受到普遍好评；他治学严谨，重视人才培养，在教学、带徒中，坚持因人施教，培养了不少人才。

[《泰安卫生志》(1991)]

◎ 夏荣泉 ◎

夏荣泉（1909—1970），字仁圃，东平县接山公社前寨子村人。博学善医，通《内》《难》《伤寒》《金匮》，对金元以及各家学说，均有研究，熔古铸今，行医四十年，于理论及临床均有深湛造诣，尤精专内科、妇科，师古法而不泥其方，为东平知名之老中医。抗战期间，多次冒生命危险，为我地下工作人员诊病治伤，多次掩护我地下工作者，对革命颇有贡献，曾任历届人民代表大会代表。

[《泰安地区中医志》(1983)]

夏荣泉（1909—1970），字仁圃，东平县接山公社前寨子村人。自幼上学，十八岁在本村教学，暇时攻读医书，二十四岁弃教从医，三十岁医道大行，远近求诊者甚多。他拥护中国共产党，拥护社会主义。抗日战争期间曾多次冒着生命危险为我地下工作人员治病，多次掩护我地下工作者，被其亲自掩护和治疗过的有当时我地下干部李子明、梁东峰等。建国后积极参加联合诊所和卫协会，热心从事中医临床和中医教学，曾多次当选为县人民代表大会代表。1966年"文化大革命"开始后，以莫须有的罪名被清理回家，忧思成疾，不幸于1970年去世。

[《东平县卫生志》(1983)]

◎ 王逢寅 ◎

王逢寅（1911[①]—1966），字炳臣，系山东省泰安县赵庄人。生于世医之家，幼承庭训，勤奋好学，十六岁即通医理，弱冠之年随父行医于秦城，医名远闻，求治者络绎不绝，善于内科，尤精于伤寒，当地群众皆以"伤寒先生"称颂之。炳臣平易近人，体贴病人，不论严寒酷暑，风雨昼夜，邀之必去。深受人民群众的尊敬和爱戴，故在1963年《大众日报》以《人民的好医生》为题予以表扬。

---

① 1911：《山东省卫生志》(1992) 生年作"1891"。

炳臣一生对风寒外感所致的"伤寒症"确有药到病除的效验，因此在泰安县内外享有较高声誉。他一生创制"葛苏饮"一方，并指定随症加味的必选药物，临床确有较好的疗效，至今流传，应用甚广。

炳臣不但医德高尚，医术精湛，而且对党的事业忠心耿耿，对中医工作兢兢业业，于1963年带头创办了泰安市中医院，并于1961年加入了中国共产党，先后曾任泰安县政协副主席、泰安县卫生局副局长、泰安县中医院院长、山东省中医学会理事、泰安地区中医学会理事长等职务。

[《泰安地区中医志》（1983）]

王逢寅（1911—1966），字炳臣，山东泰安县赵家庄人。生于世医之家，幼承家训，攻读医书，十六岁即通晓医理，常为他人代笔开方。三十四岁应聘于泰安宏济堂，为坐堂先生。

抗战期间，他以治病为掩护，为共产党地下工作者传递情报，动员人民捐款，给抗日武装筹集枪支弹药，并掩护地下工作人员。在白色恐怖和艰苦环境中，一直坚持革命工作，直至泰城解放。

炳臣1961年加入中国共产党，1963年创办了泰安县中医院，先后任县中医院院长、县卫生局副局长、泰安地区中医学会理事长、山东省中医学会理事、泰安县政协副主席等职。

炳臣一生刻苦钻研医术，早年善妇科，后以伤寒为专长。他对风寒外感所致的伤寒症颇有治验。他创制的"葛苏饮"一方，至今仍为所用，曾被山东中医学院编教材《中医内科学》（1973年版）所录用。

炳臣平易近人，惜苦怜贫，对无钱医治的患者，常是送医送药上门，不收分文。许多群众说他是体贴病人的好医生，是救死扶伤的恩人，1963年《大众日报》以《人民的好医生》为题，表彰了他的事迹。

[《泰安卫生志》（1991）]

王逢寅（1891—1966），字炳臣，泰安人。擅长内科，尤精伤寒，创制"葛苏饮"，曾任泰安地区中医学会理事长、省中医学会理事、泰安中医院院长、卫生局副局长、泰安市政协副主席等职。1963年，《大众日报》以《人民的好医生》为题报道其事迹。

[《山东省卫生志》（1992）]

◎ 梁谷臣 ◎

梁谷臣（1913—1970），字荫玉，原籍肥城安驾庄，寓居宁阳。秉承家传正骨之术而能工，对内、外、妇、儿等科亦谙熟，治验颇多，声誉著于一方。曾任宁阳县人民代表、县科协委员、县医院工会主席等职。

[《泰安地区中医志》（1983）]

◎ 梁洪恩 ◎

梁洪恩（1916—1977），男，山东省肥城县安驾庄人。出生于骨外科世医家庭，七岁启蒙乡塾，又先后在本村高小及泰安华英①中学就读。因受家庭的熏陶，自幼酷爱医学，每于课余之暇，兼学中医。1948年即正式挂牌应诊，对技术精益求精，1949年曾远赴上海中医师学术研究会进修，结业后参加泰安鱼池联合诊所。1955年调至泰安道朗区卫生所门诊部，继调任我院骨科负责人。

梁老医生在长期骨外科医疗实践中，积累了患侧卧位治疗一般股骨干骨折的经验。他摸清了股骨干骨折移位的规律性，采用患侧卧位并在骨折处加压垫，利用患肢重量和压垫，来矫正骨折伤向外成角畸形，收到良好的效果。后经反复实践，有一定临床使用价值。对桡骨头复位，亦有熟练而精确的简便手法。在复位小儿桡骨头半脱位时，不需用助手，也不需脱衣袖，医者握其患儿手，边牵抖，边外旋压曲，即可复位。患者痛苦小，成功率较高。对骨结核的治疗，也有丰富的临床经验，多以补为主，兼以祛邪。早期扶正以达邪，常选用猫爪草、夏枯草、柴胡、牛膝、黄芩、公英、百部、丹参、桃仁、地骨皮、生黄芪、秦艽、龟板之类；晚期以气血两虚、肝肾亏损为主，常选用童参、白芍、枸杞、沙参、地骨皮、丹参、当归、熟地、白术、龟板、菟丝子、山药之类，以增强抗病能力，使结核得以速愈。还擅长治疗骨髓炎以及并发窦道形成，时流脓水，经久不愈的病症，内服药物，以补虚为主，兼以祛邪，选用生黄芪、当归、川芎、菟丝子、香附、红花、熟地、白芍、川断、麻黄、双花、甘草。如胃纳欠佳者，加白蔻、山药、茯苓；如午后潮热者，加石斛、知母；如红肿热痛者，加连翘、黄芩。外用自制"创伤膏"，有排脓、排骨、祛腐、生肌之效。因采用内外兼治，进一步提高了本病的治愈率。

---

① 华英：《泰安卫生志》（1991）作"育英"。

梁老医生从事医学生涯三十余年，对骨外学科有较高的造诣。他勤勤恳恳，积极工作，为解除广大人民的疾病痛苦，为中医事业的发展壮大，作出了应有的贡献。遗憾的是，正当拨乱反正，肃清四害流毒之际，他已溘然与世长辞。以至对他的学术思想和经验没有来得及进行全面系统的整理，使继承老中医经验工作受到一定的损失。

[《山东中医学院附属医院院志》(1985)]

梁洪恩（1916—1977），肥城县安驾庄人。出生于骨伤科世医之家，幼读私塾，后入泰安育英中学就读。因受祖辈熏陶，从少年起便随父习医，1948年独立应诊。为求业务进取，1949年曾赴上海中医研究会进修，后回泰安县鱼池村联合诊所行医。1955年调泰安县道朗区卫生所工作。是年山东中医院成立，调该院任骨科负责人。

他继承先祖医训，从事骨科医疗三十余年，勤勤恳恳，兢兢业业，为解除病人疾苦和发展中医事业作出了贡献。

梁氏积多年的实践经验，对侧位股骨干骨折治疗，采用患侧卧位，并在骨折处上压垫，利用健肢和压垫的重量，矫正骨折向外成角畸形，收到良效；对骨结核治疗，多以补为主，兼以祛邪。早期扶正，晚期依气血两虚、肝肾亏损来选用不同药物施治，效果良好。梁氏还擅长治疗骨髓炎和并发窦道形成。对流脓水长期不愈之症，内服药以补虚为主，兼以祛邪；外用自制"创伤膏"以收排脓、排死骨、祛腐、生肌之效。内外兼治，提高了疗效。

梁洪恩医术虽承祖传，但并非仅以膏药治疗骨伤，而重于实践探讨，治疑难骨症多有新的建树。惜时所积丰富经验未得整理成书，便与世长辞，实为一大憾事。

[《泰安卫生志》(1991)]

◎ 尹延臣 ◎

尹延臣（1920—1979），字干卿，肥城县石拱公社马房大队人。幼习医，及长自设药肆，悬壶为业，十八岁加入中国共产党，以行医为掩护，从事地下革命活动。对肥城中医事业的发展与建设贡献甚巨。历任肥城县卫生协会主任、肥城县中医院党支部副书记。

[《泰安地区中医志》(1983)]

◎ 姜守仁 ◎

姜守仁,文登县人。生于清咸丰六年(1857),卒于民国三十一年(1942)。以医知名于邑。

[《山东中医药志》(1991)]

◎ 吕子珍 ◎

吕子珍,男,1890年出生,系文登县小观乡小观村人。1942年1月参加工作,历任乡长、乳山县人民医院中医师、烟台政协委员、乳山县人大代表等职。由于该同志中医工作成绩显著,被评为县先进工作者,于1971年病故,享年八十一岁。

[《乳山县卫生志》(1986)]

◎ 邵志坤 ◎

邵志坤[①],男,1891年出生,系白沙滩乡邵家村人。1952年五月参加白沙滩乡卫生院工作,历任中医师、省政协委员、县人大代表,中医妇科学术突出,十几年来培养中医徒四十余人,在群众中享有较高的威信,于1974年病故,享年八十三岁。

[《乳山县卫生志》(1986)]

邹志坤(1891—1974),乳山人。早年行医在黑龙江虎林县,后返回原籍。医术精,善妇科,带徒多人,均有所成。曾被选为乳山县人民代表、省中医学会理事、省政协委员。

[《山东省卫生志》(1992)]

◎ 宋漠堂 ◎

宋漠堂,男,1894年出生,系夏村镇南江村人。1941年从事中医工作,1944年10月参加工作,历任夏村区医药合作社主任、乳山县地方医院中医师。中医技术高超,书法有造就。群众威信较高,于1961年病故,享年六十七岁。

[《乳山县卫生志》(1986)]

---

① 邵志坤:《山东省卫生志》(1992)作"邹志坤"。

◎ 于凤池 ◎

于凤池,男,1901年出生,系文登县泽头乡吴家屯村人,1948年3月参加工作,1956年在乳山县人民医院任中医师。中医技术高超,实践经验丰富,群众威信高。十几年来培养中医徒六十二人,为发展祖国医学作出了贡献。于1969年病故,享年六十八岁。

[《乳山县卫生志》(1986)]

◎ 孙竹庭 ◎

孙竹庭(1902—1973),又名孙洪山,文登初村四甲村人。少年家贫无读,随父学骨伤科,潜心钻研,青年即悬壶乡里,开办整骨诊所。1947年应聘任区药社整骨医生,先后几届当选为县人民代表。1958年任文登整骨医院骨伤科主任,整骨医术得到进一步发展。孙竹庭承家学而集众长,加以综合研究实践,以"拔伸、理正"为主要手法,尤善牵引、捺正、旋转复位手法,"触、摸、拔、伸、压端、理正"轻、巧、快、准,强调以手指细细循摸部位,务必明确移位形象,心明方能手灵。治疗中内服家传秘方"伸筋散"行气、活血,并指导病人练功,静中寓动,以取得骨折愈合快、功能恢复好的疗效。对陈旧性肩、髋关节脱位、肩周炎亦有独到的治疗手法,并自拟药方,临床效果亦颇显著。写出《正复治疗肱骨髁上骨折120例》《手法扳动治疗肩关节周围炎60例》[①]二文,发表于1965年《山东医刊》。其整套医术由高徒朱惠芳整理成册。

[《烟台卫生志》(1987)]

孙竹庭(1903—1973),文登人。医家出身,少年得传整骨技术,潜心钻研,成为当地骨科医师。1947年参加革命工作,1958年进文登县整骨医院,任骨科医师。遂将接骨药、伸筋散等十种祖传单、验秘方献出,成为该院主要临床方剂,后收入《山东中医验方》出版。1960年任骨科副主任,带徒多人,均有建树。1964年在《山东医刊》上撰文介绍其整骨经验,后由朱惠芳整理成《孙氏整骨》专辑。

[《山东省卫生志》(1992)]

---

① 经检索中国知网数据平台,此两篇文章题目应为《中医手法治疗肩关节周围炎》《手法整复小夹板固定治疗伸展型肱骨髁上骨折》。

◎ 陈育鸣 ◎

陈育鸣（1907—1975），乳山唐家村人，早年曾到天津随中医儿科专家何世英学医。1938年回胶东创建桂山药房，从事中医药的研究工作。后任胶东行署卫生局保健科科长，主办中医训练班，培养中医人才。1949年至1954年，先后在烟台大有药房、烟台工人医院、市立二院任领导职务。其间，曾多次创办中医学习班，自编教材，亲自讲授。1954年调任上海市卫生局中医处处长兼第十一人民医院院长。1956年调任国家卫生部中医司副司长。是年9月，创建北京中医学院兼院长。后调宁夏回族自治区银川市任职。1966年退休定居烟台。1975年去世，终年六十八岁。

50年代，陈育鸣即提倡中西医结合，主张改革中药剂型。其处方用药，多处革新，独成一家，在医药界有较大影响，为保存和发展中医作出贡献。平生著作很多，有手稿《伤寒论浅解》《外科辨证论集》及妇儿、针灸等十余册，其中《病理诊断学与治疗纲要》《药物与处方》，由宁夏人民出版社出版，重印四次。

[《烟台卫生志》（1987）]

◎ 于鹄忱 ◎

于鹄忱，男，现年六十四岁，肄业于华北国医学院，副主任中医师。1946年参加工作，历任乳山县卫生院医疗股长、县人民医院副院长、县中医院院长、县人大代表常务委员、省人大代表、山东中医学会理事、烟台地区中医学会副理事长、县医学会副理事长等职。该同志从事中医四十余年，兢兢业业为人民治病，培养中医徒三十余人，撰写有价值论文，在中西医结合中有造就，为发展祖国医学作出了贡献，在群众中声誉很高。

[《乳山县卫生志》（1986）]

◎ 卢 洵 ◎

卢洵，字绍苏，增广生，清代，生卒年载不详，山东省莒县人。平生耽嗜文学，博考《素问》诸书，深得奥义。其母患沉疴经年不起，洵拟方投药愈共母疾，于是医名享于乡里，就诊者日盛。（《莒志》）

[《临沂地区中医药志》（1982）]

卢洵，字绍苏，增广生，生卒年载不详，清代，莒县人。平生耽嗜文学，博考《素问》诸书，深得奥义。其母患沉疴经年不起，洵拟方投药愈其母疾，于是医名享于乡里，就诊者日盛。

[《莒县卫生志》（2013）]

◎ 李廷祺 ◎

李廷祺，字百实，清代，生卒年载不详，山东省莒县泉子头村人。子，树锦，字云溪，又字晓帆。其医轶事见于《重修莒志》及今咨访所得。

李氏是莒地医学世家，百实先生自青衿之岁，得父严教，继承家学而专岐黄术，尤精内科。一旦悬壶乡里则崭露头角，求诊者门庭若市。性聪敏，善钻研，以施医济人为己任，深感"医之病，病道少"。尝以粗识外科为内疚，苦心访明师，志求其精，于是至百里之外，执经问难于诸城县外科名医张德隆门下，口传心授，亲炙其学，遂又以外科见长，故晚年又有《外科心传》之作。

树锦，继父志而精医术，发愤读书，寸阴是惜，以毕生精力，研究医学，每遇诊余之暇则吟咏经文，或披阅医家名著，撮其要而记其事，纂其言必钩其源。先生治学精神，可谓："焚膏油以继晷，恒兀兀以穷年。"一生辑著颇多，惜大都佚失，现仅存残缺手稿《汤头方歌解》一卷，《本草方药记略》九卷。

李氏父子医术精湛，疗效高超，不仅能在本地享有盛名，远至苏北数县亦誉称良医。故《莒志》云："李廷祺，良医也，南至海赣，皆闻其名，延聘接踵，著有《岐黄易知录》。子树锦，字晓帆，能世其学，精于脉理，予决生死无或爽。"

[《临沂地区中医药志》（1982）]

李廷祺，字百实，清代，生卒年载不详，泉子头村人。子，树锦，字云溪，又字晓帆。

李氏是莒地医学世家，百实先生自青衿之岁，得父严教，继承家学，而专岐黄术,尤精内科。一旦悬壶乡里则崭露头角,求诊者门庭若市。性聪敏,善钻研,以施医济人为己任,深感"医之病,病道少"。尝以粗识外科为内疚,苦心访名师,志求其精,于是至百里之外,执经问难于诸城县外科名医张德隆门下,口传、心授、亲究其学,遂又以外科见长,故晚年又有《外科心传》之作。

树锦,继父志而精医术,发愤读书,寸阴是惜,以毕生精力,研究医学,每遇诊余之暇则吟咏经文,或批阅医家名著,撮其要而记其事,纂其言必钩其源。先生治学精神,可谓:"焚膏油以继晷,恒兀兀以穷年。"一生辑著颇多,惜大都佚失,现仅存残缺手稿《汤头方歌解》一卷,《本草方药记略》九卷。

李氏父子医术精湛,疗效高超,不仅能在本地享有盛名,远至苏北数县亦誉称良医。故《莒志》云:"李廷祺,良医也,南至海赣,皆闻其名,延聘接踵,著有《岐黄易知录》。子树锦,字晓帆,能世其学,精于脉理,予决生死无或爽。"(李氏父子在临沂地区80年代出版之某些志书中作为莒县人,经考证,应为今之莒南县人,此注)。

[《莒县卫生志》(2013)]

◎ 李膺远 ◎

李膺远,字砚南,清代,生卒年载不详,山东省莒县桑园村人。幼年读书,患呕血症,因而弃学习医,己病愈,医术亦精,制药施人,多收良效。尝曰:范文正公云:"不为良相,即为良医",虽不敢望古人,然愿操此之术以济人,不忍藉此道以牟利也。(《莒志》)

[《临沂地区中医药志》(1982)]

李膺远,字砚南,清代,生卒年载不详,桑园镇桑园村人。幼年读书,患呕血症,因而弃学习医,己病愈,医术亦精,制药施人,多收良效。尝曰:范文正公云"不为良相,即为良医",虽不敢望古人,然愿操此术以济人,不忍藉此道以牟利也。

[《莒县卫生志》(2013)]

◎ 张元中 ◎

张元中,字一斋,增广生,清代,生卒年载不详,山东省莒县人。赋性刚直,敦内行,笃交谊,事亲至孝,治家从严,人不敢以私,好读书击剑,精岐黄术,活

人无算。(《莒志》)

[《临沂地区中医药志》(1982)]

张元中,字一斋,增广生,清代,生卒年载不详,莒县人。赋性刚直,敦内行,笃交谊,事亲至孝,治家从严,人不敢以私,好读书击剑,精岐黄术。

[《莒县卫生志》(2013)]

◎ 张益庵 ◎

张益庵,邑庠生,清代,生卒年载不详,山东省莒县人,精岐黄术,就诊者门庭若市,无问贫富,一视同仁,均精心予以医疗。(《莒志》)

[《临沂地区中医药志》(1982)]

张益庵,邑庠生,清代,生卒年载不详,莒县人。精岐黄术,就诊者若市,无问贫富,一视同仁,均精心予以医疗。

[《莒县卫生志》(2013)]

◎ 周克让 ◎

周克让,字允恭。清代,生卒年载不详,山东省莒县人。邑以孝友称,颇精医理,授生徒严而有序,从游者多所成就。(《莒志》)

[《临沂地区中医药志》(1982)]

周克让,字允恭,清代,生卒年载不详,莒县人。邑以孝友称,颇精医理,授生徒严而有序,从游者多所成就。

[《莒县卫生志》(2013)]

◎ 战希孟 ◎

战希孟,字承斋,清代,山东省莒县涝坡人,生卒年载不详。邑庠生,应乡试未中,遂弃儒学医。深究《灵》《素》诸书,其父礼,系当地名医,希孟继承学家,医术大进,治病多奇中。(《莒志》)

[《临沂地区中医药志》(1982)]

战希孟,字承斋,生卒年载不详。清代,城阳街道涝坡村人。邑庠生,应乡试未中,遂弃儒从医。深究《灵》《素》诸书,其父礼,系当地名医,希孟继承家学,医术大进,治病多奇中。

[《莒县卫生志》(2013)]

◎ 王岳迎 ◎

王岳迎[①]（生卒年载不详），莒县陵阳公社接家庄人。医事活动时间在清末，擅长内、妇两科，医术精湛，素有德行，名闻数县。现存德行匾两块，一为莒县正堂所赠，文曰"懿行足式"；一为大店村赠送，文曰"温润呈芳"。据采访所知，以上两匾均是先生为之治愈难症之后所赠。

[《临沂地区中医药志》（1982）]

王岳迎，清末民初莒县楼家庄人。善治内、妇两科。术精德高，县令赠"懿行足式"匾，迄今子孙犹保存之。

[《山东中医药志》（1991）]

王岳迎，生卒年载不详，陵阳镇接家庄村人。医事活动时间在清末，擅长内、妇两科，医术精，名闻数县。现有德行匾两块，一为正堂所赠，曰"懿行足式"；一为大店村赠送，曰"温润呈芳"。以上两匾均是先生为之治愈难症之后所赠。

[《莒县卫生志》（2013）]

◎ 刘 龙 ◎

刘龙，生卒年载不详，清末，阎庄镇小河村人。自幼习武，屡试而不得功名，临沂之友劝其习医并赠送眼科医书，遂弃武习医，于1897年在本村创办"同春堂"药店，主治眼科，名闻周边各县。

其子（1870—1941），佃奎[②]，承父之教，擅长治眼疾，亦精于儿科，名闻乡里，乡邻赠送德行匾两块，有《验方集录》一册存世。

其孙，春溪（1890—1953），尽得其父佃奎之真传，坐诊"同春堂"，主治眼科、儿科。有《眼科大全》、眼科秘方专辑《高丹本》传世。医术、医名不亚其父。

[《莒县卫生志》（2013）]

◎ 张永升 ◎

张永升，生卒年载不详，终年八十九岁，莒县浮来山公社石灰窑村人。考中武

---

① 王岳迎：《临沂地区中医药志》（1982）目录作"王越迎"。
② 佃奎：《临沂地区中医药志》（1982）、《莒县卫生志》（2013）"刘春溪"词条下，均作"殿奎"。

秀才，考文不第。精医术，擅长妇科，其医事活动在清朝末年，乐善好施，舍药济贫，其远道求医者招待食宿，故向有善人之称，赠送"年高德劭"匾额以颂其德行。自制"乌金丸"舍施济人，其疗效显著，名闻百里；自著《妇科金丹》一书，印行散发以为善事（现未查到原本）。

附：张氏乌金丸

处方：当归（酒浸）、川芎（酒浸）、白芍（炒）、熟地（炒）、香附（醋炒）、玄胡（醋炒）、川军（炒）、坤草（炒），以上诸药各等分，百草霜（用量为总药的三分之一）。

制法：共为细末，于端午节之夜，以醋和为丸，每丸重十五克，阴干，勿曝晒。

用法：每次一丸，日服二次，根据病情以寒、热、虚、实，拟定引子方药煎汤送下。

主治：产后诸病。

[《临沂地区中医药志》（1982）]

莒县浮来山乡石灰窑村中医张永升（生卒年不详），擅长妇科。自制"乌金丸"，主治产后诸病，疗效佳，常舍施济人。乌金丸处方：当归（酒浸）、川芎（酒浸）、白芍药（炒）、熟地黄（炒）、香附（醋炒）、延胡索（醋炒）、大黄（炒）、益母草（炒），以上诸药各等分，百草霜（用量为总药的三分之一）。制法：共为细末。于端午节之夜，以醋和为丸，每丸重十五克，阴干，勿曝晒。用法：每次一丸，日服二次，根据病情的寒、热、虚、实，拟定引子方药煎汤送下。

[《临沂地区卫生志》（1989）]

张永升，生卒年载不详，终年八十九岁，浮来山镇石灰窑村人。考中武秀才，考文不第。精医术，擅长妇科，其医事活动在清朝末年，乐善好施，舍药济贫，其远道求医者招待食宿。故而有善人之称，有病家赠送"年高德劭"匾额以颂其德行。自制"乌金丸"舍施济人，著《妇科金丹》一书，印行散发，以为善事。

[《莒县卫生志》（2013）]

◎ 接 祯 ◎

接祯（生卒年载不详），阎庄镇河圈村人。清末民初境内名中医。医术高，一生从医而不卖药，给穷人诊病不收钱，给富有人家看病则多收钱。

[《莒县卫生志》（2013）]

◎ 刘菊荫 ◎

刘菊荫,女,民国,生卒年载不详,莒县朱陈店庄钰继室,沂水刘恩驻女,幼娴母训,读经史。通大义,研究医学产科,有求必应,辄脱人于危难。后丁母忧,哀毁成疾,卒年五十。(《莒志》)

[《临沂地区中医药志》(1982)]

刘菊荫,女,生卒年载不详,清末,朱陈店庄钰继室,沂水刘恩驻女,幼娴母训,读经史,通大义,研究医学产科,有求必应,辄脱人于危难。后丁母忧,哀毁成疾,卒年五十。

[《莒县卫生志》(2013)]

◎ 李竹逸 ◎

李竹逸,生卒年载不详,中楼镇姚家埠村人。民国初期于山东省立医科专门学校毕业,中医学专家。

[《莒县卫生志》(2013)]

◎ 马 荣 ◎

马荣(1831—1925),莒县城阳公社韩家菜园村人。精研《金匮》《伤寒》《痘疹》[1]等书,以善治时疫痘疹见称。医德高尚,名闻百里,乡邻送德行匾一块,文曰"德行可风"。子仕祯[2]继为医。

[《临沂地区中医药志》(1982)]

马荣(1831—1925),城阳街道韩家菜园村人。精读《金匮》《伤寒》《痘疹》,以擅治时疫痘疹见称,名闻百里,乡邻送德行匾一块,曰"德行可风"。子士祯继为医。

[《莒县卫生志》(2013)]

◎ 贾振瀛 ◎

贾振瀛(1831—1906),字仙舫,莒县刘家官庄公社齐家庄人。二十三岁中秀

---

[1]《痘痧》:《莒县卫生志》(2013)作"《痘疹》"。
[2]仕祯:《莒县卫生志》(2013)作"士祯"。

才，世考不第，遂弃儒习医，攻读《内》《难》《伤寒》《金匮》《温疫论》等书，精研岐黄术达七年之久，一旦应诊疗效超群，名扬莒、沂两县。长于妇科、时疫等。著有《时疫指南》《验方集》《杂证医案》《痧疹精义》等均佚无存，子会元，孙月庚均继承家学，精岐黄术。

[《临沂地区中医药志》(1982)]

◎ 刘福锡 ◎

刘福锡（1833—1915），城阳街道北关街人。清末曾被授七品寿官[①]，监生，敕授文林郎，貤赠修职郎。刘在办私塾期间，为治病救人，自学医书，成为当地著名郎中。他擅长妇科。一年，河东城子一产妇得了产后风，已奄奄一息。请刘去诊治，三剂药即转危为安。城北丰家村一玩童，吃粽子将枣核卡于喉中，生命垂危，经刘治疗，顺利排下。刘的高尚医德、高明的医术被县长周仁寿获悉，大加赞赏并赠"情深立雪"大匾一块，以示表彰。

[《莒县卫生志》(2013)]

◎ 万　格 ◎

万格（1837—1921），莒县浮来山公社邢家庄人。十年寒窗，屡考不售。目睹痘疹、时疫流行，死亡惨重，遂专致医学，擅长痘疹、时疫等，疗效显著，名闻数县。

[《临沂地区中医药志》(1982)]

万格，莒县邢家庄村人，生于清道光十七年（1837），卒于民国十年（1921）。善治痘疹、时疫，名闻数县。

[《山东中医药志》(1991)]

万格（1837—1921），浮来山镇邢家庄五村人。十年寒窗，屡考不第，目睹痘疹、时疫流行，死亡惨重，遂专致医学，擅长痘疹、时疫等。

[《莒县卫生志》(2013)]

---

① 寿官：是明清时期官府为地方一些德高望重的乡绅颁发的一种荣誉职称。清朝有一阶段对寿官核定品级，有七品、八品、九品等。

◎ 张士德 ◎

张士德（1840[①]—1925），莒县爱国公社渚汀村人。考中秀才，再考不第，遂弃举子业，习研医学，通晓经典，博览医学群书，深明医理，医术高明，名闻数县。子张境继承医业。

[《临沂地区中医药志》（1982）]

张士德（1848—1925），阎庄镇渚汀村人。考中秀才，再试不第，遂放弃科举，习研医学，医术高明，是公认的地方名医。

其子张境（1895—1977），十五岁随父学习，父有"苦读成才"之训，于是熟读经典及医学名著，擅长妇科，名闻莒、沂等县，遗著有《张氏诊奇》[②]六册、《验方随录》二册、《四岸公取录积》一册。

[《莒县卫生志》（2013）]

◎ 王尊三 ◎

王尊三[③]（1845—1924），字远卿[④]，山东省莒县东河圈村人。先生文学有素，耽嗜典籍，熟读经、史、子、集等书，学识渊博。斯时乡间缺医少药，患病求医甚难。深感济世活人莫如为医。遂拜茅埠村赵泽广老医生为师，熟读经典，博览历代名著。在医学上造诣颇深，临床上疗效显著，医德高尚，名闻乡里。先生三世业医，晚年并与其子恩庠编写《效之闲情广积方》《妇人经产良方》《奇证便方》[⑤]《验方集锦》等书，均为个人手抄本。以上遗书，系先生多年之临床经验的总结、理论与实践相结合的结晶，有一定临床实用价值。现将该书内容简介如下：

《效之闲情广积方》：本书记载内科杂病三十二证，有心痛、烦躁、惊悸、怔忡、健忘、诸汗、血病等常见病的辨证与治疗。其中对每一证先述其病因、病机，再列举症状表现，然后处方用药，条理清晰，理法方药精当。

例如真心痛，《广积方》云："君火衰甚，大寒触犯心君，或污血冲心。素无心痛，卒然大痛，无声、咬牙、口噤、舌青气冷、汗出不休，手足青色、肢冷是真

[①] 1840：《莒县卫生志》（2013）载其生年作"1848"。
[②]《张氏诊奇》：《临沂地区中医药志》（1982）作"《张氏珍奇》"。
[③] 尊三：《莒县卫生志》（2013）作"尊三""遵三"。
[④] 远卿：《莒县卫生志》（2013）作"达卿"。
[⑤]《奇证便方》：《莒县卫生志》（2013）作"《奇症便方》"。

心痛。有旦发夕死，夕发旦死，之虑不忍坐视，用猪心汤、必应汤治之，或可救得一二。"

猪心汤：猪心一个煎汤去渣，再入附子18克，干姜24克，肉桂15克，麻黄15克煎服。

必应汤：当归6克，元胡10克，砂仁8克，香附6克，艾叶5克，生姜3片，水煎服。

《妇人经产良方》：重点介绍妇人经、带、胎、产等方面的辨证与治疗。书中以问答形式对妇人病进行逐条分析，每条首言病因，次论病理，然后确定治法和方药，简明扼要。本书云："女子之经先期何也？经即血也，气为血帅，血随气行，气热则热，热则流散，故先期而至。"药用生地、当归、白芍各6克，黄柏、知母、条芩、阿胶、香附各5克，炙甘草3克。水煎服。

经来迟何也？血遇寒则凝，中虚有塞，或有积滞，常后期而来。药用：当归9克，川芎3克，熟地6克，香附3克，文术5克，肉桂3克，红花2克，桃仁2克，炙草1克。水煎服。

女子白带何也？阳明湿热，下流胞中，兼见面色浮黄，饥闷不思饮食，腹不甚痛。处方

丸药：樗白皮45克（醋炒），白芍15克（酒炒），良姜10克（炒黑），黄柏10克（炒黑），共为细末，米粥糊为丸，米汤送下。

汤药：白术10克，茯苓10克，栀子（炒）、樗白皮（醋炒）、半夏（姜炒）、苍术（泔炒）、白芷各5克，陈皮3克，艾叶5克。水煎服。

《奇证便方》：记载临床各科较为奇异病证的治疗。如"舌缩入喉咙，不能言语，乃寒气结于胸腹。处方：附子3克，人参9克，白术15克，肉桂3克，干姜3克。"水煎服舌自舒矣。"舌吐出不能收进，火热炽盛所致，以冰片点舌即收，急用黄连9克，人参9克，菖蒲3克，柴胡3克，白芍9克。"水煎服。

"有觉肠胃中痒，无处抓搔，置身无地。此证是由火郁结而不散，以下方治之。柴胡9克，白芍30克，甘草6克，栀子9克（炒），花粉9克。"水煎服。

以上所举舌缩、舌伸、肠胃作痒等异证，是一般方书之所未述及者。在临床上若偶遇此证，前人经验，不妨一试。

《验方集锦》：记录了各科常见病所用验方，具有简、便、验、廉的特点。

如治妇人血崩不止方：用陈槐花30克，百草霜15克，为末每服6克烧红秤砣淬酒下。治血痢方：苦参炒为末，每次3克，米汤调下。

其子恩庠（1866—1916），字汝臣，先生业儒，因试不第，后弃举子业，便随父习医，熟读经典著作，谙练各家名著，医术精湛，诊务繁忙，门庭若市，医名大盛，济世活人，医德高尚。对有疾厄来求治者，贵贱贫富，普同一等。无问昼夜寒暑，饥渴疲劳，一心赴救，人多有颂德。在一次出诊时因猝疾，逝于病家。

其孙桂欣[①]（1897—1977），字德甫，颖慧好学，知识渊博，能诗善文。其父、祖皆精于岐黄之术，自幼谨承祖业，博学苦读，精勤不倦。上溯《内》《难》《伤寒》《金匮》，下及金、元、明、清各家学说，靡不刻苦钻研。年十九岁，在其祖父训导下，便可应诊，疗效甚高。弱冠悬壶。于1959年参加卫生工作，先后在莒县招贤医院、碁山医院茅埠分院工作。对内、外、妇、儿各科均有研究，尤擅长于内妇两科和外感温病的治疗。先生处方灵巧，辨证精当，屡愈沉疴。从事医业六十余载，德术兼备，颇负盛名。今将其治学方法和学术思想略述如下：

博学苦读，精勤不倦

先生云："非博学无以广才，不苦读难得真谛。前人曰'业精于勤，荒于嬉'此乃学习之格言也。"他因于诊务繁忙，无暇读书，常在夜晚灯下研习，将所诊之病，对照各家论著，寻找正确答案，使理论与实践相结合。尝云："医术无穷，只有边干边学，干到老学到老，亦仍无足矣。"所以先生鸡窗灯火，数更寒暑，白首之年，尤未释卷。其治学方法是：

1.熟读、强记、博览　先生云："医学理论，浩如烟海，古今医书汗牛充栋，知其要者，便为良医也。"所谓知其要者是谓一要熟读经典，二要强记名言，三要博览群书。

所谓熟读经典者，"医学之源，始于《内》《难》，成于《伤寒》《金匮》，此为医之规矩焉，无规矩不能成方圆。习医首先要熟读经典，博极医源，否则如堕茫无定见。"

所谓强记名言者，"历代先贤名言佳语，必须牢记胸中，以便指导临床辨证治疗。"

所谓博览群书者，"须大量阅读各家名著。倘若读书只看一个人的著作，往往受益甚微，亦可造成偏见。读书也应像蜜蜂酿蜜一样，集百花之精英，才能知多识广"。

[①] 桂欣：《莒县卫生志》（2013）作"桂馨"。

2. 融会寒、温，无门户之见　先生早年对仲景之《伤寒论》，颇多研究。后来又读了吴瑭之《温病条辨》、王孟英之《温热经纬》二书，认为内容新颖，立论精当，条理清楚，受益颇多。曾云："寒、温两派起自明、清。自仲景伤寒之说问世，至明、清时止，名家辈出，著作繁多，有专论伤寒者，有专论温病者，形成伤寒、温病两大学派。他们各述己长，各责人短，门户之见，势如冰炭。伤寒、温病不应分两派，因伤寒也包括温病，温病本源于伤寒，伤寒学的发展和继续便是温病说，二者均有良方妙法，应融会贯通。"故先生在治疗外感热病时，常师仲景，而法吴、王。按照病情需要，时而运用经方，时而采取时方，均能得心应手，绝不固执门户之见。

3. 读书防偏，师古不泥　先生云："读书最防偏见，师古常忌拘泥。古人曰：'学而不思则罔''行成于思，毁于遂'。"他认为读书一定要多思，只有多思，才能理解，分辨文章中正确与错误的议论或见解，才能去粗取精，去伪存真，汲取其长。因此他反复强调："读书一定要防止偏见。"

又云："学师之法易，得师之巧难。拆旧屋，筑新房，须经匠心之化裁。"先生治病是师其法，而不泥其方；用其方，而不全用其药；用其药，而不全用其量。处方灵活，用药精当。变中有法，法中有方，方中有药。立方遣药，即不拘泥，又遵法度。

又云："人有长幼、男女、老少不同，地有东、西、南、北各异，天有阴、阳、风、雨、晦明之别，季有四时之分，治病用药，必须因时、因人、因地制宜，不得拘泥古人，墨守成规，否则，何异刻舟求剑，按图索骥乎。"

师仲景，法宗后世诸名家

先生云："仲景是治外感热病的大师，不能认为仲景之方药，只能治伤寒，不能治温病。对于《伤寒论》中有些方剂治疗温热病还是很好的。如麻杏石甘汤、白虎汤、承气汤、小柴胡汤、黄芩汤等治疗温热之证，疗效甚高，余多喜用。至于其解表、攻里、清、解等大法，治疗温病也多采用，只不过是在用药上有所选择不同罢了。"因此，他认为仲景实开温热病治疗之先河，故提出治热病，首当师法仲景。

又云："河间出，倡火热，此为一大贡献也。"故在治疗上多推崇刘氏火热论，善用三黄、石膏等泻火解毒之药，治病多效。

同时认为，吴瑭的《温病条辨》、王士雄的《温热经纬》，理明、法合、方全、药对乃是研究温病学之范本,二者源于《伤寒》,又补《伤寒》之未备,而青出于蓝,胜于蓝。因此,他曾云:"治外感热病必须师仲景,遵河间,法取吴瑭、士雄之说可谓全矣。外感热病多为火热邪毒所致,每以清热泻火解毒为其大法,但顾护阴津更为其要旨。"如在1929年疫病流行,死亡惨重。病者初起即见里热亢盛,且有化燥伤阴,动风痉厥之势。先生多采用清热、泻火、解毒、养阴等法,随证应变,选方治疗,常能转危为安,化险为夷,活人无算。后来在几次瘟疫流行时(如乙脑),也多采用此法治之,每收良效。

先生治病亦常师子和,注重祛邪之法,尝云:"子和治病重在祛邪,祛邪之法尚多,应根据病邪所在的部位、性质和轻重深浅的不同,不失时机地从速采用祛邪之法,使之邪有出路。"

调理内伤诸病,常效法李东垣,注重脾胃。先生云:"前人曰:'内伤脾胃,百病由生''人以胃气为本,有胃气则生,无胃气则死'。"所以他认为内伤病多为宿疾旧恙,正气虚衰者居多,因此注重脾胃至为重要。调理脾胃之法是,健脾和胃,平肝理气,培补肾气。健脾亦须平肝,木为土贼,常克土犯胃,只培土不抑木,脾气难以健旺。故在健脾的同时常佐以平肝理气之药多收全功。还有对某些内伤病在健脾的同时佐以补肾,其效更彰。生化之源本于脾胃,而根于肾,只健脾而不补肾,脾亦难健,补肾即可补脾,此则生化之源便可生生不息。

乐善好施,德高望重

先生性情温和,忠厚待人,不求名利,不畏权贵,安分守己,专事医业。尝云:"医者仁术也,当以济世活人为己任,不得求财谋利也,有钱者治病,无钱的也得治病,见死不救,为医者心下何忍?"早年先生开业时,每遇穷苦危重病人无钱医治者,常不收药费,或舍钞以济贫。

又尝云:"人之患病,常不分时,医者看病更不得分时也。"凡有病人来求诊者,先生常无问昼夜寒暑,饥渴疲劳,总以治病救人为先。而且贵贱贫富,普同一等。故人多赞颂之,曰:先生乐善好施,德高望重,洁白无瑕。

[《临沂地区中医药志》(1982)]

王尊三,字远卿,清末民初莒县东河圈人。早年习文,后拜同邑名医赵泽广为师,学本东垣,治善杂病。撰有《效之闲情广积方》《妇人经产良方》《奇证便方》《验方集锦》等书,稿今犹存。子恩庠传其术。

[《山东中医药志》(1991)]

王尊三（1845—1924），字达卿，碁山镇东河圈村人。少年勤奋好学，是时，乡间缺医少药，疾病多有流行，深感济世活人莫如行医，遂于二十岁时拜师习医。从此，专心攻读医药经典名著，博采众长，学有成就，精于内、妇科及杂症。晚年与其子恩庠合著《效之闲情广积方》《妇人经产良方》《奇症便方》《验方集锦》等医著，《效之闲情广积方》记载烦躁、惊悸、怔忡、健忘、诸汗、血证等内科杂病三十二证，每一证先述其病因、病机，再列举症状表现及处方用药，临床实用价值较高。其子恩庠（字汝臣）、孙桂馨（字德甫）均业医，曾孙焕勇、焕斌，玄孙增理皆为名中医。

[《莒县卫生志》（2013）]

◎ 唐占云 ◎

唐占云（1845—1918），莒县夏庄公社唐家湖村人。医术高超，擅长内科、妇科，尤其对妇科诸疾疗效均著，医名远扬数县。子唐锡承家学。

[《临沂地区中医药志》（1982）]

唐占云（1845—1918），夏庄镇唐家湖村人。擅长内科、妇科，尤其对妇科诸疾疗效均著，医名远扬数县。子锡承家学。

[《莒县卫生志》（2013）]

◎ 邢 标 ◎

邢标（1847—1931），莒县浮来山公社邢家官庄人。塾学十年，拜师学医又十年，熟读经典，精通医理，疗效显著，求诊者接踵。行医五十余年，在莒县、沂水、沂南、莒南、日照等县均享有盛名。遗有《初学步步近》《初学步步深》《济阴反约》等手抄本十一册。（详见医文志）

[《临沂地区中医药志》（1982）]

邢标（1847—1931），浮来山镇邢家官庄村人。塾学十年，拜师学医又十年，熟读经典，精通医理，疗效显著，求诊者接踵。行医五十余年，在莒县、沂水、日照等县均享有盛名。遗有《初学步步近》《初学步步深》《济阴反约》等手抄本十一册。

[《莒县卫生志》（2013）]

◎ 丁维祯 ◎

丁维祯（1850—1929），字干臣，莒县夏庄公社丁家孟晏村人。初务举子业，考试不第，遂弃儒业医。擅长内、妇、痘疹等科，辨证细心，一丝不苟，态度温和四方群众无不颂扬其德。集有《经验良方》一本，现已失存。

[《临沂地区中医药志》（1982）]

丁维祯，字干臣，莒县丁家孟晏村[①]人。生于清道光三十年（1850），卒于民国十八年（1929）。初务儒业，考试不第，遂弃儒习医，精内、妇两科。遗有《经验良方》一册，未刊，已佚。

[《山东中医药志》（1991）]

丁维祯（1850—1929），字干臣，夏庄镇丁家孟堰村人。初务举子业，考试不第，遂弃儒从医。擅长内、妇、痘疹等科，辨证细心，一丝不苟，态度温和，四方群众无不颂扬其德。集有《经验良方》一本，现已失存。

[《莒县卫生志》（2013）]

◎ 潘岳龄 ◎

潘岳龄（1850—1923），字卓五，莒县爱国公社潘家村[②]人。贡生，再考不第，设馆授徒，兼攻医书，学医有成，遂弃馆业医。擅长内、妇、儿各科，医术高超，活人无算，其医德高尚，名闻莒、沂两县。先生晚年，乡人赠送"年高德劭"匾额，以示敬颂。

[《临沂地区中医药志》（1982）]

潘岳龄，字卓五，莒县潘家村人。生于清道光三十年（1850），卒于民国十二年（1923），贡生。再考不第，设馆授徒，兼攻医术，学有所成，遂弃馆业医。擅长内、妇、儿各科，名闻莒、沂两县。乡人赠"年高德劭"匾。

[《山东中医药志》（1991）]

潘岳龄（1850—1923），字卓五，城阳街道潘家屯村人。贡生，曾设馆授徒兼攻医术，学医有成，遂弃馆业医。擅长内、妇、儿各科，名闻莒、沂两县。晚年乡

[①] 孟晏村：《莒县卫生志》（2013）作"孟堰村"。史志中"晏""堰"均存在。
[②] 潘家村：《莒县卫生志》（2013）作"潘家屯村"，今城阳镇有"潘家屯村"。

人赠送"年高德劭"匾额,以示敬颂。

[《莒县卫生志》(2013)]

◎ 李金萱 ◎

李金萱(1853—1937),莒县刘家官庄公社李家埝头人。精通《伤寒论》《金匮要略》《医宗金鉴》等书,擅长妇科、外科,善用土、单验方疗疾,效验颇宏,医德高尚,名闻百里。其侄步义授其业,精医术。

[《临沂地区中医药志》(1982)]

李金萱(1853—1937),刘官庄镇李家埝头村人。擅长妇科、外科,善用土、单验方疗疾,效验颇宏。其侄步义受其业,精医术。

[《莒县卫生志》(2013)]

◎ 崔 英 ◎

崔英(1853—1939),字仲九,五莲县许孟瓦窑沟村人。二十五岁始行医,医术主要源于《内经》《伤寒论》等经典著作。擅长内、儿、妇诸科,在当地享有较高声誉。

[《潍坊市卫生志》(1989)]

崔英,字仲九,五莲县瓦窑沟人,生于清咸丰三年(1853),卒于民国二十八年(1939)。专长内、妇、儿科,邑内有盛名。

[《山东中医药志》(1991)]

◎ 张福隆 ◎

张福隆(1855—1919),字日升,莒县峤山公社小桥村人。先生品德高尚,学务实行,精于医术,对《灵》《素》《伤寒》之学深得其奥义,求医者盈门。其《家谱》中载云:"为人性赋慷慨,于不平之导力为排解,乡人好之。……颇精岐黄,施方恒济多人,乡人因其身体不壮,赠之一小车,故远处看病方乘小车"云云。每遇出诊,必先于急者,诊已,辄辞去。因于医德高尚,当地群众皆颂之,逝后,乡众立碑为之纪念,现将其碑文附于下。(《莒志》)

张福隆医德碑铭

先生姓张氏讳福隆，字日升，莒之隐君子也。耕读世其家，生有令德。初学务实行，以孝悌闻于乡里，由从九品捐升吏目，中年不乐士进；殷殷于济世活人，探源《灵枢》《素问》及《汤液》《难经》，远绍长沙之家学，出所心得，恒手应奏效。求诊者踵日相接，每遇外诊，必先于急者，不惮步履，无舆马服，至则施诊，辄辞去，如是者数十年，全活无算，而益以普济为怀，虽至筋力衰颓，无倦容，无德色。家居峤山之侧，左屋楼，右沭水，相与寄泉石间，意感世界沧桑布衣疏食晏如也。溯于民国八年，寿六十四岁于乡，无远近疏皆感泣相向，受其惠，恩其德者历久弥笃，公议刻石勒铭以永其传。爰为铭曰：

猗欤先生，志洁行芳。蓬户茅宇，黄卷背囊。忘怀名利，造福梓桑。橘井杏林，引领相望。妙手回春，俾寿而昌。执贽必却，设筵不张。古稀岁华，庄敬康强。居处清幽，杖履徜徉。身殁德邕，奕世孔彰。景仰遗徽，山高水长。巍然高厉，耀此声香。

乡后学周兴南敬撰
李维翰敬书
石工张玉诚敬勒
民国十四岁次乙丑月上浣　谷旦

[《临沂地区中医药志》（1982）]

张福隆（1855—1919），字日升，峤山镇小桥村人。先生学务实行，精于医术，对《灵》《素》《伤寒》之学深得其奥义。其《家谱》中载云："为人性赋慷慨，于不平之事力为排解，乡人好之。……颇精岐黄，施方恒济多人，乡人因其身体不壮，赠之一小车，故远处看病方乘小车"云云。

每遇出诊，必先于急者，诊之，辄辞去。因于医德高尚，当地群众皆颂之，逝后乡众立碑为之纪念。

[《莒县卫生志》（2013）]

◎ 于　隆 ◎

于隆（1856—？），字子兴，店子集镇于家石河村人。自幼聪颖好学，博闻强记，躬耕之余，熟读四书五经，家境贫寒，其爱弟有疾，不能就医，卒。遂于壮年发愤习医，遍求名师，勤于实践，业有大成。先生待人宽厚热情，视病人如亲人，深得乡邻赞誉，遂创"益寿堂"，有"沭东第一药铺"之称。时大店庄陔兰之女长痈于身，求助名医，皆束手无策，访得先生，经对症施治，妙手回春。庄翰林惊喜之余，欣然书写对联一副："山水天真仁智乐，鸢鱼道妙圣贤心"，以示褒奖。

[《莒县卫生志》（2013）]

◎ 张凤洲 ◎

张凤洲（1857①—1932），莒县小店公社官路村人。擅长妇科，名闻莒县、莒南二县。次子德欣亦业医，医术不亚于父，惜其未及半百而卒。

[《临沂地区中医药志》（1982）]

张凤洲，莒县官路村人，生于清光绪元年（1875），卒于民国二十一年（1932）。术精妇科。名闻莒县、莒南。

[《山东中医药志》（1991）]

张凤洲（1857—1932），小店镇官路村人。擅长妇科，名闻莒县。次子德欣亦业医，医术不亚于父，惜其未及半百而卒。

[《莒县卫生志》（2013）]

◎ 王梅昌 ◎

王梅昌（1860②—1947），字福五，莒县陵阳公社接家庄人。家传医学，擅长外科，尤对奇疮异病疗效高超一般，名闻百余里，医德高尚，有赠德行匾一块，现已无存。集有《便方汇集》一册，《经验良方》二册，手稿尚存。

[《临沂地区中医药志》（1982）]

王梅昌，字福五，莒县接家庄人。生于清咸丰十年（1860），卒于民国三十六年（1947）。承家技，工外科，尤善治奇疮异病，名闻百里。著有《便方汇集》《经验良方》。手稿尚存。

[《山东中医药志》（1991）]

王梅昌（1863—1947），字福五，陵阳镇接家庄村人。家传医学，擅长内科，尤对奇疮异病疗效高，名闻百里。有赠德行匾一块，现已无存。集有《便方汇集》

---

① 1857：《山东中医药志》（1991）生年作"1875"。
② 1860：《莒县卫生志》（2013）载王梅昌生年作"1863"。

一册,《经验良方》二册。

[《莒县卫生志》(2013)]

◎ 陈锡鉴 ◎

陈锡鉴(1860—1952),字献秋,碁山镇珠山村人。先生自幼聪敏,塾学八年,考取清末秀才,他无意仕途,专攻医理,尤对《伤寒论》有独到的见解。清光绪十二年(1886)创建"复元堂"药店。他以治病救人为本,不论贫富贵贱,有求必到,医德高尚,名闻乡里。

[《莒县卫生志》(2013)]

◎ 贾会元 ◎

贾会元(1860—1925),传家学,承父志,医术不亚于父,莒、沂两县颇有医名。(《临沂县志》)

[《临沂地区中医药志》(1982)]

贾会元,莒县齐家庄人。生于清咸丰十年(1860),卒于民国十四年(1925)。承父训业医,善治妇科。子月庚传其术。

[《山东中医药志》(1991)]

贾会元(1860—1925),刘官庄镇齐家庄村人。传家学,承父志,医术不亚于父,莒、沂两县颇有医名。

[《莒县卫生志》(2013)]

◎ 马仕祯 ◎

马仕祯[①](1862—1944),字信卿。武考中秀才,文场不第,随父学医,四十岁后医术、医名不亚于父。

[《临沂地区中医药志》(1982)]

马仕祯(1862—1944),字信卿,城阳街道韩家菜园村人。武考中秀才,文场不第,随父学医,后医术、医名不亚于父。

[《莒县卫生志》(2013)]

---

① 马仕祯:《临沂地区中医药志》(1982)目录作"马士祯"。

◎ 马慎言 ◎

马慎言（1866—1940），字减三，莒县寨里河公社大王标村人。初业教学兼读医书，医学有成，遂弃教业医，在寨里河村"春和堂"为坐堂医生，擅长内科，尤对外感热症颇有治疗经验。

[《临沂地区中医药志》（1982）]

马慎言，字减三，莒县大王标村人，生于清同治五年（1866），卒于民国二十九年（1940）。以教转医，擅长内科。

[《山东中医药志》（1991）]

马慎言（1866—1940），字减三，寨里河镇大王标村人。初业教学兼读医书，医学有成，遂弃教业医，在寨里河街"春和堂"为坐堂医生，擅长内科，尤对外感热证颇有治疗经验。

[《莒县卫生志》（2013）]

◎ 王恩庠 ◎

王恩庠（1866—1916），字汝臣，碁山镇东河圈村人。先生业儒，因试不第，弃举子业，随父遵三习医，名术颇高，对有疾厄来求治者，无论贫富，普同一等。在一次出诊看病时，因患猝疾，逝于病家。其子桂馨业医。

[《莒县卫生志》（2013）]

◎ 于 文 ◎

于文（1867—1944），莒县刘家官庄公社五花营村。医术精湛，擅长妇科、儿科，医德高尚，名闻莒县、莒南两县。

[《临沂地区中医药志》（1982）]

于文，莒县五花营村人，生于清同治六年（1867），卒于民国三十三年（1944）。擅长妇、儿两科，名闻莒县、莒南二县。

[《山东中医药志》（1991）]

于文（1867—1944），刘官庄镇五花营村。医术精，擅长妇科、儿科，名闻莒县、莒南两县。

[《莒县卫生志》（2013）]

◎ 张世佩 ◎

张世佩（1868—1936），字直堂，莒县安庄公社大张官庄村人。塾学十年，自修医学，熟读经典，深通医理，擅长妇科、内科，行医三十余年，在莒、沂两县颇有名望。晚年摘录《验方新编》等书之部分救急土单验方，自行编次，取名《救急验方》，由莒县"复兴泰"印刷局印刷五百余本，分散赠送，借以推广救急之法，如此善举，乡邻皆颂其德。

[《临沂地区中医药志》（1982）]

张世佩，字直堂，莒县大张官庄人。生于清同治七年（1868），卒于民国二十五年（1936）。自修医术，善治内、妇两科，业医三十余年，闻名于莒、沂两县。著有《救急验方》，由莒县"复兴泰"印刷局印刷五百本，赠阅。

[《山东中医药志》（1991）]

张世佩（1868—1936），字直堂，安庄镇大张官庄村人。塾学十年，自修医学，读经典，通医理，擅长妇科、内科，行医三十余年，在莒、沂两县颇有名望。晚年摘录《验方新编》等书之部分救急土单验方，自行编次，取名《救急验方》，由莒县"复兴泰"印刷局印刷五百余本，分散赠送，借以推广救急之法。

[《莒县卫生志》（2013）]

◎ 潘 楯 ◎

潘楯（1808[①]—1944），字阴菊[②]，莒县爱国公社潘家屯村人。清末优增生，再考不第，遂弃举子业。精岐黄术，擅长妇科，名驰数县。其医德高尚，为人正直，平易近人，尤其对待贫寒患者格外热情，举凡经诊之病，勿须再请，常亲往叩门复诊。善于引据典故教诲后人，尝云："不为良相，但为良医。老吾老以及人之老，幼吾幼以及人之幼，是为良医之家旨。"

[《临沂地区中医药志》（1982）]

潘楯（1868—1944），字阴兰，今城阳街道潘家屯村人。认为"功名无益于人，唯医能救人"，精岐黄术，擅长妇科。对贫寒患者格外热情，凡经诊之病，无须再请，常亲叩门复诊。善于引据典故教诲后人，尝云："不为良相，但为良医。老吾

---

① 1808：若生年为"1808"，则潘氏当寿至136岁，疑生年有误。
② 字阴菊：《莒县卫生志》（2013）作"字阴兰"。据潘氏名，其字当以"阴兰"为是。

老以及人之老，幼吾幼以及人之幼，是为良医之家旨意。"

[《莒县卫生志》（2013）]

◎ 姜玉洲 ◎

姜玉洲（1869—1948），字仙瀛，库山乡姜家洼村人。自幼天资聪慧，笃志好学，博读诗书，早年在今五莲县于里镇管帅一中药铺学习诊疗技术。而立之年赴临沂（今东方红广场一带）开办"人和药房"和药栈四十余年。凡来就医者，诊脉即方，三服药即愈，治好了当地不少的顽疾、怪病。日军入侵后"人和药房"药栈无法正常经营，仙瀛被迫携家眷回本乡大福照村继续为乡邻就医除病。在长达六十年的行医生涯中，上门拜师学医者颇多，并大都学业有成，自己五个女儿、堂孙姜道远、宋家路西村宋品苓等都是他的弟子。临沂一带师从仙瀛学医者亦不下几十人。

[《莒县卫生志》（2013）]

◎ 刘殿奎 ◎

刘殿奎[①]（1870—1941），莒县爱国公社小庄子村人。深通经典，精医术，擅长眼科、儿科，名闻数县，医德高尚，旧有德行匾两块，现已失存。遗有《验方集录》一册。子春溪继事医业。

[《临沂地区中医药志》（1982）]

刘殿奎，莒县小庄子村人。生于清同治九年（1870），卒于民国三十年（1941）。精医术，专以眼科为优，名闻数县。著有《验方集录》一卷。子春溪传其业。

[《山东中医药志》（1991）]

◎ 孙世恒 ◎

孙世恒（1870—1948），碁山镇长宁村人。为富有之家。他见贫穷农民无钱就医多白送性命，于是自学医理、自采中药，自制膏、丹、丸、散舍施穷人。他为人诚朴，不贪钱财，治病有钱交钱，无钱药品白送。因其医德高尚，深受百姓尊敬，故无人称其姓名，只称雅号"老善人"。

[《莒县卫生志》（2013）]

---

① 刘殿奎：《山东中医药志》（1991）作"刘殿奎"，疑为讹误。《莒县卫生志》（2013）作"刘佃奎"。

◎ 罗惠风 ◎

罗惠风[①]（1870—1940），莒县浮来山公社罗家庄子村人。立志学医，深研经典，广阅医籍，擅长内科及小儿痘疹。颇有孝行，谨遵母训，礼义待人，医德高尚。以母慈子孝见称乡里，皆颂惠风品行雅正，均出于慈母教子有方。乡邻赠其母寿匾一块，赠先生德行匾一块，现俱失存，匾文不详。

[《临沂地区中医药志》（1982）]

罗惠风，莒县罗家庄子村人。生于清同治九年（1870），卒于民国二十九年（1940）。擅长内科兼精痘疹。以孝闻名乡里。

[《山东中医药志》（1991）]

罗惠风（1870—1940），浮来山镇罗家庄子村人。立志行医，深研经典，广阅医籍，擅长内科及小儿痘疹。颇有孝行，谨遵母训，礼义待人，以母慈子孝见称乡里。乡邻赠其母寿匾一块，赠先生德行匾一块，现俱失存，匾文不详。

[《莒县卫生志》（2013）]

◎ 史致远 ◎

史致远[②]（1871—1957），字驯卿，莒县爱国公社大北林村[③]人。初在学堂任教兼习医学，业余应诊，因受上司任教不专谴责，遂弃教务而专业医事，医术精湛，名闻莒、沂两县。医德高尚，对后学以诲人不倦见称。遗有《验方汇集手册》。

[《临沂地区中医药志》（1982）]

史致远（1871—1957），字驯卿，阎庄镇大柏林村人。早年到招贤街学堂作塾师有年。1916年后在阎庄小学堂任教兼习医学，业余应诊。1926年在阎庄街开办"保和堂"，坐堂行医。医术精湛，长于内、妇科。遗著有《验方汇集手册》，其子桂芳继承父业。

[《莒县卫生志》（2013）]

---

① 罗惠风：《临沂地区中医药志》（1982）目录作"罗惠凤"。
② 史致远：《临沂地区中医药志》（1982）目录作"史志远"。
③ 大北林村：《临沂地区中医药志》（1982）目录作"大柏林村"。

◎ 张宗汉 ◎

张宗汉（1871—1953），莒县峤山公社张家岭村人。擅长妇科、时疾，名闻莒、沂、诸城等县。医德高尚，有赠"年高德劭"匾额一块，现已无存。

[《临沂地区中医药志》（1982）]

张宗汉（1871—1953），峤山镇张家岭村人。擅长妇科、时疾，名闻莒、沂、诸城等县。有赠"年高德劭"匾额一块，现已无存。

[《莒县卫生志》（2013）]

◎ 唐　锡 ◎

唐锡（1872—1959），字洪三，弱冠随父学医，尽得其传，长于内、妇科，晚年医术、医名不亚于父。曾集有验方、医案数册，已失。

[《临沂地区中医药志》（1982）]

唐锡（1872—1959），字洪三，夏庄镇唐家湖村人。弱冠随父（占元）学医，尽得其传，长于内、妇科，晚年医术、医名不亚于其父。曾集有验方、医案数册，已失。

[《莒县卫生志》（2013）]

◎ 王　惠 ◎

王惠（1875—1954），字仁斋，莒县小店公社王家垛庄人。以擅长针灸术，名闻四方，先后曾在大店何家庄及小店村"利民药房"坐堂行医。

[《临沂地区中医药志》（1982）]

王惠（1875—1954.07），字仁斋，小店镇王家垛庄村人。幼年读私塾六年，继教书六年后，去大店"四喜堂"跟鲍大夫习医，志学针灸，后攻读《内经》《难经》《伤寒论》《金匮要略》等中医经典，学有所成。出师后在利民药房坐堂行医，以擅长针灸术名闻四方。

[《莒县卫生志》（2013）]

◎ 刘顺堂 ◎

刘顺堂（1875—1938），字礼庭，号芸轩，系莒县长岭公社刘家村人。十年私塾后随曾祖父刘文汉学医，熟读经典，博览医籍，二十四岁业医应诊，擅长妇科、温病。诊务繁忙，医德高尚，有求必应，贫富一视，名闻莒县、莒南两县。一生有手抄《摘录汤头歌》《伤寒诀》和《眼科问答》各一本，现有子孙继医。

[《临沂地区中医药志》（1982）]

刘顺堂，字礼庭，号芸轩，莒县刘家村人。生于清光绪元年（1875），卒于民国二十七年（1938）。袭家传业医，擅治妇科及温热病。名闻莒县、莒南。子孙承其业。

[《山东中医药志》（1991）]

刘顺堂（1875—1938），字礼庭，号芸轩，长岭镇刘家村人。十年私塾后随曾祖父刘文汉学医，二十四岁业医应诊，擅长妇科、温病。名闻全县。一生有手抄《摘录汤头歌》《伤寒诀》和《眼科问答》各一本。

[《莒县卫生志》（2013）]

◎ 李观海 ◎

李观海（1875—1953），字尊南①，莒县中楼公社黑涧村人。家贫无力求学，十一岁出走至日照，以雇佣为生，业余自修文化，弱冠返里，以务农为本，兼随其叔父学医，及医术成，弃农业医，擅长伤寒、温病等，在莒县、日照、莒南三县有一定名望。有德行匾一块，现已失存。子兴周承父志。

[《临沂地区中医药志》（1982）]

李观海（1875—1953），字号南，中楼镇黑涧村人。家贫无力求学，十一岁出走至日照，以雇佣为主，业余自修文化，弱冠返里，以务农为本，兼随其叔父学医，及医术成，弃农业医，擅长伤寒、温病等，在莒县、日照、莒南三县有一定名望。有德行匾一块，现已失存，子兴周承父志。

[《莒县卫生志》（2013）]

◎ 刘承惠 ◎

刘承惠（1876②—1964），字师柳，莒县东莞公社后石崮村③人。先生塾学十余年，自修医学数年，对仲景书颇有研究，擅长内科。在莒、沂、诸城等县

---

① 尊南：《莒县卫生志》（2013）作"号南"。
② 1876：《莒县卫生志》（2013）载刘承惠生年作"1878"。
③ 后石崮村：《莒县卫生志》（2013）作"后石崮后村"。

颇有医名。

[《临沂地区中医药志》(1982)]

刘承惠（1878—1964），字师柳，东莞镇后石崮后村人。1920年制造出一种治愈妇女病的中草药"无经丸"，百治百愈，后来"无经丸"成为妇产科著名的中药品牌。人们称"师柳治病不图钱，富人穷人一样看"。1922年，他在东莞集开设了药铺。解放后，他的药铺被政府收用成为东莞区医院基础，他当时亦被政府留用。1924年，曾有沂水县高家石岭村一名妇女因产后得病，四处求医未能治愈，大城市医院判为不治之症，生命延续不过月余，找他治疗后，病体康复竟活到八十一岁。1952年回家后不足半年又被沂水县王家箕山王同成聘用为个人药铺大夫，1956年，王氏药铺被沂水县官庄区收归，他本人被转为国家正式医生。六十六年如一日为人治病，经他治愈的疑难病症不下百例，在民间治愈的病不下万余例。临终前躺在病床上还为病人开药方。

[《莒县卫生志》(2013)]

◎ 张京云 ◎

张京云[①]（1877—1964[②]），字德山，莒县东莞公社前石崮后村人。十年寒窗，应试不售，遂弃儒学医，医术精湛，擅长内、外科，名闻数县。医德高尚，病人已经初诊，勿需再请，常主动登门予以复诊，深受群众欢迎，勤勤恳恳为民治病，奔波一生。晚年常作诗，以忆其医事生涯。

[《临沂地区中医药志》(1982)]

张景云（1877—1966），字德山，东莞镇前石崮后村人。自幼习文，弱冠之年遂弃文习医，擅长内、外科，名闻数县，病人一经初诊无须再请，常主动登门予以复诊了解病人康复情况，总结治疗、康复过程。他以中草药之土方、验方为病家医治，有许多病人，在景云呵护之下花钱不多而得到极好的治疗。

[《莒县卫生志》(2013)]

◎ 朱世春 ◎

朱世春（1878—1966），字永芳，五莲县山阳冯家坪村人。早年为道士，后承

[①] 张京云：《莒县卫生志》(2013) 作"张景云"。
[②] 1964：《莒县卫生志》(2013) 卒年作"1966"。

父业习医,先后攻读了《内经》《伤寒论》等经典著作。在日照、诸城、莒县行医六十余年,术医高明,素有"灵先生"之美称。据传:日照县一商人之妻患子痫,求十二医未愈,后延于世春,一剂则愈。1941年瘟疫流行,先生无论贫富贵贱,有求必应,乡人交口称赞。

[《潍坊市卫生志》(1989)]

◎ 刘书声 ◎

刘书声(1879—1948),字琴堂,莒县陵阳公社楼花庄人。塾学十年,弱冠之岁则拜师学医,勤奋好学,精通医理,擅长内科,名闻百里。晚年曾在临沂县独树头"太和堂"为坐堂医生。集有《卫生医案》三册。

[《临沂地区中医药志》(1982)]

刘书声,字琴堂,莒县楼花庄人,生于清同治四年(1879),卒于民国三十七年(1948)。善医道,工内科,名闻百里。集有《卫生医案》三卷。未刊行。

[《山东中医药志》(1991)]

刘书声(1879—1948),字琴堂,陵阳镇人。塾学十年,弱冠之岁则拜师学医,通医理,擅长内科。晚年曾在今临沂市独树头镇"太和堂"为坐堂医生。集有《卫生医案》三册。

[《莒县卫生志》(2013)]

◎ 刘瀛洲 ◎

先祖刘瀛洲、先父海珊学术思想和临床医疗经验简介

莒县人民医院 刘桂馨 整理

我祖籍山东省莒县东莞公社大沈刘庄村。先祖瀛洲(1879—1954),字仙浦,天资聪敏,学识渊博。因家贫十五岁辍学应聘任教,十九岁得中郡庠生,当时疾病流行,乡村缺医少药,求诊最难,目睹民之重难莫大于病,因此立志攻读医籍,精通四部经典,谙于《医宗金鉴》,对全书所有歌诀均能背诵和默写,自此医术大进,名闻乡里,应诊不暇。

先祖医学造诣颇深,临床经验丰富,对各科疾病均有研究,尤精于妇科及内科杂病等。其为人正直,不畏权贵,不务名利,生活俭朴无嗜好,以济世活人为己

任，乐善好施，常舍钞施药济贫，医德高尚，四方乡里，多有颂德，在莒县、沂水、诸城、五莲、安丘等均有盛名，乃至医名远扬东北各省。建国后，先祖年已古稀，但壮志未衰，期待中医事业的兴旺发展，1950年参加工作，在东莞供销社医药股专业中医，就诊者门庭若市，亦不顾其劳倦，热心为人民服务，直至病逝。行医五十余年，为祖国医药卫生事业作出了一定的贡献。遗有《医学随意录》手书本十卷，《药品次第》一册。现将其学术思想和临床经验简介如下。

博览群书，师古不泥

先祖自学医以来，勤求古训，治学有法，首读四部经典，精心苦研，医理精通，重点经文熟而能诵，例如在指导后人学习和临床结合上，运用经文，应口诵出，恰当确切，令人佩服。经过多年的临床实践，对仲景之《伤寒》《金匮》深有研究，经验丰富，运用自如。曾云："仲景之论脉证，立法遣药精当，实为医术之圭臬，不愧医中之圣。"他在临床选用经方时非常灵活，根据辨证，师其古而不泥其方，用其方而不拘其药，用其药而量有权变；但在病因病理脉证相等之时，一般采用原方施治，每收捷效。又云："伤寒之方，非拘伤寒之病，方之利病，勿泥一端，执其方而问他病，莫忘灵活变换。"例如《伤寒论》少阴病之四逆散，先祖尝曰："本方是为少阴病四逆而设，但临床运用时常不拘泥于'四逆'，四逆者仅是一个侧面。"因此，他在辨证立法，施用本方时灵活加味，治疗多种疾病，尤对肝胃不和、气郁不畅等证，灵活运用，每收良效。

先祖勤奋有志，学而有成就，博览历代名著，精研各科疾病，尤对金元四家学派的论著和后世温病学家的医籍，读而熟思，深有研究，见其所长，均用朱笔圈点，现尚存经圈点过的医书三十九种之多，或加评语，熟读默记，验于临床，灵活变换。尝云："取百家之长，为己之鉴，心灵变幻，方出妙验。"对《医宗金鉴》一书云："内容丰富，科门齐全，是为医者必读之书，尤对歌诀部分，更应牢记背诵，便于临证运用。"所以他对本书苦读精研，颇有心得。凡所有歌诀均能熟读胸中，并默写一遍，通过临床实践皆能运用自如。综上所述，足见先祖确系勤奋好学，知识渊博，承先启后，师古不泥，医术高明之处也。

四诊合参，尤精脉学

先祖云："辨证必须四诊合参，然四诊之中望、闻、问三者明审易辨，而切诊虽列其末，但切诊之巧，非只脉理难明，切触知病之范围尤为广泛，医者既不能轻视，又须狠下功夫。"因此，他广采历代有关切诊法之论著，撮其要点均录于《医学随意录》书中，便于研究掌握运用。先祖在脉诊运用方面，颇有独到之处，以脉之顺逆，预测病之吉凶，多有灵验。

辨证首八纲，施治重八法

辨证施治，是祖国医学重要特点之一，先祖云："证候虽多，错综复杂，归结辨证，不外八纲，但辨证要旨，首别阴阳，阴阳既明，而虚实、寒热、表里则易辨也。凡病者非阴即阳，非阳即阴，因此以阴阳为八纲的总纲，以统六纲，故《素问·阴阳应象大论》说：'善诊者，察色按脉，先别阴阳。'阴阳已明，则病不致误诊。"在论治之中，他曾云："治法虽多，千变万化，归纳起来，不外八法。但治法者，仅得其法，治法对必及方对，方对必及药量适中，所以在辨证明确之下，还须治法与方药丝丝入扣，方能立起沉疴，否则病亦难愈。"仅就下法而言，如他曾治一阳明腑实证：苗某，年近五十，因饱食新麦饭后，随即睡卧，感腹胀暴痛而觉醒，欲吐不出，某医投以大承气汤，服药后腹疼增剧，阵汗出，将药液呕出一半，大便不行，次日求诊于先祖父，诊曰："病诊不误，方亦对症，惟药量不足，欲下不得，只使肠荡动略为加甚，故致剧疼而阵汗出也。药力不及，下行无隙，势必上逆而呕，仍以前方酌加药量。"处方：枳实30克，厚朴20克，川军20克，芒硝15克。水煎顿服，药后积食动荡，大便倾泻而证愈。足见方对而量不及，同样不能愈病。

内科术精，立起重证

先祖对内科疾病，颇有经验，尤其对疑难重症，辨证严慎，理明法合，遣药精当，效如桴鼓。例如，在《医学随意录》中记有一虚喘重症病案：有孟疃村，刘振奎之妻，年四十余，因患喘病求诊于余。见其侧卧，气息冉冉，呼长而吸短，面黑瘦而油光，额汗振振，两寸似有似无，两关浮弱，沉取不显，此为下元虚极肾不纳气之喘，并非肺气不利也。若用顺气、清肺破气之药，则肾之气根拔断必死矣，唯大补肾气，壮肾中之真阳，降肺之浮气尚能存其生机，化险为夷，乃用人参8克，附子6克，熟地12克，五味子6克，甘草3克，水煎服。服药后三时许病情减轻，复诊其脉见有起色，将前药略加分量又服一剂险势得平，乃再将上方加入白术、当归、黄芪，益气养血之药，服八剂而病痊愈矣。

妇科诸病，学验俱丰

先祖对妇科诸病，经验丰富，尤对妇人二七天癸至，到七七天癸竭。几十年间的经、产、崩、带诸症，治疗效果颇著。对月经病患者，善于把握病因证候的一般规律。尝云："女子十五岁至二十岁，月经病者，多因饮食生冷，风雨寒暑，受惊等所致者居多，病多轻浅，真寒大虚者鲜见，即属因于寒者，亦易化热，是因青春之年、火旺之时，热自内生，应须详审细辨，慎施辛热燥烈之药，以防伤阴动血，而加甚焉。"

"二十岁至二十五岁，月经不调的患者，多因婚姻前后之事，气恼忧郁，情志不遂，而致气血不畅，郁而化热者居多，在辨证上应详审一个'气'字，气滞致血病，血病热病生。"这即是"气有余，便是火"的道理。在治法上多以理气活血、清热为主。常以丹栀逍遥散加减化裁。

"二十五岁至四十岁，月经病者，多因气、劳、产所致，病后化热挟湿者居多，要在辨证明确之下，随证立方遣药，除纯虚独寒用温补剂外，切莫忽略调气活血、清利湿热。"

"对于四十岁以上而月经病者，多为肝肾阴虚，或湿热下注者居多，随证立方遣药，属肝肾阴虚患者，常以知柏地黄汤与四物汤加减化裁。"养肝血重用当归，有时单用60～120克，以滋血燥，每收良效。如以下病例：

1. 本村刘姓之妻，年四十余，五心烦热，躁扰不安，少寐多变，头晕易怒，饮食减少，舌无苔少津，脉弦稍数。处方用当归60克水煎顿服，服后症状减轻；次日又以90克，水煎顿服，症状大减，唯有轻度腹泻而已。先祖曰："症已大减，腹泻虽甚轻，亦不能续服，续服则滑肠更甚，有失前效。"继以知柏地黄汤合四物汤继续服用半月而愈。后年余因气恼复发又以上方数剂而愈。

2. 天宝村王姓之妻，年二十六岁，数月来月经先期而至，量少，色黑，经水有灼热感，尿频赤痛，心烦而悸，腰腹疼痛。诊曰：此气滞血瘀夹热证也，治宜理气、活血、清热之剂。处方：乌药6克，香附6克，青皮6克，陈皮6克，木香6克，枳壳6克，三棱6克，文术6克，桃仁6克，红花6克，元胡4.5克，灵脂6克，醋军9克，木通6克，芒硝1.5克。月经临期，服药三剂而愈。斯疾明是热症，治法何以理气活血为主，佐以清热之品。盖妇人以血为主，气为血之帅，本病为气滞血瘀而化热，热象虽然突出，是标也，而病之本则见为气滞血瘀。故在用药上重点以理气活血为主，使气顺血畅，热自消亡，病得速愈。

先祖在《医学随意录》中还记述了产后乳病的治法，颇有见地。乳病要分弥月内外，若已出弥月或百天以外，身体复原，忽患乳病似痛者，方可用山甲、皂刺，攻伐之药，如仙方活命饮、山甲内消散皆是对证之方。若是弥月以内，多属乳房外受挤压,更兼身体大虚之时,倘滥用山甲、皂刺等攻伐之品,势必使红肿疼痛增剧,此即气虚不能胜毒之谓也。他治此症用四妙汤加味,百发百中,药只七味不可妄行加减,一般三付可愈。其方为:当归9克,黄芪18克,甘草9克,白芷9克,陈皮4.5克,麦芽9克,花粉6克,水煎服。

集民间土、单、验方,运用临床实践。

先祖在方剂运用上,不但熟练地运用经方、时方防病治病,而且重视收集民间疗效好的土单验方,用之于临床往往取得良好的效果,在《医学随意录》中,记述了许多民间验方和个人实践经验的方剂,具有简便廉的特点,临床采用甚多,深受病者的欢迎。如羊痫风用海螵蛸30克(焙干)、黑矾9克(焙),共为细末,黄酒冲服取汗,汗出黏者即愈,不黏者再服即愈。

又如治湿热黄疸症,取河塘中鲜蜗牛60克清水洗净,捣烂,用水、黄酒各半400毫升左右煎沸冲泡,须臾去滓,服后取汗,日一付,连服五至六日,黄疸即可消退,据临床实践观察此物确有清热解毒、利湿退黄的作用,经多次应用均收良效。

总之,先祖父行医五十余载,知识渊博,学验俱丰,医德高尚,其医疗经验均集于遗书《医学随意录》和《药品次第》之中。以上所述虽不能全部代表其学术思想和医疗成就,但可窥得一斑。

[《临沂地区中医药志》(1982)]

刘瀛洲(1879—1954),字仙浦,东莞镇大沈庄村人。十九岁得中庠生。同年,疾病流行,乡村缺医少药,瀛洲遂立志攻读中医医学典籍。19世纪末设"润生堂"。坐堂问诊处方兼售药。先生对各科疾病均有研究,尤精于妇科、内科杂病。1950年参加公立卫生机构,在东莞供销社医药股任中医。先生临床选方灵活,辨证施治,师其古而不泥其方,用其方而不拘其药,用其药而量有权变。先生一生生活俭朴无嗜好,以济世救人为己任,乐善好施,享有盛名。著有《医学随意录》手书本十卷、《药品次第》一册。子海山(珊)、孙桂馨皆为名中医。

[《莒县卫生志》(2013)]

刘瀛洲对《伤寒论》少阴病之四逆汤有独到见解,不拘泥于"四逆",通过辨证立法,对原方灵活加味,治疗各种疾病,尤以肝胃不和、气郁不畅为佳,曾治一阳明腑实证:苗某,年五十,饱食新麦饭后即睡卧,腹肠暴痛而觉醒,欲吐不出,次日求诊于刘,刘诊后认为原方对症,唯药量不足。某医投以大承气汤,服药后腹痛加剧，阵阵汗出，药汤吐出大半，大便不行。欲下不得，变结肠胃，故致剧痛，而阵汗出，药力不及。下行无隙，势必上递而呕，遂改原方为枳实十钱，厚朴六钱，大黄六钱，芒硝五钱，水煎顿服，服药后病人积食动荡，大便倾泻而愈。

[《莒县卫生志》（2013）]

◎ 林 桐 ◎

林桐（1879—1957），字凤臣，莒县陵阳公社西上庄人。初业教学兼读医书，对《伤寒论》《金匮要略》颇有研究。业余应诊至花甲之年，始弃教务而专事医业，在莒境内颇有名望。

[《临沂地区中医药志》（1982）]

林桐（1879—1957），字凤臣，陵阳镇西上庄村人。初业教学兼读医书，对《伤寒论》《金匮要略》颇有研究。业余应诊至花甲之年，始弃教务而专事医业，在莒境内颇有名望。

[《莒县卫生志》（2013）]

◎ 尉士杰 ◎

尉士杰（1879—1964）[①]，字汉三，原籍莒县城阳公社后营街，徙居浮来山公社任家庄。先生童年时雇佣于莒南县大店村"泰和堂"药店，业余攻习医学，待学有所成，遂专事医业，擅长妇科、小儿痘疹，行医数十年，有着丰富的临床经验，医德高尚，名闻数县。

[《临沂地区中医药志》（1982）]

尉士杰（1883—1966），字汉三，城阳街道后营街人。童年时苦钻中医医术而学有所成，遂业医，擅长妇科、小儿痘疹。后受雇于大店"守业堂"药店为坐堂大夫。日军侵莒，避居浮来山下任家庄。战乱中为难民和村民治病。远在浮来山西数十里的群众也求其医病。因医术精良，医德高尚，群众有口皆碑。建国后参加公私合营药店并被选为县人民代表。

[《莒县卫生志》（2013）]

---

① 1879—1964：《莒县卫生志》（2013）生卒年作"1883—1966"。

◎ 董曰成 ◎

董曰成（1879—1968），字敬一，五莲县街头董家庄人。其医术源于《内经》《难经》《伤寒论》。1919年悬壶行医，专长内科。民国时曾在日照县参加中医考试，荣登榜首。对疑难杂症的治疗有独到之处，名闻日照、莒县一带。

[《潍坊市卫生志》（1989）]

◎ 宋其慎 ◎

宋其慎（1880—1958），字敬甫，莒县招贤公社大罗庄人。塾学十年，弱冠之岁拜师学医，长于内科、小儿痘疹。德行很好，无问贫富，普同一等，有求必应，就诊者络绎不绝，在本县颇有名望。

[《临沂地区中医药志》（1982）]

宋其慎（1880—1958），字敬甫，招贤镇大罗庄村人。塾学十年，弱冠之年拜师学医，长于内科、小儿痘疹。贫富普同一等，颇有名望。

[《莒县卫生志》（2013）]

◎ 马锡麟 ◎

马锡麟（1882—1953），莒县寨里河公社寨里河村人。谙于经典，医术高明，尤具超人之诊断水平，判断预后好坏，每多应验。如本族有一患者，皆谓小恙无虞，惟先生诊后嘱其速备后事，果二日后猝死，人皆奇之。又因先生治病惯用干姜，故有"马干姜"之称，特别是在病人业已垂危，生死判然，诸医束手之际，常以大剂量干姜为主挽回败局，于一线希望之中夺得病人生命，见闻者无不惊骇。在莒县、莒南、日照等县均享有盛名。遗有《验方记录》一册，现已失存。子益三继医。

[《临沂地区中医药志》（1982）]

马锡麟（1882—1953），寨里河镇寨里河村人。治病惯用干姜，故有"马干姜"之称，特别是在病人业已垂危，生死判然，束手无策之际，常以大剂量干姜救得病人生命，见闻者无不惊骇。在莒县、莒南、日照等县享有盛名。遗著有《验方记录》一册（失存）。其子益三，名中医。

[《莒县卫生志》（2013）]

◎ 王熙文 ◎

王熙文（1883—1965），字子敬，莒县小店公社小店村人。医术高明，尤其对热性传染病的治疗颇有经验，在当地享有一定名望。

[《临沂地区中医药志》（1982）]

王熙文（1883—1965），字子敬，小店镇小店村人。医术高，尤其对热性传染病的治疗颇有经验，在当地享有一定名望。

[《莒县卫生志》（2013）]

◎ 赵宝山 ◎

赵宝山（1884—1954），字任九，莒县洛河公社罗米庄人。通晓经典及《医宗金鉴》，擅长内科，医德高尚，名闻四乡。

[《临沂地区中医药志》（1982）]

赵宝山（1884—1954），字任九，洛河镇罗米庄村人。擅长内科，名闻四乡。

[《莒县卫生志》（2013）]

◎ 傅万选 ◎

傅万选（1884—1973），字常卿，莒县果庄公社茶城村人。塾学八年，自修医学，精医术，擅长小儿痘疹及喉科，行医五十余年，临床经验丰富，疗效显著，医德高尚，名闻莒、沂两县。

[《临沂地区中医药志》（1982）]

傅万选（1884—1973），字常卿，果庄乡茶城村人。塾学八年，自修医学，精医术，擅长小儿痘疹及喉科，行医五十余年，名闻莒、沂两县。

[《莒县卫生志》（2013）]

◎ 于吉祥 ◎

于吉祥（1885—1939），字云卿，莒县浮来山公社孙家村人。塾学十年，弱冠之岁自修医学，及壮，精医术，擅长内、妇两科，由于疗效颇著，就诊者门庭若市，谨遵家严训嘱："只准治病救人，不能卖药求利。"四方群众多颂其德。

[《临沂地区中医药志》（1982）]

于吉祥，字云卿，莒县孙家村人，生于清光绪十一年（1885），卒于民国二十八年（1939）。自修医术，擅长内、妇两科。严遵家训"只准治病救人，不能卖药求利"。

[《山东中医药志》（1991）]

于吉祥（1885—1939），字云卿，城阳街道孙家村人。塾学十年，弱冠之岁自修医学及壮年，精医术，擅长内、妇两科，疗效颇著。谨遵家严训嘱："只准治病救人，不能卖药求利。"四方群众多颂其德。

[《莒县卫生志》（2013）]

◎ 董 政 ◎

董政（1885—1943），阎庄镇杜家当门村人。二十五岁从医，针灸技术高超，以主治杂症见长，兼治儿、妇、外科。

[《莒县卫生志》（2013）]

◎ 钟 元 ◎

钟元（1886—1976），莒县龙山公社贾家庄人。随父钟立德学医，得其家传，精医术，行医五十余年，德高望重，深受当地人民的爱戴。

[《临沂地区中医药志》（1982）]

钟元（1886—1976），龙山镇贾家庄村人。随父钟立德学医，得其家传，精医术，行医五十①余年。

[《莒县卫生志》（2013）]

◎ 赵星楼 ◎

赵星楼（1886—1978），字凤五，莒县东莞公社赵家石河村人。设馆任教兼习医术，待学有所成，遂弃教务业医事，擅长内科及小儿痘疹科。医疗经验丰富，医德高尚，名闻莒、沂两县。年近百岁卧床不起，仍应诊不暇，四方群众多有颂德。

[《临沂地区中医药志》（1982）]

赵星楼（1886—1978），字凤五，东莞镇赵家石河村人。自幼学得满腹经纶，民国初年设馆办学兼习医术。擅长内科、儿科，对小儿痘痧、痧疹的医治颇有名

---

① 五十：原作"十五"，据《临沂地区中医药志》（1982）改。

气。名闻莒、沂两县。年近百岁卧床不起之时，仍应诊不暇。星楼态度和蔼，视病家如亲人，四邻八乡皆颂其德。

[《莒县卫生志》（2013）]

◎ 李庆芳 ◎

李庆芳（1887—1960），字荣浦，莒县陵阳公社小寺村人。设馆施教兼习医术，学有所成，遂弃教业医，擅长内、妇科，名闻百里。1956年参加工作，在莒县人民医院任中医。

[《临沂地区中医药志》（1982）]

李庆芳（1887—1960），字荣浦，莒县陵阳乡小寺村人。

幼年入塾启蒙，课业数年，学有所成，遂设馆授徒兼习医术，后弃教业医，擅长内科，名闻百里。1956年10月参加工作，任莒县人民医院专业中医。

[《莒县人民医院志》（2003）]

李庆芳（1887—1960），字荣浦，陵阳镇小寺村人。幼年入塾启蒙，课业数年，学有所成，遂设馆授徒兼习医术，后弃教业医，擅长内科，名闻百里。1956年10月参加工作，在莒县人民医院任中医。

[《莒县卫生志》（2013）]

◎ 张　庆 ◎

张庆（1887—1959），字善廷，阎庄镇小长安坡村人。幼年师从大长安坡村李昆学习经史兼及岐黄。十六岁到招贤街"元聚堂"（管廷献开）拉药橱。1928年到县城"同成福"药铺做买办。1930年到招贤街与管红斋合股开办"福聚祥"药铺，经营中药材批发、零售。1938年2月，日军占领招贤，药铺被日军放火烧光，即回家开办"庆利堂"。善廷医术精湛，以时症、妇科见长。1946年到阎庄区供销联社药股任中医。1958年到八里庄子创办阎庄区第三卫生所。1959年退休。

其子张良勤中医，只诊病处方，不卖药、不收钱。

[《莒县卫生志》（2013）]

◎ 刘儒庭 ◎

刘儒庭（1889—1947），莒县峤山公社房家朱里村人。私塾六年，因家贫辍学。天资聪敏，勤奋好学，性爽志远，发奋攻读医书，忘食废寝；见人有所长，则师之以礼，虚心请教。数年后医学有成，就诊者日众，疗效颇著，擅长内、外、儿科。更兼医德高尚，有求必应，尤对贫寒患者，一经初诊，勿须再请，常登门为之复诊，当地群众皆敬而德之。于莒县、日照两县皆享盛名；又因其曾在黑龙江省某地行医数年，故在东北亦留医名。著有《临证验方集》一册已佚失。犹子庆恩承其志专业中医。

[《临沂地区中医药志》(1982)]

刘儒庭，莒县朱里村人，生于清光绪十四年（1889），卒于民国三十六年（1947）。业医，擅长内、外、儿科，疗效颇显，名闻莒县、日照。著有《临证验方集》，未刊。侄庆恩传其业。

[《山东中医药志》(1991)]

刘儒庭（1889—1947），峤山镇房家朱里村人。私塾六年，天资聪敏，因家贫辍学，性爽志远，发奋攻读医书，见人有所长，则师之以礼，虚心求教。数年后医学有成，擅长内、外、儿科。对贫寒患者，一经初诊，无须再请，常登门为之复诊。当地群众皆敬而德之，于莒县、日照两县皆享盛名。又因其曾在黑龙江省某地行医数年，故在东北亦留有医名，著有《临证验方集》一册已佚失。犹子[1]庆恩承其志专业中医。

[《莒县卫生志》(2013)]

◎ 刘春溪 ◎

刘春溪（1890—1953），随父学医，尽得家传，擅长眼科、儿科，医术、医名不亚于父。

[《临沂地区中医药志》(1982)]

刘春溪（1890—1953），阎庄镇小庄子村人。随父（殿奎）学医，尽得家传，擅长眼科、儿科，医术、医名不亚于父。

[《莒县卫生志》(2013)]

◎ 崔慎思 ◎

崔慎思（1891—1960），字心田，城阳街道东关四街人。生于书画世家，而他

---

[1] 犹子：原为"子"，据《临沂地区中医药志》(1982)及《山东中医药志》(1991)改。犹子，即侄子。

自幼立志习医，博闻强记，熟读《黄帝内经》及多部经典，尤精《伤寒论》。对本草、脉象、内外及妇科的研究应用师古而不泥古。用药恰到好处，一般一至三服可愈。凡穷苦人求之立即应诊。在当地至今享有美誉。

[《莒县卫生志》（2013）]

◎ 孙培善 ◎

孙培善（1893—1965），字乐亭，阎庄镇孙家山沟村人。莒县名中医，幼年读私塾十二年，二十二岁从其伯父学医，三十岁开始出诊。主治内科，集有许多验方。1952年任阎庄供销联社药股中医。1958年任爱国公社在玉皇山创办的山林卫生所中医。1961年因年迈回家。

[《莒县卫生志》（2013）]

◎ 孙蓬萱 ◎

孙蓬萱（1893—1980），字少山，原籍沂水县道托公社余粮村，徙居莒县天宝公社谢家庄。先生塾学六年，因家贫辍学，雇佣于某药店，业余习研医学，学成后遂开业应诊，擅长内科，医术精湛，名闻莒县、沂水两县。1947年在莒沂县政府从事医疗工作，建国后于1950年在天宝医院业医。诊病细心，态度和蔼，深受四乡群众爱戴。

[《临沂地区中医药志》（1982）]

孙蓬萱（1893—1980），字少山，原籍沂水县道托乡余粮村，徙居今碁山镇谢家庄村。塾学六年，因家贫而辍学，雇用于药店，业余习研医学，学成后遂开业应诊。擅长内科，名闻莒县、沂水两县。1947年在莒沂县政府从事医疗工作，后入天宝区卫生所。

[《莒县卫生志》（2013）]

◎ 宋世廉 ◎

先祖父宋世廉的治学与学术思想

莒县人民医院　宋会都　整理

吾家世居山东省莒县库山公社宋家路西村。先祖父世廉（1893—1974），字清臣，幼读私塾十年，学识渊博，善诗好文，二十一岁应聘在本村塾馆业教。二十五岁时，乡村天花、麻疹流行，婴幼夭亡惨重，目不忍睹，深感悯痛，遂立志学医，济世活人。举凡求诊者，贫富一视，均为之一心赴救，疗效显著，诊务日增，医名称于乡里。擅长内、儿科，尤精于痘疹和外感热病，当地群众向有"时病""痘疹"先生之称。

其医德高尚，尝云："医者仁术，惟存善心而再精究医理，才能治病救人。"所以，他视病人皆如至亲，普同一等；不论昼夜寒暑，路途远近，有求必应。并常舍钱施药济贫，乡邻多颂其德，在莒县、五莲等县颇有名望。

1950年参加工作，先后在碁山、库山公社医院专业中医，并带徒传授经验；一生热心为人民服务，直至病逝。遗有《要集良方》《要集验方》《三十六舌》手稿本各一册，皆属临证备要和经验积累。其治学与学术思想概述于下：

治学有志业必成

先祖每当谈起他自己的治学体会时说："'书山有路勤为径，学海无涯苦作舟。'要学有成就，无捷径可走，只有'勤''苦'二字，否则一事无成。读书难而不难在于志，有志者学必有成。"的确如此，他不仅熟读了经、史、子、集，有着雄厚的文学基础，而且立志学医，精通经典医籍和历代医家名著，见有所长，将其要点、警句、歌诀等，均予圈点或抄录，精思熟记。若有一事不明，投师访友，废寝忘食，直至弄通为止。尝云："医学是一门至精至巧的学问，有人命所系，无恒心、苦攻，难成良医。"因此，在掌握各科医术的同时，对痘疹和外感热病专著，尤重苦读。故在痘疹、伤寒与温病，一般温病与瘟疫的辨证施治方面，深得先贤之奥旨。

他刻苦钻研医理，善于联系实际，师古而不泥。常以"勤求古训，博采众方，莫忘验于临床，使之变成自己的学识"教诲后学与自勉。他数十年如一日，时刻不忘学习，及至白首之年，犹未释卷，并常以民间谚语"干到老，学到老，八十五岁还学巧"鞭策自己，直至临终前书还留在枕边。古人曰："宝剑锋从磨砺出，梅花香自苦寒来。"先祖学验俱丰，来自治学之严谨。

立志学医，首重儿科

谚云："宁治十男子，莫治一妇人，宁治十妇人，不治一小儿。"可见儿科之难也，故又称谓"哑科"。建国前，儿科病最广者，首推痘疹，对婴幼儿童生命危害极大。先祖耳闻目睹其惨景，立志学医，首重儿科，精研痘疹，医技出众，在当地享有盛名。建国后，由于党重视防治，痘疹日趋减少和消灭，故又着重深研内科，对痘疹治验未详做传授和整理，仅在其《要集良方》中略有记述，今摘其麻疹部分略阐述之。

先祖对麻疹的病因、病机、特征、顺逆和辨证施治曾做过简要经验总结。他认为麻疹发于小儿，是因稚阴稚阳之体，脏腑柔弱，气血未充，内蕴胎毒，外感风热时邪，客于肺脾而成。初起特征：发热、咳嗽、流涕、喷嚏，目赤羞明流泪，面红唇焦，恶心呕吐等；三四日在耳下及脊背始见红色疹点即是。施治以"透疹"为其大法，兼疏风清热解毒。

辨顺逆：大凡麻疹病，或热或退而无他症者；身有微汗，红活一片者；出透三日而渐收者，皆为顺症。若疹色紫焦不润者重，热移大肠下痢者重，黑暗干枯，或一出即没，鼻青粪黑，目无神光，鼻扇口张，气喘心扇，胸高胀满者，均属危候，皆为逆症。所以，先祖对麻疹病辨证灵活，随机应变，各有定法。如疹毒不出，而内攻者，用消毒解表法；若身热不退，毒入大肠变痢者，宜用清热导滞法；若热毒蕴于胃，鼻腥口臭，生牙疳者，宜用化毒清表法；若热毒内蕴，肺火内炽，咳嗽气粗或喘促，外热不退者，宜用养阴清肺，泻火解毒法；若疹后目生云翳，赤肿皮烂者，宜用"清毒拨云汤"；若疹后血虚气弱者，宜用益气滋阴，养血治之。治疗大法既定，在选方用药方面亦颇有独到之处。

博采众方，验于临床

《要集良方》是先祖早年的手抄本，广泛收集内、外、妇、儿、五官等各科实用验方五百余首，尤以内、妇两科较多；剂型有膏、丹、丸、散、汤、饮等。按病证分类为九种心痛、头痛、咳嗽、泻痢、妇科调经、安胎、催生、产后、乳疾等二十四门，各详列方名、药物、分量、主治、注意事项等；有的方后记有验效评语。其方剂来源，有书传成方，有民间验方和个人临床经验方等，均切合临床实用。

例如：书传成方

1. 良附丸　制香附30克，良姜30克，共为细末，每次9克，温酒调服。主治：心痛（胃脘痛），气滞与寒实并重者。若因气滞偏重者，制香附加至60克，服法如前。若因寒气偏重者，良姜加至60克，用生姜汁一盅调服。

2. 秘方化滞丸　巴豆霜、三棱、文术、青皮、陈皮、川连、半夏、木香、丁香各3克。制法：共为细末，曲糊为丸，如绿豆大。服法：成人一般每次服10～15丸，小儿酌减。主治：一切气滞积痛，不论寒热均可服。评语：此攻下积滞之妙方也。

民间验方

1. 治产后流血不止　锅脐灰（百草霜）15克，黄酒温热冲服即止。

2. 治痔疮瘙痒肿痛　旱地蜗牛（不拘多少），研细香油调搽，或烧烟熏之甚效。

个人经验方

1. 治痢疾方（菌痢）　白芍60克，当归60克，槟榔9克，滑石9克，枳壳6克，木香3克，甘草6克，莱菔子3克，水煎分三次服。一剂轻，三剂即愈。

2. 治肛门蛲虫方　雷丸3克，川军3克，黑丑6克，共为细末，开水冲服即下，屡试屡验。

详审四诊，尤重察舌

先祖临床辨证，在四诊合参的同时，特别注重察舌，常以舌的变化指导辨证用药。他说："舌为心之苗，心者君主之官，五脏六腑皆由所统，望舌之神色形态，对辨识脏腑病变甚关重要，切勿轻视。"故从早年就重视舌诊的研究，如参阅元代杜清碧《敖氏伤寒金镜录》，将其辨舌法摘抄成册，名曰《三十六舌》，并附《金鉴》幼科五舌（木、长、吐、弄、重），各舌均附歌诀、简图，详述其证候、治法、方药等，还录《伤寒十劝验症舌法》，参阅清陈士铎《石室秘录》"伤寒相舌秘诀"等，均熟读胸中，验于临床，颇有心得。认为杜氏三十六种病理舌，分述比较具体，但证治呆板，如"白苔舌"，歌曰："舌见白苔是少阳，小柴胡汤正相当，加添豆豉山栀子，半表半里永无殃。"先祖评曰："白苔属肺，主邪在表，多太阳经先受之，未传少阳又无内里郁热者，不宜用此方；若邪入少阳，兼内郁热者可也。故临证察舌应与脉症合参为妥。"再如辨黑苔舌之症曰："舌见黑色，水克火明矣，患此者，百无一生。"先祖认为，水克火，病当危重，言"百无一生"欠妥，只要辨证明确，施治精当，未必尽死也。

1957年春，吴某，男，三十二岁，患外感，因延误失治，病转重危，家已备后事待亡，来求先祖诊察是否还可救药。其症高热不退五日，痉厥，神昏谵语，手足躁扰，大便七天未行，腹满硬、拒按，舌红绛、苔焦黑起刺，脉象沉实而数。先祖诊曰："此证因邪热久稽入里，形成热结腑实，病情虽属危重，尚存一线希望。"先祖以通腑泄热，急下存阴之法，方用"大承气汤"重剂，一服便通，热降，神识转清，再予养阴清热之剂善后调理，数剂而愈。

疫病流行，防治并重

先祖精研外感热病，尤重于疫病防治结合，尝言："疫病者，疠气所作，与寻常风寒侵犯不同,流行甚速,伤人最多,沿门合户,不分长幼亲疏,相互染疾,医者若不识此,只治不防,任邪所行,岂不成灾!"还说:"预防疫病蔓延古人早有经验,《内经》曰:'五疫之至,皆相染易,无问大小,证状相似。'又云:'不治已病治未病,不治已乱治未乱,此之谓也,夫病已成而后药之,乱已成而后治之,譬犹渴而穿井,斗而铸锥,不亦晚乎!'"用以说明祖国医学疫病的认识和治未病的重要意义。故每遇疫病流行,先祖不仅积极设法救治,而且大力宣传预防知识,研究推广措施,深受群众欢迎。

例如:1957年春夏之际,当地温疫流行(流感),染疾者一村一户颇多。先祖诊务倍增,立即采取预防措施,凡来诊者,专心诊治,并嘱其未病者,取贯众、双花、藿香、甘草,水煎,连服二日,以避疫毒。验之有效,前来取者甚多。他还亲自到学校和农村联系集体预防,使当时疫情得其控制。

有卢姓之妻,四十五岁,染疫高热不退六日,烦躁不安,神志昏忽,肢体困倦,脘腹胀满,恶心呕吐,不能纳谷,口喷臭气,尿赤便稀,舌红苔黄厚腻,脉象沉数有力。先祖诊曰:"此属湿温,湿热交结,蒸腾于气分,治宜祛湿化浊,兼清热解毒,方用'甘露消毒丹'加薏仁、半夏治之。"服药二剂,热退证减,六剂痊愈。

量重力宏,能起沉疴

先祖治病处方用药量一般偏重,尤对急重病,擅用大剂量。他认为虽然辨证明确,法合方对药妥,但药量用之不当,也难收到满意效果。治急重病,犹如救火,用药及时,分量要重;若病重药轻,如杯水车薪,无济于事,药不及病,不但延误病情,而且还会耽误治疗时机,甚至造成不可救药之势。他并列举古人说:"名医孙思邈曰:'疴重用药即多。'清代陈士铎《石室秘录》中用大剂量治重证的处方不少,如治腿痛方:双花四两,公英二两,人参、当归、甘草各一两,大黄五钱。王清任《医林改错》的补阳还五汤,黄芪用量二三两。这些珍贵经验不可不取。"因此,在《要集验方》中也体现了这一特点。如治妇人血崩不止,昏晕不知方:人参一两,黄芪一两,白术一两,三七参三钱。他在论述瘟疫症,云:"于诸里证,当清当下者,亦不得迟回瞻顾。"说明先祖对急重病的处理,在证明法合的基础上,立方遣药当机立断,量重力宏,才能速起沉疴。

例如:刘××,男,二十四岁,患外感七八日,寒热往来频作四天,心烦,口渴喜冷饮,恶心呕吐,头痛眩晕,身有微汗,舌红苔中黄边白,脉弦数有力。某医曾用和解法小柴胡汤,服药二剂效果不显。先祖诊毕视其方曰:"此伤寒也,邪已传少阳；投小柴胡汤非误，然其不效者，病重药轻之故，君药柴胡只用三钱，黄芩为臣，只二钱，何能及此重症！今邪已偏于少阳半里，将深入阳明胃经，治法仍宜和解少阳，兼清阳明里热，方用小柴胡汤加石膏。"处方：柴胡30克，黄芩18克，半夏12克，党参15克，甘草9克，石膏30克，生姜3片，大枣3枚。水煎服，一剂寒热止，诸症悉除，三剂则愈。

年高志不衰，经验传后代

先祖临床五十余年，具有丰富临床经验，由于整日忙于诊务，无暇总结整理，但对自己的成熟经验，毫不保守吝惜。尝云："先烈能不惜命拯民救国，已有点滴经验传授于人治病，有何不舍？"因而，他从不计较个人得失，忘我工作，积极带徒传授经验；凡有请教者，热情指导答疑。晚年为将自己的经验流传后世，年近八十高龄，壮志未衰，抢应诊务，不顾年老体弱，历经严寒酷暑，日夜操劳，认真书写《要集验方》，共约三万余字，主要记述自己对内、外、妇、儿、五官等各科常见病症的临床运用效方和部分辨证施治经验。总分四十七门，载方三百三十五首，详列方名、主治、药物、分量、加减、服用法、注意事项等。还附有部分歌诀，重点病症载有辨证施治概论，共十五篇。其中瘟疫类八篇，卷首列感冒、伤寒，选录常用方十八首，次列温病，瘟疫类，选方四十六首，条理清晰，对指导临床有一定实用价值。

总之，先祖之医德称颂乡里，其治学有法，医术精纯，学验俱丰。如上所述虽不能窥其全貌，但可见其大概矣。

[《临沂地区中医药志》（1982）]

宋世廉（1893—1974.02），字清臣，库山乡宋家路西村人。幼读私塾，二十一岁应聘在私塾馆从教，闲暇专阅医书。二十五岁时，莒北天花、麻疹流行，因少医缺药，仅自家半年内就连亡三口，深感悯痛，遂立志学医。自此，专心攻读医药经典及历代医家名著。擅长内、儿科，尤精于痘疹和外感热病，向有"时病、痘疹先生"之称，遇痘痧流行，求诊者门庭若市。1950年后，相继在莒县医药公司峰山区长宁和卢家岔河医药部、大庄坡乡卫生院工作。1958年退职回东莞人民公社卫生院，茶沟、源河卫生所任中医并带徒。著有《要集良方》《要集验方》《三十六舌》等手抄本，皆属临症备要和经验记录。一生遵循"医者仁术，惟存善心而用；精究医理，方能治病救人"的古训，对求诊者，一视同仁，有求必应，年近八十岁高龄仍出诊。常予施济，乡邻多颂其德，在莒县、五莲等地颇有名望。

其孙会都，著名中医。

[《莒县卫生志》（2013）]

宋世廉医案选

麻疹

麻疹发于小儿，因稚阴稚阳之体，脏腑柔弱，气血未充，内蕴胎毒、外感风热时邪，客于肺脾而成。初起特征：发热、咳嗽、流涕、喷嚏、目赤羞明流泪，面红唇焦，恶心呕吐等。三四日在耳下及脊背始见红色疹点即是。施治以"透疹"为其大法，兼疏风清热解毒。

辨顺逆：大凡麻疹病，或热或退而无他症者；身有微汗，红活一片者；出透三日而渐收者，皆为顺症。若疹色紫焦不润者重，热移大肠下痢者重，黑暗干枯，或一出即没，鼻者类黑，目无神光，鼻扇口张，气喘心扇，胸高胀满者，均属危候，皆为逆症，宜灵活辨证，随机应变。如疹毒不出，而内攻者用清毒解表法；若身热不退，毒入大肠变痢者，宜用清热导滞法；若热毒蕴于胃，鼻腥口臭，生牙疳等，皆用化毒清表法；若热毒内蕴，肺火内炽，咳嗽气粗或喘促，外热不退者，宜用养阴清肺、泻火解毒法；若疹后目生云翳，赤肿皮烂者，宜用"清毒拨云散"；若疹后血虚气弱者，宜用益气滋阴、养血之法治之。对麻疹逆症，因疹色不活，透发不出所致者，以针挑患儿胸背隐疹处，然后再辨证服药透疹消毒，可使患儿转危为安。

时疫

卢氏，女，四十五岁，染疫高热不退六日，烦躁不安，神志恍惚，肢体困倦，脘腹胀满，恶心呕吐，不能纳谷，口喷臭气，尿赤便稀，舌红，舌苔厚腻，脉象沉数有力。证属湿温，湿热交结，蒸腾于气分，治宜祛湿化浊，清热解毒，方用"甘露消毒丹"加薏苡仁、半夏治之，服药六剂痊愈。

刘某某，男，二十四岁，患外感七八日，寒热往来频作四天，心烦，口渴喜冷饮，恶心呕吐，头痛眩晕，身有微汗，舌红，苔中黄边白，脉弦数有力。某医曾用和解法治之，服小柴胡汤二剂效不显。此伤寒症，邪传入少阳，投小柴胡汤非误，然而不效者，病重药轻之故，君药柴胡只用三钱，臣药黄芩只用二钱，何能及此重症！今邪已偏于少阳半里，将入阳明气分，治法仍宜和解少阳为主，兼清阳明里热，方用小柴胡汤加石膏：柴胡十钱，黄芩六钱，半夏四钱，党参五钱，甘草三钱，石膏十钱，生姜三片，大枣三枚。水煎服。一剂寒热往来止，诸症减，三剂获愈。

宋世廉，对麻疹病辨证灵活，随机应变，多有定法，如解毒不出而内攻者，用消毒解毒法，若身热不退，毒入大肠变痢者，宜用清热导泻法；若热毒蕴于胃，鼻腥口臭，生牙疳，宜用化毒消表法；若热毒内蕴，肺火内炽，咳嗽气粗，或喘促，外热不退者，宜用养阴、清肺、泻火解毒法，若疹后目生云翳，赤肿皮烂者，宜用"清毒拨云汤"；若诊后血虚气弱者，宜用益气、滋养、养血法治之。望舌之神色形态，对辨识脏腑病变甚关重要。宋世廉重视舌诊的研究，认为元朝杜清碧《敖氏伤寒金镜录》中记载的三十六种病理舌，分述比较具体，但证治呆板，如"白苔舌"歌曰："舌见白苔是少阳，小柴胡汤正相当，加添豆豉山栀子，半表半里永无殃。"宋氏对此歌评曰："白苔属肺，主邪在表，多太阳经先受之，未传少阳又无内里郁热者，不宜用此方；若邪入少阳，兼内郁热者可也。故临证察舌应与脉症合参为妥。"再如辨黑苔舌之症，对"舌见黑色，水克火明矣，患此者，百无一生"之说，宋氏认为，水克火，病当危重，言"百无一生"欠妥。只要辨证明确，施治精当，未必尽死。

1957年春，吴某（男，三十二岁），患外感，因延误失治，病情危重，家已备后事待亡，来求宋氏诊察是否还可救药，其症高热不退五日，惊厥，神昏谵语，手足躁扰，大便七天未行，腹满硬，拒按，舌红绛，苔焦黑起刺，脉象沉实而数。宋氏诊曰：此症因邪热久稽入里，形成热结腑实。病情虽属危重，尚存一线希望。遂以通腑泄热、急下存阴之法，方用大承气汤重剂，一剂便通，热降，神识转清。再予养阴清热之剂，善后调理，数剂而愈。

[《莒县卫生志》（2013）]

◎ 庄志福 ◎

庄志福（1894—1986），字郁亭，浮来山镇响波头汪村人。出身中医世家，自幼随父习医，后在本村行医。1952年参加公立卫生机构，在县大药房零售门市任中医。1958年调城关镇卫生院任中医，多次参加临沂地区中医理论研讨会。1965年12月被临沂地区卫生局授予"名中医"称号。莒县第五届人大代表。

志福行医六十载，长于内科、妇科及杂症，"立足继承，矢志创新"，主张临症"胆欲大而心欲细，行欲方而智欲圆"和"治病必求于本，衰其大半而止"的原则，认为人体阴阳气血偏衰，疾病表现则虚多实少，方宜补虚为主并随症加减，一病用多方，一方治多病是其多年临床实践的总结。对家境困难的病人关怀备至，处方师古不泥，治验颇丰，德术兼优，医名远播。

[《莒县卫生志》（2013）]

◎ 张 境 ◎

张境（1895—1977），十五岁随父学习，父有"苦读成才"之训，于是熟读经典及医学名著，医术精湛，名闻莒、沂、五莲等县，远扬江苏等地。医德高尚，群众赠送德行匾两块。遗著有《张氏珍奇》《验方随录》《四岸公取录积》。

[《临沂地区中医药志》（1982）]

◎ 葛铭琪 ◎

葛铭琪（1896—1973.03），字树人[①]，桑园镇上疃村人。早年随其伯父习中医，后入山东省立医院专门学校，四年毕业，取得国民政府颁发的"医师证书"。曾从军服役，任军医官。1924年，辞职回莒县，聘店员十人，集九家股份计两万三千吊铜钱，在县城开设"同仁药房"十余年，自任掌柜兼医生。铭琪常言"药分中西，理无二致"，对疾病当辨证施治。编写了《家庭医学》一书，印制千余册，无偿分发全县医药政教各界。带领药房人员，自制光明眼药水、黄降汞膏、黄连膏、十滴水、胃痛散、止咳散、疥疮膏等制剂。先后培养了董奎一、刘子美、吴质斋等卫生技术及管理人才。铭琪常言"病人有我，痛苦则一"，对于贫困之众，或给予免费诊治，或取"穷汉吃药，财主打发钱"的办法，让一些富商负担一些救济义务。1936年，携同仁药房资金转辗西安、南郑、成都，先后开办大东药房、岱东药房，客居成都。

[《莒县卫生志》（2013）]

◎ 王桂馨 ◎

王桂馨（1897—1977），字德甫，碁山镇东河圈村人。颖慧好学，能诗善文，自幼谨承祖业，十九岁在其祖父遵三训导下悬壶济世。1956年参与公立卫生机构，先后在招贤、碁山、茅埠等卫生院工作。对内、妇、儿科均有钻研，尤精于内、妇两科和外感温病之治疗。处方灵巧，辨证精当，德术兼备，其子焕勇、焕斌，孙增理均业医（药）。

[《莒县卫生志》（2013）]

---

① 树人：《莒县卫生志》（2013）亦作"树仁"。

◎ 隽永祥 ◎

隽永祥（1897—1982），字瑞亭，莒县桑园公社小土门村人。在东北随其族祖学医，返里后行医民间，擅长妇科。1953年参加工作，在桑园公社医院任中医。工作勤恳，诊断细心，服务热忱，当地群众多有颂德，名闻莒县、五莲两县。

[《临沂地区中医药志》（1982）]

隽永祥（1897—1982），字瑞亭，桑园镇小土门村人。在东北随其族祖学医，返里后行医民间，擅长内科。1953年参加公立卫生机构工作，在桑园区卫生所任中医。名闻莒县、五莲两县。

[《莒县卫生志》（2013）]

◎ 殷文淮 ◎

殷文淮（1897—1973），字淑标，五莲县洪凝镇却坡村人。早年在日照随师学医。1938—1944年归里开设"同仁堂"药铺，1945年与其他药铺在洪凝合并为济生药社，殷任经理和洪凝区医救会长。1952年参加胶州中医学习班。1954年在五莲县医院中医科工作，是年在胶州专署第一届中医代表会上发表了中医治疗骨结核的论文，得到了与会者的好评。1957年被错划为右派开除回家，继续诊病，直至病逝。

[《潍坊市卫生志》（1989）]

◎ 刘庆恩 ◎

刘庆恩（1899—1976），授其叔父儒庭所传，精医术，长内、儿科。在当地颇有名望。1957年参加工作，在峤山公社医院任中医。

[《临沂地区中医药志》（1982）]

刘庆恩（1899—1976），峤山镇房家朱里村人。受其叔父儒庭所传，精医术，擅长内、儿科。在当地颇有名望。1957年入峤山卫生院工作任中医。

[《莒县卫生志》（2013）]

◎ 邱玉田 ◎

邱玉田（1899—1959），莒县龙山公社邱家庄村人。私塾七年，因家贫辍学，雇佣于莒县城内鲁家药店，业余攻读医书，十九岁即有应诊之能，遂以医为专业，擅长针灸，疗疾惯以针灸、药物兼施，尤对儿科诸疾经验丰富，名闻莒县、日照两县。集有"病案"三本，因后继无人，已散佚。

[《临沂地区中医药志》(1982)]

邱玉田（1899—1959），龙山镇邱家庄村人。私塾七年，因家贫辍学，雇用于莒县城内鲁家药店，业余攻读医书，十九岁即有应诊之能，遂以医为专业。擅长针灸，疗疾惯以针灸、药物兼施，尤对儿科诸疾经验丰富，名闻莒县、日照两县。集有"病案"三本，因后继无人，已散失。

[《莒县卫生志》(2013)]

◎ 宋现苓 ◎

宋现苓（1899—1995.09），库山乡宋家路西村人。年轻时做中草药生意，解放前去临沂行医多年，解放后被政府聘用，在临沂市朱隆人民公社医院工作，成为当地名医。1978年8月退休。

[《莒县卫生志》(2013)]

◎ 邵 儒 ◎

邵儒（1899[①]—1980），字子珍，莒县刘家官庄公社[②]邵家泉头村人。弱冠拜于邢标和贾殿桂门下学医，攻读八年，学业有成，通经典，博览众说，遂应诊不暇，擅长内科、妇科，疗效颇著。医德高尚，常以救急济贫为先，尝云："贫家病不笃不求医，尤当急其急。"由于医术高明，医德高尚，医名著于莒、沂两县。建国后参加工作，专业中医。1957年去省进修深造后，先后在莒县人民医院、小店公社医院、刘家官庄公社医院专事中医工作。参加工作以来，兢兢业业，忘我工作，博得群众的好评。遗有《痧疹正宗》《验方汇编》《脉理反约》《应方集录》《初学步步金》《杂证反约》《妇科汇集》《眼科薪传》等书。以上诸书书介见医文志。

[《临沂地区中医药志》(1982)]

邵儒（1889—1980），字子珍，莒县刘官庄镇邵家泉头村人。

弱冠拜邢标和贾殿桂门下学医。攻读八年，学业有成。通经典，博览众说，遂应诊不暇。擅长内科、妇科，疗效颇著。医生医德高尚，诊病不问贵贱贫富，长幼妍媸、怨善亲友，普同一等，常以救急救贫为先。尝云："贫家病不笃不求

[①] 1899：《莒县人民医院志》(2003)、《莒县卫生志》(2013) 生年作 "1889"。
[②] 刘家官庄公社：《莒县人民医院志》(2003) 作 "刘官庄镇"。

医,尤当急其急。"由于医术高明,医德高尚,名著于莒县、沂南,求诊者踵接于门。建国后参加工作,专业中医。1957年去省进修深造后在莒县人民医院中医科任中医师,后在小店乡、刘官庄乡卫生院工作。遗有《痧诊正宗》《验方汇编》《脉理反约》《应方集录》《初学步步金》《杂证反约》《妇科汇集》《眼科薪传》等书。

[《莒县人民医院志》(2003)]

邵儒(1889—1980),字子珍,刘官庄镇邵家泉头村人。弱冠之年拜邢标和贾殿桂门下学医。攻读八年,学业有成。擅长内科、妇科,疗效颇著。诊病不问贵贱贫富,长幼妍媸,怨善亲友,普同一等。常以救急救贫为先,尝云:"贫家病不笃不求医,尤当急其急。"扬名于莒县、沂南,求诊者踵接于门。建国后正式参加工作,专业中医。1957年去省进修深造后在小店乡、刘官庄公社卫生院工作,后在莒县人民医院中医科任中医师。遗著有《痧疹正宗》《验方汇编》《脉理反约》《应方集录》《初学步步金》《杂证反约》《妇科汇集》等书。

[《莒县卫生志》(2013)]

◎ 马益三 ◎

马益三(1900—1973),秉父教,通经典,明医理,医术高明,长于妇科。医德高尚,名闻数县。建国后参加工作,在寨里河医院专业中医。被选为莒县第一至四届人大代表。

[《临沂地区中医药志》(1982)]

马益三(1900—1973),寨里河镇寨里河村人。秉父(锡麟)习医,长于妇科,名闻数县。1939年3月加入八路军九支队,同年4月加入中国共产党,后回寨里河村以医生身份为八路军传递情报。先后送两个女儿参军入伍。建国后,在寨里河医院专业中医。建国初期当选为县人大代表。

[《莒县卫生志》(2013)]

◎ 单新馥 ◎

单新馥(1900—1981),字梅村,莒县洛河公社洛河村①人。十七岁拜本村魏某学医,出徒后曾在本村单某药肆中为坐堂医,之后自己开业行医,擅长妇科、

---

① 洛河村:《莒县卫生志》(2013)作"洛河崖村"。

小儿痘疹。1952年参加工作,在洛河卫生所、洛河公社卫生院专业中医。在本县颇有名望。

[《临沂地区中医药志》(1982)]

单新福[①](1900—1981),字梅村,洛河镇洛河崖村人。十七岁在本村学医,出徒后曾在本村单某药铺中为坐堂医生,后自己开业行医,擅长妇科、小儿痘疹。1952年参加公立卫生工作入洛河区卫生所,专攻中医。莒县名中医。

[《莒县卫生志》(2013)]

◎ 贾月庚 ◎

贾月庚(1900—1947),亲承家教,医术不逊于父祖辈,当地群众誉称其家为三世岐黄。(《临沂县志》)

[《临沂地区中医药志》(1982)]

贾月庚(1900—1947),刘官庄镇齐家庄村人。亲承家教,医术不逊于父祖辈,当地群众誉称其家为三世岐黄。

[《莒县卫生志》(2013)]

◎ 马连禄 ◎

马连禄(1901—1947),阎庄镇韩家官庄村人。自幼习医,出徒后在韩家官庄设立"普及药房"(兼西药)。以儿科名闻乡里,后又兼习西医,其三子佛钧秉承父业。

[《莒县卫生志》(2013)]

◎ 王太达 ◎

王太达(1901—1995),碁山镇小河村人。自幼聪敏,性爽志远。塾学几年后,发奋攻读医书。1934年曾在本村设立药铺,坐堂行医卖药。1956年就职于碁山供销社药股。后调东莞卫生院,1962年退休。

[《莒县卫生志》(2013)]

---

① 单新福:《莒县卫生志》(2013)作"单新福",根据其字推断应为"单新馥"。

◎ 贾殿桂 ◎

贾殿桂（1901—1970），字丹庭，莒县刘家官庄公社贾家庄人。塾学十年，于弱冠之岁投贾会元门下学医八年。医术精湛，长于内、妇科，名闻莒、沂两县。建国前乔迁青岛，仍以医为业，在青岛亦颇有名望。

[《临沂地区中医药志》（1982）]

贾殿桂（1901—1970），字丹庭，刘官庄镇贾家庄村人。塾学十年，于弱冠之岁投贾会元门下学医八年，医术精湛，长于内、妇科，名闻莒、沂两县。后迁青岛，仍以医为业，在青岛亦颇有名望。

[《莒县卫生志》（2013）]

◎ 管凤三 ◎

管凤三（1901—1987），名荣诏，字行，招贤镇大窑村人。幼年入塾读书，业余兼读医书，研练医术。1920年停学帮助父亲从事商业经营，时而兼号脉诊病。1930年参加地下革命活动，1934年被捕入狱，其父倾尽家资赎回。后弃商从医。1936年到昌乐县建立"永济"大药店，坐诊行医。1949年返回故里，立室行医。每次诊疗，必录临床记录，遇重病号，亲自观察服药后症状。一生整理了《诊治集要》《验方手册》《妇科验方》等书籍。

[《莒县卫生志》（2013）]

◎ 王京科 ◎

王京科（1902.10—2006.10），东莞镇田王庄村人。原籍库山乡叶家官庄村。十四岁时雇给今库山乡齐家沟村王家药铺，在药铺六年的时间里，对几百味中草药的名称、产地、性能、用途等熟记于胸，他能以超人的速度把处方上的各种药准确无误地说出，尤其在晚上，不用点灯，用手一摸，鼻子一闻，便知应取之药。解放前，他带领儿子去东南山（今五莲县南部一带），逃荒要饭，其医术得到了发挥、发展，并一举成名。解放前后，小儿麻疹死亡率较高，在他手上不知挽救了多少儿童生命。

[《莒县卫生志》（2013）]

◎ 张兴东 ◎

张兴东（1902—1973），阎庄镇张家山沟村人。主治妇科，自制"五经丸"，只诊病,送药丸。此方传于外孙朱发田(小柏林村)。

[《莒县卫生志》(2013)]

◎ 刘星元 ◎

刘星元(1903—1976),莒县大石头公社朱庙村人。初教学兼攻医书,待学有成,遂弃教业医,擅长内科,医德高尚,四方乡邻颇有名望。建国后参加工作,在峤山公社医院任中医。

[《临沂地区中医药志》(1982)]

刘星元(1903—1979),峤山镇朱家庙子村人。初教学兼攻医学,待学有成,遂弃教业医,擅长内科,医德高,四方乡邻颇有名望。后入峤山公社卫生院任中医。

[《莒县卫生志》(2013)]

◎ 陈宪邦 ◎

陈宪邦(1903—1978[①]),字均平,莒县碁山公社珠山村人。在学校任教,业余攻读医书十五年,遂弃教务业医事,精通经典,深明医理,擅长内科,医德高尚,名闻莒、沂两县。1950年参加工作,在碁山公社医院任中医。

[《临沂地区中医药志》(1982)]

陈宪邦(1904—1976),字均平,碁山镇珠山村人。少时受业于秀才陈锡鉴,在文学医术方面奠定了坚实的功底。弱冠设馆任教兼习医术十几载。1939年弃教业医,其医术精湛,长于内妇杂科。1950年就职于峰山区卫生所,后在碁山公社卫生院退休。为莒县名中医之一。

[《莒县卫生志》(2013)]

◎ 史恩培 ◎

史恩培(1904—1978),字印堂,莒县陵阳公社杨家址坊村人。精医术,但不以医疗为专业,年过半百之后始业应诊,善以针药兼施治疗精神病,疗效显著,名

---

① 1903—1978:《莒县卫生志》(2013)载陈宪邦生卒年作1904—1976。

闻数县。

[《临沂地区中医药志》（1982）]

史恩培（1904—1978），字印堂，陵阳镇杨家址坊村人。精医术，但不以医疗为专业，年过半百之后始业应诊，擅以针药兼施治疗精神病，名闻数县。

[《莒县卫生志》（2013）]

◎ 李步义 ◎

李步义（1904—1973），字知方①。受业于叔父李金萱，擅长内、外科。对黑热病的治疗颇有经验，1935年前后在当地对本病尚无特效疗法的情况下，先生能精心钻研和治疗，取得成效，名闻莒、沂等地。

1950年参加工作，先后在城阳、峤山两公社医院专业中医，曾兼任莒县医药联合救国会副会长六年，并被选为莒县人大代表。先生参加工作以来热心中医工作，为莒县医疗卫生事业，作出了一定贡献。

[《临沂地区中医药志》（1982）]

李步义（1904—1973），字智方，刘官庄镇李家埝头村人。长期在城阳医院工作，受业于叔父金萱，擅长内、外科。早在20世纪30年代，对黑热病精心钻研，用特效方剂治疗，取得显著疗效，名闻莒、沂两县。1950年参加卫生工作，先后在城阳、峤山两公社卫生院专业中医。

[《莒县卫生志》（2013）]

◎ 王玉仲 ◎

王玉仲（1905—1984），浮来山镇大薛庄村人。自幼好学，八岁入私塾，十五岁即拜师学医。博览群书，对《内经》《难经》《伤寒杂病论》《神农本草经》等各名家著述无不深研。临床工作六十余载，以精湛的医术享誉杏林。尤其对癫、狂、痫等精神疾病的治疗，注重心理调治，讲究医患交流，积累了丰富的经验。先生治学严谨，用药胆大心细，虽剧如巴豆、甘遂、瓜蒂，必亲尝试过，方用于病人。每诊一病，有方有法，或先泻后补，或先补后泻，无不切中病机。临症处方，药简力宏，对药物剂量及配伍使用非常讲究。自拟躁狂吐泻散、解郁汤、安神方、愈痫系

---

① 知方：《莒县卫生志》（2013）作"智方"。

列等方剂，临床辨证用之，效验非常。擅以针药兼用，急以祛邪，每逢癫狂患者，诊时骂詈高歌，不可一世。经用药或针之，立时狂去神静，判若两人。久之"山庄神医"之名不胫而走，全国各地求诊者络绎不绝。先生医德高尚，对待病人不分职位高低贫贱，皆一视同仁。自己和家人过着简朴的生活，却时常救济贫穷病人，对困难病人还经常让其留宿在自己家中，从不收取分文，也从不向政府伸手。几十年如一日，日间诊治，夜间整理病案，先后在《中医杂志》等多种刊物上发表论文和心得体会数篇，为后世留下了珍贵的医学资料。1958年被评为山东省先进工作者、劳动模范，1956至1961年，先后出席省文教卫生群英会六次，1981年当选为县政协委员，其事迹被《山东省老中医录》收载。

[《莒县卫生志》(2013)]

◎ 卢孝文 ◎

卢孝文（1905.11—1985①），字希昌，莒县小店镇卢家孟堰村人。

幼年在本村小学读书四年，又在莒县城里高等小学学习二年肄业。1923年起在本村小学任教并随父习医。1937年弃教业医应诊兼任村文书。1947年在本村合作药股任医生。1951年3月参加工作，先后在县供销合作社小店区药股，陵阳区卫生院任医生。1961年9月调莒县人民医院任中医师。

先生思想进步，民族意识较强，紧步时代潮流之转化。1943年参加"莒中县医药界抗日救国联合会"并任垛庄区分会会长，积极组织民间医药人士防病治病，支援抗战。1951年被选为"莒县医联会会长"。1952年"医联会"改称"莒县卫生工作者协会"，任主任。1951年至1954年任莒县各界人民代表大会常设委员会第八届副主席。1954年至"文化大革命"为历届县人大代表。1956年至"文化大革命"为历届县人民委员会委员。1955年至1956年为山东省中医委员会委员。第一届、第二届莒县政协委员。1961年10月任莒县人民医院中医科副主任。

先生学有成就，医德高尚，有求必应，态度和蔼。临诊仔细，一丝不苟。用药简练，并有创新。如对胃病疼痛，常以天仙子、荜茇配合其他药物止痛，效果良好。曾对叶桔泉《实用中药》的部分药品的药性、功能编成《西江月》一册。退休后回故乡仍为群众看病，求诊者甚多，深受群众欢迎。

---

① 1985：《莒县卫生志》(2013) 卒年作"1987.03"。

先生终生工作积极肯干，热心中医事业。1950年被评为县一等防疫模范，授锦旗一面。

1956年被评为县先进工作者。1957年被评为山东省先进工作者，授金质奖章一枚。1962年至1964年被评为县医院五好职工。

[《莒县人民医院志》（2003）]

卢孝文，字希昌（1905.11—1987.03），小店镇卢家孟堰村人。莒县高等小学两年肄业。1923年起在本村小学任教并随父习医。1937年弃教业医应诊兼任村文书。1947年在本村合作药股任医生，1951年3月参加工作，先后在县供销合作社小店区药股、陵阳区卫生院任医生，1961年9月调莒县人民医院任中医师。

1943年参加"莒中县医药界抗日救国联合会"并任垛庄区分会会长，积极组织民间医药人士防病治病，支持抗战。1951年被选为"莒县医联会会长"。1952年"医联会"改称"莒县卫生工作者协会"，1952年至1953年任主任。同年任莒县各界人民代表大会常务委员会第八届、九届副主席。1954年至1966年前为历届县人大代表。1956年至1966年为历届县人民委员会委员。1955年为山东省中医委员会委员，第一、二届莒县政协委员。1961年10月任莒县人民医院中医科副主任。退休后回故乡仍为群众看病，求诊者甚多，深受群众欢迎。1950年被评为县一等防疫模范，授锦旗1面。

[《莒县卫生志》（2013）]

◎ 孙明莲 ◎

孙明莲（1905—1989），女，果庄乡孙家庄村人，嫁阎庄镇小柏林村朱义为妻。承娘家所传秘方配制"祛风散"治无名肿痛、破伤风有奇效，无偿医治病人。秘方传于其子朱发玲。

[《莒县卫生志》（2013）]

◎ 陈秉常 ◎

陈秉常[①]（1905—1980），字德甫，莒县碁山公社珠山村人。医术精湛，长于内、妇科，医德高尚。1950年参加工作，在库山公社医院任中医。

[《临沂地区中医药志》（1982）]

---

① 陈秉常：《临沂地区中医药志》（1982）目录作"陈炳常"。

陈秉常（1905—1980），字德甫，碁山镇珠山村人。自幼聪慧，博览群书，对古玩、书画、绘画均有精到之处，尤善岐黄之术，更精于诊脉。由于经验丰富，处方心细胆大，用药多偏重，治病多显奇效。1949年就职于峰山区药股，后在库山卫生院直到退休。有《验之验》医著传世。莒县名中医。

[《莒县卫生志》（2013）]

◎ 林　坤 ◎

林坤（1905—1981），字淑瑶，莒县陵阳公社西上庄人。通经典，明医理，擅长妇科，医德高尚，在莒境内颇有名望。

[《临沂地区中医药志》（1982）]

林坤（1905—1981），字淑瑶，陵阳镇西上庄村人。通经典，明医理。擅长妇科，在莒县境内颇有名望。

[《莒县卫生志》（2013）]

◎ 徐衍本 ◎

徐衍本（1905—1981），字纪周，日照县高兴公社安尧王大队人。先生早年教书兼习医理，通晓中医四部经典，旁纳后世各家学说。解放后先生响应党的号召，组织联合诊所为人民保健事业服务，1958年参加山东省中医进修学校进修学习，后调往千佛山医院。1964年病休回籍，仍不辍医事，求诊者终日不绝。

先生行医长于内科、温病与妇科杂病的治疗，理论精熟，经验丰富，辨证施治，讲求实效，无门户之见，且医德高尚，服务周到，深得医务界与干群的赞誉。

[《临沂地区中医药志》（1982）]

◎ 董奎一 ◎

董奎一（1905—1962），小店镇金墩二村人。中共党员。十四岁入县城莒州同仁药房，拜葛树仁为师学医，并在其门下从医数年。1938年日军占领莒城后，回乡开办中西医结合的诊所。1943年4月，莒中县政府在杨家岗西村成立利民药房，他参与筹备。1946年3月至1948年3月任利民药房经理。1947年10月由他负责成立"莒县县立医院"。1948年县立医院撤销，恢复利民药房门诊部，8月改称"大众诊疗所"，他出任所长。1949年1月1日称莒县县立医院，他出任副院长兼利民药房（县药材公司前身）经理。1949年10至1950年5月主持莒县县立医院工作，1950年

6月至1950年7月主持莒县大众卫生院工作，1950年8月至1950年9月任副院长主持工作。

[《莒县卫生志》（2013）]

◎ 李从军 ◎

李从军（1906—1963），字润民，日照县碑廓公社东辛兴村人。二十岁行医乡里，一生注重《内》《难》《伤寒》《金匮》的研究。临床擅长内科、妇科与温病的治疗，并刻苦自修现代医学，力倡中西医结合。

解放后，先后在巨峰医院、县医院工作，行医凡三十八年，经验丰富，医理谙熟，立法遣药谨严，医德高尚，服务热情，深得全县人民好评。

[《临沂地区中医药志》（1982）]

◎ 严瑞章 ◎

严瑞章（1906.06—1989.01），字国祥，莒县闫庄镇麻姑屯①人。

先生六岁入塾启蒙，课业十年。十六岁辍学务农，十九岁在本村塾学执教并习研岐黄之术。二十七岁在本村及今浮来乡高家庄开药铺兼应诊。1941年日本侵略军占莒，药铺业务衰败，为生活计，去黑龙江省鹤岗煤矿业医六年，后受聘于黑龙江省依兰县宏克利区小洼村小学任教。1950年回莒，在阎庄区供销社中药股参加工作，任医生。后到本区卫生所和石井区卫生所任医生。1956年调莒县人民医院任中医师。

先生1952年去沂水专署中医进修班学习五个月，1957年去山东省中医进修学校针灸班学习一年，系统地学习了阴阳五行、四诊八纲、经络等中医理论，医术大有长进，尤工针灸。尝用针灸治疗三叉神经痛、面神经麻痹、小儿腹泻等症，疗效颇佳。

先生性情耿介，为人爽直，不善奉迎，好读书，博古通今，喜收藏，贮书颇丰。去世后家人遵遗嘱，将其所藏之书尽数捐赠莒县图书馆，一时传为佳话。

[《莒县人民医院志》（2003）]

严瑞章（1906.06—1989.01），字国祥，浮来山镇马顾屯村人。六岁入塾启蒙，课业十年。十六岁辍学务农，十九岁在本村塾学执教并习研岐黄之术。二十七岁在

---

① 闫庄镇麻姑屯：《莒县卫生志》（2013）作"浮来山镇马顾屯"。

本村及南高家庄村开药铺兼应诊。1938年去黑龙江鹤岗煤矿业医六年，后受聘于黑龙江依兰县宏克力区小洼村小学任教。1950年回莒，在阎庄区供销社中药股工作。后到本区卫生所和石井区卫生所任医生。1956年调县人民医院任中医师。1957年在山东省中医进修学校针灸班学习一年，系统地学习了阴阳五行、四诊八纲、经络等中医理论，医术大有长进，尤攻针灸。尝用针灸治疗三叉神经痛、面神经麻痹、小儿腹泻等。县名老中医。瑞章性情耿介，为人爽直，不善奉迎，好读书，喜收藏。去世后家人遵遗嘱，将其所藏之书尽数捐赠县图书馆，一时传为佳话。代表作品有《蝗虫目睹记》《痘疫一域记》。

[《莒县卫生志》(2013)]

◎ 傅传秀 ◎

傅传秀（1906—1964），字明山，莒县中楼公社五楼山前村人。在私塾学习十余年后，拜师学医。擅长妇科，名闻莒县、莒南两县。

[《临沂地区中医药志》(1982)]

傅传秀（1906—1964），字明山，中楼镇五楼山前村人。私塾十余年，拜师学医，擅长妇科，名闻莒县、莒南两县。

[《莒县卫生志》(2013)]

◎ 马凤歧 ◎

马凤歧（1907—1990），原籍莒城。1948年到阎庄以理发为业，后在阎庄村落户。精于按摩、整骨，义务为群众治病多年。

[《莒县卫生志》(2013)]

◎ 张 进 ◎

张进（1907—1984），莒县浮来乡响波头汪村人。

先生幼年在本村塾学读书五年，后随祖父习医，学有所成，遂业医应诊。1948年至1952年在本村医药合作社任医生。1952年参加工作，先后在莒县城阳区大湖卫生所、莒县大药房任医生。1956年调县医院任中医师，1975年退休。

先生擅长外科，尤工疮疡，医术高明，名闻周围数县，应诊终日无暇。先生经验丰富，善用土、单、验方，疗效频著。曾以"甘桔宁肺汤"治疗肺脓疡，以"荆防败毒散"加减治疗"狐尿刺"，效果良好。1958年将临床常用经验良方四十一方献给医院。

先生终生工作积极，不辞劳苦。退休回家后虽身体欠佳仍业医不辍，求诊者踵于门，深受群众赞扬。1947年孟良崮战役时，先生随军支前荣立一等功一次，二等功一次。

[《莒县人民医院志》（2003）]

张进（1907—1984），浮来山镇响波头汪村人。幼年在本村塾学读书五年，后随父习医，学有所成，遂业医应诊。1947年，孟良崮战役时，随军支前，荣立一等功、二等功各一次。1948年，在本村医药合作社任医生。1952年参加公立卫生机构，先后在一区卫生所、县大药房任医生。1956年调县人民医院任中医师。多次参加临沂地区中医理论研讨会。1975年退休。擅长外科，尤攻疮疡。医术高，经验丰富，善用土、单验方，疗效显著。1958年将临床常用经验良方四十一方献给医院。退休回家后虽身体欠佳仍业医不辍，求诊者踵于门。

[《莒县卫生志》（2013）]

◎ 唐守治 ◎

唐守治（1907—1980），莒县寨里河公社唐家沟村人。拜师学医四年，熟读经典，深明医理，弱冠即能独立应诊，擅长内科、妇科，在莒县、日照颇有名望。建国后参加工作，在龙山医院任中医，服务热忱，态度和蔼，深受病家欢迎。

[《临沂地区中医药志》（1982）]

唐守治（1907—1980），寨里河镇唐家沟村人。拜师学医四年，读经典明医理，弱冠即能独立应诊，擅长内科、妇科，在莒县、日照颇有名望。后参加工作，在龙山公社卫生院任中医。

[《莒县卫生志》（2013）]

◎ 何 善 ◎

何善（1908—1996），女，阎庄镇何家楼村人，嫁于渚汀村。在娘家受其母亲传，用针灸、按摩等方法，配以偏方、验方为群众治病。

[《莒县卫生志》（2013）]

◎ 郭瑞修 ◎

郭瑞修（1908—1984），字德范，浮来山镇庞家泉村人。读私塾八年，善诗文。

后从教兼习医术，谙熟医理，1937 年弃教业医。1957 年参加山东省中医进修班研习，毕业后分配到山东省中医研究院针灸研究所工作。1960 年应全国著名农业劳动模范吕鸿宾之邀，经山东省卫生厅特批，返莒从医。1965 年 12 月被临沂地区卫生局授予"名中医"称号。瑞修一生致力于中医针灸事业，医术、医德名闻莒、沂诸县，尤对中风后遗症、小儿麻痹后遗症、女性不孕、顽固性痹症等病颇有研究。著有《针灸经穴分寸歌》《简易针灸学》《验方集锦》等手抄本。

[《莒县卫生志》（2013）]

郭瑞修医案选

胃下垂

胃下垂属中医胃缓范畴，常规方剂补中益气汤，根据"百病由气所生"这一论点，宜首先舒肝解郁，后理气和胃，故取足少阳胆经合穴阳陵泉、气合穴膻中、胃经合穴足三里、胃募穴中脘，配内关、合谷、新穴升提穴。下垂程度轻者，针灸十次（一疗程）即愈；较重者配合服用加减逍遥散，灸中脘、足三里。如王某，男，四十岁，建筑工人，怒后暴食劳累致胃脘胀满疼痛，久治不愈，逐渐消瘦，服中西药效果不佳，且烦躁易怒，纳呆不寐，钡餐透视示胃中度下垂，上法治两疗程愈。

不孕症

不孕症同样根据以上原理，逍遥散加减，只是经络取穴而异。肝气郁结为主者，取肝经行间、胆经阳陵泉、胃经足三里、脾经三阴交、血海、手阳明经合谷。以肾虚为主者，取肾俞、命门、血海、三阴交，配足三里、阳陵泉，肾阳虚加灸肾俞、命门、三阴交、足三里穴。属痰湿为主者，以脾俞、丰隆、阳陵泉为主，配血海、三阴交、阳陵泉。张某，三十岁，因一年小产四次而三年未孕。自述经前乳房胀痛，经期少腹胀满，腰酸膝软，纳呆多梦，诊见面色红黄少华，舌质暗，边有瘀点，脉象沉弦涩，取以上穴位加灸肾俞、命门、足三里，配服逍遥散合金匮肾气汤，针灸两个疗程，服中药十剂而当年怀孕，产一男婴。

小儿麻痹症

对于小儿麻痹后遗症的治疗，不应拘泥纯药物或单独针灸，宜针灸与穴位注射结合。麻痹症初期，首先以"治痿独取阳明"这一原则，选取手阳明经主穴，针灸一疗程后再配肝、胆、脾经穴位。后遗症期以取肝肾经穴为主，针灸与穴位注射交替应用。如张某某，女，五岁，因患小儿麻痹症，右下肢瘫痪，在乡村治疗五个月效果不佳而求治。患儿右臂、股肌重度萎缩，足重度内翻，只坐而不能立，首先取肾、大肠、次髎、环跳、承扶、四强、膝阳关、阳陵泉、足三里、昆仑、解溪，灸肾俞、次髎、足三里穴。穴位注射药物：胎盘组织液、维生素B_1、维生素B_{12}，针灸、穴位注射交替使用，治疗十五次为一疗程，经治两个疗程后，患儿扶物站立，但患足畸形立不稳，配合按摩以臂、股、腕踝为主，四个疗程后病儿推小车行走。

[《莒县卫生志》（2013）]

◎ 王家合 ◎

王家合（1909—1978），碁山镇高崮崖村人。十二岁入私塾读书，十五岁随其父王居晋边学文化，边学中医常识，代父亲拉药橱兑药。十八岁时父亲病逝。为生计，去曹家坡（今沂水县）一家药店当小伙计。有一年，东家少爷的老婆患妇科病，本店坐堂医生无法治愈，便请了周围几位名医诊治，仍不见效。家合想到父亲曾为人治愈过这种病，便向东家自荐，东家让其诊脉处方，服药后，数天即愈。因而名声大振，东家聘为坐堂先生。二十七岁时，家合从曹家坡迁到娄家坡（今属五莲县）定居，并开了小药铺。1946年，家合被推为于里乡（今五莲县于里镇）卫生所医生，从此脱产，直到1976年退休。

[《莒县卫生志》（2013）]

◎ 高维合 ◎

高维合（1909—1981），字仲理，五莲县潮河杜家河村人。早年在本村卖药行医，1945年后在潮河卫生所工作。对肝病、肺痈、毒蕈中毒等病症的治疗有独到之处。曾被选为五莲县第七届人大代表。

[《潍坊市卫生志》（1989）]

◎ 史桂芳 ◎

史桂芳（1910—1985），字丹五，阎庄镇大柏林村人。幼年随父（致远）学习文化，并在其父开办的"保和堂"药铺习医。1944年后，先后担任阎庄区"医药界抗日救国联合会"（简称"医救会"）会长、"医药界建国联合会"（简称"医联会"）会长兼县医联会执委、县医联会副会长等职，组织并带领会员参加"支前"。1947年冬，孟良崮战役中一个连的伤兵进驻艾家庄（今属沂水县），请桂芳前往诊治，桂芳无偿供药并亲往治疗，每日一次，直至伤员痊愈归队。

在区卫生所成立之前，组织地方开业医生建立联合诊所，1952年3月任"十四区卫生所"副所长并主持工作。区卫生所建立之初，资金、设备缺乏，桂芳把自己家的两个药橱及医疗器械捐为公用。曾任莒县人民代表大会第一至十届代表和县各界人民代表大会常务委员会副主席，县第五、六届人民委员会委员，县"卫生工作者协会"副主任，莒县名中医。桂芳为人谦和，诊病细心，用药精巧，长于内、妇、儿科，工作中勤恳朴实，体恤病人，深受各界人士称颂。1971年从爱国人民公社卫生院退休。

[《莒县卫生志》（2013）]

◎ 姜道远 ◎

姜道远（1910.05—1983.02），库山乡姜家洼村人。自幼随三祖父仙瀛在临沂开办的"人和药房"学习中医。建国后，在家乡开办了中医诊所。1958年被招录到库山卫生院工作，至1978年5月退休。在建国初期缺医少药的情况下，千方百计为病人解除痛苦，面对频发的天花、白喉、脑膜炎、大脑炎、霍乱、疟疾、黑热病等众多顽疾。他苦心钻研，辨证施治，挽救了很多人的生命。他号脉精到，问诊仔细，对多发病、常见病都能准确给予施治，特别是对内、外科疑难杂症，不孕不育，颈肩腰腿痛等，均有独到的见解和治疗方法。他在茶沟、庄科、邹家庄、孙家路西等卫生室行医期间带徒十余人。

[《莒县卫生志》（2013）]

◎ 徐存中 ◎

徐存中（1910—1990），字寿臣，阎庄镇徐家当门村人。十六岁拜莒城中医熊光梅为师。善于中风、无名急疮、妇科等症治疗，针灸上的"五虎擒羊针"为其所创，有《张天师祛病法》手抄本传世。

[《莒县卫生志》（2013）]

◎ 张电亭 ◎

张电亭（1912—2000），字镜岩，阎庄镇阎庄村人。十八岁拜师学中医。刻苦钻研《内经》《伤寒论》《本草纲目》等中医经典著作，熟记《药性赋》《汤头歌诀》《濒湖脉学》等著作。二十六岁时又与其弟云亭同去青岛南海学院学习西医。两年后毕业，在家乡阎庄街和莒县城南关开业行医。

1938年至1943年，他受鲁中军区敌工部长何庆宇之托，为解决解放区药械奇缺的困难，多次去青岛购买药品医疗器械及电池等物资，有力地支援了抗日战争。1942年，经何庆宇引荐去军区司令部（今沂南县依汶），受到司令员罗荣桓接见与表扬。

1944年去潍县，后又去济南行医，1948年去新泰县开办刘杜区联合诊疗所任主治医师，享受业务十四级待遇。

1958年，电亭回到原籍阎庄，安排在玉皇山卫生所行医，并且带了四个徒弟学习中医，其间被选为全省名中医。中共十一届三中全会后，为其落实了政策。新泰县卫生局为其办理了退休手续。遗有《内伤杂病治验》《用药心得》《小验方手记》等著作。

[《莒县卫生志》（2013）]

◎ 王竹书 ◎

王竹书（1913—1973），莒县小店公社东辛河村人。初任教务兼习医学，及至学医有成，遂以医为专业，擅长内科、小儿痘疹。

1951年参加卫生工作，在小店区联合诊所（后改为区卫生所）任中医，工作积极，服务热情，成绩显著，1956年被评为莒县卫生先进工作者，受到县人民委员会的奖励。

[《临沂地区中医药志》（1982）]

王竹书（1913—1973），小店镇东辛河村人。初任教务兼习医学，及至学医有成，遂以医为专业，长于内科、小儿痘疹。1951年参加卫生工作，在小店区联合诊所任中医。

[《莒县卫生志》（2013）]

◎ 孙荣吉 ◎

孙荣吉（1913—1988），字祥廷，碁山镇长宁村人。1928年考入莒县县立中学，十八岁开始，先后在莒城"同成泰""丰裕福"药铺当伙计。经过几年的刻苦学习，掌握了不少中医中药知识，医术水平不断提高。1938年2月，日军侵占莒城，兵荒马乱，药铺老板将中西药和医疗器械作价卖给祥廷，同年3月，祥廷把药运到长宁村开起了药铺。方圆几十里的病人慕名而来。他诊病认真细致，对症施药，有钱看病，无钱亦看病，对贫困病人不收钱。1947年秋迁到青岛，在街头行医维持生活。

一天，路遇一医院诊为不治之症的垂危病人，祥廷主动上前为病人切脉诊断，确定病情后，征得病家同意，亲自为其煎药治疗，很快将病人治好。病人及家属感恩戴德，在青岛市大街小巷张贴"喜报"，喜报上说："神医孙祥廷，扁鹊再世"。消息传到了当年莒县城"丰裕福"老板刘希鹏的耳朵里，他将祥廷请到了自己在青岛章丘路54号开的中药铺里当坐堂医生。青岛解放，老板去了台湾，人民政府让祥廷经管这所药店。后祥廷调到国棉二厂白求恩医院，任院主治大夫。1964年，青岛市举行中医医学考试，名列第一。"文化大革命"期间祥廷受冲击曾回长宁村半年之久。乡亲们看病，有求必应。

[《莒县卫生志》（2013）]

◎ 刘海珊 ◎

先父海珊（1913—1979），与吾先祖父共处业医三十余年，擅长内科、妇科，对其他各科疾病，均有研究。建国后，于1950年参加工作，专业中医，任莒县医院东莞分院副院长，并被选为莒县历届人大代表。终生勤勤恳恳为人民服务，忘我地工作，远近四方负有盛名。晚年在百忙之中手书《临床经验》一册，将其一部分临床实践经验、有效方剂集录于本书之中，为后学及临床应用，有一定的实用价值。

[《临沂地区中医药志》（1982）]

刘海珊（1913—1979），东莞镇大沈庄村人。自幼跟随父亲刘瀛洲学文习医，长于内科、妇科，对其他各科均有研究。1950年参加工作，专业中医师，曾任莒县人民医院东莞分院副院长、多届莒县人民代表大会代表。晚年手书《临床经验》一册，对临床应用有一定的实用价值。其子桂馨为莒县名中医。

[《莒县卫生志》（2013）]

刘海珊（1913—1979），东莞镇大沈庄村人。自幼跟随父亲刘瀛洲学文习医，长于内科、妇科，对其他各科均有研究。1950年参加工作，专业中医师，曾任莒县人民医院东莞分院副院长、多届莒县人民代表大会代表。晚年手书《临床经验》一册，对临床应用有一定的实用价值。其子桂馨为莒县名中医。

[《莒县卫生志》（2013）]

◎ 卢景明 ◎

卢景明（1914—？），小店镇卢家孟堰村人。受学于乡间私塾，十四岁因遭大旱之灾，举家迁东北临江，耕作谋生。时通读医学古籍，钻研医学真谛，入山采药八百余种，其中四百余种吉林未有记载，填补了吉林省中草药研究方面的空白，补缀医学脱间缺项。1935年春考入临江国民高级中学，边读书，边为三家店铺记账济学。1938年升入张学良创办的辽宁第六师范学院攻读教育学，毕业后公派日本留学继续攻读教育学。1941年回国，先后担任浑江河口小学、临江国民小学校长。1947年负责筹建大栗子小学并任校长。1951年到临江一中任教。著有《金匮要略参新释》《药性释文》《白山药物·食疗部》《白山药材》《白山中草药》《脏腑经络后病脉一论十三首》《脉疗二条》《草类研究》等十多部医书，五百多万字，系吉林省文化名人。

[《莒县卫生志》（2013）]

◎ 李兴周① ◎

李兴周（1914—1977），字子祯。承父志，精医术，擅长内、妇科，在莒县、日照、莒南等县颇有医名。

[《临沂地区中医药志》（1982）]

李兴周（1914—1977），字子祯，中楼镇黑涧村人。承父（观海）志，精医术，擅长内、妇科，在莒县、日照、莒南等县颇有医名。

[《莒县卫生志》（2013）]

◎ 宋品芩 ◎

宋品芩（1914.09—2002.02），库山乡宋家路西村人。十六岁师从姜仙瀛学医，中西医结合。1941年底在本村开药铺行医，对天花、小儿麻疹、脾积病的治疗在当地享有盛名。解放后被政府聘为首批医师，曾在庄科、茶沟卫生所、库山卫生院工作，1978年5月退休。

[《莒县卫生志》（2013）]

◎ 于兆行 ◎

于兆行（1915—1984），城阳街道孙家村人。自幼随父习医，1957年参加公立医疗机构。1958年，在省办莒南中医进修班学习，毕业后在韩家村乡卫生院，韩家

---

① 李兴周：《临沂地区中医药志》（1982）目录作"李洪周"。

村、官庄、戚家街、刘西街卫生所工作，在庄疃卫生院退休。兆行医术精湛，医德高尚，服务热情，无论白天黑夜，有求必应。1972年被评为临沂地区先进工作者，1976年被评为莒县名中医。

[《莒县卫生志》（2013）]

◎ 杜 琛 ◎

杜琛（1917—1979），阎庄镇杜家当门村人。自幼学习针灸，主治儿科，精于针灸。

[《莒县卫生志》（2013）]

◎ 张锦华 ◎

张锦华（1917.12—1983.11），安庄镇大张官庄村人。莒县名老中医。少年随其父在本村私塾读书五年，后自修中医。1944年至1951年在本村建立私人诊所，遂业医应诊。1952年参加公立卫生工作，同年被派沂水（专署驻地）人民医院进修学习一年。先后在谢家庄卫生室、柳石头卫生所、中楼乡卫生院、刘家官庄公社西营墩卫生所工作。1962年夏调安庄公社卫生院任中医师，1965年带徒五人。锦华勤于钻研，对《黄帝内经》及张仲景《伤寒论》、叶天士《温热论》等都有一定的研究，尤其对妇科、儿科、小儿科及疑难杂症、不孕不育症等有较深的造诣，主张"治风先治血""见血莫先止""首辨气机而调之"。多次参加县、地中医理论研讨会传授经验。遵循"医乃仁术，唯存善心而精心研究医理，方能治病救人"的古训，诊病不问贫富贵贱、长幼妍媸、怨善亲友，普同一等，一视同仁，有求必应。

[《莒县卫生志》（2013）]

◎ 刘同双 ◎

刘同双（1919.03—1998.09），字鉴心，东莞镇后石崮后村人，医师。1946年秋参军到滨海军区后勤部工作，同年冬到后勤部开办的卫生学校学习。1947年冬毕业后分配到伤病转运站工作。1948年冬参加第三野战军第九兵团第81师医疗队，经解放战争到抗美援朝至1955年春复员转业回乡。1956年7月到东莞卫生院工作，同年10月调入城关卫生所工作。1958年调入洛河卫生院。1962年又调回东莞卫生院工作。1965年秋到东莞卫生院（在今库山乡库山村）开办的卫生学习班任教。1971年留任库山卫生院工作直至离休。一生为人忠厚谦和，工作勤恳朴实,善于待人。刻苦钻研《内经》《伤寒论》《本草纲目》等,并熟记《药性赋》《汤头歌诀》等医文。在从医生涯中积累了丰富的临床经验,擅长内科、外科、中医科、儿科及妇科,内科方面能治疗多发性常见疾病,中医科方面用中草药治疗多种慢性病,针灸治疗各个部位疼痛病灶,对治疗妇女不孕不育、月经不调等妇科疾病具有相当高的医术,儿科方面治疗小儿惊风、惊厥、小儿麻疹、癫痫等疾病有自己独特的方法。

[《莒县卫生志》(2013)]

◎ 袁正瑶 ◎

袁正瑶(1923—1986),字琪峰①,莒县人。副主任中医师,擅长内科。抗日战争时期担任过区"医救会"会长,积极参加支前工作。1949年在莒县大药房正式参加工作。1958年入山东省中医干部进修学校学习。1959年毕业后分配到临沂地区人民医院任中医师。同年加入中国共产党。1975年任地区人民医院中医科副主任。1979年当选中华全国中医学会山东分会理事。1982年晋升副主任中医师。他几十年如一日,以共产党员的标准严格要求自己,全心全意为病人服务。即使在"文化大革命"中的混乱时期,仍然忠于职守,日夜操劳,身患癌症住院期间,也没有停止过工作。1984年被授予"山东省劳动模范"光荣称号。他对治疗温热病有独到见解和丰富的临床经验。发表论文有《中西医结合抢救11例脑溢血病的体会》《乙脑治疗中几个问题的体会》等。

[《临沂地区卫生志》(1989)]

1984年,地区人民医院中医袁正瑶总结了多年来在临床实践中运用小柴胡汤、白虎汤合用治疗热性病的经验。

袁氏在临证中发现,常见的热性病(高热、口渴、有汗或无汗或兼见寒热往来),经用多种抗生素无效,单用小柴胡汤或白虎汤亦无效者,采用小柴胡汤与白虎汤合用,效果颇佳。采用此方治愈18例热性病:急性胆囊炎2例,败血症4例,阑尾脓肿1例,肺炎1例,化脓性胆管炎1例,发热待查9例。

[《临沂地区卫生志》(1989)]

袁正瑶(1923—1986),中医,莒县人。1975年任临沂地区医院中医科副主任,1982年晋升副主任中医师,中华全国中医学会会员,山东省中医学会理事,

---

① 琪峰:《莒县卫生志》(2013)作"棋峰"。此处存疑,待考。

1984年被评为省劳动模范。擅长内科。1964年所写《中西医结合抢救11例脑溢血病的体会》一文选入山东中医学会论文选编，《乙脑治疗中几个问题的体会》于1973年发表于《中医选刊》。

[《山东省卫生志》（1992）]

袁正瑶（1923.11—1986.05），字棋峰，龙山镇东楼村人。出生于中医世家，幼承家学，博学众家，医术验案俱丰。1945年参加工作，后被推举为莒县九里区医救会长，以医学为武器投入到抗日救国及解放战争中，1949年调莒县大药房工作。1958年2月被选派到山东中医药干部进修学校学习。1959年分配到临沂地区人民医院工作，同年4月加入中国共产党。曾任临沂地区人民医院中医科副主任、副主任医师，中华全国中医学会副理事，临沂地区中医学会副理事长、临沂市人大代表。1957、1982年，两次被授予"山东省劳动模范"称号。1984年，中共临沂地委授予模范共产党员称号并发文号召全地区向他学习。

[《莒县卫生志》（2013）]

◎ 刘成志 ◎

刘成志（1924—1987），字瑞斋，1924年12月出生于今长岭镇前小河村，擅接骨，治腰痛、恶疮。自修中医，并深得中医之奥妙，经常与老中医刘征（八里庄子村人）一起切磋技艺，交流学习，并结成"忘年交"，感情甚厚。村内一老人，不慎脚踝粉碎性骨折，因年纪大，几家大医院都无法治疗，只好回家。后请其去给治疗，不到两个月，老人便能下地走路。腰痛病、牙痛及其他一些常见病更是药到病除。恶疮痈肿，一至二副中药便能治愈。他为人心地善良，乐善好施，广交朋友，村人有求必应，病患治愈后，分文不收，无偿提供服务。晚年，致力于常见病验方的著述，著有验方数卷，并流传于世。

[《莒县卫生志》（2013）]

◎ 王永敬 ◎

王永敬（1930[①]—1971），字肃斋，莒县店子集公社陈家城子村人。精医术，擅长内、妇两科。为人忠诚，不计利，每遇贫寒患者常以钱药并济，医名百里相闻。

---

① 1930：《莒县卫生志》（2013）载王永敬生年作"1933"。

建国后参加卫生工作,在陵阳公社医院任中医。集有"医案"三本,已失。

[《临沂地区中医药志》(1982)]

王永敬,字肃斋(1933—1971),店子集镇陈家城子村人。精医术,擅长内、妇两科。后在陵阳公社医院任中医。

[《莒县卫生志》(2013)]

◎ 刘桂馨 ◎

刘桂馨(1932.12—2003.02),中共党员,副主任中医师,莒县东莞镇大沈刘庄村人。原莒县人民医院中医科主任。

先生出生于中医世家,自幼受家庭熏陶,热爱中医事业,十二岁跟当代名医先祖父瀛洲和先父海珊,在"润生堂"学医习文。为继承祖业,昼夜寒暑,鸡鸣灯火,刻苦攻读。熟谙《内经》《难经》《伤寒论》《金匮要略》等中医典籍,并涉猎诸家。十五岁学业有成,单独应诊。

先生1952年11月参加工作,至1953年6月任村小学老师。1953年7月至1957年7月,在东莞区供销社药股工作任中医。1957年8月至1958年7月,在莒县药材公司、东莞医药部任中医。1958年8月至1959年6月,在东莞公社卫生所工作。1959年7月至1993年10月在莒县人民医院中医科工作,1993年11月退休。

先生1983年在我县首批被吸收为"中华全国中医学会"会员。1987年在我县第一个晋升中医高级职称——副主任中医师。历任莒县人民医院中医科副主任、主任。选聘"中华全国中医学会临沂分会"理事、莒县分会副理事长等职。

先生学术擅长内、妇科,尤精于急危重症和疑难病的诊治。先生曾说:"医生是治病救人的特殊行业,工作不能有半点马虎,技术要学能者之能,永无止境。"

1959年秋,先生刚调到县医院不久,龙山人民公社薄板台一带发生白喉流行,死亡率颇高,县卫生局组织医疗队,刘子美院长任队长,先生为中医队员,积极参加白喉病的防治工作。因当时用西药治疗效果不佳,先生立即献出祖传治白喉秘方"养阴清肺汤"并亲自调配处方,指导用药,使疫情迅速得到控制。

先生以《伤寒论》方"小柴胡汤"加减治疗重型感冒和流行性感冒病,均取得显著疗效。总结经验撰写了《小柴胡汤治疗重感冒》发表在《山东医刊》1961

年第2期。

1964年先生配合西医，用大剂量参芪草为主药，治愈一例破伤风危症住院患者。同年，先生还研创新方，运用山萸肉等治愈一例血小板减少症，论文在1981年临沂地区中医学术会上交流。

先生认真贯彻党的中医政策，积极培养人才，1965年10月在县医院举办的首批"中医带徒班"任教师，十名学员毕业后，安排在乡镇卫生院任中医。1978年卫生局在县医院举办"西医学习中医班"他任教师，二十二名西医师学员接受培训六个月，成为我县首批中西医结合骨干力量。

先生几十年工作如一日，利用自己精通的中医优势，为无数患者解除疾苦，名闻数县，深受广大干群敬爱。

1965年12月9日，先生出席临沂专署召开的"名中医座谈会"，并被授予"名中医"光荣称号，1982年被县委、县政府授予"优秀医务工作者"。1991年其事迹被编入《中国当代中医名人志》，1999年被入编《莒县志》，2001年5月被编入国家人事部《中国人才辞典》。

[《莒县人民医院志》（2003）]

刘桂馨（1932.12—2003.02），东莞镇大沈庄村人。中共党员。1952年11月参加工作，任本村小学教师，1953年7月在东莞区供销社医药股任中医师，1957年8月在莒县药材公司东莞医药部任中医，1958年8月在东莞公社卫生所工作，1959年7月在莒县人民医院中医科工作，1993年11月退休。

1983年，成为莒县首批"中华全国中医学会"会员。1987年晋升为副主任中医师。历任莒县人民医院中医科副主任、主任。选聘"中华全国中医学会临沂分会"理事、莒县分会副理事长等职。擅长内、妇科，尤精于急危重症和疑难病症的诊治。1965年12月9日被临沂专署授予"名中医"光荣称号。

[《莒县卫生志》（2013）]

刘桂馨医案选

中西医结合治疗破伤风

例一：1961年刘官庄大队张姓女孩十二岁，头部外伤感染，七天后发病，经西医医疗两日，无效，病情加剧，诊见角弓反张，牙关紧闭，面汗不止，昏不识人，六脉细弦数，辨证为破伤亡血，气血两虚型破伤风急症。授以大剂参芪术草，佐以防风、南星、僵蚕、全蝎、蝉蜕水煎鼻饲，一剂汗止，二剂口齿即能半开，省人事，六剂痊愈出院。

例二：1992年12月，阎庄镇渚汀村赵某之妻，产后半月并发破伤风住院，经外科用"存命汤"二剂无效，病情加重。会诊，诊见面身大汗淋漓不止，牙关紧闭，角弓反张，六脉弦虚无根，诊为阴阳俱脱之危症，方以大剂参附芪术、当归、炙甘草，佐以天麻、僵蚕、全蝎、蝉蜕、防风、钩藤、茯苓水煎，朱砂、琥珀研细鼻饲冲服，一剂汗减大半，病情稳定，二剂汗止，口齿能开合三分之一，诸症皆减轻，又将归芪加量，十剂痊愈。

例三：1992年12月，阎庄镇渚汀村，赵氏，女，三十岁，因烧伤并发破伤风入院。诊见：形容消瘦，不省人事，口齿紧闭，角弓反张，六脉细弦数，诊为血虚肝风型危症，方以当归、白芍、木瓜、吴茱萸各25克，佐以僵蚕、全蝎、防风、川芎、天竺黄、炙甘草各12克，水煎，大蜈蚣4条，朱砂5克，雄黄3克，琥珀5克以上四味共研末，鼻饲冲服，2剂病情好转，因十日未解大便，方加大黄20克，芒硝15克，一剂便通，复用原方一剂，服后口半开，能自行下咽食物，十剂痊愈出院。

晚期肝癌

例一：1970年5月10日，龙山公社石龙口大队，何双风之母，六十岁，确诊为晚期肝癌，经用中药自拟解毒散结消瘤汤煎服，病情逐渐好转，连服四十剂症状完全消失，为巩固疗效，继续服药三个月痊愈，随访十五年体健。

例二：1991年5月，东莞乡东河崖村，王善芳之父，五十岁，确诊为晚期肝癌并腹水，随即去青医附院复诊，诊断晚期肝癌，嘱其家属归备后事。经用自拟解毒散结消瘤汤治疗，病情逐渐好转，经四个月治疗，自觉痊愈，来县医院复诊，B超检查，瘤体消失。为巩固疗效，隔两日服一剂，治疗两个月痊愈体健。

暑温吐泻，气阴两损

刘某，男，二十八岁。1974年7月16日初诊。正当盛暑，患者突发上吐下泻，次数频。伴大渴引饮，饮而复吐，腹痛拘急等症。西医给予静脉输液配抗生素等治疗，未及半小时，出现输液反应，高热（40℃）寒战，大汗淋漓，吐泻不止，四肢厥逆，舌苔白而干涩，脉细数。证属温毒热盛，气阴大伤。病情危重，拟养阴清热，益气生津固脱，以白虎加人参汤治之。处方：石膏十两，知母三两，甘草三两，粳米五两，红丽参六钱。水煎一剂，两小时频频服完。药后吐泻已止，渴饮势减,汗出已轻,体温降至38℃,四肢转温,脉散数有力。继服一剂,诸证消失。恐余邪未尽,又以原方药量减半再服一剂,告愈。

按:急性胃肠炎,西医治疗尚属满意。只因出现输液反应而患者高热、大汗出、吐泻不止,使津液大伤,元气耗损,气阴两虚。故见四肢厥逆,六脉细数之象。此时唯赖中药取效,以大剂白虎汤清阳明邪热,养阴生津,维护胃气,以人参益气养阴固脱,协同白虎诸药化其燥热生津止渴,从而收功。

滑胎(肝郁血热)病案

1982年9月13日,蔡某,女,二十六岁,初诊。结婚三年,流产三次。每次孕后两月左右即出现持续流血,血色黯黑,十天前后自行流产。现又孕两月,自昨日又阴道流黯黑血,杂有少量血块,小腹微有坠痛,拒按,心烦欲吐,性情急躁,舌质略绛,苔薄黄燥,脉滑数。病属血热伤胎,胎元不固。拟养血清热,凉血安胎。以四物汤加味。

处方:当归20克,川芎10克,白芍20克,熟地20克,阿胶15克(烊化),黄芩15克,白术15克,生地20克,丹皮15克,栀子10克。水煎服。服药两剂,流血止,小腹坠痛愈,性情稳定,心烦减轻,舌苔退去;续服五剂,流血止。至期顺产一男婴。

按:本案病人,流血黯黑杂有血块,小腹坠痛拒按者为血热瘀;性格躁,心烦欲吐,舌苔薄黄而燥,均为内热所致血热伤胎,以致胎元不固,必坠胎。方以四物汤加阿胶养血固胎,以黄芩、白术凉血安胎,佐以生地皮、栀子清热凉血,热去血不沸、血凉而胎自安。从而达到保胎顺产之功。

糖尿病案

王某,女,52岁。1987年9月20日初诊。患者口干渴,喝水无度两个月余,吃饭多,四肢无力,消瘦,面容枯燥少华,舌质淡蓝紫,苔薄白,脉洪稍数。化验尿糖(++++),血糖14.2mmol/L,病属燥热型中消证(糖尿病)。拟以滋阴清热敛阴建中之剂。处方:石膏100克,知母50克,芪粉40克,生地30克,玄参30克,麦冬15克,女贞子20克,白芍20克,黄芪40克,肉蔻15克。水煎两次分服,一日一剂。连服十五剂,症状基本消失,化验尿糖(-),血糖降至基本正常。又按原方将石膏减至80克,知母40克。服十五剂,症状消失。化验尿糖(-)血糖正常。为巩固疗效,将方药的原量均减半,两日服一剂,月服十五剂而告痊愈,半年后随访一切正常。

按：本案病人，为中消热干，大渴引饮，消谷善饥，而体力较差，面容枯燥少华等表现，均为中焦热灼之故。方中用大量的石膏、知母、生地、玄参、花粉、麦冬、女贞子一派清热滋阴之剂，又以白芍之苦酸微寒以敛阴、助清热滋阴以护胃阴，又以黄芪、肉蔻健中降糖，故收效甚捷。对肉蔻一药，原在治糖尿病中出现腹泻，于方中加肉蔻固肠止泻而发现降糖迅速，后反复实验方中加肉蔻而降糖快，减去肉蔻则降糖不明显。且用肉蔻降糖持久，能巩固疗效。

舌麻证中气虚陷案

1986年2月24日，李某，女，42岁，初诊。患者舌麻一个月余，经当地用西药医治无效，日渐加剧而来诊。现言语、饮食动舌则麻甚，且舌不灵活，诊见面带浮虚，舌质淡无苔，脉无力。右关中取则脉不能复起。病属中气虚陷，血脉上升之力微所致舌麻症。拟补中益气，升陷助阳，以补中益气汤加淫羊藿治之。处方：人参12克，炙甘草10克，炒白术15克，当归20克，炙黄芪40克，陈皮9克，升麻10克，柴胡12克，淫羊藿15克，生姜3克，大枣5枚，水煎二次分服，一日一剂。服药三剂，舌麻告愈。又以原方继服三剂，浮虚消失，脉复有力，为巩固疗效又服补中益气丸两盒，半年后来告，无复发。

按：本病案，面带浮虚，舌质淡而无苔，脉无力，关脉中取不能复起，皆为中气虚陷之证。舌麻则为中气虚陷，鼓动血脉上行之力微，以致舌麻。故选用补中益气汤，补中升陷，佐以淫羊藿鼓动阳气上行，所以取效敏捷。

[《莒县卫生志》（2013）]

◎ 姜笠村 ◎

姜笠村，字仪圃①，清代海丰县泊头（今无棣县小泊头乡）程家庄人。生于道光八年（1828），卒于光绪三十二年（1906）。同治间庠生。

仪圃幼而慧敏过人，少年失怙，与兄互学，事母孝顺。及长，慨然立志学医，济世活人，后赴京都遨游，公卿间无所遇，托身太医院。为光绪帝医病而愈，赐予"黄马褂"。邦办尚桌司军务处幕府。光绪二十年，时年六十七岁，以病告归。日与兄交流学问，或闭门著书。光绪二十三年，七十岁，应聘至武定府署教读理诗文事。课徒之余，予众诊治。善眼科，对疑难目疾，多应手奏效。惠民街民程敦庄，患目疾，目乌黑无光，如青盲，久治不愈。后求治于仪圃，先以"通窍活血汤"，继以"血府逐瘀汤"治之，一年而愈。又堂侄允曾，目病数年；岁辄一发，睛赤肿，痛不能食息。仪圃诊之，以"血府逐瘀汤"，一剂病减，四剂病已。名扬府署边境。七十二岁，以年迈归乡。府署一带及乡里登门求诊者接踵而至。

仪圃虽年高体衰，但智力尚健，诊暇复读《伤寒》《金匮》，前人沿误者正之，不足者补之，并增篇、增方，光绪二十九年辑成《会悟集》，由子允涵及门生李安西同校成书，未梓。全书共分六册，约三十万字。内容引用《伤寒论》《金匮要略》原文，参照《内经》《难经》《千金》《外台》《医林改错》等名著，以己之体会逐条逐句予以注释，文意简明精当。所增篇章和方剂，有助于理解原文，灵活多变，确有开拓后学境界和临床使用价值。

[《山东中医药志》（1991）]

姜笠村（1828—1906），清太医院医官，又名庆延，字仪圃，无棣人。对《伤寒论》《金匮要略》研读注释，辑成《会悟集》六册，约三十万言。

[《山东省卫生志》（1992）]

◎ 徐之薰 ◎

徐之薰（生卒年月不详②），字友琴，清朝沾化县城西（今古城镇）郝家沟人。自幼家贫，敏而好学，颖悟过人。少年入邑庠，同治甲子（1864）科，山东乡试举人，庚辰科大挑二等。光绪十五年（1889）选授曲阜县学训导，在任十年。四十余

---

① 仪圃：原书此处为"依圃"，据后文改为"仪圃"。
② 生卒年月不详：根据《惠民地区风物综览》（1989）记载，徐之薰的生卒年为 1844—1931。

岁定居曲阜。百年后，葬于曲阜城郭北阡，终年八十七岁。

之薰一生博览群书，孜孜不倦，既晓儒学、史学之奥，又善岐黄之术，撰有《游龙暇录》十二卷、《吾学检编》十四卷、《史鉴录略》十四卷、《西史录略》二卷、《山居丛书》十三卷、《治兵简要》二卷。其医集《医方简明》五卷，于光绪十一年（1885）付梓。晚年又著《医方集成》十卷。现仅存有《医方简明》和《医方简明续编》五卷。

《医方简明》于光绪癸未夏五月成书，约十三万余言。此书开宗明义，卓有远识，批驳了重儒轻艺的偏见，阐述了历代医学家之重大贡献和辨证论治的重要性，遵古而不泥古，提出："唯以古人立方，治后人之病，未必若合符节也。"又云："今又闻《陈修园医书十六种》，博采前闻，无美不备，但卷帙浩繁，非才短学疏者所能淹贯，应由博返约，以简驭繁，讲求实效。"

《医方简明续编》是在《医方简明》的基础上修改补写而成，光绪后期成书，为"昆玉堂"手抄藏本，十万多字。

徐之薰传略

徐之薰，字友琴（生卒年限不详），终年八十七岁。沾化县古城西郝家沟庄人。

徐君，自幼家贫，敏而好学，少年入邑庠，食廪饩。同治甲子科（1864）本省乡试举人，庚辰（1880）科大挑二等，光绪十五年（1889）选授曲阜县儒学训导，在任十年。四十余岁寄居曲阜，未归故里。后卒于曲阜，葬于曲阜城郭北阡。

博览群书　著书立说

徐君禀赋颖悟，生平好学，孜孜不倦，博览群书，汇集成编著九种。《游龙暇录》十二卷，《吾学检编》十四卷，《史鉴录略》十四卷，《中史补编》一卷，《西史录略》二卷，《山居丛书》十三卷，《治兵简要》二卷，《医方简明》五卷，《医方简明》已于光绪十一年付梓，晚年又著《医方集成》十卷。所集诸书，均已订辑成编，藏于家。现仅存有《医方简明》六卷和《医方简明续编》五卷。

《医方简明》和《医方简明续编》

《医方简明》于光绪癸未（1883）夏五月成书，光绪丁亥新镌付梓。作者姿禀劲特，气节豪迈，博及群书，识见卓越。叙言开头就批驳北宋大儒，世称理学奠基者的明道先生，程颢重儒轻艺的谬论，人咸慕其豪风，阐述了历代医学家的重要贡献和"辨证论治"的重要性。徐君浏览群书，精通医理，遵古而不泥古，提出"唯以古人立方，治后人之病，未必若合符节也"。著书的指导思想是：今又阅《陈修园医书十六种》，博采前闻，无美不备，但卷帙浩繁，非才短学疏者，所能淹贯，因由博选约，以简驳繁，讲求实效。因此，苦心孤诣地写成《医方简明》一书。本书共分六卷，十三万字左右，具有开宗明义，灼有定见的临床实用价值。

《医方简明续编》是在《医方简明》的基础上修改编写而成，亦是光绪年间成书。本书共分五卷，为昆玉堂手抄藏本，十万多字。该书对中医工作者是有指导教益的。

先生一生著述较多，由于年代较远，在任和寄居于曲阜，又加资料不全，对徐氏之学术思想进行全面论述是比较困难的，仅作上述粗浅介绍，甚感惋惜。

[《惠民地区中医药志》（1983）]

徐之薰①，字友琴，清代沾化县城西郝家沟人。自幼家贫，敏而好学，颖悟过人。少年入邑庠。同治甲子年（1864）科，山东乡试举人，庚辰科大挑二等。光绪十五年（1889），选授曲阜县学训导，在任十年，四十余岁辞职遂居曲阜。年八十三岁卒②，葬曲阜城郭北阡。

友琴生平好学，博览群书，孜孜不倦，既有儒学、史学之奥，又善岐黄之术，致力于著书立说，撰有《游龙暇录》十二卷、《吾学检编》十四卷、《史鉴录略》十四卷、《西史录略》二卷、《山居丛书》十三卷、《治兵简要》二卷。医籍有《医方简明》五卷、《医方集成》十卷、《医方简明续编》五卷。

《医方简明》成书于光绪九年夏五月，十三万余言，十一年付梓刊行。《医方集成》为晚年所作，未梓。现存《医方简明》五卷，"昆玉堂"手抄藏本《医方简明续编》五卷，约十万言。

[《山东中医药志》（1991）]

◎ 李佩玺 ◎

李佩玺，字信之，号铸村，清代阳信县人。为乡里小儿免费种牛痘四十年如一日。著有《铸村诗草》四卷，未梓。子晋祺绍其业，有医名。

[《山东中医药志》（1991）]

---

① 徐之薰：根据《沾化县志（民国版整理本）》（2000）等资料记载为"徐之薰"，古有"薰琴"一词，推断应为"徐之薰"。
② 八十三岁卒：前文均作"八十七岁"卒。

◎ 马登泰 ◎

马登泰，字鹤村，清末民初齐东县旧城人。精医术，治多验。

[《山东中医药志》（1991）]

◎ 王士珠 ◎

王士珠，清末民初博兴县耿王乡人。精痘疹科，且工小楷。

[《山东中医药志》（1991）]

◎ 范贞光 ◎

范贞光，字河荣，清末齐东县人，贡生。精岐黄术，一经诊视，无不立愈，活人无算。

[《山东中医药志》（1991）]

◎ 杨玉珂 ◎

杨玉珂（？—1928），字鸣堂，惠民县七区（今魏集乡）月杨村人。习医术，以外科闻世。为人医疾，不嫌污秽，贫者不取药资。人感其德，多赠匾额。因医事劳瘁而卒。

[《惠民地区卫生志》（1992）]

◎ 魏儒正 ◎

魏儒正，字端溪，博兴县辛安庄人。生于清道光二十七年（1847），卒于民国十五年（1926[①]）。工医术，于眼科最优，远近求诊者，门常如市，一经诊治，立显奇效。著有《眼科集要》，未刊。

[《山东中医药志》（1991）]

魏儒正（1847—1929），字端溪，博兴县辛安庄人。幼读私塾，中年教学，因家人染目疾，遂立志学医。他儒学有素，医道渐长，尤精眼科。时山东省选授议员舒耀南之子，年十二龄，患目疾年余，医治罔效。后求治于端溪，服丸散各一剂，旬余痊愈。自此声誉大振，遐迩延医者多不胜数。他治学严谨，积四十余年临证经

---

① 1926：《惠民地区卫生志》（1992）卒年作"1929"。

验，撰成《眼科集要》四卷和《时疫三书》，并总结出医生十弊：经理不通、药性欠明、脉诀未晓、虚实不分、轮廓莫辨、药证不投、拘滞成方、昧于权度、瞖障误认、补泻滥施，以戒后人。他淡泊名利，乐善好施，远道求诊者免费食宿，每逢初一、十五减价或舍药于贫苦病人，且工诗画，大有儒家风度。

[《惠民地区卫生志》(1992)]

◎ 孙兆蓉 ◎

孙兆蓉和《脉方味根合编》

孙兆蓉（1848—1921），字丙辰，无棣县庞集公社孙家村人。自幼攻读儒书，至二十五岁时，晋考未中，慨然弃儒学医，一时名盛当地。四十岁至七十岁，曾先后被聘至"同泰堂""广义堂"为坐堂医。医术在无棣、阳信、沾化、庆云等地，颇负盛名，号称"大先生"，就诊者接踵而至。四十年来先生在通熟经典理论的基础上，结合自己的临床实践，著书立说，终于完成了约四十万字的著作《脉方味根合编》，留于后世。终年七十三岁。

《脉方味根合编》的内容和价值

本书命名，首冠以"脉"字，就是以脉为主，通辖望、闻、问三诊。他在序言中说："审证专以切脉为主，后再论证……凡临证先静心切脉，后论其病，再以望、闻、问与所切相同……一有不同，必为病脉不符之症。脉明证符，证虽危急，无绝脉，即能以生。"脉后立方，寻味其根，这就是本书命名的依据。

内容包括内、外、妇、儿、五官等科，每科都有总论和辨证要点，简明扼要，条理清楚，首尾一致，使人易学易懂。本书的基础理论和辨证论治，都是根源于古圣典籍及历代名著。在治法上包括汤液醪醴、膏、丹、丸、散、针灸、按摩、拔火罐、刮打、放血及民间疗法等。载方七百余个，并附有单方、土方。方后有医案，作为参考。全书具一病有多方，一方治多病的中医学术特色，内容丰富。药物篇，把当地所产药物，分门别类，载入本书。如：人部有人发、指甲、耳垢、齿垢、唾液、牙齿、天灵盖、人中白、人中黄、童子便等。全书共载药物五百八十余种。

先生终生专以济世活人为志，不热衷于名利，曾留诗曰："亦欲奇书共传流，素性本不吝车裘。"这种高尚品德，值得尊崇。他深知病家有二苦，病痛苦和经济苦，所以汇集了大量的便方、土法，尽量减轻病人经济负担，这是先生的平生之愿。

附：医案四则

眼科

一人眼疾肝郁，肝脉沉软，而心肾脉无力，以致眼痛，不通道路，以"补助肾气汤"四剂即愈。

方药：柏子仁、川军、远志、牡丹皮各9克，丹参、菊花各12克，赤芍、枸杞子、白芷、萸肉各9克，泽泻、蝉蜕各4.5克，决明子7.5克。水煎服。

喉科

一番血潮喉疼，每日午后喉疼，服药百剂不效，渐重。此本伤寒遗留之证，七八个月，心慌无力，难于步行，其脉左寸尺浮虚六至，右关沉实而滑，非痰即瘀血也。

方药：沙参、于术、复花、桃仁、酒军、牛子各9克，枳实15克，芒硝、槟榔各12克，牙皂3克，炙草6克。

水煎服，泻一日夜，诊脉不沉，略实有力，脉有效，午后喉痛亦止，再进一剂，明晨泻一血块而安。

肺痛

一肺痛，左关脉沉软，上逆心气，左寸脉短，系心部有火克肺，肝郁克脾，肺被火伤，胸闷不能食，唯嗜凉物，以致右胸肋至鸡鸣时痛甚，看人首、灯光成双，右寸关脉刃。

方药：熟地24克，玄参18克，沙参12克，苡米15克，连翘10.5克，桔梗7.5克，夏枯草6克，菖蒲、花粉、阿胶、甘草各9克。水煎服，连服三剂愈。

痈疽

一妇人，患"对口"，数治无效，其脉浮紧而迟，盖受风寒也。

方药：炒黄柏9克，炮姜炭9克。共为细末，乳汁调涂即愈。

[《惠民地区中医药志》（1983）]

孙兆蓉，字丙辰，无棣县庞集乡孙家村人。生于清道光二十八年（1848），卒于民国十年（1921）。

丙辰自幼攻读儒书，同治十一年，二十五岁，科考未中，慨然弃儒学医，历时数载术成。后于乡里悬壶应诊，多应手奏效，求诊者不绝于途，负有盛名。曾先后应聘到"同泰堂""广义堂"等著名药店坐堂行医，诊治日众，医术益精，对内、外、妇、儿、五官各科均通，名扬无棣、阳信、沾化、庆云等县，号称"大先生"。其诊也，临症先静心切脉论病，再以望、闻、问与所切脉互参。凡有不同，必为病脉不符之症，脉明症符，症虽危急，无绝脉，即许能生，每诊多奏奇效。

丙辰业医不计名利，志在济世活人。曾题诗云："亦欲奇书共传流，素性本不吝车裘。"体察病家苦难，故汇集有效便方、土方，或主方从简，遣药从贱，以减轻病家负担。业医四十余春秋，勤求古训，博采众方，师而不泥，尤善创新。撰有《脉方味根合编》一书，约四十万言。书分内、外、妇、儿、五官等科，每科都有总论、辨证要点，有汤液、醪醴、膏、丹、丸、散、针灸、按摩、拔罐、刮打、放血及民间验方、单方等多种治法。并附有医案，具有辨证施治，一方治多病，一病有多方等特点。乃医家善本，故留传至今。

[《山东中医药志》(1991)]

孙兆蓉（1848—1921），字丙辰，无棣县庞集乡孙家村人。自幼攻读儒书，二十五岁（1873）晋考未中，慨然弃儒学医数载，后在当地行医，曾先后应聘至"同泰堂""广义堂"等著名药铺坐堂。医术日趋深邃，对内、外、妇、儿、五官等科颇有造诣，名扬无棣、阳信、沾化、庆云等地，号称"大先生"，延医就诊者此去彼来。其临证先静心切脉论病，再以望、闻、问与所切脉相印证，一有不同，必为病脉不符之症。脉明症符，病虽危急，无绝脉，即能以生。每诊多奏效。

兆蓉业医不计名利，志在济世活人。曾诗云："亦欲寄①书共传流，素性本不吝车裘。"他明察病家苦难，治病多用有效便方、土方，力主遣方从简，遣药从贱，以减轻病家负担。他从医四十余年，熟通医理，博采众长，尤善创新，著书立说，撰有《脉方味根合编》一书，现珍存其后人手中。

[《惠民地区卫生志》(1992)]

◎ 韩树棠 ◎

韩树棠（1850—1934），字馨南，阳信县商店公社大韩村。幼而聪慧，机灵绝伦。经史而外，复泛览诸子百家。入庠后，善书画，暮年精医术，尤邃于《伤寒论》，遵经处方，不用珍贵，远近延诊，活人无算。（清庠生韩公纪念碑）

[《惠民地区中医药志》(1983)]

◎ 杨建芝 ◎

杨建芝（1854—1938），号树安，滨州市蒲城乡蒲城大队人。早年在蒲台县行

---

① 寄：后文均作"奇"。

医，在城内设有"树德堂"药店，为坐堂先生。医术精湛，素有德行，有求必应。擅长妇科、儿科，对小儿斑疹尤为精通。常在众医束手之际，多能收效。城乡闻名，集有《斑疹经验良方》，记载了斑疹的分型、证治、方药等，但手稿不全。曾有滨蒲乡捐"德培霞令"之匾额。（匾已被焚毁）。

[《惠民地区中医药志》（1983）]

杨建芝，号树安，滨州蒲城人。生于清咸丰四年（1854），卒于民国二十七年（1938）。业医，擅长妇、儿科，尤精麻疹。常于众医束手之际，治获良效，而名闻城乡。辑有《斑疹经验良方》，未刊。

[《山东中医药志》（1991）]

杨建芝（1854—1938），字树安，蒲台县蒲城（今滨州市蒲城乡蒲城村）人。自幼就读私塾，后专攻岐黄术，颇有建树。在蒲城北街自设"树德堂"药店，坐堂行医，精妇、儿两科，对小儿斑疹尤有独到之处。建芝医德高尚，有求必应。对患斑疹的危重病儿，常在众医束手无策之际，使之起死回生。因而城乡闻名，延医者应接不暇。滨、蒲乡里为报其德，曾赠"德培霞令"匾额一块和十二扇屏。"文化大革命"期间，匾、屏被毁，盛屏盒子迄今犹存，上刻"贤寿无极"字样。

[《惠民地区卫生志》（1992）]

◎ 赵鸿杰 ◎

赵鸿杰（1860—1929），字伯鸾①，滨州市小营镇坡赵村人。自幼学医，博学多闻，医术颇精。对癫狂病有研究，辨证施治，总结有一清、二调、三通、四导、五发、六安、七复等方法，治愈难证甚多，名闻四方乡里。诊病疗疾者众多。当时政府送匾额为"良医之家"（匾已被焚毁）。

[《惠民地区中医药志》（1983）]

赵鸿杰，字伯鸾，博兴县赵村（今滨州市小营镇赵村）人。生于清咸丰十年（1860），卒于民国十八年（1929）。善治癫狂病，总结有一清、二调、三通、四导、五发、六安、七复养之法，独出心机，临证多验，求诊者颇多。子玉半绍其业，亦以医名。

[《山东中医药志》（1991）]

---

① 伯鸾：《惠民地区卫生志》（1992）作"伯鸾"，因其名"鸿杰"，故当以"鸾"为是。"弯"为误字。

赵鸿杰（1860—1929），字伯鸾，博兴县坡赵村（今属滨州市小营镇）人。自幼立志学医，好学多问，潜心钻研，深得医学之精。在临床上，擅治癫狂之疾，总结有一清、二调、三通、四导、五发、六安、七复养之法，临证多验。为此，名扬四方，求诊者颇多。其子玉半绍其业，亦有医名。故赠有"良医之家"匾额，"文化大革命"期间被焚毁。

[《惠民地区卫生志》（1992）]

◎ 崔星舫 ◎

崔星舫（1861—1940），字仙舟，博兴县庞家乡西高村人。出身书香世家，清光绪年间秀才，善撰碑文，后自学中医，精内科、妇科，在博兴、桓台、高苑等县享有盛名。曾授两徒，皆能法其术，乡里感其德，赠有"术宗岐黄"石碑及"德重乡国""着手成春""济世活人"匾额、十二扇木屏等物。

[《惠民地区卫生志》（1992）]

◎ 肖世金 ◎

肖世金（1862—1931），字子更，博兴县兴福公社兴许村人。自幼读书，中年教学，兼学中医，博览群书，医技较深，疗效显著，医德高尚，求诊者众多。1912年，曾被聘去莒州行医三年，后返故里。晚年人民为念其功德，三县五百余村镇，联名集资为其立碑。上书"医学兼优"四个大字。现仅遗有部分读书笔记。

[《惠民地区中医药志》（1983）]

肖世金，字子更，博兴县兴许村人，生于清同治元年（1862），卒于民国十九年（1931）。执教改医，术德并重。乡公集资立"医学兼优"碑。

[《山东中医药志》（1991）]

肖世金，字子更，博兴县四区（今兴福镇）。自幼读书，学业颇精。中年教学，兼习中医，尤善研岐黄典籍，临证疗效显著，医德高尚，求诊者不绝于门。1912年曾被聘去莒州行医三年，后返故里继续悬壶。晚年，受惠民众为念其功德，三县五百余村镇联名为其立碑，上铭"医学兼优"四个大字，现尚遗有部分读书笔记。

[《惠民地区卫生志》（1992）]

◎ 毛注东 ◎

毛注东（1864—1943），字继丰[①]，阳信县城关镇西关村人。出身于医学世家，自幼随父学医，曾在城里"永春堂"任坐堂先生。善医伤寒证。著有《夏季霍乱》（已失传）。曾受赐"德重于医"匾额一幅。

[《惠民地区中医药志》（1983）]

毛继丰，字注东，阳信县城西关人。生于清同治三年（1864），卒于民国三十三年（1944）。

注东生于四世医门，曾祖宗孔乃道光间邑内名医。自幼天资聪颖，性情豪放，随父学医，耳聆心会，尽得家传。术成，自设"永春堂"悬壶执诊，以疗效显著，故求诊者常车马盈门，络绎不绝。

时当，战乱相继，灾荒连年，霍乱猖獗，死亡惨重。于是潜心研究霍乱的防治。大辛庄某氏患病，延毛氏诊治，断为阳霍乱，投以：生石膏二两，升麻、葱根各一两，水煎服。一剂减，二剂已，人称神方。民国十九年（1930）夏，邑内霍乱暴行，注东于"永春堂"药店内架起大锅煎煮中药，施与病人，并印发大宗验方，散发乡里，以救霍乱病人。

生平性仁善，怜贫恤苦，凡有求助者，则欣然解囊相助。每年腊月初则向本村贫苦户散发铜钱。本村或邻村死后无力埋葬者，则施舍棺木。民国二十九年（1940），武定道代司令慕名延医，病愈，赠面粉两千斤酬谢，时值年底，当即分发贫困之户。民国二十一年（1932），于玉皇庙内办"贫民小学"，使本村和邻村贫苦子弟免费入学。

民国十六年（1927），阳信一带田赋苛重，每亩银钱一元一角，民不堪忍。注东借给省督军张书元诊病之机，力言民众之苦，几经周折，终于免除海丰、阳信、沾化三县杂税。

注东刚正不阿，不畏权贵，日伪时汉奸大队副队长李孚青爱妾病，命卫兵全副武装延请，卫兵蛮横，继丰厌之，答曰"不会看病"。严词以拒之。卫兵回报，李始觉悟，又遣人以礼相请，注东始勉强出诊。

毛氏名重一方，德贯一邑，光绪二十八年，知县曾广运赠匾，文曰"德重于医"。

[①] 毛注东，字继丰：《山东中医药志》（1991）及《惠民地区中医药志》（1983）载其名"继丰"，字"注东"。

先生撰有《夏季霍乱》一书，未梓，已佚。

[《山东中医药志》(1991)]

毛继丰（1864—1944），字注东，阳信县城西关（今阳信镇西关）人，为名医毛宗孔之曾孙，毛氏四传之世医。他天资聪明，性情豪放，随父学医，耳聆心会，尽得家传。学成后，于"永春堂"药铺悬壶执诊，直至仙逝。他诊病确切，处方用药精当，疗效显著，不少重症赖以全活，故求医者常车马盈门，络绎不绝。

当时，战乱相继，灾荒连年，霍乱流行猖獗，沿户染疫，死亡惨重。于是他潜心研究霍乱病的防治，普救众人，并且根据自己经验，著成《夏季霍乱》一书，可惜失传。时大辛村某人得霍乱，延医于继丰，据其病情确为"阳霍乱"，即投生石膏三两，升麻一两，葱根一两，水煎服，二剂而愈，人称神方。1930年夏，霍乱暴发流行，他于"永春堂"架设大锅煎煮中药，施发给病人。同时，还印了大批治疗霍乱的药方，散发各地，普救霍乱病人。

继丰性仁善，怜贫恤苦，凡有求助者，欣然解囊相助。每进腊月，则换一批铜钱，散发给本村的贫苦人家。本村或邻村死后无钱葬埋之人，则舍施棺木。1927年，阳信一带田赋苛重，每亩银钱一元一角。他通过给省督军张书元医病的关系，力言民众之苦，几经周折，终于免掉沿海的海丰、阳信、沾化三县之杂税。1932年，他在玉皇庙设"贫民小学"，使本村和邻村的贫苦子弟免费入学。1940年，武定道代司令慕名聘医，病愈后，送面粉两千斤酬谢。时值年底，他立即把面粉分送给贫困之户。

他刚正不阿，不畏权贵。日伪间期，汉奸大队副队长李孚青之爱妾得病，令护兵全副武装去请。护兵蛮横，继丰见面厌之，答道："不会看病！"护兵回报，李孚青方觉悟，又派人以礼相请，才勉强应诊。

继丰一生学验俱丰，擅长霍乱之学，医德、医风尤令人景仰。正如清朝光绪二十八年知县曾广运赠匾所云："德重于医"。

[《惠民地区卫生志》(1992)]

◎ 刘曰起 ◎

刘曰起（1864—1947），号寇南[①]，惠民县大年陈公社坡刘村人。十九岁教学，二十岁行医。自设药铺，善治伤寒。自制至宝丹、冰硼散。在济阳仁风村行医三十

---

① 寇南：《惠民地区卫生志》(1992) 作"字冠南"。

年，在大年陈乡行医三十年。在民国时期，参加县内考试，获"中医师"证书。

[《惠民地区中医药志》（1983）]

刘日起（1864—1947），字冠南，惠民县大年陈乡坡刘村人。幼读私塾，十九岁教学，二十岁在家行医，自设药铺，善医伤寒。后在济阳县仁风村悬壶三十年。花甲之年回归故里，仍为群众诊病医疾，曾参加县内中医考试，获"中医师"证书。

[《惠民地区卫生志》（1992）]

◎ 毛云鸿 ◎

毛云鸿（1865—1938），号凤四，人称毛四先生，滨县张集乡庵头村人。幼敏好学，因父业医，耳濡目染，深谙家学。而立之年后，继承父业，悬壶于武定府、沾化、滨县一带，治以杂症为长，尤精于痘疹一门。他医病不论贫富，有求必应，故声誉很高，乡民赠有"南阳遗风"匾一块、挂屏六扇，毁于"文化大革命"间，现仅存残匾一方。

[《惠民地区卫生志》（1992）]

◎ 张士宾 ◎

张士宾（1869—1952），字鸿南，号云翰，滨县堡集镇封家村人。资聪慧，喜读书，自少至壮，手不释卷。清光绪廪生，先执教杏坛，兼习岐黄，深谙《黄帝内经》《伤寒论》《金匮要略》诸典籍。知天命之年，弃教从医，自设"玉和堂"，坐堂执诊。医病尚德重誉，医术以中毒症（如砒霜等）救治为最精，常用方剂有急吐散、急泻散等。他亦嗜好书法，诊余常挥毫泼墨，其八十三岁书"长剑挥日月，鸿鹄摩苍穹"对联及部分医书手抄本，至今仍存。

[《惠民地区卫生志》（1992）]

◎ 陈汝玉 ◎

陈汝玉（1870—1955），字韫卿，号陈四先生，阳信县银高公社李连芳村。其父陈子万，前清秀才，不顾仕官，在家教读，自学成医。在商店街开设"德兴堂"药铺，后在阳信城里"永春堂"任坐堂先生。子万医术高明，闻名乡里。汝玉早年曾在天津、山东黄县及本县教书，三十多岁随父学医，曾在"宏德堂"药铺坐堂，擅长内科，修改过《医学新编》。汝玉精医术，德高望重，治病不论贫富贵贱，出诊不分昼夜寒暑，治愈者无数。

[《惠民地区中医药志》(1983)]

陈汝玉（1870—1955），字韫卿，号陈四先生，阳信县银高李连芳村人。自幼聪慧好学，博览群书，先后在天津、山东黄县及本县任教。而立之年随父学医，后在"宏德堂"坐堂行医，擅长内科。医德高尚，治病不论贫富贵贱，有求必应；出诊不分昼夜寒暑，随叫随到，每医必效，活人无算。他善积临床经验，修改过《医学新编》。

[《惠民地区卫生志》(1992)]

◎ 康式漳 ◎

康式漳，字奉之，长山镇东北康家（西店）村人。生于1871年，卒年1932年，享年六十二岁。

式漳先生自幼聪明好学，钻研《内经》《脉诀》《本草》《景岳全书》《张氏医通》等经典著作，至二十六岁时，医技大精，曾在长山城里宏济堂行医数载，其子守典、守伦皆行医，以守典为优。

[《邹平县卫生志》(1990)]

◎ 丁 润 ◎

丁润（1874[①]—1938），号雨琴，滨州市彭李乡丁口大队人。医术精湛，素有德行，名望甚高。擅长内、妇科。曾在济南"天保堂药店""义和药店""万年堂药店"坐堂行医。晚年在济南举办过"中医讲习所"，自编讲义，共办五期。

[《惠民地区中医药志》(1983)]

丁雨琴，滨县人，生于1878年，殁期不详，济南市国医公会会员。于民国二十四年（1935）创建"济南市私立国医讲习社"，培养中医人才。该社每期学习二年半，学员修业期满，考试成绩及格，发给毕业证书。首期学员于民国二十六年六月（1937）毕业。据1936年《工商月报》创刊号载："本报常年医药顾问儒医丁雨琴先生，医学渊博，经验宏富，在济三十余年，擅长内、外、小儿、妇女各科病症，疑难大症，着手成春。现充任济南私立国医讲习社社长，济南市国医公会附设国医学社社长兼教授。医寓：济南商埠经三路铭新池对过，门牌599号。"

[《济南中医药志》(1989)]

---

① 1874：《惠民地区卫生志》(1992)、《济南中医药志》(1989)生年作"1878"。

丁润（1878—1938），号雨琴，滨县丁口村（今属滨州市彭李乡）人，济南市国医公会会员。他于1935年创建"济南市私立国医讲习社"，培养中医人才。该社每期学习二年半，学员修业期满，考试成绩及格，发给毕业证书。首期学员于1937年6月毕业。据1936年《工商月报》创刊号载："本报常年医药顾问儒医丁雨琴先生，医学渊博，经验丰富，在济三十余年，擅长内、外、小儿、妇女各科病症，疑难大症，着手成春，现充任济南私立国医讲习社社长、济南市国医公会附设医学社社长兼教授。医寓：济南商埠经三路铭新池对过，门牌599号。"雨琴素有德行，名望甚高；殁后，其"万年堂"药店有子文修继承。

[《惠民地区卫生志》（1992）]

◎ 李丕承 ◎

李丕承（1876—1960），沾化县孙家桥人。光绪年间秀才。精于外科，专治疗毒、瘰疬、结核，求医者甚多。辑有《博济堂经验方》传世。

[《惠民地区中医药志》（1983）]

李丕承（1876—1960），沾化县孙家桥村人。清光绪年间秀才。明医理，精外科，专治疗毒、瘰疬、结核，求医者甚多。辑有《博济堂经验方》传世。

[《惠民地区卫生志》（1992）]

◎ 张锦庭 ◎

张锦庭，字星舫，阳信县劳店乡毛寨村人。生于清光绪三年（1877），卒于民国三十年（1941）。擅长内、妇两科，尤精痘疹。日寇侵乡邑，发誓不为敌倭治病，甚受民众称赞。著有《痘科简明》，民国二十五年（1936）刊行。

[《山东中医药志》（1991）]

张锦庭（1877—1941），字星舫，阳信县劳店乡毛寨村人。自幼好学，青年时期曾在曲阜任账房先生，后去关东谋生，回原籍后应聘在沾化县城北街"恒寿堂"药铺坐堂行医，他对痘疹颇有研究，尤擅长内、妇两科，在当地久负盛名。一生淳朴，无烟酒嗜好，平易近人，不畏权贵。延诊者，无论老幼，随叫随到。1937年七七事变后，沾化县城沦陷，他对日寇汉奸恨之入骨，发誓不为敌人看病，深得群众称赞。1941年病故于"恒寿堂"药铺，著有《痘科简明》，1936年出版。

[《惠民地区卫生志》（1992）]

◎ 王毓桐 ◎

王毓桐先生，字凤鸣，本县邹平镇鄢家村人。生于1878年。先生自幼父母双亡，家境贫寒，因妻跌伤，四方求医，备尝艰难，从此立志学医，发誓救世济贫。

时西董乡上娄村有一夏老先生，精整骨术，先生慕名便每日往返五十多里虚心求教，置风寒酷暑于不顾，因其心诚质朴，聪敏好学，深得爱怜，收为徒弟，亲授整骨之术，教其习武健身之法，历时五年，后更奋发自学，潜心钻研。先生虽不识字，但记忆过人，《医宗金鉴·整骨心法》请人念之，竟能背过，凡附近有起坟者，必亲去帮忙，精心观察每块人体骨骼之特征，铭记心间，村内凡有跌打损伤者，不邀便往，救人之难。三十岁后，整骨之术日臻娴熟，方施展抱负，救治于各种疑难险症之中，给人以再生之福，从此声誉大震，凡远近就医者，每日络绎不绝。

先生一生行医，深造自得，胸有主裁，不避险恶，恤困济贫，广济苍生，以其仁德昭世，远近闻名，时齐东、青城、长山、桓台等地，多有延医者，其乡里更是家喻户晓，妇孺皆知，为旌其懿行，邹平县第三区于1932年11月为其建"仁术济世"功德碑，所受大小碑匾更是不计共数。

先生不幸于1937年病故，享年五十九岁。

有关王凤鸣先生的轶事

1. 时临淄有一赶车人，被铁轮车从胯至肩斜轧过去，血流不止，多处骨折，凶险可危，求治于先生。先生视如亲人，至忘寝食，精心治疗，馈饮食，施药饵，百日后，病者行走如常。病家贫困，凑钱十元，以为酬谢，先生婉言谢绝。为答谢救命之恩，为其送"妙手婆心"横匾一块，高悬其门楣。从此声望远震四方，每日求医者，络绎不绝。

2. 先生性刚明而鄙贵。一次，长山县一财主派轿车请其看病，刚要登车，见一贫苦农民前来，见状嗫嚅不敢语，先生问明情况，毅然走到邻村为病人救治，而后再赴长山。

3. 先生不仅医术高明，而且医德高尚，济人之急，扶危救贫，持己则严，两袖清风，常为世人称颂。一次先生出门外诊，见一妇人在门口哭泣，经询问其孩子摔伤，无钱医治，先生说："没钱也得看病"，立即将孩子接至家中，巧施医术，细心治疗，馈饮食，安寓所，直到痊愈，分文未取，此类事情举不胜举。

4. 先生生性耿直,见义勇为。一次赶会见一小贩钱褡子被小偷盗走,先生主动追去索要,小偷不给,持刀行凶,先生施展其武功,先发制人,将其膀子拿下,小偷疼痛难忍,跪地求饶,先生劝其改正,索还钱褡,没收刀子,将其肩膀按上,经一番教育,小偷后改正之,曾登门拜谢。

附:《王凤鸣先生懿行碑记》

凤鸣王老先生懿行纪念

仁术济世

中华民国廿一年十一月邹平县第三区全区恭颂

王凤鸣先生懿行碑记

从来特出之事,能在社会上广行功德,裨益人群,非必握大权,拥厚资,有所凭借,始可建勋立业,以垂久远,苟有一技之精本己饥己溺之怀,博施济众,即足以拯民生疾苦,积无量之功德矣。如吾乡王凤鸣先生之懿行仁术,有功社会,可以风焉。先生印毓桐,世居邹平鄢家庄,赋性朴诚,寡言笑,重然诺,幼承其先君登五公之庭训,复蒙其堂叔舒庵公之裁成,宅心慈善,慨然以救世济人为己任,精于正骨心法,凡患跌打损伤肢体摧残者,经先生施以手术,无不立奏奇效。踵门延医者,虽酷暑严寒必速往,无倦容,无德色。若来自远方下榻就医者,则馈饮食、施药饵,病愈始令去。酬之金却弗受,噫!先生本仁术以济世,业经三十余年,诚百世不没之懿行已,而尤解纷排难,虞芮因以息争,恤困济贫,鲁范堪以媲美。种德收福,积厚流光,宜其一门,康泰福寿无疆也。鄙人等久慕先生之德,故略述其懿行,以勒贞珉,非惟永垂纪念,亦俾后人有所观感兴起云。

山东公立法政学校专科得业

前任邹平县第三区区长　李春元撰

前任陆军第四师中校书记官

邹平县第三区民众学校校长　张炳南书

原淄博市政协副主席陈伯鸣为王凤鸣先生画像并题词

王公有子嗣　能述先人仪

刻木重孝行　索我传英姿

王公信是医国手　才若江河命若丝

不惟早年失怙恃　陟彼屺岵俱生悲

佳器犹子依阿叔　邻里共悯孤苦儿

哀哉茕茕零丁子　　朝朝病寒复病饥
少小坎坷人檐下　　及壮庸工奠业基
自幼喜文又演武　　擅长数学思度奇
天华何须就外传　　全凭才高一望知
王公生有丈夫志　　不为良相作良医
时时挂角参医理　　谙识岐黄有妙思
每逢患者倾囊助　　到处口碑多颂词
跌伤折骨遇大难　　一经妙手危转夷
有子颖悟承其业　　家学渊源及孙技
王公含笑九泉下　　绵绵瓜瓞光门楣

（原有五十岁时一张照片，1963年依照片画像并题词）

[《邹平县卫生志》（1990）]

王毓桐，字凤鸣，邹平县鄢家村人。生于清光绪四年（1878），卒于民国二十六年（1937）。凤鸣幼丧双亲，孑然一身，家境清寒，生计窘迫，故生性坚毅。成年后，因妻跌伤，四方求医，备尝艰辛，有感于此，立志学医，以解人之厄，济人之急。

时上娄村夏医生精整骨术，且有德行，凤鸣仰慕，每日往返五十余里，置寒暑于不顾，拜师学医，夏氏见其心诚质朴，聪敏好学，怜爱至极，遂纳于门下，亲授整骨之术，教习练武健身之法，历时五载，学业告成。凤鸣虽未能入泮，目不识丁，但记忆力过人，志坚意刚。学医书，每请人宣读，自己潜心默记，滴水穿石，磨杵成针，如《医宗金鉴·整骨心法》竟能背诵如流。凤鸣极为重视人体解剖知识，掌握人体骨骼结构，凡邻近有迁墓者，必亲往细心观察，铭记心中。而立之后，术日臻娴熟，凡有骨伤者，经其施术，无不应手奏效。时齐东、长山、青城、桓台、邹平等地求诊者，接踵而至，络绎不绝。

凤鸣性敦厚，仁慈，善扶危济贫，不但有求必应，而且闻病必往。遇贫苦患者，每接至家中治疗。时临淄一贫民，被铁轮车轧伤，致多处骨折，血流不止，病势危急，诊后留医，不分昼夜，精心施治，并亲调饮食。百日后痊愈，步履如故。病家贫寒，借钱十元，以示酬谢，王氏正言谢绝。后送"妙手婆心"匾，高悬门楣。一次出诊，见一妇人泣于其门，问其故，知其子摔伤无钱医治。凤鸣将患者接至家中，安排食宿，施医舍药，至伤痊愈，分文不取。王氏济贫救厄事例颇多，乡里士庶有口皆碑。

凤鸣鄙视权贵，心重贫民，见义勇为。一日，长山县一富户驱车延请，刚登车启程，一贫民急步上前，见状嗫嚅。问之，告有急症病人，当即下车步行至其家，诊治毕，再乘车去长山。一次赶会，见小偷将一商人钱褡盗走，即刻追赶索取，盗者抗拒，并持刀威胁，凤鸣施展武功，将其胳膊脱臼，盗者难忍疼痛，跪地求饶。于是令其归还盗物，交出凶器，后将其肩关节复位，并教以改邪归正。

凤鸣医术精湛，医德高尚，远近驰名。为旌其懿行，邹平县第三区于民国二十一年（1932）十一月建"仁术济世"功德碑；原淄博市政协副主席陈伯鸣依其遗照画像并题词，以示纪念。

[《山东中医药志》（1991）]

王毓桐（1878—1937），字凤鸣，邹平县鄢家村人。幼丧双亲，孑然一身，家境清寒，生计窘迫，因而锻炼出了一身坚毅之性。成年后，因妻跌伤，四方求医，备尝艰难。从此立志学医，发誓解人之厄，济人之贫。

当时，上娄村有一夏老先生，精整骨术，且有德行。凤鸣慕其名，每日往返五十余里，置寒暑于不顾，拜师求教。夏先生见其心诚质朴，聪敏好学，怜爱至极，遂纳于门下，亲授整骨之学，教习练武健身之法。历时五载，学业告成，凤鸣虽未能入泮，目不识字，但记忆过人，志坚意刚。医学书籍，每请人宣读，自己潜心默记，滴水穿石，铁杵磨针，如《医宗金鉴·整骨心法》竟能背诵如流。他还极为重视人体的解剖实践，掌握人体骨骼结构，凡附近有迁墓者，必亲往细心观察其骨骼特征，铭记心中。而立之后，其整骨术日臻娴熟，凡跌打损伤肢体者，经其施以手术，无不立时奏效，当时齐东、长山、青城、桓台、邹平等地求医者，接踵而至，络绎不绝。

凤鸣性敦厚，医德高尚，扶危济贫，世人称颂，他不但有求必应，而且闻病必往，对贫寒之患者，则每每接至家中精心治疗。临淄有一贫民车夫，被铁轮车轧伤，致多处骨折，血流不止，病情十分危急，他接诊后，不分昼夜，废寝忘食，精心施治，并亲自安排食宿。百日后，病人痊愈，行走如常。病家贫寒，借银洋十元来酬谢，被先生婉言谢绝，为报救命之恩，遂送"妙手婆心"横匾一块，高悬门楣。此事，当地广为传颂。一次他出诊，见一妇人泣于其门，遂问之。当知其因子摔伤无钱医治后，即慨然相助，将患者接到家中，馈饮食，安寓所，精心治疗，直到痊愈，分文不取。他济贫救厄之事颇多，不胜枚举。

凤鸣鄙权贵，重乡民，疾恶如仇，见义勇为。一天，长山县一富户派轿车请他看病刚登车起程，一贫民急步上前，见状嗫嚅，遂急问之，知有急病人，当即弃车步行其家，先治疗急症。后去长山，一次集会上，他见小偷将一商人钱褡盗走，便主动追赶为其索取，盗者不给，并持刀行凶。他施展武功，先发制人，将其胳膊拿下，盗者难忍疼痛，跪地求饶。于是令其归还钱褡，交出刀子，后将其肩关节复位，并教其改邪归正。

凤鸣医德高尚，医术精湛，远近驰名，为旌其懿行，邹平县第三区于1932年11月建"仁术济世"功德碑；1963年原淄博市政协副主席陈伯鸣依其遗照画像并题词，以示纪念。

[《惠民地区卫生志》（1992）]

◎ 王本珍 ◎

王本珍（1879—1958），字聘芝，邹平县长山官庄人。自幼好学，聪敏善记。十五岁开始习医，擅长中医外科及针灸术。先后在原长山县城里"卫生堂""万生堂"，坐堂行医多年。精于中药炮制，晚年自制膏、丹、丸、散，为民解除病痛，深得当地人民崇敬。举先生治疗淋巴结炎或无名肿毒方一首，供参考：巴豆去皮七粒，蜂蜡适量加温化开，将巴豆蘸以蜂蜡后，温水一次服下，日一次，连服三至五天，即愈。

[《惠民地区中医药志》（1983）]

王本珍（1879—1958），长山官庄人。自幼好学，聪敏善记，十五岁开始习医，擅长中医外科及针灸术。先后在原长山县城里"卫生堂""万生堂"坐堂行医多年，精于中药炮制，自制膏、丹、丸、散，为民解除病痛，深得当地人民崇敬。举先生治疗淋巴结核或无名肿毒方一首，供参考：巴豆去皮七粒，蜂蜡适量加温化开，将巴豆蘸以蜂蜡后，温水一次服下，日一次，连服三至五天即愈。

[《邹平县卫生志》（1990）]

王本珍（1879—1958），字聘芝，邹平县长山区（今长山镇）官庄人。自幼好学，聪敏善记。十五岁开始习医。擅长中医外科及针灸术，先后在长山县城"卫生堂""万生堂"坐堂行医多年。精于中药炮制，自制膏、丹、丸、散，为民解除病痛，深得时人崇敬。其自制治淋巴结炎、无名肿毒方，颇为灵验。

[《惠民地区卫生志》（1992）]

◎ 王祥善 ◎

王祥善（1879—1955），字瑞堂，邹平县城北史家村人。八岁上学，至十九岁下学任教，兼习医术。二十五岁后，边任教，边行医。擅长妇科，专于痘疹。1942年前后，麻疹流行，王先生通宵达旦，昼夜应诊，精心施术，一丝不苟，活人无算，深受当地群众爱戴。晚年将五十余年的临床经验，撰为《痘疹诊治经验心得集》一册（已失）。

[《惠民地区中医药志》（1983）]

王祥善（1879—1955），字瑞堂，长山镇史家村人。八岁上学，至十九岁下学任教，兼习医术，二十五岁后，边任教边行医，擅长妇科，专于痘疹，1942年麻疹流行，先生通宵达旦，昼夜应诊，精心施术。一丝不苟，活人无算，深受当地群众爱戴。晚年将五十余年的临床经验撰写为《痘疹诊治经验心得集》一册（已失）。

[《邹平县卫生志》（1990）]

◎ 王德铆 ◎

王德铆（1879—1960），字子官，阳信县城关镇牛王堂村人。生性聪慧，早年教读兼习医学。三十岁后，在惠民李师范药铺，当坐堂先生。回家后，在银高大邢家开设药铺，自任医生。解放后，在城里"宏德堂"任坐堂先生。1952年加入城关区联合诊所，直至终年。先生一生勤奋好学，博览群书，专长内科。著有《妇科准绳》（已失传）。在阳信、庆云、乐陵三县，方圆百里，负有盛名。

[《惠民地区中医药志》（1983）]

◎ 任廷绍 ◎

任廷绍（1879—1950），字康臣，阳信县水落坡公社任马村人。十七岁下学后，跟外祖父学医。二十二岁开药铺"福寿堂"，行医至1937年。以治癫狂症及温病为特长。不论贫富，不择食宿，方圆数十里声望颇重。著有《百病学说》《经方实践集》（两书草稿失传）。

[《惠民地区中医药志》（1983）]

◎ 李汉之 ◎

李汉之（1879—1934），字杰三，滨州市小营镇李官庄村人。家传五代眼科。曾祖父李大松，因考试落榜，立志学习眼科，后传其祖父李建邦、父李西林，眼科盛行。先生自幼随父学医，虚心好学，广纳祖辈之长，不持偏见。李家眼科，前来求诊者众多，名闻四方。其家传手抄稿，流传至今。

[《惠民地区中医药志》(1983)]

◎ 孙冠甲 ◎

孙冠甲（1880—1943），字魁一，滨州市小营镇大孙大队人。家传医学，医术精湛，擅长内科，医风高尚，经验丰富，名闻数乡。当时蒲台县政府赠"良医之家"匾一块。先生素有文史修养，曾被封为"孝廉方正"，并集有"验方""医案"（已失）。

[《惠民地区中医药志》(1983)]

◎ 于洪亮 ◎

于洪亮（1881—1931），阳信县水落坡公社东常村人。自幼随父学医，二十岁时行医，擅长外科。继叔父在本村办药王庙会十余年。药会草药齐全，买卖兴隆。药源主要靠天津、济南各大药行进货后，自己开设"隆生堂"药铺。洪亮为坐堂先生，为百姓治病不辞劳苦，声誉颇高。

[《惠民地区中医药志》(1983)]

◎ 石瑄廷 ◎

石瑄廷，字舜卿，长山镇东前石村人。生于1881年，卒于1960年6月，享年八十岁。

舜卿先生出身岐黄世家，其父石孔尧精于内科痘诊治疗，曾在周村顺义堂行医。先生幼承父训，刻苦钻研《痘诊精言》《痘诊正宗》等，医术日臻完善，是长山周围有名的"斑疹先生"，晚年双目失明，以手摸问诊为主，对麻疹病的治疗效果仍不逊色，在长山一带久负盛名。

[《邹平县卫生志》(1990)]

◎ 李长河 ◎

李长河（1881—1931），字星源，阳信县河流公社王洪道人。生于喉科世家。自十三岁从父习医，学验俱丰，别树一帜。对治疗咽喉部疾患确有良效。擅长刺、割、烙等外治法。特点是：不觉痛，不出血，术后饮食吞咽正常，无副作用。在群众中享有很高声誉。曾手录著成《喉证病案一百例》(已失传)。

[《惠民地区中医药志》(1983)]

◎ 赵振绪 ◎

赵振绪(1881—1971),号义庭,惠民县大年陈公社赵家坊村人。十七岁在辽宁省盖平县"回春堂"药铺学医,并取得东北人民政府卫生部门颁发的中医证书。勤奋好学,对中药的鉴别炮制等颇有研究,有"东北药王"之称。1940年回乡,常给当地群众治病,不收礼索谢。

[《惠民地区中医药志》(1983)]

赵振绪(1881—1971),字义庭,惠民县大年陈公社(今大年陈乡)赵家坊村人。幼读私塾,十七岁在辽宁省盖平县"回春堂"药铺从师学医,悉心钻研。之后,经当地考试取得东北卫生机关颁发的中医证书。对中药的鉴别炮制等颇有研究,有"东北药王"之称。1940年回归故里,仍坚持为当地群众诊病医疾,多药到病除,从不收礼索谢,博得好评。

[《惠民地区卫生志》(1992)]

◎ 李树桐 ◎

李树桐(1882—1937),号峰南,滨州市小营镇李官庄村人。擅长外科而闻名。早年在博兴县庞家公社通滨镇开设"同春堂"药店。医术精专,德高望重,名闻城乡。四方百姓送匾额"著手成春"(匾已被焚毁)。

[《惠民地区中医药志》(1983)]

◎ 吴任朋 ◎

吴任朋(1883—1957),号豫簪,惠民县城里南门街人。自幼苦读书,甚解其理,爱书法,手不停笔。三十岁行医闻世,专治目疾、妇科病。著有《眼科方剂摘要》四册、《医术汇事记》二册。其内容有方剂原抄、加减变化、病证特点、验方等。

[《惠民地区中医药志》(1983)]

◎ 李步岭 ◎

李步岭(1883—1956),号梅仙,无棣县车镇公社李新庄人。医术盛名全县,著有《樵余记读》一册。理论精湛,经验丰富。轶事:一壮年男子,得外感证,恶寒发热，大汗淋漓，他医束手。步岭先生诊脉曰：风寒也。随笔麻黄三钱。他医问之，病人大汗何能用麻黄？答曰：吾见他的脉浮紧，必以"大青龙汤"处之。遂开"大青龙汤"原方。服后，果然汗止，诸症悉愈。

[《惠民地区中医药志》（1983）]

◎ 游为贞 ◎

游为贞（1883—1962），字奉州，滨县杜店镇中游村（今属滨州市）人，清末贡生。自幼颖悟好学，性慷爽，通经典，明医理，及长医术精湛，尤擅眼科、妇科，对气臌症造诣颇深，不仅名闻县境，而惠民、蒲台等地慕名就医者亦纷至沓来。他年逾花甲，仍经常外出应诊，如遇贫困病家，常徒步前往为患者精心治疗，不计报酬，故名声颇大。

[《惠民地区卫生志》（1992）]

◎ 劳金山 ◎

劳金山（1884—1961），阳信县城西北村人。早年毕业于惠民简易乡村师范，曾任阳信县第一期女子学校校长、国民党部队记官。因其生父患霍乱病死而发奋学医。1936年，阳信县政府对全县中医进行考试，金山名列榜首，从此名声大振，义务行医多年，深受群众敬仰，解放后继续行医。1952年参加卫生工作者协会。诊病之余，积极整理临床经验，辑有《经验良方和医案》（手抄本），"文化大革命"中遗失。

[《惠民地区卫生志》（1992）]

◎ 甘 霖 ◎

甘霖，字雨田，长山镇北甘埠村人。生于1885年，卒于1944年，终年六十岁。

甘霖先生，早年任教，教书之余，开始读《牛马经》治疗牲畜病，后又研习中医经典医籍《医宗金鉴》《针灸大成》等书，后弃教，从医于本村"瑞生堂"，先生治学严谨，刻苦钻研，医术日臻娴熟，当时社会名流多有请其诊治者，抗日战争时期，曾为我八路军特务队长孙玉书及战士伤员诊治过病，先生精于药性，常自制应急药物，以备诊治之用。

[《邹平县卫生志》（1990）]

◎ 韩长林 ◎

韩长林（1886—1962），滨县杜店公社韩家村人。其人擅长割治痔漏，闻名全县。有家传秘方"止痛止血散"，敷之立效。据其孙韩庆先讲，此方有：牛黄、珍珠、血竭、乳香、没药，共研细末外敷。具有清热、凉血、止痛、止血的功效。

[《惠民地区中医药志》(1983)]

◎ 王芝蓝 ◎

王芝蓝[①]（1887—1960），字祥生，邹平县长山城北尹家庄人。七岁就读，二十余岁考中秀才，后任教兼攻岐黄术，三十四岁时弃教从医。因医德高尚，乡民赠挂"一乡善士"之匾。曾参加济南府在长山县民众教育馆组织的全县中医考试，名列第一。后在长山城里"德合堂"中药铺为坐堂先生。晚年曾收徒弟两名。王先生熟读经典医籍，擅长内、妇、儿科及针灸术。晚年将临床经验撰写成《验案汇编》《验方汇集》二册（已失）。还擅长制膏、丹、丸、散，并重视民间单方、验方。其治疗狂犬病，产后风尤为卓著。

[《惠民地区中医药志》(1983)]

王芝兰（1887—1960），字祥生，长山镇北尹家庄人。七岁就读，二十岁考中秀才，后任教兼攻岐黄术。三十四岁时弃教从医，因医德高尚，乡民赠挂"一乡善士"横匾一块。曾参加济南在长山县民众教育馆组织的全县中医考试，名列第一。后在长山城里"德合堂"中药铺为坐堂先生。晚年管收徒弟两名，王先生谙熟经典医籍，长内、妇、儿科及针灸术。晚年将临床经验撰写成《验案汇编》《验方汇集》两册（已失）。还擅长制膏、丹、丸、散，并重视民间单方、验方，其治疗狂犬病、产后风尤为卓著。

[《邹平县卫生志》(1990)]

王芝蓝（1887—1960），字祥生，邹平县长山城北尹家庄人。七岁就读，二十余岁考中秀才，后任教兼攻岐黄术，三十四岁弃教从医。因医德高尚，乡民赠"一乡善士"之匾。曾参加当时济南府在长山县民众教育馆组织的全县中医考试，名列第一。后在长山城里"德合堂"任坐堂医生。晚年曾收徒两名，悉授其学。他熟读经典医籍，擅长内、妇、儿科及针灸术。尚长于膏、丹、丸、散之制作，并善集民

---

① 王芝蓝：《邹平县卫生志》(1990) 作"王芝兰"。

间单方、验方，对治狂犬病、产后风尤有卓效；集多年临床经验，撰写成《验案汇编》《验方汇集》两书，今已佚失。

[《惠民地区卫生志》（1992）]

◎ 张庭美 ◎

张庭美（1887—1963），惠民县姜楼公社傀垒张村人。自幼随父学医，常用药膏外敷治外科疮痒疖肿、淋巴结核，就诊者络绎不绝。秘方已传其二媳妇路风翠，其声誉远近驰名。

[《惠民地区中医药志》（1983）]

◎ 张介人 ◎

张介人先生（1888—1976.12），又名张本一，本县邹平镇黛溪村人。自幼上学，1907年下学后在家务农，目睹村民有疾，求医艰难感慨万分，从此立志。于农忙之余，自习中医，博览群书，由其天资聪敏，勤奋好学，刻苦钻研，历数酷暑严寒，深得医理之奥秘。二十六岁便为村民疗疾，在治疗中常思其过，寻其正，总结经验，医术日臻娴熟。二十九岁赴省城济南，经市政府卫生局中医考试合格，后在济南纬一路挂牌行医，四十三岁被崇庆堂药店聘请为眼科专医。1955年在本县参加城关联合诊所。先生从事中医五十余年，有较深的理论基础和丰富的临床经验，尤对眼科一门，更有专长，多应手而验，治愈不少疑难病症，如1958年本县孙镇公社坡庄村王春祯之女十三岁，因病双目失明，曾到青岛、潍坊、张店等各大医院治疗无效，后省立医院治疗需住院，王春祯当时因家庭经济所限，回本县请介人先生诊治，先生给患者服药治疗四十余天，竟痊愈了。王春祯为感谢先生送名誉匾一块，故投其治疗眼疾者，有远至周村、张店、济南、章丘等不计其数，先生晚年将自己几十年以来治疗眼疾的经验整理记录在札记中，共四册，记载颇详细，现有后人保存。先生生性容人严己，团结同仁，性平温和，态度和蔼，尤对病人总是竭尽全力，认真负责，急病人所急，想病人所想，特别对一些疑难病患者，诊后常念念不忘，在其札记中都有真实的记录，实在令人敬佩不已。斯时年过花甲，仍经常出诊为病人解除疾病痛苦，不管病人三五十里之远和邻近村庄，随到随诊，或找到家门，放下碗筷就为人诊治，从不推辞。在城关卫生院时，工作勤勤恳恳，任劳任怨，1969年患中风半身不遂后，仍坚持为病人看病。先生一生以济世活人为志，裨益苍生，实为医林中少有者，故以记之以表之。

1976年12月病重去世,享年八十七岁。

[《邹平县卫生志》(1990)]

张介人(1888—1976),又名本一,邹平县黛溪村(现为邹平镇黛溪村)人。他自幼天资聪敏,就读私塾,勤奋好学,后因家事,于1907年弃学务农,他目睹村民有病,求医艰难,感慨万分,从此立志学医,为民解除痛苦。假农忙之余,博览医籍,探求医理,历数酷暑严寒,学有所得。他二十六岁开始为村民治病,在临床实践中认真探索辨证施治之规律,不断总结经验,使医术日臻娴熟。二十九岁赴省城济南,经市政府卫生局考试合格后,在济南纬一路挂牌行医。四十三岁时被崇庆堂药店聘为眼科医生,1955年,六十八岁高龄的张介人回乡参加了城关联合诊所,后又在城关卫生院工作,直到去世。

介人从医五十余年,有较深的理论造诣和丰富的临床经验,尤擅长眼科,临证多药到病除,应手而验;即使疑难大症,亦能独运匠心,每奏佳效。1958年,邹平县孙镇公社坡庄村王春祯为感谢介人之恩,送匾一块,自此,他名声大振。周村、张店、济南、章丘等地,慕名求医者不计其数。1962年3月,患者孙万友,右目生一赘肉,根细色紫,不甚疼痛。他诊此病为嗜食炙煿,积热内蕴,火毒上攻。治以消蜆保和丸五剂,赘肉渐消;旋即改用凉膈清脾饮以乘胜追击,服两帖后,赘肉色转黑,夜间无形脱落。同年11月,柳泉村李继业之母,右目白翳,视物模糊,目胀羞明,眼睑常欲下垂,头晕头痛。他看后,剖析其病因病理,乃为郁怒伤肝,肝气郁结,并兼肝肾阴亏,立法以疏肝气、滋肾水、柔肝木为务。方进十剂,病告痊愈,他于1969年曾治一风轮赤线患者成某,男性,四十三岁,郭庄人。诊时右目风轮之乾兑位赤线围绕,且有白膜一道,古人云四围红线者,肝经热也。今虽红线局限于乾兑位,占全目球四分之一,亦为热在肝经。方拟:胆草一两,甘菊三钱,赤芍三钱,桑皮三钱,生蒲黄二钱半,生灵脂二钱半,丹皮三钱,黄芩三钱,生石决明粉四钱,生地四钱,车前子四钱(包),桔梗二钱半。水煎服。药进两剂,赤线消退。后经随访,赤无复发。介人所学,于此可见一斑。

他临证几十年,还摸索出一些特效方。如治荨麻疹方,不论病程久暂,饮此不过三剂,则有桴鼓之效。方曰:双花一两,薏米八钱,茵陈三钱,桂枝三钱,浮萍三钱,地肤子三钱,防风二钱半,猪苓三钱,当归二钱,苍术六钱,白芷三钱,皂刺一钱半,甘草二钱。再如玄参饮(玄参三钱,白河参三钱,防己三钱,升麻二钱半,车前子三钱,桑白皮四钱,火麻仁二钱,杏仁三至四钱,大黄一钱,黑山栀二至三钱,羚羊角可酌情用),本《审视瑶函》方,先生古方新用,治玉粒侵睛,小眦红白或胬肉侵睛用他方无效者，服此则无有不应。

介人性情笃厚，态度和蔼，一生以济世活人为志。他对病人总是竭尽全力，有求必应；尤其对疑难病患者，更是关怀备至。诊后还念念不忘，花甲之年，仍不辞劳苦，经常出诊，远至三五十里之遥，亦在所不辞。无论在医院，还是在家中，随叫随到，有病必医。在城关卫生院工作期间，勤勤恳恳，任劳任怨，过节假日从未休息。就是 1969 年患中风半身不遂后，仍坚持为人看病，他裨益苍生，鞠躬尽瘁，堪为医林之楷模。

介人垂暮之年，将几十年治疗眼疾之珍贵经验，详细整理，记录成篇，共有四册，现已传给后人保存。

[《惠民地区卫生志》（1992）]

◎ 陈友烈 ◎

陈友烈（1888—1972），曾用名陈绍宗，阳信县洋湖公社三陈村人。早年曾入山东省短期速记学校，结业后，在家开设中西药房，兼学医学。1938 年在惠民县府参加医生考试名列第三名。1950 年被选为曹集区医界代表。1952—1955 年期间，被选为惠民地区和山东省中医代表会代表。1956 年被选为县人代会代表，县人民委员会委员。1956 年 11 月被任命为县卫生科副科长兼中医院副院长。曾贡献过专治神经麻痹、头痛及血吸虫病的良方。编著《医方摘要临床经验合编》（未出版）。

[《惠民地区中医药志》（1983）]

陈友烈（1888—1972），曾名陈绍宗，阳信县洋湖公社（今洋湖乡）三陈村人。幼年就读私塾，青年时期曾入山东省短期速记学校，结业后在家开设中西药房，兼攻岐黄之术。1938 年参加惠民县中医考试，榜列第三名。1950 年被选为县医界代表。1954 年先后出席山东省、惠民专区首次中医代表会议。1956 年被选为县人代会代表、县人民委员会委员。1959 年 11 月被任命为县人委卫生科副科长，兼县中医院副院长。他一生学医孜孜不倦，为诊事百忙不厌，曾献出专治神经麻痹、血吸虫病的良方，辑有《医方摘要临床经验合编》（草稿）。

[《惠民地区卫生志》（1992）]

◎ 李京尧 ◎

李京尧（1889—1970），又名炳勋，早年毕业于山东省立农业专科，1925 年曾任齐东县实业局长，后承家传而攻读岐黄。先生聪敏过人，品学兼优，性情豪放不笃，重侠义，每年除夕将账簿焚毁，以示无力还账者永不索取，医德高尚，擅伤寒杂病，治愈疑难无数，解放后曾去山东省中医师资进修班深造，并留省中医药研究所工作，1957年因家境困难而回乡，一直在码头乡卫生院工作。1958年曾任齐东县人民委员会委员、第三届人民代表大会代表，在码头、台子、章丘颇有威望。1970年病逝，终年八十四[①]岁。

[《邹平县卫生志》（1990）]

◎ 李向山 ◎

李向山，芄口村人，中医世家，擅长妇科，读过《医林改错》《医宗金鉴》《傅青主女科》《伤寒论》等经典医籍。在本村设"瑞升堂"，治愈很多疑难病症，某女婚后十多年无孕，经先生治疗后果生一子，全家皆大欢喜。来投其诊治者，每日车水马龙，应接不暇，在韩店、焦桥一带久负盛名。

[《邹平县卫生志》（1990）]

◎ 杨景虞 ◎

杨景虞（1889—1968），曾用名杨宗舜，阳信县劳店公社玉皇庙村人。自幼上学，在单级师范毕业后，教书十余年。教读之暇，自学医学。1956年在城关医院工作、后转县中医院任中医。1957年在省中医进修班学习一年半。行医四十余年，治愈了不少疑难症和险症。尤善妇科。有精深的理论基础和丰富的临床经验，德高望重。晚年在出诊回院的路上遇车祸，经救治无效而与世长辞。享年七十九岁。

[《惠民地区中医药志》（1983）]

◎ 姜奎阁 ◎

姜奎阁（1889—1949），号梅东，沾化县黄升公社大姜村人。自幼颖悟好学，自学成名，年逾冠，即在桑梓行医，服务邻里。后因盗匪蜂起，迁居异乡，始在沈阳悬壶，后至青州开业。姜君个性温良，态度和蔼，来诊者百应不烦，深受群众欢迎。青州群众赠予"医界明星"匾，辑有《随医录》八卷。存书甚多，迭经动乱散佚。1937年七七事变后，回归故里，继续行医。其家中尚存有山东省政府颁发之行医身份证。

[《惠民地区中医药志》（1983）]

---

① 八十四：古人有称虚岁的习惯，有人虚两岁，故出现卒年八十四岁之说。

姜奎阁（1889—1949），号梅东，沾化县黄升乡大姜村人。他自幼颖悟好学，尤喜习医。年逾冠，即在桑梓行医，服务乡里。后因盗匪蜂起，迁居异乡，先后于沈阳、青州悬壶。1937年七七事变后，回归故里，继续行医，直至去世。奎阁性情温良，态度和蔼，来诊者百应不烦，深受群众敬佩。青州乡里赠有"医界明星"匾额。他辑有《随医录》八卷。其存书甚多，迭经动乱散失。

[《惠民地区卫生志》（1992）]

◎ 孙永顺 ◎

孙永顺（1890—1962），无棣县庞集公社孙家村人。自幼勤奋好学，精通经典，善用古方，临床经验丰富，诊治多应手而验。医德高尚，有求必应，不受馈谢，不分贫富。

病案：

1. 1948年，孙永华之母，五十岁。胸闷，善太息，乏力，纳呆。先生诊之六脉全无，此忧郁之极，气滞血闭，脉道瘀阻，故无脉也。予以丹溪"六郁汤"，一剂脉显，有思食之意。再剂脉和缓，食欲增加。三剂病愈。

2. 1957年，孙可华之女，八岁。因右眼眶碰伤，六天后抽搐，角弓反张。诊视之曰："破伤风证。"处以《医学衷中参西录》逐风汤，一剂轻，二剂抽搐止，三剂全安。

[《惠民地区中医药志》（1983）]

孙永顺（1890—1962），无棣县庞集公社（今庞集乡）孙家村人。自幼勤奋好学，精通中医典籍，善用古方，临床经验丰富，诊治者多应手而效。他医德高尚，对病者不分贫富，有求必应，不受馈谢。1948年，孙永华之母，五十岁，胸闷，善太息，乏力，纳呆。永顺诊之：六脉全无，此忧郁之极，气滞血闭，脉道郁阻，故无脉。遂予以丹溪"六郁汤"一剂脉显，有思食之意；再剂脉和缓，食欲增加；三剂病愈。1957年，孙可华之女，八岁，因右眼眶碰伤，六天后抽搐，角弓反张，诊之曰："破伤风症"，处以《医学衷中参西录》中的"逐风汤"一剂轻，二剂抽搐止，三剂而愈。

[《惠民地区卫生志》（1992）]

◎ 张乐园 ◎

张乐园（1891—1963），滨州市蒲城乡张家庄人。自幼读书，随其岳父习医，然后自设药房行医。解放后在供销社医药部和卫生所工作。医德高尚，经验丰富，诊病不分贵贱，随叫随到，盛名于方圆百里。

[《惠民地区中医药志》（1983）]

◎ 张树屏 ◎

张树屏（1891—1957），字建候，阳信县劳店公社双井王村人。早年务农，后因生子屡不住世，而发奋学医，博采多闻，三十多岁临证。1951年劳店成立卫协会，被推选为主任。1958年自筹资金在双井张村办起了五十余人的中医学习班，亲授方药。这种热心祖国医学教育事业的精神，是难能可贵的。

[《惠民地区中医药志》（1983）]

◎ 康守典 ◎

康守典，字慎五，生于1891年，卒于1947年，享年五十七岁。

守典先生幼承家训，父训甚严，《内经》《本草》等经典医籍背诵如流，医技精湛，诊病细微，用药灵巧多变，曾参加长山县民众教育馆举行的全县医生考试，名列全县第二，自此名声大振，求者累日不断，人称"康四先生"。

[《邹平县卫生志》（1990）]

◎ 丁喜照 ◎

丁喜照（1894—1965），号月亭，沾化县古城西三里村人。行医四十余年，精于妇科，有"调经种子丹"传世。善正骨。求医者甚多，辄应手取效。

[《惠民地区中医药志》（1983）]

◎ 曲颖川 ◎

曲颖川（1894—1972），又名子明，邹平县韩店公社旧口村人。幼即嗜读，先后毕业于长山师范讲习所、山东邹平乡建院训练部。后即任教三十多年，教学之余，兼习岐黄，文底功深，经典医籍，临床各科，均得奥义。自1946年弃教从医，解放后参加医务工作。临床经验丰富，在本地享有盛名。于1964年任邹平县人民医院副院长，历任县人民代表、县政协副主席、卫协会委员等。

[《惠民地区中医药志》（1983）]

曲颖川（1894—1972），又名曲遵程，韩店乡旧口村人。幼即嗜读，先后毕业于长山师范讲习所、山东邹平乡村建设研究院训练部。后任教三十余年，教学之余，兼学岐黄，文底功深，经典医籍、临床各科，均得奥义，自1946年弃教从医，解放后参加医务工作。临床经验丰富，在本地享有盛名，1957年任邹平县人民医院副院长。历任县人民代表、县政协副主席、卫协会委员等职，"文化大革命"中，心身备受摧残，后病重离世。

[《邹平县卫生志》（1990）]

曲颖川（1894—1972），又名子明，邹平县韩店公社（今韩店乡）旧口村人。幼攻儒学，先后毕业于长山师范讲习所、山东邹平乡村建设研究院训练部。后即任教三十多年，教学之余，兼习岐黄，文底功深，经典医籍。临床各科，均得奥义。1946年弃教从医，悬壶乡里，为民疗疾，直至去世。他临床经验丰富，颇负盛名。1964年任邹平县人民医院副院长，历任县人大代表、县政协副主席。

[《惠民地区卫生志》（1992）]

◎ 王立鹏 ◎

王立鹏（1895—1960），字益卿，阳信县流坡坞公社王迪吉人。早年从外祖父学医，在本村教读数年。三十岁行医，曾在阳信县济民药社任中医。1956年被选为县人民代表。性格开朗，学习勤奋，刻苦钻研医学，具有一定的中医理论水平和丰富的临床经验。

[《惠民地区中医药志》（1983）]

◎ 段立斋 ◎

段立斋（1895—1968），焦桥乡南段村人。九岁上学，二十二岁下学任教，教学之余，兼习中医，自1935年弃教从医三十多年，解放后参加卫生工作，任原长山县医院中医师。先生临床经验丰富，为病人看病和颜悦色，诊断详细，如遇疑难病症，必反复用心推敲，治方严谨，故多获效，在焦桥、长山一带颇有名气。

[《邹平县卫生志》（1990）]

◎ 孙芳琏 ◎

孙芳琏，码头乡延安村人。幼年就读私塾，后弃儒学医，精于中医经典医籍，如《伤寒论》，虽晚年尚能成诵。先生善用经方，断证精细，治法严谨，用药轻灵，每多取效。在当地名闻遐迩，解放后参加卫生工作，于60年代病故。

[《邹平县卫生志》（1990）]

◎ 孔照志 ◎

孔照志（1897—1979），字信卿，无棣县泊头村人。少习诗文，酷爱中医兼书画。而立之年到天津中医班学习，毕业后返里开始行医，常徒步走村串乡为群众治病。每天朝出暮归，应诊不暇，周围乡里深受其惠。

信卿虚心好学，博览群书，医道高明，性格开朗，谈笑风生，善释病人疑团，有时病人忧郁，经他疏导，愁团顿开，再经服药，病情很快好转。1945年，一日，他见一村媪抱一"死婴"去葬埋，顿生恻隐之心。遂急步赶问村媪："患何病？几时死的？"村媪回答："村里先生说是中了魔障病（一种迷信说法），没法治，午后就没气了。"他掀起盖头，仔细观察孩子：面色苍白，嘴唇青紫，呼吸听不到，但细心切脉，却有脉息作动。于是，急取针砭，为"死孩"施医，少顷，"死孩"居然眨眼动嘴。他告诉村妇："小儿是厥证，乃气血虚极所致，并没有真死，但病情已很危重。"迅即开了药方，并详嘱其速到药铺买人参、黄精各一两给孩子煎服，明天一早再来诊视。结果服药后立见显效。后经调理，病儿康复如初。此事震动了泊头镇和无棣城，传说他是"扁鹊再世"。从此，登门求医者接踵而至，常门庭若市。他不但医术高，而且医德更好，对一些贫困病人常减收或不收药费。他常说："有钱治病，无钱也得治病，要尽量减轻病人负担。"

1956年1月，他积极响应政府"个体医生大联合"的号召，带头组织当地医生建立无棣县泊头区第一家联合诊所，并被推举为所长。每天除看病外，还指导青年医生学习中医。1958年，信卿应聘到惠民专区人民医院中医科任中医师。他来院后，虽年逾花甲，但谈吐幽默，思路敏捷，步履稳健，坚守岗位，工作认真，每天门诊病人三十人次左右，早晚还到病房查房、带徒临床实习。常在深夜整理医案，著书立说。有时还为一些慕名而来的书画爱好者挥毫题字、墨染竹梅。在这样繁忙的情况下，他时刻不忘加入中国共产党。曾先后向党组织递交了三份入党申请书，1962年2月终于实现了他入党的夙愿。同年出席山东省中医代表会议。1960年秋，医院开展技术革新活动，他和外科医师魏国玉、药师张希濂共同研制中药黄连在临床上的应用。经过近一个月的反复试验，终于试制出"黄连注射液"，临床应用，效果良好。肾结核病人吕某，用抗生素类药物反复交替注射效果不佳，后改用黄连注射剂治疗，康复出院，至今二十七年未复发。他们研制成功黄连注射液的事迹，很快受到山东省医学科学院的表彰和奖励。《大众日报》作为重要新闻做了报道，吸引了河北、安徽、广州、西藏等不少肾结核患者来人来函求治。

他熟读《灵》《素》，善研《伤寒》《金匮》，留心各流派的学术特点，对《冷庐医话》等杂著也读之有趣，爱不释手。他深悟自仲景以来，名医代出，医学著述，汗牛充栋，后之学者于茫茫书海中，非埋首苦读并得名师传授，方能有所成就，否则不易学到真实本领。吾读《辨证录》受益匪浅，遵其原方，结合临床，推陈出新。如心中郁郁不舒，久则两胁饱满，饮食下喉，即便膜胀不能消化，非臌胀之渐，乃气滞之故。可用"快膈汤"：人参一钱，茯神五钱，白芍三钱，白芥子二钱，萝卜子五分，槟榔三分，神曲五分，枳壳三分，柴胡五分，苡仁三钱，厚朴三分，水煎服。一二剂轻。四剂愈。

他摄生有素，常说："古之名医先贤多有摄生之乐，或气功，或练剑，或节制房事，或吃长斋，诸如汉东方朔九十岁寿终；唐孙思邈八十又六而寝，即后世名医亦多有长寿者，盖有养生之道也"，他平常食素，很少用荤，不沾烟酒，每日上午一壶清茶：下午约五克首乌片、枸杞子代茶，频沏频饮，至睡前为止，三十年如一日，从不间断。再加他胸怀坦荡，乐观开朗，因而耄耋之年仍腰背挺直，步履稳健，耳聪目明，年八十三岁而终。他著有《医案摘要录》，病中曾三易其稿，现仍存其家中。

[《惠民地区卫生志》（1992）]

◎ 张皆春 ◎

阳信眼科名医张皆春

张皆春（1897—1980），字生之，阳信县城关镇张贵府人。出身于贫苦的农民家庭，五岁丧父，只念了五年书就弃学务农。他生性好学，知难而进。早年在村内任教。时逢荒年，眼见乡亲贫病交加，意欲学医救世。深得眼科医生张纯忠的同情和支持。并以自己的学医经历和先达训诂，启迪他奋发学医。古人曰："天无二曜（日、月），一物无所生；人无二目，一物无所见。"并将眼睛比做人身"至宝"。

皆春从此大开眼界，下定了"不为良相，便为良医"的决心。一生行医六十余年，对中医眼科理论和临床实践有着高深的造诣和丰富的经验。以辨证中肯，立法谨严，配伍灵活，用药精良而著称。自1956年以来，当选为历届县人民代表和县人民委员会委员。1963年被选为中医代表出席省中医座谈会议。1979年获惠民地委、行署"科学技术成果奖"。

张皆春的学术成就和《眼科证治》

皆春自幼聪慧，勤奋好学，热爱医学事业，广求方书，孜孜攻读，专心致志。一生涉猎各家经典名著，独探深奥。尊《内经》，崇《本草》，精研《审视瑶函》。临证后，几无虚日，每有所悟或紧要案例，随时留意记录，积久汇集成《眼科一百证》及《眼科六十五证》。《眼科一百证》后经学生周奉建等整理成《张皆春眼科证治》一书，已于1980年7月由山东科学技术出版社出版问世。在该书的整理过程中，先生已是八十二岁高龄，身患重病。他不顾个人安危，亲自审阅。这种对学术高度负责的精神，永远值得学习。

《张皆春眼科证治》共分两大部分和附录，约十三万字。第一部分是中医眼科基础知识，从眼的五轮八廓、病因病机，眼与脏腑经络的关系，五轮与常见症状的辨证，以及眼病的预防、治则、用药、眼病禁忌等十个方面详细地阐明了中医眼科理论。他说："我对神光所联属的脏腑和诸家尚未异议，然而对神光部位的看法另有所悟。各家均认为观察神光的强弱，当以瞳神的形态、动静、视力的强弱和色泽为征；我则以黄仁纹理为凭……"按照先生对黄仁纹理的观察方法，经与眼底病和屈光不正等病的辨证治疗，均获满意疗效。现代医学将检查虹膜纹理（即黄仁纹理）作为诊断虹膜睫状体炎的重要依据，这与先生以"黄仁纹理为凭"的辨证方法是相吻合的。

第二部分是常见眼病证治。共列常见眼病56种，病案65例，常用方剂111个。为便于读者运用中西两方认识眼病，将眼的解剖与生理、中西医解剖名词和中西医病名对照附录于后。其所列56种常见病，从病因病机、临床主证、证候分析、治则都进行了详细阐述，并列举具体病案，以供参考。如：

苗姓女，21岁，1970年9月3日初诊。右目被棘针刺伤四年之久，初期仅感视物不清，渐渐加重，现已视物不见，仅视明暗。检查视力右眼眼前手动，左眼1.5。右眼青睛外侧有一米粒大星翳，瞳神全白。此为物伤内障（外伤性白内障）。治以加味除风益损汤，服药二十六剂。5月2日复诊，瞳神内白障见退，外侧可见一黑莹。

又服上方三十五剂。6月10日三诊，内障除去大半，右眼视力0.5。将上方去荆芥、防风、藁本，加枸杞子12克，旱莲草9克，又服20剂。7月8日四诊，右目白障已尽，瞳神呈现黑莹，右眼视力0.7。停服煎剂，常以明目地黄丸服之。

根据先生经验和对临床28例患者的观察，"加味除风益损汤"治疗外伤性白内障确有良好疗效。对年纪较轻，晶状体囊膜穿孔较小者效果尤佳。

先生用药精良，配伍灵活，颇具独到之处，常说："用药如用兵，不在多，而在精。"古人治目疾偏重寒凉，岂知寒凉之药克伐胃气，阻遏清阳，有损于目。我之用寒凉倍加谨慎，一则量轻（多者3~5克，少者1~2克）；二则酒制，以减其力。学生周奉建1976年治一张姓患者，所患心火赤脉证，方用黄连3克，栀子6克，生地、赤芍各9克，归尾6克，甘草1.5克，一剂不应，二剂反重，遂请教先生。他说："药物对证，应当药进病减，今反重者，是因黄连多用之故，可减半服之。"依其所嘱，又进一剂，果然病去大半，三剂而愈。后问其故，他说："黄连清心，医者皆知，若重用便为泻心。治病当以去邪为要，万不可泻脏之体。"

先生重视眼病预防，注重眼睛保护。他说："保护眼睛最好的方法是，内则清心寡欲，外则惜视缄光，心清则火自息，寡欲则水自生，惜视则目不劳，缄光则膏常润，目不着物则心无所用，心无所用则神不驰，神不驰则心自固。故保之有方，守之有道，用之有节，脏腑平调，目自无病。"这就从生理上阐述了保护眼睛，预防眼疾的道理和方法。因心属火，火在目为神光，肾属水，藏精气而滋养于目。二者一阴一阳，一水一火，互相依存，互相滋生，阴阳平调，水火互济，血运膏升，目得所养，自然无疾。从而进一步阐明了保护眼睛首先从养其心肾着手。至于所谈及的清心寡欲，惜视缄光，意思是说生活、起居、工作、学习，要有规律，避免不必要的思维，不正常的活动和过分使用眼力。如于姓学生，男，16岁，1972年3月10日初诊，双目视远不清，年余。近来在校学习，看不清黑板上的字迹。曾在某医院诊断为"近视"。检查：视力双眼0.5，近1.5。二目神光内沉，此为视近怯远证。给加味定志汤服用十剂。3月22日复诊，双眼视力0.7，又服上方二十剂。4月15日三诊，双眼视力1.0，又加服10剂，未再诊。先生在治疗此类疾病的过程中，多嘱患者每天早晨日出前，远眺东方红霞15分钟，素日看书，每隔半小时可站高远望，自择目标，凝视2~3分钟，以助治疗，确属有效。先生生前年过八旬，双目炯炯有神，视物不花，亦是证明。

先生治疗椒疮（沙眼），必嘱患者用温水洗脸，问其故，他说："椒疮为病，系因外受风热毒邪，内有脾胃积热，气血瘀阻所致。外邪以疏散为宜，气血瘀阻以疏通为善，若用凉水洗脸或点片脑（冰片）等寒凉之品，贪图一时之快，后患无穷。因寒则凝滞，外邪不易疏散，热邪内困不解，气血不得流行，病必难除。"

先生对幼儿眼疾的治疗研究颇深，常以观察母亲体质、乳色的方法，验其小儿目疾，多用以母代子服药之方，调其母乳，治愈儿目，真乃两全其美。

张皆春的医德和贡献

张皆春为人正直，生活简朴，作风诚恳，医德高尚。自二十岁临证以来，四方求先生治眼疾者众多。解放前在阳信、无棣一带颇有盛名。1953年在城关卫生所任中医，随叫随到，有求必应。利用当地野生药材、土单验方为群众治病，减轻病人经济负担。从不索谢，深受群众爱戴。

先生行医六十余年，有独特的学术见解和丰富的实践经验，治愈了不少疑难病症。千里求医者来自北京、天津、青海、河南、黑龙江、新疆等十一省市。有的写信问病求方，有的来院住院治疗。被治愈者有的赠送灯、旗、镜、匾，以作留念，有的千里之外寄来书信表示感谢。黑龙江省齐齐哈尔市空军某部黄玉德同志在来信中写道："多年来我遭受眼疾之苦，曾被一些专家判为不可救药的废疾，想不到竟在你们医院治好了，真是枯木逢春。因远隔千里，我只得寄书信表示感激之情……"

先生毕生致力于眼科事业，重视培育后继人才。1960年受省卫生厅委托，办了一期中医眼科学习班。先生不辞辛劳，白天登台授课，晚上编写讲义，言传身带，为全省培养了一批眼科专业人才。

他思想新颖，实事求是，反对华而不实的浮躁作风，治学严谨，诲人不倦。一生培养其子孙及主治医师以上的中医眼科医生数名。

1959年在先生的倡导和努力下，建立了阳信县中医院眼科。设有眼科门诊和病床三十张。接受来自全国各地的患者和省内各医院进修、实习者，举不胜举。先生与世长辞了，但他一生为之努力奋斗的眼科事业正和他的名字一样生之皆春。

[《惠民地区中医药志》（1983）]

张皆春（1897—1980），字生之，阳信县城关镇张贵府村人。家贫，五岁丧父，塾读五年而辍学务农。但他志坚好学，常于农暇博览群书，后在本村任教。因感于乡亲贫病交加而学医，深得眼科医生张纯忠之教诲，并以"天无二曜，一物无所生；人无二目，一物无所见"之训，启迪他发奋钻研中医眼科。从此皆春立志从医。二十岁临证，而立之年即在阳信、无棣一带负有盛名，求医者众多。解放后，积极参加人民政府组织的医事活动。1956年应聘至阳信县卫生院工作，并当选为县人民代表大会代表和县人民委员会委员。1963年被推荐出席山东省中医座谈会。1978年，其眼科医绩获惠民地委、行署"科学技术成果奖"。1980年病逝。

皆春行医六十余年，在中医眼科方面有独特的学术见解和丰富的实践经验，治愈了不少疑难目疾，求医者不仅遍及省内，更有北京、天津、青海、河南、黑龙江、新疆等十一个省、市、自治区的不少眼疾患者，也前来治疗或来信述病求方。病愈者有的赠送旗、镜、匾以示感谢，有的从千里之外来信赞扬其"妙手回春"之术。齐齐哈尔市空军某部曹玉德在信中说："多年来我遭受眼病之苦，曾被一些专家定为不可救药之病，想不到竟在你们医院治好了，真是枯木逢春，特寄书以表感激之情"。皆春为人正直，生活简朴，医德高尚，即在花甲之年也有求必应，随叫随到。并善体病家之难，用药力求简贱，常以当地野生药材和土单验方为经济困难的患者治病，病愈后也从不索谢，深受群众爱戴。

皆春毕生热爱中医眼科事业，重视奖掖后进，1960年受省卫生厅委托，举办了一期中医眼科学习班。他不辞辛劳，白天授课，晚上编写讲义，坚持不懈，为全省培养了一批中医眼科医生。他教学有方，诲人不倦，不仅把眼科医术传授其子孙，还为当地培养出数名中医眼科医师。1959年，在他的倡导和努力下，阳信县中医院建立了眼科，设有门诊和病床三十张。

皆春勤奋好学，涉猎各家名著，尊《内经》，崇《本草》，精研《审视瑶函》。每有所悟或治愈疑难病例即随时记录，先后辑成《眼科一百证》《眼科六十五证》等稿，后经其学生周奉建整理成《张皆春眼科证治》一书付梓印行，在该书整理过程中，他已是八十二岁高龄，身患重病，还亲自审稿，一丝不苟，直至生命的最后一息。

[《惠民地区卫生志》（1992）]

◎ 赵聘三 ◎

赵聘三和《摄生心法》

赵聘三（1897—1942），字伊堂，号希珍，山东省邹平县明集乡兰芝里村人。少年随父仕读（父赵沅，清贡生），后入青州师范学堂读书，然因家境贫寒，无力供读，肄业一年遂辍学。1915年返本县教师讲习所学习一年。结业后，先后在邹平县明集乡之段桥、罗圈、宋家等村教学。于 1923 年因母年老多疾，深尝求医之难。为救亲疾，乃于从教之暇，兼习岐黄之术。1926 年秋，赴章丘县辛寨济和堂药店坐堂行医，为时九载。1940 年经报考获准，赴天津行医。诊余之暇，不顾疲劳，夜以继日，著书立说。积劳成疾，医治无效，于 1942 年与世长辞，终年 45 岁。

医德遗风

赵先生饱受家境贫寒，备尝穷人求医难之苦，决以解除病人疾苦为己任。他常说："医关民生，其道重矣。"他不仅医学造诣较深，而且非常注重医德。诊病热情周到，有求必应。在临床工作中，辨无失理，治无失策，临机应变，各因其宜，故远近慕名而来。就医者，应接不暇，对病人体贴入微，时助药资。病愈后概不受馈，拒绝招待，堪称美德。

医学成就

赵先生毕生致力于中医事业，他浏览广集，学识渊博，非常关心祖国医学之兴衰，对《内经》《难经》《伤寒》《金匮》等经典之探讨堪称精专，旁通诸家之学说。他说："古今东西先进家邦，莫不汲汲于是术，惟吾国文化落后，医道废弛，不但未见神农、黄帝、扁鹊、仲景之医术，而数圣所著《本经》《内经》《难经》《玉函经》《伤寒论》等，亦罕有解之者。历观古籍，细评新说，益见吾邦为文明古国之破产者，医术其一证也。故欲明是途，须读古书，秦汉下作为参考，不可奉为圭臬也。"先生的学术思想是广集各家之长，毫无门户之见，师古而不泥于古，讲究实效，启迪后学。

赵先生自幼天资聪慧，办事认真，毅力坚强，对中医经典医理，各家所撰，精解娴熟，擅长内、妇科，专于温病、痘疹之术，理论精熟，经验丰富。结合多年来的临床实践，写成《摄生心法》一书。他说："以古书玄言奥义，殊难穷究……夫著书固须攻苦，而攻苦以藉著书。"其目的是，引证、注释、解析奥义，使习中医者，易于掌握，教诲后人。

抗战爆发后，先生重返故里，诊病待人，一如既往，在应诊之余，拼命著书立说，撰书数种，均手抄成册。只因"文化大革命"，多已散失，实为可惜。幸者《摄生心法》遗抄之本藏于家，保管妥善，完存无缺，可俾其含笑九泉矣！

《摄生心法》的主要内容和价值

《摄生心法》一书系赵先生多年来理论与临床实践结合的经验总结之一。他的著述指导思想是："余所以藉著书，作读书之惟一工具也……使习是术者，可循序渐进……取材务求显亮明了，治法悉凭经验心得，由浅入深，由近及远，由粗及精，由显及微。"全书共八卷，其卷一为医源、脏腑、经络、四诊四篇；卷二为伤寒、温疫两篇；卷三为血证、针灸、眼科三篇；卷四为妇科、儿科、痘疹三篇；卷五至卷七为内科杂证，以表里、寒热、虚实分类，论述病证达七十余种；卷八为十二方剂、经验方录、药性便用三篇。书中据经守典，广引诸家，立论精要，颇多阐发，各有不少独特见解。每篇多先立论，后精析释。其理论精纯，载方较全，确系一部较有价值的手抄珍本。

本书卷首有名人题词，为"见道之言"梁漱溟拜题（时邹平县乡村建设研究院院长，现任全国政协委员）；"仁心仁术"丁丑夏陈亚三拜题（时邹平县乡村建设研究院副院长，颇精岐黄术）；"医学津梁"马守义（时济南挂牌名医，通晓祖国医学）。各题词不仅寓意耐人寻味，且书法均见功底。

[《惠民地区中医药志》（1983）]

赵聘三（1897—1942），字伊堂，号希珍，本县明集乡兰芝里村人。

少年随父仕读（父赵沅、清贡生），后入青州师范学堂读书，然因家境贫寒，无力供读，肄业一年遂辍学。1915年返本县教师讲习所学习一年。结业后，先后在明集乡之段桥、罗圈、宋家等村教学。于1923年因母年老多疾，深尝求医之难。为救亲疾，乃于从教之暇，兼习岐黄之术。1926年秋，赴章丘县辛寨济和堂药店坐堂行医，为时九载。1940年经报考获准，赴天津行医。诊余之暇，不顾疲劳，夜以继日，著书立说。积劳成疾，医治无效，于1942年与世长辞，终年四十五岁。

医德遗风

赵先生饱受家境贫寒，备尝穷人求医之苦，决心以解除病人疾苦为己任。他常说："医关民生，其道重矣。"他不仅医学造诣较深，而且非常注重医德。诊病热情周到，有求必应。在临床工作中。辨无失理，治无失策，临机应变，各因其宜，故远近慕名而来就医者应接不暇。赵先生对病人体贴入微，时助药资。病愈后概不受馈，拒绝招待，堪称美德。

医学成就

先生毕生致力于中医事业，他浏览广集，学识渊博，非常关心祖国医学之兴衰，对《内经》《难经》《伤寒》《金匮》等经典之探讨堪称精专，旁通诸家之学说。他说："古今东西先进家邦，莫不汲汲于是术，惟吾国文化落后，医道废弛，不但未见神农、黄帝、扁鹊、仲景之医术，而数圣所著《本经》《内经》《难经》《玉函经》《伤寒论》等，亦罕有解之者。历观古籍，细详新说，益见吾邦为文明古国之破产者，医术其一证耶。故欲明是途，须读古书，秦汉下作为参考，不可奉为圭臬也。"先生的学术思想是广集各家之长，毫无门户之见，师古而不泥于古，讲究实效，启迪后学。

先生自幼天资聪慧，办事认真，毅力坚强，对中医经典医理，各家所撰，精解娴熟，擅长内、妇科，专于温病、痘疹之术，理论精熟，经验丰富。结合多年来的临床实践，写成《摄生心法》一书。他说："以古书玄言奥义，殊难穷究……夫著书固须攻苦，而攻苦以藉著书。"其目的是，引证、注释、解析奥义，使习中医者，易于掌握，教诲后人。抗战爆发后，重返故里，诊病待人，一如既往，在应诊之余，拼命著书立说，撰书数种，均手抄成册。只因"文化大革命"，多已散佚，实为可惜。幸有《摄生心法》遗抄之本藏于家，保管妥善，完存无缺，可俾其含笑九泉矣！

《摄生心法》一书系赵先生多年来理论与临床实践结合的经验总结之一。他的著述指导思想是："余所以藉著书，作读书之惟一工具也……使习是术者可循序渐进……取材务求显亮明了，治法悉凭经验心得，由浅入深，由近及远，由粗及精，由显及微。"全书共八卷，其卷一为医源、脏腑、经络、四诊四篇；卷二为伤寒、瘟疫两篇；卷三为血证、针灸、眼科三篇；卷四为妇科、儿科、痘疹三篇；卷五至卷七为内科杂症，以表里、寒热、虚实分类，论述病症达七十余种；卷八为十二方剂、经验方录、药性使用三篇。书中据经守典，广引诸家，立论精要，颇多阐发，各有不少独特见解。每篇多先立论，后精析释。其理论精纯，载方较全，确系一部较有价值的手抄珍本。

本书卷首有名人题词，为"见道之言"梁漱溟拜题（时邹平县乡村建设研究院院长，现任全国政协委员）；"仁心仁术"丁丑夏陈亚三拜题（时邹平县乡村建设研究院副院长，颇精岐黄术）；"医学津梁"马守义（时济南挂牌名医，通晓祖国医学）。各题词不仅寓意耐人寻味，且书法均见功底。

《摄生心法》

序

医关民生，其道重矣。古今东西之先进家邦，莫不汲汲于是术，惟吾国文化落后，医道废弛，不但未见神农、黄帝、扁鹊、仲景之医术，而数圣所著《本经》《内经》《难经》《玉函经》《伤寒论》等，亦罕有解之者。历观古籍，细评新学，益见吾邦为文明古国之破产者，医术其一证耶。故欲明是途，须读古书。秦汉下作为参考，不可奉为圭臬也。语云：取乎其上，仅及乎中。以古书玄言奥义，殊难穷究。吾之聪明才力，实属菲薄也。书且不解，遑敢言著，不过藉此攻苦，以与既玄且奥之精深医术共朝夕耳。著书固须攻苦，而攻苦以藉著书。开卷取材注意于疑难，提笔作书务术乎精详。良以医人事微，不善而为害尚浅；医医任重，有误则造孽殊深。事必至理固然矣。若徒卖求活，直地盘主义也。封建食场也。读书得此地盘食场，便无攻苦之必要，谁复欲自苦耶。长此以往，医求日陋，进则害人，退则害己。余所以藉著书作读书之惟一工具也。兹集凡一百二十卷划分四部。八卷为一部，十六卷为一部，三十二卷为一部，六十四卷为一部，每岁计作四卷，三十可以完成。其间砥砺功深，未必独造一境之希望，非断以温饱计也。同是一般科目，不过义有精粗，理有深浅，注释引证有难易耳，使习是术者，可循序而渐进，如学童由小学而初中，而高中大学，其科目一级高一级也，起首八卷。取材务求显亮明了，治法悉凭经验心得，由浅入深，由近及远，由粗及精，由显及微。盖八卷为是集显近粗浅之发轫，至六十四卷，方为此书深远精微所告终时。

民国二十三岁次癸酉仲春邹平赵聘三
叙于济和堂

[《邹平县卫生志》（1990）]

赵聘三，字伊堂，号希珍，邹平县明集乡兰芝里村人。生于清光绪二十二年（1897），卒于民国三十一年（1942）。

伊堂幼而家贫，随父攻读，后入青州师范学堂，因学费不足，肄业一年即辍学。民国四年，入本县教师讲实所修业一年。结业后以教学为生。后因母年老多病，求医艰难，乃于教务之暇兼习岐黄术。自修数年，医术渐成，诊治多验，小有名声。民国十五年秋，应聘赴章丘县辛寨"济和堂"药店坐堂行医，为时九载。民国二十九年（1940）经考试获准，赴天津行医。临症擅长内、妇两科，尤精温病、痘疹之术。临机应变，各因其宜，治无失策，故远近慕名而来者，应接不暇。伊堂饱受家境贫寒,备尝穷人求医艰难之苦,以济世活人为己任,治贫者病,时助药费,入病家诊,不扰茶食,不受馈赠,众皆称赞。

赵氏积生平所学所验,撰成《摄生心法》一书。全书八卷,卷一为医源、脏腑、经络、四诊;卷二为伤寒、温病;卷三为血证、针灸、眼科;卷四为妇、儿、痘疹;卷五至七为内科杂证;卷八为十二方剂、经验方录、药性使用。

本书卷前有名人题词,梁漱溟题词曰"见道之言";陈亚三题词曰"仁心仁术";济南名医马守义题词曰"医学津梁"。各题词不仅寓意深奥,且书法均见功底。手抄本今尚存。

[《山东中医药志》(1991)]

赵聘三(1897—1942),字伊堂,号希珍,邹平县明集乡兰芝里村人。少年随父仕读,后考入青州师范学校,然因家境贫寒,无力供读,肄业一年辍学。1915年在邹平县教师讲习所学习,结业后任教。1923年因母病,深尝求医之难,乃于从教之暇,兼习岐黄之术。1926年秋,赴章丘县辛寨"济和堂"药店坐堂行医,为时九载。抗战爆发后,悬壶故里。1940年经报考获准,赴天津行医,直至去世。

伊堂一生家境贫寒,备尝穷人求医之苦,深谙"医关民生,其道重矣"之理,跻身医林为病人愈疾解苦。他不仅医学造诣较深,而且非常注重医德,诊病热情周到,有求必应,遇贫者则每每资助药金。临证几十载,辨无失理,治无失策,随机应变,各因其宜,多有佳效,故远近慕名而来就医者,应接不暇。他出诊拒绝病家招待;患者愈后又概不受馈,深得人敬佩。

他自幼天资聪慧,治学认真,毅力坚强,学识颇丰。绍述《内经》《难经》《伤寒》《金匮》,旁涉后世诸家,理论精深,临床以内、妇科为长,而尤专于温病、痘疹。他曾说:"古今东西先进家邦,莫不汲之于是术,惟吾国文化落后,医道废弛,不但未见神农、黄帝、扁鹊、仲景之医术,而数圣所著《本经》《内经》《难经》《玉函经》《伤寒论》等,亦罕有解之者,历观古籍,细详新说,益见吾邦为文明古国之破产者,医术其一证耶,故欲明是途,须读古书,秦汉下作为参考,不可奉为圭臬。"他博采众长,摒弃门户私见,晓古通今,结合临床,多有著述。然仅存《摄生心法》一书,余尽散失。

《摄生心法》从理论到临床各科,以及处方用药无不赅备。卷首有社会名人和当时名医的题词,梁漱溟、陈亚三的"见道之言"和"仁心仁术";马守义的题词"医学津梁",可见伊堂的医德、医术俱为人景仰和称颂。

[《惠民地区卫生志》(1992)]

◎ 刘济安 ◎

刘济安（1899—1967），号玉甫①，原籍河北省沧州专区孟村回族自治县大堤东村人。生前曾任惠民县政协副主席、省政协委员、县人民委员会委员、惠民中心医院中医科副主任。刘先生塾书十五年，中学六年，毕业于西医大学（四年制）。勤奋好学，谦虚谨慎，团结同志，任劳任怨。专治胆道蛔虫、消化道溃疡、黄疸、伤寒等病，颇有声誉。

[《惠民地区中医药志》（1983）]

刘济安（1899—1967），河北盐山人。1929年赴天津学医，后在天津、沧州行医。1949年到惠民专署实业公司光华药房工作。1956年调惠民中心医院任中医科副主任，先后被选为县政协副主席、省科普协会委员、省政协委员等。曾发表医学论文多篇。

[《山东省卫生志》（1992）]

刘济安（1899—1967），号翌辅，河北省孟村回族自治县堤东村人，回族人。他自幼聪颖，就读私塾，勤奋好学，后与其弟刘格平（曾任中共中央委员）同去天津，考入某中学读书。其弟刘格平投身革命，他非常支持，主动承担了抚养其子女的任务，特别是在格平被捕入狱期间，他一面操持全部家务，一面奔走呼号，想方设法营救其弟出狱。他深恶旧中国之黑暗，向往中华民族之光明。目睹国民灾难，痛心疾首，为疗救民众之疾苦，强壮体魄，以救国家，遂立志学医，博览医籍，拜师访友，探求医理，1929年考入天津新医学校，攻读四年，取得优异成绩。于1932年毕业后，在天津义务行医，时常在病人家彻夜救治，赢得了民众嘉许。1944年刘济安移居沧州行医，1949年来渤海区，在惠民专署实业公司光华药房任医生。1951年在惠民专署实业公司中西药房任医生。1954年在惠民县供销社药材部任医生。1956年在惠民中心医院中医科任中医师，曾被选为惠民县政协副主席、山东省政协委员、中医学会会员、科普协会会员。

他一生致力于祖国医学事业，谦虚好学，勤奋不倦，广涉群书，博极医源。白天医病，夜晚读书，几十年如一日，学习研究中医著作。尤其对《伤寒论》研究颇深，结合个人临床经验，整理编写了《熟悉中医伤寒论》一书，还搜集整理了大量中医验方、秘方，著成《中医验方秘方》，可惜在"文化大革命"中散失。

---

① 玉甫：《惠民地区卫生志》（1992）作"翌辅"。

济安对医疗技术精益求精,诊治疾病一丝不苟。他在惠民中心医院集数年经验研制出中成药"胃药",主治胃脘作痛,消化不良,嘈杂吞酸,或不能食过热过冷食物,或恶心呕吐等症,疗效甚佳。他常云:"医本活人,学之不精,反为夭折。"他一生致力于常见病、多发病的研究诊治,对肠胃病、妇科病、肺结核、小儿百日咳、眼睛内外障等病,积累了丰富的治疗经验。如自制的"蛔厥汤"(乌梅一两,苦楝皮八钱,使君子三钱,云花①二钱,黄连二钱,黄柏二钱,香附三钱,枳壳三钱,干姜二钱),患者服一剂症状减轻,服两剂痊愈,他不仅有丰富的临床实践经验,而且在中医理论上也有一定造诣。自1955年以来,还先后担任各种中医进修班、培训班、惠民医士学校的中医教学工作。

他一生遵从凡为医者,性存温雅,志必谦恭,动须礼节,举乃柔和,无自妄尊,不可矫饰,疾小不可言大,事易不可云难,贫富用心皆一,贵贱使药无别。他待病人态度和蔼,诊疗细心,效果显著,慕名求医者甚多。无论班上班下、过年过节,病人不绝。他亦是有求必医,医必精心,从不厌弃。他说:"人不能因节假日无病,有求者必有病痛。我为之解除疾苦乃最大快事。"他一生勤勤恳恳,兢兢业业,直到去世的那天,仍全日上班,诊病三十余人次,当夜溘然长逝,其医德高尚,光鉴后人,永志难忘。

[《惠民地区卫生志》(1992)]

◎ 孔昭鲁 ◎

孔昭鲁(1900—1958),字辉东,滨县杜店镇洼二孙村(今滨州市杜店镇洼二孙村)人。昭鲁生于中医世家,自幼聪慧好学,深受祖辈之熏陶,喜读古典医著,博采各家之长,医术高深,临床经验丰富,尤精妇科,凡疑危重病得其治疗者,多转危为安。1941年,北镇"和记"掌柜侯某患重病,屡医不愈,危在旦夕,专请昭鲁会诊。孔切脉后,只在原医处方上添了三钱大黄,即药到病除。从此,名震滨县、蒲台、利津等地,慕名延医者络绎不绝。

[《惠民地区卫生志》(1992)]

---

① 云花:即络石藤。

◎ 李伯谦 ◎

李伯谦（1901[①]—1972），原名敬恭，幼读儒经，文墨精湛，继攻岐黄而业医，擅长内、妇科，在研攻"流脑""乙脑""阑尾炎"方面很有创见。医德高尚，医技精湛，名著于全县。1954年、1955年和1957年历任县人民代表。1957年为中华医学会会员。

[《惠民地区中医药志》（1983）]

李伯谦先生，字敬恭，本县里八田乡，吴庄村人，生于1902年2月，自幼（十五岁）在本村荣庆堂药铺学徒，自此研习岐黄之术，深得其道，曾先后在九户慈善医院、济南钟楼寺受聘行医。先生一生谦虚谨慎，勤奋好学，谙熟《内经》《伤寒》《脉经》《本草》等诸家之说。精于内、妇、儿各科，医术精湛，善治各种疑难杂症。1955年在本县参加卫生工作，1956年去省中医进修班深造，有感党的中医政策之英明，1962年将自己四十年之临床经验、验方、秘方贡献出来。先生在中医治疗胆道蛔虫、阑尾炎、流行性乙型脑炎方面有独到之处，故常能力挽危逆，给人以再生之福。先生不善辞令，为人温雅和蔼，每诊必详细询问，深研其理，治法用药严谨，如遇疑难危症，必亲切解释，给病人以精神安慰，每治颇多应验。位桥四方投其诊治者，每日应接不暇，在群众中久负盛名，实属我县名医之列。晚年虽身患疾病，仍坚持诊务，对中医工作兢兢业业，毫无怨言，为院内职工所崇敬。先生1954年当选为人民代表，1955年当选为齐东县人民委员会委员，1960年当选为邹平县人民委员会委员，1957年聘为中华医学会会员，1960年3月在本县参加群英会授奖，1963年3月获邹平县人民政府物质奖人民币三十元。在位桥医院（现为第二人民医院）工作期间，历年被评为先进工作者。先生1972年病逝，终年七十岁。

[《邹平县卫生志》（1990）]

李伯谦（1902—1972），字敬恭，邹平县里八田乡吴庄人。幼读私塾，十五岁在本村"荣庆堂"药铺学徒，研习岐黄之术，深得其道。之后，应聘在九户"慈善医院"、济南钟楼寺等地坐堂行医，建国后回家乡参加基层卫生工作。1954年当选为齐东县（今属邹平）人大代表，1955年又被选为齐东县人民委员会委员。1958年被荐至山东省中医研究所研究班从事中医研究工作。同年成为中华医学会会员。

[①] 1901：《惠民地区卫生志》（1992）载李伯谦生年作"1902"。

1960年被选为邹平县人民委员会委员。

伯谦一生谦虚谨慎，勤奋好学，谙熟《内经》《伤寒》《脉经》《本草》等医籍之奥，精内、妇、儿科，善治各种疑难杂症，对治胆道虫、阑尾炎、乙型脑炎等病有独到之处，常能力挽危逆，起死回生。他不善辞令，为人温雅和蔼，每诊细问深研，治法用药严谨，如遇疑难危症，则亲切解释，给患者以精神安慰。在群众中久负盛名，每日应诊不暇。晚年虽身患疾病，仍坚持诊务。1960年曾出席邹平县文教群英大会，先后受到县人民政府的荣誉奖、物质奖。在邹平县第二人民医院工作期间，历年被评为先进工作者，是全区名医之一。

[《惠民地区卫生志》（1992）]

◎ 董茂堂 ◎

董茂堂，西董乡台头村人。自幼习医，勤奋好学，精内、妇儿各科，自设"义德堂"，性情温雅，平易近人，诊病不分贫富一视同仁，方多奇效，常为乡里所称颂。

[《邹平县卫生志》（1990）]

◎ 赵学娄 ◎

赵学娄，字传宏，波店村人。自幼上学，后任教兼攻岐黄术。至中年弃教从医，精针灸术，据云，擅治"转筋霍乱"，用针灸治疗有奇效。

[《邹平县卫生志》（1990）]

◎ 张加林 ◎

张加林，苑城乡东南村人。精于岐黄术，临床经验丰富，行医于"成继堂"。医馆药物齐全，药真价实，于苑城四乡颇负盛名。

[《邹平县卫生志》（1990）]

◎ 刘汉峰 ◎

刘汉峰（1902—1970），字医林，阳信县水落坡公社五支流村人。十八岁从本村刘孝峰学医。通读"四大经典"，对《伤寒论》学习尤深。后在水落坡街开"保和堂"药铺十余年。1953年加入水落坡联合诊所。1962年前曾三次被选为县人民代表。行医二十余年，求医者甚多，活人无数。不论寒暑盛夏，有求必应。在群众中享有一定声誉。

[《惠民地区中医药志》(1983)]

◎ 白玉娥 ◎

白玉娥（1902—1975），女，无棣县庞集乡崔家桥村人（原籍河北省沧县）。她出生于世医之家，祖传针灸、按摩法尽晓之，临证尤以按压治疗乳蛾为绝。此法以其手法简单，疗效显著，患者又易于接受为特点。1954年春，该区乳蛾流行，她以此法治疗四十余例，全部治愈，并把其医术尽心传授给来学的人，从不保守。

[《惠民地区卫生志》(1992)]

◎ 霍缄三 ◎

霍缄三（1902—不详[①]），又名淑铭，邹平县韩店公社霍家坡人。八岁上学，寒窗十三年，下学后事教十余年，边教学，边习医。自1931年弃教从医。善治杂症，尤精妇科，经验丰富，深受县内赞誉。历任过县政协委员、县人大代表。

[《惠民地区中医药志》(1983)]

霍缄三（1902—1969），又名淑铭，孙镇乡霍家坡村人。八岁上学，寒窗十三年，下学后任教十余年，边教学，边习医，自1931年弃教从医，善治杂症，尤精妇科，经验丰富，深受县内赞誉。历任县政协委员、县人大代表、县中医研究所主任。

[《邹平县卫生志》(1990)]

◎ 郝玉山 ◎

郝玉山（1903—1975），字昆仑，阳信县温店公社王坤兮村人。早年随伯父郝宝田学医，1936年在北京"太和堂"学徒一年。1938年回家开药铺行医。1952年在惠民地区中医进修班学习半年，分配温店联合诊所任中医。1958年被选为省卫生模范，省府授予奖状一面，奖章一枚。先生医术颇高，在当地享有一定威望。

[《惠民地区中医药志》(1983)]

[①] 不详：《邹平县卫生志》(1990) 载霍缄三卒年作"1969"。

◎ 王寿祥 ◎

　　王寿祥（1906—1979），字虚斋，系博兴县陈户公社河西村人。自幼读书，青年时期从事教学，同时师从儒医伯父王道三习医，深受其言传教诲。抗日战争爆发后，在共产党的领导下，带头组织"一担挑"的县医院，任院长，跟随县政府机关，转战博兴各地。抗战胜利后，组织博济药社，任医生，积极为解放区军民解决缺医少药的困难。建国后，调博兴县人民医院工作，历任中医科医生、副院长等职。先生在技术上勤奋好学，精益求精。诊余之暇，手不释卷，夜以继日，持之以恒。研究中医，不持偏见，常冶经方与时方于一炉，取众家之长，活人甚多，其威望遍及全县。医德高尚，诊务不分穷富，一视同仁，从不计较名利，不受贿赂。在县医院应诊期间，接座常满，应接不暇。曾带中医学徒数人。在博兴、高青、桓台联办的中医进修班任过教师。现遗有手抄《内科杂证笔录》二十余篇。历任县人大代表、县人民政府委员。曾被评为省、县卫生先进工作者，分别获得省、县签发的奖状、奖章及奖品。病故后，政府及各机关、团体、生前友好、驻地机关、卫生工作者，分别送了花圈。举行了极其隆重的追悼仪式。在悼词中高度评价了他的一生。"王虚斋同志一生勤勤恳恳，兢兢业业，任劳任怨，为博兴县卫生事业，为祖国医学的继承和发展，作出了积极的贡献，是全县医务工作者学习的好榜样"。

[《惠民地区中医药志》（1983）]

　　王寿祥（1906—1979），字虚斋，博兴县陈户公社（今陈户镇）河西村人。自幼于私塾就读，学识深邃，青年时期从事教学，教学之暇，在其伯父、名医王道三教诲下，兼学中医典籍。抗日战争爆发后，他怒于日寇烧杀掳掠的残暴罪行，愿把自己的医学技能服务于抗日军民，1941年4月，在中共博兴县、县民主政府的领导与支持下，他带头组织八名医务人员建立了"一担挑"的县医院，并被委任为院长。他带领全院工作人员和"肩挑医院"，紧随县党政机关，徒步跋涉，风餐露宿，转战博兴各地，为抗战伤病员治伤疗疾。1942年，他坚决响应党中央关于精兵简政的号召，离开了县医院，回家行医。抗日战争胜利后，他欢欣鼓舞，组织一些医界人士，建立了当时博兴第一家集体所有制的"博济药社"，积极为解放区军民解决缺医少药的困难。建国后，调至博兴县人民医院工作，1954年出席惠民专区首次中医代表会议，之后，担任博兴县人民医院副院长，当选为县人大代表、县人民委员会委员。1962年被评定为全区名老中医。

寿祥一生勤奋好学，手不释卷，对医术精益求精，不持偏见，冶经方与时方于一炉，取众家之长，辨证施治，中医内科造诣较深，撰有《内科杂证录》（未梓）；诊病不分贫富贵贱，不计名利，不受礼谢，医高德重，声誉遍及全县，求诊者接踵而至，诊室满座。他还曾在博兴、高青、桓台三县联办的中医进修班任教，并获好评。

虚斋一生性情正直，谦和恭让，工作勤勤恳恳，兢兢业业，任劳任怨，为博兴县卫生事业，为祖国医学的继承和发展，作出了积极的贡献；先后被评为山东省、博兴县卫生先进工作者，分别获得省、县颁发的奖状、奖章及奖品。

[《惠民地区卫生志》（1992）]

◎ 牟景岭 ◎

牟景岭（1907—1976），字梅仙，博兴县阎坊公社龙河村五里大队人。高小毕业后，自学中医，1939年开始行医于世。推崇时方，擅长内科、妇科。晚年在阎坊公社医院工作。医德高尚，医技较高，颇受当地群众欢迎。曾连续四届被选为博兴县人民代表大会代表。

[《惠民地区中医药志》（1983）]

◎ 孟令谋 ◎

孟令谋（1907—1976），无棣县水湾镇西同家村人。幼课儒，后习医。1940年在无棣县城经营"三世堂"药铺。1946年到天津咸水沽一带行医，因治愈一例肝硬化腹水垂危病人而扬名。1951年任咸水沽卫生工作者协会主任。1953年任天津东郊区联合诊所所长。1954年出席天津市中医代表会议。1958年创建天津东郊医院。1959年至1966年被选为东郊区两届人大代表，"文化大革命"期间回故里行医，1972年重返天津，后病故。

令谋熟读中医经典，精于内科、妇科，天津东郊一带称其为"孟派医学"。他诊病不分贫富，有求必应，慕名就诊者应接不暇，在故乡、天津东郊一带享有盛誉。撰有《实践经验方剂》一书，今佚。

[《惠民地区卫生志》（1992）]

◎ 牛会龙 ◎

牛会龙（1908—1978），无棣县庞集公社鞠家村人。十五岁在天津从师学医。

1942年回家行医。1950年在县中医药社任中医工作。1955年任无棣县卫生科副科长。1956年被选为人民代表大会常务委员。1962年任县医院副院长。牛先生熟读经典，善用古方，经治者多应手奏效，医术盛名全县。先生素性容人严己，性平温和，态度和蔼，有求必应，经验丰富，诊治细心，就诊者络绎不绝。获得患者的好评。

[《惠民地区中医药志》（1983）]

牛会龙（1908—1978），无棣县庞集公社（今庞集乡）鞠家村人。自幼就读私塾，十五岁去天津从师学医。1942年回故里行医。1950年在县中医药社任中医。1955年被任命为无棣县人民政府卫生科副科长，1956年被选为县人大常委会委员，1962年改任县人民医院副院长。他熟读中医经典，辨证施治，医病多应手而效，县内负有盛名。会龙素性宽人严己，态度和蔼，平易近人，有求必应，诊治细心，就医者接踵而至，深得患者好评。

[《惠民地区卫生志》（1992）]

◎ 王可让 ◎

王可让（1910—1963），字廉泉，博兴县龙居公社银王村人。自1932年从事教育，同时潜心攻医，并始于临床。建国后参加卫生工作，先后在本村同意药社、龙居联合诊所、博兴县人民医院工作。其性慈善，才资聪敏，谦虚好学，对《伤寒》《金匮》学习尤深，对栓塞性脉管炎、破伤风、急性肾炎等有一定的治疗经验。1957—1959年，曾分别在惠民地区、滨县、博兴县举办的中医进修班任教师，获得了全区同道的好评。还集有部分验案、验方及教学笔记。1963年被聘为博兴县第三届政协委员。

[《惠民地区中医药志》（1983）]

◎ 李子经 ◎

李子经（1910—1976），字卫斋，滨县城关镇官庄人。早年攻读私塾，从十九岁开始学医，二十五岁时悬壶于故里。1949年在县人民医院中医科工作，任医生。1959年为县各界人民代表会议委员，历任县政协委员、副主席、卫生局副局长等职。子经先生熟读经典，擅长妇科，具有丰富的临床经验，在用药方面，遵古炮制，法古而不泥于古，加减变通，灵活运用，疗效显著。医德高尚，对病人态度和蔼，对中医工作兢兢业业，名闻全县。

[《惠民地区中医药志》（1983）]

◎ 周敬堂 ◎

周敬堂（1910—1978），惠民县毛刘公社前周村人。自幼随祖父学医，曾在宏升泰药店、惠民县医院、惠民中心医院工作，中医师，善治妇科，具有一定的中医基础理论和丰富的临床经验。

[《惠民地区中医药志》（1983）]

周敬堂（1910—1978），惠民县毛刘公社（今香翟乡）前周村人。自幼随祖父学医，明医理，擅内、妇科，曾在惠民县城"宏升泰"等药店坐堂行医多年。1955年参加工作，先后在惠民县医院、惠民专区人民医院、惠民中心医院执诊。1958年11月参加淄博专区中医拜访团，后留专区中医药科学研究所工作。1962年回惠民县人民医院任中医师，直至去世。敬堂一生，治学严谨，尤重医德。如1935年，一村妇血崩不止，他雪夜急诊，路滑马倾，跌折右足，仍忍痛前往，病妇血止康复，他却足留残疾。

[《惠民地区卫生志》（1992）]

◎ 谢亮辰 ◎

谢亮辰（1910—1985），学名思明，滨州市彭李乡南杨村人。1918年在本村私塾就学。1928年下学后，因母常年患病，深尝求医之难，乃于务农之暇，兼习岐黄，亦医亦农十六年。1944年至1946年被北镇仁德堂药店聘为医生。1947年至1948年任滨县县立医药社医生，1949年至1954年任滨县二区医药合作社医生，并于1954年9月参加了山东省第一届中医代表会议，1955年至1957年任北镇供销社医药部、惠民专区药材公司医药部医生并兼任惠民专区中医进修班教师。1958年2月调山东省中医研究班，在名中医、省卫生厅副厅长刘惠民的领导下，研究和编译《黄帝内经》《伤寒论》等中医经典著作。1959年研究班结业后，回滨县北镇公社医院行医两个月，又赴灵岩寺山东省中医进修学校学习，1960年2月调惠民医士学校任中医教师，1962年9月又调北镇卫生学校任教，1979年晋升为中医主治医师。曾被选为山东省第四届政协委员、省第五届人大代表。1985年12月病逝。

谢亮辰聪慧好学，对《黄帝内经》《伤寒论》《金匮要略》等古典医籍，无不学习钻研。因而中医基础理论扎实，且具有长期的临床经验，故在中医教学中能探本溯源，深入浅出，讲解透彻，教学效果好，深受学生欢迎。他于临床亦潜心研究，四诊中尤重切诊；各科中尤专内科、妇科，治好了不少疑难杂症，晚年又致力于白血病、再生障碍性贫血和恶性肿瘤的研究和治疗，都取得了一定的效果。慕名就诊者往往络绎不绝，来函求医索药者遍及省内外。他治疗白血病、食道癌的经验，曾由其学生整理发表在《山东医药》和《辽宁中医杂志》等刊物上。

[《惠民地区卫生志》（1992）]

◎ 赵象文 ◎

赵象文（1911—1982），字友生，博兴县陈户公社赵楼村人。自幼读书，青年时期立志学医，济世于民。医德高尚，不索贿赂，有求必应。1961年在陈户卫生院工作。1981年被聘为博兴县第五届政协委员。对祖国医学刻苦钻研，善于总结临床经验，积累了大量医案。晚年在诊余之暇，查阅古今中医著作，结合个人临床经验，撰成《内科辑要》一部，约二十余万字的手稿，系经验之谈，颇有可取之处。

[《惠民地区中医药志》（1983）]

◎ 宋兆锋 ◎

宋兆锋（1913—1981），滨县阎家公社宋黑家人。自青年时期学医。50年代初参加联合诊所，任医生。后调滨县人民医院中医科任医师。从1959年历任县政协委员。行医四十余年，名闻全县。1959年曾参加省中医学术经验交流会，就其《对〈内经〉中有关治则经文的点滴体会》的论文进行了交流。对工作认真负责，态度和蔼，以解除病人疾苦为己任。虽年过花甲，仍经常出诊为患者治病。身患癌症，坚持诊务，毫无怨言。

宋先生，熟读经典医籍，并能灵活运用于实践。辨证分析明确，处方用药严谨，常力挽危逆，疗效显著。曾带徒数人。

[《惠民地区中医药志》（1983）]

◎ 赵文安 ◎

赵文安（1914—1982），惠民县城里南门街人。解放前毕业于北京函授大学中文系。自幼肯读书，嗜诗文，十八岁教学并自修医术。三十岁正式行医闻世，常写医验理会，并著《临床验记》七册。在城关医院工作期间，平易近人，德高望重。

[《惠民地区中医药志》（1983）]

◎ 刘玉梅 ◎

刘玉梅（1921—1974），字献五，阳信县水落坡公社皮户刘村人。16岁从父刘稳士学医，通读各家名著，擅长小儿科。1953年参加水落坡联合诊所，任所长兼卫生协会主任，先后受到县政府两次表扬和奖励。著有《验方合编》一书（已失传）。为群众治病不分天气好坏，在阳信城东一带颇有影响。

[《惠民地区中医药志》（1983）]

◎ 才春元 ◎

才春元，字捷南，武城县人，清监生。通中西医学，著有《中西学通考》《内外全书》，未梓，今犹藏于家。

[《山东中医药志》（1991）]

◎ 李振垣 ◎

李振垣，清代陵县人，光绪初年，施种牛痘，自备痘浆，不受馈赠。

[《山东中医药志》（1991）]

李振垣，字环宫（约清末人，居籍原属德平县怀仁乡，今属商河县），例贡生（监贡），家道素丰，好施舍。每逢公益多有捐助。光绪初年施种牛痘，自备痘浆，并以食物给种痘儿，不受馈赠，远近称之。（摘自《德平县续志》）

[《临邑县卫生志》（2005）]

◎ 于风调 ◎

于风调（约清末时人，居籍原属德平宜丰乡，今属乐陵市），善医术，乡党有疾者自行投诊，贫者服药概不索值，常慨然以济世自负。至于排难解纠尤其特长，以故庄中三十余年无讼事。殁后，乡人祭之，曰"风调先生"。

[《临邑县卫生志》（2005）]

◎ 吕兰田 ◎

吕兰田，字仙桥（约清末人，居籍原属德平县禹贡乡，今属陵县）。宣统辛亥岁贡。性至孝，待母起居日必躬亲。好读书，志趋远大。见清末士习日坏，徒无虚名，食饩后遂设帐于乡，购集中外时务书，专心致志研究实用。来学者踵接于门，多有成就。晚年益精岐黄业，尤擅长妇科，四方求诊无不应于奏效，并不索酬。常推此旨谕诸曰："汝曹各就相当职业，为社会尽一份责任，为同胞造一份福利，父愿足矣。切勿积储金钱贪致富有，做社会经济之障碍。与其藏之以祸己，不若散之以济人。其明有如此孝。"（摘自《德平县续志》）

[《临邑县卫生志》（2005）]

◎ 许 景 ◎

许景，字介甫（约清末时人——编者注），治岐黄业。性廉不与人计值，造请者趾相错。晚为医学训科。冠带跨驴遨游市井间，赋诗自嘲，有"名同僧道亦称官"之句。其放诞如此。（摘自《临邑县志》）

[《临邑县卫生志》（2005）]

◎ 徐荫周 ◎

徐荫周，字堇元（清末人），满家乡曹徐村人，宣统庚戌恩贡。性笃好友，学问以实践为本，精岐黄。晚年悬壶里门，时值疾疫大作，辄提囊出诊，着手成春而药值有无未尝计。深为世人所崇。

[《临邑县卫生志》（2005）]

◎ 于蓝瀛 ◎

于蓝瀛，字仙洲，清末民初庆云县人。于各科皆有心得，施方不泥古，多着手成春。

[《山东中医药志》（1991）]

◎ 刘敬兴 ◎

刘敬兴，字式衡，清末民初庆云县人。入病家诊，徒步以往，不索饭，不受谢。

[《山东中医药志》（1991）]

◎ 刘鹏飞 ◎

刘鹏飞，字干青，清末民初庆云县人。终生业医，活人无算。

[《山东中医药志》（1991）]

◎ 张希同 ◎

张希同，字景镐，清末民初夏津县红庙人。以母病潜心习医，不计远近，有延必往，贫者舍药济之。

[《山东中医药志》（1991）]

◎ 范风岐 ◎

范风岐，字瑞西，清末民初平原县陈位二庄人，邑庠生。以医知名。

[《山东中医药志》（1991）]

◎ 栾丕建 ◎

栾丕建，清末民初平原县人，庠生。业医，不慕荣利，以济世活人为怀。

[《山东中医药志》（1991）]

◎ 唐凡楼 ◎

唐凡楼，字修五，清末民初平原县人，增贡生。通经史，精医学。

[《山东中医药志》（1991）]

◎ 唐书鉴 ◎

唐书鉴，字观五，清末民初平原县人，邑庠生。以精岐黄术名重一时。

[《山东中医药志》（1991）]

◎ 程思敬 ◎

程思敬，清末民初庆云县人。精通医学。1927年任河南督署总医院院长。

[《山东中医药志》（1991）]

◎ 撒膏林 ◎

撒膏林，字雨村，庆云县人，生活于清末民初。精医道，才冠一乡，慷慨好施，光绪二年岁饥，施钱舍粮，竭力周济，乡邻赖以生存，活人无算，自此家境日渐凋零，甚或衣食不继，雨村处之坦然。山东布政尚其学，赏识之，委修河工，既勤且慎，不数月竣其事，上嘉之。历署阳信、乐陵、海丰三县巡察，以年老赋衰辞归，两袖清风，家徒壁立。著有《医学汇编》，未梓。

[《山东中医药志》（1991）]

◎ 孔宪纪 ◎

孔宪纪，字友堂（约民国时人，原德平宜丰乡，今属陵县）。为人性纯笃，捐

资兴学，热心教育，又善岐黄，救世活人，不事财利。殁后公送匾额以"望重乡里"四字旌之。（摘自《德平县续志》）

[《临邑县卫生志》（2005）]

◎ 耿介堂 ◎

耿介堂，武城县人，治沉疴，多着手成春。民国二十三年（1934）县长张迈孟题赠"济世活人"额其门。

[《山东中医药志》（1991）]

◎ 程品三 ◎

程品三，民国禹城县人。擅长内科，又精儿科，悬壶天津劝业场，名噪津地。著有《药性戏剧大观》，已刊行。

[《山东中医药志》（1991）]

◎ 宗兰升 ◎

名医药家宗兰升，刘营伍公社宗庄人。十八岁任教师，二十一岁考取秀才，二十七岁行医，开设"保生堂"四十余年，对医药学术精益求精，特别精通《陈修园四十八种》，擅用达原饮，以治时疫闻名于宁津城北一带，享年八十三岁。

[《宁津县医药志》（1986）]

◎ 李 铣 ◎

李铣，陵县李全真人。生于清道光二十四年（1844），卒于民国三十五年（1946）。清咸丰间举人，曾出任知县，喜读方书，旁通医术，晚岁隐于医，以济世活人为务。终年一百零二岁。

[《山东中医药志》（1991）]

◎ 王 怀 ◎

王怀，临邑县宿安街人，生于清道光二十七年（1847），卒于民国十六年（1927）。庠生，自修岐黄术，善治内科杂病。

[《山东中医药志》（1991）]

王怀（1847—1927），宿安街人。清末秀才。自修岐黄，悬壶于当地，医技精湛，医德高尚，颇负盛名。擅长内科杂病。

[《临邑县卫生志》（2005）]

◎ 郭长清 ◎

郭长清（1851—1912），字圣之，德平西关街人。工吟咏，兼精岐黄。著有《纪有诗草》《脉诀新要》二卷，藏于家，已佚。

[《临邑县卫生志》（2005）]

◎ 李明山 ◎

李明山，禹城县范庄人，生于清咸丰二年（1852），卒于民国二十五年（1936）。工外科，尤精整骨。

[《山东中医药志》（1991）]

◎ 边世文 ◎

边世文，陵县中王奇庄人，生于清咸丰四年（1854），卒于民国十九年（1930）。务农兼医，善治外科。

[《山东中医药志》（1991）]

◎ 李德俊 ◎

李德俊，字达泉，临邑县小冯庄人。生于清咸丰三年（1853），卒于民国二年（1913），贡生业医，曾悬壶于包头市，术精内科，又善书法。

[《山东中医药志》（1991）]

李德俊（1853—1913），字达泉，临邑镇小冯家人，清末贡生。自修岐黄，早年悬壶于包头市，颇负盛名。晚年返乡业医至终，医技名噪四方。临床长于内科杂病。兼好书法。

[《临邑县卫生志》（2005）]

◎ 魏安静 ◎

魏安静，江西南昌人，行医定居临邑德平。生于清咸丰三年（1853），卒于民国十二年（1923）。喜读方书，工儿科，名闻于邑。

[《山东中医药志》（1991）]

魏安静（1853—1923），江西南昌枣园人。早年行医来至德平县，寄居于理合街，系岐黄世家之后。幼承家教，勤奋好学，涉猎群书，后由博返约，专攻《内经》及钱氏仲阳之道，对小儿科疾病的诊治有较深造诣，为当地著名的儿科医生。

[《临邑县卫生志》(2005)]

◎ 于宝田 ◎

于宝田，禹城县大郭庄人。生于清咸丰九年（1859），卒于民国二十六年（1937）。传家技业医，术工内科。

[《山东中医药志》(1991)]

◎ 刘福田 ◎

刘福田，字白五[①]，临邑县刘双庙村人。生于清咸丰十年（1860），卒于民国二十年（1931）。承家训业医，善治眼科。乡公赠"一方善士"匾。

[《山东中医药志》(1991)]

刘福田（1860—1932），字向五，临南镇刘庙村人。世代中医，少年攻读经书，有较深学识。成年后继承家学，精心攻读《眼科大全》《审视瑶函》《银海精微》等名著。临证数十载，治验颇多，医德高尚，名震四方。当地群众联合赠送"一方善士"匾额一块，以示称颂。

临床以眼科为专长，注重辨证论治和整体观念。他认为"云翳"多为气血凝滞所致，单从发散及凉下，犹如一潭死水，得凉而凝，使翳更甚，治疗必须活血破瘀，疏通其道，如活水而不致滞凝。"内障"证多为本虚，宜补肝肾求治于本，"外障"多为实证，治疗多宜发散攻下，并佐以活血破瘀。晚年著有《眼科心得》，传于后世。

[《临邑县卫生志》(2005)]

---

① 白五：《临邑县卫生志》(2005) 作"向五"。

◎ 靳凤管 ◎

靳凤管，字韶仪，夏津县人。生于清咸丰十一年（1861），卒于民国二十七年（1938）。业医，术精妇科，名重一时。

[《山东中医药志》（1991）]

◎ 龙云南 ◎

龙云南，字文泉，临邑县德平养马庄人。生于清同治元年（1862），卒于民国七年（1918）。清末悬壶济南二十余年，声誉卓著。

文泉业岐黄术，学验俱丰，善治杂病，尤精妇科及针灸术，对妇科癥瘕深有研究，光绪末年以妇科术名震济南。

文泉道人装束，淡泊世情，不畏权贵，贫者就医，照顾备至，常施医舍药济之，富贵者求诊数延方至。民国初山东省府某官员之妻病肠痈，七位名医久治弗愈，慕名差人三延不至。后省府委托文泉知友李某延请方至。诊毕索阅前医处方，拍案大斥曰："庸医杀人也！"此刻七位名医在座怒不敢言。遂拟方：升麻半斤，大锅煎汤，少量频服。临行嘱曰："愿夫人活即服此药，不想活不必用也。"省府大人留款厚待，不应即返。患者以方如法调理，数日即愈。省府差人送厚礼酬谢，文泉正言辞谢。省府官员仰慕文泉之医术医风，委其友李氏聘为省府专医，屡聘不应。其友再三申明省府大员为官清正廉明，非系赃官，多次请求，始勉强应聘。于省府任医时，凡士兵仆役患病，皆以免费诊治，药费从己薪俸月银内支付。

文泉生平，慈善为本，活人甚多，临终一贫如洗，官兵为之流涕，卒后省府为其立碑于济阳县孙耿村艾氏（艾系龙氏岳丈，当地绅士）之域。惜"文化大革命"时已毁。

著有《妇科临证医案》《七癥八瘕》，未梓，"文化大革命"时被焚。

[《山东中医药志》（1991）]

龙云南（1862—1918），字文泉，临邑县德平养马庄人。教员出身，习读方书，苦研医学，深究《内经》《难经》《金匮要略》《济阴纲目》《针灸大成》等书。悬壶于济南二十余年，临床经验颇丰富，尤其擅长于妇科及针灸术。对妇科癥瘕之症的诊治有较深造诣。

清光绪末年，龙氏曾以诊治妇科疾病名震济南。著有《妇科临床医案》《七癥八瘕》等书，"文化大革命"期间均被焚失。

龙氏道人装束，世观清贫，济世活人，慈善为本，扶困济贫，不重权贵。贫贱者就医，照料备至，且常施医药以济。富贵者求医，数延方至。

民国初年，山东省府某大人之妻患肠痈，七位名医殷勤治疗，日久不愈。省府差人求治于龙，三延不应。省府大人委求龙氏知友李公馆李某再次延请，方至。诊脉毕索前诸医处方观后，拍案斥曰："庸医杀人也！"此刻，七位名医在座，怒不敢言。龙氏随即处方"升麻半斤，大锅煎汤，少量频服"，并对省府大人曰："愿夫人活命即服此药，不想活命不必用也。"省府大众挽留款待而不应，随即而去。患者服药后数日病愈，省府大人差人送金银锦帛以示酬谢，龙氏斥而拒绝。省府大人敬仰龙氏医技及风度，因而再求其友人李某聘请龙为省府专医，龙不应。李公再三申明大人为官廉明清正，非系赃官，多次请求，龙应进府。于省府期间，凡士兵差役患病，免费诊治，由先生本人俸禄月银支付。

龙氏一生济世活人，慈善行道，至终一贫如洗。官兵上下百倍敬仰。卒后，中华民国山东省府为其立碑于济阳县孙耿艾八爷（艾某系龙氏岳父，当地名绅，人称艾八爷）之域。碑于"文化大革命"期间已毁，碑文不详。

[《临邑县卫生志》（2005）]

◎ 程国思 ◎

程国思，陵县东堂程庄人。生于清同治二年（1863），卒于民国二十五年（1936），庠生。业医，善治伤寒、温疫症。

[《山东中医药志》（1991）]

◎ 武殿选 ◎

武殿选，陵县官道武庄人。生于清同治四年（1865），卒于民国三十四年（1945）。工医术，精眼科，远至百里，求诊不绝，遇贫穷者济以茶饮，人多称颂。

[《山东中医药志》（1991）]

◎ 马 浩 ◎

马浩，临邑县官道村人。生于清同治五年（1866），卒于民国三十六年（1947）。业医六十余年，善治外感时病。

[《山东中医药志》（1991）]

马浩（1866—1947），林子镇官道村人。早年求学于东北某名医门下。于当地行医六十余载，临床长于外感病的诊治，对温热的研究有较深的造诣。时年值瘟疫大作，求治者络绎不绝，其日夜奔忙于各乡，每以着手回春，为后人所颂。

[《临邑县卫生志》（2005）]

◎ 齐怀珍 ◎

齐元珍，字聘之，民国临邑县杨家村人。民国初任山东省东临道教育视导员，后弃教，悬壶德平，设"聘之诊所"后又悬壶天津，长于内科，尤善治虚劳痼疾，晚年闻名于津。

[《山东中医药志》（1991）]

齐怀珍[①]（1867—1939），字聘之，翟家乡杨家村人。早年从事教育，曾任民国山东省东临道教育视导员（道，民国时期区划设置，山东省共划四道）。民国十二年弃教从医，于德平开设"聘之诊所"。民国十六年（1927），离乡去天津市开设"聘之医室"，业医至终。临床长于内科杂病的诊治，对慢性虚痨痼疾的治疗颇有研究，善以滋补之法。其医技之精湛颇负盛名于天津。

其子齐书香、齐书贵承其学业，业医至终。

[《临邑县卫生志》（2005）]

◎ 徐盛禄 ◎

徐盛禄，临邑县徐楼村人。生于清同治六年（1867），卒于1949年。幼承家训业，行医六十余年，善治温热病，又擅长膏、丹、丸、散配制。

[《山东中医药志》（1991）]

徐盛禄（1867—1949），宿安乡徐楼村人。幼承家学，业精岐黄。悬壶六十余年，临床经验丰富，对温热病学有一定研究，并擅长于膏、丹、丸、散等中成药的配制。

[《临邑县卫生志》（2005）]

◎ 朱立统 ◎

朱立统，临邑县人。生于清同治七年（1868），卒于民国二十七年（1938），清末庠生。业医四十余年，术精内科杂症。

[《山东中医药志》（1991）]

[①] 齐怀珍：《山东中医药志》（1991）作"齐元珍"。

朱立统（1868—1938），赵家乡朱家胡同人。清末文生。治岐黄业四十余年，临证经验丰富，对外感病及内科杂病的诊治颇有名望。

[《临邑县卫生志》（2005）]

◎ 于丙秀 ◎

于丙秀，临邑县于家河村人。生于清同治九年（1870），卒于民国十八年（1929）。业医四十余年，专治外科病。治痈疽尤所擅长，名闻惠民、陵县、庆云、济南等地。著有《疮疡辨证心得》，已佚。

[《山东中医药志》（1991）]

于丙秀（1870—1929），满家乡于家河村人。自修岐黄，深究《外科正宗》《疡医大全》，擅长中医外科。临床对外科疮疡痈疽的诊疗有较深的造诣。悬壶四十余年，医技精湛，名噪惠民、陵县、庆云、盐山、济南等地，延者接踵，门庭若市。晚年撰写临证诊疗笔录《疮疡辨证心得》数卷，卒后家人焚烧为祭而佚。

[《临邑县卫生志》（2005）]

◎ 马文广 ◎

马文广，禹城县马桥村人。生于清同治九年（1870），卒于民国三十七年（1948）。以采药、分类、炮制、加工为业。著书名《常见本草》。

[《山东中医药志》（1991）]

◎ 邢 蒿 ◎

邢蒿，临邑县仁家楼村人。生于清同治九年（1870），卒于民国二十六年（1937）。善治温病，喜用清凉攻下法，处方不过七味，主张药专力宏。

[《山东中医药志》（1991）]

邢蒿（1870—1937），赵家乡任家楼村人。自幼家贫，无力就学，常于私塾学堂门外偷听授课而识字。未曾入学，但凭遇人求教，不耻下问，学而不厌而自修文学，能诵读经书。天文地理、历史诗经，无所不通，人称"邢圣人"。其天姿聪明，勤奋好学，涉猎群书，博学多识，后由博返约，专攻岐黄术，对阴阳五行、运气学说等很有见解。悬壶济世数十年，慕名求治者甚多。临床长于外感病的诊治，对温热病很有研究。处方偏于清凉攻下，主张用药要精，药专力宏。其处方用药常不过七味，每起沉疴。反对寒热并进，处方庞杂的"厨子"先生。

[《临邑县卫生志》（2005）]

◎ 王仙洲 ◎

王仙洲，陵县官道孙王梁庄人。生于清同治十年（1871），卒于民国二十七年（1938）。业医，善治伤寒、温病。曾悬壶于济南、德州，享有盛名。

[《山东中医药志》（1991）]

◎ 李振和 ◎

李振和（1871—1948），孟寺乡李家村人。自幼爱好医学，深究《内经》《难经》《医方集解》等著。行医于吉林胶河县，较负盛名，临证以治妇科病擅长。

[《临邑县卫生志》（2005）]

◎ 方朋岭 ◎

方朋岭，字锡九，夏津县人。生于清同治十一年（1872），卒于民国二十二年（1933）。业医，乡公赠"德医兼优"匾。

[《山东中医药志》（1991）]

◎ 庞继同 ◎

庞继同，临邑县庞家村人。生于清同治十一年（1872），卒于民国三十七年（1948）。庠生。业医，以善治外感热病闻名于邑。

[《山东中医药志》（1991）]

庞继同（1872—1948），赵家乡庞家村人。清末秀才。事岐黄业于当地，致力于《伤寒论》《温病条辨》的研究。临床治验丰富，以诊治外感温热病擅长而享有较高声望。

[《临邑县卫生志》（2005）]

◎ 于世诚 ◎

于世诚，禹城县辛店街人。生于清同治十二年（1873），卒于民国三十五年（1946）。三代世医，承家技，精内科。乡人赠"惠及一方"匾。

[《山东中医药志》（1991）]

◎ 王好贤 ◎

王好贤，字汉卿，齐河县人。生于清同治十二年（1873），卒于1949年。三世业医，幼承家训，精儿科，兼通内外妇科，凡经诊治，多着手成春。

[《山东中医药志》(1991)]

◎ 张文奇 ◎

张文奇，临邑县大庄人。生于清同治十二年（1873），卒于民国三十六年（1947）。业医四十余年，学本仲景，善治外感病。

[《山东中医药志》(1991)]

张文奇（1873—1947），临盘镇张大庄人。自学为医。临证四十余年，致力于《伤寒论》的研究。临床以外感病的诊治为其擅长。其处方严谨，用药精专，习用经方，为当地经方派代表。

[《临邑县卫生志》(2005)]

◎ 荣相成 ◎

荣相成，陵县土桥西蔡人。生于清同治十三年（1874），卒于民国三十三年（1944）。以术精外科知名。

[《山东中医药志》(1991)]

◎ 孙德谦 ◎

孙德谦，陵县官道孙人。生于清光绪元年（1875），卒于民国二十九年（1940）。术专内科，善治温病。

[《山东中医药志》(1991)]

◎ 李法成 ◎

李法成，临邑县枣园人。生于清光绪元年（1875），卒于民国三十七年（1948）。以善治妇科病而闻名于商河、临邑等地。

[《山东中医药志》(1991)]

李法成（1875—1948），孟寺乡枣园人。清末秀才。青年时始习岐黄术，对《内经》《难经》《金匮要略》有较深的见解。临床辨证精细，处方灵活，尤对妇科擅长。行医除本县外，常被邀赴商河等地。医德高尚，平易近人，常济贫者以施舍，深孚众望。

[《临邑县卫生志》（2005）]

◎ 金连科 ◎

金连科，字占一，陵县张家庄人。生于清光绪元年（1875），卒于民国二十七年（1938）。贡生。初攻儒业，后弃儒修医，以医术精良而闻名乡邑。孙立贤传其术。

[《山东中医药志》（1991）]

◎ 孙登瀛 ◎

孙登瀛，字蓬宾，陵县城关孙大汉村人。生于清光绪二年（1876），卒于民国三十一年（1942）。学宗陈修园氏，治精伤寒热病。

[《山东中医药志》（1991）]

◎ 李树梅 ◎

李树梅（1876—1964），字雪楼，临邑镇小冯家人。清末秀才。青年时期以执教为业，暇时跟其父李德泽专学外科。后弃教从医，承其家学，对中医外科有较深造诣，在当时没有西药抗生素的情况下，对骨髓炎、骨结核、脉管炎等外科重症的治疗，每以着手回春。远近慕名求医者甚众，治验颇多，并著有《集方便览》《疡医大全学习心得》，现存，传于后世。1957年来院工作，1963年荣获县卫生局名医嘉奖。

[《临邑县中医院院志》（1988）]

李树梅，字雪楼，临邑县小冯家村人。生于清光绪二年（1876），卒于民国三十五年（1946）。庠生。幼承家训，业医五十余年，术精外科。著有《集方便览》，未刊。

[《山东中医药志》（1991）]

李树梅（1876—1964），字雪楼，临邑镇小冯家人。清末秀才。青年时期以执教为业，暇时跟其父李德泽专习外科。后弃教从医，承其家学，对中医外科有较深造诣。在当时没有西药抗生素的情况下，对于骨髓炎、骨结核、脉管炎等外科重症的治疗，每以着手成春。远近慕名求治者甚众，治验颇多，并著有《集方便览》《疡医大全学习心得》，现存，传于后人。1957年参加县中医院工作，1963年荣获县卫生局名医嘉奖。

[《临邑县卫生志》（2005）]

◎ 郭继续 ◎

郭继续，临邑县郭家人。生于清光绪二年（1876），卒于民国二十二年（1933）。专长外科，对痹症尤有研究。自制"五辣丹"，即樟丹、葱、姜、胡椒、辣角、棉油、血竭等，对风寒湿痹确有卓效。

[《山东中医药志》（1991）]

郭继续（1876—1933），临南镇郭家人。一生业医，专长于中医外科，对痹症及疮疡的诊治颇有研究，善以外用膏药为主。自制"五辣丹"（组成：樟丹、葱、姜、胡椒、辣椒、血竭、棉油），对风寒湿痹确有卓效。

[《临邑县卫生志》（2005）]

◎ 张丙午 ◎

张丙午，禹城县冯庄人。生于清光绪三年（1877），卒于1949年。儒医，术精眼科，知名一方。

[《山东中医药志》（1991）]

◎ 靳麟光 ◎

靳麟光，字子绂，号鉴阁，夏津县人。生于清光绪三年（1877），卒于民国二十五年（1936）。工岐黄术，长于妇科。

[《山东中医药志》（1991）]

◎ 刘法明 ◎

刘法明，禹城县刘村人。生于清光绪四年（1878），卒于民国三十七年（1948）。擅长外科，治秃疮尤有卓效。

[《山东中医药志》（1991）]

◎ 刘华明 ◎

刘华明（1879—1964），字宽成，男，山东省陵县赵虎乡避雪店村人。

刘华明自幼习医，阅览百家著述，专习外科。自学《医宗金鉴》《外科正宗》《外科大成》《外科疡医大全》《六科证治准绳》及《陈修园四十八种》等著作。善疗痈疽疮毒。

曾在故里，半农半医，凡有延请者，在所不辞。愈病活人甚多。来德州市后，仍不失乡里本色，不分贫富贵贱，一视同仁。如德州市一女性患者，左股生疽，卧床多年，经他治疗后痊愈，病家感激万分，自费印制传单，张贴散发，称赞不已。

于1952年参加德州市中西医学习班，学得一些西医知识，开阔了对疔毒疮疡、外科感染的视野，增强了无菌观念。

1956年参加德州市中西医联合医院工作，创立了中医外科门诊，治疗疔毒疮疡及骨结核等症，并积累了丰富的经验，殁后有子女门生继其业，为总结他的临床经验。该院建立了科研小组，总结出"蛤蟆丹"治疗骨结核的经验，先后于1958年、1965年、1970年在市、地、省及全国各级中草药展览会上展出，并收入汇编。1965年山东省外科学年会，特邀撰文，做学术交流。嗣后来人来函，索药医病者众。

[《德州地区卫生志》（1991）]

刘氏蛤蟆丹

德州市名老中医刘华明家传秘方蛤蟆丹，主治阴疽疮毒、流脓（骨关节结核）、瘰疬（颈淋巴结核）诸证，对久不敛口之窦道、瘘管，尤有专功。

附：病案

例一：杨国祥，男，三十四岁。患者于1952年秋发生腰腿酸痛，遂致尾骨左侧肿硬。经某院X线检查，诊为骶骨骨髓炎。经某院手术治疗出院后，反复发作，溃破流脓达九年之久。于1961年夏延请刘老先生治疗，查尾骨左侧已溃破，周围呈紫暗色，脓液腥臭，溃口很深，形成窦道。诊为肾俞疽。外用蛤蟆丹，内服人参养荣汤化裁。治疗三个月，病人痊愈，后未复发。

例二：杨春怀，男，十九岁，陵县东堂乡王桂芝家村人，农民。因左腿腰骶部巨大寒性脓肿，波及腹股沟溃破后，漫流清稀脓液，于1963年夏请刘老先生治疗。经X线检查，诊为第四、五腰椎结核。外用蛤蟆丹、拔毒膏，内服阳和汤化裁。半年收功，后未复发。

[《德州地区卫生志》（1991）]

◎ 罗止园 ◎

罗止园（1879—1953），名文杰，字亦才，号未若，山东德州市进步街人。清光绪二十五年（1899）入庠，名列第一。出身于书香门第，明朝末年迄于止园，凡三百载，祖辈均以文学见长，又多知医，其叔罗立轩，从兄罗文，均为历代名医。止园自幼学习刻苦，博览群书，尤喜读医籍，造诣颇深，兼嗜绘画，亦多收获。

光绪三十三年（1907），投考北洋陆军第五镇军官合格，任医官多年，后转任法官，至民国二十四年（1935）返回故里，恢复医业，不久去北平美术学校教授国画，并在北平大拐棒胡同挂牌行医，1938年于华北国医院任教，名望日隆。

罗止园在医学上的成就，是医治肺结核。当时，肺结核病死亡率高，且无特效，危及生命居于首位而举世尚无治疗方法，被列为不治之症。他运用祖国医学理论，总结出一套理、法、方、药皆备的完整经验，治愈了不少病人，著有《结核证治发凡》《止园医话》等书。同时，罗止园主张中西医结合，他主张"发掘中医之真理，汰其渣滓而得其精华，又采西医之所长，补中医之所短，并抉剔西医之所短，中医之所长，不唯中、不唯西，但唯实"。

罗止园于1950年5月向中央卫生部写了关于如何发展中医的意见书，主张设立编纂委员会，博采众长，以西医为经、中医为纬，编写教科书，统一学术思想，剔除门户之见，既能适应新时代，又不失中医固有特色。同时设立中医专科学校、中医医院，成立新中医学会，组成一支强大的新中医队伍，以适应人民的需要。

罗止园于1953年病逝于北京大拐棒胡同寓所，享年七十四岁。

其事业由其爱女罗诗侬继承，其甥女陈端霞，为首都医院内科主治医师，可谓后继有人矣。

[《德州地区卫生志》（1991）]

罗止园，名文杰，字亦才，号未若，晚号止园，德州人。生于光绪五年（1879），卒于1953年。喜医术，善绘画，通法律。初在军政界任职，1926年后，放弃官场，"挂冠归里，自号止园"，至北京定居后以行医鬻画为业。30年代，曾任北平美术学院国画系教授及华北国医学院教授。

著有《止园医话》《麻疹须知》《松雨楼画课》《止园山水画集》《止园诗草》《经史子集要略》等传世。其医、画、文均曾风闻当时。

罗止园，民国德州人，悬壶京都。北平捷成公司总经理之妻病崩漏，下血不止，血亡气脱，昏不识人，经罗氏救治而愈。总经理耗巨资，制成有众多权贵名士署名并有歌功颂德之辞的所谓"万人伞"。总经理亲自率人敲锣打鼓送至罗府，罗氏闭门不见，以示不企踵权贵，不务名利。

[《山东中医药志》(1991)]

罗止园著作

罗止园，名文杰，山东德州市人。为近代中医界知名人士，并且是中西医结合的先驱，曾任华北国医学院教授，在中医临床治疗上颇有造诣，特别是在治疗肺结核方面成绩卓著。罗氏编有《止园医话》《止园医话续集》《新伤寒证治庸言》《结核证治发凡》等，均系"理、法、方、药"俱全的医著。本志选载其序言于后：

《止园医话》序

余家历代多知医，故余于医学有特嗜，攻举业时即喜读医籍，于家学绍承外，复受中医业于章丘邵敬甫先生，继复西医业于恩县姜子全先生。迩时西医学说习者尚少，中国所译汉文书籍仅有博医会出版之《西医内科全书》《西药略释》等数种而已。嗣又从无锡丁福保先生游，乃得尽读先生所译关于东西医学之书籍。窃以为医学一科，关系人命，其理精微，尤重试验，故余对于此道特别感觉趣味。在过去四十余年之间，无日不在试验研究之中，学理观念屡经变更，大略可分三时期述之。盖余系家传中医由来已久，中医学说先入为主，开宗明义，当然只知中医，举一切中医书籍，几全视为神秘，在此时期，诊断处方，丝毫不敢违背古人之方法与理论。如此者约十余年，此可为余极端崇拜中医学说之第一时期。迨至受业于姜、丁两先生之门，初见西医学说日新月异，已有惊奇好异之趋向，既任医职以后，日与西医相处，更觉西医学术之踏实，西药效验之准确，自是遂怀疑中医，渐有不能自信之势。嗣充上海中西医学研究会会员，试验愈久，习染愈深，而偏重西医之念亦越坚，如是者约十余年，见异思迁，喧宾夺主，在此时期几视中医学说如粪土矣，此可为余极端崇拜西医学说之第二时期。自此以后，年龄渐高，临症益多，经历愈久，实例愈繁，所谓十全为上者，感觉仅仅执定一种学术，有时仍不免发生困难，不得已乃又返还原辙，慎选中医学说之较为灵妙者、中药部分之较为有效者，反复比较，迭为试验。抛开科学，注重实际，此番回头虽属旧事重提，实已捉住窍要于此艰苦摸索之中。不知几费研求，几经实验，始能发现某种病根据西医方法则信而有征。根据中医方法则亦玄妙灵活，不但不相悖谬，而且息息相通，又遇某种病投以西医则效速而根治，有时某种病投以西药之结果反不如中药效力敦厚而永久,且有同一病症同一病人至某时期投以西药则效速,至某种程度则又须投以中药而后大效。反之,同一病症而其体格、环境、精神、信仰各异其趣,苟施以同样之治疗,其效果则又不能完全相同。至此,始能认识中西医学各有所长,确能相济为用,然绝非一物不能强为汇通,且至现在确已认识中医医理之神妙灵动机运玄深中药效力之和平永久,贯彻自然。对于一般疾病,苟能运用得当,确能斡旋真气,消息天人,化疫疠为祥和,祛灾害于无形,千真万确并非武断,至于中医中药之错误部分,正亦不必讳言,汰其渣滓而撷其精华。此余凡三出入于新旧医理,历受折磨,苦心孤诣之所得,是则差堪自慰者,此可为余折衷中西医学之第三时期。愚者一得,虽不足以质高明,然继续研讨,或有小补于将来世界完善之医术,亦未可知兹将生理、病理、病症、医验列为四编,坦日陈述,公诸社会,至是始恍然于科学昌明之今日,尚有此理思之医术,亟待研求,但此种认识非经过数年之临床,几千几百人之实验,不能领会得来前辈耆宿,时代医贤,此中况味,当有兴余同感者,是为序。

《止园医话续集》序

余生平无他嗜,惟喜医与画。医不分中西,凡能愈人疾病者,余辄感觉兴趣。画亦不分中西,凡能使人起美感者,余亦感觉兴趣。是以余之画惟求其似自然,余之医惟求其愈疾病,初无中西新旧之见也,此二者试验学习思索抉择迄于今,已五十余年。此二物犹盘踞于余之脑际仍未去,而余对此二者专心致志,惟日孜孜以求亦愈浓。戊辰退隐京师,无薄书案牍俗累之烦,更不自知其简陋,盖以此二者专心致志,惟日孜孜以求其真理之所在。丙子执教艺专,有松雨楼画课之作,中外人士不以余之画法为谬,互相传播,于是止园拙劣之艺术乃得远及于东西洋,教学所及此派画风渐遍南北,然则余之画法,或得为来者开一新途径欤。余之医一如余之画,理想中之世界,医学其初步即为新中医。新中医者,非中医科学化之谓,亦非抛开中医理论,单以西法化验中药之谓,更非完全保守中医盲目误解国粹之谓,乃从事发掘纯粹中医之真理,汰其渣滓,而保其精华,又采西医之所长,以补中医之所短,同时并抉剔西医之所短,而济中医之所长,不苟同,不偏执,不附会,不意断。此事之难真难于上青天矣。此种理念开始于光绪中叶迄于今,已经过数千百之人的实验,所谓短与长,盖已强半真知之然,余至是已乘乘老,千虑一得不可以不告人哉。己卯有《止园医话》之作,是集重理论刊行,后海内医坛不以余之主张为谬,互相研讨,互相传播,问道于盲者亦有人焉。余喜是书之有知音也。越五载续集又告成,是集重实验所记,各症近在都门,易于征信,强半又复难治之病,或经过若多名医未得结果,或已经误治致成重病者,所列方论率为余历试多年,确而又确,毫无可疑者,盖余以毕生所得,公诸社会,故不容有丝毫虚伪,丝毫夸张,致自损人格贻误病家也。譬之绘画前集为余之画理续集,则余之作品,海内医坛倘不以余之主张为谬,继续研讨加以改进,与阐扬若干年后,此派医术亦必能日益光大,必能与西医医术分工合流,成为一个完善活人之方法,而解除人类之病苦,是则一如余之画,或得为来者开一新途径也,虽然止园庸愚,资性拙钝,凡百学问,不能窥其门径,是区区者不过井蛙观天,抵牾错谬,知不免于大雅之笑矣,然有一言可以识余书,曰真实无妄。已是为序。

《新伤寒证治庸言》序

本编所称新伤寒,系参合中西医之学理治法,加以五十余年之委验,互相比较,采取确实卓效之方法,又复证以最近治验,作有系统之叙述,并无廉视壁听之谈。此余晚年一得之愚也,考西医称此种传染病,有伤寒、副伤寒、斑疹伤寒等分类,病菌测验,并不完全相同,然治法则一,盖一甚合科学之狭义热性传染病也。中医对伤寒一症,视为唯一大病,内科学者,必以伤寒为第一步功夫,故《内经》谓"热病皆伤寒之类"。难经则分伤寒为五种:曰中风、曰伤寒、曰湿温、曰热病、曰温病。仲景《伤寒论》,开首即以伤寒、温症、中风并列,盖西医论伤寒,只限于急性传染病之一症范围,故其论述逻辑,治法简单,至此病之变幻纷纭,则不能赅括。中医论伤寒,触类引申,对于此症之自始至终、并病、变证、后遗症、类似症无不穷搜亟研,曲尽其妙,是以并病、合病、两感、直中之说,亦自有价值。虽中医缺乏细菌学,有时逸出伤寒范围,然以根据实验,历史悠久,更将此症之微妙变幻,明目揭出,加以中药之广博繁多,经过历代明哲发掘,迄于今已灿然大备,止园酷嗜医学,尤特别注意于伤寒,早年谨守家法,对于伤寒与温症,分别界限,最为严格,实则中伤寒二字,包括病象不止一症,推其演变迹象,不差分毫,盖一广义之伤寒也,余不敏,窃顾以五十余年之实验,不分中西,合此伤寒温症于一炉而治之,证以实例。余平生活疗此症之心得,详细叙述,公诸社会,俾后之学者,对此症融古通今,不致再有疑难错误之虑,即对西医所称之伤寒,亦不致印证分歧,格格不入。本编首述伤寒之种类,次为总论次述本病各个分症及并发病,与变病,更就各症论列,摘录最近治验以资证实。窃以为吾人生活状态,本属自然,医药疗疾患,亦不过纠正其不自然,使之仍复,自然而已,理本中庸,并无玄虚神妙之处。止园浅学寡识，谨就伤寒一症，条分缕析，自述经验，庶几庸言庸行，俯拾即是，造福社会，融会新旧，或有赖此有系统之阐述，以为契机，而屏去玄理，接近科学，借以就正于有道，更为余之所顾云。

罗止园结核证治发凡序

举世忧虑之结核病（痨），若干年来，蔓延传播，几遍全球，竭尽科学家、医药家之群策群力，共谋根本扑灭之方，迄今研究试验当无一定特效方药，此真医者之遗憾，责无旁贷者也。

中西医学由于文字文义之不同，专门译成中文之西医书籍日渐增多，专门译成西文之中医书籍则甚少，以故国际医学家无法研讨中医医理，而又鉴于中医药治疗结核病有时特效之事实，前进之西医遂不得不兼致力于中药之化验，冀于中药内搜获根治结核病之特效药，然无法采取中医之理，如此摸索前进盖所获甚少。我国人之学西医者，熟于中国文字，亦有从事于中医古书，致力于结核（痨）病之探讨者，博搜旁采。举凡中医类似痨症之疾病，罔不搜罗对照，冀有所获，结果亦无所得，然又习见中医继西医之后，有时真能治愈一二确实而又严重之结核病。此事实既不能否认，以故虚心之西医每遇中医治愈结核病之后，辄索其原方从事化验，但也不能发现其方药何以能治结核病之理由，若再以此方治疗另一结核病则或效或不效，又不能加以肯定，此何谜耶。

余自满清光绪二十年即下决心苦研痨病，且因此自己亦罹肺，迄于今垂六十年，将此症之形形色色及中西医药之比较，今是昨非，无不详细笔记，如此摸索进行，迄于老年对此症似能随其症状之不同，分别运用各别方法而得其实效。近来衰老殊甚，此些微心得不愿自秘，乃于手颤心，环境痛苦中，检点历年笔记束为一编，就正于高明。顾其方法不尽采用中医痨病一类，且有远在其他病症内之方药与痨病二字风马牛不相及者，不但不合于西医，抑且不尽合于中医，离经叛道，知不免于大方家之驳斥。然一旦临床微诸实验，自知茕茕之可采，余并非向壁虚构，好标新义，自厕于中医革新之林也。

本编根据事实经验，并经过科学诊断及余继西医诊治之后，已经认定之结核病由中医各种不同之疾病内，分别寻获治疗结核病之特效方药，按其形状之不同，又复根据中医此种方法之出发点（例如湿温或内疝等）分门别类，不敢有一字虚伪。假定结核病为若干型计定，肠结核为五种，曰：原发性肠结核、湿温型肠结核、癥瘕型肠结核、内疝型肠结核、儿童肠结核；分肺结核为六种，曰：阴虚型肺结核、两亏型肺结核、肺痈型肺结核、温热型肺结核、湿温型肺结核、寒湿型肺结核以及结核性白浊、溺血骨结核等。而又继之以易致肺痨之各科咳嗽，冠之以概括结核病之总论，殿之以补遗，将余毕生对结核病之奋斗发掘分析，实验对照，科学参以古说，证以新理，据实公布，以期共研。只以止园才浅学疏，对此症治疗当然不能无失败，理论上也难免错误。本编坦白报告五十余年实验所得，以待全国医家公认此分类病加以肯定，为此后治疗结核病者开一新途径，是所愿也。本编之作，誉我者必曰创作，讥我者必曰杜撰，然创作必效，杜撰必不效，是在医坛师友进而教之，或者可以作中西医治结核之发端，一洗从前中西医间之谜。

[《德州地区卫生志》（1991）]

罗止园（1879—1953），医学家、画家，名文杰，字亦才，号未若，晚号止园，清末秀才，德州人。1907年充北洋陆军第五镇军医，1938年任华北国医学院教授。1950年5月与赵树屏等人组织北京市中医学会，上书中央卫生部，就发展中医问题提出建议，得到重视。著有《止园医话》《新伤寒证治庸言》《肺痨病自疗法》《麻疹须知》《恫瘝集》《实验药物学》《松雨楼画课》《止园山水画集》《经史子集要略》《国学讲习录》《止园诗草》等。

[《山东省卫生志》（1992）]

◎ 王健耕 ◎

王健耕，临邑县马家寺人。生于清光绪六年（1880），卒于民国三十一年（1942）。传家技业医四十余年，长于治外感温病，尤精小儿痘疹。

[《山东中医药志》（1991）]

王健耕（1880—1942），林子镇马家寺人。幼承家学，深究岐黄。事医四十年余，治验丰富，尤擅于温热病的诊治，以治疗天花、痘疹而名噪于四方。

[《临邑县卫生志》（2005）]

◎ 邹培基 ◎

邹培基，武城县老城南小十八户村人。生于清光绪六年（1880），卒于民国三十年（1941）。以善整骨术知名，子孙传其业。

[《山东中医药志》（1991）]

◎ 苗清涛 ◎

苗清涛（1880—1963），临邑镇苗坊子人。自学成医，行医五十年余。其人医技精湛，临床以内科杂病为其擅长，辨证精细，药专力宏，治验颇多。曾有一妇人因手疾久治不愈，迁延二年而求治于苗，其诊后准确地告知：服药后病愈而绝育。患者药后实符其言。

[《临邑县卫生志》（2005）]

◎ 贺殿楼 ◎

贺殿楼（1881—1959），男，夏津县城东贺屯人，著名中医师。

贺幼年家贫，无资入学读书，稍长即佣于富家。但他聪颖过人，凭博闻强记，掌握诸多民间验方，为乡里施医方便，并多方拜求名医指点，逐渐熟悉医疗技术，成为一方医德高尚、医术高明的著名中医师。

贺善用奇方治奇症，往往出奇制胜，人称"贺半仙"，且行医不分贫富，遇无力买药者常施医舍药，盛名于高唐、夏津、临清、恩县一带乡间。受惠者曾于1937年联名赠匾额一块，文曰"仙手佛心"，以示感激之情。

[《德州地区卫生志》（1991）]

贺殿楼（1881—1959），夏津人。行医中注重搜集和使用民间土单验方，治疗疑难病症往往出奇制胜，人称"贺半仙"。他行医不论贫富，对无钱买药者常无偿奉送，有"仙手佛心"之美誉。

[《山东省卫生志》（1992）]

◎ 季麟台 ◎

季麟台（1882—1958），字凌云，碱李乡沈家村人。清末文生，官任民国黑龙江木兰县教育局局长、黑龙江省参议员。从政期间，习读方书，深究《内经》《伤寒论》，推崇陈修园、张锡纯。"九·一八"事变东北沦陷后，弃政行医，悬壶于哈尔滨市，晚年回故乡开设"槐荫医庐"药店，行医于当地。1958年调山东中医研究班任教，同年病故。

临床长于外感病及妇科，编写《槐荫医庐医案》数卷，传于门徒季麟河，"文化大革命"期间被焚失。

[《临邑县卫生志》（2005）]

◎ 赵国芳 ◎

赵国芳（1883—1971），赵家乡祥洼人。少年从师学医，能熟诵《内经》《难经》。早年参加义和团运动，义和团失败后即悬壶于黑龙江省，曾任黑龙江省牡丹江市汉医会会长。晚年还乡事医至终。临证六十年余，对中医学理论颇有研究，临床经验丰富，尤擅长于内科、妇科。宗东垣学说，重视后天脾胃的重要性，处方用药偏于温补。

[《临邑县卫生志》（2005）]

◎ 李风梧 ◎

李风梧（1884—1954），临南镇苗家人。自学为医。临床长于内科杂病及妇科疾病的治疗。先后行医于济南市、济阳及当地四十余年。医技精湛，医德高尚，享有盛名。

[《临邑县卫生志》（2005）]

◎ 金忠旺 ◎

金忠旺，字蓬勃，陵县南金庄人。生于清光绪十年（1884），卒于民国三十六年（1947）。术工外科，尤善整骨。

[《山东中医药志》（1991）]

◎ 彭仲和 ◎

彭子祥（1884—1981），字仲和，王打卦乡小董庄人。著有《桐窗医话》和《国医常识问答》两书（手抄本）。二十岁后自学中医，苦攻《伤寒论》《金匮要略》《本草纲目》，于1914年行医，1925年与藏布营、王立贤等人在十里铺乡刘宁口建立中药铺。1938年，抗战爆发，当地各种伪顽势力群起，小董庄附近的阎庄地下党员阎东梅、阎士魁等被土匪追捕，彭仲和倾向革命，拥护抗日，将他们隐蔽，以全家七口人的生命担保，保护了革命力量。

1953年，抗美援朝战争爆发后，彭仲和积极组织签名运动，影响很大，以"和平战士"的身份被邀请出席了河北省在保定市召开的"反对细菌战"的和平代表大会。1953年被恩县县长杜清介绍到恩县第一人民医院任中医部大夫，1955年被聘请到山东中医学院任教，因妻亡子幼、家境贫困，经申请回本县行医。曾先后当选为恩县、平原县第二、三、四、五届人民委员会委员。

[《平原县医药志》（1987）]

彭子祥（1884—1981），字仲和，平原县王打卦乡小董庄人。著有《桐窗医话》和《国医常识问答》两书（手抄本）。二十岁后自学中医，苦攻《伤寒论》《金匮要略》《本草纲目》。于1914年行医，1925年与藏布营、王立贤等人在十里铺乡刘宁口建立中药铺。1938年，抗战爆发，当地各种伪顽势力群起，小董庄附近的阎庄地下党员阎东梅、阎士魁等被土匪追捕，彭仲和倾向革命，拥护抗日，将他们隐藏，以全家七口人的性命担保，保护了革命力量。

1953年，抗美援朝期间，彭仲和积极组织签名运动，影响很大，以"和平战士"的身份被邀请出席了河北省在保定市召开的"反对细菌战"的和平代表大会。1953年被恩县县长杜清介绍到恩县第一人民医院任中医部大夫，1955年被请到山东中医学院任教，因妻亡子幼，家境贫困，经申请回本县行医，曾先后当选为恩县、平原县第二、三、四、五届人民委员会委员。

[《德州医药志》（1988）]

◎ 成 泮 ◎

成泮（1887—1948），是山东乐陵县桑庄大庙20世纪30~40年代的主持僧，也是当地有名的儿科医生。

成泮原籍山东乐陵李子园村，幼年父母早丧，家贫无依，被桑庄大庙的老和尚收为徒弟。老和尚是一位有学识、虔诚的佛教僧人，一向信守"慈悲为本，普度众生"的信条，也掌握一手针灸、按摩、诊脉、处方等儿科医药技术，这一切都被成泮继承下来。

20世纪20年代末，老和尚圆寂。成泮成了主持僧，当时农村缺医少药，农民一旦生病只好求神许愿，有道是"炕上有病人，不得不信神"。每当疫病流行，儿童极易感染，孩子稍有不适，父母便抱着到大庙来找和尚求神许愿，乞求神灵除病消灾，成泮以师傅传授的技艺，施医于民。

30年代初，新文化运动波及农村，群众信神、信佛的传统观念逐渐被相信科学所代替。1930年，张泮石村有一两岁男孩突然得病，神志不清，似睡非睡，时有谵语，病儿父母抱着孩子到桑庄大庙找成泮和尚，请求招魂许愿，成泮先对病儿做了详细检查诊断，确认是发烧所致，立即给病儿扎针、按摩，还开了药方让病儿父亲速去拿药回家为孩子灌服，不必招魂许愿。后来孩子被成泮治好了，病儿父母感激万分，到处宣扬，以后抱着病孩到大庙来找和尚的人依然络绎不绝，但已不再是烧香求神，而是请医生看病了。

以往老僧人处理庙产、庙会的收入，除和尚生活度用外，多用来塑神像、缮庙堂，上供念经。成泮和尚审时度势，决心一改旧章，当时桑庄李汇东正筹办开设中药店，然资金感到不足，成泮便将庙会收入借于李汇东，促使这处药品齐全的中药店早日开业，以方便群众，促进医药事业的发展。

1937年以后，因日寇侵华战乱，成泮还俗回家，因为当过和尚，搞过封建迷信，曾被人误解，未能参加农会，活动也一度受到限制。但他有治疗儿科疾病的高超技术，治病救人的活动从未停止，找他看病的人依然络绎不绝，经他治好的病儿不计其数，救治的危垂病儿也有不少，所以当地人们总是怀念成泮和尚。

[《德州地区卫生志》（1991）]

◎ 邓光度 ◎

邓光度（1892—1977），字修福，沙河乡齐家人，清末秀才。自修岐黄术，深究《内经》《难经》《金匮要略》等经典，博览群书，取长于诸家。临证六十年余，对中医学理论有独特见解。临床擅长于妇科病诊治，用药擅长温补。著有《福阴集》《温病论》手稿，传于后人。现存。

[《临邑县卫生志》（2005）]

◎ 叶汉卿 ◎

叶汉卿（1892—1969），字云亭，男，山东庆云县王铁匠村人。自幼读书，兼习祖国医学，自学《伤寒论》《金匮要略》等经典著作，长于外感和妇科，一生从医，有求必应，风雨无阻，医术高明，疗效显著，驰名乡里，备受敬仰。

1958—1960年调任县中医带徒学校任教，对发展医学教育，培养中医人才，竭尽全力。虽已年近七旬，仍废寝忘食，熟悉教材，充分备课，搜集资料，手不释卷，辅导学生，认真负责，有问必答，诲人不倦。为便于学生记忆，编写《伤寒论歌括》《金匮缩编》《金匮歌括》《药性歌》《医学韵语》《医史韵语》《温病验舌》《寿甫医学歌》《陈修园医学实在易诗歌》《小儿科韵语》等深入浅出、易懂易记的通俗读物，对帮助学生学习，巩固教学效果作用甚大。叶汉卿还编写医集，传授自己多年积累的临床经验，对培育中医人才作出了较大贡献。

[《德州地区卫生志》（1991）]

叶汉卿（1892—1969），字云亭，男，山东庆云县王铁匠村人。自幼读书，兼习祖国医学，自学《伤寒论》《金匮要略》等经典著作，长于外感和妇科，一生从医，有求必应，风雨无阻，医术高明，疗效显著，驰名乡里，备受敬仰。

1958—1960年调任县中医带徒学校任教，对发展医学教育，培养中医人才，竭尽全力，虽已年近七旬，仍废寝忘食，熟悉教材，充分备课，搜集资料，手不释卷，辅导学生，认真负责，有问必答，诲人不倦，为便于学生记忆，编写《伤寒论歌括》《金匮缩编》《金匮歌括》《药性歌》《医学韵语》《医史韵语》《温病验舌》《寿甫医学歌》《陈修园医学实在易诗歌》《小儿科韵语》等深入浅出，易懂易记的通俗读物，对帮助学生学习，巩固教学效果作用甚大。叶汉卿还编写医集，传授自己多年积累的临床经验，对培育中医人才作出了较大贡献。

叶汉卿，字云亭，山东庆云县人，系当代著名中医。新中国成立后，他为继承发扬祖国医学遗产，在庆云县中医学校任教期间，积极热情，培养人才，自编教材，通俗易懂，深受学生及同事欢迎。本志选载其中《医史韵语序》《医史摘要韵语序》《医学韵语》篇章。

《医史摘要韵语》序

医史一书，余向欣慕已久，而总未得见，甚觉有愧。今年春，在本区医生学习班，购得北京中医研究院编辑之《中国医学史》一部，忻阅之下，不觉庆幸万分，惜家偏僻眼光太狭，似此医生不可不读之书，何其相见之悦耶。及反复读来，见对各代之先圣、先贤医士之发明著作，兴其出身略历，并在当时个人所处之背景，发展医学之各种困难，坚决意志为民众的苦心精神皆一一详述，不但对各代医史有所明，并对各朝之政治亦略有所悟，在过去各朝之政治与现在对比之下，不能不叹。

党和政府之政治高于一切也，惜乡村医生文化水平太低，以此书搜集太富，字页太多，不免有望洋生叹之感。再书中所引有古经传，以个人未曾读过，视之更觉难懂，于是有的略读一遍，即置之不问，有的荒一阅览即置诸高阁，辅导员即想为详为讲解，又为时间所限。固此，对是书之研究成绩甚属缺欠。余读之第五章，见到宋代周守忠，有编著《历代名医蒙求》一书，将名医主要事迹编成四字韵，闻此书虽未得见，想必简便易读，对文化浅近之医生，必容易接受。余虽对此书虽心想望之，而无处购求，再三思维，不觉心有所动，不免人亦将《中国医学史》一书，将其内容要点，或四字、五字、七字句不等，编为韵语。不求音韵之和谐，只求原意之不失，不忌语句之粗俗，只求读之易懂易记。在每日为民众医疗之余，编辑一段，费一光阴，草稿已成，但其中错误之处必在所多有，有愿质诸高明，不客气指示，不胜感激之至。

《医史韵语》序

我国医学有数千年的历史，有极丰富的内容和宝贵的临床经验，在我国历代人民的保健事业上，发挥了巨大的作用。我们为了要继承和发扬祖国医学遗产，首先必须学习医史，具有医学发展的历史知识。为适应本校学生的需要，特将各代名医之主要事迹，编成七字韵语，不求音韵之和谐，只求原义不失，不忌语句之粗俗，只求读者之易懂、易记。但由于个人文化有限，编写经验不足，错误之处为所多有，希望读者不客气指正。

《医学韵语》选录

《医学韵语》一书，集中风、疟疾、健忘、郁证、消渴等六十四个病种，对每一病证均不同采用三言、四言、五言、七言加以编次，脉、因、证、治、理、法、方、药括乎其中，达两万五千余言，若非读书明透者则不能为。举其一端以飨读者。

痰饮：脾胃气虚，津化痰饮，表里宜别，燥湿要分，湿痰易生，多生于脾，脾实则消，二陈汤施，脾虚则补，六君子宜，燥痰难出，多生于肺，肺燥宜润，贝母蒌浸，真水上泛，六味滋阴，饮在表者，燥热咳喘，面目浮肿，五皮香散，饮在内者停心伏胁，咳唾引痛，十枣汤捷，或走肠间，漉漉有声，苓桂术甘、半夏茯苓，随其部位，择药补攻。

治痰饮法，理脾为先，土能胜湿，痰何无焉，肾虚水泛，为饮为痰，补肾阴阳，六八味丸。

[《德州地区卫生志》（1991）]

◎ 吴锡三 ◎

吴锡三（1892—1970），字继恩，理合乡小吴家人。青年时期以执教为业，任教期间习读方书，常给人以诊脉处方，多以效验。远近慕名求治者甚多。于1930年弃教从医，宗刘完素学说，用药长于苦寒清下，承气汤、三黄石膏汤、龙胆泻肝汤是其常用方剂。临证四十年余，治验颇多，享有较高声望。

1958年在临邑二院中医科从事中医坐堂。1963年德州专区卫生局授予"名老中医"称号。

[《临邑县卫生志》（2005）]

◎ 阎锡章 ◎

阎锡章，陵县土桥人。生于清光绪十七年（1891），卒于民国十九年（1930）。学本仲景，治善用经方，精外感热证。

[《山东中医药志》（1991）]

◎ 蔺富元 ◎

蔺富元（1894—1971），理合乡大蔺家人。早年求学于济南某名医门下，精究岐黄，善学多识。临床长于中医外科及伤科，对于外伤骨折及疮疡痈疽的诊治有较深的造诣。战乱年间，曾多次为中弹伤员取出体内的子弹头。晚年汲取西方医药学知识，对西医西药有所理解，主张中西结合，各取其长，反对中西门户之见。解放后，任德平县卫协会委员。

[《临邑县卫生志》（2005）]

◎ 于希智 ◎

于希智，号及武，庆云县后于村人。生于清光绪二十年（1894），卒于民国二十八年（1939）。工岐黄术，精内、外两科，名闻乡邑。

[《山东中医药志》（1991）]

◎ 刘炳峰 ◎

刘炳峰（1895—1974），男，禹城县城关镇花园村人。幼年家境贫寒，父母节衣缩食供他读过七年私塾，十七岁时在禹城城内天德堂药铺学医为徒，后转同德堂、福华东、宏仁堂等药铺为店员，在拜师学医和为店员的三十余年间，他刻苦学习中药炮制理论，虚心接受师长指教，对中药加工膏、丹、丸、散制作，有熟练的操作技术。

1958年10月加入禹城镇卫生院为司药，从此他的一技之长得到了更好的发挥。1963年被省地卫生部门批准为本县唯一的名老药工，允许带徒，为本县中药事业的发展作出了贡献。

[《德州地区卫生志》（1991）]

◎ 赵文轩 ◎

赵文轩（1895—1979），原名赵闵孝，男，淄博市刘家乡甘泉村人。商人出身，出生在一个富有家庭，读过八年私塾，1952年来禹城开设瓷货店，业余时间他刻苦学习中医针灸，渐渐对针灸技术有了深刻的了解。1956年1月他决定弃商从医，参加了禹城车站联合诊所。在行医期间他刻苦学习，钻研祖国医学，注重理论联系实际，工作认真细致。1963年经单位推荐报省地卫生部门批准为名老中医，在此期间他更加刻苦学习，并培养了两名徒弟，为继承祖国医学遗产作出了贡献。

"文化大革命"期间，错当敌人，遣送回原籍，1979年3月26日含冤病故。同年10月为其平反昭雪，恢复名誉。

[《德州地区卫生志》（1991）]

◎ 李春荣 ◎

李春荣（1896—1955），女，德平西关街人。自学为医，悬壶三十余年，颇负盛名。对于小儿及妇科病的研究造诣颇深。自拟"神效散"治疗小儿高热、呕吐疗效甚佳，被群众誉为"仙丹妙药"。她认为小儿病多缘于外感、食伤、惊吓，没有情志内伤证。治疗妇科病，老年人求治脾，宜温补；中年人以肝为治，宜疏解；青年人以肾为主，调冲任。

[《临邑县卫生志》（2005）]

◎ 李 芬 ◎

李芬（1897—1961），理合乡理合街人。自修岐黄，善学多识。悬壶三十余年，擅长于内科杂病的诊治，经验丰富，于当地享有盛名。对脉诊颇有研究。

[《临邑县卫生志》（2005）]

◎ 马继奎 ◎

马继奎（1898—1974），字仲元，武城人（故里今划归河北故城）。50年代试用中药治疗黑热病、乙型肝炎成功。1956年被选为省先进工作者，著《治黑热病方》收入《山东中医验方汇编》。

[《山东省卫生志》（1992）]

◎ 刘慕韩 ◎

名老中医刘慕韩[①]，系山东省聊城县于集乡林家庙人。生于1899年，卒于1980年，终年八十一岁。

刘慕韩1951年参加工作，历任中医教员、中医师，德州市第二届、第三届政治协商委员会委员，德州市第六届人民代表大会代表，中华全国中医学会德州地区分会常务理事等职，曾出席德州市先进代表大会，并多次被评为先进工作者。

他自幼熟读《三字经》《四书》《诗经》等，少年入聊城县立蚕业学校毕业，后入山东省立师范（旧制本科）毕业，为攻读医学打下了基础。

他任教期间业余爱好医学，余暇学习医药经典，奋发努力，自学成才，而后弃教行医。

在学术上，首尊仲景大师及后世陈修园先生，擅长《伤寒》《金匮》，临床多用经方，故以组方严谨，用药精练而著称，他常举仲景用桂枝汤为例："如加桂减桂，增芍去芍，方药稍有变动，分量稍有增减，则方变、意变、证治各异"，以教后人，因此他主张用经方要用原方，原剂量，不宜更改，以防失其经方原意，并强调用经方要真（不变样），用时方要活（要灵活）。

他选用四逆散清热解毒治疗阑尾炎，用甘露饮加味治疗血小板减少性紫癜，用清热解毒、活血化瘀治疗脉管炎，都取得较好疗效。

老中医刘慕韩思想进步，工作积极，在三年困难时期，虽然生活上有一定困难，但他坚守工作岗位，努力工作。他医德高尚、医风正派，精明强干、工作泼辣，有较强的授课能力。他教学带徒，循循善诱、严格要求、从不保守。晚年欲著一中西医结合治疗疾病的论著，可惜未完，仅留下《治疗经验》一册，对祖国医学的传播和发展作出了一定的贡献。

[《德州地区人民医院志》（1988）]

刘慕翰（1899—1980），男，山东聊城县林家庙村人。自幼入塾，熟读四书五经，后考入聊城县蚕业学校，又考入山东省立师范，师范毕业后任教员。由于他热爱祖国医学，坚持业余学习中医经典著作，奋发努力，自学成材，遂弃教从医。

刘慕翰1951年参加人民卫生工作，任中医学校教员，德州专区人民医院中医师，德州市第二届、第三届政治协商委员会委员，德州市第六届人民代表大会代

[①] 刘慕韩：《德州地区卫生志》（1991）作"刘慕翰"。

表,中华全国中医学会山东德州地区分会常务理事等职,多次被评为医院先进工作者,曾出席德州市先进代表大会。

刘慕翰在中医学术上属经方派,尊崇仲景大师及陈修园先生,擅长《伤寒》《金匮》,临床上多用经方、小方,以组方严谨,用药精练而著称,强调经方要真,而时方要活。他治疗急性肾炎、血小板减少性紫癜、肝炎、脉管炎等病症疗效甚好,有其独到之处。

刘慕翰作风正派,医德高尚,对病人不分亲疏贵贱,一律平等相待,教学带徒,诲人不倦,严格要求,从不保守,即逝仅留下《治疗经验》一册。对祖国医学的继承和发展作出了一定的贡献。

[《德州地区卫生志》(1991)]

◎ 赵炳南 ◎

赵炳南(1899—1984),学名德明,经名伊德雷斯,祖籍山东省德州市,生于河北省宛平县(今属北京市)。中国农工民主党党员,著名中医皮外科专家。曾任第四、第五、第六届全国人大代表,北京市伊斯兰教协会副主任,中华全国中医学会第一届理事会副会长,国家科委中医专业组成员,北京中医学会名誉理事长,北京中医医院副院长,北京市中医研究所所长,北京第二医学院中医系教授、主任医师等职务。

赵炳南出身于一个家境贫寒的回族家庭,自幼身体羸弱,经常生病,童年时出过天花,患过痢疾,得过麻疹,发过疟疾。赵炳南后来回忆说:"我的童年生活饱尝了人间的痛苦与疾病的折磨,是今天的少年儿童难以想象的。"三年的大病虽然失去了启蒙就读的大好时光,但却使他深深地懂得了生命的珍贵,也培养了他对中医中药的浓厚兴趣,在他幼小的心灵里埋下了渴望学医的强烈愿望。

八岁时,赵炳南进入私塾开始了他的读书生涯,但因家庭清贫,仅勉强维持了六年便中断学业,被迫过早地走上社会。少年时代的赵炳南目睹饥寒交迫,在死亡线上挣扎的劳苦大众,心灵受到极大的震动,这更加坚定了他立志做一名为民众解除病痛的医生的坚强信念。

1913年,十四岁的赵炳南经人介绍到伯贤氏药房学徒。一次偶然的机会,他拜在北平德善医室丁庆三门下,开始了新学徒生涯。每天早晨四点多起床,下门板、生火、收拾铺盖、倒便器、买东西、做饭、熬膏药、打丹、帮下手……不仅伺候老师,还要照顾师兄。只有当夜深人静、大家熟睡之时,才能挑灯夜读。就是在这种饥寒困苦的环境下,赵炳南自修完了《医宗金鉴·外科心法要诀》《外科准绳》《疡医大全》《濒湖脉学》《本草纲目》等医籍,对一些中医皮外科基本功,如熬膏药、摊膏药、搓药捻等,也都掌握得十分娴熟。

1920年,赵炳南参加了北洋政府举办的中医考试,虽然考取了,但所发的是"医士"执照,只能在四郊行医,不准进城。几年后,又经过一次有二百多人参加而只取十三人的考试,他名列其中,才被准许在德善医室门口挂行医的牌子。一次,河南省伪省长的女儿长了鼠疮(淋巴结核),把赵炳南请去治了一个星期。病是治好了,可那位伪省长硬是一毛不拔,赵锡武①却被师侄怀疑独吞了出诊费而被辞退。于是,他到处奔波,求亲告友,东挪西借,才在西交民巷办起了两间房子的小医馆,开始独自行医。三年后,医馆业务逐渐兴盛,他重礼道谢亲友,还清债务,又租赁了一所大四合院,如此又干了三年,有点积蓄,才正式开设了西交民巷医馆。

多年行医以后,随着治好一些病人,赵炳南逐渐在中医皮外科界有了一些名气。在敌伪统治时期,赵炳南表现出了高尚的民族气节和爱国情操。溥仪退位之后,有一段时间住在天津旭街静园"关起门来做皇上"。一次溥仪右鼻孔患了"白刃疔"(鼻疔),难受不说,怕的是破相,便请赵炳南为其治疗。赵炳南用中医提疔的办法,外用药捻加盖黑布化毒膏,内服清热解毒、托里透脓的中草药,三天后栓出脓尽,一周后基本痊愈,没留瘢痕。后来,溥仪当了伪满皇帝还想着这档子事,非要让赵炳南去做他的"御医"不可。赵炳南说:"家有八十岁老母无人侍奉左右,我这个年龄,只能尽孝,不能尽忠。"一口回绝傀儡皇帝的"招聘"。日本占领北平之后,中国人全没自由,人不自由连挂钟也不自由,非让中国人把钟拨快一个钟头改成日本时间不可,赵炳南硬是不拨,结果被汉奸发现,一进诊所,便把挂钟摔碎了。他们一走,赵炳南又重新买了一个,照样按中国时间拨好,挂在墙上。后来,又被摔掉了一次,赵炳南再次买了个新挂钟。

新中国成立后,赵炳南不仅在政治上翻了身,他的医术也受到高度重视。人民政府发给赵炳南中医师证书,并先后聘他为北京市中医第二门诊部、中央皮肤性病研究所、和平医院和北京医院的中医顾问,定期会诊,帮助筹建中医皮肤外科诊室。1951年,北京各界人民响应抗美援朝总会号召,纷纷订出拥军优属公约或计划,赵炳南主动提出愿意免费给患病的烈士军属诊疗,受到政府的登报表扬。1956

---

① 赵锡武:此处应为赵炳南,疑为讹误。

年，北京市中医医院成立。在党的中医政策感召下，赵炳南离开了苦心经营多年的医馆，投身到伟大祖国社会主义建设的行列中，并把自己开业时的部分药材、器械和备够五间房子的柁、木、檩、架全部捐献出来，表达自己挚诚之心。

赵炳南勤于学习，知识渊博，精通中医理论，临床经验丰富，疗效显著，善治疑难大症、顽癣恶疮。但他在技术上从不保守，精心培育了许多学生，尽量把自己的点滴经验和体会毫无保留地献给党和人民，传给青年一代。他常说，"知识不保留，经验不带走"，并把自己保留多年的资料和手稿拿出来，把点滴体会和行之有效的经验方和盘托出，本着实事求是的态度，既总结成功的经验，也总结失败的教训，使后学者少走弯路。1975 年，在助手们的帮助下，赵炳南出版了《赵炳南临床经验集》。全书约三十万字，共收病种五十一个，介绍了三种特殊疗法及多年来行之有效的经验方，获全国科学技术大会奖。他参与审阅、指导、编著的书还有《皮肤病中医治疗手册》《皮肤病临床手册》《临床外科手册》《中医皮肤病学》《中西医结合临床外科手册》《实用皮肤科学》《中医外科学》等。1979—1981 年 3 月，赵炳南采用录音方式，将自己的行医生涯、学术思想、临床经验录制为二十三盘磁带，从中整理出文字资料十万字，并将疗效较好的牛皮癣、湿疹、白癜风等十种疾病的治疗经验输入电子计算机，编制中医诊疗程序，力争将自己几十年积累的经验全部留给后人。

赵炳南热爱党、热爱人民，坚决执行党的十一届三中全会以来的路线、方针和政策，时时刻刻为中医的继承和发展摇旗呐喊，建言上书。1984 年 5 月中旬六届人大二次会议开幕，赵炳南不顾年迈多病，参加了五次全体会议，还同董建华、刘渡舟等代表一起，针对当时中医工作中存在的问题，提出了为中医立法、改革中医中药管理体制、培养中医后继人才、增拨中医事业经费等提案，有几十位代表附议，清华大学名誉校长刘达、北京百货大楼特级售货员张秉贵、相声大师侯宝林等代表也签了名。

赵炳南精湛的医术、良好的医德受到国家和人民的敬重，曾多次受到毛泽东、朱德、周恩来的亲切接见。1982 年 7 月 10 日，北京市卫生局在人民大会堂举行座谈会，庆祝赵炳南从医六十五年，邓颖超写信祝贺，并送了花篮，康克清、王首道、崔月犁、钱信忠、焦若愚等领导人到会祝贺。

1984 年 7 月 6 日，赵炳南因病医治无效在北京逝世，享年八十五岁。7 月 21 日下午，在北京人民剧场举行了追悼大会。全国人大常委会、国家科委、卫生部、国家中医药管理局、北京市委、北京市政府和彭真、邓颖超、万里、宋任穷、薄一波、吴学谦、康士恩、段君毅、李锡铭、崔月犁等人送了花圈；郑天翔、唐克、赵鹏飞、焦若愚、谭云鹤、郭子恒、钱信忠等有关方面的负责人和首都医务界人士、生前好友及家属和学生等参加了追悼会。追悼会由北京市委统战部部长高戈主持，市卫生局长孙衍庆致悼词。

[《中华中医药学会史》（2008）]

◎ 尹风翔 ◎

尹风翔①（1900—1976），字鸣千，男，庆云县大胡乡坡张村人。幼家贫，读书于教会学校。始任教，后业医。1935年在天津与名医张相臣之弟办东沽"达生堂药店"，被聘任经理兼医生。旋七七事变，于1937年弃职返里。1938年庆云县抗日民主政府成立，即参加县大队卫生队，任主治医生，1954年庆云县选为代表出席河北省中医代表大会，生前系尚堂地段医院医生。他举医谨守古训，多以补法，对温热病、中风、痢多用温补，显见卓效。

尹风翔学中医博采众长，他接收了当时流派名医张赞臣、恽铁樵、张相臣的学术特长，形成自己的学术风格。辨证论治，用药精炼。他主张，一病可医多方多药，而一方一药也可治多病，应按不同情况而定，采取适当的对症治疗，不能尊本一书，更不能以死方治病，以免延误治疗。

[《德州地区卫生志》（1991）]

尹风翔（1900—1976），庆云人。早年任教，后改行医。1935年在天津与人合办达生堂药店，任经理。1937年弃职返乡，出任抗日民主政府县大队医生。1954年出席河北省中医代表大会。晚年医术尤精，以治疗温热病见长。

[《山东省卫生志》（1992）]

◎ 太清泮 ◎

太清泮（1900—1974），字芹轩，男，山东陵县黄集乡太家村人。幼习医学，十五岁后，跟其外祖父，当地名老中医芦家信正式学医，历时五年，医艺大进。二十岁时，离乡逃荒去东北靠山屯行医。白天走村串户，一方面为人治病，一方面博采民间土单、验方，夜晚则结合所得，刻苦研读岐黄，三十岁重返故里，在本村开设"恒仁堂"药铺，强调"医事仁术"，以济世活人为宗旨，对本村父老及贫苦

---

① 尹风翔：《山东省卫生志》（1992）作"尹凤翔"。

患者，更免费施诊舍药，故饮誉乡里。

新中国成立后，在党的中医政策鼓舞下，他率先参加了集体医疗机构，先后在刘集卫生所和孔镇卫生院任医生三十余年，且历年都是院先进工作者，1963年10月曾被山东德州地区卫生局定名为名老中医。

由于他一生行医于农村，以临床疗效为第一要义，既无学派之别，又无门户之见。经、时、土方兼收并蓄，熔于一炉。善于运巧，出奇制胜。例如，他治一肠梗阻的老年患者，用皂角、葛根各半斤，水煎后令患者坐浴，竟一次治愈。

他非常强调因人制宜。常告诫后学说："瘦人慎温补，肥人须防瘀。"在用药方面，他十分注意胃气为行药之主，胃气弱，药力难行。只宜小量轻剂，且忌重剂攻伐。反之则伤元气，疾病更是难愈。例如，他治一久泻不愈的病人，用了总量不足三十克的温脾汤一方后，竟然一剂知，二剂已，三剂霍然痊愈。他行医五十余载，积累了丰富的临床经验。

[《德州地区卫生志》（1991）]

◎ 刘祥符 ◎

刘同庆（1900[①]—1970），字祥符，平原县腰站乡西窑村人。1930年前从事教育工作，业余时间在叔父刘吉增的指导下，刻苦攻读医学书籍。1930年后行医，擅长治疗妇科产后病、伤寒、瘟疫，善用寒凉、清心药，对一些疑难病症常可奏起死回生之效。1937年在平原南街设立"庆德堂"药铺。1953年被任命为县卫生科副科长，1957年曾任县办中医进修班校长，1960年任聊城地区中医学会理事会副会长。1964年治疗暑瘟取得显著疗效，并写论文"乙型脑炎"（暑瘟）在山东省卫生厅学术会上发表。曾任平原县第一、二、三、四、五届人民代表，第一、四届县政府委员。

[《平原县医药志》（1987）]

刘同庆（1900—1970），平原县腰站乡西窑村人。1930年前从事教育工作，业余时间在叔父刘吉增的指导下，刻苦攻读医学书籍。1930年后行医，擅长治疗妇科产后病、伤寒、瘟疫，善用寒凉、清心药，对一些疑难病症常可奏起死回生之效。1933年在平原南街设立"庆德堂"药铺。1953年被任命为县卫生科副科长，1937年曾任县办中医进修班校长，1950年任聊城地区中医学会理事会副会长。1964年治

---

① 1900：《德州地区卫生志》（1991）生年作"1905"。

疗暑瘟取得显著疗效,并写论文"乙型脑炎"(暑瘟)在山东省卫生厅学术会上发表。曾任平原县第一、二、三、四、五届人民代表,第一、四届县政府委员。

[《德州医药志》(1988)]

刘祥符(1905—1970),名同庆,男,山东省平原县腰站乡窖上村人,著名中医师。新中国成立后,曾多次被选为县人民代表、县人大常委,历任平原县卫生局副局长、聊城地区中医学会理事会会长等职。

刘祥符自幼聪明勤奋,少年启蒙于村塾"四书",涉猎《诗经》《左传》,有相当坚实的古文基础,1922年又考入平原商业学校,1925年毕业后回本村任教员。目睹农村缺医少药,农民求医之难。病人延误治疗而丧生之惨,决心习医,治病救人。开始自学医书,由浅而深,初读《脉诀》《药性赋》《汤头歌》又读《内经》《金匮要略》《难经》《伤寒论》《本草》,继而求教于族叔刘继增、刘继明兄弟(均为当地名医)指导临床实践,1930年辞去教员专事医药,筹集中药店于家乡,自任坐堂医生。

刘祥符行医数十年,以诊断细心、谨慎,用药大胆,辨证施治而著称,擅长于妇科及伤寒暑瘟。喜用寒凉清下剂,疗效显著,逐渐驰名乡里。但因国民党政府歧视打击中医,日寇侵华战乱,虽有才华和志向,依然事业不景,难越雷池。屈居于农村二十余载。

1949年新中国成立后,刘祥符于1952年迁至平原城里挂牌开业。由于他医术高明,治愈数例疑难病人,且能文善书,代写几方显要牌匾,即名扬全县,求医者门庭若市,求字者接踵而至。兼刘祥符待人礼恭谦逊,热情主动,治病不分贫富贵贱一视同仁,遇有困难者常舍药免费,逐渐得到领导的重视,群众的赞誉,同仁的敬佩。

1954年,第一届县人民代表大会,刘祥符即被选为代表。1955年地区中医代表大会之后,他就被任命为平原县卫生科副科长,成为全县中医界的杰出人物。此后他依据党的中医政策,运用卫生科职权条件,在县委、县府的支持下,团结全县中医界人士,为发展中医药事业,防治疾病做了大量工作。

1957年,平原县卫生局举办中医进修学校,刘祥符兼任校长,亲自主持,在全校卫生系统初级中医药人员中选拔学员,目的在于培养既掌握中医系统理论又具有专业技能的合格人才,前后两期共一百余人。都是他自编教材,自任讲师,无私地把自己数十年学习心得和临床经验传授给下一代。同时,安排全县名中医带徒共三百余人。不少学员,学徒成长为知名中医,使中医后继有人。

1960年，聊城成立中医学会，刘祥符被选为理事会理事长，领导和发动全专区十几个县的中医工作开展学术交流，竭尽全力。

1964年《山东省中医学会年会论文选编》刊登了刘祥符撰写的题为《治疗乙型脑炎的几点体会》论文。这是他几年来运用中医药学术理论，治疗乙型脑炎的科研成果，他列举五例病人的治疗经过，证实他治疗方案所遵循的五项治疗原则：①辛凉透表；②清肺化痰；③潜阳降温；④镇肝息风；⑤大剂频服。阐述得十分精粹。

1970年刘祥符因病逝世，平原县委、县政府对他的一生给予高度评价，他热爱祖国医学，拥护共产党，为全县人民健康作出了重大贡献。

[《德州地区卫生志》（1991）]

◎ 崔佃荣 ◎

崔佃荣（1901[①]—1979），孙庵乡沙窝人。事医五十余年，技术全面，临床经验丰富，擅长于妇科，治疗不孕症更是其长，临症多以补益为主，重视先天后天之本的调理，一生艰苦。

[《临邑县中医院院志》（1988）]

崔佃荣（1900—1979），孙庵乡沙窝人。事医五十余年，技术全面，临床经验丰富，擅长于妇科，治疗不孕症更是其长，临证多以补益为主，重视先天后天之本的调理。一生俭朴好学，医德高尚，深孚众望。

[《临邑县卫生志》（2005）]

◎ 张曰庸 ◎

张曰庸（1901—1977），字金轩，碱李乡张茂寒人。早年求学于聊城师范学校。民国时期任德平师范讲习所教务主任。

七七事变后弃教行医。1953年任德平县"卫协会"主任。1958年调山东中医研究所，从事《伤寒论》《金匮要略》的理论研究，兼山东中医学院教学工作。曾参加编写《伤寒论语释》，负责注解《厥阴篇》。临床长于外感病及杂病的诊治，对肝炎、肝硬化的治疗有研究。1964年因病离职返乡。

[《临邑县卫生志》（2005）]

---

① 1901：《临邑县卫生志》（2005）载崔佃荣生年作"1900"。

◎ 黄芝芗 ◎

名老中医黄芝芗，名尧祯[①]，字芝芗，号庆芳，系河北省景县人。生于1901年，卒于1969年，尊年六十八岁。

黄老中医自幼熟读经典，喜数学，精医。十三岁考入景县第一高级小学，高小毕业后，考入景县举级师范。十八岁师范毕业，任教于本县，教绩卓著。后因其父死于庸医，悲痛之至，遂下决心研究岐黄，教课之余兼行医，服务于乡梓。1930年弃教从医，声蜚乡里。1951年参加工作。1954年曾在德州市中医进修班同马巨川一起任教。学员有孙鲁川、王子良、姜文华、尚炳康等。历任中医联合诊所主任，德州市卫生科副科长兼市卫生院副院长，管委会主任，地区人民医院中医科主任等职。曾当选为德州市人民代表，市政协常委，山东省第三届人民代表大会代表，并多次被评为省、市先进工作者。

黄老中医行诊之余，曾著文章数篇。如"梅氏丛书新解""读易经记""读医随笔""古筹通考所解""自制膏丹丸散方""阴阳家言""岐黄圆机"等。可惜，这些文章多在战乱年代毁于天灾人祸。

黄老中医熟读《内经》《难经》《金匮》《伤寒》，擅长杂病，尤长寒温，并博览众家之长，无门派之偏。遇伤寒病尊仲景，遇温热尊吴、王，遇湿温病多选用芳香化浊、淡渗利湿、通络开窍之剂，治病重辨证施治。如用石膏、大黄、附子、干姜，据证而施，无寒温之偏，用药主灵活，补而不滞、泻不伤正。其在《岐黄圆机》序中说："治一病会用百方，用一方会治百病，方可谓圆机活法。"故其治病，药无常药，方无定方，运用自如，而疗效显著。

老中医黄芝芗积极执行党的中西医结合的方针，主动和内科主任齐德甫配合，对许多病症进行西医诊断、中医用药，收到很好的效果。他行医三十余年，有着丰富的临床经验，尤其对伤寒杂症、温热症疗效甚佳。治疗乙脑、白喉、中风、偏瘫、出血性疾病等有独到之处，深得同志们的敬佩。他早年行医于乡梓，贫苦百姓求医于他，他不仅有求必应，而且经常不收他们的药费，深得当地群众的赞誉。来院工作后，他急病人之急，患者病情不见轻，他就坐立不安，翻书查方，积极治疗，受到了群众的广泛好评。他勤奋好学，几十年手不离卷，几乎天天读书到深

[①] 尧祯：《德州地区卫生志》（1991）名作尧贞。

夜，自学成才，并跃身于名医之列。

[《德州地区人民医院志》（1988）]

黄芝芴（1901—1969），名尧贞，号庆芳，男，河北省景县人，师范毕业。

幼年家贫，寄养舅家，得舅父表兄启蒙。十三岁考入景县第一高小，十八岁师范毕业。任教于本县，屡获县教育局表彰。因其父死于庸医，遂下决心研究医学，教课之余兼行医。1930年弃教行医，逐渐蜚声乡里。

七七事变后，家乡沦陷。日伪屡请出山，坚拒不允，其间其弟子在天津行医。劝他赴津开业说："我的技术远不如师，尚且美食华衣，何必在家食棉子、薯叶以自苦。"他仅付之一笑，挥毫出联："食棉子、吃薯叶，甘美如铭；在陋营、居苑庐，其乐无穷。"横联："浩然正气。"坚持不与日伪苟合，始终保持民族气节，却广交革命进步人士，如张光周、孙华光、苏云沛等地下共产党员，与之朝夕相处，掩护他们的工作。

新中国成立后，黄芝芴如枯木逢春，虽已年近半百，立志将行医数十年的心得体会贡献给人民，毅然来德州市广德堂行医，其医德医术闻名全市，深受政府器重与人民称赞。50年代初，带头组织中医联合诊所并被推选为主任，不久又被任命为德州市卫生科副科长兼卫生院副院长、专区人民医院中医科主任等领导职务，当选为德州市人民代表、市政协常委。1963年当选为山东省第三届人民代表，多次出席省、市先进工作者代表大会。

黄芝芴继承发扬祖国医学遗产，注重实践，学本草逐一品尝，亲试其效，曾经失盲，数日方复。他主张用药如用人，必彻底知其性能，而后任之以事，方可胜任，药者人命之所系，必须慎重从事。对诊脉不仅以寸关尺候，上中下三焦，且以浮中沉候之，他以为诊脉则洞见症结，或以为神奇而问之。治病重辨证施治，能汇古今名家于一炉，或温补、或寒凉、或攻补兼施，运用自如，而且疗效显著。德州市吕家街曾有一病人，吐血甚重，多人医治无效，已备后事。经他诊治，药不过三味，化钱其微，服之而愈。治苏某哮喘细辛用八钱，治周妻血崩用熟地八两，治小儿咳喘全量仅用五分皆奇效。

1956年流行性乙型脑炎流行，病死甚众。因时值暑温之际，初用石家庄清热解毒养阴方剂，未能获效，黄芝芴则用芳香利温清热法治疗，立见显效。为此应邀出席了全国防治乙脑经验交流会议，其论文在大会作了交流。

黄芝芴参加了山东中医学会1962年年会，他的论文《肝硬变呕血》《流行性乙型脑炎的中医治疗》《治疗高血压、脑溢血、半身不遂》《再生障碍性贫血治验》

《治疗继发性血小板减少性紫癜》与《血小板减少性紫癜病选录》等六篇,均被选进论文集刊登。

黄芝芗重视培养人才,对门生诲人不倦,对访师者绝技不掩,总是诚心传授,为本院培养一批技术骨干。

[《德州地区卫生志》(1991)]

黄芝芗(1901—1969),号庆芳,别名尧祯,原籍河北景县,后迁德州。以治温病、伤寒病见长。在当地群众中很有声望。1954年后,历任德州中医联合诊所所长、德州市爱卫会主任、德州市政协常委、山东省第三届人民代表大会代表。有著述多篇,已佚。

[《山东省卫生志》(1992)]

◎ 董 祥 ◎

董祥,字庆云,齐河县大夫营王教堂村人。生于清光绪二十七年(1901),卒于民国二十六年(1937)。业医,精妇科,一生以归脾汤为妇科要方,著有《中医入门》《临床验方》。

[《山东中医药志》(1991)]

◎ 王增寿 ◎

王增寿(1902—1978),临南镇王楼人。早年跟从刘福田老中医学医,攻眼科。解放后参加联合诊所,后调夏口医院工作。临床五十余年,以中医眼科为主。本人医德高尚,在当地享有一定名望。在世时撰写《临床验案》及《伤寒论学习心得》手稿,"文化大革命"期间佚失,增寿先生还兼善书法。

[《临邑县卫生志》(2005)]

◎ 苏兆仪 ◎

苏兆仪(1902—1981),男,字之礼,河北省衡水城东北苏闸村人。

少年时就读于私塾,后拜衡水李公为师,专习针灸术,对《针灸大成》所有诗赋,均能背诵如流、朗朗上口,辄授《伤寒论》《金匮要略》等书,侍诊师侧。凡六年,始允出师,行医于乡里。在漫长的治疗岁月中,他练得一手好的针灸方法,临床治疗,应针而效者不可胜计。1938年悬壶于德州市,1953年参加联合诊所,1956年参加德州市中西医联合诊所,每日诊务繁忙而无倦容,咸誉其名。

其针刺术以"速刺寻气"为特点，常常以针入而病人尚未感觉者，取呼吸补泻法，以调经之气化，及气至为要领，引而导之，使病除于无病之中，人们常以"神针"誉称。

如针一头痛患者，令其坐定，假做按摩之术，于谈笑之中已扎数针，使患者头痛缓缓而解。患者笑曰："我病已却，请勿针。"苏笑曰："针已在你头上。"

取穴时，或宗席弘，配伍谨严，步伐有度，方法灵活，不废旧规。常以"扁鹊授我玉龙歌，玉龙一歌出沉疴"以自勉自慰。

治中风偏废，每用缪刺针法，并施药物，针药并行。

治小儿瘫疾，以点刺督脉诸穴，发前人之未发，获效者不可胜数。

治寒痹用烧山火，使患者或有离照当空，雪化冰释之感。

治顽癣取耳根、中魁，点刺出血，脱化于民众"火石划耳"之法。

治顽痰痼疾，采用太乙神灸法，使病邪往往消散于温化之中。

治寒热作于针刺期门。

治疟疾针截陶，方法轻巧，取效昭著。

治乳闭，灸膻中，刺少泽，有针刺而乳汁即通者。

治内科杂症，多遵从于《金匮要略》；治妇科杂证，多效法于傅青主、武之望。

治经闭，常取穴于气海、三阴之交，多有经通孕育者。

苏兆仪一生，为人端庄，谦虚好学，勤勤恳恳，任劳任怨，以治病救人为己任，奋斗终生。生前忙于诊务，无暇著述，遗有临床治验百余例。

[《德州地区卫生志》(1991)]

◎ 魏友臣 ◎

魏友臣（1902—1964），理合乡理合街人。祖传四世中医，系当地儿科名医魏安静之后。幼承家学，勤奋攻读，涉猎群书，博采众长。临证四十余年，治验颇多。长于中医外科及小儿科。对中草药的加工炮制及中成药的制作颇有造诣。

[《临邑县卫生志》(2005)]

◎ 刘兰斋 ◎

刘兰斋（1903—1966），男，禹城县莒镇乡前车刘村人。出身于富有家庭，在本村读过十年私塾，1923—1934年曾在本村和孙堂村教书，1938年开始自习医术并行医，1953年加入丁寺联合诊所，1958年调禹城县莒镇乡卫生院，1963年8月经卫生院推荐，县卫生局审议，报省、地卫生部门批准为名老中医。

刘兰斋擅长中医内科、中医妇科。他先后自学过《医宗金鉴》《内经》《医方集解》《伤寒论》等著作。因其熟悉中医理论，于1963年秋担任县中医培训班教师，为提高县中医人员的业务基础和技术水平作出一定的贡献。

刘兰斋一生行医严谨，工作细致，医德高尚，对待病人有求必应，深为当地人民的赞颂和怀念。

[《德州地区卫生志》(1991)]

◎ 姚橘泉 ◎

姚橘泉（1905—1985），男，原名姚士恭，山东省庆云县人。自幼聪慧，始任教，兼习医理，后弃教从医，发奋攻读医学，博览各家医书，尤其对《内经》《伤寒》《金匮》等经典著作更有较深的研究。

1954年任县卫生工作者协会第一秘书，县医院中医股长等职。1972年于盐山县医院退休。

他于抗日战争时期，顶风冒险，认真抢治抗日病员。建国后对组织乡村医生成立集体联合诊所起了很大作用。1958年在党的中医政策感召下，积极创办中医带徒学校，任教《内经》《伤寒》《金匮》等经典著作的教学，为全县培养出数十名中医后继人才。他先后被选为庆云、盐山两县人大代表、科协代表。

他治学严谨，注重理论联系实际，诊病处方用药极其精细，善于总结经验教训，一有所得和心悟，必记录在案，写有《橘泉医案》，约四万字。

姚橘泉朴实正直，以工作为最大乐趣，为培养人才，济世活人，呕心沥血达半个多世纪。谢世后，众生感师之深厚，共挽"立雪无门"之幛寄哀思，乡众搭悬"医灵长存"之匾。

[《德州地区卫生志》(1991)]

◎ 孙鲁川 ◎

孙鲁川（1906—1979），名文源，男，毕业于德州师范，执教于本校，遂一边教书，一边自修中医经典，小试乡里，而医名渐起，后以医显。

七七事变后，他弃教从医，行医于德州广德堂。新中国成立后，他响应党和政府的号召带头创立了德州市中医联合诊所，任所长兼德州市卫协会主任，主办中医进修班，亲临讲课，培养人才。1956年组成德州市中西医联合医院，任副院长。

孙鲁川治学严谨，强调辨证细则，遣药精巧，尤重心胆之病，善用温胆汤化裁以调脏腑气化，临床每收事半功倍之效。对经方、时方、验方每能曲尽妙用，颇多灼见。他认为："中风一证，多经络为病，不可强分左血右气、左瘫右疾，疏经治络为第一要着。后期调养，以补肝肾，滋濡奇经；治杂症亦多奇中，运用酸枣仁汤治疗夜半子时发病，可为临床一大发现；运用都气丸之熟地、五味子而治妊娠哮喘。处方用药，不泥成法，体现了灵活化裁，自出机杼的特点。阅历日久，心领神会，并且创立新方，其主要者有鸡血藤、石斛饮等。"

孙鲁川不尚空谈，立论平正，主张以平淡之方，取其疗效，不炫异，违犯法度，不迎合俗人心理，滥用贵药。行医数十年，有求必应。晚年虽卧病榻，老病手强，但仍书写他在临床治疗的回忆录。

去世后，德州市委、市卫生局主持给他开了隆重的追悼会。许效农老市长亲书挽联二首，其一：年逾古稀，精神矍铄，哪知病不起，何日再返旧庐舍，悲哉！名震遐迩，工作勤慎，可惜大志未成，靠谁导研新医学，痛也！其二：行医五十载，风里来，雨里去，受寒受暑，与群众疾病做斗争，呜呼！从此难见生前面。读书半世纪，既教己，又教人，忘寝忘食，为工农健康而努力，哀哉！今后空瞻纸上容。

他一生中忙于诊务，医暇著有《孙鲁川医案》，于1982年10月由山东科技出版社出版。另有《医学三字经浅解》（未刊）。

[《德州地区卫生志》（1991）]

◎ 张鲁杰 ◎

张鲁杰（1907—1993），字锡山，故籍济南市，寄居本县翟家乡后吴家。早年求学于济南师范学校。曾为韩复榘做录士数年，后弃政从医，于当地悬壶至终。临床长于内科杂病的诊治。

[《临邑县卫生志》（2005）]

◎ 刘清芳 ◎

刘清芳（1908—1969），满家乡小刘家村人。自幼私塾，拜师习医，精通医术，善于书法。1950年参加德平县医药合作社（县政府办的公立医疗机构），从事中医药工作，1957年被选送到山东省灵岩寺中医进修学校深造，1959年结业后分配到临邑县中医院工作至终。擅长内科杂症。

[《临邑县卫生志》（2005）]

◎ 房元忠 ◎

房元忠（1908—1972），满家乡房集村人。自幼私塾，后从师学医，崇张锡纯《医学衷中参西录》，善用镇痛祛风药和中西医药结合，对儿童疾病、皮肤病及妇科病有较丰富临床经验，撰写《验方选》曾刊登在《德州医药》杂志上。

[《临邑县卫生志》（2005）]

◎ 郭绪宗 ◎

郭绪宗（1908—1980），满家乡郭家湾人。自修岐黄，对《内经》的理论研究颇有造诣。1960—1961年被聘于北镇卫生学校任教，授《内经》，后离校返乡行医至终。晚年虽岁逾花甲，记忆不减当年，精力充沛，精神焕发。1979年德州地区卫生局授予"名老中医"称号。

[《临邑县卫生志》（2005）]

◎ 王德润 ◎

乐陵县有名的老中医，他继承祖传医学遗产，不仅中医知识深渊，而且有丰富的临床经验。50年代，他献出了二十多个验方，还献出了治疗梅毒的家传秘方——儿宝丹①。1959年，在乐陵县性病防治工作中，证明儿宝丹治疗梅毒有效，具有服用方便、安全、经济等特点，为全省性病防治作出了贡献。

[《山东省卫生志》（1992）]

王德润（1899②—1966）商河镇常庄村人，乡村名医。父王长泰，中年时曾与他人合开中药铺并学医司药。停业后，根据治疗恶疥恶疮的药理研制出治性病的八宝丹。王德润深得其传，成年后在本村开"益友堂"药铺。

1959年春，山东省防疫所"采风访贤，挖掘传统秘方"，王德润自觉将祖传秘方献出。同年，县卫生部门派中医王吉芹拜王德润为师，二人共研讨数日，增大剂量，由小锅熬制改为大锅熬制，使成药率增长几十倍，疗效亦大有提高。未久，王吉芹调县制药厂专制八宝丹，并由药材公司经销各地，仅一年多的时间，全县就基本消除性病。《大众日报》曾载文予以报道，河北、河南等地派专人参观学习或邮

---

① 儿宝丹：《商河县志》（1994）作"八宝丹"。
② 1899：据《山东全国劳模大辞典》（2015），王德润生于1909年。

购成药。王德润于 1960 年出席了全国文教群英大会。

[《商河县志》（1994）]

◎ 文明庆 ◎

文明庆（1909—1975），字麓材，号丰欢，山东省章丘县普集乡上皋村人。

幼年读书，十六岁到夏津县"三益堂"药铺学买卖，三十四岁任掌柜，业余学医，1958 年调县院工作，被选为夏津县第一、二、三、四、五届人大代表。

[《德州医药志》（1988）]

◎ 杨保良 ◎

名医药家杨保良，生于 1909 年，卒于 1972 年，为祖传五世外科名医。少年跟曾祖父习医，熟读《医宗金鉴》。行医四十余年，医德高尚。抗日战争时期，热情为八路军伤员治疗服务，颇受称颂，为医林英述。

[《宁津县医药志》（1986）]

◎ 闫昭纲 ◎

闫昭纲（1910—1988），德平镇闫家村人。自幼聪慧，才华横溢。他精通医学，尤对《伤寒论》有较深研究，在农村行医几十年，从不设店卖药，百姓有求者随到诊治处方。1979 年县卫生局曾推荐为名老中医前去德州应试，得到考试（核），委员会的赏识，授予"名老中医"称号。为人正直，平易近人，晚年为全县有名的书法者，曾当选县政协常务委员。

他在晚年的甲子冬末把中医的渊源用正楷写成条幅送给友人，正幅上写道：神农尝百草用动植矿别五行色味配合五脏以疗脏腑之偏胜，黄帝作《内经》阐明病理病机理法针脉之原则，扁鹊望色精脉理惠迪后人，仲景著伤寒三阴三阳说明风温寒热外感之变，金匮为内外疾患之大法，此外内伤法东垣热病法河间杂证法丹溪庶乎近焉。（现收藏）。

[《临邑县卫生志》（2005）]

◎ 张发舜 ◎

张发舜（1910—1958），临盘镇西张北人。早年于济南市学做生意，因其祖父患消渴证，久治不愈，丧于庸医，故奋发学医，自修岐黄，后又求学于禹城名医姜青门下攻读方书，1956年参加联合诊所，1958年患肺结核卒。临床长于内科杂病的诊治，尤对妇科有丰富的治疗经验。

[《临邑县卫生志》（2005）]

◎ 韩保田 ◎

名医韩保田，孟集公社王学堂人。生于1910年，死于1980年，享年七十岁。自幼学医，1936年开始行医。解放战争时期积极参加政治活动。1947年第一个组成宁津县集体性质群众药社，带头献出医药用具，后纳入县药材经理部。

[《宁津县医药志》（1986）]

◎ 马少峰 ◎

老中医马少峰，系山东省济阳县贾寨人。生于1913年，卒于1985年，享年七十二岁。

马少峰于1938年参加工作，任平北县办事处民政科科员。1951年任德州行署卫生科科员，1957年入山东省中医学校学习，1958年任德州地区人民医院中医科副主任，1966年调往禹城县。

老中医马少峰自青年时代爱好医学，1948年曾在临邑负责洛北医院中医门诊工作，余暇自修祖国医学，后从医三十余年，积累了丰富的临床经验，治愈了无数病人。他医风正派，医德高尚，对病人认真负责，待病人如亲人，受到了群众的广泛好评。

马少峰在几十年的医疗生涯中，按党的方针政策办事，受到了党组织的信任，曾历任山东省中医学会理事、德州行署中医学会副理事长等职。他思想敏锐，接受新事物快，对西医的优点有充分的认识，在治疗上能同西医配合默契，取得了很大成绩。在祖国医学中，他无门派之偏见，对各种疾病的治疗均能取得较好的疗效，尤以中医内科为长，对祖国医学的繁荣和发展作出了一定贡献，说他是一代名医也当之无愧。

[《德州地区人民医院志》（1988）]

马少峰（1913—1985），原名马健飞，男，济阳贾寨人。自幼读书，肄业于山东省立第六乡村教师学校。少年时代对祖国医学即感兴趣，其伯父马尊三系当地名医（后去南阳挂牌行医），自幼受其伯父的传授、指点，阅读了《内经》《伤寒论》《本草》等名著。此后，马少峰便有了较深的中医学术基础。

1938年8月，马少峰参加了八路军东进抗日挺进纵队政治部主任符竹亭创办的军政学校，结业后分配临邑县任中共区委宣传科长、区委会主任、区长等职。1942年离职回家。1944年重新参加革命，历任区文教助理、县民政科长、县卫生院长专区中心院保健股长、专区人民医院医务部主任、中医科主任等职。对全区妇幼保健工作和专区人民医院中医科的开创做了大量工作。

1957年马少峰到山东省中医进修学校深造。此后，一直从事中医临床治疗和中医学术研究工作。

1966年，马少峰响应党的号召带头到禹城县安仁分院中医科工作，治愈不少疑难病症。"文化大革命"期间虽处逆境，求医群众仍络绎不绝，显示了他的医技医德。

山东省中医学会成立后，马少峰被选为省中医学会理事，成为全区中医界的杰出代表人物。

"文化大革命"结束后，马少峰调地区直属机关门诊部中医科工作，1985年因患癌症医治无效病逝。

马少峰的后半生，专心于中医临床工作，对于妇科常见疾病治疗多获良效，并积累了丰富的临床经验及案例表册，另对慢性肝炎也具有相当研究心得。马少峰在学术上无门派之偏见，对各种疾病的医疗采众之长而补己短，故均取得较好的疗效。他作风正派，医德高尚，处处为病人着想，待病人如亲人，受到广泛称赞，一代名医当之无愧。

[《德州地区卫生志》（1991）]

◎ 吕永兴 ◎

吕永兴，男，生卒于1914—1983年10月，禹城县房寺杨庄人。

吕永兴出生于富有之家，在祖父的熏陶下，自幼酷爱祖国医学。他上过九年私塾，后来跟随祖父学医。1935—1955年在家开设了药铺并行医坐堂。1956—1958年3月加入房寺陈寨联合诊所。1958年4月在房寺公社卫生院任中医，1979年11月由本单位推荐，县卫生局审议，报省、地卫生主管部门批准为名老中医。

吕永兴对中医经典著作造诣颇深，临床实践近五十年，积累了一定的诊疗经验，曾著有《大小柴胡汤运用》一文。他对工作认真负责，对技术精益求精，对病人满腔热忱，历年来多次被评为先进工作者，在当地享有很高的群众信誉。

[《德州地区卫生志》（1991）]

◎ 刘元昌 ◎

刘元昌（1915—1980.12），字明斋，满家乡房集村人。青年时期执教为业，暇时跟其父习读医书，继承家学。1950年在德平县医药合作社任中医兼经理（1956年改为德平供销社医药零售部，1957年改为临邑药材公司德平医药部，1958年改并归为县第二人民医院中医科）。1956年8月，曾收带徒弟。从事临床三十多年来，治学严谨，医术精湛，博览中医经典著作，临床擅长内科杂病及妇科，治验颇多，声望几十里乡村。撰写《临床验方选集》和《中医治疗妇女子宫功能性出血临床体会》现存。

[《临邑县卫生志》（2005）]

◎ 李士昌 ◎

李士昌（1917—1983），男，禹城县李屯乡李洁桥村人。幼年在本村读过五年私塾，1932年至1955年在家随父行医。1956年1月加入李屯乡联合诊所，后在丁寺诊所任中医，1957年4月进入本县中医培训班学习二个月，1958年2月至1959年2月考进省中医学院学习深造。1959年3月被派到李屯乡卫生院任中医，1979年12月调袁营分院任中医。1983年2月28日，因患胃癌病故。

李士昌一生酷爱祖国医学，擅长针灸，对经典著作有较深的了解，临床实践四十余年，积累了较丰富的诊疗经验，著有《学习〈素问〉的点滴体会》和《对经络学说的点滴认识》等文章。1979年下半年由县卫生局推荐，报省地卫生主管部门批准为名老中医。

他行医多年，对病人有求必应，工作细心，医德高尚，在当地享有一定的信誉。

[《德州地区卫生志》（1991）]

◎ 王兆曾 ◎

王兆曾，化名王永庆、王兵山，章丘县祖营坞村人。十七岁高小毕业后随父兄来陵县，先后在神头街和城内南街开设"德生堂"药店。

1939年10月，王兆曾在神头参加抗日部队，初做宣传工作，后赴乐陵县参加冀鲁边区军政学校学习，其间加入中国共产党。1940年春调陵县任"动委会"锄奸部长。由于他的积极工作，在较短的时间内，锄奸部队由几个人发展到百余人。在复杂、恶劣的环境中，他带领锄奸部队时而出现在大集上、酒馆里，时而化装打入敌人据点、汉奸家中,与敌人展开了尖锐、巧妙的斗争,沉重地打击了日伪军的嚣张气焰。

1943年6月14日深夜,王兆曾和十多名战士驻在五区霍家村(今属临邑县),不幸被林子街据点的日军发现包围。他和战士们奋力抵抗,子弹全部打光后,与敌人展开肉搏战,在突围中,寡不敌众,战士全部牺牲,王兆曾也中弹被捕。

当天下午,王兆曾被押到陵县城,日军对他先是劝降,尔后施"美人计"诱降。失败后,又对他使用走铁板、坐老虎凳、灌辣椒水等酷刑。王兆曾被折磨的遍体鳞伤,四肢俱断,但大义凛然,宁死不屈。

1943年农历六月十七日,敌人用筐抬着王兆曾游街示众,王兆曾一路高喊:"中国人不打中国人""不要甘心当亡国奴""打倒日本帝国主义""打倒汉奸卖国贼""中国共产党万岁"等口号,最后英勇就义,时年二十五岁。

[《德州医药志》(1988)]

◎ 韩世庚 ◎

韩世庚,章丘县明水镇绣水村人。1919年生,十五岁进济南"鸿德堂"药店学徒三年,1936年被雇为陵县"蚨泰昌"药店店员,1955年被县社医药经理部招用之后一直在公司从事中药工作,1978年退休回乡后即又投入大队保健工作,现年六十八岁。

韩世庚于几十年的医药生涯中,善于用心,勤于动脑,不仅精通中药,且精通中医。其中对医治各类骨结核及妇女不孕,习惯性流产等症,堪称一绝,名闻遐迩。当时,武城、宁津、平原、临邑、乐陵、商河、吴桥、章丘、德州及本县多有来求医者,每月不下于五十人次。

1958年,县公司职工邵玉池二十岁,患腰椎结核、肺结核、淋巴结结核等症,先住济南省二院,后转本县医院,历时半年不得治,病势每况愈下。邵万念俱灰,唯求速死,以了病痛,家人忧心如焚,抱一线希望求于韩,韩欣然应之,百日内配药八十余付,邵竟痊愈,康复如初,人皆赞叹不已。

宁津县药材公司职工李某之妻,年过半百,患腰椎结核,已卧床五年不起。1965年秋后,为去天津求医,全家苦于凑钱不足尚未动身。时偶逢熟人荐韩,家人半信半疑求之,韩经望、闻、问、切,曰:"此不算病,到年保你能下炕吃饺子。"病人苦笑道:"如能在炕上坐起来,也便十分满足了。"尔后,韩出药百余付,至春节前去病家探视,病者已能扶炕行走。韩笑道:"当初大话实为安慰,以解病者心理压力，今日看来，倒真的说中了。"全家敬之。

本县任某婚后多年，每怀孕至六七个月即流产，任百倍的注意千倍的小心，也难于幸免，虽去天津也未能医出"结果"，求韩，韩自其孕后，每月出药两付，直至分娩，任接连生下两个儿子，现均已成人。

"文化大革命"期间，本县银行刘某无子，其妻年四十三岁，经血将绝，已三年不孕，刘某盼子心切，求医于韩，韩出药三付，刘妻即孕，孕后，刘固请韩判别是男是女，韩戏曰："是男。"十月怀胎，果生一男，被人传为佳话。

此类事例很多，近年几次去章丘走访韩老师傅，每至家门，总见求医者络绎不绝，可见其医术，在故乡亦享有很高的信誉。

[《德州医药志》（1988）]

◎ 曹天臣 ◎

曹天臣（1924—1969），沙河乡曹庄人。早年跟随老中医曹希正学医。家贫力学，苦读经典，博览诸家，注重临床实践。对于外感病及妇科病有较深造诣。终生俭朴好学，诲人不倦，不图名利，深孚众望。撰写《吐血梦遗验方集》《行医德》传于后人。现存。

[《临邑县卫生志》（2005）]

◎ 吕同杰 ◎

吕同杰（1929—2001），男，字汉三，山东省临邑县后屯村人。自幼就学乡塾。其母收有其外祖父传给的验方一部，乡亲遘疾，所投辄验。因受其影响，自幼即酷爱医学。十四岁时，就学于吉林市盖谦先生创办的平瑞医塾，系统学习了四大经典著作以及《医宗金鉴》《药性四百味》《温病条辨》《中西汇通医书》等书籍。1948年返回故里，在陵县滋镇马集兰轩诊所行医。1951年参加国家公立医疗机构。1956年选送聊城地区中医理论进修班学习，尽得谢玉牒、刘慕韩二位老师善用经方之秘，如小半夏加茯苓汤治疗痰饮呕吐；桂枝加半夏茯苓汤治疗妊娠恶阻等，屡经重复，历验不爽。1958年又选送山东省中医进修学校学习，经过一年的深造，调至我院内科。于1960年给韦继贤院长做助手，1959年加入中国共产党。曾任我院内科主任、副院长，任我院院长、副教授、副主任医师、中华全国中医学会理事、山东分会副理事长、山东省卫生厅医学科学委员会委员；当选为济南市第八、九届人民代表大会代表和中国共产党山东省第四次代表大会代表。

他跟随韦老十余年，总结继承了韦氏的学术思想和临床经验，并在长期的临床实践中有所创新。如增生性关节炎，一般认为病变在骨，发病与肾虚有关，治以补肾壮骨为法，疗效并不显著。他认为：尽管此病与肾关系密切，但其主证是受累关节剧烈疼痛。审证求因，乃风、寒、痰、湿痹阻筋脉，经络瘀滞，不通则痛所致。当以祛风散寒，化痰除湿，活血通络为主，辅以益气或补肾之品。自拟除痹逐瘀汤、通络逐瘀汤、滋肾通瘀汤三方，按照不同证型分期辨证施治，多数患者症状明显改善。再如：自拟定眩汤，对梅尼埃病、脑动脉硬化、脑萎缩出现的眩晕，亦有一定效果。对药的用量方面他认为：对某些疑难病和危重症，只要诊断明确，即可大胆用药，切勿病重药轻，犹如杯水车薪，贻误病机。立方遣药，主张"药简而量大"。积数十年之经验，治沉疴危症，用量常二三倍于他人，均以剂重量大而收功。先后发表《汗、吐、下三法的临床应用》《增生性关节炎的中药治疗中医治疗再生障碍性贫血》等三十余篇论文，并参加编写《中医经验选编》《中医儿科学》等书。

1975年，我院接受省卫生厅委托，举办山东省中医研究班，吕老任前后两期班主任。除完成教学计划外，并辅导学员编写《脏腑学说的临床应用》《常见病中医治疗手册》《中医临床经验选》《讲座选编》《中医常用方药》等书。共为全省培养中医和西学中人才四十余人。1985年，山东中医学院授予他"从医四十周年荣誉证书"。

工作之余，吕老还爱好书法与气功。临摹王颜欧米，融气功、书法于一体。善书大字，如"神怡""墨香""松涛""腾飞"等幅，为爱好书法者所珍爱。

[《山东中医学院附属医院院志》（1985）]

吕氏对冠心病的病因病机和治法探讨

吕同杰1929年生于山东临邑县，任山东中医学院附属医院内科主任医师。多年来，他一直从事内科临床和研究工作，擅长于内科杂病和热病，在辨证和用药方面多有自己的见解。1981年全国冠心病讲座汇编中，选用了他的《从脾主运化探讨冠心病的病因病机和治法》一文，现摘要如下。

本文从"脾主运化""脾为生痰之源"的角度，探讨了冠心病的病因病机和治法。

脾的主要生理功能

脾具有主运化和统血等主要生理功能，是气血生化之源，生命活动的基础，故有"脾为后天之本"之说。从近代对脾的研究结果来看，中医所说的脾，不是单一的脏器，而是多系统多脏器功能的总体。它除了包括消化系统的主要功能外，还涉及内分泌、神经、血液等系统，并与免疫系统功能有关。

脾失运化与冠心病的关系

在正常情况下，水谷经过脾胃的运化吸收，将其精微物质输送到人体各部。当某些因素引起脾失健运，代谢失调时，往往造成痰湿凝聚、痰阻气机、脉络瘀滞、血运受阻，或因甘肥失节、郁热内生、化生痰浊，瘀阻于脉络，沉积于管壁，造成管道狭窄、心络失宣、血运受阻。这种病变过程与现代医学中的脂肪代谢障碍引起的脂质沉积与浸润，损及动脉内膜，产生动脉粥样硬斑块，随着斑块的扩大，管壁增厚，管腔变窄。造成冠状动脉供血不足，心肌缺血缺氧的病变过程是一致的。

辨证治疗

冠状动脉粥样硬化，造成心肌缺血缺氧，是冠心病的基本矛盾。在发病过程中，由于致病因素不同，以及年龄性别、生活习惯、精神状态、体质条件的差异，所以临床表现也不相同。因此在治疗中，必须根据病人的具体情况进行辨证，既要看到病人的局部病变，又要注意病人的全身状况，不但要看到病人的病理变化，还要看到病人的发病诱因。

1.气虚血瘀者，宜益气健脾，活血化瘀，用补中益气汤合血府逐瘀汤化裁。

2.痰浊阻络：①痰湿偏重者，宜健脾通阳，化痰泄浊，以瓜蒌薤白半夏汤合二陈汤化裁。②痰热为主者，宜清热化痰，解郁活血，以温胆汤化裁。

[《德州地区卫生志》（1991）]

吕同杰，字汉三，男，汉族，生于1929年，临邑县翟家乡后屯村人，中国共产党党员。自幼就学乡塾。其母收其外祖父传给的验方一部，乡亲遭疾，所投辄验。因受其影响，自幼即酷爱医学，十四岁就学于吉林市盖谦先生创办的平瑞医塾，系统学习了中医四大经典著作及《医宗金鉴》《药性四百味》《温病条辨》《中西汇通医书》等。1948年返回故里，在陵县滋镇马集兰轩诊所行医。1951年参加国家公立医疗机构，1956年被选送到聊城地区中医理论进修班学习，尽得谢玉牒、刘慕韩二位老师善用经方之秘。1958年又被选送山东省中医进修学校学习，结业后调到山东中医学院附属医院内工作。1960年被分配到该院为名中医韦继贤院长做助手，跟随十年，总结了韦氏的学术思想和临床经验，并有所创新。从事中医工作数十年，精于内科，兼及妇、儿科，对脾胃病、关节病、心脑血管病、热证、血证等临床研究有较深的造诣，在省内、外有较高声望。曾先后发表《汗、吐、下三法的临床应用》《增生性关节炎的中药治疗》《中医药治疗再生障碍性贫血》等二十余篇论文并参与编写了《中医经验选编》《中医儿科学》等书；1975年办的山东中医研究班，曾任前后两期班主任，为全省培养中医和西医两用人才四十余名。吕先生曾先后任山东中医学院副院长、院长、教授、主任医师，兼任中华全国中医学会理事及山东分会副会长，省卫生厅医学科学委员会委员，当选为济南市第八、九届人大代表和中国共产党山东省第四次党代会代表。1985年山东中医学院授予"从医四十周年荣誉证书"。

[《临邑县卫生志》（2005）]

◎ 张毓塘 ◎

张毓塘（1829—？），聊城县人。擅长中医骨科，善于接骨续筋。医德高尚，药不索款。

[《聊城市卫生志》（1991）]

◎ 幺凌云 ◎

幺凌云，字光月，冠县人。生于清道光二十七年（1847①），卒于民国十八年（1929）。工医，以善治外科知名。

[《山东中医药志》（1991）]

幺②凌云（1845—1929），字悦桂，冠县南陶乡（现称东古城）人。父仲魁，善刀圭，治疮立效。凌云年三十即行其术，施药施方概不取值，饭时而留饮之，求医者踵相接。本是小康之家，因舍药致家计贫困，一生始终不变。亲友同情，不忍视其寒苦，众人相帮，方免饥寒。在冠县、馆陶、聊城、莘县、大名等县负有盛名。逝后，众人为其立碑三通，并赠"妙手济众"匾额。其美德为后人传颂。

[《聊城地区卫生志》（1993）]

◎ 刘树棠 ◎

刘树棠，字荫南，生卒不详，冠县相里人，清同治年间秀才。初为蒙童教师兼攻医学，居数年，求诊者络绎不绝。树棠启蒙医书是《黄氏八种》，一生用药偏于温补。长于治虚、吐血等症，尝说，与人治病医理固然必须精通，应用也要灵活。曾遇一产妇，昏迷欲饮冷水，医生不许，先生说："无妨，急则治其标。"竟以西瓜汤治愈。又一老妇人，大便秘结数日，服药多剂不应，奄奄一息。检阅前方，非下即润。先生给加人参一钱助其气，服药不久，大便即下，诸如此类不可胜数。

[《聊城地区卫生志》（1993）]

◎ 高延年 ◎

高延年，清光绪年间岁贡生。候选训导，医名大著，四乡欲赠匾额，力辞不

---

① 1847：《聊城地区卫生志》（1993）载幺凌云生于1845年，存疑待考。
② 幺（yāo）：古同"幺"，原本与"麽"的简体字"么"无关。

受，说："我一生只求无过，不欲令闻广誉施于身也。"

[《聊城地区卫生志》(1993)]

◎ 朱正宜 ◎

朱正宜，字子端，清代聊城县人。通经书，精医理，为文粹，于理法，居故里授徒逾百人，一经指授，靡不蜚声以去，而诊疾者，也接踵而至。平生自高，不求仕进，言行敦笃，为闾里之所矜式。

[《聊城地区卫生志》(1993)]

◎ 周兰芳 ◎

周兰芳，清廪贡生，临清县人。候选训导，好施济，晚年以医著名，善斑疹科，救活小儿甚多。其弟兰芝，附贡生，亦善医，精眼科。

[《聊城地区卫生志》(1993)]

◎ 陈 俊 ◎

陈俊，临清人，宣统岁贡生。事亲以孝，力倡尊礼，精医术，尤善妇科，著有《胎前产后全书》。

[《聊城地区卫生志》(1993)]

◎ 张 俊 ◎

张俊，字敬修，清朝岁贡生，茌平县人。聪敏好学，乡里碑文多由他撰。晚年精于医，用药多能立效，就诊者日盈门。

[《聊城地区卫生志》(1993)]

◎ 纪好贤 ◎

纪好贤，字干臣，清庠生，茌平县人。幼精岐黄，济世活人，有求即应。

[《聊城地区卫生志》(1993)]

◎ 赵瑞峰 ◎

赵瑞峰，茌平县人。清代地方名医，精医术，重用方剂，同村刘松峰从他学习，刘不识字，口授人，十余年并称名医，称二峰先生，前后行医五十年，全活甚众。

[《聊城地区卫生志》（1993）]

◎ 张士选 ◎

张士选，字晋卿，茌平县人。精岐黄，善内、外两科，尤善疗痘疹，颇有声望。乡里赠匾颂扬。寿逾八旬而终。

[《聊城地区卫生志》（1993）]

◎ 吴体元 ◎

吴体元，字子全，清庠生，茌平县崔家海子人。精岐黄，善领悟，幼读医书，迎刃而解。聊城名医苗香名闻人，面会交谈，大悦，甚奇之，遂收为徒，后来技术超师。

[《聊城地区卫生志》（1993）]

◎ 宋思永 ◎

宋思永，字慎修，清贡生，馆陶县（今属冠县）人。性仁慈，笃孝好友，重义轻财，乐善好施。咸丰六七两年大旱，蝗灾，民众大饥，宋氏将自己所藏粮食赈济灾民，全活甚众。尤精医术，素以刀圭活人，兼长内科，贫病者每施药，不取酬敬，乡有婚丧困难者，量力资助，毫无吝意，远近称颂，勒石纪实永念其德。

[《聊城地区卫生志》（1993）]

◎ 王元仲 ◎

王元仲，字魁元，冠县赵建庄人。少攻儒，体弱多病，遂弃儒学医，退居乡村。贫富一视同仁，有邀诊者，寒暑风雨无所避，治之多效，不受酬金。后来其医术益精，内、外、儿科皆通。只行医，不售药。他说，我少得病，行医自利以利人也。我有田一顷以自饱，绝不为利。乡人多称颂。

[《聊城地区卫生志》（1993）]

◎ 孙性存 ◎

孙性存，字泰福，清廪生，寿张人。精通先天画卦，太极两仪四象八卦，口讲指画，为一乡易学之先。

[《聊城地区卫生志》（1993）]

◎ 张 洁 ◎

张洁,茌平县人,外科医生。其疗疮技术高超,能使痂落后无瘢痕,活人甚众。

[《聊城地区卫生志》(1993)]

◎ 孙彭年 ◎

孙彭年,莘县人。祖居城里,晚年习医施药,愈者以物奉酬,必严以却之。

[《聊城地区卫生志》(1993)]

◎ 孙世瓒 ◎

孙世瓒,字邕环,庠生。七岁事孀母,晨昏定省,四十余年,无少懈。与兄同居,克尽友让,庭训子侄,曰以天理二字为读书根本。生平气度冲和好施,与周贫之。辛巳瘟大行,倾囊舍药,全活不计其数。

[《聊城地区卫生志》(1993)]

◎ 周之桢 ◎

周之桢,茌平县城北周新庄人,县府贡生,曾毕业于日本弘文学院师范。六年选保至花翎四品衔,后选知府。著有《茌平县训蒙地理志》《松花医案》《仕学启蒙》《医学别论》。

[《聊城地区卫生志》(1993)]

◎ 王殿元 ◎

王殿元,字朝卿,清平县城西北之庙人。幼务农,工技精悍,仆讷浑厚,尝得异人术。善医跌打损伤诸证,经手立效,人皆称为神手,筋断骨折者踵于门,或出外诊治,有求必应。不惮劳,不受酬。寿八十九岁步履如少年,其子早卒,孙太平及其侄犹能嗣其业。

[《聊城地区卫生志》(1993)]

◎ 刘敏歧 ◎

刘敏歧,字云峰,清平县苍尔庄人。由贡生保举大宾,例授承德郎。气宇冲和，谈论侃侃，人有疑难，一言可决。精医术，妇科尤其所长，心细手和，求无不应。乡邻戚友公送匾额三方，殁后并为勒石道旁，以志景仰。子澄清，字秋泉，由庠生保举学团团副，医术克绍父业。

[《聊城地区卫生志》（1993）]

◎ 秦国治 ◎

秦国治，邑庠生，东阿铜城人。精通医学，善手法接骨，遇有跌扑伤损，一经着手，无不立愈，从不借此谋利。近百年来，铜城附近迄今传颂。

[《聊城地区卫生志》（1993）]

◎ 高德安 ◎

高德安，字静斋，东阿县高家庄人。幼嗜读，及长，专医术。针灸、奇门之术靡不精通，平生正直，不卖药，不爱财。膏、丹、饭食尽可施舍，行医五十余年，慈善之心未尝稍衰。无论贫富，有求必应，驰名聊城、阳谷、东阿、茌平。

[《聊城地区卫生志》（1993）]

◎ 李守业 ◎

李守业，字世昌，东阿县豆山庄人。性好医术，得异人秘传，精痘疹科。患者求治着手奏效。一日偶遇七岁小儿，毒深难疗，儿父求治。开方购药十数斤，锅煮去滓滤汁贮缸中，置儿于内，上覆被，外煨火，令儿饥食渴饮，三日夜疹透毒解，痘出大如石榴子，月余始痊。如此者不胜枚举。

[《聊城地区卫生志》（1993）]

◎ 崔凤翙 ◎

崔凤翙，字溃汉，生卒不详，馆陶镇北崔庄人。进秀才后，教学兼攻医学。医术高明，尤精痘疹科，救活小儿无数，著有《痘疹摘要》《诊病要论》二书，书中方药屡用屡效，其孙崔宝璋（秀才）继其业。

[《聊城地区卫生志》（1993）]

◎ 初金门 ◎

初金门，东阿人，贫不能设局，负药囊摇铃出游。一日至济宁，总和之母患便不下月余。金门至,一剂而愈。酬以千金不受。遂广荐之。疾应手愈。归里,大启门宇,求者如市。

[《聊城地区卫生志》(1993)]

◎ 张月丹 ◎

张月丹,茌平人,得针法于城北蔡庄刘廷楷,善治小儿各种风症,多全活。月丹将医术传给子女,孔里屯张黄氏及其三子媳丁氏,丁氏又传其子印中。三世递传,广行方便,不受报酬,人称其德。

[《聊城地区卫生志》(1993)]

◎ 高 琦 ◎

高琦,字步韩,阳谷城东南商家坑人。精医术,创乌金膏,能治肋骨疼痛及一切痞积等症,有购者慨然给予不取值。子联芳承其志与术,遂专以舍药为事,远近登门祈求者不绝,邑送匾额"乐善不倦",悬其门上。

[《聊城地区卫生志》(1993)]

◎ 张跃东 ◎

张跃东,字乙山,郡廪生。学业渊深,乐善不倦,尤精医术。道光十五年,邑令捐谷以备赈济灾民,跃东二十岁即捐百石。咸丰十一年、同治元年连遭荒乱,跃东尚有余粮,除自用外,皆分给族邻贫者。

跃东在家设教,性敏无资者,皆可来学,一时寒士多出入其门。对其师弟刘庆年,常孤教诲,后来,庆年为人治病不怕烦不避秽,死后乡邻无不悼惜。

[《聊城地区卫生志》(1993)]

◎ 于雄祯 ◎

于雄祯,字荫础,性嗜学,弱冠入泮,三荐不出,弃举业而专岐黄,精通脉理,著有《脉理秘诀》《外科经验》诸集。

[《聊城地区卫生志》(1993)]

◎ 张喜元 ◎

张喜元,字子仁,精于医术,有求必应,或徒行视疾,昏夜叩请,无不慨然而去，尝曰：病者望医，如赤子望父母，医人到，病人适矣。至于赞敬礼物钱财丝毫不取。又精武术，学者数百人，弟子屡议竖碑铭德，坚辞不受曰：无实盗名吾不为也。终后，妇孺远近无不感叹。

[《聊城地区卫生志》（1993）]

◎ 刘巽南 ◎

刘巽南，字顺卿，莘县人，邑庠生，赋性和平，处世仁厚，有长者风度，一生茹素，潜心修养，兼善岐黄之术，活人无算，概不受酬，乡里称善士，邑令举为乡饮大宾。

[《聊城地区卫生志》（1993）]

◎ 叶嗣高 ◎

叶嗣高，字矩民，清，聊城县城内叶家园子人。生于咸丰七年（1857），卒于民国十四年（1925）。

嗣高生仕宦之门，自幼仁慈，攻读诗书。尝广交文人学士，致力文学，抱仕进济世之志。后兼习医道，精读仲景《伤寒论》《金匮》等医药典籍。用药精当稳妥，起沉疴，挽垂危，活人甚众，声名大震。光绪二十六年（1900），慈禧太后因避兵西迁，卧病西安，人荐嗣高诊治，因其系平民无职，不得面见皇家，御赐延山知县，侍奉太后，暂不赴任。继升河北遵化知州，嗣高母卒，御赐白银两千两。清亡，嗣高又为袁世凯府中服务，升至候补道台。辛亥革命后，归乡业医。医德高尚，不分贵贱贫富，有求必应。好善乐施，济贫扶危。乡邻贫困者，尝慷慨解囊，助衣给食。施医舍药，其怜民疾苦之心，至今犹为其邻里称道。

[《山东中医药志》（1991）]

叶嗣高，聊城叶家园子人，出身于仕宦家庭，青年时期攻读诗书，考进文生，热爱医学，精读《内经》《难经》《伤寒》《金匮》等经典著作，临床用药精妙，治愈危重病人甚多。清末在陕西任候补县丞，光绪二十六年（1900）八月，慈禧太后因八国联军之乱西迁，在长安患病，有人推荐叶为慈禧诊治，因叶系一般官员，不能面见太后，慈禧当即御赐为延山知县，暂不赴任，留住长安为太后治病。慈禧返回北京后，召叶为太医院御医，后升任河北省遵化知州，并写"福"字赐予叶母。叶母病故，御赐治丧白银两千两。辛亥革命后，叶返故乡行医，不分富贵贫贱，有求者应，对贫苦乡邻解囊相助。处方一例附下。

慈禧光绪医方选议

祛风和脉调气利湿化痰膏

光绪年二月十九日，李德昌、全顺、张仲元、叶嗣高、□□□①谨拟：老佛爷祛风和脉调气利湿化痰膏。

羌独活各二两，僵蚕三两，威灵仙一两五钱，川乌一两五钱，片姜黄一两五钱，橘络二两，鸡血藤三两（后入），秦艽一两五钱，桑寄生二两，归尾二两，穿山甲二两，红花二两，川续断二两，香附三两（生），没药一两五钱（后入），乳香一两五钱（后入），乌梢蛇一两五钱，防风二两，茅苍术二两，赤芍二两，台乌二两，青皮二两，半夏二两（炙），豨莶草二两，麝香五钱（后兑）。

用香油十斤将药炸枯，去渣，兑丹成膏，老嫩合宜。

【评议】本方一派祛风除湿活血化瘀之药，亦为大活络丹类方药，用治顽痰恶风，入中经络之症，服之可冀透达，西太后用此，恐亦为面神经痉挛之疾。

[《聊城市卫生志》（1991）]

叶嗣高（1857—1925），清末民初医师，字矩民，聊城人。少年时攻读医家经典，成年后施诊行医，声誉颇著。先后在聊城、陕西、北京等地行医。在西安偶逢慈禧太后患病，奉诏施诊奏效，随驾入清廷太医院，旋任遵化知州。

[《山东省卫生志》（1992）]

叶嗣高（1857—1925），字矩民，清光绪御医，聊城市城内叶家园子人。出身仕官之家。自幼忠诚性善，攻读诗书，考进文生。家中设"道南书屋"，广交过往文人学士，致力于文学，后兼习医学，精读《伤寒》《金匮》和其他中医经典。临证用药精当稳妥，治愈危重病人甚多。1900年慈禧太后因乱西迁，在西安患病，有人推荐嗣高为慈禧诊治，慈禧即御赐其为延山县知县，暂不赴任，侍奉慈禧，后升为河北省遵化知州。以后在袁世凯府中候差，进京见驾升为候补道台。辛亥革命后，返里行医。不分富贵贫贱，有求必应。对于贫困的乡邻慷慨解囊，毫不吝啬。

[《聊城地区卫生志》（1993）]

◎ 李学勤 ◎

李学勤，字勉斋，东阿县人。生于清咸丰十一年（1861），卒于民国十八年

---

① □□□：原书此处漫漶。

（1929）。业医，术专妇科。

[《山东中医药志》（1991）]

◎ 王以珍 ◎

王以珍，字子席，临清县尹庄人。生于清同治元年（1862），卒于民国三十三年（1944）。业医，术精内科。撰有《脉学三字经》，未刊。

[《山东中医药志》（1991）]

王以珍（1862—1944），字子席，临清县刘垓子乡尹庄人。一生行医，临床经验丰富，擅内科，尤精脉学，著有《脉学三字经》。他性情正直，平易近人，行医应诊，不分贫富，有求必应，求医者甚众。

[《聊城地区卫生志》（1993）]

◎ 徐寅清 ◎

徐寅清，字协卿。生于清同治元年（1862），卒于民国二十九年（1940）。冠县人。工岐黄术，擅内、妇两科。

[《山东中医药志》（1991）]

◎ 李守范 ◎

李守范（1864—1917），号围堂，阳谷县安乐镇东李楼村人。1887年在家乡挂牌行医，颇负盛名，远方求医者甚多。他生活俭朴，不嗜烟酒，待人诚恳，和蔼可亲，赤医诊病，取药不收费。病逝后，乡邻捐资为其立"围堂氏德行碑"，历述其生平事迹。

[《聊城地区卫生志》（1993）]

◎ 胡沛霈 ◎

胡沛霈，聊城县人。生于清同治三年（1864），卒于民国二十六年（1937）。工岐黄术，以善治外科知名。

[《山东中医药志》（1991）]

◎ 任香亭 ◎

任香亭，聊城县人。生于清同治五年（1866），卒于民国九年（1920）。以善治内科知名。

[《山东中医药志》（1991）]

◎ 田兆嵩 ◎

田兆嵩，字中岳，东阿县人。生于清同治六年（1867），卒于民国二十九年（1940）。业医，以善治外科病症知名。

[《山东中医药志》（1991）]

◎ 张辉璞 ◎

张辉璞，字待琢，冠县人。生于清同治六年（1867），卒于民国三十八年（1949）。业医，以善治外科知名。

[《山东中医药志》（1991）]

◎ 王省三 ◎

王省三，聊城县人。生于清同治八年（1869），卒于民国十六年（1927）。业岐黄术，精内科。

[《山东中医药志》（1991）]

◎ 白玉堂 ◎

白玉堂，字在朝，冠县人。生于清同治八年（1869），卒于民国三十六年（1947）。工医，术精眼科。

[《山东中医药志》（1991）]

白玉堂（1869—1947），冠县汤村人。家传眼科，在冠县、临清等地颇知名，父子两代为世所仰，世人曾赠匾额：一曰"世德济人"，一曰"同跻春台"。有门徒吴清臣、子白风修继其业。

[《聊城地区卫生志》（1993）]

◎ 贺春池 ◎

贺春池，字先知，东阿县旧城村人。生于清同治九年（1870），卒于民国二十七年（1938）。

先知禀性聪敏，幼承家训，攻读经史，博览群书，文学造诣颇深。二十岁始学医，精读《内经》《难经》《伤寒论》《金匮要略》《本草》等经典医著。历五年始临症诊治，多能药到病除。年四十名声大震，黄河南北慕名求医者络绎不绝，当地有"西狄（狄金铭）东贺（贺春池）"之称。

先知临证善用经方。辨证精当，预断多验。如某年盛夏，河东一患者久病卧床，诸医诊治，病情日笃，已备后事。复延先知诊视，检阅前方，均属误药，急嘱停药并以浓绿豆汤解之，病随愈。又，先知之女，嫁于河东杨门，因病返归。望女儿面色非吉，遂详问病情、切脉、察舌，断病已非药可治。及归，果数日而卒。

五四运动前夕，连年灾荒，时局动荡，疫病肆虐，死者无数，而官府熟视无睹，贺氏深念乡民疾苦，尤患杏林乏人。于民国七年（1918）在东阿县堤口村办起一所中医学校，为山东省中医教育之首创，学制三年。校舍虽简，校规尚严。以《内经》《难经》《伤寒论浅注补正》《金匮要略浅注补正》《本草问答》《血证论》《陈修园四十八种》等书为教材，逐句逐段讲解，同时与临床密切结合，每逢诊病，学生先诊，然后启发、诱导诊断定方。如是者三年，各自开业行医，先后均成一方之名医。

民国二十五年（1936），山东省政府对中医人员进行考试，考试成绩在全省前十名中有四名是贺氏门生，李学干荣获第一，李学广第三，李夏峰第五，李振玉第七。当年的试题、山东省公安局和后来警察局发的"注册执照"至今犹存。

先知办学，尤重医德教育，常以"不为良相，宁为良医""济世活人为己任，解除病人疾苦为天职""行医不分富贵贫贱，一视同仁"等名言教育学生。同时自己率先履行，一生行医于民间，不图名利，有求必应，出诊以不坐车马为荣，凡贫苦之家有延请，便徒步跋涉一心赴救。

先知一生忙于教学与诊务，无暇著述。因时局所迫，医校仅办一期即被迫中断，但其精湛的医术，高尚的医德，授业济世的精神，至今尤为大众所赞扬。其理论联系实际的教学方法亦颇值得效法。

[《山东中医药志》（1991）]

贺春池（1870—1938），字先知，东阿人。二十岁学医，四十岁医名大振，黄河南北慕名求医者甚多。1918年在原籍创办私立中医学校，亲自任教，培养学生几十人。山东省会警察局对中医人员进行考试登记，前十名中有四名是他的学生。

[《山东省卫生志》（1992）]

贺春池（1870—1938），字先知，东阿县单庄乡旧城村人。

贺氏禀性聪敏，幼承家训，攻读经史，博览群书，文学造诣颇深。二十五岁始学医，精读《内经》《难经》《伤寒论》《金匮要略》《本草经》等经典，临证善用经方，多能药到病除。黄河南北慕名求医者甚多，当地有"西狄（狄金铭）东贺（贺春池）"之称。

五四运动（1919）前夕，连年灾荒，时局动荡，疫疾不断流行，缺医少药，死者无数，而官府熟视无睹。春池深念乡民之疾苦，忧患杏林乏人，克服了种种困难，于1918年在东阿县堤口村办起了一所中医学校，学制三年。校舍虽简，校规尚严。以《内经》《难经》《伤寒论浅注补正》《金匮要略浅注补正》《本草问答》《血证论》《陈修园四十八种》等为教材。授课按部就班，逐句逐段讲解，同时与临床密切结合。每逢诊病，学生先诊，然后启发、诱导诊断定方。三年毕业各自行医，后均成为一方名医。1936年国民党山东省政府对中医药人员进行考试，全省前十名中有四名是其门徒，李学干荣获第一名，李学广第二，李夏峰第五，李振五第七。当年的试题，系山东省公安局警察署所发，"注册执照"至今犹存。因时局动荡，医校仅办一期即迫中断，然仍不愧为医学教育的先驱。

他特别注意医德教育，常以"不为良相，宁为良医""济世活人为己任，解除病人疾苦为天职""行医不分富贵贫贱，一视同仁"等教育学生。并自己身体力行，一生行医于民间，不图名利，有求必应，出诊以不坐车马为荣，贫苦之家有请，便徒步跋涉一心赴救。

[《聊城地区卫生志》（1993）]

◎ 丁饮渭 ◎

丁饮渭，聊城县人。生于清同治十年（1871），卒于民国二十二年（1933）。工医，术精内科。

[《山东中医药志》（1991）]

◎ 杨兴臣 ◎

杨兴臣（1871—1937），聊城沙镇向庄人。青年时期随父杨盛林学习中医外科，攻读《医宗金鉴》《百科大全》及中医外科名著，自制膏、丹、丸、散、锭，善治痈、疽等病及刀枪外伤，医术超群，被誉为外科名医。民国十二年（1923），县警备队驻防沙镇，有一士兵受枪伤，尿道闭塞，经施手术后小便通畅，病愈赠送"疗病妙手"巨匾一块，至今尚存。

杨先生医德高尚，不论酷暑寒冬，还是百里之外，有请必到，常到莘县、冠县、阳谷、堂邑等县出诊治病，声望甚高。并善于总结经验，整理外科经方六百余个，编写抄册一部，传于后代。其重孙杨庆光继承三代医业，成为中医外科新秀，于1979年被招收到聊城地区中医院，任外科医师。

[《聊城市卫生志》（1991）]

◎ 孙作舟 ◎

孙作舟①，字孚臣，聊城县古楼街人。生于清同治十年（1871），卒于民国三十二年（1943）。传父术业医，活人甚众。撰有《习医心得》一卷，未刊。长子履平传其业。

[《山东中医药志》（1991）]

孙作周，城里郁光街人。生于清代同治十一年②（1872）六月，卒于民国三十一年（1942）七月。幼读诗书，英才出众，随父学医，苦读中医四大经典著作，医术精妙。苦心育人，先后收教葛赞庭、刘永藩等十三名中医学徒。著有《习医心得》一册，为后代医学研究提供了经验。

[《聊城市卫生志》（1991）]

孙作舟（1872—1943），字孚臣，聊城古楼东街人。三代世医，藏书甚多。自幼攻读经史四书，青年时随父学医。数年后独自应诊，慕名求医者甚多。治愈危重病人不可胜数。行医四十年不分贫富贵贱，一视同仁。曾被聊城县聘为东昌府中学校医，晚年返里，行医民间。先后带徒十三人，均成为中医后秀。

[《聊城地区卫生志》（1993）]

◎ 曲传岱 ◎

曲传岱，字宗泰，东阿县人。生于清同治十一年（1872），卒于民国二十七年（1938）。业医，术精眼科。

[《山东中医药志》（1991）]

◎ 乔仲乐 ◎

张炉集乡李刘庄，乔家三代百年来擅长儿科，为聊城市西南一带儿科世家。乔

---

① 孙作舟：《聊城市卫生志》（1991）名作"孙作周"，卒年作"1942"。
② 同治十一年：《山东中医药志》（1991）载孙作舟生于同治十年，疑误。

仲乐（1874—1920），行医四十余年有盛名。其子，乔作智（1906—1969），继承父亲医业，行医四十余年，在沙镇、张炉集、郑家及莘县、冠县、临清等地，治疗儿科病症享有众望。如临清杨庄一杨姓男孩，患麻疹病危，经他治疗，死而复生，改名杨从生。冠县山王庄，屈庆文、屈庆月两个男孩患疳积症，常吃土和石子，肚大青筋暴露，骨瘦如柴，家长到处求医无效，经用消积消疳丸治愈，至今健在。其孙乔树成，继承两代祖传儿科医业，并根据儿科特点，刻苦钻研，在两代儿科医术的基础上，理论有所提高，临床经验有新的发展，并大胆改革小儿口服中药的困难，把消积消疳散做成面条、稀粥、焦饼和冲剂、糖浆，采用鼻饲、口服或加入奶并服药，也有的制成栓剂从肛门塞入，有的制成暖脐膏药，保证用药剂量，达到了治疗效果。他治疗儿科疾病的种类较先辈增加，范围较广，药效显著，患者送感谢镜、匾者甚多。

乔家三代对儿科，麻疹、腹泻、疳积症的理论阐述和治疗秘方如下。

麻疹

顺证

1. 初热期治法与方药　采用辛凉透表，清宣肺胃为主。方选：①升麻葛根汤加减：升麻、葛根、芍药、甘草；②银翘散加减：银花、连翘、芦根、豆豉、薄荷、竹叶、桔梗、牛子。

2. 出疹期治法与方药　采用清热解毒为主，佐以透发为辅。方选：①清解透表汤：桑叶、菊花、双花、连翘、牛子、西河柳、升麻、葛根等；②紫草红花饮：紫草、红花、丹参、丹皮、生地等。

3. 收疹期治法与方药　采用益气滋阴，清余热以善其后。方选：①沙参麦冬汤：沙参、麦冬、玉竹、天花粉、白扁豆、桑叶、甘草；②瓜蒌贝母散：瓜蒌、贝母、茯苓、橘红、桔梗、花粉。

逆症

变症较多，主要有麻毒闭肺，麻毒攻喉，麻毒入眼，麻毒入耳，麻后口疳，麻后发颐，麻后下痢，麻后痧癞，麻毒内陷心包，阳气欲脱等。

1. 麻毒闭肺治法与方药　采用宣肺开闭，清热解毒。方选为麻杏石甘汤或葶苈大枣汤，辛开肺气，清泻肺热、舒展气机，治其喘咳憋；疹不出加茅根、薄荷、牛子；壮热加双花、连翘、紫草、青黛、黄芩；疹色青加赤芍、丹皮；有热重伤阴症状或舌有芒刺加沙参、玄参、生地、麦冬、花粉；咳嗽低热加双皮、骨皮、知母、百部。

2. 麻后下痢治法与方药　采用调气导滞，清利湿热，和血解毒。以葛根芩连汤或白头翁汤为主。

3. 麻毒内陷心包治法与方药　采用芳香开窍，清热解毒，柔肝息风。方选：①羚角钩藤饮：羚羊[①]、钩藤、桑叶、菊花、茯苓、生地、白芍、甘草、竹茹、川贝；②清瘟败毒散加减：神昏者加天麻、僵蚕、全虫，重症加紫血丹、安宫牛黄丸、小儿牛黄散。

4. 阳气欲脱治法与方药　宜回阳救逆，参附龙牡救逆汤：人参、附子、龙骨、牡蛎，若出血重者加地榆炭、槐花炭。

小儿腹泻

1. 湿热泻　方选为葛根芩连汤加减：葛根、黄芩、黄连、藿香、六一散、马齿苋、地锦草等。湿重于热者用藿香正气散加减：藿香、苍术、茯苓、泽泻、车前子、六一散等，酌加六曲、山楂；如苔黄腻者可加黄芩清肠，但切勿早投苦寒之剂，否则留积不化，病必迁延，若吐者用姜汁少许加服玉枢丹；挟风寒者加防风，羌活表里同治；湿热泻，病来急暴，变证伤阴者用连梅汤加减：黄连、乌梅、石斛、白芍、甘草等酸甘化阴法；伤阳重者急用参附龙牡救逆汤：附子、人参、龙骨、牡蛎、白术、五味子、炮姜、甘草等回阳救逆。

2. 伤食泻　方选为保和丸：山楂、神曲、麦芽、半夏、陈皮、炒莱菔子、连翘、鸡内金、木香等，较大儿可加枳实或服枳实导滞丸，兼有表证发热者加鸡苏散选加葛根、防风等。

3. 脾虚泻　方选为参苓白术散或钱乙的七味白术散；若惊泻可用益脾镇惊散，惊恐哭者用小儿回春丹、抱龙丸。

积症和疳症

主症是面黄肌瘦，毛发稀疏，精神不振，困倦喜卧，脘腹胀满或呕吐，手足心热，烦躁易怒，夜睡不宁，大便溏泄或干结、小便黄浊如米泔，舌苔浊腻，指纹紫滞，脉滑，方选为消积理脾，用消积消疳散：鸡蛋皮六份，力参、鸡内金、白山药、白扁豆、炒六曲、炒麦芽、肉蔻各四份，使君子、陈皮、云苓、大白、木香各两份。

[①] 羚羊：应为羚羊角。因羚羊角为国家野生保护动物角制品，故应用替代品。

小儿癫痫

治则以清肝定搐、清心开窍为主，清肝必降火，清心必豁痰。常用药物：①平肝息风药：天麻、钩藤、白芍、珍珠母、石决明、龙牡、蝉蜕、全虫、僵虫、蜈蚣等；②豁痰药：白附子、胆南星、天竺黄、竹沥、半夏、川贝、桔梗；③醒脑开窍、宁心安神药：石菖蒲、郁金、远志、朱砂、琥珀、茯神、柏子仁等；④滋阴养血药：生地、熟地、石斛、天冬、麦冬、丹参、当归、龙眼肉、大枣等；⑤常用中成药：自制定搐痫丸（散）、定痫丸、牛黄抱龙丸、琥珀抱龙丸、白金丸等。⑥单方药：石菖蒲治疗癫痫大发作。

[《聊城市卫生志》（1991）]

◎ 姜春轩 ◎

姜春轩，字树堂，茌平县姜庄人。生于清光绪元年（1875），卒于民国三十五年（1946①），庠生。初执教，后业医，以医知名。

[《山东中医药志》（1991）]

姜春轩（1875—1947），字树堂，茌平县洪官屯姜庄人。

春轩十一岁始读儒书，勤思好学，二十一岁晋秀才，入泮后教学，兼攻医学，钻研中医经典，遂弃儒从医。在茌、博、聊、冠四县颇负盛名。虽家境清贫，但从不接受周济，不少病家常馈医书以表盛谢，后送"医高缓上"匾额，以赞其德术。

春轩具有高度的爱国主义精神和革命思想，在年迈之时，投入抗日救国运动，1943年加入中国共产党，解放战争时期，由郭少英、谢鑫鹤介绍参加冀鲁豫军区，在四分区任军医，1947年古历六月四日逝于阳谷郝楼村。

春轩一生行医五十载，临证验案详细记录，勤于总结，对《伤寒论》有较深的研究。家藏医书近万卷，遗有不少手稿，有部分存于茌平县医院，是研究中医学的宝贵资料。

[《聊城地区卫生志》（1993）]

◎ 齐屏周 ◎

齐屏周（1878—1952），字小桓，冠县人。善内科杂病，精脉学，名传鲁西边

---

① 1946：《聊城地区卫生志》（1993）卒年作"1947"。

睡，其孙春廷继其业。

[《聊城地区卫生志》(1993)]

◎ 赵传忠 ◎

赵传忠（1879—1975），阳谷县城东北郎湾村人。他出身于贫寒农民家庭，无力求学。十六岁在东昌府礼拜寺拜某铁匠为师学习打铁，十九岁师从东昌府陈老先生学习正骨，尽得其传。回家后，以打铁为业，兼正骨之术，无论贫富、亲疏，甘尽义务，分文不取，有求必应，远者给食斋，深受四乡群众称颂。1950年加入阳谷县医联会，1956年参加阳谷县人民医院工作，前来就诊者日以百计，带徒数十人。1957年出席山东省中医正骨经验交流会，后任阳谷县政协委员、人民代表等职。

[《聊城地区卫生志》(1993)]

◎ 董尚忠 ◎

董尚忠（1879—1939），字盖臣，临清县大辛庄乡姜堂人，临清名医。

他幼读儒书兼攻医学，十六岁晋秀才，十七岁行医应诊，有"董十七"之美称。

著有《医林妙诀》八卷（尚存），《临证备忘》三卷（遗失）。先生一生业医，济世救人，常赊药于贫，方圆百里，多有延请。后世诸子尽皆习医，成为当地医学世家，众人感先生之德，送寿屏、匾额颇多，山东省第二路民团总指挥赵仁泉赠"两世医宗"之匾额。

[《聊城地区卫生志》(1993)]

◎ 盛东晓 ◎

盛东晓[①]（1881—1969），临清人。早年从事爱国政治运动，曾被选为省议员。1915年赴上海参加反帝讨袁，1916年去广州拥护孙中山"三大政策"，1924年在北京参加"救国会"，1934年赴日本留学，回国后改学中医。曾在天津、济南、临清等地行医多年，尤精中医妇科。

[《山东省卫生志》(1992)]

成东晓（1881—1969），临清市人，著名中医。早年从事爱国政治运动，曾被

---

① 盛东晓：《聊城地区卫生志》(1993)作"成东晓"。

选为省议员，1915年赴上海参加反帝讨袁斗争，1916年去广州，拥护孙中山"三大政策"。1924年在北京参加"救国会"。1934年赴日本留学，回国后改学中医。曾在天津、济南、临清等地行医多年，尤精中医妇科和温病。返里后行医民间，走乡串户，安步当车，不吃请，不受贿，病家随叫随到，家乡人民有口皆碑，有"老佛爷"之美称。

[《聊城地区卫生志》（1993）]

◎ 魏法堂 ◎

魏法堂（1882—1942），阳谷县城西任老伍村人。六世业医，以妇科延誉于世。先生继承家传，结合自己心得，治病善于伤寒大法，挽救危疾，尤精妇女胎产经带诸症。著有《妇科实验录》一书。此书在抗战时毁于烽火，但其学术思想和医疗经验，已为后代所继。

[《聊城地区卫生志》（1993）]

◎ 狄大光 ◎

狄大光（1883—1959），字化远，阳谷县七级镇人。幼读诗书，灵敏好学，又善书法，因世代业医，为继承家传，随其二伯父（狄金铭）学医，攻读《内经》《难经》《金匮》《伤寒论》等经典，兼通诸家之说，以《伤寒杂病论》一书为诊疗依据，对仲景之方深有研究。1955年在聊城地区人民医院任中医师。他遵六经辨证，重人体质，提倡扶阳秘阴以达阴平阳秘之目的。对内、妇、儿各科杂病痼疾，主张"旋转大气"，深明《金匮》"阴阳相得，其气乃行，大气一转，其气乃散"之理。就诊者接踵相继，日以百计，医林誉之"经方派"。

[《聊城地区卫生志》（1993）]

◎ 付采励 ◎

付采励，聊城县人。生于清光绪十年（1884），卒于民国三十八年（1949）。工于医，善治外科。

[《山东中医药志》（1991）]

◎ 梁敬轩 ◎

梁敬轩，聊城县人。生于清光绪十七年（1891），卒于民国三十四年（1945）。工岐黄术，善治内科病。

[《山东中医药志》(1991)]

◎ 陈贞修 ◎

陈贞修①(1894—1975)②，字世珍，临清市东阎庄人。出身于诗书门第，中医世家。幼读私塾，少时随祖父习医，十七岁始行医，二十一岁在临清教蒙学，兼坐堂行医。对河北盐山张锡纯先生所著《衷中参西录》研究颇深，将其中的方剂以七言歌诀汇集成册，名为《衷中参西录歌括》，以示后学。带徒十余人，均有所成。美籍华人黄维山医师是其徒弟之一（现在美国拉斯维加斯市开设针灸治疗中心，颇负盛名）。

[《聊城地区卫生志》(1993)]

陈世珍(1905—1975)，字贞修，临清县胡里庄乡阎庄人。自幼随父习文学医，诵读岐黄经典，博览诸家著述，勤于思考，乐于总结，行医五十余年，临证经验十分丰富，著有《临证医案》《瘟疫一谈》《再论瘟病》数卷，其手稿皆于"文化大革命"时期遗失，唯《衷中参西录歌诀选编》尚存。解放后，陈先生入聊城专区第二人民医院任中医师。撰《鳞状上皮癌一例治验》一文，发表在《中医杂志》1966年第四期上。

[《聊城地区卫生志》(1993)]

陈贞修(1906—1974)，原名陈世珍，男，汉族，山东省临清市胡里庄镇东阎庄村人。出生于中医世家，幼年随父读私塾，所读四书五经多能背诵，1920年在本村任初级小学教员，后随祖父习医。他志向宏伟，学习刻苦，博览医书，精研岐黄，遂成一方名医。1926年，在本地开设药店行医。其一生大部分光阴在乡间开店行医。1948年移居临清市内开设"大生堂"药店行医。1959年2月被邀请至本院中医科工作。60年代，他在本院中医研究室期间，主持为本院西医讲授中医基本理论课程，为开展中西医结合做了大量工作。他是临清县第二届政协委员，在全市有很高的知名度。

陈贞修老中医在五十年的行医生涯中，坚忍不拔，救死扶伤，栉风沐雨，履险

---

① 陈贞修：《聊城地区卫生志》(1993)既载其"字世珍"，又载其名"世珍"，字"贞修"。又载其生年不同，但卒年相同。其事迹有相同之处，故列于同一人名下。
② 1894—1975：关于陈贞修的生卒年，诸志记载多有不同，存疑待考。

如夷，为党的医药卫生事业作出了应有的贡献。在长期的医疗实践中，积累了丰富的临床经验，尤其擅长中医内科疾病的治疗。他根据辨证施治的原则，在识证立法用方上有独到之处，疗效较高，在当地有较大的影响。他曾在本院门诊用中药治愈上唇癌一例，其处方简练奇特，随访三年，疗效稳定，其医案刊载于1964年《中医杂志》第4期。他对河北省盐山县张锡纯先生的《医学衷中参西录》一书学习研究颇深，往往能把握其精义，灵活运用，使之卓然奏效，并将书中的全部方剂以七言诗的形式编成歌诀集，名曰《衷中参西录歌括》，以便于弟子学习运用。他带徒十余人，均有成就。在美国拉斯维加斯开设针灸治疗中心，颇负盛名的美籍华人黄维山医师即其弟子之一。

[《聊城市第二人民医院志》（2002）]

◎ 陈鉴明 ◎

　　陈鉴明（1900—1976），河北省馆陶县陈范庄村人。幼年攻读诗书，因家境贫寒，早年辍学，从事私塾教育，后拜地方名医王超门下习医，中年名声大振，治病不分贫富亲疏，有求必应，不取报酬。在抗日战争时期，他多次冒着生命危险为当地革命政权和武装部队筹集资金到敌占区购买中西药品。1947年在馆陶县人民医院参加工作，任中医科主任，曾被选为馆陶县人民代表。1958年调聊城地区人民医院工作。1964年调聊城地区干部疗养院任中医科主任。1963年被评为省级先进工作者，同年被选为山东省政协委员。

[《聊城地区卫生志》（1993）]

◎ 郝艳秋 ◎

　　郝艳秋（1900—1967），临清松林乡郝庄人。少读私塾，青年时自学中医。以后参加天津国医函授学院，在当代著名针灸学家承淡安在无锡主办的针灸学社学习，故擅长针灸。生前曾任县人大代表、县政协委员、省中医学会会员。

[《聊城地区卫生志》（1993）]

◎ 李长溪 ◎

　　李长溪（1901—1972），东阿县大李公社黄渡村人，三代业医，擅长妇科。二十岁随父行医，精研《傅青主女科》。二十八岁时其父病故，独自行医，经十年，学术水平已超先辈，对妇科经、带、胎、产诸疾有独到之处。1956年参加工作，任东阿县人民医院中医科医生。李氏医德高尚，性情慈善，解放前，贫苦农民就诊，药费一律施舍，不取分文。新中国建立后历届均被选为东阿县人民代表。

[《聊城地区卫生志》（1993）]

◎ 郝瑞蒸 ◎

郝瑞蒸（1903—1968），字砚生，高唐县尹集村人。自幼诵读儒书，少年时兼读医籍，1932年朝阳大学毕业，于济南从事律师兼诊疗。1936年开药铺，终日忙碌，有求必应，贫家用药不收费，众人无不感激，声望大振，名誉高唐。1954年参加高唐尹集供销社医药部工作，每日诊病近百人，长于伤寒杂病，颇得同道赞誉。1955年自愿组织举办中医学习班，听其授课者近六十人。1957年7月调山东省灵岩寺中医进修学校任教，1960年调山东中医学院任教。

[《聊城地区卫生志》（1993）]

◎ 卜宪林 ◎

卜宪林（1904—1969），字墨轩，莘县张寨乡苗庄人。幼入私塾，1920年跟张寨郭炉村郭伯坤习医，三年后回本村独立应诊。1947年在朝城县卫生所担任中医治疗工作，1959年调范县医院任中医医生，1961年调聊城专区人民医院任中医科主任。一生从医，通晓诸科，尤善妇科，不仅学习西医，还自学日语和英语。辑有《土方验方》《中医经验方》等书。一生带徒五人，均有所成。

[《聊城地区卫生志》（1993）]

◎ 梁柱辰 ◎

梁柱辰（1904—1976），聊城人。一生行医，精于内科杂病，带徒多人，均有所成。曾任聊城地区中医院内科主任，省中医学会理事，并被选为省人民代表。在《上海中医杂志》上发表过论文。

[《山东省卫生志》（1992）]

梁柱辰（1904—1976），聊城县城里古楼东街人。自幼诵读经书，天资聪明，不耻下问，青年时期随父学医。精于内科杂病，带徒多人，均有所成。曾先后任聊城县医联会主任、聊城县人民代表大会常务委员、山东省人民代表大会代表、山东省中医学会理事、华东中医学会代表，晚年曾发表数篇颇有建树的学术论文。

[《聊城地区卫生志》（1993）]

◎ 孙履平 ◎

孙履平[①]（1905.12—1985.12），聊城古楼东街人，出身于医界世家。他的祖父和父亲都是东昌府的内科名医，少年随其父孙作周学医，钻研医理，通晓内科、妇科，建国后在聊城县医院任中医师，对病人疗效显著，曾担任县卫协会主任，被评为聊城地区卫生工作模范。在临床上对消化系统的疾病和妇女病、白带，以及孕妇赤痢、孕妇体弱、胎动不安、习惯性流产等，均有一定治疗经验。（方剂详见验方，秘方篇）。

从1960年秋到1964年2月，著有《中医内科常见病诊治浅识》上、下两册，《中医妇科常见病诊治浅识》一册，《常见传染病中医诊治浅识》一册，《中医病历摘要》两册，共达九万余字，他到晚年还编写有《跟骨刺两侧治验》的文章，发表于1979年《聊城卫生通讯》第2期，《妊娠恶阻病的机理和治则》发表于1981年《聊城医药》第1期。并热心带徒，先后有六名中医徒弟均晋升中医师。

[《聊城市卫生志》（1991）]

孙履平（1906—1986），聊城古楼东人，四代业医。1959年始在聊城市人民医院工作，任中医科主任。擅长内科、妇科。曾任聊城市人民代表、省人大代表、聊城市政协常委等职。行医数十年，医德高尚，不论贫富贵贱有求必应。应诊之暇，勤于总结。晚年，著有《孙履平医案》两卷、《常见传染病中医诊录浅识》《中医妇科常见病诊疗浅识》《中医内科常见病诊治浅识》（上、下册）。一生带徒十五人，均有所成。

[《聊城地区卫生志》（1993）]

◎ 林洪坦 ◎

林洪坦（1910.08[②]—1969.03），冠县辛集沙王庄人。蒙学时期即能背诵《药性赋》《汤头歌》《脉诀》等书，继则精读医学经典，对《内经》《难经》《伤寒》《金匮》研究较深。

医治内科、妇科、儿科病有独到之处。对病人不分贫富贵贱，平等待人。建国后曾任堂邑县医联会主任、聊城县中医研究所副所长、县医院中医科主任。

---

① 孙履平：《聊城市卫生志》（1993）载其生卒年作"1906—1986"。
② 1910：《聊城地区卫生志》（1993）载其生年作"1907"。

在临床上，对久治不愈的心胃疼、哮喘、肺痨、黄疸、膀胱炎、温病、伤寒及经血不止、白带、月经不调等有一定的临床经验。特别是对西药疗效不佳的血小板减少性紫癜病和口眼歪斜（面神经麻痹）症有独特医术。

1956年后写有《习医随笔》七本，1958年在《山东医刊》上发表了"青龙白虎汤治疗破伤风"的论文，同时他苦心挖掘和整理民间流传的中医秘方、验方八百八十六个。主编《秘方验方集锦》上、下集，为继承祖国医学遗产作出了贡献。

[《聊城市卫生志》（1991）]

林洪坦（1907—1969），字印三，聊城县堂邑沙王庄人。蒙学时期即能背诵《药性赋》《汤头歌括》《脉诀》等书，继则精读经典，内科、妇科、儿科有独到之处。对病人不分贫富贵贱，平等待人，曾任堂邑县医联会主任、聊城县卫协会主任、聊城县中医研究所副所长、县医院中医科主任、聊城县政协委员等职。1956年以后，在公务之余写有《习医随笔》七卷。1958年发表了《青龙白虎汤治疗破伤风》，1959年发表了《从中医验方集锦探讨中医对疾病的治疗》（两篇论文均载于《山东医刊》）。他平时采风访贤，搜集民间单方验方，整理汇集成册，名为《中医验方秘方集锦》，分为上、下两集。于1958年和1960年分别内部印发。

[《聊城地区卫生志》（1993）]

◎ 郭连芳 ◎

郭连芳（1907—1967），冠县人。擅长眼科，撰有《眼科临症笔记》，在河北、临清、莘县、冠县、馆陶等地知名。

[《聊城地区卫生志》（1993）]

◎ 刘瑞兰 ◎

刘瑞兰（1908—1965[①]），字馥庭，东阿人。十七岁投师学医，熟读医学经典，善炮制，医迹遍及鲁西北。1952年，被选为东阿县首届卫生工作者协会主任，1953年加入省卫生协会，1957年调省中医研究所，任《伤寒论》教研组组长。后又调聊城地区人民医院工作。多次出席省、地、县中医代表会议。晚年注重培养中医人才，为发展中医事业作出一定贡献。

[《山东省卫生志》（1992）]

---

① 1965：《聊城地区卫生志》（1993）卒年作"1993"，字作"馥亭"。

刘瑞兰（1908—1966），字馥亭，东阿县魏海村人。十六岁随狄大光学医，四十岁名声大振，1952年在东阿县人民医院参加工作，1959年调聊城地区人民医院。临症多用经方。

[《聊城地区卫生志》（1993）]

◎ 王保太 ◎

王保太，祖居莘县城内三槐堂，民国时人，系王文正公的后裔。幼禀庭训，诗礼可风，孝事父母，医术超凡，儒学渊深，施药疗疮不取分文，城乡感戴，赠"儒医秘受"匾额，以志纪念。

[《聊城地区卫生志》（1993）]

◎ 侯九泽 ◎

侯九泽，高唐人，民国文生，善针灸。论癫疾云：邪之所凑其气必虚，邪即天地之厉气，乘经络之虚而中于人，忽上忽下，忽隐忽现，迅如发机，快如流星，癫症之情状大略如此。业医者穿其聚于一处寂然不动，则以针取之入手经，遂上下无常，则一针通其前，一针截其后，一针从中取之，或在隐蔽之处不便针刺，先补真阳，使邪无所容，次泻余邪，使邪不能遁。其现于皮肤再取之，此治癫疾之法体现了辨证施治的灵活性，并非泥于鬼穴十三针。

[《聊城地区卫生志》（1993）]

◎ 石垢之 ◎

石垢之，字立仁，高唐李官屯人。精医术，著有《医镜》二十卷，存于家。

[《聊城地区卫生志》（1993）]

◎ 李广聚 ◎

李广聚，庠生，家小康，质敏博学，兼精岐黄，设义塾，自亲诲医人，不受谢，行医三十余年仍亹亹忘倦。

[《聊城地区卫生志》（1993）]

◎ 阎城心 ◎

阎城心，中医外科世家，至公尤精，因念一人疗治恐难普及，遂得良法辑为数册传世，名曰《活人定本》。

[《聊城地区卫生志》（1993）]

◎ 谢遵俭 ◎

谢遵俭（1918—1970），字玉牒，茌平县博平镇三十里庄人。生前曾任县卫协会主任、聊城地区医院中医师、中医科主任、地区政协副主席、省政协委员等职。谢自幼从当地名医胡绍光学医，青年时期即倾向革命，经常与共产党领导干部谢鑫鹤、岳晓霞、王化然等保持联系，抢救伤员，1947年参加工作，积极协助政府建立地方卫生组织，主办中医药房，交流学术，发展卫生事业。解放后，积极培养中医人才，参与县和地区举办的中医培训班八期，共三百余人，亲自任教。晚年著有《杏林宝鉴》（手抄本）。

[《聊城地区卫生志》（1993）]

◎ 李广文 ◎

李广文，聊城市朱老庄乡东四甲李村人，生于1936年11月。任山东省中医院妇科副主任、副主任医师、副教授。他1964年毕业于山东医学院，分配到山医附属医院妇产科工作。1979年调山东省中医院工作，至1985年任中医院妇科教研室副主任，中医学院附属医院妇科副主任，副主任医师、副教授，山东省中医学会妇科委员，副主任委员兼秘书。

擅长中医妇科，对月经病及不孕症颇有研究，编写有全国医药院校统一实用教材《中医学·妇科病》一书（人民卫生出版社1970年出版）；与周凤梧教授合编《实用中医妇科学》（山东科技出版社1985年出版），还在《新中医》《浙江中医杂志》《山东医药》《山东中医杂志》等刊物，共发表文章二十六篇，其中妇女不孕症九篇。

[《聊城市卫生志》（1991）]

◎ 孙绍周 ◎

孙绍周，聊城市堂邑镇人，生于1937年3月。任山东中医学院教研室副主任、副教授。1962年毕业于上海中医学院，开始工作于包头医学院兼任附属中医院中医科主任，1981年回山东工作，擅长中医内科。

二十几年来写了不少著作和论文：《治疗白癜风的经验》，1964年刊于《中医杂志》;《教学中贯彻少而精的经验》,1965年刊于《健康报》;1979年写的《中医研究理论的概况》,编入《首届全国中医资料汇编》;《对仲景活血化瘀法的探讨》,1983年刊于《内蒙古中医》;《杂病的概念》,1985年刊于《内蒙古中医》,并参加编写《急性中毒》(人民卫生出版社出版)。

[《聊城市卫生志》(1991)]

◎ 李廷祺 ◎

李廷祺，字百实，清代，生卒年载不详，山东省莒县泉子头村人。子，树锦，字云溪，又字晓帆。其医轶事见于《重修莒志》及今咨访所得。

李氏是莒地医学世家，百实先生自青衿之岁，得父严教，继承家学而专岐黄术，尤精内科。一旦悬壶乡里则崭露头角，求诊者门庭若市。性聪敏，善钻研，以施医济人为己任，深感"医之病，病道少"。尝以粗识外科为内疚，苦心访明师，志求其精，于是至百里之外，执经问难于诸城县外科名医张德隆门下，口传心授，亲炙其学，遂又以外科见长，故晚年又有《外科心传》之作。

树锦，继父志而精医术，发愤读书，寸阴是惜，以毕生精力，研究医学，每遇诊余之暇则吟咏经文，或披阅医家名著，撮其要而记其事，纂其言必钩其源。先生治学精神，可谓："焚膏油以继晷，恒兀兀以穷年。"一生辑著颇多，惜大都佚失，现仅存残缺手稿《汤头方歌解》一卷，《本草方药记略》九卷。

李氏父子医术精湛，疗效高超，不仅能在本地享有盛名，远至苏北数县亦誉称良医。故《莒志》云："李廷祺，良医也，南至海赣，皆闻其名，延聘接踵，著有《岐黄易知录》。子树锦，字晓帆，能世其学，精于脉理，予决生死无或爽。"（《莒志》）

[《临沂地区中医药志》（1982）]

李廷祺，字百实，清代，生卒年载不详，泉子头村人。子，树锦，字云溪，又字晓帆。

李氏是莒地医学世家，百实先生自青衿之岁，得父严教，继承家学，而专岐黄术，尤精内科。一旦悬壶乡里则崭露头角，求诊者门庭若市。性聪敏，善钻研，以施医济人为己任，深感"医之病，病道少"。尝以粗识外科为内疚，苦心访名师，志求其精，于是至百里之外，执经问难于诸城县外科名医张德隆门下，口传，心授，亲究其学，遂又以外科见长，故晚年又有《外科心传》之作。

树锦，继父志而精医术，发愤读书，寸阴是惜，以毕生精力，研究医学，每遇诊余之暇则吟咏经文，或批阅医家名著，撮其要而记其事，纂其言必钩其源。先生治学精神，可谓："焚膏油以继晷，恒兀兀以穷年。"一生辑著颇多，惜大都佚失，现仅存残缺手稿《汤头方歌解》一卷，《本草方药记略》九卷。

李氏父子医术精湛，疗效高超，不仅能在本地享有盛名，远至苏北数县亦誉称良医。故《莒志》云："李廷祺，良医也，南至海赣，皆闻其名，延聘接踵，著有《岐黄易知录》。子树锦，字晓帆，能世其学，精于脉理，予决生死无或爽。"（李氏父子在临沂地区 80 年代出版之某些志书中作为莒县人，经考证，应为今之莒南县人，此注）。

[《莒县卫生志》（2013）]

◎ 侯兆丰 ◎

侯兆丰，清代咸丰年间人，今相邸乡北高庄人。自幼随父习医，长于外科，行医数十载，八十岁卒。

其子继荣，生卒年代不详，幼读塾学，后继承家技，他胆大心细，临险证而不畏，以化险为夷之术，克疾制胜，慕名求诊者甚众。

继荣之子文仪（1875—1959），自幼随父习医，青衿之年，行医于苏北海赣地区，享有盛名。1959 年去世。

继荣之孙传珍（1883—1946），字聘之，承袭医业，长于外科，在十字路开设药肆，求诊者甚众，先生晚年传医术于其子，其子承其医业。著有《验方集》，战乱焚于兵火，仅存《医案》一册。1946 年去世。

[《莒南县卫生志》（2001）]

◎ 刘应选 ◎

刘应选，生卒年载不详，系莒南县许口公社郝家庄人。清代恩贡生，选齐东县训导，研岐黄之术，脉理精详。著有《医学金镜录》二集，已失于兵火，未能传于世。

其子，树本（后名树臻），继承父志，耽嗜医籍，精于岐黄之术。曾在临沂城开设药肆，颇有盛誉。老年回故里，就诊者日日盈门，乡里咸称为良医焉，八十岁卒。

树本之孙（1879[①]—1946），号九堂，字如斋。自幼经其祖父口授心传，颇得医理之奥旨，善运用经方，组方遣药颇精纯。开设药肆于岭泉公社庞疃村，每日应诊不暇，有求必应，体贴病人，伊时乡邻誉称为良医。

[《临沂地区中医药志》（1982）]

刘应选（1802—1888），莒县石井乡刘家村人。清代恩贡，选齐东县训导，回乡后到营子村（今莒南县道口乡）塾教。其弟子孟志京、孟传道中举人，孟家将郝家

[①] 1879：《莒南县卫生志》（2001）生年作"1889"。

庄的四项地赠予刘应选，因而移居郝家庄。他业教之余，习研医术，以济世活人，治病多奇中，以内科著称，为当地之名医，著有《医学金镜录》两集。1888年去世。

其子树本（后改名树臻）（1839—1919）继承父志，耽嗜医籍，涉猎百家，善用经方，擅长内科、妇科。临危证而不畏，立方遣药，胆大心细，胸有成竹，故在当地有"朱大黄（指朱兰田）、刘干姜（指刘树本）治疗危重病时使用攻下、温热药克疾"的佳话。

1894年，刘树本携其子焕新在沂州府（今临沂市）鼓楼台巷开设长春堂药店，老年回故里，集一生之经验写成《医案》和《临症心得》各一部，后因兵火，医籍被焚，晚年授医术于其孙九堂。1919年去世。

刘九堂（1889—1946），字如斋，幼读塾学，博学多识，长于内科、妇科，对治疗温热病有丰富的经验，立方遣药精当，力宏效捷，运用经方，时方各得其宜，常获脱手而愈之妙。先生积一生之经验写成《临症治验》一册，内载医案187例。1946年病逝。

[《莒南县卫生志》（2001）]

◎ 吴进溪 ◎

吴进溪（1824—1925），沂南县界湖公社西明庄人。长于伤寒，善治癫狂。治病贫富一视，不收谢礼。其三子、四子皆善医，六子华亭，精于中药炮制，生前皆有一定名望。

[《临沂地区中医药志》（1982）]

◎ 庞绥来 ◎

庞绥来（1834—1914），清末平邑人，字福卿，清己丑科恩贡士，庚寅科恩进士，候选直隶州州判。临床治病，药专力宏，在群众中享有盛誉。著有《方药证治》等。

[《山东省卫生志》（1992）]

◎ 高友三 ◎

高友三（1835—1916），字益圃[①]，临沭县泉埠公社小河崖村人。幼通五经，成

---

① 益圃：《山东中医药志》（1991）作"益甫"。

年后行医于北京兼教学为业，收清光绪皇帝姑表弟川内桑奴尔布为徒，遂依名族进太医院，晚年因战乱还乡，著书颇多，皆战乱遗失。

[《临沂地区中医药志》（1982）]

高友三，字益甫，临沭县小河崖村人。生于清道光十四年（1834），卒于民国五年（1916）。幼通五经，曾于京师业医兼执教，供职于太医院。晚年因战乱回乡，著述颇多，皆佚。

[《山东中医药志》（1991）]

◎ 高凤仪 ◎

高凤仪①（1836—1926），苍山县尚岩公社青山套村人。祖孙数代行医。凤仪医理尤工，深通脉理，以外科享有盛名。民国二年（1912）在青山套村自办"中医书院"，教以中医四部经典与四书五经，对当时鲁南一方中医学术之推广，颇有成绩。

[《临沂地区中医药志》（1982）]

高凤仪，苍山县尚岩乡青山套村人。生于清道光十六年（1836），卒于民国十五年（1926）。祖孙数代行医，凤仪医理尤工，深通脉理，以善治外科闻名乡里。民国元年（1912），在乡邑自办"中医书院"，教以医经与四书五经，成绩颇著，寿高九十岁终。

[《山东中医药志》（1991）]

◎ 肖伦元 ◎

肖伦元（1839—1935），沂南县依汶公社肖家坪村人。幼聪敏好学，善诗文，二十五岁始读医书，悬壶后即愈数难症，遂名扬数十里，求诊者终日不绝，以治内科、妇科见长。晚年造诣尤深，著有《肖氏医案》数卷，皆因战乱损失。其后人肖汝桓（1864—1946），承其业，精痘疹科，名著乡里。

[《临沂地区中医药志》（1982）]

◎ 于学书 ◎

于学书（1845—1935），沂南县蒲汪公社于家官庄人。先生行医于偏僻农村

---

① 高凤仪：原作"高风仪"，据《山东中医药志》（1991）改。

五六十年，医术精良，长于内、妇科，以品德高尚见称，虽近期颐之年仍应诊不暇，终生忙于诊务，无著述。

其子仁堂（1887—1967）。承父志专业岐黄之术，长于内科，在本地亦有一定名望。

[《临沂地区中医药志》（1982）]

◎ 赵宜梁 ◎

赵宜梁（1849—1918），江西南丰人，光绪十五年（1889）来山东，寓居沂南县界湖镇，以开设"济生堂"中药肆谋生。先生精于中药炮制，善医术，长于温病。光绪十五年疫病流行，先生施善德，贫者求药不取药值，活人甚众。晚年著有《医案》三卷，皆因战乱佚失。

子秉文（1894—1663），字士恒，袭其父业，专于中药炮制与鉴别，是沂南、沂水一带中药炮制名手，所制中药远近闻名。士恒为人正直，讲信义，重孝行，深受当地民众敬爱，被尊为长者。其子不失家传，仍精于中药炮制与鉴别术。

[《临沂地区中医药志》（1982）]

◎ 宋宝山 ◎

宋宝山（1850—1930），沂南县孙祖公社南匣石人。通经典理论，长于温热病的治疗。

[《临沂地区中医药志》（1982）]

◎ 陈德扬 ◎

陈德扬（1850—1931），系平邑县城关镇白马庄人。幼聪敏好学，自青年始，专攻岐黄。尤精眼科，对五轮八廓学说研习甚深；《银海》《瑶函》等书阅读精熟。年近三十，声名大震，求诊者络绎不绝，为当时费邑眼科名医。

[《临沂地区中医药志》（1982）]

◎ 陈朝泰 ◎

陈朝泰，字岱东，清代咸丰年间人，生卒年载不详，山东省费县人。因母有疾，延医难愈，于是研习医学，诚心体察其母致疾之由，施以药物立效。遂为良医、求疗者日众，聘礼谢仪概辞不受。（《费县志》）

[《临沂地区中医药志》（1982）]

◎ 高太原 ◎

高太原（1852—1922），字善福，系沂南县杨坡公社高家店子人。幼聪敏好学，性倔强，因其亲属患痈疡疾，求医用药罔效，故立志学医，以《内》《难》、仲景之学为本，博采外科诸家之长，于外科之术颇有成就，远近闻名，凡痈疡疔毒，无不应手立愈，险症恶候多能起死回生，求诊者门庭若市。其孙通珏，徒弟培均宗其术，亦为外科名医。

[《临沂地区中医药志》（1982）]

高太原，字善福，沂南县高家店子人，生于清咸丰二年（1852），卒于民国十一年（1922）。以术精外科闻名。子孙传其术。

[《山东中医药志》（1991）]

◎ 陈立梅 ◎

陈立梅（1854—1937），原籍费县梁邱公社营子大队，后徙费县城关马兴庄。其先祖陈朝太，精岐黄术，擅长外科，乐善好施，当地传为佳话。立梅承袭家学，仍以外科著称，亦善内科，治学极崇《景岳全书》和《医宗金鉴》，集有《治验方案》一部，已失。治病多奇验，至今流传验案一则，成为当地之奇闻云：某男年十八岁，时值刈麦，患高热脱皮证，求诊于立梅，投药三剂不应，因查其先祖朝太遗著中载有治验案例，按方给药，服四剂病愈。其方为：黄芪60克，当归20克，地骨皮20克，知母20克，肉桂30克，牡蛎30克。

立梅弟立棠①，字阴南，亦承家业，精研《医宗金鉴》《外科大成》《济阴纲目》诸书，擅长内、外科，曾悬壶于济南，后返原籍行医。集有《临证经验》四卷，已失。

[《临沂地区中医药志》（1982）]

◎ 高滕松② ◎

高滕松（1856—1931），临沭县泉埠公社小河崖村人。幼读私塾，随父学医，

---

① 立棠：《临沂地区中医药志》（1982）目录作"立堂"。
② 高滕松：《临沂地区中医药志》（1982）目录作"高腾松"。

中年医术名声颇著，自开药铺，名曰"上池堂"。

[《临沂地区中医药志》（1982）]

◎ 李诚心 ◎

李诚心（1857—1923），字一斋，清代人，山东省临沂县涝墩村人。精医术，求诊者踵相接，业医四十年，寒素如故，每酒余耳热，好纵谈古今方书，拟取方书之不合理者，引经更正之，书未成，卒。先生逝世之后，其契友孙仁山氏，为其生平立传，现节录如下。(《临沂县志》)

李诚心事略（节录）

先生李氏，名诚心，字一斋，世居沂之东乡涝墩村。……先生生而奇异，幼入童子塾，治六经，学为文，超然自异，既卒业，以八股之华而不实弃去之。其从父思桐良医也，遂就医。三秦两汉之书既汛滥而得其涯涘，慨然叹曰：医家之规矩分明，至精而极当者莫如仲景，但汉文古奥，注家一经误解，遂滋后人无限疑窦。既得修园陈氏书，谓知门径矣；又见元御黄氏书，乃大叹服，手不释卷者数年，揣摩成，触类旁通，临证用药其应如响。窃尝见先生之治效，问治本何家，答以法出长沙，鄙以此证长沙所不载。先生指某条某条，剥茧抽丝，妙义层出。乃知先生之读书熟，而颖悟过人远矣。先生既邃于医，博览群书，易卜星象，山经地理，皆有心得，尤熟于史鉴，帝王升降，政事衍革，随口应答，无讹误者。间为诗古文，亦卓卓可诵，然，不轻拈笔，此先生之文学大略也。至其品格，更当于古人中求之，先生雅量深沉，少言寡笑，人多望而生畏之，然，与之评情论理豁如也，性最廉介……医名显著，求诊者踵接于门，甚至院为之满。盥漱毕，鱼贯从事，切脉处方必殚精研思，动至日昃不食。得其治愈奚止什百千万，谢之一字，生平所不道也。……先生老年，有难请名，揆厥由来，凡坚拒不往者，皆以意气凌耳；至穷交旧姻，但遣一介，无不至者。先生尝言，苟于人丝毫无取，进退听其在我，若受寸金，则内问有不能自主者矣。先生之学博矣。先生之境遇抑又奇矣。……民国十二年八月……流贼突至，至夜先生宿于村外之芦汪，不数日而疾作矣，上吐下泻，手足抽缩，投以理中渐安，稍进粥糜，越二日，夜忽暴脱十余行。黎明余往视，先生面色枯败，见余犹哝哝诵，肝肾气绝，则自利不禁，至夜而逝，时年六十有六。先生有言，药非真能起死，其可治者，脏气之未绝者耳，至哉言乎！

综观先生一生，其德行、学问，可云无憾。……先生与余兄弟交最厚，每酒酣耳热，纵谈古今方书，谓近世医学之不昌，率由经方之不明，而其不明之故，总因著述家之谬妄，异日果暇，将尽取方书之与经旨不合者，引经更正之，倘使积有成帙，虽无力梓行，而抄存以贻后学，亦一快事。惜乎！先生之书未成也，其书若成，焉能以无传哉。然，书虽未传，而先生之名，则后世必传；知后世之必传，而吾复为不文之文以传之，得无使后人齿冷乎？

然吾观历代史乘之作大手笔出，将为某人立传，必先求其人事实以副之，求之不得，则旁采稗官小说，故老传闻。夫，稗官小说，荒乘野史，似不如耳闻而目睹者较为真切。吾之此作，将以备后贤之采择也，岂敢曰吾文可以传先生哉！……呜呼！其谓是欤。

民国十二年腊月十一日，世愚弟孙仁山既哭以诗，拜首而为之纪

诗附：（共六首，选其中一、三、四首）

其一

泪尽肠枯只字无，一番拍案一惊呼。
斯人吾党真名士，从此医林少大儒。
剩纸残方留旧泽，伤鹄病鹤忆前模。
年来苦恨交游少，桑户反真道益孤。

其三

玉函金匮日摩挲，读编古今内外科。
秦汉之间接仲景，宋唐以后又华佗。
二千年上续医统，数百里中起沉疴。
病到临头翻自误，回天无及奈如何。

其四

源溯长沙薄叔和，立方用药效无讹。
为缘病容感恩大，翻使故人落泪多。
明镜生尘君去矣，招魂重赋意如何。
最怜风度似黄子，万顷汪洋水不波。

[《临沂地区中医药志》（1982）]

◎ 吴 鸾 ◎

吴鸾,字镜生,号虚堂,清光绪年间,山东省临沂县人。精于岐黄之术,光绪初年,喉疫流行,诊治病人甚众,无不痊愈。至今民间犹称赞虚堂先生医术高明。(《临沂县志》)

[《临沂地区中医药志》(1982)]

◎ 王善昌 ◎

王善昌,字炳臣,清代光绪己丑贡生,山东省临沂县人。中年深究岐黄之术,施药济贫,人皆德之。(《临沂县志》)

[《临沂地区中医药志》(1982)]

◎ 王一峰[①] ◎

王一峰,字雨岚,清代光绪,恩贡生,山东省临沂县人,生卒年载不详。邃于医术,晚年著有《医林择萃》。(《临沂县志》)

[《临沂地区中医药志》(1982)]

◎ 王庆来 ◎

王庆来,字笃卿,清代,生卒年载不详。山东省临沂县王家圪墩人。幼业儒,精医术。光绪十四年,时疫流行,日有死亡。凡就庆来诊治者,服药立愈,全活甚众。著《痧症要方》《痘疹指南》。(《临沂县志》)

[《临沂地区中医药志》(1982)]

◎ 孙华亭 ◎

孙华亭,清代,山东省临沂县红山村人。由付贡,官馆陶县教谕。乐善好施,精医术,求无不应。(《临沂县志》)

[《临沂地区中医药志》(1982)]

---

① 王一峰:《临沂地区中医药志》(1982)目录作"王一锋"。

◎ 宋 开 ◎

宋开，字洪勋，清代，山东省临沂县人，业岐黄，著有《医学问答》《中西效方集妙》等书。(《临沂县志》)

[《临沂地区中医药志》(1982)]

◎ 张麟图 ◎

张麟图，清代，生卒年载不详，山东省临沂县安靖村人。幼时流落西蜀，与本县时连茹同事一师学医。麟图专针灸疗疾，应手奏效，名驰远近。其子得云，孙鸿林，皆能绍先业，次孙鸿宾针法尤妙，著有《针灸摘要》。(《临沂县志》)

[《临沂地区中医药志》(1982)]

◎ 邵 梓 ◎

邵梓，清代，生卒年载不详，山东省临沂县团林村人。精医术，有远客毙于逆旅，梓施以针艾复活。(《临沂县志》)

[《临沂地区中医药志》(1982)]

◎ 王 绎 ◎

王绎，清代，庠生，山东省临沂县人，生卒年载不详。中年专于研究医术。以廉洁自操，乐于医道。年至九十余，犹杖履视病，所至，药到病除。(《临沂县志》)

[《临沂地区中医药志》(1982)]

王绎，清代临沂县人，生卒年代不详，庠生。幼习诗文。壮年专攻岐黄之术，以廉洁自操，精于医道。年至九十有余，犹杖履视病，所诊治者，每药到病除。

[《山东中医药志》(1991)]

◎ 李日登 ◎

李日登，清代庠生，山东省临沂县人。世以医术著称，日登尤精其业，切脉察声，洞知病源，常施医药于市，州道皆旌其门。(《临沂县志》)

[《临沂地区中医药志》(1982)]

◎ 黄敦汉 ◎

黄敦汉，临沂县城人，清代，荐任馆陶县检查官，善医，著有《救瘟辑要》一卷，已刊行。(《临沂县志》)

[《临沂地区中医药志》(1982)]

◎ 杜成基 ◎

杜成基，字建业，清代，生卒年载不详，山东临沂县南屠苏人。精于医学，有求必应，不辞劳瘁。家设药肆，专以济人。贫者不取药资，人多德之。(《临沂县志》)

[《临沂地区中医药志》(1982)]

◎ 房永举 ◎

房永举，清代，山东省临沂县圪塔镇芝麻滩人。精小儿科。每遇天花流行，抱儿求诊者门庭若市。冬备火，夏备茶，接待诚挚。故远近各村无不感戴。民国七年春，烂喉痧（猩红热）流行，求诊者填街溢巷。永举年已老，精神不支，卧床应诊，凡数月卒，年七十七岁。(《临沂县志》)

[《临沂地区中医药志》(1982)]

房永举，临沂县芝麻滩人，精儿科。民国七年，猩红热流行，求诊者填街溢巷，房氏年老，精力不支，而卧床应诊。

[《山东中医药志》(1991)]

◎ 赵汉勋 ◎

赵汉勋，临沂夏家庄人，清庠生，中西学甚博雅，著《说文集注》十卷，未梓。(《临沂县志》)

[《临沂地区中医药志》(1982)]

◎ 卢其慎 ◎

卢其慎，字敬之，清末民初，山东省临沂城内人。由庠生考入山东优级师范，毕业后，弃儒习医，对《内》《难》两经，仲景《伤寒论》得其精奥。凡后人伪托误注之处，一一为之标明更正。十年春，应沪友人蔡某之招，赴沪诊石某失血证，数剂病除,医名大噪。遂悬壶沪上,求医者络绎不绝。民国十二年,客死沪上。著有《脉学指南》四卷,《敬之医话》一卷,行世。

[《临沂地区中医药志》(1982)]

卢其慎(?—1923),字敬之,临沂人。青年时由廪生考入山东优级师范,毕业后与他人创办尚志小学,旋以经费告竭停办,后弃儒学医,精读医家经典,探其精奥,遂悬壶行医,名扬临沂、上海等地。著有《脉学指南》《敬之医话》等书。

[《山东省卫生志》(1992)]

◎ 李逢泰 ◎

李逢泰,字保斋,清末民初,山东省临沂县黄泥港人。家贫无力求学,牧豕读书,弱冠有文声。庠序设帐,授徒多成就。精岐黄,志在济人,不惮烦劳,凡酬报者悉却不受,年七十余而寿终。(《临沂县志》)

[《临沂地区中医药志》(1982)]

◎ 庞树敏 ◎

庞树敏,临沂县腾马庄人。邃于医学,著有《医学辨证》四卷,《伤寒论试说》二卷,未梓。(《临沂县志》)

[《临沂地区中医药志》(1982)]

◎ 侯继荣 ◎

侯继荣,清代,今莒南县相邸公社北高庄人。研岐黄术,擅长外科,其子孙均承世医,擅长外科,在本地均享有盛名。(《莒志》)

[《临沂地区中医药志》(1982)]

◎ 赵履堂 ◎

赵履堂(1857—1947),字儒,沂水县城关南庄人。擅长外科。自制蟾苏丸、中九丸,临床运用每取良效,运用阳和汤加减临证,颇得心法,因无嗣,术不得传。

[《临沂地区中医药志》(1982)]

赵履堂(1857—1947),字儒,沂水县沂水镇南庄人。擅长外科。自制蟾苏丸、中九丸,临床运用每取良效。运用阳和汤加减临证,颇得心法,因无嗣,术不得传。

[《沂水县卫生志》(1989)]

赵履堂，字儒，沂水县城关南庄人。生于清咸丰七年（1857），卒于民国三十六年（1947）。工于医，精外科，自制蟾酥丸、中九丸，每取良效。

[《山东中医药志》(1991)]

◎ 樊纪隆 ◎

樊纪隆（1860—1940），沂南县界湖公社徐家独墅人。熟读妇科方书，于妇科杂病的治疗，颇有经验，闻名乡里。

[《临沂地区中医药志》(1982)]

樊纪隆，沂南县徐家独墅人。生于清咸丰十年（1860），卒于民国二十九年（1940）。以善治妇科闻名。

[《山东中医药志》(1991)]

◎ 杨玉春 ◎

自学成才　誉满乡里
平邑县人民医院　陈宪民整理

杨玉春（1861—1946），字向荣，山东省平邑县平邑镇白马庄人。其父为乡村塾师，家道小康。先生幼即聪敏，更加家庭文化教养有方，长则学业顿进。早年设馆课生时，则有志于"不为良相，即为良医"，遂生济世活人之心，弃儒习医，上穷医经，下及历代名著，无不苦心钻研，学成应诊，遂声名大振，求诊者络绎不绝，活人无算，乡邻父老赠匾褒曰："妙手回春。"一生集录验案甚多，惜因战乱兵燹，大多流散，仅遗存《金匮方剂治验录》一少部分，及《温病条辨歌诀》传于世。兹将先生学术思想简介如下。

精研金匮，擅以经方起沉疴

先生自操岐黄之业，悬壶乡里，无一日不临床，无一日不读书。《金匮要略》为其最喜研读之书，对金匮方论尤有研究。临证时，每有所得，辄随手录载于册，惜文稿散佚殆尽，仅存少部，尚能窥其一斑。先生可谓善用经方者，每遇沉疴重疾，常取金匮原方，应手而效。自常慨叹曰："经方实效力宏大，应用无穷也。"

曾治商人吴某，因日夜经营，心血暗耗，又加之色欲过度，遂患项背强几几，并伴头晕盗汗，腰膝酸软，倦怠乏力等证。某医给服六味地黄汤等数十剂，病虽轻而不能痊愈。先生诊之，用瓜蒌桂枝汤加山药、萸肉一剂而项强愈，半月诸证皆痊。先生按曰："本方即桂枝汤加瓜蒌根，瓜蒌根甘苦多液，最能滋阴养液，某医但知痉病为阴虚，用生地之属，而不知瓜蒌根最能滋液养筋，确有卓效。"又如金匮甘草附子汤，先生认为系治疗寒湿之特效方，寒痛者多不得屈伸，流注、鹤膝风等证服之最宜。尝治一中年妇人腿膝肿痛，剧则麻木，触摸寒凉如冰，不得屈伸数年，先生用此方十剂而痊愈。先生按曰："此方功效全在附子，盖附子能温通经络，走而不守，驱逐风湿之气，较他药为速。若减去此味，或用量过小，皆不得奏效，数年之沉疴痼疾起于一旦，皆重用附子之力。"

其时，乡里有一陈姓男子，患自汗之证，动则汗出淋漓、恶风，延数医治疗效皆不著。某医以表虚不固，投玉屏风散数剂不瘥。又延一医，以《伤寒论》五十四条"病人脏无他病，时发热自汗出"为论治依据，投以桂枝汤仍不见汗止。转请先生诊治，细察其兼见身重、苔腻、脉缓、尿黄。乃曰："此风挟湿也。"仲师曰："风水脉浮身重，汗出恶风者，防己黄芪汤主之。"遂投以木防己一两，炙黄芪一两，白术五钱，生姜四片，大枣三枚。一剂汗止，三剂而痊愈，前医闻之肃然起敬而称奇。

好学深思，师古而不泥古

先生好学深思，手不释卷，善采诸家之长，而无门户之见。对前人之说，常验之临床，发前人之未发。他尊崇古人，但师古而不泥古，其尝言："若谓古方不能治今病，差矣；若抱守古方，刻舟求剑，不知化裁，亦不足取也。"如金匮酸枣仁汤，对于阴虚烦躁不安所致的失眠症，先生常以此方治之。枣仁酸甘敛阴，滋养肝液，用之得当，镇静之力甚著。但前人有治不眠症用炒枣仁，多眠症用生枣仁之说。先生屡经试验，生用炒用，功用虽有别，但生用未必醒睡，炒用亦未必安眠，用生用炒，全在乎辨证。临证时，先生凡遇有夜不得眠，烦躁口渴，度其为阴虚内热者，常以酸枣仁生用，取其味清而性纯，再配以花粉、麦冬、莲子心等品，常收良效。而对虚劳内伤，神倦嗜睡，常用归脾汤治之，其中酸枣仁多炒用，取其辛香醒脾，效果亦佳良。

又如桃花汤方为仲师治虚利之方，然何谓虚利？唐容川谓："虚利不后重。"先生从临证观察认为并不尽然，气滞可致，气少亦可致之，对于日久泻利，患者虽有腹微痛而后重者，常用桃花汤投之即愈。先生常与人语："唐容川谓虚利不后重不可拘泥。"

处方药精量轻，配伍严谨。他医重剂不能瘥者，先生常以轻剂收功，如心胃诸痛，先生常以落盏饮加减治疗。本方为陈皮、香附、良姜、菖蒲、吴萸、木香六味药组成，药虽平常，效验极彰。虫痛加川椒，气痛加苏叶，血痛加丹参，郁证加金铃子，痰饮加半夏，吐酸加黄连，大便干加蒌仁，嘈杂不可名状加百合，临床灵活加减，患胃病经先生治愈者多不胜计。

善治温热，推崇《温病条辨》

先生以治温病见长，对吴又可《温疫论》、叶天士《温热论》《临证指南》，王孟英《温热经纬》、雷少逸《时病论》均有研究，尤推崇吴鞠通《温病条辨》，认为该书条分缕析，纲举目张，用药精切，治法详明，倡三焦之辨证，集温热之大成，实乃医家必读之书，吴瑭不愧为仲景功臣。

先生晚年为启迪后学，著《温病条辨歌诀》一编，约一万字，七言成韵，读之朗朗上口，较原著提纲挈领，易于记诵。对疾病的描述、形象、简练、完备。如湿温症云："湿温头痛恶寒症，脉弦细濡，身重疼，舌白不渴面淡黄，胸闷不饥湿闭形，午后身热若阴虚，汗亡神昏与耳聋，甚则目瞑不欲言，下之脾陷洞泄同，三仁杏滑通白蔻，竹叶朴夏苡仁生。"对于《温病条辨》所列方剂，将主治、病症、组成、加减一并编入，如能记诵，按证遣方用药，十分便利于初学。如桑菊饮歌曰："风温但咳不甚热，微渴辛凉桑菊饮，桑叶杏仁连翘荷，桔梗甘草与苇根，不解似喘加膏母，舌绛暮热犀玄参，血分冬地玉竹丹，肺热黄芩渴花粉。"本书言简意赅，语言流畅，易懂易记，是初学温病的入门之书。

先生对于温病不但医理精通，且能用之临床，疗效卓著，故此名震遐迩，每疫病流行，就诊者车骑相连，填街塞巷，应接不暇，温病得以存活者不计其数。1946年先生已抱病于床，时本村陈明五先生亦系知名之中医，其幼子患热病月余不愈。入暮即热，晨即清爽，热退无汗，口渴不食，日渐羸瘦，请医数人，犀角、羚羊、银花、连翘、黄芩、黄连、知柏六味等属几近用遍，不但毫无转机，病情日趋重笃，乃抱子求治于先生病榻之前。先生诊脉察舌问证后曰："此邪伏阴分矣"，遂吟歌曰："行阴而热行阳凉，热退无汗邪不出，蒿母二钱丹皮三，生地四钱鳖甲五"，即以《温病条辨》青蒿鳖甲汤原方剂量授之，即：青蒿二钱，知母二钱，丹皮三钱，生地四钱，鳖甲五钱，水煎分服，一剂而热轻，二剂而热止，未及十日体健如初。总之，先生一生致力于祖国医学，德高望重，医道精深，誉满乡里。谢世已三十余年，乡中父老至今提及先生之名，仍赞不绝口，怀念不已。

[《临沂地区中医药志》(1982)]

费县平邑镇白马庄（今属平邑县）自学成才的中医杨玉春（1861—1946），精研《金匮要略》，擅以经方起沉疴。如商人吴某，因日夜经营，心血暗耗，加之色欲过度，遂患项背强直不舒，并伴头晕盗汗、腰膝酸软、倦怠乏力等症。某医给服六味地黄汤等数十剂，病虽见轻而不能痊愈。杨氏诊之，用瓜蒌桂枝汤加山药、萸肉一剂而项强直痊愈，半月诸症皆除。杨氏说：瓜蒌根甘苦多液，最能滋阴养液，某医但知痉病为阴虚，用生地之属，而不知瓜蒌根对滋阴养筋确有卓效。又如《金匮要略》中的甘草附子汤，杨氏认为系治疗寒湿之特效方，寒痛者多不能屈伸，流注、鹤膝风患者服之最宜。有一中年妇人腿膝肿痛，剧则麻木，触摸寒凉如冰，不得屈伸数年，杨氏用此方十剂使其痊愈。杨氏说：此方功效全在附子，因附子能温通经络，走而不守，驱逐风湿之气，较他药为速。若减去此味，或用量过小皆不能尽效，数年之沉疴痼疾起一旦，皆借重于附子之力。

杨氏运用经方治疗汗症也有独到之处。其乡里有一陈姓男子，患自汗之症，动则汗出淋漓、恶风，延请数医治疗效皆不著。某医以表虚不固，投玉屏风散数剂不瘥。又延一医，以《伤寒论》五十四条"病人脏无他病，时发热自汗出"为论治依据，投以桂枝汤仍不见汗止。转请杨氏诊治，细察病人，兼见身重、苔腻、脉缓、尿黄，据此诊为风挟湿症。根据张仲景"风水脉浮身重，汗出恶风者，防己黄芪汤主之"，遂投以木防己60克，炙黄芪60克，白术15克，生姜4片，大枣3枚，三剂而愈。

杨氏处方有药精量轻、配伍严谨的特点。他医重剂不能治愈者，杨氏常以轻剂收功。如胃痛，杨氏常以落盏汤加减治疗。本方为陈皮、香附、高良姜、菖蒲、吴茱萸、木香六味药组成。药虽平常，效验极彰。虫痛加川椒，气痛加苏叶，血痛加丹参，郁证加金铃子，痰饮加半夏，吐酸加黄连，大便干加瓜蒌仁，嘈杂不可名状加百合。

杨氏善治温病。如1946年他抱病于床，时本村陈明五的幼子患热病月余不愈。入暮即热，晨即清爽，热退无汗，口渴不食，日渐羸瘦，请医数人，犀角、羚羊、银花、连翘、黄芩、黄连、知柏六味之属几近用遍，非但毫无转机，病情日趋重笃，乃抱子求治于杨氏病榻之前。杨氏诊脉察舌问症后说："此邪伏阴分矣。"遂吟歌曰："行阴而热行阳凉，热退无汗邪不出，蒿母二钱丹皮三，生地四钱鳖甲五。"

即以《温病条辨》青蒿鳖甲汤原方剂量授之，即：青蒿6克，知母6克，牡丹皮9克，生地黄12克，鳖甲15克，水煎分服，未及十日体健如初。

[《临沂地区卫生志》(1989)]

白马庄名医杨玉春（1861—1946），对《温病条辨》一书研读精深，对小儿夜热，按邪入阴分余热未清，辨证立法治愈甚多。1946年先生已抱病于床，时本村陈明五先生幼子患热病月余不愈，入暮即热，晨即清爽，热退无汗，口渴不食，日渐羸瘦，请医数人。犀角、羚羊、银花、连翘、黄芩、黄连、知柏、六味等属。几近用遍，不但毫无转机，病情日趋重笃。乃抱子求治于先生病榻之前，先生诊脉察舌问证后曰："此邪伏阴分矣"，遂吟歌曰"行阴而热行阳凉，热退无汗邪不出，蒿母二钱，丹皮三，生地四钱，鳖甲五"，即以青蒿鳖甲汤原方授之（青蒿二钱，知母二钱，丹皮三钱，生地四钱，鳖甲五钱）服一剂而热轻，二剂热止，未及十日，体健如初。

[《平邑县卫生志》(1991)]

胃脘痛为内科常见疾病，杨玉春（1861—1946）先生对该病的治疗药精量轻，配伍严谨，他医重剂不能瘥者，先生常以轻剂收功，擅用落盏饮加减治疗。本方由陈皮、香附、良姜、菖蒲、吴萸、木香六味药组成，药虽平常，效验极彰。虫痛加川椒，气痛加苏叶，血痛加丹参，郁证加金铃子，痰饮加半夏，吐酸加黄连，大便干加蒌仁，嘈杂不可名状加百合，临床灵活加减，患胃病经先生治愈者多不胜计。

炒用未必入梦乡，杨玉春先生好学深思，手不释卷，善采诸家之长而无门户之见，对前人之说，常验之临床，发前人之未发。他尊崇古人，但师古而不泥古。其尝言："若谓古方不能治今病，差矣；若抱守古方，刻舟求剑，不知化裁，亦不足取也。"对酸枣仁的炒用、生用有独到见解。《金匮》酸枣仁汤，对于阴虚烦躁不安而致的失眠症，先生常以此方治之。酸枣仁酸甘敛阴，滋养肝液，用之得当，镇静之力甚著。但前人有治不眠症用炒枣仁，多眠症用生枣仁之说。许多医家盲从书本，因袭旧说，不敢质疑。先生则以临床实践为依据，屡经试验，认为生用炒用，功用虽有别，但生用未必醒睡，炒用亦未必安眠，用生用炒，全在乎辨证。临证时先生凡遇有夜不得眠，烦躁口渴，度其为阴虚内热者，常以酸枣仁生用，取其味清而性纯，再配以花粉、麦冬、莲子芯等品常收良效。而对虚劳内伤，神倦嗜睡，常用归脾汤治之，其中酸枣仁多炒用，取其辛香醒脾，效果亦佳良。可见枣仁一药生用未必能醒睡，炒用未必入梦乡。

[《平邑县卫生志》(1991)]

杨玉春（1861—1946），字向荣，平邑镇白马庄人。早年设馆课生时则有志于

"不为良相,即为良医",遂生济世活人之心,弃儒习医,上穷医经,下及历代名著,无不苦心钻研,学成应诊,遂名声大振。他从事医业以后,无一日不临证,无一日不读书。临证时每有所得,辄随手录载于册。每遇沉疴重疾,常取《金匮》原方应手而效。常自慨叹曰:"经方实效力宏大,应用无穷也。"商人吴某,因日夜经营,心血暗耗,又加之色欲过度,遂患项背强几几,并伴头晕盗汗,腰膝酸软,倦怠乏力等证。某医给服六味地黄汤等数十剂病虽轻而不能痊愈。先生诊之,用瓜蒌桂枝汤加山药、萸肉一剂而项强愈,服药半月诸证皆除,先生曰:"本方即桂枝加瓜蒌根,瓜蒌根甘苦多液,最能滋阴养液,某医但知痉病为阴虚,用生地之属,而不知瓜蒌根最能滋液养筋,确有卓效。"先生以温病见长,对《温病条辨》《温疫论》《温热论》《温热经纬》《临证指南医案》《时病论》均有研究,尤推崇吴鞠通《温病条辨》,认为该书条分缕析、纲举目张、用药精切、治法详明,倡三焦之辨证,集温热之大成、实为医家必读之书。晚年为启迪后学,著《温病条辨歌诀》约一万字,七言成韵,读之朗朗上口,提纲挈领,易于记诵。在临床中,他治疗温病疗效卓著,每逢疾病流行,就诊者车骑相连,应接不暇,活人不计其数。

[《平邑县卫生志》(1991)]

◎ 赵希珍 ◎

赵希珍(1862—1943),莒南县板泉公社赵家庄人。幼读五经,学习勤奋。后为济世活人,遂研习岐黄之术,熟读《内》《难》《伤寒》《外科疡医大全》《六科证治准绳》《黄氏八种》等书。医术以外科见长,远近闻名,求诊者甚众,每日应接不暇。医德高尚,服务良好,是莒南有名的外科良医。著有《闻见录》一部,佚于日本侵华时。

[《临沂地区中医药志》(1982)]

赵希珍,莒南县赵家庄人。生于清同治元年(1862),卒于民国三十二年(1943)。以善治外科而远近闻名。著有《闻见录》一部,失于日寇侵华之时。

[《山东中医药志》(1991)]

赵希珍(1862—1943),板泉镇赵家庄子人。幼读五经,勤奋好学,后习医济世活人。熟读经典及《外科疡医大全》《六科证治准绳》《黄氏八种》等书,故擅长外科。远近延医者,应接不暇。著有《闻见录》一部,失于日本侵略军侵华时。1943年去世。

[《莒南县卫生志》(2001)]

◎ 高广渠 ◎

高广渠（1863—1937），字清园，临沭县泉埠公社小河崖人。幼年读经书兼学医术，中年后医道娴熟，在当地颇有盛名。

[《临沂地区中医药志》（1982）]

◎ 马兴邦 ◎

马兴邦（1864—1947），苍山县下村公社埠杨村人。医术颇精，解放前在当地享有一定名望。

[《临沂地区中医药志》（1982）]

◎ 陈美圕 ◎

陈美圕（1864—1932），字怀仁，坪上镇东诸睦人。幼读塾学，1901年业医。1914年携其子在坪上开设中药铺，名广坪药局，求诊者盈门。行医数十载，传医术于其子，晚年其医业交与次子丹九经营。1932年病逝。

丹九（1904—1947），性聪敏，好学不辍。青衿之后，继承家技，矢志习医以济世人，精研《内》《难》《伤寒》，且荟萃医说，披吟无倦，医术大进。尤以内、妇科见长，至悬壶于世，治病多效，求诊者甚众，名扬苏北鲁南。1920年在沙河子（属地不详）参加中医考试，名列第二。1942年回籍，继承父志，全操陈氏药店。1943年被选为莒南县医药界抗日救国联合会执委。1946年弃医回村。1947年去世。

[《莒南县卫生志》（2001）]

◎ 秦淑涧 ◎

秦淑涧（1864—1946），字乐岫，蒙阴县常路公社大常路大队人。行医六十余年，有丰富的临床经验，尤善于外科，在县内外享有较高威望。

[《临沂地区中医药志》（1982）]

秦淑涧，字乐岫，蒙阴县大常路村人。生于清同治三年（1864），卒于民国三十五年（1946）。行医六十余年，术善外科。

[《山东中医药志》（1991）]

◎ 姚武灿 ◎

姚武灿（1865—1936），字锦堂，临沂城人。生于世医之家，袭其家学，遍读

《内》《难》《神农本草》与长沙之学，且博纳众长，补己之短，十年工夫，名噪城乡。对内、外、妇、儿各科无不精研。立方遣药，尊古而不泥古。

其性廉洁，不企富贵，喜于济贫，常徒步登门于贫家诊病，多舍药施人，深受人民爱戴。先生积其临证心得，撰成《锦堂医案》与《戈琴堂医话》两书，皆因日寇侵华而佚。

[《临沂地区中医药志》（1982）]

◎ 刘献庭 ◎

刘献庭（1866—1950），字修臣，系莒南县许口公社泱沟大队人。幼年弃儒学医，苦研岐黄之术，擅长妇科、儿科。邻县求诊者应接不暇，颇有盛誉。

其子，同礼（1893—1969），字合轩，继袭世医，苦读《内》《难》《伤寒》，擅长妇科、儿科痘疹，曾写有验案一册（献给解放军某部，底稿已失）。

先生思想进步，勤恳谦虚，医德高尚，深受人民爱戴，曾被选为历届县人民代表。

[《临沂地区中医药志》（1982）]

刘献庭（1866—1950），字修臣，道口乡泱沟人。幼年弃儒习医，苦研岐黄之术，擅长妇科、儿科，在当地颇有盛誉。撰写了《杂病便方备用》一册。

其子同礼（1893—1969），字合轩，继承医业，擅长妇科、儿科，写有《救赤编》《验方记录》《验方单方》各一册。

先生思想进步，勤恳谦虚，医德高尚，深受人民爱戴。曾被选为莒南县人民代表大会代表。1950年病逝。

[《莒南县卫生志》（2001）]

◎ 郝兰溪 ◎

郝兰溪（1866—1940），临沭县泉埠公社西海子大队人。前清贡生，行医于临沂等地，擅长内、外科与针灸，遗留《外科验方》一册。

[《临沂地区中医药志》（1982）]

◎ 刘荫林 ◎

刘荫林（1867—1936），沂水县院东头公社刘家店子人，刘翰林中策之三子，号称三先生，行医于"谦瑞昌"药肆。先生学通五经，精岐黄术，善治伤寒、时疫，医名颇著。

[《临沂地区中医药志》（1982）]

◎ 高海观 ◎

高海观（1867—1957），字望亭，系沂南县大庄大队人。晚清秀才，民国初在沂水瑞普学校任教，在教学之余兼习岐黄之术，深究《内》《难》仲景之学，精读《脉经》《三指禅》《濒湖脉学》等书，于脉理有独解，长于内科、妇科，解放前在界湖镇开"杏春堂"药铺，解放后行医于河阳卫生院，因医术精良，医德高尚，远近闻名求诊者接踵，为沂水、沂南一带颇具影响的医生。

其弟高秋芳，亦晚清秀才，后弃儒学医，深得活人秘术，遍读妇科方书，为妇科良医，与兄海观齐名。

[《临沂地区中医药志》（1982）]

◎ 马玉瑛 ◎

马玉瑛[①]（1868—1967），字俊斋，沂水县黄山朱陈人。世医出身，二十岁习医，精读《伤寒》《金匮》，医术既成，治病多验，对病人谦恭，常昼夜出诊，不惮阴雨。自制膏药，治腿痛效果良好，贫者求药不受酬资，深受当地民众爱戴。

[《临沂地区中医药志》（1982）]

◎ 庞作相 ◎

庞作相（1868—1924），字汉卿，临沭县白旄公社同马庄人。通诗文，因家境贫寒，曾离乡在东北教学五年，回家后投身医学，尤善妇科。对《寿世保元》一书，研习甚精，在临床实践中颇有心得，为发挥其说，著有《寿世编纂》一书，现仍存于世，有一定临床参考价值。

[《临沂地区中医药志》（1982）]

◎ 李元杰 ◎

李元杰（1869—1947），沂南县杨坡公社李家坡村人。熟读《伤寒》《金匮》，

---

① 马玉瑛：《临沂地区中医药志》（1982）目录作"马玉英"。

对伤寒杂病的治疗,有一定经验。

[《临沂地区中医药志》(1982)]

◎ 刘本谦 ◎

刘本谦(1869—1941),字益亭,沂水城关人。祖籍江西,随父迁居沂水。自幼从父习医,勤奋好学,医宗《内》《难》《伤寒》,多有心得,兼善书画,为沂水一代名士。先生性刚不阿,傲视权贵,但对贫病交困之人则慷慨效力,一心赴急,怜贫之举,常感人泪下。一生重义轻财,乐善好施,家有诗社,喜交文士。

先生之子、孙辈,袭其家学,现为临沂地区名医。

[《临沂地区中医药志》(1982)]

刘本谦,字益亭,沂水县城关人。生于清同治八年(1869),卒于民国三十年(1941)。祖籍江西,随父徙居沂水。承父训业医,兼善书画,重义轻财,乐善好施,家有诗社,喜交文士。子孙传其业,亦为乡邑名医。

[《山东中医药志》(1991)]

◎ 刘亭秀 ◎

刘亭秀[①](1869—1953),临沂城区前西北园村人。医通四部经典,无门户之见,广纳众医之长,于内科杂病颇有经验,且精通针灸,对烧山火、透天凉手法深有研究。

[《临沂地区中医药志》(1982)]

◎ 高泽俊 ◎

高泽俊(1869—1949),字愚轩,晚清秀才,沂南县大庄大队人。中年专志医学,精读经典,深究仲景之术,步尘于温病诸家,故长于伤寒、温病之法,善用攻下,活人甚众,名噪远近。

[《临沂地区中医药志》(1982)]

◎ 宋景胜 ◎

宋景胜,郯城县人。生于清同治九年(1870),卒于民国三十二年(1943)。禀

---

① 刘亭秀:《临沂地区中医药志》(1982)目录作"刘廷秀"。

生，医文并茂，行医于鲁南及江淮间。善治妇科。著有《医案集》，未刊，失于战乱。

[《山东中医药志》（1991）]

宋景胜（约1870—1943），清代廪生。医文并茂，行医于鲁南江淮间，擅长妇科杂病，辨证用药严谨，诊病不论贫富，一视同仁，曾著有《医案集》，失于战乱。

[《临沂地区中医药志》（1982）]

◎ 邱树汉 ◎

邱树汉（1870—1940），沂南县大庄公社苗家庄人。前清秀才，熟读《内》《难》，深究《伤寒》《金匮》，治病善用经方，活人甚众。

[《临沂地区中医药志》（1982）]

◎ 高洪藻 ◎

高洪藻（1870—1957），沂南县界湖公社官庄大队人，晚清秀才。因生于世医家庭，兼习岐黄术，长于内科、妇科，活人甚众，颇负盛名。

[《临沂地区中医药志》（1982）]

◎ 潘士林 ◎

潘士林（1870—1956①），字志堂，沂水县姚店子公社康家庄子人。早年设馆教学，兼习岐黄术，颇悉《内经》《伤寒》之理，后熟读《陈修园四十八种》《医宗金鉴》等书，临床经验丰富，用药谨慎，多取轻量小方以取奇效。为人温和持重，诊病细心，当地民众深敬爱之，其医术著称于沂水南乡。

[《临沂地区中医药志》（1982）]

潘士林（1870—1966），字志堂，沂水县姚店子镇康家庄子村人。早年设馆教学，兼习岐黄术，颇悉《内经》《伤寒》之理，后熟读《陈修园四十八种》和《医宗金鉴》等书，临床经验丰富，用药谨慎，多取轻量小方以取奇效，为人温和持重，诊病细心，当地民众深敬爱之。其医术著称于沂水南乡。晚年带徒多人，皆有所成。

[《沂水县卫生志》（1989）]

---

① 1956：《沂水县卫生志》（1989）卒年作"1966"。

◎ 刘云龙 ◎

刘云龙（1871—1954），刘家庄乡刘庄村人。幼读塾学，青衿之年于本村塾教，后弃儒习医，擅长外科。曾被选为区医救会长。1954年去世。

[《莒南县卫生志》（2001）]

◎ 武继浩 ◎

武继浩（1872—1957），字寿臣，沂水县夏蔚镇朱蔚村人。十八岁读完私塾，成家立业，不幸四年连丧三妻，遂立志学医，奋发攻读医籍，先后拜沂南县内科名医田尊绍和蒙阴县痘疹医师娄石等人为师。二十五岁学成，开设"寿春堂"中药店，行医四十四年。1941年夏蔚区联社成立，受聘为医药股医生兼联社主任。先生行医近六十年，擅长妇科、内科、痘疹，善辨证施治，治病必求其本。曾有少女，月信不至，久药不效。先生诊之曰："此非冲任为病。乃因虫积，血分亏耗所致，但从血治，实难医矣！当驱除虫患，血得无耗，月经自至。"遂用苦楝皮、石榴皮，煎汤服下。便下尺余长绦虫一条，病愈，传为佳话。先生对医术精益求精，对病人关心备至，医德医术闻名乡里。曾自编验秘方集，现已失存。

[《沂水县卫生志》（1989）]

沂水县夏蔚乡朱蔚村中医武继浩（1886—1961），辨证施治准确，考虑全面。曾有少女，月经不至，久药不效。后经武氏诊治，认为该女非冲任有病，是因虫积，血分亏耗所致。但从血治，实难奏效。当驱除虫患，血得无耗，月经自至。遂用苦楝皮、石榴皮煎汤服下，便下尺许绦虫一条，病愈。

[《临沂地区卫生志》（1989）]

◎ 徐玉甫 ◎

徐玉甫（1872—1948），字贯卿，沂水城关人。先生祖籍临淄，早年，父徐迟迁沂水，开设"有恒堂"，业医为主，随父学医。父殁，先生继其家业，临证济世四十余年。先生医道精熟，学识渊博，名著四方，且医德高尚，以施善救贫为乐。民国十七年，惠民水灾，数千名灾民流徙沂水，贫病交困，生计危难，先生亲赴难民所，日夜为之救治，免费施药，深受灾民欢迎。

[《临沂地区中医药志》（1982）]

◎ 崔学增 ◎

崔学增（1871—1956），字星五，临沭县南古公社道岸人。二十二岁始在本地行医，专治外科，善用大黄，炮制精良，大胆使用，应手即效。

[《临沂地区中医药志》（1982）]

◎ 李秀章 ◎

李秀章（1872—1962），沂南县马牧池公社红河人。专攻喉科，善治喉科疾病。

[《临沂地区中医药志》（1982）]

◎ 赵紫辰 ◎

赵紫辰（1872—1967），沂水黄山吴坡人。博学多识，谙于经典。早年行医，自开"大生堂"药肆，远近奔求者，络绎不绝。先生乐善好施，对病人谦和，深受民众爱戴。

[《临沂地区中医药志》（1982）]

赵紫辰（1872—1967），沂水县黄山铺乡吴坡村人。先生博学多识，谙于经典。早年行医，自开"大生堂"药肆，远近奔求者，络绎不绝。先生乐善好施，对病人谦和，深受民众爱戴。

[《沂水县卫生志》（1989）]

◎ 秦淑文 ◎

秦淑文（1872—1964），蒙阴县高都公社李官庄大队人。行医五十年，擅长治温病，对妇科也有丰富的经验，在蒙阴、新泰两县有较高声誉。

[《临沂地区中医药志》（1982）]

◎ 吴鉴文 ◎

吴鉴文（1873—1960），字子修，沂水县圈里乡茅坪村人。自学成才，行医乡里五十余年，擅长内科、妇科。治时疫杂症，门诊既无闲暇，出诊不分昼夜，诊病谨慎，细察明辨。把握分寸，危重险症，每多获效。奇病杂症，治疗有方，注重总结经验，深受群众赞誉。

[《沂水县卫生志》（1989）]

◎ 陈洪文 ◎

陈洪文（1873—？），费县朱田街人。精通经典著作，临床长于内科、妇科。本县赞称良医数二陈，外科陈立棠，内科陈洪文是也。

[《临沂地区中医药志》（1982）]

◎ 杨泽芳 ◎

杨泽芳（1874—1962），临沂县付庄公社劳模店子村人。医精内科，治病多验，重医德，常急人之难。1946年朱陈发生霍乱病，先生闻讯，奋不顾身，亲赴疫区，日夜奋战，直至将疫病消灭方回，深受群众敬爱。

[《临沂地区中医药志》（1982）]

◎ 周毅民 ◎

周毅民，生卒年不详，临沂城人。医通经典，治验丰富，临床擅长于内科杂病的治疗。在临沂县医院工作期间，为中医培训工作作出一定成绩，是临沂城颇有影响的医生。

[《临沂地区中医药志》（1982）]

◎ 李际可 ◎

李际可（1874—1962），字敬斋，临沂城人。生于世医之家，自幼受其熏陶，长则绍其家业，颇精儿科，尤善痘疹之治疗。

先生治验丰富，诊病细心，用药精当，深悯劳动人民困苦，善以平易之品而取良效。在群众中享有较高威望。

[《临沂地区中医药志》（1982）]

◎ 武明章 ◎

武明章（1874—1966），字风阶，沂水城关前善疃人。先生为沂水一代痘疹名医，提出麻疹初起，多为卒遇风寒，肺气郁闭，当从气治，稍进则身热肢厥，疹点色暗，目闭神愦，毒邪内逼者，治当从血，创治疹活血通络法。对麻疹逆证，善用郁金、桃仁、红花、山甲、皂刺、乳香、没药……每取良效。先生临证多，阅历深，用药灵活，一生不乏奇案。1933年5月沂水麻疹流行，易感儿童无一幸免，有牛俊斋之子年三岁，麻疹愈，后遗腮腺脓肿，经治月余，脓成不溃，无热，饮食玩笑如常，但一月不说话，久治无效。转求武氏诊，验其舌，处方一帖：藿香、厚朴、佩兰、菖蒲、薄荷、大青叶，量极轻，头煎服后即开始说话，二煎服毕，脓溃告愈。

[《临沂地区中医药志》（1982）]

沂水城关前善疃村中医武明章（1874—1966），字风阶，擅长痘疹科。他提出：麻疹初起，多为卒遇风寒，肺气郁闭，当从气治，稍进则身热肢厥，疹点色暗，目闭神愦，属毒邪内逼，治当从血。创治疹活血通络法。对麻疹逆症，善用郁金、桃仁、红花、山甲、皂刺、乳香、没药等，每取良效。武氏用药灵活，一生不乏奇案。例：1933年5月，沂水麻疹流行，有牛俊斋之子年三岁，麻疹愈，后遗腮腺脓肿，经治月余，脓成不溃，无热，饮食玩笑如常，但一月不说话，久治无效。转求武氏诊治，验其舌，处方一帖：藿香、厚朴、佩兰、菖蒲、薄荷、大青叶，量极轻，头煎服后即开始说话，二煎服毕，脓肿告愈。

[《临沂地区卫生志》（1989）]

◎ 纪向奎 ◎

纪向奎（1875—1944），系莒南县岭泉公社庞疃村人。精岐黄术，擅长针灸。

[《临沂地区中医药志》（1982）]

纪向奎（1875—1944），刘家庄乡庞疃村人。从师于刘树本，精研岐黄之术，擅长针灸，在当地享有盛名。1944年去世。

[《莒南县卫生志》（2001）]

◎ 徐文一 ◎

徐文一，号玉轩，生年不详，卒于1945年，系莒南县文疃公社大薛庄村人。先生幼读经史，成学后转习岐黄家言，对《内经》《难经》《伤寒论》颇熟，于清温病四家学说有较深研究。故擅长温病证治，每遇热病流行，凡经先生诊治者，多取良效。且医德高尚，诊病细心，态度和蔼，有求必应，凡有求诊者，常不分昼夜，不怕寒暑，不怕疲劳，一心赴救，当地民众无不称赞，赠药店名曰："同德堂"。

先生思想进步，解放前曾选任县参议员，区救会长等职。

[《临沂地区中医药志》（1982）]

徐文一（？—1945），号玉轩，文疃镇大薛庄人。幼读经史，后习医济人。他对温热病有较深的研究，每遇温热病流行，凡经其诊治者，多收良效。当地民众赠药店名"同德堂"，莒南县抗日民主政府建立后，他曾任县参议员、日照县薛庆区医救会会长。1945年去世。

[《莒南县卫生志》（2001）]

◎ 刘玉鸣 ◎

刘玉鸣，生卒年载不详，山东省莒南砖疃村人。幼年读书应试未中，训蒙乡塾，精于医，课读之暇，施医方济人，有以急病告者，不避风雨寒酷，必亲省视。

[《临沂地区中医药志》（1982）]

◎ 杨慎芝 ◎

杨慎芝（1875—1955），苍山县层山公社杨家官庄人。擅长温病，在本县享有盛名。

[《临沂地区中医药志》（1982）]

◎ 王兴宝 ◎

王兴宝（1876—1954），临沭县观堂公社西港头村人。王氏医道精通，治验丰富，医名著称于鲁南边界地区。

[《临沂地区中医药志》（1982）]

◎ 王祥臻 ◎

王祥臻（1876—1972），字瑞亭，享年九十六岁，莒南县人。原籍莒南县大店东北斜坊村，后徙大店公社薛家道口村。

先生幼年失怙，家境贫寒，生活窘迫，朝夕尚不得饱暖，有何求学可言！其慈祖母雇佣在清翰林庄陔兰府中，恳准雇主，携养孤孙。先生天资聪敏，更兼寄食于书香檐下，虚心好学，奋发图强，文学日益见长，颇得翰林庄陔兰赏识，时常予以指教，所以虽无一日入学授业，但能自学成才。稍长则去莒县城熊正谊药店学医药，出徒后复返大店镇，在庄姓开设的"道胜药房"业医，继后自设"毓春堂"，为坐堂医生。斯时先生得以见识文人名士，博览群书以及报章、杂志，学业造诣上得以步步加深，且能善于搜集资料，几十年间积纂了大量资料，及至古稀之年，历经七个寒暑，始将所纂资料汇编成《医药碎金录》十卷。所谓"碎金"者，作者认为举凡医药学中的精华处,就是一鳞半爪、只言片语,应视其贵如黄金,由于所集资料比较零散,如同聚碎金于一炉之中,故曰碎金录。所以本书的特点,只是按作者所纂资料的年代远近顺笔直书,不分门类、章节。如卷一云:"产后禁用白芍,恐伐生气之原,然正借酸收之力,欲其奏功之捷,不此之用,而谁用哉。"而下面一段则云:"方、喻、程三家,方中行谓叔和撰次为非,则削而去之。窃方说为己说者为喻嘉言。袭方、喻两家而视叔和如江湖之流为程郊倩,则甚至戟手谩骂。徐灵胎曰:不有叔和,焉有此书。"尽管编次无序,但书中的内容却是很丰富的,特别记录了许多今天已经难得的资料,尤为可贵。现将本书内容分别简要介绍如下:

治学有方,自学成才

先生出身清贫,一生未能得到入塾就学之机,故对自学成才之路,体会得很深刻。《医药碎金录》中写道:"昔人有言读书十年,天下无不可治之病,治病十年天下更无可读之书。此非治病多者不能道,亦非善读书者不敢道也……读书而不能医者有之,决未有不读书而能医者也。读书而不临证不可以为医,临证而不读书者亦不可以为医,惟读书多者胸有成竹,始能辨证处方不误。读书难,读医书更难,读古医书为尤难,古人言简意赅,全在一字半句中求秘奥。陈修园曰:'当于虚字处求神气,无字处会精神。'斯言诚不欺我,须知理想无穷,神鬼可通。人之医术不精,由于医学不宏,而其医学不宏,由于所见医书不广也。"可见先生之治学态度,既注重多读精研,又强调理论联系实际,若有偏废则难能为良医。

对如何学好医学、运用医学,先生均有着深刻的体会,特别强调先难而后易,应从经典著作学起。他说:"《内经》,无论真不真(是黄帝所著),总是秦汉间书,得其片语,即是治法。《伤寒论》无问全不全,苟能用其法以治今人病,即此亦已足矣。后学能识病,全赖此数书,彼以此委诸伪书之列者,自矜博雅,不自知与人为仇也。学医从《伤寒论》入手,始而难,既而易;从后贤书入手,初若甚易,继则大难矣。六经要分看,又要合看,总以胸中先有六经之病,然后下手乃有六经之治。"在临证时一定要效法先贤,循规守法,既不可孟浪从事,又要发挥自己的主观能动性。他说:"医之为道,莫要于不使病大,不使病大,莫要于先分虚实,虚实之不分,则一错到底。案者,断也。必须断乃可云案。方者,法也。必有法,乃可言方。若非步武前贤,安得有此学术。书本不载改方,以改方之无定也,然,医则全在改方上见本领。"

广采众长,学识渊博,医术高明

先生读书之多,博览之盛,令人叹服。上起《内》《难》《伤寒》《金匮》,下迄历朝名著,大都有所披阅,读后或精选原文,或抒发已见写下心得体会,文词虽有多寡之殊,但能举其要领,重点突出。他反对医学派别之间互相攻击,偏执己见,主张博采众长,行圆智方。他在《医药碎金录》卷四中写道:"中医之派别争论,近时最烈者,厥为伤寒与温热。谈《伤寒论》者,辄眼高于顶,不可一世,目温热为魔道,痛毁至体无完肤;读《温病条辨》《温热经纬》者,又欣然自得,以为道尽在是,而讥伤寒派之拘泥固执。于是意见日左,始如鸿沟,继如对垒,而争端日趋于恶化矣。"正是由于先生认识到派别偏见之弊,所以在治学上力主不偏不倚,既要精研经典著作,探求其奥秘,又要注重对后世各家学说的研习。在《医药碎金录》书中除对《内》《难》《伤寒论》写下了大量论文节选和读书心得体会之外,更对后世各家学说、名著,做了许许多多的原文节录和读书心得。不仅如此,他对西医药学亦很重视,摘录了很多生理、解剖、病理、传染病学和药剂学等方面的原文,与今天相比,这些内容是很落后的东西了,但从此足以看出王先生的治学态度和学术观点,只要是有益于防病治病,即可学习它,即可采取它,没有什么派别和门户之分。我们认为这种治学态度和学术观点是对的。

在诊断治疗上他强调四诊合参,辨证论治细腻熨帖。他说:"中医治病贵乎形色、神情、声息、舌脉、饮食、二便,辨其原由,治疗无误。病有必待问而知之者,安得不问为高?即如脉以合病,而病者之于医,但令切脉,夫寒热表里此可以脉得之,然一脉关数症,得此不能知彼,故医者不可以不问,病者不可以不说。病有本不是一剂药可愈者,用药亦不必重;病有必赖一剂药建功者,用药则不可轻,轻则药不及病而反滋惑。"在临床上非常尊重他医意见,强调不可妄加平仄,他说:"凡治病必须看前医之药方,是与非不得加以褒贬,果其方善而无效,当从此参悟。"

作风正派,医德高尚

先生在旧社会从事中医药工作四十余年,他和国内中医老前辈一样,曾亲身经历过反动政权排斥、打压,乃至消灭中医的反动政策的苦难,在他的著作中记载了很多有关历史资料,和他本人愤慨之词,现摘录数则如下:

"三一七者,民国十八年,因反对废止中医,而全国国医药界举行代表大会之日也,现定为国医节者,殆欲本前此奋斗之精神,作将来不断之努力也。"

"忆民国十七年，西医联合会呈文卫生部，欲将中医完全推翻，于是中西医大起竞争，互为水火。"

"二十二年六月七日，中央政治会议开三十次。石瑛等二十九人提议国医条例案，竟引起极大的辩论，当时汪精卫为表示反对中之最激烈者，力主根本废除国医国药，凡属中医不许执业，全国中药店限令歇业。"

"中央国医馆，月耗五千金而无所贡献于医界，已属奇事，最近乃有病名统一建议书，欲弃中名而尽用西名，宁非奇之又奇。今观该书之主旨，不仅削足适履，因噎废食，用心之毒，甚于秦火。"

"于今中医科学化之声浪高喊入云，试问中医是否有一日千里之进步否？不过反得两种怪现象：一种强引西医学说及名词，解释伤寒，盖因西医为科学医，根据西医之学说及名词，即为科学化。一种主张中医学习物理化学，其意盖因物理化学为科学，能知物理化学即是科学化。"

"医之一道历代鄙为方伎，社会视若雇工，政府既不提倡，私家靳于传习，人亡而术不传，药效而方终秘。"

从以上所引，足见王老先生在旧社会，面对反动政权消灭中医政策，所采取的严正立场。同时先生也为发扬中医大声疾呼，如《医药碎金录》卷五载七律诗云：

指示迷津意味长，精神一贯细参详。探玄启秘从新录，显隐阐微述旧章。

唤醒中医须努力，陶融后学济世方。兹逢化日光天下，愈觉岐黄道益彰。

王老先生专业中医六七十年，德高望重，美名留于人民群众之间，至今仍不断听到人们称颂其医德。不仅如此，就是从先生著作中的某些内容，也可看出其品德高尚，作风正派，如他说："习医本于济世，能治则治之，不必存贪心。以医为业，谓求富者莫如医，于是朋党角立，各成门户。僻处之延医者，每以一病试医，在为医者，又以药试病，彼此茫然，迄无成效，幸而偶中，则伪窃标榜。富贵人有病尤可危，医则中西并进，药则寒热互投，亲朋杂沓，小病犹可，病稍重则生命出入墟墓间矣。"

先生不仅医术高明，并且善于书、画、雕、塑，尤善塑画。思想进步，热心革命，建国后积极参加工作，1954 年被选为县人民代表及县人民政府委员。

[《临沂地区中医药志》（1982）]

王祥臻（1876—1972），字瑞亭，原籍大店小斜坊村，后迁到大店薛家道口村。幼年失怙，家境贫寒。后其祖母雇佣在清翰林庄陔兰家中，恳准雇主，携养孤孙。他天资聪敏，虚心好学，受翰林庄陔兰赏识，时常予以指教。稍长则去莒县熊正谊药店学医，出徒后返回大店，在庄姓开设的"观兰堂药铺"业医；继后自设"毓春堂"，坐堂行医。斯时得以见识文人名士，博览群书，学业得以步步加深，且善于搜集资料。至古稀之年，历经七个寒暑，将所纂资料汇编成《医药碎金录》十卷。

中华人民共和国成立后，他到小官庄卫生所从事中医工作。

1954年，被选为人民代表。1972年去世。

[《莒南县卫生志》（2001）]

◎ 高 杭 ◎

高杭（1876—1936），字祥甫，沂南县大庄大队人，晚清秀才。二十八岁弃儒学医，博采众方，善治内科杂病。

[《临沂地区中医药志》（1982）]

◎ 刘昌烈 ◎

刘昌烈（1877—1951），字子成，沂水县院东头乡刘家唐子人。早年教书为业，为当地有名的秀才，文学知识渊博，善书法，后研习中医药，专长儿科，善治痘疹，辨证施治，疗效卓著，号称"痘疹先生"。医名颇著，方圆百里，求诊者众。先生对人热情，态度和蔼，治疗精心，一丝不苟。曾有沂南县铜井白家安子李姓，生有二子，适逢痘疹流行，先后患病，高热数日，疹出而复退，病情反而加重，其母请来巫医，断定小孩必死。邻人告曰："刘先生医道高明，治痘疹有方，何不一试。"随到刘家，经诊，"未之有救，可药"。遂煎汤一剂，灌下，半日神清转安，并留住治疗三天，转危为安。让其带药回家调理。愈后夫妇携重礼酬谢救命之恩，先生拒之不收。让其带回将养小儿。夫妇感激不尽，流泪而归。一生籍有《医方所见集》一册。

[《沂水县卫生志》（1989）]

◎ 刘 东 ◎

刘东（1878—1981），字仲旭，原籍系枣庄市齐村区税郭公社税郭村人。徙居苍山县，早年从事教学，兼习岐黄之术。1938年参加抗战，历任峄县抗日民主政府教育科长，临费边区参议长，赵鎛县①特聘参议长，鲁南参议员，1948年创办鲁南平民医院，为费县历届人民代表、费县人民医院副院长、苍山县人民医院副院长等职。1949年加入中国共产党。

仲旭一生爱好音乐，通晓岐黄之术，精于中医妇科，对眼科、针灸亦颇有研究，具有崇高威望。1955年被定为费县名老中医。一生无著作，只有自编中医教材，仅存《五运六气》一章。

平时注意养生，九十岁耳聪目明，不戴眼镜，不策扶老，能写小楷书，一百岁还能诊病处方。

[《临沂地区中医药志》（1982）]

刘东（1878—1981），字仲旭，枣庄市人。中医，擅长内科。早年从事教学，兼习医术。1938年参加革命工作，历任峄县民主政府教育科长、临费边区参议长、赵鎛县特聘参议长、鲁南专署参议员。1945年在费县梁邱参与创办鲁南平民医院的工作。1949年加入中国共产党。中华人民共和国成立后，历任费县人民医院副院长、苍山县人民医院副院长。1955年被定为费县名老中医。他精于养身之道，享年一百零三岁，是临沂地区的长寿老人之一。

[《临沂地区卫生志》（1989）]

刘东（1878—1981），字仲旭，以字行，枣庄市齐村区税郭公社税郭村人，中共党员。自幼习医，通晓岐黄之术，早年从事教学，1938年参加抗战，历任峄县抗日民主政府教育科科长、临郯费峄四县边区县参议会参议长、赵鎛县参议会参议长、鲁南参议会参议员。1948年创办鲁南平民医院。1949年加入中国共产党，建国后任费县人民医院副院长，并连续数届任县人民代表。1963年6月调至苍山县人民医院任业务院长。

他一生从事教育，精通医学。早年，在他教育下，有一大批青年先后走上了革命道路。他精于中医妇科，对眼科、针灸亦颇有研究，在当地群众中具有崇高的威望，1951年被评定为费县名老中医，自编中医教材便是他的作品。

刘仲旭平时注意养生，九十岁时仍耳聪目明，读书不戴花镜，而且能写小楷书，到一百岁时还能诊病开方。

[《苍山县人民医院院志》（2005）]

---

① 赵鎛县：1941年山东革命根据地由临沂、费县、峄县、郯城四县析置，为纪念1941年牺牲的中共鲁南区党委书记赵鎛同志而命名。1950年5月撤销，并入苍山县（今兰陵县）。

◎ 季玉玺 ◎

季玉玺（1878—1960），字献庭，陡山乡花园村人。精通经史，擅书法，青衿之年习医，涉猎医籍甚多，毕生致力于医学。其临证经验丰富，立法严谨，独具心得，施剂不拘于古方，投多辄效，从事临床多年，尤精于妇科。一生业医治病，不欺贫贱，为民众称颂。曾被选为莒南县人民代表大会代表。1960年去世。

[《莒南县卫生志》(2001)]

◎ 刘九堂 ◎

1930年7月，庞疃村（今属刘家庄乡）中医刘九堂[①]治疗暑湿病，误汗后而厥，病邪入营，而神昏谵语，高热不退，以清营泄热兼以化湿，方以清营汤化裁。

方药：犀角6克（磨汁冲服），鲜生地30克，玄参15克，麦冬15克，金银花30克，连翘15克，黄连15克，人中黄15克，丹参15克，淡竹叶12克，滑石15克，鲜菖蒲9克，甘草9克。

服药三剂，热退，神识清，脉濡数。短气，轻度咳嗽，精神萎靡，因暑湿之邪所致，以王氏清暑益气汤加减5剂而愈。

1932年2月，以金水同治之法治疗咳嗽，动则微喘短气，午后潮热，夜间盗汗，腰膝酸软，咳痰带血丝的肺肾阴亏之症，方用洋参麦冬汤、大补阴丸加减。

方药：西洋参9克，麦冬15克，细金钗9克，上贡胶15克，生熟地各15克，生龟板30克，盐制柏9克，川贝9克，炙紫菀9克，地骨皮9克，制杏仁9克，枸杞12克，甘草9克。

服十五剂诸症悉减。

改服左归丸，洋参麦冬汤加减，又服20剂而愈。

[《莒南县卫生志》(2001)]

◎ 杨西贤 ◎

杨西贤（1879—1947），字仕一，临沭县南古公社沟北村人。初以教书为业，后弃儒学医，善治杂症，经验丰富，晚年采前人所长，著有《妇科金鉴》《良便效

---

① 刘九堂：《莒南县志》(1998)记载刘九堂生卒年月为1879—1946。

方》《集验良方》《金针万法》共八册存于世,至今仍有参考价值。

[《临沂地区中医药志》(1982)]

杨西贤,字仕一,临沭县沟北村人。生于清光绪四年(1879),卒于民国三十六年(1947)。由执教转医,善治内科杂病。撰有《妇科金鉴》《良效便方》《集验良方》《金针万法》等共八册存于世。

[《山东中医药志》(1991)]

◎ 陈凤全 ◎

记在疫病流行中忘我献身的陈凤全先生

每当人们回忆起1946年7月临沂县朱陈镇流行霍乱疫病造成惨重伤亡的情景,便想起在疫病抢救工作中忘我献身的陈凤全先生。

陈凤全,临沂县朱陈镇人,世以农为业,自幼学得一手好针法,常日夜奔走于乡里为人治病,颇受民众欢迎,是当地有名的针灸医生。先生医德高尚,以急人之难为乐。在旧社会,广大贫苦人民,有病请不起医生,又无钱吃药,所以先生深悯劳动人民之苦,与乡邻心连心,凡有求者,不论白天黑夜,风雨寒暑,或正忙于家务农事,在所不辞。常常通宵达旦为人针治疾病,病家感其救命之恩,常以礼谢,坚辞不受。就这样风风雨雨为人们治病几十年,总是急病人之所急,痛病人之所痛,不知在他的针下救活了多少人命。朱陈乡里无不感佩,誉称他为"老黄牛"。至人们一提起他"老黄牛"这个名字,就回忆起陈凤全先生忘我献身的光荣事迹。

那是1946年7月(农历六月),天气炎热,阴雨连绵,因当时本镇有外出经商者在兰陵染霍乱病死亡,遂将此疫传于本镇,造成全镇大流行,并波及他村。疫病一开始蔓延,就像猛虎恶狼吞噬着人们的生命,造成家家有僵尸之痛,户户有号泣之哀,或合门而殪的惨痛局面,幸得我人民政府及时地组织了抢救,疫病得以较快扑灭。

陈凤全先生家住本镇,又素有急难之德,疫病开始流行,他就自动地配合医疗队参加抢救工作。他奋不顾身,夜以继日,废寝忘食,以其针术救治病人。当时家中三口人也相继染病,但他一心为全镇人民生命着想,完全忘掉了自己一家,没几天,他家三口人竟被病魔夺去了生命。他怀着万分悲痛的心情,埋葬了家小,又继续投入了抢救疫病的战斗。人们怕他因悲惨遭遇而不堪其忧,动员他休息,他说:"我家的遭遇固然可悲,我要尽我个人的一技之长来拯救病人,再不能重演像我家的惨景,叫别人重受我家这样的悲痛。"所以,他仍日夜继续奋战,直至将疫病渐渐扑灭。可是他终因劳累过度,接触病人广泛,无情的病魔也扑到了他的身上,经多方抢救无效,最后也夺去了他的生命。

陈先生为抢救疫病,贡献了自己的一生。他奋不顾身,舍己救人,忘我工作的高尚品质,堪称是我们每个医务工作者学习的榜样。

[《临沂地区中医药志》(1982)]

临沂县朱陈镇人,以农为业,善针灸术。民国三十五年(1946)七月,朱陈镇暴发霍乱,来势凶猛,死人甚众。陈氏[①]日夜为人针治于外,全家四口人,已亡三口,陈氏仍未回家,继续为人医治,后自身染疫,以身殉职。

[《山东中医药志》(1991)]

◎ 李洪慈 ◎

李洪慈,临沂县医救会主任,民国三十五年(1946)本县陈镇霍乱流行。时李氏已年过六旬,不辞劳苦一心救治,使四名危者脱险,数十名轻者获愈。他亦染疫,经过抢救始脱险为安。

[《山东中医药志》(1991)]

◎ 牛乾文 ◎

牛乾文(1880—1960),平邑县保太区大毛阳村。先生早年设馆,于课生之暇,攻读医书,医理谙熟,专岐黄术,对《伤寒论》研究颇深,喜搜集诸注家言,择其精要,抄录甚多,擅用经方起沉疴,遇有疑难病症,每以数味之剂而收立竿见影之效。

[《临沂地区中医药志》(1982)]

◎ 张茂修 ◎

张茂修(1880—1962),字勤,苍山县仲村公社寨子村人。擅长妇科,1955年定为名老中医,在当地享有一定的名望。

[《临沂地区中医药志》(1982)]

[①] 陈氏:《临沂地区中医药志》(1982)作"陈凤全"。

◎ 范宝善 ◎

范宝善（1880—1967），字子良，沂南县铜井公社鲁家庄人。一生致力岐黄术，长于伤寒、妇科，经验丰富，求诊者甚众，有一定威望。

[《临沂地区中医药志》（1982）]

◎ 高玉荣 ◎

高玉荣（1880—1964），字金藩，系沂南县马牧池公社万良庄人。先生少年家贫，但聪颖好学，不惮穷困饥寒，力求上进，十年乡塾，熟通五经，善诗文。早年迫于生活贫困，设馆训蒙度日。先生身处沂蒙山区，不仅饱尝旧社会穷困之苦，且目睹缺医少药群众求医困难的现状，遂立志以医救世，弃馆习医，精研岐黄之术。他首先遍读了《内》《难》、仲景之书，继辟金元与明清温病学家之奥，博采当地名医之长，悬壶乡里，便显示出高超的医术才华，求诊者终日不绝，为我沂蒙山区一代名医。

以医济世为己任

先生自业医以来，立志以医济世为己任。早年在偏僻山区行医之时，深感劳动人民治病不易，热情关怀人民疾苦，经常走乡串户，奔走于山区乡里，不惮疲劳，常披星戴月为人治病，虽风雨寒暑凡有延请者在所不辞。常曰："人之病苦我之病苦也，为医者惮疲劳，怕脏累，不足以为医。"所以，先生是这样说的，也是这样做的。解放以后，先生热诚接受党的教育，积极参加革命工作，先后在沂南县医院、临沂地区人民医院专事中医业。行医凡五十余年，始终以医为己任，为人民保健事业服务，医德高尚，勤勤恳恳奋斗了终生。年已近耋龄，龙钟难行，实乃风烛残年，党关怀他，劝他休息，但他总不辍医事，最后在应诊切脉时，厥于座椅，寿享八十四岁。

师古不泥古，温故而知新

先生的学术思想境界开阔，他虽精通经典与历代各家之书，但能师古而不泥古，既反对失却中医特点治病，又反对关门主义，力倡中西医结合。他说："我们处的时代是新时代，西医传入中国而又在中国大大兴盛起来，它的先进的一面不能置若罔闻，要接受其所长，补其中医之短，是为解除人民疾苦为总目的。"所以先生在诊治疾病时，一是主张突出中医药之特色；二是主张中西医结合。这体现了先生诊病细心和严肃认真的工作态度及进步的学术思想，从而开辟了他独具一格的医学发展道路。

体现中医特点,力主四诊合参

先生于医之道,理论纯熟,经验丰富。他反对看病粗枝大叶、不负责任、草草了事,以应付为务。他常说:"凡求诊者无不愿细心诊察,以求得病之情,使早日解除疾苦,不细心看病乃失职行为。"他常以《伤寒论》自序中张仲景批评医者"按寸不及尺,握手不及足,人迎趺阳三部不参,动数发息不满五十"的话来警诫自己和教育青年医生。他说:"这是医之大忌。"他在诊病时,对于每一个病人,总要细心诊察,望、闻、问、切四诊合参,详得病情,最后辨证施治,立方遣药。另一方面,他还反对以方套病的机械手段。在临床中,常发现有些人用一个成方来治变证多端的某病,如西医所称之肺结核、肝炎、胆道蛔虫、冠心病等。他说:"这是失辨证施治之道,弃却异法方宜原则的教条主义,譬犹刻舟求剑,按图索骥,安能治万变之病哉!"他经常强调:"我们中医是以朴素的辩证唯物主义理论为指导的科学,要当一名真正的中医,必须精通《内经》之理,仲景之学,方能通常达变;倘有门户之见,株守一家之言,是至庸至谬者矣。"由于先生一贯诊病细心,做到四诊合参,辨证论治,所以诊断率高,凡求诊者多取良效。

主张中西医结合

先生人老心不老,为了中医事业的发展,他善于接受新事物,在中西医结合的道路上,经常与西医同志一起谈论某病的病源与治疗,取其长补其短,仔细研究结合的方法,精心探求结合的道路。晚年他勤勤恳恳、孜孜汲汲,为中西医结合闯出了新路,治好了不少常见慢性疾病。如传染性肝炎、肝硬化、溃疡病、慢性支气管炎等等,以中医理论为主导,四诊合参,辨证论治,实践证明,疗效高、效果快,缩短了疗程,提高了有效率与治愈率。使很多危重病人转危为安,使很多久治不愈的慢性难证收到了良好效果,先生在中西医结合工作中取得了很好成绩。

高超的医疗技术

先生医宗仲景,金元四家之说与清代叶桂、吴瑭之论,兼习历代妇科方书之理。所以先生之医术于内科、时疫与妇科为精,医疗经验丰富,治病多验。下边分类做简要介绍。

内科方面

先生以中医辨证施治与中西医结合两种法则处理慢性疾病,使先生在内科病的治疗上达到了新的境界。他将某些慢性病以西医的病名命名,按中医辨证原则,分型治疗。如他对传染性黄疸型与无黄疸型两种肝炎，以中医辨证细分为外感型、湿阻型、气滞型、瘀热型、癥积型、脏躁型、肝虚型。其中脏躁型又分痰盛、痰火和二者并重三型；肝虚型又分肝阴虚、脾阳虚、阴阳两虚三型，足见先生在处理慢性疾病的细致与严密。他既做到了西医的按型分治，又不失中医辨证论治法则，条分缕析，纲目分明，所以治病多取奇效。

例：王××，男，四十岁，患肝炎半年余，黄疸不退。症见胁下硬满，隐痛彻背，食欲不振，脘腹膜胀，体倦乏力，大便稀或泻，小便黄，诊见舌质紫暗，脉弦细涩，肝肿大。断曰：此慢性肝炎期癥积型。证因休息欠佳，治疗不当，迁延日久，气血凝滞，郁热严重而成此候。治宜清热利湿，活血化瘀，调达肝木，缓肝理脾，以茵陈五苓散加活血化瘀之品治之。

处方：茵陈30克，栀子10克，云苓12克，猪苓12克，泽泻12克，白术12克，当归15克，丹参15克，郁金12克，枳壳10克，鳖甲12克，大枣五枚，水煎服。

连服六剂，胁下硬满与膜胀减轻，食欲增进。继服半月黄疸退，诸证大减，无瘀热证。原方减茵陈为20克，去栀子，适加炮姜9克以助活血化瘀之力，月余，经化验肝功正常，诸证消除，病愈。

对温病时疫的治疗

先生辟叶天士与吴鞠通学说，遵卫气营血之辨证，法三焦传变之规则，参合西医之理，在理论与治疗上自创定法，收效颇著。如在重证流脑虚实两型的辨证中，有方歌为证：脑炎初起先恶寒，头痛身热有疹斑，角弓反张昏如睡，口禁龄齿腿脚挛，热盛实者镇惊汤，犀角羚羊生地黄，连翘双花大玄参，甘草菊花莲子房，虚者滋液救焚汤，洋参犀角西牛黄，胡麻仁与柏子仁，麦冬阿胶生地黄，生津养血活筋脉，治疗脑炎法最良。

例：刘××，男，八岁，头痛、高热、呕吐伴昏迷一天入院。症见角弓反张，四肢抽搐，全身紫斑，大者如钱，证属热入血分，毒热炽盛，以清热凉血解毒之法，用镇惊汤：犀角6克，羚羊角6克，生地黄20克，连翘20克，双花30克，玄参15克，菊花15克，莲子房10克，甘草6克。水煎一千毫升，分三次服，三剂而愈。

对妇科病的治疗

妇科之病，不外经带胎产，凡行医者皆悉，但因立法有异，其效自然悬殊。先生于妇科之症，除宗前人之法，尚有独见，特别对不孕症，先生提出："不孕之理，大致有二：一曰瘀，二曰虚。瘀则气血壅塞，冲任不调，如渠道之瘀塞；虚乃气血虚弱，冲任不固，如渠道之干涸。其二者皆不能坐胎，治当活血化瘀与补益气血为则。"以此为则治疗不孕证,颇有成绩,名响远近,求诊者接踵。

例一:杨××,女,二十八岁,结婚八年不孕,经期忽前忽后,月经来潮便小腹疼痛,腰痛难支,血色紫暗成块,舌质有瘀点,脉弦数。诸医皆以瘀血治,投少府逐瘀、桃红四物等辈无效。先生仍以瘀血治,乃曰:"此瘀挟热,治当清热破血,疏导渠源,重剂行之。"

处方:大黄20克,赤芍12克,丹皮12克,当归20克,红花12克,三棱12克,文术12克,元胡12克,川芎10克,牛膝12克,木通10克,香附12克。

水煎服,一剂下大量紫血块,腹痛立止。继服两剂源清,后月经按期来潮,无前证,两个月后怀孕,阖家欢喜。

例二:高××,女,三十岁,结婚十年不孕,盼子心切。西医诊为子宫发育不全,属原发性不孕。个人无望,常情志不舒,精神抑郁。现经期愆迟,经色清稀量少,少腹隐痛,面色无华,舌淡苔薄,脉细涩。诸医皆以归脾汤,十全大补之类处之,久治无效。先生诊之曰:"虚无异论,唯补限常则,无辟新意,此乃肾气不足,太冲脉虚,故当补其先天,滋其肾精,肾气盛,冲任调,月事以时下,自当有孕。"乃以加味肾气汤处之。

处方:大熟地20克,怀山药20克,山萸肉12克,云苓15克,肉桂10克,附子12克,鹿角胶12克,当归15克,杜仲15克,郁金12克,香附12克,甘草6克,水煎服。

服药三十余剂,面色增华,月事以时下,诸证消除,体力健壮,年余之后,抱子敬谢矣。

继承发扬中医,重视教育后学

先生幼学有成,至老仍不辍学,虽头童齿豁,仍口不绝诵吟经文,手不停披阅各家名著,记事者必提其要,纂言者必勾其玄,将经典要论,各家精言,积录成册,名曰《中医纲鉴》;又将临症验例,有效良方,按西医九大系统为纲,编写成歌诀,方论一体,便于学习记忆,名曰《花团锦簇》。诸上两书为后人留下了宝贵遗产,是临症与学习的良好资料。他常教导青年:"业医者应当专业思想巩固,不能好高骛远,见异思迁,要举止谦和,服务周到,务须多读书,博闻强记,切不能轻浮厌学,倒成不学无术,误人误己。"所以,几十年来他一直重视中医后学的培养,经常为学习班和青年中医讲授经典,传授个人经验,兢兢业业为中医医疗与教育奋斗了一生。

思想进步,受到党的关怀与重视

先生参加革命工作以来,在党的关怀培养下,思想进步,拥护共产党的领导,热爱社会主义,医德高尚,作风正派。他兢兢业业忘我工作的精神,深受党和政府的重视,曾先后被选为沂南县人民代表、山东省政协委员。在我区人民群众中享有盛名。

[《临沂地区中医药志》(1982)]

◎ 高玉荣 ◎

高玉荣(1880—1964),字金藩,沂南县马牧池乡万良庄人。先生聪明好学,十年乡塾,熟通五经,善诗文,早年迫于生活贫困,不得已设馆训蒙度日。先生身处沂蒙山区,不仅饱尝旧社会穷困之苦,且目睹缺医少药群众求医困难的现状,遂立志以医救世,弃馆习医,精研岐黄之术,先后遍读《内》《难》、仲景之书,继辟金元与明清温病学家之奥,博采当地名医之长,悬壶乡里,求诊者终日不绝,为我沂蒙山区一代名医。

解放后,先生热诚接受党的教育,积极参加革命工作,先后在沂南县医院、临沂地区人民医院专事中医工作。行医凡五十余年,始终以医为己任,为人民保健事业服务奋斗终生。年至耄耋,龙钟难行,仍不辍医事,最后在应诊切脉之时,厥于座椅,寿享八十四岁。

先生的学术思想境界开阔,他虽精通经典与历代各家之书,但能师古而不泥古。先生主张中西医结合,经常与西医同志一起谈论某病的病源和治疗,取人之长,补己之短。

先生参加革命工作以来,在党的关怀培养下,思想进步,拥护党的领导,热爱社会主义,工作兢兢业业,作风正派,医德高尚,深受党和政府重视。曾先后被选为沂南县人民代表、山东省政协委员。

[《沂南县人民医院志》(2007)]

◎ 高贵德 ◎

高贵德(1880—1964),苍山县尚岩公社青山套村人,为高凤仪之二子,学医于"中医书院",承其父业,亦喜外科,在本县享有盛名,1955年定为名老中医。

[《临沂地区中医药志》(1982)]

苍山县尚岩乡青山套村中医高贵德（1880—1964），治疗外科痈疽，沿用托里内消法，外用手术（刀、火针）割治，外敷祖传膏、散，疗效显著。

[《临沂地区卫生志》（1989）]

高贵德（1880—1964），苍山县尚岩公社青山套村人，系早年苍、峄、费三县边联享有盛名的中医高凤仪之次子。他自幼随父习医，曾在其父自办的中医书院学医。为承其父业，他苦学《医宗金鉴》，擅长外科，主治中医外科，在苍山县享有盛名，当地人称之外号为"二红眼"。

高贵德早年自办药社，热情为八路军伤病员治病，为贫苦人治病时收钱少，即使没有钱也给治病，故而深受当地人民的称赞。为此，"二红眼"之号在方圆几百里内较为出名。1955年高贵德被评定为名老中医，1957年2月调至苍山县人民医院任中医师，是县医院中医科的创建人之一。他长年行医，临床经验丰富，对外科疖、疮、痈等症使用家传秘方治疗，效果很好，为本县中医治疗外伤作出了显著的贡献。他医德高尚，服务热情，是一位深受群众好评的名老中医。

[《苍山县人民医院院志》（2005）]

◎ 潘兴师 ◎

潘兴师（1880—1962），字雅堂，苍山县二庙公社二郎庙村人。早年善治痘疹，名重于郯、苍县边界，晚年行医重内科，亦颇有名。

[《临沂地区中医药志》（1982）]

◎ 汲克爵 ◎

汲克爵（1891[①]—1974），字仁山，系莒南许口公社西野埠大队人。幼年家贫，奋读经史，兼研岐黄，擅长妇科，写有医案一部，并善于书画。行医数十载，医德高尚，深受群众爱戴，曾被选为县人民代表。

[《临沂地区中医药志》（1982）]

汲克爵（1881—1974），字仁山，道口乡西野埠村人。自幼天资聪敏，好学不辍，研岐黄之术，擅长妇科，理病甚详，组方巧妙，用药审慎，写有医案一部。并善书画，神韵超逸。行医数十载，待人和蔼，不分富贵贫贱，治病必尽其心力，深

---

① 1891：《莒南县卫生志》（2001）作"1881"。

受民众爱戴。曾被选为莒南县人民代表大会代表。1974年去世。

[《莒南县卫生志》(2001)]

◎ 陈春台 ◎

陈春台（1881—1965），字伯熙，临沂县重沟人，清末廪生。通经史，精岐黄术，志在除人民疾苦。为医之道，不持偏见，广纳当时名医之长，以补己短，辨证施治，不失《内》《难》之道，诊病处方，有宗长沙之学，故常有妙手回春之效。晚年德高望重，在临沂县医院工作期间，热心传术，出高徒数人。

[《临沂地区中医药志》(1982)]

◎ 蒋成善 ◎

蒋成善（1881—1951），字自明，临沂县相公公社大范庄人。先生出生于世医家庭，年十九，为绍先人箕裘，遂立志学医。自信世间无难事，只恐心不专，于是几经磨砺，反复钻研，对前贤医学著述，昼夜讲求，于先人医案，时常浏览，目不窥园者七年有奇，终成医林名手。其学友侯景周先生说："先生箕裘克绍，渊源有自，乃儒林中之通儒，尤医林中之良医也。先生经学甚深，阅历宏富，于疹学尤有心得，无论顺症、逆症、险症、坏症及一切束手之症，一经诊视，无不洞若观火，判吉凶于未来，断生死于俄顷，其结果皆毫厘不爽焉。"所以，先生之医术，名震琅琊，求诊者门庭若市，常一日恒诊病人百余。先生积五十年之治疹经验，著成《疹科传薪》一书，其文纲举目张，有条不紊，清、凉、表、散四字是全书宗旨，凡兰台不宣之隐，长桑不言之秘，尽为先生掘而出之，诚得疹科之三昧者也。从先生之医学成就看，堪称我区之疹科医学家。

对麻疹病因的认识与治则

先生对麻疹的认识，颇有独见，他在前人的基础上，结合多年的临床经验，提出麻疹的发病因素，皆因风热侵袭，毒热熏蒸所致，所以他认为：治疹非清、凉、表、散不能去其热毒，非活血化瘀不能通其壅塞，毒得宣透，瘀得通达，热毒出于表，其疹顺而无恙。若妄使辛温，如火中加油，助纣为虐，此杀人之法也。

关于对麻疹顺症的辨证治疗

对麻疹顺症的治疗，是医者治疹的基本功，虽则顺症，治疗得当，效如桴鼓，治疗不当，则反顺为逆而成恶候，所以此乃关键所在，亦足见功夫，决不能掉以轻心。

发热三日初起之症

先生在疹症初热三日调治法云：疹为阳毒，其毒甚烈，若存若亡，早定于方出之时。发热三日，疹当现放于皮肤。若腠理紧密，风寒严束，气滞于中，毒凝于内，不能出现，则毒将内攻，须臾告变矣，……当发热三日之间急宜观形察色，审声辨证，以为调治之方。如声重鼻塞，肌栗恶寒，是为风寒所束，宜加味升麻汤：升麻、葛根、荆芥、防风、牛子、连翘、桔梗、木通、赤芍、甘草、柴胡、黄芩、陈皮、蝉蜕、玄参加葱白开水煎服，令取微汗，一二时许其疹即出。如大热熏蒸，肌肤干燥，目赤唇紫发焦，烦躁，惊狂谵语，二便秘结而出不快者，乃热毒壅盛故也，宜栀仁解毒汤：栀子、黄芩、黄连、石膏、知母、牛子、连翘、升麻、柴胡、防风、赤芍、甘草。大便秘加酒大黄，烦躁加麦冬，嗽甚加杏仁、桔梗、花粉，惊谵用镇惊丸，无汗腠理秘加麻黄，再用紫苏煎水令热气熏之，或用酒遍身擦之，然后以被盖片时，其疹即出。又有毒气本盛，元气又亏而出不快者，宜人参白虎汤：人参钱、石膏四钱、知母钱五分，加升麻、牛子、黄芩各钱。

时令不同，治法有异

先生治疹，非常注意时令，他说：夫春夏秋冬气候不同。气候不同，时令既殊，治法亦异，如时令温暖而出不快者，以辛凉之药发之，宜防风解毒汤：防风、荆芥、薄荷、石膏、知母、桔梗、牛子、连翘、木通、枳壳、升麻、甘草、灯草，水煎服。

如时令暄热而出不快者，以辛寒之药发之，宜黄连解毒汤：防风、黄芩、黄连、荆芥、知母、黄柏、石膏、栀子、大青叶、玄参、桔梗、木通、甘草。

如沍寒严冷而出不快者，以辛热之药发之，宜桂枝解毒汤：桂枝、麻黄（酒炒）、赤芍、防风、荆芥、羌活、桔梗、人参、甘草、川芎、牛子、生姜，水煎服。

又时寒时暖而出不快者，以辛平之药发之，宜升麻解毒汤：升麻、葛根、甘草、柴胡、前胡、赤芍、牛子、桔梗、防风、羌活、连翘、人参、淡竹叶，水煎服。

又不论四时寒暑而出不快者，初热宜宣毒发表汤。升麻、葛根各八分，防风、桔梗各五分，荆芥、薄荷各三分，牛子、连翘、前胡、枳壳、木通、赤芍各六分，甘草三分。大暑加黄芩，大寒加麻黄（蜜炙），热加竹叶，寒加生姜。

关于时令，先生还谆谆告诫人们：凡疹最忌迟迟不出，所以必先明岁气，察天时之寒热，审人身之强弱，调理发散，如前用药；若应时发散而透出者，其毒尽解而无虑矣；若发不能出，宜用加味麻黄汤以发之，外用芫荽、酒糟蒸热擦之，自头至足为齐，以头面多见者为佳；若迟迟日久而不能出，腹胀气喘，昏迷不醒，闷气不宁，此死症也，宜加味麻黄汤。升麻（酒洗）、麻黄（蜜炙）、人中黄、牛子、蝉退（去足翅）各等分，加生姜，水煎服。

麻疹变证多端，处理胸有成竹

麻疹一症，虽顺症并非单纯，大都变化多端：或汗，或衄，或壮热烦渴，或咽痛吐痢，或发斑等，处理不当，反顺为逆，非有至明见识，丰富经验，通常达变，不能处治万变之疹疾，先生对此，辨证细致，处理严密，有高深造诣，如：发热之时，遍身自汗者，此毒从汗化，腠理开张，其疹易出也；又有鼻中出血者，亦内症不闭，毒从血解也。二者俱不可骤止，但汗出太多，恐津液枯竭，表虚过甚，致生他证，宜用当归六黄汤加浮麦以治之；若血出不止，又恐阴血耗伤，不能生津降火，宜用茅花汤以治之；若汗多衄甚，置而不理，则元气亏而精神散，正气弱而邪焰炽，毒必内攻，致成不救，良可叹也。

茅花汤：茅花、归尾、丹皮、生地、甘草，加玄参、百草霜同煎。

初热烦渴太甚者，用人参白虎汤，壮旺实热者去人参，大热不退而渴甚者加竹叶、麦冬。发热之初或疹出之后，一切咽喉肿痛，不能饮食者，乃毒火熏蒸，上冲咽喉故也，宜甘桔汤主之，更以十宣散或玉钥匙吹之自愈。

甘桔汤：甘草、桔梗、牛子、连翘、玄参、山豆根，水煎服。

十宣散：黄芩（炒）、黄柏（炒）、苦参各二钱，硼砂（煅）、玄明粉各七分，乳香三分，儿茶、雄黄各钱，梅片一分，共为细末吹喉中，口疮亦可用之。

玉钥匙：硼砂、朴硝、僵虫、梅片，共为细末吹之。

发热之时，或吐或泻，皆毒气内逼而欲奔越，故吐泻也。吐者毒上行，攻于胃管，因吐而毒乃得解；泻者毒下降，注于大肠，因泻而毒反能出，是为顺证，不必施治，候疹出而吐泻自宁。所可虑者，欲吐不吐，时时张口作干呕状，此毒壅于胃故也，诚险症也。宜元参解毒汤、灯心竹叶汤主之。

元参解毒汤：玄参、黄芩、炒栀子、桔梗、甘草、生地、葛根、荆芥。

灯心竹叶汤：淡竹叶、灯心合上方煎，或加木通、车前、滑石引热下泄膀胱，则不上逆于胃而呕自止矣。

又如泄泻虽云顺证，然若太甚，又恐伤脾，须用加味四苓散主之。最可虑者，欲泻不泻，里急后重，时欲登厕，滞而不下，此实热滞于大肠，将成痢痢之候，宜黄芩芍药汤主之。

加味四苓散：白术、茯苓各钱，猪苓、泽泻各八分，木通、车前子各六分，牛子七分,黄芩六分。

黄芩芍药汤:炒芩、赤芍、升麻、甘草、生地、木通、枳壳、归尾、黄连各八分,人参六分加酒大黄以利之。

凡疹症初热吐泻,切不可妄用暖胃补脾涩滞之药,恐滞毒于内而不得出,以贻后悔也。

三夜纂治疹后红白痢疾

疹出之时,若作热泄,未经清解,以致热毒逗留于肠胃,及疹收后,变为休息痢。或赤或白,里急后重,昼夜频数无度,欲止终未能止,此余热留于大肠也。先生于此症,辗转反侧,寤寐求之,筹思三夜,终悟出一方曰"三夜纂"治疹后红白痢特效。

三夜纂:桔梗三钱,麦冬三钱,黄芩三钱,双皮三钱,黄连三钱,泽泻二钱,山楂四钱(炒),广木香钱五分,川朴三钱,粟壳四钱,白芍三钱,甘草钱,姜三片,水煎服。

先生对本方创制过程,做了如下说明:"民国庚辰年春间,瘟疹流行,死亡者皆鼻孔干燥,黑如烟煤,喘促而死。至五月十七日大雨淋漓四十余日,喘症甚少,死于痢者恒多,用利水渗湿之剂皆不效。筹思三夜,始悟肺与大肠相表里者也,肺热不止,逆而为喘;下移于大肠而为痢。用泻白散以泻肺热,则断其作利之原矣;加山楂、厚朴以行其滞,广木香以调其气,黄连以清其热,白芍以缓其急,则腹痛自止,加粟壳以收摄之,治愈者多也。辛巳春,余村有疹后痢者七人,皆以此方治愈。因名其方为三夜纂云。"

田又成先生对本方评之曰:"……三都赋十稔而成,洛阳为之纸贵,可知文贵精,不贵速也。今先生纂下过三夜,余心犹以为速。考史家书法,原有大书特书之例,兹先生纂法,岂无大纂特纂之条。此一纂也,普天下后世恒河沙数疹儿之生命系之,在先生名之为三夜纂,在疹家当称之曰九转丹,原为普天下后世恒河沙数之疹儿,致谢先生,愧无谢品,聊学先生之纂,得俚言数韵,上呈文几……"

关于麻疹并发咳喘的证治

先生对麻疹并发咳喘具有独特的见解与治法,他说:疹出之时,咳嗽口渴而心烦闷者,此毒传心肺二经,而发未尽也,宜用泻心汤或黄连杏仁汤。

泻心汤:桑白皮(蜜炙)、地骨皮、甘草、淡竹叶、灯心、花粉、连翘、玄参、黄连、川贝等分,水煎服。

黄连杏仁汤：川黄连（酒炒）、陈皮（去白）、杏仁（去皮夹）、麻黄（去节）、枳壳（炒）、葛根、生姜。

若疹出之时，咳嗽气喘，唇红舌焦，烦躁不宁或口鼻出血者，此实热不宣，不拘前后，凡有此症，宜化痰清火丸主之。

化痰清火丸：犀角两，归尾八钱，连翘两，赤芍六钱，牛子五钱，生地二两，丹皮两，川连四钱，共为细末，炼蜜为丸，如弹子大，竹叶汤下。

对于麻疹紫斑险症的处理

先生认为，麻疹久久不出，出则见黑紫斑疹，或见惊狂谵语，烦躁不安，或见四肢逆冷，精神萎靡，皆为险候，少吉多凶，此为毒邪深重，热毒瘀于血分，不能透达于表之象，如无急救之法，危在旦夕。先生拟用鲜生地汁、金汁、童便和匀，加入犀角尖、羚角尖清理血中瘀热，再加入牛黄或麝香少许，以化血中伏毒，多能挽回造化。

以上为蒋自明先生之治疹经验介绍，因先生之经验丰富，论述详尽，今此介绍唯片段而已，于其全貌，远远不及。然以此片段为鉴，亦足有临床参考价值。先生之治学，先生之造诣，先生之文才，实为后学者之榜样，治疹者之模范，无怪乎时人赞为疹家之仲景，实不愧也！

[《临沂地区中医药志》（1982）]

◎ 王成顶 ◎

王成顶[①]（1882—1966），平邑县仲村区东流庄人。擅长中医内科、妇科。曾先后在流庄联合诊所、仲村医院、县医院中医科工作。治疗白喉有独到之处，用养阴清肺汤内服，配合吹药，疗效显著，颇有盛名。

[《临沂地区中医药志》（1982）]

费县东流庄（今属平邑县仲村镇）中医王成鼎（1882—1966），擅长内科。治疗白喉有独到之处，用养阴清肺汤内服，配合吹药，疗效颇著。

[《临沂地区卫生志》（1989）]

◎ 杨致一 ◎

杨致一（1882—1945），字成斋，沂水马站杨家城子人。与其兄致标皆善医，

---

① 王成顶：《临沂地区卫生志》（1989）作"王成鼎"。

医名著称，远近闻名。开药肆"瑞竹堂"，所制"万灵水""痢疾散"甚效，远销天津。喜读《医家秘奥》，留有《验方》数则。致标之子焕文，袭其家传，医理颇精，为山东中医研究所研究人员。病逝于济南。

[《临沂地区中医药志》（1982）]

杨致一（1882—1945），字成斋，沂水县马站镇杨家城子人。与其兄致标皆善医，医名著称，远近闻名。开药肆"瑞竹堂"，所制"万灵水""痢疾散"甚效。远销天津，喜读《医家秘奥》，留有《验方》数则。

[《沂水县卫生志》（1989）]

杨致一，字成斋，沂水县杨家城子人，生于清光绪七年（1881），卒于民国三十四年（1945）。医名著称，遐迩闻名。开药肆"瑞竹堂"，所制"万灵水""痢疾散"甚效，远销天津。子焕文①袭其业。

[《山东中医药志》（1991）]

◎ 李训纲 ◎

李训纲（1882—1977），郯城县归义埝里村人。先生幼而聪明，勤奋好学，记忆力强，更得其伯父教诲，所以文才、医学并茂。其伯父是秀才，能诗善文，又精于医术，先生得伯父之熏陶，故能通经典，深明医理，擅长内科，尤精于温病、痘疹。常用严以律己、宽以待人、谦虚谨慎、虚心好学自诫，于同仁之间善取人之长，补己之补。其医德高尚，深受群众尊敬和爱戴，虽已近期颐之年，就诊者仍接踵于门。病逝后，公社党委代表全体社员称誉先生是一位高尚无私的好医生。

[《临沂地区中医药志》（1982）]

◎ 张锡极 ◎

致远堂张锡极（1882—1960），治疗胃痛宗《黄氏八种》之书，以杷叶澄茄汤加减，温中散寒，效果很好。

[《莒南县卫生志》（2001）]

---

① 子焕文：《临沂地区中药志》（1982）载焕文为致标之子，后文"杨焕文"条目中，《沂水县卫生志》（1989）载焕文其父为杨致标。故，此处应为讹误。

◎ 王兴延[①] ◎

王兴延（1883[②]—1972），字献臣，系蒙阴县城关镇人。出生于世医之家，受其熏陶，青年时期即谙于四部经典和熟读了《温病条辨》《温热经纬》《医宗金鉴》《济阴纲目》等医著。年十八即行医乡里，中年行医于新泰，后在济南行医，结识刘惠民、韦继贤等名老中医，得其影响，促进了业务的提高。其医术善内科与温病的治疗，求诊者络绎不绝，有较高声誉。

先生医德高尚，以慈善为本，行医贫富一视，有求必应，虽至风烛残年，仍不辍医事，深受人民敬爱。积一生临床经验，曾著有《温病治验》《医方集锦》二书，现已散佚无存。

在建国初期参加过"医联会"，1960年曾以卫生界代表身份参加县"各界人士委员会"，为该会会员。

[《临沂地区中医药志》（1982）]

王兴延（1893—1972），字献臣，蒙阴县城关镇人。一生敏慧好学，医文兼习，弱冠即通晓五经，谙于诗文，尤精岐黄。从事临床六十年，学术上推崇吴鞠通，对《温病条辨》有较深的研究。擅长内科，对妇科、儿科亦有造诣。

早年虽不以行医为生计，然乐施仁术于乡里，至中年即专业中医，先后在济南、新泰、岱崮、蒙阴城等地行医治病，解放后任城关镇联合诊所中医、蒙阴县城郊区卫生院中医。在县内外享有盛名。1960年被选为各界人士委员会委员。积一生经验，曾撰写《温病治验》《验方集锦》二书，均在"文化大革命"中散佚无存。

立志学医　服务于人民

他生于岐黄之家，一生医儒兼学，擅长针灸，善治咽喉。舅父、姨父均是当地知名中医，受其熏陶，袭其家传，至十八岁时，已熟谙中医四大经典，旁及历代医家名著，系统地掌握了中医基础理论，较熟练地运用中医中药为病人看病处方。当时并不以此为生计，而是以慈善为本，以济世活人为乐趣。后来，他目睹传染病大流行，社会上不少庸医，以治伤寒之法，疗温热之疾，死者无算。病家不知庸医杀人，自叹天数命定。感叹之余，遂发奋精研温病，救治了不少危重病人。

---

① 王兴延：《蒙阴县医药卫生志》（1984）作"王兴廷"，据其字"献臣"，应为"王兴延"。其生年作"1893"，与《临沂地区中医药志》（1982）所载有异。

② 1883：《蒙阴县医药卫生志》（1984）生年作"1893"。

中年专事中医，先后在济南、新泰、岱崮等地开设"同仁药室"，为民治病。此间广结医林名士，诸如刘惠民、韦继贤、潘义臣、马京伯等，博采众家之长，补己之短。渐至医理纯熟，技术精良，常起沉疴，屡除痼疾，渐至求诊者络绎不绝。

他行医一世，出诊不论远近，从不在病家吃饭，开设药铺，不牟暴利，尝云："家有病人，如火焚心，让人招待，于心何忍！""发病家之财，犹如打劫之歹徒。"每遇家道贫寒之人，他常施医舍药，予以周济，乡中父老，受益者颇多。

晚年体弱多病，但值班从来不计较时间，求诊者多时，常废寝忘食、甘献余热，造福人民。后来积劳成疾，抱病卧床十载，虽是风烛残年，仍不辍医事，求诊者甚多。后来不能执笔，命儿媳代笔处方，离去世十几日，仍为病人诊病，有时正诊着昏迷过去，醒来后强打精神再诊。致使无数患者感于此景，手捧处方，涕泪交流。他对技术精益求精，对工作极端负责，对患者无限热忱，为了人民的健康事业鞠躬尽瘁、死而后已的精神，一直为蒙阴县广大干部、群众所传颂。

尊古不泥　用药善于权变
胆大细心　治病智圆果断

他一生非常重视阅读和研究中医古典著作，凡历代医家名著，他大都读过。

对古籍的学习从不囫囵吞枣，对古人的经验向不机械照搬，而是深刻领会，反复实践，取其精华，弃其糟粕，尊古而不泥古。1950年南竺院村王维生之妻年七十余，患热痉，请他诊治时，已穿寿衣，置灵床之上。病人神志昏迷，牙关紧闭，口唇燥裂，齿黑舌焦起芒刺，角弓反张，卧不着席，大便十数日不下，时时有小汗出，脉象弦滑而细。《灵枢·热论》云："热而痉则死"，如此典型病例，实医者罕见。患者年过古稀，体质素差，正虚已甚。他仔细揣度，当机立断，既尊古法又灵活变通，既用古方又不墨守成规，处方以大剂大承气汤合增液白虎汤加味治之，两剂病情大减，以后随证加减，调理半月而愈。他在《验方集锦》曾这样总结："治急重症如救火，病重药轻，犹如杯水车薪，扬汤止沸，延误良机，无济于事，只有如孙思邈那样：'胆欲大而心欲细，智欲圆而行欲方'，谨守病机，知常达变，方能奏效。"

临床辨证　有真知灼见
立法处方　有独到之处

他尝说："名医治病不是单凭以医套方，以方碰病，而是要辨证明确，立法得当，处方精炼，药量适中。"以上十六字是他对辨证论治要则的集中概括，他一生就是遵循这一原则为人治病的,他在辨证中注意抓主要矛盾,善于发现和掌握不同的病中由于病因、病机转归的相同而出现的相同证候。在处方上,反对堆砌,力求方精,药专效宏。例如他运用自拟消炎镇疼汤为基本方,随证加减治胁痛(胆囊炎)、腹痛(急性胃炎、急性胰腺炎、不完全肠梗阻)、蛔虫病等,每获良效。特别对诸病中的顽固性呕吐一症,真可谓药到病除。如县邮电局话务员吕桂凤,于1970年患胁痛(慢性胆囊炎急性发作),呕吐黄绿水不止,在某医院用中西药物治疗无效后求他,予消炎镇疼汤一剂(半夏二钱,黄连一钱半,黄芩二钱,党参三分,云苓一钱,炮姜黄三分,甘草一钱,生姜汁为引),服后呕吐即止,疼痛亦减,药不数剂,竟获临床治愈。

善治温病　著成《温病治验》一书
袭其家传　治疗白喉屡起沉疴

他一生以治温病见长,对吴又可、叶天云、王孟英、薛生白各家有关温病的著作均有研究,但对吴鞠通的《温病条辨》尤为推崇。他认为现实之外感病以温病居多,真正如张仲景所述伤寒病较少,再拿仲师治伤寒之辛温解表法治温热病,犹如火上加油,必成燎原之势。他一生治温病多从吴鞠通三焦辨证立法,用药剂量轻重适度,用方随症化裁,普通一方,寥寥数药,即收效卓著。

因其世代善治咽喉而闻名,他业医后,在祖传方的基础上又有新发挥,修订出一首治白喉的效方。在白喉预防接种还未施行之前,靠这首方,治人甚多,后来成为许多医生的通用方。1952年,召子官庄刘寿经的儿子患白喉,持续高热,神志昏迷,汤水不下,喉间痰鸣,生命垂危。在某医院治疗无效,抬回家坐以待毙,时值亲朋探视病人,举见其救治。他令其住在家中,亲自为之煎药灌服,日下二剂,第二日即神志清醒,少进米汤,后改为日进一剂,七八日即获痊愈,如此病例,不胜枚举。

年高志壮　好学精神难能可贵
培育后学　蒙阴山区桃李遍布

他一生学而不厌,诲人不倦,对不同学派及同仁不抱门户之见,不搞文过饰非,肯取人之长,补己之短,前人的经验、同仁的特长、现代医学知识他都热衷于学习。在《验方集锦》一书中就有不少来源于同事,经他验证,加以修改,载入册子。如李仁甫先生以生南星、生半夏、生川乌、生草乌外用治疗流注的验方,就被他收入《集锦》一书。他对同仁及门人医疗上的纰漏乐于指正,对不同的学术观点敢于争鸣，对自己的经验不吝惜、不保守。遇到医务界的知音，常促膝做彻夜之谈，碰上有价值的医书，每阅读至通宵达旦。平素很注意收集医案，总结经验，积录成册，启迪后学。

他反对旧的传统观念，热心教育后学，尝云："留下一个方，救活无数人。"他积极带徒，传授经验，六一年他和当时的卫生局副局长秦贞照、李仁甫，中医张立堂等共同倡导在城郊区医院创办了蒙阴县有史以来第一届中医学习班。他不讲条件，不要报酬，坚持门诊值班，业余备课、授课，直至病重不能起床。学习班的学生许多已成为蒙阴中医界的骨干。

[《蒙阴县医药卫生志》(1984)]

◎ 王家祥 ◎

王家祥（1883—1965），苍山县尚岩公社安庄村人。熟读《伤寒论》，善中医内科与妇科，名望颇重，为历届苍山县人民代表。1963年在苍山县中医学校任教，主讲《伤寒论》，对培养下一代中医作出了一定的贡献。

[《临沂地区中医药志》(1982)]

王家祥（1883—1965），字幼员，苍山县文峰区安庄村人，系无党派人士，历届苍山县人民代表。

他自幼上私塾，长达13年，1903年入临沂师范讲习所学习，翌年毕业。1909年至1912年在向城高等小学任校长，1912年后长期在家务农，兼行医救人。1955年7月调至苍山县人民医院任中医师。

王家祥自幼跟其祖父习医，对《伤寒论》等书籍做了较长时间的研究，对内科和妇产科较为精通，在实践中成功医治了一些疑难病症。1963年在苍山县中医学校任讲师，主讲《伤寒论》，为全县中医事业培养出了大批中医医务人员，为继承祖国医学遗产作出了积极贡献。

王家祥行医40余年，在当地名望颇重，他诊病态度和蔼，体贴病人痛苦，临床经验丰富，热心带徒，是一位深受群众爱戴的地方名老中医。

[《苍山县人民医院院志》(2005)]

◎ 刘策选 ◎

刘策选（1883—1969），沂南县大庄公社俄庄大队人。早年业儒，二十五岁学医，热心《内经》《伤寒》《金匮》之学，曾在多处开业。解放后，先后在河阳、孙祖、苏村卫生院（所）行医，擅长内科，求诊者甚众，晚年为传其术，带徒数人。

[《临沂地区中医药志》（1982）]

◎ 施兴邦 ◎

施兴邦（1883—1963），系平邑县临涧区大河崖村人。早年行医乡里，解放后行医于临涧医院，为平邑县南区疡科名医。医宗陈士铎《洞天奥旨》《石室秘录》，处方自成一格，药少量大，喜用黄芪、银花。对治肠痈病颇有经验，凡有诊者，应手便愈。

[《临沂地区中医药志》（1982）]

◎ 王洪祥 ◎

王洪祥（1884—1959），临沂县芝麻墩公社指挥庄人。对《伤寒论》学习有个人心得，长于诊治热性病与内科杂病，深受群众赞誉。

[《临沂地区中医药志》（1982）]

◎ 王　焕 ◎

王焕（1884—1966），苍山县兰陵公社王家艾曲村人。行医主攻破，善泻下，以治妇科不孕症享有盛名。

[《临沂地区中医药志》（1982）]

◎ 刘逢吉 ◎

刘逢吉（1884—1960），官坊乡王家欢疃沟村人。幼读塾学，乡试未中，遂从师习医。青衿之年，在村开设中药铺一座。擅长内科、妇科。1950年到板泉区医药部欢疃沟诊所工作。曾被选为莒南县人民代表。1960年去世。

[《莒南县卫生志》（2001）]

◎ 赵砚田 ◎

赵砚田（1885[①]—1976），字铁桥，沂水县黄山尧崖头人。先生邃于医学，对《伤寒》《金匮》研究精熟，临床善用经方，沉疴之疾，多能起废。对"五运六气"颇有研究，治病用药，常因时而异，颇有自见。

先生医德高尚，有求必应，乐于济贫，朴素大方，平易近人，深受人民尊敬。自医术见称之后，乐于传术，出高徒数人。

[《临沂地区中医药志》（1982）]

赵砚田（1884—1976），字铁桥，沂水县黄山铺乡尧崖头村人。少年攻读私塾，善诗赋。青年时正值清末民初，军阀割据，战乱起伏，民不聊生，疫病流行，缺医少药，病者求医看病难非常突出，遂立志学医，为民除疾，随拜名医牛汉元为师，日夜攻读医学"四大经典"及妇幼等各种医籍数年，对原著的重要章节每能成诵，体会深刻，见解过人。深得奥旨，结合临床，辨证施治，遵古而不泥于古。组方遣药精当，重点突出，疗效卓著。尤对外感、妇科及老年等病辨证清晰，治疗上有独到之处。

赵氏医德高尚，平易近人，态度和蔼，不论贫富，一视同仁，日夜随到随诊，风雨无阻，从不收受礼品，并能言善辩，每能解除病人思想顾虑，深得人们的崇敬和爱戴。

赵氏从事中医临床六十多年，远近闻名，积有不少实践经验，诊治外感，多遵《内》《难》，取法仲师《伤寒》。《内经》云："今夫热病者，皆伤寒之类也。"对"伤寒"有广义和狭义之分，广义伤寒是指一切外感热病的统称。《难经》云："伤寒有五，中风、伤寒、湿温、热病、温病"，即指广义而言。但《伤寒论》既以"伤寒"命名，在太阳篇中又分别论述中风、伤寒、温病等，可见也包括广义和狭义两个方面。但《伤寒论》对温病论述不详，方药也不甚完备。后世对"温热病"的论述及治疗有较大的发展。赵氏治外感病因地、因时、因人而异，以六经辨证与营卫气血辨证相结合。略述如下：

1. 风寒袭表宜选用　麻黄、桂枝、杏仁、荆芥、苏叶、细辛、葱白、生姜、橘红，方如麻黄汤、桂枝汤、杏苏散等。气虚加黄芪、人参或党参，方如玉屏风散、补中益气汤。血虚加当归、川芎、白芍、熟地，方如麻桂四物汤。阴虚加生地、玉

[①] 1885：《沂水县卫生志》（1989）生年作"1884"。

竹、白薇、麦冬等，方如七味葱白饮。阳虚加附子、干姜，如麻黄附子细辛汤等。咳嗽、吐清稀白痰加白芥子、五味子、紫菀、冬花、半夏、干姜，方如小青龙汤、麻黄射干汤等。

2. 风湿束表宜选用　羌活、独活、防风、白芷、苍术、香芋、藁本、藿香等，方如九味羌活汤、藿香正气散、荆防败毒饮等。

3. 风热侵表宜选用　双花、连翘、竹叶、葛根、柴胡、薄荷、桑叶、菊花、豆豉、石膏、芦根等，方如银翘散、桑菊饮、柴葛解肌汤等。咳嗽加牛子、桔梗、枳壳、前胡、瓜蒌等。咽喉疼痛加射干、马勃、板蓝根等。

1949年4月12日赵氏诊治一例张姓，男，三十八岁，患伤寒病七日，他医治之无效，证见发热，头痛，但欲寐，手足逆冷，舌质红，苔黄燥，口干渴，小便黄，三日未解大便，脉沉有力。此非少阴病，诊为热入阳明，热邪阻滞不能外达四肢，故手足逆冷，病为热厥，治宜急下。以救阴大承气汤化裁：枳实10克，川朴10克，大黄12克，芒硝10克（冲），生地20克，麦冬15克，水煎两遍热服。一剂后便下燥屎甚多，精神稍好，手足转温，再剂痊愈。

赵氏认为，妇人产后不独虚，亦有实者，不能泥于丹溪之说："产后必大补气血之为先。虽有他症，以末治之。" 1950年8月4日，赵氏诊治一例女性王某，二十五岁，产后六天，发烧，神昏谵语，恶露量少，下腹痛，小便短赤，面色红，神志不清，腹痛拒按，舌质紫暗，舌苔干黑，脉沉实。辨证为血瘀化热。治宜破血泻热，桃仁承气汤加味。桃仁12克，桂枝6克，大黄12克（后下），芒硝10克（冲），丹皮、赤芍各10克，甘草6克，水煎两遍服。一剂下黑色血块半便盆，继而神清、腹软，痛轻，再服一剂病愈，嘱其饮食调养。

赵氏诊治老年病深得奥旨，他认为人已衰老，肾脏先衰，注意活动。调理生活，再辅以药物，就能延年益寿。因肾主水，主纳气、主骨、生髓、充脑海等，因此年老易导致肾气偏衰与肾阴不足。肾气虚，命门火衰，证见头晕，健忘，腰膝酸痛，形寒肢冷，动则气喘，小便频数少而清，舌质淡，苔薄白，脉沉细无力。治宜补肾阳，助命火，金匮肾气丸、右归饮等主之。选用药物：熟地、山药、萸肉、肉桂、附子、巴戟、寸云、炒杜仲、鹿茸、仙灵脾、仙茅、故纸、川断、鹿角胶、何首乌、五味子、菟丝子、覆盆子、狗脊、羊肾、羊骨髓等。根据病情，适当选用。

肾阴不足，水不涵木，导致肝阳偏亢。证见头昏，头痛，目眩，视物模糊，耳鸣、耳聋，腰膝酸软，言语不清，肢麻，震颤，站立不稳，消渴，小便短赤，便干，舌质红少苔，脉沉细数或弦大有力。治宜滋肾阴，平肝，潜阳。大补阴丸、杞菊地黄丸等主之。选用药物：生地、丹皮、知母、黄柏、龟板、泽泻、菊花、天麻、钩藤、怀牛膝、石决明、生杜仲、夜交藤、龟板胶、地龙、龙骨、牡蛎、桑寄生、桑椹子、枸杞子、女贞子、猪肾、猪骨髓。并根据偏胜偏衰，适当选择，灵活用药。

[《沂水县卫生志》（1989）]

◎ 邢日高 ◎

邢日高（1885—1964①），系莒南县筵宾公社邢家水磨大队人。习研岐黄之术，擅长儿科，著有《痘疹精言》，书已遗失。

[《临沂地区中医药志》（1982）]

邢日高（1885—1963），筵宾乡邢家水磨村人，承其家技，研岐黄之术，尤精于痘痧疹，小儿患痘痧疹疾者，一视能决预后。一生救患儿甚众，博得人民称颂。1963年去世。

[《莒南县卫生志》（2001）]

◎ 周培濂 ◎

周培濂②（1885—1963），字希福，系莒南县板泉公社周家岭村人。幼年从学于举人王尽卿，攻读经史。精岐黄术，擅长妇科、伤寒。医德高尚，有求必应，受众称赞，曾被选为县参议员，县人民代表。

[《临沂地区中医药志》（1982）]

周培廉（1885—1963），字希福，刘家庄乡周家岭村人。幼年从师于举人王尽卿门下，攻读经史，屡试不利。遂愤而习医立济人之志，酷爱读医籍，擅长妇科，悬壶几十年，经验丰富。诊病不分贵贱贫富，同为一视。莒南县抗日民主政府建立后，曾被选为莒南县参议员、莒南县人民代表。1963年去世。

[《莒南县卫生志》（2001）]

◎ 高湛序 ◎

高湛序（1885—1955），字次庠，临沭县夏庄镇人。自幼学医，善外科。

[《临沂地区中医药志》（1982）]

---

① 1964：《莒南县卫生志》（2001）卒年作"1963"。
② 周培濂：《莒南县卫生志》（2001）记载为"周培廉"。

◎ 赵迪吉 ◎

赵迪吉（1885—1965），字惠伯，临沭县岌山公社河口大队人。年二十一赴郯城学医三年，并参加上海中西医院函授，后在当地行医，民国十八年参加临沂考试，获得省卫生厅合格证书，解放后参加工作，1968年在郯城卫校任教。一生善治杂病，尤长妇科，医术精良，名重一方，享有较高威望。

[《临沂地区中医药志》（1982）]

◎ 蒋开业 ◎

蒋开业（1885—1959），平邑县卞桥区蒋家庄人。先生初习儒，通经史，后业医，与本县名医王静轩先生交厚，尝谈论医学，终日不倦，善治血症，每遇鼻衄病人血流不止，面色苍白，脉微欲绝，辄取血余炭、三七参为细末，吹鼻腔内以止血，并投当归补血汤加党参一两，使病人血止气回，转危为安。

[《临沂地区中医药志》（1982）]

平邑县卞桥区蒋家庄中医蒋开业（1885—1959），善治疗鼻衄。以血余炭、三七参为细末，吹鼻腔内止血，并服当归补血汤加党参六十克，即使病人血流不止、面色苍白、脉微欲绝，也可血止气回，转危为安。

[《临沂地区卫生志》（1989）]

◎ 韩修文 ◎

韩修文（1885—1964），苍山县下村公社西河村人。擅长温病，在当地享有盛名。并善书法，宗柳公权。

[《临沂地区中医药志》（1982）]

◎ 魏秀升 ◎

魏秀升，生卒年载不详，清代郡庠生，系莒南县文疃公社草岭前村人。耽嗜《内》《难》《伤寒》及历代医著，擅长外科，享有盛名。其子熙瑞，业医，擅长外科。其侄熙春，庠生，弃儒习医。

其弟，魏同升，字新岩，生卒年载不详，清代郡庠生。精于岐黄术，亦良医也。同升子，熙昌（1908—1981），字世五，承袭世医。习研岐黄之术，熟读《内》《难》《伤寒》《温病》，擅长内科温病。曾撰写"温病论治"一文。素对中医乏人，甚感焦急，积极带徒，授业弟子多人，学业成绩良好。先生尚长于书画，一生中治学勤奋，谦虚谨慎，医德高尚，深受称赞。

[《临沂地区中医药志》（1982）]

魏秀升，生卒年代不详，清代郡庠生，文疃镇草岭前人。耽嗜《内》《难》《伤寒》及历代医著，擅长外科，在当地享有盛名。其子熙瑞，业医擅长外科，其侄熙春，庠生，弃儒习医。

其弟，同升，字新岩，清代郡庠生，生卒年代不详，精于岐黄术亦为良医。长于内科、外科、妇科，积一生经验写成《临床验案》一部，惜已失于兵火。

同升子熙昌（1908—1981），字世五，承袭医业，习研岐黄之术，擅长内科、外科，曾撰写了《温病论治》和《外科便方集锦》，对中医乏人甚感焦急，积极带徒，授业于弟子。一生中治学勤奋，谦虚谨慎，医德高明，深受民众爱戴。1981年病逝。

[《莒南县卫生志》（2001）]

◎ 高玉丙 ◎

高玉丙（1886—1980），临沂县李官公社东朱里村人。一生致力岐黄术，长于治疗内科杂病，经验丰富，思想进步，服务良好。1966年以前为历届沂南县人民代表与政协委员，颇有威望。

[《临沂地区中医药志》（1982）]

◎ 左国楫 ◎

左国楫（1887—?），字济宸，晚年又名改庵，回族，地方镇人。清末爱国将领左宝贵长子，清末庠生。他继父志"和善人家"遗风，且酷嗜医学典籍。居费县城"左家公馆"，常诊病开方解人病痛。1935年应友人之邀赴济南行医，擅长内科杂病并常以推拿按摩法为人治病。

[《平邑县卫生志》（1991）]

◎ 孙管囿 ◎

孙管囿（1887—1965），原籍沂水，后迁沂南县苏村公社温家官庄。一生熟读《甲乙经》《针灸大成》等针灸专书，针灸医术精良，名噪沂南、沂水两县。先生医德高尚，常巡行乡村、田野为人治病，深受群众欢迎。

[《临沂地区中医药志》（1982）]

◎ 柳子芬 ◎

柳子芬[①]（1887—1967），苍山县仲村人。善治内科杂证，历任苍山县人民代表，在一方之众享有名望。

[《临沂地区中医药志》（1982）]

柳子芬（1888—1965），字培芳，山东省苍山县大仲村人，历任苍山县人民代表。他自幼读私塾十年，1904年开始教学、习医，1913年自开药铺，1949年在本村办起私人诊所。1958年1月参加工作，任苍山县矿坑卫生所中医士，1958年6月调临沂汤庄煤矿工人医院任中医士。1962年12月调苍山县人民医院任中医士。

他自习医术，善治内科杂症，对妇科病善于研究，一生勤奋好学，博览群书。行医六十余年，临床经验丰富。自调至县医院后，工作勤勤恳恳，服务态度热情，医术精良，是一位在全县享有盛名的老中医。

[《苍山县人民医院院志》（2005）]

◎ 周起凤 ◎

周起凤（1887—1952），临沂罗庄公社朱陈村人。学识丰富，医理精熟，诊病细致，辨证准确，治病多取良效，为当地群众所尊重。

[《临沂地区中医药志》（1982）]

◎ 颜永然 ◎

颜永然（1887—1958），原籍郯城县房庄公社高大村，后徙居本县马头镇。随父学习，擅长喉科，医德高尚，在当地享有盛名。

[《临沂地区中医药志》（1982）]

◎ 李锦葵 ◎

李锦葵（1888—1980），沂南县砖埠公社南薛庄人。先生治学严谨，深究经典，长于伤寒及妇科杂病，经验丰富治病多效，一生写有《医话》多则，部分已整理出版。年逾八旬，龙钟难行，仍不辍劳，日应诊多人，深受人敬。

[《临沂地区中医药志》（1982）]

---

① 柳子芬：《苍山县人民医院院志》（2005）载其生卒年作"1888—1965"。

◎ 王东熙 ◎

王东熙，生卒年月不详，沂南县张庄公社和庄人。为沂南晚清名医。善治痘疹，断病如神，曾路遇少妇汲水，观其色候，断为闷疹，先生心感如置之不问，必预后凶险，事不宜迟，急生一智，取惊汗法疹出而愈。

[《临沂地区中医药志》(1982)]

◎ 胡佃选 ◎

胡佃选（1888—1947），沂水上小朱葛人。医术较优，善内科，在群众中享有一定声誉。

[《临沂地区中医药志》(1982)]

◎ 王运昌 ◎

王运昌（1889—1976），字静轩，平邑县地方区地方南村人。

先生之家父士英，既是儒学之通儒，又是医林之高手，虽未曾开业行医，常以应诊尽义务，治病多奇验。运昌先生承其庭训，儒、医兼修；又常执经问难于朱尹武氏、东家庄东野氏、蒋家庄蒋氏诸名医门下，亲炙其学，尽得其传，故能以医术高明见称于乡里。

先生虚心好学，治学严谨，既能精研医经，又善于博采众长，无门户之见，无偏执之举。为人谦和谨慎，敏而好学。尝言：寸有所长，尺有所短。所以他对别人一技之长或土单验方，非常重视，认真吸取。其医术尤尊崇李东垣、朱丹溪之学，脾肾并重，立方遣药虽平淡无奇，但能寒热适度，每收宏效。其治杂病多宗丹溪郁证说，善用开郁、理气、化痰之剂，更参考沈氏痃胀论，对桃仁、红花、三仙、莱菔子、郁金、大黄、枳壳、槟榔等药的使用上，颇有独到之处。对古方的运用多能择善而从，圆机活法，不拘一格。先生尝谓：为医者，如工书法，初时必须临摹名家法帖，学既有成，则可出入于各家之中，自成一家。夫大匠之诲人也，常示之以规矩，其灵机权变则由己出，辨证论治，立方遣药，贵在通常达变。

先生特别强调医学理论与临床实践相结合，尝言："脉书不厌千回读，熟思精研理自明；熟读王叔和，不如临症多。"所以他每遇有典型病例，则一一立案进行研究，借以启迪后学。晚年将数十年之验案，编辑成为《临床治验录》四册，载医案191则，约分疾病24类，是先生一生医疗经验宝贵结晶之作。

先生医德高尚，作风正派，心地善良，视病人如亲人，急其所急，痛其所痛，若遇病家相召，勿问昼夜寒暑，饥渴疲劳，一心赴救。特别是在战争年代，我沂蒙山区医药卫生条件困难，先生以忘我的革命精神奔波于乡村山区，为解放区军民治病，在《临床治验录》一书中记载了许多为我军政人员治病的医案。他在晚年体弱多病，仍常抱病应诊或出诊，更忙于带徒教学和整理医案，未待脱稿，则谢世矣！先生可谓鞠躬尽瘁，死而后已。业医六十余年，先后曾在蒙阴县大众药房、卞桥区医院、地方区医院工作。先生虽已与世长辞，而今仍誉满乡里，群众皆称颂其德。

[《临沂地区中医药志》（1982）]

◎ 王运昌 ◎

地方名老中医王静轩（1889—1976），对六味地黄汤的运用体现了祖国医学异病同治的特点。六味地黄汤被后世医家推为补肾之祖方，方剂组合妙到恰如其分，药性有动有静，相辅相成，有通补开合，三补三消之意，虽为补剂但补而不腻，虽佐以泻法，但不伤正气，补中有泻，寓泻于补，并非单补少阴，而是肝脾肾皆补之。王静轩先生深得本方奥旨，对用脑过度，心血暗耗，阴虚火动，心肾不交所致的遗精，以六味加黄连、莲子、菖蒲、芡实、牡蛎以交通心肾，固涩精气，常取显效；对先天禀赋不足，感邪失治，风热之邪乘虚而入，阳盛伤阴，由肺及肾所致的咳嗽，则以六味滋肾阴，加麦冬、阿胶、花粉养肺阴，白芍药、鳖甲、地骨皮退骨蒸之热，阴长则阳消，使阴阳平复而收功；对虚劳咳嗽，本着朱丹溪"痨瘵主乎阴虚"之说，以六味地黄汤补肾以滋水之下源，加党参、麦冬、五味子保肺清金以滋水之上源，金水同治，相得益彰；对劳碌过度，心火妄动，移热于小肠而出现的尿血，则以地黄汤加白芍敛阴，麦冬、茜草凉血润燥，加乌药、益智、牛膝下行温肾，使膀胱之邪得以顺利而下，并加车前、泽泻以澄水源，则收效甚速。遗精、咳嗽、咳血、尿血病虽有异而治法相同，虽同用六味，加减又各不同，同中有异，可见先生辨证独具匠心。

遗精：李××，男，中年，嗜欲无度，房室不节，耗伤肾阴而致梦遗，盗汗，久则头晕肢软，精神萎靡，心悸恍惚，少腹不适，小便频，大便燥，午后从少腹隐隐之气痛上冲于胃，心内觉热。脉午前平，午后细数，有阴虚之象，但饭量尚好，是有转机。处方：熟地12克，云苓10克，山药10克，萸肉6克，丹皮5克，泽泻5克，远志10克，炒枣仁10克，菖蒲6克，寸云10克，当归10克，炒白芍6克，炒枳壳10克，甘草3克，莲须3克为引，水煎服。上方服三剂，病大减，效不更方，加牡蛎6克，继服五剂，基本痊愈，原方加量，配丸药常服，以巩固疗效。

按语："肾者主蛰，封藏之本，精之处也。"房事过度，耗精损血，心肾俱虚，而遗泄无度矣。《理虚元鉴》说："精虽藏于肾，而实主乎心，心之所藏者神，神安则气定，气为水母，气定则水澄，而精自藏于命门。"是以本例用六味地黄汤滋肾水，归芍养血，远志、枣仁安神镇静，肾充则精固，血足则神安，故无遗泄之患。

尿血：孙××，男，四十三岁，因劳碌过度，心火妄动，移热于小肠，间歇溲血，小便有时清长，严重时尿下纯红，或尿血块如绿豆粒大，或堵塞不出，小腹与尿道作痛，舌质红，苔薄，脉左寸沉数，关弦而有力，尺迟涩不匀，以脉论证为肾经虚寒，心肝移热下流小肠膀胱，寒热相杂，扰及血络而溲血。以六味地黄汤加白芍敛阴，天冬、茜草凉血润燥，降香散气血之滞，乌药、益智、牛膝下行温肾，使膀胱之邪得以顺利，并加车前、泽泻以澄水源。处方：熟地10克，云苓12克，山药15克，萸肉8克，丹皮5克，泽泻6克，白芍10克，天冬6克，茜草6克，降香6克，萆薢5克，车前子（炒，包）12克，益智仁6克，乌药10克，川牛膝10克，甘草梢5克，水煎服。上方服一剂，已无血块而痛止。2剂血止尿清，继以下方以善其后。处方：当归12克，白芍10克，生地10克，天冬5克，紫菀6克，云苓12克，山药15克，川牛膝10克，益智仁5克（炒），车前子（炒）10克，阿胶6克（烊），枳壳10克（炒），甘草梢3克，水煎服，上方又服三剂而痊愈。

按语：小便混有血液，一般以痛为血淋，不痛为尿血。本例虽有时尿痛，是为血块堵塞之故，无块则不痛，故仍是尿血之证。尿血多为热扰血分所致，如《素问·气厥论》说："胞移热于膀胱则癃，尿血"，《金匮·五脏风寒篇》说："热在下焦者则尿血"，在临床上有实火、虚火之分，在治疗上则以清热泻火，滋阴凉血为基本原则。本例症状复杂，根据脉象诊断为上热下寒，心肝郁热，扰及血络，治疗对症故应效甚捷。

鼻渊处方：炒苍耳子、辛夷、白芷各6克，藁本5克，细辛1.5克，川芎、薄荷各5克，连翘、桔梗、花粉各6克，白芍9克，甘草3克，葱头1个引。

服法：水煎服，日服一剂。

王运昌（1889—1976），字静轩，地方镇地方街人。先生之父士英，既是儒学名流，又是医林高手。他秉承庭训，儒医兼修，常执经问难于朱尹武氏、东家庄东野氏，蒋家庄蒋氏诸名医门下，亲炙其学，尽得其传，故能以医术高明见称于乡里。先生治学严谨，精研医经，博采众长，无门户之见，尝言："寸有所长，尺有所短"，对别人一技之长或土单验方亦认真吸取。其医术尊崇李东垣、朱丹溪之学，脾肾并重，立方遣药，寒热适度，每收宏效。其治杂病多宗丹溪郁证之说，善用开郁、理气、化痰之剂。对古方的运用多能择善而从，圆机活法，不拘一格。他常说："为医者如工书法，初时必须临摹名家法帖，学既有成则可出入于各家之中，自成一家。夫大匠之诲人也，常示之以规矩，其灵机权变则由己出，辨证论治，立方遣药，贵在通常达变。"他特别强调医学理论与临床实践相结合，常以"脉书不厌千回读，熟思精研理自明"和"熟读王叔和，不如临症多"等格言教导后学，每遇典型病例则一一立案研究，借以启迪后学。晚年将数十年之验案，编辑成《临床治验录》四卷，分疾病二十四门，载验案一百九十一个。特别是战争年代，沂蒙山区医药卫生条件极差，他奔波于乡村山区，为解放区军民治病。在《临床验录》一书中记录了许多为我军政人员治病的医案。晚年他常抱病应诊，整理医案文稿，未能定稿即谢世。他业医六十余年，先后在蒙阴县大众药房、卞桥医院、地方医院工作并任县中医研究所兼职研究员等职。

[《平邑县卫生志》（1991）]

◎ 刘苁林 ◎

刘苁林（1889—1970），字伯龙，系莒南县坊前公社聚将台大队人。熟读《内》《难》《伤寒》，擅长内科、妇科，应诊不暇，享有盛誉。

[《临沂地区中医药志》（1982）]

刘苁林（1889—1970），字伯龙，坊前镇聚将台村人。熟读《内》《难》《伤寒》，擅长妇科，在当地享有盛誉。1970年去世。

[《莒南县卫生志》（2001）]

◎ 李凤升 ◎

李凤升（1890—1962），沂南县蒲汪公社庙前车疃村人。先生是一位朴实农民，针灸学爱好者。识字不多，但有强识善记之才，在青壮年时与客居本地的某针灸医生结识，授以针灸术。几十年如一日，无问寒暑昼夜，有求必应，愈疾无算，从不计酬。

[《临沂地区中医药志》（1982）]

◎ 李坤章 ◎

李坤章（1890—1955），字望天，蒙阴县城郊公社北道沟大队人。一生勤奋好学，行医四十余年，经验丰富，享有较高威望。曾有著作，皆在战乱中遗失。

[《临沂地区中医药志》（1982）]

◎ 李相进 ◎

李相进（1890—1970），平邑仲村区屯里村人。精于外科，对消、托、补三大法的运用颇有心得，更擅长外治法，对疮疡常敷以自制冲和膏、芙蓉膏等收效。尤喜运用洗药，以清热解毒、活血化瘀之药水煎熏洗，恒收消肿止痛之功。

[《临沂地区中医药志》（1982）]

平邑县仲村乡屯里村中医李相进（1890—1970），精于外科，对消、托、补三大法的运用颇有心得，更擅长外治法，对疮疡患者，常敷以自制冲和膏、芙蓉膏等，收显效。尤喜运用洗药，以清热解毒、活血化瘀之药水煎洗，对消肿止痛疗效显著。

[《临沂地区卫生志》（1989）]

◎ 江炳锡 ◎

江炳锡（1890—1966），苍山县长城公社河头大队人。医宗吴鞠通，擅长治温病，历任苍山县人民代表，在一方之众享有盛誉。

[《临沂地区中医药志》（1982）]

◎ 张玉清 ◎

张玉清（1890—1963），系平邑县丰阳区东午门村人。早年习医，专攻《伤寒》《金匮》，解放前行医于乡里。1956年行医于城关医院，业医四十年，临床经验丰富，无门户之见，擅长治胃、肠道与妇科病证。在当地享有较高声誉。

[《临沂地区中医药志》（1982）]

◎ 高孟九 ◎

高孟九（1890—1962），沂南县大庄公社朱家庄人。出生于世医家庭，早年习儒，后袭家传业医，解放后在沂南县医院工作，长于内、妇科，有一定威望。

[《临沂地区中医药志》（1982）]

◎ 崔士英 ◎

崔士英（1890—1963），临沭县南古公社徐贺村人。幼读经书，随父学医，行医于郯城，善治妇儿疾患。

[《临沂地区中医药志》（1982）]

◎ 朱丹初 ◎

朱丹初（1891—1954），沂南县依汶前进村人。幼年立志习医，医术自进，长于妇科，曾在孙祖行医，颇有威信。

[《临沂地区中医药志》（1982）]

◎ 王儒贵 ◎

王儒贵（1892—1969），字伯良，费县薛庄公社彩山前大队人。擅长内科、妇科，集有《中西内科验方》及《临证日记》，已失。

[《临沂地区中医药志》（1982）]

◎ 孙谟文 ◎

孙谟文（1891—1974），字子明，临沭县观堂公社东港头人。一生行医，善用小柴胡汤加减治疗杂病。

[《临沂地区中医药志》（1982）]

◎ 张绪贡 ◎

张绪贡（1892—1982），字德举，临沂县茶山公社后城区大队人。先生少慧敏，塾学十余年，学识渊博，弱冠训蒙乡塾，兼攻医学，耽嗜医籍，熟读四部经典，谙于《医宗金鉴》，博览历代名著，见人有所长，则师之以礼，虚心请教，医术乃成，课余应诊不暇，遂弃教业医。

德举先生，行医六十余年，医德高尚，早年行医，常舍施以济贫，医术精湛，经验丰富，尤擅于内、妇科，求诊者接踵，远近闻名，在当地享有一定盛名。

其子，本超（1913—1980），业医，一生勤勤恳恳，忘我工作，不谋私利，对中药炮制有丰富的经验。

[《临沂地区中医药志》（1982）]

◎ 刘继汉 ◎

刘继汉（1892—1954），沂南县蒲汪公社桥头车疃村人。先生儒学造诣颇深，兼博岐黄术，先以业余行医，后以医为专业，为时不长，则病逝。曾在本村药社和区药社行医，长于内、儿科，在本地具有一定名望。

[《临沂地区中医药志》（1982）]

◎ 刘豪希 ◎

刘豪希（1892—1964），沂水县高桥人。少年学医，勤奋好学，医技较优，善治麻疹、天花、温病、妇科。先生医德高尚，对病人不分贫富，一视同仁，对贫苦患者免费医疗，严遵"医人不得以己之长，专心经略财物"和实行"人道主义"为宗旨，治愈大量病人，挽救了许多重危患者，深得民众赞誉。群众曾赠匾额一块，上书"德高望重"四字，以示对先生的敬仰。

[《沂水县卫生志》（1989）]

◎ 苏金寿 ◎

苏金寿（1892—1952），临沂县王桥公社人，医善外科，在群众中享有盛名。

[《临沂地区中医药志》（1982）]

◎ 韩仁山 ◎

韩仁山（1892—1976），字兆荣，临沭县夏庄公社小寒庄人。早年从事教学，后攻岐黄，行医于赣榆县，后转本县蛟龙公社医院，善治妇科和癫狂症。晚年著有《奇效方》，已失。

[《临沂地区中医药志》（1982）]

◎ 王仙州 ◎

王仙州（1893—1979），十字路镇西良店村人。青衿之年到大连市丹桂医院学习中医，三十年代初回籍，在相邸村业医，开设一座中药铺，名"济生药堂"。1937年药铺迁到洙边村，经营十余载，为当地民众除疾医病，在当地享有盛誉。1979年去世。

[《莒南县卫生志》（2001）]

◎ 刘应选 ◎

刘应选（1893—1966），沂南县马牧池公社东坝堤村人。一生致力于医学，长于内科杂病与妇科病的治疗，服务态度良好，深受山区民众欢迎。

[《临沂地区中医药志》（1982）]

◎ 刘辉梓 ◎

刘辉梓（1893—1976），平邑县柏林区孝义村人。行医六十余年，通晓内、外、妇、儿各科，尤以外科见闻。临证时组方严密，用药轻灵，并善用土、单方治大病。

[《临沂地区中医药志》（1982）]

◎ 时洪勋 ◎

时洪勋，生卒年载不详，系平邑县下桥区时家庄人。家贫，因得张氏家传乌金丸秘方，治产后病效著闻名，后熟读《傅青主女科》，遂为当地妇科名医。

[《临沂地区中医药志》（1982）]

◎ 孙振瑢 ◎

孙振瑢（1893—1973），字汝珮，费县湖阳公社湖阳大队人。治伤寒、温病佳，且精于药物炮制及膏、丹、丸、散制作术。集有《单验方》《医案笔记》，已失。先生思想进步，热心革命，曾多次评为模范，被选为县一、二、三届人大代表。

[《临沂地区中医药志》（1982）]

◎ 高执孝 ◎

高执孝（1893—1975），字克亮，费县城关下河头大队人。受业于本县名医陈立梅，尽得其传。对《内经》《伤寒论》《金匮要略》《医宗金鉴》《外科正宗》等书，颇有研究，在医疗上能师古而不泥古，精于内、外科，曾自制"哮吼丸"舍施于病人，每收捷效。集有《验案验方》，已失。其医名享于周围数县。

[《临沂地区中医药志》（1982）]

◎ 文 玉 ◎

文玉（1894—1947），筵宾镇齐家庄子人。少年聪颖好学，力求上进，十载塾学，熟读经史，善书法，考中秀才，后攻读医籍，以医为业，在村设中和堂药店。精研《内》《难》《伤寒》，尽得其奥义，用于临证，力宏效捷，常获脱手而愈之妙，并常以仲师治学之"勤求古训，博采众方"来诲人勉己。所以他学验俱丰，全来自治学严谨之中。曾参加在莒县的中医考试，以优异成绩夺魁，至今仍传颂于医林之中。1947年去世。

[《莒南县卫生志》（2001）]

◎ 杜福五 ◎

杜福五（1894—1964），沂南县苏村公社南良水人。一生致力医学，对《内经》《伤寒》《金匮》研习精深，并遍读妇科方书，深得奥义，尤长于妇科，远近闻名。曾在山东省中医院工作，后告老还乡，医名甚著。

[《临沂地区中医药志》（1982）]

◎ 武纪文 ◎

武纪文（1894—1972），字述周，沂水县崔家峪小河人。自幼习医，对《医宗金鉴》及《汤头歌诀》背诵谙熟，治病多有良效，誉及远近。治胃病及哮喘尤擅，建国后行医于沂水中心医院，医名颇著。1957年为两期"中医学习班"任教，授课有方，深得赞誉。

[《临沂地区中医药志》（1982）]

武继文[①]（1894—1972），字述周，沂水县崔家峪镇北小河人。自幼习医，苦心钻研医学经典著作，对《医宗金鉴》及《汤头歌诀》背诵谙熟，治病多有良效。临床经验丰富，治胃病及哮喘尤擅。先生医德高尚，医术高明，忠厚待人，不求名利，一生以"救死扶伤的革命人道主义"为宗旨，助人为乐，主张"医者以救人本，不可榨取钱财"，常言："有钱者治病，无钱者也得救命，富贵贫贱，一律平等。"因此，医德医术闻名乡里。建国后，行医于沂水中心医院，医名颇著，1953年和

---

① 武继文：与《临沂地区中医药志》（1982）"武纪文"不同。观其名与字，似以武纪文更为贴合。

1957年为县举办的两期中医学习班任教，其人授课有方，深得赞誉。

[《沂水县卫生志》（1989）]

◎ 张洪慈 ◎

张洪慈（1895—1957），沂南县大庄公社苗家庄人。长于内科，并对瘰疬瘿瘤的治疗有独到经验，当地有名。

[《临沂地区中医药志》（1982）]

◎ 庄少庚 ◎

庄少庚（1896—1969），系莒南县大店镇人。幼年读书，才学优秀，曾留学日本，五四运动归国。后习岐黄之术，擅长妇科及中风证治，每日应诊不暇，有求必应，体贴病人，良医也。

[《临沂地区中医药志》（1982）]

庄少庚（1896—1969），大店人。幼年读书，才高资敏，青年时期留学日本，五四运动后归国。遂立志习医救人，精研《内》《难》，涉猎群籍，广撷博采，尤殚于妇科。然其医术之全面也常为人所赞誉，其医德亦极为后人推崇，远近乡村，凡病家相求，无有不应。中华人民共和国建立后曾当选为莒南县人民代表。1969年病逝。

[《莒南县卫生志》（2001）]

◎ 李荣恩 ◎

李荣恩（1896—1978），沂水沙沟川店人，先生自中年潜心医学，精心研习，终有所成，自1954年参加临沂中医进修班，1959年参加省中医进修班，医术大进，对《伤寒论》《医宗金鉴》，背诵甚熟，治病颇验。

[《临沂地区中医药志》（1982）]

李荣恩（原名李洪恩）（1896—1978），字惠民，沂水县沙沟镇川店人。先生自幼聪慧，智力过人，青年潜心学医。二十岁赴东北奉天抚顺万良镇行医，自开"复兴长"药肆，精心研习医药，终有所成，医名颇著。1940年因战乱返归故里，继续行医为业，先生知识渊博，嗜好读书。1954年参加临沂中医进修班，1959年参加山东省中医进修班深造，医术大进。对《金匮》《伤寒》《医宗金鉴》《四言举要》《药性赋》《濒湖脉诀》背诵甚熟，擅长妇科、儿科。善辨证施治，临床经验丰富。治病颇验，远近闻名，带徒六人，皆有所成。

[《沂水县卫生志》(1989)]

◎ 张汉三 ◎

张汉三[①]（1896—?），沂南县界湖公社南寨人。谙读《金匮》与部分名家方书，善治内科杂病，曾在县医院行医，很有经验，享有较高威望。

[《临沂地区中医药志》(1982)]

张汉三（1901—1955），号玉鼎，沂南县界湖镇南寨村人。自幼随父侍诊，后得当地名医高泽俊指点，深受教益。得其活人之秘术，加之苦研精究，博通仲景等名家医籍。1931年，因故迁居大连。由于当地温病流行，病者四处奔走，寻求良医。凡延之者，每收良益，显露医事才华。1932年到大连同仁堂药店业医，后经考试获得"儒医张汉三"之称，随即名声更显。1937年至1940年汉三曾在牡丹江市开设大仁堂药店，行医济世。1940年又回到大连。1945年回到家乡，开设长生药堂铺。继续探讨医学精髓，求诊者遍及城乡，活人甚众，且常施药济贫，人皆德之。1947年被聘为沂南县群众药社医生。1952年被聘为沂南县大众医院中医。

汉三遵古而不泥古，辨证察疾准确，用药中肯，常起沉疴奇疾于危笃之中，慕名求医者络绎于途。1955年病卒。

汉三一生皆献于医，研古籍，采众家，尤长于妇科及温病治疗，善施针灸疗法，医术之精、用药之精、用药之验，名冠远近。

[《沂南县人民医院志》(2007)]

◎ 李学俭 ◎

李学俭（1896—1978），临沂县九曲公社西张官庄人。精医术，善外科。在当地享有很高威望，"文化大革命"前为历届县人民代表大会代表。

[《临沂地区中医药志》(1982)]

◎ 胡仲如 ◎

胡仲如（1896—1963），平邑县地方区大井头村人。通文学，擅长书法，医理精深，经验丰富。早年参加革命工作，1954年出任平邑县人民医院副院长，热爱祖

---

① 张汉三：《沂南县人民医院志》(2007)载其生卒年作1901—1955。

国医学，关心祖国医学的发展，在培养中医新生力量和开展中医工作方面，均作出了显著成绩。

[《临沂地区中医药志》（1982）]

◎ 秦光隰 ◎

秦广隰（1896[①]—1975），字富原，蒙阴县常路公社大常路大队人。一生勤奋好学，博览群书，行医四十余年，经验丰富，对外科、皮肤科有较高造诣，在县内外享有盛名。

[《临沂地区中医药志》（1982）]

秦光隰医林五十年

秦光隰（1897—1975），字福原，蒙阴县大常路村人。一生勤奋好学，博览群书，行医五十余年，临床经验丰富，对中医外科有较深的造诣，在县内外享有盛名。早年悬壶故里，行医治病。解放后任常路联合诊所中医、蒙阴县人民医院中医科医生。他热爱党，热爱社会主义，曾被选为蒙阴县人民代表大会代表，蒙阴县卫生工作者协会委员。他一生奋斗，为继承发扬祖国医学，保护人民健康，作出了一定的贡献。

立志医学　济世活人

他出身于一个世医家庭，祖父、伯父、父亲都是中医，名声传扬于蒙阴、新泰、费县、平邑诸县。求医者甚众，门庭若市。他目睹患者的病痛，受到亲族老人医德的熏陶，对济世活人的中医学逐渐产生了爱好，于是立志学医。

他随父学徒，历经五载，已较好地掌握了常见病的辨证施治。其后他又到县师范讲习所学习。毕业后年已二十五岁，被任命为乡村教师，在任教期间，他边教学，边读医书。当时农村严重的缺医少药，群众知道他懂医，有了病就希望他予以治疗，他也不忍坐视群众疾苦不管，对一些常见病都给以处方治疗，每治愈一人，心中就非常欣慰。日子长了，看病的人逐渐增多起来，得到不少实际经验，并同农民群众结下了深厚的友谊，这更坚定了他济世活人的思想。在他二十九岁那年，就辞退了教师，专事医务，以全部精力，投入了医林生涯。

[①] 1896：《蒙阴县医学卫生志》（1984）生年作"1897"。

勇于实践　胆大心细

他弃教从医后，接触病人就更多了。不仅内科杂病求诊的多，尤其外科与皮肤病患者，闻名地找上门来。"书到用时方恨少"，此时他觉得知陋识浅，于是便不停地抓紧时间学习。除扎扎实实地熟读经典著作，力争融会贯通外，还积极钻研各家的著作，广取各家之长，特别对外科方面的著述，更是不遗余力。在诊疗实践中，他深深体会到，读书是学习，临床使用是更重要的学习。他在诊疗中遇到的问题，利用业余时间翻阅有关医著，对照思索，记录心得，这样"实践，认识，再实践，再认识"，不但熟练地掌握了常见病的治疗，而且对某些疑难重症，也积累了不少经验，屡起沉疴。实践出真知，临床实践不但提高了他辨证论治、立方遣药的水平，也使他进一步认识到中医理论确有着深厚的实践基础，是一个伟大的宝库，必须反复学习、实践、总结、研究、使它的科学内涵更加得到发扬。

他在临床实践过程中，想病人所想，急病人所急，胆大心细，对危重病人敢于负责，细心认真。常路村一青年妇女李某，妊娠七个月，染患温病，高热神昏，舌苔黄燥，脘腹胀满、拒按，溺赤，便结三日未行，脉数有力，右脉独盛，众医束手，恐母子难保，家属失望，忙着准备后事。请秦老先生试治，他四诊合参，认为当下之，或劝曰："病人怀孕，能否清里泻下？"他则答曰："有故无殒，有病则病当之。"立即以升降散方加黄芩、枳实、川朴，连服三剂，即便通，腹软热退，神清，而诸症遂愈。西下庄一男性中年赵某，患锁口疔，失于治疗，忽然疮顶黑陷，高热头痛，烦躁不安，舌红，苔黄燥，呕吐口渴，便秘腹胀，脉数有力，处于半昏迷状态，他诊断确诊为疔疮走黄，此乃危候，急以犀角地黄汤、黄连解毒汤加生大黄以凉血，清热解毒，随症加减，连服五剂，并加以外治法，很快转危为安。群众反映："疔疮走了黄，必定见阎王，秦先生能治好了，真是妙手回春。"从此，他的名声大振，被公认为当地名医。

老当益壮　勤奋工作

"老当益壮"这句话，意味着老人不能有衰颓感。应当和汉朝的马援那样，有"不服老"的精神。秦老先生年逾古稀，医院领导安排他上半日班，科里同志也劝他注意休息，但他从早到晚仍是忙个不停地为病人看病处方。工作时间他在班上看病，休息时间他在宿舍里看病，应接不暇。他对病人非常热情，对工作非常负责，对技术精益求精。他稍有空隙时间，就看书阅刊，一有收益，辄觉欣快。"老牛明知夕阳短，不用扬鞭自奋蹄。"他鞠躬尽瘁为群众治病，凡亲身受过他的治疗，和亲眼看过他的工作的，无不为之感动。在他病故前的十五天，还坚持上全日班。他是因突患脑出血抢救无效逝世的，享年七十九岁。

[《蒙阴县医药卫生志》（1984）]

◎ 侯德桢[①] ◎

侯德桢（1896—1969），字景周，临沂县相公公社东南旺村人。博学多识，医理尤精，对《内经》《伤寒》《金匮》有精深研究，重视中医教育，热心传授医术，先后办中医学习班数期，为中医事业的继承作出了贡献。

临症经验丰富，辨证有法，处方巧妙，求诊者终日不绝。著有《燕胥堂主客说医》与《燕胥堂医话》两书存于世。

[《临沂地区中医药志》（1982）]

◎ 田友成 ◎

田友成，生卒年载不详，临沂县相公公社田黑墩村人。对中医四部经典研究颇深，医长内、妇科，为临沂一代名医，著有《中风录要》《医学缮读》两书，已佚。

[《临沂地区中医药志》（1982）]

◎ 王君福 ◎

王君福（1897—1973），字凡五，临沭县白旄公社同马庄人。一生致力于医学，善治时疫，医术甚精，名声颇著，且医德高尚，有求必应，为当地群众所爱戴。

[《临沂地区中医药志》（1982）]

◎ 田德信 ◎

田德信[②]（1868—1977），沂水四十里人。精于妇科，潜心青主之学，得其要旨，临床选方，多宗青主，轻灵而有卓效。年逾花甲，仍不辍其学，医术著称乡里。

[《临沂地区中医药志》（1982）]

田德信（1897—1975），沂水县四十里堡镇田家庄人。早年教书，后研习中医药，对《伤寒论》《傅青主女科》等中医经典颇有研究。三十岁开始行医，自设"德

---

① 侯德桢：《临沂地区中医药志》（1982）目录作"侯维桢"。
② 田德信：《沂水县卫生志》（1989）载其生卒年作"1897—1975"。

善堂"中药店，擅长妇科，潜心青主之学，临床经验丰富。临证选方轻灵而卓效。医德高尚，闻名乡里，六十岁时带徒两人，学期三年，出徒后均分配工作。

[《沂水县卫生志》（1989）]

◎ 刘子繁 ◎

刘子繁（1897—1966），郯城县人。幼年勤奋好学，文冠乡里，成年后以教学为业，兼习医术，刻苦钻研，医术自通，至四十七岁改业行医，精于伤寒、内、妇科。1945年参加革命工作，并为郯城县参议员。解放后仍以医为业，先后在区卫生所、县医院工作。因医术高超，1959年被调于山东省中医研究所任副所长，1960年当选为山东省政协委员。先生终生于党的事业忠心耿耿，积极认真，平易近人，服务良好，医术精良，治验颇丰，为众人称颂，曾有《伤寒论注释》手稿流行于世。

[《临沂地区中医药志》（1982）]

刘子繁（1897—1966），郯城人。幼年读私塾，后任教师兼攻医籍，开业行医。1951年在临沂中医进修班学习，1958年任山东中医学院教师，1961年任山东省中医研究所副所长。长于内科，学术水平较高，曾参与注释《伤寒论》。

[《山东省卫生志》（1992）]

◎ 王为荣 ◎

王为荣（1898—1970），字伯臣，沂南县依汶村人。重经典学习，擅长伤寒，晚年颇有经验，求诊者甚众。

[《临沂地区中医药志》（1982）]

◎ 马毓英 ◎

马毓英（1898—1967），字俊卿，沂水县黄山铺乡东朱陈人。先生出身于五代世医之家，小时跟外祖父塾读八年，因受其先祖影响，看到山区缺医少药，遂回家专研医学，立志学医，十八岁读完《内经》《难经》《伤寒》及金元大家名著和《医宗金鉴》等医学经典著作，深得奥旨，几年后用于临床，每获良效。遇有疑难病症，即赴胡家庄廪生李步鳌先生处请教，医术、医理大进。二十年代适逢中医界考试，先生考绩优良，遂自设"永春堂"药铺，为民疗疾，开始一生的医术生涯。解放前在本区行医。积五十年临床经验，在治疗上多有独到之处。解放后曾被选为沂水县人大代表、黄山区卫生工作者协会副会长、医学研究组组长，五十年代行医于黄山医院。

先生和蔼谦恭，平易近人，有求必应，为及时解除病人痛苦，不论盛夏三伏，数九严寒，白天黑夜，病人来者必治，有请必去，随叫随走，待病人不分尊卑，体贴病人，不以病轻而玩忽，不因病重而退缩。解放初期，农村疾病流行，先生曾多次带医疗队巡回医疗，送医送药上门，及时扑灭麻疹的流行，对贫困群众和新四军伤病员诊疗不受酬资。

先生行医五十余年，潜心研读祖国医学经典，上自《内》《难》下至历代名著无不批阅详析。读书成为嗜好，笔墨、纸张随身带，有空就读，即使在日寇扫荡时，转过山头，住下就读，有时有病在床，亦手不释卷。虽至晚年，仍鸡声灯影孜孜以求。家境虽贫，但经常将有限家资变购医学书籍，订购中医刊物二十余种，家中藏书甚多，后经战乱，荡然无存。

先生在临床诊疗中能大胆实践，勇于创新。他亲自培植洋金花，提炼浓缩成膏制成"哮吼丹"，亲自试服，治哮喘病，效果满意。用土大黄与百部各等份，捣为粗末，布包酒浸外擦，治疗荨麻疹，止痒有良效。用土大黄鲜叶揉搓后贴敷，证实对小溃疡有祛腐生肌，使疮口迅速愈合的作用。他自制喉痛丸（真犀黄4.5克，腰黄3克，珠粉4.5克，元寸3克，梅片3克，蟾酥3克，共研细末，酒化蟾酥为丸，芥子大，百草霜为衣）主治时邪疫毒、烂喉丹痧、喉风、喉痛、双单乳蛾等诸症，茶汤不能进者，每用十丸温开水化服，徐徐咽下，无不立效。重者丹进一服。并治疗疔疮、对口、痈疽发背、肠痛、乳痛、乳岩、一切无名肿毒，其效如神。

先生在翻阅旧箧时得祖传三个膏药秘方。他将每方配制一料，反复试验疗效，各具特长。遂综合三方之长精心制成"永春堂唯一膏"（穿山甲240克，良姜240克，乳香15克，没药15克，儿茶15克，血竭15克。研细末后下，香油、樟丹适量）。经试用，敷后即觉患处作痒，后疼痛即减。此膏有祛风散寒、舒筋活络、止疼效用，对风寒湿痹、腰腿疼痛、手足麻木、背项拘急、行动艰难、跌打损伤有良好效果，故深受人们欢迎。

先生医术以内、妇、儿科专长，治病多验，现附治验病例四则：

例一：甘温除大热。

王××，男，五十岁，患低热一年余，倦怠无力，心慌气短，食欲不振，面色微黄，遇劳即热益甚，舌质淡少苔，脉象虚弱，久治不愈。先生诊毕，认为"此乃气虚发热，由于素体脾胃虚弱，复因劳累过度，胸阳外越，故低烧"。《素问·藏象论》云："肝者，罢极之本。"《素问·生气通天论》云："阳气者，烦劳则张。"

先生用辅脾益气的甘温除大热之法治之，以补中益气汤加桂附九剂而痊愈。

例二：不孕症。

刘××，女，三十岁，婚后十年未孕，诸药不效，医院诊为"子宫发育不全，属原发性不孕"。本人失望，情志郁结，精神抑郁，月经迟至，色清质稀，量少，少腹隐痛，面色无华，舌淡苔薄白，脉细涩。先生诊为肾气不足，太冲脉虚，宜补其先天，滋其肾精，肾气盛，冲任调，月事以时下，故当有孕。以加味肾气汤治之。方药：熟地、山药、泽泻、丹皮、萸肉、茯苓、肉桂、附子、巴戟、杜仲、狗脊水煎服，二十剂各症均愈，一年后产一子。

例三：儿科。

张××，男，八岁，患左侧睾丸肿痛，久治不愈，后请先生诊视，曰："本病发生部位乃是任脉与厥阴经脉循行之处，故与二经有密切关系。"任脉主人体一身之阴，且证多偏阴偏寒，肝脉循少腹，络阴器。因此，一般认为疝气是属于肝经的病变，治则总不离疏肝理气，所以张子和说："诸疝皆归肝经。"治以方用：诃子6克，胡芦巴6克，故纸6克，川楝子6克，升麻3克，黄芪9克，芡实6克，萸肉6克，桔梗6克，甘草8克，水煎服，五剂痊愈。

例四：泄泻。

李某，男，四岁，患泄泻久治不愈，泻出之物稠黏，垢秽，小便短赤，神烦口渴，自汗面垢，舌苔薄黄，脉象濡数。先生诊曰："此乃长夏暑泻也。"《素问·阴阳应象大论》云："清气在下则生飧泻……湿盛则濡泄。"故治宜清暑淡渗去湿之剂。方用：白术散（白术、茯苓、泽泻、滑石）三剂痊愈。后每年长夏季节，用此方治疗小儿泄泻，效果均佳。

总之，先生之医术、医德，称颂乡里，治学有法，医术精纯，学验俱丰，远近四方负有盛名。

[《沂水县卫生志》（1989）]

◎ 孟士先 ◎

孟士先（1898—1971），沂水县四十里堡镇薛家马庄人。十六岁上私塾，二十五岁在沂南苏村学医三年，对《内经》《伤寒》《本草》《验方新编》有较深的研究，1938年开设"广生堂"中药店，行医四十余年，以针灸见长，称誉一方，治疗内、外、妇、儿等科疾病，积有丰富的临床经验。自创"鼓症散"治疗气鼓、水鼓疗效颇佳，配方：附子、赭石、枳实、甘遂共研细末，日服二次，每次三克。先生晚年带徒两人，学绩优良。

[《沂水县卫生志》（1989）]

◎ 王象蒙 ◎

王象蒙（1900—1961），字养泉，苍山县卞庄镇人。精于《伤寒论》，在本县享有盛名。

[《临沂地区中医药志》（1982）]

◎ 朱树森 ◎

朱树森（1900—1972），平邑县仲村区驿头村人。先生精岐黄术，悬壶于仲村镇，以小儿科著称，善治小儿痘疹，尤对痘疹险逆之症，恒能应手起效，誉满乡里。

[《临沂地区中医药志》（1982）]

◎ 田荣祥 ◎

田荣祥（1900—1979），字子嘉，擅长伤寒杂病，早年行医于南京浦口。1952年经考核获人民政府"医师证书"。

[《临沂地区中医药志》（1982）]

◎ 马现龙 ◎

马现龙（1900—1974），临沂城人。通晓中医经典，医理甚熟，在临沂县中医培训工作中作出了贡献。

先生临床经验丰富，善内科、针灸，服务态度良好，颇有群众威望。

[《临沂地区中医药志》（1982）]

◎ 张步松 ◎

张步松（1900—1981），临沂县太平公社孙庄村人。长于妇科治疗，在当地享有很高威望，"文化大革命"前为历届县人民代表大会代表。

[《临沂地区中医药志》（1982）]

◎ 时开诚 ◎

时开诚(1900—1956),刘家庄乡前寨子村人。幼读塾学,青衿之年经商。1928年弃商习医,后开设西药店,开始在当地治疗黑热病。为人质朴,言必有信,诊病不分贫贱富贵,凡有求必应,故众誉德高。曾任板泉区医联会长、莒南县人民代表大会代表。1956年病逝。

[《莒南县卫生志》(2001)]

◎ 魏兆信 ◎

魏兆信(1900—1977),字诚一,沂水县泉庄石硼人。医重经方,辨证应用,多获良效。带徒五人,皆有所成,在当地享有一定声誉。

[《临沂地区中医药志》(1982)]

◎ 张子祥 ◎

张子祥(1900—1973),沂南县杨坡公社余粮庄人。专习温病四家之学,善治温病。

[《临沂地区中医药志》(1982)]

◎ 王清峰[①] ◎

王清峰(1901—1974),临沭县岌山公社王南庄人。跟随赵天明学医,一生善治妇、外科。

[《临沂地区中医药志》(1982)]

◎ 代万选 ◎

代万选(1901—1981),沂南县铜井公社薛家庄人。善治内、妇科病,有一定经验,服务热心,深受群众欢迎。

[《临沂地区中医药志》(1982)]

---

① 王清峰:《临沂地区中医药志》(1982)作"王清锋"。

◎ 田荣光 ◎

田荣光（1901—1976），字耀三，郯城人。医疗经验丰富，讲求实效，擅长妇科杂病，用人参败毒散加减治疗破伤风的经验，曾在省中草药展览会展出。其为人正直，作风朴实，常以治病之验见称，深受全县人民的尊敬和爱戴。任郯城人民医院副院长。

[《临沂地区中医药志》（1982）]

田荣光（1901—1976），字耀三，郯城县人。中医，擅长内科、妇科。自幼在乡间行医，解放初期加入联合诊所。1958年，先生和刘子繁、高仲书一道创办郯城县中医院和郯城县中医学校，后任郯城县人民医院副院长、县人大代表。他用人参败毒散加减治疗破伤风的经验，曾在山东省中草药展览会上展出、推广。

[《临沂地区卫生志》（1989）]

◎ 胡介凡 ◎

胡介凡（1901—1966），字佩绍，临沂县付庄公社劳模店子人。先生学识渊博，医通《内》《难》、仲景之学，医理精熟，为临沂地区名医。临床长于治内、妇、儿科病，医德高尚，求诊者终日络绎不绝，在临沂地区具有崇高威望。

[《临沂地区中医药志》（1982）]

◎ 吴西闵 ◎

吴西闵（1901—1959），原籍山西，徙居平邑县仲村镇。曾服务于平邑县中西大众药房。先生医术宗《傅青主女科》，擅长妇科，对调经、种子、崩漏诸症，经验颇丰，为平邑县妇科之名手。

[《临沂地区中医药志》（1982）]

◎ 欧玉亮 ◎

欧玉亮（1901[①]—1975），沂水县欧家庄人。先生一生家境贫寒，母累年多病，本人体弱，常为求医奔波乡里，不仅饱尝了旧社会穷人之苦，而且目睹了农民被疾病折磨和求医艰难的境况，遂立志学医，为民除疾。他性情温柔，忠厚待人，不

---

① 1901：《沂水县卫生志》（1989）生年作"1900"。

图名利,不坑骗群众。虚心好学,一生遍阅了许多医学经典,博众人之长,用于临床。积五十年经验而成为我县一代名医,闻名乡里。

早年立志学医,决心济世救民

1937年"九·一八"事变后,日本侵略军大举进攻中原,战乱不息,灾荒连年,瘟疫流行,人民处在水深火热之中。时值乡间缺医少药,患病者求医甚难,他切身体会到病家的困苦,遂立志学医,济世救民。当时学医非常困难,文化水平低,全靠自学。先生曾遇一处方有味药名"锦文军",跑了几家药铺都问不出来,后自己买来一看,原来是"大黄"。

在学医过程中,他目睹了许多穷人被病魔夺去了生命。因此,他学一点就用一点,为病人解除一点痛苦即感到是自己最大的进步和收获。常云:"医者施仁之术,当以济世救人为宗旨,不管贫贱富贵,有钱无钱,要一律待之。"因此,虽然学业不长,医术不深,但先生的医德深受穷人的爱戴,往诊者络绎不绝。

精研医术经典,临症多有创举

先生业医以来,专心致志,刻苦钻研,先后熟读《内经》《伤寒论》《金匮要略》《本草备要》《濒湖脉学》等重要医学经典著作。他在白首之年也手不释卷,并善于理论联系实际,总结积累临床经验。先生熟研医学经典,临症大胆心细,有采用药味少、针对性强的特点。对一些疑难病,危重病常收到显著疗效。如遵《难经》"有故无殒"之旨,治一孕妇大小便不通,他医束手无策,先生拟附子、大黄、通草、桃仁、车前子等药一剂后,病人大小便通利,另外先生临症多有发挥,如自制胃疼散:干姜30克,老木香15克,广佛手12克,白芷15克,大砂仁9克,沉香3克,川朴12克,川军15克(用巴豆皮炒),甘草15克,共碾细末,轻者3克,重者4.5~6克(妊娠勿用),寒热药并用。临症每获良效。在诊疗中先生每有所得随时记录,积五十年临床资料编辑一部《谋病康复录》(现已失存)及《实验病案》数本。

贯彻中医政策,积极培养人才

欧玉亮(1900—1975),字采亭,沂水县四十里欧家庄人。先生治学严谨,对《伤寒》《金匮》《本草备要》《汤头歌诀》背诵甚熟。诊病热心,详做记录,并加随访。晚年经验丰富,颇有名望。为传术后人,并办两期学习班,培养徒弟二十多人，为中医的继承有贡献。

[《临沂地区中医药志》(1982)]

欧老先生一生业医，自学成才，行医乡里，走乡串户，有求必应，夜以继日，不知疲倦。他不但医德高尚，医道高明，而且热爱祖国的中医事业。解放后他继续从事中医诊疗工作，积极拥护党的中医政策，1954年被选为第一届县人民代表大会代表，历任二、三届县人民代表。为尽快解决中医药后继乏人问题，他坚决响应名老中医带徒的号召，1956年自愿申请办起了五人中医学习班，学制三年。他利用工休时间为学生授课，言传身教，具体辅导，成绩优良。毕业后由县卫生局分配工作。1963年老先生已六十二岁高龄，在繁忙的工作中他又办起了第二批六人三年制中医学习班，毕业后都参加了卫生工作。欧先生勤奋学习，努力工作，五十年如一日，为继承和发扬祖国医学遗产，为我县的中医药事业作出了积极的贡献。

[《沂水县卫生志》(1989)]

◎ 赵兰玉 ◎

赵兰玉（1901—1938），字香斋，临沭县蛟龙公社前蛟龙大队人。自学成医，善治妇科。

[《临沂地区中医药志》(1982)]

◎ 王佃振 ◎

王佃振（1902—1980），沂南县砖埠公社周王庄大队人。专习妇科，有一定经验，在一方之中享有名望。

[《临沂地区中医药志》(1982)]

◎ 李东义 ◎

李东义（1902—1966），临沂县芝麻墩公社毛屯村人。先生深研岐黄家言，以治妇科病见长而闻名乡里，在群众中颇负盛名，为临沂县第一至五届人民代表大会代表。

[《临沂地区中医药志》(1982)]

◎ 高元明 ◎

高元明（1902—1973），临沂县丰程村人。行医善治妇科与内科杂病，在当地群众中颇负盛名。

[《临沂地区中医药志》（1982）]

◎ 王安卿 ◎

王安卿（1903—1985），十字路镇王家庄子村人。中年专志习医。1938年在东演马村开设药房，曾任区医联会长。1953年在洙边区卫生所从事中医工作，先生医德高尚，在当地享有盛誉。曾被选为县人民代表。1985年病逝。

[《莒南县卫生志》（2001）]

◎ 许作良 ◎

许作良（1903—1977），临沂县汤头公社长沟村人。长于诊治内科杂病，在当地群众中有一定威望。

[《临沂地区中医药志》（1982）]

◎ 刘立森 ◎

刘立森（1903—1976），字仲然，城关石良人。先生早年在"尚志中学"任教，留心医药，四零年在团坪峪开"三利药室"行医，建国后行医于诸葛医院。

先生医术精湛，重经典，崇尚《伤寒》，曾说："仲景可全信，修园可拣读也。"常博采民间验方，筛选应用。诊病分主次，重气血辨证。病家有求必应，为人持重，重视为患者保密隐私，常告后学，"治病事关重大，不可掉以轻心"。

一生治学勤苦，虽病老在床仍不释卷，且涉猎甚广，知识渊博，善书画，为沂水一代名士。晚年热心传术，从师者多得其学。

[《临沂地区中医药志》（1982）]

◎ 武敬善 ◎

武敬善（1903—1982），沂水县崔家峪镇北上平人。一生研习中医药，对《金匮》《伤寒》经典著作的重要论述，既能熟读熟记，又能灵活运用，对《汤头歌诀》背诵如流，应用得心应手，辨证施治，疗效颇佳。他心地善良，医风正派，医德高尚，如有病家求诊，不分白黑，风雨无阻，业医几十年，博得群众好评。早年曾与刘惠民、赵忠敬等合编《医药杂志》及《咽喉症治论》，治疗咽喉著症颇有独到之处。曾带徒两人，晚年抱病卧床，仍为病人诊疗。

[《沂水县卫生志》（1989）]

◎ 孟富民 ◎

孟富民（1903—1982），临沂城人。医善妇科杂病，城区有名。

[《临沂地区中医药志》（1982）]

◎ 钱龙骧 ◎

钱龙骧，生卒年载不详，临沂县独树头公社人。长于治疗妇科、内科杂证，在当地群众中颇有威望。

[《临沂地区中医药志》（1982）]

◎ 胡增喜 ◎

胡增喜，生卒年载不详，临沂城人。善治内、妇科杂证，名响临沂城内外。

[《临沂地区中医药志》（1982）]

◎ 王廷忠 ◎

王廷忠，生卒年载不详，临沂县白庄公社人。对内、外科病的治疗颇有经验，在当地群众中享有盛名。

[《临沂地区中医药志》（1982）]

◎ 刘学秀 ◎

刘学秀（1904—1981），字俊升，临沂县茶山区崖头村人，世医家庭出身。父刘淑通（1878—1940），少聪颖，青衿之年即通经史，袭其家学，研习岐黄之术，于《内》《难》、仲景之书谙熟。行医善内外妇儿科，医术精良，为临沂县一代名医。生前著有《济世良方》《济世医案》《济世医话》等书，因战乱遗失，手稿不全。

学秀少敏慧好学，因父教谨严，医文并通。年十五随父应诊，弱冠医成，名著乡里。年二十六赴济应医考，成绩优良。解放后参加革命工作，先后行医于济南西郊医院、黑龙潭疗养院、长清医院，为人民的保健事业做了大量工作。由于思想进步，医德高尚，作风正派，忘我工作，深受领导重视，曾被选为济南市人民代表、省中医学会理事,是我区当代名医。生前曾参加山东省中医研究所《伤寒论》的注释工作,并著有《医案》六卷,《验方》两卷等书,手稿尚存。

热爱中医事业,勤恳为党工作

刘学秀承其家学,医既成,行医乡里,深知劳动人民治病之不易,所以,凡贫苦人民求诊,有求必应,深受当地民众欢迎。解放后参加卫生工作,继续从事中医。他热爱党,热爱社会主义,热爱中医药事业,以为人民服务的思想指导着自己的临床。所以,先生在工作中,一贯积极认真,为人热情,服务良好。他说:"医者,济世活人之术,我中华民族如此繁衍昌盛,中医之保健功绩最大,应当认真地继承发扬它,为人民多做贡献。"先生言行一致,几十年来,勤勤恳恳,操中医之技术,为人民的保健事业奋斗了一生。晚年卧床不起,仍应诊不暇,坚持总结自己六十年来的临床经验。他在医著中这样写道:"七旬已过又何求,常把事业重千秋,但愿同胞皆延寿,生命未息志不休。"逝世后,省市县为他开了隆重的追悼会,以缅怀和表彰他良好的医术和高尚的医德,悼词中说:"先生医术高明,思想进步,他不但为人民治病千千万,还为党培养了很多好医生,我们要永远怀念先生,学习先生为人民服务,救死扶伤、有求必应的高尚医德。"

破门户之见,纳西医之长

先生虽精通经典与历代名家之著,具有丰富的临床经验,但他主张,继承发扬中医,必须破门户之见,既要学古,也要学今,既要学中医,也要学些西医基础,在临床上可以取长补短。他说:"经方和时方并无矛盾,这是根据医学发展需要而产生的,门户之见是医学的大敌。西医是现代医学,虽有一定的机械性,但西医的听诊、化验、透视等理化检查,就补充了中医望、闻、切诊的不足。"因此先生在诊治疾病时,坚持中医特色,但必要时也采用西医的理化检查,为发展中医,提高中医,开辟了新的道路。

坚持辨证论治,突出中医特点

先生热爱中医事业,表现在他坚持辨证论治,突出中医特点,重视理论与实践的结合。他说:"四诊八纲是中医辨证的方法,医者就要理论熟,技术精,诊察细,有耐性,未诊病,必先静。"常以"持脉有道,虚静为保。诊病不问其始,忧患饮食之失节,起居之过度,或伤于表,不先言此,卒持寸口,何病能中"的经验来教育后学。先生在诊病时,总是以四诊详得病情,用八纲加以分析归纳,从复杂的病变中掌握主次,辨别真假,然后立法遣药。他说:"中医辨证论治,病变法也变,天时地理有别,病有始终,人有胖瘦强弱之分,焉能以方套病!"由于先生精于辨证论治,所以在医疗中多取良效。

采用西医检查,扩大四诊范围

先生虽然身为中医,在长期的医疗实践中,他善于接受新事物,摸索中西医结合的道路。他细心研究,精心探讨,用中西两法对很多疾病的治疗取得了很好效果。如对传染性肝炎、溃疡病、肾炎、肺结核、高血压等病的治疗,以中医理论为主导,以辨证施治为原则,结合西医理化检查,实践证明,这些方式提高了疗效,缩短了病程,治愈率高,复发率少。他说:"这些病不用西医检查,临床治疗无有标准,用西医检查后,只要证明治愈了,就很少有复发,这就是用西医检查的好处。"实为经验之谈。足见先生在中西医结合工作中思想境界达到了一个崭新的水平。

医术全面,经验丰富

先生在中医经典理论的指导之下,多年的实践,积累了丰富的经验,他强调:"治病不明脏腑经络,开口动手便错,治疗者必先分清经络脏腑之所在,而又知七情六淫所受何因,只有这样才能诊断明,方法对,疗效高。"先生医术比较全面,对内、外、妇、儿各科均有丰富的医疗实践经验,以下做扼要介绍。

内科方面

对内科病,先生善于用西医的病理与西医理化检查进行分析,然后运用辨证论治的方法,施以中药治疗,所以对某些内科疾病颇有独见。如对肝炎的辨证论治,1962年曾撰写了《对黄疸型与无黄疸型传染性肝炎的病理探讨》与《中医论治》两篇论文,深受医学界的好评。他对肝炎的证治分六证十六法。六证指肝本经证、肝脾证、肝肾证、肝肺证、肝心证、肝血证;十六法是相应于六证的治疗大法,即疏肝解郁法、疏肝和中法、疏肝利胆法、清肝法、潜阳息风法、养血息风法、培土抑肝法、理脾和胃法、补肾潜阳法、培土温中法、润肺缓肝法、温中理气法、调肝制火法、补心养血法、理气活血法、养血止血法。由于辨证分型细微,治疗方法丰富,所以使复杂多变的肝炎多能得到满意的治疗效果。先生对其他慢性病都有详尽的辨证论治法则,这就是作为一个现代中医所必具备的可贵治学态度。

妇科方面

先生对妇科尤为擅长,对妇科病在生理、病理、证治、方药几方面都有自己新的发挥。他说:"妇科之病不外调经、种子、崩带、妊娠、胎前、产后及杂证几方面。"但因立法有异,疗效悬殊。他提出:"女子不孕必是月经不调或生理缺陷。前者辨证得当，治疗无不育；后者为真不育，多难治。如小便艰涩，腹胀脚肿不受孕者，为膀胱气化不利之故；妇人骨蒸夜热，口干舌燥，咳嗽吐沫，不受孕者，为热在骨髓之故；妇人肥胖不受孕者，此因痰湿之故；妇人性情急躁或抑郁不受孕者，此肝气郁结之故；妇人少腹急迫不舒，带下不孕者，此带脉拘急之故；妇人性情恬淡食少，食多则腹满呕吐不孕者，此脾胃虚寒之故；妇人身瘦弱不孕者，为血虚之故；妇人月经不调，每来腰腹痛甚，血紫暗有块，头晕体酸，五心烦热，心慌带下少腹有积块不孕者，此气滞血瘀之故；妇人头晕、腰膝酸软，月经暗黑量少，不受孕，此肾气虚，胞宫阳气不足之故……"

例：张××，济南槐荫区人，结婚二十年不孕，西医检查为子宫发育不良，久治不愈。先生诊为肾气虚寒，胞宫阳气不足，拟种子煎服之，服五十余剂而受孕，生一男一女。

又，刘××，三十二岁，结婚十二年不孕，先生诊为肝气郁结，予调经种子丸加味，配药料，早晚各服九丸，药未服完而受孕，后生两男一女。

小儿科方面

先生对小儿科也颇有造诣。他说：小儿在生理病理上有其固有特点，因而在疾病的诊断与治疗上既要掌握中医基本理论与证治原则，又要结合小儿各方面的特点：小儿脏腑娇嫩，形气未充，生机蓬勃，发育迅速，但抗病力弱，容易感受疾病，病情易变化，易虚易实，易寒易热，少有七情之病；在诊断上，乳儿不会说话，会说者反映病情也不准确，切脉不易合作，所以应以望诊为主，其中头面尤为重要，对虎口三关之脉纹与哭声变化都有参考价值，结合家长叙述方能做出诊断。治疗要迅速，用药要少而精，易服用，功效快；针药要同用，或配合推拿疗法；环境要安静，空气要流通，这是小儿科治疗的必备条件。

对乙型脑炎的治疗，他说：疫邪急骤，感受易深，高热、昏迷、抽搐三大主症多是因暑湿相合，上蒙清窍，故又常伴胸闷、泛恶、呕吐、嗜睡等证。此时以清热透表解毒为治，双花15克，连翘12克，生石膏30克，蚤休10克，板蓝根30克，黄芩10克，藿香10克，佩兰10克，川朴5克，水煎600毫升，分三次温服或鼻饲，日一剂。若高热、头痛、项强、烦躁，或昏迷、谵妄、抽搐、角弓反张、两瞳异常，呼吸表浅不规则，舌质红或绛，苔黄腻，脉数大，为乙脑极重型。以白虎汤合清营汤加减：生石膏60克，知母10克，双花15克，连翘10克，板蓝根60克，紫草15克，黄连3克，蚤休10克，生地15克，玄参15克，羚羊粉0.2克（冲服），水煎600毫升，分三次温服或鼻饲，日一至三剂，另外石决明、钩藤、地龙、蜈蚣、全蝎可酌加。

外科方面

先生对外科病的治疗，宗前人之经验，大胆实践，个人有较深刻的体会。他说："外科之病一般生在表，但也有生在里者，不管在何处，都与脏腑、经络、气血等有密切的关系。脏腑功能失调，经络通行不利，气血运行不畅，病邪乘机侵袭以及外伤都可引起局部病变，但局部病变通过经络的传导，亦可引起脏腑气血功能失常，进而反映到全身。因此诊治外科病，必须把局部和整体结合起来认识。外科病总分为阴阳两大症。全身治疗采用消、托、补三大法，外治法不外消散、提脓、去腐生肌。外科病的预后，主要根据全身症状及其所影响到的脏腑来判断顺逆。"这些经验之谈，虽未脱前人樊篱，但也说明先生对外科病的治疗已有成熟的经验。

[《临沂地区中医药志》（1982）]

刘学秀（1904—1981），字俊升，临沂市人。中医，出身世医家庭。十五岁随父应诊，二十六岁赴济南参加医考，成绩优良。中华人民共和国成立后，先后在济南市西郊医院、山东省黑龙潭疗养院、长清县医院工作。他医术全面，坚持走中西医结合道路，对内、外、妇、儿各科都有很深的造诣。曾当选济南市人大代表、山东中医学会理事。参加过山东省中医药研究所的《伤寒论》注释工作。

[《临沂地区卫生志》（1989）]

◎ 张会川 ◎

张会川（1904—1981），字福海，沂水县四十里薛家马庄人。医长针灸，扶厄救困，深受群众称赞。

[《临沂地区中医药志》（1982）]

张会川（1904—1981），字福海，沂水县四十里堡镇薛家马庄人。医长针灸，扶厄救困。解放后曾在许家湖医院工作，医德医风高尚，深受群众称赞。

[《沂水县卫生志》（1989）]

◎ 张恒仁 ◎

张恒仁（1904—1961），文疃镇北店子村人。少读经史，后随父习医。擅长内科、儿科，对天花、麻疹的治疗有独到之处，在当地享有盛誉。1961年病逝。

[《莒南县卫生志》（2001）]

◎ 盖乐亭 ◎

盖乐亭（1904—1981），临沂县人。善妇科杂病，在当地有一定群众威信。

[《临沂地区中医药志》（1982）]

◎ 刘廷元 ◎

刘廷元（1905—1973），沂水县马站镇北坡村人。自学成才，曾在于王庄医院任中医二十余年，擅长中医妇科，治疗带下病和不孕症有独到之处。1961年先后带中医学徒6人，学绩优良。

[《沂水县卫生志》（1989）]

◎ 韩新顺 ◎

韩新顺（1904—1974），沂南县双后公社小埠村人。善针灸，治聋哑有名。

[《临沂地区中医药志》（1982）]

◎ 李守贞 ◎

李守贞（1905—1967），苍山县鲁城公社西马山大队人。医术自成，善内科杂证。在省中医进修班学习后，任苍山县卫校教师，医理甚熟，治病多验，在本县享有盛名。

[《临沂地区中医药志》（1982）]

李守贞（1905—1967），苍山县鲁城区西马庙大队人。他自幼读私塾五年，1923年开始自习医术，1925年教学习医，1931年自己开设中药铺，为民医病。1933年在本村教书，兼开中药铺。1944年迁居江苏省铜山县教书兼为民治病。1954年任鲁城区刘郭门诊所医生。1956年在鲁城卫生所任医士。1960年在文峰山医院任医师，翌年调苍山县人民医院任中医师。

他自幼自习医术，善治内科杂症，对《内经》《伤寒》《金匮》等医学名著颇有研究。行医四十四年，临床经验丰富，在诊治温病脑炎、伤寒方面具有较高的造诣。

1957年，他到省中医进修班学习。由于对医理甚熟，治病多验，曾任苍山县卫校讲师，为苍山县培养了大批中医人才，深受学员的好评，其医术在本县享有盛名。

[《苍山县人民医院院志》（2005）]

◎ 王丙新 ◎

王丙新（1906—1967），王家坊前村人。1945年在小坊前医药合作社任医生，为当地民众治病。1945年4月21日，《大众日报》报道了小坊前医药合作社的事迹。先生于1947年任岐山区医联会副会长，1953年被选为莒南县第一届人民代表大会代表。1967年病逝。

[《莒南县卫生志》（2001）]

◎ 宋善常 ◎

宋善常（1906—1976），临沭县观堂公社西宋大队人。善治杂病。

[《临沂地区中医药志》（1982）]

◎ 王广丰 ◎

王广丰（1907—1966），临沂县汤头公社王疃村人。一生行医，善治外科，颇享盛名，1966年前为历届临沂县人民代表与政协委员，有较高威望。

[《临沂地区中医药志》（1982）]

◎ 张林祥 ◎

张林祥（1907—1972），终年六十五岁，沂南县湖头公社张家哨人。习医专攻内、妇科方书，善治内、妇科病，生前在张家哨卫生院行医，有较高群众威望。

[《临沂地区中医药志》（1982）]

◎ 邵元凯 ◎

邵元凯（1907—1968），祖籍江苏邳县，侨居苍山。历任山东省第二、三、四届政协委员。先生医术精良，擅长针灸，在苍山县负有盛名。

[《临沂地区中医药志》（1982）]

邵元凯（1907—1968），江苏省邳县人。生前任苍山县人民医院中医师。擅长针灸。1957年因针灸治疗聋哑病和下肢象皮肿疗效显著受到省政府奖励。连任山东省第二、三、四届政协委员。著有《针灸学讲义》《针灸治疗三字经》等。

[《临沂地区卫生志》（1989）]

邵元凯（1907—1968），江苏省邳县邵场村人。生前曾任山东省第二、三、四届政协委员。

他自幼读私塾长达11年，1926年在邳县八义集拜徐谒仁为师学习医术，后去扬州肯英中学求学，1928年在无锡学习针灸三个月，回家后即随师习医，1936年在邳县自营达医院任针灸医师，1938年侵华日军攻陷邳县，邵元凯便隐居铜山县李家山村，行针灸兼管中药。1951年在兰陵县卫生院任针灸医师，1956年调至苍山县人民医院，1957年到省中医进修学校学习针灸，后任针灸医师。

他医术精良，擅长针灸，临床经验丰富，在苍山县负有盛名。1957年在党号召大闹技术革命的热潮中，他大胆实践用针灸治疗聋哑和下肢象皮肿获得成功，1958年至1960年两年中共治疗164例聋哑病人，有效率占62.8%。从1958年至1965年先后创研出应用磁通器治疗聋哑症，用外敷、内服药、拔罐、针灸综合治疗粗腿病等多项研究成果，取得了显著的成绩。为了培养中医人才，他先后自编了《针灸学讲义》和长达五万字的《针灸治疗三字经》，发表在1960年的《中国针灸杂志》上，曾著《针灸验方新编》，刊载在邳县科技报。

邵元凯生前多次被评为先进工作者、卫生模范、模范医生，是一位深受全县医务界和广大干群赞誉的老中医。

[《苍山县人民医院院志》（2005）]

◎ 陈建吉 ◎

陈建吉（1908—1970），系平邑县位庄区东苗庄人，于1940年行医，名重乡里。1958年参加省中医进修班学习结业，先后工作于沂水疗养院、平邑白彦医院，并兼中医教学工作。建吉医理甚熟，对《灵》《素》《难经》《伤寒》《金匮》悉心探求，多有体会。晚年整理《医案》一部，手稿尚存。

[《临沂地区中医药志》（1982）]

◎ 庞光星 ◎

庞光星学术生平

平邑县人民医院　陈宪民
平邑县地方医院　庞宪清　整理

庞光星（1908—1978），原名光壁，字明洁，平邑县铜石区庞家村人。出身于世医家庭。十六岁文医兼攻，随其祖父庞汝为习医，六年乃能外出应诊。

由于旧时兵燹战乱，社会动荡，先生乃外出奔波，于邹平暂居，行医糊口直至解放后，旋归乡里。先后在平安庄医药合作社、联合诊所、天宝区卫生所、地方医院工作，历任中医。行医五十余年，富有临床经验，每日就诊者，常应接不暇。于1968年，病偏枯，经多方医治，未能康复，1978年病逝。

先生医道精深，临床经验丰富，曾集有《医案》，文稿已佚。现将先生学术思想简介于下。

私淑东垣之学，治病重视脾胃

先生尊崇东垣之学"内伤脾胃，百病由生"的观点，认为脾胃为后天之本，万物生化之源。对"有胃气则生，无胃气则亡"，以及"纳谷者昌，绝谷者亡"等论点，体会颇深。他常对学生讲，人之气血津液，无不由脾胃所生。人之五脏六腑，四肢百骸无不由脾胃所化生的精微物质来充养。即是药饵，也要靠脾胃的运化吸收，发挥效力。故治内伤杂病尤以护顾脾胃为第一要义。

对复杂的慢性病，要统筹兼顾、用药多多益善

先生临床时常接诊一些久治不愈的内、妇科杂病，数症相兼，寒热交错，虚实夹杂，立方遣药能以统筹兼顾取效。先生认为症有千变，医亦千变，不可执一方而应万变之病，泥古不化。他说："仲景、东垣共称医圣，用药多寡，两不相侔，若以药味多寡而分优劣，是舍本而崇末也。"在临床中，确有数症夹杂之疾，故以多味药，分兵合剿。先生曾以作战为例，阐明自己的这种学术思想，言曰："无粮之师，利在速战。衰蔽之日，不可穷民力也。若治一遗三，则养患无穷。故淮阴背水之阵，诸将疑其不合兵法，而不知正在兵法中也。"

对急病重病用药量重，先挫其锐气

无的放矢，攻伐无过，则固然不可。但药不及病，或病重药轻，药不达病亦难收功，故在治疗中，先生主张用药必速达病所，直捣其巢，先挫其锐，否则必贻误病机，坐视其败。

先生知识渊博，深明医理，审病求因，四诊合参，理法方药，丝丝入扣，在诊治中独到之处甚多，以上诸条，不过举其要而已。

[《临沂地区中医药志》(1982)]

破伤风病急且重，铜石庞家村老中医庞光星（1908—1978），常用北京同仁堂之存命汤、五虎追风散、千里奔散、参附汤、菖蒲郁金汤等数方联合化裁治之，疗效颇好。费县官山头李某患此病,药用人参10克(炖),菖蒲10克,郁金10克,橘红10克,半夏10克,胆南星10克,全蝎10克,蜈蚣10条(焙),蝉衣8克,僵蚕10克,天麻10克,钩藤15克,黄芪20克,吴茱萸10克,木瓜10克,驴蹄子30克(焙、研),朱砂、琥珀各3克(研细末以药酒先冲),生姜4片,黄酒与水各半煎之,鼻饲。依上方服十二剂,病愈。本案例药虽多而不杂,量虽重而不繁。总之能挫其病势,愈病除疾。

地方医院名老中医庞光星(1908—1978),对东垣之补中益气汤运用灵活,得心应手,用以治疗妊娠转胞、漏血证、气虚发热、便秘、脱肛等病常能获意外之效。曾治东固村杨某,怀孕七个月,近六天腰腹坠痛,漏血不止,察其面色萎黄,懒言,苔白舌淡,脉虚大。辨证属中气下陷,气不摄血,遂立补气升陷、固摄冲任、养血止血法,投补中益气汤加阿胶、熟地、川断、杜仲炭、白芍、山药,两帖病轻,六剂痊愈。

破伤风:汤××,男,三十八岁,农民,住地方镇三合大队。1966年4月6日就诊。牙关紧闭,角弓反张半个月。患者于3月14日因出鸡粪将左足面碰破,六天后即发生肌肉痉挛,时有抽搐,去费县人民医院诊治确诊为破伤风。住院治疗病情逐渐加重,医者束手无策,视为不治之症,令其出院回家以备后事,回家后,其家属乃邀余诊治。视之舌蹇不语,牙关紧闭,神志昏糊不清,两手紧握抱胸,角弓反张,口撮唇紧,喉间有痰鸣声,已三日未进饮食,二便失禁。舌苔舌质未能察看,脉弦紧。诊断:破伤风。辨证:外伤破口,贯风而成,风毒壅闭经络。治则:扶正祛邪,追风解痉。方药:存命汤(北京同仁堂方)、五虎追风散、千里奔散合并化裁。处方:胆南星10克,白附子9克,半夏10克,橘红10克,菖蒲15克,天麻12克,细辛6克,蝉蜕10克,羌活10克,防风10克,木瓜10克,吴萸10克,全蝎15克,蜈蚣12条(焙),僵蚕10克,肉桂12克,琥珀3克,朱砂3克(上两味合研分三次冲),黑驴蹄子30克(焙、研,入煎),黄酒、水各半煎,鼻饲400毫升,一日三次。

以上方服六剂,症状减轻,易以下方。处方:红参10克,焦术10克,当归10克,杭芍15克,橘红10克,全蝎15克,蜈蚣(焙)12条,防风10克,木瓜15克,僵蚕10克,天麻10克,胆南星10克,吴萸10克,肉桂12克,炙草6克,黑驴蹄子(焙)30克,琥珀、朱砂各3克(上两味研冲),水煎服,上方剂量逐步递减,服二十剂痊愈。

按语:破伤风是因外伤受邪引起发痉的病症。本病治疗主要以正邪的强弱,辨别虚实，初起多在表，邪盛而正未虚，治当追风发汗解痉为主；后期多在里，邪盛正虚之候，治当扶正祛邪为主。若早期发现治疗，一般均能痊愈，但用药剂量要能克敌制胜，非轻剂所能取效，若药不敌病，则坐失战机，贻误人命。

妊娠转胞：吕××，女，四十二岁，农妇，费县西柳庄人，1965年6月24日就诊。突然小腹骤痛，小便不通半天。患者妊娠七个月，两日前自觉小腹坠痛不适，心悸气短，小溲不畅，因尚能操理家务，故未诊治。于今晨突然少腹满痛，小便闭塞不通，呻吟呼叫，撕衣抓地，难以忍受，西医用镇痛剂无效，以座椅抬来就诊。检查：痛苦面容，舌质淡，苔白，脉象细紧。诊断：妊娠转胞。治则：补气升阳，举胎利尿，以补中益气汤加减。处方：黄芪30克，党参20克，焦术10克，当归10克，柴胡10克，升麻10克，陈皮6克，泽泻12克，车前子12克（包），乌药10克，桂枝尖8克，无名异30克（捣碎），甘草10克，水煎服。上方服一剂，小便点滴而下，腹痛减轻。继服一剂，小便通顺，腹痛若失，共服三剂痊愈。

按语：妊娠转胞，临床较为少见，若能辨证论治效果显著。本例为脾肺气虚，不能摄纳胎元，致使胎胞下陷，壅遏过甚，压迫膀胱，气化升降失司，水道阻塞所致。故用补中益气汤应手取效，方中无名异，药房一般没有，可在黄土地之间的水沟内寻取。

庞光星解南锅泉之围：南锅泉杀人魔王刘黑七的小老婆生一儿子，刘匪爱如掌上明珠。一次，此子患病发烧抽风，先后延请医生七人，经过治疗病情均不见轻，刘黑七急得像热锅上的蚂蚁。他怀疑这些先生不施真本事，皆困禁不放，并扬言小孩若有好歹，全部活埋。后闻庞光星先生名，遂差人找先生诊治，先生闻此消息，畏刘匪残暴，遂避于东朱尹。未过二日，终被刘匪部下查获，被逼迫前往。视之为温病阴虚动风之疾，遂疏复脉汤大小定风珠化裁治之。每日诊视、观舌、验齿、察脉，经过精心治疗十余日病情好转，半月余痊愈。所困7位先生乃获归家，免遭荼毒，否则皆被活埋。后称此为解南锅泉之围，至今仍在医界传说着。

庞光星（1908—1978），原名光壁，字明洁，铜石镇庞家村人。出身于世医家庭，十六岁文医兼攻，随祖父庞汝为习医，六年后乃能外出应诊。旧社会先生奔波于邹平行医糊口，直至解放后旋归乡里，先后在大平安庄医药合作社、地方医院工作。1962年参加山东中医学院函授学习，并在诊务繁忙的情况下肩负中医带徒任务。他行医五十余年，富有一定的临床经验，治愈许多疑难重证。如地方汤某患破伤风，医院因病危令其回家以备后事，经他以中药鼻饲得以复生。西柳庄蔡某患癃闭，他医以八正散通利不应，又以济生肾气丸仍不应，经先生投以补中益气汤而获全功。1964年，由于劳累过度而吐血，但仍坚持工作，日诊百人从不叫苦，得到了医院领导的表彰。1968年积劳成疾而病偏枯，即使卧病在床，求诊者不绝，实现了他一生薄技为人民的愿望。于1978年在家病故。所集医案文稿多佚。

[《平邑县卫生志》(1991)]

◎ 唐洪德 ◎

唐洪德（1908—1980），系平邑县仲村区北昌乐庄人。早年毕业于济南育英中学，后习医，专攻《灵枢》《甲乙经》，擅长针灸。解放后任教于临沂卫校，对我区针灸人才的培养贡献颇著。

[《临沂地区中医药志》(1982)]

◎ 王冠军 ◎

王铭勋（1909—？），字冠军，蒙阴县桃曲公社颜庄人。自幼受其外祖父、中医赵久龄熏陶，十六岁开始学医，二十二岁与李庭光、秦淑文悬壶于旧寨。1948年汶南区成立医联会任副会长，1949年被选为县人民代表大会的代表。

1950年建立汶南区卫生工作者协会，任会长；1953年调困布区卫生所工作，1956年出席山东省卫生先进工作者会议，并获得奖状、奖章，1959年调县医院工作。

先生积有近六十年的医疗经验，现摘抄公开发表，其子法昌整理的部分临床用药经验，以示先生临床经验之一斑。

养阴清肺汤治愈白喉病例介绍：载《山东中医药》1960年第一期第26页。其主要药物如下。

生地30克，玄参24克，寸冬18克，川贝12克，丹皮12克，杭芍12克，泽漆9克，薄荷6克，双花12克，连翘9克，甘草3克，水煎服。

治疗脑后痛方：《山东省中医验方汇编》第89页

当归12克，川芎9克，生地9克，白芍9克，玄参12克，枸杞子9克，寸云9克，玉竹9克，天麻6克，细辛3克，知母9克，黄柏9克，川膝9克，萸肉12克，水煎服。

胁间神经痛的辨证施治：《枣庄卫生志》

处方：当归15克，丹参15克，制乳香15克，没药5克，柴胡10克，郁金10克，瓜蒌皮12克，薤白10克。

右胸胁痛者，外加枳壳10克，陈皮10克，以理肝胃之气。

左胸胁痛者，再加桃仁 10 克，红花 10 克，以活血化瘀。

如伴有口苦、咽干、目眩者，加黄芩 10 克，龙胆草 10 克，川楝子 8 克。

如有胸胁胀满，咳嗽不畅者，加杏仁 10 克，牛子 10 克，以宣肺止咳；如伴有恶心、呕吐、吞酸者，加清半夏 10 克，代赭石 20 克，以平肝和胃降逆之效。

如伴有心悸、多梦者，加生龙骨 15 克，生牡蛎 15 克，以镇静安神，收敛心气。

"小儿多汗症验案"摘录（王法昌整理）

小儿多汗症临床常见，有时合并他症，中医可分营卫不合的桂枝汤证，表气虚的玉屏风散证、中气不足的保元汤证，阴虚盗汗的当归六黄汤证、阳明气分大热的白虎汤证、三焦气化不利的五苓散证等类型，以阳虚和气虚型最为多见。临床不难鉴别，辨证中肯，疗效显著。

先生虽逾古稀之年，但仍手不释卷，现正撰写《蒙山秘抄》，其中《麻疹条辨》一卷，写法新颖，今摘载数语，以示梗概。"疹前发热似伤风，疹出发际头面迎。身热起伏如潮涌，晨低午高夜间重。嗽嚏微汗泪目红，渴饮睡安呼吸平。疹见头颈再背胸，先上后下手足停。色贵红活丘疹明，透齐热降为顺症。"

[《蒙阴县医药卫生志》（1984）]

◎ 庄旦林 ◎

庄旦林（1909—1947），大店人。幼读塾学，才高资敏，青衿之年去上海五洲医学院中医系学习，结业回籍，悬壶乡里，除疾济人。他于各科均有较深的造诣，尤擅于妇科。临症时理病甚详，组方严谨，用药精当，名噪于莒县、日照一带，求诊者甚众。1947 年去世。

[《莒南县卫生志》（2001）]

◎ 刘培奇 ◎

刘培奇（1909—1966），字慕韩，沂水县姚店子公社人。早年教书兼习岐黄，医术自成，颇悉《伤寒》与后世医家名著，善治内科与时疫病，用药大胆灵活，多取捷效。晚年经验丰富，颇有名声。先生有聪敏之才，多艺，善书画，言谈风趣，文雅不俗。

[《临沂地区中医药志》（1982）]

刘培奇（1909—1966），字慕韩，沂水县姚店子镇王家坪人。早年教书兼习岐黄，医术自成，颇悉《伤寒》与后世医家名著，善治内科、妇科与痘疹、伤寒等时疫病症。用药大胆灵活，多取捷效。晚年经验丰富，颇有名声，曾著《方剂手册》与《典型病例案卷》。先生聪敏，多才，多艺，善书画，言谈风趣，文雅不俗。民间流传"城北有'三杨'，城南有'慕韩'"之说。一生带徒多人，对祖国的中医事业有一定贡献。

[《沂水县卫生志》(1989)]

◎ 赵聪明 ◎

赵聪明（1909—1980），沂南县铜井公社柳行村人。专于眼科，对治眼科疾病有经验，在一方之中有名。

[《临沂地区中医药志》(1982)]

◎ 能恒丰 ◎

能恒丰（1909—1975），平邑县仲村区回龙庙人。先生一生致力于中医事业，先后服务于流庄联合诊所、仲村医院、柏林医院、平邑县人民医院中医科。医理精通，经验丰富，善集名家之长。对王焘所著《外台秘要》阅读精熟，体会顺深，用药平正稳妥，不偏不倚，药少效彰。

[《临沂地区中医药志》(1982)]

◎ 张立堂 ◎

张立堂[①]老中医年逾古稀，不但有着丰富的临床经验，而且有较高的医道医德，可谓德高望重。自1949年至1982年，为历届蒙阴县人民代表大会的代表，1981年被选为县人民代表大会常务委员。

一心赴救　医德高尚

1960年，我国遭受特大自然灾害，人民生活极端困难，患营养不良性水肿者甚多。当时领导指派张老，负责联城公社107个水肿病人的治疗工作。患者卧床不起，面色萎黄，周身浮肿。他目睹此状，日夜奔波，精心为病人治病。他深深懂得，此病只用药治疗是无济于事的。他不分昼夜，不怕寒冷，下水捉得许多蛤蟆，又到处搜罗了许多猪骨和牛骨，用锅熬汤给病人喝。对危重病人，张老都要亲自煎药、送

---

① 张立堂：根据《蒙阴文史资料　第1辑》(1987)记载，其为1910年出生。

药，一年来，经过张老的精心调治，107个水肿病人无一例死亡，全部治愈。

张老几十年如一日，急病人所急，"见彼苦恼，若己有之，深心凄怆，勿避险恶，昼夜寒暑，饥渴疲劳，一心赴救……"可谓医德高尚。

博极医源　一针见的

张老熟谙中医经典，辨证确切，对疑重症，每能探本求源，一针见的。如他对泌尿系结石的治疗，非同一般，他常说："尿结石，实为膀胱气化失常，太阳之腑蕴热，尿中杂质受其煎熬，凝为结石，强攻硬排，不能取效，撤热溶石，方为上策。"

刘××，男，三十八岁，县武装部干部，于1975年诊治。

患者两年来，尿频、尿急、血尿时常发生。经地、县医院多次拍片检查，诊为右侧输尿管结石。曾在地区某医院治疗，应用中西医药总攻疗法，中药服用八十余剂，但效果始终不显。求张老诊治，随拟化石汤：内金10克，郁金12克，牡蛎30克，昆布20克，海藻20克，金钱草20克，石韦20克，海金沙20克，木通7克。水煎服，日一剂，服药八剂后，患者诉说小便浑浊，觉有细小沙粒排出，再服十剂，经摄片检查，结石已无。

王××，女，二十六岁，片号19378。

突感腰痛，右下腹放射性疼痛，血尿。于1982年8月10日经静脉肾盂造影及拍腹部平片，均发现右侧输尿管下端有0.5厘米×1厘米结石一块，即来救治。张老拟用化石汤，服药不足二十剂，尿石顺利排出，拍腹部平片结石阴影消失。

张老应用溶化结石之法，治愈泌尿系结石无算。

辨证细腻　善调婴幼

儿科素有哑科之称，幼儿"脏腑薄，藩篱疏，易于传变，肌肤嫩，神气怯，易于感触"，且小儿稚幼，语言不通，更为诊断困难。但张老认为，小儿脏腑气机清灵，反应敏捷，活力充沛，易于恢复，且小儿无七情所伤，不动五志之火。患病不是外感六淫，即是内伤饮食，再即惊吓。轻病可不药而愈，即为重病，确得其本而摄取之，一药可愈。

杨××，男，三个月，因发烧不退而来县院小儿科住院治疗，经用青霉素、卡那霉素、红霉素等抗生药，治有半月而无效。遂请张老会诊。小儿面色萎黄，不欲乳食，体温持续38～39℃，扪之肌肤灼手，脘腹饱胀，舌苔白而腻，指纹暗滞。诊为内伤饮食，外感风寒，保和丸加防风1.5克，服药二剂，体温正常而出院。

在建国前，麻疹时常流行，严重地威胁着幼儿生命。张老目睹现状，勇于实践，奋发读书，在防治麻疹过程中，积有丰富经验。他认为，疹毒发于六腑，不死于闭，即死于脱，初用辛凉透表，终用甘寒养阴，发表莫过于伤风，徒使芩连不为功，开上窍必用桔梗，开下窍还需木通。腹痛系为热结，轻则枳壳甚大黄，咽痛牛子最有功，菊花蝉衣防目翳，用药味少要清灵。初期他常选用双花、防风、荆芥、牛子、桔梗、木通、前胡、甘草等，忌用辛温刚燥。在护理方面，他常说："一碗清水半剂药。"

李××，男，一岁，患儿素有先天性心脏病，今又患麻疹，壮热，昏迷惊搐，医嘱已下病危，只期张老救治。用药双花16克，防风3克，蝉衣3克，牛子3克，桔梗3克，木通2克，西洋参5克（先煎频饮），麦冬3克，甘草1克，水煎服，另用紫雪丹冲服，调治三日，麻疹出齐，极顺之症。张老此方，寓意极深，外可辛凉透表发疹，内可扶正护心，故能取桴鼓之效。

行方智圆　力挽狂澜

张老辨证娴熟，胆大心细，行方智圆，每能使沉疴大症，启病回春。

刘××，女，三十八岁，因孕六个月而来引产，在常规消毒下，经阴放水囊，并注射生理盐水500毫升，24小时后出现规律宫缩，水囊自行脱出，约6小时后，病人突然高热寒战，头痛恶心，体温高达40℃以上，呼吸急促，神志恍惚，面色潮红，心率120次/分，双肺呼吸音粗糙，全腹压痛反跳痛，宫底于脐下一指，压痛明显，未闻及胎心音，妇科检查见脓性分泌物自阴道流出，恶臭味，急查血，白细胞20 150，中性粒细胞92%，经上级大夫会诊，诊断为"中孕引产并感染"。即刻静滴催产素，娩出完整胎儿及胎盘。随即给予大剂量联合应用抗生素，治疗三天，效果不佳，病情继续恶化，抢救小组急请张老会诊。

刻诊：患者精神淡漠，目合口张，面色苍白，汗出如油，周身湿润，手足厥冷，呼吸微弱，手撒遗尿，呼之不应，脉细如丝。张老急书：西洋参15克，附子10克，山萸肉18克，当归9克，黄芪30克，急煎频饮。服药两剂，双目已开，再剂精神已振，汗出亦止。以上方加减，服药八剂，狂澜得平。

张老虽逾古稀之年，但仍精勤不倦，日夜为病人操劳，他常说："以衰老余年，加倍努力，一息尚存，以此微余热贡献于中医事业。"

[《蒙阴县医药卫生志》（1984）]

1984年，蒙阴县人民医院中医张立堂，总结了防治麻疹的经验。他认为：疹毒发于六腑，不死于闭，即死于脱。初用辛凉透表，终用甘寒养阴。发表莫过于防风，徒使黄芩、黄连不为功；开上窍必用桔梗，开下窍还需木通；腹痛系为热结，轻者用枳壳，重者用大黄。咽痛宜用牛子、菊花、蝉衣防目翳；用药味少要清灵。初期常选用金银花、防风、荆芥、牛蒡子、桔梗、木通、前胡、甘草等。忌用辛温刚燥之品。

有一素有先天性心脏病的麻疹患儿，壮热、昏迷、惊搐，医嘱已下病危通知，张氏诊后开下方：金银花16克，防风3克，蝉衣3克，牛蒡子3克，桔梗3克，木通2克，西洋参5克（先煎频饮），麦冬3克，甘草1克，水煎服。另用紫雪丹冲服，调治三日，麻疹出齐。

[《临沂地区卫生志》（1989）]

◎ 王兴太 ◎

王兴太（1910—1979），临沂城人。善内科杂病，治病多验，城区有名。

[《临沂地区中医药志》（1982）]

◎ 刘经厚 ◎

刘经厚（1910—1977），沂南县岸堤人。一生热爱中医，专习内、妇科，年老颇有经验，闻名乡里，为一方之众所信赖。

[《临沂地区中医药志》（1982）]

◎ 吴树常 ◎

吴树常（1910—1982），字瞻阳，沂水城关牛岭埠人。一生热爱岐黄之学，潜心活人之术，于《内》《难》《伤寒》研读甚精。临床擅长内科和妇科，治病每有奇验，左近颇负盛名，信誉著于遐迩。尤其是自己配制的红膏药，治疗疖痈效力极佳。先生对人敦厚忠诚，处世练达持重，诊病细心，用药谨慎，行为品质堪为后来者效范。

[《临沂地区中医药志》（1982）]

◎ 张　田 ◎

张田（1910—1980），沂水县王庄乡范峪村人。先生八岁时得其堂兄张梅的赞助，进马头崖学堂就读七年，适逢当地瘟疫流行，民众染病者死亡惨重，先生深有所感，遂立志学医，拯救夭横。他广集方书，博采民间验方，并多次外出拜师学徒。村人知他学医，有病让其处方，竟获良效。1935年自设药店，往诊者络绎不绝，四乡闻名。

张先生自学成才，行医四十余年，医德高尚，群众敬仰，以治胃病专长，着辨证施治，疗效卓著。如张某，二十四岁，男，麦坡村人。上腹部隐痛月余，逐渐加重，伴灼热，反酸，饱胀，恶心，嗳气，舌红苔黄，脉弦数，辨证：肝郁化火，犯胃上逆。治则：清热解郁，理气止痛。方药：白芍12克，甘草6克，公英18克，木香6克，陈皮6克，乌药6克，黄连9克，吴茱萸2克，栀子9克，五剂，水煎服。上药服后诸症大减，食欲稍差。上方去栀子，黄连减为6克，加炒谷芽、麦芽各12克，又服五剂而愈。又一杨某，男，四十七岁，患胃痛五年，近月来因情志不遂，胃痛发作，曾服疏肝和胃药治疗半月无效。入夜痛甚，嘈杂思食而不知味，大便干结，舌苔剥而燥，脉弦大无力，辨证：肝胃不和，热郁伤阴，络脾作痛。治则：柔肝养胃，缓中止痛。方药：白芍12克，甘草6克，石斛12克，寸冬9克，麦芽12克，沙参12克，乌梅6克，生熟枣仁各10克，淡竹茹9克，水煎服，四剂后以养胃活络调治而愈。

先生时怀救苦之心，不依行医之专长，谋取钱财。如遇家境贫寒，无力治病者，即施医舍药，分文不取。1941年麦坡村刘姓病人，胃痛年余，屡治无效，其父用小车推来请张老医生治月余而愈，病者大喜，感恩不尽，后持重礼来谢，张老婉言谢绝，对其父说："治病是医者职责。你家有病人，四处求医，家资已耗，我再收礼索物，实是不仁也！"此事在同行和群众中成为美谈。1945年邻村有老妪，身患下痢，日二十余次，无钱医治，两日后卧床不起，汤米不下，病势转危，适遇张先生出诊，处方后让病家去他家药铺取药速治。病家面带愧色，张老会意，诚心相告："此药日后分文不取"。遂服药十余剂而愈，病家非常感激。

1958年他在区医院工作，一贯谦虚谨慎，常说："医者目标一致，救死扶伤，绝不以己之长量人之短。"1961年他带徒数人，言传身教，精心传术，培育中医人才，他的学徒很快成为中医骨干并在实践工作中成为表率。

[《沂水县卫生志》（1989）]

◎ 邱树柏 ◎

邱树柏（1910—1970），沂南县大庄公社苗家庄人。曾读内科名家方书，善治内科杂病，有一定名望。

[《临沂地区中医药志》（1982）]

◎ 徐树伦 ◎

徐树伦（1910—1983），字次经，沂水县高桥镇徐家牛旺人。早年任教兼学岐黄，医术自成对《内》《难》《伤寒》《金匮》研究多有心得。建国后行医于城关医院。

先生擅长内、妇、儿科，善针灸，灵活运用小柴胡汤、温胆汤，临证加减，颇有心法。用药每取良效，一生行医诊病细心，用药谨慎，有求必应，从不推诿，就诊者络绎不绝。

先生临床经验丰富，医德高尚，医术精湛，为人正直忠厚，平易近人，工作兢兢业业，任劳任怨，深受人民尊敬。县内颇有名望，曾被选为县第一届人民代表。晚年患严重神经衰弱、头痛，经常彻夜不眠，仍坚持诊疗工作。为传术后人，1959年带徒6人，皆有所成，为中医的继承作出了很大贡献。

[《沂水县卫生志》（1989）]

◎ 赵忠敬 ◎

赵忠敬（1910.03—1984.01），字恕风，沂水县南马荒村人。农民出身，攻读私塾九年，1925年始自学中医三年。1927年10月—1947年9月在沂水县行医，并在乡村兼做函授工作。1934年任沂水县《中国医药杂志》主编和沂水县医药改进会副会长、沂水县中医考试委员会委员等职。1949年在广西柳州学习西医药，1953年10月在湖南省衡阳市华新制药厂任医师、药师，做中药化学研究工作。1957年10月任山东省卫生厅实验药厂中医师，1958年5月任山东省中药研究所中医师，1964年5月—1984年任山东省中医药研究所副主任中医师。1984年1月30日病逝于济南，终年七十三岁。卫生技术十一级。

赵忠敬一生认真学习马列主义、毛泽东思想，积极参加政治活动，擅长中医药，主要研究项目有高血压、肾炎、肿瘤等。他热爱中医事业，重视继承和发扬祖国中医药学，长期从事中医药研究工作，通晓中医药基本理论，在中医临床和中药研究方面有丰富的实践经验，曾编著《中药研究》一书，1959年2月经山东人民出版社出版第一辑，辑有《谈谈中药剂型改进问题》《谈谈中药鉴别问题》《谈中药炮制问题》等十九篇论文。1959年12月经山东人民出版社出版《中药研究》第二辑，辑有《研究中药的几个问题》《中药制剂疗效的研究》《中药煎熬方法的研究》等十五篇论文。另外在《新中医》《中成药研究》等全国性、省市级杂志上发表过数篇论文，并参加了《山东药用植物品种讨论》《山东中草药验方选》《山东草药手册》《山东经济植物》等书籍的部分编写工作。在工作中认真负责，勤勤恳恳，积极完成所担负的任务。同时在诊疗中对病人耐心细致，热情周到，深受病家崇敬。

赵忠敬从事中医药研究五十余年，一生对祖国的中医、中药和中西医结合工作及医疗、科研教学等工作作出了一定贡献。

[《沂水县卫生志》（1989）]

赵忠敬（1910—1984），原名赵恕风，沂水县人。副主任中医师。1934年与刘惠民共同创办"沂水县乡村医药研究所""中国医药研究社"和《中国医药杂志》。1949年又毕业于广西柳州西医学校，1953年任湖南衡阳华新制药厂医师、药师，1957年调山东省卫生厅实验药厂任中医师，1958年调山东省中医药研究所，1964年晋升副主任中医师。他作为中医，又系统地学习过西医理论，为发展中西医结合起了重要作用。曾参加编选《山东中草药验方选》《山东中草药手册》等书。

[《临沂地区卫生志》（1989）]

◎ 刘镇玉 ◎

1913年出生于沂南县铜井镇莱坪村四代中医眼科世家的刘镇玉中医，善以清热泻火解毒药三黄汤（黄连、黄芩、黄柏）为主加减，治疗角膜炎、角膜溃疡，疗效显著。

[《临沂地区卫生志》（1989）]

◎ 宋鲁憯 ◎

宋鲁憯（1913—1960），临沂县义堂公社小朱庄村人。善诊内科杂病，在当地群众中享有较高威望。

[《临沂地区中医药志》（1982）]

◎ 宋星白 ◎

宋星白（1914—1982），沂南县青驼公社南宅子人。热心中医学，对《内经》《金匮》等书颇下功夫，善内、妇科，有一定名望。

[《临沂地区中医药志》（1982）]

◎ 张庆生 ◎

张庆生（1914—1978），字伯年，临沭县南古公社道岸村人。幼读经书，文墨精湛，后业医，擅长妇科，积多年之经验，著《妇科128病》一书存于世。

[《临沂地区中医药志》（1982）]

◎ 杨焕文 ◎

杨焕文（1914—1978），沂水县马站镇杨家城子人。父杨致标病逝后，焕文袭其家业。自幼从父习医，医理颇精，曾任马站联社社长、沂山推进社医生、医药股股长、山东省中医研究院业务秘书等职。1958—1975年在山东省中医研究院任医生、中医师，擅长中医中药，善治胃肠病，对中医中药理论和中西医结合的研究有一定成绩。

[《沂水县卫生志》（1989）]

◎ 谢方坤 ◎

谢方坤（1914—1976），郯城县红花埠村人。先生以开明士绅，民主人士见称，文学渊博，富有民族气节，在抗日战争期间，尝以"不办汉奸事，不教汉奸书"砥砺自己，遂闭门自修医学，同时在共产党的教育和领导下，做了大量的革命工作。抗日战争胜利后从事教学。1956年在县医院专业中医，复又调往临沂干部疗养院任中医，并兼任培养赤脚医生教学工作。

[《临沂地区中医药志》（1982）]

◎ 公方章 ◎

公方章（1916—1974），系平邑县城关区颛臾村人。为平邑县名老中医，早年行医于平邑镇"六合堂"，解放后参加工作，善治内科杂病，以用逍遥散精妙著称，方小廉价，加减灵活，效果显著，有独到之处。

[《临沂地区中医药志》（1982）]

◎ 唐鸿基 ◎

唐鸿基（1916—1987），先生对胃脘痛以"久痛有瘀""六腑以通为顺"立论，主张"去实"。凡胃脘痛而拒按者以小建中汤，加枳实、明粉、大黄，常应手取效。

[《莒南县卫生志》（2001）]

◎ 魏玉栋 ◎

魏玉栋，字华庭，生卒年载不详，系莒南县涝坡公社魏家鸡山村人。一生习研岐黄之术，擅长内科、妇科，尤精于脾胃病证治。求诊者应接不暇，被誉为良医。

[《莒南县卫生志》（2001）]

◎ 鲍化久 ◎

鲍化久（1917—1982），系平邑县仲村区鲍家坡村人。深研《灵》《素》，擅长针法，1954年参加全国针灸进修班学习，行医于平邑县人民医院，针术高明，并研究制作针灸模具，以纸浆等料，塑制人体模型、经络腧穴，且连以导线，针中穴位，指示灯亮，甚为精巧。

[《临沂地区中医药志》（1982）]

◎ 杜家申 ◎

杜家申（1918—？），临沂县俄庄公社大枣沟村人。擅长妇科，在民间享有众望。

[《临沂地区中医药志》（1982）]

◎ 李秀庭 ◎

李秀庭（1918—1983），莒南县人。副主任中医师，擅长内科、妇科。青年时期在乡间行医。1943年担任涝坡区"医救会"副会长，积极参加抗日救亡运动。1947年在鲁南战役中，参加医疗救护工作，立大功一次。中华人民共和国成立后，先后在涝坡、路镇区供销合作社医药部工作。1955年加入中国共产党。1956年调临沂地区财经干校任校医。1962年任临沂地区人民医院中医科主任，1965年晋升副主任中医师。他注重中西医结合，善于学习西医的长处，对脑血管及心血管疾病的治疗有很深的造诣。1972年负责《沂蒙医药》的创刊工作，并担任责任编辑。1979年任临沂地区医学科学研究所副所长、中华全国中医学会山东分会理事、中华全国中医学会山东临沂分会副会长。1981年被地直党委授予"优秀共产党员"称号。

1969年，临沂地区人民医院中医李秀庭，用顺气祛风、活血祛瘀、调气舒肝三法治疗痛经，以当归、川芎、白芍、延胡索组成基本方，随症加减，疗效显著。

同时期，他治疗不孕症，经前重用调肝活血药，经后重用滋肾健脾药，并对经前少腹痛的不孕患者以酒炒白芍、酒洗当归，配以炒栀子、牡丹皮及香附等，对经后少腹痛的不孕者，用酒当归、白芍为主，配山药、阿胶珠等调治，使不少妇女受孕得子。

此后，其运用补气利水、活血软坚法，治疗卵巢囊肿，取得较好效果。

1955年，莒南县路镇区中医李秀庭，自拟清心化痰丸，治疗小儿癫痫，经几十年临床验证，有效率达90%以上。

1970年，李秀庭拟制由三味中药组成的升举汤，治疗小儿脱肛，后经十余年临床验证，多在三剂内见效或痊愈。同时，他用自拟的川甘饮配冰硼，治小儿重舌，以槟榔散治小儿鹅口疮，给很多患儿解除了痛苦，而且花钱甚微，深得群众信赖。

1955年，莒南县路镇区中医李秀庭，在"万物得酸则敛"的启发下，将酸收与升阳健胃药融合一体，拟制升收健胃汤，经临床应用，治疗胃下垂有显著效果，成为家传验方。

1943年，在莒南县涝波区任医救会会长的中医李秀庭，根据家传经验，自创车甘散治疗闪腰岔气，疗效甚佳，多在一二剂内治愈。后成为李氏家传秘方。1967年，临沂地区人民医院中医李秀庭，将活血药与散寒药配合，定名为血藤川乌饮，治疗寒湿性关节炎，多在十几剂内见效成功。

1968年，李秀庭研制成消肿汤，加减治疗急性肾炎，经十余年临床应用，均在六剂内使化验结果转为正常。同时，他用阳和汤治疗虚寒性月经不调、关节炎、坐骨神经痛，皆获良效。他用"清肝息风化痰通腑法"，治疗中风，用补气清肺活血利水法治疗尿毒症，也均取得显效。

[《临沂地区卫生志》(1989)]

李秀庭(1918—1983)，原名李兰，莒南人。1942年参加地方医救会任会长，作抗日医疗支前工作。1946年鲁南战役立大功一次。1962年任临沂地区人民医院中医科主任。1972年创刊《沂蒙医药》，任主编。1979年后任临沂地区医科所副所长、临沂地区中医学会副会长、省中医学会理事、中华全国中医学会会员。

[《山东省卫生志》(1992)]

李秀庭(1918—1983)，涝坡镇李家鸡山村人。副主任中医师，擅长内科、妇科。青年时期在当地行医。1943年任涝坡区"医救会"会长。1947年在鲁南战役中，参加医疗救护队。中华人民共和国成立后，先后在涝坡、路镇区供销合作社医药部工作。1956年调临沂地区财经干校任校医。1962年任临沂地区人民医院中医科主任。他注重中西医结合，善于学习西医的长处，对脑血管及心血管疾病的治疗有很深的造诣。1972年《沂蒙医学》创刊时，他担任编辑。1979年任临沂地区医学科学研究所副所长、中华中医学会山东分会理事、中华全国中医学会山东临沂分会副会长。1983年病逝。

[《莒南县卫生志》（2001）]

◎ 刘伯成 ◎

刘伯成①（1919.10—1983.08），祖籍江西，后随父迁居沂水县城。

伯成生于中医世家，祖父刘本谦为沂水名中医，善书画，爱吟诗填词，研讨经史。伯成早年丧父，在祖父关怀下长大成人，小学时成绩优异，十三岁祖母去世，即辍学侍奉祖父，并在其熏陶下学文习医，诵诗颂词，练书法。因勤奋好学，深得本谦先生喜爱。十六岁时其祖父与几位友人品茶赋诗，本谦先生有意考教孙儿，手指一盆郁香正浓的兰花，令其作诗一首，伯成略加思考即曰："玲珑小花侧面开，婷婷不语为何来，垂帘只为留香久，怕露春光到路街。"诗虽幼稚，然韵律工整，切合题意，甚得众长辈赞赏。

由于祖父悉心教导，伯成饱读了诸多史书、典籍、诗词，尤其对《内经》《伤寒》等众多医学经典著作，更是悉心研读。十七岁学成行医。他一心致力于医学研究，从不攀高附贵，不结交官府，而对于贫病交加，无力付药费的穷人，一样施药治疗。所以，虽医道高明，家境却很困难。祖父病故后，伯成仅分到两架药橱及少量日用品，终日以行医谋生，奔波乡里。

抗日战争暴发后，伯成怀着极大的义愤，参加了抗日救国运动，以医生的公开身份，多次冒着生命危险。掩护八路军及党的地下工作者，为打击日寇、解放沂水县城作出了一定贡献。1944年秋，沂水城解放后，他又投入了解放区的建设，先后曾兼任沂水城郊商会会长、医联会会长、十一个村的"益群纺织合作社"理事、会计、社长等职。

1947年国民党进攻山东解放区时，伯成随军属大队转移黄河北，任军属大队

---

① 刘伯成：《临沂地区卫生志》（1989）作"刘伯诚"。

保健医生。解放战争胜利后，任沂水县"众成合作社"理事兼医药部医生。他怀着"救死扶伤，实行革命的人道主义"的信念，终日为家乡父老兄弟治病疗伤，抢救病灾，有时通宵不眠。对行动不便的病人，总是送医送药上门，为出诊，一年踏破六双新鞋。他从来不计报酬，不辞辛苦。1954年伯成被调往临沂地区合作干部疗养院工作。1960年任该院医务处主任。

经过长期的刻苦学习和临床实践，他掌握了祖国医学的奥旨，并积累了丰富的临床经验。他治愈了不少疑难病、危重病。如蒙阴县的七○一矿党委书记徐某患冠心病病危，多方治疗无效，经伯成用独参汤等治疗，很快好转。另外，他对肝硬化腹水、再生障碍性贫血、心脑血管疾病、肝癌、乳腺癌、散发性脑炎、癫痫等病都有较好的研究，并取得了一定的疗效。

他虽为中医，却不因循守旧，很注意学习新知识，接受新事物，解放初期就参加过中医学习西医学习班，对现代医学有了初步了解后，他不断学习和吸取中西医之长，实行中西医结合，大大提高了诊断符合率和治愈率。

晚年，他积极从事教学工作。他授课通俗易懂，善于用典型病例结合现代医学知识，为学生们讲解祖国医学的深奥理论。他在临沂卫校任教十几年，培养了一大批青年中医，学生遍布沂蒙山区。许多学生毕业后遇到难题再来请教时，他总是倾囊传授，毫不保留。当时他的学术论文《痫症的治疗经验》[①]和《硫黄的临床应用》等在《山东中医》[②]《沂蒙中医杂志》上发表后，许多读者来信请教，他都有问必答，回信告知。

1976年他因患冠心病退休（后改离休），许多单位以高工资优厚待遇聘请他工作，他都一一谢绝了。而当地区中医院建成后，他为了临沂地区中医事业的发展和振兴，不顾自己身患多种疾病，应邀到中医院工作，慕名来诊者甚多，往往到下班时间，身边还有许多病人在等他诊疗。他总是坚持将所有的病人诊完才下班回家，有时得步行回家。当医院给他适当的报酬时，他坚决不受分文。当领导分给他一套住房时，他也谢绝了。

伯成一生为人诚实正直，对工作认真负责，对医术精益求精，对病人一视同仁。治学严谨，谦虚好学，直到去世前仍手不释卷，把自己的毕生精力毫不保留地奉献给了人民。1983年8月下旬，伯成因疲劳过度，不幸患脑溢血，经抢救无效去

[①]《痫证的治疗经验》：此文题为《痫证治验》。
[②]《山东中医》：此文发表于《山东中医学院学报》，此处为讹误。

世。冒雨参加追悼会的有五百余人。

[《沂水县卫生志》（1989）]

刘伯诚（1919—1983），沂水县人。出身中医世家。受其祖父刘本谦影响，十三岁开始学医，兼习诗词、书法。十七岁即在乡间行医。解放战争期间，担任区"医救会"会长，积极参加支前医疗救护工作。中华人民共和国成立后，在临沂专区供销干部疗养院、专区干部疗养院任中医师、医务处主任等职。他擅长内科，对《伤寒论》的研究及方药的应用有较深的造诣。采用中西医结合方法治疗心血管疾病取得了良好效果。主要论著有《痫症的治疗经验》《硫黄的临床应用》等。晚年在临沂卫生学校任教。写诗和书法是他的业余爱好，有较深的功力。

[《临沂地区卫生志》（1989）]

◎ 杨发恒 ◎

杨发恒（1924—1972），临沂县塘崖公社西高都人。善治外科病，深受当地群众的信任。

[《临沂地区中医药志》（1982）]

◎ 周彦宗 ◎

周彦宗，生卒年载不详，临沂城人。医善内科，治病多效，医德高尚。1946年朱陈发生霍乱病，亲赴疫区，参加抢救，深受群众赞誉。

[《临沂地区中医药志》（1982）]

◎ 宋景云 ◎

宋景云（1925—1979），临沂县独树头公社巩村人。幼年家贫，发奋读书，为济世活人，深究岐黄之术，乃遍求名医，医学自成。1958年赴省进修学校学习，医术大进。曾先后在临沂卫校、临沂县医院与临沂地区中医院行医或任教，于中医事业颇有贡献。治病长于内科，在临沂享有盛名。

先生热爱祖国传统艺术，对中国书画颇有研究，善于收藏文物。

[《临沂地区中医药志》（1982）]

◎ 高义矩 ◎

高义矩（1927—1973），沂南县界湖公社大成庄人。出生于世医家庭，幼读医书，至长自成，曾先后在临沂、沂南县医院和界湖卫生院行医。1959 年曾在北京中医研究院参加医经讲习班，1965 年在县中医进修班任教，为培养中医人才作出了一定的贡献。

义矩行医，善治内科杂病与痘疹，用药破格，多取良效，写有医案数十则，已整理出版。

[《临沂地区中医药志》（1982）]

◎ 孟宪爵 ◎

1982 年离休的原临沂县直机关党委书记孟宪爵，自学中医成才，经多次试验，研制出若干种治疗不同类型的烧烫伤药膏，治愈了很多烧烫伤患者。他制的药膏，能使大面积的三度烧烫伤部位治愈后不留瘢痕。

[《临沂地区卫生志》（1989）]

◎ 刘兰田 ◎

刘兰田（1930—1984），字秀丰，沂南县人。副主任中医师，擅长内科、妇科。自幼随父行医。1958 年入山东省中医干部进修学校学习，毕业后在山东中医学院任教。1962 年调回沂南县人民医院任中医科主任。1978 年调临沂地区中医医院任内科主任。1979 年当选为中华全国中医学会山东临沂分会常务理事。1981 年晋升副主任中医师，同年加入中国共产党。曾当选临沂市五届政协常委。他对古典医籍和中医发展史颇有研究，特别是对《温病条辨》的研究及方药的应用有较深的造诣。所撰《东莞徐氏医事琐考》一文，被《中华医史杂志》刊用。遗有《刘兰田医案医话》及《新编温病学》《中医妇科学》《新编各家学说》等讲稿。一生爱好旧体诗词。

[《临沂地区卫生志》（1989）]

1949 年开始行医的沂南县大王庄乡桥西车疃村中医刘兰田，集几十年治疗风湿痹之经验，以祛风胜湿、蠲痹通络之法，创制鹳灵汤方，经临床验证疗效显著。同时，他以益气养血、活血祛瘀、通经活络之法，创骨疽汤内服，乌蚣芋头膏外敷治疗骨髓炎，治十余例，疗效甚佳。

[《临沂地区卫生志》（1989）]

刘兰田（1930—1984），字秀丰，沂南人。自幼随父行医，1958 年到山东省中医进修学校学习，毕业后任教于山东中医学院。1976 年任临沂地区中医院内科主任，

1981年晋升为副主任中医师。所著《东莞徐氏医事琐考》，为《中华医史杂志》刊用；《浅谈古医家成才之路》一文，刊于《沂蒙中医》。

[《山东省卫生志》（1992）]

刘兰田（1930—1984），字秀丰，沂南县王庄乡桥头车疃人。1953年由县医院聘任中医，复归岐黄业。1953年由县卫生局推荐去省中医干部进修学校学习。由于成绩优良，留山东中医学院任教。1962年调回沂南县人民医院，任中医科副主任。刘兰田对中医事业忠心耿耿。临床上以内妇科与针灸术见长，他胆大心细，行方智圆，辨证施治有真知灼见，立方遣药师古而不泥古，临险症而不畏，常有化险为夷之妙法，更有克坚之精神。1966年我县"乙脑"暴发流行，刘兰田与其他同志一道运用卫气营血和三焦辨证方法，运用中西医结合治疗326例，为中医治疗急性病树立了榜样。1979年任临沂地区中医学会常务理事，并任《沂蒙中医》编辑。1981年晋升为副主任中医师，并为临沂市第五届政协委员。1982年被省卫生厅选为编修《山东省中医药志》委员会委员。

[《沂南县人民医院志》（2007）]

◎ 刘启廷 ◎

刘启廷（1933—　），山东省临沂市中医医院主任中医师。1950年考入治淮委员会医训班学习结业开始自学中医经典，后经名师带教。重视经典著作的学习，在基础理论的指导下加强临床实践，以理论指导实践，用实践验证理论，总结出根深基牢研《内经》，明于辨证习《伤寒》，疑难杂症读《金匮》，疫毒热病学《温病》，用药精当攻《本草》，遣药法度师《经方》，在实践中不断创新，取得了良好的效果。在实践中以辩证唯物论为指导，识病循因，用药精炼。在临床治疗中，重视人体机能的调整，发挥传统的神疗、食疗及药疗的协同作用，以此作为提高临床效果的基本法则。临床诊治中，不泥于一方一药，根据病人的具体情况，独辟蹊径，标新立异，对46种常见病都有自己独创的方药，皆由效强功专的特点。临证中善治疑难杂症，在治疗中总结出温、清、补、托的治疗原则。对现代的检测指标与中医的四诊合参进行系统的观察，总结规律，指导临床辨证施治，取得了良好的效果。对糖尿病的"三因五损"立法，养阴益气重在气化，祛浊化瘀贯穿始终。三因即气虚、阴虚、燥热三大病理因素；五损即心、肝、脾、肺、肾五脏俱损，是糖尿病人脏腑功能失调的具体表现。其立方化裁，较传统地以"肺为上消、脾为中消、肾为下消"的立法治疗具有疗效快、少反弹、并发症少的特点。先后在国家级省级刊物上发表学术论文 50 余篇，参与编著医学著作 8 部，获省市级科研成果奖 8 项。继承人苏玲，现在临沂市中医医院工作。

[《当代名老中医图录》（2007）]

◎ 庞宪清 ◎

平邑县中医院主治医师庞宪清[①]对治疗妊娠恶阻积有丰富经验，他认为对该病的辨证不外寒、热、痰、郁、虚，其病变部位主在脾、胃、肝三经。究其病因为妇女妊娠后，胎元形成，胞宫内实，冲气上逆，胃失和降，气不下行所致，故治疗不离乎健脾和胃，平肝降逆，再根据寒、热、痰、郁、虚的兼夹和轻重，用橘皮竹茹汤及仲景干姜人参半夏丸等方加减运用，恒收显效。对妊娠恶阻的调护和用药方法他体会颇深，由于妊娠恶阻的患者，恶食纳少，化源亏乏，对本身的营养物质尚且不足，何以滋养胎元，故饮食调护，亦很重要，宜用容易受纳、消化和营养丰富的食物，充其化源，滋身濡胎，勿令涸竭，以达"药以攻病，食以养身"的目的。对于服药方法，庞宪清医师认为，若剧吐频繁，往往服药不易受纳，多有入药即吐者，此时不可一次服下，可煎好徐徐频服，或先服姜汁，再服汤药，可使其逐步受纳，使药力发挥效能，自能康复。

疔毒走黄

王××，女，51 岁，农妇，地方镇大平庄人，1973 年 4 月 8 日初诊。主诉：高热，神志昏糊六日。病史：4 月 2 日晚，自觉人中穴部位有一硬瘰，痒麻感，抓破后上唇漫肿，在本村给予青霉素治疗三日后，肿势更甚，寒热频作，继加大抗生素用量并输液，仍未见好转。于第 6 日邀余诊视，见上唇肿势凶恶，抓破处略凹陷色黑，上至眼，横及耳后发际，下到颈下锁骨部均肿痛。语言含糊，神志时清时昏，泛恶呕吐。检查：体温 39.9℃，舌红苔薄黄略干，脉数。诊断：疔毒走黄。辨证：热毒内陷，攻心袭脑。治则：清热解毒凉血，以自拟清热解毒汤化裁。处方：双花 30 克，连翘 15 克，生地 30 克，蚤休 15 克，紫花地丁 30 克，蒲公英 30 克，川连 6 克，石斛 30 克，粉丹皮 15 克，犀角（磨煎）5 克，甘菊 12 克，赤芍 12 克，防风 10 克，甘草 4 克，水煎服。取两剂昼夜兼进，外用金黄散元醋调敷，青霉素继用。

二诊：服上方两剂，未见病势发展，体温 39℃，邪势鸱张之际，病不进则退，守原方继服两剂。

[①] 庞宪清：根据《中国专家大辞典 5》（1999）记载，庞宪清为 1943 年出生。

三诊：面部肿势稍消，神志略清，体温38.2℃，病情已趋好转，毋庸更方，再服2剂。

四诊：肿势已消，精神清晰，破口处色转略红，体温37℃，遵寒而毋凝之旨，拟下方轻剂继服巩固疗效。处方：生地12克，粉丹皮12克，赤芍12克，紫花地丁12克，蒲公英12克，金石斛15克，蚤休10克，连翘10克，双花15克，防风10克，甘草6克，水煎服，以上方服五剂痊愈。

按语：本病多由内脏蕴毒，恣食厚味醇酒辛辣，或感受四时不正之气，郁而化火；或先由体内郁伏火热继因感染疫毒，内外合邪发生本病。虽然发生部位不同，名称各异，但其病因病机与辨证规律基本相同。本病尤以人中疔、鼻疔、唇疔等传变最为迅速，治疗失误可发生疔毒走黄，攻心袭脑危及生命，因此临床不可轻视，若早发现而治疗得当则无走黄之虞。

妊娠并发急性黄疸

刘××，女，29岁，职业农民，费县岔河村人，于1978年9月12日就诊。主诉：身热发黄，腹胀纳呆半月余。病史：妊娠六个月，半月前自觉身热，渐而身目俱黄，小便黄，诊断为黄疸，用维丙胺治疗未见好转，腹胀加重，纳少，口渴喜饮，便溏而臭，日三至五次，小便黄赤。检查：体温37.8℃，舌质绛，苔少，脉滑稍数。诊断：妊娠黄疸。辨证：阳黄热盛于湿。治则：清热利湿祛黄。方药：茵陈蒿汤加味。处方：茵陈40克，大黄10克，栀子10克，白头翁10克，黄柏8克，茯苓15克，金钱草12克，郁金10克，鸡内金粉（炒）6克，甘草3克，水煎服。上方服六剂，症状减轻，后改大黄为6克，加炒白术10克，佛手10克，陈皮10克，又服十三剂基本痊愈，嘱以茵陈大枣汤善后。

按语：妊娠并发黄疸，治疗颇为棘手，因为治疗黄疸的常用药如大黄泻下及渗利之品，恐有坠胎之虞，是采取"扶正保胎"为主，还是"驱邪除病"为先，往往踌躇难决。为免除意外，过去余常囿于"保胎为主，治黄为辅"之说，不求有功，但求无过，以平淡补脾肾，佐以祛黄利湿之品，而迟迟不效，甚则病情加重，坐失良机。后读《内经》"有故无殒"条有所启发，对病重邪实者依此治疗，不但对胎元没有伤害，反而取得显著效果。但如果患者偏虚，甚则有下腹重坠等流产征兆者，仍当注意扶正护胎，不得胶柱鼓瑟，与此并论。

肠结

姚××，男，8岁，住铜石区和气庄，于1979年3月7日初诊。主诉：下腹部时而疼痛加剧一天。病史：下腹疼痛，在本村用阿托品针，痛未减，去铜石医院治疗，诊断为蛔虫性肠梗阻，建议去上级医院手术治疗。其父母畏手术痛苦，遂邀余诊治。患儿痛苦面容，腹痛时而加剧，下腹左侧有条索块状物，拒按，口渴引饮，饮入即吐。检查：体温37.6℃，苔少，脉紧数。诊断：肠结（虫结）。辨证：蛔虫结聚肠间，闭塞不通。治则：通肠、散结、伏虫。方药：大承气汤加味。处方：大黄12克，川朴10克，枳实12克，玄明粉（兑入）6克，半夏8克，槟榔12克，使君子12克，川楝子10克，莱菔子10克，花椒8克，干姜6克，二丑（炒）10克，水煎服。取药两剂，频频服下，初服时药入则吐，服第2剂时，吐止，药力乃得。继进一剂，大便已通，下蛔虫三十余条，硬块已消失，腹痛不作，并嘱其愈后一星期再行驱虫。

按语：古代医家有"通则不痛"之论，因而此病的关键在于通腑，若能通下则可迅速好转。但在这种情况之下，往往服药后胃不受纳，因此能否服药，又是重要的一环，所以需要频频服之。初服虽然吐出，亦能得几分药力之气味，不吐则药力直达大肠，荡涤积结，催虫下行，达到治疗的目的。

《伤寒论》中"熬"字考

平邑县中医医院主治医师庞宪清初学《伤寒论》时，见仲师方药注中有"熬"字者，即理解为久煮之意。至十余年后，见黄竹斋《伤寒论集注》十枣汤方后注云：《宣明论方》芫花熳炒变色，仲景乡语，云炒作熬，下凡言熬者，皆干炒也。杨雄方言云："凡以火而干五谷之类，自山而东，齐楚以往谓之熬即其义也"始有所悟，遂考之。

考"熬"字，字义有二。一者当烤干、煎干、煎焦讲，二者当痛苦讲，方药注中义指前者毋庸置疑。如《周礼·地官·舍人》云："共贩米熬谷"即为烤干、煎干之意。又如《后汉书·边让传》云："多汁则淡而不可食，少汁则熬而不可熟"而当煎焦讲。直到唐代以后，才以本字喻为长时间煮的意思，如《新唐书·摩揭陀传》中说："太宗遣使取熬糖法"，可见此熬字为"长时间煮的意义"是从唐代以后才有的。

庞宪清认为《伤寒论》方药注中"熬"字，当为炒字之意。依据有如下五点：据汉代及汉代以前字义，熬字即为炒意，此其一也；仲景乡语以炒曰熬，此其二也；《伤寒论》成书于汉代，熬为久煮之意是唐代以后的事，此其三也；根据药品的实际炮炙，与现代临床运用颇相符合，相贯以袭，此其四也；伤寒方中水蛭要求用猪脂熬黄，显然是炒黄无疑，此其五也。

[《平邑县卫生志》（1991）]

◎ 陈宪民 ◎

平邑县中医院眼科主治医师陈宪民对角膜溃疡的治疗有所创见。历代眼科文献多以风火立论，以清热泻火祛风为主，而他认为凡陷翳大都属毒邪炽盛，灼伤阴液，膏汁干涸，为正不胜邪之症，以滋阴增液，益气养血，升陷为主进行治疗。

怪证

王××，女，50岁，职业农民。发病年余，初感全身皮肤微痒，麻木不适，后遂感全身有无数虫子咬噬，有万千飞虫在身前碰撞，有时感有数百苍蝇在体内钻出，并听见脑内有四个人对话。患者神态惊骇，头昏不清，躁乱欲死。察其面色苍白，望其舌质红苔薄白，按其脉沉弦有力。询问治疗经过，曾用电麻仪及针灸效果不显，用中药化痰镇心安神及用大量硝黄泻下均不能奏效，遂以活血化瘀治之。处方：赤芍10克，当归10克，川芎10克，牛膝10克，红花10克，丹参24克，丹皮10克，百合30克，郁金10克，陈皮10克，桃仁10克，鸡血藤30克，水煎服。

二诊：上方服三剂，病人安静，虫钻状已消失，脑中4人对话已驱逐走1人，舌象脉象如前。效不更方，川芎增加5克，当归增加10克，加生地20克，炒枣仁20克，又服六剂。病人已无幻觉，睡眠好，给予莲子芯3克，大青盐6克，泡茶饮，每日一次，并服补心丸以善其后，病遂痊愈。

按语：怪证非顽痰积聚，即为瘀血内停。本病用化痰、安神、泻下不效，病机非痰非虚非火可知。心主神明，又主血脉，二者一阴一阳，一体一用，瘀血停滞，必扰及神明，故使怪症丛出。投以活血祛瘀之剂收效，给莲子芯、大青盐泡茶饮并服补心丸以善其后，遂收全功。

膀胱咳

于××，女，60岁，职业农民，于1983年3月20日就诊。咳嗽一个月余。患者有精神分裂症病史数年，经常服用奋乃静、利眠宁、乌拉坦等镇静药物，仍失眠，睡则多梦易惊。一个月前患咳嗽，咳则遗尿，吸烟后更甚，初为剧咳时遗尿，后则轻微咳嗽震动则遗尿，每日衣裤湿淋，痛苦难言。查患者老年女性，精神不振，面色萎黄，声低气怯，短气微喘，口不渴，大便调，食欲不振，脉沉细无力，舌质淡红，苔薄白而润。诊断：膀胱咳。治则：温补肾阳，固摄膀胱。处方：熟地24克，山药30克，枸杞子24克，桑螵蛸24克，金樱子20克，益智仁12克，乌药10克，炒枣仁24克，巴戟天12克，茯苓15克，龙骨30克，牡蛎

30克，炙远志10克，石菖蒲10克，水煎服。上方服9剂，遗尿止，仍咳嗽，短气，原方去桑螵蛸、金樱子、益智仁加杏仁10克，浙贝10克，地龙10克，继服六剂，咳嗽、喘息均大减。改服六味地黄丸，每次一丸，日服两次，服四十丸后喘咳遂愈。

按语：《内经》说："五脏六腑皆令人咳，非独肺也""咳而遗尿膀胱咳"。本病虽肾肺同病，总以肾阳不足为本，故治以温纳肾阳为主，佐以龙骨、牡蛎、茯苓、菖蒲、远志等交通心肾、镇惊安神之品。待遗尿止，则加杏仁、浙贝、地龙等止咳平喘化痰之品以治其标，投六味地黄丸以善其后。

眼科的卫气营血辨证
平邑县中医医院　陈宪民

卫气营血辨证为温热病的主要辨证方法。笔者师承先父陈明五副主任医师的学术思想，将卫气营血辨证用于眼科疾病的治疗，现将初步体会小结如下。

外感六淫皆可发生眼病，但其中以风、湿、热三邪最为常见。金元四大家的张子和说："目不因火则不病。"尽管此说有点以偏概全，但风热外袭、火毒、疫疠确为外眼疾病最常见的致病因素。《审视瑶函》指出："血养水，水养膏，膏护瞳神。"目晶莹多液，热邪伤目，最易伤阴灼膏劫血，这些特点和温病相似。

目多脉多膜，层次分明。眼病属杂病，虽不一定按由表及里的顺序传变，但外障眼病一般来势较急，病程较短，偏重于风火，多为表证、热证，类似温病中的卫分证和气分证。内眼特别是视网膜内含有丰富的血管和神经组织，感受外邪或内有郁热，常伤及血络，引起络脉的充血和出血，出现类似营分和血分的症状，这些都为卫气营血辨证运用于眼科提供了一定的依据。

温病中卫气营血辨证主要从全身症状、舌质舌苔、脉象等着眼，其中特别重视望舌。但眼病为局部病变，病理机制不可能从全身症状、舌苔、脉象完全表现出来，若局限于温病的辨证要点，很难反映出眼病的病理变化。因此在眼科用此辨证方法时，可以从眼病的局部表现是属卫属气，还是属营属血，进而确定治则和方剂。

卫分证治

卫分证多为风、湿、热三邪外袭。风盛则痒，湿盛则眵泪多，热盛则目赤。卫分症见赤脉浮浅鲜红（结膜充血），白睛虚浮（结膜水肿），云翳表浅，点点簇集，并伴有恶风头痛等。其中以眵多、痒肿、赤脉浮浅，星翳为辨证要点。治疗上风盛以《原机启微》羌活胜风汤加减；热盛宜辛凉疏解，以桑菊饮或银翘散加减；湿盛而见眼睑湿烂的，以除湿汤加减。

气分证治

气分证多为热毒炽盛，灼伤黑睛，羞明灼热，赤脉粗壮深红，云翳如脂，无眵或眵少而黏，前房混浊，甚则积脓。治疗以清热解毒、泻火为主。如脾胃火盛，翳若油脂，眼球贯脓，宜白虎汤合黄连解毒汤加减，亦可用调胃承气汤釜底抽薪，通利腑热；肝火盛黑睛生云翳，眼部灼热伴有心烦者龙胆泻肝汤加减；心火盛、眦部赤脉粗壮深红，宜《银海精微》导赤散加减。

营分证治

营分证为热入营阴，邪灼心肝之液，症见羞明无眵泪，疼痛昼轻夜重，赤脉细而密集，颜色深紫，前房浑浊。或见云翳溃陷，或见虹膜壅肿，瞳神缩小或干缺。治宜透热转气，用清营宣散之剂。如陷翳伤及肝阴者，宜清营汤加滋养肝血之品；虹膜壅肿，瞳神缩小的仍可透热转气，用麻杏石甘汤合清营汤；亦可气营两清，用玉女煎将熟地易为生地加减运用。

血分证治

血分证为火热内扰，灼伤血络，迫血妄行。症见血灌瞳神，或视力骤降，黑影迅速增大，飞蝇密集，或视物赤色，很快失明。伴有头痛，眼眶胀痛麻木，眼底镜检查可见眼底血管充盈、怒张。出血点多色鲜红，或玻璃体溢血，眼底不辨。对血分病治疗宜分阶段，病之初起，血溢络外，以凉血止血为先务，用犀角地黄汤加黄芩、白茅根、焦栀子、阿胶、旱莲草等凉血止血之品，待血止之后，病情稍稳定，可减少凉血止血药物，常服恐血寒凝滞，吸收困难，宜酌加当归、丹参、煅花蕊石等和血散瘀之品；病情反复，久治视力提高不明显者多为瘀血滞结，日久不消，宜重用祛瘀散结之品。（选自《山东中医杂志》）

[《平邑县卫生志》(1991)]

◎ 罗永围 ◎

清，罗永围，城东罗庄人，精医术。

[《定陶县卫生志》（1992）]

◎ 阎惟贞 ◎

清，阎惟贞[1]，字公辅，进士，于天文、地理、医卜诸术，擅曹南博学之誉。

阎惟桢，字公辅，进士，以授徒为业，初在本邑，后设馆于曹、郓等县，口讲指书，谆谆不倦，受教成名者众。且于天文地理，医卜诸术，擅曹南博学之誉。

[《定陶县卫生志》（1992）]

◎ 朱见龙 ◎

清，朱见龙，字施普，光绪甲午岁贡少入庠。授徒二十余年，成就者众。殁后门人立石报德。广文鞠，正色为之记，著有《药物考医学辑要》诸书，尤精占卜术、岐黄，被其诊治者，皆著手回春。

[《定陶县卫生志》（1992）]

◎ 齐景嶷 ◎

清，齐景嶷，字爱冬，通医道，喉科尤精。子文藻、文管世其业。寿九十七岁卒。

[《定陶县卫生志》（1992）]

◎ 张于魏 ◎

张于魏，清末贡生，字星伟，成武人。因母病弃仕求医，游大江南北拜访医家，历时十载，学成名医。善内科、外科，尤精妇科。临床治病多效验，深受百姓称誉，卒后立庙塑象纪念。《曹州府志》记："同郡诸邑罕其俦。"著有《妇科秘要良方》。

[《山东省卫生志》（1992）]

---

[1] 阎惟贞：《定陶县卫生志》（1992）前文作"阎惟贞"，后又作"阎惟桢"。

◎ 张东淼 ◎

张东淼（？—1920），曹东南赵云集人（今属单县），清末民初，曹县名医，精于内科杂症，治愈疑难病甚多，名重曹县城乡。张先生有不少受业弟子，稍后的一代名医万树楠就是其中之一。

[《曹县医药卫生志》(1988)]

◎ 李方华 ◎

李方华（？—1922），男，字含芳，定陶县力本屯乡力本屯村人。清，乡饮大宾。擅长内、外科疾病的诊治，在当地民间享有较高的声誉。

先生自幼智聪慧明，性情温和。早年即受儒家学说之启蒙，遇事一秉公正，在街坊邻居间威望颇高。在官宦爵位显赫的清时期，先生居然以医术而择途。后，他悉心钻研，勤奋好学，未几，各科医理通晓，尤精脉理。凡经先生诊疗者，他都细审脉理，慎思处方。

先生悬壶医业，医德高尚，无论贵贱、亲疏，有求必诊。遇有危急重症，总是守候病榻，诊察病情。有时数日不能归家，不取分文报酬。经先生治疗之人数众多，活人无算，足迹遍及方圆近百里。他不但医术精湛，而且乐于提掖后进，诸多名医多出其门下，熟知者，力本屯乡前程村程世端，名医时念籍是受先生之启蒙的后起之秀。故，先生医德被众民所仰，逝后曾立扬名碑。"文化大革命"期间，碑被破坏，现留半块附后，以飨读者。

据在本县力本屯乡力本屯行政村挖掘的墓碑载：清乡饮大宾邑庠生李方华，字含芳，定陶县力本屯乡力本屯村人，精脉理，擅内、外诸科，医游四方，卒于民国十一年（1922）。

[《定陶县卫生志》(1992)]

◎ 陈士纯 ◎

陈士纯（生卒年月不详），曹县小仵楼乡陈楼村人，著名正骨科名医，兄弟排行第五，人称"五半仙"。

士纯先生家贫，自幼务农，精通农活，对于人体骨骼结构，有特别的研究兴趣。每逢人家起厝检骨，他总好前去帮忙，对于人体的二百零六块骨头，无不潜心研究，别人宰杀牲畜，他从不放过机会，仔细观察，精心揣摩。久之，他对人体骨骼间架结构了如指掌，逐渐摸索独创出一套正骨接骨法。四十岁成名，曹县、商丘、亳州、徐州、开封的骨折患者前来求医的络绎不绝。民国年间，一国民党要员曾用吉普车、飞机接他到南京诊治骨折。自此，声誉更高。他对治疗脱臼，成竹在胸，易如反掌，略施小术，即复原位，然后外贴黑绿膏药，膏落即可病除。对骨折者，正骨后外贴"生鸡接骨膏"，经五十到一百天复原，无后遗症。

士纯先生医术独特精湛，后继有人。其子陈庆锡，子承父业继往开来，对陈氏伤科医术有所发展，使之更臻完善。大徒弟刘风成是曹县正骨名医，另一出名弟子魏指薪，当年为生活所迫，怀士纯先生亲授医技，行医大江南北，后流落上海，成为上海伤科十大名医之一。解放后，主持上海瑞金医院伤科，成为骨科专家，载誉全国，名传国外。

解放后，人民政府为了使陈氏骨科专技得以发扬光大，特在梁堤头医院设正骨科（现已改为曹县梁堤头正骨医院），令其子陈庆锡为主治大夫。陈氏正骨医术已经誉满全国，长城内外，大江南北，边远省份的骨折病患者慕名前来，求医者屡见不鲜。

伤骨科名医陈士纯先生所制之活鸡膏在治疗骨伤上有奇效，其原方和制法为：壮雏雄鸡一只，血竭花三钱，麝香一分，乳香二钱，没药二钱，特重伤再加海马一条。将药辗为细末，把活鸡去毛后在石臼中捣烂如泥，将药掺在其中，用布托之，以鲜柳皮绑缚患处。

陈庆锡先生在其父之原方基础上又进一步发展。曹县整骨医院现用之活鸡膏，处方，制法为：活母鸡一只（去硬毛），海龙12克，海马12克，象皮14克，乳香12克，没药12克，血力花30克，儿茶20克，五加皮120克，麝香5分，共为细末。将活鸡在臼内捣烂如泥，将药面掺和其中，以布托之，敷患处。

[《曹县医药卫生志》（1988）]

◎ 韩 渭 ◎

韩渭，字清溪，菏泽县人。生于清道光二十三年（1843），卒于民国十三年（1924）。工医术，善治脾胃。

[《山东中医药志》（1991）]

◎ 刘永安 ◎

刘永安（1834—1914），字恒泰，名永安，山东鄄城县人。先生幼而颖悟，熟读诗经，造诣颇深，弃举事业，克承祖业，专志于医。上自《本经》《内》《难》，下而百家先哲，无不精研细究，对于咽喉一科，尤为精专，采百家喉科之精华，而独生新意，集一生行医之经验，著有《咽喉七火论》一书。

[《菏泽地区卫生志》（1989）]

刘永安，字恒泰，鄄城县人。生于清道光十四年（1834），卒于民国三年（1914）。幼而颖悟，熟读诗经，造诣颇深，弃科举，克承祖业，专志于医。上自本经内难，下至百家先哲，无不精研细究。对咽喉科，博采诸家咽喉科之精华，独出新意，集一生行医之经验，著成《咽喉七火论》一书。

永安以济世救人为宗旨，医德高尚，不分贫贵之人，有求必应，不辞劳苦，常携药到病家，为其医治。其学术思想，以清凉火热养阴为主辨证论治。如对白缠喉一症，自古以来均无明论，唯永安独自认为："相火势速，治则宜急，需大剂连服，方可见愈"，并创"清咽利喉一贯汤"，为治疗一切火发咽喉之基本方剂。又说："虚火不可补，实火不可下，湿火不可燥，燥火不宜汗"等之定论。

永安医高胆大，常救人于危笃之际，对诸医束手之症，多以大剂而活之，为此而扬名乡里。卒后乡民感德立碑颂之，迄今六十余载犹存。

[《山东中医药志》（1991）]

◎ 傅朝宪 ◎

傅朝宪[①]（1839—1926），汶上集镇傅坛村人。为我县正骨名医。

相传，明朝万历年间，有一山西行商，推车至傅坛村后树林休息。听说村内傅家一人骨折，痛苦难忍。该行商即慨然入村予以治疗。傅家殷切招待，并再三挽留，求教医术。该行商即留住传授，临行，并留接骨膏验方。从此，这一正骨术即在傅家逐代流传。

开始，傅家只义务行医，给邻近骨伤患者解除病痛。后来，名声日振，就诊者愈来愈多。传至傅朝宪，声望愈高，方圆数百里之骨伤患者，常慕名前来就诊。他

---

① 傅朝宪：《山东中医药杂志》（1991）作"付朝宪"。"付"当为"傅"，疑刊刻时用简化字所致。其生年在《山东中医药杂志》（1991）作"1836"。

为了方便远来的病人，还特在东西配房专设许多病床。

随着就诊者日多，临床病例也愈加复杂。除一般性骨伤患者外，还有开放性骨折、粉碎性骨折、陈旧性脱位和陈旧性骨折畸形愈合等等。傅朝宪为适应病例日渐复杂之需，又精心摸索出"热酒按摩，分散精力止痛麻醉术"用于临床，如对尺桡骨折畸形愈合患者，他诊断后，先不给病人讲明什么病，只是看看摸摸，给病人谈些与病无关的事，以分散病人的精力，专等病人不在意的时候，他忽用脚蹬等方法，自骨折端重新折断，再按新鲜骨折正骨复位，妥加处理。傅朝宪处理骨折的基本措施是诊断后，先选用适当手法（主要有扛抬、牵引、推按、拿、挤等）正骨复位；再外敷自制接骨膏（其组成为：煅牛角粉、鹿角霜、土元和地龙，研成细末，外加30%的细黍面，用食醋熬成糊状），以止痛活血，促使骨痂形成；最后用簸箕柳夹板术固定，必要时，还外垒砖洞，加强固定。对开放性骨折，除采用上述措施外，还强调用盐水冲洗伤口尘土，扎带止血，并日服三次老母鸡汤和甜瓜子面（每次老母鸡汤一碗，甜瓜子面三钱），以促使骨痂形成。

傅朝宪一生行医，经常强调"不识病理，盲施暴力者必败"和"要明确骨伤之部位与类型"。他还反复提倡"手摸心会，机触于外，巧生于内，手随心转，法从手出"。他在继承其祖先所传正骨术的基础上，又加临床实践中长期摸索，积累了一套成熟的正骨经验，并又依其祖例传于他的后代。概括起来，其经验的核心就是，"认症要准，手法要稳，一次复位，愈合理想"。

另外，傅朝宪也非常重视医德。实践中，他采取"以富补贫"的办法，曾多方资助贫穷病人。

[《成武县卫生志》(1989)]

付朝宪，成武县人。生于清道光十六年（1836），卒于民国十五年（1926）。工岐黄术，以善整骨术知名乡里。终年九十岁。

[《山东中医药志》(1991)]

◎ 韩化溥 ◎

字济昌，菏泽县人。生于清道光二十年（1840），卒于民国三年（1914）。业医，工脉诊，治重肝脾。

[《山东中医药志》(1991)]

◎ 马文炳 ◎

马文炳（1846—1930），山东成武县大田集人，专长内、妇科，行医成武、金乡、巨野三连处。民初在北京医病救人。幼读经书，后拜师学医，秉师以博医籍，历十年，医术精通，返里开"德和堂药铺"。他善用经方，兼用单方，凡求医者贫富一样，戒烟酒，不受礼，德望很高，卒后在卜楼华佗庙塑像纪念。

[《菏泽地区卫生志》(1989)]

马文炳（1846—1930），大田集人。自幼攻读四书五经，二十岁时拜师学医。他随师近十年，一面苦读医学经典，一面跟师临床实践。1876年他便在大田集自开"德和堂"药铺，坐堂行医。他不但特精内科和妇科，并且非常讲究医德，凡求医者，不分贫富，一视同仁。他时常教育子侄门徒"不受礼，戒烟酒"。

他的药货真价实。为方便人们用药，他特制了很多膏、丹、丸、散。每样药物都印有主治、功效、禁忌和用法的说明，并签署着"巨县南七十五里大田集马德和堂"。

他治病既善用经方，又兼用单方。如一次干霍乱流行于附近村庄，死亡三十多人。有冯广济得此病前来求治，他教用炒盐加童便，冲服即愈。后用此法治好很多干霍乱患者。

他在方圆几十里内享有很高的声望。死后，群众为纪念他，在卜楼华佗庙上为他塑像。

[《成武县卫生志》(1989)]

◎ 王端智 ◎

王端智，字上之，号子哲，菏泽县人。生于清咸丰三年（1853），卒于民国十八年（1929）。承家训业医，工喉科，术精德高。著有《王氏传家宝》，未刊。

[《山东中医药志》(1991)]

◎ 张萝花 ◎

张萝花，鄄城县人。生于清咸丰三年（1853），卒于民国十八年（1929）。业医，学本东垣，治重脾胃。

[《山东中医药志》(1991)]

◎ 周武典 ◎

周武典，鄄城县人，生于清咸丰四年（1854），卒于民国十七年（1928）。以医术闻名，乡公赠"术同和缓"匾。

[《山东中医药志》（1991）]

◎ 康心俭 ◎

康心俭（1856—1927），成武镇笆堤村小康楼人。他出生于诗书门第，自幼聪慧好学，熟通经史。早年，他目睹有众多婴儿因患痘疹而死亡，深感痛心。从而，他立志发愤学医，攻读痘疹专科。后因医术高超，声名大振，求医者络绎不绝。康心俭行医的特点，最为突出者为讲究医德。他对来求者一视同仁，贫富贵贱，依次排号。有一次，县城驻防部队马二营的营长，因孩子患痘疹，乘轿车亲来请他。不巧，此时已有三家农民，早已推小土车排号等候。营长想请他乘轿车先进城，他坚决不允，并立即提议，为抢救患儿，让轿车载他先去前三家，再去驻军营房。他的这一举动，深受群众赞扬。另外，他出诊不避严寒酷暑，风雪交加。他不但从不受礼、从不赴宴，而且还常茶饭相待候医、送医之人。他对无力购药的贫困病人，更乐于解囊相助。康心俭的医德，感动了千家万户。后来，众人集资，在小康楼村后成曹公路南沿，给他树立一座扬名石碑。直到"文化大革命"期间，这碑才被拉倒埋于地下。

[《成武县卫生志》（1989）]

◎ 王文典 ◎

鄄城县人，生于清咸丰九年（1859），卒于民国十三年（1924）。业岐黄术，精于经典。

[《山东中医药志》（1991）]

◎ 石远来 ◎

石远来（1860—1948），鄄城县什集乡什集村人，清光绪年间廪生。长于内科、妇科，对温热病尤以善治，行医在鄄城县及菏泽、洮城一带群众感其医德和医术之高明，曾送匾额赞扬。著有《瘟疫论后》。

[《菏泽地区卫生志》（1989）]

◎ 张东思 ◎

巨野县人，生于清咸丰十年（1860），卒于民国十六年（1927）。业医，善治内科病。

[《山东中医药志》（1991）]

◎ 田庆弟 ◎

巨野县人，生于清同治四年（1865），卒于民国二十四年（1935）。业医，精内科。

[《山东中医药志》（1991）]

◎ 曾伦元 ◎

字秀昇，曹县人，生于清同治四年（1865），卒于民国三十二年（1943）。以善治妇科病知名。

[《山东中医药志》（1991）]

◎ 蔡普庆 ◎

蔡普庆，字荷生[①]，东明县人，生于清同治四年（1865），卒于民国二十四年（1935）。以医术精妙闻名，殁后东明、长垣、濮阳三县县长为其立碑纪念。著有《中药集》[②]，已佚。

[《山东中医药志》（1991）]

蔡普庆（1865—1935），字菏生，沙窝乡蔡寨村人。专长中医内科，行医于东明、长垣、濮阳，著有《东明中草药集》。在诊疗慢性病中，善用运气学说和五行生克制化理论，判断预后，人称有决人生死之术。为受黄患灾民医病解厄，乡民为颂其德，建庙立碑，赠匾以纪念之。

[《东明卫生志》（2010）]

---

① 荷生：《东明卫生志》（2010）作"菏生"。
② 《中药集》：《东明卫生志》（2010）作"《东明草药集》"。

◎ 赵润普 ◎

赵润普（1867—1944），字名亭，清末民国时期名医，山东菏泽城东八里赵水洼村人。擅长中医内科，弱冠操童子业试府县，名列前茅，后舍儒学医，曾开设"普化堂药铺"，闻名于菏泽周围数县。病逝后，群众为其立"青来春暖"颂之。

[《菏泽地区卫生志》（1989）]

◎ 穆鸿章 ◎

穆鸿章（生卒年月不详），城关镇东关社区东门里人。穆方苞之长子。监生名医，绰号"小神仙"，著有《医学探源》行世。

[《东明卫生志》（2010）]

◎ 穆典章 ◎

穆典章（？—1929），字鸿钧，城关镇东关社区东门里人。清同治六品一等名医。穆方苞之五子，穆鸿章之五弟。自幼苦读父兄药书，亦医名漆上（漆园、东明）。据祖传，清末一位皇帝的叔父从家祭祖返回途中病在东明，住在东门里由穆典章诊治，经数日治疗服药，亲王本人及随行患者全部痊愈，亲王付银五十两拒收。回京后，亲王赠"追终和远"匾，皇帝赠"第十一人"匾，以示皇家敬意。此匾由十七世孙穆宪平保存，因年久已烂掉。

获清六品衔、民国内务部一等名医奖章。

[《东明卫生志》（2010）]

◎ 万树楠 ◎

万树楠（1870—1929），字誏木[①]，山东曹县人。少年学儒，清朝晚期秀才，因其父亲病重，请遍名医，最终没能治好，悲痛之余，弃儒学医。民国初年，曹县瘟疫流行，万先生救治了很多人，名声大噪。万医生临证诊察细微，辨证精确，有"万二神仙"之雅称，为曹县名医。

[《菏泽地区卫生志》（1989）]

---

① 誏木：《曹县医药卫生志》（1988）作"让木"。

万树楠（1870—1929），又名树梅，字让木，曹县安蔡楼公社万楼村人。十八岁中秀才，后习中医，师事张东森先生，得其真传。他对《内经》《伤寒论》《金匮要略》等中医经典著作无不谙熟，善诊脉，精通《赤水玄珠》，长于内科杂病，一生活人甚多，在群众中有很高的声望，人称"万二神仙"。

[《曹县医药卫生志》（1988）]

◎ 赵 俭 ◎

赵俭（1870—1950），清末秀才，山东成武县人。专长内科，诗书门第，世医之家，曾就读南京医学院，又承父业，对医籍精通，遇疑难症，多能妙手回春，是成武名医。

[《菏泽地区卫生志》（1989）]

◎ 贾文安 ◎

曹县人，生于清同治九年（1870），卒于民国三十六年（1947）。业医，善治时疫病闻名于时。

[《山东中医药志》（1991）]

◎ 武魁一 ◎

武魁一（1871—1958），曹县青岗集乡武庄人，是曹县一代名医。

魁一先生出身贫苦家庭，但幼年聪敏好学，未冠已考中秀才。其母患病，久治不愈，后因庸医误诊致死，他因而发奋弃仕求医，苦读《黄帝内经》《伤寒论》《金匮》《难经》等中医经典名著，凡属重点章节，均可熟记成诵。二十多岁即悬壶应诊，后名噪于鲁西南及豫东一带。

民国二十四年（1935）夏，曹县县长魏汉章之子患腹疼病，多方延医，久治不愈，县长请城内名医会诊，各持己见，莫衷一是，后以魁一先生处方治之，服药五剂病除。众医问其故，先生答曰："此系虚寒胃脘疼，君不知，胃气疼痛真难当，香附灵脂加良姜、川朴、乌药和大白，外添一钱广木香的歌诀吗？我是依此治愈其病的。"众人听后无不叹服。民国二十五年（1936）曹县举行中医医术会考，上下一致推举魁一先生任主考，主持其事。此后，先生医名大振，不仅信誉遍及曹县城乡，而且邻县的上层人物也多慕名前来求医。

魁一先生不仅医术高明，而且恤苦悯穷。1946年，曹县王堤圈一蒋姓"水鼓"

后期患者，多处求医，已定为不治之症，患者长期治病，钱财已空。当时先生在商丘行医，患者慕名而去，哀求就诊。先生怜其贫病交加，即将病人收留在家，精心治疗月余直至病愈，不仅分文不取而且又送盘费让其回家。

魁一先生，平时学习勤奋，博学医学群书，兼采众长，融会贯通，成名之后依然虚怀若谷，不仅经常在同行中取长补短，而且还经常在行医过程中搜集民间土单验方，从中取其精华用于临床。他善治内科疑难杂症，对于妇科也有独到的医术，如治早期宫颈癌症、月经不调，他归结的治疗歌诀为：法下地骨瓜蒌瓢，归芍陈皮贝壳香。经红经白肝气滞，专为妇科设良方。先生应诊，不避繁琐，每症必在望、闻、问、切上狠下功夫，然后辨证施药。他处方的特点是：药少价廉疗效高。因而深受病家欢迎，每逢年节备礼酬谢者络绎不绝，赠送牌匾锦旗者数以百计。

魁一先生毕生以"济世活人"为行医宗旨，对医术毫不保守。他一生授徒二十多人，对每个弟子均能做到：讲透医理，指导临床，引导学生勤钻多想，鼓励学生质疑问难，不管学生提出大小问题都要做出明确解答。特别是抗日战争、解放战争时期，他在商丘担任"商丘市国医进修班"讲师多年，他所讲的医学理论均能做到深入浅出，去粗取精，兼采众长，结合临床实践，重点突出，易于实用，深受学员欢迎。

魁一先生业医六十多年，学识渊博，经验丰富，颇多真知灼见，生前存有大量的笔记、著作，但建国前因时局动乱，无暇汇集成册，建国后年老体衰，医务繁忙又没能集成专著。幸有魁一先生的第三传人武明钦同志（河南省开封市第二中医院名誉院长、主任医师，张仲景国医大学名誉教授）总结了上两代医学经验，写出并出版了《黄帝内经素问浅释》《伤寒内病、瘟疫正治汇通诀要》两书，还写了《武氏经验集》。这些著作虽出于武明钦同志之手，但也是武魁一先生心血的结晶。

[《曹县医药卫生志》（1988）]

武魁一（1871—1958），山东曹县青岗集乡武庄村人，清末秀才。因其母误治身亡而发奋学医，二十几岁独立应诊。他擅治内科难症，对于妇科亦有独到的医术，如治老年月经不调、早期宫颈癌等症。其孙武明钦总结上两代经验，整理出版了《黄帝内经素问浅释》《伤寒内病、瘟疫正治汇通诀要》两书及《武氏经验集》等。

[《菏泽地区卫生志》（1989）]

◎ 孙 爽 ◎

孙爽（1872—1954），字凯如，清末秀才，山东成武县宝峰乡东孙庄人。专长内妇科，行医在本县及邻近几县。一生积累很多医案方集。清末间期秀才改医，对医经造诣甚深，遇奇症，绝症多能治愈，常被单县朱家请去治病，众望很高，1950年全县中医考试，请公出题主考。

[《菏泽地区卫生志》（1989）]

孙爽（1872—1954），字凯如，宝峰集乡东孙庄人。他自幼患痞症，其父请名医、秀才刘世省为师，一面为其治病，一面教其读书。由于他聪明好学，1885年考取末榜秀才。

其师刘世省不满清廷统治，劝孙爽弃儒学医。他秉承师训，认真钻研了刘世省所藏《黄帝内经》《难经》《神农本草经》《本草纲目》《济阴纲目》《内科金鉴》《温病条辨》《痢疾汇参》等医籍和刘世省所写《妇科总结》《内科记录》《论疹篇》等诊病记录。由于老师悉心指教和他亲身长期实践，医术大进，尤善杂病和妇科，故名噪一方。

孙爽注重收集土单验方，常以单方治难症奏效。有一小儿患鹅口疮，满口皆白，直至喉头。孙爽取吴茱萸、乌梅各一钱，加醋少许，搞成胶状，敷于小儿脚心，对时，症状即消失。

1950年，成武县举行中医考试，由孙爽命题批卷，一百七十名中医应考，及格者一百零四人。

孙爽一生积累医案很丰富，但惜后继无人。他病逝后医案全被作为废纸卖掉，共一百六十余斤。

[《成武县卫生志》（1989）]

◎ 徐孝典 ◎

徐孝典[①]（1872—1951），号子与，曹县郑庄公社徐楼村人。清光绪年间秀才，后习中医，长于内科，对妇科尤其见长。行医五十多年，活人无算，足迹遍及鲁西南及豫东各地。尤其晚年在商丘挂牌行医时，日诊数十人，求医者接踵而至，自早及晚门庭若市。先生平生乐于提掖后进，曹县、商丘诸多名医多出其门下，如名噪

---

① 徐孝典：《曹县医药卫生志》（1988）亦作"徐效典"。

医林的朱令之、李广济皆其受业弟子。

[《曹县医药卫生志》(1988)]

◎ 聂兰桂 ◎

聂兰桂(1874—1950),字馨斋,东明县高埂村人,专长中医妇科。对胎产诸疾治疗有独到之处。行医于东明、长垣一带。著有《医林》三集。东明名医穆荫桐曾联名挂匾以赞兰桂之医术精湛。

[《菏泽地区卫生志》(1989)]

聂兰桂(1874—1950),字馨斋,沙窝乡高埂村人。专长中医妇科。对胎产诸疾治疗有独到之处。行医于东明、长垣一带。著有《医林》三集。东明名医穆荫桐曾联名挂匾以赞兰桂之医术精湛。

[《东明卫生志》(2010)]

◎ 毕于兰 ◎

巨野县人,生于清光绪元年(1875),卒于民国三十五年(1946)。工岐黄术,精内科。

[《山东中医药志》(1991)]

◎ 刘云章 ◎

刘云章(1876—1954),字汉昭,原籍单县城北簸箕堌。他在成武行医四十年,享有盛名。

刘云章幼年家贫,曾读义学。他因早年叫卖街头,度日艰难,于1882年到成武县"颐和堂"药铺学徒。他趁此机会,立志学医活人,白天做工,黑夜攻读。他勤奋苦学十余年,既博览群书,又注重临床,终于锻炼成一位医术超群的中医。

刘云章擅长中医内、外科。他用药灵活,出方多有创见。如大青堌集有一患者,腹胀剧痛,多治不验,危在旦夕。求他诊治,他断为"肠痈",需托里排脓,立即出方抢救,果然脓从脐出约碗,疼痛大减。经再次调理,不久即愈。又如,1932年白喉流行,他巧妙运用"除瘟化毒汤""养阴清肺汤""神仙活命饮"三方加减于临床,治愈多人,医名大振。后来,他在城内开设"延寿堂"诊寓应诊。对贫苦人不光就诊优先,并且施以药物。因而深受人们尊敬。1936年,官府和民众共同集资,奉送金字牌匾一块,上写"名高和缓"四个大字。1939年日军侵占县城，他为方便群众就诊，曾迁居城南小黄楼。1949年返里，1954年病故。刘云章既精岐黄又善丹青。其书法学赵子昂，且好画钟馗。在他行医之余，前来求书、求画者亦甚多。

[《成武县卫生志》（1989）]

◎ 辛爱珍 ◎

大屯镇孟大夫村的辛爱珍（1878—1938），以精通医学，擅长书法闻名于曹县、东明、长垣等地，曾任孟大夫村会首。

辛爱珍医术非常高明。有一次去长垣，夜晚住店，只见店家人慌慌张张，来来去去，忙个不停。辛爱珍便问店主人："家里出了什么大事？"店主人说："老母亲病了好长时间，一直不好。"辛爱珍顾不得休息，忙为店主老母号脉诊断，原来店主老母得的是伤寒病。辛爱珍连夜为病人扎针，开方熬药，刚到天亮，病情就有好转，店主人感恩不尽。

[《东明卫生志》（2010）]

◎ 陈志升 ◎

小井乡陈里屯村的陈志升出生在中医世家，自幼随父学医，他已是第五代传人了。因他在家排行老二，人们都称他陈二先生。他访名师，拜高人，广读医书，博采众长，在祖传中医秘方的基础上，精心研究，大胆实践，逐步形成了独特的陈氏中医医学理论体系和辨证治疗方案。依据临床试验，他总结了上百个中医验方、秘方，在治疗肝炎、妇科病、眼病等疾病上疗效甚佳。采用中西医相结合的方法治疗肾病，有独特疗效。

他治病救人，助人为乐的名声传遍了河南、山东、河北三省的东明、长垣、兰考、曹县、民权等十多个县市。上至政府官员，下到穷苦百姓，无人不尊重他。民国元年（1912），他二十五岁那年冬天，本村陈其安、张荣修等人到河南民权买牛，回来路过兰封县遇到县衙巡逻，以偷牛罪为名把他们关到牢内。第二天，县长升堂审问，知道是东明县陈里屯陈二先生村上的人，二话没说就命衙役放人，并叮嘱："往后只要是陈里屯陈二先生家乡的人，一律放行"。民国三十六年（1947）春，该村陈隋升在本村开了个杂货铺，去开封专门买宝塔牌香烟，返回时途经考城城内（现在的堌阳），被官府查住，经盘问知道是陈里屯陈二先生的堂兄弟，除了放行还专门管了顿饭。从那以后，邻村人不管是经商或是出外办事，只要遇到麻烦，都打陈里屯陈二先生的旗号,果然有效。不少人都说:"陈二先生真中!"

他经常告诫家人,作为一个医生,救死扶伤是神圣职责。凡找他看病的人,不分贫富和姓氏,对本村人一律免费治病。外乡找他看病的,只要家庭困难,他不但免除药费,路远的还管吃、管住,临走时还送给路费。民国三十二年(1943)春天,巨野县张秀成夫妇因结婚多年一直不生育,慕名来找陈志升治疗。他夫妇在路上把钱丢了,见到陈志升后就磕头,陈志升赶紧把他夫妇扶起来说:"请你们夫妇俩放心,甭说你们家住巨野,就是家住北京、上海,有钱没钱,我都照样医治。"居住三天后,临走还送给他们俩路费,感动得张秀成夫妇热泪盈眶。一年之后,张秀成夫妇喜得贵子,专程从巨野给陈志升送来大匾一块,上书"再世华佗,救命福星",此匾至今还在。

他爱好看戏。为了让自己和周围村的人都看上戏,他经管了两台戏,戏装、道具、乐器由他买。演员唱戏挣的钱归剧团,并约定,剧团有台口在外演出,无台口回来管吃、管住,分文不收。剧团在家时,就在村西庙前搭台唱戏,本村和周边村都来观看,想看夜戏不走的外村人,到陈二先生家还管饭吃。

他一生行医,不看重金钱,也没有暴富。他把精力和钱财都用在了救死扶伤和救助穷困人上。为了颂扬他高尚的医德、助人为乐的善举,民国三十一年(1942)春,魏寨村的魏五元、堤西的李克培等一百四十七人为其立功德碑三通,至今完好无损。

他待人热情,服务周到,处事大方,广交天下朋友。不管是高官显贵,还是平民百姓,他都一样看待,尤其是对穷苦人更加体贴,除治病不收分文之外,对一些经济较困难的还不同程度地给予照顾。1966年冬,广东军区某政委因患肾病经上海、北京等大医院医治无效,在病友的介绍下,专程从广东来东明找陈志升,经他三个月的精心治疗完全康复。政委非常感激地说:"我把你们全家带到广东转为非农业人口,安排国家正式医生,晚年想在广东更好,如果想回家,我专程送你。"陈志升笑着说:"谢谢首长的关怀,再好的待遇我也不能去享受,我要在生我、养我的家乡为父老乡亲服务一辈子。"

村民陈义安家庭困难,孩子上不起学,他主动找到陈义安说:"再穷也得让孩子上学,学费我包了。"从此,义安的儿子墨林从小学到中专毕业,一切费用基本都是陈志升负担的。毕业后陈墨林为报效祖国,报名到边远的新疆塔城任中学教师,每年探家都看望他。沙窝乡郭寨村郭明柱的父母亲均在抗日战场上牺牲了,敌人想把郭明柱杀掉斩草除根,他听说后连夜派人把郭明柱接到家中,并收为义子,供他上学。明柱大学毕业后被分到开封河务局工作,每逢中秋节、春节,他都携全家专程看望陈志升。陈志升去世后,本可不再来往了,可他仍让自己的儿女按节日照样登门看望陈志升的后人。

[《东明卫生志》(2010)]

◎ 崔运龙 ◎

民国时期,崔运龙是东明县北有名的老中医,尤其医治精神病有绝招。

刘坟村的吴勇飞当时在国民党国防部做事,一次回家探亲时患上了精神失常病,久治不愈。于是,就慕名到崔寨村找到崔运龙。老中医察言观色,把脉问诊,只开了三副药,便药到病除。吴勇飞非常感激,就精制一匾,以示酬谢。

后来,此匾还曾救过崔运龙之子崔作雨的命。民国二十六年(1937),东明县发生大地震,地表裂缝,直冒黑水,崔运龙家的楼房被震塌,当村民前去救人时,发现崔运龙的老婆已被震落的房梁夺去生命,而不满十岁的崔作雨却安然无恙。原来是这块大匾,正好落在兜子床上方,匾的遮挡,使崔作雨保住了生命,村民都称这匾为救命匾。此匾一直保存到1960年,可惜后来被当柴烧掉。

[《东明卫生志》(2010)]

◎ 靳鸿书 ◎

靳鸿书(1879.03—1951.01),字志恒,山东省济南府章丘县史家庄村人。出身中医世家。清同治三年(1864),其父在今菏泽市创建回元堂分店,1894年其兄贤书更名为济元堂。

1890年随母由章丘迁居菏泽回元堂,在药店随父学医。民国元年(1912)在东明县衙前街创建恒元堂药店。1936年拥有宅院一处,门面房六间,南北厢房各七间,西楼三间。配制两种眼药,销往天津、上海、西安等地。

1938年始,多次为郑子龙领导的中共抗日武装免费提供紧缺急用药品。1951年多次捐款、捐物,支援抗美援朝。

1951年被县政府评为"开明人士",模范家庭。

[《东明卫生志》(2010)]

◎ 张冠学 ◎

张冠学(1880—1953),又名张振祥,鄄城县闫什口乡菜园张庄人。长于内科、妇科，行医在鄄城、郓城、巨野、菏泽等地。群众感其医德医技之高明，曾立颂碑以赞扬。曾著有《伤寒瘟疫类别》一书。

[《菏泽地区卫生志》(1989)]

◎ 董云奇 ◎

董云奇（1880—1955），字号松寿堂，鄄城县城内南大街人。出身于儿科世家，长于儿科，尤治小儿腹泻、痢疾疾病，对治疗天花麻疹病也有显效。曾发明"烧针暖脐膏"，治疗小儿腹泻，著有《儿科治验方选》。行医在鄄城、菏泽、郓城、河南省濮阳、濮城、清丰各县。有求必应，遇有贫苦患者，施药治疗。群众感其德，在1934年赠送"妙术成春"之匾额一块，以资赞扬。

[《菏泽地区卫生志》(1989)]

◎ 史高俊 ◎

史高俊（1882—1953.07），男，定陶县孟海乡吴堂村人。擅长中医内科，尤精脉理，被誉为本县建国初期之名医。

先生出生于四世为医的家庭。幼聪慧勤学，在其父言传身教下，潜心攻读《伤寒论》、《难经》、《金匮要略》、王叔和《脉诀》、《广瘟热论》、《温疫论》、《本草纲目》、《中医辞典》、《医林改错》等经典名著。尤其是对王叔和《脉诀》造诣颇深，故先生以诊脉见长，而名噪城乡。而立之年便游乡应诊。1946年秋后的一日，先生途经邻村三合寨，遇焦某，男性，年三十七岁，正在房顶从事建房劳动。见先生在此路过，便主动与先生攀谈，并半开玩笑让先生给其诊脉，先生笑曰："此乃无病，诊得什么脉来？"但焦某再三要求，先生见推之不过，扶肘诊脉，诊毕，先生摇头不语。焦某坦然地说："我的脉怎样？先生不妨直言，我便不怕。"先生见状后，直言不讳地说："按脉象而论，恐怕今年的饺子是难能吃上。"焦某不信，便说："像我这般年纪，体强力壮，我便不信。"事后，果然不出先生所料，焦某死于旧历的腊月二十九日。

先生不仅脉诊精确，在用药方面也较独特。1945年，菏泽沙土曹寺村王某，年约四十有余，全身浮肿，病情较重，经多处就医，均束手无策，后慕名前来求诊于先生。先生让患者住在家中，以便观察病情变化，先投药几付，病情逐日好转，服药百付，病体痊愈。先生悬壶几十载，既遵古训，又善博名家之长，经常与曹县名老中医万树楠、朱令之等切磋技艺，商榷诊病之疑窦，医技明显长足。他在行医中，无贵贱亲疏之分，皆一视同仁，细心诊疗。对远道而来慕名求医者，先生总是热情相待。先生医德被众民所仰，所到之处百姓无不争相寻其医治。故先生足迹遍及成武、巨野、曹县、定陶方圆近百里。

先生不仅医疗技术精湛，还乐于春风育人。一生授徒五人。现定陶县人民医院中医副主任医师王曦亭（已离休），即为先生所蒙之后起之秀。

先生一生忙于医病，无暇从事著述，享年七十有一，寿寝岁终。

[《定陶县卫生志》（1992）]

◎ 岳克允 ◎

岳克允（1883—1952），字明甫，山东菏泽岳楼村人。专长中医内科、儿科，行医在菏泽一带。三十岁时弃教从医，一生以"术有高低，以济世救人"为要，平易近人，施舍药品，有口皆碑，技术精湛，菏泽县名中医。

[《菏泽地区卫生志》（1989）]

◎ 刘汉晨 ◎

刘汉晨（1885—1964），医号镜如，山东菏泽市广生街人。在菏泽县及南京中间行医，擅长讲解经典著作，理论高深。十七岁（光绪二十八年）参加县试补为廪生，民国三十六年（1947）获国医师资格，并在南京挂牌行医，授徒多人，解放后回菏泽行医授徒，对经典著作颇有研究。曾任菏泽地区医专教师，1953年任菏泽县卫协会副主任直到逝世。1958年任菏泽县医院名誉中医师，曾任菏泽县人大一、二届代表，县政协一、二届委员。

[《菏泽地区卫生志》（1989）]

◎ 李继增 ◎

李继增（1885.08—1946），男，字省斋，黄店镇眼药李庄村人。擅内、眼两科，尤为眼科独步。先生成长于世医之家，明建文年间（1399—1402），其祖辈从山西洪洞县迁来时，带一眼疾秘方——"十三宝丹"（元寸[①]、牛黄、熊胆、炉甘石、大珍珠、冰片等），以施治眼疾为业。其后，子孙承袭，且声誉渐大。故乡民贯称其村为"眼药李庄"（现正式称谓）。民国十年（1921）其祖父李西贤医治眼疾，医

---

① 元寸：麝香。

技精湛，疗效卓著，其门生为颂其医技医德，敬赠"道接华佗"木匾一块。

继增先生在承袭眼科技术中，尊古而不泥古，善将祖辈临床经验与众家之长融为一体。以"眼疾内治"的方法，辨证施药，除外用"导赤散""拨云散""清凉散""红眼散"外。另据发病机理，内服"明目地黄汤""逍遥饮""知柏地黄汤"等，其医疗效果较好，治愈者众。声誉方圆百里，民国三十年（1941）五月，定陶、曹县、城武、单县、菏泽、六邑，慕送"四世名医"巨匾。

1942年，日军于境内发动大规模的扫荡，继增先生流亡他乡。1946年，因染瘟疾而客卒于商丘，现其子仍用秘方医治眼疾，便民一方。

[《定陶县卫生志》（1992）]

◎ 吕贞固 ◎

吕贞固（1886.01—1971.03），男，字丙辰。定陶县张湾乡吕沟村人。擅痘疹，兼精内、妇科。

先生幼入私塾，智聪慧，寒窗七载，四书五经皆通。光绪二十七年（1901）疫疾天花（俗称出疮子）、麻疹流行，死亡无数。先生闻其事，历其目，萌发了习医之念，在其父的启蒙及亲授下，对《寿世保元》《温疫论》《寻言尊生》《眼科大全》《傅氏女科》《本草从新》《济阴纲目》等经典医书无不谙熟。《温疫论》中所阐述的诸温疫之症俱能知其言，晓其理。十八岁应诊，锋芒初试，医效显著。而后，其父便将家藏数载的祖传手抄本《逸仙心悟》《柴氏痘疹》授受先生。未几，声振四方。民国元年（1912）执业于本村。在此期间，贞固先生沿袭祖风，以济世活人为本，行医中扶困济危。遇急危病人而不能来诊者，总是有求即往，从不要车迎送，对远道病人，留宿用膳习以为常。常言："穷人吃药，富贵拿钱。"尤其对贫苦病人，乐于相助，慷慨解囊。先生医德为众所颂，牌匾、绸帐、锦旗不计其数。

解放初期，先生参加菏泽县卫生院，医务更忙，工作更加勤奋，技术精湛并没满足现状。他博览群书，取人之长，补己之短，对病人态度和蔼，处方严谨。外县、外省慕名来请、来诊者甚多。故先生足迹遍及兰考、东明、菏泽、巨野及本县城乡。1951年被评为模范医生，出席了平原省召开的表彰会议，受到了省政府的奖励。

先生不仅忙于治病，更乐于提掖后进。在党的政策感召下，他解除了俗言"一个徒弟一只虎，十个徒弟把路堵"的旧观念，精心培育受业弟子十余名，现均达到医师水平。其子吕恒善（离休干部）在受家传医技熏陶下，能熟练地掌握治疗痘疹的基本要领，虽已年过花甲，离休安度晚年，仍继医业，有慕名求诊者，竭诚解难于民。

在多年的临症实践中，认为"牛痘与麻疹是毒邪侵袭机体而致，治疗皆以清热解毒为主，辅以他药"，基本治法为"憋毒疮，泻毒疹"。在治疗痘疹方面有其独到见解，当地民众常说："吃了吕沟的药，死了没话说。"就是对先生治疗痘疹的称颂。

贞固先生享年八十四，从医六十余载，医精技湛，活人无算，岁德高尚，望重城乡，精心育人，谓之定陶名医。

[《定陶县卫生志》（1992）]

◎ 王显敬 ◎

王显敬（1887—1960），字畏三，山东省郓城县丁里长村人。专长中医内科、妇科，行医郓城、嘉祥、巨野、鄄城、菏泽。医德高尚，技术高超，服务热情，能使无数危重病人转危为安，曾任中医师。

[《菏泽地区卫生志》（1989）]

王显敬（1887—1960），字畏三，享年七十三岁，是解放前后鲁西南著名的中医师，郓城县城南十八里丁里长村人。

王先生出身于农民家庭，幼年攻读五经四书，十八岁投师于吕月屯老中医周先生门下学医，由于其酷爱医道，天资聪颖，从师后刻苦攻读医家名著，心领神会，学习成绩优异。二十八岁辞师，开始行医于郓城城东南一带。他擅于内科杂病，对治疗妇科病，如月经不调、不孕、崩疾等皆有独到之处，是一位有真才实学的中医老前辈。

畏三先生解放前即已行医三十余年，由于他的医疗技术高超，服务热情，挽救了无数危重患者，使他们转危为安，恢复健康。至解放前夕，先生的医术名声已经大扬，不仅遍布郓城全境，而且逐渐涉及梁山、嘉祥、巨野、鄄城、菏泽等地，慕名求医者络绎不绝。

随着时间的推移，先生的盛名愈传愈远，到1943年，竟传到省城济南。是年，济南府挂"祥"字招牌的大资本家孟四猴，其孙女芳龄十八岁，患崩疾，曾于济南遍请多位中西医生，久治不愈。闻郓城王畏三先生善于治疗妇科诸症，专程驾车来郓，请王先生赴济诊病。先生欣然应诺，并随车前往。到济后，因孟有以貌取人、轻视布衣之士的举止，先生心中不乐，每天诊脉给药一剂，每剂药中有藏花炭四钱，服药二十三天，病情如初，银币却花去一千多元，孟无计可施，随以礼敬之。王先生大显身手，精心调整治疗方案，投药三剂，崩疾痊愈，花费无几。

1949年5月，郓城县人民政府卫生院建立，经县委、县政府研究决定：下书聘请王先生到卫生院任中医师。先生接到聘书后，随即来县报到，开诊之后，慕名前来就诊者络绎不绝，每天接诊人次不下三四十人之多。患者经王先生治疗后，大都药到病除。

1950年腊月，菏泽一中音乐教师彭东升之妻，患崩疾久治不愈，专程来郓城县卫生院求医于王畏三先生，授药三剂，药到病除，后来传为佳话，由此足见王先生医术之高超。

[《郓城县卫生志》（2006）]

◎ 安作澄 ◎

安作澄（1888—1957），字镜清，曹县袁新楼乡大王庄人。十四岁习医，二十四岁出诊，行医四十五年。内科、妇科、儿科无不见长，尤擅针灸，人称"神针安先生"。

先生出身书香门第，其祖父为名中医。先生幼时体弱，身残但聪颖过人，其祖父嘱之曰："你身弱体残无以自立，不如弃儒习医，既可自保又能济世活人。"于是闭门苦读医学名著十年之久，后与名医万树楠、张西珍、刘万仓、李其胥等交游，共同探讨医理，切磋医术。不久诊病多见奇效，因而年不及壮，已名震一方矣。1932年，曹县霍乱流行，人口大量死亡。当时疫情势猛，名医畏缩，而先生却奋而出诊并免费施药救活乡邻，一时活人无算，众感其德，题"济世活人"金字匾额以赠。

先生好读书，喜探究竟，且能兼采众长，用于临床又能因时、因地、因人、因体质、因病情变化辨证施治，针药并用，因情巧妙用药。他一生熟谙医学"四大经典"，《甲乙经》《医宗金鉴》《针灸大成》《叶天士医案》《景岳全书》《中西汇通》《陈修园七十二种》《嘉言三书》《证治准绳》《诸病源候论》《千金要方》《圣济总录》《图书集成·医部全录》《沈氏尊生》《医学正传》《万密斋十书》《黄氏八种》《济阴纲目》《医学心悟》《医方集解》《成方切用》《类证治裁》等一百九十余种医学名著，又写出十多万字的《经论析义》《杂病札记》《中药效方》等三卷经验体会（可惜此三卷遗著在浩劫中被毁）。

先生善治时病。他在诊治时病时常宗仲景六经辨证，结合温病学派叶、吴、王三家之法，做到"宗六经分虚实兼采叶吴，重六气辨真假因情而异"。他认为曹县夏燥冬寒，这里病人冬伤于寒者十之六七；夏伤于热者亦同；湿之伤人以雨量而异，新感伏邪病情纷繁。因而诊治时病必须因时、因气候变化、因病情而知常达变，决不可雷同不辨，以套方治之。这些看法是非常科学而辨证的。由于先生通达医理，因而临床施治，辨症准，用药巧，多获奇效。仵楼村农民仵某，三十一岁，冬患伤寒四十多天，医之，脉浮紧，高热恶寒，头痛呕逆，胸塞食少，苔白腻，舌胖而有齿痕，症系伤寒夹湿而致，投麻黄汤加味，一剂而愈。又如魏集刘翁，冬日患感，咳嗽痰喘，面赤气逆，脉沉弦，苔黑润，断系戴阳。处方：吉林参、附子、云苓、白芍、半夏、白术、砂仁、五味子、炙甘草，姜葱为引。服之，一剂病轻，四剂病除。再如孙双楼孙某，七月得病，迁延月余。来诊时，低烧微汗，头部晕痛如束，全身疼痛，胸现红疹，苔现薄腻，食少口甜，断系湿热内蕴，经络肌肤不透所致。以杏仁、苡米、滑石、佩兰、云苓、秦艽、连翘、竹叶、通草、甘草为方，用黄豆芽、芦根作引，服二剂病减，原方加三消、白蔻，再服三剂病愈。

先生平生治了不少疑难大症。商丘刘口镇一女患者，四十七岁，白带淋沥，且腹有物如掌大，常冲突上逆，疼痛难忍。此妇患病已十四年，豫东名医求遍，多以气治之，终无效验。先生诊之，见脉弦小而滑，尺部更弱，面色青黄不泽，舌呈湿润白腻，自述频感腰膝酸软，常有心悸、异物上冲时，病起小腹下侧，上冲时疼痛难忍，至心胸部位则迷闷无知矣。先生判之：此系奔豚，仲景谓此惊吓而得，问之病妇果因兵祸惊吓。先生施治，以针三脘、气海、双三里；投药以加桂汤重剂加牛膝、赭石、白术、砂仁、三消饮。服之，四剂病冲停止，继服三剂病除，后改换完带汤化裁，主治脾胃以益肾，又服三剂，带病亦除。又如河南孙庄王某，男，五十一岁，患头痛七年，时疼时止，多药不效，因来求诊。诊时，脉左沉细，右沉滑见于关部，舌青紫无苔，畏寒腹胀，呕吐清水，必吐绿水后方止，额痛如裂。判为：肝寒阳虚，胃冷停水，投药以吴茱萸汤合苓桂术甘汤，服之四剂病愈。

群众对作澄先生雅称"神针"，事非偶然，其针灸技术确已达到出神入化的地步。他精通各科医理，善辨疑难杂症，因而他用针灸治病非同一般，多是针药配合相辅相成，功奏奇效。他长于针药齐下治疗筋骨关节、癥瘕痞块，特别是治疗霍乱更为神效。安新庄一患者，吐泻转筋，急来就诊，当时先生出诊未归，待回来时病已垂危，病人面黑目陷，大汗淋沥，四肢冷缩，腹痛喘急，牙齿振振有声，汤水不进，实难服药。按之，脉微欲绝。先生视此，乃急针三脘以顺气，于四弯处放血以疏散，约一时许，病人痛止而欲饮，即煎药与服，次日病势大为好转，当时所用方药是：高丽参、白术、白芍、肉桂、附子、炮姜、木瓜、苡米、扁豆、当归、通草、甘草。用此方服一剂病转，去炮姜、肉桂、附子，加黄芪、石斛，服四剂病愈。后来，先生对其后人说：此病系过食生冷不洁之物所致（即受寒和食物中毒），非真霍乱，切勿以此法治真霍乱。又如：刘楼一壮年正在田间劳动忽觉腹痛如扭，强至村头即晕倒地上，邻人将其抬至家中，急求作澄先生往诊，先生怕误事，先派其孙呈然往救，呈然针完数穴不见病减，病人此时已奄奄一息矣。先生赶到急于四弯放血，接扎中脘约二十分钟，病去大半，接着处方：大黄二钱，附子二钱，滑石一两，甘草一两，急煎与服，一剂而愈。其孙请问病理，先生答之曰："此系干霍乱也，病因暑湿秽浊，阻于阳气于中，清阳不升，浊阴不降，气机升降不调，故腹疼如割；欲吐不出，欲泻不流，浊邪闭塞，清阳不宣，气血逆乱，故肢搐厥冷；虽是霍乱但不传染，治之得法，故可立愈。"

先生宗法《金匮》，兼采《济阴纲目》《万密斋十书》等书医理、处方，善治妇科经带胎产，流产崩漏之症无不药到病除。如龚楼孙氏，三十二岁，初患崩症，投药制止，但继而转漏，久治不痊。病人四肢无力，面目浮肿，心悸失眠，食少不香、月经量多，色淡质稀，舌呈胖淡，脉现细弱。与服大剂补中益气汤加阿胶、萸肉、龙骨、牡蛎。连服十剂病愈。又如刘楼一胡姓女，结婚二年不孕，月经多先期八九天，且量少呈黑紫色，心烦口干，手心热甚，舌红苔黄，脉呈微弦而细数。投药：生地、熟地、山药、萸肉、丹皮、泽漆、云苓、阿胶、川断、女贞子、旱莲草、车前子、牛膝，服七剂月经正时，后改用八珍汤加六曲、山楂、砂仁、麦芽连服十剂，停药后二个月受孕，后生一肥胖男婴。还有孔石楼一妇，三十四岁，流产四个，久治不愈，又怀孕四月，恐再流产，食渐少而呕吐不止，急来求治。先与香砂六君子汤加山药、麦芽、姜七片、枣三枚为引，服四剂而呕止，继与熟地、白术、附子、力参、杜仲、续断、寄生、巴戟、当归、菟丝子，每月服四剂，连服三个月，足月生子无恙。

先生对儿科亦多有研究，疗效甚高。如唐菜园村一芦姓男孩，九岁，秋患腹泻，多医不效。请诊，与服胃苓汤加味，二剂泄止。过后三天，病孩全身浮肿，家人惶恐。先生慰之："此系身虚受风而致，易治。"与服肾气丸改汤，加桂枝过于熟地，少于附子加薄荷、防风、砂仁，服之二剂肿消病愈。先生常嘱后人："中医治病，病无专方，方无专病。"这是名家的经验谈，后进者可作箴言。

曹县名医众多，但如作澄先生博学多才，技广术精者，实为罕见！

[《曹县医药卫生志》（1988）]

◎ 郭献庭 ◎

郭献庭（1888—1975），名中医，曹县人。长于外科，尤以疮疡为最。闻名于苏、鲁、豫、皖四省交界的十余县市，全国许多个省、市、区均有病人求诊，常以单、验方获奇效。1954年当选为单县人民代表大会代表，1963年当选为单县政协委员副主席、省政协委员。著有《良方必载》手稿。

[《菏泽地区卫生志》（1989）]

◎ 邵仰华 ◎

邵仰华（1890—1974），字景顺，山东鄄城县扈屯人。擅长中医外科，曾编写《疑难病集体会》一书，祖传医鞯盈宝，1937年在冯玉祥部队任少校军医，抗战胜利后在菏泽坐堂行医，1949年加入"菏泽县医药总站"，任中医师，1954年调入菏泽城关卫生所任医师，同年当选为省人大代表和县政协委员，历任省人大第一、二、三、四届政协委员，菏泽地区中医学会理事。

[《菏泽地区卫生志》（1989）]

◎ 王海澄 ◎

王海澄，字静（？—1975），巨野县田庄乡黄庄村人。出身于中医眼科世家，父亲是远近闻名的眼科医生。他从父行医，十七岁开始独立从事中医眼科临床，行医五十余年，在鲁西南地区颇负盛名，对眼科专著研究造诣颇深，尤对角膜病、葡萄膜炎、内眼病等治疗有独到之处。曾发表过《角膜带状疱疹证治体会》《视网膜中央动脉证治体会》等学术论文。

[《菏泽地区卫生志》（1989）]

◎ 张宪忠 ◎

张宪忠（1891—1964），鄄城县闫什口乡打席张庄人。长于内、外、妇科，尤对脱骨疽病（脉管炎）善治，行医主要在鄄城县境内及菏泽北部地区。著有《张宪中医案集》。1956年参加山东省中医教材编辑委员会，曾任鄄城县医院中医科中医师。

[《菏泽地区卫生志》（1989）]

亓文章

亓文章（1892.11—1980），男，菏泽市佃户屯镇观上村人。1955年参加定陶县卫生院工作，悬壶六十余载，尤擅针灸。因患脑血管病卒于1980年春，享年八十八岁。

先生幼入私塾六载，苦读经典，智聪慧，性情温和。光绪三十年（1904）继入庠，寒窗四冬。宣统三年（1911）始，弃儒习医。先生曾拜一姓桑者为师，主习针灸，在其师督导下，苦诵《针灸大成》《笔花医镜》等名家经典医著，造诣匪浅。在随师习医的生涯中，广游乡里，临症之时探其究因，揣摩针感，而后，先以棉裹作模具仿效试扎，待其掌握进针要领，便以自身示范，体验针感。由于先生的勤学苦练及精心研究，熟练地掌握经络的循行，腧穴的取舍，未几，便能独立应诊。民国四年（1915）执业于本村，遇奇症、难症甚多，多能针到病除，疗效显著。如：一中年妇女在与家人争吵之中突然昏仆于地，呼之不应。家人认为已气绝身亡，准备入棺，逢先生出诊路经此地，有知情者禀于家人，忙请之家中，先生视瞳不散，触脉似有，当即给以针灸，瞬间患者苏醒，众家人感激不尽，意设宴相请，先生拒之。至此，先生针技之精湛名噪乡里，求医者接踵而至，自早及晚门庭若市。解放战争时期一国民党县长患呕吐、腹泻症多年，经多处医治，疗效甚微，后闻亓先生针灸技高，便请求治。先生取穴足三里、水分、天枢等穴，施针一次，呕吐即止，后经几次针灸痊愈。先生素以"济世活人为本"，施针舍药，有求即往，无索重酬及备车接送。先生医德为众所仰，送牌匾、绸幛、锦旗者不计其数。

1955年8月先生参加定陶县卫生院，医务更忙，工作更加勤奋。在技术上他未满足现状，博览群书，兼采众家之长。工作闲暇之际，先生常与同知切磋医技，其针灸医术更加精湛。1959年先生参加山东省灵岩寺中医进修班。他惜时如金，勤奋好学，知难而进，年余，便能谙熟中医基础理论。结业后，他将针灸术与中医辨证施治融为一体，针药并用，疗效颇著。如治疗腮腺炎、小儿夜尿、半身不遂、筋骨关节疼痛、胃痛、婴儿瘫之症，效果较好。故先生医迹遍及河南、开封、江苏、山东各地，每天求医者络绎不绝。洛阳市一女孩，患婴儿瘫，经省、市大医院诊治，无好转，家人悲观失望，后寻及亓先生，诊时患儿两下肢肌肉已经萎缩，活动失灵，大、小便不能自主，文章先生视之，即采用补法（温针），最后一个疗程以经取之（平补平泻），针灸十一个月后，行走自如，大、小便正常，双下肢肌肉丰满。邓集乡郎某，患胃痛多年，痛时如刀割，伴呕吐，大汗淋漓，多方求医，收效欠佳，后经先生诊治，使用针灸治疗痊愈。

先生不仅忙于治病，更善于提掖后进。他勇于冲破医不外传的束缚。精心培育受业弟子，而今多为中医骨干。其平生由于医务繁忙，无暇从事著述。定陶县中医学会成立后，先生被推选为理事，他的《针灸治疗婴儿瘫的体会》一文，于1980年元月在《定陶科技》上发表，以飨后人。

文章先生从医六十余春，医德高尚，医技精湛，医治疑、难、奇症之多，为后人所钦佩，无愧为杏林名医。

[《定陶县卫生志》(1992)]

◎ 侯安哲 ◎

侯安哲，男（1892.08—1981.09），定陶县王双楼乡侯楼村人。光绪三十三年（1907），随其父习医。1956年元月参加联合诊所。1981年9月病故，享年八十九岁。悬壶七十余载，主外科，内科兼长。

先生幼年，智聪慧敏。八岁入私塾六春，文笔皆精。其家父先以《外科金鉴》《外科大全》《外科正宗》等名家医著为先导，继辅以祖传《抄册秘方》临症试之，倾其所技，言传身教。未几，理、法、方、药皆为谙熟。临症试之疗效较著。民国十七年（1928）其父离世。先生业医，沿袭祖风，以"济世活人为本"，扶贫济危，施医舍药。尤其对贫苦人，送医舍药到门，远道而来者，资路费，赠衣食，慷慨解囊。尚有请者，不计路途，无论深更或雨雪，随之即往。其医德多为乡人所感。

先生医技高超，善治外科疑难大症，辨症施治准确无误，临症经验极为丰富。尤对疮、疡之类，观其症，便知病机，施其药预期既愈。其自配膏、丹、丸、散疗效甚佳。他的生肌膏、太乙膏、蜂蜡膏、白砒散皆为疮疡之要药。其使用"阳和汤""四妙汤"治疗脉管炎、血管瘤，有独特之功效。1958年，本县保宁乡一张某患脉管炎，多方求医治疗无效，至足趾发黑、溃烂，面临截肢之危境，投安哲先生医治，其诊视后，先用生肌膏涂于溃烂之处，继之内服阳活汤。月余改服活血祛瘀汤。半年后，患者痊愈。成武县一血管瘤患者，其面部生一黄豆大红润疙瘩，经县以上医院确诊为血管瘤。诸医无策，病者绝望，途闻安哲先生医技之高而求之。先生诊后，施以复方白砒散外用之，并嘱患者十天即愈，患者信而有疑，然而预期即愈。病家人不胜欢喜，随之先生之名在成武大振。

先生行医，德高而不耀，技高而不傲，且敢于冲破"医不外传"之偏见，以其丰富的临床经验，谙熟的理论基础，高超的医疗技术。倾其所学，言传身教，先后带徒六人。五人均已达到中医外科医师水平,一人晋升为中医外科主治医师。

先生业医七十载,医德高尚,医术精湛,声誉遍及定陶、菏泽、成武、曹县等地。众人赠之匾额、绸帐,不计其数。然而,终因一生忙于医民,无暇从事论著,甚为医林惋惜。

[《定陶县卫生志》(1992)]

◎ 王耕民 ◎

王耕民(1893—1964),郓城县人,中共党员。出身于中医世家,年幼时读书聪颖过人,放弃科举,学习医学。年轻时即挂牌看病,1956年参加工作,在郓城中医进修班任教,1957年调山东省中医研究班,1958年底调至济南军区总医院工作;精通内科、喉科、妇科,并著有《箕裘相承》《良师益友》《内科杂病三字诀》《脉学渊海》《伤寒论白话解》等。

[《菏泽地区卫生志》(1989)]

著名喉科中医师王尔襄先生(1893—1964),男,字耕民,汉族,文化程度相当于旧社会科举时代的举人,郓城县丁里长乡丁里长村人。1956年当选为郓城县政协委员,1963年加入中国共产党。遗著有《箕裘相承》《良师益友》《内科杂病三字诀》《脉学渊海》《伤寒论白话解》。

尔襄先生出生于三世岐黄世家,其祖父、父亲均为我县著名喉科中医师。其父王上之先生,一生以医为业,熟读多种经典医著,对咽喉科有较深造诣,终生为无数患者解除了病痛,名声显赫,驰名县内外。积五十余年之临床经验,在其七十一岁高龄时(1964)撰写了喉科验方汇编《王氏传家宝》留传后世。

耕民先生青少年时期,随父攻读五经四书,十五岁后,在父辈指导下就读医家名著;由于先生勤奋好学,天资聪颖,至二十岁时,在文学、书法及医学理论上,皆取得优异成就,为其终生从医奠定了坚实基础。

二十岁以后(1915年前后),耕民先生开始临床诊病,他秉承庭训,对患者态度和蔼,服务热情,不论贫富,一视同仁,且轻财重义,对贫苦农民经常济以药饵;在诊断疾病中,王先生细察病情、辨证施治,多数患者经其诊治后,药到病除,为数以千计的患者解除了病痛,深受广大人民群众之信赖,医疗声誉不仅传遍全县,逐渐远及巨野、嘉祥、梁山、汶上、鄄城、曹县、菏泽等地。许多患者慕名远道而来,门庭若市,络绎不绝。

尔襄先生参加工作后,在党的中医政策感召下,更加勤奋地学习业务技术和政治，积极进取，逐步树立以解除患者疾苦为己任，造福于人民的人生观。

1957年2月，在郓城县召开的"中西医学术交流座谈会"上，耕民先生将其珍藏了三十多年的喉科验方汇编《王氏传家宝》一书奉献给大会，全书共分七个门类，载方一百一十八首，四万余字；该书对咽喉科之病因、病理、分类、治疗方法等均做了详尽的论述，实为咽喉科一份宝贵资料。表达了王先生对党、对人民的一颗赤诚之心，受到与会全体同志和县委、县政府、卫生科领导的高度赞扬。

是年，王尔襄先生被"郓城县中医进修班"聘为教师，主讲了《伤寒论》《金匮要略》《内经》等经典名著，为造就人才、壮大郓城中医队伍作出了贡献。

1957年底，王先生被调至"山东省中医研究班"任主笔，从事中医理论研究工作。

1958年12月，耕民先生从"山东中医研究班"调济南军区总医院工作。此时他虽已年过花甲，但人老志毅，除积极从事业务理论研究，坚持为患者解除病痛外，出于对中国共产党和毛泽东主席的无限热爱和崇敬，认真攻读马列和毛主席著作，书写了大量的读书笔记，学习成绩突出。1963年被选为济南军区总医院学毛选积极分子，是年《解放军报》《大众日报》刊登了尔襄先生学习毛泽东著作的照片，报道了他的先进事迹。

1963年，七十高龄的王尔襄先生光荣地加入了伟大的中国共产党，成为中医界老前辈的先进典范，实现了他多年的夙愿。

1964年，先生积劳成疾，因患肺癌医治无效，病逝于济南军区总医院，终年七十一岁。先生逝世后，该院党委、院领导派员驱车将其遗体送回故里，主持召开了追悼会；济南军区总医院、郓城县人民政府、县卫生局、丁长公社党委、丁长大队党支部送了花圈，并派代表参加了追悼会，表达了各级党、政领导对老中医的重视，对耕民先生的追思和怀念。

纵观王尔襄先生的一生，是勤奋好学、积极进取、勇攀高峰、全心全意为人民服务的一生，是为培养中医人才，解除人民疾苦作出较大贡献的一生。

[《郓城县卫生志》（2006）]

◎ 朱令芝 ◎

朱令之（1893—1978），亦名寿凯，山东曹县人，终年八十五岁。

令之先生幼读私塾，受业于曹县名儒万燮臣，早年即打下坚实的旧学基础。其父朱琴南精于医学，令之受其督导，《内经》《难经》《伤寒》《金匮》等医学经典著作皆能成诵。及至青年，胸怀济世壮志。民国初年曾经投笔从戎。未几，因不满官场恶习，慨然曰："不为良相，当为良医。"自此，拜曹县名医万树楠、徐效典为师，尽得所学。后随师应诊，疗效卓著，未及壮年已誉满曹县城乡。日寇侵曹，令之先生移家避难商丘，在商丘行医期间，由于医术高明，态度平易，每天求医者络绎不绝，不久即又誉满豫东。先生当时每天除忙于应诊，还兼授"商丘国医进修班"的课业，主讲《伤寒论》，深得医界好评。解放后返回故里，于1954年参加工作，次年被选为曹县政协第一届委员会委员和常务委员。不久，令之先生会同名医李广济积极建议，筹办"曹县中医进修班"，并主讲《金匮》《伤寒论》的部分篇章，为曹县培养了一批中医骨干。1957年被调至菏泽地区医院中医科工作，并兼任菏泽医专教师。一年后，成绩卓著，声望日高，先被任命为中医科主任，后被选为地区中医协会副理事长、山东省政协第二届委员会委员。此后，连年被评为先进工作者。"文化大革命"期间，令之先生停止诊务，遣回原籍，回乡后被安置在大队卫生室做诊务劳动，不料求诊者更多，不仅轰动乡里，而且旁及外省他县，虽处穷乡僻壤却是门庭若市。先生当时不避政治压力，矢志为患者服务，凡来求医者，不论贵贱均作热情接待，如需出诊，不管菏泽、东明、商丘、兰考，虽百里以外也当天往返。先生时已年近八旬，医务如此繁忙，他却甚感欣慰，自题手杖云"白首幸随如初志，赤脚恰称故园心"以作自勉。可惜一代名医，晚年遭此厄运，终于1977年中风病倒，次年农历二月二十三日与世长辞。

令之先生行医六十余年，首重医德，他曾对徒弟们说："医乃仁术，以治人为本，赍百年之寿命，持至贵之重器，托之于我，可不慎乎！"他当年名声大噪时，行医鲁、豫、苏、皖各地，无论远近从不接受诊金，遇有贫苦病患者，还常出资相助，留住病人施赠衣食。抗战前，先生在曹县城内有房屋数十间，赁给"怀济堂"药铺，收来的房款全部作为赈济穷苦病患者的药资。先生行医以活人为本，即使遇到不治之症，也要千方百计使其延长寿命。如回民张庄马翁患食管癌，经省院确诊已属后期，求治于先生，脉症合参，断为血痰瘀阻塞结症，非大辛以开之不为功。处方用大半夏汤，干姜、细辛、五味子、大黄，重用大黄、细辛各八钱，服两剂吐脓血盈碗，能进流汁，后以原方加减，使其饮食渐增，存活二年。先生对民如此，对党对国更是忠心赤胆，如在党的十一届三中全会后①，先生写信给地区领导："我

---

① 党的十一届三中全会：中共十一届三中全会召开的时间是1978年12月18日至22日，朱先生病逝时间是1978年2月，故此处当有误。

虽年已八十，行动困难，然而如果党和人民不唾弃的话，我愿把仅有残生，敬献给人民和伟大的社会主义事业。"寥寥数语，足见先生为人民事业"鞠躬尽瘁，死而后已"的心肠。

　　令之先生毕生治学勤奋严谨，既遵守古训，又师而不泥，而且从无门户之见、派别之分，多是择善而从之。先生行医六十年精通内科、妇科，兼通儿科。诊病用药的特点是：四诊合参首重切脉，辨证求因通常达变，古方今用贵在辨证，用药精练突出重点。令之先生论及脉理时曾说："治病之道，首在辨证，辨证之要，在于四诊，四诊之中，尤重切脉，切脉为祖国医学所独有，除熟读脉诀外，要细心体察，心领神会，方能临证不惑。"先生临症，精于切脉，如 1947 年在商丘给一未婚女青年治病，此人患病三月，频频呕吐，水谷难进，卧床呻吟，百药无效，群医束手，以为不治。先生诊脉见代象，细察有神有根，判之曰："代而无神是心气将绝，代而有神并非死脉"，后经反复询问，始知已停经三月，毅然断为妊娠恶阻，处方人参半夏丸，改丸为汤，服之一剂症减，再剂呕吐全止，未几病愈，后果生一男婴。先生临症特别重视审因论治，不论病状多么错综复杂，都能透过现象认清本质，对主证、兼证、主因、诱因，分析详明，判断中肯。1965 年，一妇科"子宫肌瘤"病患者，经西医确诊，等待手术，但病人咳嗽频频，不能手术，遍服中西止咳药物无效，请令之先生会诊，症见阵咳无痰，胸胁苦满，胸胁胀痛，欲咳不爽，便溏食少，舌苔薄白，脉弦。询知家庭不和，久病抑郁，断为肝脾不和，肺失调养。随处逍遥散疏肝健脾以治本，少佐杏仁以理肺气，一剂咳减，三剂咳止，顺利地通过了手术。先生喜用经方，加减不多，效用神妙。如曹县西街一朱姓患者，高热三月未愈，先后在县及地区医院住院八十余天，经各种检查未见异常，中西合治耗资八百多元未见疗效。请令之先生诊治，症见寒热未止，胸胁苦满，按之微痛，口苦咽干，饮食少进，大便干燥五六日一行，舌苔黄厚，脉象弦数。先生判之曰：此病初为邪侵肌表，汗之无误，但汗出不彻，内转少阳、阳明，病虽三月，邪仍在二经，宜借少阳之枢转以达邪外出，兼清阳明之里，内外双解。于是疏大柴胡汤原方加花粉一味，以复高热耗伤之阴，服之三剂热减，六剂热退；改方以小柴胡汤加竹茹、枳壳调理而愈，总费药资不过十元。先生不仅擅用伤寒方，对温病亦有较深研究，施之临床，疗效卓著。如民国二十一年（1932），我县瘟疫暴发性流行，治此病者多感棘手，唯令之先生得治温病抄本，熟悉瘟疫治法，日诊百计，活人无算。令之先生处方一向用药精练，突出重点，救治危急重症，君药常用至数两。如治疗梁固堆一蔡姓妇女的崩漏症，症见面色萎黄，头晕乏力，心悸少寐，腰膝酸软，小腹不适，经血淡红月余未止，经省院检查诊为"功能性子宫出血"，血色素四克以下，止血套方均已服遍，但一无效验。令之先生处以黄土汤，重用附子二两（先煎），灶心土四斤，水溶取上清液煎药，三剂而血止，后以归脾汤巩固疗效，病愈不再犯。

令之先生毕生不仅善于治病而且乐于育人，六十年来执教授业弟子数十人，均能春风育物，循循善诱，因材而施教之。而今其弟子散居各地，多为中医骨干，晋升为医师、主治医师者大有人在。先生平生由于医务繁忙，无暇从事著述，仅著有《绿荫书屋医话》《听雨斋夜话》，诗文稿数卷及众多医案，可惜十年动乱，这些著作均被抄去焚毁，实为医界一大遗憾。先生有子五人，长为伯康，次济民，均为曹县名医，余三从事教育事业，孙及曾孙亦多从事医务、教育者，其后裔均能秉持先生庭训为国为民多作贡献。

令之先生素怀济世活人壮志，业医六十余年，医德高尚，医术精湛，晚年虽遇厄难，但胸怀坦荡，矢志不变。党的十三中全会之后，先生冤案终得平反。昭雪之后，先生的高风亮节更加璀璨可见。

[《曹县医药卫生志》（1988）]

朱令芝[①]（1893—1978），现代名中医，别名寿凯，曹县人。一生从医，驰名鲁西及豫东诸县。重医德，注意培养中医人才。曾任菏泽地区医院中医科主任兼菏泽医专讲师、地区中医学会会长、省第二届政协委员。著有《绿荫书屋医话》等手稿。

[《菏泽地区卫生志》（1989）]

◎ 李广济 ◎

李广济（1893—1984），字恩普，号博亭，山东曹县梁堤头镇苗李庄人。毕生业医，精于内科，兼长妇科及外科，致力于医学教育，硕果累累。生前曾任曹县人民医院中医科主任、菏泽地区中医学会理事、曹县多届人大代表、曹县多届政协委员等职。

广济先生自幼聪明好学，熟读四书五经，涉猎经史子集，爱好广泛，才华出众。少树壮志："以己才学，广济众人。"然而，生逢乱世，几经努力，志不得伸。适母病床褥，屡治不愈，终因庸医误诊致使丧生，因以奋而习医。习医期间，勤求古训，博采众方，求师访友，日夜研读，不遗余力。深究《内》《难》《伤寒论》《金

---

① 朱令芝：《曹县医药卫生志》（1988）作"朱令之"。

匮》等经典奥旨，旁参历代各家，推崇修园、景岳、天士、宗海学说，在医学理论上打下坚实基础。后拜曹县名医徐孝典为师，尽得其传。由于其医理精深，诊病细心，辨症精确，用药效如桴鼓，求方就医者接踵而至，远道来请者络绎不绝，遂一举而为曹县名医。虽然如此，广济先生仍苦读不矜，常与挚友朱令之同窗共读，互相切磋，共同探究医学奥秘，彼此多所获益。朱令之先生载誉数省，自视甚高，然而唯服广济先生。他将二子朱伯康、朱济民，一侄朱世任，一甥仵培塘[①]，均送至广济先生门下习医。广济先生不负其托，言传身教，使此四人均成为曹县名医。

广济先生临症，知难而进，善于攻关，长于治疗急证及危重疾病，素以"辨症准，用药巧"著称。对冠心病、肺心病、风心病、中风、乙脑、肝病、肾病及外感等疾病均有独到的医疗经验。临床善用附子与川乌，组方配伍严谨，辄取显效，常用重剂挽救患者于垂危。在其成名不久，梁堤头镇宋春高久患眼疾，二目红赤，肿胀如柿，疼如锥刺，昼夜嚎泣，痛苦万状。屡经眼科医生治疗无效，请其诊治。广济先生以为：此系服凉药过多，上热下寒，虚阳上浮所致；宣清上焦之热，回下焦之阴，加活血止痛、祛风明目之品即可奏效。处方为：当归、赤芍、川芎、菊花、丹皮、萸肉、黄连、附子、熟地、甘草。服之一剂痛止，三剂红退肿消而愈。又如商丘师范校长王澄波，患伤寒过汗，大汗淋漓，阳气虚脱。经先生诊治，投附子、力参、党参、甘草四味药，服后，一剂汗止，减半再服三剂病除。王校长感佩莫名，题词以赠。其词为"鲁南医林真妙手，豫东患者感津船"。再如城关卫生院医生荆某，患肝硬化腹水，昏迷三个月，中西药罔效，请其会诊。先生诊后说：肝昏迷多躁动谵语，此例虽谵妄，但拥被而卧似恶寒状，脉浮数，舌红苔薄白，均为外邪未解之征。遂拟小柴胡汤加青蒿、二花、连翘等，服一剂而安，再剂神清，后经调理，不久病愈。上举数例可见广济先生临症知常达变，不拘常规，严于辨症，精于用药，功力之深，堪为医林称颂。

广济先生精于医道，乐于育人，善于提掖后进，因而登门拜师求教者甚多。其授业弟子遍及豫鲁各地，医林名手如王鸿森、王鸿勋、朱伯康、朱济民、仵培塘、徐树楠、常德亮、朱世任、刘献琳、李德修、杨殿鳌、黄洪彬、付玉楼、王秀桂、武明饮、李全治等均出其门下。五十年代，广济先生又会同朱令之、魏可玉等积极建议筹办中医进修班，先后举办四期，共培训中医近二百人。广济先生主讲《伤寒论》《金匮》等经典著作，为提高曹县中医学术水平作出了很大贡献。

---

① 仵培塘：《曹县医药卫生志》（1988）另作"仵培堂"。

广济先生心胸宏阔，豁达大度，秉性敦厚，正直不阿，素喜诙谐，和蔼可亲，不修边幅。他头上自幼有块白发，故绰号"白毛"，成名之后"李白毛"之名传遍城乡，"广济"大名反而不扬。他有一怪癖：藐视权贵，亲近平民。他在旧社会行医三十多年，富贵者求医必取重酬，贫苦者看病无偿资助。他出诊贫家，灶房牛屋皆可留宿，从不计较。其医疗趣事迄今在民间广为流传。

李先生治学严谨，尊经崇贤，师古却不泥古，他早年即崇尚新说，晚年常与西医会诊，主张中西医结合，但从来不苟同，不偏执，不附会，不臆断。其医风堪为后人楷模。先生终日忙于诊务，无暇从事著述。但他多才多艺，爱好广泛。早年喜爱文艺，对诗词歌赋、戏曲、音乐无不击节欣赏，能背诵不少名曲及诗词原句。饭后诊余常唱起《单刀会》《女起解》《甘露寺》及后来的样板戏中的动人唱段。对于戏曲诗词不仅潜心欣赏而且随时写出心得体会，曾著有《艺海拾贝》一书。至于本门业务先生更是精心研究，偶有心得创见即随笔录记，后写出《医林荟萃》一卷、《白头医话》两卷、《临症一得》两卷、《医案》数卷，约五十余万字。这些著作未及付梓，在"文化大革命"中多被查抄散佚。经多方寻觅，今辑录其《舌诊心得》一文，载于本《志》医术部分，以飨后学。

广济先生享年九十，从医七十多年，医术精湛，活人无算；医德高尚，望重城乡；全力育人，桃李遍布，是曹县医林中一代大师。

辨舌心得

按：名医李广济先生，平生在临床实践中很注意舌诊，积有丰富成熟的辨舌经验，今录其"辨舌心得"一篇，供医林研究。

《内经》云："心开窍于舌。"故舌按部位分属脏腑。又云："心者君主之官神明出焉，主不明则十二官危。"十二官有病则影响于心，表现于舌，故舌诊是极为重要的。

如黄舌必验其燥浊。如黄浊者，是胸中有痰湿，可与小陷胸或泻心以辛开之，如刮之即去，光滑者，乃无形湿热不可攻也，如沉香色老黄色有断纹者，尤当下之。舌苔黄不厚而滑者，可以清热透表；薄而干者，津伤甘寒可也。如绛中兼黄白者，虽入营，气分之邪未尽也，以清气透营两利可也。如舌苔滑腻者，内有痰湿也。如绛而带鲜色，入包络也，宜生也，以连翘、郁金、菖蒲治之，如绛而中心干者，心胃火伤液也，当重用石膏。如四边红心黄白而干者，此非血分是上焦津伤耳，急用凉膈散，勿用凉血药。如绛舌望之似干，扪之有津，此是液亏有湿将成浊痰、入心包也，宜白虎汤加生地、犀角、牛黄。舌色紫而暗者，内有瘀血与热相搏，用琥珀、丹参、丹皮、桃仁之类。如紫而肿大者，酒毒也，如干晦者为不治。如舌绛而黏腻者，是苔非苔，胸中有秽浊之气也，以芳香药逐之。如舌欲伸难出口者，是痰阻舌根，有内风也，降药中加辛凉，如不差者，再用润药以息内风，若脾胃败为不治，即服辛凉药不受也。如舌绛而光亮者，胃阴亡也，重用炙甘草汤去桂姜加滋阴药治之。如舌绛色而干者，火邪劫营也，以犀角地黄汤加玄参、花粉、二花、丹参、竹叶之类，如不饮食者，气津双败也，再以复脉汤治之。如舌绛而舌中有白点、红点者，显系热毒乘心也，用黄连、金汁之类。如舌干而痿者，肾阴涸也，急以阿胶鸡子黄汤治之，此证为危候。如舌中心绛干者，胃热心受灼也，当以清心之品。如舌光绛而干者，心火上炎也，以导赤散治之，血分无热口干者，此气虚不能生津也当分别之。如舌苔白腻而厚者，寒冷似疟者，湿伤募原也，当以达原饮治之。如舌苔干燥白厚者，此燥气伤胃也，以滋阴药中加甘草。如舌苔而白薄者，肺津伤也，治以寸冬、芦根。如舌白不干而薄者，外感风寒也。如白苔如雪，绛底者，湿阻热伏也，当以温药泄湿以辛凉透热，或以辛开苦降。如初病舌干神昏为不治。无论何色生刺者，上焦热也，如舌不干痞满者脾湿也。神清舌大不能出口者，脾湿胃热也。如舌苔如铁，津液大虚也，以清凉散加花粉、黄柏主之，此为危症。如舌淡红无色者，胃津劫也。如舌苔似粉而滑，四边紫绛者，疫入募原也。如舌本不缩而破，牙关难开者，此水饮与风痰欲作痉也。如舌边白中心嫩黄者，乃为大小柴胡之症。如白苔滑甚者，胃阳虚也，又白苔滑甚无红边者，此为脾阳不振也。黄苔为里，舌干黄不滑者，火初入胃也，宜清解之。如舌厚而嫩黄者，乃邪遇胃虚，土气泮溢，此当振发脾阳和解去湿可也。紫苔为酒后伤寒，大醉露卧，以升麻葛根汤加石膏主之。如舌灰色，只看有苔无苔。干灰舌皆明热症，当下之。如湿滑无苔为水来克火，既当温经散寒可也。盖血之苔亦有如此色者，酱色舌苔，乃夹食。伤寒、大渴大饮，鲜有得生者。蓝色舌乃肝木之色，胃气亦伤，心火食气，脾无所依，肺无所生，木无所畏，当以平肝风、清肝热治之，此为危症。如直中三阴，乃灰色无苔，当温中散寒。如白屑满舌，乃系阳明表证。如舌干白苔当中有心一条者，此心经有热痰，当用黄连、菖蒲、金银花、薄荷之类。

[《曹县医药卫生志》（1988）]

李广济（1893—1984），字恩普，号博亭，山东曹县人，曾任曹县人大代表、政协委员、地区中医学会理事等。李医生自幼聪慧好学，七岁随舅父在私塾读书，学习四书五经等。因其母亲体弱多病，看到请医生之困难，于是发奋学医，精心研究《内经》《难经》《伤寒》《金匮》《温病条辨》《神农本草经》等，颇有心得，医术高明，医德高尚，在曹县人民医院工作期间能急病人所急，痛病人所痛，无论昼夜寒暑，常送医到门，直到九十高龄，仍坚持诊治疾病，是曹县一位德高望重的名中医。

[《菏泽地区卫生志》（1989）]

◎ 时念籍 ◎

时念籍（1893.07—1971.03），字酉北，定陶县力本屯乡时寨村人。擅长内、妇、儿诸科，尤内科为精。十六岁始设铺业医，行医五十余年。在本县境内西南部及曹县部分地区享有较高声誉。1962年至1965连续三次当选为定陶县第四、五、六届人大代表。

时先生自幼聪明好学，六岁始读私塾，后四书五经均融会贯通。然先生生逢乱世，志不得申，又逢其父身患沉疴，志于学医，即拜当地名医李方华为师，李见其心地善良，虚心好学，遂赠医书，精心教诲，言传身教，未几，即单独应诊，且疗效显著，声誉渐增。

时先生学习勤奋，平日博览群书，兼采众长，初从中医入门书籍学起，后系统学习了前人的经典名著，深得《内经》《难经》机理，《伤寒》《金匮》且能灵活运用，后又攻读了《医宗金鉴》《笔花医镜》《温病条辨》《中华医学人辞典》等医书，并结合自己的临床实践及心得体会，编写出以歌赋为体裁的医学札记。

先生在诊病中，遇病究其因，处方用药反复推敲，君、臣、佐、使药量适中，故多药到病除，显其神效。患者李某，男，四十一岁，农民，因感冒风寒，发冷发热，头痛，鼻塞流涕，求医以"荆防败毒散"治疗，发汗后出现腹中隐痛，胃满不能食，求医二诊，按之腹有压痛，满不能食，又投以"小承气汤"泻之，泻后腹满痛加重，头汗出。急来找时先生诊治，先生见患者急性病容，面色红赤，头颈汗出，两手抱腹，躬身而行，呻吟不止，表情甚为痛苦，先生诊脉现沉紧之象，舌苔薄白微黄；触诊，腹部从心下至少腹皆硬拒按，压痛以上腹为甚，结合现代医学检查，无异常发现，时先生诊为"大结胸症"，投"大陷胸汤"（大黄12克，芒硝12克，甘遂3克）。先煎甘遂二沸，后投大黄，煎汁后溶芒硝，温服，一剂痛止。后以"竹叶石膏汤"善其后，痊愈。事后先生对其徒分析说："其人中焦素有水湿痰饮内停，感冒风寒后，投以辛温解表，乃正治之法，一剂不愈即改攻里，反致邪热内陷，与内停之水湿结于中下二焦，非大陷胸汤峻攻水饮之结热不可。"

时先生不仅擅治一般疑难症，而对病因复杂的中风病亦造诣颇深，他认为：中风病是高血压病的后期阶段，积极治疗高血压是防治中风病的关键措施。他说：高血压病多为肝阳上亢或虚风内动，总之均为"本虚标实"之症，治疗总应育阴以治"本"，息风以治"标"，阳亢化火，灼津为痰，阻塞窍隧，则发为中风、半身不遂，在高血压病的治疗中，多以滋阴潜阳立法，遵照"壮水之主以治阳光"的原则，每多收效。对中风病，则必拟"开窍化痰"之法。在中风病发之始，他多不选用活血、止血之法，他认为在病情尚不稳定之时，不可大活大止，当以益气、滋阴、开窍化痰为先，活血、止血当善其后，否则病情可加重，变症蜂起，病情危笃。力本屯乡蔡楼村刘氏，患高血压病多年，于早晨起床时，发觉左肢体活动失灵，急请时先生诊治，诊断为中风病，处以地黄饮子加减。服药后次日，即感左侧上下肢体活动能力增强，五日后改服补阳还五汤加减，十五日后，病人肢体恢复正常。

先生业医，技术精湛，治疗中遵古不泥古，处方造药条理分明，根据病情，善于灵活运用，且谦虚谨慎，医德高尚，诊病不分富贵贫贱，均一视同仁，凡求诊者，不管是酷暑炎热的盛夏，还是冰天雪地的寒冬，不论白天黑夜，有求必应，深得群众的爱戴敬仰。

先生一生授徒二十余人，他治学严谨，随时指导，采取理论与实践相结合的教学方式，定期向学员布置学习任务，定期考试考核，并将医学基础理论结合本人实践经验，编写成诗歌，便于学员背诵记忆，在他精心培育下已有五人晋升为中医主治医师。

先生业医期间，曾多次被评为先进工作者，实为医林之佼，但他终日忙于诊疗医疾，无暇从事著述，未将宝贵的临床经验总结论著，留于后世，甚感惋惜。

[《定陶县卫生志》（1992）]

◎ 陈庆锡 ◎

陈庆锡（1897—1981），士纯先生子，陈氏骨科二代传人，著名骨科医生，在士纯先生医术基础上继往开来，中西结合把正骨医术发展到新的高度。

庆锡先生，自幼聪敏好学，在其父言传身教的督导下，刚及青年即已熟练地掌握了正骨医术，锋芒初露即已载誉乡里，医德医术均具父风。其所长者是虚怀若谷，学习勤奋，兼采众长，既遵古训，又能在实践中糅合中西医伤骨治疗技术使之不断更新。解放后与名医王耀宗同院业医，互尊互敬，互帮互学，切磋技艺，医术大进。他几十年来，足迹遍及鲁豫皖三省交界各地，对求医者恤困悯穷，不计名利，不索额外报酬，因而声名大振，载誉吉林、辽宁、黑龙江、山东、河南、四川、新疆等省、区各地。

庆锡先生临床治病，胆大心细，知常达变，手摸心会，仅凭双手因情施法，往往一触之下即可病除。如1974年，一程姓男孩被太平车从身上轧过，急来求医。先生以手摸之无异常发现，又在重点部位按摩几下，令其下床行走，男孩着地病除，行走如常，陪人惊叹不已。

先生以"套肩法""伸屈法""督脉经手法"医治肩关节急慢性扭伤、膝关节膑上滑囊血肿、腰部急慢性扭伤，均可取得奇效。如1977年民权县褚庙乡李某，患右膝部急性扭伤，疼痛难忍。先生手摸心会，确诊为膑上滑囊血肿。就诊时，一手按膝部，一手握踝部，使膝部反复伸屈两次，再伸直患肢时已觉舒适自如，复经按摩，病痛全失，患者持杖而来弃杖而走。其他用"背法"治腰椎小关节机能紊乱所引起的滑膜嵌顿病症和腰部后伸困难症，用"拨乱反正法"治踝关节急慢性症，无不奇效。

当遇到综合疑难大症时，先生还借助X线透视拍片，中西会诊，确诊后则用综合疗法治疗之。如新疆乌鲁木齐一位四十七岁的马姓患者，腰部严重扭伤，长期卧床，经当地医院及几个大城市医院治疗都不见有效，不远万里前来求医。先生细心查阅患者病历，拍片确诊后，采用提、按、摩、拉、震坠等多种手法加上服药，经三个月的精心治疗，终使病情全失。

陈氏两代最擅长于治疗骨折。庆锡先生在柳条接骨、活鸡膏外敷的传统疗法的基础上，为避免接骨错位及其他并发症、后遗症，则运用X线正位—活鸡膏外敷—牵引固定—服药调养愈合后锻炼等综合疗法，且在治疗过程中根据不同病情因情施药。如治疗早期骨折，惯用活鸡膏外敷法，即正骨复位后外敷活鸡膏，二十四小时再换敷活血膏药，如无并发症即可治愈。如遇软组织损伤或骨折中、后期，关节不利、血瘀关节、筋络不舒者，则用红花、秦艽、防风、乳香、没药、川断、当归、川芎、苏木、牛膝各适量，透骨草四斤，伸筋草四斤，熬汤熏之。如遇陈旧性骨折久不连接或严重软组织损伤，再伴有神经创伤以引起瘫痪者，则用全当归、川草乌、红花、生虎骨①、淫羊藿、鹿筋、独羌活、青防风、麻黄、川断、干鸡脚一双，熬汤熏洗之，以化瘀通络、强筋健骨。

---

① 生虎骨：有祛风通络、强筋骨的作用，常用于治疗风湿痹痛，脚膝酸软。国家禁止以虎骨入药。

庆锡先生还把损伤治疗后期的功能锻炼作为机体恢复的主要环节，为此他在治疗实践中总结出不同阶段的床上、室内、室外一系列锻炼方法以指导患者运用之。

庆锡先生以毕生精力从事于正骨医术的继承与发展，可谓技艺精湛，超越祖传，然而他以"济世活人"为本，从不保守医术，早将秘方绝招授之于人。在他的言传身教下，他的受业弟子们正在发扬他的遗风，为祖国的医药事业作出更大贡献。

[《曹县医药卫生志》（1988）]

陈庆锡（1893①—1981），现代中医骨伤科名医，曹县人。出身中医世家，少时随父学医，得传正骨外伤理疗术，中年后临床经验丰富，重视发展提高。行医五十余年。各地登门求医者甚众、带徒多人，均有成就。

[《菏泽地区卫生志》（1989）]

◎ 刘荫田 ◎

刘荫田（1894—1978），字云亭，终年八十四岁，曹县城内南大街人。著名中医，通眼科，长于儿科，兼通内科。

荫田先生二十一岁辍学就医，先攻眼科，颇有成就。后遇小儿杂病在曹县流行，当时名医多为之束手，先生深怜小儿病苦，在"宁治十男，不治一妇；宁治十妇，不治一小儿"的医界舆论下，他毅然改习儿科，经多年刻苦钻研，习研出一套看幼儿手纹诊断病症的方法。嗣后，在临床实践中辨症施治，灵活运用成方、验方，创出几十个治疗儿科诸症的成方，还自己动手，精工配制出各种粉剂、水剂，多能做到药到病除，用药少（多是二三分的剂量）、花钱少、服药易，因而甚受病家欢迎。为了便于治疗，他还摸索出"针灸、药物配合治疗法""小儿推拿法""小儿肚脐敷药法""小儿肛门推射药水法"等多种简便易行的治疗方法，克服了小儿服药的困难，减轻了病家的药费负担。由于荫田先生关心幼儿疾苦，治法简便，疗效显著又能恤苦悯穷，因而在群众中声望甚高，建国前已是曹县著名的儿科名医。

1949年，曹县刚刚解放，荫田先生则率先接受中国共产党的领导，出面组织城内中医成立医联会，后于1950年积极响应政府号召，倡导中西医结合，成立曹县

---

① 1893：《曹县医药卫生志》（1988）生年作"1897"。

医联会（1952年后改为曹县卫生工作者协会），任该协会副主任。1952年，曹县城关消费合作社成立中药部，荫田先生首先被吸收到该医药部应诊。1953年回到街道与韩国相、李金亮等人倡导组建起曹县城关中西医第一、二联合诊所。1958年被调至城关公社卫生院应诊直至1978年去世。解放后，荫田先生不仅积极响应党的号召，团结城内中西医走社会主义道路，而且在医术上更加精益求精。他除发挥中医眼科、儿科的专长解救广大群众的疾苦外，又在治疗内科、妇科疑难症上下了很大功夫，独创出"药味少、剂量小、疗效高"的方剂几十个，至今被城关的不少中医沿用。由于刘荫田先生毕生从医，对减轻病家疾苦和促进曹县医药卫生事业的发展上作出了突出成绩，故1949年至1965年期间，年年被选为先进工作者，曾多次出席县和菏泽地区中医学术研讨会，先后献出秘方、验方几十个。先生还是曹县一至四届县人民代表、一至四届政协委员。他虽已去世但声望犹存。

[《曹县医药卫生志》（1988）]

◎ 苏化科 ◎

苏化科（1894—1980.03），男，定陶县杜堂乡张董庄人。1958年6月参加工作。悬壶六十余载，享年八十四岁[①]谢世。为本县妇科之名医。

先生幼时，家境贫寒，聪颖好学，邻里相助，入于私塾，寒窗六春，四书皆通，年方十九，视乡人求医之难而习医。卖家产，购医书，自隐斗室苦读。游乡里，拜医家，吸取众家之长。露野外，采草药，自配成方；以集市，搭布棚，设茶座，讲善施医。医德为人所颂，医技为人所赞，慕名求医者络绎不绝。

先生虽颇名声，但不为骄。昼于习，夜于读，对《辨症奇闻》《寿世保元》《傅青主女科》等名著，均能熟读，重点章节合书能诵。他的"调经种育汤"治疗妇人不孕症，十有八九奏效。"完带汤""益黄汤"治妇人白带，效果甚佳。"柴葛二陈汤"治胃满、妇人产后往来寒热、脾源不振等内、妇疑难症，大都能药到病除。

先生医疾，还善用土单验方、奇法妙药。民国年间，成武某村，一产妇分娩后，舌伸口外而不能缩，多方求医不能奏效。请苏先生医治，苏令其家人在箔篱之外置一面缸。余者避之，待静后，先生持钝器猛击之。缸碎，病妇忽闻其声而大惊，舌即缩入。先生速将一粒药丸置病妇口中，病即愈。

[①] 八十四岁：本文言其生卒年为"1894—1980.03"，享年86岁，但本文言其"享年八十四岁"，必有一处有误。

先生岁至半百，其妇科医术更为娴熟，医德更为感人。求医者接踵而至，自早及晚门庭若市。声誉遍及成武、定陶、曹县、菏泽等地。为其所赠锦旗、绸帐不计其数。建国前夕，方圆百里约五百余人同赠"妙手回春"巨匾。

先生一生忙于医疾，无暇论著，但却为祖国医学提掖了一批后起之秀。在繁忙的医务中带教高徒五人，一人晋升为中医妇科主治医师。

苏先生行医六十余年，其技术不拘常规，严于辨症，注重临床，精于用药，造诣颇深，活人甚多，甚为众民感激，医林称颂。

[《定陶县卫生志》(1992)]

◎ 姚夔龙 ◎

姚夔龙（1894—1978），曹县姚寨村人。先生幼贫，无以自立，靠东明县一木姓中医抚养成人并授以医术，十八岁归宗回姚寨行医，长于妇科，尤善治时疫杂症，与人治病，心正意诚，医术高明，活人甚多，民国初年已声振一方。后与曹县名医朱令之等交往，共同探讨医术，启迪后进，对曹县中医事业的发展做过一定的贡献。

[《曹县医药卫生志》(1988)]

◎ 王者俊 ◎

王者俊，字秀卿（1895—1967），山东省菏泽市杜庄乡王家庙人。活动在菏泽城西一带，擅长内、儿、妇科，对瘟症、鼓症、肝胆等症临床经验丰富。十六岁时学医，五年后出师行医。医德高尚。解放后，注重培养人才，授徒三十余人，是菏泽市名中医。1951年参加工作，1957年任菏泽县医院中医科负责人，历任菏泽地区中医学会常务理事、菏泽县中医学会理事长、菏泽县政协委员、副主席等职。

[《菏泽地区卫生志》(1989)]

◎ 杨执卿 ◎

杨执卿（1895.06—1979.12），男，回族，定陶城内南门里人，以小儿科最负盛名，被誉为专治儿科之疾名医。先生出生于贫寒家庭。曾先读私塾，后在王爷庙初级小学、县城内高小、定陶师范习文。1923年被聘定陶城内任初级教员。此间，他边教书边涉猎于医药经典，于医药名著无不细心钻研，潜心攻读，后弃教拜本县田集乡姚某为师，受其真传，五载后便能独立应诊。1930年被聘在定陶第一、二完小任校医。1935年又被广济堂聘为坐堂医生。抗日战争爆发后，日寇盘踞定陶，诸多店铺掩门逃生。1942年，先生被迫辞去坐堂医生的职务，在城内南门里开设诊所，诊病兼售药。1955年先生加入定陶县供销社医药部。1956年转入本县药材公司，1958年先生以良好的医德和独特的医技加入本县城关卫生院。

在院工作期间，他以熟练的中医医理和多年的临床经验，自拟儿科疾病之特效良方并自制槟砂散、沉香散、滑石散、消积散、赤金至宝丹等散剂，主以治疗小儿消化不良、腹泻及因惊吓引起的呕吐、腹泻，疗效颇佳。其声誉遍及曹县、定陶、菏泽等邻县及本县城乡，慕名求诊者络绎不绝。1972年冬曹县青岗集一患儿，年龄十八个月，面青瘦，其母陈述，患儿喜食土坷垃及烟灰，多处求医问诊，服药后症状减轻，停药后症状又周而复始。患儿日渐消瘦，后慕名求诊，先生认为食积所致，投以槟砂散、陈香散、消积散，白糖为引，每早服用，五付为一疗程。服药三个疗程即愈，后随访无再复发。他治疗小儿单纯性消化不良，以药味组合单一，量小，疗效卓越而著称。1968年夏，曹县砖庙史姓患儿，年龄十四个月，因喂不洁食物而引起黏液性腹泻七八天，日为五至八次，在当地县、社医院诊治，均无明显好转，后寻先生诊治，采用槟砂、沉香、滑石、共研细末，红糖为引，分五次服用，结果四次即愈。

先生不仅专于儿科，而且对内科、妇科疾病也有见长。南关李某爱人患产后风，昏迷、抽搐，病情危急，先生施以针术，急煎中药灌下，神志清醒，然后服药十余付痊愈。

他不但医术精湛，而且乐于春风育人。一生授徒四人，其弟子现已成为本县中医骨干。

在先生悬壶业医的几十载中，工作兢兢业业，勤勤恳恳，多次被所在单位评为先进工作者，直到他别世的当日下午还接诊了四名患者，享年八十四岁。

[《定陶县卫生志》（1992）]

◎ 曹衍嵩 ◎

曹衍嵩（1895—1972），字石垣，九女集乡曹口村人。他出生于中医世家，其曾祖曹碧轩，著有《痘症传心录》。其祖父曹肇修，亦为当地名医。他从小便利用割草、拾柴、耕种的间隙，坐卧地头河沟，阅览五经四书和各种医籍。因他嗜学如命，熟记《本草纲目》《血证论》及其他医粹，对其曾祖的《痘症传心录》研习尤深。又加上其祖父的指点支持，1914年他便开始独立行医。后因妻丧子亡，游医外出。

1925年路过济宁时，遇一商家有病，出榜求医，许以重金。曹衍嵩揭榜，精心予以诊断，只出方三剂，病即痊愈。顿时，医名大振，他即在济宁市内开办"石垣诊所"，挂牌写明"挂号就诊，日不过三。号费二元，诊费另议。实贫来求者，可义医"。

曹衍嵩精通妇、儿诸科，且内、外皆长。1932年，他由济宁回曹口探家，有九女集戏班头领刘岐之患病，久治无效，危在旦夕，他诊断为腹腔脓肿，行开腹引流而愈。1944年，他返原籍曹口开诊。1956年参加工作，1962年被誉为菏泽地区十大名老中医之一。他不仅医术精湛，而且爱种药材。1964年，仅指导周庄群众种植生地一项，就增加收入四万多元。他本有所著述，但在"文化大革命"中与许多古籍一起，全部被抄，付炬。

曹衍嵩一生主张"医道救人为本，不可乘人之危而肥私"。1964年，七十四岁的刘岐之，为谢救命之恩，亲自登台为他演戏，并赠厚金。而他仅取回刘的剧照一张，以表纪念。他自称一生有三乐：一乐病人解除痛苦；二乐病家面露喜色；三乐自己清贫有节。所以，他直到晚年，仍是家徒四壁，毫无积蓄。

[《成武县卫生志》(1989)]

◎ 鹿鸿鑫 ◎

鹿鸿鑫（1895—1964），别名鹿品三，山东郓城县随官屯乡高庄村人。专长中医内科杂病，行医于郓城、巨野、嘉祥、菏泽，医术出众，淡泊名利，乐善好施，声望乡里。1950年当选为郓城县政协委员，1953年当选为县政协常委。

[《菏泽地区卫生志》(1989)]

鹿鸿鑫先生传略

鹿鸿鑫（1895—1964），字品三，享年六十九岁，是解放前后鲁西南的著名中医师，郓城县城东南高庄人，生于中医世家，其为第三代名医。擅于内科杂病，医术出众异俗，且淡泊名利，乐善好施，声望乡里，是医林中一位德高望重的老前辈。

鹿品三先生的祖父鹿懋泰，清末名医。鸿鑫秉承庭训，十六岁随祖父习医，先生不畏严寒酷暑，白天随祖父临床诊病，夜晚苦读医药名著。二十岁开始行医，由于其勤学苦练和祖父的言传身教，行医不久，即显露其技术才华和高尚医德，名声与日俱增，名闻遐迩；求医者络绎不绝，门庭若市，除本县者外，尚有巨野、嘉祥、汶上、金乡、菏泽、寿张、兖州等县的病人慕名而来。

1918年秋，菏泽北部瘟疫蔓延，当地医者施术无效，死者不计其数；特聘鹿品三先生赴菏抢救，得治者多愈。

1932年，鹿先生出诊兖州。病家至戚王树生，中年男性，身魁梧，气宇昂，唯面有枯涩貌。见先生至，戏于诊，鹿为王切脉，右关频律不则。先生直言告之曰："君有脾败之虞，急治可愈，延则危。"王怪其言过激，弗听。不久病情大作，日渐危笃，速来求治，先生诊脉后说："向日所言之弊——见之"，遂投药，以期望效，服药两剂罔效，终归而殁。

1936年，鹿先生在郓城城内设立门诊部，适逢全县疫病（天花、霍乱）流行，先生目睹百姓染病待毙的惨景，毫不犹豫，慷慨解囊，广置药缸于街头，亲自配制汤药，动员患者速取饮服，服药后转危为安者大半。

品三先生常常往来于村里乡间，为广大群众治病。当时常有富户人家驾驶骡马车请其出诊，而贫民之疾苦，先生备加悬念，多借富户之车绕道先给贫穷患者复诊后，再去富户病家，因此深受广大群众称赞，给先生树德行碑两座、德行匾三面（惜被战火吞没而不复存），足以证明其享有崇高威望。

解放战争时期，先生虽未正式参加革命，却时常为我革命军民解除疾苦，在冀鲁豫边区的军民中享有盛名；为此边区日报曾专题发表文章，表扬其革命精神。革命干部樊金榜（任怀庄人）、李作贵（打虎李庄人）、巨光（巨店村人）等不断与品三先生往来，请其为革命同志治病。

1949年5月，郓城县人民政府卫生院建立，鹿品三先生受聘到县卫生院任中医师，自此，每天从早到晚诊治病人，有时还抽空出诊。先生从事中医临床五十余载，其中在县医院长达十五年，为人民解除疾苦，早起晚睡，辛辛苦苦。直到临终的年月，躺在病床上依然接诊病人，自己无力开方，由其弟子晁中桓代笔，以满足病人的要求。

鹿先生在百忙中重视培养新生力量，先后传教弟子十三人，现已取得中医师职称者五人，使我县中医事业代不乏人。

品三先生毫不保留个人的宝贵经验，除直接传授弟子外，还把部分经验写成论文留传后世。如山东省卫生厅《验方集锦》（1961年版）一书中，收录了鹿先生的部分验方。经先生多年临床治疗前列腺肥大病的经验良方，由其弟子晁中桓整理，于1980年刊登于中国《中医杂志》。同年，日本"神户中医研究会"录选了这篇论文，编入日本《中医临床讲座》。

鹿品三先生在县医院工作期间，年年被评为先进工作者。1950年当选为县政协委员。1953年当选为县政协常委。他的一生,是冗忙的一生、艰苦的一生、光荣的一生。

[《郓城县卫生志》(2006)]

◎ 魏指薪 ◎

魏指薪(1895—1984),原名魏从修,山东省曹县仵楼乡王堤圈西大庄人。生前为上海第二医科大学教授,祖国医学教研组主任,上海市伤骨科研究所副所长、名誉所长。中华全国中医学会第一届理事会理事。中国农工民主党第七、八届中央委员,农工民主党上海市委员会委员,上海市第三、四届人民代表,第五届上海市政协委员。他一生从医六十多年,在伤骨科领域中独树一帜,形成了完整系统的"魏氏伤科"学派,成为国内外著名的骨伤科专家。

魏教授自幼聪慧好学,在私塾内打下了坚实的文化基础,后受业于曹县著名的骨伤科医生陈士纯,不久便可独立行医。民国初年曹县遭自然灾害,魏先生随乡亲逃荒至安徽亳州一带行医。嗣后,其足迹遍及大江南北,吴越之间。在辗转行医的过程中,他博览群书,兼采众长,潜心钻研,发展提高了传统的伤骨治疗技术;在临床实践中医术日臻完善,信誉越来越高。1925年,他在上海私人开业,由于技术精湛,治愈率高,加之在行医时恤困悯穷,深受病家特别是劳苦大众的欢迎,于是不久即成为上海的名医。

由于魏先生出身寒苦,在解放前长期行医实践中又深知劳动人民的疾苦,因而在解放后衷心拥护中国共产党的领导,坚决走社会主义道路,决心为发掘发展祖国的医学精华"鞠躬尽瘁",尽心尽力。1955年,他毅然结束了高额收入的私人诊所,带领全家参加了上海第二医科大学附属瑞金医院及仁济医院工作,在此两处医院建立了伤科门诊以及伤科病房,同时着手培养新生力量,使更多的病人得到治疗。到医院工作后,他越来越感到,时代要求我们必须迅速发展与提高中医的伤科医术,欲要发展,除了继承传统医术,还必须走中西医结合的道路,用现代科学方法来研究,阐明中医中药治疗疾病的理论根据;用现代科学手段提高诊断准确率,进而把伤科学术水平推向新的高度。在魏先生的努力下,于1958年7月1日成立了全国第一处专门研究伤科的科研机构"上海市伤科研究所"。当时,魏先生激动万分,决心将自己几十年摸索出的医疗技术经验及师承的秘方、验方、绝招,毫无保留地贡献给国家,使之通过研究得到提高。此后,他与著名骨科专家叶衍庆教授密切合作,在骨折、脱位、软组织损伤等方面做了大量的研究工作。1958年,为了证实中医中药对加速骨折愈合的科学性，他带领全所的同志共同研究了外用"碎骨丹"和内服"骨科丹"的药理作用，做了系统的科学分析。经动物实验证明：用药后两星期所获得的骨痂相当于单纯用石膏固定三星期的骨痂。从临床观察到，用中药外敷和内服，外加石膏或牵引固定，疗程均大为缩短，达到了最佳的治疗效果。另外，他还进行了中医中药攻克风湿性关节炎的研究，写出了"黑虎丹"治疗风湿性关节炎的专题论文。这些研究成果较早地证明了骨伤科走中西医结合道路的正确性、可行性，在全国骨伤科医学界产生了很大影响。这一来，魏先生的学术研究改革工作更加受到有关领导和上海医学界的赞助和支持。

魏先生的学术特点是：既重内治，又重外治；既重手法，又重方药，并能针对各种不同疾病而灵活应用多种治疗手段，尤其擅长于应用手法，是一位比较全面的中医伤科医师。自探索中西医结合取得初步成果后，更加坚定了他勇往直前的信心。1959年他编写了《关节复位法》一书，于1961年在《伤科论文汇编》第一辑中发表，其中对关节脱位在无麻醉下复位法，打破了以往的治疗常规，病人复位后，用沙袋固定二周即可下地行走而无后遗症。这一方法受到了骨科医生的普遍重视。

从1957年至1984年，上海市伤科研究所先后出版了《伤科论文汇编》共七辑，其中第六辑是纪念魏教授的专辑。在一至六辑中，魏教授以及他的学生写了近百篇论文，其中有些论文，如"髋关节脱位""肩关节脱位""四肢骨折""软组织损伤"的手法治疗、内治方法、方药的研究，以及《骨错缝，筋出槽》等论文，在全国都有一定的影响。

魏教授在几十年的实践、探索中，不断地将伤科学术推陈出新，总结、充实、提高，形成了"魏氏伤科"学术流派。他将伤科疾病分为四大类：硬伤、软伤、外伤和内伤。骨折、脱臼为硬伤；筋肌、筋膜、骱囊、骨膜损伤为软伤；皮肉破裂、流血及水火烫伤为外伤；胸腹脑等的脏腑气血受伤为内伤。魏教授在诊断和治疗上述四大伤及其他伤科杂病上都有他的独到之处。在诊断上他极为重视"望""比""摸"三法，而以"摸"为重点。他有"轻摸皮，重摸骨，不轻不重摸筋肌"的独特经验。他的摸诊法在同行和广大病员中受到很高的评价。他在治疗上注意到局部与整体、外治与内治相结合。他除了重视方药的运用外，特别擅长外科手法。他认为手法是正骨的首务，能调整紊乱的组织，恢复正常的功能。认为手法："能摸触其外，测知其内，能拨乱反正，正骨入穴，能使筋肌恢复常态，能开气窍，引血归经。"他的手法在运用上具有部位准确、轻重适度、深透有力的特点，因而有较高的疗效。除了手法以外还有一套系统的导引法（即功能锻炼法）。他认为：手法必须与导引相结合，前者被动，后者主动，两者彼此促进，相辅相成。

魏先生对于脑震伤的治疗也得心应手。目前这种病，病人主诉症状多，在临床探测手段上，又找不到明显的阳性指标，治疗不当还会有后遗症。魏教授对治疗脑震伤具有丰富而独到的经验，他从临床分型到急救期和缓解期的处理，从临床探查到辨证用药，有一套完整系统的理论和治疗手段。他创制的"脑震伤散"后改为"头晕片"是治疗脑震伤的有效方药。目前，此药已成为中西医治疗头部外伤的常规药物之一。

1958年上海钢铁工人邱财康被"铁水"烧伤，面积达89.3%，魏先生当时积极地投入了抢救工作，在抢救过程中，研制了"外用水火烫伤膏"，在临床应用中证实，这种药对达到三度的烧伤也具有显著的疗效。他说："凡水火烫伤，中医在治疗上是采用外洗与外敷为主，为解除伤处疼痛，直接外用药物，具有感觉清凉、健肌、消毒、止痛消炎的作用。"治疗水火烫伤，魏先生有独到的经验，是"魏氏伤科"的一个重要的组成部分。

魏先生平时在治疗软组织损伤上也有成熟独到的经验。软组织损伤，尤其是血肿的产生及筋肌扭伤，局部引起肿胀，关节僵滞，疼痛剧烈。治疗这些病症，魏先生多是先用手法拨乱反正，挤消血肿后，可使肌体功能立即改善，然后再加外敷内治，从而大大地缩短了疗程而且还不留后遗症。

魏先生认为：伤科疾病与内科疾病一样，在治疗上都要辨证施治，只有内外结合，以"整体观"治疗之，方可取得更好的疗效。如治筋骨损伤，在内治上注重治肝、肾、脾胃。肾为先天之本，主骨生髓；肝藏血，主筋；脾胃为后天之本，生化之泉。所以调补肝肾，增强脾胃的功能，对损伤的修复具有积极的意义。

魏先生致力于伤科事业六十多年，不仅学术精湛，经验独到，造诣超群，而且善于总结经验，发展学术理论，并以此奉献于祖国的医学事业，加速了伤科中西医结合，促进了伤科医术的迅速提高与发展。1960年，在魏先生的具体指导和审定下，由他的学生李国衡编著了《伤科常见病治疗法》一书，全书二十三万余字，系统地介绍了伤科疾病的病因、诊断、治疗方法与方药，为开展伤科治疗，指导临床工作起了相当大的作用。该书为满足同行的需求，曾三次再版。1984年香港九龙医林书局进行了翻印，并向海外发行。其中独特的治疗方法和秘方、验方多被广大的伤科工作者所采用。

1958年，他的学生施家忠对"魏氏"治疗软组织损伤手法进行了具体的示范、操作，受到骨科专家叶衍庆教授的重视。当时还对各个手法的作用机制做了较详细的阐述，在《伤科论文汇编》上发表。1982年上海第二医科大学对魏教授独特的基础手法和操作，进行了录像，获得上海市卫生局的奖励。此录像除在国内同行中广为播放，还播给国际医学代表团参观，播放后均受到一致的好评，国内外很多单位要求复制此一录像。他的"提接法"治疗腰部扭伤，受到法国医生高度评价，他回国后通过临床实践，取得了良好的效果，还特意写了论文发表。

1981年，魏教授已是八十六岁高龄的老人，但他对伤科事业的发展依然非常关注。此年，在他的口授下由他的学生李国衡执笔整理，出版了《魏指薪治伤手法与导引》一书，全书近二十三万字，系统地介绍了魏氏治疗各种损伤的手法和各个部位的导引方法。此书的发行，又一次为伤科同行提供了专门的论著，充实了伤科学术的内容，为后辈留下了宝贵的资料。

魏教授之所以在伤科上能够取得如此成就，这与他早年刻苦自学打下良好基础，解放后立志献身于祖国的医学事业，几十年兢兢业业，呕心沥血，团结同行，继承传统，致力于中西医的结合是直接相关的。他对自己的精湛技艺绝不保守，除著书立说公开发表，传艺于同行外，他还亲自培养了一大批伤科专业人才，特别是他的高足施家忠和李国衡先生已是"魏氏伤科"的嫡派传人。

魏指薪先生乏子，有三女。长女，魏淑英，现年六十七岁，原系上海第二医科大学附属瑞金医院伤科主治医师，现已退休。

长婿，施家忠，七十岁，现为上海市伤骨科研究所副主任医师。

次女，魏淑贞，早丧。

三女，魏淑云，五十七岁，原系上海第二医科大学附属瑞金医院伤科主治医师、讲师，现已退休。

三婿，李国衡，六十四岁，现为上海市伤骨科研究所副所长，上海第二医科大学附属瑞金医院伤科主任，上海第二医科大学教授。

第三代传人中还有外孙施荣庭医师，外孙婿胡大佑，外孙李飞跃。

魏先生后继有人，"魏氏伤科"学派后继有人。

（李国衡、施家忠二教授供稿，略做删节）

［《曹县医药卫生志》（1988）］

◎ 马年丰 ◎

马年丰（1896—1970[①]），定陶县东王店乡马纪庄人。专长中医眼科，行医本县和周围二百余里。善治各种外障眼疾，用药平稳，平中有奇，效果良好。受到群众好评。

[《菏泽地区卫生志》（1989）]

马年丰（1896—1973），男，字乐亭，定陶县东王店乡马纪庄人。世业医，擅长内、眼两科，尤以眼科独步，被誉为定陶中医眼科名医。

先生幼读私塾六年，其后随父习医。因成长于世医之家，耳濡目染，使他未待习医就懂得：谈病机，要顺理成章，理法方药，要承前启后，一以贯之。习医期间，先生勤奋专心，惜时如金，白天待诊抄方，夜间攻读医学经典。未几，先生便独自坐诊，加之医德高尚，其名声随即溢扬四方，求医者络绎不绝。

建国后，他加入定陶县第一区公私合营诊所。1956年，先生成为第一区卫生所的公职医生。1963年他在东王店公社卫生院工作。

先生以医治眼疾而独步，他常说："眼科学理论是在内科理论基础上发展起来的。"因此，先生习医期间，特别注重对于医学理论的探讨。他博览群书，融会贯通，尤其对古籍《审视瑶函》和《银海精微》有较深研究。在掌握理论的基础上，及时实践于临床。在治疗外感眼疾上，他根据"邪之所凑，其气必虚"的理论，采取"扶正祛邪"的治疗方法，对未生云翳之疾，正胜邪负即愈；对生云翳之疾，其创伤重的，邪祛后不遗留瘢痕为要。他认为"一切外感眼疾病状，都是正邪相争的现象，外感云翳眼疾亦然（内伤眼疾，重者也生云翳）。"由此，他悟出："如使正邪相争不剧，其创伤则轻，是治疗眼科云翳的关键。"1940年3月，菏泽佃户屯村有一位董老太太，年过花甲，眼泡红肿，其大如杯，乌珠星点数颗，羞明，流泪，疼痛难忍。患病月余，曾多处求医均无疗效。最后她到马先生处就诊。患者表象肝经实热症。如按病象该用清热解毒药。然经细心诊断后，却发现老太太流泪清澈，大便不秘，苔不黄，舌亦不赤，于是，马先生认为："患者外受风寒，必须祛邪扶正，辛温解表。"处方：麻黄、细辛、藁本、荆子等。老太太持药回家后，又经他医视之，都唉声叹气，并说："马纪庄的医生有名无实，麻黄怎能治疗眼疾呢？"老太太的儿子也主张禁服。但老太太却说："经过多少先生，都没有治好我

[①] 1970：《定陶县卫生志》（1992）载马氏卒年作"1973"。

的眼，外人都说马纪庄的先生管，我何不试试看。"于是家人一面煎药，一面准备绿豆汤解毒，以防万一。谁知老太太吃下药后，渐渐有困意，但全家人却误认为出了意外，立刻将煎好的绿豆汤准备喂灌，老人说我吃了这药只觉疲倦，未感难受，为啥要喝绿豆汤解药呢？天明，老人眼疾大轻，不多日痊愈。后来患者全家见人都说"马纪庄的先生真管啊！"

"疳疾上目"眼病，西医称"角膜软化症"，是小儿科疾病继发的一种眼病。此症重者，愈后多视力减退；轻者如能治疗及时，可恢复正常视力。马先生认为："此病的发生，主要是由于长期饮食不节，损伤脾胃，精气亏耗，脾阳下陷，肝热上升所致。"为了寻求治愈方法，马先生根据病理和临床情况，进行辨证施治，重点抓全身症状，然后与眼局部的病变相结合。1962年，曹县韩集公社有个三岁男孩王爱国，来马先生家求医。其母述说："患儿双眼流泪，羞明，黑睛起云翳已两个多月，平日奶不够吃，大便干燥，曾在曹县、菏泽各医院治疗，但都无好转，且病情逐日加重。"经检查，患者身体虚弱，双眼羞明、流泪、白眼珠暗红而不润泽，右眼角膜干燥而混浊，角膜中有半个黄豆粒大的东西突起。舌苔微白，肿大而胀。根据此情况，马先生认为患者长期缺奶，饮食不节，损伤了脾胃。精气亏损，脾阴不升，肝热上攻于目，以致成为"疳疾上目"病。于是，先生处"归芍八味汤"加减。六剂后复诊，患者右眼黑睛溃疡明显平复，双眼流泪、羞明好转，大便正常。先生在前方的基础上又加石决明、谷精、蒙花、菊花等药，同时，减去黄芩、胆草。服此方十剂之后，患者黑睛溃疡基本平复，将上方略有变动，服数剂后，斑翳消退，眼疾痊愈。

1960年6月，曹县苏集公社社员王某某，男，二十一岁，曾患肝炎住院三个月。好转后，双目视力减退，日益加重，故特求医于马先生。经检查，患者双目无异常表现，只是瞳孔散大，无缺无损，无障翳之象，但视力光暗，神呆，形体消瘦，全身无力，纳差，口干，郁闷不乐，便润，舌苔微黄，脉弦细。马先生诊断为血虚、肝郁兼有余热性的"青盲内障"，宜养血疏肝兼清热，处以逍遥散加减，即柴胡三钱，当归四钱，白芍四钱，白术三钱，云苓五钱，栀子二钱，甘草一钱，生姜三片，五剂后患者全身症状好转，视力增加，苔也正常。继上方，减去栀子，加杞果、石决明，嘱其继服五剂。患者第三次复诊时，精神大有好转，纳佳，视力基本恢复正常，按上方，先生嘱其再服十剂，另加杞菊地黄丸巩固疗效，继之而愈。

马先生常对家人说："学医不鸣则已，鸣则必做良医。"因此他诊病处方尽心尽力，以救死扶伤为己任，对病症精心调治，一丝不苟，以达病情理明，药症相符。

马先生深知贫苦人看病困难，他便以"穷人吃药，富人还钱"为宗旨。对贫者免费治疗，不收礼物。对家庭困难的危急病者，留宿治疗，吃住不取分文。而对富贵患者，从医药费中多取多收。这些多收入的部分，除配制成药送给贫穷病人外，其余全用到最困难患者吃住上，当时马先生家院，有伙房两间，米、面俱全，食、住方便。他对贫苦患者的吃、住，不但不收分文，而且亲自给病人点药洗眼，力使患者减少痛苦，早日治愈。

1938年，曹县古营集尹潭村田文成，家境非常贫困，患眼病也特别严重。田求医到马先生家中，住了两个多月痊愈。马先生不但药费全免，就连吃住花钱也一字不提。田感激涕零，后来经田文成等人串联集资给马先生送了一块木匾，上刻"术善金篦"四个金字。送匾时，乐器开道，人群从头到尾达二里之长。1941年，地区专员僚属孟阁臣、罗西庆为答谢马先生医其家人眼疾之功德，送于马先生"目医巨擘"大金字木匾，并带大戏一台。县长马冠群、区长周绍彬参加了祝贺。另外，群众送"妙手回春"等匾额和各色谢帐更是不计其数。1942年严冬，成武县的两个眼疾患者，他们衣衫褴褛，赤脚单鞋，顶风冒雪，求马先生医治，先生看到后，当即燃火取暖，款待饮食，安排住处。数日后，两人眼疾痊愈，他们临回家时，先生不仅不谈医药、住食费，反而送给他们棉鞋和棉衣。嗣后，两人不断来家看望。赵某，菏泽人，原国民党师长，七七事变后去四川，患了眼疾，他派人到处求医，总是不见疗效。当他得知马先生医技高超，就跋山涉水，千里迢迢来到定陶，经先生诊治后痊愈。后来赠"玉板""麝香"各一只，以求酬谢。先生悬壶六十余载，其医德高尚，技术精湛，实为杏林之魁。

[《定陶县卫生志》（1992）]

◎ 陈知训 ◎

陈知训（1896—1975），男，定陶县姑庵乡陈楼村人，因擅长中医内科而名噪乡里。

先生幼年勤奋好学。十岁起即入私塾，五载后转入小学习书三年，十八岁步入习医生涯。先跟随堂兄陈知典习医，虚心求教，临症揣摩。他勤学苦读，曾先后读完了《本草纲目》《金匮》《伤寒论》等经典名著。诊疗中只诊病不售药。只为济世活人，在临症实践中，他既遵古训，又博采众家之长，使两者融为一体，收效显著。

新中国诞生后,先生积极投身于医疗事业,1951年参加黄店医药合作社,翌年转入区卫生所。1958年转入黄店公社卫生院。

陈先生以中医内科见长,尤其是以对萎黄症的治疗,有其独特的诊疗技术。其主要方法是:按照中药的药理作用,将黑矾、小枣、蜂蜜、红糖等诸药,用白面粉调和蒸熟后,挖洞将药物置入,成坯约一市斤重,用麦糠火烧一天一夜,以枯黄为好,然后用石臼捣碎,炼蜜为丸。上方可随症加减,如虚症可加人参,此方治愈上千例病患。先生在当地方圆数十里颇有名声,求治者络绎不绝。每遇慕名求诊者他总是不厌其烦,不分白天黑夜有求必应,若患者钱款拮据时,先生总是慷慨解囊,赢得了较高的声誉。1962—1965年,他曾连续三届被推选为县人大代表。

先生乐于培养后学,他在行医期间,对愿习医者招为徒弟,精心培养,言传身教,将医术授受弟子。他一生授徒十余人,有的已退休,在职者已成为中医骨干力量。甚为惋惜的是,先生平素只忙于工作,未曾从事著述,直至在工作中谢世,享年八十岁。

[《定陶县卫生志》(1992)]

◎ 赵文礼 ◎

赵文礼(1896.11—1969.11),男,字继冉,定陶县黄店镇庞李楼人。因擅治妇科疑、难、杂症而名噪商丘、郓城、东明、定陶城乡。1963年被誉为我县名老中医之一,并为之配了高徒。1969年因病去世,享年七十三岁。

先生先世为医,幼时聪敏好学,儒学六载,学识匪浅。民国元年(1912)从父习医,白昼随父广游乡里,夜晚秉烛三更苦诵,主要有《竹林寺女科》《华佗女科》《本草备要》《医宗金鉴》《黄帝内经》著名经典医著。未几,便能独立应诊。锋芒初试,医效显著,民国五年(1916)执业于本村。先生沿袭祖风,藐视权贵,亲近平民。每遇富豪人家求诊则索取重酬,对贫困人家求诊,每每乐于相助,慷慨解囊。医德为民所颂,每天求诊者络不绝,所治妇科疑、难、杂症,疗效显著。民国三十三年(1944)流亡他乡。1958年返回故里,重操医业,而后加入黄店公社卫生院。在此期间,医务更加勤恳,对病家心正意诚,诊疗细心,处方严谨,凡来求医经手辄效。"文化大革命"时期,先生以"历史不清"遭受批斗,然则工作仍兢兢业业,以独特的医技,解难于民。

先生悬壶五十七载,医技精湛,愈者无算。但因医务繁忙,无暇从事著述,甚为惋惜。他生前的治疗妇科疑难杂症之技，有其长子受业，现用临床，疗效尤佳。

[《定陶县卫生志》（1992）]

◎ 侯思敬 ◎

侯思敬（1898—1970），原籍巨野县葛店村。1912年入大田集马家药铺"德和堂"学医。他聪明勤奋，医术日进，后虽因局势动乱，漂泊在外，而无一日不习岐黄医经。近中年，他重返大田集，决心业医救人。凡有求者，他不避风雨寒暑，均慨然相随。他临症谨慎，师古不泥，细心揣摩，用药精当，往往小方奇中。我县名儒赵德懿之妻，患腹痛十数年，面黄肌瘦，诸医束手。经其考究再三，断为虫积，处药石榴皮、大白二味，煎汤空腹服下，二日后排出完整绦虫，其病即愈。赵手书"匠心独具"四字赠之。又如有一小儿惊风，求他往医。他顶风冒雪，一夜五顾，使小儿转危为安，至今传为美谈。

侯思敬行医，穷究脉理，探病知源，理法方药运用自如。他尤擅儿科，常置糖果糕点于案之侧，任患儿食取。趁患儿尚处欢乐不觉中，他已诊断完毕。故名噪一方，远近求诊者络绎不绝。他住大田集四十余年，和蔼可亲，妇孺老弱多以心相付，以命相托。当时该地曾有谚云："想看病，找思敬。"可见群众爱戴之深。

1956年被誉为菏泽地区十大名老中医之一。1965年曾受县政府表彰奖励。晚年，他虽身患肺疾，重不能起，而仍坚持卧床为人诊病。1970年3月9日病逝。大田集周围数千群众，前来为他送灵。

[《成武县卫生志》（1989）]

◎ 祝友韩 ◎

祝友韩（1899①—1963），字继彭，山东成武县祝楼村人。专长内、妇科，在本县行医。1956年在山东省中医研究所参编《内经素问白话解》②一书并在临床指导实习学生。幼读经书，过目能诵，精研医学经典，对《内经》《伤寒》造诣颇深，行医三十余年，临床经验丰富，求医者甚多，在群众中有拔贡之称，晚年授徒多人，都已成才。

[《菏泽地区卫生志》（1989）]

---

① 1899：《成武县卫生志》（1989）载祝友韩生年作"1901"。
②《内经素问白话解》：《成武县卫生志》（1989）作"《黄帝内经白话解》"。

祝友韩（1901—1963），字继彭，苟村集乡祝楼村人。出身于诗书门第，岐黄世家。他自幼聪颖好学，医文兼修，1928年始承父志而业医。先后在苟村、郜鼎和党集等地药铺，坐堂行医。后自开药铺，名"济世堂"。1950年，全县中医考试，他名列榜首。1955年任教于成武、单县合办的中医进修班，同年参加县医院中医科工作，任中医师。1956年在省中医研究所，一边从事中医学院临床教学，一边参与《黄帝内经白话解》一书的编写。同时，他还独立完成了《伤寒论语释》和《治疗心得》两本书稿。1957年回县医院中医科工作，并兼任中医进修班教师。

祝友韩一生好学，知识渊博。他重视医学基础，笃嗜医学经典，尤得《黄帝内经》和《伤寒论》精要。在他所写《伤寒论语释》书稿中，综合各家的研究资料，结合自己的见解，不仅逐条作出语释，并还加有方解。最为可贵的是，他研究医学经典，不拘泥于古人。如在《六气论》一文中，他通过阐述"温、热、凉、寒为四气之正，风、暑、燥、湿为四气之变"，一反古人"运气学说"所立名的"秋燥谈"，提出"凉为秋天之正气，而燥则是秋天之变气"之说。在《周易简读》一文中他提出了《内经》本源于《周易》，探讨了《周易》在我国医学发展中所起的理论作用，这在现代医林中也是不多见的。

祝友韩医术精湛，擅长内科、妇科，重视时病。不但善用经方、时方，而且不断总结临床经验，自拟新方。对治疗臌症、消渴、石淋、子宫脱垂等病，有独到见地，多收奇效。

祝友韩行医重视总结经验，减少失误。他认为行医误诊是可能经常发生的。在临床实践中，提出临症五戒：一戒医者责任心不强，马虎从事，草菅人命；二戒学医不精，胸中无本；三戒四诊不能合参，只看表面现象；四戒辨病不准，差之毫厘，谬之千里；五戒假真不辨，误入歧途。堪为医者之圭臬。

祝先生行医四十年，以术济人，以德昭人。他常以孙思邈自勉，视"人命重如千斤"。他崇尚明代龚信，以其"不炫虚名，惟期博济"为座右铭，做到行医不避险峻、昼夜、寒暑、饥渴、疲劳，从不冷语伤人。为减轻病人的经济负担，他常亲携子侄往田间采药，对穷苦人多有施舍。他常说："黄金有价药无价，是对为富不仁者言。对穷苦善良之家，当以救命为先，岂能计其功，谋其利哉！"因之，颇受人们尊敬。

祝友韩还倡导中西医结合。他认为，单以脉论症，是欺人之谈。西医叩听乃中医所不备，中医应取而兼之。他一生不但擅长岐黄，且热爱音乐书法。现文亭山烈士陵园安放的"烈士纪念碑"，就是他1947年所书。

1958年,祝友韩被错划为右派分子。其时,他虽身遭逆境,但仍矢志于医学,在强迫劳动之余,又写出《成武县中草药》《土单验方集》《脑后其言》和《脉论》等文稿。1963年患食管癌病故,1978年恢复名誉。

[《成武县卫生志》(1989)]

◎ 班作楫 ◎

班作楫(1899.08—1989.02),男,字济川,定陶县半堤乡半堤村人,擅长内、妇、儿科,尤为儿科见长。

1956年参加四区卫生所任中医,后任万福公社医院中医,1981年晋升为主治中医师。曾任定陶县首届中医学会理事、菏泽地区中医学会理事、省中医学会会员。

先生于1921年开始学医,先后拜泮兆朗、姚备武中医为师,专心攻读《内经》《伤寒论》《金匮要略》《医宗金鉴》《寿世保元》《辨症奇闻》《针灸大成》等经典名著,医学理论日益见长,能单独应诊。先生参加工作后,又学习了《中医诊断学》《温病学》《针灸学》及《西医内科学》《儿科学》等医书。并每年自费订阅三至五份医药杂志,博览众家之长,吸取现代医学理论,以提高医技水平。

先生从医六十余年,积累了丰实的临床经验,对疾病具有自己的独特见解。在内科杂病上,对消化道疾病颇为应手;急慢性结肠炎、胃及十二指肠溃疡、急慢性肝炎、肝硬化等,经其诊治者,多疗效显著。对溃疡病的治疗,他认为"气滞血瘀型"为多见,故一般采用"活血化瘀理气开郁法"为主,常用"膈下逐瘀汤""丹参饮"等方治疗。治疗急性肝炎,以"清热解毒"为主,"疏肝解郁"为辅;治疗慢性肝炎,以"柔肝开郁健脾"为主,"清热"为辅,对肝硬化的治疗,以"益肾养肝健脾渗湿"为主,对肝硬化腹水者,采取"急则治其标""缓则治其本"的治疗原则,疗效良好。

对于医治小儿疾患,他积累了丰富经验,如小儿腹泻、小儿疳积、过敏性哮喘等病,经其治疗者,治愈率均达95%以上。采用中西结合治疗流脑、胆道蛔虫、中毒性菌痢等病,均取得满意效果。对于疑难症,如小儿痴呆、脑积水等病,以针刺为主,配合内服中西药物,轻者治疗三个月,大都痊愈,重者治疗半年以上,治愈率亦较高。

上述疾患,现选典型病例如下。

肝硬化腹水

田李氏，61岁，菏泽县辛集公社田桥村人，1967年8月10日就诊。

患者自述：患肝硬化一年，已腹水半年，自觉腹胀、乏力，经多方治疗无效，慕名来诊。

症状：患者面色灰黄，精神不振，腹大青筋，重度腹水，肝剑突下2厘米，肋下未触及，脾大肋下9厘米，下肢浮肿，脉沉细，舌淡、苔白腻，肝功能测定：麝浊13个单位，谷丙转氨酶121个单位，蛋白倒置，诊为"肝郁脾虚型"肝硬化。

治疗：按"腹水重者，先治其标"的原则，故以渗湿利水为先，自拟"商陆五苓散"加味，投五剂，浮肿、腹水轻，按原方又服五剂，浮肿消失，腹部已不膨胀，食欲增，精神好转，又拟"柴胡六君子汤"加丹参、鳖甲、内金，服二十剂，诸症除，以后方丸药善后巩固疗效，随访未复发。

气滞血瘀型胃痛

泮某某，男，五十九岁，万福公社泮楼村人，1978年10月初诊。

患者自述，已胃痛三年，反复发作，与食后一个多小时疼痛更甚，经医院检查确诊为十二指肠球部溃疡变形。服西药一年半稍轻，但仍发作频繁。

症状：患者面黄无华，精神尚可，消瘦，腹部按之痛，肋胀，脉沉弦，舌苔薄黄，舌质紫暗。诊为气滞血瘀型胃痛。

治疗：活血化瘀，舒肝和胃，拟"膈下逐瘀汤"加木香、丹参、砂仁，服十剂，病情明显好转，上方去乌药加乌贼骨，又服十五剂痊愈。经钡餐透视溃疡面消失，变形基本恢复，后用西药善后处理，随访未发作。

中、重度脑积水

龚某某，男，八个月，菏泽沙土公社龚庄人，1972年3月初诊。

其母代述：患儿出生后，前后囟较大，从三个月后，头颅逐渐增大，前囟明显高，四处求医，大都确诊为脑积水，但治疗无效。

检查：患儿颅围为50厘米，前囟突起，后囟未合，前额人字缝裂开约0.5厘米，前额向前凸，眼球似落日状，四肢瘦小，躯干小于常儿，指纹滞①淡，舌尖苔白，诊为"中重脑积水"。

---

① 纹滞：指小儿食指络脉郁滞，推之不畅。多因痰湿、食滞、邪热郁结所致。

治疗：针刺为主，内服中西药并用，主拟"滋肾养肝，健脑利水"为主方治则。

针刺：百会、风池（双）、风府（双）、大椎、陶道、身柱、肾俞（双）、膀胱俞（双）、丰隆（双）等穴轮刺，三天一次。

药物治疗：拟"济生肾气汤"为主方，西药用甘露醇，口服一次5毫升，一日三次，以降压利水。

综合治疗三个月痊愈，随访无复发，但头颅超过正常儿，别无异常。

小儿疳积

田某某，女，三岁，成武县汶上公社田集村人，1976年初诊。

母代述：自一岁起，由于喂奶多而伤食引起，奶食俱不肯吃，逐渐消瘦，生长缓慢，四处求医二年无效。

症状：面黄肌瘦，发焦呈穗状，头颈细，腹大青筋，脉沉细，舌淡苔腻垢，手螺纹凸起，诊为重度疳积。

治疗：以消积和胃健脾为主。

针刺：腹部针中上脘，背部针肝俞（左）用泻法，脾俞（左）补法，胆俞（右），平补平泻。外敷阿魏化痞膏，贴背部针处，4日1次，内服五积散，西药用力勃隆、鱼肝油、钙糖片营养药，连续治疗3次痊愈，随访无复发。

流脑

马某某，男，五岁，万福公社马楼村人，1967年10月10日入院治疗。入院时高热呕吐，反复惊厥，昏迷三天，病房医生确诊为流脑，经治疗，有所好转，但仍高热、昏迷，病房医生请其会诊，加用中药治疗。

治疗方法：先用针刺法，针刺人中、百会、风池（双）、天柱（双）、大椎、陶道、身柱、涌泉、十宣，一日两次。针后苏醒，加用中药治疗，自拟清热解毒汤，冲服安宫牛黄丸。两日后，高热渐退，神志较清，上方又服五剂，痊愈出院。

班先生不仅医术高明，且医德高尚，待病人如亲人，不论贵贱亲疏，均一视同仁，对贫苦病人常解囊相助，因他诊病心细，用药精巧，疗效显著，深得病家信赖，每日求医者络绎不绝，载誉乡里，闻名成武、菏泽、曹县、巨野、郓城等县。

他虽医务繁忙，但在百忙中仍注重总结经验，根据多年临床实践，整理出了《班氏儿科验方集锦》《儿科医案》《内科杂病医案》《肝炎的辨证论治》等。《小儿肝炎治疗经验》于1980年登载《定陶科技》中医专辑。

先生不仅自己勤奋好学，且乐于精心育人，一生带徒三十余人，并多次带教菏泽医专实习生。在带徒和带教上，他精心授课，言传身教，循循善诱，传授学术，指导实践，为培养中医后继人才作出了贡献，其所带徒弟，已大都成为中医骨干力量。

[《定陶县卫生志》(1992)]

◎ 严绪戢 ◎

严绪戢（1900—1970），郓城县人。自幼天资聪颖，十四岁通五经四书，年至弱冠，目睹穷人求医之难，立志习医，专长内科杂病。早年参加革命工作，在抗日战争和解放战争时期，以行医为名，为党的革命事业作出了不少贡献。解放后在郓城县人民医院工作。曾任郓城县人大代表、县政协委员、县医药联合会主任等职。1950年曾被评选为平原省（现已撤销）、地、县三级卫生先进模范，赴京开会，受到党中央毛主席的接见，并合影留念。严医生行医首重医德，注重培养中医人才，著有《严氏医悟秘录》一书。

[《菏泽地区卫生志》(1989)]

◎ 岳美中 ◎

岳美中（1900—1982），原名岳钟秀，号锄云，河北省滦县小岳格庄人。曾著《锄云医案》《锄云医话》《诊断学辑要》《实验中药学》《岳美中医案集》《中国麻风病辑要》。1935年来菏泽挂牌行医，其间，为培养人才，亲自出题组织中医考试，在菏泽有很大影响。1938年日军攻陷菏泽之前，几经辗转迁移唐山继续行医。曾任全国五届人大常委会委员、政协全国委员会医药卫生组副组长、中华医学会副会长、中华全国中医学会副会长、中医研究院中医研究生班主任、中医教授等职。

[《菏泽地区卫生志》(1989)]

◎ 魏可玉 ◎

魏可玉（1900—1970），字瑞珩，山东曹县人。出生于世代为医的书香门第，幼入私塾，聪敏好学，十五岁前遍读四书五经，涉猎经史子集，为习医打下了坚实的文化基础。十五岁开始习医，闭门三年，对《内经》《难经》《金匮要略》《神农本草》等经典医书无不谙熟，有的还可熟读成诵。十八岁开始应诊，锋芒初试即已医效显著，未几，声振一方。1939年执业于济南，经正式考试成为山东省一等中医师。在济期间，声名颇著，多为上层要人应诊。济南沦陷后，先生返里为曹县最大的药铺"仁和堂"的坐堂名医。1939年，曹县瘟疫流行，先生不顾个人安危，以精湛医术，全力救人，至此，在曹县声誉更高。解放后，先生加入革命队伍，医务更忙，工作更加勤奋，每天坚持上午应诊，下午出诊，日诊数十人，往往废寝忘食，忙碌不堪，但先生以为医务繁忙正适"济世活人"之志，因而不以为苦，却说"乐在其中矣"。他看病心诚意正，对待病人一视同仁，尤其遇到贫苦病人每每乐于相助。先生医名远扬，外省外县多有慕名来请者，故先生足迹遍及冀、鲁、豫、皖城乡。1965年，兰考县委书记焦裕禄在郑州治病期间，河南省委专程请先生赴郑会诊，当时病情已属肝癌后期，先生情知不能力挽其命，还是投药数剂使病情大加缓解，因而他的医术在郑州医界得到好评。先生不仅忙于治病，更乐于提掖后进，除精心培育受业弟子外，于1956年同朱令之、李广济等力主举办中医学校以为国家培养出更多的中医人才。他在曹县中医进修班任教期间，精心整理古籍，结合实践经验，深入浅出地讲解医理，兼采众家之长地亲授医术，他的言教身传给曹县中医事业的发展作出了很大贡献。他虽然医务繁忙但往往在夜深人静时从事著述，写了大量的具有独到见解的讲义、医案、心得体会，后来汇集成册的有：《单腹胀简介》《中医中药治疗乙型脑炎》《劳阴症》《狐惑病》《三消症治验偏方介绍》《阑尾化脓症十例》《崩漏症》《痢疾症》等。

先生从医五十多年，善采诸家之长，用于临床，疗效卓著，活人无算。

他精于内科，兼长妇科，晚年又习中西结合。他在治疗内科诸病上医术精湛，对治疗胃病、肝病、血小板减少性紫癜病尤为擅长。他认为：胃脘痛多系精神刺激，情志不畅，饮食失节，劳累受寒等方面的因素造成，但总不外肝、脾、胃的功能失调所致。因而治疗胃脘痛必从肝、脾、胃三者入手，以疏肝和胃，开清降浊，通络止疼为主要法则。治此症时，先生多用柴桂芍药甘草汤，其方剂组成是：柴胡、桂枝、甘草、清半夏、白芷、生姜、大枣。病情不同适当加减：①胃脘隐痛，喜热喜按，加良姜、香附以温中散寒。②湿热甚者，胃中灼痛，口渴不欲饮者，加苍术、公英、生栀子。③疲倦乏力者，加党参、黄芪、云苓。④肝郁气滞，胃脘胀痛，牵及两胁者，加佛手、青皮。⑤胃脘刺痛，固定不移者，加元胡、五灵脂。⑥胃阴不足、口干唇燥，胃脘灼痛者，加玉竹、石斛。⑦胃脘痛甚者，重用白芍量达 90~120g，白芷量可达 30g。

肝硬化腹水，向属难治之症。肝硬化晚期出现腹水，病人多是四肢消瘦，纳差，疲乏无力，属虚象，而腹大如鼓，青筋暴露，二便少通，又有实证。可玉先生治此症时多用攻补兼施之法，以消水丹、益肝汤交替使用。即每天早六点服消水丹6克，晚六点服益肝汤，连服三天可得满意的疗效。1966年3月，一李姓患者来院就诊，进院时腹围105厘米，脐突出6厘米，小便滴沥，大便难通，坐立困难，痛苦不堪。用上述疗法治二十天病愈，随访二年未复发，还可参加生产劳动。

先生认为：特发性血小板减少性紫癜病属中医所说的葡萄疫、温毒发斑、热病发斑、内伤发斑等范畴。此病有不同程度不同部位的出血，如鼻衄、肌衄、耳衄等，急病有高热，慢症肝脾轻度肿大。可玉先生治疗此病，总结出疗效卓著的三号处方：①治疗火热毒邪，迫血妄行的急性型——升麻、川黄连、当归、生地、丹皮、炮山甲、地龙、羚羊角、双花、连翘、紫草，水煎，每日一服。②用于肝肾不足，气血双虚之缓慢型——生地、白芍、山药、山萸肉、泽漆、丹皮、云苓、犀角共为细末，炼蜜为丸，每丸9g，日服三次，每服一丸。③凡有齿衄者可用——生石膏、川黄柏、儿茶、生地、五倍子，加水浓煎，含漱5~7分钟。

可玉先生善用经方，但绝不以方套病，而是因情而施，灵活运用。1966年4月一女患者，其人心悸失眠，烦躁不安，多次赴菏泽地区医院诊治，均按神经官能症治疗，常服镇静安神剂无效，病家惶恐，急求先生就诊。先生以为此系心阳虚致使神不守舍，投桂枝甘草龙牡汤，服药八付，病除。

朱丹溪论治血症说："血随火而升降，凡治血症治火为先。"先生认为：火有虚实之分，治实火宜苦寒直折；虚火又有阴阳之分，或以温散，或以滋补，决不可泥于诸血属火，概施凉血、止血之法。先生在实践中摸索出在仲景甘草干姜汤的基础上进行加味的处方，治疗脾阳虚导致之吐血症，每每收到捷效。1968年10月，患者苏某，来院时呕血不止，西医急用止血药治疗，仍不止。请先生会诊，察色按脉，四合确诊，认为此系脾胃阳虚呕血并非火邪所致。急用炒甘草15克，炮姜炭10克，炒青皮12克，白及30克，水煎温服。一付，出血量明显减少，三付而愈。

可玉先生这样医德高尚，医术精湛，誉满数省的名医，于1970年5月在上海含冤去世……

[《曹县医药卫生志》（1988）]

魏可玉（1900—1970），中医师，字瑞珩，曹县人。一生行医，名满苏、鲁、豫、冀四省交界几十个县和郑州市，带徒多人，均有所成。1965年曾赴河南省人民医院为"模范县委书记"焦裕禄同志会诊，著有《单腹胀简介》《中医中药治疗乙型肝炎》等论文。

[《菏泽地区卫生志》（1989）]

◎ 武世义 ◎

武世义（1901—1960），字路亭，山东曹县青岗集乡武庄人。名老中医武魁一老先生之次子，中医名教授武明钦之父。路亭先生聪慧好学，读私塾十年，在菏泽师范讲习所学习二年，熟读四书五经，涉猎经史子集，喜文史，好著述。今存其在菏泽师范讲习所学习时手书之《三国演义读札》两册约三万余字。此书以工笔正楷、精练浅显的文言，对《三国演义》中的军政要事，关键人物多作精辟评述，并以"卧龙凤雏"自比，抒发济国壮志。后因世乱，志不得申，曾愤而题词曰："未酬管乐志，只得习岐黄。"弃仕习医后，在其父魁一老先生督导下，潜心攻读医学经典名著，熟读了《伤寒论》《温疫论》《温热经纬》《傅青主女科》《医宗金鉴》《血证论》《医林改错》《笔花医镜》《医学心悟》等书，心领神会，博采众长，加之承受家传绝招，因而初试临床便多收捷效，未几即悬壶业医，名震一方了。1936年，曹县举行中医学术会考，路亭先生参加考试，一举夺魁。此后，身价倍增，成为鲁西南公认的医林后起之秀。他擅长内科，兼及妇、儿，由于平时博学多览，通晓医理，且多有独到见解。他对"伤寒""瘟疫"有较深研究，不仅深得其要，且能因时、因地、因人、因病情变化而灵活运用经方。抗日战争前，他曾在菏泽城内开医药社，由于医术高明，对病家心正意诚，凡来求医，经手辄效，因而，到其药社求医者经常是充门盈庭，他往往日诊数十人，从不以医务繁忙而敷衍了事。他待病人亲如家人，不论贵贱亲疏均能一视同仁，对贫困病人还常有解囊舍药之举，再加上他看病认真细心，断症准，用药精，花钱少，不收礼金，不烦宴请，因而成为菏泽载誉城乡的名医。1937年菏泽大地震之后，他只得移家定陶行医，日寇犯境后，又避难南迁，流落在曹县王堤圈蒋家坐堂应诊。1949年8月他在原复程县二区卫生所参加革命工作，后又调至复程县七区卫生所应诊。所在之处，因医术高明，态度平易近人，无不深受病家交口赞誉，并多次被评为模范卫生工作者，屡受政府嘉奖。后因积劳成疾，不幸患病卒中，在1960年逝于诊堂，终年仅五十九岁。

路亭先生毕生治学严谨，善于提掖后进。他先后带徒四人，并重视督导子女习医，对待后进循循善诱，诲人不倦，倾其所学，言传身教，不仅能深入浅出地析明医理，而且每每结合临床实践授以治疗诀窍。他常谆谆教导："欲明医理，必须多读多记，博览群书，兼采众长，融会贯通之后方可居高临下地辨证施治，同时要理论结合实际，在临床实践中善观治疗得失，从正反两面不断地总结经验，思忖探索，因人、因病、因时、因地灵活化裁经方、验方，且不可因循守旧，以方套病。"

还说:"熟读医书应做到:头遍顺读,二遍推敲,三遍取其精华,重点摘抄,如此方可明其理,知其要。"在他的教导下,四徒均成名医,后代多为医林精英。

路亭先生的学术思想,渊源于《内经》《伤寒》,但他师古而不泥古,在通晓经典医理的基础上,博采众长,触类旁通,因而在长期的临床实践中多有独特建树,逐步形成了自己的医风和学术思想。如他对"郁症""血症""带症""结胸"等多有独到见解和治疗经验。例一,患者袁××,曹县袁窑村人,患伤寒结胸,症见神昏谵语,循衣摸床,心下痞郁,七日不大便,多医罔效,病情危殆,已备后事,求诊于武氏,断为结胸。采用《伤寒论》大承气汤化裁,服药三剂,下燥屎如栗状十数枚,神清脉静而告愈。例二:曹县宋庄宋××患郁症,症见腹胀脘闷,胸胁胀痛,纳呆,四肢酸楚,行走不便已年余,切脉沉弦无力,舌质淡暗,苔薄腻,脉症合参辨为肝郁脾虚,湿邪中阻。拟用解郁化湿汤,先后服药二十四剂,告愈。例三:定陶县泰集村何书涂,患水肿,腹大如鼓,全身皆肿,按之没指,纳呆食少,小便闭塞,行走不便,经县院诊为"水肿待查",转上级医院治疗,经人介绍求诊于武氏,给服"玉苓芍车饮"三付病除。

路亭先生善用《伤寒》方与《温疫论》方融会贯通。他认为:对温热病的治疗,首当以祛邪为主,兼存津液守胃气,曾写出《伤寒瘟疫歌诀》一书,虽因条件所限未曾出版,但对后学者颇有教益。他对内科杂病重视治肝,因肝为阴中阳脏,体阴用阳,肝主疏泄,喜条达,不达则郁,郁则犯脾,脾虚湿阻,耗津伤阴。肝病气阴两虚,虚中兼郁者多,因而治此病首重舒肝健脾及舒肝治瘀之法。诊此病时应先察脾胃强弱,谨守"有胃气则生,无胃气则死"的古训,强调治病首当察胃气。人体必须适应环境,贯以天人一体之论,因外邪致病,当分析机体阴虚、阳虚、气虚、血虚,在此基础上扶正祛邪,以达速效。他认为脏病当养,腑病当通,气血升降失常,多为内伤杂病,脏腑气血紊乱所致,因而治病应因地、因时、因人、因病情辨证施治,对症灵活用药,方可收取速效。

路亭先生,自幼聪颖过人,且又勤奋好学,精于医道,业医四十年,活人无算,造诣颇多。惜年不及花甲卒中谢世,如寿及今日,当为四化大业作出更大贡献。

[《曹县医药卫生志》(1988)]

◎ 曹治宾 ◎

曹治宾[①]（1901—1960），曹县城关镇朱楼大队于庄人。贫苦出身，世代为医，其祖父曹世禄是曹县名医。治宾先生自幼在其祖父督导下先治学，后习医，学习勤苦，博览群书，对医理医术好探究竟，精益求精。十八岁开始行医，二十岁就名震乡里，后在曹县东南行医二十多年，在群众中声望越来越高。治宾先生出身贫苦，沿袭祖风，以济世活人为本，行医中扶困济危，深得劳动大众欢迎。特别是他对无产阶级革命事业作出过出色贡献。抗日战争和解放战争时期，他受当时的革命干部王子欣（外号王老道，曹县城内人，抗战时期曾在曹东南一带作地下工作，解放初期任平原省副省长，后为二机部副部长）教育影响，多次掩护革命干部，为我军政干部伤员病号治病送药。治宾先生1950年参加曹县卫生作者协会，任十二区卫协会主任。1951年被选为医务界人民代表，于1951年2月参加曹县第四届三次人民代表会议。在1956年前，他是曹县历届政协委员。1955年还光荣地出席过菏泽地区第一届中医代表大会，在会议期间献出了他珍藏的单方、秘方、验方，做了"关于中医阴阳五行"的学术讲座。1957年前，他是曹县历届人民代表大会代表。

治宾先生一生精于内科兼通其他科，以他感人的医德，高明的医术为曹县的医药事业和革命活动作出了出色贡献。

[《曹县医药卫生志》（1988）]

◎ 韩毅仁 ◎

韩毅仁（1901—1984），山东省黄堽镇后黄堤村人。他行医菏泽一带，特长中医内、妇、儿科、针灸等。先生承家传，精经典，行医四方乡里，有求必应，不索分文，1938年秋瘟疫流行曾舍药相救，民众感戴。解放后参加卫生工作，注重医德，工作积极认真，在群众中享有较高信誉，曾任菏泽县人民医院安兴分院中医师，历任菏泽市第一至八届人大代表。

[《菏泽地区卫生志》（1989）]

◎ 王耀宗 ◎

王耀宗（1903—1976），地方名中医，曹县人。他行医五十余年，擅长中医外

[①] 宾：原文为"实"，但下文多处作"宾"，据改。

科，研制"白降丹""红升丹"专治外伤溃疡，疗效显著。医迹遍及鲁、豫、皖三省交界地区。乡人为其树碑送匾，赞颂医德。建国后曾选为县人民代表。政协委员、省人民代表。

[《菏泽地区卫生志》(1989)]

王耀宗（1903—1976），曹县王堤圈人，著名外科中医。幼时家人患恶疮，请医困难，死于非命，于是愤而习医。他勤奋学习，夜以继日，不久学成，声名大噪，誉满乡里。后，足迹遍及曹县、商丘、民权、兰考、宁陵、夏邑、虞城、单县等鲁豫皖三省的村庄，平生行医五十多年，凡经耀宗先生诊治的疑难外科诸症，无不疗效显著，药到病除。他在几县设点治病，按期轮流前往，凡是预约相请，无不记下地址、名姓，按期准时到达。他长途奔波行医，从不让病家备车接送。在那医生矜持身份的年代里，难免被同行讥笑，称为"带腿的医生"，他都嗤之以鼻，每到病家拒绝一切招待，更不索取额外款酬，而且疮口用药，一律免费。他的工作量超越常人，一般每天应诊百余人次，有时甚至二百多人次。

由于耀宗先生医术高超，医德感人，群众颂之曰："文到阁老武到公，医生做到王耀宗。"群众对他口头称颂不足尽意，解放前又为他立下五幢扬名碑，题上"济世活人""华佗在世""元化遗风""虎卧杏林""流芳百世"等赞语以表谢意。（这些碑分别立在曹县王堤圈、商丘刘口镇、归德城里、虞城、夏邑等地），他家悬挂的金匾、缎幛、锦旗更是不计其数。

他同情劳苦大众，更热情支持无产阶级革命事业。抗战时期和解放战争时期，他常冒着风险，冲破敌人封锁，进出于解放区为我军民治疗创伤。他后来参加革命工作，治病更加勤奋，因成绩显著，历任复程县二区卫生所副所长、曹县梁堤头地段医院副院长、县卫协会副主任、县政协委员、县人民代表、省人民代表等。

由于他一生忙于行医，晚年又兼多种职务，无暇总结他一生的学术经验，没有留下著述，实为一大憾事。

中医外科名医王耀宗先生，常用的得力灵药"去腐生肌丹"疗效甚高，治疗各种溃疡几乎是药到病除。此丹分为两种，即"红升丹"和"白降丹"，其配方和制法为：

"白降丹"（去腐）

水银、朱砂、硼砂、食盐、雄黄、火硝、白矾、皂矾，共研为细末，放入耐火罐中，用锦纸封口，文武火烧炼三个小时，用八两原料可提炼出"白降丹"

八九钱。

"红升丹"（生肌）

水银、朱砂、雄黄、火硝、白矾、皂矾，共研为细末，放入耐火罐中，锦纸封口，用文武火烧炼三小时。四两原料可提炼出"红升丹"五六钱。

[《曹县医药卫生志》(1988)]

◎ 曹兰锋 ◎

曹兰锋（1903—1976），字秀岭，山东菏泽市佃户屯乡吴店人。行医菏泽、济南、曹县、开封等地。善于中医内、妇科、喉科。曾开设"惜生堂"初业喉科，技术精湛，后又攻内、妇诸科，胆大心细，用经方少，时方多，推崇"邪去正自安"之说，临症常开"小青龙汤"。1951年参加菏泽医院工作，为菏泽名中医。

[《菏泽地区卫生志》(1989)]

◎ 李鹤立 ◎

李鹤立（1906①—1968），名超群，字鹤立，以字行，山东菏泽人。幼时家庭生活贫困，立志学医，继承家传内、儿科医疗经验，深入深研，并热忱为人诊病，行医于菏泽一带。平素谦虚敬人，当时菏泽知名文人和热爱医术者，都非常尊重他。解放后，曾积极参加菏泽医药联合会、菏泽地区中医学会，历任委员、副理事长等职，并被选为菏泽县历届人大代表、政协委员。1957年调地区人民医院担任中医治疗和科主任工作，享有较高威望。其医术长于中医内、儿科，尤擅伤寒、感冒和肝脾诸疾，发表论文多篇并集有《李鹤立医案》一书。

[《菏泽地区卫生志》(1989)]

李鹤立，男，1907年3月30日出生，菏泽城内人，幼读私塾，后天津国医大学函授班毕业。

1932—1954年，菏泽城内开办"鹤龄堂"中医诊所，李鹤立于1954—1955年任菏泽西城联合诊所所长，1955—1956年任菏泽城关卫生院中医科主任，1956—1968年任菏泽地区人民医院中医科主任。

李鹤立自幼从父习医，父早亡，他25岁时独立开办"鹤龄堂"中医诊所。兢

---

① 1906：《菏泽市立医院志》(2016)生年作"1907"。

兢业业，刻苦钻研医术，最初因家贫买不起医书，就从朋友处借来，用毛笔以蝇头小字抄在毛边纸订的小本子上，还书后，自读手抄本。渐次，他熟读经典，博览群书，吸取各家所长，后又进修于天津国医大学函授班。随着逐步实践，医术日渐精进，其中，他受张锡纯的《医学衷中参西录》的影响颇深。他辨病精准，遣方用药得心应手，寻常药物在他手中妙用非常，可祛大病，常挽救病人于生死线上。他对人看病一视同仁，病人一到，随时接诊，一顿饭常常热几次，夜里常常起几次。对穷苦人看病，医药费常或减或免。由于他高超的医术和高尚的医德，赢得社会各界一致好评，声誉远播。在开办"鹤龄堂"诊所期间，公众曾先后敲锣打鼓增挂两面金字大匾，上书"术同景园""允称国手"。在菏泽地区人民医院工作期间，他思想开放，摒弃门户之见，常采用西医之长为中医所用，如开透视单、化验单，助中医医技之确诊，再开方用药，使疗效更高。他除任中医科主任接诊病号外，还兼任菏泽肝病医院副院长。他曾多次到菏泽医专、菏泽卫校讲学，并带出多名高徒，成为后来中医学界的技术骨干。其间，他被选为菏泽县人民代表大会常委会委员，代表医学界参政。

1960—1962年国家困难时期，他被政府列为重点保护对象，发给副食品优待证，每月额外供给定量的鸡蛋、白糖、香烟等。1962年，他患中风，治疗好转疗养期间，不少病号仍到宿舍找他诊病，他右手不便，就用左手诊病书方，后病情加重，医治无效，于1968年6月病逝。他的医名响遍鲁西南，作为菏泽地区名老中医师被载入《菏泽市志》（县级），他的医学经验被菏泽卫生局编成《李鹤立医案》出版。

[《菏泽市立医院志》（2016）]

◎ 卜静斋 ◎

卜静斋（1909—1982），名中医，字昭敏，江苏丰县人。从医兢兢业业，多次被评为模范，闻名于江苏丰县、沛县及山东单县、金乡、成武、曹县一带。1960年任单县中心医院中医科主任、山东省中医学会理事，曾被选为山东省政协委员。带徒弟数百人，较著名者六人。长于内科伤寒，有多篇论文在省刊发表。1965年写《大柴胡的临床应用》一文，颇受医界重视。

[《菏泽地区卫生志》（1989）]

◎ 赵清云 ◎

赵清云（1909[①]—1978），山东省郓城县双桥乡洪福寺村人。专长中医眼科，行医郓城、巨野，为人忠厚。服务态度好，有求必应，凡经其治疗者皆赞不绝口。曾任山东省人大代表、郓城县政协副主席。

[《菏泽地区卫生志》（1989）]

赵清云（1908—1978），男，汉族，享年七十岁，山东省郓城县武安镇洪福寺村人。

清云先生自幼读其乡塾，承其家学，擅于眼科，而立之年悬壶于乡里，名于郓城、巨野、鄄城等地，1951年3月于武安参加工作，1953年调至双桥，1957年调郓城县人民医院中医科工作，曾当选为郓城县政协二至四届常委、副主席，山东省人大代表，多次被评为县医院先进工作者。

先生耕耘杏林四十余载，医理娴熟，学验俱丰，对技术精益求精，对病人和蔼可亲，对工作一丝不苟。其医术精湛，医德高尚，深受病人和同道的尊敬、爱戴。

[《郓城县卫生志》（2006）]

◎ 王鸿淼 ◎

王鸿淼先生，男，七十二岁，曹县仵楼乡三庄村人。出身于中医世家，自幼读书，好岐黄之术，勤奋好学，遍读医学经典名著，及冠又拜名医李广济、朱令之为师，受其重点培养，未几则尽得其术，及至而立之年已是载誉城乡的名医了。曹县刚刚解放，先生即率先参加革命工作，先任原复程县王堤圈区区卫生所所长，因成绩突出于1952年3月被湖西地区推荐至北京中央卫生部首期举办的中医进修学校师资班学习，其间兼习中西医学理论，学习成绩优秀，毕业后分至湖西专区卫生院工作，后转至菏泽地区中医进修班任教。1956年后，先后在曹县卫校、曹县人民医院任教和主持中医工作直至1979年退休。退休后因德高望重仍留在曹县中医院工作，现在虽已年逾古稀，但仍为解除广大患者的疾苦而尽心尽力。鸿淼先生从医近六十年为曹县的中医事业呕心沥血，成绩显著，是曹县屈指可数的名中医师。

鸿淼先生从医以来学习刻苦，熟读古今医学名著，兼习西医学术，师古而又兼采众家之长，又能中西汇通，加上医风谨慎，四诊合参，辨证施治，因而他的医疗

[①] 1909：《郓城县卫生志》（2006）生年作"1908"。

特点是辨症准，用药稳，治愈率高，很受病家欢迎。他临床应诊可治各科，特别擅长的是治疗内科杂病、肝病、传染病、时疫等。在治疗传染性肝炎、乙型脑炎和肠伤寒等病上有独到的创见，积累了可贵的治疗经验。（治疗传染性肝炎、乙型脑炎的经验随笔，附在中医术部分）

他从医以来，不慕名利，不计享受，不治家产，更不以医谋私，一生的志趣所在唯勤于业务而已。他对待病人无论贵贱亲疏都能一视同仁，当年治病曾因恤苦悯穷闻名乡里，解放以来又因对人亲善而备受病家称誉。他才华出众，早有名气，但始终以谦谨自处。他尊师爱徒，团结同志，学而不厌，诲人不倦。解放后，他以大部分精力，从事中医教育，无论带徒，辅导实习医生还是主办中医进修班，培训班，均能深入浅出，循循善诱地传授学术，指导实践。他的学生如今已遍布各地，绝大部分是中医界后起之秀，还有不少的学生已成为医师或主治医师。

鸿淼先生虽已退休，但实系退而不休，以古稀之年、衰老之躯受聘于曹县中医院，每天慕名求医者络绎不绝，他却顶班应诊，志趣盎然。他除了忙于医务，还手不释卷，勤于学习多种医学杂志，有了闲暇即挥笔整理医学经验。亲人劝其保重身体，他总是欣然对答："我生平以济世活人为乐，现在虽至暮年，但欣逢盛世，如不能以自己的一技之长奉献给祖国的四化大业，何乐之有？"他之所以能够数十年如一日，呕心沥血地致力于医学事业，其精神支柱盖在于此也。

鸿淼先生从医近六十年，由于成绩显著，受到人民的称赞、党和政府的器重。1951年任复程县卫协会主任。1952年被选为复程县、湖西地区、山东省、全国卫生模范工作者。1958年为曹县政协委员。1961年为曹县中医学会筹备组组长、菏泽地区中医学会理事。1981年被选为曹县人民代表大会代表。

按：名中医王鸿淼先生在治疗"传染性肝炎"和"乙型脑炎"上有独到的经验，现录其《医疗随笔》两篇，以供医林研究。

传染性肝炎医疗札记

传染性肝炎按西医的观点是由肝炎病毒所致的一种急性传染病，主要是通过消化道进行传染。此病全年都可见到，但以秋、冬二季为多，患者多为青壮年和儿童。由于临床表现和发展阶段的不同，因而在中医学上名称不一，急性黄疸型肝炎属于中医所说"黄疸"中的阳黄症，无黄疸型肝炎多属于"湿温""胁痛""肝胃气痛"等，慢性肝炎多属于"阴黄""胁痛""积聚"等病症。此外还有"恶性型"（又称暴发型）肝炎，符合中医说的"急黄症"。

病因病理：此症多因脾胃虚弱，外受时邪湿热，加之饮食不慎，嗜好饮酒，过食油腻，以致湿郁热蒸，脾失健运，肝失疏泄，复感时邪，湿浊不化，湿郁生热，阻滞中焦，湿热熏蒸于肝胆，迫使胆汁外溢，浸渍皮肤而发黄。其色鲜明如橘子色者为"阳黄"。如感邪严重，热毒炽盛，内陷心包，则为"急黄症"。若阳黄迁延不愈，湿热伤气，脾阳不振，或平素肝肾阳虚，致使湿从寒化，寒湿内郁，胆汁疏泄被阻，外溢皮肤而发黄，其色晦暗如烟熏者称为"阴黄症"。如长期脾肝失调可使气血瘀滞，结聚成痿积，则有发展为早期肝硬化的趋向。

诊查要点：

1. 发病二、三、四周前有与传染性肝炎病患者密切接触史。

2. 初期发热（一般不高）畏寒，饮食欠佳，或恶心呕吐，明显无力，肝区胀痛不适，继之巩膜和皮肤出现黄疸，尿色加深如浓茶色。

3. 无黄疸型肝炎的症状与黄疸型肝炎基本相同，只是不出现黄疸，面目症状较轻。如病情迁延不愈，超过六个月或一年以上者则为慢性肝炎。

4. 肝脏多肿大，急性期质软，有压痛和叩击痛的感觉，慢性期质较硬，并伴有脾脏肿大、蜘蛛痣和肝手掌等。

5. 可做尿三胆及肝功能等检查。

6. 极少数类型病例，来势凶险、高热、出血、黄疸进行性加深，肝界缩小，烦躁不宁，谵言妄语，嗜睡，抽搐，尿少，浮肿，腹水等症，甚至昏迷，肝肾功能衰竭等。

辨证施治：肝炎分为急性黄疸型、急性无黄疸型、恶性型、慢性无疸型、肝昏迷等多种，而湿热蕴结、肝脾不和是本病全过程中的主要矛盾，故治疗此病当以清热利湿疏肝运脾为原则。

急性黄疸型肝炎

治法：清湿热，利小便，消黄疸。

方药：茵陈栀子柏皮汤。

茵陈40克，栀子12克，川黄柏12克，西滑石24克，大青根30克，金钱草80克，丹参80克，大麦芽15克，鸡内金10克，大苦参20克，泽漆12克。

加减：有寒热往来，干呕者，加柴胡、黄芩、半夏；腹胀不凝食者，加卜子、川朴，肝区疼痛较甚者，加川楝子、元胡；大便秘结者，加生大黄。

恶性型肝炎

治法：清热解毒，凉血开窍。

方药：茵陈柏皮栀子汤加味。

处方：茵陈40克，栀子10克，黄柏12克，大青根30克，金钱草30克，丹皮12克，生地30克，犀角3克，黄连10克，冬瓜皮30克，连翘24克，二花30克，菖蒲12克。

煎服。《局方》至宝丹与牛黄清心丸交替使用。

急性无黄疸型肝炎

治法：清肝利胆，渗湿健脾。

方药：柴胡清肝汤加减。

处方：柴胡12克，黄芩12克，生白芍20克，牡蛎30克，大青根30克，鱼腥草3克，茵陈40克，生苡米30克，鸡内金12克，陈皮10克，枳壳12克，甘草6克。

加减法：肝区痛者，加川楝子、元胡；肝脾肿大者，加丹参、文术；胃胀满者，加砂仁、卜子；午后身热者，加青蒿、地骨皮；鼻衄血者，加生地、丹皮；心慌气短者，加党参、黄芪。

慢性肝炎

治法：疏肝活血，健脾利湿。

方药：养肝活瘀健脾汤。

处方：西当归30克，京赤芍15克，秋柴胡10克，生白术15克，桃仁10克，文术10克，紫丹参30克，生牡蛎30克，大麦芽15克，郁金10克，甘草6克。

加减：肝区痛者，加楝子、元胡；恶心不凝食者，加砂仁、陈皮；腹水者，加大腹皮、冬瓜皮、车前子、防己，去甘草；出现黄疸者，加茵陈、黄柏。

治疗六十二例乙型脑炎经验随笔

1963年，我县乙型脑炎病大为流行，当时我在县人民医院与西医同志在这一年内治疗此病62例，治愈57例，死亡3例（一例未到病房而死，一例因输液反应而死，一例未及服中药而死），有后遗症者17例，后遗症未治愈者2例。

对乙型脑炎的认识

流行性乙型脑炎是一种烈性传染病，发病急骤，症状剧烈，传变迅速，如不及时治疗，往往高热、昏迷、抽风而致死亡。科学证明，本病经是由一种嗜神经病毒通过蚊体媒介传染到人体而发病。此病多流行于夏秋两季，因夏秋两季气候炎热，又多阴雨，暑湿交蒸，人感受之，则发此病。中医认为"六淫"的"暑"是本病的主要致病因素。在临床症状上又与暑湿、暑厥、暑痫、暑风、暑痓（发热而渴，汗出不恶寒者为暑湿；手足冷者为暑厥；四肢抽搐者为暑风；颈项强直反张者为暑痓）相似，故中医将此病列入暑病范畴。在临床上应以温病学说为辨证纲领和治疗法则。在发病年龄上多发生于小儿。这是因为儿童体质弱，发育不全，不堪受此炎暑，易于感受，故小儿多发此病。

病例五则

1. 患者程大孩，男，一岁半，曹县城关公社谭庄人，于1963年8月21日来院就诊，经门诊化验检查血象：白细胞13 200个，中性70%，淋巴25%。脑脊液清晰透明，细胞150个，潘氏反应（+），诊为乙型脑炎，入中医科治疗。

入院时情况：

问：（其母代述）于三天前发热，呕吐一次，泄泻黄水，嗜睡，手足震颤，但能哺乳，有时哭闹。现在症状：发热39.8℃，嗜睡，神志不太清醒，手足不时震颤，能哺乳，大便每日三次，拉黄稀水，呕吐一次。

望：面色微红，舌红，苔薄白，呈昏睡状，瞳孔细小，营养尚可。

闻：不语，无臭味。

切：脉象浮数，按之腹肠无硬块，皮肤光滑。

辨证施治：为暑邪初入卫分，邪虽轻浅，但有入里之势。宜辛凉解毒、消暑法治之。

处方：二花三钱，连翘三钱，生栀子二钱，薄荷叶二钱，勾丁①三钱，姜虫三钱，白菊花二钱，竹茹三钱，大青叶四钱。水煎分两次服。

治疗经过：服上方两付，发热已退（37℃），精神清晰，呕吐已止，手足震颤已止，大便仍泄稀黄水。以原方去竹茹、栀子、勾丁、姜虫，加葛根三钱、黄芩二钱、黄连二钱、滑石三钱，分两次服。服此药两付后，诸症消失，于25日下午出院。

2. 患者宋家宝，男，六岁，本县倪集公社倪集村人，于1963年8月19日来院就诊，经门诊化验检查，血象：白细胞11 900个，中性66%，淋巴34%，脑脊液清晰透明，潘氏反应（+），糖45% mg，细胞数650个，分类：单核60%，多核40%，克氏征（+），确诊为乙型脑炎，入中医科治疗。

---

① 勾丁：钩藤。

入院情况：

问：（其祖母代述）病孩于昨天突然发冷、发热、头痛、呕吐三次，呕吐物为未消化之食物，因没吃东西而未大便。现在症状：头痛发热（39℃），手足震颤，神志清晰，项不强，小便短少。

望：舌红苔淡黄而干，神志尚可，营养一般。

闻：语言声音正常，呼吸气粗，无臭味。

切脉：象浮数，按之胸腹灼手，平滑无硬块，手足冷。

辨证施治：此为暑邪入于气分，故高热气喘，口干而渴，宜辛凉重剂解暑法治之。

处方：生石膏二钱，知母四钱，二花八钱，连翘四钱，大青叶八钱，竹茹三钱，姜虫三钱，勾丁三钱，白菊花三钱，花粉五钱，水煎两次服。

治疗经过：服上方两付，热稍降（38.5℃），口微渴，下利黄水，日三四次。以前方去姜虫、勾丁，加车前子三钱、葛根三钱、黄连三钱、黄芩三钱、滑石八钱，服法同前，又服两剂，体温下降（37℃），腹泻已止，能进饮食，口不干，舌质红，苔白薄，继服二剂而愈，于9月5日出院。

3. 患者杨某，女，八岁，本县安才楼公社桑园子村人，于1963年8月6日下午来院就诊，经门诊化验检查，血象：红细胞370万，白细胞18000个，中性80%，淋巴20%，脑脊液清晰透明，细胞数210个，分类：多核60%，单核40%，潘氏反应（+），确诊为乙型脑炎，入中医科治疗。

入院情况：

问：（其父代述）初起高热、抽搐、呕吐一次，昏睡，在附近卫生所治疗不愈。现在症状：高热40℃，昏迷不省人事，昏睡，抽搐，颈项强直，背反张，大便不通，小便失禁。

望：面部微赤，二目紧闭，瞳孔缩小，舌红，苔黄白相兼，全身无血斑，营养发育尚可。

闻：不言语，呼吸微快，喉中有痰声，无臭味。

切：脉洪数，手足热不甚，胸肤灼手，腹部柔软平滑无硬块。

辨证施治：此为暑邪传入营分，而干扰厥阴二经，宜清营中暑热兼开窍镇痉法治之。

处方：生石膏二钱，犀角尖二钱，川黄连三钱，蝎子三钱，蜈蚣二钱，姜虫三钱，勾丁四钱，生地一两，丹皮四钱，栀子三钱，二花八钱，甘草二钱，紫雪丹一瓶，水煎分两次服。

治疗经过：服上方四付，热退，神志清晰，抽风已止，稍能进饮食，不会言语，脉微数，继用清热开窍化痰法治之。

处方：石菖蒲四钱、天竺黄、连翘心四钱，橘络三钱，郁金三钱，莲子三钱，蝎子二钱，犀角尖二钱，蜈蚣八钱，甘草二钱，牛黄清心丸一粒（冲服）。水煎分两次服。服上方两付后，饮食增加，能说出简单的语言，于8月11日出院。

4. 患者郭清云，男，八岁，系曹县倪集公社曹庄人，于1963年8月8日来院就诊，经门诊化验检查，血象：红细胞415万，白细胞14900个，中性78%，淋巴18%，脑脊液清澈透明，细胞120个，分类：多核25%，单核75%，潘氏反应（+），确诊为乙型脑炎，入中医科治疗。

入院情况：

问：（其母代述）于五天前发热，时高时低，时汗出，头痛，无呕吐，尚能进食，二便正常，到公社卫生院治疗无效。现在症状：仍然发热40℃，神志不清，昏睡不语，手足瘛疭，两手握固，口吐白沫，不断抽搐，小便失禁。

望：发育一般，营养不佳，身体瘦弱，二目直视，瞳孔缩小，舌红无苔。

闻：不语、呼吸均匀，无臭味。

切：脉象细数，按之胸肤灼手，无硬块，手足尚温。

辨证施治：此为邪传营分，干扰厥阴，肝风内动，故手足瘛疭，抽搐，邪入心包故神昏不语，宜清热镇痉开窍法治之。

处方：犀角尖二钱，生地五钱，丹皮三钱，大青叶八钱，生栀子三钱，黄连二钱，生石膏三两，姜虫三钱，勾丁三钱，全蝎子三钱，蜈蚣八钱，天麻二钱，二花八钱，甘草二钱，紫雪丹一瓶两次冲服。水煎分两次温服。

治疗经过：服上方四付后，热退（37℃），神志稍清晰，抽搐已止，但小便仍失禁，神志痴呆，反应迟钝，四肢瘫痪，不会言语，吞咽困难。此为余邪留恋于经络和心包，改方如下：蝎子三钱，蜈蚣钱半，姜虫三钱，勾丁五钱，铁灵仙三钱，地龙三钱，石菖蒲五钱，橘络三钱、天竺黄三钱，连翘心五钱，明天麻三钱，甘草二钱，吞服牛黄清心丸一粒，水煎分两次服。

配合针刺，取穴：哑门、风市、合谷、曲池、外关、肩髃、足三里、阴陵泉、阳陵泉、血海、梁丘、绝骨、昆仑、阴市等穴，每天取五至六穴，轮流刺之。

服上方三付，神志渐清，能进饮食，右下肢微能活动，仍不会说话，以原方继服，仍配针刺治之。又服四付，神志还渐清晰，饮食增加，右下肢运动自如，左下肢略能活动，但仍不会言语，以原方连服12剂，彻底病除，能行走，会说话，体重增加，于9月11日痊愈出院。

5. 患者李德印，男，五岁，系本县城关公社冯庄村人，1963年8月13日来院就诊，经门诊化验检查，血象：红细胞375万，白细胞20300个，中性64%，淋巴35%。脑脊液：无色、清晰透明，潘氏反应（+），糖50%mg，细胞255个，分类：单核70%，多核30%，克氏征（+），布氏征（-），高登氏（+），确诊为乙型脑炎，入中医科治疗。

入院情况：

问：（其母代述）三天前发热，倦怠，呕吐食物，精神不振，嗜睡，发热逐渐加重，昏睡，抽搐，故来院诊治。现症状：高热，体温41.5℃，昏迷，昏睡，项强，手足震颤，小便失禁。

望：营养尚好，皮肤润泽，舌红，苔白薄。

闻：呼吸均匀，谵语，声音低弱，喉中有痰声。

切：脉象弦数，身灼热，手足温。

辨证施治：此为暑热之邪侵入厥阴二经，肝风内动，故颈项强，抽风，干扰心包则神昏谵语。宜清热镇痉法治之。

处方：犀角尖二钱，二花八钱，川连三钱，蜈蚣一钱，蝎子三钱，生地七钱，丹皮三钱，连翘三钱，生石膏二两，栀子三钱，甘草二钱，水煎分两次温服。

治疗经过：上方服两剂，症状不见好转，神志昏迷，抽搐不止，不能言语。以原方加羚羊角五分、安宫牛黄丸一粒，服法同前，连服8剂，神志清晰、体温正常，能进饮食，症见颈项强直，下肢强直痉挛，口重，眼球震颤，不言语，二便失禁等。此为热退邪恋经络，热灼津液，筋脉失养所致，治宜祛风活血，通络养阴开窍法。

处方：当归三钱，白芍四钱，生地五钱，玉竹四钱，生石膏两，川牛膝三钱，蝎子三钱，蜈蚣钱①，姜虫三钱，天麻三钱，川断三钱，甘草二钱，水煎分两次服，吞服牛黄丸一粒，服至二十余剂痊愈出院。

后遗症

乙型脑炎在热退之后有后遗症，现将后遗症概况及治法简述如下。

---

① 钱："钱"代表一钱，相当于现在的3克。

1. 邪恋经络　暑热久羁，伤耗津液，筋脉失养。症见手足震颤或四肢拘急不伸，或强直性抽搐不止，或偏瘫不用，或口眼㖞斜等。此属正虚邪恋经络，最为难治，宜用祛风活血通络、扶正养阴法为主。祛风类药，如蝎子、蜈蚣、姜虫、乌蛇等；活血药，如当归、白芍、红花等；活络药，如川断、牛膝、寄生、忍冬藤、勾丁、灵仙等；养阴药，如沙参、花粉、寸冬、生地、玉竹等；扶正，宜用人参。

2. 暑邪留恋心包　症见志痴呆，失语。此宜用清心开窍法。药用石菖蒲、莲子心、连翘心、郁金、天竺黄等和牛黄清心丸。

3. 余邪不尽，热扰神明　症见烦躁不能卧寐。宜用清热安神法治之。药用生地、川连、栀子、豆豉、龙骨、牡蛎、朱砂等。

结语

1. 乙型脑炎发病急剧，传变迅速，须及时大剂迭进，方能取效，不然火热灼津，肝风鸱张而津液涸竭，症趋恶化则难挽救。

2. 在治疗中采用中西综合疗法较为妥善。在诊断上，化验检查能帮助早期确诊；在治疗上如输液、擦澡、排尿、灌肠等，能帮助大大提高治愈率。

3. 针刺疗法在治疗乙型脑炎后遗症上，效果较好，能帮助药物治疗之不及，起到退热止痛的作用。

4. 综上所述，为暑病之偏热者，而暑病之偏湿者不在此例。

[《曹县医药卫生志》（1988）]

◎ 李师谟 ◎

李师谟（1915.12—1978.04），定陶县冉堌镇菜园李庄村人。1956年参加工作，先后任李清庄、牛楼、王堂卫生所所长，冉堌分院中医外科医生。

先生擅长内、外、妇诸科，因受祖传而外科尤精，被誉为本县中医外科之名医。

先生涉世于四世为医之家，其祖父于清朝年间操继外科而较有名声。先生自幼受医术熏陶，加之聪慧勤学，私塾六载后，便能精释四书五经和部分医学经典。民国十九年（1930），先生十五岁时，因目睹众民受病疾之苦而弃仕途习医。

先生首先秉烛攻读《内经》《伤寒》《温病》《金匮》四部医学经典，其后在临床实践中又精通了《御纂医宗金鉴》《本草备要》《景岳全书》《外科正宗》《中山王府神方应选》《眼科十八摘》等临症医籍。民国二十五年（1936），其祖父离世，年仅二十岁的师谟先生便继之坐堂应诊，开始了悬壶生涯。由于幼承庭训，得其真传，未几便不逊先祖之声誉而名噪乡里。先生于1956年以其独特的医技和良好的医德被录用为公立医生。

先生的医术，以内、外、妇尤为独步，特别是外科，先生以延续家传秘方绝技为主，另博采众家之长，尊古而不泥古，临床二者融会贯通，形成了自己的独特风格。他在医疗疔、痈、疮、疽等外科痼疾中，所施用的"金疮拔毒膏""活血软坚膏""舒筋活血膏""神力拔毒膏"与"雄黄散""芒硝散""青黛散""海牙散""牡蛎散""生肌散""胎毒散""祛风止痒水"等均属家传秘方。除"金疮拔毒膏""舒筋活血膏""雄黄散""生肌散""海牙散"按原方精心配制外，其余的膏、散剂亦在原方的基础上吸取秘方之精华与其临床经验相融合，其功效显著，上述药物对治疗大、小疮、痈肿毒效果极佳。先生利用上述药物，以其"外症内治""内外结合""以毒攻毒"的诊治原则，临症四十余载，治愈各种疮、痈、肿、毒数万例。因此，患者中传颂着"李先生真乃神，大小疮毒皆避他，只要碰到他手下，预期即愈钱少花"的信言佳句。民国二十七年（1938），成武县汶上镇刘某，男性，约四十五岁，左肩部患"手勾"（医学称蜂窝组织炎）。经多方名医诊治而不愈，慕名投于先生医治。当师谟先生临症时，患者左肩部溃烂已如碗口大，血、脓并流，先生诊视后，先于溃烂处置青黛散，而后将金疮拔毒膏摊置于比疮面稍大的生白布上（即未经浆洗的白棉布），撒匀生肌散后敷于患处；另处仙方活命饮十剂，膏药四张，青黛散二两，生肌散五钱，嘱其患者家人"每三天照此方法换药一次，第四张膏药换时可不用青黛散，半月即愈，无须来诊"。半月后患者家人赶一毛驴车来请先生，说是患者"病还不轻，需先生亲自视诊"，先生听闻后，带着疑惑的心情随即同往。到其家后，见患者正在厨房做菜……从此先生的声誉在成武县大振。

先生诊治外科痼疾，经验丰富，方法简便，为减少病人途中之苦，除骨膜炎、血管瘤、脉管炎、臁疮、脱骨疽等疑难大症，需要患者定期诊视和亲自换药外，其他痈疮、无名肿毒等痼疾，均由病家自行换药，且预期即愈。

先生行医适逢乱世，人们的生活极为贫困，为了医治人们的痼疾之苦，他除了慷慨解囊，施医舍药相助外，还博览群书，广采众家之长，并吸取祖传验方精华与自己的临床经验融为一体，以"不花钱能治痛，少花钱亦能治疮，施医与民"为宗旨，形成了独树一帜的"单方治验"绝技，被人们称之为"单方派"。如：锋尖朝上辣椒治疗"朝天冠"（即头顶正中生疮）效果奇特。1950年，成武县爬头堤一男性张某，四十多岁，患此症后，多方名医束手无策，投于先生诊治，先生诊视后，未做任何处理，令患者"回去后，到辣椒地找一尖端朝上的辣椒，捣烂后涂于患处即可，三天即愈"。患者回去试之，果然奇效。另外，他所施用的豆绿碗碴研细末加青黛散，香油调和，治疗婴儿胎毒效果极佳。矾针水（即绿矾、防风、当归等药，装入瓶内，加水后三天，将七根缝衣针放入，七天后，针完全溶化即可使用。）此水以治疗皮肤风疹、湿疹等各种皮毒效果甚好。冬季墙壁网内蜘蛛，捣烂后涂于患处，治疗手指尖毒疮亦能收到预期效果；木鳖子去油后装入鸡蛋内烧熟食之，治疗淋巴结核疗效尤佳；小米炒炭后配二丑、卜子，用白面调和烙饼食之，治疗食欲不振，胃脘胀痛等内科疾病疗效显著，特别是治疗小儿疳积功能奇特。如：1967年夏，单县城西张庄九岁男童，患疳积四年余，经数方名医及各大医院诊治，均未治愈。后闻师谟先生各科单方疗效很好，家人便带其医之。先生望之，患者骨瘦如柴，面色如土，皱纹满面，酷似八十老翁。触脉按之，弦细无力。而后，先生嘱其家人，回去后，称小米二斤、二丑四两、卜子半斤，炒炭后研细加白面用水调和，烙饼食之，数量不拘，吃完后来诊。一个月后，家人带其二诊，诉说："服药饼七天，食欲逐渐增加，无任何不良反应。"观患者，童颜泛起，先生嘱其"继上方再食一月，即可痊愈"。一个月后，家人及其亲属十多人，带一吹奏班，由患童捧"妙手回春"之匾额，献于先生，以示敬贺。此一单方，妇、孺、青、幼食之而愈者，不计其数。

先生应用单方医治疮、痈、痼疾的另一特点是：除外用膏、丹、散剂外，其内服药物，一般不须用钱购买，而只需到野外采些地丁或蒲公英等煎水代茶即可，杀菌消炎效果良好。

先生不但外科技术独具特色，且医治妇科疑杂症亦较娴熟。1964年，先生于陈集出诊途中，偶遇本县妇科名医苏化科先生，二人一见如故，其后拜为世交。苏老先生先后赠其《傅青主女科》《寿世保元》《竹林寺女科》等妇科医籍，待其妇科理论基础掌握后，继之，以其丰富的临床经验言传身教，未几，师谟先生的妇科技术便名噪乡里。他的"大柴胡汤"配合茜草暖腹，治疗妇人月经不调、闭经、产后受寒，少腹疼痛及不孕症效果极佳，大多患者三剂见效，十剂即愈。曹县、成武等大多妇科疾患，多登门医治。

师谟先生不但医疗技术高超，而且医德高尚。他忠实诚恳，待人和善，平易近人。对待病人不论亲疏贵贱均一视同仁。特别是他在解放前个体行医期间，他"施医舍药，解囊相助"之医德，常为众多患者所涕零。参加工作后，先生技术精益求精。他以病人之忧为己忧，不避昼夜酷暑严寒，哪里有患者，就到哪里去，全心全意为人民服务，在群众中享有很高的威信。并视诊所如己家，很少顾及家庭，曾多次受到各级领导的赞誉。

先生业医中，不仅奔波于城乡医疾，且善于提掖后进，一生带徒五人，现有二人晋升为中医主治医师。另外，长子保领自幼在其身边习医，继承并发扬了他的全部医技，现已晋升为乡村中医外科医师。

先生悬壶四十余载，诊病细致，辨证准确，用药精妙，医德高尚，望重城乡，足迹涉及定陶、曹县、成武、巨野。惜年刚过花甲而谢世，甚为杏林惋惜。

[《定陶县卫生志》（1992）]

◎ 卢宝琛 ◎

卢宝琛（1916—1970），男，字靖献，定陶县一千王乡一千王西村人，精内、妇、儿三科，尤以内科见长。

先生幼时家境贫寒，当时因目睹广大群众患病之苦，求医之难，乃立志习医。他以聪颖的天赋，刻苦的精神，未几，便能对《伤寒杂病论》《难经》《本草纲目》《内经》等医学名著中之重点章节朗朗背诵；继之又苦读了《景岳发挥》《医宗金鉴》《温疫论》《温热经纬》《傅青主女科》等经典著作，医学理论日益长进。加之诊病谨慎，医德高尚，因而求医就诊络绎不绝，门庭若市。解放初期，先生虽刚届而立之年，就在一千王周围百余里已颇有声誉。新中国成立后，他更以加倍的热情服务于广大患者，并于1953年与同道一起加入了定陶县卫生工作者协会。

先生医病，十分注意调解情志，开拓思想。沙山寺村一膨胀病人，情绪悲观抑郁，动辄生嗔，服他药数剂，收效甚微。先生闻之即亲赴其家，先以好言劝慰，动之以情，继而说明"怒气伤肝"之理，复以大剂黄芪、当归、生山药等。治以理气解郁利水兼以益气养血活血之药服之，其效果然显著，患者数十年未见复发。对于老年人，他更着重保养胃气。他常说："脾胃者，后天之本，生化之源。"人到老年，身体本来就虚弱，一旦伤了胃气，再恢复就慢了，即使是实证，亦要采取"衰其大半"而止的原则。并常告诫后辈："为医者，必与患者息息相通，欲医其疾，先鼓其志，若对患者之病五分说九分，以显示自己医术高明者，实为庸俗小辈，当戒之。"

先生继承传统中医理论，深谙脉理，擅长脉诀。常说："诊病要四诊合参，而脉象是内脏之气的反映，尤不可不参。看生死，断预后，它有很大参考价值。"1954年，一千王村李氏患病，其表象仅为头晕倦怠，便内完谷不化，但诸脉沉弱，命火之脉尤甚，他认为命火已衰，根本已绝，便暗嘱家人预后不良，果然不久即故。菏泽王浩屯一老年女性患者，虽神志尚清，但面色萎黄，不思饮食。先生诊其脉，六脉俱弦。故曰:"此病属木克脾土,两关俱弦,胃之双弦,木来克土,土不负矣,不可治也。此病当死于立春之时。"结果在立春前的头天晚上病人就死了。由此可见,先生诊脉之精确。

对妇女早妊者,先生诊此脉可谓百不误一。诊脉时,他总是正襟危坐,神态安详,目不傍视,耳不他闻。他常说:"误诊误命,人命关天,岂可不慎!"由于他临病审慎,一旦辨证,便重兵伐之。1952年,其长子不满十岁时患了急性脑炎,高热,头剧痛而呕吐,颈部强硬,病势垂危,先生便以大剂量中药治之,仅生石膏一味,一日即服用四两之多,还有犀角、大青叶、银花等也均超出常用量几倍。三天之后,病情转危为安。

先生经常告诫子女:"为人者以德于上,为医者更应如是,应时刻想患者所想,急患者所急,要将心比心。"他如是说之,亦如是行之。无论道路泥泞,或风雪交加,凡有夜间求诊,先生无一稍有怠慢者。有时一夜之间一连出诊两三次,亦毫无推辞之意。他常说:"得病不分时间,凡夜来求医者,多系急症,作为医生,须时刻想到病人之苦,家属之急,自己累点无妨,治好一人,会给他们全家带来多少快慰和幸福。"贫困民家有病总是一拖再拖,待求医时,多是病情已重,药费太贵,负担不起,又往往延误疗机,所以,对家境窘迫之患者,他总是斟酌再三,以期省钱医病,兼施以土法验方。遇有特殊情况,先生便慷慨解囊。1954年,苏家村一农妇,抱一不满四岁幼儿,心急火燎地找其就诊,说是孩子发高热出疹子两天了,上午突然不省人事,先生一看是疹毒内陷,就毫不犹豫地拿出了仅有的三钱人参,又配上几味中药,嘱其快煎快服,分次徐徐灌下,翌日一早,又亲往病家探视,见疹毒已解,神志逐渐清醒,几天后即恢复了健康,患儿全家感激万分,先生念其家庭困难,药费分文未收,至于平日施舍,更是举不胜举。

卢宝琛先生终日忙于临床,积劳成疾。1969年冬,患疾病,自知不久于人世。原拟将毕生行医所得,整理成文,然志未竟而先逝,享年五十四岁。

先生丰富的临床经验虽未留世,但膝下三子,继承庭训,矢志继承其业,不负众望,除季子圭境择习西医外,其长子圭坷、次子圭需已晋升为中医主治医师,均为中医后起之秀。

[《定陶县卫生志》(1992)]

◎ 马俊德 ◎

马俊德(1917.12—?),男,定陶县东王店乡马纪庄村人。通内科,精于眼科。

1949年参加工作，先后任定陶县医联会主任，县卫协会主任。1953年调县医院工作，1979年调菏泽地区中医院工作，1981年晋升为主治中医师，1987年晋升为副主任中医师，1988年离休返聘。马医师于定陶工作期间，先后被推选为第四届各界人民代表和第一、四、五、六、八届县人大代表。

马医师出身于中医眼科世家，其祖父马万春、父亲马年丰均是当地名中医，被称为"马氏眼科"，誉满鲁西南各县。受其影响，早就立下学医承祖业之志，于1933年师范毕业后，即开始攻读医书《内经》《伤寒论》《金匮要略》《温病》四部经典，十七岁即随父应诊，及至而立之年则誉满城乡。

马医师从事眼科五十余年，积累了丰实的临床经验，对眼疾的病因病机及辨证施治方面，有独特见解，他认为："无论内外眼疾，必先论病之本源，用药精一力宏。一般外感眼疾：首先根据六淫致病的特点，辨明风热两邪之主次，分清属于因热生风还是因风生热。因风生热者，风去热自清，而治以祛风。因热生风者，热清风自息，而重在清热，避免两者混用相互掣肘而滞误疗效。"并认为："角膜疾患之病变轻重，直接因于正邪相争之剧烈与否，如何缓解其相争程度，从而成了治病愈病的根本所在。"因此，多年来，对于黑睛疾患多采用"开门让邪外出，以使邪祛正复"的治疗法则，即祛邪复正来避免角膜瘢痕的形成等他变。对于久病，重病角膜瘢痕且顽固者，根据"新血不生则旧瘀不去，凝不得则不化"的原理，采用"益气养阴以内托温并稍佐温药以化凝"的治法，多取效满意。

在内眼病，他更重审症求因，强调脏腑辨证和六经辨证，对《内经》所云："五脏六腑皆上注于目而为之精"，理解为：前精指脏腑功能协调而生化之精微，后精乃指睛珠得后天精微溢养而能维持正常的视觉功能。因此，无论何脏有病，均能引起脏腑功能失调，而导致不同的视觉障碍。故在治疗时，可据证候特点，辨清主要病在何脏何腑以确定选方用药，同时酌加益气健脾之品来培补后天之本，促进精气化生恢复目视技能。

脾健与否是疾病的预后的根本。"诸病不愈责之于脾"。如在目血方面，他认为眼内出血除外伤所致以外，盖由脏腑功能失调，气血不畅所致，由于溢脉管之外却无继续外出之路，滞留眼内而影响视力，形成暴盲之类眼病，根据"见血休止血"，辨明症因治其根本，从而既能治当前之病，还能避免止血留瘀致复发之弊。如症属阳明热盛者，则只以消泄阳明之品即可，而勿需考虑凉血之品，因阳明热清则血热自消，则病自愈，且不遗后患。

马医师精通医理，诊病细心，辨证精确，用药精，就医者多疗效显著。如：大众报社驻菏泽记者何某，自1986年眼内反复出血，于1989年3月因劳累过度，视力骤降，自觉眼内血往下流，赴北京诊疗，经眼科专家会诊，为眼底出血，右眼视网膜脱离。处方多为凉血、止血药物，服药五剂，病情加重，增加头晕且痛，面热眼羞，故来院找马医师诊治，切其脉细数，望面红，苔微黄，烦躁面容，问下肢凉如冰，便秘，查过去用药，止血多炭剂，凉血多苦寒之品。他认为：患者系脑力劳动，用脑过度，思虑伤气，阴精耗损，阴阳失调，导致阴虚陷于下，阳越于上，故下肢凉。按其《内经》"阴在内为阳所守，阳在外为阴所使"，认为阴不为阳守，阳越化热，激动血液，冲伤脉络，溢于络外。猛止多瘀，苦寒血凝不瘀则气滞，气为血帅，气滞血瘀，则血流畅，则互为因果，故反复出血。据此，他遵照《伤寒论》"观其脉证，知犯何逆，随证治之"及"有是病，用是药"为上的古训，认为该症阴陷于下，阳越于上为本，以往治疗，是顾此失彼，舍本求末，应以微寒清热之品，寓于止血活血之中，使"凉而不凝""止而不瘀"之误，形成倒果为因。据此病情，自拟方"镇阴潜阳稍佐活瘀"。药用熟地30克，杞果20克，牛膝25克，首乌20克，肉桂3克，牡蛎20克，丹参20克。方解：熟地、杞果溢补肝肾，牛膝引热下行，首乌补肝血，调活周身血液，肉桂引火归原，牡蛎潜阳，丹参活瘀。诸药共奏溢阴潜阳，引火归原，血得止，循于经中而行之效。嘱其服五剂。

二诊：头晕痛及下肢凉稍减，查眼底稍有吸收，视力未增，原方继服五剂。

三诊：诸恙悉减，视力左0.2，右眼辨手指，前方加三七粉3克。

继后在此方基础上，加微寒清热之品和养血之物，如白茅根、阿胶等，服三个月后，藕汁蜜膏善其后而痊愈。

又如治疗睛珠突眶症：患者，付某某，二十五岁，定陶县范胡同村人，患左眼睛珠胀疼，经专院就诊，未查出病因，未给治疗，投于马先生诊治，查眼珠，硬如石，暴眼高突，舌苔黄，脉洪大，诊为眼突眶症。据证分析，突者胀也，胀者热也，眼突非一般经络之热也，诸经皆热则极，热极上目则突，上、中、下皆清为治，自拟"睛突饮"，处方：胡黄连20克，川黄连8克，黄芩15克，大黄10克，牡蛎20克，枳壳10克，桔梗10克，川牛膝20克，夏枯草15克。方解：川连泻心、黄芩清肺、胡黄连泻相火，夏枯草平肝热，大黄清肠胃，牡蛎益阴软坚。桔梗主上，枳壳主中，牛膝主下，上、中、下无所不至，热解胀消。令其日服两剂，后日服一剂，八剂而愈。几年来，用此方法治愈十余例，均获满意效果。

再如患者付某某，女，二十三岁，菏泽市赵楼乡赵楼村人，于1990年7月左眼突然失明，不痛不痒，稍有头晕，三天后来院找马医师诊治。切脉沉细无力，面色萎黄，舌质淡，舌边有暗点，闻其声，语音低微，时叹息；问其月经，产后三个月未潮，共三胎，此胎产时，失血过多，肢体酸软，动则心悸，溲黄便秘，脉证合参，证属多产血虚，血虚形成瘀，便秘用力，气冲脉络血溢外所致"暴盲症"。投以"熟四物桃红汤"，服十五剂痊愈，视力恢复后服六味地黄丸滋肝肾，善其后。

马医师在家传和临床经验基础上，研制出中成药"治障丸"，治疗成熟期以前的老年性白内障，经临床观察，总有效率90%以上。

他不仅医术精湛，且乐于精心育人，在任县卫协主任期间，先后负责举办六期中医药进修班，在实际教学中，倡导前人学说，以"去糟粕，取精华，辨证授受"的指导思想，结合临床实践体会，诚恳施教，博得学员的好评，使进修学员技术素质得以提高，为本县中医事业作出了很大贡献。

他善于总结经验，在百忙中撰写了多篇学术论文，曾在医学杂志及各级学术会议上交流。

1.《清补兼施及活血通降法对血溢上冲眼症治验》及《小儿疳积上目治疗体会》，于1981年在山东省中医眼科学术会议上交流。

2.《角膜溃疡证辨证施治》，于1982年参加山东省眼科学术会议交流。

3.《外感眼病辨证论治》，发表于1982年第二期《中西医结合眼科杂志》。

4.《益气活血法对慢性眼病的治疗体会》，于1985年在菏泽地区中医学术会议上交流。

5.《云雾移睛辨证施治》，于1984年在菏泽地区中医眼科学术会议上交流。

6. 中成药治障丸"Ⅰ号"治疗老年性白内障，被定为科研项目，待总结鉴定。

[《定陶县卫生志》（1992）]

◎ 王作贤 ◎

王作贤（1918—1971），字文章，山东省菏泽市王浩屯镇王秀生村人。曾整理过《正骨病案手法》，擅长正骨，活动在菏泽、东明、定陶、曹县、兰考各县，被人称谓"妙医神手"。建国后参加县人民医院工作，任正骨医师，深受群众信赖敬仰，是菏泽县正骨名医。

[《菏泽地区卫生志》（1989）]

◎ 仵培堂 ◎

仵培堂（1918—1982），号西渠，曹县望鲁集乡仵楼村人。名医朱令芝先生之外甥，李广济先生的爱徒，为解放前曹县中医界后起之秀。

他聪敏好学，幼读私塾，学业优异，受其舅父朱令芝影响而好岐黄之学，拜李广济为师后，精读医学经典名著，二十岁即声振一方，悬壶于商丘、刘口一带。由于心正意诚，诊治求精，疗效显著，因而声誉颇著，求医者门庭若市，不久即名噪于豫鲁之间，受到医林高手好评。

先生由于受业医林高手，医德医术均属上乘。他治学勤奋严谨，师古而又灵活运用，真正做到了"胆大心小，智圆行方"。他熟谙各种经方，但用于临症，多是辨证灵活，因情而施，巧妙加减，多获捷效。患者曹氏，呕吐头痛一年有余，在外地经中西医多次诊治，均断为脑瘤，但长期用药不见有效。经先生诊治，只用吴茱萸汤加附子十五克，服药八剂而愈。又如王某患过敏性肠炎十年有余，多方医治，服药无效。先生以麻黄附子细辛汤加焦楂三十克，故纸十五克治之，服药十剂而愈。

先生以为，久病顽疾，多方治疗其效不显著者，多属血瘀为患，宜用活血化瘀之法以治之。如张某患腹痛腹泻二十多年，经多地多方治疗均无效验。请先生医治，遍查其病历，脉症合参，确诊为血瘀为患，以膈下逐瘀汤加减治之，服药十八剂不见好转，有人劝其换方，先生却说："病已确诊，方不可更，瘀血不去，肠道不清，泻不会止。"以原方服至二十一剂泻止病愈，后无再犯。

先生常说："用药如用兵，药不在多而在精。"他处方用药多在十味以下，二味药的处方亦多用之。患者程某，食后常吐酸水伴食物残渣，外人治疗二年有余不见效果，先生投以大黄、甘草二味药治之，六剂病除。

他在广济先生亲授下，擅长舌诊。他说："脾胃之疾，尤重舌诊。"并说："苔之生成，全在胃气，苔之有无可知胃气之虚实，特别在诊治脾胃病时，细察舌苔变化，可以指导临床用药。仅以寒湿困脾和脾胃虚寒为例，两者皆呈舌苔白腻或白滑苔，但白滑苔如浮舌面削之可去者，为腹胃虚寒，此症可以香砂六君子汤治之，如是白滑苔而不易削去者，乃为寒湿困脾，可用平胃散之类治之。此论验之临床无不奏效。"由此可知，培堂先生医理渊博，经验独到，如不是师承高明，善于创新，是不会有此高招的。

[《曹县医药卫生志》（1988）]

◎ 刘述伟 ◎

刘述伟（1918—1967），字冠宇，山东省菏泽市城内清平街人。擅长中医内、妇科。行医于菏泽一带。工作踏实，注重医德医风，深受群众信赖，闻名于菏泽市周围数县，是菏泽名中医。1954 年参加公私合营，1956 年调菏泽县人民医院门诊部任医师，同年被选为县政协委员。

[《菏泽地区卫生志》（1989）]

◎ 张修斋 ◎

张修斋，字性真，男，六十八岁，原籍山东省曹县青岗集乡连庄村。60 年代以来，历任菏泽地区人民医院中医科副主任、院务委员会委员、主治医师、菏泽医专讲师、山东省中医学会理事、省中医妇科学会副主任委员、菏泽地区中医学会副理事长。1978 年以来，被选为菏泽市历届人大代表。

修斋先生出身书香门第，自幼聪敏好学，在私塾学习十余年，遍读经史子集，学业成绩优异，如取功名，易如拾芥，然而先生鄙视仕途，"不为良相甘作名医"。他十八岁拜晚清秀才曹县名医鲁伦方①为师，承师六年，熟读医学经典名著，并经常随师出诊，由于聪慧好学，才华崭露，深受其师器重，因而未几则尽得其术。他二十四岁悬壶民间独立行医，因疗效显著且平易近人，不久即闻名乡里，深受病家仰慕。1943 年春，时疫大作，民殇惨重，修斋先生亲赴曹东南疫区解民疾苦，活人无算，因而名声大噪，深受当地群众感佩，于是便移家此地，行医于曹东南一带。他不久即参加革命工作，在五十年代工作更加勤奋，曾为原复程县和曹县中医事业的振兴作出过多方面的贡献，因成绩卓著，于 1959 年调菏泽地区人民医院工作。

修斋先生从医五十年，擅长妇科、内科，积累了丰富的临床经验，他善于运用仲景《伤寒杂病论》中的经方和我国医学辨证论治的法则，在治疗妇科、内科领域中的各种疾病方面均取得了显著的疗效。现引述他用桂枝汤、柴胡汤和柴胡桂枝汤的加减方剂治疗产后破伤风、风痱、湿痹、蛔厥等病例的情况以见其医术的精湛。

---

① 鲁伦方：《菏泽市立医院志》（2016）作"鲁论元"。

桂枝汤验证

桂枝汤合俞风脉汤治产后破伤风

患者李××，女，32岁，菏泽县何楼村人。主诉：产后七日，突发口噤，抽搐频作，角弓反张，汗出，脉象缓，经菏泽地区医院外科检查确诊为产后破伤风。请张老诊治，急投桂枝汤合俞风汤加味：桂枝10克，白芍10克，炙甘草3克，生姜3片，大枣3个，虫退15个，炒荆芥30克，葛根15克，炒防风15克，全蝎6克，僵蚕10克，钩藤15克，水煎成200毫升，纳入黄酒20毫升，分温肛注，日夜各一剂，连用四剂。二诊：守原方继用四剂，抽搐痉厥基本缓解。三诊：上方仍合病机，再用四剂，停注，与鼻饲日服一剂，症状全解而愈。

桂枝汤去甘草加黄芪等味治风痹病例

患者吕××，男，42岁，济宁车站搬运工人。主诉：右侧手足麻木已三四年，下肢腨部与上肢肌肉萎缩，肢体活动不自如，脉象虚缓，诊为风痹。方拟：桂枝10克，白芍10克，大枣3枚，生姜5片，桑枝15克，地龙15克，牛胫骨10克，黄芪30克，水煎200毫升，分温二次服，连服十剂。二诊：上下肢麻木较前明显好转。但是下肢腨部与上肢肌肉仍萎缩，嘱患者按上方续服并煮（架煮）羊骨髓作食料滋补以助药物疗效，连服四十剂康复。

桂枝加术汤治湿痹例：本症多为痼疾之类，乃风寒湿邪相搏所致。风湿偏重者，病发时关节肿痛，屈引痛剧，阴雨寒冷气候病情增重，脉见沉涩，多为寒湿类型，应用桂枝加术汤加味治之。桂枝10克，白术15克，炙甘草9克，生姜5片，大枣5枚，苍术30克，木瓜10克，防己10克，牛胫骨10克。

另有风湿化热型，症见关节肿痛，身重不扬，舌红，苔湿黄脉沉数而涩。治此病，方以桂枝汤加二妙散，若苦寒肾燥湿者，佐加通络之品，方为：桂枝10克，赤白芍15克，甘草10克，生姜3片，大枣3枚，苍术皮12克，黄柏10克，地龙12克，忍冬藤12克，松节10克，牛胫骨10克，以上方治疗两种痹症，屡经验证大都有效。

柴胡汤验证

柴胡汤一方，有和解腠理，疏通三焦的功用，为少阳枢机的主方。此方用于治浊气上逆，眩晕呕吐等症，皆能取效。加之修斋先生"师古而不泥古"，因症因情灵活加减，因而多收奇效。

柴胡汤加钩藤治疗眩晕例

高××，女，50岁，菏泽火柴厂工人。自述：每次眩晕皆有呕吐，物体旋转，耳鸣胸气上逆，舌苔白腻，脉细弱而弦。分析：胆之经脉贯耳，浊气上逆，犯扰清窍所致。经谓："诸风掉眩，皆属于肝"，故宜和解少阳，佐加镇肝之品，处方：柴胡12克，半夏10克，黄芩9克，生姜4片，党参10克，大枣4枚，甘草3克，钩藤30克，水煎200毫升，分温频服，连服此方十剂而愈。

柴胡汤加利胆驱蛔药治蛔厥例

郭××，女，25岁，菏泽外贸干部。主诉：半年前曾有蛔厥病史，猝发上腹绞痛，呕吐黄水兼蛔虫，时发时止，脉细而紧，病时，脉微肢厥，诊为蛔厥。处方：柴胡12克，半夏10克，党参10克，黄芩10克，甘草3克，茵陈15克，生姜3片，花椒10克，槟榔12克，胡黄连12克，乌梅10克，水煎200毫升，以此方连服五剂而愈。

张老认为：柴胡汤乃半表半里和解少阳之主方，而蛔虫得苦则安，得酸则静，得辛则匿。茵陈清利胆府，槟榔直杀蛔虫，故柴胡汤加利胆驱蛔药治蛔厥病效若桴鼓。

柴胡汤加吴茱萸治疗呕吐厥逆头痛例

赵××，女，39岁，菏泽市人。主诉：每发作时，头痛，呕逆，肢冷，舌苔嫩白，脉象细紧，无定时发作。经菏泽地区人民医院五官科检查怀疑脑肿瘤。分析：此乃肝虚不合少阳，胃失升降则呕，阳气不伸，浊犯清阳，则头痛发作。与柴胡汤加吴茱萸10克，借其苦温而降肝浊，浊降阳升。以此方服六剂，头痛止，以原方续服三剂病除。

柴桂汤验证

柴胡桂枝汤主治太阳少阳合病，可除身疼支结。因胆为相火，内含厥阴，胃升清降浊，桂枝汤调阴和阳，柴胡汤舒通三焦，二方合剂，治疗胃痛支满，心悸眩晕等症，再加杏仁、厚朴，又有止咳平喘之效。

柴胡桂枝汤治支满胃痛例

崔××，女，38岁，菏泽考南街居民。主诉：胃脘满痛，胸胁膨胀，舌湿滑，脉弦涩。此属三焦不和，胃失和降，阻滞中脘而致支结为痛。处方：柴胡15克，党参10克，半夏10克，黄芩10克，生姜4片，大枣4枚，炙甘草3克，桂枝10克，白芍 10 克。水煎 200 毫升，分温两次服，连用六剂，胃痛大减。二诊时，嘱其依原方再服四剂，病愈。

柴胡加龙骨牡蛎汤治心悸失眠例

赵××，女，45 岁，兰考县人。主诉：上腹痞满气逆，心悸恍惚不安，下肢肌肉蠕动，失眠汗出，脉浮弱。当地医生予以补养心脾安神之剂，病情增剧。证析：支满症是三焦怫郁，汗出脉弱乃阳气外越之象，心液竭而为悸。故应和解少阳，调和营卫。处方：柴胡 15 克，半夏 10 克，党参 10 克，生龙骨 12 克，生牡蛎 12 克，生姜 3 片，桂枝 10 克，白芍 15 克，大枣 4 枚，炙甘草 6 克，水煎服 200 毫升，连服十剂。二诊，各种症状均有好转，但仍有心悸恍惚不安，以原方加夜交藤 12 克，炒枣仁 12 克，再服十剂病愈。

修斋先生从医以来不仅医术精湛，活人无算，且以大量心血教书育人，提掖后进。他于 1960 年到山东省中医师资进修班，系统学习医学经典名著，成绩优秀，毕业后回菏泽地区人民医院，即边在中医科应诊，边在菏泽医专从事医学教育工作。他于 1962 至 1963 年担任讲授"内经""妇科""温病"三门课的教学任务，后来于 1966 年至 1967 年和 1968 年又担任讲授地区卫生局及地区人民医院主办的西学中班的临床课，还担任过 1973 年医专 73 级、74 级的临床课。1983 年担任过地区中医院经典学习高级班的"内经"课。由于他能旁征博引、深入浅出，理论联系实际地加以讲解，因而所教课程均甚受学员的欢迎，取得了良好教学成绩，为培养菏泽地区中医界的后起之秀作出了有益的贡献。

修斋先生还在诊余饭后，写出了大量的学习札记、心得体会，写出了很多篇高质量的学术论文，在地区以上的专业刊物上或在学术会上交流。这些论文计有：①《黄土汤加赭石治疗顽固崩症》；②《〈金匮要略〉有关妇科三篇的经验体会》；③《白通汤主治烂舌的经验》；④《不孕症的机理探讨》；⑤《桂枝柴胡汤的综合运用》；⑥《桂枝茯苓汤加味治疗宫外孕的经验》；⑦《温经汤治疗女性宫寒不孕症的体会》；⑧《妇科回忆录》（两万字）；⑨《流行病的临床录》（一万字）；⑩《试制甘遂无毒法》（小品）；⑪《恶阻证治》。

其他还撰有大量的"读书笔记""医疗札记""医案积存"等待整理发表。

张老先生已年近古稀，但他老当益壮，还在夜以继日地为振兴祖国的医学事业呕心沥血。

[《曹县医药卫生志》（1988）]

张修斋，男，1918年7月出生，曹县青岗集连庄人，主任医师，医院中医科原主任。2006年7月17日去世。

张修斋出身书香门第，自幼熟读四书五经。青年时期目睹旧中国缺医少药，百姓深受各种疾患折磨的痛苦，他弃文从医，拜地方名医鲁论元（庠生）门下。经过四年学习，于1940年只身到曹县望鲁集镇共产党创办的"医药合作社"从医，从此走上行医之路。建国初期，被复程县政府卫生科任命中医师，并接受委派组织筹建王堤圈卫生所（院）。同时，自编教材培养中医人才四十多人，1977年以后，这些人成为全区中医骨干力量。1958年被选调到菏泽地区人民医院。1960年受组织委派到省中医师资班接受正规学习培训两年。1962年任医院中医科主任，是地区医院、菏泽地区最早的主治中医师。此后二十多年里一直担任菏泽卫校、菏泽医专的教学工作，培养了大批中医人才。

他医疗技术精湛，汇通中医经典，学兼各家，既不泥古，亦不废今。崇拜脾胃学说，临床诊病细致入微，天时地理、人事体质，诸种因素全面斟慎，并特别重视食疗的作用。他对眩晕病以及小儿、妇科杂病均有自己独到见解和经验，多次治愈拖延长久、难以治愈的重病。先后在国家级、省级专业刊物上发表论文二十余篇。编选了《妇科回忆录》《流行病临床录》。他集六十年行医之精诚，著书《张氏中医临床精要》《张氏妇科一百八十一方》《张氏医案讲要》，为祖国医学事业的发展作出了贡献。

先生于1988年获参加卫生工作四十年贡献"荣誉证书"。多年担任山东省中医学会理事、妇科专业委员会主任、菏泽地区中医学会副理事长，多次当选菏泽地区人民代表大会代表和省地两级政协委员。

[《菏泽市立医院志》（2016）]

◎ 王登来 ◎

王登来（1919—1999），字少民，男，汉族，郓城县丁里长镇丁北村人。1988年晋升为中医副主任医师。幼读私塾，十四岁随父攻于岐黄之术，后拜于郓城名中医王显敬门下，1954年从医于黄安区卫生所，1958年到山东省中医学院中医师资班进修，1959年分配到郓城县人民医院中医科。先后任郓城县中医学会理事、理事长等职。

悬壶济世六十余载，其声誉遍传郓城、巨野、梁山、嘉祥、菏泽等区域结合部。学术渊博，细研内难、仲景之经书，深谙岐黄扁鹊之术，辨证精细，审疾问病，理法详明，处方遣药，法度严谨，临床诊治，疗效显著，每起沉疴之疾于危重之际，愈疑难之症在顷刻之间。擅长于中医内科、中医妇科、中医喉科，尤其在妇科病、肝胆、消化、心脑血管、血液等疾病的诊治上，有较深的造诣。在国家级医刊上先后发表《肝胃病浅说》《我在辨证施治中的几点体会》等十余篇论文。

治学严谨，授徒数十名，毫无保留地倾心传授自己的学术思想和临床经验，经常教诲学生："要学师其法，不要泥于一方，学我者死，似我者生。"告诫学生学习要有灵活性，不能生搬硬套，用药如用兵，丝丝入扣，组方不在全而在当，用药不在多而在精，药量不在大而在恰。

终生医德高尚，忠厚淳朴，平易近人，待患不分贵贱亲疏，潜心钻研医术，孜孜不倦，把毕生的精力都献给了中医事业和他一心牵挂的患者，堪称杏林之楷模。

[《郓城县卫生志》(2006)]

◎ 张同惠 ◎

张同惠（1923— ），男，定陶县城内二街人，定陶县人民医院中医副主任医师。1988年3月加入中国共产党，擅长内科。

自幼跟其外祖父何桂芳习医，后到曹县"怀济堂"自投名医朱令之学医六年。1942年在成武县宗集，独自行医开药铺。1944年回定陶东王店行医开药铺，堂号"同庆堂"。后参加定陶县一区公私合营医药合作社，其后在东王店卫生院工作。1971年调县人民医院，1980年晋升为主治中医师，1989年晋升为副主任中医师。1989年12月离休，离休前任县人民医院中医科副主任。

张同惠医师，早在个人行医时，不仅医治于民，并暗中为我八路军医治伤病员。参加工作后，在1952年爱国卫生运动中被评为地县两级卫生模范。

他体贴病人，服务态度好，医术精湛，在干群中有较高声望。他博览群书，通研经典，对《内经》《伤寒论》《金匮要略》《温病》《本草纲目》《血症论》《陈修园五十四种》、唐容川《中西汇通》《万病回春》等十余种医学名著之重点章节，可熟记成诵。他既读经典，遵古训，更注意在临床实践中，不断总结临床经验，并撰写出《大青龙汤治疗流感》《白虎汤加减治疗乙脑15例》《对菌痢辨证施治》《发热之我见》《舒肝利胆汤治疗急性胆囊炎和慢性胆囊炎急性发作》《中风病临症一得》等学术论文。有的在报纸和刊物上发表，有的在菏泽地区学术会议上交流，有的被选入有关会议论文选编。他通晓中医理论，能熟练地运用中医理法方药进行辨证施治，解决本专业的疑难危重病症。他用"补中益气汤"加减治疗胃下垂50例，治愈率在88%以上；用"丹栀逍遥散加瓜蒌"治疗乳痈20例，治愈率达95%以上，用"舒肝利胆汤"治疗胆囊炎80例，治愈率达90%以上。

病例一：

王某某，女，49岁，县城内二街人。于1976年9月3日，患急性胆囊炎住院，用青链霉素及其他药物治疗，效果不佳。患者惧怕手术，要求中医会诊。9月6日会诊，主要症状：发热，肝胆剧痛，如针刺向右肩胛处放射，烦躁不安，呕吐黄水，巩膜黄染，舌质红苔薄黄，脉弦数。

化验：血红蛋白8克，白细胞23 000，中性80%、淋巴20%，超声波检查：肝剑下4厘米，肋下2厘米，胆囊：肋下前后往可探及1.5厘米液平段，进出波间可探及毛波反射痛。

印象：急性胆囊炎，湿热蕴积肝胆，治以疏肝清热、利胆退黄、镇痛。

方药：舒肝利胆汤加减。

胆草7克，川楝子10克，白芍20克，元胡7克，栀子6克，金钱草15克，板蓝根20克，茵陈20克，大黄6克，水煎服三剂。

9月9日二诊：精神转佳，肝区痛轻，呕吐止，仍有恶心，舌苔由黄转白，能进饮食，此症轻，守上方继服三剂。

9月12三诊：肝胆区痛基本消失，精神恢复正常，能下床活动，因忙于家务，要求出院，带药三剂回家，后又复服此方五剂痊愈。随访无复发。

病例二：

宋××，男，21岁，南王店沈庄人，1976年11月慢性胆囊炎发作，在外科住院，用西药疗效不显著，患者惧怕手术，要求中医会诊。

症状：体温39℃，肝胆区刺痛，向肩胛部和向后放射，痛苦表情，恶心有时吐黄水，胃有灼热感，口渴不多饮，目赤，尿色黄，舌红少苔，脉弦数。

化验：血红蛋白11克，白细胞18 200，中性80%，超声波：胆囊肋间前后径3厘米，肋下可探及5厘米液平段，压痛波型毛糙。

印象：慢性胆囊炎急性发作病，肝胆蕴热。因劳累过度及饮食不佳而诱发。

方药：清热利胆汤加半夏10克，三剂，水煎，分次服。

13日复诊：肝胆区疼痛减轻，呕吐止，精神转佳，能进饮食，但脘腹膨胀，舌红、苔白、脉弦服药后有明显好转，胃有积滞，守上方加鸡内金7克，枳壳10克，服三剂，水煎服。

16日复诊：肝胆区疼痛消失，饮食倍增，舌红苔白，脉由弦转缓，带药五剂出院。次年春季因劳累过重，又感胁痛来门诊求治，依上方服三剂而愈，三次随访，无复发。

张医师自1957年山东省中医进修班结业后，曾不断从事教学和带教工作。对实习学员积极组织，精心辅导，耐心传授医术，博得学员好评。1963—1965年，定陶县举办两期中医进修班、一期中药班，共计学员一百六十余人。后又举办西学中班，他被抽调任教师。教学期间，他工作认真，精心授课，言传身教，不厌其烦，所教学员，绝大多数成绩优良，目前大部分已晋升为中医主治医师、中医师、主管中药师，成为各医疗单位的骨干。

张同惠医师，从医五十余年，医德高尚，医术精湛，救死扶伤，活人无算，医绩显著，深受人民群众称赞、党和政府的器重。1980年以来，被选为第一、二、三届县政协副主席、菏泽地区中医学会理事、定陶县中医学会副理事长。他虽年逾花甲，离休退职，但每日仍有不少患者找其就医，他总是有求必应，满足患者要求，继续为群众服务。

[《定陶县卫生志》（1992）]

◎ 孙跃坤 ◎

孙跃坤（1924.02—   ），男，定陶县姑庵乡宋庄村人，中共党员。菏泽地区中医院妇科主任，中医妇科副主任医师。现已退休，返聘在该院专家门诊工作。曾任中华全国中医学会山东省妇科分会委员、菏泽地区中医学会常务理事。

孙跃坤医师，出身中医世家，1940年跟叔父学医，四年后开始随之应诊。1952年参加大午集医药联合诊所，1956年12月在黄店区卫生所工作，1960年调定陶县人民医院中医科，1964—1965年任定陶县中医进修班教师。1971年调菏泽地区医学专科学校任中医主管教师，1979年调菏泽地区中医院任妇科主任。

孙跃坤医师，自幼学习刻苦，习医认真，医疗技术水平日益提高。所医患者，疗效显著，得到病家的信赖。参加工作后，1959年保送去山东省中医进修班学习，1963年又到山东中医师资进修班深造。经过反复全面系统学习经典著作，其基础理论熟练，临床各科的诊治技术全面，在临床实践中，较为全面地掌握了中医妇科理、法、方、药的运用，其医疗技术亦较娴熟。

孙跃坤医师在多年的妇科医疗实践中，治疗男女不孕症，声誉较高，其主要方法是：男以补肾健脾生精，女以调肝益肾调经种子，疗效较佳。治"崩漏症"有其独到之处，他认为，按病因及症状的缓急用药，以收缩血管腔，使血液浓稠，血管愈合为标，加以辨证施治，其理法方药符合现代医学科学原理。

孙跃坤医师，不仅勤奋好学，而且注意总结经验，积极撰写学术论文，曾在省、地学术会议交流。

1.《谈谈脾胃学说在临床应用》，1979年在菏泽地区中医学术会会议交流。后选入菏泽地区中医学术经验交流论文选编。

2.《崩的辨证治疗体会》，1982年在中华全国中医学会山东妇科分会学术会上做论文交流。

3.《概述古代医家对崩漏病因、病机的认识》，1987年在中华全国中医学会山东妇科分会学术会上做书面交流。

[《定陶县卫生志》（1992）]

◎ 武明钦 ◎

武明钦[①]，字次文，男，六十一岁，原籍山东省曹县青岗集乡武庄村。现任河南省开封市第二中医院名誉院长、内科主任医师，南阳仲景国医大学名誉教授，《河南中医》杂志编委，河南省药物研究委员会顾问，光明中医函授大学顾问，河南省中医学会常务理事，开封市中医学会名誉会长兼常务理事。

明钦先生出身于中医世家，其祖父武魁一老先生、伯父武世仁、父亲武世义均系鲁西南和豫东名医。武氏世代深研医理，精于医道，勤于临床，济世活人，载誉城乡。他们深得《伤寒论》要旨，临症效如桴鼓，成为当地著名的"经方派"。

明钦先生自幼受家庭熏陶，矢志习医，十四岁即开始攻读医经，他既遵古训又承家传，加之聪慧好学，故年仅十八岁就名噪乡里，二十一岁便自立诊所业医于商丘了。后参加河南省中医考试，名列前茅，发给中医师证书。1950年正式在商丘县刘口区卫生所参加工作。参加工作后，工作认真负责，诊病不论亲疏贵贱，均能待若亲人，且常解囊舍药，再加诊病胆大心细，用药精巧，疗效显著，因而深得病家信赖，常是求医者络绎不绝，门庭若市。因医疗成绩卓著，1955年被保送到河南省第一届中医进修班学习三年，因成绩特优，又于1957年由省指名保送到南京中医学院教学研究系学习二年，又因学业成绩突出，1958年由中央卫生部下文［卫生部

---

① 据查《中国当代名医辞典》（1991），武明钦生于1926年。

（58）卫于字 56 号文件〕借调至北京中医学院搞教学及编写教材工作。1959 年调往开封医学专科学校，1962 年晋升为中医讲师，1964 年晋升为中医内科主治医师，1980 年晋升为中医内科副主任医师，1982 年调至开封市第二中医院主持内科工作，1987 年晋升为内科主任医师。由于明钦先生在学术上卓有成就，因而先后担任了河南省及全国中医界各种荣誉职务，为振兴祖国的医学事业作出了出色贡献。

几十年来，明钦先生一直从事中医临床和教学工作。他精研医道，多有建树，教书育人，硕果累累。

他致力于教学，深研大纲、教材，密切结合学生的实际水平博览群书，取其精微，控其要领，深入浅出，理论联系实际地予以明析讲授，因而所授各科深受学生好评。在带徒方面，他摒弃"自己看病，徒弟抄方"的传统老法，采取边看边讲，从理论到临床，从辨证到诊断、立法、用药等一系列治疗过程无不言传身教，谆谆教导。在学徒有了一定的医术水平后，则往往让其独立诊断用药，而他则从旁点拨，从而取得事半功倍的教学效果。如今，明钦先生教出的学生、带出的徒弟已遍布各地，成为中医界的技术骨干。

明钦先生，待人真诚，态度和善，平易近人，加之医术精湛，患者求医，经手辄效，因而调到开封不久，即名声大振，慕名求医者日计百余人。上自军政要人，下至平民百姓，均能一视同仁，详察细诊。至于医务繁忙，费心劳神，他全然不作计较，几十年来总以"活人为快"。明钦先生诊病有一特点，总以和善的态度、察言观色的特殊技能，三言两语道破患者的心理，消除其思想顾虑，以求医患两者相互配合，然后再详诊细察，四诊合参，灵活精巧用药，因而往往取得奇效。

明钦先生的学术思想渊源于《内经》《伤寒论》，加之家传师承，博览群书，中西汇通，广采众长，并在长期的临床实践中多方验证，反复体会，不断总结得失，因而使他深明医理，形成了自己的独到见解、独特医风、不同流俗的学术思想。他临床各科皆通，尤其擅长内科、妇科、儿科。他对"肝硬化腹水""冠心病""血小板减少性紫癜""类风湿性关节炎""癫痫""脾胃病""女子不孕""小儿疳积"等病有特殊的治疗经验。如山东省定陶县孔××患肝硬化腹水半年余，证见：全身浮肿，腹胀如瓮，青筋暴露，不得蹲卧，痛苦不堪，在本省多医无效，慕名赴开封求医于武氏。诊为脾肾阳虚，湿邪阻滞，脾胃气机不得疏降，致三焦气机逆乱，气水互结而成膨胀（即肝硬化腹水），治以：温阳化气利水，健脾祛湿，方以自拟之"十三太宝方"，往诊三次，服药46剂告愈。再如原开封地区科委李×，阵发性心前区刺痛加剧，伴汗出，胸闷，心电图提示：前间壁及小尖部梗死，高外侧壁心肌呈缺血性改变，诊为"冠心病，心肌梗死"。据脉症合参，辨为湿阻胸阳，心脉瘀阻。治以温阳化湿，活血化瘀，佐以补益心气，方以自拟"冠二号"化裁，服药 80 剂，心电图复查，心尖部梗死消失，临床痊愈。

明钦先生治病善用"扶正祛邪之法"，他认为以此法治愈的疾病，多不易复发。对多种慢性疾病的治疗，他重视气化，善用桂附之类的药物以温阳化气，达到恢复脏腑机能，复正除邪的目的。他还极为重视脾胃，强调人以胃气为本，察病者必先察脾胃强弱，谨守"有胃气则生，无胃气则死"的古训，在药量上亦注意护卫脾胃，主张脾胃虚者量宜轻，反之，欲速则不达，反伤脾胃，虚而愈虚。明钦先生在长期临床实践中还总结出：脑力劳动者，病则以阴虚为主，多瘀多热；体力劳动者，病则多以阳虚为主，多湿多寒。另外，他认为七情内伤杂病多为脏腑气血紊乱，气机升降失常所致。这些经验为诊治疾病找出了可循的规律。

明钦先生从医几十年来，反复深研穷究了《内经》《伤寒论》《神农本草》《温病条辨》等医学经典，深领其要，且有自己的殊见卓识。他著作的《黄帝内经素问选注》（64 万字）1982 年出版，发行 11700 册，《伤寒内病、瘟疫正治汇通诀要》（13 万字）1984 年 3 月出版，发行 8000 册，这两本书由河南科学技术出版社出版后，成为畅销书，深受同道欢迎。他还写出了三十四篇文质并茂的学术论文，其中的《我对〈内经〉中的阳气者若天与日的体会》《对"阳非有余论"的浅释》《中医中药治疗 31 例血小板减少性紫癜的观察》《37 例冠心病中医辨证论治的疗效观察》《漫谈肝炎的论治与体会》《谈谈临床常见湿热症》等十余篇论文分别在省级以上的刊物和学术会议上发表或宣读，受到高度评价。他还写出了 50 万字的读书心得、经验体会、典型案例，待整理出版。

明钦先生现已年逾花甲，但他生逢盛世，老当益壮，必欲为振兴祖国的医学事业尽心尽力，鞠躬尽瘁而后快。

[《曹县医药卫生志》（1988）]

◎ 赵从让 ◎

赵从让（1928.04—　），男，定陶县王双楼乡赵楼村人。精内科，王双楼乡卫生院副主任中医师。

1953 年参加联合诊所，历任王双楼卫生所、冉固医院、王双楼卫生院中医。1981 年晋升为中医主治医师，1988 年晋升为副主任中医师，1989 年 12 月退休。1979 年以来，历任定陶县第一、二、三届中医学会理事，菏泽地区和山东省中医学会会员。

赵从让医师，自幼上学，1945年师范毕业后教书。因母患痼疾求医难，愤而辞教学医。开始借医书，自行攻读，遇疑难，伏而读，仰而思，思之不通，寻他书引证，务求通之而后已。习医之初为医母疾，邻里有疾，亦找其治之。初有难色，然思医道为用，故有求者，即医之，病屡效，医道之门遂开。参加工作后，医病更加勤奋，学习更加勤奋，更加刻苦，1956年，他参加定陶县首届中医进修班，学习成绩名列前茅，总平均分数为99.87分，屡受表扬。

赵医师，从医四十多年来，勤奋好学，苦读了《难经》《内经》《伤寒论》《金匮要略》《本草纲目》《万病回春》《温病条辨》《济阳纲目》《丹溪女科》《景岳全书》等名著。他读医书，不是死背条文。他认为："学古书，要细心，逐根追末或寻他书引证，才能道理达意；中医之理论奥妙而深远，远处观，细处寻，才能枝叶连而分明；虽枝叶交错无紊乱之虞，进而求之。学医书，必寻其医理之妙，视其转变之机；学问不可苟，字里行间寻个清楚；虚学审其神气，实学测其意理；新法学先进，奇法视其独特，理明要达于事，学技重在临床，两者贯通一致，是为真正精通。"他根据所学医理和临床实践，挤时间撰写学术论文，进行学术交流。在县中医学会交流学术论文九篇，菏泽地区中医学术会交流论文两篇，受到与会学者好评。

赵医师，从医以来，师古不泥，灵活变通，随症加减，在长期的临床实践中，积累了丰富的临床经验，能熟练地运用中医理法方药进行辨证论治，他通晓中医内科，对医治肝硬化、肝昏迷、乙肝、风湿性心脏病、前列腺肥大等疑难病症，有其独特见解，用药疗效显著。

肝昏迷症，经他治疗4例均痊愈

刘某，男，34岁，成武县伯乐公社邓楼村人。初患肝炎，多方治疗无效转为肝昏迷，又经县社医院医治仍无效，且病情加重，返回家中，1981年9月求其就诊。视其昏而不省人事，时有狂呼，黄疸严重，不能饮食二十余日，脉弦数尚有力，心力尚不衰竭，诊为肝昏迷症。

处方：当归11克，丹参30克，栀子11克，大黄30克（后下），川黄连10克，水煎服。

一昼夜灌入两剂，泻下黑水十数次，遂清醒，徐徐纳入面汤，又调方服40余剂，检查肝功一切正常，痊愈。

乙肝

近几年经其诊治58例,无效者7例,好转者11例,其余均治愈。最长治疗时间180天,最短50天,检肝功正常,澳抗阴性为痊愈。

多年临床实践,治疗主要采取四种方法:①清热益气法;②清热化肝瘀法;③健脾燥湿化肝瘀兼清热法;④补肝肾增强抗毒能力法(增强白细胞吞噬能力),效果较好。

王某,女,35岁,成武县伯乐集人,患乙肝四年余,经多方治疗无效。1989年3月找其就诊时,澳抗达1:256,舌黄体弱,口苦,小便赤,右肋时痛,脉弦细。遂用清热益气活肝瘀法,服六十剂后,又配丸药服七十余天,检查澳抗阴性,肝功正常,痊愈。

风湿性心脏病

近几年治疗85例,无效者5例,好转者12例,余皆痊愈。方法:①祛风湿活血法;②益气祛风湿法;③益气活血化瘀法。

葛某,女,48岁,其女刘某,18岁,王双楼乡张庄村人。经地区医院诊为风湿性心脏病,治疗半年无效。1983年3月找其就诊,其母,二尖瓣狭窄,遍身皆肿,喘息不能行。其女,下肢略有浮肿,病较轻。其母,脉结代,抬肩呼吸,遂用益气活血化瘀法。服十剂后,周身肿消,又服三十剂痊愈。检查心脏正常。其女服二十剂痊愈。

前列腺肥大症

此症以"助肾开阖之权"为主。甲:补肾阴清热利水法;乙:补肾阴纳肾气法;丙:补脾兼利水法;丁:补肾阴阳利水法。近几年共治疗43例,除5例年龄过大,未能痊愈外,其余皆痊愈。

赵某某,定陶县黄店镇赵楼村人,于1983年元月,小便不通,住院治疗两个月余未见疗效,终日带着尿管,全身浮肿,年已75岁,痛苦不堪。家人认为无望,返家时饮食不进,虚弱,后求其治疗,经全面观察,遂用补脾肾兼利水法,服6剂后,小便通畅,十五剂后,遍身肿全消。饮食大增,病告愈。

赵从让医师,医德高尚,诊疗认真,对患者不分亲疏贵贱,均一视同仁,从不以医谋私。他处处以工作为重,不计较个人得失,博得领导和群众的赞誉。1978年以来,多次被评为先进工作者,六次出席县卫生系统先进代表大会。1984年以来,连续被选为定陶县第十届、十一届、十二届人大代表。

[《定陶县卫生志》(1992)]

◎ 王曦亭 ◎

王曦亭(1930—),男,定陶县半堤乡半堤村人。1988年3月入党,定陶县人民医院中医科主任,副主任中医师。1990年11月离休。

自幼读私塾,后跟其祖父习医,继后又拜本县名医史高俊为先师,1949—1951年自设中医诊所,组织联营诊所任所长,后任四区卫生所所长兼区卫协会主任。1953年调县医院中医科兼县卫协会秘书。1980年晋升为主治中医师,1987年晋升为副主任中医师。

先后连任定陶县第一、二、三届政协常委,菏泽地区中医学会理事、副理事长,菏泽地区推荐名老中医药晋升技术考核委员会副主任、《山东中医药志》(1991)编委委员、中华全国中医学会会员。

王曦亭医师自从医以来,勤奋好学,先后系统学习《内经》《伤寒论》《金匮要略》等多部经典名著,凡重点章节,皆可熟记成诵,特别对《内经》《伤寒论》等名著,有较深研究,不仅深得其要,且能因人、因病情变化而灵活运用经方。在多年的临床实践中,其基础理论源于《内经》,临床指导思想源于《伤寒论》。辨证以脏腑为基础,以气血为要领,治疗中各有所本,必伏其所主,而先其所因,知犯何逆,随症治之。他尊经宗贤,师古不泥,喜用经方,灵活变通,随症加减。其医病用药特点是:诊断细心,用药精练,药味少,分量重,突出重点。在群众中有"用药简明,治疗有效"的信誉,成为当地有名的"经方派"。

他精通中医内科,尤擅于心血管系统疾患和温热病。在50年代和60年代,本县出现几次较大疫情中,他运用中医理、法、方、药,积极防治,疗效较好。1950年本县"大头瘟"(腮腺炎)病流行,他采用"升降散"治愈近千人。1956年、1959年、1963年本县乙脑大流行,他用"银翘白虎汤"加板蓝根、生地、玄参、丹皮(早投清营凉血药),收到良好的效果。1962年秋在白喉流行中,他采用中药白喉散和养阴清肺汤效果良好。

1956年,他以良好的中医理论基础在本县首次举办的中医进修班中任教师,主讲《金匮要略》《伤寒论》。1959年又任第二期中医进修班讲师,主讲《中医基础理论》《伤寒论》。1985年担任地区中医提高班教师,主讲《灵枢经》部分篇章。在任教期间,他深研大纲、教材,精心备课,取其要领,结合临床,深入浅出,融辨症于医理之中，浅显易懂，深得学员赞扬。

在带教方面，不论中医学徒和菏泽医专实习生，他总是从医理到临床，从辨证到诊断，理、法、方、药，无不言传身教，循循善诱，取得较好效果。如今，他育出的学生，大部分已晋升为中医师和主治中医师，成为中医界的技术骨干。

他精通医理，善于总结经验，撰写了多篇水平较高的学术论文，曾在省、地医药刊物上发表和在学术会议上交流，这些论文有：《对祖国医学辨证体系的认识》《产后瘀血停水，大腹肿满》《论丹参之疗效》，以上论文发表于1959年《山东医刊》。

他的《痹症治疗经验介绍》发表于1962年《山东医刊》。他曾参与撰写的《伊尹与汤液考》，于1982年发表于《菏泽医药》；《扁鹊和扁鹊秦越人考》1983年发表于《山东中医药志》（1991）；《辨治真心痛的一些经验体会》，1978年发表于《菏泽医药》；《古代哲理与医学》，1979年省中医学术会议上交流；《五运六气学说》，1984年菏泽地区中医学会交流；《类中风辨治综述》，1986年菏泽地区中医学会上交流。

王曦亭医师，通晓本专业理论，且能熟悉本专业国内学术发展状况和各家学说，从事中医内科临床四十余年，积累了丰富的实践经验，能熟练地运用中医理论进行辨证论治，解决本专业复杂疑难问题，具有带教和培养下级卫生技术人员的能力，在群众中有较高声誉，如今他身患哮喘顽疾，离休退岗，但仍有不少患者找其就诊，他亦然有求必应，精心医治，继续为群众服务。

[《定陶县卫生志》（1992）]

◎ 广文鞠 ◎

广文鞠，通医道，著有《药物考医学辑要》。

[《定陶县卫生志》（1992）]

◎ 朱世任 ◎

朱世任[①]，男，五十三岁，曹县古营集乡朱袁庄人。他出身于中医世家，自幼聪敏好学，少秉庭训，弃仕从医。1948年开始受业于其伯父朱令之先生门下，后又拜名医李广济先生为师，因其聪慧勤奋，颇受二位老名医青睐，不久则尽得其术。及壮，已名噪城乡，载誉医林了。1980年首批晋升为中医主治医师，现任曹县人民医

---

① 朱世任：据《山东高级医药卫生人物志》（1990），朱世任生于1935年。

院中医科主任，县中医学会副理事长、菏泽地区中医学会理事、县政协副主席。曾任菏泽地区中医学会第一、二届理事会理事，曹县中医学会第一、二届理事会副理事长，曹县科协第一届委员会委员，曹县政协第四届委员会委员、第五届常务委员、第六届副主席。

世任先生从医以来，尊经崇贤，师古不泥，喜用经方，灵活变通，随症加减；从无门户之见，在长期的临床实践中，兼采众家之长。他的医疗特点是：诊断细心，用药精练。素因方小、量轻、药贱、效高而受群众欢迎。但遇危急重症，从不彷徨，常以大剂猛攻而屡起沉疴。临床内、外、妇、儿各科皆诊，尤擅内科，对肝、胃、心、肾病及急性传染性"乙脑"、伤寒等病的诊治均积有丰富的经验，同时在治疗疑难病症上往往有独特见解，并可施奇药制胜。他平时忙中抽暇，勤于总结经验，撰写了《复方溃疡散治疗溃疡病简介》《临床治疗湿温（肠伤寒）点滴体会》等论文十多篇，先后在省、地、县中医学术会上交流，其中五篇在《菏泽医药》《曹县科技》《菏泽地区中医论文选》等刊物上公开发表，受到医林好评。

世任先生学术之所以高明，除家传师承外，还自修了五院审订的中医学院全部教材，同时每年都订十多份中医杂志，每期必学以致用，从而不断地吸取国内外先进医学经验，提高医疗水平。他还经常阅读西医书籍，并在临床中随时向西医学习现代医学知识，现已能够掌握两套医疗技术并能做到中西结合融会贯通，居高临下地处理危、重、急症。

他常说："药有君臣千变化，医无贫富一般心。"因而他在近四十年的医务工作中，始终坚持凡求医者，不论尊卑亲疏概以一视同仁，有求必应，精心治疗，从不以医谋私。他胸怀坦荡，淡泊名利，衣着不究，粗茶淡饭，不置房产，亦无积蓄，一生所好，嗜书而已。

世任先生热心公益事业，特别重视培养中医新秀，他带的徒弟在全地区出师统考中均取得了优良成绩。他为了以实际行动振兴祖国的医学事业，平时除了严肃认真地临床教学、带徒、带教实习生、进修生外，还积极参与举办中医理论提高班，任教函授辅导班，热心组织全县的中医学术研究，不辞劳苦地赴外地请专家、学者到曹县讲学。1986年他被光明中医函大山东分校聘为辅导教师，并担任过菏泽医专大专班、护士班、医士助产班等临床教学任务。

世任先生虽已年逾半百，但壮志不减，无时不在为发掘、发展祖国的医学事业尽职尽责，呕心沥血。

治疗慢性肾炎、急性心梗病例二则

王某，男，32岁，患慢性肾炎三年，反复发作，多次住院治疗，水肿易消，尿蛋白难除。

初诊：症见颜面及下肢浮肿，面色萎黄，畏寒嗜卧，四肢欠温，时自汗出，纳食欠佳，小便短少，大便不实，舌淡苔薄白，脉缓无力。尿检：蛋白+++，每视野管型1~6条，白细胞+。据证辨为脾肾阳虚，水泛肌肤，宜温阳化水。拟真武汤加味：附子10克，白术15克，白芍10克，云茯苓15克，生姜10克，金樱子10克，陈皮10克，砂仁5克，水煎服六剂。

二诊：服药后尿量增多，浮肿渐消，畏寒肢冷如故，舌脉同前，尿检蛋白减为++。处治：上方附子加重20克（先煎），续服三剂。

三诊：浮肿尽消，畏寒肢冷稍减，时有自汗，倦怠乏力，舌淡伴苔白，脉缓，尿蛋白不减。处治：上方改附子为30克（先煎30分钟），去生姜，加干姜10克，以温脾阳，续服三剂。

四诊：药后平稳，病未稳减。畏寒肢冷，脾肾阳虚之证，为何服药罔效？显非病重药轻，熟思之：脾主肌肉，亦主四肢，中气不足，不能温煦，也可致使畏寒肢冷。至于倦怠，自汗，不耐烦劳，显系气虚明症。先贤有"补肾不如补脾"之说，盖即指此。遂改"补中益气汤"予服。处方：黄芪15克，白术10克，当归10克，党参10克，陈皮6克，柴胡6克，升麻6克，甘草3克，水煎服三剂。以此方先后服三十剂后，诸症皆除，三年痼疾，终得痊愈。为巩固疗效，续服补中益气丸一个月，追访五年，多次检查尿液，均正常，在家务农经商，从未复发。

马某，男，58岁。因患急性心肌梗死合并心律不齐住内科病房，经过七天积极治疗，心梗病情基本稳定，但腹胀日益严重，烦躁不安，三日未眠，呕吐紫浆，汤水难进，痛困不可名状。针药遍施，症无稍减，邀余会诊，诊察：患者面红目赤，辗转床褥，不时呻吟，抚之腹胀如鼓，拒按，舌苔黄厚，脉象微数而结。询知：患者有烟酒嗜好，病后日进人参15克，大便已五日未解。辨析：急性心梗合并心律不齐，本属虚证，但患者膏粱之体，实热内蕴，更加日进人参，热结阳明之府，阳明以通降为顺，腑气不通，故腹胀日重，甚则呕吐。刻下宜急通地道，邪去正方能安。拟以大承气汤治之：大黄10克（后下），芒硝10克（冲），川厚朴15克，枳实10克，水煎顿服，急治其标。服药一剂，便通胀消，痛苦若失，安然入睡。后以炙甘草汤加减，调理半月，治愈出院。

[《曹县医药卫生志》(1988)]

二画

丁　润	654
丁书文	198
丁玉松	082
丁立琢	214
丁仲山	545
丁饮渭	761
丁绍城	010
丁栋才	340
丁晋隆	275
丁尉堂	107
丁维祯	581
丁喜照	671
丁瑞麟	159
卜宪林	770
卜静斋	960
刁广现	332

三画

于　文	586
于　桥	364
于　隆	583
于长庆	475
于凤池	565
于凤调	696
于世诚	706
于丙秀	705
于吉祥	600
于兆行	631
于希智	723
于希增	362
于孜温	207
于卧波	104
于法集	390
于学书	781
于宝田	701
于洪亮	662
于雄祯	755
于鹄忱	566
于蓝瀛	697
于彝庭	047
才春元	696
万　格	574
万树楠	904
万德莲	219
广文鞠	992
马　荣	573
马　浩	703
马少峰	741
马凤歧	624
马文广	705
马文炳	901
马玉山	449
马玉瑛	798

马东昌	339	王　惠	590
马仕祯	585	王　震	318
马同如	350	王一峰	786
马年丰	943	王十洲	437
马兴邦	796	王士宗	424
马兴清	340	王士珠	645
马连禄	616	王川荣	002
马现龙	854	王广丰	866
马述先	253	王子久	360
马明德	140	王子焕	363
马金榜	517	王开祥	068
马学汉	465	王天一	002
马春熙	246	王元仲	752
马俊德	973	王云广	016
马益三	615	王云秀	124
马益良	534	王太东	281
马继奎	724	王太达	616
马鸿汉	502	王长乐	046
马登泰	645	王化新	105
马鉴清	067	王凤池	321
马锡麟	599	王文同	267
马慎言	586	王文典	902
马毓英	851	王文修	294
幺凌云	750	王方洲	112
		王为荣	851
四画		王心铭	555
王　怀	699	王以珍	758
王　绎	787	王允升	153
王　相	355	王玉仲	619
王　恩	379	王玉池	299
王　焕	830	王玉珂	331

姓名	页码	姓名	页码
王玉润	414	王竹书	629
王玉乾	488	王传明	477
王玉符	083	王会卿	306
王正甫	478	王兆曾	743
王功镇	038	王庆来	786
王世坦	429	王庆河	031
王世祯	444	王庆熹	442
王世斌	511	王汝林	289
王世德	418	王兴太	876
王本珍	660	王兴延	826
王可让	691	王兴宝	805
王丙新	866	王守恭	301
王东鉴	338	王安仁	005
王东熙	837	王安卿	859
王仙州	843	王异凡	079
王仙洲	706	王好贤	707
王乐山	380	王寿祥	689
王立吉	223	王运昌	837
王立鹏	672	王运昌	838
王兰斋	029	王志义	537
王汉礼	372	王志谦	516
王汉臣	221	王佃振	858
王汉桥	073	王作人	507
王永敬	634	王作圣	394
王召爽	535	王作贤	976
王芝蓝	665	王序赓	336
王成顶	824	王君福	850
王成林	002	王纯德	221
王成河	032	王者俊	935
王光符	054	王国才	199
王廷忠	860	王迪生	479

王秉才	034	王家让	528
王岳迎	571	王家成	294
王金铭	226	王家合	627
王金湖	209	王家祥	829
王京科	617	王祥善	660
王泽臣	389	王祥臻	805
王宗禹	002	王基发	262
王建斗	225	王梦九	273
王贯一	074	王梅昌	584
王荫远	371	王领秀	264
王相如	376	王象蒙	854
王树芬	269	王清峰	855
王奎明	216	王鸿淼	961
王省三	759	王维和	384
王显敬	915	王绵增	061
王昭旭	045	王敬贤	330
王思颐	328	王辉教	445
王保太	773	王景辰	471
王洪恩	471	王善昌	786
王洪祥	830	王尊三	575
王洺九	311	王媚川	256
王恒生	339	王登来	982
王恒诺	477	王锡泮	079
王冠军	871	王殿元	753
王耕民	922	王殿甲	229
王振福	085	王殿臣	238
王桂馨	612	王熙文	600
王恩庠	586	王毓桐	656
王健耕	716	王端智	901
王逢寅	558	王增寿	735
王海澄	919	王蕴华	232

王德铆	661	卞修教	027
王德润	739	文 玉	845
王儒贵	842	文明庆	740
王儒海	314	方朋岭	706
王擢英	528	方基庆	185
王襄廷	301	尹化远	374
王彝民	394	尹风翔	729
王耀宗	957	尹方远	420
王曦亭	991	尹延臣	561
亓文章	920	尹序同	041
亓孝谦	169	尹铭鉴	488
亓祝五	114	孔令健	505
亓笔峰	082	孔庆良	345
元浩威	124	孔庆坤	521
韦孝敬	472	孔庆荣	286
韦振龙	419	孔伯华	453
韦继贤	080	孔炎丙	204
太清泮	729	孔昭金	472
车正路	219	孔昭鲁	685
车蕴珍	447	孔宪纪	698
牛会龙	690	孔宪棠	465
牛金洲	508	孔宪富	511
牛乾文	813	孔宪馥	505
牛肇统	003	孔祥云	428
毛云鸿	653	孔继震	442
毛注东	651	孔照志	673
毛俊英	253	邓光度	720
仇宝树	268		
仇锡恩	324	**五画**	
仇毓贤	336	甘 霖	664
公方章	880	艾允业	003

姓名	页码	姓名	页码
艾依塘	002	田荣光	856
艾绍荃	049	田荣祥	854
左国楫	835	田彦爵	337
左明久	247	田鸿印	537
石文九	230	田锡璋	059
石西太	545	田德信	850
石远来	902	史延泽	166
石志贞	032	史怀新	550
石志忠	150	史荩卿	249
石圮之	773	史星三	228
石紫韵	241	史桂芳	627
石瑄廷	662	史致远	589
石韵笙	068	史恩培	618
龙云南	702	史玺书	269
卢 洵	568	史高俊	912
卢子佩	309	生昌龙	344
卢孝文	620	生昌鸿	345
卢希正	007	付采励	767
卢其慎	788	付振华	053
卢宝琛	972	代万选	855
卢景明	630	白玉娥	688
叶本第	295	白玉堂	759
叶汉卿	720	白芳春	204
叶执中	121	白现奎	306
叶嗣高	756	冯广训	439
田友成	850	冯庆慧	450
田代华	200	冯汝坤	009
田兆嵩	759	冯好善	355
田庆弟	903	冯鸣九	055
田明三	415	冯景暄	277
田宜勉	293	玄振一	170

宁洪瑞	538	吕宪彬	440
司宝玉	150	吕继瑞	426
司焕章	317	吕筱山	143
司殿英	291	朱　鹏	460
边世文	700	朱广玉	339

六画

邢　标	580	朱见龙	896
邢　蒿	705	朱丹初	842
邢万林	256	朱正宜	751
邢日高	833	朱世任	992
巩来仪	324	朱世春	592
成　泮	719	朱令芝	923
毕于兰	908	朱乐山	546
毕先明	004	朱立统	704
毕思荣	124	朱成麟	431
曲传岱	762	朱廷赓	493
曲颖川	671	朱传诺	347
吕　荣	360	朱延泰	385
吕子珍	564	朱良玉	373
吕东呆	230	朱荫楸	457
吕兰田	696	朱树森	854
吕永兴	742	朱济生	105
吕贞固	914	朱峻峰	430
吕同杰	745	朱鸿铭	522
吕守良	269	朱惠渊	420
吕孝端	377	朱景梅	291
吕国良	418	朱静庭	009
吕秉钧	074	乔允生	006
吕忞曾	037	乔允淦	462
吕济民	400	乔仲乐	762
		乔修梅	460
		乔培坚	210

乔鸿儒	192	刘长庆	387
仲士一	360	刘长坡	405
仲伟武	362	刘书声	593
仲延红	443	刘玉鸣	805
仲延明	461	刘玉梅	694
仲质生	430	刘本谦	799
仲统绪	423	刘东升	113
仵培堂	977	刘东源	423
任玉林	326	刘立森	859
任永照	327	刘兰田	886
任廷绍	661	刘兰斋	736
任金堂	143	刘汉峰	687
任香亭	758	刘汉祥	166
伊品三	044	刘汉晨	913
庄少庚	846	刘永安	899
庄允甫	034	刘在朝	379
庄旦林	872	刘成志	634
庄志福	611	刘同双	632
刘 龙	571	刘廷元	865
刘 东	809	刘竹轩	362
刘 堵	286	刘延龄	068
刘九堂	811	刘华明	709
刘士昌	429	刘会芝	338
刘万仓	007	刘庆恩	613
刘子繁	851	刘安仁	489
刘天章	085	刘运翰	363
刘元昌	743	刘均泰	347
刘云龙	801	刘志和	430
刘云章	908	刘苡林	840
刘日忠	107	刘佐基	383
刘日起	652	刘伯成	883

刘应选	779	刘桂馨	635
刘应选	844	刘积祥	491
刘怀义	490	刘逢吉	830
刘启廷	887	刘益三	414
刘纯智	447	刘海珊	630
刘述伟	978	刘祥符	730
刘昌烈	809	刘继汉	843
刘季三	233	刘继雨	105
刘依萱	479	刘培奇	872
刘欣山	228	刘菊荫	573
刘金佩	423	刘梓桢	050
刘法孔	044	刘敏歧	753
刘法明	709	刘清贞	197
刘学秀	860	刘清芳	738
刘宝珍	544	刘清瑞	218
刘宝善	008	刘维校	220
刘承惠	591	刘敬兴	697
刘经厚	876	刘敬斋	238
刘春溪	603	刘惠民	086
刘持年	198	刘辉梓	844
刘荫田	933	刘策选	829
刘荫林	797	刘巽南	756
刘树棠	750	刘瑞兰	772
刘映灿	348	刘蒲南	360
刘星元	618	刘献庭	797
刘顺堂	590	刘献琳	180
刘亭秀	799	刘鹏飞	697
刘炳峰	723	刘福田	701
刘济安	684	刘福锡	574
刘屏周	085	刘殿奎	588
刘桂折	424	刘瑶琴	471

刘慕韩	725	孙世瓒	753
刘毓松	257	孙汉三	221
刘豪希	843	孙永顺	670
刘镇玉	879	孙竹庭	565
刘镜山	230	孙传进	265
刘镜如	254	孙传琯	327
刘儒庭	602	孙华亭	786
刘瀛洲	593	孙兆蓉	646
齐怀珍	704	孙守纲	311
齐屏周	765	孙寿山	448
齐景巘	896	孙芳琏	673
闫昭纲	740	孙来朋	400
江广志	443	孙作舟	762
江炳锡	841	孙纯如	048
汲克爵	819	孙茂兰	440
汝兰洲	138	孙明莲	621
汤玉科	372	孙注舟	103
汤怀恩	433	孙性存	752
安佐臣	135	孙学圣	229
安作澄	916	孙绍周	774
许 景	697	孙荣吉	629
许芝亭	362	孙思恭	373
许作良	859	孙重三	107
许培祚	250	孙举京	228
孙 侗	360	孙冠甲	662
孙 爽	907	孙振瑢	844
孙文章	286	孙润生	154
孙方成	506	孙培芝	273
孙以渭	317	孙培善	604
孙玉荪	537	孙跃坤	985
孙世恒	588	孙隆九	503

孙彭年	753	杜成基	788
孙敬之	318	杜光耀	358
孙鲁川	737	杜延交	059
孙道通	371	杜希亢	103
孙谟文	842	杜家申	881
孙登瀛	708	杜福五	845
孙蓬萱	604	李 芬	724
孙静斋	554	李 铣	699
孙管圃	835	李乃彬	028
孙德政	251	李士昌	743
孙德谦	707	李万绪	027
孙履平	771	李广文	774
孙镜朗	479	李广济	926
牟进铎	301	李广聚	773
牟景岭	690	李子经	691
纪向奎	804	李子章	109
纪好贤	751	李子猷	439
纪翱臣	270	李丰章	273
纪镍统	223	李元杰	798
		李元钢	046

七画

		李云登	222
严绪戢	952	李太民	554
严瑞章	623	李日登	787
劳金山	664	李长河	662
苏化科	934	李长溪	769
苏兆仪	735	李从军	623
苏金寿	843	李从惠	251
苏慎吾	143	李凤梧	718
苏镜轩	109	李凤升	840
杜 琛	632	李凤远	027
杜云升	388	李文龙	037

李方华	897	李延龄	461
李以诚	046	李向山	669
李允守	037	李会清	204
李允修	392	李兆玉	308
李玉秖	315	李庆芳	602
李玉荣	427	李兴周	631
李丕承	655	李守业	754
李东义	858	李守贞	865
李东同	357	李守范	758
李印坦	506	李守恒	302
李乐园	150	李观山	335
李尔玉	361	李观海	591
李尔励	158	李芸芝	068
李兰芳	436	李克绍	141
李汉之	661	李连胜	258
李汉臣	337	李步义	619
李汉帮	332	李步岭	663
李汉章	463	李秀经	418
李训纲	825	李秀庭	881
李永达	292	李秀章	802
李协三	355	李伯谦	686
李存芳	498	李希伊	069
李成瑶	358	李言让	433
李尧春	297	李灿本	445
李师谟	969	李际可	803
李光汉	025	李坤章	840
李光耀	346	李茂堂	487
李廷来	167	李尚友	418
李廷祺	568	李明山	700
李廷祺	778	李明成	298
李竹逸	573	李明实	512

李佩玺	644	李继增	913
李金萱	582	李培孝	536
李京尧	668	李清佐	211
李法成	707	李景彪	332
李学俭	847	李程之	239
李学勤	757	李瑞云	492
李宗刚	355	李锡增	466
李诚心	784	李锦葵	836
李承绪	357	李稚三	436
李承德	437	李嘉祥	290
李孟举	250	李德修	224
李绍南	504	李德俊	700
李春成	336	李德温	386
李春荣	724	李鹤立	959
李荣恩	846	李膺远	569
李相进	841	李璧双	439
李树桐	663	杨子久	472
李树梅	708	杨云亭	032
李厚甫	431	杨允升	450
李显帮	389	杨玉春	790
李贵三	435	杨玉珂	645
李泉石	188	杨玉禄	550
李俊卿	493	杨发恒	885
李庭玉	114	杨执卿	935
李洪慈	813	杨再梅	426
李济民	343	杨西贤	811
李振和	706	杨成见	058
李振垣	696	杨成春	050
李振领	501	杨传义	448
李逢泰	789	杨兴臣	761
李家春	051	杨利业	218

杨怀询	471
杨法邻	361
杨泽芳	803
杨建芝	648
杨建成	058
杨绍庭	109
杨耐东	356
杨保良	740
杨炳文	273
杨祝成	225
杨振江	051
杨致一	824
杨焕文	880
杨焕章	113
杨景虞	669
杨登坤	167
杨慎芝	805
肖世金	650
肖伦元	781
时开诚	855
时念籍	930
时洪勋	844
吴朴	215
吴鸾	786
吴子元	003
吴云图	376
吴少怀	061
吴世厚	461
吴西闵	856
吴任朋	663
吴进溪	780

吴克准	411
吴体元	752
吴启圣	393
吴树常	876
吴树棠	545
吴绒信	014
吴瑞璧	265
吴鉴文	802
吴锡三	722
吴增敏	330
邱子江	225
邱玉田	613
邱竹村	291
邱传河	112
邱树汉	800
邱树柏	877
何 康	279
何 善	625
谷岱峰	276
谷胜芝	326
狄大光	767
狄子钧	342
邹壬生	248
邹怀达	488
邹振业	181
邹培基	716
应策庵	109
冷宗谦	216
冷鸿渐	217
辛爱珍	909
辛恕堂	226

闵繁劝	289	宋增兰	328
汪问九	010	宋德芳	141
汪松年	332	初金门	754
沈光铸	487	迟子温	213
沈希尧	136	迟华基	198
沈洪基	431	迟会仲	047
沈恒久	013	张　田	876
沈梦洲	499	张　兰	386
宋　开	787	张　考	006
宋九恩	160	张　庆	602
宋玉彩	473	张　进	624
宋世廉	604	张　孟	257
宋训英	321	张　俊	751
宋兆锋	693	张　洁	753
宋守谦	047	张　境	612
宋安同	171	张九皋	223
宋志诚	035	张于魏	896
宋怀珏	418	张士杰	112
宋现苓	614	张士勋	330
宋其慎	599	张士选	752
宋宝山	782	张士宾	653
宋贯一	081	张士德	575
宋星白	879	张广辰	522
宋思永	752	张广岐	492
宋品苓	631	张广德	493
宋鸿仪	435	张子美	407
宋景云	885	张子祥	855
宋景胜	799	张天民	451
宋鲁憺	879	张天琦	459
宋善常	866	张元中	569
宋漠堂	564	张云景	375

张太和	423	张百铭	184
张曰庸	732	张成绪	328
张中英	361	张同惠	983
张化一	287	张则均	500
张介人	666	张传钧	252
张月丹	755	张延年	026
张凤洲	584	张延年	401
张凤铸	067	张仲山	385
张文奇	707	张华阁	218
张文高	201	张会川	864
张方蔚	419	张兆利	044
张书鹏	111	张庆生	880
张玉荣	042	张江源	250
张玉清	841	张汝砺	534
张玉森	059	张兴东	617
张世佩	587	张守义	333
张世恩	378	张守和	423
张丙午	709	张寿堂	212
张东思	903	张志远	171
张东森	897	张志亮	285
张电亭	628	张杨文慈	025
张仕敏	215	张步松	854
张乐园	671	张佃文	516
张立堂	873	张佃隆	415
张汉三	847	张伯龙	360
张汉臣	243	张伯振	328
张汉朝	332	张希五	136
张永升	571	张希玉	310
张加林	687	张希同	697
张发舜	740	张希仲	292
张吉人	176	张灿珅	182

张际昌	263	张洪宝	307
张纯一	053	张洪廉	169
张其慎	388	张洪慈	846
张茂修	813	张恒仁	864
张茂基	285	张恒珊	103
张林祥	866	张宪忠	919
张松岩	074	张冠学	911
张奇文	193	张哲臣	115
张果孝	516	张桂森	338
张国屏	240	张恩涛	553
张典谋	330	张积岳	045
张鸣鹤	183	张逢春	488
张京云	592	张恣孝	081
张学朱	379	张益庵	570
张学琴	544	张润芳	489
张宝琪	144	张家辑	078
张宗汉	590	张继柱	224
张宗耀	031	张骏声	204
张珍玉	173	张理广	499
张珍珩	250	张培芝	261
张荣德	078	张萝花	901
张树松	426	张盛勋	026
张树荣	443	张跃东	755
张树屏	671	张崇康	446
张皆春	674	张鸿吉	499
张香亭	476	张鸿儒	014
张笃甫	298	张鸿儒	103
张修斋	978	张绪贡	842
张保钧	470	张维岳	354
张俊三	111	张喜元	755
张庭美	666	张辉璞	759

张鲁杰	738
张善兰	327
张善忱	189
张裕诰	422
张登岚	424
张瑞恒	428
张锡玉	208
张锡玉	443
张锡极	825
张锡范	052
张锡荣	229
张锦华	632
张锦庭	655
张溪云	048
张福海	374
张福隆	582
张殿奎	442
张毓塘	750
张麟图	787
陆全林	446
陆晋笙	008
陈　俊	751
陈　堂	328
陈士纯	897
陈友烈	668
陈长贞	368
陈化民	477
陈风全	812
陈文瑞	035
陈玉峰	473
陈立梅	783
陈贞修	768
陈庆松	333
陈庆锡	931
陈汝玉	653
陈寿庭	144
陈志升	909
陈伯咸	160
陈伯馨	460
陈启汉	292
陈明吾	125
陈知训	945
陈秉常	621
陈育鸣	566
陈建吉	867
陈春台	820
陈荫椷	236
陈星炜	380
陈思乾	116
陈美圉	796
陈洪文	803
陈宪民	891
陈宪邦	618
陈润田	451
陈通济	262
陈铭新	116
陈鸿雪	243
陈朝泰	782
陈景瞻	204
陈鉴明	769
陈锡鉴	585
陈殿教	510

陈肇基	141
陈德扬	782
邵 梓	787
邵 儒	614
邵元凯	866
邵风昌	501
邵文汉	327
邵仰华	919
邵志坤	564
邵林书	378

八画

武世义	955
武纪文	845
武明钦	986
武明章	803
武继浩	801
武敬善	859
武魁一	905
武殿选	703
苗清涛	717
苟希道	207
苑传禄	051
范凤岐	698
范贞光	645
范怀起	354
范宝善	814
范振水	052
范德卿	026
林 坤	622
林 桐	598
林子善	248
林英麒	476
林洪坦	771
欧玉亮	856
欧阳长年	421
尚怀圣	043
尚德俊	191
罗止园	711
罗永围	896
罗惠风	589
季玉玺	811
季麟台	717
岳文源	356
岳克允	913
岳美中	952
岳梅村	232
金有重	536
金连科	708
金忠旺	718
金福堂	303
郊秋浦	382
周之桢	753
周天雨	218
周长明	008
周凤梧	145
周龙柱	438
周兰芳	751
周汉南	204
周庆炽	473
周庆谟	033
周次清	174

周克让	570	郑春荣	073
周伯良	156	郑树仁	058
周伯诚	244	郑洪顺	261
周武典	902	郑祥森	497
周茂春	435	郑惠芳	178
周松清	390	郑毓桂	111
周学绍	299	单恒元	073
周宗黄	060	单培源	384
周绍华	276	单新馥	615
周彦宗	885	宗兰升	699
周振邦	290	官庆峰	112
周起凤	836	郎益民	388
周培濂	833	房元忠	739
周常富	103	房永昌	461
周敬堂	692	房永举	788
周敬夔	265	房应泰	446
周惠民	503	房炳大	214
周辉第	228	肃 锐	420
周德清	474	屈慎德	452
周毅民	803	孟士先	853
庞有麟	069	孟令谋	690
庞光星	867	孟传荣	033
庞作相	798	孟兆荣	329
庞树敏	789	孟兆谟	026
庞宪清	888	孟庆旭	550
庞绥来	780	孟宗祥	142
庞继同	706	孟宪爵	886
郑 銈	257	孟继斌	142
郑士文	536	孟继曾	042
郑纯煅	494	孟富民	860
郑宝兰	437	孟照珍	295

九画

姓名	页码
项振铎	361
赵 俭	905
赵 恂	205
赵久远	280
赵从让	988
赵文礼	946
赵文安	693
赵文轩	724
赵文恭	374
赵文卿	303
赵心仿	354
赵书云	277
赵兰玉	858
赵汉勋	788
赵光普	138
赵传忠	766
赵华庭	489
赵志奎	513
赵希珍	795
赵希荣	034
赵沐臣	053
赵尚志	215
赵国芳	718
赵迪吉	834
赵忠敬	878
赵学娄	687
赵宝山	600
赵宜梁	782
赵树伟	025
赵砚田	831
赵奎英	377
赵星五	475
赵星楼	601
赵炳南	726
赵振绪	663
赵润东	104
赵润普	904
赵继三	113
赵继成	547
赵象文	693
赵清云	961
赵鸿杰	649
赵博如	550
赵紫辰	802
赵景封	335
赵瑞峰	751
赵聘三	678
赵端溪	411
赵聪明	873
赵镇玺	123
赵履堂	789
赵燮武	293
郝九化	005
郝子言	235
郝云衫	016
郝玉山	688
郝兰溪	797
郝百川	016
郝艳秋	769
郝瑞蒸	770

姓名	页码	姓名	页码
郝增印	474	段瑞亭	419
郝德福	116	皇登瀛	051
荆中允	205	侯九泽	773
荣仲九	285	侯汉忱	139
荣相成	707	侯兆丰	779
胡 澂	375	侯安哲	921
胡广志	473	侯思敬	947
胡子周	234	侯润田	010
胡介凡	856	侯继荣	789
胡方成	223	侯逸民	552
胡丕祯	477	侯福田	007
胡仲如	847	侯德桢	850
胡佃选	837	施兴邦	830
胡沛霖	758	姜广照	438
胡金奎	524	姜开五	327
胡健谋	449	姜凤臣	038
胡培岱	491	姜凤鸣	067
胡培熙	452	姜玉洲	588
胡增喜	860	姜兆俊	194
柏永济	067	姜亦伦	410
柳子芬	836	姜守仁	564
柳汝鉴	316	姜金声	035
柳岐隐	245	姜绍成	406
战希孟	570	姜春轩	765
战相臣	248	姜奎阁	669
战瑞五	230	姜笠村	642
钟 元	601	姜涵尘	210
钟岳琦	105	姜道远	628
段 伤	419	姜翠迁	361
段立斋	672	姜德清	210
段桂桥	419	娄峻山	003

宫振堂	268	耿传彬	053
宫鲁泉	060	耿景田	354
祝友韩	947	聂兰桂	908
祝景兰	449	贾月庚	616
姚武灿	796	贾月潭	299
姚皆义	463	贾文安	905
姚峰云	010	贾永蒿	228
姚清勤	004	贾会元	585
姚橘泉	737	贾振瀛	573
姚夔龙	935	贾殿桂	617
贺云龙	044	夏仲奇	539
贺春池	759	夏荣泉	558
贺殿楼	717	夏庭徵	512
		柴景信	295
十画		晁德霖	341
秦光熙	848	钱龙骧	860
秦国治	754	钱轴范	235
秦起宽	290	钱葆卿	316
秦淑文	802	钱翔青	135
秦淑涧	796	隽永祥	613
秦维道	038	徐 悌	258
秦儒芹	503	徐士刚	003
班心甫	246	徐大元	466
班作榟	949	徐广达	328
袁士俊	331	徐之薰	642
袁久荣	192	徐云官	387
袁子健	331	徐日琢	256
袁正瑶	633	徐文一	804
袁立贵	525	徐玉甫	801
袁荣贵	015	徐存中	628
耿介堂	699	徐孝典	907

姓名	页码	姓名	页码
徐希辰	247	高玉丙	835
徐宏汉	324	高玉荣	814
徐启方	236	高玉荣	818
徐际麟	495	高永臣	220
徐述栋	112	高执孝	844
徐国仟	175	高延年	750
徐宝昌	312	高仲书	116
徐荫周	697	高华亭	140
徐树伦	878	高泽俊	799
徐保昌	413	高宗岳	539
徐衍本	622	高建阳	357
徐致芳	361	高孟九	841
徐盛禄	704	高荆蔚	034
徐寅清	758	高贵德	818
殷文淮	613	高洪藻	800
殷传修	281	高冠奎	387
栾玉建	698	高振彩	335
栾尚桂	262	高海观	798
栾清祥	371	高淑濂	528
栾肇凤	277	高维合	627
栾肇麟	280	高道俊	419
高 杭	809	高湛序	833
高 琦	755	高裕文	027
高广渠	796	高锡利	377
高义矩	885	高德安	754
高子正	216	高滕松	783
高元明	858	高耀宗	305
高太原	783	郭士盈	373
高友三	780	郭长清	700
高凤仪	781	郭凤楼	140
高书敬	474	郭连芳	772

姓名	页码	姓名	页码
郭谷石	391		
郭茂祥	225	**十一画**	
郭述声	394	接 祯	572
郭宗瑞	312	黄乃健	195
郭春园	051	黄长发	321
郭恒祯	036	黄芝芗	733
郭继续	709	黄庆昌	153
郭得兴	507	黄守良	436
郭绪宗	739	黄学孔	212
郭联甲	011	黄敦汉	788
郭瑞修	625	黄德亭	404
郭献庭	919	梅兴祥	306
郭锡九	307	曹 钱	006
郭肇坊	274	曹士俊	043
郭德斋	140	曹广心	509
唐 锡	590	曹广勋	011
唐凡楼	698	曹天臣	745
唐书鉴	698	曹兰锋	959
唐占云	580	曹治宾	957
唐守治	625	曹昭典	503
唐来晨	330	曹衍嵩	936
唐建策	310	曹济臣	430
唐洪德	871	曹恒祥	003
唐铄振	276	曹家明	275
唐鸿基	880	戚万春	498
唐趄亭	470	盛东晓	766
唐福五	118	常兆梅	263
唐殿祯	301	常进贤	427
能恒丰	873	常盛茂	073
		崔 英	582
		崔士英	842

崔广珍	544
崔凤翙	754
崔文焕	381
崔会之	547
崔运龙	911
崔芳华	292
崔佃荣	732
崔伯侯	396
崔京柱	286
崔学增	802
崔星舫	650
崔乘云	266
崔象珏	264
崔敬铭	281
崔慎思	603
崆 峒	447
康心俭	902
康式漳	654
康守典	671
康伯宸	113
鹿鸿鑫	937
鹿瑞芝	225
阎传钦	424
阎城心	773
阎继宗	356
阎惟贞	896
阎锡章	723
盖乐亭	865
梁玉栋	251
梁谷臣	560
梁金洲	492
梁柱辰	770
梁洪恩	560
梁铁民	157
梁敬轩	767
寇衍庆	291
谌之荣	429
扈晋升	356
尉士杰	598

十二画

彭仲和	718
彭庆阶	036
葛铭琪	612
董 政	601
董 祥	735
董子元	396
董云奇	912
董云沾	285
董日成	599
董立堂	443
董秀娥	329
董茂堂	687
董尚忠	766
董奎一	622
董素书	368
董振声	038
董维山	237
董瑞阶	275
蒋开业	834
蒋成善	820
蒋则廉	166

姓名	页码	姓名	页码
蒋诲亭	517	傅怀尧	104
韩 渭	898	傅迺杰	237
韩云瑄	185	傅斯侨	004
韩长林	665	傅朝宪	899
韩仁山	843	傅锡朝	043
韩化溥	900	焦中华	196
韩玉文	401	焦勉斋	119
韩世庚	744	焦瀛州	258
韩甲武	396	鲁显明	329
韩发殿	045	鲁清溪	383
韩旭臣	279	曾伦元	903
韩伯章	553	温德珩	386
韩其龙	196	游为贞	664
韩松龄	079	谢士杰	368
韩树芳	397	谢方坤	880
韩树棠	648	谢亮辰	692
韩修文	834	谢遵俭	774

十三画

姓名	页码
韩保田	741
韩海楼	438
韩新顺	865
韩毅仁	957
景丹云	266
景柏承	169
程凤仪	446
程国思	703
程思敬	698
程品三	699
傅万选	600
傅立显	034
傅传秀	624
傅仲田	548

姓名	页码
靳凤管	702
靳祖鹏	179
靳鸿书	911
靳麟光	709
蒯九龄	373
蒯仰山	398
路守刚	464
路呈久	514
鲍化久	881
窦 钰	427
窦锡同	224
褚思聪	381

褚敬诺 329

十四画

慕樟若 381
蔡玉珂 369
蔡普庆 903
蔡瑞鹄 313
蔺富元 723
管凤三 617
管庆宗 256
管敬仁 226
雒中堂 231
谭守身 045
谭若无 292
翟公硕 257
翟玺承 263
熊祥之 048

十五画

撒膏林 698
樊纪隆 790
题仙龄 015
颜士贤 342
颜世灿 507
颜永然 836
潘　楣 587

潘士林 800
潘兴师 819
潘岳龄 581
潘瑞五 247

十六画

薛玉元 388
霍缄三 688
穆典章 904
穆鸿章 904

十七画

鞠友章 107
魏友臣 736
魏孔举 375
魏玉栋 881
魏可玉 952
魏立帮 222
魏兆信 855
魏安静 700
魏秀升 834
魏法堂 767
魏指薪 939
魏振盛 175
魏儒正 645

参考文献

[1] 济阳县志集编辑委员会.济阳县志集［M］.济南：济南出版社，1998.

[2]《莒南县卫生志》编纂委员会.莒南县卫生志［M］.深圳：深圳特区出版社，2001.

[3]《垦利县卫生志》编纂委员会.垦利县卫生志［M］.济南：黄河出版社，2012.

[4]《平度市人民医院志》编纂委员会.平度市人民医院志（内部资料）［M］.2004.

[5]《乳山县卫生志》编纂组.乳山县卫生志（内部资料）［M］.1986.

[6]《山东高级科技人员名录》编委会.山东高级科技人员名录［M］.济南：山东科学技术出版社，1987.

[7]《山东省中医药研究院院志》编审委员会.山东省中医药研究院院志（1958—2008年）［M］.济南：山东省中医药研究院，2008.

[8]《山东医科大学附属医院志》编纂委员会.山东医科大学附属医院志（内部资料）［M］.1994.

[9]《泗水县人民医院志》编纂委员会.泗水县人民医院志［M］.海口：南海出版公司，2002.

[10]《滕县医药志》编纂委员会.滕县医药志（内部资料）［M］.1989.

[11]《潍坊市人民医院志》编纂委员会.潍坊市人民医院志（内部资料）.1991.

[12]《新泰市人民医院志》编纂委员会.新泰市人民医院志（内部资料）［M］.2006.

[13]《枣庄市卫生志》编纂委员会.枣庄市卫生志（内部资料）［M］.1988.

[14]《中国当代中医名人志》编辑委员会.中国当代中医名人志［M］.北京：学苑出版社，1991.

［15］安丘县卫生局．安丘县卫生志（1851—1984）（内部资料）［M］．1985．

［16］博山区卫生志编纂委员会．博山区卫生志［M］．北京：中国出版社，2005．

［17］苍山县人民医院．苍山县人民医院院志（1943—2005）（内部资料）［M］．2005．

［18］曹县医药卫生志编写组．曹县医药卫生志（内部资料）［M］．1988．

［19］昌邑县卫生志编纂办公室．昌邑县卫生志（内部资料）［M］．1986．

［20］常毅刚．肝胆病对证自疗［M］．北京：人民军医出版社，2010．

［21］成武县《卫生志》编写组．成武县卫生志（内部资料）［M］．1989．

［22］迟华基．迟华基内经讲义［M］．王玉芳，海奇，整理．济南：山东科学技术出版社，2021．

［23］崔文成，孙娟，张若维．方证相应：济南中医儿科方证流派传承辑要［M］．济南：山东科学技术出版社，2017．

［24］德州地区人民医院史志办公室．德州地区人民医院志（内部资料）［M］．1988．

［25］德州医药公司．德州医药志（内部资料）［M］．1988．

［26］丁洪章．中国当代名医辞典［M］．北京：华龄出版社，1991．

［27］定陶县卫生局．定陶县卫生志（内部资料）［M］．1992．

［28］东明县卫生史志编纂委员会．东明卫生志（内部资料）［M］．2010．

［29］东平县卫生局，《东平县卫生志》编辑组．东平县卫生志（内部资料）［M］．1983．

［30］高密县卫生局卫生志编委办公室．高密县卫生志（1919—1992）（内部资料）［M］．1993．

［31］高青县卫生志编纂委员会．高青县卫生志（内部资料）［M］．2009．

［32］广饶县人民医院志编纂委员会．广饶县人民医院志（1944—2000）（内部资料），2003．

［33］国家人事部专家司．中华人民共和国享受政府特殊津贴专家、学者、技术人员名录：1992年卷 第1分册［M］．北京：中国国际广播出版社，1995．

［34］海阳县医药志（内部资料）［M］．1987．

［35］何建明．当代世界名人传（中国卷）［M］．长春：时代文艺出版社；香港：世界文库出版社，1994．

［36］菏泽地区卫生局.菏泽地区卫生志（1840—1985）（内部资料）［M］.1989.

［37］菏泽市立医院.菏泽市立医院志［M］.北京：中国文史出版社，2016.

［38］即墨市卫生志编纂委员会.即墨市新编地方志丛书 即墨市卫生志［M］.兰州：兰州大学出版社，2003.

［39］即墨县卫生局《卫生志》编纂小组.即墨县卫生志（内部资料）［M］.1987.

［40］济南市科委科技志办公室.济南科技志 1840—1985［M］.济南：山东科学技术出版社，1991.

［41］济南市科学技术局.济南科技志：1986—2005［M］.济南：济南出版社，2011.

［42］济南市卫生局，济南中医学会.济南中医药志（内部资料）［M］.1989.

［43］济南市卫生局.济南市卫生志［M］.济南：济南出版社，2010.

［44］济阳县政协文史资料委员会.济阳文史资料 第7辑（内部资料）［M］.1993.

［45］济阳县志集编辑委员会.济阳县志集［M］.济南：济南出版社，1998.

［46］嘉祥县卫生局史志办公室.嘉祥县地方志丛书之一 嘉祥县卫生志（内部资料）［M］.1990.

［47］江涛，刘国雄，王海滨.中国专家大辞典（5）［M］.北京：中国人事出版社，1999.

［48］莒县人民医院志编纂委员会.莒县人民医院志（1943—2002）（内部资料）［M］.2003.

［49］莒县卫生志编纂委员会.莒县卫生志［M］.中国教育文献出版社，2013.

［50］莱芜市政协文史资料委员会.莱芜文史资料 第4辑（内部资料）［M］.1988.

［51］莱芜卫生志编纂委员会.莱芜卫生志（内部资料）［M］.2004.

［52］莱西市卫生局.莱西市卫生志（内部资料）［M］.2005.

［53］李昶亮.德州地区卫生志［M］.天津：天津科学技术出版社，1991.

［54］聊城市第二人民医院院志编纂委员会.聊城市第二人民医院志［M］.济南：齐鲁书社，2002.

［55］临朐县辛寨中心卫生院志编纂委员会.临朐县辛寨中心卫生院志（1948—

2008)（内部资料）[M]. 2008.

［56］临沂地区卫生志编委会. 临沂地区卫生志[M]. 临沂：山东省出版总社临沂分社，1989.

［57］临邑县中医院院志编写组. 临邑县中医院院志（1958—1988）（内部资料）[M]. 1988.

［58］刘代庚. 聊城地区卫生志[M]. 济南：山东科学技术出版社，1993.

［59］蒙阴县卫生局. 蒙阴县医药卫生志（初稿）（内部资料）[M]. 1984.

［60］苗志敏，姜振家. 跨越百年：青岛大学医学院附属医院志[M]. 青岛：中国海洋大学出版社，2008.

［61］宁阳县史志编纂委员会. 宁阳县志[M]. 北京：中国书籍出版社，1994.

［62］平度县卫生局卫生志编写组. 平度县卫生志（内部资料）[M]. 1984.

［64］平邑县卫生志编纂委员会办公室. 山东省临沂地区地方志丛书 平邑县卫生志（内部资料）[M]. 1991.

［64］平原县医药志编纂组. 平原县医药志（内部资料）[M]. 1987.

［65］青岛市卫生志编委会. 青岛市卫生志[M]. 青岛：青岛海洋大学出版社，1993.

［66］山东省《微山县卫生志》编辑组. 微山县卫生志（内部资料）[M]. 1988.

［67］山东省档案局，山东省总工会. 山东全国劳模大辞典[M]. 济南：山东人民出版社，2015.

［68］山东省德州地区史志编纂委员会. 德州地区志[M]. 济南：齐鲁书社，1992.

［69］李振华. 中华名老中医学验传承宝库. 2[M]. 北京：中医古籍出版社，2013.

［70］山东省惠民地区卫生局. 惠民地区中医药志（内部资料）[M]. 1983.

［71］山东省惠民地区卫生史志编纂委员会. 惠民地区卫生志[M]. 天津：天津科学技术出版社，1992.

［72］山东省济宁市任城区地方史志编纂委员会. 任城区志[M]. 济南：齐鲁书社，1999.

［73］山东省济阳县卫生局《卫生志》编写组. 济阳医药卫生志（1840—1982）（内部资料）[M]. 1984.

［74］山东省胶州市卫生局. 胶州市卫生志（内部资料）[M]. 1990.

［75］山东省莒南县地方史志编纂委员会.莒南县志［M］.济南：齐鲁书社，1998.

［76］山东省聊城市卫生局编纂办公室.聊城市卫生志（内部资料）［M］.1991.

［77］山东省临沂地区卫生局，中华全国中医学会山东临沂分会.临沂地区中医药志（内部资料）［M］.1982.

［78］山东省临邑县卫生局.临邑县卫生志（内部资料）［M］.2005.

［79］山东省宁津县医药志编写组.宁津县医药志（内部资料）［M］.1986.

［80］山东省泰安地区卫生局，中华全国中医学会山东泰安分会.泰安地区中医志（内部资料）［M］.1983.

［81］山东省卫生史志编纂委员会.山东省卫生志［M］.济南：山东人民出版社，1992.

［82］山东省卫生史志编纂委员会.山东省卫生志［M］.济南：山东人民出版社，2010.

［83］山东省汶上县志编纂委员会.中华人民共和国地方志丛书 汶上县志［M］.郑州：中州古籍出版社，1996.

［84］山东省淄博市临淄区卫生志编纂委员会.临淄区卫生志［M］.济南：山东人民出版社，1997.

［85］山东省邹城市地方史志编纂委员会.邹城市志［M］.北京：中国经济出版社，1995.

［86］山东中医学院附属医院院庆筹备办公室.山东中医学院附属医院院志（内部资料）［M］.1985.

［87］商河县志编纂委员会.商河县志［M］.济南：济南出版社，1994.

［88］尚庆元，张振宝.烟台人物志［M］.北京：华龄出版社，1998.

［89］史宇广.中国中医人名辞典［M］.北京：中医古籍出版社，1991.

［90］泗水县《卫生志》编写组.泗水县卫生志（内部资料）［M］.1987.

［91］孙即昆，刘亚民.山东高级医药卫生人物志［M］.北京：中国农业科技出版社，1990.

［92］泰安市地方史志办公室.泰安市情丛书 泰安三千年人物传［M］.济南：山东省地图出版社，2001.

［93］泰安市医药公司史志办公室.泰安医药志（内部资料）［M］.1988.

［94］滕州市城效乡志编纂委员会.滕州市城郊乡志（内部资料）［M］.1993.

［95］王凤岐，宋世昌，杨建宇. 少儿健康调理膏方［M］. 北京：科学技术文献出版社，2017.

［96］王凤岐. 中华名医特技集成［M］. 2版. 郑州：河南科学技术出版社，2019.

［97］王琴，胡晓峰. 当代名老中医图录［M］. 北京：中医古籍出版社，2007.

［98］王天锡，任盛元，常毅. 泉城名中医经验选粹［M］. 济南：济南出版社，1992.

［99］王欣. 山东中医药大学创校元老方药经验访谈录［M］. 北京：中国医药科技出版社，2018.

［100］王云铭. 中国百年百名中医临床家丛书　王云铭［M］. 北京：中国中医药出版社，2002.

［101］王者悦. 中国药膳大辞典［M］. 北京：中医古籍出版社，2017.

［102］潍坊市卫生局史志办公室. 潍坊市卫生志（内部资料）［M］. 1989.

［103］潍坊市益都中心医院志编纂委员会. 潍坊市益都中心医院志（1892—1991）（内部资料）［M］. 1992.

［104］潍坊市中医院. 潍坊市中医院志（内部资料）［M］. 2005.

［105］汶上县卫生史志编纂委员会. 汶上县卫生志（内部资料）［M］. 2000.

［106］武顺建. 城市榜样［M］. 济南：山东大学出版社，2016.

［107］熊宝玉. 曲阜市卫生和计划生育志［M］. 北京：煤炭工业出版社，2016.

［108］烟台卫生志编委会. 烟台卫生志（内部资料）［M］. 1987.

［109］沂南县人民医院. 沂南县人民医院志（1947.10—2007.10）（内部资料）［M］. 2007.

［110］沂水县卫生局卫生志编辑组. 沂水县卫生志（内部资料）［M］. 1989.

［111］沂源县卫生局卫生志编纂组. 沂源县卫生志（1921—1990）（内部资料）［M］. 1991.

［112］鱼台县卫生局卫生志办公室. 鱼台县地方志丛书　鱼台县卫生志（内部资料）［M］. 1996.

［113］袁兆光. 专科医生合理用药系列丛书　海阳市第三人民医院志［M］. 北京：人民卫生出版社，2009.

［114］郓城县卫生志编纂委员会. 郓城县卫生志［M］. 中国出版社，2006.

［115］臧郁文. 齐鲁针灸名医经验选粹［M］. 济南：山东科学技术出版社，

1995.

［116］沾化县地方史志编纂委员会.沾化县志（民国版整理本）［M］.济南：山东省地图出版社，2000.

［117］张奇文，柳少逸，郑其国.名老中医之路续编.第2辑［M］.北京：中国中医药出版社，2010.

［118］张奇文，柳少逸，郑其国.名老中医之路续编.第4辑［M］.北京：中国中医药出版社，2014.

［119］张奇文，柳少逸，郑其国.名老中医之路续编.第5辑［M］.北京：中国中医药出版社，2016.

［120］张奇文.山东中医药志［M］.济南：山东科学技术出版社，1991.

［121］张奇文.幼科条辨［M］.济南：山东科学技术出版社，1982.

［122］张清源，刘振广，张一杰.济宁市卫生志［M］.济南：山东科学技术出版社，1992.

［123］庄严，赵升田，李伟.岐黄厚德：山东省中医院名中医学术经验集.第1辑［M］.山东科技出版社，2018.

［124］张玉铭，齐记，杨清满，等.中医膏方学［M］.北京：中医古籍出版社，2017.

［125］章丘卫生志编纂委员会.章丘卫生志［M］.济南：山东省地图出版社，2007.

［126］长清县卫生局，长清县中医药学会.长清县中医药志（内部资料）［M］.1984.

［127］赵之兴.泰安卫生志［M］.济南：山东科学技术出版社，1991.

［128］政协济宁市郊区委员会文史资料研究委员会.济宁郊区文史资料 第3辑（内部资料）［M］.1988.

［129］政协济宁市郊区文史资料委员会.济宁郊区文史资料 第5辑［M］.济宁：山东省出版总社济宁分社，1991.

［130］政协济宁市市中区委员会文史资料研究委员会.文史资料 第4辑（内部资料）［M］.1988.

［131］政协山东省济宁市委员会，朱承山.济宁历史文化丛书 济宁历史纪年［M］.北京：中国社会出版社，2012.

［132］中国人民政治协商会议蒙阴县文史资料委员会.蒙阴文史资料 第1辑

（内部资料）[M].1987.

[133]中国人民政治协商会议山东省泗水县委员会文史资料委员会.泗水文史资料 第4辑（内部资料）[M].1991.

[134]中国人民政治协商会议潍坊市潍城区委员会文史资料委员会.潍城文史资料 第11辑（内部资料）[M].1996.

[135]中国文字改革委员会.第二次汉字简化方案（草案）[M].北京：文字改革出版社，1977.

[136]中华中医药学会.中国学会史丛书 中华中医药学会史[M].上海：上海交通大学出版社，2008.

[137]周凤梧.中国医学源流概要[M].太原：山西科学技术出版社，1995.

[138]周长校，万纯光.济宁市市中区卫生志[M].济南：山东科学技术出版社，1994.

[139]淄博市卫生局.淄博市卫生志（内部资料）[M].1997.

[140]淄博市张店区卫生局.张店区卫生志（内部资料）[M].1987.

[141]淄博市中医院志编委会.淄博市中医院志（上卷）1952—1981（内部资料）[M].2002.

[142]淄川区卫生局.淄川区卫生志[M].济南：山东人民出版社，2009.

[143]邹平县卫生局史志办公室.邹平县卫生志（内部资料）[M].1990.

[144]邹县卫生局史志办公室.邹县地方史志丛书之六 邹县卫生志[M].济宁：山东省出版总社济宁分社，1989.